U0856263

# 杭州年鑑

HANGZHOU YEARBOOK 2018

杭州市人民政府地方志办公室 编

## 杭州市地方志编纂委员会

主　任 徐立毅

副主任 戚哮虎 许　明 戴建平 王　宏 丁狄刚

成　员 郭东风 陈　健 阮重晖 高国飞 郭初民 张振丰 徐小林 龚志南 金志强

洪庆华 夏积亮 孔春浩 张鸿斌 沈建平 何凌超 金　翔 叶茂东 孙壁庆

王　剑 杜国忠 邵立春 翁文杰 郎健华 董　悦 蒋文欢 应　晖

办公室主任 蒋文欢

办公室副主任 阮关水

## 杭州年鉴编辑部

主　编 丁狄刚

副主编 蒋文欢 阮关水

执行主编 袁啸马 蔡建明

编　辑（以姓氏笔画为序）

汤　峻 吴　铮 余显幕 郦　晶 秦文蔚 袁啸马 章月影 蔡建明

各部门编辑（以姓氏笔画为序）

王　伟 王绣宇 叶纪勇 冯　建 朱　涛 华雨农 许　新 许莺燕 杨　赟

汪萌萌 陈秋兴 林伟光 周小忠 周晔华 郑　迪 胡勤刚 姚寿坤 倪志华

徐小义 郭玉虎 黄　锐 常利洁 梁　坤 程建全 曾庆良 戴　峤 戴鹏飞

编　务 金利权 沈宇晨 吴陈英

# 序一

国务院办公厅2015年8月印发的《全国地方志事业发展规划纲要（2015—2020年）》（以下简称《规划纲要》）要求，到2020年要做到地方综合年鉴一年一鉴，公开出版，实现省、市、县三级综合年鉴全覆盖。《规划纲要》还要求，坚持存真求实，正确处理质量与进度的关系，将精品意识贯穿于年鉴编纂出版工作全过程。2015年12月，中国地方志指导小组办公室启动中国年鉴精品工程，将其与先期实施的中国志书精品工程视为姊妹工程，一道作为加强地方志质量建设的重要抓手。

实施中国年鉴精品工程有助于推动中华优秀传统文化传承发展。近年来，在党中央、国务院的高度重视和关心支持下，全国地方志事业发展迎来最好的发展时期。年鉴编纂发端于欧洲，鸦片战争后被引入我国，在我国走过了100多年的发展历史。在长期的编纂中，年鉴在内容和形式上不断发展，逐渐演变成为适合反映中国国情、具有鲜明中国特色的一种文化载体，并在改革开放后出现了快速发展的局面。2006年5月，国务院《地方志工作条例》颁布施行，明确将地方综合年鉴纳入地方志工作范畴，年鉴工作走上了有法可依的轨道。《规划纲要》出台，为从依法编鉴转变到依法治鉴指明了方向。2016年12月，中国地方志指导小组印发《全国年鉴事业发展规划（2016—2020年）》，更进一步明确了到2020年全国年鉴事业的任务书、时间表、路线图。经过多年的发展，年鉴工作已经成为地方志工作的重要组成部分，成为中华民族优秀文化传统的有机组成部分，其存史、育人、资政作用日益彰显。实施中国年鉴精品工程，是年鉴工作者紧扣时代脉搏、坚持创新发展的一项重要举措，对于坚定文化自信，传承弘扬好中华优秀传统文化意义重大。

实施中国年鉴精品工程有助于为全面建成小康社会提供更多智力支持和历史借鉴。党的十八大作出全面建成小康社会的战略部署。党的十八届五中全会提出到2020年如期实现全面建成小康社会的目标要求。完成《规划纲要》确定的目标任务是年鉴工作者的神圣使命，更是年鉴工作者以自身力量为全面建成小康社会献上的厚礼。一方面，可以更好地利用年鉴这种年度资料性文献，及时记录各地区在全面建成小康社会伟大征程中每年取得的新成绩和新经验、出现的新情况和新问题、涌现的优秀人物和典型事迹等；另一方面，可以更好地积累地情、国情资料，为推动经济社会发展和深化改革提供智力支持，为推进国家治理体系和治理能力现代化提供历史借鉴。

实施中国年鉴精品工程有助于全面推进地方志事业转型升级。地方志不是单纯修志编鉴工作，而是全体方志人“修志问道，以启未来”的一项事业，这项事业包含着巨大的时代担当与使命追求。地方志工作要在“五大建设”总体布局和“四个全面”战略布局中发挥与其自身价值、功能相匹配的作用，就要因时而谋、乘势而上、顺势而为，全面推进地方志事业转型升级。转型升级，当下最重要的目标就是完成“两全”目标，包括“年鉴全覆盖”目标；长远的目标就是基本形成地方志编修体系、理论研究和学科建设体系、质量保障体系、资源开发利用体系、工作保障体系“五位一体”的地方志事业发展综合体系,包括“五位一体”的年鉴事业发展综合体系。中国年鉴精品工程是一项探索工程,也是一项创新工程,是推进地方志事业转型升级的重要内容。通过实施中国年鉴精品工程,不仅有助于确保年鉴质量,不断编纂出版具有鲜明时代特征、年度特点和地域特色的精品年鉴,也有助于推动年鉴工作适应经济社会发展形势和时代需要,不断改革创新,与时俱进。

多年来,在中国地方志指导小组办公室的指导和全国各级地方志工作机构的共同努力下,年鉴种类数量快速增长,年鉴成果粲然可观,为实施中国年鉴精品工程奠定了坚实的基础。实施中国年鉴精品工程,就是要在全国地方志系统起到示范作用,进一步培育精品意识,打造精品年鉴,以点带面,在提高年鉴质量方面探索出一条切实可行之路,使这项探索工程和创新工程能够积累经验,发挥引领作用。

“万山磅礴,必有主峰;龙衮九章,但挈一领。”实施中国年鉴精品工程,是筑牢地方志事业特别是年鉴事业发展根基之举,其意义与价值不言而喻。但编修出年鉴精品佳作,绝非朝夕之功,需要付出长期艰辛的努力。希望通过实施中国年鉴精品工程,能够进一步推进年鉴质量建设,使年鉴真正成为传承中华民族优秀传统文化的重要载体,成为展示中国国情、地情的重要窗口,成为“为当代提供资政辅治之参考、为后世留下堪存堪鉴之记述”的资源宝库,在全面建成小康社会过程中作出更大贡献。

是为序。

中国社会科学院原副院长
中国地方志指导小组原常务副组长 李培林

# 序二

地方志是中华优秀传统文化的根与魂，积淀着中华优秀传统文化最深层的精神追求，代表着中华民族独特的精神标识。新时代坚持和发展中国特色社会主义，更加需要深刻把握人类发展历史规律，更加需要编修出传承不辍的精品志鉴，才能使后代在对历史的深入思考中汲取智慧、走向未来。伟大的时代，为地方志发展提供了取之不尽、用之不竭的源泉，同时也为全国年鉴工作提供了极大的机遇。

党的十九大报告中明确提出“质量强国”，“努力实现更高质量、更有效率、更加公平、更可持续的发展”，这为年鉴事业高质量发展指明了方向。按时、保质完成《全国地方志事业发展规划纲要（2015—2020年）》规定的“两全目标”任务，打造一批资辅当前、存鉴后世、经得起历史检验的精品佳作，不仅是一种法定职责，而且具有重要的政治意义、现实意义和历史意义。中国特色社会主义进入新时代，年鉴事业也进入新时代，呈现快速、稳步发展态势，在各方面都取得了新的显著成绩，包括年鉴编纂进度大大加快，年鉴编纂范围不断扩大，年鉴资源优势得到充分发挥，年鉴开发利用水平全面提升，而且年鉴质量保障机制逐步完善、质量持续提升。因此，在全社会关注质量发展的黄金时期，尤其是在完成“两全目标”任务的关键期，在狠抓进度的时候，实施中国年鉴精品工程更是恰当其时。年鉴工作者要投身于时代，为时代放歌，书写复兴华章，把出品更多的精品年鉴使命落实在实现中国梦的恢宏大业中。

习近平总书记说，精品之所以“精”，就在于其思想精深、艺术精湛、制作精良。中国年鉴精品工程紧扣时代脉搏，拓宽视野，围绕人民群众的美好生活，用精品记录新时代，为新时代新气象新作为留下真实、鲜活、生动、翔实的记录。实施中国年鉴精品工程，既是全面贯彻落实《全国地方志事业发展规划纲要（2015—2020年）》的重要举措，也是培育精品意识和精品年鉴、提高年鉴质量的重要手段；既是发挥年鉴存史、资治、教化功能的根基所在，也是年鉴工作者坚持创新发展、传承弘扬中华优秀传统文化的关键步骤。这不仅有助于坚定文化自信，讲述好中国故事，传播好中国声音，更有助于为决胜全面建成小康社会提供更多智力支持和更大精神动力。

实施中国年鉴精品工程顺应地方志进入新时代的历史潮流。“充实之谓美，充实而有光辉之谓大。”党的十九大报告指出，我国的社会主要矛盾已经转化为人民日益增长的美好生活需要和不平衡不充分的发展之间的矛盾。党章修正案、宪法修正案把习近平新时代中国特色社会主义思想确立为我们党和国家的行动指南，我国的发展进入到新的历史方位。为适应这些重大变化，党和国家随之出台更多重大的举措、推出更多有力的措施。年鉴如何全方位地、开创性地记述这些历史性变化，如何充分记述我们党领导人民进行的伟大斗争、建设的伟大工程、推进的伟大事业、实现的伟大梦想，是新时代地方志工作需要深入思考探究的问题。中国年鉴精品工程正是呼应新时代新变化新要求，致力于在全国地方志系统进一步培育精品意识、打造精品年鉴，从而以点带面，在提高年鉴质量方面探索出一条切实可行之路，充分发挥中国精品年鉴的辐射效应，引领带动全国范围内年鉴质量的全面提高，切实推动年鉴事业转型升级。

实施中国年鉴精品工程要全面把握以人民为中心的发展理念。以人民为中心，贯穿于改革开放以来我们党推进中国特色社会主义文化建设的全过程。新时代把握新机遇，年鉴作为记录新时代地方年度历史的重要载体，应当以习近平新时代中国特色社会主义思想为指导，牢固确立以人民为中心的理念。中国年鉴精品工程始终坚持人民是历史的创造者和改革开放事业的实践主体，始终坚持文化发展为人民服务、为社会主义服务，充分记录人民的首创精神，凸显人民在文化建设中的主体作用，不断满足人民的精神文化需求。年鉴工作要深深扎根于人民之中，坚持以事系人，记载人民群众中的先进典型，内容充分体现社会民生和为民服务的举措。在此基础上，实施中国年鉴精品工程还要建立精品长效机制，逐步推进精品年鉴传播最优化和效益最大化，使精品年鉴能够不断满足人民群众对美好生活的新需要新期待，在铸就中华文化新辉煌的过程中更好地构筑中国精神、中国价值、中国力量的方向上不断努力。

实施中国年鉴精品工程是坚定文化自信的体现。习近平总书记说，文化兴国运兴，文化强民族强。没有高度的文化自信，没有文化的繁荣兴盛，就没有中华民族的伟大复兴。中华优秀传统文化是中华民族的文化根脉，其蕴含的思想观念、人文精神、道德规范，不仅是我们中国人思想和精神的内核，对解决人类问题也有重要价值。地方志是中华优秀传统文化的精神之脉，是中华优秀传统文化基因的真正传承者和发展者。精品年鉴正是从中华民族世世代代形成和积累的优秀传统文化中汲取营养和智慧，记录传承的文化基因，记录思想精华，展现精神魅力。实施中国年鉴精品工程，以时代精神激活中华优秀传统文化的生命力，推进中华优秀传统文化创造性转化、创新性发展，把传承和弘扬中华优秀传统文化同坚定文化自信统一起来，有助于引导人民树立和坚持正确的历史观、民族观、国家观、文化观，不断增强中华民族的归属感、认同感、尊严感、荣誉感。

用精品记录新时代，用奋斗铸就新辉煌。地方志植根于历史，内涵于历史，镌刻于历史之上，是中华民族在漫长历史中形成的区别于其他民族的独特精神标识，精品年鉴是地方志的“守护者”“传承者”，是地方志成果创造性转化创新性发展的“探路者”“先行者”。习近平总书记强调，凡是传世之作、千古名篇，必然是笃定恒心、倾注心血的作品。希望全国年鉴工作者齐心协力，坚持历史唯物主义立场、观点、方法，立足中国、放眼世界，立时代之潮头，通古今之变化，发思想之先声，推出一批有思想穿透力的精品力作，培养一批年鉴专家，充分发挥存史、育人、资政作用，为推动全国年鉴事业转型升级作出新的更大贡献。

是为序。

中国地方志指导小组秘书长<br>中国地方志指导小组办公室主任 冀祥德

# 编辑说明

一、《杭州年鉴》是中国共产党杭州市委员会、杭州市人民政府主办的大型地方综合年鉴，逐年记载杭州自然、政治、经济、文化、社会和生态建设等方面的基本情况，为各级党政机关、研究机构，以及社会各界人士和中外投资者了解、研究杭州提供丰富、翔实的地情资料。

二、《杭州年鉴(2018)》是 1987 年创刊以来的第 32 卷。本卷年鉴坚持以马克思列宁主义、毛泽东思想、邓小平理论、“三个代表”重要思想、科学发展观、习近平新时代中国特色社会主义思想为指导，坚持辩证唯物主义和历史唯物主义的立场、观点和方法，存真求实，全面反映杭州市学习贯彻党的十九大精神和习近平总书记对浙江、杭州工作的系列重要指示精神，深入贯彻中共浙江省委、省政府和杭州市委、市政府重大决策部署，践行“八八战略”和“绿水青山就是金山银山”理念，深化改革开放，持续推进城市国际化、实施“拥江发展”战略，加快建设独特韵味别样精彩世界名城、打造展示新时代中国特色社会主义重要窗口的生动实践。

三、《杭州年鉴(2018)》按分类法编辑，主体内容分为类目、分目、条目三个层次，个别类目(“教育”“文化事业”)分目下设次分目。全书设类目46个、分目323个、条目2411个，随文照片213幅，表格106张。为打造中国年鉴精品工程，全书框架结构与往年相比，类目名称、排列顺序、所辖分目均有重大调整。类目设置如下：特载、年度聚焦、大事记、市情综览、中国共产党杭州市委员会、杭州市人民代表大会、杭州市人民政府、中国人民政治协商会议杭州市委员会、中国共产党杭州市纪律检查委员会 杭州市监察委员会、民主党派·工商联、人民团体、外事·侨务·港澳台事务、法治、军事、经济管理、西湖风景名胜、旅游业、文化创意产业、信息经济、农业、工业、建筑业、商贸流通、会展业、金融业、房地产业、交通运输·邮政、投资促进、对外经贸、区域合作、开发园区、民营经济、城乡建设、环境保护、科学技术、教育、文化遗产保护、文化事业、医疗卫生、体育、人力资源、社会生活、区县(市)、人物、附录、索引。卷首彩页设“杭州新貌”“喜迎党的十九大”“‘最多跑一次’改革实践”“杭州互联网法院成立”“第十三届全国学生运动会”等10个专题。

四、本卷年鉴主要数据由杭州市统计局提供，其余均由杭州市有关部门、各承编单位提供并经过严格审核。文中数据比较均为2017年与2016年相比，“上年”指2016年，其他年份之间数据的比较均写明年份。“年度聚焦”“人物”部分内容适当突破年度时限。因统计范围、统计口径的调整(如临安纳入市区统计范围等)，文中部分数据可能与往年不具可比性，此种情况已在文中注明。正文中“党的”均指中国共产党。市直属各单位和相关单位名称根据有关文件规定使用规范化简称，文件中未明确的单位机构名称首次出现用全称并括注简称。《政府工作报告》中未解释的缩略语，正文中首次出现尽量以括注形式作出解释。

五、《杭州年鉴》历年资料均载入“中国杭州”门户网站和杭州地情网(hzfzw.hz.gov.cn)“数字方志馆”数据库。本卷年鉴制作了“掌上年鉴”微信小程序，扫描封底小程序码即可阅读。

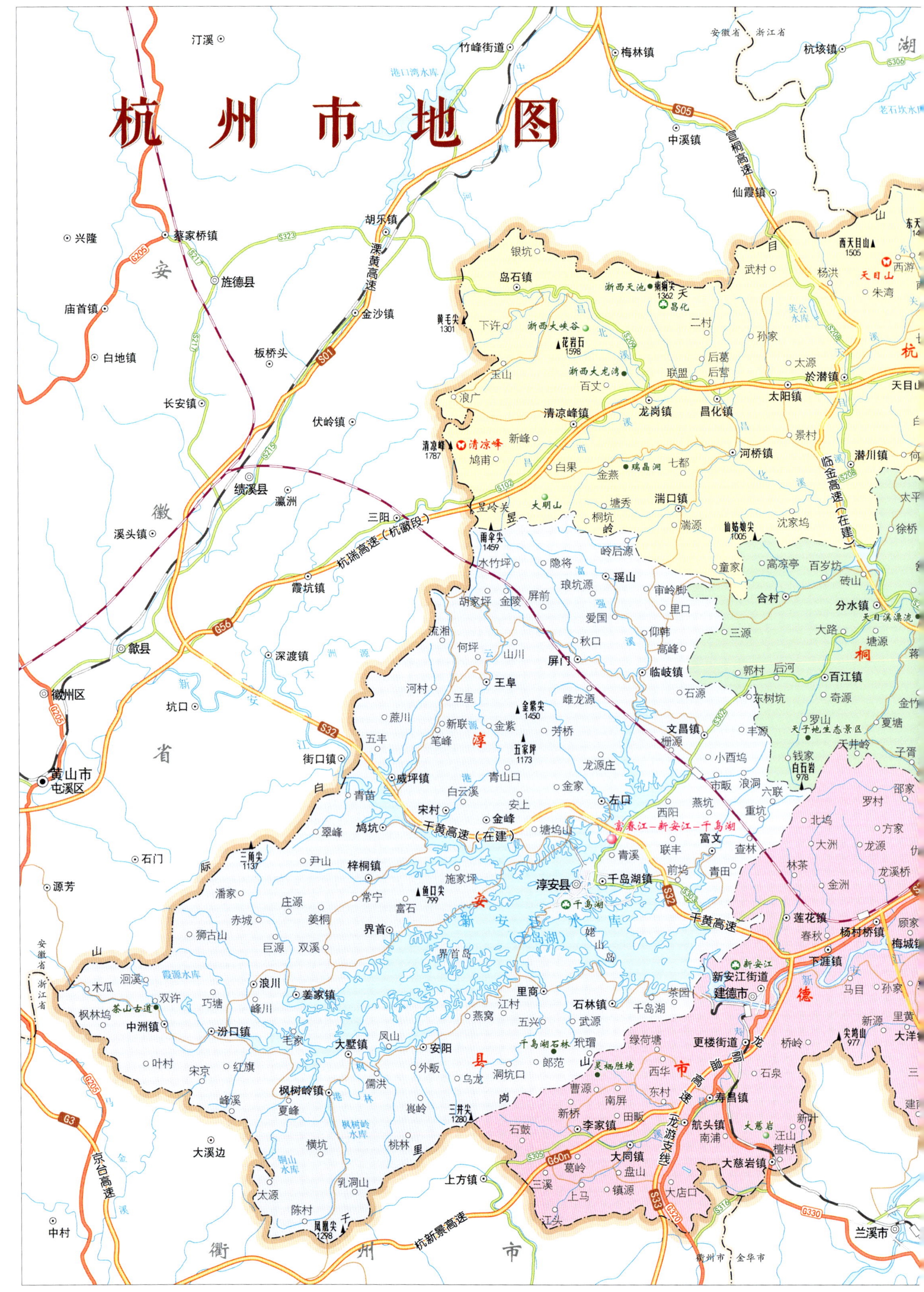
杭州市地图
淳安县
建德市
千岛湖
新安江水库（千岛湖）
淳安县
建德市
千岛湖镇
汾口镇
威坪镇
临岐镇
昌化镇
河桥镇
清凉峰镇
龙岗镇
太阳镇
於潜镇
分水镇
百江镇
寿昌镇
大慈岩镇
李家镇
大同镇
航头镇
更楼街道
新安江街道
莲花镇
杨村桥镇
下涯镇
梅城镇
石林镇
里商
大墅镇
枫树岭镇
姜家镇
浪川
界首
梓桐镇
鸠坑
金峰
宋村
文昌镇
富文
左口
屏门
王阜
瑶山
安阳
中洲镇
歙县
绩溪县
旌德县
黄山市
屯溪区
徽州区
兰溪市
安徽省
浙江省
千黄高速
杭瑞高速（杭徽段）
杭新景高速
京台高速
临金高速（在建）
宣桐高速
龙游支线
清凉峰
天目山
黄毛尖
花岗石
雨伞尖
金紫尖
五家坪
三角尖
鱼口尖
三井尖
凤凰尖
尖坞山
浙西天池
浙西大峡谷
浙西大龙湾
瑞晶洞
大明山
天目溪漂流
天子地生态景区
富春江—新安江—千岛湖
茶山古道
千岛湖石林
灵栖胜境
大慈岩
新安江
衢州市
金华市

湖州市
嘉兴市
嘉兴市
海宁市
德清
长深高速(杭宁段)
练杭高速
塘栖镇
运河街道
仁和街道
东湖街道
余杭区
崇贤街道
星桥街道
良渚街道
良渚文化遗址
瓶窑镇
径山镇
黄湖镇
鸬鸟镇
百丈镇
黄湖岭
杭长高速
双溪竹海漂流
径山寺
半山街道
拱墅区
丁兰街道
乔司街道
下沙街道
彭埠街道
三墩镇
西溪国家湿地公园
下城区
江干区
上城区
杭州市
西湖
西湖区
五常街道
仓前街道
余杭街道
闲林街道
中泰街道
青山湖街道
临安区
杭州城西科创产业集聚区
杭瑞高速(杭徽段)
锦南街道
板桥镇
玲珑街道
转塘街道
滨江区
萧山区
宁围街道
机场公路
杭甬高速
杭州萧山国际机场
靖江街道
党湾镇
瓜沥镇
益农镇
临江街道
杭州大江东产业集聚区(临江国家高新区)
河庄街道
新湾街道
前进街道
苏绍高速
杭州湾环线高速(杭浦段)
杭州湾环线高速(杭甬段)
沪昆高速(沪杭段)
杭州绕城高速
杭州绕城高速西复线(在建)
浦沿街道
新塘街道
闻堰街道
东方文化园
杭州野生动物世界
银湖街道
双浦镇
义桥镇
柯桥区
绍兴市
越城区
富阳区
春建
永昌镇
万市镇
洞桥镇
东洲街道
春江街道
灵桥镇
里山镇
戴村镇
临浦镇
进化镇
鹿山街道
大源镇
浦阳镇
新登镇
胥口镇
河上镇
楼塔镇
场口镇
新桐
富春江—新安江
渌渚镇
龙门镇
常安镇
常绿镇
江南镇
凤川街道
桐庐县
旧县街道
富春江镇
横村镇
严子陵钓台
新合
马剑镇
诸暨市
诸永高速
绍诸高速
山下湖镇
赵家镇
五泄镇
街亭镇
东和
平水镇
王坛镇
谷来镇
王院
崇仁镇
甘霖镇
大畈
杭坪镇
白马镇
浦江县
前吴
沪昆高速
杭金衢高速
后宅街道
义乌市
梅江镇
佛堂镇
曹宅镇
傅村镇
甬金高速
源东
金华市
绍兴市
图例
设区市行政中心
县(市、区)行政中心
镇(乡)、街道
行政村、社区
省、直辖市界
设区市界
县(市、区)界
高速公路及编号
国道及编号
省道及编号
铁路及火车站
铁路客运专线
县乡道
隧道、桥梁
河流、湖泊、水库
运河
机场
国家重点风景名胜区
国家级自然保护区
森林公园
省级景点(区)
其他旅游景点
山峰
比例尺 1:580 000
地图审核号:浙杭S(2018)017号
杭州市勘测设计研究院 编制
注:底图资料由浙江省测绘与地理信息局提供
行政界线不作划界依据,规划资料仅供参考

杭州城区图
瓶窑镇
崇化
崇福
西塘河
东塘河
康桥街道
吴家墩
大观山
171
瓶窑
良渚
杜甫
运河
平安桥
许家
半山街道
连具塘
杭长(宜)高速
S14
G104
东莲
大陆
绕城
山联
紫金港枢纽
五幸
祥符街道
瓜山
三墩镇
拱墅区
上塘街道
双桥
吴山前
汽车北站
高桥
东新街道
苕溪
杭州西站
(规划)
塘河
三墩
浙大
紫金港校区
紫金港隧道
梦想小镇
杭州师范大学
仓前校区
永乐
S207
葛巷
仓前街道
文一
翠苑街道
蒋村街道
杭州城西科创产业集聚区
阿里巴巴
五常
未来科技城
金星
五常
文新街道
北山街道
西溪国家湿地公园
老和山
156
浙大
玉泉校区
黄龙
体育中心
何母桥
仓南
顾家桥
余杭
街道
宝石山
97
保俶塔
汽车西站
灵峰山
161
西湖区
宋家山
横板桥
孤山
34
万景
上文山
五常街道
沿山河
留下街道
西溪
杨家牌楼
西湖街道
西湖
老余杭
华丰
荆丰
友谊
北高峰
314
灵隐寺
小瀛洲
上城区
沈家店
民丰
杭瑞高速(杭徽段)
杭州西
留下
西穆坞
G56
S102
荆山
玉屏山
181
石人岭
256
闲林街道
方家山
横街
东穆坞
净慈寺
凤凰山
174
闲林
北山
屏峰
南高峰
257
联荣
龙井
狮峰
361
孙家坞
小和山
玉皇山
240
里项
石马
杭州绕城高速
闲林水库
屏峰山
390
大清
丁家山
220
梅家坞
白塔
钱
外桐坞
五云山
344
六和塔
万丈山隧道
桐坞
九溪
浙大
之江校区
钱塘江大桥
龙坞
龙门坎
午潮山
494
慈母桥
梓树
午潮山国家森林公园
葛衙庄
叶埠桥
梵村
杭州高新
上城埭
西湖茶场
鸡笼顶
410
宋城
西山国家森林公园
长埭
沈家弄
转塘街道
浦沿街道
白岩山
412
东坞山
横桥
之江大桥
杭州野生
动物世界
龙王沙
中国美术学院
象山校区
梓树
望江山
142
转塘
狮子
柏联
G320
村口
金家岭
中村
前山
麦岭沙
长安
凌家桥
贤家庄
杭州市区缩略图
余杭区
拱墅区
放大图
西湖区
下城区
江干区
上城区
临安区
滨江区
萧山区
富阳区
小江
缪家
新沙
回龙
杭州南
西湖
何家埠
袁家浦
小叔房
袁浦
绸鉴湖
G25
袁富
兰溪口
双浦镇
外张
东江嘴
夏家桥
龙池
新浦沿
长安沙
周家埭
板桥
长深高速
三阳
杭汪
桑园地
五丰

图例
市政府
区政府
镇、街道
行政村、社区
高速公路及编号
互通及服务区
国道及编号
省道及编号
铁路及火车站
铁路客运专线
城市高架
地铁1号线
地铁2号线
地铁4号线
道路
隧道 桥梁
河流、湖泊、水库
汽车站 机场
旅游景点
山峰
比例尺 1：115 000
杭州市勘测设计研究院 编制
地图审核号：浙杭S（2018）017号
注：底图资料由浙江省测绘与地理信息局提供
行政界线不作划界依据，规划资料仅供参考
杭州经济技术开发区
萧山经济技术开发区
萧山经济技术开发区 桥南区块
钱江世纪城
杭州绕城高速
杭甬高速
机场公路
杭州湾环线高速
钱塘江
下沙大桥
九堡大桥
彭埠大桥
西兴大桥
江东大桥
庆春路隧道
丁兰街道
乔司街道
笕桥街道
九堡街道
彭埠街道
凯旋街道
下沙街道
白杨街道
宁围街道
新街街道
西兴街道
北干街道
城厢街道
新塘街道
蜀山街道
所前镇
衙前镇
萧山区
滨江区
杭州东站
杭州南站（在建）
萧山汽车西站
萧山汽车总站
萧山汽车东站
杭州汽车客运中心
杭州萧山国际机场
杭州师范大学
浙江理工大学
中国水博览园
杭州国际博览中心
杭州乐园
湘湖
临平
杭州北
乔司枢纽
乔司东
德胜
彭埠
下沙
下沙东
下沙南
萧山
市心路
通惠路
西兴
红垦枢纽
新街
机场
萧山东
萧山南
杨汛桥
张家畈枢纽
长山 123
北干山
西山 154
白虎山
狮子山 83
红山
木尖山

保俶流霞

（鲁国庆 摄）

钱江新城

（吴海平 摄）

钱江世纪城

（吴海平 摄）

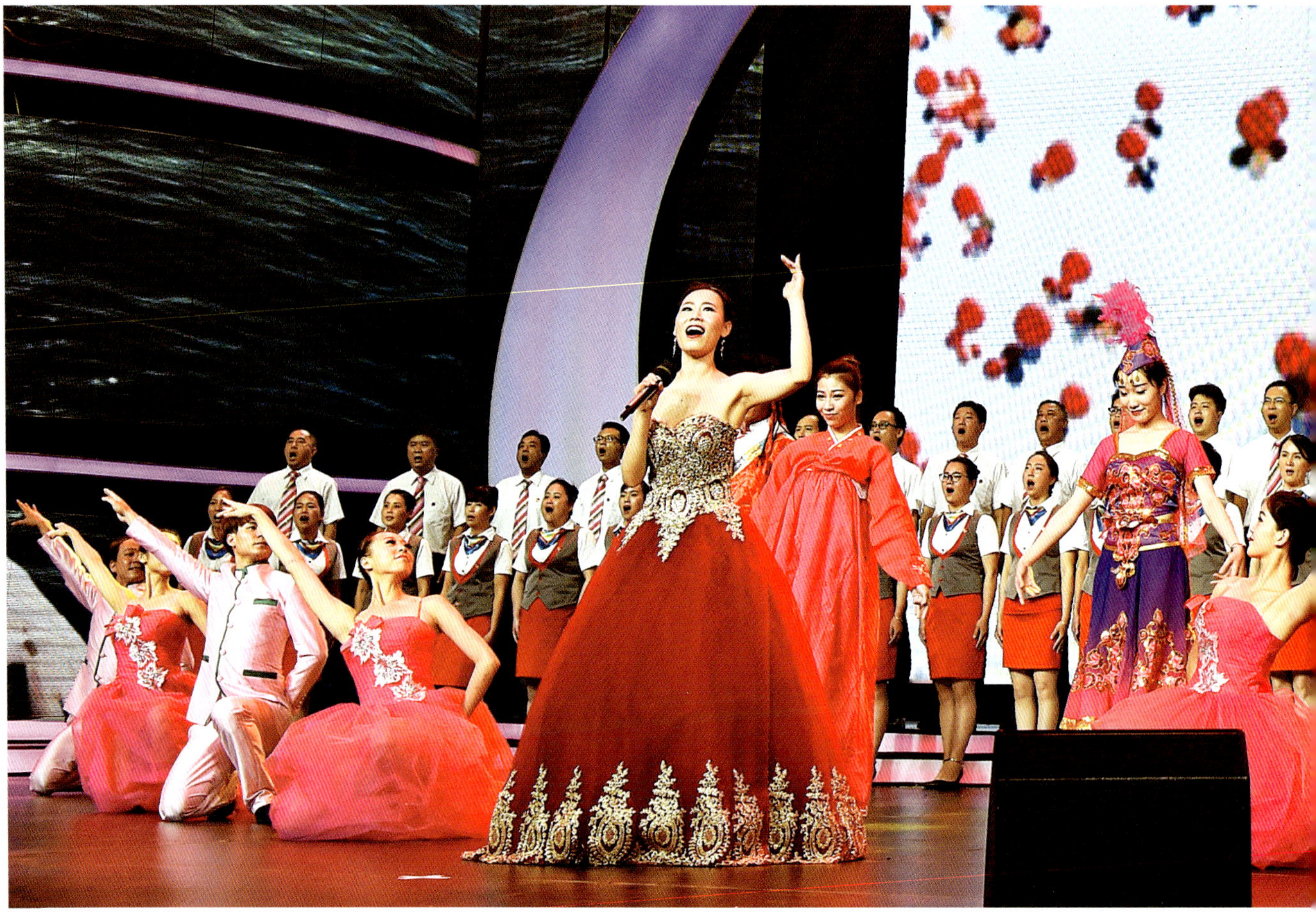

2017年6月29日,杭州市“红旗飘飘·庆祝中国共产党成立96周年群众性歌咏活动”在杭州电视台举行

2017年9月13日,江干区采荷街道剪纸社在采荷文体中心举办“喜迎党的十九大”剪纸作品展

（杭报集团 供稿）

（李　忠摄）

2017年9月28日，由全国道德模范孔胜东、全国文明家庭代表鲁立清家庭、外国友人及300多名市民游客组成的“模范柿民团”用3万只柿子拼成一幅直径10米的笑脸图，欢庆秋日丰收，喜迎国庆中秋佳节和党的十九大（杭报集团 供稿）

## ■ “最多跑一次”改革实践

2017年，杭州市按照浙江省委、省政府要求，进一步深化“简政放权、放管结合、优化服务”，全面推进“最多跑一次”改革

（杭报集团 供稿）

杭州市推出“1+N”+X多证合一、证照联办和“商事登记一网通”措施

2017年6月14日，桐庐县行政服务中心推出个体工商户自助登记。图为市民通过自助服务机完成登记并领取营业执照 （李　忠摄）

杭州高新区（滨江）市民之家的全程电子化工商登记自助服务区 （杭报集团 供稿）

2017年4月5日起，杭州市全面实施房屋交易、税收、不动产登记业务“最多跑一次”，实现全流程60分钟领证、全国最快的不动产登记的“杭州速度”。图为“全国青年文明号”杭州市国土资源局不动产登记中心 （浙江在线 供稿）

杭报集团 供稿）

## ■ 杭州互联网法院成立

2017年8月18日，杭州互联网法院正式成立。图为法官宪法宣誓仪式

杭州互联网法院法庭实况

杭报集团 供稿）

杭州互联网法院诉讼服务自助终端

（杭报集团 供稿）

（杭报集团 供稿）

## ■ 第十三届全国学生运动会

2017年9月3日，第十三届全国学生运动会在杭州黄龙体育馆开幕

2017年9月6日，足球项目中学女子组决赛在杭州市学军中学紫金港校区和杭州绿城育华学校开幕　（李　忠　摄）

2017年9月11日，在田径男子100米决赛项目中，浙江短将谢震业（左二）打破赛会纪录并夺冠　（李　忠

（李　忠　摄）

2017年9月11日，杭州籍运动员孙杨在个人项目男子乙组200米、400米自由泳中以打破赛会纪录的成绩夺得冠军

（李　忠　摄）

2017年9月11日，杭州籍运动员傅园慧在大学乙组女子100米仰泳决赛中以破赛会纪录的成绩夺得冠军

（李　忠　摄）

2017年9月3日，第十三届全国学生运动会开幕式文体演出《青春魅力》

第十三届全国学生运动会开幕式文体演出《碧波展翅》　　　　（李　忠　摄）

忠 摄)

2017年9月16日，第十三届全国学生运动会闭幕式在浙江大学紫金港校区体育馆举行 （丁以婕 摄）

第十三届全国学生运动会闭幕式现场 （李 忠 摄）

2017年10月11—14日，杭州·云栖大会在云栖小镇国际会展中心举办。大会以“飞天·智能”为主题，涵盖人工智能、大数据、新零售、金融科技、弹性计算、基础设施、量子计算、生命科学、政务、多媒体等20个前沿科技领域，设置主论坛2场、主题峰会20场、分论坛120场

（杭报集团 供稿）

ET城市大脑

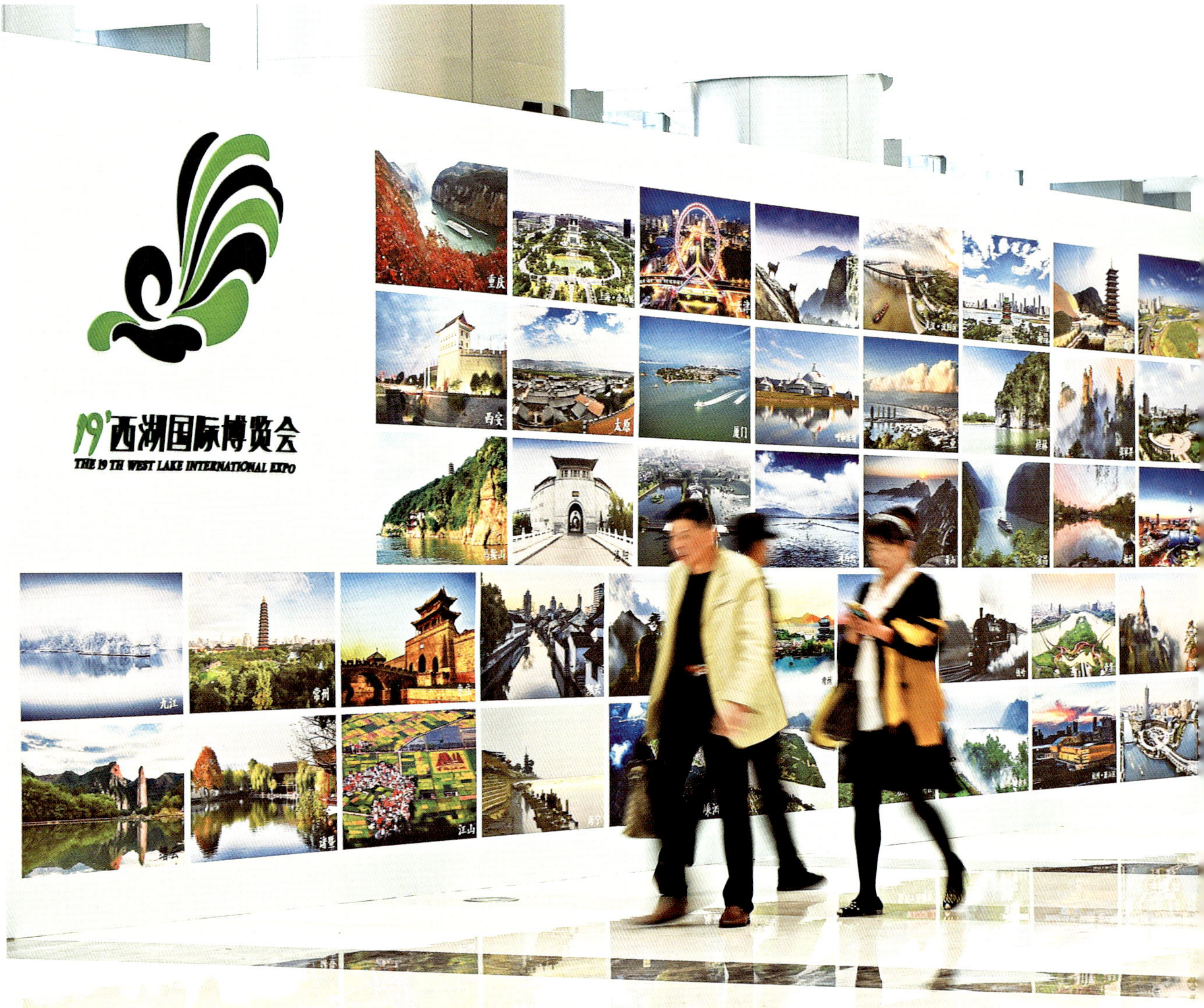

2017年 10月20—30日，第十九届西湖国际博览会、第三届世界休闲博览会主题展在杭州国际博览中心举办

休闲城市馆集中展示国内51个城市风土人情、休闲特色、文化旅游产品（丁以捷 摄）

工艺美术与休闲展区

（丁以捷 摄）

（丁以捷 摄）

茶文化与休闲展区（张之冰 摄）

丝绸文化展区杭罗织造技艺展示（丁以捷 摄）

体育与休闲展区（丁以捷 摄）

2017年4月27—30日，第十三届中国国际动漫节“中国Cosplay超级盛典”总决赛在滨江区白马湖动漫广场举行

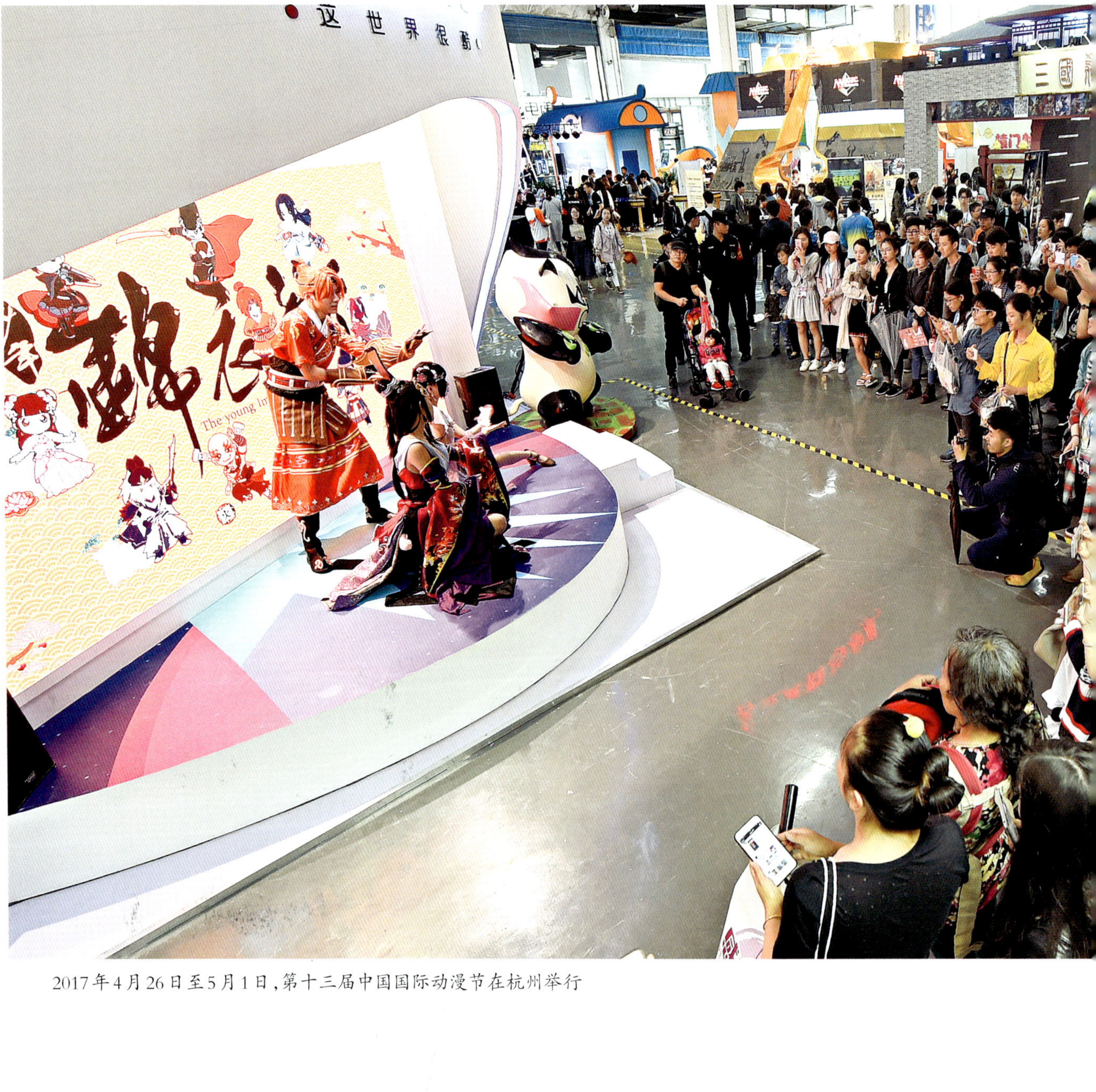

2017年4月26日至5月1日，第十三届中国国际动漫节在杭州举行

（杭报集团 供稿）

2017年4月29日，动漫节彩车巡游在中山北路创意街区举行（杭报集团 供稿）

（杭报集团 供稿）

2017年4月29日，动漫节彩车巡游在中山北路创意街区举行（杭报集团 供稿）

2017年4月29日，动漫节彩车巡游在中山北路创意街区举行（杭报集团 供稿）

## 杭州文化创意产业博览会

杭州文化创意产业博览会浙江省博物馆展区  （杭报集团 供稿）

杭州文化创意产业博览会故宫博物院

2017年9月21—25日，以“融——创生活·联世界”为主题的第十一届杭州文化创意产业博览会举行

（杭报集团 供稿）

杭州文化创意产业博览会人工智能展示区 （杭报集团 供稿）

杭州文化创意产业博览会设计创新展示区 （杭报集团 供稿）

（杭报集团 供稿）

杭州文化创意产业博览会非遗文化展示区 （杭报集团 供稿）

土地面积16596平方千米
市区土地面积8000平方千米
年平均气温18.0℃
年降水量1461.2毫米
年日照时数1804.4小时
市区空气质量优良天数271天
市区PM2.5浓度年均值45微克/立方米
常住人口946.80万人
户籍人口753.88万人
登记在册流动人口620.08万人
人口自然增长率6.19‰
城镇登记失业率1.70%
地区生产总值12603.36亿元
三次产业结构2.5∶34.6∶62.9
人均生产总值(按户籍)169187元
民营经济增加值7561亿元
私营企业48.10万户,从业人员312.25万人
个体工商户47.14万户,从业人员92.41万人
规模以上工业企业数5533个
规模以上工业企业主营业务收入13209.59亿元
信息经济增加值3216亿元
文化创意产业增加值3041亿元
金融产业增加值1056亿元
旅游休闲产业增加值928亿元
健康产业增加值749亿元
时尚产业(制造业)增加值275亿元
高端装备产业(制造业)增加值399亿元

农林牧渔业增加值306亿元
工业增加值3968亿元
建筑业增加值396亿元
固定资产投资5856.65亿元
财政总收入2921.30亿元
一般公共预算收入1567.42亿元
一般公共预算支出1540.92亿元
社会消费品零售总额5717.43亿元
进出口总额750.65亿美元
跨境电商交易额99.36亿元
实际利用外资66.10亿美元
浙商回归项目985个,到位资金761.8亿元
交通运输、仓储和邮政业增加值342亿元
全社会货物运输总量3.48亿吨
旅客运输量2.32亿人次
全社会机动车保有量279.36万辆
国家重点扶持高新技术企业累计2844个
发明专利申请量25578件、授权量9872件
研究与试验发展经费支出与生产总值之比3.15%
公共图书馆15个,藏书量1590万册
文化馆15个,博物馆、纪念馆88个
全国重点文物保护单位39处
城镇居民人均可支配收入56276元
城镇居民人均消费支出38179元
农村居民人均可支配收入30397元
农村居民人均消费支出21983元
各类医疗卫生机构4933个,其中医院302个
各类专业卫生技术人员11.04万人
职工基本养老保险参保人数628.32万人
职工基本医疗保险参保人数580.50万人
失业、生育保险参保人数为413.20万人、390.73万人
各类福利院、敬老院303所
城乡社区居家养老服务照料中心2815个

# 目 录
Contents

## 01 特 载
Special Report



## 02 年度聚焦
Highlights of the Year



## 03 大事记
Chronicle of Major Events



## 04 市情综览
Profile

## 06 杭州市人民代表大会
Hangzhou People's Congress



## 07 杭州市人民政府
Hangzhou Municipal People's Government

## 08 中国人民政治协商会议杭州市委员会

Hangzhou Committee of the Chinese People's Political Consultative Conference



## 09 中国共产党杭州市纪律检查委员会 杭州市监察委员会

Commission for Disciplinary Inspection of CPC Hangzhou Municipal Committee, Supervision Commission of Hangzhou

## 10 民主党派·工商联

## Democratic Parties and the Federation of Industry and Commerce

## 11 人民团体
People's Organization



## 12 外事·侨务·港澳台事务
Foreign Affairs, Overseas Chinese Affairs and Hong Kong ,Macao and Taiwan Affairs

## 13 法 治
## Rule of Law

## 14 军　事
Military Affairs



## 15 经济管理
Economic Management

## 16 西湖风景名胜

## The West Lake Historic & Scenic Area

## 17 旅游业

Tourism



## 18 文化创意产业

Cultural and Creative Industry

## 19 信息经济

## Information Economy

## 20 农　业
Agriculture

## 21 工 业
## Industry

## 22 建筑业

Construction



## 23 商贸流通

Commerce & Logistics

## 24 会展业
## Conference & Exhibition Business

## 25 金融业
Finance



## 26 房地产业
Real Estate



## 27 交通运输·邮政
Transportation & Postal Service

## 28 投资促进
Investment Promotion



## 29 对外经贸
Foreign Trade

## 31 开发园区
## Development Zones

## 34 环境保护
Environmental Protection



## 35 科学技术
Science & Technology

## 36 教 育
## Education

## 38 文化事业
## Cultural Undertakings

## 39 医疗卫生
## Medical & Health



## 40 体　育
## Sports

## 41 人力资源
Human Resources



## 42 社会生活
Social Life

## 43 区县(市)
## Districts & Counties(Cities)

## 44 人 物
## Figures

## 45 附　录
## Appendix



## 46 索　引
## Index

# 中共杭州市委 杭州市人民政府 关于实施"拥江发展"战略的意见

（2017年11月30日）

为认真学习贯彻党的十九大精神和习近平新时代中国特色社会主义思想，深入贯彻落实省第十四次党代会、省委十四届二次全会精神，全面落实市第十二次党代会、市委十二届二次全会和市委城市工作会议决策部署，全面提升杭州经济社会发展质量和生态环境质量，加快建设独特韵味别样精彩世界名城，现就实施"拥江发展"战略提出如下意见。

## 一、背景意义

钱塘江横贯杭州市域，是浙江和杭州的"母亲河"，是生态保护建设的重要区域，也是杭州城市发展的重要轴带。实施"拥江发展"战略，是事关杭州长远发展全局的一项重大决策，是推进杭州一流城市和世界名城建设的重要部署。

**（一）推进"拥江发展"是深化生态文明建设的重要责任。**建设生态文明是中华民族永续发展的千年大计。党中央、国务院高度重视生态文明建设，强调要牢固树立社会主义生态文明观，推动形成人与自然和谐发展现代化建设新格局。钱塘江流域自然山水秀美、人文积淀深厚、城乡格局兼备，在杭州发展中具有重要的战略地位和独特作用。杭州必须顺应生态文明建设新要求，以实施"拥江发展"战略为重要抓手，全面落实"绿水青山就是金山银山"的理念，切实加强钱塘江综合保护，促进流域可持续发展，更好地推动生态文明之都和美丽中国样本建设，造福子孙后代。

**（二）推进"拥江发展"是优化城市空间格局的战略选择。**进入新世纪以来，杭州积极实施"城市东扩、旅游西进、沿江开发、跨江发展"战略，着力推进城市建设重心从"西湖时代"向"钱塘江时代"转移，规划建设了杭州高新开发区（滨江）、钱江新城、钱江世纪城、下沙新城、杭州大江东产业集聚区等一批重大平台，推动了城市扩容，促进了市区一体化融合发展。纵观世界知名江河城市，大多以江河为主轴，依托资源禀赋和特色文化，发挥自身优势，推进城市跨越发展。杭州必须顺应城市发展潮流，充分发挥"一江春水穿城过"的独特优势，完善"多中心、网络化、组团式、生态型"的城市框架，优化发展空间和功能布局，实现"跨江发展"向"拥江发展"的大跨越，努力形成新时代杭州城市发展新格局。

**（三）推进"拥江发展"是强化市域统筹发展的内在要求。**近年来，杭州坚持以城市国际化带动城乡一体化，深入实施城乡区域统筹发展战略，深化区县（市）协作、"联乡结村"、结对帮扶行动，切实保障改善民生，推动了淳安、建德、桐庐、富阳等钱塘江中上游地区快速发展。实施"拥江发展"战略，是体现以人民为中心的发展思想、落实共享发展理念的根本要求，是落实党的十九大报告提出的实施乡村振兴战略、区域协调发展战略、可持续发展战略的具体行动，有利于进一步加大以城带乡力度，培育经济新增长点，加快新型城市化和城乡一体化步伐，深化城市与乡村互动发展，形成市域均衡协调发展和城乡共富共美发展新格局。

**（四）推进"拥江发展"是贯彻落实国家和省重大战略的有力举措。**当前城市发展已进入以城市群为主要组织形式的竞争合作发展新阶段。杭州是国家实施"一带一路"建设、长江经济带建设、长三角城市群发展等重大战略的重要区域，是我省推进"大湾区、大花园、大都市区"建设的重要平台和主引擎。实施"拥江发展"战略，有利于杭州更好落实国家和省重大战略部署，深化与国际国内城市的开放合作，强化杭州城市发展的集聚和辐射带动能力，加快杭州都市圈和都市区建设，提升杭州在"一带一路"建设、长江经济带和长三角城市群中的地位和能级，增强杭州城市综合竞争力。

## 二、总体要求

**（五）指导思想。**深入学习贯彻党的十九大精神，以习近平新时代中国特色社会主义思想为指引，坚定不移贯彻创新、协调、绿色、开放、共享的发展理念，围绕杭州市域发展战略布局和城市总体规划，以钱塘江综合保护与发展为突破口，深入谋划推进"拥江发展"，使钱塘江成为统筹城乡、辐射区域的发展轴，更好地发挥钱塘江流域在全市经济社会发展中的示范引领和战略支撑作用,助推一流城市和世界名城建设,为高水平全面建成小康社会和推进社会主义现代化建设作出新贡献。

**(六)战略定位**。优化保护利用,强化功能提升,推动共建共享,促进生产空间集约高效、生活空间宜居适度、生态空间山清水秀,把钱塘江沿线建设成为独特韵味别样精彩的世界级滨水区域,把钱塘江流域建设成为践行"两山"理论的生态文明建设示范区、创新驱动发展的经济转型升级示范区、宜业宜居宜游的区域协调发展示范区。

**(七)基本原则**

1.保护优先,合理利用。准确把握钱塘江保护与利用、城市建设与生态建设的关系,坚持保护优先、生态优先、绿色发展,在保护中合理利用、科学利用;统筹区域产业发展、文化建设、社会建设、人居建设,完善城乡发展格局和功能布局,提升经济社会发展和生态环境质量。

2.文化引领,统筹推进。弘扬钱塘江文化,注重在文化引领中彰显城市魅力。坚持传承历史、开拓未来,体现纵深历史感和未来穿透力。统筹上游与下游、左岸与右岸、干流与支流、水上与岸上的关系,因地制宜整合提升功能,促进上中下游协同发展。

3.开放合作,创新发展。坚持改革创新、开放合作、协同共赢的发展理念,深化体制机制创新,推进重点领域关键环节先行先试,用好各种资源,发挥市场力量。坚持国际视野、精品意识,体现高水平规划、高标准建设、高效能管理、高品位生活的要求。坚持发展的延续性和融合性,注重与杭州各项重大战略布局紧密结合,推动整体协调发展。

**(八)阶段目标**

1.近期(到2021年):钱塘江中上游区段生态环境质量持续改善,下游城市中心区段两岸地区功能品质显著提升,以钱江新城、钱江世纪城为中心的城市新核心基本建成,奥体博览城和亚运村全面建成,大江东新城核心区、下沙新城、钱塘江国际金融科技中心、萧山科技城、杭州高新开发区(滨江)、湘湖新城、望江金融科技城、之江新城、富阳江南新城、桐庐富春山健康城、建德高铁新区、淳安高铁新区等重点功能区建设取得重大突破,流域地区基础设施和功能配套进一步完善,"拥江发展"展现新形象。

2.中期(到2035年):基本形成以钱塘江为中轴的市域"拥江发展"格局,基本建成钱塘江生态带、文化带、景观带、交通带、产业带、城市带,成为杭州建设独特韵味别样精彩世界名城的重要展示带。

3.远期(到本世纪中叶):"拥江发展"战略深入推进,钱塘江世界级自然和人文生态魅力进一步彰显,"世界级滨水区域和三个示范区"战略定位全面实现。

**三、工作抓手**

**(九)坚持规划牵引**。坚持以人为本、尊重自然、传承历史、绿色低碳的理念,增强规划前瞻性、严肃性和连续性,实现"拥江发展"一张蓝图干到底。坚持规划引领,推进"多规融合",高起点编制《拥江发展战略规划》和生态带、文化带、景观带、交通带、产业带、城市带等专项规划,做好控制性详规编制工作。加强对之江新城、望江新城、钱江新城二期、萧山科技城、湘湖新城、临空经济示范区、东江嘴、东洲岛、大江东新城核心区、富阳江南新城、桐庐高铁新城、建德高铁新区、淳安高铁新区等重要节点的规划统筹。加强沿线城市修补、生态修复、城市留白,做好生态保护红线、永久基本农田、城镇开发边界三条控制线的划定工作。制定《杭州市钱塘江两岸综合保护与利用导则》《钱塘江两岸规划管理办法》等规范性或指导性文件,制定实施钱塘江两岸保护方面的地方性法规,为高品质开发建设提供保障。

**(十)坚持改革牵引**。坚持深化改革、创新引领,建立完善钱塘江两岸保护与发展体制机制,进一步增强"拥江发展"活力和动力。建立统筹协调推进机制,强化水岸统筹、城乡统筹、点线面统筹和上下游统筹,合力合拍推进钱塘江两岸综合保护与利用。加强产业协同发展、重点区域开发建设和投融资体制创新,推动重点产业发展、重点区域建设。完善转移支付制度,探索建立多元化生态保护补偿机制,有效调动全社会参与生态环境保护的积极性。健全重大决策公众听证和专家咨询论证制度,完善民主决策、综合决策机制。

**(十一)坚持项目牵引**。坚持以项目为抓手,推进项目目标化、目标责任化、责任考核化,明确路线图、时间表和责任制,推进钱塘江保护与发展,实现"拥江发展"新突破。围绕生态优化、功能提升、产业转型,规划实施一批重大生态保护项目、公共文化服务项目、交通基础设施项目和产业项目,带动钱塘江两岸重点区块和重大平台建设。坚持领导联系项目制,加大协调和考核奖惩力度,及时解决项目建设过程中的各类问题,加快项目进度。

**四、近期主要任务**

按照战略定位和阶段目标,以推进钱塘江综合保护与开发利用工程为突破口,采取"控、治、修、建、调、优"综合措施,"六位一体"打造生态带、文化带、景观带、交通带、产业带、城市带。

**(十二)加强保护治理,打造山清水秀的自然生态带**。坚持生态保护优先,加强红线控制、环境治理、生态修复,构筑点线面结合的钱塘江流域生态格局。

1.构建钱塘江流域生态系统。以保护生态系统完整性为目标,推进主体功能区和环境功能区规划落地,严守生态保护红线、永久基本农田、城镇开发边界三条控制线。加强钱塘江干流和浦阳江、分水江、兰江等主要支流河道保护,严守生态环境敏感区和重要生态功能区保护红线。以风景名胜区、饮用水源保护区、湿地保护区、森林公园等区域为重点,保育关键生态节点,保留永久生态空间。

2.加大环境综合治理力度。加强钱塘江流域上下游和跨界水体水环境治理,协同完成兰江、寿昌江、分水江、浦阳江等支流及中小流域综合治理,深入实施《千岛湖及新安江上游水域水资源与环境保护综合规划》,确保千岛湖和钱塘江水环境安全。常态实施对钱塘江非法采砂、非法捕捞等违法行为的联合执法、综合整治。加大钱塘江沿线地区化工、造纸、印染、冶炼等污染型企业淘汰转型力度,消除流域环境风险隐患,优化区域经济结构。

3.实施岸线修复与生态修复。加强沿线山体、河岸、湿地、沙洲的生态修复,对沿江可视范围内的废弃矿山、施工场、废弃堆放场,实施清理、复垦或生态化改造。加强钱塘江干流和主要支流防洪排涝设施建设,推进沿江坡耕地及林地水土流失综合治理，提升涵水保土功能。推进大江东江海湿地综合保护。

牵头单位：市环保局；配合单位：市农办、市规划局、市国土资源局、市经信委、市林水局、市公安局、市建委、市城管委、市农业局、市交通运输局、杭州海事局，杭州经济开发区管委会、杭州大江东产业集聚区管委会以及相关区、县（市）政府（管委会）

**（十三）加强传承利用，打造特色彰显的魅力文化带。**坚持纵深历史观，加强钱塘江文化保护与利用，注重传承与创新，弘扬勇立潮头、大气开放的钱塘江文化。

1.深化钱塘江文化保护和传承。深入挖掘跨湖桥文化、南宋文化、吴越文化、隐逸文化、海塘文化、江潮文化、围垦文化、航运文化、商埠文化等文化资源，丰富钱塘江历史文化内涵。加强钱塘江板盐技艺、钱塘江传说等非遗项目传承和保护，推进非物质文化遗产普查、传承、研究、展示体系的构建与完善。

2.加强历史遗存保护与合理利用。加强沿江文保单位（点）、历史建筑、历史街区、工业遗产、历史文化名镇名村保护，做好三堡船闸、跨湖桥遗址、四季青碑亭、明清古海塘以及渡口、船埠等历史遗存修缮与保护，更好延续历史文脉。通过功能延续、升级或置换，实现历史文化遗存综合价值提升。

3.加快沿江公共文化设施建设。加强公共环境整体策划与设计，新建、改建一批大型公共文化设施，注入历史文化元素，实现城市与文化衔接、历史与现代交融。推进G20杭州峰会史料展示厅、钱塘江博物馆、南宋皇城遗址公园、严州文化展示区、中国动漫博物馆等文化展示载体建设，不断丰富钱塘江文化时代精神。

4.提升文化影响力。发挥钱塘江人文及文化优势，加快推进之江文化产业带建设，带动白马湖生态创意城等文创园区和基地建设，大力发展文化创意产业。积极开展国际国内文化交流活动，通过钱塘江文化节、钱塘江观潮节、千岛湖秀水节等活动，塑造钱塘江文化品牌，将钱塘江打造成杭州文化交流重要载体。

牵头单位：市委宣传部；配合单位：市文广新闻出版局、市农办、市规划局、市建委，相关区、县（市）政府（管委会）

**（十四）加强整合提升，打造风貌独特的公共景观带。**以钱塘江主线上浦阳江、分水江、兰江3个“三江口”为节点，串联杭州城、西湖、湘湖、千岛湖、钱塘江、富春江、新安江、黄山等风景资源，打造“名城名湖名江名山”世界级景观长廊，进一步彰显杭州城乡特色风貌。

1.打造钱塘江滨水区域城市景观。推进沿江地区绿地及公共开放空间建设，形成较为完整的滨江公共空间体系。引导钱塘江两岸建筑高度布局，优化天际轮廓线，从结构、形态、风貌、底蕴、色彩、夜景等多角度提升城市设计水平，美化滨江建筑立面，丰富沿江城市景观层次，提升滨水生态景观。

2.完善“三江两岸”景观生态廊道。以“江南韵味、东方品质”为精髓，以富阳江南新城转型发展、秦望区块有机更新、桐庐最美县城建设为重点，统筹岸线沙洲、低丘缓坡、湖泊河流等资源的保护与利用，加快富春江两岸景观提升，打造现代版“富春山居图”。以梅城古镇、寿昌古镇和古村落保护等为重点，打造新安江自然与文化交融的特色生态廊道。以保护好千岛湖一湖秀水为重点，提高流域水资源保护能力，推进全域旅游休闲大景区和国家绿色生态发展示范区建设。

3.完善公共空间服务设施。进一步完善钱塘江流域公共服务设施建设标准，优化设施布点、合理配置总量，推进滨江绿地、广场建设，为市民提供运动、休闲、观景、亲水等活动场所，提高滨江公共空间的活力。依托沿江堤塘、滨江绿地和公共空间，打造具有休闲、观光、健身等服务功能的绿道系统，提升滨江慢性空间品质。

牵头单位：市规划局；配合单位：市旅委、市农办、市林水局，相关区、县（市）政府（管委会）

**（十五）加强互联互通，打造便捷顺畅的综合交通带。**以提高基础支撑和保障能力为重点，统筹推进沿江跨江和水上交通体系，形成多元复合、多向通达、快慢结合的现代化综合交通网络。

1.加强快速连接通道建设。加快杭黄、杭温、金建、衢建等高速铁路以及绕城高速西复线、临金高速、千黄高速公路建设，构建市域快速交通圈。加快推进杭州轨道交通一期、二期、三期建设，抓紧谋划杭州轨道交通四期建设。

2.加密城市过江通道。推进望江路隧道、博奥隧道、艮山东路隧道、杭甬高速抬升、铁路西站—铁路东站—萧山机场轨道交通快线建设，研究规划文泽路—新城路隧道、湘滨路—军师路隧道等过江通道，实现跨江通道便捷通畅。

3.加快黄金水道复兴。加快推进运河二通道等重点工程建设，优化沿江水上交通、旅游码头的布局和功能，构建完善水上巴士交通系统，提升钱塘江中上游航运能力，提高沿江区域水陆联运基础设施配套水平。

4.完善公共交通服务。加快沿江快速路网建设，完善公交枢纽建设和线网布设，消除近江交通“断点”和“盲点”，深化“城市大脑”智慧交通建设，提升公共交通的通达性和便捷性。

牵头单位：市交通运输局；配合单位：市规划局、市建委、市旅委、市轨道办、市地铁集团，相关区、县（市）政府（管委会）

**（十六）加强转型升级，打造绿色高效的现代产业带。**坚持绿色发展、低碳发展、循环发展，加大科技创新和产业转型力度，推进产业高端化、低碳化、集约化发展。

1.优化产业空间布局。以构建集约紧凑生产空间为目标，坚持生态隔离、规划留白，加快钱塘江金融港湾、城东智造大走廊等平台建设。实施产业平台整合工程，以国家级和省级开发区为重点，以特色小镇理念整合提升各类开发区（园区）。

2.加快创新产业和绿色产业发展。坚持创新驱动，加强基础研究和应用基础研究，推动科技创新载体建设，提升原始创新能力。大力发展信息服务、金融服务、会议展览、人工智能、高端装备制造等现代服务业和战略性新兴产业，推动产业高端化发展。突出“生态+”“文化+”，大力发展文化创意、休闲运动等产业。以钱塘江生态岸线为重点，加快农村一二三产融合发展示范园建设，大力发展休闲旅游、观光农业、乡村民宿、健康养生等产业，实现绿色发展。

3.加快传统产业转型升级。明确产业发展负面清单，加大对高耗能、污染型企业的淘汰转型力度,为新经济发展预留充足空间。深入实施《中国制造2025杭州行动纲要》,加大工业技术改造力度,推进"两化"深度融合,继续推进"互联网+""标准化+""品牌+""机器人+"等行动,推动传统产业转型升级。

牵头单位:市经信委;配合单位:市发改委、市科委、市农办、市旅委、市农业局,相关区、县(市)政府(管委会)

**(十七)加强融合集成,打造功能完备的宜居城市带。**坚持城乡统筹、功能联动、协调发展,结合新一轮城市规划修编,统筹城乡空间布局,优化市域城镇体系,围绕钱塘江主轴完善"多中心、网络化、组团式、生态型"的城市框架。

1.提升中心城市功能品质。顺应现代城市绿色、智慧、人文发展的新理念,推进城市有机更新,全力办好亚运会,提升钱江新城、钱江世纪城等沿江核心区形象品质,打造高度集约化、品质化、国际化现代都市区,引领整个城市发展方向。

2.加快县城和特色镇建设。以提升小城镇集聚带动能力为重点,完善市政基础设施建设和公共服务设施,推动优质教育医疗等公共资源向小城市、中心镇配置,因地制宜发展一批特色鲜明、产城融合、充满魅力的小城镇。

3.优化美丽乡村建设。实施乡村振兴战略,以美丽乡村、风情小镇、精品村落为载体,强化沿江环境整治和景观带打造,形成特色鲜明、生态优美、文化深厚的乡村风情带和精品旅游区块。

牵头单位:市发改委;配合单位:市规划局、市建委、市农办、市旅委、市教育局、市卫生计生委、相关区、县(市)政府(管委会)

## 五、保障措施

实施"拥江发展"战略,是一项系统工程,全市上下必须提高思想认识,加强组织领导,完善工作机制,强化支撑保障,形成科学实施、协同推进的整体合力。

**(十八)健全组织领导体制。**为加强组织领导和统筹协调,市委、市政府建立杭州市"拥江发展"领导小组,负责研究确定全市"拥江发展"战略的重大规划、重要政策、重大项目和年度实施计划,协调跨区县(市)、跨部门重要事项。设立杭州市钱塘江保护与发展委员会,由市钱江新城管委会更名组建。市钱塘江保护与发展委员会承担市"拥江发展"领导小组办公室职责,主要负责统筹制定"拥江发展"重大规划和实施计划、谋划重大政策和工作举措、推进实施重大项目和重要区块开发建设,协调解决重点难点问题,履行对各实施主体目标任务考核和检查督办等职能。

**(十九)健全统筹推进机制。**坚持统分结合,按照"统一规划、统一重大基础设施建设、统一重大产业布局,分别筹资、分别建设、分别营运"原则,建立健全市与区、县(市)联动机制,落实目标责任制,形成推进合力。沿江区、县(市)和开发区(产业集聚区)作为"拥江发展"实施主体,要建立"拥江发展"领导小组及相关组织,树立"一盘棋"思想,强化大局意识和全局观念,加强区域合作,制定重点区域规划,提出相关配套政策措施。市级各部门(单位)要深化"最多跑一次"改革,提高办事效率,形成推进"拥江发展"强大合力。

**(二十)健全支撑保障体系。**加强政策支持,市政府设立钱塘江保护与开发专项资金,支持钱塘江沿线重大基础设施建设和重点项目建设。加强创新合作,创新投融资机制,推进政府与社会资本合作,鼓励区域内各开发主体及金融机构、民营企业等社会力量积极参与沿线建设;鼓励不同实施主体共同开发建设,做到风险共担、利益共享。加强人才支撑,建立与"拥江发展"相适应的人才引进培养交流和管理机制,推进高层次和紧缺急需人才队伍建设,强化智力支持。加强法治保障,强化刚性约束,推动"拥江发展"依法实施。

市有关部门(单位)和相关区、县(市)要根据本意见精神,制定"拥江发展"近期行动计划和年度重点任务实施计划,推动"拥江发展"战略各项目标任务落到实处。

**责任编辑 章月影**

钱江新城俯瞰　　（杭报集团 供稿）

## 杭州开展监察体制改革试点

2016年12月25日，第十二届全国人民代表大会常务委员会第二十五次会议决定在北京市、山西省、浙江省开展国家监察体制改革试点。会议要求：在北京市、山西省、浙江省及所辖县、市、市辖区设立监察委员会，行使监察职权。将试点地区人民政府的监察厅（局）、预防腐败局及人民检察院查处贪污贿赂、失职渎职以及预防职务犯罪等部门的相关职能整合至监察委员会。试点地区监察委员会由本级人民代表大会产生。监察委员会主任由本级人民代表大会选举产生；监察委员会副主任、委员，由监察委员会主任提请本级人民代表大会常务委员会任免。监察委员会对本级人民代表大会及其常务委员会和上一级监察委员会负责，并接受监督。试点地区监察委员会按照管理权限，对本地区所有行使公权力的公职人员依法实施监察；履行监督、调查、处置职责，监督检查公职人员依法履职、秉公用权、廉洁从政以及道德操守情况，调查涉嫌贪污贿赂、滥用职权、玩忽职守、权力寻租、利益输送、徇私舞弊以及浪费国家资财等职务违法和职务犯罪行为并做出处置决定，对涉嫌职务犯罪的，移送检察机关依法提起公诉。为履行上述职权，监察委员会可以采取谈话、讯问、询问、查询、冻结、调取、查封、扣押、搜查、勘验检查、鉴定、留置等措施。

杭州作为浙江的省会城市，改革试点工作备受各界关注。杭州市委、市纪委严格按照上级党委、纪委确定的时间表和路线图，审慎稳妥地推进试点工作。2017年2月17日，杭州在全省率先完成13个区县（市）监委的组建、转隶工作。4月18日，杭州市监察委员会成立。市、县两级实行纪委监委合署办公，对党委全面负责，履行纪检、监察两项职责，实行一套工作机构、两个机关名称。杭州市县两级监委认真履行监督、调查、处置三项职责，全要素试用12种调查措施，用留置取代“两规”措施，充分发挥先行先试的“探路者”作用。杭州市上城区监委于2017年3月17日开始实施的首例监察留置措施，成为全国第一例监察留置案件。

监委的成立，实现对全市所有行使公权力的公职人员监察全覆盖。改革后，杭州市监察对象达到18.9万人，是改革前的3倍。2017年，杭州市各级纪检监察机关共处置问题线索7947件，比上年增加47.2%；立案审查2358件，上升14.1%；处分党员干部2323人，上升15.2%。463名党员干部被追究刑事责任。

## 杭州市“最多跑一次”改革实践

2014年，浙江电子政务建设实行“云优先”战略，建设电子政务“一朵云”，为全省电子政务和公共数据的整合、交换奠定了坚实的基础。同时，浙江构建政务服务“一张网”——

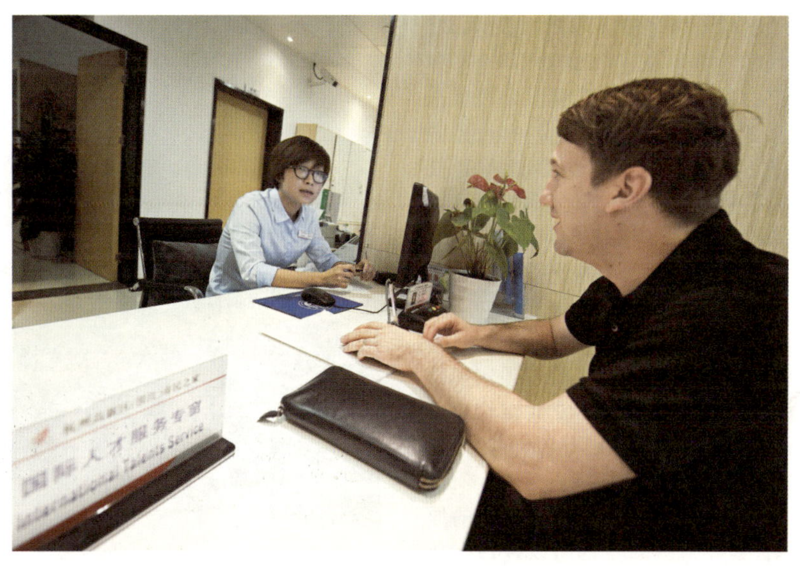

2017年，杭州市按照浙江省委、省政府要求，全面推进“最多跑一次”改革。图为杭州高新区（滨江）市民之家的国际人才服务专窗　（杭报集团　供稿）

浙江政务服务网，公布了政府权力清单、企业投资负面清单、政府部门专项资金管理清单，后又公布政府责任清单，形成的“四张清单一张网”。以“四张清单一张网”为引领，浙江省搭建并不断深化全省统一的“互联网+政务”架构，建成五级联动的浙江政务服务网，形成全省事项清单统一发布、网上服务一站汇聚、数据资源集中共享的“互联网+政务服务”体系。

2016年12月27日，浙江省委经济工作会议首次公开提出“最多跑一次”改革。2017年1月16日，浙江省政府2017年《政府工作报告》正式提出浙江实施“最多跑一次”改革。2017年2月20日，浙江省人民政府印发《加快推进“最多跑一次”改革实施方案》。

杭州市按照浙江省委、省政府要求，全面推进“最多跑一次”改革。2017年3月17日，市政府印发《进一步深化“简政放权、放管结合、优化服务”推进办事“最多跑一次”改革实施方案》，提出各阶段的目标任务、责任单位和完成时限。在全省“最多跑一次”改革目标的基础上，制定杭州市“最多跑一次”改革的总体目标和节点目标。总体目标是按照“最多跑一次是原则、跑多次是例外”的要求，在年底前至少实现85%的群众和企业到政府依申请办理事项“最多跑一次”。3月底，完成不动产交易登记“一窗受理、集成服务”改革；4月5日起，全面实施房屋交易、税收、不动产登记业务“最多跑一次”，打造了全流程60分钟领证、全国最快的不动产登记的“杭州速度”。商事登记改革方面，推出“1+N”+X多证合一、证照联办和“商事登记一网通”措施；启动投资项目在线审批监管平台2.0版，并在模拟审批、施工图联审、涉审中介治理等关键环节取得突破。公民个人事项“简化办、网上办、就近办”扎实推进，便民服务事项办理双休日开放，296项公民个人办事事项实现仅凭身份证可办。至2017年末，全市梳理公布“最多跑一次”事项9593项，其中市本级771项，实现比例97.1%；坚持“无条件归集、有条件使用”的原则，累计归集59个部门、289.13亿条政务数据，打破信息孤岛取得实质性进展。

桐庐县成为浙江攻克“最多跑一次”改革剩下20%行政事项，破解企业投资项目审批、法律法规衔接等难点、痛点、堵点问题的先行先试地区。7月，省人大常委会做出《关于推进和保障桐庐县深化“最多跑一次”改革的决定》。11月8日，桐庐县行政服务中心24小时自助服务厅对外开放，150平方米的办事大厅内有11台自助办理机，承担来自10个政务部门多达101项行政审批服务事项。市民可以在机器上自助操作上线的办事事项，包括车辆指标、港澳通行证自助签注、工商登记、发票售领等。

2018年1月23日，中共中央总书记、国家主席、中央军委主席、中央全面深化改革领导小组组长习近平主持召开中央全面深化改革领导小组第二次会议，审议了《浙江省“最多跑一次”改革调研报告》。2018年3月5日在第十三届全国人民代表大会第一次会议上，国务院总理李克强做《政府工作报告》，提出深化“放管服”改革，力争做到“只进一扇门”、“最多跑一次”。3月，国家发改委发布30个“数字中国”建设最佳实践，浙江“最多跑一次”改革位列前茅。

## 杭州互联网法院成立

设立杭州互联网法院，是司法主动适应互联网发展大趋势的一项重大制度创新。杭州网上法庭司法实践可以追溯到2011年9月，西湖区法院探索开展网上立案、网上咨询、网络在线调解，余杭区法院与中国互联网协会调解中心合作建立了涉网纠纷诉调衔接工作机制。2014年12月，杭州成立了全省唯一的电子商务诉讼指导中心，指导开展网上审判工作。

2015年4月，西湖、滨江、余杭三家基层法院和市法院作为网上法庭试点法院，分别审理网络支付纠纷、网络著作权纠纷、网络交易纠纷和上诉案件，使“网上案件网上审、网上纠纷不落地”成为现实。2015年8月，实现起诉、调解、立案、举证、质证、开庭、判决等各诉讼环节的全程网络化。

由于涉网案件具有虚拟化和跨地域特征，网络空间治理面临“案件增长快、立法规制慢、监管有盲区、治理受限制”等诸多难题，亟须更高层面的制度设计来集中破解涉网诉讼瓶颈，推动涉网案件审判方式根本转变。

2016年9月7日，杭州市委改革办、市法院起草《关于争取设立杭州互联网法院的建议》，以《杭州改革(专报)》的形式呈送市四套班子主要领导。省委常委、市委书记赵一德高度重视，要求抓紧协同推进，并通过浙江省委改革办转报中央改革办。2016年9月28日，在浙江省委改革办的积极支持下，向中央改革办呈报

杭州互联网法院 (杭报集团 供稿)

《关于设立杭州互联网法院的建议》，中央改革办收到材料后即专报中央领导同志，得到了高度认可。

设立杭州互联网法院，需要解决网上法庭的主体地位、涉网审判规则适用、司法大数据功能有效发挥、专业化审判队伍建设等问题。2016年12月26日，杭州市再次向中央改革办呈报《关于设立杭州互联网法院的方案建议》和《设想方案》，提出互联网法院功能定位的总体思路。2017年3月30日，最高人民法院向中央改革办、中央政法委报送了《关于设立杭州互联网法院的方案》（请示件）。2017年6月26日，中央全面深化改革领导小组第三十六次会议审议通过《关于设立杭州互联网法院的方案》。8月18日，最高人民法院院长周强和浙江省委书记车俊为杭州互联网法院揭牌，杭州互联网法院正式成立。10月，中共中央党史研究室编写了《党的十八大以来大事记》，“全国首家互联网法院——杭州互联网法院正式揭牌成立”被列入其中。

## 第十三届全国学生运动会

全国学生运动会原分设为全国大学生运动会和中学生运动会。根据中共中央办公厅、国务院办公厅《关于进一步规范大型综合性体育运动会申办和筹办工作的意见》精神，教育部将全国大学生运动会、中学生运动会合并。上届大学生运动会（第九届）2012年在天津举办，上届中学生运动会（第十二届）2014年在上海举办，已改名全国学生运动会，但比赛只设中学组。

根据《教育部、国家体育总局、共青团中央关于举办中华人民共和国第十三届学生运动会的通知》，决定于2017年9月4—16日，在浙江省杭州市举办中华人民共和国第十三届学生运动会。运动会开幕式于9月3日在黄龙体育馆举行，中央政治局委员、国务院副总理刘延东出席并宣布开幕。闭幕式由浙江大学承办。本届学生运动会由浙江省人民政府承办，中国大学生体育协会和中国中学生体育协会协办。本届学生运动会是首次真正由大学生、中学生同时参加的全国性学校体育重大活动。

本届运动会以“团结、奋进、文明、育人”为宗旨，以“励志奋进、奔竞不息”为主题，共设田径、游泳、篮球、排球、足球、乒乓球、羽毛球、网球、武术、健美操10个大项、326个小项，分大学甲组、大学乙组、中学组3个组别进行。各项目比赛承办场馆涉及在杭大中学校22所。31个省（自治区、直辖市）和新疆生产建设兵团、香港及澳门特别行政区共34个代表团的5966名运动员参赛，产生奖牌987枚，30人49次破35项赛会纪录。

2017年9月3日，第十三届全国学生运动会在杭州黄龙体育馆开幕

（李 忠摄）

## “联百乡结千村访万户”蹲点调研活动

2017年2月27日，中共杭州市委办公厅印发关于开展“联百乡结千村访万户”蹲点调研活动通知，明确活动自3月开始，贯穿全年，其中3月份为集中蹲点走访月。活动着眼于解决基层突出问题，着眼于加强基层基础建设，着眼于提高干部能力素质，要求每位市级领导干部联系指导1个乡镇1个村；每个市直单位联系1个乡镇，结对所辖所有村（社区）；每个市直单位由主要负责人组团带队，成立若干调研组，由市管领导干部或处级干部担任组长，确保联系乡镇所辖村（社区）结对联系全覆盖、“走村不漏户、户户见干部”。

市直单位分批分组赴联系乡镇和村（社区）开展集中蹲点调研，重点结合实际做好“十个一”：组织一次市第十二次党代会精神宣讲、开展一次集中入户入企走访、推进一批劣Ⅴ类水剿灭等环境整治项目、深入分析一次村情选情、着力解决一批信访维稳突出问题、协调解决一批民生问题、推进一批农村文化礼堂建设、帮转一批相对后进村党组织、帮助新一届班子理清发展思路、撰写一篇蹲点调研报告。市直属各单位“联百乡结千村访万户”蹲点调研活动情况纳入2017年全市大党建责任制考核。

全市4.3万名干部结对联系3089个村和社区，深入开展集中蹲点和地毯式走访。全年累计走访农户165.13万户次、企业7.99万个次，召开民情恳谈会3.5万次；分层分类交办解决实际问题3801个；开展党的十九大和省市党代会精神集中宣讲7600多场次。合力打好“六场硬仗”，助推城中村改造、小城镇综合整治、剿灭劣Ⅴ类水等重点工作落实落地，协调解决民生问题和信访维稳问题4.9万个。

## 临安撤市设区

2017年8月10日，浙江省政府办公厅印发《浙江省人民政府关于调整杭州市部分行政区划的通知》（浙政发〔2017〕32号），根据《国务院关于同

2017年9月15日，临安撤市设区挂牌仪式举行　（殷军领 摄）

意浙江省调整杭州市部分行政区划的批复》(国函〔2017〕102号)精神，撤销县级临安市，设立杭州市临安区，以原临安市的行政区域为临安区的行政区域，临安区人民政府驻锦城街道衣锦街398号。

9月15日，临安撤市设区动员会暨授牌仪式举行，中国共产党杭州市临安区委员会、杭州市临安区人民代表大会常务委员会、杭州市临安区人民政府、中国人民政治协商会议杭州市临安区委员会、中国共产党杭州市临安区纪律检查委员会和杭州市临安区监察委员会挂牌。杭州市临安区法院、杭州市临安区检察院以及区直属各部门、乡镇(街道)于9月16日挂牌。临安区的机构和负责人称谓从9月15日起开始使用，新印章从9月16日起正式启用。

根据9月14日印发的《中共杭州市委、杭州市人民政府关于临安撤市设区后机构变更等问题的通知》(市委发〔2017〕29号)，临安区人民政府的管理权限暂维持现状，待临安与主城区一体化政策出台后，再作调整完善。临安撤市设区后，按照杭州市人民代表大会常务委员会关于临安市撤市设区有关政权机构名称等问题的决定，杭州市人民代表大会常务委员会颁布实施的有关适用城区的地方性法规和决定、决议，暂按行政区划调整前的规定执行。除中央和省、市要求取消、调整的政策外，临安撤市设区前制定的相关政策原则上继续有效。调整后的杭州市辖10个区、1个县级市和2个县，市区面积8000平方千米。

## 杭州荣誉

2017年9月21日，联合国世界旅游组织(UNWTO)致函杭州市政府，祝贺杭州入选全球15个旅游最佳实践样本城市。作为世界旅游的官方组织，2016年12月，联合国世界旅游组织启动“全球旅游最佳实践样本城市”的遴选，通过世界旅游组织专家组的专项调研和实地绩效评估，旨在其所属的193个成员国中确定15个“全球旅游最佳实践样本”。“全球旅游最佳实践样本”项目设定了“城市旅游实践”的五大领域十八个核心指标体系及若干分项目指标体系，其中五大领域为“城市经济领域”“城市环境领域”“城市管理领域”“旅游社会文化领域”和“旅游科技与商业新模式领域”，世界各地城市可根据优势选择其中一个领域进行申报评定。杭州以“旅游社会文化领域”进行申报。

9月18—20日，联合国教科文组织以“全球目标，地方行动：迈向2030年全民终身学习”为主题的第三届国际学习型城市会议在爱尔兰科克举行。通过全体会议、专题论坛和城市最佳实践的介绍等活动，城市领导人和国家政府代表、国际组织代表、非政府组织和私营部门合作伙伴，以及教育、终身学习和城市发展领域的专家，共同探讨“终身学习如何支持地方层面可持续发展目标的实现”“为城市可持续发展的未来促进综合治理和多方合作伙伴关系”以及“实施为可持续发展的地方行动并衡量其影响的成功方式”等重要问题。会上，杭州摘得“联合国教科文组织学习型城市奖章”。

10月27日，住房和城乡建设部印发《关于命名2017年国家园林城市的通报》，决定命名浙江省杭州市等4个城市为国家生态园林城市。国家园林城市是住房和城乡建设部评选出的分布均衡、结构合理、功能完善、景观优美，人居生态环境清新舒适、安全宜人的城市，综合反映了城市生态文明、居民生活质量、城市建设和管理水平。申报评选国家生态园林城市的前提必须是已经被评为国家园林城市。

11月17日，全国精神文明建设表彰大会在北京召开。中央文明委对第五届全国文明城市、文明村镇、文明单位，第一届全国文明校园，新一届全国未成年人思想道德建设工作先进以及第六届全国道德模范进行表彰。会上，杭州第三次蝉联“全国文明城市”荣誉。

12月7日，“2017中国最具幸福感城市”调查推选活动结果在北京发布。杭州连续第十一年登上“中国最具幸福感城市”榜单。“中国最具幸福感城市”调查推选活动由新华社《瞭望东方周刊》、瞭望智库共同主办。2017年度调查推选活动以“砥砺奋进·城市中国”为主题，突出展示党的十八大以来，中国城市在综合实力、公共服务能力、社会事业发展、居民生活质量等领域取得的突出成就。全年1395万人次参加了公众调查、抽样调查和大数据采集。

（年鉴编辑部）

**责任编辑 蔡建明**

## 1月

**1日** 新修订的《杭州市旅游条例》施行，修订后条例突出旅游国际化、旅游全域化和旅游诚信体系建设。

△ 杭州市全面取消农业户口与非农业户口性质划分，统一登记为居民户口，建立城乡统一的户口登记制度。

△ 杭州市区施行新型居住证制度，浙江省临时居住证、浙江省居住证统一为浙江省居住证，申领条件做相应调整，桐庐县、淳安县、建德市、临安市可结合当地实际，参照执行。

**3日** 中国城市竞争力研究会在香港发布2016年中国城市综合竞争力排行榜，杭州居第九位。

**7日** 浙江省千年古镇（古村落）地名文化遗产评审认定结果公示结束，余杭区余杭街道、临安市於潜镇和昌化镇、桐庐县分水镇上榜“千年古镇”，西湖区西湖街道龙井村上榜“千年古村落”。

**9日** 2016年度国家科学技术奖励大会在北京举行，市中医院“IgA肾病中西医结合证治规律与诊疗关键技术的创研及应用”研究获2016年度国家科技进步奖一等奖。

**11日** 杭州与云南省普洱市在杭州举行缔结友好城市签约仪式。

△ 由市委宣传部主办的第四届“最美杭州人”评选结果揭晓，刘同礼、朱颖、韩凯、杨湘英、蒋承仁、王雁春、“小青荷”志愿服务队、快公益团队、余延安、何燕萍入选。

△ 临安市被住房和城乡建设部评为中国人居环境范例城市（治污专项）。

**20日** 杭州市旅委与中国旅游研究院共同建立的杭州旅游经济实验室挂牌成立，首次发布杭州旅游大数据年度报告。

**22日** 杭州市旅游纠纷巡回法庭、杭州市旅游纠纷人民调解委员会挂牌成立，法院、司法行政部门和旅游部门可通过这两个平台实现跨领域合作。

**24日**《杭州市城市建设“十三五”规划》发布，涵盖城市道路建设、公共停车场（库）建设、城市河道整治建设、市域污水处理设施建设、地下空间开发建设、建设科技、农村住房改造建设、住房保障和房地产业、建筑业、勘察设计业发展等内容。

**25日** 市委书记赵一德到西湖区调研城中村改造提升和小城镇环境综合整治工作，考察双浦镇、转塘街道等。

## 2月

**3日** 省委副书记、省长车俊到淳安县开展新春下基层调研，考察鸠坑口国家级水质自动监测站、源头坞水域、姜家镇文渊狮城、下姜村等。

**8日** 市长张鸿铭到下城区联系点检查城中村改造提升工作，考察长木村、草庵村和沈家村指挥部现场，看望慰问拆迁一线干部职工并召开座谈会。

**13—14日** 市长张鸿铭到淳安县调研经济社会发展工作，考察富文乡美客爱途民宿、千岛湖国家级种质资源保护区保种育种科研基地等。

**15日** 市委书记赵一德到江干区调研城中村改造提升工作，考察彭埠街道、笕桥街道、闸弄口街道等地城中村改造提升情况。

△ 市长张鸿铭会见匈牙利驻沪总领事乐文特一行。

△《杭州市环境保护“十三五”规划》发布，明确现实基础和发展背景、指导思想和规划目标、主要任务、体制机制改革、规划保障体系五方面内容。

△ 杭州市与湖北省恩施州签署东西部扶贫协作和对口帮扶合作框架协议。

**17日** 市长张鸿铭会见日本岐阜市市长细江茂光一行。

**20日** 省委副书记、省长车俊到杭州调研航空产业，考察国航公司杭州基地、民航浙江空管分局塔台指挥中心、浙江长龙航空公司并召开座谈会。

**21日**《杭州市全民健身实施计划》发布，明确指导思想、工作目标、主要任务、保障措施、组织实施五方面内容。

**22日** 杭州市第十二届人民代表大会常务委员会第四十二次会议召开，决定接受张鸿铭辞去杭州市人民政府市长职务，报杭州市人民代表大会备案；决定任命徐立毅为杭州市人民政府副市长，代理杭州市人民政府市长。

**24—27日** 中国共产党杭州市第十二次代表大会召开，大会通过《关于中国共产党杭州市第十一届委员会报告的决议》《关于中国共产党杭州市纪律检查委员会工作报告的决议》。

**27日** 市委办公厅印发关于开展“联百乡结千村访万户”蹲点调研活动通知，明确活动自3月开始，贯穿全年，其中3月为集中蹲点走访月。

## 3月

**1日** 市委书记赵一德会见英国利兹市议长朱迪斯·布莱克一行。

△ 新修订的《杭州市法律援助条例》施行，新增内容16条，修订完善23条，放宽经济困难标准，降低法律援助门槛，扩大法律援助覆盖面。

△《杭州市跨境电子商务促进条例》施行，对中国(杭州)跨境电子商务综合试验区的行政管理体制、跨境电子商务发展规划、平台服务和体系建设、促进措施、环境营造和制度支持等做出规定。

**6日**《杭州市科技创新“十三五”规划》发布，包括提升企业自主创新能力、提升原始创新能力、发展信息经济引领的创新型产业集群、提升科技创新平台的服务能力等十方面内容。

**6—7日** 代市长徐立毅到建德市寿昌镇山峰村蹲点调研，走访农户，了解村民收入、“美丽农业”发展等情况，并召开座谈会。

**6—9日** 市委书记赵一德到富阳区新登镇湘溪村蹲点调研，走访农户，了解村企、民宿发展等情况，并召开座谈会。

**7日** 由中宣部、中央文明办、共青团中央等11个部委联合举办的全国学雷锋志愿服务“四个100”先进典型评比结果揭晓，杭州西湖志愿者服务总队、G20峰会“小青荷”志愿服务项目、萧山区北干街道北干一苑社区、江干区九堡街道兴安社区入选全国学雷锋志愿服务“四个100”先进典型，西湖微笑亭志愿者施志平入选中宣部命名的第三批全国岗位学雷锋标兵。

**9日** 杭温高铁开建，全长约313千米，北起杭州西，取道金华义乌，南接杭深铁路永嘉站(温州北)，至温州南，预计2021年全线建成。

**12日** 市委书记赵一德会见丹麦外交大臣安诺斯·萨缪尔一行。

**15日** 代市长徐立毅会见新加坡驻沪总领事罗德伟一行。

**16日** G20峰会史上首个“碳中和林”在临安市开植，通过造林的方式中和峰会所产生的碳排放，以实现会议零排放目标。

**17日** 市政府印发《进一步深化“简政放权、放管结合、优化服务”推进办事“最多跑一次”改革实施方案》，在全省“最多跑一次”改革目标的基础上，制定杭州市“最多跑一次”改革的总体目标和节点目标。

**19日** 富春江引水工程在西湖区双浦镇开工，包括新建引水流量6立方米/秒的外江泵站、处理规模50万立方米/天的水质净化设施、水环境景观河道以及重新整治沿线的输水渠，于9月2日竣工通水。

**20日**《“健康杭州2030”规划纲要》发布，明确战略背景、战略思路、保障措施等十方面内容。

**21日** 市委书记赵一德会见中国太平保险集团董事长王滨一行，市政府与中国太平保险集团签署战略合作协议，浙江交投太平交通基础设施股权投资基金、太平投资控股(浙江)有限公司(筹)以及相关医疗合作项目落户江干区。

**22日** 市委书记赵一德率杭州市代表团到衢州考察，召开深化山海协作工程座谈会，举行深化山海协作工程战略合作签约仪式。

**23日** 市委书记赵一德会见国际奥委会名誉主席雅克·罗格一行。

**23—24日** 由全球共享金融100人论坛主办的“全球共享金融100人论坛·湘湖峰会”在湘湖国家旅游度假区举行，主题为“共享视角下的金融科技与智能投顾”。论坛永久会址落户湘湖金融小镇，11个非银金融机构签约落户湘湖金融小镇。

**26日** 由市委、市政府主办的“创客天下·2017杭州市海外高层次人才创新创业大赛”在德国慕尼黑启动，总决赛于11月7日在杭州举行。

**29日** 市委书记赵一德到萧山区、大江东产业集聚区调研督查剿灭劣Ⅴ类水工作，实地督查各条河道治污剿劣情况，并召开座谈会听取萧山区、大江东产业集聚区剿灭劣Ⅴ类水工作汇报。

**31日** 香积寺路西延(莫干山路西侧—上塘路东侧)工程开工建设，是杭州第一条下穿古运河的城市隧道。

## 4月

**5日** 代市长徐立毅调研督查剿灭劣Ⅴ类水工作，到石桥河、上塘河等实地踏看水域情况，了解剿灭劣Ⅴ类水工作取得的阶段性成效。

**7—12日** 中国人民政治协商会议第十一届杭州市委员会第一次会议召开，选举产生新一届市政协领导班子和常务委员，审议通过政协全体会议建议案。

**9—15日** 杭州市第十三届人民代表大会第一次会议召开，选举产生新一届人民代表大会常务委员会主任、副主任、秘书长和委员，杭州市人民政府市长、副市长，杭州市监察委员会主任，杭州市中级人民法院院长，杭州市人民检察院检察长；通过新一届人民代表大会各专门委员会组成人员名单和多项决议，徐立毅当选杭州市人民政府市长。

**10日** 市委书记赵一德会见由招商局集团有限公司顾问、香港中华总商会常务副会长、第九至十一届全国人大代表袁武率领的香港特别行政区原任全国人大代表考察团一行，考察团考察“五四宪法”历史资料陈列馆、云栖小镇、杭州国际博览中心等。

**12日** 凌晨，临安市潜川镇和河桥镇交界地区发生4.2级地震，没有人员伤亡和房屋倒塌。

**14日** 由中国音像与数字出版协会、浙江省新闻出版广电局、杭州市委宣传部主办的第三届中国数字阅读大会在杭州举行，主题为“新阅听·新梦想”，中国作协网络文学研究院在会上授牌。

**17日** 市委书记、杭州亚组委副主席赵一德会见亚奥理事会主席艾哈迈德·法赫德·萨巴赫亲王率领的亚奥理事会代表团一行。

△ 第19届亚洲运动会组织委员会办公大楼在体育场路270号挂牌。

**18日** 杭州市监察委员会转隶组建会议召开，杭州市监察委员会成立。

△ 由联合国环境署、蚂蚁金融服务集团作为理事单位，联合政府、公益组织、商业机构等组成的公益联盟——无现金联盟在杭州成立，首批联盟成员为15个。

△ 由中国物流与采购联合会主办的“产融中国——2017中国供应链基金高峰论坛”在杭州举行，中国首支供应链产业基金成立，总规模1000亿元。

**19日** 2017年世界城市和地方政府联合组织世界执行局会议在西班牙马德里召开，杭州获世界城市和地方政府联合组织2017年世界理事会举办权。

**20日** 由省经信委、腾讯公司主办的2017年“互联网+”数字经济峰会在杭州国际博览中心举行，主题为“赋能新结构，连接新动能”，2000多位政企学界人士参加，探讨数字经济为中国经济发展创造的机遇。

**21日** 市长徐立毅会见德国海德堡市市长埃卡特·乌尔茨纳一行。

△ 由余杭区政府主办的2017年中国(杭州)跨境电子商务峰会在余杭区临平新城举行，主题为“时尚电商·跨界融合”，1200多名政府、企业、专家以及行业人士参加。

**22日** 由中国电子商务协会、杭州市商务委、杭州经济技术开发区主办的全国大学生“互联网+”创新大赛暨第四届“发现杯”全国大学生互联网软件设计大奖赛在杭州经济技术开发区闭幕，大赛于2016年10月启动，63所高校100个参赛团队进入总决赛。

△ 由杭州市政府、中国国际茶文化研究会、中国茶叶学会、浙江大学主办的2017年全民饮茶日暨第六届万人品茶大会在杭州刀剪剑博物馆举行，主题为“普及全民饮茶，共享和谐健康”。

**25日** 市委书记赵一德会见新加坡政府和企业代表团。

△ 市长徐立毅以普通市民身份实地暗访多个行政服务窗口，召集13个职能部门，专题就深化“最多跑一次”改革进行现场办公。

△ 由市总工会主办的“‘中国梦·劳动美’杭州工匠为你喝彩”首届“杭州工匠”认定发布会举行，30人被授予“杭州工匠”称号。

**26日** 第十三届中国国际动漫节在白马湖动漫广场开幕，5月1日闭幕，主题为“国际动漫，拥抱世界”，82个国家和地区参展参赛。

**27日** 市委书记赵一德到萧山区调研大数据交通治堵工作，在萧山区公安分局指挥中心了解大数据交通治堵试点工作进展情况，并召开座谈会听取市公安局交警局、市电子政务办、阿里巴巴集团等单位工作汇报。

**28日** 由杭州市政府、浙江大学、浙江省金融办、中国人民银行杭州中心支行、浙江清华长三角研究院主办的2017年全球区块链金融(杭州)峰会在杭州奥体博览中心举行，全国首个区块链产业园区落户西湖区西溪谷互联网金融小镇，杭州区块链技术与应用联合会成立，《中国区块链产业发展白皮书》《杭州市区块链产业发展情况报告》发布。

## 5月

**1日**《杭州市大运河世界文化遗产保护条例》施行，对列入大运河世界文化遗产要素名录的周边大运河河道、桥梁、码头遗址、历史文化街区等大运河相关遗产进行保护。

**3日** 省委副书记、代省长袁家军到杭州调研，考察云谷小镇、未来科技城何过港工程、城市轨道交通杭临线工程等。

**5日** 由中国工业经济联合会、中国信息通信研究院、中国互联网协会、浙江省经信委、萧山区政府主办的“2017中国工业大数据大会·钱塘峰会”在杭州国际博览中心举行，主题为“数据驱动创新，融合引领变革”。浙江工业大数据创新中心在萧山区启动筹建。

**6日** 由中国科学技术交流中心主办的二十国集团智库会议科技创新研讨会在杭州经济技术开发区举行，主题为“新供给、新动力、新合作，科技创新引领支撑未来”，来自国内外的100多名专家学者出席。国内外智库共同发起成立“国际科技创新智库联盟”。

**10日** 市委书记赵一德从三堡船闸上游引航道出发，历时3小时乘船考察钱塘江—富春江两岸综合保护与利用工作。

△ 全国首个爱国卫生运动纪念馆在国家AAA级旅游景区小营·江南红巷揭牌落成。

**11日** 市委书记赵一德调研爱国卫生和“健康杭州”建设工作，考察下城区长庆潮鸣街道社区卫生服务中心和上城区小营巷社区并召开座谈会。

△ 由创新工场创业服务平台、清科集团、下城区政府主办的“2017中国人工智能产业投资峰会”在下城区举行，创业企业、投资机构、众创空间、政府部门等近300名代表探讨“人工智能”。

**11—12日** 全国爱国卫生运动委员会在杭州召开爱国卫生运动65周年暨全国爱国卫生工作座谈会，中共中央政治局委员、国务院副总理、全国爱国卫生运动委员会主任刘延东出席并讲话。在杭州期间，刘延东到下城区长庆潮鸣街道社区卫生服务中心、小营巷社区、浙江大学、良渚博物院等考察并召开座谈会。

**14日** 由市纪委、市委组织部、市委宣传部主办的全市党员干部“廉洁好家风”主题教育活动启动仪式在江干区皋亭山孝廉文化广场举行，活动贯穿全年。

**16日** 市长徐立毅会见捷克国家投资局局长卡莱尔·库切拉一行。

△ 浙江省2017年美丽浙江高峰论坛暨“两美浙江特色体验地”命名仪式在嘉兴市举行，桐庐县、建德市、临安市获县、市、区级“两美浙江特色体验地”称号，萧山区瓜沥镇、余杭区塘栖镇、富阳区新登镇、桐庐县富春江镇、建德市梅城镇、临安市高虹镇获乡镇级“两美浙江特色体验地”称号，淳安县枫树岭镇下姜村、建德市乾潭镇幸福村获村级“两美浙江特色体验地”称号。

△ 由浙江省经信委、中国电子

技术标准化研究院、萧山区政府主办的区块链技术和应用峰会暨首届中国区块链开发大赛成果发布会在杭州国际博览中心举行，中国电子技术标准化研究院、萧山区政府、中国万向控股有限公司宣布三方将共同推进中国(萧山)区块链创业创新基地。

**17日** 市委书记赵一德会见英国驻华大使吴百纳一行。

△ 中国茶产业联盟在杭州发起成立，联盟由农业部牵头，157个大型茶叶企业集团及科研单位组成，成立仪式后召开中国茶产业联盟第一届理事会。

**17—19日** 省人大常委会党组书记、副主任王辉忠率领督查组到桐庐县开展“最多跑一次”改革蹲点调研督查。

**18—21日** 由农业部、浙江省政府主办的首届中国国际茶叶博览会在杭州国际博览中心举行，主题为“品茗千年·中国好茶”，47个国家参展商、国内20个茶叶主产省茶企代表及1700多个国内外专业客商参展。中国茶业国际高峰论坛同时举行。西湖龙井在博览会总结会上入选中国茶叶区域十大公用品牌。

**21日** 浙江大学建校120周年纪念大会在紫金港校区举行。

**22—23日** 第十四届亚洲/大洋洲政府间反兴奋剂部长级会议在杭州召开，来自26个国家和4个国际组织共79名正式代表出席。

**23日** 中国·杭州临空经济示范区获批新闻发布会召开，杭州临空经济示范区获国家发展改革委、民航局批准为第四批国家级临空经济示范区。

△ 由市政府主办的第五届中国杭州大学生创业大赛总决赛在杭州师范大学下沙校区举行，大赛于2016年10月启动，8个项目参加总决赛。

**23—25日** 法国戛纳电视节在杭州举办首届MIPChina杭州·国际影视内容高峰论坛，包括业务洽谈和专业会议两个板块。

**24日** 省委书记车俊到杭州调研，考察杭州七堡地铁控制中心、江干区五堡社区、西湖区白沙泉社区和富阳区黄公望村、传化集团、富通住电光纤公司等。

△ 杭州市见义勇为基金会工作会议召开，礼为奇、蒋承仁、邓文龙、杨耀林4名见义勇为平民英雄被市政府记二等功。

**25日** 浙江省首个集专利、版权、商标、商业秘密四位一体的知识产权管理服务平台在杭州未来科技城(海创园)成立。

**26日** 市长徐立毅到高新区(滨江)调研科技创新工作，考察杭州启明医疗公司、恒生电子股份有限公司、杭州国际人才科技创新中心、杭州国际学校等，并召开座谈会听取高新区(滨江)、市科委等科技创新工作汇报。

## 6月

**6日** 由农业部、浙江省政府主办的2017年“全国放鱼日”(主会场)暨千岛湖水生生物增殖放流活动启动仪式在淳安县千岛湖举行，主题为“增殖水生生物、促进绿色发展”，启动仪式上增殖放流优质鱼种100多万单位。

**8—11日** 由市旅委、萧山区政府主办的2017年中国(杭州)会议与奖励旅游产业交易会在杭州国际博览中心举行，约160个会奖企业、会奖机构和122个专业会议会奖买家参加。

**10日** 由省台办、市台办主办的“浙台邻里节·杭州分场”暨2017年“杭台邻里节”开幕式在杭州举行，来自台湾南投县相关乡(市)、社区及民间社团的130多位台湾同胞与杭州居民代表参加。

△ 首个“文化和自然遗产日”浙江省主场城市(杭州·拱墅)活动暨第六届大运河文化节在拱墅区运河广场启动，主题为“非遗保护——传承发展的生动实践”和“文化遗产与一带一路”。

**15日** 世界城市和地方政府联合组织亚太区“一带一路”地方合作专委会落地揭牌仪式暨“未来出行青年实践营”启动仪式在杭州举行，专委会由中国人民对外友好协会与杭州市政府在世界城市和地方政府联合组织亚太区框架内联合发起成立。

△ 中国民主同盟杭州地方组织成立70周年纪念大会在杭州大剧院举行。

**16日** 国际艾希顿周活动在英国伦敦举行，杭州公共自行车服务项目获艾希顿“2017年可持续交通项目奖”。

**17—18日** 由国际金融论坛主办、丝路国际联盟和中国新闻社联合主办的2017年丝路国际联盟大会在杭州国际博览中心举行，包括“一带一路”高层对话会议、丝路国际联盟成立仪式、钱塘江金融港湾发布会和多场分论坛。开幕式上，丝路国际联盟成立，总部设在萧山区湘湖金融小镇。

**20—22日** 市委书记赵一德率杭州市代表团到贵州省黔东南州、湖北省恩施州落实对口帮扶工作，考察帮扶项目并召开对口帮扶工作对接座谈会。

**22日** 市长徐立毅到下城区调研城中村改造提升工作，考察杭锅地块城市之星综合体、杭氧德中同行馆和草庵村、沈家北苑拆迁现场，实地了解项目推进情况，并召开座谈会听取下城区和市规划局工作汇报。

**24日** 由杭州市政府、中国证券投资基金业协会主办的第三届全球私募基金西湖峰会在杭州举行，主题为“私募基金的责任”，来自国内外的业内领袖、专家及行业龙头、机构代表等近1000人参加。

△ 由中国丝绸协会、浙江省丝绸文化研究会主办的“一带一路”丝绸文化高峰论坛在杭州举行，国家相关部委领导、地方政府文化官员、丝绸文化专家学者、高校研究机构以及丝绸文创产业企业代表等100多人参加。

**25日** 市委书记赵一德、市长徐立毅到市防汛指挥部、西湖区等实地检查指导防汛工作，看望慰问防汛一线的干部群众。

**28日** 杭州市综合行政执法局(市综合行政执法支队)挂牌，为市政府工作部门，与市城市管理委员会合署办公。

**29日** 市委书记赵一德到市公安局交警局调研大数据交通治堵工作，并召开座谈会听取市公安局交警局、萧山区公安分局、市数据资源管理局等单位工作汇报。

**30日** 全球可持续发展标准化城市联盟成立大会暨国际标准化会议基地授牌仪式在杭州举行，大会持续到7月1日。7个国外城市市长和7个国内城市政府负责人，中国标准化研究院、中国物品编码中心、全国组织机构代码中心、中国标准化协会、杭州市质量技术监督局，以及有关标准化机构、企业代表参加。

## 7月

**3日** 杭州地铁2号线西北段通车暨在建工程"立功竞赛"活动启动仪式在地铁庆春广场站举行，2号线西北段工程为钱江路站（不含）至丰潭路站，全长11.84千米，首次通车钱江路站至古翠路站。

**4日** 市委书记赵一德会见芬兰新地省省长奥西·萨沃莱宁一行。

**7日** 中国铁路总公司和浙江省政府联合批复《杭州铁路枢纽规划（2016—2030年）》，远期杭州将有11条高铁线路和6座主要高铁客运站，通达9个方向，实现市域高铁全覆盖，形成"一轴两翼双十字双环六客站"的铁路枢纽总体布局。

**7—8日** "中国制造2025"试点示范城市国家考察评估组现场考察评估杭州市创建工作，并召开工作评估会，考察评估组一致赞成杭州创建"中国制造2025"试点示范城市，支持杭州创建"中国制造2025"示范区。

**9日** 由市政府主办的"未来已来"全球人工智能高峰论坛在杭州未来科技城举行，包括主论坛和4个分论坛，国内外人工智能专家学者、投资机构、创新企业领袖及创业者2500多人参加。中国（杭州）人工智能小镇同时开园。

**10日** 市长徐立毅到大江东产业集聚区调研工业经济，了解工业企业经营发展情况，听取企业对未来发展前景的分析研判。

**14日** 市委书记赵一德会见中国侨联党组书记、主席万立骏，中国侨联党组成员、副主席乔卫一行。

△ 市长徐立毅调研千岛湖配供水一体化工程，考察闲林水厂、闲林水库、配水工程桐村支洞、配水井等工程施工现场。

**15日** 由萧山区委、区政府和联合国中文语言中心、文化部中华社会文化发展基金会联合开展的第八届跨湖桥文化节开幕式暨"联合国代表团中国萧山文化行"在萧山区举行，来自22个国家的56位联合国代表参加，文化节持续到12月，举办文艺会演、文学创作、非物质文化遗产展演等活动。

**18日** 第五届金砖国家科技创新部长级会议在杭州举行，就科技创新政策交流、专题领域合作、联合资助多边研发项目等达成多项成果，发表《杭州宣言》《金砖国家创新合作行动计划》《金砖国家2017—2018年科技创新工作计划》。

△ 由新华社、市政府主办的首届中国城市信用建设高峰论坛在杭州举行，来自全国300多个城市的信用建设负责人发布《信用城市杭州宣言》。

**19日** 市长徐立毅到建德市蹲点调研，到大洋镇、寿昌镇等地分别检查"6·25"特大洪涝灾害灾后重建、"美丽乡村"建设等情况并召开座谈会。

**22日** 由中国手艺发展研究中心、人民网舆情监测室、西湖区政府主办的首届中国匠人大会在杭州云栖小镇举行，主题为"以匠心，致未来"，来自全国各地、各门类的近1000名匠人参加。

**24日** 省委副书记、省长袁家军到庆丰变电站、下城区交警值勤岗等看望慰问工作人员，检查指导高温下的安全和民生保障工作。

△ 杭州国际人才创业创新园建园启动仪式在中国（杭州）智慧信息产业园举行，国家外国专家局和杭州市政府签署《共同推进杭州国家自主创新示范区建设国际人才创业创新园合作备忘录》，并为拱墅区、西湖区、高新区3个试点园区授牌。

**27日** 第三届金砖国家通信部长会议在杭州举行，主题为"数字经济时代的信息通信技术创新与融合发展"，通过并发表《第三届金砖国家通信部长会议宣言》，在数字经济、包容性增长、技术创新、产业融合发展等方面达成多项共识。

**29日** 第二届金砖国家工业部长会议在杭州举行，主题为"新工业革命背景下制造业发展的机遇和挑战"，探讨加强工业重点领域产业和投资合作、技术开发和创新合作等问题。

## 8月

**1日** 杭州人民来访（联合）接待中心在解放东路106号挂牌运行，首批常驻、轮驻市级事权单位13个。

**2日** 经省特色小镇规划建设工作联席会议办公室审核验收，上城区玉皇山南基金小镇、余杭区梦想小镇被命名为首批省级特色小镇。

**3日** 由国家旅游局主办的第三届全域旅游推进会在西安召开，中国旅游休闲示范城市创建成绩榜揭晓，杭州排名第一位，获"中国旅游休闲示范城市"称号；淳安县获"全国通用航空旅游示范单位"称号。

**9日** 国家体育总局公布第一批运动休闲特色小镇试点项目，淳安县石林港湾运动小镇成为浙江省入选的3个运动休闲特色小镇之一。

**11日** 省政府发布通知，经国务院同意，调整杭州市部分行政区划。撤销县级临安市，设立杭州市临安区，以原临安市的行政区域为临安区的行政区域，临安区人民政府驻锦城街道衣锦街398号。

**14—19日** 由中国科协、教育部等9个部委和浙江省政府共同主办的第三十二届全国青少年科技创新大赛终评活动在杭州举行，来自全国各地的34个代表队近500名青少年和200多名科技辅导员以及20多个国家的青少年代表参加。

**16日** 省委书记、省人大常委会主任车俊到杭州市"12345"市长公开电话受话大厅、杭州市民中心调研信访工作，接待群众来访。

△ 市委书记赵一德会见以色列驻沪总领事普若璞一行。

△ 市长徐立毅调研全市垃圾处置工作，考察江湾区块建筑垃圾资源化利用点、江干区双菱垃圾中转站和洁莲社区、市城管委智慧城管大厅

等,并召开座谈会听取市城管委垃圾处置情况汇报。

**18日** 全国首个互联网法院——杭州互联网法院成立,最高人民法院院长周强和浙江省委书记车俊揭牌。杭州互联网法院用互联网方式审理互联网案件,当事人通过互联网完成诉讼。

**18—19日** 中共中央政治局委员、国家副主席李源潮到杭州调研群团改革工作,考察上城区馒头山社区邻里中心、高新区海创基地、西湖区社会组织服务中心、未来科技城等,并主持召开群团改革调研座谈会听取地方青妇科侨和基层党委负责人意见建议。

**21日** 市委书记赵一德督查环保突出问题整改落实情况,检查拱墅区半山街道杭钢西苑社区后山山坳碎石场、江干区彭埠街道杨家桥社区白石港和上城区望江街道汽车南站周边环境。

**23日** 市长徐立毅到萧山区调研工信经济发展情况,走访8个萧山区重点企业并召开座谈会,了解企业转型升级新动态,协调解决企业困难与诉求。

△ 在北京举行的"中国青年文体创新创业基金"启动仪式上,中国青年创业就业基金会与杭州市萧山区钱江世纪城管委会达成合作意向,前者将在钱江世纪城范围内设立"中国青年文体创业就业基金",总规模2亿元,配套成立基金管理公司。

**24日** 全国工商联发布"中国民营企业500强"榜单,杭州44个企业入选。

**25日** 市委书记赵一德会见国际奥委会主席巴赫一行。

**27日** 秋石快速路规划中最后一对匝道——半山路北匝道建成开通,标志着秋石快速路二期工程全线完工。

**29日**《杭州市加快培育和发展住房租赁市场试点工作方案》发布,明确增加租赁住房供应、培育住房租赁市场供应主体、鼓励住房租赁消费、加大政策支持力度、加强住房租赁市场监管五个方面的19条工作举措。

△ 余杭区首届网络文化节开幕,杭州市首个自媒体联盟——余杭自媒体联盟成立,由余杭区从事网络文化信息服务的企事业单位和个人组成,网络文化节持续到年底。

**29—30日** 由共青团中央、中央网信办、浙江省政府主办的第三届"创青春"中国青年互联网创业大赛决赛在余杭区梦想小镇举行,大赛于6月启动,100个项目进入决赛。

△ 第七届杭州学习节在杭州图书馆开幕,活动持续到9月底,主题为"喜迎十九大,以一流学习建设一流城市"。

**31日** 省构建和谐劳动关系工作领导小组发布2016年度全省各市劳动关系和谐指数,杭州市以87.94分连续第七年居全省第一位。

## 9月

**1日** 由中国互联网协会、浙江省经信委、杭州市政府主办的第二届中国产业互联网大会在余杭区举行,主题为"构建产业互联网新生态",来自全国各地的产业互联网领域专家、学者以及相关行业、企业代表1500多人参加,中国联通产业互联网研究院在会上揭牌。

△ 杭州市在全省率先推出的"1+N"+X多证合一、证照联办网上办事系统正式运行,首批多证合一事项22项、证照联办事项27项,使85%的新设企业能按"一件事"标准实现100%网上办理。

△ 杭州市第十三届"美德少年"推选活动颁奖典礼举行,夏长浩、章元涛、石芸菲、方志伟和姜来、王俊迪、俞果、黄彦阳、威望鹏、徐楚瑶、严可遇入选。

**3日** 第十三届全国学生运动会在杭州黄龙体育馆开幕,中共中央政治局委员、国务院副总理刘延东出席,比赛持续到16日,设10个项目,34个代表团的5966名运动员参加。

**6日** 之江实验室在杭州人工智能小镇挂牌成立,全国人大常委会原副委员长路甬祥,省委书记、省人大常委会主任车俊为之江实验室揭牌并讲话,路甬祥出任之江实验室学术咨询委员会主任,省委副书记、省长袁家军为之江实验室负责人颁发聘书。

△ 省委书记、省人大常委会主任车俊到杭州人工智能小镇调研,考察中国—乌克兰人工智能研究院、北航虚拟现实研究院等。

**6—7日** 由创业邦创业服务平台主办、市政府联合主办的"2017创新中国总决赛暨秋季峰会"在杭州举行,主题为"风口·布局"。

**7—8日** 第九届金砖国家统计局局长会议在杭州举行,探讨全面落实金砖国家领导人厦门会晤共识,助推五国经济增长和世界经济发展,深化金砖国家统计合作特别是新动能新产业统计监测方面合作。

**8日** 杭州知识产权法庭挂牌成立,是在杭州市中级人民法院内设的专门审理知识产权案件的机构,实行知识产权民事、行政和刑事案件"三合一"审判体制和跨行政区划管辖模式。

**11日** 市政府同意拱墅区设立工业设计产业发展单元,是浙江省第一个产业发展单元。

**13日** 市长徐立毅会见美国驻沪总领事谭森一行。

**14日** 省委书记、省人大常委会主任车俊到高新区(滨江)调研人才工作,考察一批高新技术企业和孵化器并出席高层次人才座谈会。

△ 市长徐立毅到拱墅区调研杭钢新城和运河新城规划建设情况,考察杭钢新城地块、运河新城等,并召开座谈会听取拱墅区、市运河集团、市规划局工作汇报。

**15日** 中国共产党杭州市临安区委员会、杭州市临安区人民代表大会常务委员会、杭州市临安区人民政府、中国人民政治协商会议杭州市临安区委员会、中国共产党杭州市临安区纪律检查委员会、杭州市临安区监察委员会挂牌。

△ 市长徐立毅会见联合国教科文组织文化助理总干事班德林一行。

△ 2017年全国科普日暨杭州市第三十一届科普宣传周活动开幕,主题为"创新驱动发展,科学破除愚昧",举办系列科普活动。

**17—19日** 由省政府主办的首

届世界油商大会在杭州举行,主题为"共商油品、共享机遇——油品全产业链投资便利和贸易自由",来自40多个国家政府能源机构、油气企业、相关服务行业以及国际能源组织、行业协会、研究机构的400多人参加,20个项目在仪式上签约,涉及总金额573.7亿元。

**18—20日** 联合国教科文组织主办的第三届国际学习型城市会议在爱尔兰科克举行,杭州获"联合国教科文组织学习型城市奖章"。

**19日** 市委书记赵一德会见中国国民党前副主席林丰正一行。

△ 由中国国际贸易促进委员会、杭州市政府主办的2017年国际调解高峰论坛在杭州举行,主题为"调解和多元化纠纷解决机制",来自10多个国家和地区的法律专家、调解员、律师和企业代表400多人参加。

**20日** 由全国妇联、浙江省政府主办的首届中国妇女创业创新大赛总决赛暨颁奖典礼在杭州未来科技城举行。全国人大常委会副委员长、全国妇联主席沈跃跃,全国妇联党组书记、副主席、书记处第一书记宋秀岩,浙江省委书记、省人大常委会主任车俊等出席。杭州市选送的"基于立体视觉的机器人识别定位系统"和"拓道金服"分别获环保创新组最佳奖和商业价值组单项奖。

△ 省政府命名首批省级生态文明建设示范市、县(市、区),杭州市入选第一批省级生态文明建设示范市,富阳区、临安区、桐庐县入选第一批省级生态文明建设示范县(区)。

△ 杭州市第十二届"公民爱心日"启动仪式在中国京杭大运河博物馆举行,100多个社会公益组织、爱心企业进行公益项目的集中宣传展示和爱心义卖,开展"公民爱心日"公益劝募,为市民提供公益服务。全市675个社区、学校等社会场所同步设置捐赠点。

**21日** 市委书记赵一德到桐庐县调研"最多跑一次"改革,考察桐庐县行政服务中心并召开座谈会了解改革推进情况。

△ 联合国世界旅游组织致函杭州市政府,祝贺杭州入选全球15个旅游最佳实践样本城市。

△ 全国生态文明建设现场推进会在湖州市召开,临安区入选全国首批生态文明建设示范区。

**21—25日** 由市政府、浙江大学、中国美术学院主办的第十一届杭州文化创意产业博览会在白马湖国际会展中心举行,主题为"融——创生活·联世界",举办20多项商务活动。开幕式上,杭州市首个城区文创基金"杭州下城文创基金"成立,基金规模5亿元。

△ 由省文化厅、市政府主办的第九届浙江·中国非物质文化遗产博览会在白马湖国际会展中心举行,主题为"非遗让生活更美好",来自27个省(市、自治区)的近400位非物质文化遗产传承人、工艺美术大师携280个非物质文化遗产项目(衍生品牌)的作品、产品、衍生品参加。

**22日** 第三届中国—中东欧国家文化合作部长论坛在杭州举行,主题为"文化·交流·合作·共享",中东欧16个国家政府文化代表团、中国政府文化代表团和港澳特区政府代表参加。

△ 杭州图书馆联合10个国家36个图书馆共同发起"中国—中东欧国家图书馆联盟倡议书","中国—中东欧国家图书馆联盟"项目启动。

**26—27日** 由中国纺织工业联合会主办的首届世界纤维新材料大会暨第二十三届中国国际化纤会议在杭州国际博览中心举行,70位来自化纤行业相关领域的专家学者围绕纤维新材料、智能制造、绿色制造三大主线做专题报告。

**27日** 溧阳至宁德国家高速公路浙江省淳安段(千黄高速淳安段)工程开工建设,项目全长51.422千米,起点位于浙江省与安徽省交界的塔岭附近,以隧道形式衔接拟建溧阳至宁德国家高速公路安徽段,终点接溧阳至宁德国家高速公路淳安至建德段(杭新景高速千岛湖支线)。

**28日** 市长徐立毅会见国际泳联执行主任科奈尔·马库勒斯库一行。

**28—29日** 由中国服装协会、中国服装设计师协会、余杭区政府主办的2017年中国服装杭州峰会在艺尚小镇举行,主题为"一带一路:共筑时尚新未来",20个国家和地区的约500名时尚界人士参加。"一带一路时尚产业合作推进办公室"挂牌。

**28—29日** 由商务部、杭州市政府主办的第八届中国国际服务外包交易博览会在杭州举行,主题为"构建服务新生态,促进经济新发展",有关政府部门代表、服务外包示范城市和其他有关省市商务主管部门负责人、有关中介组织负责人、国际著名分析师、境内外买家、服务外包企业高管及业界专家700多人参加。

**30日** 全国首个市级文艺家联合工会——杭州市文艺家联合工会第一次会员大会召开,首批会员40名,产生第一届领导机构。

## 10月

**9—10日** 省委书记、省人大常委会主任车俊到联系点淳安县枫树岭镇下姜村蹲点调研,走访农户,听取村民对党的十九大的期盼。

**10日** 位于西湖区曙光路的浙江省首个并购金融街区——白沙泉并购金融街区开街,第一届全球并购金融·白沙泉峰会同时举行。

△ 上城区法院上线运行全国首个"金融纠纷一站式化解平台",利用互联网技术和数据共享,为金融纠纷当事人提供从立案、审判到执行的全流程线上服务。华东地区首个独立建制的金融专业派出法庭同步成立。

**10—14日** 全国政协副主席董建华率香港特别行政区全国政协委员考察团到浙江杭州、金华、湖州等地考察生态建设和可持续发展情况。10日,考察团参观G20杭州峰会主会场。

**11日** 由国家发展改革委、中国科协、浙江省政府主办的2017年"创响中国·杭州站"活动在杭州经济技术开发区大创小镇启动,举办1个标志性活动、5项专场活动和N场特色活动。启动仪式上,浙江省高校创新创业教育实践基地(杭州大创小镇)揭牌。

**11—14日** 由阿里巴巴集团主办的2017年杭州·云栖大会在西湖区

云栖小镇举行，围绕20个科技领域设置2场主论坛、20场主题峰会、110多场行业分论坛，来自67个国家和地区的近5万人参加。会上，杭州宣布“城市数据大脑”V1.0上线，阿里巴巴集团宣布成立阿里巴巴全球研究院(阿里巴巴达摩院)。

**14日** 市委书记赵一德到江干区调研城中村改造提升工作，考察江干区彭埠街道御道家园小区，并在“四社联动”六堡分指挥部主持召开会议听取城中村改造提升工作情况汇报。

△ 由中国航天员科研训练中心、浙江大学主办的第二届中国人因工程高峰论坛在余杭区梦栖小镇举行，主题为“人因设计创新中国”，15位两院院士、政府部门代表、人因工程领域专家学者、设计创新领域专家、相关科研院所及企事业单位代表400多人参加。

**15日** “飘扬的旗帜”杭州市喜迎党的十九大胜利召开文艺晚会在杭州文广集团举行。

△ 2017年FINA国际泳联/浩沙10公里马拉松游泳世界杯赛淳安千岛湖站在千岛湖举行，来自19个国家和地区的79名马拉松游泳运动员参加。

**16—17日** 由杭州市农办、杭州市旅委、杭州市外办、桐庐县政府、中国新闻社浙江分社、国际民宿联盟、国际民宿研究院主办的第二届中国(桐庐)国际民宿发展论坛暨国际乡村(民宿)设计大会在桐庐县举行，主题为“乡村(民宿)设计”。桐庐美丽乡村发展基金在会上成立，基金规模5亿元。

**18日** 西湖区和浙江工业大学联合在浙江工业大学屏峰校区成立全省首个社工学院——西湖区社工学院，50多位社区工作者成为第一批学员。

**18—21日** 由市政府、浙江大学主办的2017年杭州国际友城“城市与创新”论坛在杭州举行，主题为“城市与创新”，19个国际友城和友好交流城市代表团、4个国内友城代表团、3个国际组织和7个国家驻沪总领馆代表团及捷克、中国香港的观摩嘉宾参加。

**20日** 由世界休闲组织、杭州市政府主办的第十九届中国杭州西湖国际博览会和第三届世界休闲博览会在杭州国际博览中心开幕，活动持续到11月12日，主题分别为“放大G20效应，打造国际会展之都赛事之城”“休闲——让生活更美好”。

**21日** 由中国复合材料学会、杭州市政府主办的第三届中国国际复合材料科技大会在杭州举行，主题为“复合新材，料定未来”，设置2场主报告、56个学术交流议题、7个特色分会场和3个国际交流会场。

**23日** 由市政府主办的2017年新生代企业家论坛在杭州国际博览中心举行，主题为“奇点来临：智能化浪潮与新实体经济”，省内外新生代企业家、嘉宾及媒体代表等400多人参加。

**25日** 由省人力资源服务协会主办的2017年中国(浙江)人力资源服务博览会在江干区举行，50多个参展单位，1万多个企业家、创业家、孵化器高管及企业人力资源相关人员参加。

**26日** 市长徐立毅会见捷克总统中国事务特命代表雅罗斯拉夫·德沃吉克一行。

**26—28日** 由市政府、省商务厅主办的第四届中国(杭州)国际电子商务博览会暨潮起钱塘·第二届全球跨境电商峰会在杭州国际博览中心和白马湖国际会展中心举行，主题为“网上丝路，联通世界”，举办中国(浙江)电子商务投融资高峰论坛、中国(浙江)电子商务人才发展高峰论坛等活动。其间杭州跨境电子商务综合试验区仲裁联盟、中国(浙江)电子商务投融资服务中心成立。

**27日** 住房和城乡建设部印发《关于命名2017年国家园林城市的通报》，命名杭州市等4个城市为国家生态园林城市。

△ 由中国民间文艺家协会、中国文物学会、浙江省文联、上城区政府主办的第七届中国民间艺人节在清河坊历史街区开幕，11月26日闭幕，主题为“保护、传承、创新、发展”，来自全国的100多名民间艺人参加。

**27—30日** 由中华文化促进会、浙江省文化厅、浙江省文联、浙江省文化产业学会主办的第二十届西湖艺术博览会在杭州和平国际会展中心举行，开展当代原创、传统经典、手艺创意三大板块活动。

**28日** 由国际市民体育联盟、杭州市政协教文委、杭州市体育局、杭州市节展办、杭州市西博办主办的2017年国际(杭州)毅行大会在钱塘江畔的渔人码头生态公园启动，主题为“杭州与世界同行”，1.5万人参加。

△ 由市政府主办的2017年中美新经济和投资论坛在杭州国际博览中心举行，探讨中美两个大国如何面对挑战和机遇，以及两国的企业如何加强合作与交流继续引领全球的创新与趋势。

**28—29日** 由中国会展经济研究会、杭州市政府主办的第九届中国(杭州)城市会展发展大会暨打造“国际会展目的地城市”会展项目交易大会在杭州国际博览中心举行，主题为“新定位、新目标，打造国际会展目的地城市”，来自国际权威会展协会、国内外重点会展城市、知名会展机构企业、高等院校会展专业专家学者等代表400多人参加。中国会展经济研究会向杭州市授予“国际会展目的地示范城市”称号。

**31日** 由杭州市公共交通集团有限公司、杭州富阳交通发展投资集团有限公司共同出资成立的杭州市富阳公共交通有限公司挂牌成立，富阳区与主城区公交一体化进入实体化运作。

## 11月

**1日** 市长徐立毅到桐庐县调研“最多跑一次”改革，考察浙江施强制药公司、浙江龙生汽车部件公司、桐庐健康小镇等。

△ 浙江省最大规模停车场建设专项债券——市钱投集团城市停车场建设专项债券通过国家发展改革委审批，债券拟募集资金49亿元，建设停车场项目35个，项目总投资116.4亿元。

**3—4日** 由市政府主办的2017年杭州湾论坛在杭州国际博览中心

举行，主题为“新金融新经济的实践突破”，国内外政商学界人士参加。

**6日** 2016—2017年度中国建设工程鲁班奖（国家优质工程）颁奖大会在北京举行，三堡排涝工程和紫之隧道工程获奖。

**7日** 省委书记、省人大常委会主任车俊到高新区（滨江）调研民营企业发展情况，考察网易（杭州）网络有限公司、浙江大华技术股份有限公司等企业和浙商总会。

**8日** 市长徐立毅会见巴西里约热内卢市市长马塞洛·克里维拉率领的友好代表团。

**8—10日** 由省委、省政府主办的2017年浙江·杭州国际人才交流与项目合作大会在杭州国际博览中心举行，主题为“交流、合作、创新、创业”，来自27个国家和地区的600多名海外高层次人才、外国专家、留学人员社团组织代表等参加。

**9日** 萧山区政府与乌克兰国立航空航天大学在乌克兰基辅签署“中乌航空航天研究院”共建协议，中乌航空航天研究院落户萧山区。

**11日** 由阿里巴巴集团淘宝网主办的“天猫双十一全球狂欢节”举行，单日交易额1682亿元。

**12日** 市委书记赵一德会见中国国民党前主席洪秀柱一行。

**13日** 市委书记赵一德会见芬兰新地省省长奥西·萨沃莱宁一行。

△ 市长徐立毅调研城西科创大走廊水利综合规划，考察城西南排通道工程出水口和进水口规划选址地块，并召开座谈会听取市林水局工作汇报。

**14—15日** 由中国人工智能学会、浙报集团、杭州城市学研究理事会、萧山区政府、长城会、钱江世纪城管委会主办的GMIC+全球人工智能杭州峰会暨中国（杭州）人工智能产业发展论坛在杭州国际博览中心举行，主题为“科学复兴，极智未来”，业内知名企业和专家学者参加。

**15—22日** 市委书记赵一德应邀率代表团到德国、匈牙利、以色列访问，考察“工业4.0”和先进制造企业创新发展、城市规划建设管理、文化遗产保护和利用等情况，出席中德智能制造合作交流与产业推介会、文澜中学和布达佩斯马达奇中学友好合作备忘录签约仪式、杭州旅游布达佩斯推介会。

**17日** 全国精神文明建设表彰大会在北京召开，杭州第三次蝉联全国文明城市，桐庐县成为杭州市首个县级全国文明城市。

**20日** 市长徐立毅会见斯洛文尼亚马里博尔市市长安德烈·菲茨特拉维奇一行，双方签署友城协议书，杭州和马里博尔缔结为友好城市。

**21日** 市长徐立毅调研全市医疗卫生工作，考察杭州求是医院、上城区南星街道馒头山社区健康颐养园、浙江老年关怀医院和市妇产科医院，并召开座谈会听取市卫生计生委工作汇报。

**21—23日** 由市政府、省商务厅主办的“2017中国全球投资峰会：杭州”在钱江新城举行，主题为“共享杭州机遇，共建世界名城”，国内外知名专家学者、企业家代表近1000人参加。

**23—24日** 由中国社会科学院信息化研究中心等主办的“2017互联网+智慧中国年会”在北京举行，杭州市获第七届中国智慧城市建设领先奖。

**24日** 由国家邮政局、浙江省政府、中国快递协会主办的第二届中国（杭州）国际快递业大会在桐庐县举行，主题为“新时代、新经济、新快递”，来自国内外的快递企业代表600多人参加。

**25—26日** 由浙江大学、杭州市政府、中国国际茶文化研究会、中华全国供销合作总社杭州茶叶研究院、中华全国供销合作总社职业技能鉴定指导中心主办的第四届中华茶奥会在杭州茶都名园举行，主题为“传承、创新、融合、共享”，设置10个大类25个组别的比赛，1000多人参赛。

**28日** 《杭州市住房反向抵押养老保险试点工作方案》印发，年龄范围为60周岁（含）至85周岁（含）的老人可参与投保。

△ 浙江大学教授吴朝晖、杨德仁入选中国科学院院士。

**28—29日** 由中国纺织工业联合会主办的首届中国纺织非物质文化遗产大会在淳安县举行，主题为“共筑纺织非遗可持续发展新生态”，举办主题大会、对话沙龙、成果展示、合作签约等活动。

**29日** 市委书记赵一德会见以色列驻华大使何泽伟一行。

**30日** 杭州市第十三届人民代表大会第二次会议开幕，12月1日闭幕，选举产生杭州市出席浙江省第十三届人民代表大会代表98名。

△《中共杭州市委、杭州市人民政府关于实施“拥江发展”战略的意见》发布，明确实施“拥江发展”战略的背景意义、总体要求、工作抓手、近期主要任务、保障措施。

△ 由浙江省科协、余杭区政府、台湾神农科技发展协会主办的第十四届海峡两岸美丽乡村与休闲农业研讨会在余杭区塘栖镇举行，主题为“发展休闲农业，让乡村更美好”，举办主题报告、论坛研讨会、美丽乡村合伙人分享会等活动。

## 12月

**1日** 市委书记赵一德到“五四宪法”历史资料陈列馆调研，听取讲解介绍，重温“五四宪法”的发展历程和深远影响。

△“百名红通人员”周骥阳在辽宁大连缉捕归案，成为杭州首名、全国第50名归案的“百名红通人员”。

**2日** 由杭州市政府、中国新闻社、浙江省政府新闻办公室主办的第二届中国大运河国际论坛在杭州举行，主题为“中国大运河文化带构建”，国内外运河研究专家和中国大运河沿岸城市代表参加。

△ 由中国生态文明研究与促进会主办的中国生态文明论坛惠州年会举行，杭州市被评为全国“2017美丽山水城市”。

**4日** 由浙商总会主办的2017年世界健康大会在杭州国际博览中心举行，主题为“中国健康促进世界健康，全民健康推动人类健康”，会上成立涵盖企业家、医疗专家等近50人的“健康智库”，并将“院士创新基地”落户杭州。

△ 杭州市宣布加入“城市改变

糖尿病”项目,成为中国第四个、全球第十个“城市改变糖尿病”项目伙伴城市。

**6日** 教育部公布第一批全国中小学生研学实践教育基地,杭州(国际)青少年洞桥营地和西溪国家湿地公园入选。

△ 由市委宣传部、市文明办、市总工会、团市委、市妇联等部门联合开展的第十三届杭州市道德模范(平民英雄)评选活动揭晓,沈醒杭、达式华、陈浩、杨明、胡勇萍、王坤森、郎丽英、方叶平、杭钢南苑社区环卫工人团队、淳安县浪川乡双源完小爱心送教团队入选。

**6—9日** 世界城市和地方政府联合组织2017年世界理事会会议暨“大数据背景下的智慧城市建设”论坛在杭州举行,来自国内外100多个城市及地方政府协会的近400名代表参加。9日,市委书记赵一德会见世界城市和地方政府联合组织主席帕克斯·陶等主席团成员及参会代表。

**7日** 由新华社《瞭望东方周刊》、瞭望智库主办的“2017中国最具幸福感城市”调查推选活动结果在北京发布,杭州连续第11年入选“中国最具幸福感城市”榜单。

**9日** 由中国工程院医药卫生学部、中国医师协会、浙江省医学会主办的首届世界生命科技大会在余杭区梦栖小镇举行,主题为“探索生命本质,呵护人类健康”,来自国内外的1000多名院士专家、科技人才参加。良渚国际生命科技小镇启动建设。

△ 首个“中国网络作家村”授牌活动暨首届“中国网络文学周”新闻发布会在白马湖国际会展中心举行,“中国网络作家村”落户滨江区。

**12日** 由杭州市政府、亚洲金融合作协会主办的首届亚太资产管理高峰论坛在杭州举行,主题为“新时代资产管理的跨境合作与创新发展”,探讨开放和创新中的资产管理。

**14日** 市委书记赵一德到西湖区调研“美丽乡村”建设和全域土地综合改革工作,考察三墩镇“美丽乡村”建设工作、双桥片整村搬迁及云谷区块总体规划有关情况、北支江生态修复工程、双浦土地全域整治试点工作,并召开座谈会听取有关情况汇报。

△ 杭州市与贵州省黔东南州东西部扶贫协作联席会议在杭州召开,交流两地对口帮扶开展情况,并就深化合作签署工作协议。

**14—15日** 杭州市工会第十五次代表大会在市职工文化中心召开,选举产生杭州市总工会第十五届委员会和经费审查委员会。

**15日** 作为杭州市千岛湖供水“一厂三线”工程重要组成部分的杭州市闲林水厂工程开工,占地25.5公顷,规划总规模60万立方米/日,计划于2020年通水。

**15—18日** 由浙江省金融业发展促进会、钱塘江金融研修院主办的首届钱塘江论坛在杭州举行,主题为“新金融,新科技,新业态,大湾区”,来自全国政商学研界1000多人参加,全球金融科技创新大会中国会址永久落户萧山区。

**17日** 世界旅游联盟与浙江省政府在国家旅游局签订战略合作备忘录,宣布世界旅游联盟总部落户湘湖国家旅游度假区。

**19日** 市委书记赵一德会见世界货币基金组织秘书长林建海一行。

△ 市委书记赵一德到文晖街道现代城社区现代景苑小区、长庆街道新坝公厕和城管之家、河坊街新民村分别调研垃圾分类处置、厕所革命和既有住宅加装电梯工作。

**20日** 市委书记赵一德会见埃塞俄比亚外交国务部长阿库利鲁一行。

**20—23日** 由中国人工智能学会、浙江大学、浙江省机器人产业发展协会、萧山区政府主办的第三届中国(杭州)国际机器人西湖论坛在杭州国际博览中心举行,主题为“机器人与智能时代”,举办2场主旨论坛、5场专题论坛、中外机器人展览展示和萧山机器人小镇重大项目签约仪式暨机器人博展中心开放活动,中国机器人小镇(产业园)发展联盟揭牌。

**22日** 由杭州市政府、中国工业设计协会主办的2017年“市长杯”创意中国(杭州)国际工业设计大赛总决赛在富阳区举行,大赛于4月启动,国内外90多所高校和210多个企业参赛。

**26日** 《杭州市人民政府办公厅关于开展杭州市区既有住宅加装电梯工作的实施意见》施行,明确和规范加装电梯的基本原则、实施主体、资金筹集、实施程序、保障措施等内容。

**27日** 杭州地铁2号线(丰潭路—良渚站)开通试运营,2号线全线通车,全长43.3千米。

△ 由市科协、市教育局、市科委、团市委、浙江大学团委等主办的第三届杭州市大学生科技创新大赛决赛暨颁奖大会在省科技馆举行,大赛于9月启动,主题为“科技放飞梦想,创新驱动发展”,30多所高校的180多件申报项目、1000多名学生参赛。

**28日** 杭州市数据资源开发协会成立及城市大数据运营战略合作签约仪式举行,协会由7个创始会长单位发起组建,近100个单位共同发起。

△ 由人民日报民生周刊杂志社等主办的第五届中国民生发展论坛暨第十一届国际公益慈善论坛在北京举行,杭州“智慧医疗”工程入选“2017民生示范工程”。

**29日** 杭州市行政复议局挂牌,集中行使行政复议职责。余杭区政府行政复议局同步挂牌。

△ 作为京杭运河浙江段三级航道整治工程杭州段关键节点工程的八堡船闸工程开工建设,全长2973米,将新建一座1000吨级双线船闸和一座九乔路大桥,预计2022年实现通航。

(市委办公厅　市政府办公厅　年鉴编辑部)

责任编辑　郦　晶

## 自然状况

【地理位置和面积】杭州市地处东南沿海的长江三角洲南翼。市区地处钱塘江下游，中国大运河南端，是中国东南部的重要交通枢纽。市域界于北纬29° 11′ ~30° 34′ 和东经118° 20′ ~120° 37′ 之间。全市土地面积16596平方千米，其中市区土地面积8000平方千米。全市土地面积构成中，山地丘陵占65.6%，平原占26.4%，江、河、湖、荡、水库占8%。杭州森林资源集中在临安、淳安、建德、桐庐、富阳等地，以临安、淳安森林资源最为丰富。至2017年末，全市森林面积112.61万公顷，森林覆盖率66.83%。

【地貌】杭州境域地貌类别多样，大地构造处于扬子准地台钱塘台褶带。近期现代构造运动趋向缓和，地震活动显得微弱，自公元2世纪以来有记载的4级以上地震6次，多为弱震(3~5级)和微震(1~3级)。杭州有记载的最强地震为5级(929年)。2017年4月12日临安市潜川镇和河桥镇交界处发生4.2级地震。杭州西北部和西部系浙西中山丘陵区，主要山脉有天目山、白际山、千里岗山等，全市最高点是海拔1787米的清凉峰。市区最高峰是位于余杭区鸬鸟镇的窑头山，海拔1095米。市区丘陵分布在城区西南部向北东—南西向延伸。主城区(指上城区、下城区、江干区、拱墅区、西湖区、滨江区，下同)主要有吴山、紫阳山、玉皇山、北高峰、云居山、三台山、翁家山、将台山、老和山、月轮山、五云山、狮峰、半山、天马山、二龙头、屏风山、凤凰山、青龙山、老焦山、龙门山、玉泉山等。杭州东北部和东南部属浙北平原地区，地势低平，海拔3~6米，地表江河纵横，湖泊密布。

【湖泊河流】杭州市境内主要河流有钱塘江、京杭运河(浙江段)、浦阳江。钱塘江按北源新安江算，以安徽省休宁县六股尖东坡起算，至海盐澉浦—余姚西三闸连线，河流长度589千米。其中，流经杭州长度319千米。京杭运河(浙江段)以嘉兴市秀洲区王江泾镇史家村起算，至杭州三堡船闸，河流长度为129千米。其中，流经杭州长度37.13千米。浦阳江以绍兴安华水库大坝起算，至钱塘江、浦阳江汇合口，总长度98千米。其中，流经杭州长度30千米。新安江水库又名千岛湖，正常水位时水域面积573平方千米，蓄水量178亿立方米，湖内大小岛屿1078个，是中国东南部沿海地区最大的水库。西湖水面面积6.38平方千米。杭州湾以钱塘潮著称，是中国沿海潮差最大的海湾。

【水资源】2017年，杭州市平均降水量1556.5毫米(折合水量258.32亿立方米)，与多年平均降水量基本持平，比上年偏少20.1%。全市水资源总量146.87亿立方米。其中：地表水资源量144.95亿立方米，地下水资源量29.63亿立方米，扣除地表水和地下水重复计算量后为27.71亿立方米。全市产水系数0.57，产水模数88.5万立方米/平方千米。全市地表水资源量比多年平均偏多1.1%，比上年偏少31.2%。地表水资源量的空间分布与降水量的空间分布大致相似，由西部山区向东部平原递减。

【矿产资源】杭州市矿产资源中，金属矿产资源有限，具矿床规模的黑色金属、有色金属、贵金属矿产15种，矿产地20处，达到中型规模的矿床3处。非金属矿和建筑石料蕴藏量丰富，有矿产18种，矿产地42处，探明大中型矿床12个。其中，石灰岩资源在浙江省有优势，方解石和石材资源量大。历史上蕴藏丰富的膨润土资源，经多年开采，已无资源优势。

【土壤】根据1979—1985年的第二次土壤普查，杭州市土壤总面积15027平方千米。全市成土环境复杂多变，土壤性质差异较大，共有9个土类、18个亚类、59个土属及149个土种。土壤分布主要受地貌因素制约，随地貌类型和海拔高度的不同而变化。全市土壤中，红壤分布最广，占土壤面积的一半以上。水稻土次之，约占14%。

【植物】杭州市植物种类繁多。据不完全统计，全市有维管植物214科1000余属2800种，仅西湖山区和西天目山等地就有高等植物246科974属2160种。其中苔藓植物291种，隶属60科142属；蕨类植物151种，隶属35科68属；种子植物1718种，隶属151科764属。总体上，杭州市的植物温带、亚热带区系成分特征显著，热带区系成分占有一定比例，特有、珍稀植物丰富。

据1999年国务院公布的第一批国家重点野生植物名录(共264种),杭州市有国家重点保护野生植物31种,其中一级保护的有中华水韭、银杏、南方红豆杉、天目铁目、银缕梅、莼菜6种,天目铁目为杭州特有种。

**【野生动物】**杭州多样的自然环境和温湿的气候孕育了丰富的野生动物资源。鱼类区系由北方平原、北方山区、江河平原、上第三纪、热带平原、中印山区、海水7个鱼类区系复合体组成。陆生脊椎动物主要分布于西南山区和临安北部山区。无脊椎动物以昆虫类繁盛。根据杭州市湿地资源调查(2005)及历史记载,全市有鱼类178种,其中国家一级保护动物1种,二级保护动物3种。根据杭州市陆生野生动物资源调查(2005—2007年)及历史记载,全市有陆生野生动物506种,属于国家级重点保护动物74种,其中国家一级重点保护动物有10种,国家二级重点保护动物有64种。 (柴谏明)

**【年度气候】**杭州属亚热带季风性气候,四季分明,光照充足,雨量充沛,春秋较短,冬夏较长。2017年,杭州年平均气温18.0℃,较常年偏高,为1951年以来历史第二高位(仅次于2007年18.4℃),是2000年以来第18个连续偏暖年份,气候变暖趋势持续。年降水量1461.2毫米,接近常年,逐月分布与常年同期差异较大;年雨日数为144天,较常年偏少;年总日照时数1804.4小时,较常年偏多。杭州霾日数为近15年最低值,杭州主城区平均能见度11.6千米,为近20年最高值,"蓝天白云"明显增多。

杭州各地年平均气温17.0℃(临安)~18.3℃(主城区),其中主城区比常年(17.0℃)偏高1.3℃。全市极端最高气温42.2℃,出现在7月24日的桐庐,极端最低气温-5.5℃,出现在1月21日的临安。主城区高温日数(日最高气温≥35℃)46天,较常年偏多19天。主城区1月平均气温7.3℃,较常年(4.6℃)偏高2.7℃;2月平均气温7.8℃,较常年(6.4℃)偏高1.4℃;春季(3—5月,下同)平均气温17.6℃,较常年(16.0℃)偏高1.6℃;夏季(6—8月,下同)平均气温28.7℃,较常年(27.3℃)偏高1.4℃;秋季(9—11月,下同)平均气温19.2℃,较常年(18.6℃)偏高0.6℃;12月平均气温7.4℃,较常年(7.0℃)偏高0.4℃。

降水量与历史平均值基本持平,但是年内月际间多寡变化剧烈,与多年平均分布差异较大。全市年降水量1381.1毫米(临安)~1519.5毫米(萧山),其中主城区年降水量1442.0毫米,与常年(1438.0毫米)持平。主城区年雨日数为145天,较常年(147.4天)偏少2.4天。各站年雨日数在136天(富阳)~148天(建德)之间,与常年相比,各站均偏少,偏少2.4天(主城区)~18.7天(富阳)。2017年杭州梅雨较为典型,6月9日入梅,7月5日出梅,梅雨期26天,梅雨量392.9毫米,较常年偏多50.5%。主城区1月降水量71.7毫米,较常年(80.6毫米)偏少11.0%;2月降水量27.2毫米,较常年(88.2毫米)偏少69.2%;春季降水总量为419.7毫米,较常年(392.4毫米)偏多7.0%;夏季降水总量为480.0毫米,较常年(554.4毫米)偏少13.4%;秋季降水总量为396.6毫米,较常年(273.5毫米)偏多45.0%;12月降水量46.8毫米,较常年(48.9毫米)偏少4.3%。

全市年日照时数1630.5小时(桐庐)~1943.6小时(萧山),其中主城区年日照时数1818.4小时,较常年(1709.4小时)偏多6%。主城区1月日照时数119.3小时,较常年(102小时)偏多17.3小时;2月日照时数132.7小时,较常年(97.2小时)多35.5小时;春季日照时数499.7小时,较常年(421.7小时)偏多18.5%;夏季平均日照时数596.7小时,较常年(542.3小时)偏多10%;秋季平均日照时数342.6小时,较常年(417.5小时)偏少17.9%;12月日照时数127.4小时,与常年(128.7小时)持平。

**【主要气候事件】***梅雨期暴雨* 2017年杭州梅雨较为典型,6月9日入梅,7月5日出梅,梅雨期26天,梅雨量392.9毫米,较常年偏多50.5%。梅雨期降水集中,其中6月10—12日、23—25日出现两次区域性暴雨,全市过程雨量均超过100毫米。受钱塘江上游兰江洪峰及天文大潮叠加影响,6月27日钱塘江闸口站出现7.76米高水位,为1953年以来历史第二高洪峰,仅次于1997年洪灾时的8.02米。钱塘江洪峰造成九溪附近江水漫堤,九溪社区内涝严重,西湖区长安沙岛村民被紧急疏散。强降雨及洪涝导致建德大洋镇等地民房倒塌,大量人员转移,三河村、上源村等多处道路被淹中断,农作物大面积受灾。

*夏季高温* 主城区高温日数(日最高气温≥35℃)46天,较常年偏多19天。其中7月21—25日杭州连续5天最高气温超过40℃,极端最高气温达41.3℃,仅次于2013年的41.6℃,为历史第二高温极值。杭州市气象台共发布高温橙色预警信号12次,高温红色预警信号7次,其中7月22日全网发布高温红色预警信号。7月28日至8月1日在临安、建德、淳安分别实施人工增雨作业,缓解局部高温及旱情。

*暖冬* 2016年12月至2017年2月,主城区冬季平均气温8.2℃(一般定义上一年度的12月和本年度的1月、2月为上一年度的冬季),较常年偏高2.2℃,为1951年以来杭州冬季平均气温最高年份。冬日的杭城温暖如春,1月29日最高气温攀升至25.3℃,为1月历史最高气温记录。1月29—31日杭州遭遇寒潮影响,48小时日平均气温降温幅度达10.8℃,并伴有8级以上大风,杭州各地气象部门发布寒潮、大风预警信号。

*盛夏强对流* 2017年盛夏杭州多地出现短时强降雨、雷雨大风、冰雹等强对流天气。7月4日16时至20时,余杭区出现雷雨大风及局部冰雹。下城区阮家村、江干区俞章村和奥体中心出现9级雷雨大风,城北出现小区老旧围墙被疾风吹倒的灾情。8月25日拱墅区、江干区、余杭区和萧山区等地出现短时暴雨,拱墅区康桥街道1小时雨量达到历史罕见的127毫米,部分道路积水严重,最大积水深度达60厘米。

*秋季阴雨寡照* 主城区11月出现连续阴雨天气,总雨日14天,较常年同期偏多5天,累积雨量139.1毫米,是常年同期雨量的两倍。12—22日出现连续11天的阴雨寡照天气,对作物生长和秋果成熟不利,对晚稻灌浆和秋收晾晒造成明显影响。

(麻碧华 俞 布)

## 历史文化

**【建置沿革】**杭州是华夏文明发祥地、中国七大古都之一。考古发现，大约10万年前，在杭州市所辖建德市李家镇一带有智人“建德人”活动。1936年在余杭区发现良渚遗址，良渚文化距今约5300～4200年，被称为“中华文明的曙光”。随着2001年萧山区跨湖桥遗址的发现和2004年12月“跨湖桥文化”被正式命名，杭州乃至浙江文明史推前到距今8000年新石器时代的早期。

秦王政二十五年（公元前222年）置钱唐县、余杭县，属会稽郡。隋开皇九年（589年）废钱唐郡，置杭州，杭州之名首次在历史上出现。五代吴越国（907—978年）在杭州建都。

南宋建炎三年（1129年），高宗赵构南渡至杭州，升杭州为临安府。绍兴八年（1138年），南宋正式定都临安，历时140多年。元至元十四年（1277年），改临安府为杭州。至元二十一年（1284年），自扬州迁江淮行省治于杭州，次年改称江浙行省。至正二十六年（1366年），朱元璋攻占杭州，置浙江等处行中书省，治杭州府。明洪武九年（1376年），改浙江行中书省为浙江承宣布政使司。清康熙元年（1662年），改浙江承宣布政使司为浙江行省。

1912年2月，废杭州府，以钱塘、仁和县并置杭县，直属浙江省，并为省会所在地；1927年5月，划杭县城区等地设杭州市，杭州置市始此。1949年5月3日，杭州解放。10月1日，中华人民共和国成立，杭州市为浙江省直辖市、浙江省省会。1958年，萧山县、富阳县改属杭州市。1960年，桐庐县、临安县改属杭州市。1963年，建德县、淳安县改属杭州市。杭州市境域和行政区划框架基本确定。1987年11月，萧山撤县设市。1992年4月，建德撤县设市。1994年1月，富阳撤县设市。1994年4月，余杭撤县设市。1996年10月，临安撤县设市；同年12月，设立滨江区。2001年2月，萧山、余杭撤市设区。2014年12月，富阳撤市设区。2017年9月，临安撤市设区。至此，杭州市辖上城、下城、江干、拱墅、西湖、滨江、萧山、余杭、富阳、临安十区和桐庐、淳安、建德三县（市）。

**【市树、市花、城标】**杭州市的市树为香樟，市花为桂花。香樟即樟树，樟科常绿乔木，广布于中国长江以南各地。全株有樟脑香气，是杭州常见的绿化树和行道树。桂花又名“木樨”“木犀”，木樨科常绿灌木或小乔木。秋季开花，花簇生于叶腋，黄色或黄白色。桂花在杭州已经有近千年的栽培历史，尤其是满觉陇桂花最为著名，南宋时期《（咸淳）临安志》已有记载。常见的有金桂（丹桂，花橙黄色）、银桂（花黄白色）和四季桂等。1983年7月20—23日，市六届人大常委会第九次会议决定，香樟为杭州市市树；桂花确定为杭州的市花。

杭州城标 2008年，市委、市政府开展城市标志设计全球征集活动，收到国内和美国、德国、英国、法国、意大利等十余个国家的应征作品2568件。经过中外专家多轮评审产生候选城市标志11个，再经两轮市民投票和专家组修改完善，最终确定。2018年3月28日，杭州城市标志揭晓。城标以篆书汉字“杭”演变而来，将航船、城廓、园林、拱桥等元素融入其中。标志用特别设计出来的字体表现杭州的城市名称，强调了字体的独特性，字体与图形相结合，浑然一体。

**【跨湖桥文化】**浙江地区最早的新石器时代文化分布于浙中山区，跨湖桥文化是山地文化向平原文化发展的早期一支，距今约8000年。跨湖桥人以农业、采集、渔猎为生，已经会制作骨器、木器、石器作为生产工具。木作技术也已经十分发达，榫卯技术已经出现，懂得了用生漆涂饰木器、用动物或植物的胶汁粘补陶器，在他们的精神世界里，已经出现拜火崇日的宗教观念。据考古发现，跨湖桥人已经学会栽培水稻、驯养家猪。

跨湖桥遗址自1990年6月首次发掘以来，经过三次考古发掘，其中2002年发掘出土的独木舟及相关遗迹，对研究中国造船史、交通史以及世界造船史，都将产生重大而深远的影响。2004年12月“跨湖桥文化”正式命名。2006年5月跨湖桥遗址被国务院公布为第六批全国重点文物保护单位。跨湖桥遗址的发现，打破了河姆渡文化、马家浜文化对浙江新石器时代文化的两分体系，建立起区域文化的多元格局，为长江流域新石器时代文化研究中整体观念的形成树立了新的坐标。

**【良渚文化】**良渚文化是中国长江下游环太湖流域新石器时代晚期文化，发生于距今5300～4000年，是长江中下游太湖地区文化序列中的一个阶段，即由马家浜文化—崧泽文化—良渚文化的发展序列。良渚遗址群是良渚文化遗存分布最集中、规模最大、等级最高的中心址，主要分布在余杭区境内，分布着135个遗址点，包括宫殿、墓地、祭坛、村落、大型礼制性建筑基址等各类遗存。

1936年，良渚文化被发现；1959年，被命名为“良渚文化”。1994年初，国务院将“良渚遗址群的保护、开发的多位研究”项目列入中国21世纪议程优先项目计划，列入中国政府向联合国教科文组织推荐《世界遗产名录》的预备清单。1996年，良渚遗址群被国务院列为全国重点文物保护单位。2006年12月，良渚遗址名列《中国世界文化遗产预备名单》第13项（共35项）。2017年9月22日，经中国联合国教科文组织全国委员会署名推荐后，国家文物局将两套良渚古城遗址申遗英文版预审材料寄往联合国教科文组织世界遗产中心预审。

**【南宋临安城遗址】**南宋皇城遗址位于杭州凤凰山东麓。经历年考古勘探、调查，探明皇城遗址四至范围，东抵馒头山东麓，西至凤凰山麓，北起万松岭路南，南达宋城路，依山就势，平面呈不规则方形，皇城区块面积约85万平方米。陆续发现南宋太庙遗址、三省六部遗址、德寿宫遗址、御道遗址等南宋时期重要遗址。2001年，以南宋皇城遗址为核心的南宋临安城遗址被国务院确定为全国重点文物保护单位，2006年被国家列入“十一五”100处重点保护遗址名录。2013年，南宋皇城遗址被确定为浙江省第一批省级考古遗址公园。2009年，市委、市政府制定《南宋皇城大遗址综合保护工程五年行动计划》。2011年启动全国重点文物保护单位

中国大运河(杭州段)拱宸桥景色　　（市委党史研究室 供稿）

南宋临安城遗址保护规划编制工作。2013年6月，南宋临安城遗址保护规划由省政府公布实施。

【杭州西湖文化景观】2011年6月24日，在法国巴黎召开的第三十五届世界遗产委员会审议会上，“杭州西湖文化景观”通过国际古迹遗址理事会21个成员国代表组成的世界遗产委员会主席团审议，正式列入世界遗产名录。杭州西湖文化景观由分布于4235.76公顷范围内的西湖自然山水、三面云山一面城的城湖空间特征、两堤三岛景观格局、“西湖十景”题名景观、西湖文化史迹、西湖特色植物六大要素组成。

杭州西湖文化景观是中国历代文化精英秉承“天人合一”哲理，在深厚的中国古典文学、绘画美学、造园艺术和技巧传统背景下，持续性创造的“中国山水美学”景观设计最经典作品，展现了东方景观设计自南宋(13世纪)以来讲求“诗情画意”的艺术风格，具有显著的景观持续性和文化关联性。在9—20世纪世界景观设计史和东方文化交流史上拥有杰出、重要的地位和持久、广泛的影响，它在10个多世纪的持续演变中日臻完善，并真实、完整地保存至今，成为景观元素特别丰富、设计手法极为独特、历史发展特别悠久、文化含量特别厚重的“东方文化名湖”，是世界独具一格的文化景观。

【中国大运河(杭州段)】2014年6月22日，北京时间22:15(多哈当地时间10:19)，在卡塔尔首都多哈召开的第三十八届世界遗产委员会会议同意将中国大运河列入《世界遗产名录》，中国大运河成为中国第32项世界文化遗产。世界遗产委员会认为，中国大运河是世界上最长的、最古老的人工水道，也是工业革命前规模最大、范围最广的土木工程项目。中国大运河由隋唐大运河、京杭大运河和浙东运河组成，包括十大河段，地跨北京、天津、河北、山东、江苏、浙江、河南和安徽8个省级行政区，沟通海河、黄河、淮河、长江、钱塘江五大水系。杭州是京杭大运河的最南端和浙江运河的起点，是中国大运河的重要节点。大运河(杭州段)列入遗产河道总长110千米。杭州市列入大运河首批申遗点段共有11个：富义仓、凤山水城门遗址、桥西历史街区、西兴过塘行码头、拱宸桥、广济桥6个遗产点，杭州塘段、江南运河杭州段、上塘河段、杭州中河—龙山河、浙东运河主线5段河道。申遗点段的数量在全国各城市中位于前列。　（柴谏明）

## 行政区划

【行政区划总体情况】2017年，撤销杭州市县级临安市，设立杭州市临安区。杭州市2017年新建社区32个，撤销社区14个、行政村7个。至年末，在市行政区域范围内，有市辖区10个、县级市1个、县2个，镇75个、乡23个、街道92个，社区1090个、居民区34个、行政村2036个。

【杭州市部分行政区划调整获批】2017年7月18日，国务院印发《国务院关于同意浙江省调整杭州市部分行政区划的批复》(国函〔2017〕102号)，同意撤销县级临安市，设立杭州市临安区，以原临安市的行政区域为临安区的行政区域，临安区人民政府驻锦城街道衣锦街398号。同时要求，撤市设区各项工作要深入贯彻党的十八大和十八届三中、四中、五中、六中全会及中央城镇化工作会议、中央城市工作会议精神，认真落实创新、协调、绿色、开放、共享的发展理念，尊重和顺应城市发展规律，坚持经济、社会、人口、环境和资源相协调的可持续发展战略，统筹做好城乡规划、建设和管理，提高新型城镇化质量和水平，增强城市综合承载能力。涉及的各类机构要按照“精简、统一、效能”的原则设置，涉及的行政区域界线要按规定及时勘定，所需人员编制和经费自行解决。要严格按照国务院“约法三章”的要求，不新建政府性楼堂馆所，不增加财政供养人员，不增加“三公”经费。要严格执行中央关于厉行节约的规定和国家土地管理法规政策，加大区域资源整合力度，促进区域经济社会协调健康发展。要强化组织领导，明确工作责任，加强行政区划调整的社会稳定风险评估，落实各项工作措施，确保行政区划调整有序稳妥实施。8月10日，浙江省人民政府印发《浙江省人民政府关于调整杭州市部分行政区划的通知》(浙政发〔2017〕32号)。9月15日，临安撤市设区动员会暨授牌仪式举行。

【行政区域界线联合检查】2017年，杭州市完成1条市级界线(杭州金华线)、6条县级界线(下城西湖线、江干余杭线、上城西湖线、滨江萧山线、桐庐淳安线、桐庐建德线)联合检查任务。重点检查行政区域界线管理法律法规的贯彻落实情况、毗邻双方人民政府签署的行政区域界线协议书及其附图的执行情况、界桩及其方位物变化和界桩维护管理情况、指示行政区域界线走向的其他标志物及行政区域界线实地位置有关的地物、地貌的变化等情况。根据民政部、浙江

2017年杭州市行政区划概况

表1　　单位:个

| 地域名称 | 街　道 | 乡 | 镇 | 社　区 | 居民区 | 行政村 |
|---|---|---|---|---|---|---|
| 上城区 | 6 | — | — | 54 | — | — |
| 下城区 | 8 | — | — | 74 | — | — |
| 江干区 | 10 | — | — | 178 | — | 4 |
| 拱墅区 | 10 | — | — | 99 | — | — |
| 西湖区 | 10 | — | 2 | 165 | — | 41 |
| 滨江区 | 3 | — | — | 60 | — | — |
| 萧山区 | 14 | — | 12 | 184 | — | 411 |
| 余杭区 | 14 | — | 6 | 172 | — | 183 |
| 富阳区 | 5 | 6 | 13 | 28 | 3 | 276 |
| 临安区 | 5 | — | 13 | 16 | 14 | 287 |
| 市区小计 | 85 | 6 | 46 | 1 030 | 17 | 1 202 |
| 桐庐县 | 4 | 4 | 6 | 18 | 1 | 182 |
| 淳安县 | — | 12 | 11 | 15 | 1 | 423 |
| 建德市 | 3 | 1 | 12 | 27 | 15 | 229 |
| 合　计 | 92 | 23 | 75 | 1 090 | 34 | 2 036 |

说明:

1."合计"数中不包括"市区小计"数

2. 西湖区的西湖街道委托杭州西湖风景名胜区管委会管理;江干区的下沙街道、白杨街道委托杭州经济技术开发区管委会管理;萧山区的河庄街道、义蓬街道、新湾街道、临江街道、前进街道委托杭州大江东产业集聚区管委会管理

2017年杭州市社区、居民区、行政村调整情况

表2

| 区　域 | 撤销、新建社区、行政村 |
|---|---|
| 江干区 | 丁兰街道新建同协苑、华睦社区;彭埠街道新建杨柳郡社区;笕桥街道撤销弄口社区;四季青街道撤销定海、唐祝社区 |
| 拱墅区 | 半山街道新建云锦社区;祥符街道新建蓝孔雀社区,撤销祥府、庆和、三宝、陆家圩、沁园、申信、郭家库、渡驾桥、清涟、申花、万家社区 |
| 西湖区 | 转塘街道新建紫霞社区;三墩镇新建紫萱社区,撤销双桥村新建双桥社区,撤销山联村新建山联社区;双浦镇撤销浦塘村新建浦塘社区,撤销铜鉴湖村新建铜鉴湖社区 |
| 滨江区 | 西兴街道新建官河社区 |
| 萧山区 | 所前镇新建南城社区;义桥镇新建渔浦社区;浦阳镇新建金浦社区;北干街道新建天悦社区;南阳街道新建潮都社区;蜀山街道新建湘源社区;瓜沥镇新建七彩社区;新街街道新建新宜社区 |
| 余杭区 | 南苑街道新建康城、临城、洋头坝社区;五常街道新建云创、洪园社区;乔司街道新建汀兰社区;余杭街道新建文昌、大禹社区;塘栖镇新建枇杷湾社区 |
| 桐庐县 | 城南街道撤销兰田村 |
| 淳安县 | 千岛湖镇新建城东、阳光社区,撤销排岭、东庄村;临岐镇新建望溪社区 |

省民政厅要求,做好排查并妥善处置边界纠纷工作,组织各区县(市)对全市5条市级界线、28条县级界线进行了全面排查。年内,全市未发生因边界纠纷引发集体上访、群体性械斗和恶性刑事案件。　(张　刚)

## 人口变迁

**【户籍人口增至753.8771万人】**至2017末,全市户籍人口有2352575户、7538771人,增加56909户、178777人,平均每户3.2人,人口年增长2.43%,增幅较上年上升0.64%。其中,男性3747545人,女性3791226人,分别占总人口的49.71%和50.29%,性别比(女=100,下同)98.85,比上年下降0.32,男性比例持续减少。其中,市区总户数1884833户,比上年增加242649户,总人口6152286人,比上年增加705483人,其中男性3048565人,占总人口的49.55%,女性3103721人,占总人口的50.45%,性别比为98.22。临安撤市设区,纳入市辖区统计,市区人口数据较上年增幅明显。

杭州市市区面积8000平方千米,户籍人口密度为每平方千米769人,比上年下降,临安区的划入,市区面积扩大,人口密度降低。实际各城区的户籍人口密度为:上城区17802人/每平方千米,下城区13005人/每平方千米,江干区2680人/每平方千米,拱墅区4109人/每平方千米,西湖区2710人/每平方千米,滨江区3326人/每平方千米,萧山区1114人/每平方千米,余杭区851人/每平方千米,富阳区375人/每平方千米,临安区171人/每平方千米。

**【户籍人口增长地区间不均衡】**2017年,杭州市13个区县(市)中有12个户籍人口增加,1个减少。户籍人口增加最多的区是余杭区,较上年增加55915人,主要原因是大量企业迁入,区域工作居住的人口一直保持上升态势。其次,江干区增加35477人,西湖区增加21828人。上城区户籍人口持续出现负增长,主要原因是该区属于中心城区,老龄化程度较高,因征地拆迁外迁等原因导致户籍人口减少。整体来说,随着城市国际化的快速推进,杭州吸引大量的人才到杭州,全市户籍人口增长明显。

**【省外净迁入人口数量保持高位】**2017年,杭州市迁移人口195847人,其中迁入164405人,迁出31442人,人口机械增长132963人,比上年增加58736人。市区迁入157712人,迁出23255人,机械增长134457人,比上年增加59055人。全市由省外迁入100789人,比省内迁入的63616人多37173人。市区由省外迁入95968

人,比省内迁入的61744人多34224人。全市省外净迁入84598人,省内净迁入48365人。连续多年均是机械增长上升,省外迁入人数大于省内迁入人数。省内温州、金华、绍兴仍为迁入杭州市人数最多的3个城市,省内迁入量大于迁往省内量,杭州市的户口迁移仍为净迁入。

**【人口城市化程度较高】** 至2017年末,杭州市城镇人口4825459人,乡村人口2713312人,城镇人口是乡村人口的1.78倍,占总人口的64.01%,占比比上年上升0.24%。市区城镇人口4406124人,乡村人口1746162人,城镇人口是乡村人口的2.52倍,占总人口的71.62%,比上年下降3.32%。市区城镇人口比例下降的原因是城乡统计口径变化、临安区乡村人口占比较高,纳入市区统计后拉低了市区城镇人口比例。上城区、下城区城镇化率达到100%。

**【人口自然增长率下降】** 2017年,杭州市出生人口109496人,比上年增加13121人,年出生率为14.70‰,比上年的13.21‰上升1.49个千分点。出生人口中男性56622人,女性52874人,出生人口性别比为107.09,比上年的108.28有所下降,略高于正常范围(正常值103~107)。全市死亡人口63366人,比上年增加19245人,死亡率8.51‰,比上年上升2.46个千分点(全市公安机关集中开展历年死亡应销未销户口的核查清理,是死亡人员大幅增加的重要原因),自然增长46130人,自然增长率6.19‰,比上年下降0.97个千分点。市区出生人口92571人,年出生率15.26‰。出生人口中男性47894人,女性44677人,出生人口性别比107.20;死亡52817人,年死亡率为8.71‰。自然增长39754人,年自然增长率为6.55‰,比上年8.49‰下降1.94个千分点。自然增长率下降的主要原因:2017年杭州市根据各级民政、卫计部门提供的相关数据比对分析,对全市范围内的历年死亡应销未销人员逐人逐户核对后注销死亡未销人员,总计26579人。

**【人口持续缓慢老龄化】** 2017年,杭州市人口按年龄段构成情况如下:18岁以下1258969人,占总人口的16.70%,占总人口比例比上年增加0.7%;18~34岁1684384人,占总人口的22.34%,占总人口比例比上年减少0.7%;35~60岁2925033人,占总人口的38.80%,占总人口比例比上年减少0.5%;60岁以上1670385人,占总人口的22.16%,与上年相比增加75907人,占总人口比例上升0.5个百分点,其中百岁以上老人470人,最高年龄109岁1人。从人口年龄结构看,18周岁以下未成年人员呈上升趋势,18~60周岁有效劳动力年龄段人口呈下降趋势,60周岁以上老龄人口呈上升趋势,杭州市人口正在进一步老龄化。 (曹学林)

## 经济建设

**【经济结构继续优化】** 2017年,杭州市地区生产总值12603亿元,比上年增长8.1%。其中,第一产业、第二产业和第三产业增加值分别增长1.8%、4.8%和10.5%。经济结构继续优化,三次产业比例调整为2.5∶34.6∶62.9。现代农业稳步发展,农林牧渔业增加值306亿元,增长2.4%。农业“优势特色产业”实现产值356.8亿元。

规模以上工业企业增加值3184亿元,比上年增长7%,高于全国0.4个百分点。规模以上装备制造业、高新技术产业、战略性新兴产业增加值1384.2亿元、1605.5亿元和979.5亿元,分别增长11%、13.6%和15%。

服务业增加值7930亿元,增长10.5%,占全市生产总值的62.9%。服务业中重点产业保持增长,文化创意、旅游休闲、金融服务和电子商务产业增加值分别占全市生产总值的24.2%、7.4%、8.5%和10.5%。(郭玉虎)

**【财政收支平衡】** 2017年,杭州市财政总收入2921.30亿元,比上年增长14.2%。全市一般公共预算收入1567.42亿元,增长17.4%,占财政总收入的53.7%。税收1417.16亿元,占一般公共预算收入的90.4%。全市一般公共预算支出1540.92亿元,增长9.7%。市区(含萧山、余杭、富阳和临安)财政总收入2801.08亿元,增长14.4%。其中:市区一般公共预算收入1497.92亿元,增长17.8%;市区一般公共预算支出1396.89亿元,增长10.7%。市本级财政总收入436.23亿元,增长6.4%。其中:市本级一般公共预算收入217.21亿元,增长34.9%;市本级一般公共预算支出322.20亿元,增长2.8%。全市各级财政收支平衡,预算执行情况良好。

杭州市全年一般公共预算用于民生保障支出1213.09亿元,增长11.9%。市政府为民办十件实事投入32.48亿元,解决在环境治理、交通出行、食药安全、住房保障、创新创业等领域的热点难点问题。 (刘 淮)

**【信息经济综合评价指标居浙江省首位】** 2017年,杭州市信息经济产业增加值3216亿元,比上年增长21.8%,占全市生产总值的25.6%。信息经济限额以上企业2306个,新增142个。信息经济产业限额以上企业主营业务收入8936亿元,增长28.6%。在2017年浙江省信息经济综合评价中,杭州信息经济发展指数144.0分,居全省第一。电子商务、云计算与大数据、数字内容、软件与信息服务、移动互联网5类产业保持高速增长,平均保持在30%左右的增幅。余杭区、滨江区和西湖区的信息经济产业增加值总量占全市增加值总量的近70%。其中:余杭区信息经济产业增加值929.5亿元,增长30.6%;滨江区增加值878.4亿元,增长21.4%;西湖区增加值326.4亿元,增长12%。

(包环玉)

**【杭州引领都市圈经济发展】** 2017年,杭州都市圈经济总量继续保持增长态势,实现生产总值24496亿元,比上年增长7.8%,生产总值占全省的47.3%,提高0.5个百分点。第一产业增加值781亿元,比上年增长1.9%;第二产业增加值10362亿元,增长6.6%;第三产业增加值13353亿元,增长9.2%。三次产业结构比例由上年的3.6∶42.6∶53.8调整为3.2∶42.3∶54.5。高端制造业快速增长,高新技术产业、装备制造业、战略性新兴产业增加值分别增长11.6%、12.6%和11.4%,健康制造业和信息经济核心产业制造业增加值分别增长17.0%和16.3%,均高于规模以上工业增加值增速。杭州继续引领都市圈发展,实现地区生产总值12603亿元，增长8.1%，分别高于全国、全省1.2和0.3个百分点。

杭州都市圈规模以上工业企业新产品产值13858亿元，增长18.3%。社会消费品零售总额10689亿元，增长10.6%。其中网络零售额6606亿元，增长27.4%。全年新增企业17万个、个体工商户26万户。至年末，杭州都市圈在册市场主体232万个（户），增长13.8%。其中企业91万个，增长17.1%。 （郭玉虎）

**【旅游经济运行总体良好】**2017年，杭州市接待境内外游客16286.63万人次，比上年增长13.5%。其中：内地旅游者15884.40万人次，增长16%；入境旅游者及中国港澳台地区旅游者402.23万人次，增长10.7%。旅游总收入2571.84亿元，增长15.8%。其中，国内旅游收入2802.14亿元，增长18.6%。旅游外汇收入35.43亿美元，增长12.5%。旅游休闲产业增加值928亿元，增长12.6%，占全市GDP比重7.4%。旅游总收入、旅游总人数、旅游外汇收入均列全国15个副省级城市前三名。杭州入选联合国世界旅游组织公布的“全球15个旅游最佳实践样本城市”。 （金迪飞）

**【金融业平稳健康运行】**2017年，杭州市实现金融业增加值1056亿元，比上年增长6.9%，增长率提高1.1个百分点。金融业增加值占全市GDP比重8.4%，下降0.3个百分点。至年末，全市有各类银证保金融机构499个。其中：分行级以上银行机构46个，新型农村金融机构8个，农村合作金融机构9个，省级以上保险机构81个，证券公司5个，证券营业部248个，期货公司10个，期货营业部72个，基金公司1个，信托公司4个，财务公司7个，金融租赁公司1个，消费金融公司1个，汽车金融公司1个，资产管理公司4个，专营机构1个。

互联网金融增加值191亿元，增长6.6%，占GDP比重1.5%。至年末，杭州市有互联网支付业务资质的第三方支付机构8个（全省共9个），处理网络支付业务2.5亿笔，金额6255.22亿元。推进互联网金融平台建设，年内，西溪谷互联网金融小镇新增企业86个，累计267个，实现税收25.56亿元。全国首个区块链产业园区在西溪谷互联网金融小镇落户。

新增境内外上市公司28个，其中境内26个、境外2个。至年末，全市上市公司总数163个，仅次于北京、上海和深圳，居全国大中城市第4位。其中：境内上市公司128个（包括中小板34个，创业板36个），境外上市公司35个。杭州市在全国中小企业股份转让系统挂牌企业新增34个，累计381个。新增省股权交易中心挂牌企业775个，累计1687个。

**【跨境电子商务成为外贸增长新动能】**2017年，杭州市实现货物进出口额5085.08亿元，比上年增长13.3%。其中，出口额3455.61亿元，增长4.3%。对“一带一路”相关国家出口1049亿元，占出口总额的30.4%。服务贸易出口额1619亿元，增长15.7%，其中出口1088亿元，增长15.0%。跨境电子商务快速发展，成为外贸增长新动能。杭州跨境电子商务综合试验区进出口额99.36亿美元，增长22.5%，快于全市增速12.1个百分点，其中出口额70.22亿美元，增长15.9%；进口29.14亿美元，增长42.0%。实际利用外资66.1亿美元，引进1亿美元以上大项目42个，境外中方投资额23.6亿美元。

**【eWTP杭州实验区启动建设】**2017年10月26—29日，中国（杭州）国际电子商务博览会和第二届全球跨境电商峰会在杭州举行。

在26日的第二届全球跨境电商峰会上，杭州市市长徐立毅与阿里巴巴集团CEO张勇共同宣布启动eWTP杭州实验区建设。eWTP是Electronic World Trade Platform（电子世界贸易平台）的简称，由阿里巴巴集团董事局主席马云首提，曾被写入G20杭州峰会公报，旨在建立一个企业主导、多方参与的世界电子贸易平台，推动建立全新的、适应互联网时代的贸易体系，帮助中小企业和年轻人更方便地进入全球市场、参与全球经济。

eWTP杭州实验区以“一带一路”为引领，利用基础设施互联互通和跨境电子商务的双重便利，推进市场层面和制度层面的创新探索与联动发展，建设自由便捷、开放高效的世界电子贸易大通道，加快打造网上丝绸之路枢纽。杭州将发挥互联网创新应用和跨境电子商务的发展优势，加快建设数字口岸、探索数字认证、创新数据监管、推广数据应用、优化数字服务、发展数字金融，建立适应世界电子贸易发展的政策体系和制度环境。

11月3日，阿里巴巴首个海外eWTP试验区——马来西亚数字自由贸易区在吉隆坡正式全面启动运营。

（柴谏明）

**【会展业提升国际化水平】**2017年，杭州市会展业围绕提升城市国际化水平和打造国际会议目的地城市的目标，推进改革创新。出台《杭州市会展业促进条例》，编制完成《杭州市会展业发展“十三五”规划》，全年在展览专业场馆举办展览310个，比上年增加106个，增长52%；展览总面积312万平方米，增加115万平方米，增长58.4%。举办会议13618个，增加515个，增长3.9%。其中，国际会议433个，占3.2%。

10月20日至11月12日，第十九届中国杭州西湖国际博览会与第三届世界休闲博览会“两会合一”在杭州同期举行。西湖国际博览会以“放大G20杭州峰会效应，打造国际会展之都赛事之城”为主题，举办33个会展项目，贸易成交额106.5亿元，引进内资131亿元，利用外资10.24亿美元。70多个国家和地区的中外嘉宾、客商、市民和游客近900万人次参加西博会各项活动。

年内，杭州获“2016—2017年度中国十佳会展名城”“2017年度中国十佳品牌会展城市”“2017年度中国十佳会展名城”“第十四届中国会展之星年度大奖”等荣誉。 （陶 梁）

**【文化创意产业占GDP比重24.2%】**2017年，杭州市文创产业增加值3041亿元，比上年增长19.0%，占GDP比重24.2%。以信息服务、设计服务、现代传媒、文化休闲旅游等行业为主的文化创意产业核心层实现增加值2555.57亿元，增长20.3%，核心层增加值占全部文化创意产业的84%。以数字化、网络化为代表的新兴文创产业——数字内容产业快速发展,成为杭州文创产业特色亮点。数字内容企业实现主营业务收入4709.7亿元,增长43.9%,增加值1869.54亿元,占比达14.9%,增长28.5%。

至年末,24家市级文创园区集聚企业5770个,增长6.9%;从业人员9.34万人,增长32.0%。规模以上文化创意企业2552个,主营业务收入6692.61亿元,增长32.9%;利税1543.12亿元,增长30.5%;利润1364.69亿元,增长32.2%。上市文化创意企业数30个,"新三板"挂牌文化创意企业超过100个。（李　寒）

**【民营经济加快转型发展】** 至2017年末,杭州市有民营企业(含下属分支机构)48.10万个,注册资本(金)41794.77亿元,比上年分别增长20.1%和57.1%。从行业分布看第一产业企业6751个,注册资本(金)256.71亿元,分别增长7.2%和32.6%;第二产业企业7.41万个,注册资本(金)4191.37亿元,分别增长7.9%和22.9%;第三产业企业32.56万个,注册资本(金)22998.03亿元,分别增长22.9%和62.4%。个体工商户47.14万户,资金总额449.81亿元,分别增长10.6%和21.5%。杭州市新增民营企业10.05万个,注册资本(金)13771.23亿元,分别增长26.0%和33.8%,分别占全市新增内资企业的94.6%和93.6%。

民营企业规模扩大。2017年,杭州市民营企业注册资本(金)规模继续高速增长。至年末,全市注册资本(金)100万~500万元的企业有15.98万个,比上年增长31.9%;注册资本(金)500万~1000万元的企业有4.79万个,增长33.1%;注册资本(金)1000万~1亿元的企业有6.61万个,增长43.0%;注册资本(金)1亿元以上的企业有5258个,增长48.5%。

根据全国工商联第19次上规模民营企业调研结果,杭州市44个企业入围"2017中国民营企业500强"榜单,占全国的8.8%,占浙江省的36.7%,上榜企业数连续15次蝉联全国城市首位。全国工商联调研结果显示,随着供给侧结构性改革推进,杭州市民营经济加快转型升级,总体发展平稳。（方国平）

**【特色小镇总数达到50个】** 至2017末,杭州有2个省级特色小镇,48个省、市特色小镇创建对象。全年50个特色小镇固定资产投资545.53亿元,其中特色产业投资403.95亿元,非国有投资365.26亿元。在"1+6"产业集群的基础上,特色小镇聚焦高技术产业和未来产业领域,西湖云栖小镇等一批小镇列入省级高技术特色小镇创建对象。小镇新引进企业1.06万个,工业主营业务收入2144.64亿元,服务业营业收入5616.67亿元,税收361.23亿元。建成创业创新基地190个,众创空间89个,用于创新孵化的建筑面积345万平方米。累计引进国家"千人计划"人才160人、省级"千人计划"人才206人,国家级大师18人、省级大师19人,新增创业人员1.18万人。8月2日,上城玉皇山南基金小镇和余杭梦想小镇被命名为首批省级特色小镇。（郭玉虎）

**【国家级杭州临空经济示范区获批设立】** 2017年5月9日,杭州临空经济示范区由国家发改委、中国民航局批复设立。杭州临空经济示范区位于萧山区东部,西至杭州绕城高速东线,东至头蓬快速路,北至杭州大江东产业集聚区边界及钱塘江水域,南至萧山区瓜沥镇行政边界。规划面积142.7平方千米,以杭州萧山国际机场为中心,主要包括杭州空港经济区(含南阳街道、靖江街道)、萧山区瓜沥镇头蓬快速路以西的区域及红垦、红山农场绕城高速以东的区域。辖区户籍人口23.75万,总人口约50万。按照集约紧凑、产城融合、区域协同的发展理念,示范区规划形成"一心一带五区"的总体布局框架。"一心"是指航空枢纽区,"一带"是指机场路产业带,"五区"是指航空港区、临空现代服务业区、临空先进制造区、城市功能区和生态功能区。（柴谏明）

## 政治建设

**【全面从严治党向纵深发展】** 2017年,市委把学习贯彻十九大精神作为首要政治任务和长期的战略任务,要求每位党员必须在学懂弄通做实上下功夫,当好新时代干在实处走在前列勇立潮头的排头兵。坚持以习近平新时代中国特色社会主义思想为指导,牢固树立"四个意识",坚定执行党的政治路线,严格遵守政治纪律和政治规矩,在政治立场、政治方向、政治原则、政治道路上同以习近平同志为核心的党中央保持高度一致。制定《关于进一步落实全面从严治党主体责任的意见》,强化各级党组织管党治党主体责任。严格执行主体责任报告制度和问责制度,完善"大党建""双百分制"考核机制,创新完善党建责任综合绩效工作模式,党风廉政建设、意识形态、基层党建和统战工作统筹推进。

以"百千万"蹲点调研活动为载体,推动"两学一做"学习教育常态化制度化,全市4.36万名党员干部深入3089个村(社区),走访群众185.6万户次、企业近8万个,推进重点工作7683项,解决民生问题4.9万个,

深入开展"三提一争"主题活动,着力打造政治过硬、本领高强的高素质专业化干部队伍。从严加强干部管理监督,严格执行主要领导离任经济事项交接、自然资源资产审计、重要事项请示报告等制度。实施机关新录用公务员"三访"制度,重视选拔使用优秀年轻干部。不断加强和创新城市基层党建,制定《推进城市基层党建工作"双领联动、双网融合"的实施意见》。研究起草城市基层党建"1+3"文件,积极构建城市基层党建协同发展新格局。推动农村基层党建全面过硬,完成村(社区)组织集中换届,"双基十条"三年行动计划156项任务收官,村(社区)干部队伍建设全面加强。

研究制定《贯彻落实中央八项规定实施细则的办法》,开展落实中央八项规定"回头看",深入整治"三不"问题,加大作风效能投诉查处力度。推进监察体制改革试点工作,完成市、区县(市)两级监委转隶组建,探索依法行使监察权,实施全国首例监察留置措施。从严从实开展党内监督,全面推进"五巡五察",构建市县联动的巡察监督机制。用好监督执纪"四种形态",维护纪律严肃性。坚持发挥"一个核心、三个党组"作用,定期听取市人大常委会党组、市政府党组、市政协党组和市法院党组、市

检察院党组工作汇报。巩固和发展最广泛的爱国统一战线，大统战工作格局逐步构建，“凝心聚力”建名城作用彰显。党建带群建机制不断健全。（吴洁宇）

**【“最多跑一次”推动重点领域改革】** 2017年，杭州市委坚持以“最多跑一次”改革为龙头，重点领域关键环节改革取得重大进展。供给侧结构性改革深入推进，“三去一降一补”进展顺利。“最多跑一次”改革全省领先。以“一窗受理、集成服务”为突破口，统筹推进事项梳理、系统对接和数据归集共享、标准化建设、事中事后监管等工作。不动产交易登记跑出全流程60分钟领证、全国最快的“杭州速度”。全国首推“1+N”+X商事制度改革，率先启动“商事登记一网通”。优化投资项目审批流程，投资项目审批周期再提速30%。个人办事领域全面实现“简化办、网上办、就近办”，实现第一批仅凭身份证可办事项296项、手机App可办事项53项，精简办事材料669件，七大类便民事项双休日开放服务，23个政府缴费大项纳入统一公共支付平台。杭州着力打造移动办事之城成效明显。（王孟辉）

**【杭州获评“法治政府建设典范城市”】** 2017年9月26日，由中国政法大学法治政府研究院组织编写、社科文献出版社出版的《法治政府蓝皮书：中国法治政府评估报告(2017)》在北京发布。中国政法大学终身教授应松年，中国法学会党组成员、副会长张苏军，全国人大常委会原副秘书长、北京卓亚经济社会发展研究中心理事长周成奎，社会科学文献出版社社长谢寿光等嘉宾出席发布会。近几年评估中表现突出的地方政府代表、学界和实务界专家及各大媒体记者参加会议。与会法学专家分别从依法全面履行政府职能、法治政府建设的组织领导、依法行政制度体系、行政决策、行政执法、政务公开、监督与问责、社会矛盾化解与行政争议解决、社会公众满意度调查等九个方面做出《中国法治政府评估报告(2017)》一级指标的简报。在2013—2017年的法治政府评估中，北京、上海、广州、深圳、杭州、南京、合肥、长沙、成都、厦门十个地方政府连续五年取得优异成绩，被授予“法治政府建设典范城市”的称号。

全国人大常委会法工委行政法室副主任张桂龙，最高人民法院行政庭副庭长王振宇，最高人民检察院民事行政检察厅副厅长吕洪涛，最高人民法院司法案例研究院副院长单文华以及中国政法大学副校长马怀德向获奖地方政府颁发证书。

**【行政复议体制改革】** 2017年，杭州市深化行政复议体制改革，统筹谋划市本级及区县(市)复议体制改革方案。12月，经市政府常务会议审议，确定18人的机构编制方案，并获省政府批准，市行政复议局挂牌成立。余杭区、萧山区、江干区率先推进行政复议体制改革。

全年杭州市各级行政复议机关共收到行政复议案件3760件，比上年增长6.2%。受理后审结3247件(含结转)。案件基本涵盖行政管理各个领域。工商、公安、房屋征补(拆迁)、土地、食品药品、城乡规划、劳动与社保、质检等10个领域的案件较为集中，占案件总数的80%。

从全市复议应诉情况看，“复议纠错率高、诉讼败诉率高、负责人出庭应诉率低”的“两高一低”情况尚无明显改观。被纠错行为主要集中在政府信息公开、举报投诉、不履行法定职责、行政强制拆迁等方面，重点涉及国土、住保、规划等城建领域及市场监管、物价等市场监管领域。说明这些重点领域的行政执法规范化建设亟待加强。

杭州市严格实行行政机关负责人出庭应诉报备通报制度，完善行政机关负责人出庭应诉监督考核机制。针对政府信息公开领域和消费投诉领域滥用申请权和诉权的现象，与市法院召开复议诉讼联席例会，建立健全滥权甄别机制。完善“一府两院”参加的府院会议制度，推进法治政府建设。

**【民生实事项目实施人大代表票决制】** 根据有关法律法规的规定以及中央、省委有关文件和《中共杭州市委办公厅印发〈关于实施民生实事项目人大代表票决制工作的意见(试行)〉的通知》，2017年10月30日，市十三届人大常委会第六次会议审议通过《关于实施民生实事项目人大代表票决制工作的决定(草案)》，并召开专题会议进行部署，在市、县、乡三级全面推行票决制。市人大常委会向市人大代表发出公开信，发动代表广泛征集民生实事建议项目。对各级人大代表提出的市级层面的169条实事项目建议，市人大常委会及时交市政府研究。市政府做好民生实事项目的征集和筛选，形成民生实事候选项目，提请市十三届人大三次会议票决。（柴谏明）

**【市县两级监察委员会组建完成】** 2017年2月，在全省率先完成13个区县(市)监委组建挂牌。4月13日，市十三届人大一次会议第三次全体会议选举产生杭州市监察委员会主任，市委常委、纪委书记陈擎苍全票当选。4月15日，市十三届人大常务委员会第一次会议，审议任命市监委副主任、委员。选举任命后，市监委主任、副主任、委员均按规定进行宪法宣誓。4月18日，杭州市监察委员会(简称市监委)组建，与中共杭州市纪律检查委员会(简称市纪委)合署办公。至此，市县两级监察委员会组建完成。市、县两级检察机关反贪、反渎和职务犯罪预防部门，其职能整合至市、县两级监委，人员编制和领导职数划入监委，纪委、监委合署办公，机构人员职能全面融合。

监察体制改革后，杭州市监察对象达到18.9万人，是改革前的3倍，实现对全市所有行使公权力的公职人员监察全覆盖。杭州市各级纪检监察机关全年处置问题线索7947件，比上年增加47.2%；立案审查2358件，上升14.1%；处分党员干部2323人，上升15.2%。463名党员干部被追究刑事责任。

**【村(社区)组织换届】** 2017年，杭州市2041个村、1038个社区换届工作完成。村(社区)党组织书记、村(居)委会主任的调整率为31.3%和49.3%，分别比上届提高6%和17.4%。村(居)委会主任中中共党员占78.6%，提高3.6%；村(居)民代表中，中共党员占46.5%，提高13.6%。

村(社区)党组织、村(居)民委员会一次性选举成功率为99.3%和82.6%，分别提高13.1%和24.2%。市县两级登记办理信访569件次，下降49.8%。在换届过程中，坚持事业导向，严把资格条件关，退出选举"五不"村社干部155人。优先使用在G20杭州峰会保障、"五水共治"、"城中村改造"等工作中表现突出人员，全市保留政治素质好、业绩突出、公认度高、年满55周岁的村社党组织书记151人，占4.9%，留任省"千名好支书"130人。村(社区)"两委"成员平均年龄42.3岁，下降2.3岁；30岁左右的村(社区)"两委"班子成员占17.2%，提高6%。村社"两委"成员中大专及以上学历占66.4%，提高20.1%。（程建全）

## 文化建设

**【中国—中东欧国家文化合作部长论坛发表杭州宣言】** 2017年9月22—25日，第三届中国—中东欧国家文化合作部长论坛在杭州举行。论坛主题为"文化·交流·合作·共享"，中国与阿尔巴尼亚、波黑、保加利亚、克罗地亚、捷克、爱沙尼亚、匈牙利、拉脱维亚、立陶宛、马其顿、黑山、波兰、罗马尼亚、塞尔维亚、斯洛伐克、斯洛文尼亚等17国的政府文化代表团出席论坛。中国和中东欧十六国文化部部长共同发表《中国—中东欧国家文化合作杭州宣言》及其附件《中国—中东欧国家2018—2019年文化合作计划》，推出20项文化合作内容，明确首届"中国—中东欧国家图书馆联盟馆长论坛"和第二届"中国—中东欧国家非物质文化遗产保护专家级论坛"于2018年10在杭州举行。

此外，各国代表团出席第十一届杭州文化创意产业博览会开幕式，参观杭州市图书馆、浙江音乐学院、中国丝绸博物馆等，见证"中国—中东欧国家艺术创作与研究中心"揭牌仪式和"中国—中东欧国家音乐院校联盟"成立签字仪式。

**【杭州蝉联全国文明城市"三连冠"】** 2017年11月17日，全国精神文明建设表彰大会在北京召开。中央文明委对第五届全国文明城市、文明村镇、文明单位，第一届全国文明校园，新一届全国未成年人思想道德建设工作先进以及第六届全国道德模范进行表彰。会上，杭州第三次蝉联"全国文明城市"荣誉。桐庐县成为杭州市首个县级全国文明城市。桐庐县合村乡等10个村镇获评新一批全国文明村镇。拱墅区大关上塘街道社区卫生服务中心等8个单位成为新一批全国文明单位。杭州第二中学获评首批全国文明校园。上城区教育局被评为全国未成年人思想道德建设工作先进单位。杭州微笑行动慈善医院医生韩凯获得第六届全国道德模范荣誉称号。

**【《杭州市现代公共文化服务体系建设"十三五"规划》发布】** 2017年8月14日，《杭州市现代公共文化服务体系建设"十三五"规划》发布。规划以深入贯彻党的十八大和十八届三中、四中、五中、六中全会和习近平总书记系列重要讲话精神为依据，与《浙江省文化发展"十三五"规划》《杭州市国民经济和社会发展第十三个五年规划纲要》《杭州市社会发展(基本公共服务均等化)"十三五"规划》《杭州市文化广电新闻出版事业发展"十三五"规划》等规划相衔接，明确未来五年杭州市公共文化发展总体思路、主要任务、重点项目和保障措施，作为"十三五"时期杭州市高水平建成公共文化服务体系的指导性文件。本规划实施范围为杭州市域九区四县(市)，规划期限为2016—2020年，规划基期为2016年。

**【"喜迎十九大"主题文化活动】** 2017年，为迎接党的十九大胜利召开，杭州市举办"喜迎十九大·歌声献给党"——第七届西湖合唱节、"龙腾盛世"——杭州市农村文化礼堂百龙喜迎十九大文艺展演、"飘扬的旗帜"——杭州市喜迎党的十九大胜利召开文艺晚会等一系列文化活动，热情讴歌党的光辉历程和丰功伟绩，展现杭州经济社会文化建设取得的新成就。以"喜迎十九大"为主题，开展杭州市美术作品展、杭州市民间工艺大师评选暨历届民间工艺大师精品展、金荷奖·2017杭州短片嘉年华、"中国作家看杭州"大型创作采风、杭州当代戏剧节、首届中国杭州大学生戏剧节等10多项文化活动。

**【网络文学"一院一村一周"建设工作启动】** 2015年，杭州在全国省会城市率先成立网络作家协会。2017年，杭州开展网络文学"一院一村一周"建设工作。4月，"中国作协网络文学研究院"落户杭州。12月9日，"中国网络作家村"落户滨江区白马湖，并举办首届"中国网络文学周"新闻发布会，开启"知名网络作家杭州行"活动，近百名来自全国各地的知名网络作家、网络文学研究员参加。中国作协网络文学研究院院务委员会主任陈崎嵘和知名网络作家唐家三少分别被聘为首任"名誉村长"和"村长"，首批23位知名网络作家入驻"中国网络作家村"。网络文学"一院一村一周"建设工作为杭州打造"中国网络文艺之都"打下坚实的基础。（李　阳）

**【杭州市第十三届"美德少年"评选】** 杭州市第十三届"美德少年"评选活动于2017年4月启动，报名为期1个月。活动组委会在杭州市"第二课堂"、"杭州发布"、"浙江24小时"等微信公众平台对150名"美德少年"感人事迹进行宣传展示。活动通过各区、县(推报)、复评、终评等阶段，最终推选出10位杭州市美德少年和10位杭州市美德少年提名奖。9月1日，杭州市第十三届"美德少年"推选活动颁奖直播演出在杭州电视台隆重举行，以"美哉少年"为主题，表彰一批"尊师孝亲"、"自强自立"、"诚信守礼"、"勤学创新"、"热心公益"的好少年。（沈　欢）

**【农村文化礼堂建设】** 2017年，农村文化礼堂建设被列入浙江省全面深化改革八项重点工作和市委"联百乡结千村访万户"蹲点调研活动十大重点任务之一。通过落实"十三五"规划、纳入"百千万"活动、实行"星级管理"、开展"双十佳"认定以及举行"党的十九大"主题活动等举措，着力构建长效运行机制，推动"建管用育"一体化发展，全年新增150个农村文化礼堂，累计建成768个，覆盖全市37.8%行政村，惠及43.1%农村人口。

全年投入专项扶持资金2.31亿

临安市板桥镇花戏村文化礼堂花戏台　　（杭报集团 供稿）

元，其中市级3000万元、县级3753万元、乡镇级1907万元、村集体经济以及民间捐助1.44亿元，用于补助新建文化礼堂和保障已建成文化礼堂的日常运行。6月，市委办公厅、市政府办公厅印发《关于推进农村文化礼堂长效机制建设的实施意见》，把农村文化礼堂建设纳入经济社会发展规划、新农村和美丽乡村建设规划体系以及公共文化服务标准化均等化建设体系，规范完善文化礼堂建设推进、管理运行、内容供给、礼堂文化培育、队伍建设以及激励保障等六大机制。9月，杭州市开展“双十佳”认定活动，西湖区转塘街道外桐坞村启蒙礼等10个项目和西湖区双浦镇东江嘴村等10个单位分获“十佳礼仪”和“十佳星期日活动”表彰。12月，全省农村文化礼堂开展第一届浙江省“最美文化礼堂人”评选活动，首批产生20位浙江省“最美文化礼堂人”，杭州市有叶永堂等3人入选。

2017年度，省委宣传部在全省全面推广杭州市文化礼堂“星级认定”成功做法，首次评定出200个“五星级文化礼堂”，杭州市有21个农村文化礼堂入选。杭州市桐庐县阆苑村文化礼堂等8个文化礼堂入选全省50个示范文化新地标，杭州建德市幸福村文化礼堂等14个文化礼堂入选全省100个优秀文化新地标。（方　波）

**【杭州实施学习型城市建设监测】** 2017年10月，教育部发布《关于开展学习型城市建设监测项目实践的通知》，把北京、杭州、上海、成都等8个城市作为全国首批学习型城市建设监测城市。杭州市成立分管副市长任组长，市委宣传部、市教育局分管领导任副组长、相关部委办局负责人共同参与的市监测工作协调小组。各部门密切配合，协作组织实施，完成数据采集、材料收集、指标修改完善和总结梳理，提交《学习型城市监测工作报告》，并对《全国学习型城市建设监测指导性指标体系（试行）》提出修改建议。（吴嘉佳）

**【杭州学习节】** 2017年8—12月，第七届杭州学习节举行。学习节以“喜迎十九大、以一流学习建设一流城市”为主题，主体活动由理论学习、研讨交流、学习发布、学习评选、“崇学”主题月、大众阅读、区县（市）联动等七大系列活动组成。理论学习活动由党中央治国理政新理念新思想新战略系列学习、“我最喜爱的习总书记的一句话”系列主题宣讲等活动组成。研讨交流活动围绕“以一流的学习引领城市创新”等主题开展学习讨论活动；组织参加第三届全球学习型城市大会，就“终身学习与杭州城市可持续发展”主题作交流发言。学习发布活动由学习节发布、第七届杭州学习节启动仪式、优秀视频音频发布等活动组成。学习评选活动由市民悦学体验点评选、“百姓学习之星”“终身学习品牌”评选、“喜迎十九大·书香机关”网络评选等活动组成。大众阅读活动由全民终身学习活动周、国学诵读、科普宣传周等活动组成。“崇学”主题月活动由“我们的价值观”主题实践活动、“‘三说’价值观”主题活动、“崇学‘进三堂’（学堂、讲堂、礼堂）”等活动组成。区县（市）系列联动学习活动由第七届运河学习节、第七届富春江读书节、书香临安阅读月、湘湖书市等活动组成。（柴谏明）

## 社会建设

**【杭州着力打造创新活力之城】** 2017年，杭州市以建设国家自主创新示范区、国家小微企业创业创新基地城市示范为动力，推进体制机制改革，优化科技创新环境，打造创新活力之城。

全市全年用于研发与试验发展的经费支出占GDP比重提高到3.2%，规模以上工业企业科技活动经费支出总额297亿元，比上年增长24.3%。国家重点扶持高新技术企业2844个，省级以上企业研发机构1203个；国家双创基地5个，国家级众创空间55个，国家级孵化器32个，国家级孵化器数量居省会城市和副省级城市第一位。高新技术产业增加值1605.54亿元，增长13.6%；发明专利申请量、授权量分别为25578件和9872件，有效发明专利拥有量43840件，位居省会城市第一，副省级城市第二。杭州市企事业单位获国家科技奖励11项，其中获国家技术发明一等奖1项、二等奖2项、国家科学进步奖二等奖8项。获浙江省科技奖励75项，其中：获浙江省自然科学三等奖1项；获浙江省技术发明二等奖1项、三等奖2项；获浙江省科学技术进步一等奖7项、二等奖28项、三等奖36项。

杭州市围绕创业创新空间、公共服务、融资支持、税费减免、体制机制创新等重点方面，开展“小微企业创业创新基地城市示范”工作，形成具有杭州特色的“双创示范”工作体系。至年末，杭州有备案的“双创示范”基地409个，新增138个。其中国家级双创空间92个、各类省级双创空间182个、国家级科技企业孵化器32个，居省会城市、副省级城市第一位。

**【优质教育资源共建共享】** 2017年，杭州市地方教育经费总投入361.92亿元，其中国家财政性教育经费投入

294.92亿元(包括公共财政预算安排的教育经费293.87亿元、政府性基金预算安排的教育经费0.91亿元)。

继续推进跨区域、跨层级的新名校集团化办学。杭州第二中学与桐庐中学、杭州市长河高级中学与桐庐分水中学、杭州学军中学与严州中学、杭州第十四中学与淳安中学、浙江大学附属中学与淳安县第二中学等市属高中名校集团与县域学校跨区域实施新名校集团化办学。西湖区、江干区、拱墅区和淳安县等地分别开展"紧密型学校共同体""新教育共同体""学校发展群""教育联盟"等区域内推进名校集团化的实践,实现人力、财力和物力在县域内的整体规划、资源共享。市教育局协同市编办、市财政局在桐庐、建德、淳安三地开展教师跨层级转编的试点。

持续推进县域内义务教育公办学校教师校长交流,全年交流普通教师1532名、骨干教师563名、校长310名,参与交流的骨干教师占比25.0%。6月,杭州市"名师乡村工作室"建设启动,计划建设100个以上"名师乡村工作室",带教乡村教师1000名以上。首批42个"名师乡村工作室"建成,招收乡村教师565名,通过导师下乡开设示范课和讲座、共同开展教学科研、组织乡村教师到名校挂职锻炼等方式,帮助乡村教师提高教学水平。

杭州市推进"教育基础信息库""优质教育资源库""智慧教育管理云平台""智慧教育资源云平台""智慧教育学习云平台"建设。完成包括"云学堂在线开放课程""名师网上工作室""视频公共服务平台""微课平台""教育图书馆""数据期刊""少儿图书馆"等类别的资源平台建设,基于视频、微课、图书、期刊等电子资源的平台体系基本形成。

12月,杭州优质教育资源共建共享的经验被中国教育报社、中国教育新闻网授予第五届全国教育改革创新典型案例奖。

**【社会保障体系更加完善】** 至2017年末,杭州市职工基本养老保险、基本医疗保险、工伤保险、生育保险、失业保险参保人数分别达628.32万人、580.50万人、413.20万人、390.73万人、416.01万人,比上年末分别新增参保52.34万人、51.18万人、39.0万人、41.4万人和41.85万人,全市基本养老、医疗保险参保率巩固在95%、98%以上,基本实现"人人享有社会保障"。社保制度改革深化推进,机关事业单位养老保险制度改革稳妥实施,萧山、余杭、富阳三区与主城区就业社保一体化信息系统上线。

修订《杭州市基本医疗保障办法》《杭州市基本医疗保障办法市区实施细则》,出台《杭州市区基本养老保险统筹管理若干问题的意见》。实现参保人员跨省异地住院医疗费直接结算,主城区医保个人账户扩大使用范围并实行家庭共济,慢性病一次处方医保用药量由最多4周延长至最多12周。全市126.2万名企业退休人员月人均增加基本养老金153元。

杭州市医保定点范围进一步扩大,新增协议定点医药机构285家。至年末,全市有定点医疗机构1135家、定点零售药店1429家。推进跨省异地就医住院直接结算工作,杭州市医保接入全国联网系统,实施省外定点医疗机构基础信息维护、跨省异地就医人员备案、跨省就医预付金上缴,省外5429家定点医疗机构、715个统筹区实现跨省异地就医,保障全市900多万参保人员异地就医结算需求。

**【人才强市战略深入实施】** 2017年,杭州市落实"人才新政27条",出台实施"人才若干意见22条"配套政策,在国内同类城市率先出台《关于加快推进杭州人才国际化的实施意见》和《杭州市加快发展人力资源服务业实施细则》,提出"全球聚才十条""开放育才六条"等政策,人才政策制度优势更具竞争力。继续实施"131"中青年人才培养计划、"115"引进国外智力项目、培育"杭州工匠"行动计划等重大人才工程,全年引进、资助国外智力项目229个,选拔"131"中青年培养人选755名,选聘钱江特聘专家30名,培养高技能人才3.99万人;16人入选"国家千人计划",51人入选"省千人计划";引进外籍人才6150名、海外归国人才4068名。杭州连续7年入选"外籍人才眼中最具吸引力的中国城市",人才净流入率和海外人才净流入率均居全国城市榜首。

**【就业创业形势保持稳定】** 2017年,杭州市城镇新增就业29.71万人,城镇失业人员再就业11.04万人,年末城镇登记失业率1.7%,就业形势总体保持稳定。全年接收高校毕业生7.93万人,新增大学生创业企业1561个、带动就业7400多人。深化落实"就业创新政27条",修订《杭州市就业创业指数评价体系(试行)》,实施"就业援助精准服务年"系列活动。举办"创客天下·2017杭州市海外高层次人才创新创业大赛",遴选引进世界各地创新创业人才项目,发挥杭州市产业优势深化网络创业,实施农村电子商务就业创业认定和政策扶持,创业创新氛围进一步浓厚。

**【杭州发布新一轮大学生创业三年行动计划】** 2017年11月15日,市政府办公厅印发《杭州市大学生创业三年行动计划(2017—2019年)》。按照计划,杭州要在3年内,力争新成立大学生创业企业5000家以上,吸引来杭创业大学生10000名以上,带动就业25000人以上。同时,资助大学生创业项目900个左右,力争其中60%以上为杭州市重点发展的产业项目。本计划有效期为三年,自2017年12月15日起实施。

自2008年起,杭州市已实施三轮《杭州市大学生创业三年行动计划》。与前一轮相比,本轮计划主要从加大资助力度、统筹城乡创业、延长场地支持、优化扶优资助、鼓励下到基层、发动社会力量6个方面进行调整。 (骆椿美)

**【基本公共服务均等化推进】** 2017年4月6日,《杭州市社会发展(基本公共服务均等化)"十三五"规划》印发,实施基本公共服务清单制度,确定杭州市基础教育、就业创业服务、社会保障、基本住房保障、基本健康服务、基本公共文化服务、环境保护服务、社会治理服务等八大基本公共体系的125个基本公共服务事项。6月27日,杭州市推进基本公共服务均等化工作协调小组建立。杭州市落实基本公共服务清单项目,城乡、区域、群体之间基本公共服务差距进一步缩小。12月27日，省发改委和省统计局联合发布《浙江省2016年基本公共服务均等化实现度评价报告》，杭州均等化实现度92.7%，居全省首位。

【"信用杭州"建设】2017年，杭州市公共信用信息平台归集和共享所有市级机关、区县(市)和主要公用事业单位的338类、2947项、1.4亿条有效信用信息，形成1300多万份自然人信用记录和120多万份法人信用记录。信用核查、信用预警融入行政审批中。7月，首届"中国城市信用建设高峰论坛"在杭州召开。11月28—30日，国家发改委、国家信息中心举办首届全国信用信息平台和信用门户网站建设观摩培训班，杭州市公共信用信息平台获"全国信用信息共享平台和信用门户网站一体化建设示范性平台网站"称号。12月28日，杭州市获首批全国社会信用体系建设示范城市。（郭玉虎）

【城乡居民收入差距继续缩小】据抽样调查显示，2017年杭州市城镇居民人均可支配收入56276元，比上年增长7.8%，扣除物价上涨因素实际增长5.2%。从四大类收入来源看，城镇居民人均转移净收入实现两位数增长，工资性收入、经营净收入和财产净收入平稳增长。其中：人均工资性收入32144元，增长6.8%，拉动可支配收入增长3.94个百分点；人均经营净收入4893元，增长6.2%，拉动可支配收入增长0.55个百分点；人均财产净收入8329元，增长5.4%，拉动可支配收入增长0.81个百分点；人均转移净收入10910元，增长13.9%，拉动可支配收入增长2.54个百分点。

农村居民收入较快增长，人均可支配收入30397元，首次突破3万元，比上年增长8.9%，扣除物价上涨因素实际增长6.2%。农村居民四大类收入中，工资性收入和经营净收入平稳增长，财产净收入和转移净收入较快增长。其中：人均工资性收入18232元，增长6.9%，拉动可支配收入增长4.20个百分点，仍是农村居民可支配收入增长的首要动力；人均经营净收入7770元，增长9.3%，拉动可支配收入增长2.37个百分点；人均财产净收入1280元，增长12.6%，拉动可支配收入增长0.51个百分点；人均转移净收入3115元，增长19.6%，拉动可支配收入增长1.83个百分点。（孔巍巍）

【杭州实施新型居住证制度】2017年，杭州市贯彻《浙江省流动人口居住登记条例》和《杭州市人民政府办公厅关于推行新型居住证制度的通知》精神，于1月1日起全面推行新型居住证制度，实施IC卡式居住证申领发放。针对"合法稳定住所"认定难的实际，形成由各区县(市)政府(管委会)牵头，各业务主管部门配合，街道(乡镇)社区(村)具体落实的工作格局。2017年，全市发放IC卡式居住证34.94万本。

9月下旬，《杭州市居住证积分管理办法(试行)》通过市法制办规范性文件的合法性审查。10月24日，该办法获市政府第十次常务会议审议原则通过，于11月30日印发，2018年1月1日起实施。居住证积分是通过设置积分管理指标体系，将居住证持有人的个人情况和实际贡献转化为相应的分值。积分管理指标体系由基础分指标、加分指标、减分指标和一票否决指标组成。积分管理办法适用于杭州市市区，桐庐、淳安、建德参照执行。（屠友军）

【养老服务业综合改革试点】2017年，杭州市老年人口持续快速增长，人口高龄化趋势加快。至年末，按户籍人口统计，全市60岁以上老年人167.18万人，占总人口的22.16%，比上年增加8.05万人，增长5.06%。

杭州市全年新增养老机构34个，新增床位5524张。至年末，全市有各类养老机构302个(民办养老机构198个、公办养老机构104个)，总床位6.98万张(护理型床位4.31万张，占总床位数的61.8%)。按户籍人口统计，每百名老年人拥有床位数4.2张。

2017年，民政部、财政部对首批中央财政支持开展居家和社区养老改革试点地区进行绩效考核，杭州市被评为"优秀试点地区"(全国仅5个)。至年末，全市建成并正常运营的居家养老服务照料中心有2815个(城市887个、农村1928个)，其中，400平方米以上、由专业社会组织运营的街镇级照料中心99个。居家养老服务照料中心功能实现全覆盖，城市社区步行15分钟、农村社区步行20分钟的养老服务圈不断巩固。（常利洁）

## 生态文明建设

【生态环境质量持续改善】2017年，杭州市生态环境质量得到持续改善，全市主要污染物排放量均顺利完成省下达的减排目标任务。按照环境空气质量标准(GB3095—2012)评价，八城区(上城、下城、江干、拱墅、西湖、滨江、萧山、余杭区，下同)环境空气优良天数为271天，比上年增加11天，优良率为74.2%，上升3.2个百分点；细颗粒物(PM2.5)年均浓度为45微克/立方米，下降8.2%；空气中主要污染物为臭氧($O_3$)。全市降水pH年均值为5.12，酸雨率62.9%，下降8.7个百分点，酸雨程度总体比上年度有减轻。全市52个"十三五"市控以上断面，水环境功能区达标率92.3%，较上年上升7.7个百分点；达到或优于Ⅲ类标准比例88.5%，较上年上升3.9个百分点；全面消除劣Ⅴ类断面，顺利通过省剿灭劣Ⅴ类水省级复核验收；饮用水水源地水质状况优。声环境质量状况良好、稳定，环境噪声的主要来源是交通和社会生活噪声；八城区区域环境噪声为55.2分贝，道路交通噪声为67.8分贝。西湖、千岛湖、钱塘江、苕溪、西溪湿地等重要生态环境功能区得到较好保护。全年未发生突发环境事件。2017年，杭州市在"美丽浙江"考核中获得优秀，被认定为浙江省第一批省级生态文明建设示范市，获国家生态园林城市、全国"2017美丽山水城市"等荣誉称号。临安区被环境保护部授予第一批国家生态文明建设示范区称号。富阳、临安、桐庐被认定为浙江省第一批省级生态文明建设示范区(县)。

【生态文明体制改革】2017年8月18日，市委办公厅、市政府办公厅印发《杭州市党政领导干部生态环境损害责任追究实施办法(试行)》，健全"党政同责、一岗双责、终身追责"的责任追究机制。全面实施环境保护督察，圆满完成中央环保督察任务，市本级对6个重点地区和2个市级部门实施首轮专项督察，强化环境保护督察和生态环境监管。12月底，完成《杭州市拥江发展生态保护与建设专项规划（初稿）》的编制工作。完善"三化四分"垃圾分类处置体系和工作机制，研究制订《杭州市区非居民生活垃圾处理计量和收费管理办法》，完成《杭州市再生资源回收实施意见》（送审稿）。打造全域"清洁排放区"、深化工业锅炉监控管理、建立严格的土壤环境保护制度、推进淳安县"美丽杭州"实验区建设和试点乡镇（街道）生态环境质量报告制度等5项改革任务全面完成。

**【生态文明建设考核示范】** 2017年9月18日，环境保护部发布《关于命名第一批国家生态文明建设示范市县的公告》，授予临安区第一批国家生态文明建设示范区称号。9月20日，省政府印发《关于认定第一批省级生态文明建设示范市、县（市、区）的通知》，认定杭州为浙江省第一批省级生态文明建设示范市，富阳、临安、桐庐为浙江省第一批省级生态文明建设示范区（县）。12月2日，中国生态文明研究与促进会在中国生态文明论坛惠州年会上揭晓"2017美丽山水城市"名单，杭州成为全国首批12个上榜城市之一。

加大生态文明建设考核力度，全年对15个区县（市）政府（管委会）和49个市生态办成员单位进行考核，淳安县获得"美丽杭州"实验区优秀，江干区、西湖区、滨江区、余杭区、临安区、建德市等6个区县（市）获得优秀，49个市级成员单位考核均达到评优条件。杭州市"美丽浙江"建设工作在全省考核中获得优秀。

**【生态保护红线划定方案获得通过】** 2017年，根据2月7日中共中央办公厅、国务院办公厅印发的《关于划定并严守生态保护红线的若干意见》的要求，杭州市开展生态保护红线划定工作，进一步强化空间、总量、项目"三位一体"的环境准入制度，优化空间开发格局。划定生态保护红线面积达5622.24平方千米，占全市国土面积33.37%。11月28—30日，环境保护部会同国家发展改革委在北京组织召开生态保护红线部际协调领导小组会议，原则审核通过包括杭州在内的15省（区、市）生态保护红线划定方案。

**【自然生态保护】** 2017年，杭州市环保、林水、国土、园文等部门协同做好自然保护区、森林公园等区域的综合管理。结合生态示范创建、农村环境综合整治和河长制等的工作强化日常管理。对自然保护区、风景名胜区、森林公园、湿地公园等存在问题进行整改，将自然生态保护监管工作纳入各区县（市）政府和市级相关部门目标责任制考核。天目山国家级自然保护区，清凉峰国家级自然保护区的规范化管理工作连续多年均在浙江省组织的规范化管理评估中获得优秀。

建立和健全保护发展森林资源目标责任制，与乡镇（街道）签订保护发展森林资源目标责任书。全市各地完成县级森林资源二类调查工作。实行森林采伐限额管控制度，采伐公示制度。全市完成水土流失治理面积52.18平方千米，实施小流域治理3条、生态修复面积12公顷。

**【污染物总量控制和减排】** 2017年，杭州市着力推进重点减排项目建设，全年实施减排工程项目124个。至年末，化学需氧量、氨氮、二氧化硫、氮氧化物等主要污染物排放量均完成减排目标任务。全年组织6期排污权申购交易，55家排污单位办理了排污权申购交易及登记，总成交额5849万元。核发新版排污许可证477件。完成强制性清洁生产审核企业119个。全市已建成市控以上重点污染源刷卡排污监控端264套。

**【全面启动"清洁排放区"建设】** 2017年，杭州市全面启动"清洁排放区"建设，以"工业废气"、"燃煤烟气"、"车船尾气"、"扬尘灰气"、"城乡废气"治理为抓手，不断深化大气污染防治工作。淘汰落后和严重过剩产能企业170个，实施"低小散"块状行业整治提升2902个；关停或完成超低排放改造133台热电锅炉，关停或完成清洁化改造并投运140台10蒸吨/小时以上高污染燃料工业锅炉，全面淘汰10蒸吨/小时（含）以下高污染燃料锅炉；淘汰老旧车23119辆，回收汽油1375吨；推广扬尘灰气治理新技术，完成渣土运输车辆密闭化改造3200余辆；协同治理城乡废气，对无照餐饮店进行规范或取缔，实施全市域秸秆禁烧，建立网格化监管机制。

**【"五水共治"取得阶段性成果】** 2017年，杭州市以"零直排区"建设和河长制为抓手，加强基础设施建设，着力提升水环境质量。全市9个县控以上劣V类断面全面完成消劣目标，1256个劣V类小微水体全部完成报结销号，顺利通过省剿灭劣V类水省级复核验收。打造污水"零直排区"升级版，完成建设截污纳管项目356个，雨污分流项目349个，新增污水管网393.86千米，河道清淤1254万立方米，加速推进七格污水处理厂四期、临平净水厂等项目建设。推进重污染行业整治提升，完成涉水特色行业整治50家。强化饮用水源保护工作，县级以上饮用水水源地完成合格（规范）创建，历史遗留的一级保护区内浙江职业体育学校彻底关停。健全四级河长体系，率先在全省建立湖长制，制定并公布全市河湖名录，深化"河长App"智慧管理，加大信息公开力度，打造"智慧治水"杭州样本。

**【土壤和固体废物污染防治】** 2017年，杭州市推进实施《杭州市土壤污染防治工作方案》十大方面25类61项任务。开展全市土壤污染状况详查，初步建立土壤环境监测网络。杭州市工业固体废物产生量435.97万吨，无害化处置利用率98.46%。工业危险废物产生量46.58万吨，无害化处置利用率96.74%；医疗废物产生量2.83万吨，无害化集中处置率100%。市区生活垃圾清运量为400万吨，无害化处置率100%。开展危废"存量清零"行动，建立多部门协作监管机制。

（陈鸣渊）

责任编辑 蔡建明

# 中国共产党杭州市委员会

## 综　述

**【城市国际化推进】** 2017年，中共杭州市委聚焦打造“四大个性特色”（具有全球影响力的“互联网+”创新创业中心、国际会议目的地城市、国际重要的旅游休闲中心、东方文化国际交流重要城市），推动城市国际化迈出新步伐。主动融入和服务“一带一路”建设，成为“一带一路”地方合作委员会牵头城市，中国（杭州）跨境电商综试区建设持续深化，跻身国家级互联网骨干直联点，与阿里巴巴集团合作启动建设全球首个电子世界贸易平台（eWTP）实验区，开展“E揽全球”跨境电商百万创新服务行动，谷歌、亚马逊等公司落户杭州。国家服务贸易创新发展试点顺利完成，服务贸易保持高速增长。全面融入长江经济带和“长三角”城市群发展，接轨上海、杭州都市圈建设加快推进。对口支援和东西部扶贫协作、山海协作（发达地区和欠发达地区开展优势互补的协作）成效显著。国际标准化组织会议基地、中国国际茶叶博览会、世界工业设计大会、世界旅游联盟总部永久落户杭州，金砖国家5个部长级会议、城地组织世界理事会会议、第十四届亚洲/大洋洲政府间反兴奋剂部长级会议等国际性会议活动成功举办，杭州西湖国际博览会、世界休闲博览会、杭州文化创意产业博览会、杭州云栖大会、中国国际动漫节、国际人才交流与项目合作大会等国际影响力不断扩大，杭州成为全球百强会议目的地城市。全面实施旅游国际化、旅游全域化战略，获中国旅游休闲示范城市称号，入选全球旅游最佳实践样本城市。杭州萧山国际机场新增国际航点9个，开通至俄罗斯邮政货运航线。参加联合国教科文组织第三届学习型城市大会，获“联合国教科文组织学习型城市奖章”。举办第三届中国—中东欧国家文化合作部长论坛，发布《中国—中东欧国家文化合作杭州宣言》。西湖和大运河世界遗产保护全面加强，良渚古城遗址申遗有序推进，南宋皇城遗址综合保护工程不断推进。G20杭州峰会史料展示工作有序推进，《最忆是杭州》演出成为城市文化新名片。

**【“拥江发展”战略实施】** 2017年，杭州市委对标世界滨水名城，启动实施拥江发展战略。制定《关于实施“拥江发展”战略的意见》，编制《钱塘江两岸综合保护与发展战略规划》和生态带、文化带、景观带、交通带、产业带、城市带等专项规划。坚持规划引领，两规合一、多规融合，严守城镇开发边界、永久基本农田和生态保护红线，新一轮城市规划修编正式启动，“多中心、网络化、组团式、生态型”城市框架进一步优化。牢固树立精明增长、紧凑城市理念，全方位全领域深化城市有机更新，中心城市功能品质不断提升。临安撤市设区，市区面积扩展到8000平方千米。重大交通基础设施建设全面推进，杭州萧山国际机场运能逐步提升；《杭州铁路枢纽规划》（2016—2030年）获批，杭黄高铁等重点铁路项目快速推进；公路网络不断完善，实现“县县通高速、镇镇通干线、村村通班车”目标；内河水运全面升级，运河二通道建设加快推进。地下综合管廊试点项目有序推进。全力推进建筑节能与建设科技工作，入选全国第一批装配式建筑示范城市。进一步巩固“国内最清洁城市”建设成果，城市“五化”管理水平不断提升。杭州获第七届中国智慧城市建设领先奖。区县（市）协作、联乡结村、结对帮扶工作机制不断完善，农村基本公共服务全面改善，城乡发展一体化水平不断提升。农业生产稳定向好，民宿、乡村旅游、电子商务等农村新型业态和农村美丽经济蓬勃发展。美丽乡村建设持续推进，农村改革有序进行，城乡居民收入比进一步缩小。

**【经济发展质效提升】** 2017年，杭州市委坚持创新驱动发展不动摇，经济发展质效持续提升。聚焦争创“中国制造2025”国家级示范区目标，深入实施《中国制造2025杭州行动纲要》和工业互联网、工厂物联网、“机器换人”、“企业上云”等专项行动，推动传统制造业改造提升，加快发展高新技术产业、战略性新兴产业、装备制造业。国家自主创新示范区建设加快推进，杭州高新区（滨江）全国综合排名跃升至第三位。之江实验室、浙大超重力离心模拟与实验装置、阿里达摩院设立，城西科创大走廊、城东智造大走廊、钱塘江金融港湾等创新平台建设取得进展。阿里云“城市大脑”入选国家新一代人工智能开放创新平台，建立国家海外人才离岸创新企业基地。特色小镇建设继续走在全国前列。谋划实施“名校名院名所”建设工程,西湖高等研究院招生,北大信息技术高等研究院、北航杭州创新研究院、奥克兰大学中国创新研究院落地。创新创业新天堂计划深入实施,国家级众创空间和孵化器数量居副省级城市首位。深入实施“人才强市”战略,研究制定《关于加快推进人才国际化的实施意见》,获批外国人签证、停居留等7项出入境便利政策。持续深化“国千”“省千”和市全球引才“521”、“115”引进国(境)外智力等计划,与国家外专局合作共建全国首个国际人才创业创新园。制定《杭州市新引进应届高学历毕业生生活补贴发放实施办法》等8项配套政策。连续7年入选“外籍人才眼中最具吸引力的十大城市”,人才净流入率和海外人才净流入率均居全国第一位。实施高新技术企业和科技型小微企业“双倍增”计划。国家知识产权强市建设深入推进,建立知识产权法庭,未来科技城知识产权管理服务平台启用。构建“亲”“清”政商关系,继续保持民营经济领先优势,44个企业入选“2017中国民营企业500强”,连续15年蝉联全国第一位。信用杭州建设不断深化,被评为全国首批信用体系建设示范城市。成立杭州国际仲裁院,国际经济贸易争议仲裁机制不断健全。

**【重点领域关键环节改革】**2017年,杭州市委坚持以“最多跑一次”改革为龙头,重点领域关键环节改革取得重大进展。供给侧结构性改革深入推进,“三去一降一补”(去产能、去库存、去杠杆、降成本、补短板)进展顺利。“最多跑一次”改革全省领先。以“一窗受理、集成服务”为主抓手,统筹推进事项梳理、系统对接和数据归集共享、标准化建设、事中事后监管等工作。不动产交易登记跑出全流程60分钟领证、全国最快的杭州速度。全国首推“1+N”+X商事制度改革,率先启动“商事登记一网通”。优化投资项目审批流程,投资项目审批周期再提速30%。个人办事领域全面实现“简化办、网上办、就近办”,实现第一批仅凭身份证可办事项296项、手机App可办事项53个,精简办事材料669件,七大类便民事项双休日开放服务,23个政府缴费大项纳入统一公共支付平台。打造移动办事之城进展顺利、成效明显。杭州互联网法院挂牌运行。养老服务业综合改革试点取得新成效,初步建成以居家为基础、社区为依托、机构为补充、医养相结合的养老服务体系。军民融合深度发展迈出新步伐,浙江长三角军民融合产业园开园。坚持层层压实主体责任,全过程、高效率、可核实的改革落实机制建立健全。

**【宣传思想文化工作加强】**2017年,杭州市委全面加强宣传思想文化工作,文化软实力实现新提升。把传承和发扬红船精神、G20杭州峰会服务精神作为培育和践行社会主义核心价值观的重要内容,“我们的价值观”主题实践系列活动深入开展,精致和谐、大气开放的城市人文精神不断弘扬,全国文明城市评选实现三连冠。“最美现象”向风景、风尚转变,杭州正在成为一座有温度的“善城”。广泛开展公民爱心日和“雷锋广场”等志愿服务活动,志愿服务成为城市精神和文明形象的金名片。公共文化服务体系健全完善,“1+X”标准化建设走在前列,获评2017年最具文化影响力城市。推进全民阅读,举办第七届杭州学习节、中国数字阅读大会,获得“十大数字阅读城市”称号。杭州博物馆入选国家一级博物馆,区县(市)级博物馆建设成效显著。文艺精品创作再创佳绩,15部作品入选全国和全省“五个一工程”,位居全省第一、全国同类城市前列。制定《关于推进农村文化礼堂长效机制建设的实施意见》,新建农村文化礼堂150家、首批社区文化家园50家。创新开展杭州(国际)音乐节、西湖合唱节、杭州当代戏剧节等文化活动,开展文化活动5000多场、文化走亲185场次,文化惠民活动丰富多彩。发展网络文学事业,中国作协网络文学研究院、中国网络作家村落户杭州。文创产业加快发展。围绕文化浙江建设和打造万亿级文化产业的目标,推进大运河文化带(杭州段)和之江文化产业带建设。中国国际动漫节、杭州文化创意产业博览会综合效益再创新高。白马湖生态创意城入选国家级文化产业示范园区创建名单。

**【“两山”理念实践与发展】**2017年,杭州市委坚持和践行“两山”理念,美丽杭州建设迈上新台阶。牢固树立习近平新时代中国特色社会主义思想的生态文明观和绿色发展理念,坚定自觉走“绿水青山就是金山银山”的发展路子,不断厚植生态文明之都特色,获得副省级城市首个国家生态园林城市和全国“美丽山水城市”称号。划定生态保护红线和城市保护绿线,强化空间、总量、项目“三位一体”的环境准入制度,西湖、千岛湖、钱塘江、苕溪、西溪湿地等重要生态环境功能区得到有效保护,临安区获评全国首批生态文明建设示范县(市、区)。持续推进节能减排,年度减排指标全面完成。全面深化大气污染综合整治和“四边三化”(针对公路边、铁路边、河边、山边等区域,开展洁化、绿化、美化行动)专项整治,生态廊道建设不断加强,全市域大气“清洁排放区”建设加快推进,大气环境质量持续改善。全年环境空气质量优良天数比上年增加11天,市区PM2.5年平均浓度下降8.2%。全市森林覆盖率66.8%,继续居全国省会城市、副省级城市首位。编制实施污染地块治理修复规划,土壤污染防治力度不断加大。实施最严格的生态保护制度,实行生态环境损害责任终身追究制,在全省率先开展市级环保专项督察。建立流域生态补偿公共财政制度,生态补偿机制不断完善。深化生态文明创建,积极倡导绿色生活方式,全民生态文明意识不断提高。

**【“六场硬仗”深入展开】**2017年,杭州市委聚力打好“六场硬仗”,人民群众获得感幸福感安全感不断增强,让改革发展成果更多惠及全市人民,不断满足人民日益增长的美好生活需要,连续11年入选“中国最具幸福感城市”。

城中村改造提升超额完成年度任务,小城镇环境整治大力推进,“三改一拆”“五水共治”全面深化。千岛湖配水工程建设全面推进,三堡排涝工程竣工验收，获水利工程鲁班奖。实施固废处置能力提升三年行动计划，智慧垃圾分类试点和生活垃圾示范小区、示范校园等创建不断深化，生活垃圾总量保持低位增长态势。

地铁建设五年攻坚、快速路网建设四年攻坚全面启动，制定实施《关于进一步加快城市轨道交通建设的若干意见》和配套政策。城市"数据大脑"交通治堵试点全面铺开，试点成果向全球发布，城市交通拥堵状况进一步缓解。

制定《关于进一步完善杭州市招商引资机制的若干意见》，实现内外资统一管理，深化体制调整。

全市社会大局保持和谐稳定。社会治安立体防控体系不断完善，固化"六个实名制""武林大妈"等经验和做法，打击违法犯罪活动。完善多元化矛盾纠纷排查化解体系建设，打造在线矛盾纠纷化解平台，排查调处矛盾纠纷11.35万起，调处成功率99.7%。食品药品源头管控和全过程监管不断加强，防灾减灾救灾工作有序推进。

落实"创业就业新政27条"，实施新一轮大学生创业三年行动计划，智慧就业服务不断加强，就业形势保持平稳。社会保障制度改革稳步推进，修订《杭州市基本医疗保障办法》等政策，萧山、余杭、富阳与主城区一体化发展取得阶段性成果，基本养老、医疗保险参保率分别达到95%、98%。研究制定《关于加快临安区与主城区一体化发展的若干意见》，启动临安区与主城区公共服务一体化。社会救助和社会优抚政策体系不断完善，"春风行动"深入开展，社会救助水平不断提升。维护劳动者合法权益，重拳打击拖欠工资行为，劳动关系和谐指数连续7年居全省首位。教育事业保持优质均衡发展，新名校集团化战略深入实施，9个区县(市)成为省基本实现教育现代化县(市、区)。健康杭州建设深入推进，医疗卫生"双下沉、两提升"和医养护一体化深入实施，智慧医疗水平不断提升，家庭医生签约服务提质扩面，省、市卫生乡镇创建提前完成目标，新一轮健康城市试点等经验在全国推广。人口和计生工作转型发展。启动"智慧养老"服务项目，打造形成"无围墙养老院"和新型"智慧养老"的杭州样本。体育事业全面进步，亚组委一办九部正式成立，亚运会场馆和亚运村规划建设全面启动，2018年世界游泳锦标赛(25米)和第五届世界游泳大会筹备工作顺利推进。办好民生关键小事，既有住宅加装电梯取得实质突破，"厕所革命"保持领先，加强互联网租赁自行车规范发展和秩序管理。

法治杭州建设深入推进。坚持总揽全局、协调各方，支持市人大、政府、政协和法院、检察院依法依章程履行职责。加强党领导立法工作，健全党领导立法工作机制。法治政府建设推进，行政复议体制改革深化，政府法律顾问制度实现全覆盖。司法体制改革不断深化。发挥"五四宪法"历史资料陈列馆等作用，"七五"普法规划全面实施，法治宣传教育不断加强。以"四问四权"(以问需于民、问情于民、问计于民、问绩于民的工作方法，拓展群众的知情权、参与权、选择权和监督权)为主要内容的民主促民生工作机制不断健全，基层治理体系"四个平台"基本建成，190个乡镇(街道)实现全覆盖。深化基层社会治理规范全科网格建设。城乡社区治理和服务创新不断推进，社工队伍建设不断加强。加强流动人口管理与服务，推行新型居住证制度。

**【党的建设不断推进】**2017年，杭州市委坚持全面从严、始终从严，党的建设向纵深推进。制定《关于进一步落实全面从严治党主体责任的意见》，强化各级党组织管党治党主体责任。严格执行主体责任报告制度和问责制度，完善"大党建""双百分制"考核机制，创新完善党建责任综合绩效工作模式，党风廉政建设、意识形态、基层党建和统战工作统筹推进。坚持党管干部原则和正确选人用人导向，完成市县两级领导班子换届和市直单位领导班子集中调整配备工作。

以"联百乡结千村访万户"蹲点调研活动为载体，推动"两学一做"学习教育常态化制度化，全市4.36万名党员干部到3089个村(社区)，走访群众185.6万户次、企业近8万个，推进重点工作7683项，解决民生问题4.9万个，做到社情民意在一线了解、惠民实事在一线兴办、党的建设在一线加强。开展"三提一争"(提高推进城市国际化能力、提高专业素养、提高克难攻坚能力、争当铁军排头兵)主题活动，打造政治过硬、本领高强的高素质专业化干部队伍。从严加强干部管理监督，严格执行主要领导离任经济事项交接、自然资源资产审计、重要事项请示报告等制度。实施机关新录用公务员"三访"制度，重视选拔使用优秀年轻干部。不断加强和创新城市基层党建，制定《推进城市基层党建工作"双领联动、双网融合"的实施意见》。研究起草城市基层党建"1+3"文件，构建城市基层党建协同发展新格局。推动农村基层党建全面过硬，完成村(社区)组织集中换届，"双基十条"三年行动计划156项任务收官，"整乡推进、整县提升"目标基本实现。全面加强村(社区)干部队伍建设。

持之以恒正风肃纪，强化政治监督和纪律保障，加强对各级党委、人大、政协特别是村(社区)组织换届工作的风气监督，确保政令畅通，确保纪律严明。研究制定《贯彻落实中央八项规定实施细则的办法》，开展落实中央八项规定"回头看"，整治"三不"问题，加大作风效能投诉查处力度。推进监察体制改革试点工作，完成市、区县(市)两级监委转隶组建，探索依法行使监察权，实施全国首例监察留置措施。追逃工作取得突破性进展。从严从实开展党内监督，推进"五巡五察"(综合巡、专项巡、点穴巡、延伸巡、交叉巡和开门察、留痕察、印证察、深度察、重点察)，构建市县联动的巡察监督机制。用好监督执纪"四种形态"，维护纪律严肃性。坚持发挥"一个核心、三个党组"作用，定期听取市人大常委会党组、市政府党组、市政协党组和市法院党组、市检察院党组工作汇报。巩固和发展最广泛的爱国统一战线，大统战工作格局逐步构建，"凝心聚力"建名城作用彰显。党建带群建机制不断健全。 (吴洁宇)

**【综合考评】**2017年2月16日、17日和21日，杭州市组织实施2016年度区县(市)特色创新目标和市直单位创新创优项目专家评估。3月28日，市考评委把2016年度综合考评结果提交第十二届市委常委会第六次会议审议通过。4月21日，市委、市政府召开2016年度综合考评总结讲评大会，省委常委、市委书记赵一德做重要讲话，市委副书记、市考评委主任马晓晖对2016年度综合考评情况做总结讲评，市委常委、市委秘书长许明宣读2016年度市直单位和区县(市)综合考评结果。5月12日，在《杭州日报》等媒体上对98个市直单位197项重点社会评价意见整改目标进行公示。6月30日，向113个市直单位下达1200项年度绩效考核目标，其中"地方一般公共预算收入""主要污染物减排""主要发展指标"等33项指标列入挑战指标，预设"落实重点改革任务""扩大有效投资""'最多跑一次'改革""轨道交通和快速路网建设""城中村改造和小城镇综合整治"等9项为重点工作单项奖项目。9月下旬，会同市委改革办、市委督查室、市政府督查室，开展2017年度市直单位绩效考核目标中期检查评估工作，实地抽查32个市直单位的79个项目，并向市委、市政府做专题汇报。针对中期检查评估中发现的问题，市考评办发出"绩效改进通知单"，督促相关责任单位即知即改、立行立改，确保年度目标任务保质保量完成。11月28日，第十二届市委常委会第二十六次会议审议通过《关于2017年度综合考评实施方案》。12月7日，市委办公厅、市政府办公厅印发《关于实施2017年度综合考评的通知》，优化完善市直单位领导考评，进一步加大党建责任制考核结果的运用，首次对非参评单位实施主体职能履行情况专项绩效测评。12月18日，市委、市政府召开2017年度杭州市综合考评动员大会，启动2017年度市直单位和区县(市)综合考评工作。12月22日，杭州市印发《关于严格控制年终各类检查规范考核行为力戒形式主义的通知》，进一步规范各类考核行为，精简考核台账，创新优化考核方式，减轻基层负担。2017年度综合考评，对市直单位501项年度考核目标实施免检，占年度考核目标总量的42%，免检单位从上年的4个扩大到14个。年末，向20万个手机用户发送市直单位社会评价邀请短信，征集社会评价意见建议近3万条。

**【"公述民评"面对面问政活动】** 2017年，杭州市组织实施第9次"公述民评"现场问政活动，确定"最多跑一次"怎么跑、交通组织管理怎么优、"健康城市"怎么建、垃圾分类怎么分、城市精细化管理怎么精五大问政主题，梳理出13项相关重点内容和"降费""雾霾""治水""减负"4项社会评价热词，跟踪督办社会评价意见。8—9月，对5场问政主题分6期邀请19个问政单位负责人、20多名民评代表和部分专家学者，在杭州电视台《我们圆桌会》栏目进行交流探讨。9月中下旬，通过市级媒体、杭州考评网、"绩效杭州"微信公众号等方式，公开征集参加电视现场问政的民评代表及问政问题。10月25—27日，第9次"公述民评"面对面电视现场问政活动在杭州文广集团演播厅举行，市长徐立毅出席首场电视问政，并做动员讲话。市人大常委会、市政府、市政协领导分别出席有关电视问政，城区及市直单位负责人65名、区级相关职能部门负责人221名接受问政；民评代表参与现场问政活动963人次，收集相关意见建议850条。

(章笑丽)

## 重要会议

**【杭州市第十二次党代会】** 2017年2月24—27日，中国共产党杭州市第十二次代表大会召开，实到正式代表568人。大会的主题是：高举中国特色社会主义伟大旗帜，深入学习贯彻习近平总书记系列重要讲话精神和治国理政新理念新思想新战略，全面总结市第十一次党代会以来的工作，

**2017年中共杭州市委重要文件**

表3

| 序号 | 文件标题 |
|---|---|
| 1 | 中共杭州市委关于从严加强干部队伍建设打造勇立潮头铁军排头兵的决定 |
| 2 | 中共杭州市委员会 中共浙江大学委员会 杭州市人民政府 浙江大学关于进一步加强战略合作的若干意见 |
| 3 | 中共杭州市委关于印发赵一德同志在中国共产党杭州市第十二次代表大会上的报告的通知 |
| 4 | 中共杭州市委关于认真学习宣传贯彻市第十二次党代会精神的通知 |
| 5 | 中共杭州市委关于市委常委分工的通知 |
| 6 | 中国共产党杭州市委员会工作规则 |
| 7 | 中共杭州市委关于印发市纪委工作报告的通知 |
| 8 | 中共杭州市委员会 中共浙江工业大学委员会 杭州市人民政府 浙江工业大学关于加强战略合作的若干意见 |
| 9 | 中共杭州市委 杭州市人民政府关于进一步加快城市轨道交通建设的若干意见 |
| 10 | 中共杭州市委 杭州市人民政府关于进一步深化"联乡结村"活动加快推进精准帮扶工作的实施意见 |
| 11 | 中共杭州市委关于认真学习宣传贯彻党的十九大精神的通知 |
| 12 | 中共杭州市委 杭州市人民政府关于实施"拥江发展"战略的意见 |
| 13 | 中共杭州市委关于追授陈浩同志"杭州市优秀共产党员"称号的决定 |
| 14 | 中共杭州市委 杭州市人民政府关于加快推进杭州人才国际化的实施意见 |
| 15 | 中共杭州市委 杭州市人民政府印发《关于"名校名院名所"建设的若干意见》的通知 |
| 16 | 中共杭州市委关于加强农村法治建设的实施意见 |

明确今后五年的目标任务，动员全市各级党组织、广大党员和人民群众，干在实处、走在前列、勇立潮头，为加快建设独特韵味别样精彩世界名城而奋斗。省委常委、市委书记赵一德代表中共杭州市第十一届委员会做题为“干在实处、走在前列、勇立潮头，为加快建设独特韵味别样精彩世界名城而奋斗”的报告。大会选举产生中国共产党杭州市第十二届委员会委员62人、候补委员13人，中国共产党杭州市纪律检查委员会委员41人，杭州市出席中国共产党浙江省第十四次代表大会代表75人。大会通过《中国共产党杭州市第十二次代表大会关于中共杭州市第十一届纪律检查委员会工作报告的决议》。

**【市委全委会】** 2017年，中共杭州市委员会召开4次全委会。

第十一届十三次全体(扩大)会议1月5日召开。会议深入学习贯彻党的十八届六中全会、中央经济工作会议和省委十三届十次全会、省委经济工作会议精神，审议通过市委《关于从严加强干部队伍建设打造勇立潮头铁军排头兵的决定》，回顾总结2016年工作，研究部署2017年重点任务。省委常委、市委书记赵一德代表市委常委会做报告。

第十一届十四次全体会议2月16日召开。会议审议通过中国共产党杭州市第十二次代表大会报告(全会审议稿)和中国共产党杭州市第十二届纪律检查委员会工作报告(全会审议稿)，省委常委、市委书记赵一德代表市委常委会做题为“讲政治、讲大局、讲纪律，以饱满热情优良作风开好市第十二次党代会”的讲话。

第十二届一次全体会议2月27日召开。会议选举产生新一届市委常委班子，通过市纪委一次全会选举结果，通过《中国共产党杭州市委员会工作规则》。

第十二届二次全体(扩大)会议8月1日召开。会议深入学习贯彻习近平总书记系列重要讲话精神和治国理政新理念新思想新战略，全面贯彻落实省第十四次党代会和市第十二次党代会精神，总结上半年主要工作，部署下半年重点任务，会议明确要坚定不移地沿着“八八战略”指引的路子走下去，以一流状态建设一流城市，加快城市国际化步伐，建设独特韵味别样精彩的世界名城，更加自觉地扛起省会城市责任担当，在全省“两个高水平”建设中走在前列，以优异成绩迎接党的十九大胜利召开。省委常委、市委书记赵一德代表市委常委会做报告。

**【市委常委会】** 2017年，中共杭州市委员会常委会召开会议38次。市委常委会以习近平新时代中国特色社会主义思想为指导，全面贯彻党的十八届六中全会和十九大精神，按照党委“总揽全局、协调各方”原则，议大事、把方向、掌全局、用干部，充分发挥在同级党组织中的领导核心作用，就事关杭州经济社会发展的重大问题进行研究。

**【市委重要专题会议】** 2017年，杭州市委召开的重要专题会议有：市委城市工作会议暨地铁建设五年攻坚行动动员大会、市委全面深化改革领导小组会议、市委财经工作领导小组会议、市委理论学习中心组(扩大)专题学习会、全市深化作风建设大会、市委农村工作会议、全市卫生与健康大会、2016年度区县(市)和市直单位党(工)委书记抓基层党建述职评议会、市委建设法治杭州工作领导小组会议、全市“两学一做”学习教育常态化制度化工作座谈会、全市乡镇(街道)党(工)委书记工作交流会、杭州市文明委全体(扩大)会议暨全国文明城市复评迎检、全国学生运动会服务保障工作动员会、全市城中村改造工作推进大会、全市“联百乡结千村访万户”蹲点调研活动工作交流会暨“用脚步丈量民情 用实干赢得民心”首场论坛、全市“喜迎十九大、全力保平安”动员大会、全市最美公务员表彰暨市级机关新录用公务员“三访”集训活动总结大会等。 (吴洁宇)

## 组织工作

**【概况】** 2017年，市委组织部落实市委和上级组织部门的要求，学习贯彻党的十九大、十八届六中全会、习近平总书记“7·26”重要讲话和省市委党代会精神，把握承前启后的历史方位和“后峰会、前亚运”的时代背景，坚持向核心看齐、向中心聚焦、向一流用劲，综合运筹、真抓实干。推进“两学一做”常态化制度化，全市3.8万个基层党组织68万余名党员开展专题学习讨论32.2万次，宣讲党课11.8万场次，传递传播党的十九大精神。组织“联百乡结千村访万户”蹲点调研活动和“三提一争”主题活动，全市4.36万名党员干部结对联系3089个村和社区，开展集中蹲点调研，深入一线“赛场赛马”，开展“大比武大督查大考核”“互学互比互看”活

2017年3月2日，杭州市“三提一争”主题活动和“联百乡结千村访万户”蹲点调研活动动员部署会召开 (市委组织部 供稿)

动。优化党建责任综合绩效工作模式,完善“大党建”“双百分制”考核机制,整合市纪委监委、市委组织部、市委宣传部等部门力量和资源,推进全市党建工作提质增效。完成市、县两级班子集中换届和市直部门班子集中调整,加强领导班子和领导干部综合分析研判,深化年轻干部队伍梯队建设,抓好干部经常性监督管理,做到“提人知情、提情知人”,干部队伍建设持续深化,市直单位“一报告两评议”各项满意度分值实现“五连升”。开展“整乡推进、整县提升”工作,城市基层、农村、两新组织(新经济组织和新社会组织)、行业系统等各领域党建工作整体提升,特别是城市基层党建的“杭州经验”,在全国城市基层党建经验交流会上得到中央政治局委员、中央组织部部长赵乐际的充分肯定。加快落实“人才新政”,启动“名校名院名所”建设工程,率先建立国际人才创业创新园,人才工作市场化国际化融合发展步伐加快。举办“一会一赛”,省市主要领导出席“2017浙江·杭州国际人才交流与项目合作大会”,结合“创客天下·2017海外高层次人才创新创业大赛”,举办外国人才在杭创新创业成果展和“创新与未来产业”杭州论坛。全年新增自主申报“国千”人才17人、“省千”人才51人,自主申报的“国千”人才总量累计121人,居全国副省级城市前列。新增国家“万人计划”人才18人。西湖高等研究院启用,西湖大学通过教育部评审,受到国内外广泛关注。全市组织系统被车俊、赵一德、任振鹤等领导批示76次,在中央和省级会议上介绍杭州组织工作经验20次,承办中央和省级现场会5次。全省基层党建和人才工作述职评分均居第一位。

**【“两学一做”学习教育活动】**2017年,全市落实《中共中央办公厅关于推进“两学一做”学习教育常态化制度化的意见》和《省委组织部关于全面深入学习贯彻党的十九大精神扎实推进“两学一做”学习教育常态化制度化的通知》,把学习宣传贯彻习近平新时代中国特色社会主义思想和党的十九大精神作为首要政治任务。市委常委会制定学习教育常态化制度化7项任务清单,带头开展党的十九大精神宣传宣讲活动。市委组织部发挥党校主阵地作用,抓好党的十九大、十八届六中全会、习近平总书记“7·26”重要讲话、省市党代会精神以及《中国共产党纪律处分条例》《中国共产党廉洁自律准则》等重点内容学习培训。全市完成党校计划内培训班130多期,培训学员2万余人次。理想信念教育达1960课时,比上年增长30%。面向1350名市管干部举办3期市管领导干部党的十九大精神轮训班,分层分级开展处级干部集中轮训。通过固定主题党日、党员春训冬训、讲党课送党课等途径,传递传播党的十九大精神。全市3.8万个基层党组织68万余名党员开展专题学习讨论32.2万次,宣讲党课11.8万场次。

**【“联百乡结千村访万户”蹲点调研活动】**2017年,市委组织部认真落实《市委关于深化“联百乡结千村访万户”蹲点调研活动的实施意见》,坚持把“联百乡结千村访万户”蹲点调研活动作为推进“两学一做”学习教育常态化制度化的重要载体。建立健全月度走访、助推工作、问题督办、结对共建、定期评优等5项机制,举办“用脚步丈量民情、用实干赢得民心”系列论坛29场,召开“联百乡结千村访万户”专题研讨会,提炼形成“联百乡结千村访万户”联系服务群众工作“二十法”和“二十个典型案例”。全市4.3万名干部结对联系3089个村和社区,深入开展集中蹲点和地毯式走访。全年累计走访农户165.13万户次、企业7.99万个次,召开民情恳谈会3.5万次;分层分类交办解决实际问题3801个;开展党的十九大和省市党代会精神集中宣讲7600多场次。合力打好“六场硬仗”,助推城中村改造、小城镇综合整治、剿灭劣V类水等重点工作落实落地,协调解决民生问题和信访维稳问题4.9万个。

**【“三提一争”主题活动】**2017年,市委组织部按照市委部署,牵头实施《关于在市管领导班子和领导干部中开展“三提一争”活动的实施意见》和《区、县(市)“三提一争”活动指导工作计划》。活动以“提高推进城市国际化能力、提高专业素养、提高克难攻坚能力,争当铁军排头兵”为主题,提出政治担当、眼界思路、能力水平、工作实际、作风形象五个方面明显进步的目标,实施理论武装、国际视野拓展、专业素养提升、“赛场赛马”和“树标争先”五大专项行动。在国际视野拓展专项行动中,全市选派各级党员干部3000多人次参与国际组织机构交流合作,推动市、县两级国际化项目300多个,拓展干部国际视野。在专业素养提升专项行动中,由市领导领衔,按业务条线举办市管领导干部专业化能力培训班14期、近900人,举办领导干部自主选学知识讲堂11期,培训干部2700多人次。“杭商学堂”、境内+境外“518”培训等安排400多名干部参加专业化能力学习实践。在“赛场赛马”专项行动中,搭建“六场硬仗”“大比武大督查大考核”“互学互看互比”等实践平台127个,建立全市乡镇(街道)书记工作交流机制。市县两级累计选派4350名中青年干部到亚组委、拆违治水、城中村改造、招商引资等重点工作岗位挂职。

**【党建责任综合绩效工作模式优化】**2017年,市委组织部落实市委党建工作领导小组第三次会议精神,完善“大党建”“双百分制”考核机制,制定《关于深化党建工作考核及成果运用的实施意见》。加大党建考核在综合考评中的分量,党建考核中区县(市)前后3位、市直部门前后10位的综合考评加减分值从0.4分提高到0.5分。健全党建考核指标体系,调整设定“联百乡结千村访万户”蹲点调研活动和“三提一争”活动专项考核指标30条,新增4个维度定性指标,修订280多条定量指标。优化党建考核满意度评价,制定《履行党建责任评议操作办法》,增强满意度评价的知情度和关联度。抓实督促问效,召开全市党建工作考核情况讲评会暨工作推进会,梳理反馈各地各单位短板问题4类228个,组织开展党建报表填报和专项调研督查,抓好问题通报、督促整改。牵头推进党的建设制度改革,高质量抓好“以‘联百乡结千村访万户’活动为载体推进‘两学一做’学习教育常态化制度化”等6项重点改革任务的落实。

【党建信息化智慧化运行机制完善】2017年，市委组织部紧扣时代脉动，运用互联网思维，开发党建责任制管理系统App，在上城区和市卫生计生委、市金投集团等单位试点推行，覆盖基层党组织1008个，党员6526名。建设干部管理信息系统、PAD版干部信息查询和提交系统、干部档案信息系统等项目，开发公务员信息管理系统65项基本功能、四个子系统，建立日常维护常态化机制。推进基层党建主干系统改版，开发推广“96345+志愿汇”党员志愿服务及智能协作平台，加快研发主题党日活动App，优化基层党建业务流程。完善智慧人才平台，逐步实现人才数据大整合、人才计划（工程）线上申请、人才服务网上对接、人才信息即时发布等功能。升级办公OA系统，办文办会办事效率进一步提高。探索运用新媒体技术加强党员教育，改版“西湖先锋”微信服务号，推出“杭州组工”微信订阅号，关注人数分别为27万余人、11万余人。

【市县两级领导班子换届】2017年，杭州市做细做实基础性工作，从严匡正换届风气，换届选举工作顺利完成。区县（市）“两会”召开期间，市委组织部派出13个联络指导组全程驻点指导，实现“零违纪、零信访、零舆情”。新一届领导班子各项结构指标均符合上级要求，新提拔市管副职90人，其中有乡镇（街道）党政主要负责人经历的59人，占66%；党政班子中40岁左右年轻干部占党政班子成员总数的27.8%，比上届提高6.9%。市第十二次党代会和市“两会”期间，注重选举组织、党代表提案征集办理、新一届人大政协常委会组成人员调配等工作，严把责任关、提醒关和资格关，全过程全方位加强换届纪律监督，换届风气满意率99.7%，总体评价“好”的占98.5%。组织全市出席全国、全省人大代表建议人选推荐、联审、考察以及市第十三届人大二次会议选举。

【市直部门领导班子调整】2017年，市委组织部落实上级部署要求，配合市委做好市直部门领导班子集中调整工作，发挥党组织领导把关作用和民意基础性作用，突出依事择人、人岗相适，坚持规范操作、严明纪律，平稳有序、风清气正抓好集中调整工作。该次集中调整涉及91个单位231人，其中提拔市管正职27人，市管副职39人，转任重要岗位10人，平职交流96人，晋升巡视员5人、副巡视员9人，提任党委（党组）成员14人，到龄退出领导岗位31人。女干部、党外干部等配备指标均符合上级要求。

【领导班子和领导干部综合分析研判】2017年，市委组织部按照“提人知情、提情知人”的要求，坚持和深化“月报季访”“季报五访”等制度，常态掌握干部日常情况。开展区县（市）新班子专题走访调研和“回头看”工作，深入了解新一届区县（市）领导班子和干部履职表现、思想动态。全年部委班子领导与市管干部谈心谈话430多人次，干部处室与干部谈话1400多人次。拓展干部研判视野和资源，与区县（市）联动开展综合分析研判，形成全市面上综合分析报告。坚持抓人促事、以事察人，实施村级组织换届和“中央环保督察”等专项考核，加强干部了解分析研判及成果运用，为市委选人用人提供依据。全年完成干部调配15批300多人次。

【年轻干部梯队建设】2017年，市委组织部着眼换届后干部队伍建设实际，对“五个一百”年轻干部进行动态调整，筛选确定新列入名单的年轻干部359人。加强年轻干部教育培训和实践锻炼，举办2期年轻干部提升党性修养和专业能力培训班。开展市直机关新录用公务员“三访”（暗访、接访、走访）集训活动，选派市直机关新录用公务员87人，深入基层实践锻炼，调查发现安全管理、环境治理、村（社区）发展等各类问题800多个，参与纠纷协调、问题处置430多件，该做法得到省委书记车俊批示肯定。选派年轻干部46人，到重点工作、基层一线和艰苦岗位挂职锻炼。加强跟踪管理，完善经常性谈话制度，建立市、县两级“年轻干部成长档案”，各地各单位加强年轻干部梯次配备，落实培养锻炼举措。

【干部经常性管理监督】2017年，市委组织部紧盯选人用人督查纠偏，开展区县（市）干部选拔任用纪实工作专项督查，结合巡察对33个市直单位选人用人工作进行专项检查，对发现的130多个问题落实相应整改措施。市直单位“一报告两评议”各项满意度分值实现“五连升”，达历史最好水平。开展领导干部个人有关事项报告随机抽查、重点查核等工作，全市累计查核5954人次，其中市本级查核590人次。针对漏报、瞒报等情况，批评教育1345人；诫勉138人；取消考察对象资格21人。强化干部日常监督，出台《关于对领导干部进行提醒的部内操作办法（试行）》，全市提醒干部857人。注重提醒结果运用，函询干部77人；调整交流不适宜担任现职干部85人。规范出国（境）审批管理，制定《杭州市国家工作人员因私出国（境）管理工作操作规范（试行）》。组织13个单位16名领导干部的经济责任审计，组织10个区县（市）长离任经济事项集中交接和32个市直单位“一把手”离任经济事项交接。

【村（社区）组织换届】2017年，市委组织部按照市委要求，把加强党的领导贯穿村（社区）组织换届工作始终，召开成员单位联系督导会议4次，全面落实换届责任，推进换届风气督导，完成2041个村、1038个社区的换届工作。村（社区）党组织书记、村（居）委会主任的调整率为31.3%和49.3%，分别比上年提高6%和17.4%。村居委会主任中中共党员占78.6%，提高3.6%；村（居）民代表中中共党员占46.5%，提高13.6%。村（社区）党组织、村（居）民委员会一次性选举成功率分别为99.3%和82.6%，分别提高13.1%和24.2%。市县两级登记办理信访569件次，下降49.8%。关心关爱离任村干部，开展谈心谈话6600多人次，解决思想和实际问题2900多个。在换届过程中，坚持事业导向，严把资格条件关，退出选举“五不”村（社区）干部155人。优先使用在G20杭州峰会保障、“五水共治”、“城中村改造”等工作中表现突出人员，全市保留政治素质好、业绩突出、公认度高、年满55周岁的村(社区)党组织书记151人,占4.9%,留任省“千名好支书”130人。班子结构进一步优化,村(社区)“两委”成员平均年龄42.3岁,下降2.3岁;30岁左右的村(社区)“两委”班子成员占17.2%,提高6%。村(社区)“两委”成员中大专及以上学历占66.4%,提高20.1%。

**【村(社区)干部队伍建设】**2017年,市委组织部制定《关于在全市村和社区干部中开展“争做‘四种人’、争当排头兵”主题实践活动的实施意见》,开展新任村(社区)干部集中轮训,市级层面累计培训村(社区)书记1000多名,全市累计举办村(社区)主职干部、“两委”干部以及村(居)民小组长、代表和党员培训班310场次,培训3.5万人次。开展村(社区)后备干部队伍建设专题调研,制定《关于加强全市村(社区)后备干部队伍建设的指导意见》,实施“雏雁成长”工程,确定村(社区)后备干部2万余名,其中主职后备干部5000名左右,建立起一支梯队合理、素质优异的村(社区)队伍。组织第一书记和第十批农村指导员选派,市级层面选派村第一书记和第十批农村工作指导员42人,同步指导区县(市)选派第一书记和农村工作指导员258人。

**【城市基层党建走在全国前列】**2017年,市委组织部按照“区域统领、行业引领、两新融合、街社兜底”的总体思路,制定《关于推进城市基层党建工作“双领联动、双网融合”的实施意见》和《关于进一步加强城市基层党建工作的意见》等系列文件,深化城市基层党建系统建设和整体建设。构建市、区、街道、社区四级联动体系,完善区、街道、社区三级党组织书记抓党建例会、基层党建联席会议和党员领导干部领办党建项目等工作制度,深化街道社区党建共建委员会、兼职委员等共建机制,健全社区党组织领导下的居委会、业委会、物业公司三方协调机制。结合社区换届,实行辖区各类组织负责人兼任社区党委委员,业委会、物业公司负责人进入“两委”班子等做法。全市驻区单位党组织负责人兼任街道党建共建委员会委员4825人。召开行业系统党建工作座谈会,印发《关于深入推进行业系统党建工作的指导意见》,坚持扩面与提质并举,落实“七个一”工作举措,开展“三好”示范创建活动,推进29个行业系统党建工作。市卫生计生委、市教育局抓行业系统党建的做法分别被国家卫生计生委、教育部推广。市委书记赵一德在全国城市基层党建经验交流会上做专题经验介绍。全省城市基层党建工作推进会在杭州召开。

**【两新组织党建工作创新深化】**2017年,市委组织部聚焦新经济新业态和社会组织等重点领域,提升两新党建质效。在互联网业领域,紧扣杭州互联网业发展实际,召开全市互联网业党建座谈会,实施《关于加强互联网业党建工作的意见》,从完善体系、抓好覆盖、促进自转、加强保障和推动激励等方面加大探索创新,推进全市56个互联网企业党建示范点建设。承办全国党建研究会非公专委会年会暨互联网企业党建研讨会并做交流发言。在特色小镇党建领域,出台《关于加强特色小镇党建工作的意见》,持续推进“三扎根一保障”,构建“一核多堡”组织网络,创新“三抓三带”联动模式,探索小镇党建工作新路子,形成余杭区梦想小镇、上城区山南基金小镇、西湖区云栖小镇等一批“红色集群”,实现全省特色小镇党建全覆盖,承办全省特色小镇党建工作现场推进会并做交流发言。在社会组织党建领域,召开全市社会组织党建工作现场会,印发《关于加强和改进社会组织党建工作的实施意见》,推动社会组织综合党委规范化运作。至年末,社会组织党组织数1513个,比上年增加256个,建立区

2017年杭州市党员和党组织情况

表4

| 单位 | 党员队伍(人) | | | | | 发展党员(人) | | | | 基层党组织(个) | | | |
|---|---|---|---|---|---|---|---|---|---|---|---|---|---|
| | 党员数 | 女党员 | 少数民族党员 | 35岁以下 | 大专文化以上 | 发展数 | 女党员 | 35岁以下 | 大专文化以上 | 总数 | 党委 | 党总支 | 党支部 |
| 市直 | 111 684 | 46 688 | 980 | 46 684 | 90 036 | 3 679 | 2 132 | 3 169 | 1 354 | 6 788 | 457 | 456 | 5 875 |
| 中共上城区委 | 27 848 | 11 717 | 150 | 6 818 | 16 136 | 201 | 77 | 143 | 171 | 1 464 | 93 | 58 | 1 313 |
| 中共下城区委 | 32 635 | 13 898 | 146 | 7 264 | 18 384 | 182 | 73 | 117 | 171 | 1 757 | 122 | 101 | 1 534 |
| 中共江干区委 | 33 312 | 13 841 | 180 | 10 326 | 20 584 | 232 | 118 | 162 | 212 | 1 989 | 144 | 94 | 1 751 |
| 中共拱墅区委 | 32 677 | 13 109 | 108 | 8 331 | 17 997 | 205 | 90 | 136 | 185 | 1 646 | 97 | 89 | 1 460 |
| 中共西湖区委 | 46 994 | 20 696 | 274 | 18 375 | 32 800 | 326 | 144 | 217 | 282 | 2 398 | 200 | 147 | 2 051 |
| 中共滨江区委 | 46 143 | 19 481 | 554 | 32 190 | 41 387 | 287 | 136 | 189 | 258 | 1 903 | 96 | 161 | 1 646 |
| 中共萧山区委 | 90 512 | 28 191 | 155 | 25 485 | 45 602 | 969 | 429 | 604 | 689 | 4 725 | 334 | 420 | 3 971 |
| 中共余杭区委 | 70 090 | 22 616 | 208 | 21 708 | 37 386 | 834 | 348 | 506 | 665 | 4 080 | 291 | 219 | 3 570 |
| 中共富阳区委 | 50 340 | 14 323 | 91 | 12 184 | 23 734 | 547 | 235 | 303 | 358 | 3 027 | 221 | 229 | 2 577 |
| 中共临安区委 | 42 850 | 11 561 | 373 | 9 807 | 17 776 | 451 | 168 | 204 | 241 | 2 214 | 127 | 216 | 1 871 |
| 中共桐庐县委 | 30 884 | 7 387 | 328 | 7 170 | 12 118 | 365 | 135 | 204 | 190 | 1 861 | 108 | 152 | 1 601 |
| 中共淳安县委 | 32 895 | 7 462 | 68 | 5 792 | 11 291 | 377 | 136 | 231 | 229 | 2 191 | 69 | 320 | 1 802 |
| 中共建德市委 | 36 072 | 8 786 | 327 | 7 389 | 14 019 | 446 | 192 | 284 | 303 | 2 167 | 158 | 202 | 1 807 |
| 合计 | 684 936 | 239 756 | 3 942 | 219 523 | 399 250 | 9 101 | 4 413 | 6 469 | 5 308 | 38 210 | 2 517 | 2 864 | 32 829 |

县(市)级社会组织综合党组织12个,建成社会组织党建示范点88个。江干区凯益荟党委被中央组织部组织二局确定为直接联系点。以专项督查推动民办高校和中小学党组织覆盖率、单建率有效提升,3所民办高校均建立党委,101所民办中小学党组织覆盖率为91%。制定《全市性行业协会商会与行政机关脱钩后党建管理体制调整的办法(试行)》,指导抓好74家行业协会党建脱钩不脱管。

**【"整乡推进、整县提升"工作高标准推进】**2017年,杭州市紧盯"双基十条"156项重点任务,发挥基层党建联席会议作用,深化交叉互查,加强过程管控,落实13个区县(市)和32个设党委的市直部门抓基层党建的358项任务清单、161项问题清单,完成基层党建领办项目57个。建立党员组织关系排查、基层党组织按期换届、党费收缴使用管理等长效机制。统筹组织发展党员工作,落实指导性计划指标9120个。从严加强党员先锋指数考评管理,组织失联党员规范管理和组织处置等工作,全市处置不合格党员616人。

**【基层支部规范化建设】**2017年,市委组织部在全市建立并推广"123"支部学习教育基本规范,提高基层支部党内政治生活的系统化、常态化、制度化水平。深化结对共建筑强支部堡垒,推动市直机关党支部与联系乡镇党委、农村党支部"组织共建、活动共联、资源共享",联动开展理论学习1026次、开放式组织生活927次、党员志愿服务1531次;加强支部日常工作督查指导,层层传导压力,扣紧责任链条。市本级对区县(市)开展全覆盖督导,通报问题37个,发现典型40个。

**【"人才新政"有序落实】**2017年,全市全面落实"人才新政27条"和人才"若干意见22条",实施相关配套细则和操作规程。加大政策兑现力度,向新引进应届高学历毕业生发放一次性生活补贴2.78亿元,为人才提供各类创业创新资助6.5亿元,人才服务银行为人才个人提供授信超过5000万元,为国家"千人计划"、省"千人计划"、市"521"人才创办企业提供授信超过50亿元。新增自主申报"国千"人才17人、"省千"人才51人,自主申报的"国千"人才总量达121人,居全国副省级城市前列。新增国家"万人计划"人才18人。

**【人才工作市场化国际化步伐加快】**2017年,杭州市注重发挥市场在人才资源配置中的主体作用,突出国际化导向推进人才"引、育、留、用"。国际人才创业创新园建设步伐加快,争取国家外专局支持,签署合作备忘录,率先建立国际人才创业创新园,形成拱墅区、西湖区、滨江区试点创新创业园与萧山区、余杭区园区同步推进的"3+2"工作格局,引进外国人才项目25个。外籍人才引进力度不断加大,新增市"521"计划55人,其中外籍人才达19人,占总数的34.5%。组织市"115"引进国(境)外智力计划申报工作,新增高端外国专家年薪资助项目23项、引智项目206项。组织到北美和欧洲开展招才引智活动,现场签约项目27个,签约金额2.27亿元。首个以城市获批实施外籍人才签证、停居留等7项出入境便利政策。市场化引才格局拓展,在滨江区召开发挥企业引才主体作用的现场会,出台企事业单位聚才用才评价激励办法,总结提炼企事业单位引才聚才"十法"和47个典型案例。加强对人才协会和人才猎头专业委员会的工作指导和联系服务,组织活动51场,服务对接人才项目780个。杭州市推进市场化的人才管理改革实践获全国人才工作最佳创新案例奖。

**【"名校名院名所"建设工程启动】**2017年,杭州市委制定《关于"名校名院名所"建设的若干意见》,启动实施"名校名院名所"建设工程,成立领导小组和工作机构,到深圳、青岛、苏州等地学习借鉴引进高等科教资源的成功经验。浙江西湖高等研究院启用,西湖大学通过教育部评审,引进高层次学术人才45人,其中入选"国千"人才7人、"省千"人才6人,与复旦大学联合招收博士研究生19人。发挥清华长三角研究院杭州分院作用,试点建设军民融合产业园,引进军事技术专业人才17人,新孵化企业65个。拱墅区与德中卫生组织达成合作,杭州经济技术开发区、滨江区、萧山区分别引进奥克兰大学中国创新研究院、北京航空航天大学杭州创新研究院、北京大学信息技术高等研究院等研究机构。 (程建全)

## 宣传工作

**【概况】**2017年,杭州市宣传思想文化部门围绕迎接学习宣传贯彻党的十九大主线,聚焦大事、服务大局,自觉自信、求新求进,尽职尽责、狠抓落实,多项工作走在全省乃至全国前列,为加快建设文化浙江和独特韵味别样精彩世界名城提供有力的思想保证、精神动力、舆论支持和文化条件。

突出主题主线,学习宣传贯彻习近平新时代中国特色社会主义思想和党的十九大精神高潮迭起。市领导和市委十九大精神宣讲团到各地各单位宣讲60场次,全市建立各级各类宣讲团800多个,宣讲7000多场,受众100多万人次,在中央宣传部组织的治国理政论坛上和全省党委(党组)中心组学习经验交流会上做经验交流。集中开展"砥砺奋进、勇立潮头""美丽中国杭州实践""来自杭州的报告"等重大主题报道。举行喜迎十九大文艺晚会和"走进新时代·开启新征程"巡演、"农村文化礼堂百龙喜迎十九大"等活动,推出情景诗话剧《红船·追梦》。开设网络宣传专题专区40多个,发布稿件7000多篇(件)。

突出服务大局,助推世界名城建设的各项工作扎实开局。组织市委、市政府中心工作宣传,全年中央和省级主流媒体对杭州刊播正面宣传报道超1.7万篇(次),在2016年G20杭州峰会筹办之年上级媒体高密度报道的基础上增长超过5%。开展"蓝色钱江放火案""古墩路爆燃事件"等突发事件舆论引导,做好抗雪防冻宣传引导工作。完善大外宣工作格局,在全球四大主流社交媒体平台开通"韵味杭州"账号,"外宣厨房"项目被评为全省宣传思想文化工作创新奖,"我的西湖印记"作品征集、《一江春水穿城过》宣传片制作传播等外宣活动深入扎实。

突出担当负责,意识形态工作责任制落实更加自觉。市委常委会7次专题研究部署意识形态工作,市委下发意识形态领域情况通报,组织年度宣传意识形态工作考核。高校思想政治工作和中小学育人工作得到强化,区县(市)社科联机构实现全覆盖。加强网络宣传与属地管理,提升“杭州发布”品牌影响力,属地网络安全工作得到加强。举办第九届杭州网络文化节,“西湖汇”网络公益联盟被中央网信办评为全国网络公益十大年度机构。

突出价值引领,精神文明创建成果丰硕。做好全国文明城市复评迎检工作,杭州获全国文明城市“三连冠”,桐庐县成为首批县级全国文明城市,杭州在首次全省城市文明程度指数测评中列第一位。深化“最美杭州人”主题宣传和“我们的价值观”主题实践活动,选树先进典型,韩凯、姚玉峰获第六届全国道德模范,陈浩的先进事迹引起强烈反响。推进志愿服务常态化,3个单位和项目入选全国最佳志愿服务组织和项目,1人获全国岗位学雷锋标兵称号。深化基层精神文明创建工作,8个单位和10个村镇被命名表彰为全国文明单位(文明村镇)。

突出创新发展,文化事业和文化产业再上台阶。全年新建农村文化礼堂150个,建成首批50个社区文化家园,公共文化服务“1+X”标准化建设全省推广。举办杭州国际音乐节、钱塘江国际文化节、南宋文化节等文化活动。14部作品入选省“五个一工程”,1部作品入选全国“五个一工程”,“中国作协网络文学研究院”“中国网络作家村”挂牌运作。杭州市获联合国教科文组织学习型城市奖章,举办第三届中国—中东欧国家文化合作部长论坛和杭州国际影视内容高峰论坛。举办第十三届中国国际动漫节、第十一届杭州文化创意产业博览会和杭州电竞峰会,推进之江文化产业带建设。 (市委宣传部)

**【理论学习掀起高潮】**2017年,市委宣传部制定实施《市委理论学习中心组2017年学习计划》,深入学习党的十九大精神和习近平新时代中国特色社会主义思想。通过理论中心组学习、报告会、辅导讲座等形式,全面掀起理论学习新高潮。组织参加中央宣传部在杭州召开的治国理政论坛“‘四个全面’战略布局系列理论研讨会”,市委副书记马晓晖做交流发言。市委常委、宣传部部长戚哮虎在全省党委(党组)中心组学习经验交流会上做交流发言。依托“杭州论坛”、市委理论学习中心组平台,邀请中央巡视办副主任王瑛、科大讯飞股份有限公司董事长刘庆峰、中国人民大学国际关系学院副院长金灿荣等领导专家学者做专题报告,全年组织“杭州论坛”报告会、市委理论学习中心组学习会等25次。落实《浙江省党委(党组)理论学习中心组学习实施办法》,召开全市党委(党组)中心组学习经验交流会,发布市两级中心组学习情况通报,发放各类学习资料5000多册。

**【学习型城市建设】**2017年9月,市委宣传部组团参加在爱尔兰科克市举办的联合国教科文组织第三届学习型城市大会,杭州获得“联合国教科文组织学习型城市奖章”。围绕“喜迎十九大,以一流学习建设一流城市”主题,举办第七届杭州学习节。以全市“我最喜爱的习总书记的一句话”宣讲竞赛活动为学习节活动主体,组织姚玉峰、吴菊萍等名人、最美人物和社会各界广泛参与,制作推出一批产生广泛影响的视频音频精品,活动期间推送500多期视频。开展市第4批杭州悦学体验点评选、“百姓学习之星”、“终身学习品牌”评选推荐工作。推进全民阅读,推进数字阅读平台建设,开设“书香名城”微信公众号。

**【“我们的价值观”主题实践活动】**2017年,市委宣传部印发《2017年“我们的价值观”主题实践活动工作方案》和《2017年推进学习型城市建设工作方案》,对主题实践活动和学习型城市建设工作进行全面部署。深化“我们的价值观”主题月活动,丰富学习教育载体,创新开展“六个一”活动。组织推动“我们的价值观”进社区、进校园、进文化礼堂“三进”活动,举办“我们的价值观”社科界研讨会12场,大型报网互动思辨论坛15期。

**【理论研究更加深入】**2017年,市委宣传部组织全市社科理论界开展习近平总书记系列重要讲话精神和党的十九大精神的理论研究、宣传和阐释。开展学习贯彻十九大精神社科界理论研讨。参加中央宣传部在杭州召开治国理政论坛“‘四个全面’战略布局系列理论研讨会”,市委副书记马晓晖做交流发言。利用市社科规划课题平台,聚焦市委、市政府中心工作,推出一批有分量、有价值、有影响的研究成果。组织“加快城市国际化、实施拥江发展、建设独特韵味别样精彩世界名城”“世界名城建设

2017年6月29日,杭州市“红旗飘飘·庆祝中国共产党成立96周年群众性歌咏活动”在杭州电视台演播厅举行 (李 忠 摄)

中的文化传承”等专题理论研讨活动，邀请省内外社科专家和文化名人开展理论研讨征文活动。（李 进）

**【“最美杭州人”主题宣传活动】** 2017年，市委宣传部开展“最美杭州人”主题宣传活动。在杭州日报社、杭州网和杭州电视台等市属媒体开展“发现最美杭州人”宣传报道，全年报道宣传“最美人物”130人。开展第五届“最美杭州人”评选活动，经基层推荐、市民投票、评委评选，评出“最美杭州人”10人和“最美杭州人提名奖”19人。

**【爱国主义教育活动】** 2017年，市委宣传部开展“国庆让五星红旗飘起来”活动。国庆节期间，全市各级党政机关、学校、企业、宾馆、商店、景区等地和城区主要道路悬挂五星红旗10万余面。开展青少年读书教育活动。全市近40万名中小学生参加“好家风”读书活动，经过各区县（市）学校的推荐，42名学生参加全市读书演讲比赛，其中2名学生参加省比赛获一等奖。开展“红旗飘飘——庆祝中国共产党成立96周年群众性歌咏”活动，全市13个区县（市）选送优秀节目参加会演。（陈明春）

**【党的十九大主题宣传】** 2017年，杭州市宣传部门做好党的十九大宣传。开设“五年印记、杭州实践”“来自杭州的报告”等专题专栏，开辟“党的十九大特别报道”等专版报道，策划“喜迎十九大、旗行钱塘”“进入新时代 开启新征程”等新闻行动，组织力量到北京采访，在北京搭建演播室，直通北京、聚焦盛会。会议前后刊播新闻（包含新媒体）6000多篇（条）。

**【社会舆论引导】** 2017年，杭州市宣传部门围绕市委、市政府中心工作，通过专栏连续报道、专版深度解读、评论有效引导、理论正确引领，构建立体传播格局，营造重大主题报道的舆论声势。聚焦“拥江发展”战略，阐述战略内容和意义，组织研讨和评论，报道探索和实践，展望蓝图及发展。聚焦以城中村改造提升和小城镇环境综合整治为重点的“六场硬仗”，分阶段报道和总结全市各场“硬仗”的推进情况及实际成效，挖掘先进典型，关注群众的幸福感和获得感。聚焦以“最多跑一次”为重点的全面深化改革，多渠道、多载体展示放管服的“杭州实践”和“杭州样本”，宣传杭州打造“移动办事之城”的目标和举措。聚焦“三提一争”和“联百乡结千村访万户”学习教育活动，结合“走转改”，以蹲点笔记等形式生动宣传全市党员干部深入一线、解决问题的实际行动，主动作为、真抓实干的精神面貌。

**【媒体融合发展】** 2017年，杭州市建立推进媒体深度融合领导小组，印发《关于推进传统媒体和新兴媒体深度融合发展的实施意见》，建设完成“中央厨房”，并投入使用。杭报集团“杭+新闻”App、都市快报“杭州新闻”App全新上线，杭州文广集团整合集团5个频率、6个频道的数百万小时优质内容，40+政务部门、500+服务事项，全新改版“杭州之家”App。在党的十九大、省第十四次党代会、市第十二次党代会及“最美现象”等重大主题宣传中，利用媒体深度融合发展成果，打造《看！最具幸福感城市的生活TV》《向着美好生活进发》《7米！你收到的是杭州史上最长的微信》等AR、H5、长图、微视频融媒体产品，丰富重大主题宣传形式，扩大传播力和影响力。（傅怡南）

**【重大主题宣传】** 2017年，市委外宣办（市网信办）开展“创新活力之城”主题外宣活动，在美国《今日美国》、《华尔街日报》和德国《南德意志报》等海外媒体刊发专稿，吸引亚太、北美和欧洲地区540多个国家通讯社、主流媒体和门户网站转载，网站访问量累计2.95亿次。联合市商务委、杭报集团、杭州文广集团策划推出“新时代新征程——一带一路，杭州行动”大型新闻采访活动，组织媒体记者围绕“网上丝路”“创新之城”“文化名城”三大采访主题，到“一带一路”沿线国家近10个城市进行深度采访。组织属地网络媒体、新媒体平台开展党的十九大网上宣传，省第十四次党代会、市第十二次党代会、“最多跑一次”改革、实施“拥江发展”战略等重大主题网上宣传。持续强化“杭州正能量”网络宣传，全年制作“杭州暖心月历”12期，推送“杭州正能量”事件400多次。

**【“外宣厨房”搭建】** 2017年，市委外宣办联合《都市快报》运用互联网技术和理念，突破城市对外传播“渠道少、声音小、品牌弱”的瓶颈，创新构建基于媒体融合、集“内容生产、平台运营、对外供稿、二次传播”四大功能于一体的“外宣厨房”，组建国际化采编团队，采用中央厨房模式，实现采访、中英文编辑、审稿和信息推送一体化。建立硬件技术支撑、传播平台矩阵、内容统一管理和效果监测反馈四大体系，形成融合内容和传播平台一体的“外宣厨房”实体。向涉外媒体、境外媒体和海外华文媒体供稿，形成多层次传播矩阵。建立二次传播机制，形成内外一体传播格局。

**【杭州外宣海外社交账号开通】** 2017年5月，由杭州市政府新闻办主管、《都市快报》运营的杭州对外传播官方社交账号“hangzhoufeel”，以“讲好杭州故事，传播杭州形象”为定位，全面登录脸谱（Facebook）、推特（Twitter）、优兔（YouTube）、图享（Instagram）等国际社交媒体平台，向世界推介杭州。至年末，累计推送报道8000多篇，粉丝超过25万人。与《中国日报》、中央电视台等中央媒体海外账号建立联动传播机制，转发报道66篇，覆盖国际受众726万人，形成链式传播效应。

**【杭州网络文化节】** 2017年9—12月，由市委宣传部、市网信办、市网络文化协会主办的第九届杭州网络文化节举行。网络文化节紧扣“汇聚网络正能量、讲述杭州好故事”主题，联合100家网媒构建全媒体宣传矩阵，开展“美丽杭州——让网络传递你的独特韵味”全国网络媒体杭州行、中国城市新闻网站联盟发展高峰论坛、杭州互联网信息安全发展论坛、发现网络文化“新势力”暨网络名家进校园活动等12项网络文化活动。制作推送原创视频30多个，在人民网、新华网、新浪网、杭州网等推出相关网络专题15个，吸引100多篇原创报道、200多家媒体转载推送、1000多万人次阅读，中央网信办微信公众号

"网信中国"、省委网信办微信公众号"网信浙江"予以报道。

【例行新闻发布机制推行】2017年，市委办公厅、市政府办公厅联合印发《关于建立健全信息发布和政策解读机制的实施意见》，在全市探索推行"4+2+1+N"新闻发布机制。市政府新闻办制定《关于做好信息发布和政策解读工作的通知》，对新闻发布工作机制、工作要求、发布平台、发布形式等方面进一步明确，并确定第一批与宏观经济和民生关系密切以及社会关注事项较多的23个市直单位名单。全年市政府新闻办举行例行新闻发布会18场。

▲资料:"4+2+1+N"新闻发布机制

"4+2+1+N"新闻发布机制:"4"指市政府新闻办每季度举行1次例行新闻发布会，全年共4次。"2+1"指与宏观经济和民生事业关系密切以及社会关注事项较多的市直部门每年至少参加2次新闻发布会，市政府分管领导每年至少出席1次新闻发布会。"N"指市委、市政府公布重要文件、出台重大政策、举办重大活动、发生重大突发公共事件和社会高度关注的热点敏感问题时，随时召开新闻发布会。

【杭州最具影响力网络公益项目评选活动】2017年12月，杭州年度最具影响力网络公益项目评选活动揭晓。该活动由中国互联网发展基金会和中共浙江省委网信办共同指导，杭州市网信办主办，杭州市网络文化协会、"西湖汇"网络公益联盟承办。蚂蚁金服"蚂蚁森林"、"顶梁柱健康扶贫公益保险项目"、腾讯"暖城计划"、《都市快报》"中国乡村儿童大病医保(浙江开化)项目"、19楼"关爱儿童成长"公益项目等10个项目被评为2017年度杭州最具影响力网络公益项目。

【"杭州发布"关注人数超过800万人】至2017年末，"杭州发布"微博、微信关注人数超过800万人，其中微信关注人数超过200万人，加上华数频道的推广，总覆盖1000万人，遍及全国所有省、市、自治区和港澳台地区的365个城市。"杭州发布"获腾讯"2017政务影响力奖"、新浪"全国十大党政新闻发布微博"、今日头条"最具传播力政务头条号"和人民网"全国正能量指数十大机构"等奖项。各子平台发展势头迅猛，微博关注人数超过10万人的有14个，微信关注人数超过10万人的有34个，成为业内公认的全国一流政务发布平台。4月，市网信办编撰印发《杭州市互联网发展报告(2016年度)》。

(市委外宣办)

## 统战工作

【概况】2017年，市委统战部以学习贯彻党的十九大精神为主线，夯实多党合作政治基础，开展"凝心聚力建名城"主题活动，实施"同频共振""集智建言""创新创业""增收帮扶""正言正行""唱响乡音""育才聚才"7个专项行动，号召全市统一战线为杭州建设独特韵味别样精彩世界名城贡献统战力量。全年统一战线在主题活动中搭建实践载体180多项，开展议政建言、民主监督及社会服务活动600多次，举办座谈交流、文化宣传等活动450多次，开展课题调研200多项。支持全市各民主党派围绕杭州市"六场硬仗"之一——"城中村改造和小城镇环境综合整治"开展专项民主监督，拓展民主党派履行民主监督职能的新渠道。7个民主党派市委会对口13个区县(市)和杭州经济技术开发区，进行实地调研监督124次，提出意见建议173条。

完善政府有关部门同相关民主党派对口联系制度。12月，市委办公厅、市政府办公厅印发《关于进一步完善政府有关部门同相关民主党派对口联系制度的意见》，与市各民主党派对口联系的政府部门由20个增加到35个，推动对口联系工作的制度化、规范化、程序化。成立市统战理论研究和教学基地，依托杭州师范大学专业学科力量开展工作，承担统战理论研究、统战政策调研和统战业务培训三项职能，聘请专家24名，设有统战基础理论、统战历史、宗教中国化、应用对策4个研究组，成为全市统战理论研究与教学的重要载体。创刊党外人士《建言直通车》，全年报送信息50多条，获市领导批示18条。指导各民主党派深入开展"联百乡结千村访万户"蹲点调研活动，市各民主党派蹲点36个村，走访农户7484户。

【政党协商制度巩固】2017年1月，市委印发《2017年度政党协商计划》，对全年政党协商工作做出具体安排。市委统战部全年协助市委组织会议协商13次，包括市党代会、市委全会等有关重要文件征求意见座谈会4次、事关杭州经济社会发展的重要工作协商会3次、重要人事安排协商会3次、多党合作工作联席会议2次、市委常委会民主生活会征求意见座谈会1次，其中省委常委、市委书记赵一德主持会议协商4次。

【统战工作实践创新试点】2017年2月，全国新的社会阶层人士统战工作会议召开，杭州被确定为全国15个新的社会阶层人士统战工作实践创新试点城市之一。市委统战部牵头建立杭州市新的社会阶层人士统战工作联席会议，成员单位18个。制定《杭州市新的社会阶层人士统战工作实践创新基地建设方案》，举行新的社会阶层人士统战工作实践创新示范点授牌仪式，在上城区南星街道、社会组织"公羊会"、未来科技城、市作协网络作家协会成立4个市级示范点，全面启动实践创新基地建设。创建"同心荟"工作平台，加载聚才引才、联谊交友、创业服务、教育培训、议政建言、实践锻炼、社会服务七大功能，在全市范围内成立"同心荟"47个，爱国主义教育、宣传交流等基地3个。实施"鸿雁计划""百灵计划""雏鹰计划"，制定《新的社会阶层人士综合评价实施意见》，加强代表人士队伍建设。市委建立党政领导干部与新的社会阶层代表人士列名联系制度，把新的社会阶层代表人士纳入联谊交友范围。22名市领导走访联系28名新的社会阶层代表人士，帮助协调解决困难，听取意见建议。

【党外代表人士队伍建设】2017年，市委统战部完成第十一届市政协换届人事安排工作和市十三届人大非中共代表候选人的提名推荐工作。换届后，党外代表人士在市人大代表、人大常委会委员、人大专门委员会主任委员及委员中分别占17.3%、17.7%、20%、43.4%，在市政协委员、常委中分别占64.3%、67.1%。拓展党外代表人士实践锻炼基地，把1名新的社会阶层人士纳入实践锻炼范围。制定党外代表人士教育培训工作制度，完善培训协作机制。全年举办党外人士主体培训班41期，培训3300多人次。5月4日，市委组织部、统战部召开联席会议，审议《党外干部工作联席会议制度》和《2017年党外干部工作重点》，专题研究党外干部培养选拔问题。年内，市委统战部与市委党校联合举办5期党外代表人士培训班，培训党外代表人士526人。

**【统一战线"同心智库"成立】**2017年11月3日，市委统战部举办杭州市"同心智库"成立仪式暨拥江发展主题论坛，首批聘请专家66名。"同心智库"是统战性智库组织，以服务市委市政府中心工作和全市统一战线工作大局、促进科学民主决策为宗旨，由在文化教育、医疗卫生、城市管理、法律服务、科学技术、经济发展、社科研究等领域具有一定代表性和影响力的民主党派成员、无党派人士和非公有制经济人士组成，重点围绕杭州经济社会发展中的重大问题进行决策咨询和建言献策。创办"同心大讲堂"，结合各民主党派"不忘合作初心、继续携手前进"主题教育，多渠道、多形式开展思想政治引导工作，最大限度凝聚思想共识。

**【市知识分子联谊会换届】**2017年11月28日，市知识分子联谊会召开四届一次理事大会，省委常委、市委书记赵一德向大会致贺信，市委常委、统战部部长佟桂莉出席会议并讲话。会议听取市知识分子联谊会第三届理事会工作报告，审议通过《杭州市知识分子联谊会章程（修正案）》，无党派人士、市审管办主任林革当选第四届市知识分子联谊会会长，何黎明等15人当选副会长。市知识分子联谊会第四届理事会有成员204人，其中常务理事65人，设经济金融、科技创新、文化教育、社会法制、社会服务5个专门委员会，并相应成立财经、科技、文教、法律、公益等服务团，进一步完善组织架构。

**【宗教工作领导小组调整】**2017年9月，杭州市调整充实宗教工作领导（协调）小组，佟桂莉任组长，陈红英任副组长，成员单位从24个扩大到32个，领导小组办公室从市民宗局改设在市委统战部，以发挥统战部在宗教工作中的牵头协调职责。制定市宗教工作领导小组工作制度，以文件形式明确宗教工作领导小组及办公室、32个成员单位的工作职责，推动全市宗教工作的开展，在加强党对宗教工作领导，协调解决全市重点难点问题上发挥积极作用。（邓　丽）

## 机构编制

**【概况】**2017年，市编办贯彻落实市委、市政府改革决策部署，全力助推"最多跑一次"改革，指导督查"四单一网"建设，切实保障全国监察体制改革试点，完成大数据管理体制改革、招商引资管理体制改革、会展管理体制改革，提出群团体制改革、知识产权综合管理改革、综合行政执法体制改革和其他体制机制改革方案，推进全市行政复议体制改革，在市法制办挂牌的形式设立市政府行政复议局，制定盐业监管体制改革方案，明确相关部门职责分工。全面梳理市本级行政类和生产经营类事业单位机构编制、实有人员、资产财务、法人登记等基本情况，会同市农业局完成市良种引进公司改制，协调市发改委、市住保房管局等部门对市工程咨询中心、市产权交易中心等5个可撤销或整合的生产经营类事业单位进行分析研究，提出明确要求。

**【"最多跑一次"改革推进】**2017年，市编办履行市"最多跑一次"改革专题组办公室职责，推进"最多跑一次"改革。推进"简化办、网上办、就近办"专题改革，全年累计精简办事材料669项，取消纸质证明材料174种，仅凭身份证办理事项296项。会同市审管办推行"一窗受理、集成服务"，会同市数据资源局构建"1353"政务数据共享体系，会同市信访局依托"12345"热线、"中国杭州"政府门户网站和政务服务网建成"一号问、一网查、一网答"体系，配合市国土资源局推进不动产登记改革，配合市市场监管局在全国首推"1+N"+X商事登记制度改革并启动商事登记"一网通"，配合市审管办、市发改委优化投资项目审批流程，联合市法制办、市人大法工委、市人大财经工委开展不适应"最多跑一次"改革要求法律法规规章和规范性文件的梳理，制定《关于支持和保障桐庐县"最多跑一次"改革向纵深推进的工作方案》，支持桐庐县创新试点，协助市市场监管局、市规划局等部门在食品"三小行业"、民生类社会公益项目规划许可等领域率先试点"政府立标准、企业或公民做承诺、过程强监管、失信有惩戒"的标准化告知承诺制审批新模式。

**【基层治理体系"四个平台"建设】**2017年，杭州市根据基层治理体系"四个平台"建设领导小组"一办五组"推进机制任务分工，发挥综合保障作用，设立市基层治理综合信息指挥保障中心。指导区县（市）建立本级综合指挥机构，在全市所有乡镇（街道）设置综合信息指挥室，为"四个平台"高效运行提供机构保障。加强区县（市）派驻机构和人员的属地管理、基层网格建设和信息系统建设。

**【监察体制改革试点保障】**2017年，杭州市切实保障全国监察体制改革试点，做好市检察院反贪污贿赂、反渎职侵权、职务犯罪预防等机构和人员的转隶工作，合理配置市纪委（市监委）办案工作力量，按照"人员和机构不增加"的总体原则，盘活存量，以内部调剂的形式，对全市负责执纪监督工作的纪检监察室以及派驻机构人员力量进行统筹协调。为加强对监察留置人员的管理，专门设立市监察留置所，作为市公安局直属机构。按照"内部盘活、增效不增编"的原则，对市党政机关服务态度和效能投诉受理中心、市纪检监察事务服务中心、市党风廉政电教中心等单位进行更名、职责调整，进一步增强纪检监察工作合力。

**【重点领域和关键环节管理体制改革】**2017年，杭州市完成大数据管理体制改革，设立市数据资源局，为市政府工作部门，负责对全市公共数据资源进行统筹管理。推进杭州大数据战略实施,把原隶属于市政府办公厅的市人民政府电子政务办公室(市委、市政府办公信息处理中心)调整为由市数据资源局管理,更名为市大数据管理服务中心,并相应调整工作职责。

推进招商引资管理体制改革,统筹全市内外资招商职责,设立市投资促进局,实现招商引资统一管理,解决市域范围内同质化竞争,把相近职责统一到同个部门,实现资源的优化配置。为更好地配合招商引资管理体制调整,整合原市商务委下属市国内经济合作交流信息中心(市支持浙商创业创新服务中心)和原市经合办下属市国际经济合作促进中心,组建市投资促进服务中心,实现资源整合、统筹协调,形成"大招商""专业招商"工作格局。

推进会展管理体制改革,把市西博办(市休博办、市会展办、市大型活动办)更名为市发展会展业协调办公室(市大型活动办),剥离其办会职责。通过调整理顺杭州市会展管理体制,整合优化全市会展管理职责和资源,为打造国际会展之都提供保障。

**【事业单位统一登记管理】**2017年,杭州市做好事业单位统一登记管理工作,市本级把西湖大学(筹)登记设立为其他组织利用国有资产举办的事业单位,支持和指导西湖大学(筹)探索实施学校董事会形式的法人治理结构。在萧山区、桐庐县前期试点的基础上,指导各区县(市)做好事业单位统一登记管理工作。至年末,全市登记设立民办学校、医院10所,引进中级职称或研究生以上人才380人。

**【机构编制总量管理】**2017年,杭州市分析全市控编减编收官之年面临的形势问题,提出分类调控工作举措。加强市本级用编计划源头管控,加大对党委、政府中心工作和民生事业发展所需编制的保障力度。对市本级工勤编制及生产经营类、长期不运行、经费形式为企业化管理、主要承担培训及机关后勤服务职能的事业单位编制实行"退一收一",全年收回工勤编制48人,事业编制212人。推行人员编制定期通报制度。对区县(市)开展控编减编专项督查。

**【机构编制评估】**2017年,杭州市完善机构编制评估检查机制,制定实施《2017度杭州市市属机关事业单位机构编制评估工作方案》,动态完善评估指标,将"最多跑一次"改革、"双随机"抽查监管、事业单位改革等重点工作纳入机构编制评估内容。深化与市委巡察办、市审计局"事前协作、事中参与、事后督查"合作机制,建立"大评估"的工作格局。向市委巡察办提供市直机关工委、市交通运输局等33个部门及所属事业单位机构编制管理情况,对市建委、市市场监管局等20多个单位开展实地督查。

(吕晓健)

## 信访工作

**【概况】**2017年,市、区县(市)两级信访部门受理信访3.56万件(次)。市本级接收信访1.10万件(次),比上年上升6.0%,其中群众来信5827件、接待来访5180批次1.4万人次。党的十九大期间,市领导值班接访62人次,接待群众109批148人次;下访接待群众62批70人次。各区县(市)党政领导接待群众1935批5415人次。市本级及各区县(市)党政主要领导阅批群众来信2.32万件。

市人民来访联合接待中心打造"一站式受理、一条龙服务、一揽子解决"的统一接访平台,提高初次信访事项办结率、疑难积案化解率和群众满意率,实现接访窗口由"中转站"向"终点站"转变。市本级出具信访复查复核意见书25件,其中送省三级会审20件,通过率100%。建立跟踪回访的工作机制,通过评价"按期受理率""按期办结率"和"满意率""参评率",落实信访工作化解办理责任,推动信访问题及时就地解决。坚持问题导向,注重做好村居、社区"前沿末梢"工作,延伸工作触角,全方位、无盲区地滚动排查矛盾纠纷和不稳定因素,提高趋势分析、预警预测能力,制订排查清单,登记造册、落实责任。开展领导包案督查、接访下访、集中会商等工作,推动信访工作责任制落实。市委常委会3次听取信访工作汇报。探索建立领导定点约访、随机接访、带案下访、督查调研等相结合的接访新机制,坚持做到"三个一批"(即接待来访一批、下访督查一批、阅批信电一批),落实"四个一"措施(即一张清单、一次家访、一次研究、化解一批),着力在"联百乡结千村访万户"蹲点调研活动中解决信访突出问题。蹲点调研期间,全市排查出信访突出问题3批219件,化解率82%。通过政策解读、帮扶解困、教育疏导、第三方调解、律师介入等方式,推动信访积案攻坚化解。会同市委督查室、市纪委等部门开展联合督查,邀请信访监督员参与,对群众不满意件逢件必督,对新产生积案每件必查,通过实地督查、暗访、回访、抽查等方式,严督实查、通报追责。落实督查问题整改销号清零制度,全年列出的28件重点问题,26件销号清零。

**【市长公开电话受理】**2017年,杭州市"12345"统一政务咨询投诉举报平台贯彻"最多跑一次"改革要求,构建"互联网+政务服务"新模式,开设座席264个(建成171个,在建93个),构建省、市、区、街道、社区五级网络体系。全年受理群众诉求320.03万件,其中电话315.01万件、手机短信1.74万件、网上信访2.62万件、微信受理6537件,比上年增长4.5倍,接通率超过90%。居前5位的热点问题是:机动车管理6.89万件,房产管理6.13万件,养老保险5.36万件,消费服务4.67万件,社区管理4.65万件。

深化"三个一",助力"最多跑一次"改革。"一号问"方便快捷,设置10个"最多跑一次"专席,收集51个单位"最多跑一次"办事流程指南,加载知识库4601条;"一网答"互动实时,将"网上"向"掌上"延伸,在"杭州信访"微信公众号开通"最多跑一次"24小时《在线帮办》栏目;"一网查"一目了然,在浙江政务服务网、市政府门户网站及时公布办理指南、办理流程等。完善事权单位目标考核办法,将按时反馈率、按时办结率、综合满意率、重复交办率、续报率5个指标综合成"效能指数",每月向社会公布考评结果,对23个不达标且排名后3位的事权单位进行"黄牌警告"。通过交办、督办、包案、媒体联动等形式,化解信访矛盾。

强化信息研判,编发信息简报专

报253篇，市领导批示25篇(次)。依托大数据分析"最多跑一次"群众建议，在"杭州信访"网站及微信、微博、政务头条号等平台编发信息1022篇，其中"杭州发布"刊发12篇。在《浙江日报》等省级媒体刊发444篇，市级媒体5618篇。（孙国兴）

## 党校教育

**【概况】** 2017年，市委党校举办各类培训班次244期，培训2.2万人次，其中主体班和计划内班次87期9000人次、计划外班(次)157期1.3万人次。开展党的十九大精神培训，开发党的十九大精神专题课11讲，完成对1400多名市管领导干部的集中轮训。市管干部进修班、中青班等主体班理论教育和党性教育教学比重为75.2%，其中党性教育占35.4%。把党性教育贯穿培训全过程，利用忏悔录进行反面典型警示教育，《中国纪检监察报》以"忏悔录现身党校课堂"为题予以刊登介绍。聚焦市十二次党代会精神和市委市政府重大战略部署，强化反映杭州经济社会实践特色的教学培训，推出和完善城市国际化、"拥江发展"战略、"智慧经济"、美丽杭州建设等重大市情教学专题，推出《杭州建设世界名城的历程和展望》等课程，全校教师教学质量综合测评平均分97.47分。组织"名家大讲堂"和邀请外请专家授课114人次。市委领导以上率下，带头进党校讲课，徐立毅、于跃敏、马晓晖等10位市领导到校做主题报告23课次，61位领导举办领导干部讲坛111课次。

**【理论研究成果】** 2017年，市委党校聚焦高层次研究，科研成果量质并进。出版著作3部，公开发表论文81篇(副省级以上)，其中核心以上刊物(含核心)20篇，被中国人民大学报刊复印资料全文转载4篇，《党政干部参考》论点摘编2篇。获省部级以上高层次课题30项，其中国家课题1项，立项数量比上年增长34%，在全国副省级城市党校中排在前列，是全国唯一连续10年获国家课题立项的副省级党校。获中央社会主义学院统一战线高端智库立项课题3项。有21项课题结项，其中国家课题3项。全年获各类奖项47项，其中获浙江省第十九届哲学社会科学优秀成果二等奖1项、中央党校优秀科研成果和决策咨询奖3项。完成各类市情研究课题32项。21项决策咨询报告获省市领导批示24人次，其中赵一德书记批示9次。"'最多跑一次'改革背景下深化杭州市行政审批制度改革研究"项目组多篇研究成果在《学习时报》等刊物发表，获全省党校理论研讨会一等奖。《利用留用地建设租赁住房：杭州住房租赁试点的创新思路》咨政成果得到实际应用。杭州市委学校入选由中国社会科学院中国社会科学评价研究院发布的核心智库榜单综合性智库，为入选的5所副省级城市党校之一。

**【社会宣讲】** 2017年，市委党校围绕党的十八届六中全会、党的十九大精神、习近平新时代中国特色社会主义思想和省市党代会精神等，举办理论宣讲252场，受众4万多人，编发《社会宣讲·参考阅读》刊物5期，增设《砥砺奋斗的五年，喜迎党的十九大》特刊1期，向基层理论宣讲骨干印发1800多册。（徐 斌）

## 党史编研

**【概况】** 2017年，杭州市委加强党史征编，党史研究取得新成果。市本级全面启动党史三卷初稿写作，推动临安和淳安、萧山、桐庐等地进入编写阶段。编辑出版《改革之光(七)》、《杭州纪事(2016)》、《口述杭州——杭州市20世纪八九十年代企业家访谈录》内部文集、《美丽中国新样本 世界名城新杭州——中共杭州市第十一次代表大会以来》、《纪念红军北上抗日先遣队学术讨论会论文集》和《征途》等书刊。做好习近平对杭州工作指示相关资料汇集工作。启动抗日战争口述史料征集工作。开展纪念全面抗战爆发80周年、中国人民解放军建军90周年和新四军成立80周年等系列纪念活动。与有关单位联合举行"学历史、强信念、转作风"为主题的"一堂党课"、"全市青少年党史国史知识竞赛"、"新杭州·新发展"摄影大赛、"走进红色博物馆——我眼中的红色经典"微拍大赛等活动。进一步办好杭州党史网，每日发布"杭州党史"微博、微信。与市网络作家协会开展杭州党史经典故事撰写，全年完成35篇。开展市、区县(市)两级党史部门联动课题研究，整理编纂《杭州市党史资政课题报告选(2017年)》成果文集，收录资政课题报告14篇，内容涉及党史宣传教育、基层党建发展、红色资源利用、特色小镇建设等方面。在党史胜迹挖掘和保护工作上，申请杭州市党史胜迹保护资金100万元，补助6个党史胜迹项目。

**【杭州党史馆成为城市窗口】** 2017年，中国共产党杭州历史馆(简称杭州党史馆)做好日常运营工作。至年末，杭州党史馆接待20人以上参观团队3182批次、参观人员19.55万人次，接待全国各地学习交流团队92批次。根据全年各节假日及主要历史事件时间节点开展24项大中型与观众互动的文化活动。举办"丰碑——中国共产党全国代表大会巡礼"图片展，并在市民中心、13个区县(市)、党校、高校、博物馆和10多个社区进行巡展。成立杭州红色博物馆联盟，绘制红色地图，做好红色旅游线路推广。

**【"走进红色博物馆——我眼中的红色经典"微拍大赛】** 2017年3—9月，市委党史研究室与市文明办、市教育局联合举办"走进红色博物馆——我眼中的红色经典"微拍大赛。活动期间，全市中小学生围绕"党在我心中、献礼十九大"的主题，走进中国共产党杭州历史馆、"五四宪法"历史资料陈列馆、衙前农民运动纪念馆、马寅初纪念馆等红色场馆，以手机或DV摄像机拍下寻访革命先烈英雄事迹中的感动瞬间以及自身的感想体会。该活动收到参评作品646件(其中个人组572件、集体组74件)。经过评审，江干区采荷第一小学教育集团选送的《我眼中的红色经典之寻访下姜》等21件作品被评为集体组一、二、三等奖，钱思辰拍摄的《不忘初心、红色记忆》等50件作品被评为个人组一、二、三等奖，江干区、萧山区、西湖区获优秀组织奖。

**【纪念建军90周年暨新四军成立80周年图片展】** 2017年7月27日至8月31日，由市委党史研究室、市党史学会、市新四军历史研究会和市科技工作者服务中心联合举办的纪念建军90周年暨新四军成立80周年大型图片展在延安路科技交流馆一楼大厅展出。该图片展展出图板100幅，展示中国人民解放军90年的光辉历程。场馆内展出人民解放军部分装备模型，让参观者更直观地了解有关武器装备知识。 （俞晓娴）

## 机关党建

**【概况】** 杭州市直机关工委是市委的派出机构，领导全市机关党的工作。市直机关工委内设机构6个，分别为办公室（结对帮扶处）、组织处（调研室）、宣传教育处、市级机关工会工委、市直机关团工委、市级机关妇工委；另设有机关党委。派出机构1个，市直机关纪工委。至2017年末，市直机关工委所属基层党组织1316个，其中党委87个、党总支50个、党支部1179个，有党员24273名。

2017年，市直机关党的工作坚持以习近平新时代中国特色社会主义思想为指导，学习贯彻中共十九大精神、省市党代会和全省机关党建工作会议精神，落实全面从严治党要求，围绕市委决策部署，以“服务中心、建设队伍”为核心任务，常规工作抓规范、重点工作抓深化、创新工作抓突破，推进规范化、品牌化、科学化建设，凝心聚力，干在实处，走在前列，勇立潮头，全面提升市直机关党的建设工作水平，完成市委赋予的各项工作任务。市直机关工委获全国机关党建研究二等奖。

**【思想政治建设】** 2017年，市直机关组织“开展学习教育活动、创先争优活动、志愿服务活动、成果展示活动，优化发展环境”为主要内容的“喜迎十九大·永远跟党走”系列活动。开展“学党章、知党史、守党纪”主题“五个一”活动、“永远跟党走”主题征文活动和党史知识网络答题活动。累计组织4.42万名机关党员参观《信仰的力量——中国共产党人的家园情怀》、“丰碑——中国共产党全国代表大会巡礼”和《习近平谈治国理政》主题书法等三大展览。以VCR形式制作8集“推进‘两学一做’学习教育常态化制度化”优秀案例。全年举办机关党务干部、处级干部、理论骨干、支部书记、入党积极分子等培训班16期，开设课程70门，培训党员干部2000多人。

**【机关党组织建设】** 2017年，市直机关树立党的一切工作到支部的鲜明导向，加强“领头雁”队伍建设，明确机关党支部书记原则上由党员中层正职担任，实行“一岗双责”，由副职调整为正职担任党支部书记390多名。按照“年初目标引领、全年过程管控、年终绩效考核”的思路，结合市直机关实际制定党建目标考核办法，从强化政治理论武装、压实党建主体责任、厚植机关党建根基、落细从严治党举措、推进党风廉政建设等6个方面，明确2017年度机关党建目标考核评分标准。开展机关党支部与基层党支部结对联建活动，750个机关党支部与886个基层党支部进行结对联建，以党课联上、活动联办、工作联抓、品牌联创的方式，开展活动1630多次。全年指导各单位机关党组织发展党员190多名，指导直属党组织按期换届选举30多个，调整任免机关党组织书记、副书记等50多名。组织召开市直机关行业系统党建工作推进会，部署推进市直机关行业系统党建工作。

**【机关作风建设】** 2017年，市直机关以片组为单位，实施机关作风建设交叉互查，采取查阅台账、听取介绍、现场检查等方式，对部分单位机关党组织和机关纪检组织协助履行作风建设主体责任、加强日常监督、整治“四风”“三不”问题、开展党性党风党纪教育和加强机关内部管理情况进行督查。结合单位上报情况和“96666”提供信息的梳理分析，开展作风建设专项重点督查。了解掌握有关单位信访投诉问题处理情况，约谈投诉频次较高单位机关纪委书记，剖析问题发生的具体原因，研究防范和避免类似问题发生的有效措施，提出对策建议。9月，对在市民中心办公的60多个单位上下班情况进行专项核查，对发现的问题予以反馈，切实转变机关作风。

**【机关群团组织建设】** 2017年，市直机关加强对群团组织领导，发挥群团组织助力党建作用，工青妇各条线主动融入中心工作，合力打造和谐机关。市级机关工会突出抓好关心关爱职工工程，全年安排劳模先进、优秀工会干部、职工休养3000多人，开展送温暖、送清凉等慰问活动，直接发放困难职工慰问金、慰问品40多万元。市直机关团工委开展“学习总书记讲话、做合格共青团员、争当全市青年铁军排头兵”“不忘初心跟党走、

2017年5月18日，杭州市机关推进党员志愿服务常态化动员大会在吴山广场举行 （郭利平 摄）

勇立潮头最青春”和“‘百千万·青春足迹’——机关青年‘联百乡结千村访万户’蹲点感悟分享”等主题教育系列活动。市级机关妇工委开展“巾帼心向党，勇立潮头行”系列宣传活动，举办“最美家风”事迹宣讲，组织“巾帼文明岗助力‘最多跑一次’”活动和市级机关女干部职工“快乐妇女节、幸福你我她”团体趣味赛，建立机关妇女“快乐英语口语沙龙”、市级机关妇女“品茗赏墨”、“生活技能DIY”等活动室，各类活动室全年开展活动30多场。

**【“一单位一品牌”创建】**2017年，市直机关开展机关党建“一单位一品牌”创建活动。全年有90多个市直机关党组织和7个区县（市）直机关工委上报99个创建品牌，通过调查摸底，选择“固定主题党日”“支部结对联建”“服务型党组织建设”“智慧党建”“两新党建”“机关文化建设”“党风廉政建设”等不同主题的9个单位作为品牌创建示范点。按照成熟一个、认定一个的原则和“五有”标准（有参观场所、有宣传折页、有宣传介绍影像视屏、有党务公开栏、有工作台账），市直机关工委组织有关领导、党建专家等，通过听取汇报、品牌展示、现场察看、综合评判等形式，对16个“杭州市机关党建品牌”进行评审、认定。

**【机关党员志愿服务】**2017年，市直机关工委推进全市机关党员志愿服务常态化工作，对市直机关党员志愿服务总队及下属98个分队的架构进行优化提升，构建“总队+分队+专业服务队”模式，完善“机关党员志愿服务管理平台”建设，市直机关注册党员志愿者2.18万人。围绕打造平安杭州、美丽杭州、文明杭州的需要和群众的需求，结合机关实际和志愿者特长，组建平安护航、法律援助、贴心城管、消费维权、护绿使者、健康卫士、文化惠民、美丽规划、环境保护等9支专业化志愿服务队，培育平安护航、护容护水、文明出行和广场服务等志愿服务特色项目。各志愿服务队开展常态化志愿服务，发挥“雷锋广场”“雷锋角”“微笑亭”和社区志愿服务站等阵地的作用，打响“红色钱潮”机关党员志愿服务品牌，打造亲民、为民机关形象。全年开展志愿服务活动530多次，服务市民2.46万人次，发放资料6682册，帮助群众解决日常生活困难1.1万件。

**【“结对帮扶”活动】**2017年，市直机关通过“结对帮扶”活动，增强党员干部的党性意识、责任意识和服务基层、服务群众的意识。元旦春节和暑期高温期间，全市2万多名机关党员干部和554名社会各界人士走访慰问4.78万户（次）城乡困难家庭，送去慰问金2813.53万元，年货等实物折价649.75万元。全年帮助解决子女就学困难5224人次，解决看病就医困难6856人次，帮助困难老人解决生活困难6538人次，帮助困难家庭成员联系介绍工作、实现就业和再就业3002人次。（夏学敏）

## 老干部工作

**【概况】**至2017年末，全市有离休干部2598人（比上年减少258人）。按区域划分，市直单位1602人，区县（市）996人；按革命时期划分，红军时期3人，抗日战争时期413人、解放战争时期2182人；按机构性质划分，机关单位712人，事业单位738人，企业单位1148人；按享受待遇划分，享受省部级（含单项）4人，享受地专级待遇101人，享受县处级待遇1345人（享受“地专两项”待遇47人）、乡科级及以下1148人。

2017年，杭州市加强老干部教育管理，优化老干部服务保障，组织老干部开展系列活动。开展“喜迎十九大·永远跟党走”系列畅谈活动700多次，1万余名老干部参加。1348个离退休干部党支部和5.4万名党员参加“网下我点赞、网上晒风采”活动，网上点赞数超过83万人次。开展“我看钱塘江流域的开发和保护”等11项系列调研活动664次，1万余人次参加，提出各类建言848条。177个银色人才志愿团队6158人次参与“垃圾分类、老干部在行动”、“银亮钱塘、夕阳巡河”、助力“三改一拆”等活动4385场次，发放宣传资料1万余份，巡查河道41条280多次，受益群众56万人次。举办老干部艺术作品展、演出、笔会等60场次。开办假日学校1219所，5318名“五老”人员参与，6.57万人次青少年受益。

**【老干部教育管理】**2017年，杭州市老干部工作围绕全面从严治党要求，坚持用习近平新时代中国特色社会主义思想武装离退休干部头脑，老干部思想政治建设和党支部建设进一步加强，教育管理得到深化。出台《关于进一步加强和改进离退休干部工作的实施意见》。举办各类老干部情况通报会318次，理论读书会511次，1.3万人次参加。举办离退休干部党支部骨干培训班、学习会43个，近3000人参加。在老干部相对集中地建立临时党支部26个、党小组122个。开展党建和服务社会活动110多场，参加党员4000多人次。召开全市离退休干部党建工作经验交流会，总结基层党组织的特色做法和典型经验。

**【老干部服务保障】**2017年，杭州市老干部工作围绕“三张网”（倾情关爱网、生活服务网、困难帮扶网）建设，注重用心用情，服务保障进一步优化。全面落实适度提高解放战争时期部分离休干部医疗待遇政策。健全“四就近”（就近学习、就近活动、就近得到关心照顾、就近发挥作用）服务平台，全市有745个社区提供离退休干部居家养老服务。开展困难帮扶，帮扶特困离休干部及遗属1634人。

**【老干部文化活动】**2017年，杭州市全面推进老干部活动中心规范化建设，全年服务保障各项活动230多次，老干部精神文化生活得到进一步丰富。组织协会银色人才2次到淳安县浪川乡开展“情系新农村”活动，受益群众600多人次。组织老干部“五展”（书、画、诗词、摄影、集邮）巡展活动，2000多人次观看展览。举办各类比赛和“国庆节”游园、敬老月活动等，1000多位老干部参加。组织老干部学员骨干开展“五进”（进学校、进社区、进农村、进部队、进机关）活动73场次。响应市委、市政府“最多跑一次”改革号召，引进线上招生系统，线上报名率51%。（程晓莺）

责任编辑 袁啸马

## 综　述

【市人大及其常委会机构】至2017年末，杭州市有各级人民代表大会112个，其中县（区、市）人民代表大会13个，乡（镇）人民代表大会98个。各级人大代表9748人（不含在杭全国人大代表11人、省人大代表98人），其中市人大代表509人，县（市、区）人大代表3076人，乡（镇）人大代表6163人。2017年4月，杭州市人民代表大会（简称市人大）及其常委会进行换届。换届后，市十三届人大常委会组成人员49人，其中主任1人、副主任5人、秘书长1人、委员42人。市十三届人大设法制、内务司法、财政经济、城乡建设环境保护、教育科学文化卫生、农业和农村、民族宗教华侨和外事8个专门委员会（民族宗教华侨委员会与外事委员会合署办公）以及办公厅、研究室、人事代表工作委员会、办公厅信访办公室等工作机构。

【市人大常委会自身建设】2017年，市人大常委会将人大工作置于党的领导之下，把政治建设放在首位，以“迎接十九大、学习十九大、贯彻十九大”作为工作主线，推进“两学一做”学习教育常态化、制度化，增强政治意识、大局意识、核心意识、看齐意识，维护以习近平同志为核心的党中央权威和集中统一领导。市人大常委会党组落实全面从严治党的主体责任，健全学习、议事、决策等方面工作制度和机制，专题听取市人大机关党委、纪委工作汇报，层层压实责任，发挥把方向、管大局、保落实的领导核心作用。支持和保障驻市人大机关纪检监察组履行监督执纪问责职能。把能力建设作为重点，举办民法总则、网络安全法、未成年人保护法等法制讲座。发挥专委会作用，依托专委会组织实施常委会重点任务。各专委会完善工作制度，健全运行机制，积极开展工作。严格执行中央和省、市委关于作风建设的各项规定，开展调查研究，改进会风文风。以“百千万”蹲点调研为载体，开展“三提一争”活动，市人大机关90多名干部深入桐庐县横村镇24个行政村、走访农户8500多户，增进群众感情，锤炼严实作风。

【“五四宪法”历史资料陈列馆运作】2017年，市人大常委会贯彻习近平总书记对“五四宪法”历史资料陈列馆做出的重要指示精神，发挥陈列馆在普及宪法知识、增强宪法意识、弘扬宪法精神、推动宪法实施方面的作用，推动全民尊法学法守法用法。2016年开馆至2017年末，陈列馆累计接待观众14万余人次。陈列馆被命名为首个“全国法治宣传教育基地”。

12月4日，在第四个国家宪法日，陈列馆栖霞岭馆区建成开放，“宪法就在我们身边”主题展览开展，“一馆两点”格局形成。是日，省、市人大常委会联合举办“深入贯彻落实习近平总书记对‘五四宪法’历史资料陈列馆重要指示座谈会”，专家学者和观众代表汇聚一堂，讲述身边的宪法故事。

坚持宪法教育与宪法宣誓相结合，至年末，有90多批次、1700多人次的国家工作人员在陈列馆进行宪法宣誓。市十三届人大常委会委员宪法宣誓场景，在中央电视台《将改革进行到底》专题片中播出。陈列馆宪法宣誓墙照片入选中央“砥砺奋进的五年”大型成就展。

【县乡人大工作】2017年，市人大常委会重视对县乡人大的联系和工作指导，落实市委相关文件，发挥基层国家权力机关作用。

9月，12位市委常委带队组成8个督查组，对《关于进一步加强人大工作充分发挥人大作用的意见》《关于进一步加强和改进乡镇人大工作的意见》《关于加强和规范街道人大工作的意见》3个市委文件贯彻落实情况进行专项督查。市人大常委会配合市委开展督查，协助形成督查报告和32个问题清单，推动整改落实。

7月，根据换届后基层人大干部实际，组织全市190个乡镇（街道）人大干部集中培训。邀请县（市、区）人大常委会负责人列席市人大常委会会议，召开工作交流会，上下联动开展工作。总结推广萧山区政府部门向人大常委会述法、余杭区人大聚焦同类信访问题开展监督等10个方面的创新实践。

【人大工作信息化】2017年，市人大常委会与省人大常委会联合开展信息化应用试点，探索做好人大工作的新途径。利用杭州电视台“我们圆桌会”人大专题节目、《杭州日报》“人大视窗”专版，推出“建世界名城、人大代表在行动”系列报道等，讲好人大故事，展示代表风采。重视全市人大信访工作，制定人大机关信访工作规定，落实督查督办工作制度，全年受理群众信访486件，帮助群众解决实际问题。（林伟光）

## 重要会议和决议决定

【市十三届人民代表大会】2017年，杭州市第十三届人民代表大会召开2次会议，即市十三届人大一次会议、市十三届人大二次会议。

4月9—14日，市十三届人大一次会议召开。市十三届人大代表名额515人，实有代表510人，出席会议代表505人。4月8日下午召开预备会议，选举产生由71名成员组成的会议主席团，选举会议秘书长，表决会议议程。会议期间，举行6次全体会议、7次主席团会议和1次财政经济委员会会议。

会议听取和审查杭州市人民政府工作报告，审查杭州市2016年国民经济和社会发展计划执行情况与2017年国民经济和社会发展计划草案的报告（书面），审查、批准杭州市2016年国民经济和社会发展计划执行情况的报告与2017年国民经济和社会发展计划；审查杭州市及市本级2016年财政预算执行情况和2017年财政预算草案的报告（书面），审查、批准杭州市及市本级2016年财政预算执行情况的报告和2017年财政预算；听取和审查杭州市第十二届人民代表大会常务委员会工作报告；听取和审查杭州市中级人民法院工作报告；听取和审查杭州市人民检察院工作报告；选举杭州市第十三届人民代表大会常务委员会主任、副主任、秘书长和委员，杭州市人民政府市长、副市长，杭州市监察委员会主任，杭州市中级人民法院院长，杭州市人民检察院检察长；通过杭州市第十三届人民代表大会各专门委员会组成人员名单（草案）。

会议收到代表提出的议案、建议、批评和意见511件。其中，10人以上代表联名提出的议事原案12件，代表建议、批评和意见499件。499件代表建议中，涉及工业、交通的80件，财政、农业、旅贸的69件，城建、城管的160件，科技、教育、文化、卫生、体育、宗教的128件，政治、法律、党群及其他方面的62件。市人大常委会将这些建议、批评和意见分别交市人民政府和其他有关机关、组织研究处理，并负责答复代表，同时将答复内容向市人大常委会办事机构反馈。

11月30日至12月1日，市十三届人大二次会议召开。市十三届人大代表名额515人，实有代表508人，出席会议代表482人。11月29日下午召开预备会议，选举产生由80名成员组成的会议主席团，选举会议秘书长，表决会议议程。会议期间，举行2次全体会议、4次主席团会议。

会议以无记名投票和差额选举的办法，选举产生杭州市出席浙江省第十三届人民代表大会代表98人。

【市十二届人大常委会会议】2017年，杭州市第十二届人民代表大会常务委员会召开3次会议，即市十二届人大常委会第四十二次会议至第四十四次会议。

2月22日，市十二届人大常委会第四十二次会议。主要议程：审议市政府关于提请审议《2017年杭州市政府重大投资项目计划（草案）》的议案；审议并表决市人大常委会关于召开杭州市第十三届人民代表大会第一次会议的决定（草案）；审议市人大法委关于2016年度杭州市人民代表大会常务委员会规范性文件备案审查情况的报告（书面）；审议市政府关于2016年度杭州市政府重大投资项目计划执行情况的报告（书面）；审议并表决市人大常委会关于接受施长友请求辞去杭州市第十二届人民代表大会常务委员会委员职务的决定（草案）；审议并表决市政府、市法院、市检察院等人事任免事项。

3月28日，市十二届人大常委会第四十三次会议召开。主要议程：审议并表决市十二届人大常委会代表资格审查委员会关于杭州市第十三届人民代表大会代表资格的审查报告；讨论并原则通过市十二届人大常委会工作报告（稿），征求对市人民政府工作报告（征求意见稿）、市中级人民法院工作报告（征求意见稿）、市人民检察院工作报告（征求意见稿）的意见；听取并审议关于市十三届人大一次会议筹备工作情况的汇报；审议并通过市十三届人大一次会议议程（草案）、日程（草案）和有关名单（草案）；审议并通过《关于通过杭州市第十三届人民代表大会专门委员会组成人员人选的办法（草案）》、杭州市第十三届人民代表大会各专门委员会组成人员建议名单（草案）；审议并表决《杭州市人民代表大会常务委员会关于市监察委员会副主任、委员任免办法的决定（草案）》；审议并表决市政府人事免职议案。

4月1日，市十二届人大常委会第四十四次会议召开。主要议程：审议并表决市人大常委会主任会议、市政府人事任免议案。

【市十三届人大常委会会议】2017年，杭州市第十三届人民代表大会常务委员会召开8次会议，即市十三届人大常委会第一次会议至第八次会议。

4月15日，市十三届人大常委会第一次会议召开。主要议程：审议并表决市人大常委会2017年工作要点（稿）；审议并表决市监察委员会人事任职报告。

6月5日，市十三届人大常委会第二次会议。主要议程：审议并表决市政府、市法院、市检察院人事任免事项。

6月28日，市十三届人大常委会第三次会议。主要议程：审议并表决市人大常委会关于修改《杭州市道路交通安全管理条例》的决定（草案）；审议《杭州市会展业促进条例（草案）》；审议并表决《杭州市人民代表大会代表辞职暂行办法（草案）》；审议并表决市人大常委会主任会议关于设立杭州市第十三届人民代表大会常务委员会代表资格审查委员会的议案；听取并审议市绩效委关于2016年度杭州市绩效管理工作情况的报告；听取并审议市人大常委会执法检查组关于预防和制止校园暴力法律法规执法检查情况的报告，审议市政府关于贯彻实施预防和制止校园暴力法律法规情况的报告（书面）；审议市政府关于我市"最多跑一次"改革工作情况的报告（书面）、市人大常委会调研督察组关于"最多跑一次"改革调研督察情况的报告（书面）；听取并审议市政府关于我市剿灭劣Ⅴ类水工作情况的报告,审议市人大常委会督查组关于开展剿灭劣Ⅴ类水专项督查情况的报告(书面);审议市人大常委会代表资格审查委员会关于个别代表的代表资格终止的报告(书面)。

8月16日,市十三届人大常委会第四次会议召开。主要议程:审议并表决市人大常委会关于接受陈国妹辞去杭州市第十三届人民代表大会常务委员会委员职务请求的决定(草案);审议并表决市人大常委会主任会议、市政府、市法院人事任免事项。

8月24日,市十三届人大常委会第五次会议召开。主要议程:审议并表决《杭州市会展业促进条例(草案)》;审议《杭州市畜禽屠宰管理条例(草案)》;听取市政府关于临安市撤市设区有关情况的报告;审议并表决市人大常委会关于临安市撤市设区有关政权机构名称等问题的决定(草案);审议市政府关于提请审议《2017年上半年政府重大投资项目计划执行情况和2017年第二批政府重大投资项目计划(草案)》的议案;听取并审议市检察院关于刑事法律监督工作情况的报告,审议市人大常委会内司工委关于全市检察机关刑事法律监督工作情况的调研报告(书面);审议市政府关于杭州市2017年上半年国民经济和社会发展计划执行情况的报告(书面);听取并审议市政府关于杭州市本级2016年财政决算草案和2017年上半年预算执行情况的报告;听取并审议市政府关于2016年度杭州市本级预算执行和其他财政收支的审计工作报告;听取并审议市政府关于2017年地方政府债务限额和新增政府债券预算调整的报告;听取并审议市政府关于我市城市规划管理情况的报告,审议市人大

**2017年杭州市人大常委会重要文件**

表5

| 发文字号 | 发文日期 | 文件标题 |
|---|---|---|
| 杭人大常〔2017〕5号 | 2017-01-09 | 杭州市人民代表大会常务委员会关于同意调整2016年杭州市本级收支预算的决议 |
| 杭人大常〔2017〕7号 | 2017-01-20 | 关于提请批准《杭州市大运河世界文化遗产保护条例》的报告 |
| 杭人大常〔2017〕8号 | 2017-01-20 | 关于提请批准《杭州大江东产业集聚区管理条例》的报告 |
| 杭人大常〔2017〕9号 | 2017-01-20 | 关于同意杭州市与马来西亚沙巴州哥打基纳巴卢市缔结友好城市关系的函 |
| 杭人大常〔2017〕10号 | 2017-02-28 | 杭州市人民代表大会常务委员会关于接受张鸿铭请求辞去杭州市人民政府市长职务的决定 |
| 杭人大常〔2017〕11号 | 2017-02-28 | 杭州市人民代表大会常务委员会关于接受翁钢粮请求辞去杭州市中级人民法院院长职务的决定 |
| 杭人大常〔2017〕13号 | 2017-02-28 | 杭州市人民代表大会常务委员会关于召开杭州市第十三届人民代表大会第一次会议的决定 |
| 杭人大常〔2017〕18号 | 2017-04-07 | 杭州市人民代表大会常务委员会关于市监察委员会副主任、委员任免办法的决定 |
| 杭人大常〔2017〕19号 | 2017-05-11 | 杭州市人大常委会2017年工作要点 |
| 杭人大常〔2017〕20号 | 2017-05-17 | 关于市十三届人大常委会主任会议成员工作分工和联系区、县(市)人大分工的通知 |
| 杭人大常〔2017〕21号 | 2017-07-11 | 关于设立杭州市第十三届人民代表大会常务委员会代表资格审查委员会的决定 |
| 杭人大常〔2017〕22号 | 2017-07-11 | 关于提请批准《杭州市人民代表大会常务委员会关于修改〈杭州市道路交通安全管理条例〉的决定》的报告 |
| 杭人大常〔2017〕24号 | 2017-08-18 | 关于同意杭州市与厄瓜多尔洛哈市缔结友好城市关系的函 |
| 杭人大常〔2017〕25号 | 2017-08-25 | 杭州市人民代表大会常务委员会关于临安市撤市设区有关政权机构名称等问题的决定 |
| 杭人大常〔2017〕26号 | 2017-08-31 | 杭州市人民代表大会常务委员会关于批准杭州市本级2016年财政决算的决议 |
| 杭人大常〔2017〕27号 | 2017-08-31 | 杭州市人民代表大会常务委员会关于批准杭州市本级2017年地方政府债务限额的决议 |
| 杭人大常〔2017〕28号 | 2017-09-04 | 关于提请批准《杭州市会展业促进条例》的报告 |
| 杭人大常〔2017〕29号 | 2017-11-02 | 关于提请批准《杭州市人民代表大会常务委员会关于修改〈杭州市城乡规划条例〉和〈杭州市机动车驾驶员培训管理条例〉的决定》的报告 |
| 杭人大常〔2017〕30号 | 2017-11-02 | 杭州市人民代表大会常务委员会关于召开杭州市第十三届人民代表大会第二次会议的决定 |
| 杭人大常〔2017〕31号 | 2017-11-02 | 杭州市人民代表大会常务委员会关于实施民生实事项目人大代表票决制工作的决定 |
| 杭人大常〔2017〕32号 | 2017-11-03 | 杭州市人民代表大会常务委员会关于同意调整2017年杭州市本级收支预算的决议 |
| 杭人大常〔2017〕36号 | 2017-12-14 | 关于杭州市出席浙江省第十三届人民代表大会代表选举结果的报告 |
| 杭人大常〔2017〕37号 | 2017-12-28 | 杭州市人民代表大会常务委员会关于召开杭州市第十三届人民代表大会第三次会议的决定 |

常委会城建环保工委关于我市城市规划与管理工作的调研报告(书面)。

市十三届人大常委会第六次会议于10月30日举行。主要议程:审议并表决《杭州市人民代表大会常务委员会关于修改〈杭州市城乡规划条例〉和〈杭州市机动车驾驶员培训管理条例〉的决定(草案)》;审议《杭州市流动人口服务管理规定(修订草案)》;审议《杭州市客运出租汽车管理条例(修订草案)》;审议并表决《杭州市人民代表大会常务委员会关于召开杭州市第十三届人民代表大会第二次会议的决定(草案)》;审议并表决《杭州市人民代表大会常务委员会关于实施民生实事项目人大代表票决制工作的决定(草案)》;听取并审议市政府关于调整2017年杭州市本级收支预算的报告;听取并审议市人大常委会执法检查组关于《杭州市院前医疗急救管理条例》执法检查情况的报告,审议市政府关于《杭州市院前医疗急救管理条例》实施情况的报告(书面);审议并表决市十三届人大一次会议主席团交付市人大有关专门委员会审议的代表议案审议结果的报告(书面);听取并审议市政府关于市十三届人大一次会议代表建议、批评和意见办理情况的报告,审议市法院关于市十三届人大一次会议代表建议、批评和意见办理情况的报告(书面),市人大常委会人事代表工委关于市十三届人大一次会议代表建议、批评和意见处理情况的报告(书面);审议并表决市政府、市法院、市检察院人事任免事项。

11月20日,市十三届人大常委会第七次会议。主要议程:听取并审议关于杭州市第十三届人民代表大会第二次会议筹备工作情况的报告;审议并通过市十三届人大二次会议议程、日程和有关名单草案;讨论并原则通过《认真学习贯彻党的十九大精神,依法选举杭州市出席浙江省第十三届人民代表大会代表(稿)》;审议并表决市十三届人大常委会代表资格审查委员会关于个别代表的代表资格审查报告。

12月27日,市十三届人大常委会第八次会议召开。主要议程:审议并表决《杭州市流动人口服务管理规定(修订草案)》;审议并表决《杭州市客运出租汽车管理条例(修订草案)》;审议《杭州市城市国际化促进条例(草案)》;审议并表决市人大常委会关于召开杭州市第十三届人民代表大会第三次会议的决定(草案);审议市人大法委关于《杭州市城市河道建设和管理条例》的立法后评估报告(书面);听取并审议市政府关于杭州市2017年环境状况及环境保护目标完成情况的报告;审议并表决市法院人事任免报告。（林伟光）

## 人大立法

**【概况】** 2017年,市人大常委会抓住提高立法质量这个关键,坚持党管立法、为民立法,推进科学立法、民主立法、依法立法,以立法促进发展、保障善治。

市人大常委会编制杭州市2017—2021年立法规划,该五年立法规划安排立法项目57件,其中制定项目26件;编制杭州市2017年度立法计划,该年度立法计划安排法规项目26件,其中正式项目6件。

根据市委《关于加强党领导立法工作的实施意见》,市人大常委会会同市有关部门,在全国副省级城市中率先制定《关于重大立法事项向市委报告的实施办法》,把党领导立法的新要求落实到立法全过程。市委转发该实施办法。

**【年度立法计划实施】** 2017年,市人大常委会制定《杭州市会展业促进条例》,顺应城市国际化大趋势,从理顺管理体制、促进市场发展、强化政府服务等方面作出规定,为打造国际会展之都、赛事之城提供法制保障;修订《杭州市客运出租汽车管理条例》,在全国率先将网约车纳入出租汽车管理范围,首创对巡游车、网约车驾驶员实行统一资格管理的制度设计;修订《杭州市流动人口服务管理规定》,将杭州市居住证制度改革成果加以固化提升,更好保障流动人口权益。回应市民诉求,修改《杭州市道路交通安全管理条例》。对《杭州市城市国际化促进条例》《杭州市畜禽屠宰管理条例》草案进行初审。

**【公众参与促进立法科学化】** 2017年,市人大常委会扩大公众对立法工作的参与,凝聚社会共识。每件法规草案都通过杭州人大网、《杭州日报》等向社会公开,并印发全体代表和各县(市、区)人大常委会征求意见。法规审议时邀请熟悉相关情况的代表列席会议,听取代表意见。就《杭州市会展业促进条例》《杭州市畜禽屠宰管理条例》开展立法协商;就《杭州市客运出租汽车管理条例》举行立法听证。组建新一届立法咨询委员会,为提高立法质量提供智力支持。开展《杭州市城市河道建设和管理条例》立法后评估,促进法规更好实施,并为法规修改奠定基础。（林伟光）

2017年4月15日,市十三届人大一次会议选举产生和表决通过的国家工作人员在“五四宪法”历史资料陈列馆进行宪法宣誓　（市人大 供稿）

## 人事任免

【概况】2017年,市人大常委会坚持党管干部原则与人大依法行使选举任免权有机统一,通过法定程序实现党组织的意图。筹备召集市十三届人大一次会议,选举杭州市第十三届人民代表大会常务委员会主任、副主任、秘书长和委员,杭州市人民政府市长、副市长,杭州市监察委员会主任,杭州市中级人民法院院长,杭州市人民检察院检察长;通过杭州市第十三届人民代表大会各专门委员会组成人员名单。筹备召集市十三届人大二次会议,选举产生省十三届人大代表98人。市十三届人大常委会第一次会议任命市监察委员会副主任、委员,第二次会议决定任命新一届市政府组成人员42人,实现市委人事安排意图。根据中央全面深化改革领导小组通过的方案,8月,杭州互联网法院挂牌成立。市人大常委会召开第四次会议,任命互联网法院院长、副院长等。落实任前法律知识考试、法律职务任前资格审查、任职表态、颁发任命书、宪法宣誓等制度,114名拟任命职务人员进行任前法律知识考试,51名国家工作人员在常委会会议上进行宪法宣誓。

【人大选举产生人员名单】2017年4月9—14日,市十三届人大一次会议召开,会议选举产生杭州市第十三届人民代表大会常务委员会主任、副主任、秘书长和委员,分别是:主任于跃敏(女),副主任许勤华、张建庭、徐祖尊、郑荣胜、罗卫红(女),秘书长张如勇,委员(按姓氏笔画排列)丁忠芳、王辉(女)、王荣富、毛文峰(女)、阮重晖、杜卫、肖仁东、吴建华、吴锡根、邱卫星、应雪林、张永谊、张邢炜、张治芬(女)、陈健、陈马多里、陈国妹(女)、邵剑明、邵根松、林国蛟、周先木、郑健波、赵敏、赵敏(桐庐)、赵壮志、钟文静(女)、俞雪坤、姚坚、骆寅、聂江、钱伯皓、奚国强、章一超、章国经、韩勇、曾福明、裘超(女)、解崇明、管军、潘曙龙、薛滔菁(女)、魏颖(女)。

会议选举产生杭州市人民政府市长、副市长,分别是:市长徐立毅,副市长戴建平、陈新华、谢双成、陈红英(女)、缪承潮、王宏。选举产生杭州市监察委员会主任陈擎苍。选举产生杭州市中级人民法院院长斯金锦。选举产生杭州市人民检察院检察长顾雪飞。

【人大任命人员名单】2017年4月9—14日,市十三届人大一次会议召开,会议通过杭州市第十三届人民代表大会各专门委员会组成人员名单,分别是:法制委员会主任委员徐祖尊(兼),副主任委员陈马多里,委员(按姓氏笔画排列,下同)方洁(女)、白俊玲(女)、何小瑜、张永谊、胡祥甫、俞建午、俞雪坤、钱伯皓、董学群;内务司法委员会主任委员许勤华(兼),副主任委员王辉(女),委员沈田丰、陈健、胡楚良、钟文静(女)、夏晶晶(女)、曾福明、魏颖(女);财政经济委员会主任委员许勤华(兼),副主任委员骆寅,委员丁志强、毛文峰(女)、许岚、肖仁东、崔新明、章国经、童民强;城乡建设环境保护委员会主任委员张建庭(兼),副主任委员王荣富,委员王米成、刘惠君(女)、吴建华、张尔根、陈旭伟、邵剑明、高立民、樊德珠(女)、薛滔菁(女);教育科学文化卫生委员会主任委员罗卫红(女)(兼),副主任委员姚坚,委员王慧中、应雪林、张邢炜、郑健波、赵海燕(女)、俞国娣(女)、奚国强;农业和农村委员会主任委员郑荣胜(兼),副主任委员邱卫星,委员卢红梅(女)、沈雪炎、张有珍(女)、陆炜强、金佩英(女)、祝百昌、管军;民族宗教华侨、外事委员会主任委员张建庭(兼),副主任委员周先木,委员吴锡根、陈相瑜、陈清莉(女)、贺晓卿(女)、聂江、释光泉、雷圣锋。

4月15日,市十三届人大常委会第一次会议召开,会议审议并表决杭州市监察委员会人事任职报告,任命张振丰、陈建华、邬月培、张慧娟为杭州市监察委员会副主任,胡绍平、沈海军、金伟、方顺才、钟发根、俞振为杭州市监察委员会委员。

6月5日,市十三届人大常委会第二次会议召开,会议审议并表决市政府人事任免事项,任命丁狄刚为杭州市人民政府秘书长、高国飞为杭州市人民政府办公厅主任、李玲为杭州市发展和改革委员会主任、叶茂东为杭州市人力资源和社会保障局局长、金翔为杭州市财政局局长、杜国忠为杭州市统计局局长、王剑为杭州市审计局局长、石连忠为杭州市物价局局长、洪庆华为杭州市经济和信息化委员会主任、范建军为杭州市交通运输局局长、楼倻捷为杭州市质量技术监督局局长、郑洪彪为杭州市安全生产监督管理局(杭州市安全生产委员会办公室)局长(主任)、孔春浩为杭州市城乡建设委员会主任、周琪为杭州市住房保障和房产管理局局长、谢建华为杭州市国土资源局局长、张勤为杭州市规划局(杭州市测绘与地理信息局)局长、谢国建为杭州市人民防空办公室(杭州市民防局)主任(局长)、李磊为杭州市城市管理委员会(杭州市综合行政执法局、杭州市综合行政执法支队)主任(局长、支队长)、赵国钦为杭州市农业局(杭州市水产局)局长、华德法为杭州市林业水利局局长、张鸿斌为杭州市旅游委员会主任、翁文杰为杭州市园林文物局局长、陈祥荣为杭州市市场监督管理局(杭州市工商行政管理局、杭州市食品药品监督管理局)局长、胡伟为杭州市环境保护局局长、孙雍容为杭州市文化广电新闻出版局(杭州市版权局)局长、滕建荣为杭州市卫生和计划生育委员会主任、金承龙为杭州市体育局局长、叶寒冰为杭州市公安局局长、吴声华为杭州市司法局局长、邵根松为杭州市民族宗教事务局局长、何利松为杭州市人民政府研究室(杭州市人民政府参事室)主任、王越剑为杭州市人民政府金融工作办公室主任、阳作军为杭州市科学技术委员会(杭州市知识产权局、杭州市地震局)主任(局长)、徐小林为杭州市民政局局长、刘晓明为杭州市商务委员会(杭州市粮食局)主任(局长)、董祖德为杭州市人民政府外事侨务办公室(杭州市人民政府港澳事务办公室)主任、涂冬山为杭州市人民政府法制办公室主任、韩卫为杭州市机关事务管理局局长、沈建平为杭州市教育局局长、王希为杭州市人民政府国有资产监督管理委员会主任、郑荣新为杭州市数据资源管理局局长。

8月16日,市十三届人大常委会第四次会议召开,会议任命杜前为杭州互联网法院院长、审判委员会委员、审判员,章浩为杭州互联网法院

副院长、审判委员会委员、审判员,王江桥为杭州互联网法院副院长、审判委员会委员、审判员。 (林伟光)

## 人大监督

【概况】2017年,市人大常委会围绕市委确定的"六场硬仗",坚持问题导向、效果导向,突出监督重点,改进监督方式,增强监督实效,推动"一府两院"依法行政、公正司法。统一部署市、县两级人大联动开展"最多跑一次"改革调研督察,组织"剿灭劣Ⅴ类水、人大代表在行动"主题活动,围绕市委交办的178个城中村改造和149个小城镇综合整治项目开展督查,对全国学生运动会服务保障工作进行专项督查。全年对经济、财政预算决算、城市规划建设、民生、环境保护和司法等工作进行监督。

【"最多跑一次"改革调研督察】2017年,市人大常委会统一部署市、县两级人大联动开展"最多跑一次"改革调研督察。4月,发动全市各级代表通过暗访体验、网络调查、进代表联络站活动等方式,收集群众和企业的办事体验及实际案例。3100多名代表参加调研督察。5月,由主任会议成员带队、近100名人大代表参加的6个督查组,实地考察市、区两级行政服务中心,进一步厘清"办事慢、办事繁、办事难"的具体问题。6月,市十三届人大常委会第三次会议审议"最多跑一次"改革工作情况报告,提出要深化简政放权、推进服务标准化、加快信息资源共建共享、加强事中事后监管等意见,推动"最多跑一次"改革向纵深发展。7月,省人大常委会印发《关于推进和保障桐庐县深化"最多跑一次"改革的决定》。市人大常委会4次专程到桐庐,共同研究推动试点工作,指导桐庐县人大常委会开展不适应改革要求的规范性文件清理。同时,对杭州市92件现行有效的地方性法规进行全面梳理,查找不适应改革要求的法规,并按照急需先修、成熟先修原则,对城乡规划条例、机动车驾驶员培训管理条例进行"打包"修改,保证改革于法有据。

【剿灭劣Ⅴ类水专项监督】2017年,全市各级人大联动开展专项审议,组织"剿灭劣Ⅴ类水、人大代表在行动"主题活动。为保障代表就近、方便开展监督,市人大常委会在全省率先开发应用代表监督治水App平台,开创"移动互联网+人大监督"新模式。至年末,代表监督治水App平台建立各类代表账户2027个,各级代表参与治水监督2.4万人次,助推解决治水问题1815件次。

【城中村改造和小城镇环境综合整治专项监督】2017年,市人大常委会围绕市委交办的178个城中村改造和149个小城镇综合整治项目督查任务,组成6个督查组,在上届人大督查的基础上,接力监督、跟踪问效,累计开展督查29次、暗访18次,提出督查意见建议149条。在市委举行的两次"互看互学"大比武活动中,根据督查情况,提出要更加重视整体规划编制、产业发展带动、历史文化传承等意见,为推进这项工作提供参考。

【全国学生运动会服务保障专项督查】2017年,市人大常委会以场馆改建、赛事准备、食品卫生、环境保障、安全保卫、交通组织为重点,通过"听、问、看、查"等多种形式,对承办赛事项目的市属8所学校和重要场馆、重点城区进行6轮督查。

【经济工作监督】2017年,市人大常委会主任会议成员带队走访重点企业24个,听取企业对减负担、降成本和优化营商环境的意见建议。组织部分代表视察商业特色街建设和物价工作,审议计划执行情况的报告,推动实施创新驱动、扩大有效投资、加强人才引进、防范各类风险等举措落实,助力经济转型升级。

【财政预决算审查监督】2017年,市人大常委会听取审议财政决算、预算执行、审计工作、债务限额、预算调整等报告,审查批准市本级2016年财政决算、2017年地方政府债务限额和预算调整方案。听取审议政府重大投资项目计划及执行情况报告,审查政府重大投资项目17个,对艮山快速路综合管廊等项目实施情况进行跟踪督查。制定预算联网监督工作分步推进方案,推动建立全面规范透明、标准科学、约束有力的预算制度。

【城市规划建设监督】2017年,市人大常委会针对上年杭州市重大基础设施建设快速推进的实际,市人大常委会听取审议城市规划管理工作情况的报告,要求立足实施"拥江发展"战略,抓好新一轮城市总体规划修编工作。组织开展地铁和快速路网建设情况专题视察,两次现场督查杭黄铁路建设工程,推动重大交通基础设施建设,提升经济发展支撑能力。开展旅游业发展、供销社综合改革、农

2017年5月10日,市人大常委会主任于跃敏(中)在市行政服务中心开展"最多跑一次"改革调研督察 (市人大 供稿)

**杭州市第十三届人民代表大会第一次会议代表议案**

表6

| 议案号 | 提议案人 | 案　由 | 主办部门 |
|---|---|---|---|
| 1 | 杨一青 | 关于加快制定《杭州市住房保障条例》的议案 | 市人大城建环保委 |
| 2 | 杨一青 | 关于加快修订《杭州市公共场所控制吸烟条例》的议案 | 市人大教科文卫委 |
| 4 | 李国平 | 关于尽快制订《杭州保障性住房条例》的议案 | 市人大城建环保委 |
| 5 | 张　炜 | 关于提议加快制定颁布《杭州市电动自行车管理条例》的议案 | 市人大内司委 |
| 10 | 俞建午 | 关于建议修改《物业管理条例》的议案 | 市人大法委 |
| 11 | 胡祥甫 | 关于修改《杭州市志愿服务条例》的议案 | 市人大内司委 |
| 12 | 曹志毅 | 关于修改《杭州市物业管理条例》明确业委会主体地位并加强监管的议案 | 市人大法委 |

说明：以上是市十三届人大一次会议主席团交付市人大有关专门委员会审议的7件议案

村土地承包经营权确权登记颁证、消除集体经济相对薄弱村、农村民宿发展、美丽牧场建设等方面的监督，着力推动城乡融合、乡村振兴。

**【民生工作监督】**2017年，市人大常委会将食品安全作为监督重点，开展一系列明察暗访，并听取市政府关于食品安全工作情况的报告，提出要以创建国家食品安全示范城市为目标，深入实施食品安全战略。在发动代表查找身边无障碍设施建设管理问题的基础上，组织专题视察，保障特殊人群平等参与社会生活。对良渚遗址保护、院前医疗急救、预防和制止校园暴力等进行执法检查和专项视察，推动相关法律法规实施和工作落实。组织人大代表参与全国文明城市复评迎检工作，查找身边的不文明现象，向市有关单位反馈暗访信息50多条。对义务教育积分试点、危旧房改造、民间信仰场所和宗教活动场所管理等进行了视察、调研，提出意见建议，推进相关工作。

**【环境保护监督】**2017年，市人大常委会配合全国人大开展固废污染环境防治法执法检查，会同省人大调研垃圾处置工作情况，对生活垃圾管理条例执行情况进行视察，听取审议市政府2017年度环境状况和环境保护目标完成情况的报告，推动有关方面抓好中央环保督察移交问题整改，打造生态文明之都。

**【司法工作监督】**2017年，市人大常委会组织部分代表对市公检法工作进行集中视察，实地察看杭州互联网法院、市检察院信访接待中心、市公安局指挥中心，增进人大代表对公检法工作的了解，寓支持于监督之中。就“智慧法院”建设工作进行专题调研，组织观摩庭审活动，推动全市法院加强信息技术的深度应用，促进审判体系与审判能力现代化。听取审议市检察院刑事法律监督工作情况的报告，支持检察机关加强对侦查、审判、刑事执行等领域的法律监督，维护当事人合法权益。（林伟光）

## 人大代表工作

**【概况】**2017年，市人大常委会执行市十三届人大一次会议关于开展“建世界名城、尽人大职责、展代表风采”活动的决议，为代表发挥作用搭建平台、提供服务。

市人大常委会在人民代表大会前举办新一届市人大代表培训班，提高人大代表履职能力。以选区为单位建立32个代表小组，根据代表专业特长组建7个专业代表小组。调整定向视察组织方式，将活动覆盖面扩大到所有代表小组，与市政府组成部门和市法院、市检察院一一结对、开展视察。开展代表优秀议案、建议评选，表彰76名代表履职积极分子，出台《代表辞职暂行办法》，强化代表履职管理，激励代表依法履职。

**【人大代表议案建议办理】**2017年，市人大常委会通过重点督办、走访督查承办大户、通报办理进度等举措，提高办理实效。建立全市统一的议案建议管理系统，使人大代表对议案建议的办理过程“全程可视”。市十三届人大一次会议收到代表10人以上联名提出的议事原案12件，其中5件内容均为倡导开展“建世界名城、尽人大职责、展代表风采”活动，由大会做出决议外，其余7件议案，按照市人大有关专门委员会职责，分别交由有关专门委员会审议。年内，市十三届人大一次会议主席团交付审议的7件议案、人大代表提出的499件建议全部办理完毕，人大代表建议所提问题解决240件，列入解决计划223件。市政府领导领办的7件重点建议所提问题全部解决。

**【市人大常委会与一线人大代表联系密切】**2017年，市人大常委会主任会议成员和常委会专职委员与98名基层一线代表建立直接联系，走访联系基层市人大代表310人次，收集交办代表意见建议186条。组织召开“一府两院”工作报告会，市政府主要领导与代表现场互动、坦诚交流，得到与会代表的广泛好评。邀请35名代表列席常委会会议。

**【民生实事项目人大代表票决制】**2017年10月30日，市委成立民生实事项目人大代表票决制工作领导小组，出台《关于实施民生实事项目人大代表票决制工作的意见》，并召开专题会议进行部署，在市、县、乡三级全面推行票决制。向市人大代表发出公开信，发动代表广泛征集民生实事建议项目。对各级人大代表提出的市级层面的169条实事项目建议，市人大常委会及时交市政府研究。市政府做好民生实事项目的征集和筛选，形成民生实事候选项目，提请市十三届人大三次会议票决。（林伟光）

责任编辑　袁啸马

## 综　述

**【市政府机构】** 2017年，杭州有乡以上人民政府112个。其中：杭州市人民政府1个，驻杭州市解放东路18号；区、县(市)人民政府13个；乡(镇)人民政府98个。县以上政府工作部门327个，其中市级40个、县级287个。市政府设置工作部门40个(含特设机构1个)，派出机构9个，直属事业单位14个。　(钟俊元)

**【市政府全体会议】** 2017年4月15日，杭州市十三届人民政府召开第一次全体(扩大)会议，市长徐立毅做重要讲话，会议由常务副市长戴建平主持。会议学习贯彻党的十八届六中全会、中央经济工作会议和习近平总书记系列重要讲话精神，以及省委十三届十次全会、市第十二次党代会和市两会精神，按照"干在实处、走在前列、勇立潮头"新要求，围绕政府工作报告确定的各项工作，突出"抓落实"的主题，加强政府自身建设，确保新一届政府开局之年经济社会发展目标任务完成。

8月9日，杭州市十三届人民政府召开第二次全体(扩大)会议，市长徐立毅做重要讲话，会议由常务副市长戴建平主持。会议学习贯彻省第十四次党代会和省经济体制改革领导小组会议暨"放管服"改革推进会议精神，全面落实市委十二届二次全体会议部署，围绕《政府工作报告》目标要求，以"最多跑一次"改革为牵引，全面推进政府自身改革，以一流的状态谋发展、强举措、抓落实，确保全年经济社会发展任务完成，以优异成绩迎接党的十九大胜利召开。

**【市政府常务会议】** 2017年，市政府常务会议召开15次，即十二届市政府第七十三次常务会议、第七十四次常务会议以及十三届市政府第一次常务会议至第十三次常务会议。

*1月4日，十二届市政府第七十三次常务会议召开。* 研究讨论2017年全市固定资产投资及重点建设项目安排和市本级政府投资项目计划、杭州市对口帮扶湖北省恩施州、2016年度市重点项目征迁安置"双清"暨做地质量年专项行动行政表彰等事项。

*3月15日，十二届市政府第七十四次常务会议召开。* 研究讨论《2017年政府工作报告》(讨论稿)的起草修改情况以及《关于杭州市2016年国民经济和社会发展计划执行情况与2017年国民经济和社会发展计划草案的报告》(送审稿)、《关于杭州市及市本级2016年财政预算执行情况和2017年财政预算草案的报告》(送审稿)的起草情况。

*4月15日，十三届市政府第一次常务会议召开。* 研究讨论《杭州市人民政府工作规则》修订情况以及市长、副市长工作分工等事项。

*4月26日，十三届市政府第二次常务会议召开。* 研究讨论《进一步加快城市轨道交通建设的若干意见》(送审稿)、《杭州市城市轨道交通资金筹措与平衡办法》(送审稿)、《杭州市促进互联网自行车规范发展的指导意见(试行)》(送审稿)以及进一步加强杭州市城中村消防安全等安全生产管理工作、"五一"假日旅游保障工作、2017年市"两会"建议提案有关情况和办理工作建议、月度重点工作等事项。

*5月12日，十三届市政府第三次常务会议召开。* 传达贯彻全省二季度工作部署会议精神，研究讨论《杭州市2017年大气污染防治实施计划》(送审稿)、《杭州市地下空间开发利用管理办法》(送审稿)、《杭州市政策性融资担保体系建设实施意见》(送审稿)、调整完善杭州市招商引资体制等事项。会议通报了杭州地铁5号线PPP项目招商结果。

*5月27日，十三届市政府第四次常务会议召开。* 研究讨论《杭州市迎亚运保畅通快速路网建设四年攻坚行动计划(2017—2020年)》(送审稿)、《杭州市道路交通安全管理条例(修改)》(送审稿)、《杭州市会展业促进条例》(送审稿)、《杭州市安全生产委员会组织结构设置及工作规则》(送审稿)以及抓项目促投资、月度重点工作等事项。

*6月29日，十三届市政府第五次常务会议召开。* 研究讨论2017—2018年杭州市新能源汽车推广应用财政支持政策、环境保护重点问题等事项。会前进行依法行政专题研讨。

*8月2日十三届市政府第六次常务会议召开。* 学习习近平总书记在省部级主要领导干部专题研讨班上的重要讲话精神，研究讨论《杭州市流动人口积分落户办法(试行)》、《杭州市畜禽屠宰管理条例(草案)》、《杭

州市市场监督管理行政处罚程序规定(草案)》、《杭州市人民防空工程管理规定(修改草案)》、《关于修改〈杭州市国家建设项目审计办法〉部分条款的决定(草案)》、《杭州市盐业体制改革实施方案》(送审稿)以及2017年上半年政府重大投资项目计划执行情况和第二批政府重大投资项目计划、企业减负担降成本政策、月度重点工作等事项。

8月29日,十三届市政府第七次常务会议召开。研究讨论《杭州市加快培育和发展住房租赁市场试点工作方案》(送审稿)、《杭州市政府办公厅关于实施促进实体经济更好更快发展若干财税政策的通知》(送审稿)以及杭州市最低生活保障标准调整机制改革方案等事项。会前专题学习《中华人民共和国消防法》、月度重点工作等事项。

9月28日,十三届市政府第八次常务会议召开。研究讨论《消防安全岗位职责规定》(送审稿)、《消防安全监管责任落实(追究)实施办法》(送审稿)、《杭州市促进互联网租赁自行车规范发展的指导意见》(送审稿)、《杭州市客运出租汽车管理条例(修订草案)》、"最多跑一次"改革法律法规规章和规范性文件清理、月度重点工作等事项。

10月12日,十三届市政府第九次常务会议召开。研究讨论《中共杭州市委、杭州市人民政府关于实施"拥江发展"战略的意见》(送审稿)、《杭州市人民政府关于推行政府和社会资本合作项目实施细则(试行)》(送审稿)、亚运会杭州市场馆及设施建设等事项。

10月24日,十三届市政府第十次常务会议召开。研究讨论《杭州市流动人口服务管理规定(修订草案)》(送审稿)、《杭州市居住证积分管理办法(试行)》(送审稿)、《杭州市大学生创业三年行动计划(2017—2019年)》(送审稿)、月度重点工作等事项。

11月15日,十三届市政府第十一次常务会议召开。研究讨论《杭州市城市国际化促进条例(草案)》、《杭州市城市照明管理办法(草案)》、《杭州市全面改造提升传统制造业实施方案(2017-2020年)》(送审稿)、《市区既有住宅加装电梯工作的实施意见》(送审稿)以及杭州市深化行政复议体制改革工作方案、萧山余杭富阳三区与主城区社保一体化、调整市区最低工资标准等事项。

11月27日,十三届市政府第十二次常务会议召开。研究讨论《杭州市基本医疗保障办法》(修订稿)、《杭州市基本医疗保障办法市区实施细则》(送审稿)、《关于加快未来产业发展的指导意见》(送审稿)、《杭州市对口帮扶湖北省恩施州"十三五"规划》(送审稿)以及2017年粮食安全市长责任制落实、部分法规规章和规范性文件清理、月度重点工作等事项。

12月27日,十三届市政府第十三次常务会议召开。研究讨论《关于加快临安区与主城区一体化发展的若干意见》(送审稿)、《杭州市突发事件总体应急预案》(送审稿)、《杭州城东智造大走廊发展规划纲要》(送审稿)、《关于实施消除集体经济相对薄弱村三年行动计划(2017—2019年)的若干意见》(送审稿)、《杭州市社会保险费征缴办法》(修订草案)、《杭州市钱塘江防潮安全管理办法》(修订草案)、《杭州市2018年政府立法工作计划》(草案)、月度重点工作等事项。

**【市长办公会议】** 2017年,市长办公会议召开1次。十二届市政府第九十

2017年度杭州市人民政府重要文件

表7

| 发文字号 | 发文日期 | 文件标题 |
|---|---|---|
| 杭政函〔2017〕5号 | 2017-01-06 | 杭州市人民政府 浙江省科学技术厅 浙江省教育厅 浙江省人力资源和社会保障厅关于鼓励在杭高校及其师生在杭创新创业的若干意见 |
| 杭政函〔2017〕53号 | 2017-04-24 | 杭州市人民政府关于印发杭州市临时救助办法的通知 |
| 杭政函〔2017〕79号 | 2017-06-16 | 杭州市人民政府关于加快推进钱塘江金融港湾建设的实施意见 |
| 杭政函〔2017〕82号 | 2017-06-26 | 杭州市人民政府关于推进政策性融资担保体系建设的实施意见 |
| 杭政函〔2017〕98号 | 2017-08-06 | 杭州市人民政府关于杭州市区道路各类摩托车、人力三轮车禁止通行的通知 |
| 杭政函〔2017〕102号 | 2017-08-10 | 杭州市人民政府关于印发杭州市盐业体制改革实施方案的通知 |
| 杭政函〔2017〕109号 | 2017-08-16 | 杭州市人民政府关于划定高污染燃料禁燃区的通知 |
| 杭政函〔2017〕127号 | 2017-09-13 | 杭州市人民政府关于调整杭州市部分行政区划的通知 |
| 杭政函〔2017〕130号 | 2017-09-18 | 杭州市人民政府关于印发杭州市加强政务诚信建设实施方案的通知 |
| 杭政函〔2017〕145号 | 2017-10-15 | 杭州市人民政府 2022年第19届亚运会组委会关于加快2022年第19届亚运会杭州市场馆及设施建设的实施意见 |
| 杭政函〔2017〕161号 | 2017-11-21 | 杭州市人民政府关于调整市区最低工资标准的通知 |
| 杭政〔2017〕64号 | 2017-12-15 | 杭州市人民政府关于印发杭州市基本医疗保障办法的通知 |
| 杭政〔2017〕66号 | 2017-12-20 | 杭州市人民政府关于加快推动杭州未来产业发展的指导意见 |
| 杭政函〔2017〕192号 | 2017-12-29 | 杭州市人民政府关于改革最低生活保障标准调整机制的通知 |
| 杭政函〔2017〕191号 | 2017-12-29 | 杭州市人民政府关于促进慈善事业发展的实施意见 |

四次市长办公会议，研究讨论市政府月度重点工作。（林默君）

【公文处理】2017年，以市政府、市政府办公厅名义制发公文584件，其中市政府令8件、杭政68件、杭政函189件、杭政办6件、杭政办函139件。收到批办性公文2212件、阅知性公文3707件。批办性公文平均办文天数17.4天，办结率98.8%。（钟俊元）

【年度10件民生实事项目全面完成】2017年，杭州市年度10件民生实事项目全面完成。治水治气持续深化。完成截污纳管项目356个、雨污分流项目349个，河道清淤1254万立方米、综合整治281.9千米，组织实施减排项目124个，全面完成热电锅炉、工业锅炉清洁化改造，淘汰老旧汽车23119辆，新增清洁能源和新能源公交车879辆。交通出行持续改善。新开通地铁线路35.8千米、通车总里程117.6千米，快速路网建设完成182千米，主城区公共交通新辟和优化线路56条，城区新建停车泊位5.69万个，新增(扩容)公共自行车服务点123个。城乡生活环境提升。市区新增绿地487万平方米，空气优良天数比2016年增加11天，累计创建省级垃圾分类示范小区60个、市级示范小区200个，成功创建国家生态园林城市，获美丽山水城市称号。社会抚养体系完善。主城区居民最低生活保障标准调整至每人每月917元，年末全市最低生活保障对象12.27万人，全年发放低保金7.49亿元，全市基本养老、医疗保险的参保率分别达95%、98%以上，社区级居家养老照料中心实现全覆盖，各类福利院、敬老院302所，收养人员2.21万人，完成全国和全省养老服务综合改革试点任务。食品药品安全治理强化。持续打击食品药品领域违法犯罪行为，完成“三净四无五可”标准餐饮安全示范店、“六有三无”标准诚信示范药店创建。电梯安全监管强化。构建智慧电梯综合监管体系，运用智慧手段强化对故障高发小区和老旧小区电梯安全管理，出台既有住宅加装电梯新政。居民住房保障加强。开工安置房项目51个，建筑面积693万平方米；竣工50个，面积582万平方米，推出公共租赁住房配租房源8514套，保障住房困难家庭1.02万户。优化扶持创新创业。新增国家级、省级众创空间20个和57个，新增国家级、省级孵化器2个和11个，新认定省级企业研究院76个，新增省科技型中小企业1688个、市重点培育科技型初创企业506个，出台实施新一轮大学生创业三年行动计划。医疗保障服务优化。医养护一体化家庭医生签约人数283.9万人，智慧医疗应用在省市县三级公立医院及社区卫生服务机构全覆盖。保障菜篮子产品供应。市级“菜篮子”基地502个，其中新建42个，蔬菜产量338.34万吨，增长0.9%。（年鉴处）

【政府绩效管理依法推进】2017年是《杭州市绩效管理条例》实施第2年。3月，市考评办编著的《政府绩效管理——理论与实践的双重变奏》一书由北京大学出版社出版，被国家有关出版机构纳入《中华学术文库》海外出版计划。6月28日，市考评委向第十三届市人大常委会第三次会议汇报2016年度杭州市绩效管理工作情况，根据审议意见进行改进、反馈。5月，杭州市启动首轮绩效管理总体规划编制工作，组织相关单位经过认真调研、论证，广泛征求意见，形成《杭州市“十三五”绩效管理总体规划》，经市考评委全体会议审议通过并提交市委常委会同意，于11月30日发布实施，成为国内首部政府绩效管理规划。至年末，全市各部门全面完成绩效规划的编制、发布工作。（章笑丽）

【亚太区“一带一路”地方合作专委会落地杭州】2017年6月15日，世界城市和地方政府联合组织(UCLG，简称城地组织)亚太区“一带一路”地方合作专委会落地揭牌仪式暨“未来出行青年实践营”启动仪式在杭州举行。市长徐立毅在仪式上致辞。城地组织亚太区“一带一路”地方合作专委会(BRLC)由全国友协与杭州市政府在城地组织亚太区框架内联合发起成立，旨在构建地方政府间共享经验、共筑繁荣、增进交流、促进互信的合作平台。“未来出行青年实践营”是专委会落地杭州后启动的首个项目，旨在为未来的社会中流砥柱搭建学习、交流、实践平台，引导青年关注交通出行问题，运用前沿技术与理念，展现对未来城市可持续出行的大胆构想和愿景。徐立毅在介绍杭州市经济社会发展情况后说，亚太区“一带一路”地方合作专委会落地杭州，不仅是杭州市积极响应国家“一带一路”倡议的重要举措，也是加快城市国际化进程的重要机遇。作为牵头城市，杭州将积极参与、主动作为，加强沟通协调，完善项目组织，优化服务方式，提高服务水平，通过“未来出行青年实践营”“城地组织2017年世界理事会”和第六届杭州国际友城“城市与创新”高峰论坛等活动，促进政策沟通、设施联通、贸易畅通、资金

2017年6月15日，世界城市和地方政府联合组织亚太区“一带一路”地方合作专业委员会揭牌仪式在杭州举行（缪成骏 摄）

2017年7月27日,杭州市政府与中国工商银行签订金融服务战略合作协议
(缪成骏 摄)

融通、民心相通。

【杭州居中国市级政府财政透明度第三位】2017年9月,国务院智库清样《2017年中国市级政府财政透明度研究报告》公布295个地级及地级以上城市的平均得分,杭州市以82.09分列第三位,由2013年的首次进入全国前十位,至2016年突破全国第六位,2017年实现历史新高,上升至第三位。该报告由清华大学发布,主要反映中国市级政府在一般公共预算、政府性基金、国有资本经营以及社保基金的政府"四本账"方面的公开情况和财政透明度。杭州市得分仅次于北京(84.63分)、广州(82.84分)之后,在上海(81.04分)、成都(78.96分)、武汉(76.87分)、深圳(76.42分)、南京(73.13分)之前。

【市政府与中国工商银行签订金融服务战略合作协议】2017年7月27日,杭州市政府与中国工商银行签订金融服务战略合作协议。市委副书记、市长徐立毅会见中国工商银行行长谷澍一行,并在签约仪式上致辞。陈新华参加。根据战略合作协议,市政府与工商银行将按照优势互补、互利互惠、合作共赢、共同发展的原则,携手推进杭州市"十三五"规划、"拥江发展"等重要战略实施,重点围绕立体化交通路网、轨道交通、亚运场馆、钱塘江金融港湾等多个建设领域开展深化合作,共同促进杭州经济社会持续协调健康发展。仪式上,工商银行与市地铁集团、市城投集团、望海潮建设公司、山南基金小镇、钱江世纪城签署具体项目合作协议。

(年鉴处)

## 政务信息公开

【概况】2017年,杭州市制定印发《杭州市全面推进政务公开工作实施细则》和《2017年杭州市政务公开工作要点》,坚持"公开为常态、不公开为例外"的原则,落实工作任务,加大公开力度,增强公开实效,在政务公开平台建设、重点领域信息公开、推进基层政务公开标准化试点工作和政策解读、回应关切等方面取得重要进展,更好地服务于全面深化改革、"最多跑一次"改革、经济社会发展和政府自身建设。

拱墅区被列为全国100个基层政务公开标准化规范化试点县(市、区)之一。清华大学发布的《2017年中国市级政府财政透明度研究报告》中,杭州市在全国295个城市中排名第三位。北京公众环境研究中心发布的城市环境信息公开工作评价中,杭州市PITI(污染源信息公开指数)在全国120个城市中排名第九位。

【政务信息主动公开】2017年,杭州市通过不同渠道和方式主动公开各类政府信息73.14万条,比上年增长57.9%。其中:政府公报出刊正刊12期、增刊4期,发布政府信息489条,全年在245个免费取阅点投放公报4.48万份,电子版公报累计阅读量7.54万次;政府网站发布政府信息34.75万条;政务微博发布政府信息12.20万条("杭州发布"定期推送政府信息8395条);政务微信发布政府信息7.36万条;其他方式公开政府信息14.62万条。全年对57件市政府及市政府办公厅行政规范性文件进行政策解读并予以公布,回应公众关注热点或重大舆情数1539次,通过政务微信、微博发布政府信息19.56万条、回应事件9383次,召开新闻发布会274次,开展政府网站在线访谈215次。对63个单位开展政府信息公开第三方评估,针对发现的问题,下发问题清单,督促落实整改。

【政务信息依申请公开】2017年,杭州市受理政务信息公开申请11452件,比上年增长32.1%。其中:市政府受理617件,市级部门受理4305件,区县(市)受理6530件。从申请方式看,当面申请754件,网络申请6436件,传真申请59件,信函申请4203件。从办结情况看,答复率100%。从申请类型看,属于已主动公开的922件,同意公开的3436件,同意部分公开的936件,不同意公开的835件,不属于机关公开范围的2427件,信息不存在的1626件,告知做出更改补充的697件,告知通过其他途径办理的573件。

(于广益)

## 政务督查

【概况】2017年,市政府办公厅围绕市委、市政府中心工作,督办领导批示和贯彻落实重大决策部署、重点工作,督促推动市政府民生实事项目,确保全市各项年度重点任务完成。全年承办省领导批示472件;承办督办市长徐立毅批示894件(督办时任市长张鸿铭批示154件),督办编辑《批示反馈》140期,实现领导批示交办和办理两个"100%",平均办结天数为10天。每月汇编市长、副市长批示办理落实情况,编辑《政务督查》24期。

【重点工作督查】2017年,市政府办公厅通过分解指标任务、开展督

2017年杭州市政府信息公开情况

表8

| 统计指标 | 单位 | 统计数 |
|---|---|---|
| **主动公开情况** | | |
| 主动公开政府信息数 | 条 | 731 377 |
| 主动公开规范性文件数 | 条 | 1 549 |
| 制发规范性文件总数 | 件 | 1 634 |
| 通过不同渠道和方式公开政府信息情况 | | |
| 政府公报公开政府信息数 | 条 | 489 |
| 政府网站公开政府信息数 | 条 | 347 499 |
| 政务微博公开政府信息数 | 条 | 122 041 |
| 政务微信公开政府信息数 | 条 | 73 584 |
| 其他方式公开政府信息数 | 条 | 146 224 |
| **回应解读情况** | | |
| 回应公众关注热点或重大舆情数 | 次 | 1 539 |
| 通过不同渠道和方式回应解读情况 | | |
| 参加或举办新闻发布会总次数 | 次 | 274 |
| 政府网站在线访谈次数 | 次 | 215 |
| 政策解读稿件发布数 | 篇 | 1 713 |
| 微博微信回应事件数 | 次 | 9 383 |
| 其他方式回应事件数 | 次 | 2 025 |
| **依申请公开情况** | | |
| 收到申请数 | 件 | 11 452 |
| 当面申请数 | 件 | 754 |
| 传真申请数 | 件 | 59 |
| 网络申请数 | 件 | 6 436 |
| 信函申请数 | 件 | 4 203 |
| 申请办结数 | 件 | 10 991 |
| 按时办结数 | 件 | 9 761 |
| 延期办结数 | 件 | 1 230 |
| 申请答复数 | 件 | 11 179 |
| 属于已主动公开范围数 | 件 | 922 |
| 同意公开答复数 | 件 | 3 386 |
| 同意部分公开答复数 | 件 | 866 |
| 不同意公开答复数 | 件 | 836 |
| 不属于本行政机关公开数 | 件 | 2 377 |
| 申请信息不存在数 | 件 | 1 623 |
| 告知做出更改补充数 | 件 | 697 |
| 告知通过其他途径办理数 | 件 | 473 |
| **政府信息公开行政复议数** | 件 | 429 |
| 维持具体行政行为数 | 件 | 272 |
| 被依法纠错数 | 件 | 80 |
| 其他情形数 | 件 | 77 |
| **政府信息公开行政诉讼数** | 件 | 252 |
| 维持具体行政行为或者驳回原告诉讼请求数 | 件 | 152 |
| 被依法纠错数 | 件 | 21 |
| 其他情形数 | 件 | 79 |

促检查，促进全年经济责任贯彻落实。细化分解政府工作报告重点工作任务，制发《2017年市政府工作报告重点工作责任分解》，每季度对杭州市重点工作清单内容推进落实情况开展督查；指导各地各部门分解年度重点工作，细化工作内容，明确领导责任和完成时限，形成《2017年杭州市政府重点工作任务清单汇编》，对各区县（市）和开发区实地督查经济工作责任落实情况开展专项督查。对省政府十方面民生实事涉及杭州市重点工作任务开展推进督查。完成国务院第四次大督查第八督查组到杭州督查的自查、迎检工作，做好大督查392件涉杭来电线索的督促落实、核实整改和反馈工作，确保国务院大督查发现交办问题得到有效解决。

全年组织3次对各区县(市)和部分市直部门“最多跑一次”改革工作的重点督查,对行政服务中心办事窗口进行暗访督查,并对公民个人事项“简化办、网上办、就近办”工作实行每日通报督查。围绕市政府重点调研和重要专题会议,对交办事项开展跟踪督查,全年督促交办17次调研(会议)明确的83件事项。组织“六场硬仗”、消防安全、养老服务业改革、剿灭劣Ⅴ类水、“联百乡结千村访万户”蹲点调研活动等专项督查,会同市委督查室编辑36期《杭州督查(“六场硬仗”专刊)》,推动具体问题解决落实。

**【民生实事项目推进】**2017年4月15日,杭州市政府印发《关于对2017年市政府为民办实事项目进行绩效考核的通知》,逐月跟进实事项目,组织半年度、三季度实地督查,并对部分进度滞后项目定点跟踪,重点督促。按照全面实行人大代表票决制有关要求,制定印发《关于统筹实施民生实事项目的试行细则》,强化统筹市、区(县、市)两级政府民生实事,提高群众满意度和获得感。启动2018年市政府民生实事项目征集遴选工作,通过网络、媒体、征集信等渠道,面向党代表、人大代表、政协委员和群众征集意见建议,按照票决制要求,编制2018年市政府民生实事候选项目方案。（薛圣白）

## 建议提案办理

**【概况】**2017年,市政府办公厅发挥在建议提案办理过程中的组织协调、综合指导等作用,加大办理工作协调力度，推进部门协同，明确办理责任，规范办理程序，强化督办考核，提高办理实效。全年办理省“两会”建议提案58件，市“两会”建议提案1085件，其中市人大建议499件、市政协委员提案586件，当年全部办结，办结率、面商率、上网率均为100%，满意率为99.6%。

【建议提案办理形式创新】2017年，市政府办公厅强化建议提案办理落实力度，高质量完成12件市领导领衔的重点建议提案办理，建议提案办理层次和实效持续提升。开展建议提案办理落实情况“回头看”，对2013—2017年省十二届人大建议办理结果为A类的48件建议落实情况进行代表建议评议，促进办理解决率的提高和跨年度办理任务的落实。完善建议提案办理机制，畅通联络渠道，全年衔接落实市人大和市政协的会议、视察、督查等各类活动108次。修订建议提案办理工作考评办法，健全督办考核机制。创新办理形式，加强与人大代表、政协委员面对面协商交流，推动“开门办理”转向“现场办理”。 （叶勇青）

## 应急管理

【概况】2017年，杭州市调整完善市突发公共事件应急管理委员会领导成员和成员单位。市应急服务中心正式运作，工作人员基本配备到位，市应急办“两处一中心”工作格局形成。全年应对处置“1·8”登云路商铺火灾、“4·7”富阳区新桐建材有限公司排土场坍塌、“4·11”西湖区三墩镇华联村出租房火灾、“4·12”临安市昌化镇4.2级地震、“4·14”萧山区工人路高架桥引桥坍塌、“5·26”大江东产业集聚区前进街道前峰村民房火灾、“6·22”蓝色钱江小区放火案、“7·21”三墩燃爆事件、“8·22”登革热疫情事件、“10·20”绕城高速公路撞车事故、“10·24”绕城高速公路槽罐车侧翻事件等16起较大以上突发事件。

【应急值守】2017年，市应急办按照“快速、准确、细致、严谨、务实”要求，做好较大以上突发事件紧急信息的处理报送工作。在汛期、第十三届全国学生运动会、党的十九大召开前后等时期，加强信息收集、汇总、处理，第一时间准确处理和报送，为领导决策提供信息支撑。全年向省委、省政府上报较大突发事件信息近40条（次），处理公安、信访、维稳、网络舆情、安全生产事故等信息3173件次，发送应急短信18万余条（次），办理省、市领导批示128件（次），落实市委、市政府各类会议134次，办理领导干部外出报告单258期916人次、重要内外事报告339件，汇总报送《各区、县（市）主要领导干部一周工作简要情况》48次，编辑《应急值守一周综述》48期，收发处理各类传真函件1.8万件，承办《杭州值班》来文、来电呈报886件。

【应急预案管理】2017年，市应急办完成全市突发公共事件总体应急预案的修编工作。全面指导各地各部门贯彻实施《杭州市突发事件预案管理实施办法（试行）》，对全市57个专项预案和13个区县（市）开展专项检查。指导相关部门完成《杭州市群众来市异常上访事件应急预案》《杭州市自然灾害救助应急预案》《杭州市突发地质灾害应急预案》等预案修编，参与地铁应急演练组织，指导原水公司等单位（部门）应急预案制定，协助开展预警信息全媒体发布办法修订和市安全生产工作迎考等工作或活动，督导各单位及时更新预案信息、开展应急演练，全面提高应对突发事件的能力。

【应急指挥平台建设】2017年，市应急办收集完成全市36个单位的危险源、防护目标、应急资源等近2万条应急数据，实现应急数据可视化分类及融合。视联网系统覆盖所属区县（市）、市级有关部门和乡镇（街道），实现应急指挥可视化调度、多部门协同、多资源整合等互联互通功能。市应急指挥平台二期项目完成招投标，进一步提升全市应急管理工作的智能化水平。 （肖　勇）

## 数据资源管理

【市数据资源管理局设立】2017年1月23日，市数据资源管理局设立，为正局级行政机构。6月5日，市数据资源管理局人员到位。局机关编制7人，内设综合协调处（政策研究处）、数据资源处两个处室。该局主要负责全市政务数据和公共数据平台建设和管理，协调全市政务数据和公共数据资源的目录制定、归集管理、整理利用、共享开放，推动数据资源在政府管理和社会治理领域的应用，组织实施城市“数据大脑”等重大项目的建设。

8月14日，市电子政务办由市政府办公厅整体划转至市数据资源管理局，并增挂市大数据管理服务中心牌子（简称市数管中心），编制24人。市数管中心承担全市公共数据基础设施建设，电子政务日常管理、技术支持、服务保障，以及市政府门户网站日常管理等工作。

【数据资源管理基础设施建设】2017年，杭州市完善政务数据资源管理平台、浙江政务服务网杭州平台和“一窗受理”平台三大数据资源管理基础设施。开展数据归集共享“百日会战”，成立投资项目、不动产、商事登记、公民个人事项等6个工作专班，集中办公，19个部门、21个企业共70人参加。建立与省级部门沟通机制，加强与省数据管理中心的协同配合。建立进展情况每日通报制度，编发《每日通报》84期。

建立现场需求对接会制度，采取供需“面对面”沟通方式，确认需求数据的具体内容和要求，奠定数据精确交换基础。全年召开需求对接会42次，涉及部门45个，细化数据需求226项。编印《杭州市政务数据资源目录（2018版）》，提供权威的政务数据交换目录。研发数据共享需求申报系统，通过系统在线提交请求、在线审核、在线交办，实现数据申请从纸质向平台转变，共享时效向秒级飞跃。全市累计实现数据推送服务37个部门263.51亿条，接口调用服务33个部门，日均调用3.3万次，页面查询服务35个部门，为2200多名窗口工作人员授权85项数据查询权限，日均访问用户1200多次。实现公民个人办事事项“一证通办”可办事项296项。树立“数据多跑路，群众少跑腿”意识，主攻投资项目、商事登记、不动产、个人办事事项数据归集，四大领域完成752项、8.93亿条数据归集。其中：投资项目归集数据136项，总体审批周期再提速30%；商事登记"一网通"归集64项，85%以上新设企业可按"一件事"标准实现网上办理；不动产改革数据归集70项，实现60分钟办结；公民个人办事事项归集482项，其中53项实现移动办理。

浙江政务服务网杭州平台四期开展，建设杭州市公共数据共享工作平台，实现共享需求线上申请对接等功能，提升办事效率。建设政务数据共享情况展示平台，实现实时展示和监控各个平台的指标。建设公共服务办件转换系统二期，在一期的基础上扩展7个部门10多个公共服务办件事项转换。建设电子档案归档升级完善及其他类电子归档，在原有行政许可归档功能模块基础上，增加除行政处罚外的其他8类行政权力。浙江政务服务网杭州平台新增15个部门接入，实现接入部门的信息共享与交换。"一窗受理"平台是为实体大厅提供"无差别受理"的"一窗受理、集成服务"综合受件系统。"一窗受理"平台全年对接事项清单总数595项，省级系统事项对接198项，市级系统事项对接100项。接入的事项中包括商事登记X事项、西湖区"就近办"事项、不动产登记网上办事项、民政局民办非企业事项等主题事项。

**▲资料：政务数据资源管理平台**

政务数据资源管理平台以"1353"为主要内容，即大数据资源中心1个，数据交换、共享和开放3个平台，可信电子证照基础库、办事材料共享库、人口基础库、法人基础库、征信库5个基础库，标准、安全、运维3个支撑体系。

**【数据应用支撑系统完善】** 2017年，杭州市建成全市统一的电子签章应用服务体系，实现人口、法人、电子证照、电子文件等数据材料的数字签名，推动各类数据证明的互认共享。开通34个业务系统的电子签章对接，制作814个电子签章，为区县（市）制作管理员证书，实现应用单位自行申请数字证书和在线上传电子签章功能。建立数据可信利用共享平台，以公民身份号码和法人统一社会信用代码为唯一标识的"全市统一、接需共享"的可信电子证照库，实现各类事项的证照和证明信息各部门间互认共享。全年归集23个部门63本证照196.31万条证照数据。完善数据共享库，建立126个数据模型。

**【城市"数据大脑"建设】** 2017年，杭州市城市"数据大脑"建设分别在主城区和萧山区部分道路开展试点，以探索不同道路环境、通行压力条件下的交通治堵方法。目标是通过对历史数据和事实数据的大数据分析，实现交通实时状态判定和自动事件报警，并通过人工智能反哺信号灯控制系统。主城区试点范围包括莫干山路部分路段（包括周边32个路口），中河—上塘高架路、彩虹快速路至瓜山立交共22千米（包含21个上匝道、20个下匝道）。7月6日，交通V1.0平台上线运行。据监测评估，开展试点的中河—上塘高架路平均延误降低15.3%，出行节省时间4.6分钟，莫干山路等地面主干道平均延误降低8.5%，出行节省时间1分钟。萧山区试点区域覆盖66平方千米。信号算法覆盖区域内208个路口，畅通比例总体提升5%。高峰时段各道路速度提升明显，市心路、通惠路平均速度提升18%以上，育才路平均速度提升20%以上，晨晖路平均速度提升10%以上。探索对110、120等特殊车辆通行的干预，并进行实际路网的测试，经过100多次的实际演练测算，实验路线车速最高提升50%，救援时间提升15分钟以上。

**【政务数据安全保障体系规划】** 2017年6月，《杭州市政务数据安全保障体系规划（2018—2020年）》（简称《规划》）出台，《规划》旨在坚持网络安全和信息化共同发展的理念，以保障杭州市政务数据安全为核心，进一步加强网络安全风险管理和运营保障能力，建立有效支撑杭州市大数据服务业务的安全体系架构，提高杭州市政务系统的安全监测、纵深防御、风险管控和应急响应能力，全面保障政务信息系统和政务数据的安全。《规划》以国家的相关政策和国内外数据安全的标准规范和最佳实践为指导，以国家标准《信息安全技术大数据服务安全能力要求》（GB/T 35274—2017）为基准，明确数据生命周期各个阶段应具有的安全能力要求，并借鉴国家标准规定的安全能力维度进行安全规划与设计，主要包括数据安全战略保障、数据安全组织管理、数据安全制度规程、数据安全技术措施、数据安全运营保障、数据基础设施安全6个方面。

（张 颖）

## 地方志事业

**【概况】** 2017年，市志办按照市委、市政府要求，全面推进地方志事业"两全目标"进程，明确志书编修和综合年鉴编纂工作"时间表""路线图"，确保如期完成国家下达的任务。4月，为贯彻落实中共中央办公厅、国务院办公厅《关于实施中华优秀传统文化传承发展工程的意见》精神，市志办立足已有工作基础，发挥工作优势，印发《关于实施方志文化"六大工程"助推历史文化名城建设的意见》，推进地方志事业转型升级。

7月，在中国地方志指导小组办公室组织的全国地方志优秀成果（年鉴类）评比中，《杭州年鉴》《杭州文化年鉴》《杭州经济技术开发区年鉴》《临安年鉴》获一等奖。至年末，《杭州年鉴》《上城年鉴》《萧山年鉴》《余杭年鉴》《富阳年鉴》《临安年鉴》《桐庐年鉴》《建德年鉴》《淳安年鉴》2017卷公开出版，其他5个城区的年鉴启动编纂。

10月，杭州市二轮市志的《索引》《志余》两卷出版，《杭州图志》着手编纂，城区二轮修志工作进展顺利。至年末，6个城区二轮修志均基本完成资料收集工作，转入初稿编纂阶段，其中上城区、下城区、西湖区、滨江区均有初稿进入初审阶段。整理历代名志、佳志，完成《湖山便览》《武林梵志》两部旧志典籍的整理出版。在完成《浙江通志·天目山专志》的基础上，指导《浙江通志·西湖专志》编纂工作。

**▲资料:方志文化“六大工程”**

方志文化“六大工程”即志鉴“两全工程”、古籍整理保护工程、留住乡愁工程、城市记忆工程、方志文化普及工程、方志资料数字化工程。志鉴“两全工程”是指到2020年实现全面完成第二轮志书出版任务和综合年鉴“一年一鉴”全覆盖;古籍整理保护工程是指做好现存旧志典籍的普查和整理保护工作;留住乡愁工程是指编修镇村志、开发利用宗(族)谱、编纂“留住乡愁系列丛书”等;城市记忆工程是指编纂地情丛书、整理口述历史、提升史志期刊质量等;方志文化普及工程是指做好方志文化普及、方志文化“六进”、农村文化礼堂建设等;方志资料数字化工程是指加强新媒体在方志宣传领域的运用,加快建设“数字方志馆”,打造杭州地情信息数字资源库等。

**【地方志业务培训】** 2017年9月12—15日,杭州市地方志业务培训会在杭州举办。中国地方志指导小组秘书长,中国地方志指导小组办公室党组书记、主任冀祥德,浙江省人民政府地方志办公室主任潘捷军出席培训会并授课。市政府秘书长丁狄刚会见冀祥德,并就加强地方志工作进行交流。全市13个区县(市)地方志办公室、杭州经济技术开发区的80多名学员参加培训。培训班邀请全国知名志书和年鉴专家就《审稿无小事——志鉴书稿中必须重视的细节问题》《二轮志书撰稿方法与需注意的问题——志书无纸化编纂的实践》《志书编写流程与注意事项》《转变年鉴编撰思路,提升年鉴编撰质量——年鉴条目编撰及案例分析》《名镇名村志的“名”与“特”》和《年鉴框架设计的理论与实践》等方面进行辅导授课。

**【地情书编纂】** 2017年,市志办围绕市委、市政府中心工作,开拓创新,为记录城市发展开辟新领域,编纂《杭州日记》《杭州月志》《创新创业在杭州》《杭州精览》《辉煌十年》等地情书籍。

《杭州日记》以日为单位,忠实记录杭州每一天的大事、要事,为“日记—月志—年鉴—市志”完整工作链中的基础一环,力求保存最真实、最权威、最翔实的志鉴基础资料。《杭州日记(2016)》全书共55万字,图照273张,于2017年6月由浙江人民出版社出版。

《杭州月志》立足于杭州市情,以一月一刊的形式,记录杭州每个月的大事要事,同时宣传杭州历史文化,为全市各级领导干部提供市情资料和资政参考,与《杭州日记》《杭州年鉴》《杭州市志》构成存史修志的完整工作链。《杭州月志》为内部刊物,全年发行12期。

《创新创业在杭州》旨在全面反映新时期杭州市创新创业的探索历程和取得的辉煌成绩,描绘杭州创新创业的生态环境,助推“大众创业、万众创新”的浪潮。全书分主体篇、平台篇、活动篇和政策篇4个部分,共26万字,图照90张,于2017年12月由中国书籍出版社出版。

《杭州精览》定位为杭州市情普及读物,主要内容是反映杭州历史和杭州市情,旨在成为社会各界人士了解杭州、认识杭州的名片。全书分为7个部分,共41.4万字,图照398张,计划2018年4月由浙江人民出版社出版。

《辉煌十年》以“延续二轮杭州市志、记录杭州辉煌成就”为目的,全面反映杭州市2006—2015年经济社会建设发展情况,突出时代特征,把握地情特点,注重行业特色,重述发展变化。全书设总述、经济、政治、文化、社会、生态、城建、创新、荣誉、人物、数据11个部分,共52万字,图142张,计划2018年5月由浙江人民出版社出版。

**【地方志数字化建设】** 2017年,“方志杭州”微信公众号发布198期,上传文章595篇,关注人数近2000人,阅读量8.5万人次。杭州地情网全年发布市情综合信息和地方志工作动态信息300多篇,网站总访问量25.35万人次。“数字方志馆”于12月8日正式上线,依托杭州地情网,设志书库、年鉴库、地情资料库、古籍库、期刊库、多媒体库等栏目,加载263册地情书。7月,在全国地方志系统信息化工作会议上,市志办被中国地方志指导小组办公室评为全国地方志信息化工作先进单位。 (市志办)

**【方志馆建设】** 2017年,杭州市方志馆按照“寻城市之根、触文化之脉、探兴替之路、赏风物之韵、存乡愁记忆、图继往开来”的办馆理念,提升展示深度、讲解能力、宣传力度,通过请进来、走出去,扩大知名度,得到全国方志界同行和市民的关注。全年接待参观者7.48万人次,其中团队231批次,日均接待156人。1月22日,杭州市方志馆成为“上城区青少年学生第二课堂活动基地”。4月21日,市文明办授予杭州市方志馆“杭州市爱国主义教育基地”牌匾。9月,在第二次全国方志馆工作会议上,杭州市方志馆被中国地方志指导小组办公室评为全国方志馆工作先进单位。11月,在“中国梦·方志情——首届全国方志馆讲解员大赛”中,馆员马琦敏、张素卿获“全国方志馆优秀讲解员”称号。 (市方志馆)

**【地方志学会工作】** 2017年5月18日,杭州市地方志学会召开第二次代表大会,选举产生了新一届理事会、常务理事会,选举产生会长、副会长、秘书长,聘任了丁云川等7位学会顾问,修改并通过新的学会章程,部署学会工作。会议审议通过《杭州市地方志学会第一届理事会工作报告》《杭州市地方志学会第一届理事会财务收支情况报告》《杭州市地方志学会章程》(修改草案)。

7月5日,杭州市地方志学会召开第二届理事会第二次常务理事会会议,明确2017年学会工作以《全国地方志事业发展规划纲要(2015—2020年)》《关于实施中华优秀传统文化传承发展工程的意见》为指导,以杭州市实施“方志文化六大工程”为重点,以各类方志地情期刊为纽带,以市、区两级方志馆为阵地,以多样化的学习交流服务活动为载体,以学会自身组织建设为抓手,重点做好七项工作,即开辟一个学术交流专栏、开展一次主题研讨会、参加一次社会服务活动、主办一期方志文化讲座、组织一次学术研讨活动、举办一期方志知识培训、召开一次理事会会议。

(市地方志学会)

责任编辑 袁啸马

## 综　述

**【市政协组织机构】**2017年，杭州市有政协组织机构14个，即中国人民政治协商会议杭州市委员会(简称市政协)和13个县(市、区)政协。各级政协委员3444人，其中副省级市政协委员502人、县(市、区)级政协委员2942人。4月，市政协进行换届。换届后，十一届市政协由31个界别组成，委员规模为510人(实际安排502人)。市政协常务委员会组成人员98人，由主席1人、副主席8人、秘书长1人和常委88人组成。市政协设有办公厅、研究室和提案委员会、委员工作委员会、经济和农业农村委员会、城市建设和人口资源环境委员会、教育科技文化卫生体育委员会、社会法制和民族宗教委员会、港澳台侨和外事委员会、文史委员会8个专门委员会。

**【市政协强化政治引领】**2017年，市政协坚持把学习贯彻习近平新时代中国特色社会主义思想和党的十九大精神作为首要政治任务抓紧抓实，把政协工作置于市委坚强领导之下，市政协十一届五次常委会议做出《关于高举习近平新时代中国特色社会主义思想伟大旗帜，助推加快建设独特韵味别样精彩世界名城的决议》，明确履职方向和工作重点，重大事项及时向市委请示汇报，确保政协工作与党委中心工作同心同向、同轴运转。

市政协党组落实管党治党主体责任，把党建工作贯穿履职全过程、自身建设各方面，贯彻中央八项规定精神和省市委规定要求，推进“两学一做”学习教育常态化制度化，开展“联百乡结千村访万户”蹲点调研、“三提一争”和弘扬“红船精神”活动。支持派驻市政协机关纪检监察组履行监督执纪问责职能。各专委会坚持把协商民主贯穿履职全过程，健全落实政协履行三项职能统筹协调机制，探索“先协商后监督”和“先监督后协商”履职实践，完善履职制度，健全运行机制，制定民主监督小组、市政协委员履职、界别小组履职等工作规则，完善重点提案遴选和督办、提案办理协商、委员联络和服务管理等工作制度，深入开展履职工作，发挥委员主体作用，提升政协履职水平和实效。全年召开党组(扩大)会议13次、主席会议11次和常委会议6次，其中进行专题学习16次，分3期对全体委员开展培训，组织2批共100名常委和界别小组召集人参加全国政协培训，举办“求是讲堂”和专题讲座4期，参加人数1500人次。

(阮浩勇　王展霞)

## 市政协重要会议

**【市政协十一届一次会议】**2017年4月7—12日举行。全体政协委员围绕加快城市国际化、建设独特韵味别样精彩世界名城的战略目标，针对杭州市经济社会发展重大问题、人民群众普遍关注的实际问题和人民政协事业发展中重要问题，通过大会发言、界别小组讨论、提案和社情民意等形式，认真履行职责，反映各界心声，深入协商议政，积极建言献策。委员们听取并赞同代市长徐立毅所做的政府工作报告，赞同市中级人民法院工作报告、市人民检察院工作报告及其他报告。会议审议批准叶明同志代表政协第十届杭州市委员会常务委员会所做的工作报告，审议批准叶鉴铭同志代表政协第十届杭州市委员会常务委员会所做的提案工作情况报告。会议选举产生新一届市政协领导班子和常务委员。会议审议通过政协全体会议建议案《统筹打造钱塘江城市新核心，加快推进世界名城建设步伐》。收到大会发言材料56份，16位委员做大会发言。收到以提案形式提出的意见建议580件，编印会议简报52期。

**【市政协常务委员会会议】**2017年，政协第十届杭州市委员会常务委员会召开2次会议，政协第十一届杭州市委员会常务委员会召开4次会议，就有关问题进行协商。

市政协十届二十六次常委会议3月15日召开。会议传达学习市第十二次党代会精神，分别听取关于市政协十届五次会议建议案办理情况和十届五次会议以来提案办理情况的通报，协商通过政协第十一届杭州市委员会委员建议名单，审议通过有关人事事项。市政协主席叶明主持会议并讲话。市政协党组书记潘家玮，副主席张鸿建、何关新、董建平、赵光育、朱祖德、张必来、汪小玫、叶鉴铭出席。

市政协十届二十七次常委会议3

月24日召开。会议审议通过政协第十一届杭州市委员会第一次会议议程和日程(草案);审议通过政协第十届杭州市委员会工作报告(草案)、提案工作报告(草案);审议通过政协第十届杭州市委员会常务委员会工作报告、提案工作报告报告人名单;审议通过政协第十一届杭州市委员会第一次会议大会分组办法(草案)、分组建议名单(草案)、小组召集人名单(草案);审议通过政协第十一届杭州市委员会第一次会议大会选举办法(草案);审议通过政协第十一届杭州市委员会第一次会议提案审查委员会名单(草案);审议推荐政协第十一届杭州市委员会第一次会议候选建议案;审议通过《关于授权主席会议审议政协第十届杭州市委员会常务委员会第二十七次会议未尽事宜的决定》。会议决定,市政协十一届一次会议于4月6—12日在杭州召开。市政协主席叶明主持并讲话。市政协党组书记潘家玮,副主席张鸿建、董建平、赵光育、张必来、汪小玫、叶鉴铭出席。

市政协十一届一次常委会议 4月12日召开。会议协商通过政协第十一届杭州市委员会委员增补事项、政协第十一届杭州市委员会专门委员会人事任免事项、市政协副秘书长任免事项,审议通过政协第十一届杭州市委员会常务委员会2017年工作要点。市政协主席潘家玮主持会议并讲话。副主席翁卫军、汪小玫、叶鉴铭、陈永良、王立华、周智林、胡伟、冯仁强出席。

市政协十一届二次常委会议 8月18日召开。会议听取临安撤市设区有关情况通报,传达学习中央第二环境保护督察组督察浙江省工作动员会和省委书记车俊到杭检查环保工作时的重要讲话精神,以及杭州市落实中央环保督察要求解决环保突出问题行动大会精神。市政协主席潘家玮主持会议并讲话。副主席翁卫军、汪小玫、陈永良、周智林、胡伟、冯仁强出席。

市政协十一届三次常委会议 9月27日召开。会议围绕"加快城东智造大走廊建设,拓展实体经济发展空间"协商议政。市委副书记、市政府市长徐立毅到会听取意见并讲话。市政协主席潘家玮主持会议并讲话。市政府副市长陈新华,市政协副主席翁卫军、汪小玫、叶鉴铭、陈永良、王立华、胡伟出席。

市政协十一届四次常委会议 12月6日召开。围绕"深入挖掘东方文化内涵,持续提升对外交流传播能力,使杭州成为展示东方文化的重要窗口"协商议政建言。省委常委、市委书记赵一德到会听取意见并讲话。市政协主席潘家玮主持并讲话。市委常委、宣传部部长戚哮虎,市委常委、副市长刘德生,市政协副主席汪小玫、叶鉴铭、陈永良、王立华、周智林、胡伟、冯仁强出席。

(阮浩勇 王展霞)

## 重大事项政治协商

**【概况】** 2017年,市政协坚持把协商民主贯穿政协履职全过程,把助力助推世界名城建设作为履职主线,通过多种形式协商议政,全年组织常委会议协商2次、主席会议协商4次、专题协商6次和调研视察10多项,积极建言献策,发挥政协协商民主重要渠道和专门协商机构作用。

**【协商推进经济转型升级】** 2017年,市政协开展"加快城东智造大走廊建设,拓展实体经济发展空间"专题常委会议协商建言,组成17个课题小组,深入相关城区、开发区、企业和生产一线调查研究,召开58次调研座谈会,提出加快出台城东智造大走廊建设规划、完善大走廊建设的统筹协调机制等5个方面11条建议。围绕"强化招商引资工作、增强经济发展后劲"开展主席会议协商,就理顺招商引资体制机制、发挥大平台大企业招商作用等提出3个方面9条建议。关注打造国际会议目的地,开展专题协商,提出进一步理顺管理体制、尽快出台会展业促进条例等17条建议。组织委员开展推进城西科创大走廊建设、推动民营资本融入"一带一路"倡议等调研视察和议政建言。召开经济社会发展情况通报会,邀请市政府主要领导通报全市经济社会发展情况,更好知情明政、献计出力。

**【协商推进"拥江发展"】** 2017年,市政协十一届一次会议汇集全体委员智慧,提出《统筹打造钱塘江城市新核心、加快推进世界名城建设步伐》建议案,市政府领导牵头领办,市直30个部门参与办理,助推拥江发展战略深入实施。开展"加快实施拥江发展战略,推动杭州大都市区建设"专题协商,就进一步优化完善城市空间布局、构建大都市区综合交通体系等提出5个方面18条建议。围绕"以钱塘江两岸为重点加强城市设计,凸显杭州国际化城市特色风貌"主题,开展主席会议协商,提出加快钱塘江两岸总体设计、打造世界一流滨水空间、优化城市空间与建筑形态等5个方面16条建议。举行规划工作情况通报会,开展钱塘江古海塘保护和利用、亚运

2017年7月3日,浙江省政协工作组在杭州市监督调研"最多跑一次"改革情况。图为市政协主席潘家玮(右三)向工作组汇报情况 (市政协 供稿)

会场馆设施建设等调研视察。

**【协商推进文化建设】**2017年，市政协聚焦打造东方文化国际交流重要城市，以“深入挖掘东方文化内涵，持续提升对外交流传播能力，使杭州成为展示东方文化的重要窗口”为主题，举行专题常委会议协商建言，组织委员围绕历史文化遗产挖掘和保护、文化事业和产业发展、文化人才培养和引进等专题召开39次座谈会，形成15份调研材料，重点就彰显杭

**2017年杭州市政协重点提案**

表9

| 编号 | 提案人(单位) | 案　由 |
|---|---|---|
| 12 | 市总工会 | 关于弘扬工匠精神，提升杭州制造的建议 |
| 17 | 九三学社市委会 | 推进山南基金小镇建设和发展的若干建议 |
| 18 | 九三学社市委会 | 实施老旧住宅有机更新，提升城市国际化水平 |
| 19 | 九三学社市委会 | 深化环保产业供给侧改革，打造杭州绿色实体经济新引擎 |
| 23 | 民革市委会 | 关于统筹配置区县创新资源，加速杭州城市国际化的建议 |
| 27 | 民革市委会 | 关于健全配套政策，解决城市垃圾出路的对策建议 |
| 28 | 九三学社市委会 | 关于加快推进杭州新型建筑工业化发展的建议 |
| 34 | 民进市委会 | 关于缓解杭州儿童看病难现状的若干建议 |
| 43 | 民进市委会 | 以社会文化环境营造为抓手推进杭州市体育赛事产业发展 |
| 46 | 民进市委会 | 提升杭州城市国际化关键指标发展水平，加快推进国际名城创建 |
| 47 | 农工党市委会 | 关于加强对“以医养老”机构监管与引导的建议 |
| 50 | 农工党市委会 | 关于推进精准帮扶，增强低收入农户发展能力建议 |
| 51 | 农工党市委会 | 完善医养护一体化全科医生签约服务，加快构建分级诊疗服务体系 |
| 52 | 农工党市委会 | 关于杭州综试区再创新优势，打造全球交易中国样本的建议 |
| 57 | 致公党市委会 | 关于提升杭州重要交通枢纽窗口“国际会客厅”功能的建议 |
| 58 | 致公党市委会 | 关于杭州依托钱塘金融港湾加强对冲战略研究的建议 |
| 60 | 致公党市委会 | 关于全面剿劣补短板，倾力打造东方秀水名城的建议 |
| 74 | 致公党市委会等 | 关于加强我市“共享单车”规范发展助力绿色出行的建议 |
| 125 | 民盟市委会 | 我市医疗卫生“双下沉、双提升”工程效益评估和建议 |
| 127 | 民盟市委会 | 健全重污染天气监测、预警和应急响应体系的建设 |
| 128 | 民盟市委会 | 关于加大我市人工智能产业培育力度的建议 |
| 180 | 李正刚委员 | 关于加快“城东智造大走廊”的配套建设与发展的建议 |
| 312 | 释戒清委员 | 关于缓解南山路交通压力的意见建议 |
| 319 | 民革市委会 | 关于我市打造特色化国际枢纽型网络城市的建议 |
| 323 | 民革市委会 | 关于推行产业发展单元制度，增强我市实体经济发展竞争力的建议 |
| 332 | 民建市委会 | 关于加快发展智慧电梯的建议 |
| 336 | 民建市委会 | 关于加快明确主城区高层住宅二次供水改造政策，推进改造工作的建议 |
| 339 | 民建市委会 | 关于进一步开放利用学校场地设施开展托管服务的建议 |
| 342 | 民建市委会 | 依托金融港湾建设，助推金融产业发展 |
| 388 | 市工商联 | 关于进一步促进我市民间投资的建议 |
| 389 | 市工商联 | 关于设立“杭州城市国际日”让杭州增加国际化金名片的建议 |
| 394 | 团市委、市青联、体育组 | 关于在杭州市体育社团进驻市奥体博览城的建议 |
| 400 | 市科协 | 关于杭州特色小镇创新发展几项建议 |
| 434 | 民盟市委会 | 关于加快食品安全追溯体系建设的建议 |
| 451 | 特邀界别三组 | 关于加强公租房建设，保障大学生就业的建议 |
| 458 | 民盟市委会 | 农村居家养老服务照料中心建设的对策建议 |
| 460 | 葛继宏委员 | 关于设置发光斑马线的建议 |
| 518 | 农林界别组 | 关于提高农村因病因残困难群体帮扶和救助水平的建议 |
| 543 | 教育界别组 | 进一步推进0—3岁婴幼儿早期教养指导服务工作的建议 |
| 554 | 市妇联 | 关于杭州民宿经济发展中的主要问题及对策建议 |
| 569 | 周旭霞委员 | 关于优化我市小学、幼儿园教育资源配置的建议 |
| 571 | 寿伟义委员 | 关于进一步推进“工位注册”，促进我市众创空间发展的建议 |
| 580 | 文史委 | 关于将我市打造成为南方艺术品市场交易中心的建议 |

州东方文化特色、创新文化传播交流方式、完善文化发展战略、打造东方文化展示窗口等提出4个方面25条建议。组织委员围绕南宋临安城保护与利用、良渚遗址保护与申遗、杭州中外交流历史遗存保护和利用、古村落保护等议题开展调研视察。组织委员和专家学者对中央杭州飞机制造厂的历史遗产开展专题研究，举办飞机制造厂史料图片展，编撰出版《八级工是这样炼成的——杭州技术工人史料》等史料和文史图书17册230万字。发挥杭州中华文化促进会、文史研究会、政协艺术团和书画研究院的作用，助推杭州文化事业发展。（阮浩勇 王展霞）

## 民主监督

【概况】2017年，市政协贯彻中央和省委、市委关于加强政协民主监督的部署要求，寓监督于参与、支持、服务之中，开展专项集体民主监督5次、视察监督10多次，委派7个民主监督小组监督，发挥“钉钉子”抓落实的作用。市政协领导及机关做好重大项目、重点企业联系服务和联乡结村、结对帮扶等工作，深入实地调研督查，帮助协调解决问题。组织委员参加全市“公述民评”电视问政活动，发挥委员的监督作用。

【全面深化改革决策部署落实情况监督】2017年，市政协围绕深化“最多跑一次”改革深入开展专项集体民主监督，以界别小组为单位组成14个民主监督组，148名委员参与，深入市本级、13个区县(市)行政审批中心和乡镇(街道)村(社区)便民服务中心调研，通过座谈、访谈、跟踪办理等形式，全面了解改革推进情况，听取企业和群众的意见建议。在界别小组监督的基础上召开主席会议协商，梳理提出4个方面14条建议，助力“最多跑一次”改革深入推进。围绕贯彻全市招商引资大会、推进浙商杭商重点项目落实，在协商议政基础上，组成5个民主监督组深入企业和项目现场开展专项集体民主监督，促进相关问题解决，助推杭州招商引资体制机制改革。组织委员围绕深化农村集体产权制度改革开展协商监督，助推农村改革发展。

【生态环境整治情况监督】2017年，市政协深入开展“五水共治”民主监督，以“剿灭劣V类水”为重点，实行市、区县(市)两级政协联动，组成监督小组286个，组织委员3400多人次深入治水一线，发现问题1941个，提出意见建议1525条。开展“城中村改造及小城镇环境综合整治”专项集体民主监督，组成9个监督小组进行明察暗访，重点监督22个城中村、拟达标的22个小城镇，发现反馈问题179个、提出建议152条。组织“助推文明城市与生态文明建设”专项集体民主监督，重点开展“五查找”，监督发现“脏乱差”、污染环境、破坏生态、乱搭乱建、“不文明”行为等问题872处，迅速反馈、推动整改。

【委派民主监督小组工作】2017年8月22日，市政协召开委派民主监督小组工作会议，市委主要领导到会做部署。突出监督重点，改进委派方式，提高民主监督组织化程度。围绕推进“最多跑一次”改革、以垃圾分类为重点的“五废共治”落实情况、加强保障性住房建设与管理等7项重点工作，向市直8个部门委派民主监督小组，每个监督小组由一名市政协领导联系、一个专委会牵头和10~12名委员参与，实行一年一派。7个民主监督小组寓监督与支持服务之中，加强与委派单位的联系沟通，及时反馈工作进展，反映群众意愿，促进市委、市政府重要决策部署的贯彻落实和群众关注热点难点问题的解决。

（阮浩勇 王展霞）

## 政协履职为民

【概况】2017年，市政协坚持人民政协为人民，突出履职为民，抓住涉及人民群众切身利益的实际问题，开展视察调研和协商议政活动，为保障和改善民生建言献策，促进民生改善和社会治理。组织委员深入镇村、社区、学校、企业，开展知识讲座、慰问演出、义诊会诊等为民服务活动46次，受到基层群众欢迎。全年政协领导下访接访47次，协调解决问题，促进民生改善、社会和谐。

【政协助推民生改善】2017年，市政协十一届一次会议期间，委员们着眼保障农产品质量安全、实施老旧住宅有机更新、提升固废治理能力、加强共享单车管理等问题，通过大会发言、界别小组讨论、提案等积极建言献策。着眼深化医药卫生体制改革，紧扣医疗、医保、医药“三医”联动，开展“加快推进医养护一体化健康服务综合信息网建设，促进医养融合”专题协商，提出加快县城分级诊疗信息平台建设、完善信息服务网络等建议。着眼养老事业，开展推进社会化养老服务业发展、居家养老服务设施建设等调研视察。着眼“三农”工作，就城乡统筹、重大水利项目、珍贵树种天然林抚育、民宿产业发展等开展调研视察。着眼民生关切，就残疾人权益保障、全面两孩政策后学前教育、体育健康消费、网约车管理、电梯安全管理等开展专题调研视察。

【政协助力社会治理】2017年，市政协围绕“巩固提升G20杭州峰会成果，探索社会治理新机制”开展主席会议协商，提出5个方面13条建议，助力“法治杭州”和“平安杭州”建设。参与立法协商，组织委员围绕《杭州市客运出租车管理条例》《杭州市流动人口管理条例》《杭州市城市照明管理办法》等5项立法协商建言。举行公安、法检“两院”工作情况通报会，参与基层协商，为加强和创新社会治理献计出力。

【民生提案协商督办】2017年，市政协重视民生类提案的办理协商和督办，266件民生类提案均得到有效办理，其中加快发展智慧电梯、构建分级诊疗体系等18件重点提案，由市委、市政府领导牵头领办或市政协领导督办。发挥政协社情民意信息“直通车”作用，加强对关系民生重要问题、社会舆情动态的反映，全年向全国政协和市委、市政府报送社情民意信息152篇。通过《杭州政协》杂志、杭州政协新闻网、“政协之声”专版、“政协视点”节目等途径，关注民计民生，全年在中央和省、市新闻媒体刊发市政协工作新闻报道253篇。

（阮浩勇 王展霞）

## 联谊交流

【概况】2017年，市政协发挥统一战线组织作用，坚持大团结大联合，开展团结联谊，凝心聚力，为杭州改革发展凝聚强大力量。坚持和完善政协领导联系民主党派、工商联及其成员制度，加强与党派团体沟通交流，促进各党派和无党派人士的团结合作。坚持和完善党外副主席及民主党派、工商联领衔政协重点调研课题，组织民主党派、工商联参加政协调研、视察、考察、协商、监督活动。市各党派团体全年提交大会发言材料51篇，提出集体提案86件，反映社情民意信息116篇，分别占总数的91%、92%、76%。

贯彻党的民族政策和宗教政策，促进民族团结、宗教和睦。加强与少数民族界、宗教界委员的联系，组织民族宗教界委员参加政协活动。与桐庐县莪山乡开展“联乡结村”活动，创建“中国畲族第一乡”工作。走访视察宗教场所，听取宗教界代表人士的意见建议。走访新的社会阶层代表人士，开展浙商杭商走亲、文化走亲活动，支持政协之友联谊会、公共外交协会、茶文化研究会等社团开展活动，密切联系沟通，扩大团结联谊的范围。

【港澳台侨交流和对外交往】2017年，市政协开展庆祝香港回归20周年文化交流活动，走访在杭香港委员企业和香港浙江商会，召开香港委员座谈会，引导委员弘扬爱国爱港主旋律，为香港繁荣稳定和促进杭州城市国际化、建设世界名城献计出力。到香港、澳门开展团结联谊活动，走访杭州旅港同乡会、澳门浙商联合会和香港、澳门社会代表人士，召开港澳委员座谈会。发挥香港、澳门政协之友联谊会平台作用，举办杭港、杭澳发展论坛和“韵味杭州”香港摄影展，推动杭州与港澳的交流合作。举办港澳海外委员履职周活动，围绕提高城市国际化水平开展调研考察和协商建言。贯彻中央对台工作大政方针，走访台资企业，召开台资企业协会座谈会，听取意见建议，帮助反映和协调解决有关问题。开展公共外交，组织在杭国际友人参观团“走进杭州高新企业”暨“杭州民营企业牵手‘一带一路’沿线国家”对接洽谈活动，举办德国汉堡杭州城市形象宣传推介活动，讲好中国和杭州故事，扩大杭州城市国际影响力。

（阮浩勇　王展霞）

## 文史研究

【概况】2017年，市政协推进杭州文史学术研究，以杭州文史论坛、专题研究座谈、专项课题研究、研究成果出版等形式，开展多层次的杭州文史学术研究。以杭州文史论坛主题为重点，推出“杭州中外交流”“南宋都城临安”和“海上丝绸之路与杭州”等专项课题。推出学术研究成果，出版《民国杭州交通运输图史》《民国杭州金石书画》和《中国城市史研究论文集》，编辑《杭州佛教研究（学术辑刊2015年卷）》《钱塘江海塘保护与申遗论文集》和《丝绸之路与杭州研究论文集》。编撰《杭州文史小丛书》第三辑，共10册。加强学术交流互动和文史知识宣传普及，举办杭州文史小讲堂。加强“杭州文史”网站和微信公众号建设，阅读点击量和转载量不断增加。

【杭州文史论坛】2017年11月11—12日，市政协以“杭州与海上丝绸之路”和“杭州中外交流”为主题举办杭州文史论坛，在杭文史研究者和国内外相关领域专家学者与会。论坛提出众多新观点、新史料，丰富了杭州历史文化内涵，对助推杭州更好地融入“一带一路”倡议、促进杭州城市国际化具有历史借鉴意义。

【专题座谈研讨】2017年9月27日，市政协举办“海上丝绸之路与杭州”研究论证会，国内专业领域的权威专家学者就宋元时期杭州与海上丝绸之路的关系、杭州在海上丝绸之路中的地位以及杭州在海上丝绸之路发展过程中的特色进行座谈研讨。专家们认为，宋元时期的海外贸易，杭州的地理优势不及泉州、明州（宁波）和广州等海港城市，但其在海上丝绸之路的地位却是举足轻重、独一无二的，具有综合性、持续性的特点。

【专项课题研究】2017年，市政协结合纪念杭州“八一四”空战（笕桥空战）胜利80周年，推出中央杭州飞机制造厂史料研究课题，从文献整理、史料挖掘、口述采访、史迹对照等角度进行系统研究和梳理。关注宝石山“赤霞”摩崖石刻恢复问题，组织文史研究专家学者参与专题论证，从史实考证、遗产保护、景观规划、旅游开发等方面提出有价值、有质量的意见建议。组织文史专家参与西湖和大运河世界遗产保护，推动良渚遗址、南宋皇城遗址和钱塘江海塘保护与申遗，实施“杭州城市记忆工程”，延续历史文脉等专题调研、视察、议政活动。（阮浩勇　王展霞）

2017年9月28日，市政协办公厅、市委统战部联合举行杭州各界人士中秋茶话会（市政协 供稿）

责任编辑　袁啸马

# 中国共产党杭州市纪律检查委员会 杭州市监察委员会

Commission for Disciplinary Inspection of CPC Hangzhou Municipal Committee, Supervision Commission of Hangzhou

## 综 述

【市纪委、市监委机构】2017年4月18日，杭州市监察委员会（简称市监委）组建挂牌，与中国共产党杭州市纪律检查委员会（简称市纪委）合署办公。市纪委、市监委机关有纪检监察干部168人；派驻（出）机构46个，派驻纪检监察干部157人；区县（市）纪委、监委13个，纪检监察干部610人；区县（市）纪委、监委派驻（出）机构182个，纪检监察干部544人；乡镇（街道）纪委（纪工委）190个，纪检监察干部934人。适应监察体制改革要求，市县两级派驻机构更名为派驻纪检监察组，赋予部分监察职能。

市纪委、市监委严格落实四个提名考察办法，会同市委组织部做好区县（市）纪委副书记和派驻（出）机构组长、副组长的提名和考察。全年提名纪委副书记4人，派驻（出）机构市管组长、副组长18人。委机关2名室主任确定为副局长级，派驻（出）机构2名正处级副组长晋升为副局级纪检员。开展区县（市）纪委、派驻（出）机构和市属国有企业、高校三个层面大走访，对班子建设和工作开展情况进行全面了解和分析研判。根据双重管理的规定，做好区县（市）纪委常委、监委委员的审核考察工作，全年调整35人次，其中新任17人、免职18人。

按照市纪委常委会总体部署，对市纪委下属事业单位进行调整整合（更名）。杭州市党政机关服务态度和效能投诉受理中心更名为杭州市廉政教育中心，杭州市党风廉政电教中心更名为杭州市纪检监察网络中心，进一步明确杭州市廉政教育中心、纪检监察网络中心、纪检监察事务服务中心职责，在机构类别、经费形式、机构规格、人员编制数保持不变的情况下，聚焦主责主业，强化执纪保障。

【监督力量统筹整合】2017年，市纪委、市监委深化执纪监督、巡察监督、派驻监督三支力量统筹整合，增强监督合力。建立委机关执纪监督工作会商机制，围绕落实“两个责任”、贯彻落实中央八项规定精神、执行上级重大决策部署、推进重点改革任务落实、“不担当不作为不落实”问题整治等监督重点，每季度召开一次例会，加强沟通协调。制定关于统筹委执纪监督部门与派驻（出）机构力量的工作方案，建立任务交办、协作联动、蹲点服务三项工作机制，打造执纪监督部门与派驻（出）机构加强交流、协同作战工作模式。出台派驻（出）机构参与市委巡察工作相关规定，建立巡察机构组长、巡察干部和巡察专业人才人选库，全年抽调35名领导干部到巡察机构参与工作。

【管党治党政治责任强化】2017年，市纪委协助市委出台进一步落实全面从严治党主体责任的意见，健全责任分解、落实、报告、督查、考核、追究机制。严格执行主体责任报告制度，全市13个区县（市）和110个市直部门党委（党组）全部向市委、市纪委书

2017年1月24日，中国共产党杭州市第十一届纪律检查委员会第六次全体会议召开 （周晓东 供稿）

面提交2016年度履行主体责任情况报告。召开7场汇报会，分别听取13个区县（市）党委主要负责人和20个市直单位党委（党组）主要负责人履行主体责任情况口头汇报，现场评议反馈问题104个，均以《落实党风廉政建设责任制意见书》形式交办，要求限期整改并书面报告。各区县（市）结合实际，有序组织开展责任报告工作，实现全市190个乡镇（街道）党（工）委和725个区县（市）直部门党委（党组）书面报告全覆盖，并延伸全覆盖听取乡镇（街道）党（工）委主要负责人的口头汇报，选择听取299个部门党委（党组）主要负责人的口头汇报。加大考核问责力度，全覆盖开展“两个责任”落实情况检查考核，对党的领导弱化、党的建设缺失、从严治党责任落实不到位的，对维护党的政治纪律和政治规矩失责、贯彻中央八项规定精神不力、选人用人问题突出、腐败问题严重、不作为乱作为的，都严肃追究责任，全市有49名党员领导干部因履行主体责任和监督责任不力被追责。

**【政治监督和纪律保障】**2017年，全市各级纪检监察机关加强对政治纪律和政治规矩执行情况的监督检查，全市22名党员干部因违反政治纪律受到党纪处分。加强对党的十九大精神贯彻落实和省、市党代会精神，以及“最多跑一次”改革、城中村改造等重大决策部署贯彻落实情况的监督检查，坚决纠正有令不行、有禁不止行为。开展帮扶解困工作监督检查，市纪委对6起典型案例点名道姓通报曝光。加强对中央环保督察组交办件和反馈问题的督办监察，约谈公职人员109人，问责53人。维护党的组织纪律和换届纪律，开展换届风气专项检查，查处违反换届纪律问题39起，党纪政务处分28人，组织处理22人。加强对选人用人情况的监督，严把政治关、廉洁关和形象关。

**【监督执纪“四种形态”运用】**2017年，全市各级纪检监察机关深入实践监督执纪“四种形态”，制定各级党组织用好监督执纪第一种形态的意见，出台规范谈话函询工作办法，促进准确运用“四种形态”。全市运用“四种形态”处理7730人次，比上年增长44.1%。其中：运用第一种形态处理5306人次，占68.7%；运用第二种形态处理1648人次，占21.3%；运用第三种形态处理387人次，占5%；运用第四种形态处理389人次，占5%。

**【纪检监察干部队伍建设】**2017年，市纪委贯彻市委关于从严加强干部队伍建设打造勇立潮头铁军排头兵的决定，以更高标准、更严要求抓好纪检监察干部队伍建设。坚持把思想政治建设摆在首位，组织全市纪检监察干部学习贯彻党的十九大精神，推进“两学一做”学习教育常态化制度化，不断增强纪检监察干部的政治定力。着力加强能力建设，针对市监委成立后职能整合和换届后人员调整情况，举办纪检监察干部大讲堂，组织年轻干部夜学，有针对性地加强教育培训，提升业务能力。加强机关党建工作，完成机关党组织换届。严明政治纪律、办案纪律、保密纪律，严格执行监督执纪工作规则，强化自我监督，全年受理反映纪检监察干部问题线索95件，谈话函询44人次，党纪政务处分4人。

（徐敏红）

## 市纪委重要会议

**【市纪委十一届六次全体会议】**2017年1月24日，市纪委十一届六次全体会议召开。会议回顾总结2016年中共杭州市纪律检查工作，研究部署2017年工作任务。省委常委、市委书记赵一德出席会议并讲话，强调要深刻领会习近平总书记重要讲话精神，提高政治觉悟，保持战略定力，坚持标本兼治，坚定不移把党风廉政建设和反腐败斗争引向深入，不断推进全面从严治党向纵深发展。全会审议通过市委常委、市纪委书记陈擎苍代表市纪委常委会所做的《全面从严治党，坚守责任担当，深入推进党风廉政建设和反腐败工作》工作报告。全会指出，做好2017年工作，要全面贯彻党的十八大和十八届三中、四中、五中、六中全会精神，深入贯彻习近平总书记系列重要讲话精神，坚决维护以习近平同志为核心的党中央权威，按照中央、省市委和上级纪委全会部署，严肃党内政治生活，加强党内监督，推进国家监察体制改革试点，强化监督执纪问责，驰而不息纠正“四风”，保持惩治腐败高压态势，推动全面从严治党向纵深发展。全市各级纪检监察机关要坚持打铁还需自身硬，严格执行监督执纪工作规则，加强领导班子和干部队伍建设，以良好精神状态、优异工作成绩迎接党的十九大和省市党代会胜利召开。

**【市纪委十一届七次全体会议】**2017年2月7日，市纪委十一届七次全体会议召开。全会听取市纪委工作报告的起草情况说明，审议通过《中共杭州市纪律检查委员会向中国共产党杭州市第十二次代表大会的工作报告（审议稿）》和《中国共产党杭州市第十二次代表大会关于中共杭州市纪律检查委员会工作报告的决议（草稿）》，同意提交市第十二次党代会审议。全会强调，党的十八届六中全会围绕全面从严治党做出了战略部署，开启了全面从严治党的新征程。今后五年，全市各级纪检监察机关要深入贯彻习近平总书记系列重要讲话精神，坚决维护以习近平同志为核心的党中央权威，推动全面从严治党向纵深发展，严肃党内政治生活，加强党内监督，实践运用“四种形态”，持之以恒落实中央八项规定精神，全面加强纪律审查，深化纪检监察体制改革，着力构建不敢腐、不能腐、不想腐的体制机制，深入推进廉洁杭州建设，为加强建设独特韵味、别样精彩的世界名城提供坚强保证。

**【市纪委十二届一次全体会议】**2017年2月27日，市纪委十二届一次全体会议召开。全会选举产生新一届市纪委书记、副书记和常务委员会人员。陈擎苍、张振丰、陈建华、郐月培、张慧娟、温洪亮、吴凤莲、胡绍平、胡飞龙、沈海军、金伟11位同志当选为中国共产党杭州市纪律检查委员会常务委员会委员。陈擎苍当选为市纪委书记，张振丰、陈建华、郐月培、张慧娟当选为市纪委副书记。选举结果报市委十二届一次全会批准。

（徐敏红）

## 监察体制改革试点

【概况】2017年,市委、市纪委学深悟透中央决策部署精神,坚决扛起监察体制改革试点政治责任,制定《杭州市深化监察体制改革试点实施方案》,市、县两级建立由党委书记担任组长的改革试点工作小组,党委负主责、纪委负专责,相关部门协同配合,按照中央确定的时间表、路线图,精心组织,迅速行动,创造性推进。市、县两级监察委员会(简称监委)组建挂牌全面完成,撤销市、县两级检察机关反贪、反渎和职务犯罪预防部门,其职能整合至市、县两级监委,人员编制和领导职数划入监委,纪委、监委合署办公,机构人员职能全面融合,监察职能全面履行,改革试点进展顺利并向纵深推进,为监察体制改革在全国推开积累了杭州素材。

【监委机构组建】2017年,杭州市根据县级人民代表大会先于市级人民代表大会召开的实际,确定"先县后市"转隶组建方案。2月,在全省率先完成13个区县(市)监委组建挂牌。4月13日下午,市十三届人大一次会议第三次全体会议选举产生杭州市监察委员会主任,市委常委、市纪委书记陈擎苍全票当选。4月15日上午,市十三届人大常务委员会第一次会议审议任命市监委副主任、委员,张振丰、陈建华、邬月培、张慧娟、胡绍平、沈海军、金伟、方顺才、钟发根、俞振10人全票通过。选举任命后,市监委主任、副主任、委员均按规定进行宪法宣誓。4月18日,召开市监委转隶组建会议,省委常委、市委书记、市深化监察体制改革试点工作小组组长赵一德出席会议并讲话,市委书记赵一德、市长徐立毅共同为市监委揭牌。

改革后,中共杭州市纪委、市监委有内设机构19个,机关党委和下属事业单位3个,围绕建立执纪监督、执纪审查、案件审理既协调又制约的机制,分设执纪监督和执纪审查部门,第一到第五纪检监察室负责日常执纪监督,第六到第九纪检监察室专责执纪审查和监察调查。市、县两级共

2017年4月18日,省委常委、市委书记赵一德(左)和市委副书记、市长徐立毅(右)共同为杭州市监察委员会揭牌 (周晓东 摄)

从检察院划转编制259名,实际转隶人员239人,其中市本级43人、区县(市)196人。

【全国首例监察留置案件查办】2017年3月17日,上城区监委依法对杭州市直机关下属事业单位工作人员余某做出立案调查决定。3月18日,对其采取留置措施。该案成为全国监察体制改革以来首例监察留置案件。在省、市两级的指导下,上城区监委细化留置措施操作流程,在33日内对该案终结调查并顺利移送,标志着浙江监察体制改革试点工作进入监察业务具体实施的新阶段。

【监委运行机制建设】2017年,市监委聚焦改革后新职能新要求,抓住监委实质化运作核心问题,设计再造监督执纪审查调查工作运行规范及操作流程,科学构建监察工作运行机制。构建内部运行机制,围绕纪委监委职能衔接、机制建设、工作运行等关键环节,遵照中央纪委《监督执纪工作规则》、省纪委《监察业务运行工作规程》相关规定,在明确内设机构工作职责、厘清职能分工的基础上,秉持实事求是、科学规范、简便可操作原则,制定出台监督执纪工作运行"1+X"流程图。"1"即问题线索受理分办流程图,突出案管室问题线索管理枢纽作用,以问题线索受理、分办、反馈、传递为主线,划清不同部门之间职责边界,明确所有问题线索均由案管室集中管理、统一分办,各部门之间不能相互直接传递,防止出现规避程序、擅自处置等情况。"X"即若干个具体业务流程图。通过规程设定,使监督执纪审查调查各个环节相互联系、相互协调、相互制约,全面统一于纪检监察主责主业,打通纪检监察业务运行的"主动脉",形成衔接有序、制衡有效、监督有力、规范有序的工作机制。制作统一监察文书,设计制作监察系列法律文书、配套业务文书以及工作模板等92类,印制完成2017版杭州监察系列文书及样本并投入使用。

【监委协作机制建设】2017年,市监委根据履行职责的需要,在巩固原有协作机制的基础上,探索建立监委运转模式下新型协作配合机制。加强与市公安局、市检察院、市法院、市统计局、市物价局等相关部门的衔接,制定出台信息查询、措施使用、案件查办、提前介入、移送起诉、价格认定等方面的协作配合办法,畅通纪检、监察业务运行程序,确保"纪法""法法"衔接到位。

【监察措施应用】2017年,市监委以法治思维、法治方式全面履行监督、调查、处置职能。严把措施审批程序,加强纪检监察机关主要负责人

对初核立案、采取措施、处理处置等环节的审核把关，重要事项集体研究决定。针对不同调查措施，设置不同审批程序，细化操作实施办法，相关材料全程留痕存档备查。市本级修订完善各类规范性制度20多项，同步制订纪检监察文书管理使用备忘录，明确文书使用的权限、流程和要求，统一规范文书管理开具、备案保存、检查指导等工作。按照能试尽试原则，全要素试用12项监察措施和限制出境、技术调查等措施，使监察职责措施全面落地。全年开具各类监察文书7399份、限制出境54批213人次、采取技术调查措施3人。

**【监察留置实践】** 2017年，市监委按照“统筹规划、分步实施，试点先行、建用并举”思路，统筹推进留置场所及配套建设，会同公安机关在不到5个月时间内，开展实地调研、方案设计、项目招标、经费落实、场所改造、信息化建设、队伍组建、人员培训等系列工作，完成运溪留置点改造，原市纪委办案基地转为西溪留置点，确保留置场所如期完工投入使用。全面启动以留置代替“两规”措施，研究制定杭州市监察留置措施实施框架，加强留置实施监管督查。至年末，市、县两级监委采取留置措施31人，其中市本级12人，区县（市）19人。办结案件中移送检察机关的留置对象100%被依法起诉。未采取留置措施，直接移送检察机关审查起诉的21人。

（徐敏红）

## 执纪审查和监察调查

**【概况】** 2017年，全市各级纪检监察机关坚持无禁区、全覆盖、零容忍，坚持重遏制、强高压、长震慑，坚持受贿行贿一起查，坚定不移“打虎”“拍蝇”“猎狐”。全年接受信访举报7530件（次），处置问题线索7947件，立案2358件，党纪政务处分2323人，其中厅局级干部4人、县处级68人、乡科级117人，涉嫌犯罪被移送司法机关处理51人。通过执纪审查和依法调查，为国家、集体挽回和避免直接经济损失1.19亿元。加大追逃防逃工作力度，追回外逃人员3人，其中“百名红通人员”1人，追逃工作取得突破性进展。

**【信访举报分析综合服务体系构建】** 2017年，市纪委、市监委把信访举报综合分析作为把握地方和部门政治生态、实施精准监督的有力抓手，改进分析方法、提高分析质量，初步构建月月有互动、每季有分析、每半年有画像的“三位一体”信访分析综合服务体系。建立每季度形势分析机制，每季度定期综合分析全市信访举报形势特点，提交市纪委常委会集体研判；深化季度市管干部分析工作，及时梳理汇总本级管理干部信访举报情况，报市委主要负责人。建立每半年定向分析机制，每半年对13个区县（市）和5个市纪委执纪监督部门联系的派驻单位进行点对点画像，形成“13+5”的区域专项分析报告。内容上，既有各地各单位纵向的趋势变化，又有横向区域之间的对比排名；既直指各地各单位需要关注的重点人、重点件，又站在全市的视角综合分析形势，梳理出各地各单位的个性化特点。建立适时专题分析机制，聚焦重点领域、重点对象、重点问题，适时开展对执纪审查对象的关联分析，对招投标领域、侵害群众切身利益等问题的专题分析。

**【规范问题线索管理处置】** 2017年，市纪委、市监委紧密结合监察体制改革的新形势新要求，多措并举，推动问题线索管理处置更加规范顺畅。夯实问题线索“三全”（全口径、全纳管、全覆盖）管理基础。对问题线索进行全面起底清理、统一集中纳管，对市、县两级1511件（次）已办结、在办和转隶移交问题线索进行梳理核对、分析研判、对口移交、重新分办。创新问题线索分级会商机制。通过集体研究、分级会商和针对性评估分析，使问题线索分办处置有效适应改革要求。市本级探索运用两级会商机制研究问题线索452件（次）。严格按照标准分类处置线索，全市处置问题线索7947件，比上年上升47.2%；使用处置方式16048次，上升48.9%；通过不同处置方式了结问题线索5271件（次），占问题线索的66.3%。

**【“百名红通人员”周骥阳缉捕归案】** 2017年12月1日，在中央追逃办和省追逃办的统筹领导下，市追逃办专案组将潜逃9年的“百名红通人员”周骥阳在辽宁大连缉捕归案，成为杭州首名、全国第50名归案的“百名红通人员”。

周骥阳，男，汉族，1970年6月出生，2008年9月辞去公职，2008年12月因涉嫌合同诈骗畏罪潜逃。2009年1月，杭州市公安局对周骥阳立案侦查；2014年12月，杭州市检察院以涉嫌合同诈骗罪依法对周骥阳批准逮捕。

（徐敏红）

## 作风建设

**【概况】** 2017年，全市各级纪检监察机关紧扣中央八项规定精神和省、市委有关规定，既紧盯无视中央八项规定精神、潜入地下公款吃喝等老问题，又注意发现和纠正以形式主义、官僚主义方式对待党中央和省市委决策部署，把同党中央和省市委保持一致仅仅当作口号等突出问题，把纠正“四风”往深里抓、实里做，持续释放越往后执纪越严的强烈信号。紧盯与群众利益密切相关的重点领域、服务事项以及重大项目建设中“不担当不作为不落实”问题，加大明察暗访、专项巡察、通报曝光、责任追究力度，敢于亮剑，强化倒逼，形成震慑，推动发展。全年查处违反中央八项规定精神问题182起，处理党员干部242人，其中党纪政务处分168人。通报曝光违反中央八项规定精神典型案例31批107起，涉及125人，其中市作风办通报曝光3批30起，涉及32人。

**【隐形变异“四风”问题查处】** 2017年，市纪委开展落实中央八项规定精神“回头看”，围绕“四风”突出问题进行全面检查、梳理分析，以实事求是的态度修订完善制度措施，为持之以恒纠正“四风”提供制度保障。全市各级纪检监察机关紧盯元旦、春节、“五一”国际劳动节、中秋节、国庆节等重要节点，创新监督方式，运用科技手段，借助大数据平台，加大对隐形变异“四风”问题的整治力度。全年累计开展正风肃纪专项行动5179次,发现问题1811起,问责处理200人。

【"不担当不作为不落实"问题整治】2017年,市委出台《关于深入整治不担当不作为不落实问题,推动杭州高起点上新发展的意见》,全面部署"不担当不作为不落实"问题整治。全市各级党委政府和纪检监察机关紧紧围绕精准扶贫、"最多跑一次"改革、打好"六场硬仗"等重点工作,加大追责问责力度,共查处"不担当不作为不落实"问题423起,问责691人,其中党纪政务处分108人,市本级对13起典型案例中的27名党员干部进行点名道姓通报曝光。同时,坚持把支持创新、容错免责的理念融入监督执纪问责全过程,切实为担当者担当,让有为者敢为。

【群众身边不正之风和腐败问题查处】2017年,全市纪检监察机关紧盯村(社区、经合社)、基层站所、国有企事业单位等不正之风易发多发领域,坚决纠正和查处发生在民生资金、"三资"管理、教育医疗、生态环保、食品安全等领域的不正之风和腐败问题。贯彻中央关于精准扶贫、精准脱贫的重大决策部署,开展扶贫领域专项整治,集中筛选问题线索,查处侵吞挪用等侵害群众利益的突出问题。全年查处群众身边腐败问题105起,处理148人,其中移送司法机关32人。 (徐敏红)

## 巡察工作

【概况】2017年9月,根据省委巡视工作领导小组通知要求,原市委巡视机构改称为市委巡察机构并以巡察名义开展工作。在市委的坚强领导和巡察工作领导小组的具体部署下,市委巡察机构贯彻《中国共产党巡视工作条例》和《关于市县党委建立巡察制度的意见》,协助市委制定2017—2021年巡察工作规划和加强巡察工作的实施意见,印发《巡察工作手册》,提高巡察规范化、科学化水平,深化政治巡察。

【市本级巡察】2017年,市委巡察机构认真贯彻落实中央和省市委关于深化政治巡视巡察的决策部署,全力推进十二届市委任期内巡察全覆盖的任务。围绕党的领导弱化、党的建设缺失、全面从严治党不力,党的观念淡漠、组织涣散、纪律松弛,管党治党宽松软等突出问题开展监督检查。全年开展5轮巡察,完成对市直机关工委等34个单位的巡察,发现问题457个,向被巡察单位提出整改意见建议167条,移交问题线索29条。

【基层巡察】2017年,市委巡察机构加强对区县(市)巡察工作的领导和指导,通过督促各区县(市)制定工作规划和实施意见,建立完善巡察制度,组织区县(市)巡察办主任、巡察组组长参加省市组织的集中培训,抽调部分区县(市)巡察干部参与市级巡察,构建上下联动的监督网。深化"五巡五察"工作机制,明确各区县(市)每年至少对2个村社开展巡察,注重发现基层群众身边的腐败问题,特别是将涉农惠民政策、扶贫政策落实情况,以及是否存在滥用权力、侵害群众利益等问题作为巡察重点,促进惩治基层腐败。各区县(市)全年巡察228个单位,发现问题4731个,提出整改意见建议1416条,移交问题线索779件,推动政治巡察向基层延伸。

【巡察成果运用】2017年,市委巡察机构通过建立巡察问题清单、问题线索移交督办台账等制度,对移交问题跟踪督办,确保巡察发现问题得到有效整改。强化巡察工作助推全面深化改革的作用,形成向市委、市政府报送巡察意见建议工作机制,全年就巡察中发现的普遍性、倾向性问题以及干部群众关注的突出问题,提出意见建议13条,为市委、市政府决策提供参考。开展巡察整改情况督查,对

2017年5月14日,杭州市党员干部"廉洁好家风"主题教育活动启动仪式在杭州皋亭山孝廉文化广场举行 (周晓东 摄)

2016年巡察的22个单位开展两轮整改督查，对2017年前两轮巡察的单位开展整改督查，确保巡察反馈的问题得到落实。 （徐敏红）

## 党风廉政宣传教育

**【概况】** 2017年，市纪委宣传党的十八大以来全面从严治党取得的重大进展和显著成效，宣传杭州市党风廉政建设和反腐败斗争的新实践新成效，聚焦推进监察体制改革试点、深化落实"两个责任"、运用监督执纪"四种形态"、驰而不息纠正"四风"等工作的新进展新成效加大宣传力度，正确引导舆论，为深入推进杭州市党风廉政建设和反腐败斗争提供坚强保证。策划推出"学报告·读党章""新时代·新使命""新作为·新风采"主题报道，分层次、多角度宣传学习贯彻党的十九大精神。全年在市本级以上主流媒体发稿332篇（条），其中《中国纪检监察报》等中央级媒体发稿114篇（条）。《人民日报》、新华社、中央电视台、中国新闻网等主流媒体和新浪、网易、凤凰网等重点网站对杭州党风廉政建设给予关注和报道。

**【党章党规党纪教育】** 2017年，市纪委以《中国共产党章程》《中国共产党廉洁自律准则》《中国共产党纪律处分条例》《中国共产党党内监督条例》《中国共产党问责条例》等党内法规为重点，开展纪律教育。把党章党规党纪教育与"两学一做"学习教育相结合，纳入各级党委理论中心组、党组织"三会一课"、党校主体班学习教育培训内容。开展警示教育，选取近年来杭州市违反六项纪律典型案例，印发2万册《党员干部违纪典型案例警示录》；选取近年来被查处的领导干部忏悔录编印《党的十八大以来杭州市严重违纪违法干部忏悔录选编》，发放给全市党员领导干部；选取近年来杭州市查处的部分典型违纪违法案件，制作完成多部大型警示教育片，作为市委党校和干部学习新干线的必修课。

**【纪检监察新媒体宣传】** 2017年，市纪委适应互联网、新媒体时代新形势，依托杭州廉政网、"廉洁杭州"官方微博、微信公众号、"头条号"、"企鹅号"、浙江日报客户端专栏，打造杭州纪检监察"一站两微三端"新媒体宣传平台，巩固拓展宣传舆论阵地，增强舆论引导力。"廉洁杭州"微信公众号全年推送139期461条，图文页阅读106万余次；官方微博发布约8500条，阅读量271万余次；"浙江在线"App发布49篇，阅读量364万余次；"头条号"发布131篇，阅读量74万余次；华数电视宣教平台"廉洁杭州"专栏上传各类视频270条，栏目点击量183万余次；电视栏目《廉政经纬》制作播出节目52期，收视率在杭州同时段电视栏目排名靠前；《清风窗》杂志获2016年度全市内刊两项十佳称号。"小莲说纪"系列小视频获2017年中国网络影视年度最佳短视频奖。

**【"廉洁好家风"主题教育活动】** 2017年，市纪委与市委组织部、市委宣传部联合开展杭州市党员干部"廉洁好家风"主题教育活动，通过倡议大接力、晒家规家训、开展系列廉洁家风教育、开展廉洁好家风微作品征集、开展"我的家教家风"故事征文、评选党员干部廉洁好家庭、开展家风故事宣传、举办廉洁好家风主题晚会等"八个一"活动，组织全市50多万名党员干部参与主题教育活动。手绘《杭州家风文化地图》，推出廉洁家风教育专线，其中"皋亭孝廉"文化园入选2017年杭州最具品质体验点。

**【"廉洁杭州·你我同行"廉政文化微作品评选】** 2017年2月15日，杭州廉政网公布第三届"廉洁杭州·你我同行"廉政文化微作品评选活动结果。"廉洁杭州·你我同行"廉政文化微作品征集评选活动组委会于2016年6月印发《关于在全市开展第三届"廉洁杭州·你我同行"廉政文化微作品征集评选活动的通知》，在全市范围内组织开展以正风肃纪、反腐倡廉为主题的廉政文化微作品征集评选活动。该活动得到公职人员和市民的积极响应，一批优秀廉政文化微作品参与评选。该活动征集到各类廉政文化微作品463件。经专家评审委员会评审，评选出各类优秀作品49件，其中一等奖3件、二等奖6件、三等奖9件、优秀奖31件。经活动组委会研究决定，授予市纪委派驻市国资委纪检组等18个单位组织奖。

获一等奖的3件作品：微电影类1件是建德市纪委、建德市下涯镇政府创作的《老潘》，微广告类1件是萧山区纪委创作的《廉洁一生平安，实干造福百姓》，漫画类1件是淳安县纪委创作的《余延安小故事1—6》。获二等奖的6件作品：微电影类2件分别是杭州文广集团创作的《底线》、淳安县纪委创作的《天眼》；微广告类2件分别是杭州文广集团创作的《贪婪无度，人财尽失》和《幸福的颜色》；漫画类2件分别是临安市国资公司创作的《老病号》、杭州市建设工程质量安全监督总站创作的《作风建设永远在路上》。获三等奖的9件作品：微电影类3件分别是建德市纪委、建德市乾潭镇政府创作的《抉择》，临安市规划建设局创作的《步步惊廉》，杭州市城市建设投资集团有限公司、杭州市城投集团城市建设发展有限公司创作的《一念间》；微广告类3件分别是查玉仙创作的《廉政操作系统》、杭州市钱江新城资产经营管理投资有限公司创作的《廉政之路，笑着说不》、杭州市人民政府办公厅创作的《有德者昌》；漫画类3件分别是萧山区纪委创作的《指南针指向"廉"》，拱墅区纪委、拱墅区科技工业功能区管理委员会创作的《不一样》，杭州市城市建设投资集团有限公司、杭州市城建开发集团有限公司创作的《阳光是最好的防腐剂》。

（徐敏红）

责任编辑 袁啸马

## 民革杭州市委员会

**【概况】** 至2017年末，民革市委会下辖1个县级委员会（建德市委会）、4个区级基层委员会（上城、下城、江干、西湖）、6个总支（拱墅、萧山、余杭、杭州师范大学、市卫生局、市教育局）和51个支部。有党员1032人，其中新发展党员58人。

2017年，民革市委会推进“不忘合作初心，继续携手前进”主题教育活动和“凝心聚力建名城”主题活动，开展“同频共振”“集智建言”“携手筑梦”“同心博爱”“育才聚才”“唱响西湖”“助推剿劣”7项专项行动。在市政协十一届一次会议上，民革市委会提交大会发言5篇、集体提案10件，其中：被中共杭州市委领导领办1件、作为大会口头发言1件，获评2016年度优秀提案1件。民革市委会参与市政协专题常委会、主席协商会和中共杭州市委统战部课题调研，提交调研文章7篇。全年收到党员报送的社情民意信息463篇，整理报送244篇，被中央、省、市等各部门录用143篇（次）。

**【“不忘合作初心，继续携手前进”主题教育活动】** 2017年，民革市委会开展“不忘合作初心，继续携手前进”主题教育活动。在杭州民革微信公众号推出《我读·初心》专栏30期。举办“不忘合作初心，继续携手前进——纪念民革成立70周年”知识竞赛和征文活动，并在民革浙江省委会知识竞赛中获二等奖，1名选手作为民革浙江省委会代表队成员参加全国知识竞赛并获最佳风采奖。组织机关干部和党员到云南昭通和甘肃天水、兰州等地开展“观故居，走多党合作之路”活动。挖掘杭州民革史料，收集11位民革老领导、老党员的影像资料、口述史及相关史料。12月，召开坚持和发展中国特色社会主义学习实践活动总结会，编辑出版学习实践活动专刊。

**【后备人才队伍建设】** 2017年，民革市委会配合中共各级组织和统战部门开展后备干部民主推荐，抓好在人大、政协的政治安排及在政府部门和司法机关任实职的举荐工作。全市党员中担任各级人大代表22人、各级政协委员123人，其中担任新一届市政协委员32人。开展新一届民革中央、省委会委员人选的推荐工作，1人当选十三届中央委员，1人当选十三届省委会副主委、6人当选省委会委员、1人当选省委会监督委员会委员。制定《2017—2026年民革杭州市委会后备干部队伍建设规划》，推荐6名党员受聘为杭州市“同心智库”专家成员，选派2名党员分别到下城区长庆街道和杭州未来科技城管委会挂职。全年举办2期新一届市委委员暨基层骨干培训班和新党员培训班，参训党员115人次，推荐参加民革省委会、中共杭州市委统战部举办的培训班39人次。

**【“杭州民革党员之家”启用】** 2017年9月，由民革党员沈小强提供公司近800平方米场地、众多党员“众筹”建设而成的“杭州民革党员之家”启用。作为全国“民革党员之家”建设调研暨现场推动会的考察点，“杭州民革党员之家”与党员企业“共建、共享、共维、共管”的模式得到民革中央主席万鄂湘和参加现场会的各省、市民革组织代表的肯定。现场会之后，“杭州民革党员之家”先后接待广东、新疆、甘肃、大连、南京等省、市民革组织近20批次参观考察，开展各类大中型活动10多次，参加党员400多人次。民革市委会指导推广“民革党员之家”建设经验，建德民革、余杭民革相继建成“民革党员之家”。

**【打造特色化国际枢纽型网络城市提案被采纳】** 2017年4月，民革市委会在市政协十一届一次会议上提交集体提案《关于我市打造特色化国际枢纽型网络城市的建议》。该提案由中共浙江省委常委、杭州市委书记赵一德和中共杭州市委常委、秘书长许明领办，中共杭州市委政研室会同市发改委、市经信委、市跨境电商综试办、市商务委、市金融办、市数据资源局、市邮政局等单位负责办理。提案中提出的相关政策和举措建议，被中共杭州市委、市政府采纳，纳入重大决策部署，出台《eWTP杭州实验区建设方案》，提出杭州打造枢纽型城市的总体思路。

**【民革市委会助推城乡发展】** 2017年，按照中共杭州市委“联百乡结千村访万户”蹲点调研活动部署，民革市委会联系走访淳安县文昌镇9个行政村400多户农户，组织医疗专家送医药到边远的光昌边村，为200多人

2017年4月17日，民革市委会参与策划的“凝心聚力建名城·唱响西湖”主题音乐快闪活动在西湖音乐喷泉广场举行 （民革市委会 供稿）

次村民提供医疗服务，有关“我市偏远乡村医药保健工作亟须加强”的建议被市政府采纳。首次作为第三轮“联乡结村”结对帮扶活动第28帮扶集团成员单位，与百江镇金塘坞畲族村结对，拨付5万元用于专项帮扶，并组织医疗专家开展义诊活动，为120多个村民提供服务。助力全市剿灭劣V类水，邀请省水利厅治水办主任朱法君做专题讲座，选派两名机关干部担任剿灭劣V类水工作督导员，各级组织助力剿灭劣V类水，累计参与巡河治水督导300多人次，巡查反馈问题线索80多条。

**【民革交流团到台湾访问】**2017年6月19—25日，由市政协副主席、民革市委会主委叶鉴铭带队，民革市委会、市台办、市中华职业教育社有关人员组成的交流团一行11人到台湾访问。交流团参加第九届“西湖　日月潭”两湖论坛和第四届两岸亲子文创作品联展，拜访国民党高雄市党部副主委、义守大学副校长李樑坚，国民党高雄市第七区党部执行长萧金龙，国民党南投县党部主委洪荣章，台湾书画大师李毂摩，南投县农会总干事曾明瑞等，并与中台科技大学、景文科技大学、南投县商业总会、台北中小企业协会进行交流。

**【“凝心聚力建名城·唱响西湖”主题音乐快闪活动】**2017年4月17日，民革市委会联合民革浙江省委会、杭州电视台西湖明珠频道共同策划的“凝心聚力建名城·唱响西湖”主题音乐快闪活动在西湖音乐喷泉广场举行，杭州电视台西湖明珠频道滚动播放。活动视频在优酷网、腾讯视频、凤凰网等网站播出，最高点击量超过10万次，《团结报》《联谊报》等媒体相继报道，民革中央微信平台转载推介。 （崔永恩）

## 民盟杭州市委员会

**【概况】**至2017年末，民盟市委会下辖2个区县（市）委员会、10个基层委员会（新增综合基层委员会和直属教育基层委员会）、1个总支、92个支部。全市有盟员1874名，其中大学以上文化程度1477人、高级职称1001人。全年发展新盟员92名，其中，本科以上占93.5%，中高级职称以上占81.5%。

民盟市委会部署“不忘合作初心，继续携手前进”专题教育活动，围绕中共杭州市委中心工作开展“凝心聚力建名城”主题活动。以“推进城市国际化水平，强化改革创新，提升环境品质，保障民生改善”为主题开展课题招标，收到申报课题107个，立项43个，全部立项课题完成调研报告。全年收到盟员反映社情民意信息649篇，上报263篇，186篇被采用。

民盟市委会围绕民盟中央提出的新农村建设、“农村教育烛光行动”、监狱帮教、社区服务四位一体的社会服务工作格局，开展社会服务工作。民盟市委会坚持多年对丽水市松阳县源底村的帮扶工作，筹集资金推进源底村产业项目和道路建设。

**【杭州民盟成立70周年系列活动】**2017年是杭州民盟地方组织成立70周年，民盟市委会开展多种形式的纪念活动。2016年启动的“我与民盟”主题征文活动收到征文110多篇，2017年3月，分别在《杭州盟讯》、民盟市委会网站和微信公众号以专题、专栏的形式刊登。同月，2016年启动的“回眸·老盟员系列丛书”出版工作完成，共10册，其中2017年出版6册，记录杭州老盟员的人生经历或参政成果，反映杭州民盟组织发展历程。5月，杭州民盟成立以来第一部志书《杭州民盟志》出版，记录杭州民盟自1947年成立至2017年初的发展历程。5月5—11日，举办纪念民盟杭州地方组织成立70周年“赤情初心”书画展，展出盟员作品100多幅，并编辑出版作品集。6月15日，召开民盟杭州地方组织成立70周年纪念大会。

**【盟员教育学习平台建设】**2017年7月4日，民盟市委会“盟员传统教育基地”揭牌仪式在杭州市行知中学陶行知纪念馆举行。7月16日，全国首个“中国民主同盟学习实践基地”在民盟杭州市公羊会支部挂牌，由民盟中央副主席张平授牌，为民盟基层支部和社会组织建设提供新经验。10月15日，在民盟中央盟员之家建设经验交流会上，民盟市委会就上城盟员之家和余杭盟员之家建设进行经验交流。杭州师范大学和富阳盟员之家分别于10月、11月成立，杭州民盟各级组织建成盟员之家23个。

**【基层委员会管理体制优化】**2017年，民盟市委会将基层委员会管理之外的直属支部按教育和非教育划分成两个类别，分别成立基层委员会。9月，由科技、文化和新阶层人士组成的8个支部组建成立综合基层委员会。11月，由教育界人士组成的12个支部组建成立直属教育基层委员会。基层组织架构调整之后，组织管

2017年6月15日,民盟杭州地方组织成立70周年纪念大会召开 (民盟市委会 供稿)

理体制理顺,实现三级组织两级管理模式,强化基层委员会在组织建设中承上启下的作用。

【围绕全市中心工作参政议政】2017年,民盟市委会围绕杭州城市国际化、推进"拥江发展"、打好"六场硬仗"等中心工作参政议政。在市政协十一届一次会议上提交大会发言6篇、大会团体提案15篇。《关于加大我市人工智能产业培育力度的建议》等5篇提案被列为市政协重点提案,其中《我市医疗卫生"双下沉、两提升"工程效益评估和建议》由中共杭州市委常委、宣传部部长戚哮虎领办。向市政协"深入挖掘东方文化内涵,持续提升对外交流传播能力,使杭州成为展示东方文化的重要窗口"等专题常委会提交5篇调研报告。向民盟省委会"盟声·议政(剿灭劣V类水)论坛"提交调研报告《浙江省水环境改善提升与长效管理的建议》。《关于加大发展我市车联网产业的建议》被列为中共杭州市委统战部、市委政研室重点课题。中共杭州市委多次召开党外人士协商座谈会,民盟市委会就相关议题进行调研,建言献策,部分意见、建议被融入决策部署和推进措施。

【城中村改造和小城镇环境综合整治专项民主监督】2017年,民盟市委会开展城中村改造和小城镇环境综合整治专项民主监督。成立10个调研小组和一支由15位盟员组成的专家团队,6—11月多批次到淳安县涉及小城镇环境综合整治的11个乡镇、江干区涉及城中村改造的56个社区开展专项民主监督,近160人次参与,实地调研24次,召开座谈会25次。民盟市委会领导班子到城中村改造现场召开专题主委会,进行现场分析。调研组围绕拆迁补偿、过渡安置、教育文化、公共服务、产业规划等问题,了解政策落实情况和相关措施、做法,对存在问题和困难提出对策建议,向对口区县(市)反馈。各调研组共完成调研报告19篇,形成专项监督报告供中共杭州市委、市政府决策参考。

【联动推进"五水共治"】2017年,杭州各级民盟组织把剿灭劣V类水作为履行参政党职责的重要内容。民盟市委会机关选派两名干部担任杭州市剿灭劣V类水工作督导员,每月蹲点督导河道治理工作。江干区基层委员会通过现场护河、现场教学等形式开展治水宣传。西湖区基层委员会协助民盟省委会举办"助推全面剿灭劣V类水,浙江民盟在行动"活动启动仪式。萧山区委会组织盟员开展"纵深推进五水共治,打好劣V类水攻坚战"民主协商课题调研活动。富阳区基层委员会开展"同心河"巡查,了解核实河道治理相关情况和工作进展。

【"农村教育烛光行动"拓展】民盟市委会连续11年在淳安县安阳乡开展"农村教育烛光行动"。2017年,民盟市委会组织盟员到安阳乡支教,并组织安阳乡优秀师生参加学习培训。9月,召开"奖教奖学"表彰大会,并邀请中国杭州低碳科技馆送科普剧进校园。民盟市委会与民盟定西市委会合作,分4批次在杭州第二中学、天杭实验学校、清河实验学校、清荷幼儿园对甘肃省定西市80多名骨干教师进行培训。民盟市委会助推建德新安江中学建设,新安江中学成为民盟浙江省委全省首个"农村教育烛光行动"示范学校。

【"黄丝带"帮教工作】2017年7月,民盟市委会黄丝带"修心教育"实训基地在浙江省乔司监狱揭牌,实现"黄丝带"帮教行动长期化、常态化。民盟市委会以提高服刑人员职业技能为核心,利用杭州市民生公益服务中心等社会化资源,开设汽车维修等9个实训基地,调动各方资源推进帮教工作开展。萧山区委会在杭州市南郊监狱开展"正本清源"文艺帮扶德育教育活动。(李国栋)

## 民建杭州市委员会

【概况】至2017年末,民建市委会下辖1个县级委员会(建德市委会)、8个城区基层委员会、73个支部、6个专委会、3个横向组织。有会员2051人,其中经济界会员1800人。

2017年7月28日，民建市委会到临安市龙岗镇新溪新村举行文艺演出

（民建市委会 供稿）

2017年，民建市委会完成专委会换届，原党建理论研究委员会更名为理论研究工作委员会，原三胞联络工作委员会更名为对外联络工作委员会，原老龄工作委员会更名为乐龄工作委员会等；修订新一届各专委会工作简则，重点突出参政履职，注重调查研究和反映社情民意；调整人事结构，根据进退机制确定新一届各专委会成员，增设秘书长职位负责日常工作。

**【民建主题教育活动】**2017年，民建市委会开展"不忘合作初心，继续携手前进"和"凝心聚力建名城"主题活动。2—5月，举办主题征文活动，收到文章近120篇。3月，举办民建全市宣传思想工作会议，对主题活动进行专项安排布置。4月，联合民建省委会召开主题座谈会，邀请老领导、老会员和年轻会员围绕"新形势下民建如何不忘合作初心、实现薪火相传"议题交流。7月，开展主题送文艺下乡活动，组织艺术院部分成员到临安市龙岗镇新溪新村举行文艺演出，近1000名村民观看。9月，开展主题朗读会，37个支部参加。10月，选派会员参加民建省委会举办的主题征文比赛和演讲比赛，6名会员文章被评为优秀作品，2名会员演讲节目被评为一等奖和三等奖。

**【基层组织管理新模式】**2017年，民建市委会实行"互联网+支部工作"基层组织管理新模式，加强基层组织科学化、规范化、信息化建设。以先进支部评选标准为依据，建立基层组织网上日常工作管理系统，在全市基层组织推广使用。12月13日，民建市委会印发《关于开展2017年先进支部评比工作的通知》，通过基层组织网上日常管理系统开展2017年先进支部评选工作，47个支部参与，占全市支部总数的64%。28个支部获杭州市先进支部称号，10个支部获杭州市鼓励支部称号。

**【参政议政和理论研究】**2017年，民建市委会组织撰写、提交市"两会"发言、议案、提案和建议103件，包括大会发言6件、集体提案14件。其中：2件人大建议被正式立案，5件政协提案被确定为重点提案，2件政协提案分别由市长领办和市政协主席督办，4件政协提案被评为优秀提案。1篇调研报告被推荐为省政协全会团体提案。通过《建言直通车》专刊等途径上报30多篇调研文章，1篇调研文章被市政府录用，4个调研课题分别被民建省委会、中共杭州市委政研室立项。编发信息250期，147篇信息被中共中央办公厅、全国政协、中央统战部、民建中央以及省、市相关部门采用。民建市委会以"民主党派自身建设问题及对策研究"等为主题，组织撰写14篇理论研究成果文章，分别报送民建中央、民建省委会和中共杭州市委统战部。

**【专项民主监督】**2017年，民建市委会联系上城区开展"最多跑一次"改革落实情况专项民主监督，联系上城区和余杭区开展城中村改造和小城镇环境综合整治专项民主监督。由民建市委会主要领导任总负责人，有关副主委任组长，成立工作组，到上城区审管办、行政服务中心，望江村、近江村、玉皇村3个城中村以及余杭区10多个小城镇开展调研监督，实地调研走访40多次，召开相关座谈会13次，参与人数300人次，提交2篇专项监督报告。参加中共杭州市委征求意见座谈会、市多党合作工作联席会议、市政协专题常委会，书面提出4篇修改意见、4篇专项建议，其中2篇被推荐为口头发言材料。

**【"思源工程"社会服务】**2017年，民建市委会开展"思源·送光明"社会服务活动并取得阶段性成果。会员企业西湖朝聚眼科医院承担医疗服务工作，富阳支部承担志愿服务工作，仲和视觉发展康复中心捐赠500万元，开展白内障眼疾筛查惠及9000多人次，实施白内障救治手术145例，为贫困白内障患者减免医疗费用20多万元。7月6日，由会员企业家周颖捐资1000万元发起设立的"思源·彩虹人生公益基金"启动，以中华思源工程扶贫基金会为依托，集中全会资源和力量，打造统一支持保障平台。基金分别向浙江大学和贵州省黔西南州晴隆县三宝学校捐资300万元和20万元，用于教学研究和设施改善。会员企业千年舟新材科技集团有限公司牵头向基金捐赠100多万元，用于发起"绿色健康+扶贫公益"项目。

**【结对帮扶贵州贫困村】**2017年，民建市委会贯彻落实民建组织结对帮扶贵州部分贫困村工作。10月13—16日，组织部分会员企业家参加民建省委会组织的活动，到贵州省毕节市黔西县开展扶贫考察，对民建市委会对口帮扶对象新仁乡化屋村进行摸底调研。11月17日，经十三届十次主委会议研究，通过《民建杭州市委会帮扶贵州黔西县新仁乡化屋村脱贫攻坚工作的实施方案》，成立帮扶工作小组，明确帮扶机制、帮扶资金、帮扶项目、捐资渠道等内容。在全会范围内开展助力黔西县脱贫攻坚资金募集活动,筹得资金147万余元。

【服务会员企业】2017年,民建市委会举办会员企业家骨干培训班,组织会员企业家参加"营造企业家健康成长环境、弘扬优秀企业家精神、更好发挥企业家作用"主题学习座谈会、省企业家骨干培训班、中国风险投资论坛和中国非公有制经济发展论坛等活动。4月,召开互联网行业会员企业家座谈会,围绕相关行业发展、"凝心聚力建名城"等方面建言献策。组织会员企业参加"一带一路"经贸活动、第四届中俄博览会,考察福建省厦门市滨海新城;组织会员企业参观考察嘉兴市嘉善县嘉佑田园综合体项目,助推嘉善县域科学发展示范点建设。 (穆盈秀)

## 民进杭州市委员会

【概况】至2017年末,民进市委会下辖萧山、临安、建德3个区(市)委会,杭州师范大学、上城区、下城区、江干区、拱墅区、西湖区、滨江区、余杭区8个基层委员会,90个基层支部。有会员2074人,会员中各级人大代表42人、政协委员154人,其中全国人大代表1人、全国政协委员2人、省人大代表1人、省政协委员5人。全年发展新会员73人。

2017年是民进中央确定的机关建设主题年,民进市委会按照民进中央建设"阳光、高效、规范、和谐"民进机关的要求,明确目标任务,强化制度约束,被民进中央授予"民进全国机关工作先进集体"称号。

【杭州民进成立65周年系列主题活动】2017年,民进市委会制定《杭州民进会史》编撰五年工作计划,开展会史资料收集整理和杭州民进大事记编撰。3月,开展会庆65周年征文活动,征集汇编文章31篇。开展"以党为师,从严治会,建设新时代高素质参政党"理论研究,完成理论文章15篇,其中《杭州民进推进专门委员会向工作机构发展的经验研究》被民进中央立项。11月,在新会员培训班上举办"我身边的先进"宣讲,100多位新会员参加。12月,召开会庆65周年座谈会,老、中、青会员30多人参加。

【"以党为师,从严治会"活动】2017年,民进市委会开展"以党为师,从严治会,努力建设适应新形势要求的高素质参政党"活动,召开全市组织工作会议进行动员部署,把"以党为师,从严治会"作为全面加强自身建设的重要内容。开展民进市委会常委新春走基层活动,加强与基层组织的联系。组织领导班子成员到民进"一大"会址接受会史教育,组织民进市委会常委瞻仰马叙伦墓和赵朴初灵塔,缅怀民进创始人。在全会开展"学会章、交会费、做民进人"等主题活动。1月11日,召开杭州市第十三届委员会工作机构成立大会,将工作机构调整优化为参政议政、团结联谊、学习研究和社会服务四大类17个机构。9月,制定实施《2017—2021年组织发展规划》,强化组织发展规划,严格入会审批程序,专题研究市直属中学支部会员发展和后备干部队伍建设工作,重点吸纳高层次人才、行业专家和优秀机关干部。选送16名后备干部和骨干会员到省、市社会主义学院学习。

【工作平台建设】2017年,民进市委会整合原杭州民进书画院资源,于7月6日挂牌成立杭州民进开明画院,同时举办"凝心聚力建名城——庆祝杭州民进成立65周年"美术作品展。年末,杭州民进开明画院参与民进中央"春联万家"公益活动,到富阳区、建德市开展文化惠民服务活动。杭州民进开明艺术团先后举办"民进助力剿劣治水"、"与爱同行"共庆护士节、"喜迎十九大、共筑强军梦"庆祝建军90周年等慰问演出。企业家联谊会开展各项社会公益活动,并理顺管理模式,于11月27日召开二届一次理事大会,完成换届。

【参政议政成果】2017年,民进市委会落实"集智建言"专项行动,汇聚各类专家学者,成立"杭州民进开明智库",建立由工作机构、开明智库和各级组织等构成的"6+1+N"参政议政框架。开展课题申报,33个立项课题全部结题。向民进省委会提交调研课题成果8篇,其中1篇被列为委托立项课题。完成中共杭州市委统战部、市委政研室和民进市委会联合重点课题成果《借助杭州eWTP试点探索助推我市外贸发展与治理实践》。全年采报信息389篇,其中:18篇被民进中央录用,《农村集体资产资源交易亟待加强监督》《大客车底部行李舱载货影响运输安全问题亟待重视》《关于积极助推中医药化妆品民族品牌崛起》获民进中央参政议政优秀成果三等奖,230多篇信息被各类媒体采用,"和合谏言舆情工作室"上报舆情信息112条。《关于机关事业单位养老保险制度改革的提案》《关于在高铁时代加快发展铁路物流的提案》被全国政协评为优秀提案,并获民进中央参政议政优秀成果一等奖。

【协商作用发挥】2017年,民进市委会参加中共杭州市委召开的各民主

2017年7月6日,杭州民进开明画院挂牌仪式举行 (民进市委会 供稿)

党派、工商联主要负责人和无党派代表人士座谈会，就中共杭州市第十二次代表大会及二次、三次全会报告和拟出台的重要文件建言献策。民进市委会多次召开与政府部门的对口联系工作座谈会，协商确定工作任务和具体内容。在市“两会”上，民进市委会提交52件个人提案和18件集体提案，其中，《提升杭州城市国际化关键指标发展水平，加快推进世界名城创建》被作为大会口头发言，6件被作为大会书面发言，4件被确定为市领导领办重点提案。《关于设立中国（杭州）互联网法院的建议》得到落实，8月18日，全国首个互联网法院在杭州揭牌。《总结国际峰会经验，探索社会治理工作》《力推军民融合打造杭州城东智造大走廊新优势新亮点》《扩大“东南佛国”文化影响力，提升我市对外交流传播能力》在市政协主席会和专题常委会上被作为口头发言。

**【多领域民主监督】**2017年，根据中共杭州市委统战部《关于支持民主党派市委会开展城中村改造和小城镇环境综合整治专项民主监督工作的实施方案》，民进市委会成立工作领导小组，制订实施方案，组织骨干会员和开明智库专家对拱墅区城中村改造和临安区小城镇环境综合整治开展专项民主监督。实地监督调研23次，参与人数260多人次，通过《建言直通车》专刊等渠道上报专题信息21篇，其中《关于城中村改造进程中拆迁户、转移租户租住在成熟住宅小区带来的新问题及管理建议》《建议抓住“前亚运”时期加快城市雕塑建设》得到中共杭州市委领导批示。民进市委会会员在各级政府和司法机关担任各类监督员，履行民主监督职能。

**【“联乡结村”精准扶贫】**2017年，民进市委会参与“联乡结村”活动。在建德市航头镇初中建立“同心服务基地”，开展捐资助学、名师结对、送教送文化等系列活动；为建德市三都镇中心小学、洋尾小学捐赠多媒体等教学设备。在桐庐县瑶琳镇卫生院建立“同心医疗服务基地”，提供医疗服务指导。在丽水市松阳县潘山村持续做好少数民族低收入群众增收帮扶活动。举办“同心·彩虹行动”第三期培训班，组织27名贵州省黔西南州安龙县幼教骨干到杭州学习；组织帮扶团队到贵州省毕节市金沙县等3个县（市）举办幼教专题培训、论坛，捐赠图书7000多册。杭州师范大学基层委员会、西湖区基层委员会、杭二中支部、杭十中支部等10多个基层组织到教育资源相对薄弱学校建立“教育共建基地”。（刘志皎）

## 农工党杭州市委员会

**【概况】**至2017年末，农工党市委会下辖1个区级委员会（临安区委会）、8个基层委员会、7个总支、81个支部。全市有党员1718人，其中新发展党员91人。13个基层组织完成换届和调整工作，新成立农工党杭州大江东产业集聚区支部委员会。

2017年，农工党市委会出台市级人大代表、政协委员履职管理办法和工作委员会工作职责，修订完善40多项规章制度。开设“杭州农工党”微信公众号，全年推送180多篇信息。农工党市委会被农工党中央授予“优秀地（市）级组织”称号，被农工党省委会授予“参政议政工作先进集体”“社会服务工作先进集体”等称号。

**【“不忘合作初心，继续携手前进”专题教育】**2017年，农工党市委会开展“不忘合作初心，继续携手前进”专题教育，推出“重温光荣历史”“重走先辈道路”“继续携手前进”三个系列活动。5月4—7日，农工党市委会组织部分“五星级”支部负责人和农工党杭州市监督委员会成员到广东省惠州市瞻仰农工党创始人邓演达故居，参观叶挺将军纪念园等爱国主义教育基地。5月19日，农工党市委会举行“不忘合作初心，继续携手前进”主题培训活动，邀请专家做中共杭州市第十二次党代会精神和参政议政专题辅导讲座。全年举办各种学习活动10多次，参加党员920多人次。2名党员被农工党中央评为“坚持和发展中国特色社会主义学习实践活动优秀党员”，4名党员被农工党中央评为“坚持和发展中国特色社会主义学习实践活动先进个人”。

**【支部考核星级评定】**2017年初，农工党市委会修订支部考核标准及具体考核内容，各基层组织开展星级支部创建活动。联络员对支部工作进行实时指导，按照考核标准开展各项工作。11月，农工党市委会分成4个考核小组开展支部工作考核，完成62个支部的考核，评选出“五星级支部”8个、“四星级支部”36个、“三星级支部”17个、“二星级支部”1个，并对各星级支部进行通报表彰。

**【议政建言】**2017年，农工党市委会主要领导参加中共杭州市委组织的各类协商会9次，其中打造钱塘江核心区、加快分级诊疗等建议被中共杭州市委、市政府采纳。向市级以上人大、政协提交个人提案、建议76件。其中：3件提案被省政协评为优秀提案；1件集体提案被市政协评为优秀集体提案；4件集体提案被确定为重点提案，分别由4位市领导领办或督办。全年完成13篇调研报告，《统筹打造钱塘江城市新核心加快推进世界名城建设步伐》被列为市政协十一届一次会议建议案，得到中共浙江省委常委、杭州市委书记赵一德和市长徐立毅的批示肯定；《关于完善医养护一体化全科医生签约服务加快构建分级诊疗服务体系的建议》等5篇调研报告得到7位市领导批示肯定；《加快推进杭州市医养护一体化健康服务综合信息网建设，促进医养融合》等4篇调研报告在市政协主席专题协商会议、常委会和界别专题协商会议上被作为大会发言。《关于推动浙江省生物医药产业创新发展的建议》被农工党浙江省委会推荐为重点课题，《关于加快推进医疗国际化打造智慧医疗升级版的建议》被列为中共杭州市委统战部、市委政研室重点调研课题。

**【“五位一体”民主监督】**2017年，农工党市委会开展城中村改造和小城镇环境综合整治专项民主监督，采用体验式、协商式、会诊式、调研式、联动式“五位一体”民主监督模式，先后11次督查杭州经济技术开发区城中村改造和富阳区小城镇环境综合整治情况，实现对富阳区第一批7个乡镇综合整治监督的全覆盖。参与督查127人次,召开座谈会13次,现场反馈问题40条,提出意见、建议37条,征集到对口地区意见和建议11条,20多条建议被对口地区吸纳。7月4日,调研监督组到下城区行政服务中心开展“最多跑一次”改革专项调研督查,从服务、政策、制度、环境等方面提出意见和建议。

**【“同心实践”服务基地建立】** 2017年8月7日,农工党市委会在杭州火车东站建立“同心实践”服务基地。在基地启动仪式上,农工党市委会会同杭州云林基金会向杭州火车东站捐赠价值7万余元的自动除颤仪、固定式血压计和防暑清凉药品。农工党杭州市红会医院总支部和江干区基层委员会的党员医疗、法律专家为旅客开展医疗咨询、法律咨询、健康讲座、急救知识培训(特别是心肺复苏和自动电击除颤)等服务,直接服务800多人次。第十三届全国学生运动会及节假日期间,农工党市委会分别开展急救演练、义诊咨询及“微笑亭”“冬暖夏凉”“文明引导”“平安巡防”“温暖回家路”等活动,服务6000多人次。

**【“同心·前进专项基金”捐赠】** 2017年12月25日,农工党市委会与市红十字会在市民中心举行“农工党杭州市委会红十字同心·前进专项基金”捐赠仪式。农工党市委会和浙江和康医疗投资管理(集团)有限公司共同捐赠首笔捐款100万元。专项基金专款专用,主要用于医疗救助、资助市内外贫困地区农村教育、开展对贫困落后地区结对帮扶工作、对农工党组织内因病致困并符合救助条件的党员进行救助、应对突发重大灾害而开展的人道主义救援行动、组织公益类讲座等公益事业。

**【青年党员创新创业实践基地揭牌】** 2017年8月18日,“农工党杭州市委会青年党员创新创业实践基地”在浙江清华长三角研究院杭州分院揭牌,“新经济大讲堂”第一讲开讲。农工党市委会经济科技、青年党员工作委员会和科技、企业界党员代表50多人参加揭牌仪式并参观园区代表性企业。基地成立后,农工党市委会与浙江清华长三角研究院杭州分院定期开展交流服务活动,加强企业与园区、企业与企业、党员与企业家等各个层面交流,形成长效机制;发挥党员医学专业特长,开展医疗健康服务咨询,为园区高新科技人才服务。

2017年10月20日,中国农工民主党党员知名书画家书画展暨市委会医养结合健康管理实践基地揭牌仪式在桐庐举行　(农工党市委会 供稿)

**【“医养结合”健康管理实践基地建立】** 2017年10月20日,农工党市委会在桐庐江南养生文化村建立“医养结合”健康管理实践基地,并举行中国农工民主党党员知名书画家书画展暨市委会医养结合健康管理实践基地揭牌仪式。活动征集到书画作品123幅,展出50幅,并编印画册。活动现场,农工党党员医疗专家为群众提供义诊服务,1000多人次受益。医养结合健康管理实践基地建立后,开展健康宣教、专家讲座、义诊咨询、学术论坛等活动,探索智慧医疗与智能养老服务相融合的医养结合新模式。

**【定点社会服务】** 2017年,农工党市委会联合浙江花都美容美发培训中心开展“爱心工程进高墙”活动,在浙江省女子监狱开办3期服刑人员美容美发技能培训班。每月在市儿童福利院开展“特殊关爱伴你成长”活动,为市儿童福利院2000多人次儿童提供免费理发、心理疏导等服务。在市社会福利中心开展“爱心名医健康直通车”活动,开展健康义诊和免费理发服务。在建德世哲希望小学开展“面面俱到·心心相通”爱心助学活动。开展第二十九届中国“国际科学与和平周”大型社会服务活动,为群众提供医疗、法律等咨询和公益服务,服务群众1800多人次。在临安区天目山镇“同心实践”社会服务基地开展“同心服务促三化”主题活动,指导种植户提高水果种植水平。　(张忆慈)

## 致公党杭州市委员会

**【概况】** 至2017年末,致公党市委会下辖4个基层委员会、4个总支和4个直属支部。有党员518人,其中转入党员1人、减员10人。全年发展新党员39人。其中:留学归国人员9人,占23.1%;研究生学历13人,占33.3%;国家“千人计划”和省“千人计划”人才各1人。市、区两级换届后,有省、市、区人大代表、政协委员109人,占党员总数的21%。

2017年是致公党杭州市第六届委员会的开局之年,致公党市委会发扬自身优势和传统,各项工作稳步推进,获致公党中央社会服务工作先进集体称号和优秀成果奖、坚持和发展中国特色社会主义学习实践活动市级组织先进集体称号。

**【致公党杭州组织成立35周年“六个一”活动】** 2017年,致公党市委会结合纪念致公党杭州组织成立35周年,开展“六个一”系列活动。举办一次以多党合作为主题的“党性教育”专题报告会，开展一次年轻党员的“红色教育”活动，举行一次“年轻海归与老归侨面对面”访谈活动，制作一张“老归侨讲历史”系列专题采访活动视频光碟，编印一本《凝心聚力建名城，同心共筑中国梦——纪念中国致公党杭州组织成立35周年文集》，举办一场致公党杭州组织成立35周年纪念大会。12月8日，致公党杭州组织成立35周年纪念大会和文艺演出在杭州师范大学举行，近300名致公党员参加。会上，“明志海创联盟”成立，致公党市委会与杭州市环境科学研究院院士工作站签订战略合作协议，4位老党员获荣誉证书。

2017年12月8日，在致公党杭州组织成立35周年纪念大会上，致公党市委会“明志海创联盟”成立 （致公党市委会 供稿）

**【“凝心聚力建名城”主题活动】** 2017年，致公党市委会根据中共杭州市委统战部统一部署，开展“凝心聚力建名城”主题活动。结合实际开展7个专项行动：以思想建设为引领抓好“同频共振”专项行动、以“议政日”活动为引领抓好“集智建言”专项行动、以岗位建功为引领抓好“创新创业”专项行动、以社会服务工作为引领抓好“增收帮扶”专项行动、以传播正能量为引领抓好“正言正行”专项行动、以“侨”“海”资源为引领抓好“唱响乡音”专项行动、以组织发展和走访党员为引领抓好“育才聚才”专项行动。

**【参政议政受关注】** 2017年，致公党市委会的《以绿色手段防控保障农产品质量安全》被致公党中央选为全国政协团体提案，《推进环境污染第三方治理护美绿水青山》被致公党省委会选为团体提案。市“两会”期间，致公党市委会提交的建议、提案中，人人建议立项3件，政协集体提案立项10件、委员个人提案立项25件。其中：《关于杭州依托钱塘江金融港湾加强对冲战略研究的建议》被选为中共杭州市委常委领办的重点提案并由市委常委叶寒冰领办，《关于加强我市“共享单车”规范发展助力绿色出行的建议》《关于全面剿劣补短板，倾力打造东方秀水名城的建议》《关于提升杭州重要交通枢纽窗口“国际会客厅”功能的建议》3件提案被选为市政协领导督办的重点提案。《建议我市尽快建立生活垃圾处理生态补偿机制》提案被评为2016年度优秀提案。

《统筹与精准相结合“资”“智”“志”多措并举提升扶贫实效》和《支持民营影视企业“走出去”，促进社会主义文艺繁荣》被致公党中央评为2016年度参政议政优秀成果，《关于提高宗教工作法治化水平的几点思考》获2016年度全市统战理论政策调研优秀成果三等奖。《关于农村生活垃圾无害化处理的建议》被省委会在全国政协第66次双周协商座谈会上关于“农村垃圾无害化处理的浙江经验”的口头发言采用；《杭州市垃圾总量零增长调研报告》被致公党省委会向中共浙江省委主要领导提交的《关于实现我省城市生活垃圾总量“零增长”的建议书》采纳，“2020年实现城市生活垃圾总量‘零增长’的建议”被写入中共浙江省第十四次代表大会报告，也作为工作目标列入《浙江省城镇生活垃圾分类实施方案》。

**【“1+2+4”团队助推专项民主监督】** 2017年6月起，致公党市委会在滨江、萧山两区开展城中村改造和小城镇环境综合整治专项民主监督。成立领导小组，构建由致公党市委会机关、滨江和萧山2个基层组织、4个专委会组成的“1+2+4”助推团队。实地察看滨江3个街道和萧山6个街道（乡镇）涉及25个村（社区）的34个拆迁、整治和改造项目（现场），机关干部和基层党员90多人次参与，开展10次专项民主监督，召开12次座谈会，梳理问题30多个。致公党界别委员参与市政协对口专委会到淳安县开展的小城镇环境综合整治工作视察调研，两名机关干部担任市直单位“剿灭劣V类水”督导员，组织党员参加全市公述民评电视问政活动，通过视察、监督、面对面问政等形式提出意见和建议。

**【“明志·悦读”品牌获奖】** 2017年6月1日，致公党市委会联合西湖基层委员会在浙江工业大学附属实验学校举行庆祝“六一”国际儿童节暨“明志·悦读”活动。11月，市政协副主席、致公党市委会主委胡伟带队到重庆市酉阳县和四川省泸州市开展结对帮扶，党员王鹄、许利祥为设立在酉阳县桃花源街道中心小学和泸州市合江县风鸣中学的“杭州致公图书角”捐赠价值40万元的图书1.18万册。“明志·悦读”被致公党中央评为优秀社会服务品牌。

**【“致公明志讲堂”新品牌形成】** 2017年，致公党市委会打造“致公明志讲堂”社会服务新品牌。致公党市委会联合西湖基层委员会和江干总支先后在骆家庄农村文化礼堂、和家园求是书屋以及华侨基金所在的华侨西子中心设立3个“致公明志讲堂”，服务社区居民、侨企、侨界人士，举办插花、茶艺、转基因安全等方面培训讲座。11月26日,拱墅总支在拱墅上塘街道善贤社区设立“致公明志·同心讲堂”。　　(袁靖雯)

## 九三学社杭州市委员会

**【概况】** 至2017年末,九三学社市委会下辖10个基层委员会、75个支社。有社员1811人。新发展社员83人,平均年龄37岁,其中,56人具有高中级职称,33人具有研究生以上学历,2人为省“千人计划”人才,3人为市政协委员。

九三学社市委会以建设“思想上坚定、履职上坚实、组织上坚强”的参政党先进地方组织为目标,履行民主党派职能,被九三学社中央授予“坚持和发展中国特色社会主义学习实践活动全国先进集体”称号。

**【九三学社自身建设】** 2017年,九三学社市委会选拔优秀社员和骨干力量充实到各工作委员会及“四会两团一院”(企业促进会、科技专家联谊会、信息产业发展研究会、宣传信息研究会、法律服务顾问团、“九三科技讲堂”专家团、九三学社杭州书画院)。150名社员担任新一届市、区两级人大代表、政协委员,27名社员被推荐为九三学社省委会各工作委员会成员,9名社员受聘为杭州市统战系统“同心智库”专家组成员。强化基层组织建设,指导帮助1个基层委员会和17个支社改选换届,对4个支社进行届中调整,新成立3个支社。

九三学社市委会出版社刊《杭州九三》4期,在省市报刊网站刊登各类宣传报道近300篇;开通“杭州九三”微信公众号,发布文章248篇,阅读量13万余人次。

**【参政议政课题招投标机制创新】** 2017年,九三学社市委会发挥领导班子对重点课题的牵头作用。根据中共杭州市委、市政府重点工作安排,就未来科技产业发展、杭州城市国际化水平提升等方面设计重点课题14个,均由九三学社市委会领导牵头负责。对课题招投标活动全过程策划,优化课题预审、评审和论证机制。重视对立项课题的审核把关,全年收到申报课题63个,立项48个,涉及产业布局结构调整、城市基础设施建设、农产品安全保障、职业教育发展等内容。在市“两会”期间,九三学社市委会提交大会发言材料6篇、团体提案7件;社内政协委员提交个人提案43件,人大代表提交议案和建议23件。团体提案《关于加强我市地下综合管廊建设和管理的建议》被评为市政协优秀提案,相关建议被吸纳并体现在《地下空间开发建设“十三五”发展规划》等政策文件中。团体提案《推进山南基金小镇建设和发展的若干建议》由中共杭州市委常委、常务副市长戴建平领办,《关于加快推进杭州新型建筑工业化发展的建议》由副市长缪承潮领办。《实施老旧住宅有机更新,提升城市国际化水平》等4件团体提案被列为市政协重点提案。3名社员被九三学社中央授予2013—2017年参政议政工作先进个人称号。

2017年7月27日,九三学社市委会调研组到江干区调研国际化社区建设工作　　(九三学社市委会 供稿)

**【社员参与信息工作】** 2017年,九三学社市委会发动社员参与信息工作,召开信息工作会议,聘任新一届信息员,举办信息骨干培训班,开展专题“议政日”活动,下发《信息工作通讯》《信息征集目录》,运用微信新媒介获取信息,提高信息工作水平。全年报送信息282篇,录用108篇(次),其中,《建议废止〈保健食品管理办法〉》等10篇被中共中央办公厅、中共中央统战部、九三学社中央录用,《关于同步推进异地退养门诊医疗费用直接结算的建议》等67篇被中共浙江省委、省政协、省委统战部和九三学社省委会录用,《关于加强我市中小学校园塑胶跑道建设管理的建议》等61篇被中共杭州市委、市政府、市政协、市委统战部录用。《建议借鉴上海经验加强我市国际人才引进服务工作》等4篇信息获中共杭州市委书记赵一德等领导批示。

**【民主监督重点领域】** 2017年,九三学社市委会根据中共杭州市委统一部署,对西湖区、桐庐县开展城中村改造和小城镇环境综合整治专项民主监督,成立多个专家监督组,借力基层组织发动社员300多人次参与监督。在“最多跑一次”改革民主监督工作中,发动社员开展“参与式”“体验式”监督,相关建议被九三学社省委会采纳,调研报告获中共浙江省委书记车俊、省长袁家军批示肯定。在剿灭劣V类水民主监督工作中,组织代表委员到滨江区、萧山区(白马湖周边)和西湖区开展治水监督,委派2名机关干部作为剿劣督导员到大江东驻点开展工作,并组织社员专家参与,将“科技服务”融入民主监督,为基层剿劣提供技术支持。

**【社会服务发挥优势】** 2017年,九三学社市委会以社内人才资源为依托,以服务科学发展、促进民生改善为着力点，推进城乡统筹，打造特色品牌。结合中共杭州市委部署的“联百乡结千村访万户”蹲点调研活动、“联乡结村”帮扶工作，成立“九三学社专家咨询服务团”，对建德市杨村桥镇开展全方位服务，缓解西红花根腐病；动员社员捐款12万余元帮助龙源村迁建老年食堂，举办“留守儿童暑期夏令营”，多方协调帮助弱势群体解决实际困难。九三学社市委会被评为2017年度杭州市“联百乡结千村访万户”活动优秀单位。九三学社市委会参与“九桐合作”（九三学社浙江省委会与桐庐县政府签订“九桐合作”协议），组织专家到桐庐县莪山乡、横山乡等地开展中医养生、心理保健、低碳节能等主题讲座和义诊活动。

**【“九三科技讲堂”品牌深化】** 2017年，九三学社市委会充实“九三科技讲堂”题库，重点涵盖科技、文化、健康等领域，发挥11个讲堂基地的作用，举办各类讲座30多场次，听众近2000人次。探索与政府职能部门联合履职模式，6月23日，在《中华人民共和国民法总则》实施后，与市普法办、市司法局签订合作协议，联合开展“民法总则宣讲进基层”系列活动。“九三学社普法讲师团”到萧山、富阳、建德等地和市人力社保局等市属单位举办普法讲座25场。根据九三学社省委会安排，委派律师社员到嘉兴市嘉善县、浙江省乔司监狱等处开展“阳光法制讲堂”授课4场。

（付蔚东）

## 杭州市工商业联合会

**【概况】** 2017年，市工商联围绕市委、市政府中心工作和“两个健康”（非公有制经济健康发展和非公有制经济人士健康成长）主题，开展“凝心聚力建名城”和“勇当‘四个强省’排头兵，再创民营经济新优势”主题活动，完成各项任务，被评为2017年度浙江省工商联综合先进单位。至年末，市工商联有会员2.80万个，其中企业会员2.45万个、团体会员394个、个人会员3076个；有市直属商会53个，其中行业商（协）会21个、在杭异地商会24个、异地杭州商会6个、综合性社会组织2个，30个市直属商会被评为AAA级以上社会组织。

**【领导班子和代表人士队伍建设】** 2017年，市工商联举办2期高端“思享汇”活动，打造企业家与党委、政府领导之间分享思想、理念，研判行业和经济发展趋势的交流平台。落实培训方案，分批对新一届工商联执委、常委开展教育培训。开展企业家关爱活动，组织优秀社会主义建设者29人次参加体检和疗休养。开展45人次的全国工商联、浙江省工商联换届代表推荐和执委以上人事考察，257人次的省、市人大代表和政协委员的推荐和考察工作。推荐产生新一届市人大代表1名、政协委员20名，省工商联十一届常委候选人18名、执委候选人40名、代表51名。12月22日，市工商联印发《杭州市工商联主席办公会议议事规则》，规范议事工作程序。

**【工商联基层基础建设】** 2017年，市工商联制定并实施《杭州市工商联系统绩效评价办法》和《杭州市工商联“四好”商会建设评估表（试行）》，推进“五好”县级工商联和“四好”基层商会建设，鼓励和支持区县（市）工商联创建“五好”县级工商联。全年投入资金163.74万元，实施重要合作项目20个，支持基层工商联和直属商会工作的开展。13个区县（市）工商联均被认定为全国“五好”县级工商联。提升商会秘书长能力素质，举办基层秘书长培训班2期。开展社会组织清理整顿和规范化管理，限期整改完善，加强商会的规范化管理。对接商（协）会与行政机关脱钩的改革部署，召开商（协）会改革背景下工作研讨会和意见征询会，开展职能宣传和政策解读，鼓励与政府脱钩的行业协会、商会自愿加入工商联组织。

**【参政议政能力提升】** 2017年4月，市政协十一届一次会议召开期间，工商联界别提交提案27件，其中集体提案4件、委员个人提案23件。《关于进一步促进我市民间投资的建议》和《倡议设立“杭州城市国际日”，让杭州增加国际化金名片》被列为重点提案，《关于进一步促进我市民间投资的建议》由市委常委、组织部部长张仲灿领办，设立“杭州国际日”倡议被《杭州市城市国际化促进条例》吸纳。《关于降低民企成本，增强杭州竞争优势的建议》被评为市政协2016年度优秀提案。探索发挥政协委员作用的有效途径，在全市设立4个工商联界别企业家政协委员工作站，拓宽社情民意收集渠道，了解民营经济发展遇到的困难和问题。8月2日，市工商联参政议政委员会成立，为维护会员的合法权益，促进企业、行业与区域经济发展建言献策。

**【调查研究成果】** 2017年4月17日，市工商联印发《2017年杭州市工商联会领导牵头调研方案》，每位市工商联领导至少牵头开展一项课题调研。《杭州市民营企业非税负担情况调研报告》被收入市各民主党派、工商联、知识分子联谊会重点调研课题成果汇编。完成全国上规模民营企业调研工作，44个企业进入“2017中国民营企业500强”，入围企业数量连续15年居全国城市第一位，并梳理分析2001年以来杭州市入围企业的发展情况，形成调研报告上报市委、市政府。落实市委领导要求，对滨江“众创基金”有关情况开展调研，与市委统战部共同倡议成立“同心众创基金”，做好基金募集工作。

**【新型政商关系构建】** 2017年，市工商联与市委统战部联合起草《关于构建新型政商关系的实施意见》，并以市委办公厅和市政府办公厅名义印发。建立杭州市民营经济发展联席会议制度，履行联席会议办公室职能。12月19日，邀请10位具有行业代表性的杭商参加全市首期民营经济发展联席会议暨政企对话会，与市领导和政府部门负责人探讨如何推动全市民营经济实现新的发展。与市考评办联合开展“民企评议党政部门”活动，300个非公有制企业作为新增的企业层面代表，参与综合考评社会评价。在市工商联网站建立“杭州市政商沟通云平台”，汇集与民营经济发展相关政策，为民营企业提供政策咨询“一站式”服务。《促进构建亲清新型政商关系的杭州实践，推动我市民营

2017年10月12日，杭州市民营企业运动会开幕　（市工商联 供稿）

经济继续走在全国前列》获市委书记赵一德、市委常委佟桂莉批示。

【非公有制经济人士教育引导】2017年，市工商联与北京大学联合举办“品质杭商”研修班2期，培训杭商105名。举办“杭商大讲堂”活动4期，1300多名企业家听讲。通过完善设置、更新内容，提升“杭州市民营企业家学习新干线”实效；巩固“集中学习进名校”“相互学习大讲堂”“随时学习新干线”三大非公有制经济人士素质提升平台建设。市工商联在非公有制经济人士中持续开展以“坚定信心，守法诚信”为主要内容的理想信念教育实践活动。10月，举办“杭商·中国梦——凝心聚力建名城，振奋精神迎亚运”杭州市民营企业运动会。

【企业家精神弘扬】2017年，市工商联与《每日商报》合作开办的《最美创业人物》栏目刊出杭商访谈50篇。发挥先进典型的示范引领作用，推荐的6名杭商和6个杭商品牌案例分别被评为第五届“品质杭商”和第二届“杭商品牌案例”。《杭州商会》杂志和网站进行栏目更新，《杭州商会》出刊6期，宣传63个杭商（企业）。市工商联发动民营企业参与“联乡结村”帮扶行动，77个会员企业组成新一轮帮扶集团。5月13日，杭州市总商会应急救援示范点授牌仪式在公羊队队部举行。8月24日，由市工商联社会公益委员会发起的“育禾行动——关爱单亲家庭儿童”公益项目启动。会员企业还参与“三改一拆”“五水共治”等专项行动。

【新生代企业家培育】2017年，市工商联持续开展新生代企业家培育工作。分别与市委组织部、市委统战部联合举办非公有制企业新生代出资人示范培训班、新生代企业家研讨班；搭建交流平台，帮助并支持新生代企业家贯彻新发展理念，推动企业创新发展转型升级；鼓励和发动新生代企业家参与社会公益。5月27日，组织新生代企业家参加在北京召开的全国年轻一代民营企业家理想信念报告会。10月23日，承办以“奇点来临：智能化浪潮与新实体经济”为主题的2017年新生代企业家论坛，近400人参加，论坛获杭州西湖国际博览会“最佳品牌奖”。

【智慧服务平台搭建】2017年，市工商联推进工商联工作“智慧+”，加强和改进“杭商之家”App建设。至年末，“杭商之家”App接入注册商会259个、注册会员2.38万人、注册并使用的会员1.36万人。通过App软件平台，各级工商联发布信息1324条，产生有效信息推送1320.2万次。工商联系统各项活动通过App参与报名、签到比例58%。App专家库汇集29名金融、法律等领域专业人才，24小时为会员提供在线咨询服务。依据大数据平台的实时数据收集、整理、分析，针对会员的不同需求，提供相应法律培训2期、招商引资活动28场，提高服务精准性。

【法律服务全覆盖】2017年，市工商联与市中级人民法院签订诉调对接协议，邀请103名律师加入杭州市工商联调解员团队，通过非诉方式高效率、低成本解决涉企纠纷。与市人民检察院签订加强合作服务协议，依法保护非公有制企业产权和合法权益。发挥杭州商会仲裁院作用，引导民营企业通过仲裁解决纠纷，已建立28个商会仲裁联络站。杭州市法律服务志愿总队杭州市总商会工作站通过线上线下联动，开展“法律体检”“法律服务进企业”等活动。举办法律培训班2期，180名企业负责人参加。“做实民营企业法律服务体系”被评为2017年全省工商联系统亮点工作；“构建多元纠纷化解机制，实现民企法律服务全覆盖”被《中华工商联时报》评为2017年度“创新中国”工商联工作。　（吴　炜）

责任编辑　郦　晶

## 杭州市总工会

【概况】至2017年末，市总工会下辖13个区县（市）总工会、1个杭州经济技术开发区总工会、1个大江东产业集聚区总工会、10个产业工会和8个直属企事业单位。全市有工会会员440.18万名、基层工会2.58万个，涵盖单位11.82万个。

2017年，市总工会贯彻落实中央和省委、市委党的群团工作会议精神，推进工会改革。制定出台《杭州市总工会改革实施方案》，调整优化机关内设机构，优化产业工会设置，配备挂职、兼职副主席，建立健全以职工满意度为导向的第三方绩效考核评价机制以及服务职工项目清单制度、市总工会工作清单制度。重点工程项目部、货运企业（平台）、基金小镇等新业态新领域新群体工会建立有新突破。坚持需求导向，强化精准化普惠化服务，全年约4万人次职工享受在职职工医疗互助补助5399万余元，8300名一线职工参加免费疗休养，为重点项目、重点工程、重点领域及特殊岗位的2.01万名外来务工人员开展免费健康体检，帮助1588名优秀外来务工人员上大学，建立为户外劳动者提供便民服务的“爱心驿家”109个。

【杭州市工会第十五次代表大会】2017年12月14—15日，杭州市工会第十五次代表大会在市职工文化中心召开，全市各行各业的499名工会代表参加。大会提出今后五年“以一流状态打造一流工会”的奋斗目标和工作任务，审议通过杭州市总工会第十四届委员会工作报告、财务工作报告和经费审查委员会工作报告，选举产生第十五届委员会和经费审查委员会。经杭州市总工会第十五届委员会第一次全体会议选举，郑荣胜当选市总工会主席，吴仁财、翁正营、龚勤芳、张明、张坚申、应满红、杨洪富、朱佳龙、孔胜东、封飞行当选副主席。经杭州市总工会第十五届经费审查委员会第一次全体会议选举，傅敏琴当选市总工会经费审查委员会主任。

【职工素质提升工程】2017年，市总工会围绕杭州市转型升级和产业发展方向，举办市级一类职业技能竞赛10项，带动全市各级工会开展技能竞赛510项，5559名职工通过技能竞赛实现技能晋升。开展免费职业技能培训，各级工会免费培训职工3.23万人次。继续实施高技能人才奖励政策，将奖励范围扩大到全部通用工种，向8631名职工发放高技能人才奖励金480多万元。以地铁2号线二期工程等10个项目为示范，在全市重点工程、重点建设、重大投资和新经济业态开展“三重一新”立功竞赛活动，477个单位4万余人参与。

【首届“杭州工匠”认定】2017年4月25日，市总工会举行“‘中国梦·劳动美’杭州工匠为你喝彩”首届“杭州工匠”认定发布会，对30名首届“杭州工匠”和20名首届“杭州工匠”提名奖进行通报认定。对认定的“杭州工匠”，市总工会给予一次性奖励2万元，并对符合条件的授予杭州市五一劳动奖章，优先安排参加一线职工免费疗休养。市总工会编辑出版《首届“杭州工匠”风采录》，并在杭州电视台设立《杭州工匠》栏目，全年播出39期。

【劳动关系和谐指数居全省第一位】2017年8月31日，浙江省构建和谐劳动关系工作领导小组发布2016年度全省各市劳动关系和谐指数，杭州市以87.94分连续第7年居全省第一位。2017年，全市新签和续签工资专项集体合同2.2万份，涵盖职工320万余人；认定第六批“杭州市创建和谐劳动关系先进企业”150个；1087个规模以上和谐劳动关系达标企业申报企业社会责任建设评估，809个达到C级以上标准；“以企业社会责任评估为载体的和谐劳动关系发展模式”获第四届浙江省公共管理创新案例奖。

【“春风行动”募捐金额创新高】2017年，“春风行动”市本级募集爱心款5538万元，募捐金额再创历史新高。开展助困、助医、助学、反哺等12项专项救助行动，向5.01万户（次）困难家庭发放各类救助金9932万余元。其中：向1.40万户市区低保、残保等持证困难家庭发放春节一次性慰问款4170.55万元，向1.74万户持证困难家庭和建档困难职工发放送清凉慰问款1216.74万元，向3543户各类困难家庭子女发放助学金1092.6万元，向4364户各类困难家庭发放大病救助金1856.47万元。对向“春风行动”捐款的617人实施反哺救助，发放救

杭州市职工文化中心　　　　（市总工会 供稿）

助款576.03万元。

【"智慧工会"上线运行】2017年7月,"智慧工会"上线运行。"智慧工会"以一张工会会员卡(含实体卡和虚拟卡)、一个智慧工会工作平台、一个"杭工e家"App、一个网上服务大厅、一个"杭州工会"微信公众号和一套工会大数据系统"六个一"为主要内容,基本构建集网上入会、网上服务、网上维权、网上办公、数据采集、信息发布、交流互动、智能运用等功能为一体的网上"职工之家"。至年末,"智慧工会"实名录入工会组织2.27万个,涵盖单位3.38万个,采集实名制会员167万余人;"杭工e家"App注册用户24万余人,服务职工200万余人次。

【杭州市职工文化中心建成】2017年9月25日,杭州市职工文化中心完成竣工初验,11月27日维权楼启用。市职工文化中心位于江干区东宁路501号,于2013年9月6日开工,项目用地面积3.3万平方米,总建筑面积14.4万平方米,是集职工教育培训、文化娱乐、才艺展示、体育健身、创业培育、维权服务、活动会议等功能于一体的城市综合体。　(倪德中)

## 共青团杭州市委员会

【概况】至2017年末,杭州市有14~35周岁户籍青年189万人,其中团员37.7万人、专职团干部736人;基层团委1034个,基层团工委211个,基层团总支569个,基层团支部1.7万个。杭州市各级团组织学习贯彻中央、省委、市委关于共青团工作和青年工作重要部署,落实省第十四次党代会、市第十二次党代会和全市群团改革工作推进会精神,各项工作稳步推进。

【共青团改革】2017年,团市委推进共青团改革,配合做好中央领导在杭州调研群团改革工作。7月14日,印发《杭州市共青团改革统筹推进总体方案》,成立改革推进工作领导小组,建立定期研究汇报例会和工作月报制度,形成"1+6+X"的杭州市共青团改革推进方案,调整优化团市委领导班子结构、机关机构设置。建立青年人才数据库,排摸汇总全市各界优秀青年400多名。指导区县(市)出台共青团改革实施方案,所有区县(市)团委均配备挂职、兼职副书记。指导桐庐、淳安、建德等地按照改革要求完成青年联合会换届。确定29个少先队改革试点单位,确定杭州市中策职业学校为中学共青团改革试点学校,明确市教育局团工委负责人兼任团市委学校部(权益部)副部长。

每月梳理县级团委领导班子配备情况,推进乡镇(街道)团委书记培养人选推荐和跟踪培养工作,全市团干部配备率89.2%。推进村(社区)团组织换届,实现村(社区)党组织书记兼任共青团工作指导员全覆盖,近50%的村(社区)团组织书记进入村(社区)两委班子。全年举办新上任团干部、少先队辅导员、青年干部等培训班30个,培训团干部近2000人次。

【共青团基层基础建设】2017年,团市委通过独立建团、联合建团等方式,强化共青团基层组织覆盖,全年覆盖非公有制企业770个。6月,启动新兴青年群体"筑梦计划",排摸新兴青年768人,建立"筑梦家园"和创作孵化基地30个,开展服务活动92场。同月,制定街道社区团建"三张清单"(任务清单、问题清单、责任清单)并在全省推广实施。9月,启动"双百双提升"工作,建立市县乡三级联动机制和常态联系机制,指导镇街共青团组织整改提升。

团市委坚持党建带团建,结合"联百乡结千村访万户"蹲点调研活动,深化"团干部如何健康成长"大讨论、"大脚掌走基层"主题实践活动,落实"1+100"团干部直接联系青年制度,全市586名团干部联系青年3.7万名。通过"机关调研月"活动、"团干部主题夜访"等载体了解青年需求、解决青年困难。

【"青春助跑,服务改革"活动】2017年,团市委开展"青春助跑,服务改革"活动,全市近800个青年文明号集体、近1.4万名团员青年参加各项活动。3月4日,承办全省"河小二"助力剿灭劣V类水集中行动启动仪式。开展"跟着河长去巡河"、治水圆桌会、"五水共治"进社区、"五水共治,青春同行"等活动,通过设计"河小二"卡通宣传形象、讲好"河小二"故事、征集"河小二巡河记"微视频等方式,助力剿灭劣V类水。成立"河小二"突击队1599支,开展护水治水巡河活动1.4万余次,参与青少年20万余人次。常态化开展"为垃圾找个家"、垃圾分类绿色嘉年华、牛奶纸盒回收等活动,开展垃圾分类减量教育培训50多场,回收牛奶纸盒30.60吨。为新疆阿克苏地区阿克苏市、青海海西州德令哈市、贵州黔东南州、湖北恩施州等对口援建地区捐赠"希望书屋"建设资金15.2万元、图书电脑等物品价值20万余元,落实助学金42万余元。6月5—6日,举办亚太地区学生企业家精神协会(ASES)2017年杭州峰会,聘请国际青年人才交流大使,对接芬兰创新创业组织和全球杰出青年社区,加强与海外创业者联系,接轨国际创业服务模式。

【青年志愿服务】2017年,团市委完成第三届金砖国家通信部长会议、第十三届中国国际动漫节等大型赛会活动志愿服务50多场,组织志愿者6

万人次，服务时数超过30万小时。完善“志愿汇”平台建设，注册志愿者超过200万名，注册志愿服务组织超过2.3万个。推进杭州青荷公益基金会筹备工作，团结联系各类青年公益组织268个，覆盖社会组织人才56.3万人。6月13日，团市委参与承办的中国青年志愿者赛会志愿服务交流研讨会在杭州举行，中国青年志愿者赛会服务研究培训基地秘书处和杭州西子志愿服务发展中心挂牌成立。至年末，杭州西子志愿服务发展中心承办省内外各类志愿服务培训280多场，培训志愿者3.4万人次。11月9—11日，团市委参与承办的第四届全国品质公益峰会在杭州举行，杭州的“公益热”成为参会嘉宾热议话题。

**【青少年思想教育】** 2017年，团市委承办浙江省纪念建团95周年主题团日活动，举办习近平总书记“7·26”重要讲话精神学习会、“喜迎十九大，我向习爷爷说句心里话”主题队日、“新时代·新青年”活动、“红领巾相约中国梦”活动、“不忘初心跟党走”农村创业青年红色研学等系列主题活动，帮助各类青少年群体学习会议精神。全年开展主题教育活动380多场，参与青少年超过56万人次。选树“十大杰出青年”“十佳来杭创业创新青年”“十佳农村青年致富带头人”“最美青工”等一批优秀典型。

**【青少年合法权益维护】** 2017年，团市委深化青少年“禁毒防艾”、预防暴力、平安自护等教育宣传活动，开展“12355”助考活动23场。开展“一把手与青年面对面”活动693场，形成调研报告172篇，为青年解决实际问题1083个。6月，配合市人大常委会开展预防和制止校园暴力法律法规执法检查。9月，开展2017年杭州市“青少年维权岗”争创活动，评选产生省级“青少年维权岗”8个、市级“青少年维权岗”19个。11月29日，杭州市未成年人保护和预防青少年违法犯罪工作会议召开，会上命名2017年度杭州市级“青少年维权岗”并举行授牌仪式。同日，市委办公厅、市政府办公厅印发《关于进一步深化预防青少年违法犯罪工作的实施意见》。

**【青少年需求服务】** 2017年，团市委开展青工素质提升工程，为226名职业青年提供免费职业技能培训，256名青年共获43.52万元学费免除优惠。培育青年岗位能手工作室41个，举办青工技能比武活动162场。开展“亲子1+1”、百场公益夏令营、平安希望小学支教、流动少年宫等活动，组织公益夏令营460多场，结对外来务工人员子女学校189所，结对外来务工人员子女8.2万余人。深化“青年之声”“青年之家”平台建设，重点做好“亲青筹”“亲青恋”推广宣传工作，命名“青年之家”全国级示范性平台1个、省级示范性平台6个、市级示范性平台29个；开展“亲青筹”救助活动23场，筹集金额超过57万元；开展“亲青恋”相亲交友活动96场，促成牵手情侣126对；举办第十九届中国西湖情北京现代玫瑰婚典活动。

2017年4月26日至5月1日，青年志愿者服务第十三届中国国际动漫节
（团市委 供稿）

**【校外教育阵地拓展】** 2017年，团市委推进杭州青年运动史陈列馆（暂名）建设，成立筹建工作协调小组，征集青运史料3734件，修改完善陈展大纲，推进加固方案设计。全市各类校外教育阵地活动有参与青少年467.6万人次，杭州青少年活动中心招生27.1万人次，杭州（国际）青少年洞桥营地对外开放。深化社区青少年俱乐部（社区少先队组织）建设，评选产生杭州市第三批俱乐部示范点25个，新建社区青少年俱乐部75个，开展活动5300多次，参与青少年近12万人次。

**【杭州（国际）青少年洞桥营地开放】** 2017年1月，杭州（国际）青少年洞桥营地一期工程建成开放。6月30日，举行落成仪式，营地与富阳区洞桥镇政府签订发展战略合作协议，授予查口村、贤德村首批42户农户为“营地+农户”农事体验点；市文明办、市教育局、市公安消防局、中国少年先锋队杭州工作委员会等部门授予营地青少年素质教育基地、少先队“雏鹰争章”校外争章基地、第二课堂活动基地和青少年消防素质教育基地称号。营地位于富阳区洞桥镇，占地73.33公顷，建筑面积1.6万平方米，日接待能力1000人。营地是以“五自”（自学、自理、自护、自强、自律）教育和体验教育理念为指导而设计建设的专门青少年综合实践基地，注册“5S”营地活动商标。营内建有青年营、少年营、飞碟型训练馆和志愿者营等建筑，以及海难逃生、车辆坠水逃生等70多项活动设施，研发100多项实践活动。至年末，营地接待7.4万人次，并被教育部授予首批“全国中小学生研学实践教育基地”称号。

**【青年创业创新】** 2017年，团市委围绕“创新驱动发展”开展各类创业创新活动，承办第三届“创青春”中国青年互联网创业大赛等活动。5月8日，联合杭州国际城市学研究中心启动“西湖金奖进青年”活动，围绕七大城市病治理，征集“金点子”6723个。9月16—19日，团市委推荐的杭州“朕就酱”项目在第四届“创青春”中国青年创新创业大赛决赛中获“现代农业和农村电商组”铜牌。开展第二十一届青工“五小”(小发明、小革新、小改造、小设计和小建议)科技创新创效、青年安全示范岗争创等活动,征集青工“五小”创新项目135个,举办“青年科技大讲堂”50场、创建青年安全示范岗144个。创新“住创1215”运作模式,引入第三方运营机构,以PPP(政府和社会资本合作)模式为创业青年提供服务,打造“居住+创业”新型示范区,吸引近2000名青年报名,入住创业青年128人。深化文创企业家孵化工程,开展农村青年电商创业培训、民宿创业培训,成立青年人才举荐委员会,吸纳50名优秀青年进入青年人才数据库,培训青年创业者690人次。杭州大学生创业企业融资“风险池”基金全年授信540万元。

**【第三届“创青春”中国青年互联网创业大赛决赛在杭州举行】**2017年8月28—30日,由团市委等单位执行承办的第三届“创青春”中国青年互联网创业大赛决赛在梦想小镇举行。8月30日晚,大赛总决赛暨颁奖典礼在未来科技城国际会议中心举行,直播同时在线观看人数117万人次。7个金奖项目晋级总决赛,“盲人视觉辅助眼镜”项目获总冠军。大赛于6月启动报名,通过社会报名和组织推荐收到7183个项目报名,涵盖人工智能、移动互联网、互联网设备、电子商务、搜索引擎、网络服务等多个领域。决赛期间,围绕大赛“互联青春·创梦未来”主题,开展创新创业人才训练营、平行论坛、项目开放日、参观阿里巴巴集团、颁奖典礼等活动。大赛获奖项目有机会得到创业融资、政策支持、导师结对、宣传推广、国际交流等支持。（黄思韵）

## 杭州市妇女联合会

**【概况】**至2017年末,杭州市妇联有2个直属事业单位,下辖13个区县(市)妇联、4个直属妇工委。全市有乡镇(街道)、村(社区)妇女组织3259个,市本级妇联团体会员及民主党派(工商联)妇委会(联谊会)18个。

市妇联落实“联百乡结千村访万户”蹲点调研和“一下移两下沉”专项工作,机关干部全年下基层合计830天,人均39.5天。发挥党派妇委会和市政协妇联界别组的参政议政作用;坚持执委履职述职制度,发挥执委在行业界别的优势,联系并服务妇女群众。10个服务妇女儿童家庭项目提供亲子教育、法律援助、技能培训、礼仪学习、“两癌”筛查、文体下乡等服务,辐射人群超过36万人次。面向全社会征集2018年度服务项目,最终立项12个。从妇女生殖健康、心理健康和健康保健三个方面开展杭州妇女健康状况的现状与趋势研究,编撰出版《杭州妇女发展报告(2017)——女性与健康》。加强与国际国内妇女组织的交流联系,接待国内外妇联组织和妇女团体34批次。

**【基层妇联改革】**2017年,市妇联按照市委群团改革要求,推进基层组织改革。全市2040个村经过“村妇代会改村妇联”(简称“会改联”)后,新增执委2.39万人,新建功能型妇女小组1.03万个。江干区凯旋街道、余杭区梦想小镇为省委群团改革试点,上城区小营街道为省妇联区域化妇女组织建设改革试点,下城区长庆街道、西湖区西溪街道、滨江区浦沿街道、萧山经济技术开发区、富阳区新登镇、桐庐县分水镇为市妇联区域化妇女组织建设改革试点。全市190个乡镇(街道)妇联换届扩面后,扩增执委2900多人,50%以上为体制外执委;新建团体会员518个;在全市5.53万个新组织中已建妇女组织2.70万个。

余杭区的“圆桌畅聊会”和江干区的“姐妹聊吧”成为基层组织常态化工作机制。推进妇女参与基层民主管理,指导村(社区)组织换届,推动妇女参与基层民主管理的五项指标全面实现。全市村“两委”换届后,产生女村民代表3.81万人,占村民代表会议组成人员的36.3%;村委会女委员专职专选产生女委员2240人,占村委会委员总数的35.7%,比上届多63人;产生村党组织女委员1508人,占委员总数的19.7%,比上届多267人;产生女村书记150名,比上届多53名,女村主任82名,比上届多29名,其中书记、主任“一肩挑”的女当家5名;在村“两委”女性正职中有43名为原村妇代会主任。100%的村妇联主席在村“两委”任职。

**【妇女儿童发展规划发布】**2017年3月1日,市政府新闻办召开例行新闻发布会,发布《杭州市妇女发展“十三五”规划》和《杭州市儿童发展“十三五”规划》,宣传男女平等基本国策和儿童优先理念,公布事关妇女儿童健康发展的18个实事项目。市妇联制定杭州市妇女儿童发展“十三五”规划责任分解书和杭州市妇女儿童发展“十三五”规划统计监测指标体系,向社会公布全市妇女和儿童事业发展状况,提高全社会普遍关心妇女儿童健康发展的思想共识。

**【对外宣传渠道拓展】**2017年,市妇联拓展对外宣传渠道,借助新闻媒体宣传先进女性典型。探索网络新媒体妇女工作,建立“西子女性”微信公众号矩阵影响力排序工作机制,推动开设“村(社区)日播、乡镇(街)周播、区县(市)月播”专栏。完成“西子女性”微信平台版本升级,形成《她发现》《她创客》《她互动》三大栏目,增加微网页、音频答疑等,专注与网民互动的体验式传播。全年网站访问量22万人次,微博、微信总阅读量近470万人次,微信关注人数10万人。在全国地市妇联系统微信公众号排名中居前十位,构建起集宣传网、工作网、服务网“三网一体”的“互联网+妇联”工作新格局。举办杭州市纪念“三八”国际妇女节暨“巾帼心向党·西子风采荟”大会、杭州市“巾帼心向党·勇立潮头行”优秀女性事迹宣讲、“巾帼心向党·建功新时代”十九大精神宣传巡讲、“网聚正能量,争做巾帼好网民”主题活动。

**【文明家庭建设】**2017年5月14日,市妇联举行“廉洁好家风”主题教育活动启动仪式暨家庭志愿者“家庭公益一小时”活动,发出“树优秀家风、创最美家庭”倡议,打造好家风家训建设品牌,营造“家风正,则政风清、党风端”的社会氛围。全年选树全国“最美家庭”3户、省级“最美家庭”30户、市级“最美家庭”40户、市级“廉洁好家庭”35户和市级好邻居10位。

**【家庭教育指导】**2017年,市妇联继续完善“凡人家教”家长网校在线平台建设，为498所学校35万名家长提供70多万字学习材料和1200多个学习视频，在线回答问题1350个。开展“家庭教育价值观”暨家规家训征集活动，提炼、展示杭州家庭教育核心价值观和优秀家规家训。开展家庭教育“十三五”课题研究申报工作，申报国家级课题2个、省级课题9个、市级课题66个。举办家教指导讲座和智慧家庭教育大讲堂1081场，受益家长11.5万人次，建立亲子阅读指导点53个。11月，与中国科学院心理研究所合作成立全国首个家庭心理健康体验中心，面向全市家庭提供心理体验—评估—指导全链式家庭心理健康服务，至年末，服务家庭1000多户。

**【妇联助力“美丽杭州”建设】** 2017年，市妇联推进让生活垃圾分类成为家庭自觉行动的进程，开展生活垃圾分类宣传教育活动1980次，城区参与家庭123.31万户，农村将生活垃圾分类作为“美丽庭院”创建考核指标之一。建立妇联系统参与剿灭劣Ⅴ类水宣传工作“六大行动”进度报送制度，发出治水倡议144.46万份，征集剿灭劣Ⅴ类水“金点子”2145个，开展宣传活动1861次，挖掘“治水巾帼”典型1043个。动员6.25万户巾帼（家庭）志愿者参与河道环境整治、巡河活动和劝导行为1.12万次。妇联干部和家庭志愿者联手参与巡河检查、护河督导、植绿护绿、宣传劝导等各项治水行动。11月16日，市妇联召开全市“美丽庭院”创建工作现场推进会，回顾十年创建历程，着力打造立足生态、特色明显、产业融合的全域化“美丽庭院”创建模式，促进城乡生态、环境生态的大转型。

**【巾帼文明岗助力“最多跑一次”活动】** 2017年，市妇联加强对各级巾帼文明岗的指导督导，加大窗口服务行业的创岗力度。开展巾帼文明岗助力“最多跑一次”活动，提升创建质量，打造品牌岗位。新认定市级巾帼文明岗198个、市级巾帼建功标兵82名；获评全国巾帼文明岗12个、全国巾帼建功先进集体2个、全国巾帼建功标兵9人。

**【妇女儿童实事工程】** 2017年6月30日，市妇联与市卫生计生委等共同印发《关于进一步做好杭州市城乡妇女免费“两癌”检查项目工作的通知》，联合市妇产科医院为7个区县（市）近1000名流动留守妇女提供免费筛查服务。全年帮助151名患病妇女申请一次性“春风行动”医疗援助各3000元；帮助21人申报全国“两癌”援助资金各1万元。牵头开展“同在蓝天下·我们共成长”留守儿童关爱活动和党委政府“六一”慰问活动。推动各地加快“儿童之家”标准化建设，命名市级“示范儿童之家”12个。借助“美丽基金”新援助女大学新生50名、慰问贫困妇女和离任老妇代会主任973人。持续开展第五轮姐妹帮扶行动，发放慰问品和帮扶资金122.2万元。

**【妇女维权】** 2017年，市妇联开展全市公共场所母婴设施设立情况调研，为市卫生计生委等部门制定《杭州市关于加强母婴设施建设的实施意见》提出评估建议，并将其转化为2018年杭州市政府民生十大实事项目。联合市人力社保局、市总工会制定《关于促进女性平等就业权利保障工作的意见》，建立女性就业歧视违规约谈机制。推动公安部门出台《贯彻实施〈中华人民共和国反家庭暴力法〉的意见》，全年开展调处家暴投诉5834起，跟踪服务个案50起，帮助当事人申请开具家暴告诫书956份、人身安全保护令10份，为61名家暴受害者提供庇护救助。与市中级人民法院共同推进家事纠纷多元化解工作，实现来信来访联结、矛盾纠纷联排、维权服务联动的“三联三动”。市本级接处来信来电来访620件，开展人民调解9件，提供法律援助1件。与杭州电视台合作拍摄《被“毒”害的家庭》等10部婚姻家庭普法微剧，在2017年杭州市“阿普杯”普法创意大赛中获优秀组织奖。邀请法律、心理专家针对社会热点尤其是妇女侵权案件开设《以案说法》《以案说理》栏目，运用圆桌会、情景剧等形式宣传法律法规。深化“助力法治杭州·巾帼在行动”普法下基层活动，与杭州电视台《和事佬》栏目合作，以“普法直通车”形式对重点区域开展针对性普法。

**【城乡妇女创业就业扶持】** 至2017年末，市妇联建立“伊创荟”分基地7个、“伊创园”1个，与国内外30个平台建立合作关系；线上支持孵化妇女创业项目131个，成功培育项目9个。3月，举办第二届杭州市“伊创节”，成交金额约226万元。3—5月，联合市农办、市旅委开展寻找十佳“杭州民宿最美女主人”活动，打造“妇字号”精品民宿。9月20日，在首届中国妇女创业创新大赛总决赛上，市妇联选送的“机器人识别定位系统”和“拓道金服”两个项目分别获环保创新组最佳奖和商业价值组单项奖。10月26日，举办“她时代·女性创业创新”第

2017年10月26日，“她时代·女性创业创新”第五届杭州都市圈妇女联合会联席会议暨杭州市首届女性创业创新大赛在梦想小镇举行　（市妇联 供稿）

五届杭州都市圈妇女联合会联席会议暨杭州市首届女性创业创新大赛，4个优胜项目获入驻梦想小镇“金钥匙”。发挥市来料加工推广中心(义乌)和市来料加工经纪人协会作用，组织经纪人参与中国义乌国际小商品博览会等展洽活动，为规模小、资金困难的来料加工站(点)和创业女性提供1330万元小额贷款贴息服务。帮助4115名来料加工经纪人带动低收入农户就业1.51万人，人均增收7699元。举办女大学生专场招聘会，提供4100个就业岗位，吸引3200多名女生参加就业应聘，关注边缘女性就业，联手民营企业为高墙内特殊女性群体开设美容美发技能培训，并帮助获得就业资格证书。关怀流动妇女就业，举办养老护理员初级培训，并指导考取初级证书。

**【市妇女活动中心打造“妇女之家”】** 2017年，市妇女活动中心塑造“西子”系列品牌，打造杭州女性课堂。西子女性大讲堂开设围绕国际化城市影响力建设，精选课程31期，服务2961人次。西子艺术社团在原有旗袍、合唱、摄影等课程基础上增设戏剧、舞台表演等社团，开设24个班，授课339次，学员8311人次。西子女声合唱团在2017年科伦坡第四届亚太国际合唱比赛中获金奖冠军。西子女性学堂开设油画、素描、烘焙、妆容等女性培训与文化沙龙，授课336次，4878人次参加。市妇女活动中心面向杭州女性、机关企事业单位及团体、社区居民等免费开放健身场馆548场次，接待6248人次。突出婚恋专业指导优势与品牌效应，举办“寻爱520，浪漫西子情”大型交友活动，组织“新杭州人浪漫之都觅爱专场”，“一缘一会”婚恋相亲网络平台会员达903名。（朱　未）

## 杭州市青年联合会

**【概况】** 杭州市青年联合会(简称市青联)创建于1953年，是杭州市委领导下以共青团杭州市委为核心力量的各青年团体的联合组织，是杭州市各族各界青年最广泛的爱国统一战线组织。市青联实行会员团体制，由所辖区县(市)、杭州经济技术开发区青联和滨江、西湖风景名胜区团(工)委以及共青团杭州市委、杭州市学生联合会、杭州市志愿者协会、杭州市青年研究会、杭州市青年企业家协会、杭州市农村青年致富带头人协会、杭州大学生创业联盟、杭州市校外教育协会等23个青年社团组成。2017年，在市委的领导和省青联的指导下，市青联学习贯彻党的十九大精神和习近平新时代中国特色社会主义思想，发挥以共青团为核心的青年团体作用，提升组织凝聚力和社会影响力。

**【青联组织改革】** 2017年，市青联围绕组织改革有关要求，做好严明委员标准、优化委员结构、加强思想政治引领等方面工作。市级层面，召开市青联十一届四次、五次主席办公会议和五次、六次常委(扩大)会议，强化青联组织改革和换届工作辅导，改选主席，增选3名副主席、8名常委和48名一线劳动者委员，卸职替补席位制常委、委员，调整秘书长、副秘书长。完成省青联第十一届委员会57名委员候选人推荐提名工作。区县(市)层面，召开全市青联组织改革和换届工作培训会，部署改革具体任务，指导桐庐县、淳安县、建德市、杭州经济技术开发区青联完成换届，督促其他区县(市)青联按照省青联要求于市青联换届前完成改革有关任务。

**【青联助力脱贫攻坚】** 2017年，市青联结对贵州黔东南州雷山县大塘镇也耶村和湖北恩施州恩施市崔家坝镇南里渡村，市、区两级青联委员为贫困学生捐款20多万元。组团到新疆阿克苏地区阿克苏市、青海海西州德令哈市、贵州黔东南州、湖北恩施州开展扶贫考察，通过生产扶贫、教育扶贫、人才扶贫等方式，为少数民族地区捐赠“希望书屋”建设资金15.2万元和价值20多万元的图书、电脑、体育用品等，结对建档立卡贫困学生40名，落实助学金22.25万元。

**【青年友好交流】** 2017年，市青联参加浙江青年友好代表团访问日本活动，组织杭州青年友好代表团到德国、意大利、日本访问。接待日本福井青年代表团、拉丁美洲青年干部代表团、越南青年代表团、韩国丽水青年会议所、北京国际青年夏令营等国内外来访5批次。8月，与日本福井青年会议所签订友好交流协议，拓展与海外青年组织交流协作。组织杭州青年友好代表团访问香港、澳门，接待澳门工商界考察团，加强与香港青年联会、香港菁英会、杭州香港青年会、澳门青年联合会、澳门工商联会、澳门青年企业家协会等青年组织和青年的交流沟通。

**【“十大杰出青年”评选】** 2017年3月，市青联联合市委宣传部、杭报集团、杭州文广集团启动第十三届“最美杭州人——十大杰出青年”和第十三届“最美杭州人——杭州市青年英才”评选。通过各级推报、评委初评、社会公示、网络投票、现场评选等环节，评选产生“十大杰出青年”和“杭

2017年5月23—24日，市青联接待越南青年代表团　（市青联 供稿）

州市青年英才”各10名，并于5月4日发文表彰。活动通过《杭州日报》、杭州电视台、“杭州发布”等官方媒体进行宣传展示，举办“青春同分享、你我共成长”杰出青年校园宣讲活动，并与“今日头条”App策划出品访谈栏目《头条一刻》。

【新兴青年群体“筑梦计划”】2017年，杭州市在市青联、市青年企业家协会、市农村青年致富带头人协会、杭州大学生创业联盟、杭州青年公益社会组织服务中心等组织和各乡镇（街道）、村（社区）中开展人员排摸，汇总新兴青年768人，建立人才信息数据库。依托小镇园区和企业团体建立“筑梦家园”和创作孵化基地30个。邀请青联委员、相关领域专家、学者组建梦想导师团34个，开展各类服务活动92场。12月，开展“新时代·新青年”主题活动，联合杭州文广集团挖掘一线青年典型，拍摄2期短视频反映青年成长经历，并通过网络平台、电视媒体等渠道宣传，树立青年榜样，网络观看超过100万人次。

（王　亮）

## 杭州市科学技术协会

【概况】市科协成立于1958年12月，后中断活动，1978年4月起恢复活动。至2017年末，13个区县（市）和杭州经济技术开发区、西湖风景名胜区都建立科协组织。全市有市级学会88个、市级企业科协28个、高等院校科协4个、科研院所科协3个。市科协机关下设办公室、宣传联络部（法律服务部）、科普部、学会部（国际交流部、企业工作办公室）4个内设机构，下辖杭州市反邪教协会办公室、杭州市科技咨询中心、杭州市科技工作者服务中心和中国杭州低碳科技馆4个直属单位。

2017年，市科协落实中央群团改革决策部署和科协全委会确定的目标任务，推进杭州市科协系统改革。发挥科协界别市政协委员的作用，提交委员建言献策19个，集体提案《杭州特色小镇创新发展研究及建议》被列入市政协十一届一次大会发言，《智能制造重点产业及智能制造技术和装备创新平台建设可行性分析及建议》被列入市政协专题常委会发言，《“最多跑一次”改革调研报告》被列入主席专题会发言。

【基层科协组织建设】2017年，市科协基层科协组织建设实现阶段性目标，形成覆盖理、工、农、医和综合学科领域的多层次的科技群团网络。全市县级科协独立建制的占73%。建有乡镇（街道）科协194个，覆盖率100%；有区县（市）级学会335个、区县（市）企业科协179个、区县（市）农村专业技术协会252个。全市1057个行政社区、2044个行政村均落实兼职科普员，建有科普活动中心（站）3128个，覆盖率95%；科普画廊2709座，覆盖率82.5%；村（社区）科普协会1757个。萧山区信息安全产业园区、余杭区梦想小镇成立科协，大江东产业集聚区成立反邪教协会。市科协实施《创新驱动助力工程三年行动计划（2015—2017年）》，全年新建市级学会协同创新服务基地13个、学会科技服务站23个，成立专家团队30多个，参与的市级学会30多个、科技园区10多个、企业等基层单位50多个，与园区和企业合作的高科技项目50多项，开展科技服务550多次。制定完善《学会组织通则》，推动学会信息化建设，29个学会建有微信公众号。调查业务主管的68个学会，指导8个市级学会完成换届工作。

【科技工作者服务平台建设】2017年，市科协多渠道举荐人才。实施青年科技人才培育工程，资助40周岁以下青年科技人才出国（境）学术交流11人、出版科技专著3人。开展杭州市高层次人才网上审核认定。推荐参评中国青年科技奖、浙江省第五批特级专家、杭州市会议大使和市政府参事等8人；推荐考察市政协科协界别委员23名。《青年时报》开辟专栏宣传30名优秀科技工作者事迹。

【院士专家工作站建设】2017年，市科协新建10个院士工作站、5个专家工作站，柔性引进两院院士10人、B类专家5人，入驻工作站团队专家58人。修订完善《杭州市院士专家工作站管理办法》和《杭州市院士专家工作站绩效考核办法》，经考核摘牌4个院士工作站。至年末，全市建有院士工作站113个、专家工作站12个，柔性引进两院院士106人、B类以上人才15人，入驻工作站团队专家700多人。新推荐5个工作站被认定为省级院士工作站，2个工作站获评全国示范院士工作站。4月，市科协支持举办“2017智能制造及测试技术高端论坛暨院士专家余杭行”活动，5位院士、50多位智能制造业专家参会，会上成立中国创造学会智能制造与服务分会、航天华东先进技术创新中心（杭州）。6月，会同市委人才办举办杭州市院士专家工作站建设推进会。还对接中国科学院段树民、葛昌纯、贺克斌等院士与企业建站签约。

【海外引智引才】2017年9月，市科协举办第十二届海外英才杭州项目对接会，美国、英国、德国等地50多个项目到杭州洽谈推介，2个项目落户杭州，项目对接会获杭州西湖国际博览会产业发展大奖。同月，在建德市新设1个海智基地工作站，全市累计建站8个，形成“一基地、多站点”工作格局，并加强工作站管理。11月，杭州市获中国科协批复设立杭州国家海外人才离岸创新创业基地，以城西科创大走廊为落脚点，探索创新创业的离岸服务体系，搭建离岸与落地良性互动的创新创业平台。同月，市科协组团到北美开展海智推介与科技人才交流，设立“杭州海外人才离岸创新创业基地硅谷联络站”。

【学术交流】2017年，市科协及所属学会举办各类学术交流活动610多次，其中国际性、全国性学术活动110多项，参与人数8.1万人次。10月，市科协承办第三届中国国际复合材料科技大会暨杭州市科协年会，设置创新成果技术展览会、2场主报告、56个学术交流议题，9位两院院士、150多名海外嘉宾、2300多名代表参会参展。中国复合材料学会与萧山区政府签订创新驱动助力战略合作协议，在万向集团建立学会科技服务站。全年通过学会等渠道开展重点调研课题10个。提交《开展编制杭州市环境容量资产负债表研究》《地下排水管道智能监测系统在城市推广应用》等6个科技工作者建议，其中2个科

2017年5月26日,“青科汇——杭州青年科技创新社区”启动

(市科协 供稿)

技工作者建议获市委主要领导批示。

【科普能力建设】2017年1月22日,市科协印发《杭州市社会科普责任评估办法(试行)》,鼓励各类社会主体开展科普活动。补助实施科普项目59项,资助出版《影响世界的杭州科学家·近代篇》等科普图书。命名萧山九清茶叶科普示范基地等14个基地为2017—2019年度杭州市农村科普示范基地;组建杭州市涉农科普讲师团,举办农民科学素质讲堂30多场;组建博士服务团到农村开展科技服务;57人获评省级科技示范户,33人获省级农民高级技术职称。杭州市参加科技类比赛的获奖层次和数量创新高,获全国一等奖4项、其他奖12项。市科协参与举办第十届中小学生科技节、第三届市大学生科技创新大赛、第三十二届杭州市青少年科技创新大赛等活动。

全市建成“科普e站”272个,包括全媒体阅览屏150个。“科普中国”有注册信息员1105人。市科协会同相关单位继续办好《科学松果会》《科学新七天》《科普一分钟》《科学与人》等栏目,提高科普信息化水平,“好奇实验室”网站点击率新增8000万次,有微信关注人数76万人。3—7月,开展第二届科普微视频创作大赛,征集科普丛书创作,印制“科普中国”宣传品进行推广。与同方知网合建“科普网络书屋”,使用量11.6万次,下载3.3万次。中国杭州低碳科技馆承办各类活动315场,接待受众100万人次。科普剧《新卖炭翁》在2017年国际科普剧表演大赛获国际公开组冠军。

【科普宣传周】2017年9月15日,市科协承办的2017年全国科普日暨杭州市第三十一届科普宣传周启动仪式在中国杭州低碳科技馆举行。全市开展科普活动500多场,组织科普讲师团开展科普讲座416场,受益听众2.7万人次。微信公众号“科普一分钟”开展“我为科技工作者点赞”活动,10万人次参与。科普宣传周开展流动科普馆进基层、“科普益民”社区行、创新讲堂、VR科普、科普电影展播、寻找科技的味道等基层科普活动,围绕人工智能、环境保护、海绵城市、生物制药、新材料、食品安全、应急避险、大健康等问题解疑,推出“科普讲师团进农村”“博士后农村行”和农村电子商务培训等涉农讲座和培训活动,推进一批科普资源落地应用,开展“科普文化进万家”和“科普中国·百城千校万村行动”活动。推进基层单位建设完善“科普中国社区e站”“科普中国乡村e站”“科普中国校园e站”等平台。

【联系服务科技工作者】2017年5月26日,市科协在杭州未来科技城梦想小镇协办首个“全国科技工作者日”浙江站主场活动,现场启动“青科汇——杭州青年科技创新社区”。“青科汇”全年开展活动50多场,“创新大讲堂”进入常态化运行,“马云和他的少年阿里”等专业沙龙和“科创王牌”等活动为青年科技工作者提供创新交流、创业互助的平台,开展女科技工作者俱乐部等“建家交友”活动。10月14日,杭州首期“未来创始人”创业实战特训营开班。12月16日,“2017硅谷农业科技年会亚洲行杭州站”在杭州市科技工作者服务中心举行。

(王菊红)

## 杭州市归国华侨联合会

【概况】至2017年末,杭州侨胞海外有15.09万人、居杭有14.21万人,有侨企7224个。杭州侨胞主要分布在127个国家(地区),以北美洲居多,占54.1%;其次为欧洲,占21.5%。杭州市有各类涉侨组织601个,其中各级侨联基层组织484个、区县(市)侨联13个。杭州市侨联内设3个部室,有1个直属事业单位、4个团体协会、106个海外联络处。

市侨联围绕“暖心行动”开展走访慰问、困难帮扶等志愿服务活动,了解侨情,看望重点侨领,帮助困难侨胞。开展2次全市归侨侨眷联谊茶聚活动,在杭的归侨、侨眷等600多人参加;走访侨界人士3500多人次,慰问困难侨胞400多户。举办4期“侨界学苑”。

【参政议政履职建言】2017年,市侨联完成市、区县(市)两级侨界政协委员、人大代表换届的推荐、考察。市级侨联台胞届别提交的提案《关于推进我市“特色小镇”创建的建议》被评为市政协优秀提案,侨联界别被市政协评为“五星级”界别。市政协侨联界开展国际园林生态城市专题调研,形成关于推进杭州市生态园林建设提升城市国际化的调研报告,并在市政协十一届二次全会大会发言。

【侨联改革启动】2017年8月31日,杭州市召开全市群团改革工作专题推进会,启动包括市侨联在内的6个市第二批群团改革工作。市侨联传达部署改革工作要求,贯彻市委群团改革工作会议精神。抓好改革实施方案起草工作,综合运用调研、考察、座谈、讨论、协商等方式,研究分析侨联面临的形势和存在的问题，提出侨联开展群团改革的总体思路和工作要求，起草《杭州市侨联改革实施方案的建议稿》并上报市委办公厅。

**【基层组织建设】** 2017年，杭州市新建基层侨联组织119个，累计484个，主城区街道和社区两级基本实现侨联组织有效覆盖，区县(市)、乡镇(街道)、村(社区)三级组织网络体系更加完善。基层联络延伸到海外，江干、富阳、临安等地在海外设立多个联络处。推进活力侨联建设，评选出最具活力侨联组织31个、最美侨联工作者42人。全市有各类"侨胞之家"阵地253个，服务延伸到园区、创业基地。

**【文化宣传阵地建设】** 2017年，市侨联在原有的《侨聚》杂志、网站、微信公众号的基础上，推出微博平台。发送微博1200多条、微信80多条、网站信息500多条，数量均比上年提升20%以上。完成萧山南宋官窑艺术馆和临安钱王陵园关于"中国华侨国际文化交流基地"的推荐申报工作。

**【"杭州全球旗袍日"海外分场活动】** 2017年5月，市侨联协同市旅委开展"杭州全球旗袍日"活动，在英国伦敦、德国汉堡、西班牙马德里、澳大利亚悉尼等地举办10多场具有杭州元素的旗袍走秀和文化展示活动，组织8～63岁近300名中外女性参与，以丝绸和旗袍为载体展示杭州形象。

**【侨界创业投资国际高峰论坛在杭州举行】** 2017年6月9日，2017年侨界创业投资国际高峰论坛在杭州举行，省、市领导以及来自加拿大、澳大利亚等6个境外驻沪驻杭机构负责人，国内外专家、侨界精英、优秀企业代表等300多人参会。论坛以"投资国际化，助力建名城"为主题，通过主题演讲和圆桌对话探讨杭州投资新机遇以及在杭企业"走出去"的新途径，探索民间资本与国际资本融合的新发展。会上，省委常委、市委书记赵一德向上城区和杭州市海外企业家联合会授"海归驿站"匾牌。海归驿站旨在帮助海归创业者实现资源整合、投融资对接等。

**【侨界"最美人物"演讲大赛】** 2017年7月4日，市侨联举办全市侨界"最美人物"演讲大赛。大赛以"心有大我志报国·凝心聚力建名城"为主题，各区县(市)侨联和侨界团体的17名选手参赛。新华社、中新网等各大媒体报道，杭州电视台中英双语栏目《走遍杭州》推出专题节目，7000多辆公交移动电视投放，通过浙江电视台国际频道等平台播出。

2017年5月，"杭州全球旗袍日"海外分场活动在英国伦敦等地举行

（市侨联 供稿）

**【侨界精英创新创业峰会在杭州举行】** 2017年11月8—10日，以"侨启新征程，助力建名城"为主题的"创业中华——2017侨界精英创新创业峰会"在杭州举行。中国侨联副主席李卓彬、经济科技部部长赵红英，省政协副主席、省侨联主席吴晶，以及4个国家9个城市的19位领导人，海外侨领、海外企业家、海外高层次人才200多人参会。峰会期间，成立杭州侨界海外创新创业中心、中国侨联特聘专家委员会金融专业委员会杭州工作室，建立"新侨创新创业基地(杭州)联盟"，杭州下城区跨贸小镇被中国侨联授予"创新创业基地"称号，"海归社区"10多个项目签约落地。举行"创新未来·智荟名城"2017年侨界精英创新创业国际(中国杭州)高峰论坛、中国侨联特聘专家委员会金融专业委员会项目资本对接会、杭州市侨联第七次海外协作会议、杭州侨界特邀海外城市合作发展合作沙龙等活动，100多个海内外媒体跟踪报道。

**【海外协作会议】** 2017年11月9日，市侨联第七次海外协作会议在临安召开。来自15个国家的50多名海外侨领、高层次人才，中国侨联经济科技部部长赵红英，中国侨联部分特聘专家和杭州市侨联、临安区有关领导及有关部门负责人出席。会上，加中科技交流协会、捷克—中国经济贸易文化促进会、全美浙江总商会、美国温州旅美同乡会、美国温州总商会和巴西华人妇女联合会6个海外侨团签约加入杭州市侨联海外协作机制。至此，杭州市侨联有海外联络处106个。 (谢唯宜)

责任编辑 郦 晶

# 12 外事·侨务·港澳台事务

Foreign Affairs, Overseas Chinese Affairs and Hong Kong ,Macao and Taiwan Affairs

## 外 事

**【概况】** 2017年，杭州市外事部门接待国家元首或政府首脑团组9批、95人次，副部级以上外宾团组17批、588人次，国际友城交流团组49批、190人次，来自42个国家的驻华使领馆及驻华机构官员60批、296人次。服务市委书记、市长参加各类外事活动50多次，牵头接待"一带一路"沿线国家各类到访嘉宾107批次，接待国际知名企业高层管理人员15批、88人次。承办市领导出访24批、142人次，审批因公出国(境)团组1247批、4578人次，其中党政机关、参公事业单位人员1213人次。全年办理因公出国护照签证手续606批、2889人次，新颁护照3135本。办理外国人赴华邀请函电确认手续2198批、3310人次。申办APEC商旅卡432张。

为配合中央总体外交，推进城市国际化，杭州市与全国友协在世界城市和地方政府组织亚太区框架内，联合发起成立"一带一路"地方合作委员会(简称BRLC)。委员会主席由全国友协会长和杭州市市长共同担任，委员会秘书处作为常设机构永久落户杭州。市委、市政府把成立BRLC列为杭州市2017年度城市国际化建设重要成果。

**【主要到访活动】** 丹麦外交大臣到访杭州　2017年3月12日，省委常委、市委书记赵一德会见丹麦外交大臣安诺斯·萨缪尔一行。安诺斯·萨缪尔参加"2017中丹旅游年"之杭州首场"家门口看世界——丹麦日"旅游推介活动。

新加坡驻沪总领事访问杭州　2017年3月15日，代市长徐立毅会见新加坡驻沪总领事罗德伟一行。双方希望加强对话交流，积极拓展合作领域，取得更多实质性成果。

土耳其航空全球总裁访问杭州　2017年3月22日，省委常委、市委书记赵一德会见土耳其航空全球总裁毕拉尔·艾科希一行，就开通杭州与土耳其之间航线事宜进行交流。

国际奥委会名誉主席访问杭州　2017年3月23日，省委常委、市委书记赵一德会见国际奥委会名誉主席雅克·罗格一行。赵一德介绍杭州市情和体育事业发展情况，赞赏罗格为世界奥林匹克运动发展做出的巨大贡献。雅克·罗格表示相信杭州一定能够筹备好2022年亚运会，推动体育事业继续向前发展。

亚奥理事会到杭指导亚运筹备工作　2017年4月17日，省委常委、市委书记、杭州亚组委副主席赵一德会见亚奥理事会主席艾哈迈德·法赫德·萨巴赫亲王率领的亚奥理事会代表团一行。艾哈迈德·法赫德·萨巴赫亲王相信杭州一定能把2022年第十九届亚运会办成一届精彩成功的亚运会。

TCC集团创始人访问杭州　2017年4月17日下午，省委常委、市委书记赵一德会见泰国TCC集团创始人、董事局主席苏旭明一行。苏旭明表示集团对在杭投资充满信心，前景令人期待。

2017年3月23日，省委常委、市委书记赵一德(右)会见国际奥委会名誉主席雅克·罗格一行
(市外侨办 供稿)

2017年4月17日，省委常委、市委书记赵一德（右二）会见亚奥理事会主席艾哈迈德·法赫德·萨巴赫亲王 （市外侨办 供稿）

**捷克国家投资局局长到访杭州** 2017年5月16日，市委副书记、市长徐立毅会见捷克国家投资局局长卡莱尔·库切拉一行。双方就运用跨境电子商务促进贸易增长、推进线上线下互动、服务“一带一路”倡议等方面进行探讨，表示将增进务实合作。

**英国驻华大使访问杭州** 2017年5月17日，省委常委、市委书记赵一德会见英国驻华大使吴百纳一行。赵一德说，英国利兹市与杭州市在1988年就建立友好城市关系，杭州将进一步加强与英国在经贸、体育、教育、文化等领域的交流合作。吴百纳表示英中正处于发展关系的“黄金时代”，英国十分看好杭州未来的发展，愿推动合作向更高水平发展。

**微软全球执行副总裁访问杭州** 2017年5月21日，市委副书记、市长徐立毅会见微软全球执行副总裁沈向洋一行。徐立毅欢迎微软到杭投资布局，推动共赢发展。沈向洋希望共同合作推动云计算、人工智能产业的发展。

**芬兰新地省省长访问杭州** 2017年7月4日，省委常委、市委书记赵一德会见芬兰新地省省长奥西·萨沃莱宁一行。

**法国国立民航大学校长访问杭州** 2017年8月10日，省委常委、市委书记赵一德会见法国国立民航大学校长马克·乌尔拉一行。

**以色列驻沪总领事到访杭州** 2017年8月16日，省委常委、市委书记赵一德会见以色列驻沪总领事普若璞一行。赵一德表示杭州历来重视与以色列友好城市贝特谢梅什市间的友好交往，将继续深化与以色列在科技、环保、教育等领域深层次的合作，打造一批引领未来的示范性合作项目。

**美国驻上海总领事到访杭州** 2017年9月13日，市委副书记、市长徐立毅会见美国驻上海总领事谭森一行。双方将进一步拓展科技创新、医疗卫生、人才交流等领域合作的广度和深度。

**联合国教科文组织文化助理总干事访问杭州** 2017年9月15日，市委副书记、市长徐立毅会见联合国教科文组织文化助理总干事班德林一行。

**国际泳联执行主任到访杭州** 2017年9月28日，市委副书记、市长徐立毅力会见国际泳联执行主任科奈尔·马库勒斯库一行。

**捷克总统中国事务特命代表访问杭州** 2017年10月26日，市委副书记、市长徐立毅会见捷克总统中国事务特命代表雅罗斯拉夫·德沃吉克一行。

**巴西里约市市长访问杭州** 2017年11月8日，市委副书记、市长徐立毅会见巴西里约热内卢市市长马塞洛·克里维拉率领的友好代表团一行。

**益海嘉里集团访问杭州** 2017年12月1日，省委常委、市委书记赵一德会见新加坡丰益国际集团执行董事长、益海嘉里集团董事长郭孔丰一行。

**城地组织主席访问杭州** 2017年12月6—9日，世界城市和地方政府联合组织世界理事会会议暨“大数据背景下的智慧城市建设”论坛在杭举行。9日，省委常委、市委书记赵一德会见城地组织主席帕克斯·陶等主席团成员及参会代表。赵一德说，杭州是城地组织世界理事会会员和“一带一路”地方合作委员会牵头城市，愿

2017年5月16日，市委副书记、市长徐立毅（右一）会见捷克国家投资局局长卡莱尔·库切拉（左一） （市外侨办 供稿）

2017年杭州市部分市领导出访团组情况

表10

| 出访时间 | 代表团团长职务及姓名 | 出访地点 |
|---|---|---|
| 2月 | 副市长 王宏 | 日本、泰国 |
| 3月 | 市人大常委会副主任 张建庭 | 俄罗斯、土耳其 |
| 4月 | 副市长 谢双成 | 德国、以色列 |
| 4月 | 市人大常委会副主任 吴春莲 | 菲律宾 |
| 5月 | 市人大常委会副主任 许勤华 | 阿根廷、智利 |
| 5月 | 市人大常委会副主任 陈振濂 | 日本 |
| 5月 | 副市长 陈国妹 | 丹麦、德国、英国 |
| 6月 | 市政协副主席 汪小玫 | 爱沙尼亚、捷克 |
| 7月 | 副市长 陈新华 | 捷克 |
| 7月 | 副市长 谢双成 | 德国 |
| 7月 | 市委常委、市公安局局长 叶寒冰 | 美国 |
| 8月 | 市委副书记、政法委书记 马晓晖 | 希腊、爱尔兰 |
| 8月 | 市委常委、余杭区委书记 毛溪浩 | 美国、墨西哥 |
| 8月 | 市委常委、市纪委书记、市监察委员会主任 陈擎苍 | 芬兰、瑞典 |
| 9月 | 市委常委、萧山区委书记 盛阅春 | 美国、文莱 |
| 9月 | 市委常委、组织部部长 张仲灿 | 德国、乌克兰、以色列 |
| 9月 | 副市长 陈国妹 | 土库曼斯坦 |
| 9月 | 市人大常委会副主任 郑荣胜 | 爱尔兰、摩洛哥 |
| 9月 | 市政协副主席 叶鉴铭 | 挪威、瑞典 |
| 10月 | 市委常委、秘书长 许明 | 俄罗斯、捷克 |
| 10月 | 市人大常委会副主任 徐祖萼 | 古巴、牙买加 |
| 10月 | 市政协副主席 周智林 | 德国、英国 |
| 11月 | 市政协副主席 冯仁强 | 葡萄牙、西班牙 |
| 11月 | 市政协副主席 翁卫军 | 古巴、墨西哥 |
| 12月 | 副市长 陈国妹 | 印度尼西亚 |

与不同国家在互学互鉴中找到更多应对城市治理挑战的思路和方法。帕克斯·陶表示城地组织愿与杭州合作，共同为全球城市治理贡献力量。

国际货币基金组织秘书长访问杭州 2017年12月19日，省委常委、市委书记赵一德会见国际货币基金组织秘书长林建海。

埃塞俄比亚外交国务部长到访杭州 2017年12月20日，省委常委、市委书记赵一德会见埃塞俄比亚外交国务部长阿库利鲁一行。

**【赵一德率团出访德国、匈牙利、以色列】**2017年11月15—22日，应德国德累斯顿市政府、匈牙利布达佩斯市政府、以色列贝特谢梅什市政府的邀请，省委常委、市委书记赵一德率杭州市代表团赴德国、匈牙利、以色列考察访问。此访旨在推动杭州市积极参与"一带一路"建设，深化杭州与德国、匈牙利、以色列在经贸、科技、工业、旅游、文化等各领域的交流合作，增进友好互信，促进互利共赢。出访期间，代表团出席中德智能制造合作交流与产业推介会、文澜中学和布达佩斯马达奇中学友好合作备忘录签约仪式、杭州旅游布达佩斯推介会。赵一德与当地政府、有关部门以及企业负责人会谈，积极推动杭州与有关地区的友好关系，并看望当地浙(杭)籍华人华侨。代表团还考察当地城市规划建设管理、工业4.0、科技创新等情况，深化双方的交流合作。

**【友好城市交流】**日本岐阜市市长团访问杭州 2017年2月16—18日，日本岐阜市市长细江茂光一行访问杭州，实地考察梦想小镇，学习杭州推动企业创新、扶持初创企业方面的经验做法。

埃塞俄比亚阿瓦萨市访问杭州 2017年2月24日，埃塞俄比亚阿瓦萨市市政服务组织总经理伊门尤夏尔女士一行访问杭州，学习杭州城市规划、滨水区域开发、城市绿化美化、固体废弃物处理等经验。

英国利兹市议长团访问杭州 2017年2月28日，英国利兹市议长朱迪斯·布莱克女士一行12人到杭进行友好访问，学习考察杭州市文化建设成果，特别是在申请举办大型国际文化节庆活动的经验，寻求相关合作。省委常委、市委书记赵一德会见并宴请利兹市议长一行。

美国波士顿大学代表团访问杭州 2017年3月5—8日，经杭州市友城波士顿市政府推荐，波士顿大学代表团到杭进行为期4天的管理研修。

美国洛杉矶市政府团访问杭州 2017年3月，经中国驻洛杉矶市总领事馆牵线搭桥，杭州市友城工作组访问美国洛杉矶市，就两市开展友好交流事宜进行磋商。11月8日，洛杉矶姐妹城市会主席汤姆·吉尔莫一行3人专程到杭访问，就两市开展友好合作及缔结友城关系进行对接。

**美国圣地亚哥郡郡长团访问杭州** 2017年4月12日，经中国驻洛杉矶总领事馆推荐，美国圣地亚哥郡郡长代表团一行5人到杭访问。代表团拜会市外侨办并探讨两地间开展友好交流的可能性。

**菲律宾加洛干市市长团访问杭州** 2017年5月27日，菲律宾加洛干市政府官员及菲华商会代表团访问杭州，了解中国经济贸易环境，考察阿里巴巴集团等知名企业。

**斯洛文尼亚马里博尔政府团访问杭州** 2017年6月6—7日，斯洛文尼亚马里博尔市政府市长顾问马可·科瓦维奇到杭访问。就马里博尔市市长10月到杭参加友城高峰论坛、签署友城协议及交流项目进行对接。

**马来西亚沙巴州媒体参访团访问杭州** 2017年6月20—22日，马来西亚沙巴州媒体参访团到杭，了解杭州经济社会发展情况并进行报道。

**牙买加蒙特哥贝友好协会团访问杭州** 2017年9月，牙买加蒙特哥贝友好协会前主席克林顿·徐到杭访问，就促进蒙特哥贝与杭州的友好关系进行探讨。

**美国波士顿市友好协会团访问杭州** 2017年11月6日，杭州市友城波士顿市国际关系交流委员会委员露丝一行4人到杭访问，探讨两市深化合作事宜。

**巴西里约市市长团访问杭州** 2017年11月7日，巴西里约热内卢市市长马塞洛·克里维拉率友好代表团一行访问杭州，签署两市友好合作备忘录。

**德国德累斯顿市市长团访问杭州** 2017年11月15—18日，杭州市友好城市德国德累斯顿市市长德克·赫伯特一行10人到杭访问，洽商两市在经济、文化、教育、交通、城市规划、数据管理等领域的合作与交流。

**喀山市市长团访问杭州** 2017年12月6—10日，俄罗斯联邦鞑靼斯坦共和国喀山市市长麦特申率政府代表团一行5人访问杭州，考察杭州市旅游数据监测中心和杭州市中医院。

**埃及驻沪总领事访问杭州** 2017年12月22日，埃及驻上海总领事馆总领事哈立德·优素福一行2人访问杭州，拜会市领导并签署杭州市与埃及卢克索省谅解备忘录。

**【“一带一路”地方合作委员会成立】** 2017年初，杭州市与全国友协在城地组织亚太区框架内，联合发起成立“一带一路”地方合作委员会。5月14日，地方合作委员会正式揭牌。作为牵头城市，杭州将举办各种级别的国际会议和论坛，与委员会各成员城市共同研究、探讨城市发展课题，既有效服务国家总体外交，又为讲好“杭州故事”、加快建设世界名城打好基础。6月14日，市政府新闻办召开例行新闻发布会，宣布“一带一路”地方合作委员会秘书处作为常设机构永久落户杭州。

**【杭州国际友城论坛】** 2017年10月18—22日，杭州市举办第六届杭州国际友城论坛，德国汉堡、英国利兹、法国尼斯、美国印第安纳波利斯、菲律宾碧瑶、日本岐阜、新西兰皇后镇、苏里南帕拉马里博等19个国际友城，世界城地组织亚太区、联合国教科文组织、C40城市气候领导联盟3个国际组织和7个国家驻沪总领事馆等代表团参会。市委副书记、市长徐立毅参加论坛并做主旨讲话。论坛以“城市与创新”为主题，设“电子商务”“智慧城市”“文化品牌”三个分论坛，并与阿里巴巴集团和浙江大学合作，分别就全球电子商务发展现状及发展趋势、智慧城市理念和未来城市发展趋势、全球化背景下的城市文化传统与创新进行对话与探讨，分享成功案例与经验。

**【杭州承办城地组织世界理事会】** 2017年12月6—9日，为配合国家总体外交需要，杭州市成功承办城地组织世界理事会，妥善处理相关涉外事件，得到外交部的充分肯定。来自36个国家和地区的103个全球城市、地方政府协会和国际组织的294名代表参会。作为东道主城市，杭州举办“大数据背景下的智慧城市建设”论坛。省委常委、市委书记赵一德会见与会代表，市委副书记、市长徐立毅出席会议并做主旨发言。

**【杭州和马里博尔市缔结友好城市】** 2017年11月19—21日，斯洛文尼亚马里博尔市市长安德烈·菲茨特拉维奇一行10人到杭访问。20日，市委副书记、市长徐立毅会见安德烈·菲茨特拉维奇一行，杭州市和马里博尔市正式缔结为友好城市，进一步提升在经济、文化、教育、体育、旅游等领域的友好合作水平

**【第十二届中国国际少年儿童漫画大赛】** 2017年2月，杭州市友协办与杭

2017年3月24日，杭州市副市长谢双成(右二)参加中德商务与投资暨全球侨商论坛启动仪式 (市外侨办 供稿)

2017年9月30日,中国海外交流协会海外理事代表参观杭州未来科技城梦想小镇 (市外侨办 供稿)

州市青少年宫合作举办第十二届中国国际少年儿童漫画大赛。市友协办通过联系日本福井、岐阜市和德国纽伦堡市等友城,招募20多名国外青少年学生参与比赛,并获得奖项。市友协办配合市青少年宫在杭州和境外举办获奖作品巡回展示。大赛自2006年开始举办,是中国国际动漫节中参与面最大、国际化程度最高的青少年品牌活动项目之一,多年来参赛选手遍及五大洲40多个国家和地区,参赛选手累计25万余人次。已编印获奖作品集11集,发行4万多本。

**【中国—斯里兰卡文化交流】** 2017年5—12月,为纪念中斯建交70周年,由全国友协、杭州市友协和斯中协会共同主办的“摄影师眼中的中国和斯里兰卡”文化交流项目启动。5月,杭州市一名摄影家随全国友协团组赴斯里兰卡拍摄当地风土人情。6月,斯里兰卡两名摄影家以“一带一路”文化交流和佛教文化为主题,赴杭州西湖、灵隐寺进行摄影、摄像创作。11—12月,摄影作品分别在斯里兰卡和杭州图书馆展出。 (胡 坚)

## 侨 务

**【概况】** 2017年,杭州市侨务部门围绕市委、市政府部署,扎实开展各项工作,在服务城市国际化、服务经济社会发展等方面取得新成效。全年设立“中国杭州支持浙商创业创新海外工作联络处”3个,举办重要侨务活动5场,走访慰问侨资企业52个,帮助侨商维护投资权益4起。慰问困难归侨侨眷、侨界人士382户。办理华侨回国定居审批36人。接待涉侨信访144人(件)次,其中到访130人次,办结率100%。及时做好信息更新,杭州侨网发布文章868篇,在海外知名媒体发布图文260多篇(幅)。

**【杭州市侨商协会换届】** 2017年1月12日,市侨商协会举行第五届会员代表大会,换届选举产生新一届常务理事会、监事会成员。浙江华日实业投资有限公司董事长陈励君当选会长,奥普国际控股集团董事长方杰当选为监事长。国侨办、省外侨办领导及杭州市有关领导参加换届大会。

**【海外华文媒体杭州行】** 2017年5月22—26日,“海外华文媒体杭州行”采访活动在杭州举行。活动以“韵味杭州·创新活力之城”为主题,邀请五大洲35家重点海外华文媒体到杭采访,内容涉及经济、文化、科技等多个领域。活动期间,先后在海外重要媒体、杂志等刊登宣传杭州的图文260多篇(幅),为更高标准、更大范围地讲好“杭州故事”,展示美丽杭州形象发挥积极作用。

**【海外高层次人才杭州创业行】** 2017年7月4—6日,海外高层次人才杭州创业行活动在杭州举行。来自美国等5个国家的海外高层次人才31人携带30个项目参加活动,其中博士21人、硕士10人,项目涵盖生物医药、计算机信息、量子化学等10个专业。活动期间组织参观考察杭州2个园区、两场12个项目路演,举办4场讲座,促成其中2个项目落户杭州。

**【参加中德商务与投资暨全球侨商论坛】** 2017年7月10日,杭州市副市长谢双成带领相关部门和企业的100多人,赴汉堡参加“中德商务与投资暨全球侨商论坛”。借助G20汉堡峰会机遇,扩大杭州国际知名度和影响力,拓展杭州作为2016年G20峰会举办城市的合作交流资源与影响力,促进中德交流合作。

**【中国海外交流协会海外理事杭州行】** 2017年9月26日,国侨办中国海外交流协会第六次会员大会海外理事代表团访问杭州,来自50多个国家和地区的约200名中国海外交流协会的顾问、常务理事和理事到访,代表团参观考察杭州国际博览中心、城市规划馆、阿里巴巴集团、梦想小镇,对杭州经济社会发展和城市面貌变化表示赞叹。市委副书记、市长徐立毅会见代表团一行并致辞。 (胡 坚)

## 港澳事务

**【概况】** 2017年,杭州市领导赴港澳开展工作交流5批、23人次。6月,为纪念香港回归20周年,借助《杭州日报》图文宣传杭港合作20年成就,系统宣传展示两地在经济、文化、教育等方面的合作成就。同月,香港特区政府驻浙江联络处在杭州挂牌成立。年内,香港贸易发展局等重要机构和港澳企业到访并与杭州市领导工作交流10批次。杭州市接待香港社会福利署等11个港澳重要团组到访,协助组织港澳中小学生参与第六届“西湖之春”国际少儿书法大赛。

**【香港特区政府驻浙江联络处挂牌】** 2017年6月5日,香港特别行政区政府驻浙江联络处开幕典礼暨庆祝特区成立二十周年晚宴在杭州举行。香港特别行政区政府驻浙江联络处隶属香港特别行政区政府驻上海经济贸易办事处，于4月18日开始运作，目的是进一步加强浙江省和香港的交流合作，以协助港人、港企更有效地把握东部地区的发展机遇。6月20日，香港芭蕾舞团在杭州大剧院演出《东西方的对话——芭蕾精品荟萃》。

**【港铁有限公司董事局主席访问杭州】** 2017年10月10日，省委常委、市委书记赵一德会见香港铁路有限公司董事局主席马时亨一行。赵一德说，杭州正抢抓“后峰会、前亚运”历史机遇，大力实施拥江发展战略，着力打好以地铁建设为重点的“交通治堵”等硬仗，加快城市国际化步伐。希望香港铁路有限公司抓住机遇，积极参与杭州地铁建设和管理。杭州将一如既往支持香港铁路有限公司在杭州的发展。马时亨说，公司十分看好杭州城市的发展前景，将加快在杭合作项目建设，进一步拓展合作领域，为杭州交通发展做出新贡献。

**【香港商汤集团创始人访问杭州】** 2017年5月19日，省委常委、市委书记赵一德会见香港商汤集团创始人汤晓鸥一行。赵一德表示，杭州正大力发展人工智能等未来产业，推动经济转型升级，欢迎企业到杭投资布局，与城市一起共同成长。汤晓鸥认为杭州有良好的产业生态和人才环境，希望双方加强合作，实现互利共赢。

**【香港经济日报集团董事访问杭州】** 2017年8月29日，市委副书记、市长徐立毅会见香港经济日报集团董事总经理兼执行董事麦华章一行。徐立毅说，杭州是历史文化名城、创新活力之城和生态文明之都，正加快建设具有独特韵味别样精彩的世界名城。香港经济日报集团作为一家影响力较大的多元化媒体公司，一直高度关注杭州企业“走出去”进程和产业升级新动态。希望进一步加强沟通，密切合作，将杭州转型创新的更多“好声音、好故事、好样本”传递给港人，实现共赢发展。麦华章表示，香港《经济日报》将加大对杭州创新创业、产业转型、对外开放等领域的宣传报道力度，为深化杭港合作搭建对接桥梁。

**【潘家玮率团赴港澳开展团结联谊活动】** 2017年9月18—23日，市政协主席潘家玮率市政协代表团赴香港、澳门开展团结联谊活动。潘家玮在大会上表示，G20杭州峰会的成功举办，推动杭州站在新的历史起点上。杭州将深度融入“一带一路”、长江经济带、“长三角”城市群建设等国家战略，紧紧抓住“后峰会、前亚运”的重大机遇，大力实施“拥江发展”战略，建设一流城市和世界名城。希望市政协港澳委员及港澳杭州政协之友联谊会理事，积极践行“一国两制”方针，继续为保持港澳的繁荣稳定做出贡献；发挥独特优势，积极履职建言城市国际化；发挥桥梁纽带作用，拓展交流渠道，建强交流平台，继续为深化杭港澳交流合作做贡献。

**【澳门工商界考察团访问杭州】** 2017年5月16日，市委常委、统战部部长佟桂莉会见中央人民政府驻澳门特别行政区联络办公室经济部副部长寇明、澳门工商联会会长何敬麟率领的澳门工商界杭州考察团一行。双方简要介绍杭州和澳门两地历史文化、生态环境及经济社会发展现状、发展模式、发展前景等情况，希望进一步加深交流，加强合作，推动两地更好发展。（胡　坚）

## 台湾事务

**【概况】** 2017年，面对复杂严峻的台海形势，杭州市认真学习贯彻党的十九大精神和习近平总书记对台工作重要思想，贯彻落实中央、省委、市委对台工作决策部署，稳慎推进杭台各领域交流合作，取得新的成绩。

杭州市全年因公赴台团组104批、604人次，其中经贸文化团组48批、505人次，商贸考察团组56批、99人次。全年接待中国国民党前主席连战、洪秀柱，台湾地区中国国民党籍民意代表马文君、许淑华、孔文吉，南投县县长林明溱等台湾嘉宾140多批、2400多人次到杭参访交流。杭州市全年接待台湾同胞到杭旅游66.3万人次，杭州市民赴台湾旅游8.39万人次，杭台两地旅游双向互动呈稳定态势。全年新批各类涉台企业37个，总投资额5.76亿美元，接待台商团组33批、570人次。

杭州市举办“浙江·台湾合作周”（杭州）主场活动、第九届“西湖—日月潭”两湖论坛、杭台邻里节、“第四届两岸亲子文创作品联展”、“第五届两岸少儿幸福音乐会”、在杭台湾青年“寻梦杭州”等10多场涉台活动。推进涉台教育进机关、进基层、进学校，为全市对台部门、社区、学校辅导50多场、6600多人次。全年受理各类涉台信访件28件，结案率95%；稳妥处置涉台投诉案36件、突发事件22起。

**【“浙江·台湾合作周”杭州主场】** 2017年9月20日，“浙江·台湾合作周”在杭开幕。合作周由国务院台办、浙江省政府共同主办，1200多位两岸嘉宾齐聚一堂，共谋合作发展。浙江省委副书记、省长袁家军，中央台办、国务院台办副主任郑栅洁，中国国民党荣誉副主席林丰正，台湾商业总会理事长赖正镒，台湾敏实集团董事长秦荣华出席开幕式并致辞。省领导赵一德、任振鹤、梁黎明、孙景淼，中国国民党荣誉副主席蒋孝严出席，杭州市市长徐立毅主持。杭州作为主会场成功举办“智能制造产业合作推进会”“青年创业创新大赛”“跨境电商交流合作推进会”“美丽乡村美丽经济交流合作推进会”“两岸青年创意创业对接交流会”“两岸匠人匠心分享会”“两岸文创精品展”“两岸创意民宿产业发展论坛”8个专场活动，涵盖经贸、文创、青年创业、美丽乡村建设等多个领域。杭州方与台湾方签订“裕隆企业集团新投资及增资”“智能设备开放平台”“统一超商（浙江）总部”“台湾大学生实习基地”“两岸文创IP协同创新中心”5个投资及合作项目，总投资约12亿美元。两岸40多家主流媒体参与合作周活动报道。

【第九届"西湖—日月潭"两湖论坛】2017年6月20—21日,第九届"西湖—日月潭"两湖论坛在台湾南投县举办。杭州市副市长陈新华、市政协副主席叶鉴铭率杭州市代表团出席活动。论坛以两地文化艺术创意产业交流为主题,设文创、教育、卫生防疫保健、文艺、观光民宿5个分论坛,并举办"杭州—南投旅游合作对接会""第四届两岸亲子文创作品展(南投展区)""两地艺术家书画笔会""杭州文艺工作者专场演出"等论坛配套活动,广受南投县民众欢迎,直接参与者2000多人。台湾《联合报》《中时电子报》等媒体竞相报道活动情况,"互利共赢""良好示范""互动热络"成为岛内媒体对活动评价的关键词。

【杭台经贸融合发展】2017年,杭台经贸交流不断扩大,台商到杭考察投资意向明显增多,项目跟踪推进力度不断加大。台湾裕隆企业集团与杭州市政府签订战略合作协议,计划5年内投入10亿美元用于新成立纳智捷(杭州)汽车销售有限公司、裕隆新能源汽车有限公司、格上分时租赁有限公司等。台商在杭州市西湖区三墩镇投资3亿美元打造集示范种植、休闲体验、农业观光、展示销售、健康养生于一体的"五生农业"现代农业综合体。统一超商(浙江)总部落户杭州,"7-ELEVEN"门店正式入驻杭城。市台办、市经信委和大江东产业集聚区管委会联手举办台资汽车整零配套销售专场对接会,为台资企业和杭州本地整车企业牵线搭桥,优化台资汽配企业销售渠道。市台办提升涉台法律服务水平,推出"云法务"平台,为台商台企提供个性化服务。全年举办"陆生、台生就业创业政策""涉税政策""一带一路政策""两岸婚姻、继承问题"等多场涉台政策法规讲习活动,持续加强涉台服务类网站专栏建设,帮助台胞台企用好政策。按照"最多跑一次"改革要求,完善赴台审批服务。

【杭台基层交流红利扩大】2017年,杭台两地交流深入基层民众生活,有效增进彼此福祉亲情。1月,台湾南投县30多户农商组团参加"杭州市·都市圈优质农产品迎新春大联展";2月,萧山区进化镇与南投县信义乡共同启动梅子合作项目,携手打造集梅产品加工、观光旅游、文创体验于一体的千亩梅子庄园;5月,第七届中国(杭州)国际茶文化博览会南投馆现场销售茶叶2000千克;6月,杭州"美食嘉年华"活动吸引20多家台湾美食商家参加。6月9—13日举办的"杭台邻里节",邀请台湾地区中国国民党籍民意代表许淑华以及南投县相关乡(市)、社区及民间社团的130多位台湾同胞与杭州民众相聚一堂,请南投县民众走进杭州市社区和家庭,参观社区服务保障和便民举措,体验普通百姓生活,增进两岸邻里同胞情。

【台湾青年到杭创业就业实习】2017年,杭州市全年接待12批、350人次的台湾青年创业团队到杭参访交流。借助云栖小镇和智新泽地等"海峡两岸青年创业基地"和相关创业园区,以及工商联会员企业优势,完善以"岗位提供、生源推荐、按责保障、统筹协调"为特色的台湾青年到杭实习工作机制,为100多名台湾大学生到杭实习提供服务和保障。杭台两地合作拍摄台湾青年在杭创业系列专题片,注重讲好台湾青年在杭创业故事,在台湾东森电视台播出并入选"2017年度海峡论坛"宣传片。

【杭台青少年交流】2017年,杭州市邀请台湾青少年团组16批、480人次到杭交流。围绕"传承中华文化"主题,开展"杭州市与南投县青年社团互动""中华文化研习营""两岸青年创业大赛"等8项青少年交流活动。南投县6所中小学约200名师生与杭州市结对学校的师生互动交流。台北医药大学、台湾铭传大学等13所台湾高校的师生先后到杭交流。组织在杭台湾大学生开展"寻梦杭州"活动,通过了解古今杭州、交流文化传承,促进两地青少年心灵契合。杭台两地原创儿童微电影《你好呀,自己》获第五十届休斯敦国际电影节"雷米奖"最佳短片金奖,"两岸少儿幸福音乐会"获现场电视类节目"雷米奖"银奖和"最佳音乐录影带奖"。

【杭台文化交流】2017年,杭州市继续发挥"国字号"涉台交流基地品牌作用,为两岸文化交流搭建良好平台。海峡两岸交流基地——黄公望隐居地举办"公望富春"文化周系列活动;海峡两岸文化交流基地——连横纪念馆引进台湾文创精品进行展示,举办"第四届两岸亲子文创作品联展"等活动。第十三届中国(杭州)国际动漫节期间,台湾著名漫画家朱德庸推出"幽默城市·杭州"30年漫画创作特展,台湾著名漫画家敖幼祥携成名作《乌龙院》参加动漫展会。台湾知名作家刘墉到杭做大型公益演讲,并举办个人艺术大展。两岸青年网络文学大赛在杭启动。台湾琉璃工坊创办人张毅、台湾知名画家朱淑英等艺术家也到杭办展。

【杭州对台宣传】2017年,杭州市从"历史人文""创新动力""幸福和谐"等多个视角,不断拓宽涉台宣传渠道。全年邀请台湾媒体7批、56人次,海外华文媒体3批、35人次到杭采访涉台活动,100多篇信息被两岸主流媒体转发。杭州《每日商报》与台湾《旺报》合作栏目《两岸连线》全年刊发40期,其中"G20杭州峰会""2017南投灯会""南投文武庙迎请杭州老玉皇宫""月老神尊神分灵""杭州市连续10年组团参加日月潭万人泳渡"等精彩活动吸引两岸媒体高度关注。 (许 群)

责任编辑 汤 峻

# 13 法治

Rule of Law

## 政法委及综治委

【概况】2017年，全市政法战线以平安护航党的十九大为核心，以平安建设和社会治安综合治理领导责任制为抓手，深化提升G20杭州峰会维稳安保成功经验，推进平安建设各项工作取得较大进步，有力地保障杭州成为连续11年被评为“中国最具幸福感城市”，实现全国文明城市“三连冠”。在全省建设平安浙江工作会议上，杭州市获得2017年“平安市”荣誉称号和“平安银鼎”。

杭州市坚持一手抓发展一手抓稳定，反映社会平安状态的一系列客观性指标、群众对平安建设的主观感受、平安创建的能力水平全面提升。在党的十九大、“一带一路”高峰论坛、第十三届全国学生运动会等重大会议、活动、赛事期间，杭州社会面平安稳定，全年没有发生“一票否决”的事项。全市刑事、治安警情分别比上年下降23.3%、50.4%，刑事案件受理数下降13.5%，连续四年保持命案全破。“六和塔”矛盾纠纷多元调处模式化解率99.7%。“雪亮工程”建设实现重点公共区域视频监控覆盖率、联网率100%。“武林大妈”等79万人的平安巡防力量在全市铺开。“全科网格”建设基本成型，1.16万个网格把镇街有关部门全部纳入基层社会治理“一张网”体系；开展“行业创平安”活动，通过平安工地、平安校园、平安企业、平安公交、平安家庭等26个载体凝聚平安创建合力，人民群众安全感、满意度提升至96.7%，高于全省指标平均数。

【平安护航党的十九大】2017年，市委政法委运用G20杭州峰会维稳安保的成功做法，以最高标准、最严要求、最强措施，推进护航党的十九大行动。印发维稳安保工作任务清单，把党的十九大维稳安保方案逐一细化分解为37个类别、99项任务，抽调人员组建工作专班，进行实体化运作。通过情报会商、信息专报、视频点验等载体和渠道，确保情况第一时间上报、问题第一时间整改。其间，市、区（县市）两级“维稳办”召开会议部署345次，印发任务清单1370条，化解涉稳问题894件，编发涉稳信息会商专报1168期，开展督查1505次，发现并整改问题7608个，为党的十九大胜利召开营造杭州和谐稳定的社会环境。

【防范化解社会面涉稳问题】2017年，杭州市完成重大决策社会稳定风险评估项目1172项，其中准予实施1156项，暂缓实施12项，不予实施4项，基本实现涉及社会稳定的重大政策、重大项目及重大活动应评尽评。市委政法委牵头全市政法战线，在全国、省、市“两会”和“一带一路”高峰论坛会议、第十三届全国学生运动会、第四届世界互联网大会等重大活动及重点时段确保社会面平安稳定。市委政法委制定《杭州市平安建设和社会治安综合治理领导责任制实施细则（试行）》，借助市四套班子主要领导督查检查和维稳安保专项

党的十九大召开期间，杭州火车东站强化维稳安保措施

（市委政法委 供稿）

督查,有效化解各类涉稳重点难点问题,消除一大批影响社会稳定的风险隐患,全年纳入项目化监管的涉稳问题393件,已化解374件,化解率95.2%,努力为杭州推进世界名城建设创造安全的政治环境、稳定的社会环境、公正的法治环境、优质的服务环境。

**【"基层治理四平台"建设】** 2017年,浙江省提出"基层治理四平台"建设,涉及基层治理机制体制和流程再造的重大改革举措,目的是通过在乡镇(街道)层面建立统一规范的"综治工作""市场监管""综合执法""便民服务"四平台,构建权责清晰、功能集成、扁平一体、运行高效、执行有力的乡镇(街道)管理体制和机制,实现第一时间发现问题、第一时间处置问题、最大限度解决问题,提升管理社会和服务群众的能力和水平。6月,市委、市政府成立市"基层治理四平台"建设领导小组及"一办五组",统筹协调,全面推进。至年末,全市13个区县(市)、3个开发区及190个乡镇(街道)按期完成建设任务并实现省里提出的"有效运转"目标,助推"最多跑一次"改革。

**【"全科网格"建设】** 2017年,市委政法委全面贯彻基层社会治理规范全科网格"十统一"意见,从网格党建、网格划分、人员配备、工作职责、资源调配、任务清单、信息采集、报酬筹措、业务培训、督查考评10个方面进一步规范统一"全科网格"建设,把镇街有关部门全部纳入基层社会治理"一张网"体系,实现"一格一长、一专多员"模式。至年末,全市共划分网格1.16万个,配备专职网格员1.4万人,兼职网格员4.83万人;网格建有基层党组织1.2万个,网格指导员9504人;县、乡两级组织网格员业务培训1255场次、6.56万人次;按照"费随事转"原则,县、乡两级发放"以奖代补"资金1955.07万元,基层社会治理"全科网格"建设基本成型。

**【社会治理创新试点】** 2017年,杭州市推广中央综治办在西湖区开展的"在线矛盾纠纷多元化解平台"和在拱墅区开展的"社会心理服务体系建设"试点经验。"在线矛盾纠纷多元化解平台"全年累计注册用户数1.11万个,咨询总量1114件,注册调解员3851名,成功化解矛盾纠纷608件。"社会心理服务体系建设"全年有39个区级部门、79个乡镇(街道)、126个村(社区)建立心理咨询师室,548个村(社区)建立心理健康教育宣传阵地,56个企事业单位建立心理健康辅导室,32个社会心理服务社会组织登记备案,6个地区开展心理援助应急演练8次,组织社会心理服务培训241次、7062人次。

**【"六和塔"矛盾纠纷调处新模式】** 2017年,杭州市创新充实以"'和事佬'调和、社区律师导和、街镇中心维和、专业调委会求和、司法机关促和、大调解中心保和"为主要内容、具有杭州特色的"六和塔"矛盾纠纷综合调处模式,加强预防和化解社会矛盾机制建设,正确处理人民内部矛盾。完善党委领导、政府负责、社会协同、公众参与、法治保障的社会治理体制,打造共建、共治、共享的社会治理格局。全年累计开展各类矛盾纠纷集中排查282次,调处矛盾纠纷14.11万件,调处成功14.07万件,化解率99.7%,实现化解率不低于98%的目标。

**【社会平安暗访督查】** 2017年,市委政法委通过发布《平安杭州月报》、优化镇街平安状况评估体系、开展平安"三率"调查等工作,提升平安建设预测、预警、预防能力。市委主要领导亲自带队开展暗访并推动平安暗访督查工作常态化、制度化运行。市委政法委与市反恐办、市公安局、市教育局、市公安消防局等10多个专业部门组团,加大对12个重点成员单位的工作督导。市委政法委领导带队分8个组到13个区县(市)和3个开发区督查回访,对省市前期检查发现的问题整改情况开展"回头看"。全年连续开展18轮督查,累计检查500多处场所,发现问题1000多个。第十三届全国学生运动会期间,市委政法委领导带队开展专项督导,对1012处校园安全隐患和209处校园周边治安乱点实施彻底整治,有效遏制涉校(园)案事件的发生。

**【群防群治"六大员"品牌建设】** 2017年,杭州市有各类巡防力量79万人,"武林大妈"等平安巡防品牌在全市推广,并按照"六大员"(平安宣传员、情报信息员、隐患排查员、矛盾调解员、治安安全员、文明劝导员)要求,加强对平安巡防力量的组织建设,做到统一登记、统一标识、统一编号、统一指挥,形成群防群治的强大合力。进一步完善社会面防控等级响应机制,市委政法委印发规范性文件,指导各地有关部门制定工作方案,确保重要会议、重大赛事、重点时段社会面安全稳定。

**【刑事案件认罪认罚从宽处理试点】** 2017年,杭州市作为全国"刑事案件认罪认罚从宽处理"18个试点城市之一,市委政法委牵头市政法部门,推动改革试点取得初步成效。至年末,全市适用认罪认罚程序办理刑事案件的公安为6540件、7734人,检察为7180件、8007人,法院为5868件、6709人。全市有700多名律师参与值班,为认罪认罚案件提供法律帮助4230件、4428人。全市基层法院适用认罪认罚程序审结的刑事案件占已结刑事案件的55.2%。

**【执法司法监督】** 2017年,市委政法委牵头开展重点案件协调督办30多件,特别是针对被境外媒体关注的"1·7"专案获得政治效果、法律效果与社会效果的有机统一。在全市组织开展民事执行专项执法检查,协调帮助解决执行案件38件,发现不协助执行17人次。检查两级法院执行案件数量1480件并督促整改存在的问题。市、区县(市)两级党委政法委全年共受理涉法、涉诉的请求450件,其中来信245件、来电72件、来访133件。修订《杭州市司法救助实施办法》,规范司法救助工作,全年经两级党委政法委审批的救助案件203件,救助257人。

**【市法学会工作】** 2017年,杭州市法学会围绕经济社会发展中遇到的热点难点问题成立调研组,形成《杭州市"五水共治"法治保障的基本经验》等一批调研报告。全国首创用视频连线的方式,把"百名法学家百场报

杭州平安巡防队员与外国友人在西湖断桥边愉快交谈

（市委政法委 供稿）

告会”扩展到基层，为市、区县（市）两级政法系统1000多名中层以上干部做党的十九大精神学习辅导。组织平安（法治）宣传下基层报告会50场，受众1万多人，提供法律咨询200多人次，发放宣传资料500多份。编辑《杭州法学》杂志6期，发放9000多册。编印法学研究《优秀调研论文集》500多册，呈送市主要领导和各相关部门。全年组织、推荐杭州市法学会会员参加全国性、区域性、全省性的各类征文活动7次，报送参评论文约200篇，23篇论文获得各类奖项，市法学会获得“优秀组织奖”2个。

（李 良）

## 地方立法

**【概况】** 2017年，杭州市人大常委会立法计划安排法规项目26件，其中正式项目6件。制定《杭州市会展业促进条例》，为打造“国际会展之都”提供法制保障。修订《杭州市客运出租汽车管理条例》《杭州市流动人口服务管理规定》，修改《杭州市道路交通安全管理条例》。对《杭州市城市国际化促进条例》《杭州市畜禽屠宰管理条例》草案进行初审。组建新一届立法咨询委员会，为提高立法质量提供智力支持。

**【《杭州市跨境电子商务促进条例》施行】** 2017年1月13日，杭州市第十二届人民代表大会常务委员会发布第78号公告，《杭州市跨境电子商务促进条例》于2016年10月26日杭州市第十二届人民代表大会常务委员会第四十次会议审议通过，已经2016年12月23日浙江省第十二届人民代表大会常务委员会第三十六次会议批准，予以公布，共7章45条，自2017年3月1日起施行。

**【《杭州大江东产业集聚区管理条例》施行】** 2017年4月7日，杭州市第十二届人民代表大会常务委员会发布第82号公告，《杭州大江东产业集聚区管理条例》于2016年12月29日杭州市第十二届人民代表大会常务委员会第四十一次会议通过，已经2017年3月30日浙江省第十二届人民代表大会常务委员会第三十九次会议批准，予以公布。条例共5章30条，自2017年5月1日起施行。杭州市人民政府发布的《杭州大江东产业集聚区管理办法》同时废止。

**【《杭州市会展业促进条例》施行】** 2017年10月16日，杭州市人民代表大会常务委员会发布公告，《杭州市会展业促进条例》于2017年8月24日杭州市第十三届人民代表大会常务委员会第五次会议审议通过，已经2017年9月30日浙江省第十二届人民代表大会常务委员会第四十四次会议批准，予以公布，共4 章30条，自2017年12月1日起施行。

（年鉴编辑部）

## 法治政府建设

**【概况】** 2017年，市法制办增强法治政府建设牵头抓总作用，根据省委依法执政专题研讨有关要求，协同组织开展全市三个层次1000多名党政主要负责人研讨学习；组织召开各区县（市）政府部门以及政府法律顾问等层面的座谈会，听取有关意见和建议，推进法治政府建设工作。按照省政府法治政府建设要求和市政府综合考评标准，完善法治政府建设（依法行政）评价指标体系和评分标准，健全社会满意度测评和专业机构评估机制，提升考评的专业性、合理性和科学性。做好省对市《法治政府建设实施纲要（2015—2020年）》督查迎检工作，督查组评定杭州市在农村基层法治建设方面走在全省前列。杭州市法制办对标先进，与深圳市法制办深度学习交流并签订战略合作协议，探索深化改革创新的法治途径，建立健全合作研究、业务交流、信息互通共享、人才培训交流等合作机制。加强“山海协作”，与衢州市法制办建立合作机制。杭州法治政府建设评估成效在《中国法治政府评估报告（2016）》中列第二位，并获“法治政府建设典范城市”称号。

**【地方法规规章起草工作】** 2017年，市法制办围绕市委、市政府的决策部署，起草国内首部《城市国际化促进条例》，以及《杭州市会展业促进条例》《杭州市流动人口服务管理规定》《杭州市客运出租汽车管理条例（修订）》《杭州市畜禽屠宰管理条例（修订）》《杭州市道路交通安全管理条例（修改）》6件地方性法规草案。起草《杭州市地下空间开发利用管理办法》《杭州市城市照明管理办法》《杭州市市场监督管理行政处罚程序规定》《杭州市钱塘江防潮安全管理办法（修订）》《杭州市人民防空工程管理规定（修改）》《杭州市社会保险费征缴办法（修订）》6件政府规章草案。

建立健全重大立法事项向市委报告的工作衔接联动机制。贯彻市委《关于加强党领导立法工作的实施意见》,会同市委法治办、市人大常委会法工委起草《关于重大立法事项向市委报告的实施办法(试行)》。该“办法”在全国大中城市尚属首例。年度立法工作情况、年度立法计划以及《杭州市地下空间开发利用管理办法》等重点项目提交市委常委会审定。

坚持开门立法,在地方性法规草案、政府规章起草过程中,充分征求相关管理部门和广大群众的意见。市法制办在《杭州市城市国际化促进条例》立法过程中召开8次部门座谈会,先后7轮征求意见,充分听取专家和市政府法律顾问的法律意见。与市政协广泛开展立法协商,将《杭州市流动人口服务管理规定》《杭州市城市照明管理办法》等法规规章作为正式协商项目,邀请相关界别政协委员展开立法协商。认真开展立法后评估工作,对《杭州市网络交易管理暂行办法》《杭州市医养护一体化智慧医疗服务促进办法》和《杭州市居住房屋出租安全管理若干规定》等规章进行立法后评估,掌握实施情况,为后续清理奠定基础。

**【政府法律服务保障】**2017年,市法制办围绕市委、市政府中心工作,参与并为世界游泳锦标赛、亚运会等重大活动筹备提供法律服务保障。坚持问题导向,参与深化客运出租汽车行业管理体制改革工作,共同研究制定网约出租汽车和私人小客车合乘管理、共享单车管理的制度和措施。提出规范商业预付卡行为、电动自行车乱象治理等依法处置的具体方案。理清相关部门法定职责,完成钱塘江非法采砂整治相关任务。全程参加地铁5号线一期工程PPP项目两轮谈判并对协议出具合法性审查意见。做好部队停止有偿服务相关法律关系处置工作。全年对省、市政府及有关部门涉及城市建设与管理、民生与保障、社会综合治理等领域的40多个文件出具法律意见。

严格履行合法性审查职责。对安全生产监督执法、行业协会商会与行政机关脱钩、市区既有住宅增设电梯等80多个市政府规范性文件草案,以及对市政府与国家标准化委员会、中国太平保险集团公司等23份合作协议出具审查意见。根据《浙江省行政规范性文件异议审查处理办法》规定,市法制办出台实施《处理行政规范性文件异议审查建议的若干规定》。落实杭州市卫生和健康大会要求,研究“将健康融入一切政策”机制和公共政策健康审查制度,完成“健康浙江”考核指标的试评价工作。

2017年12月4日,杭州市开展“12·4”国家宪法日法制宣传活动

(市法制办 供稿)

指导和规范行政机关合同合法性审查工作。市法制办印发《行政机关合同合法性审查工作指引》,明确审查方式和审查要求。落实部门重大合同备案、预警报告、年度专题报告制度,组织开展行政合同清理工作。至年末,市本级政府、13个区县(市)政府以及36个市级主要执法部门已实现政府法律顾问全覆盖,市、区县(市)政府共聘任政府法律顾问92人,36个市级部门聘请政府法律顾问80人。

**【“最多跑一次”改革法律保障】**2017年,市法制办牵头做好“最多跑一次”改革的法律保障工作,制定改革责任分解落实清单,分解“行政处罚、行政裁决领域”“改革涉及规章规范性文件全面清理”等五大类工作事项职责。市法制办与市“最多跑一次”改革工作领导小组办公室、市人大法工委、市人大财经工委联合印发《关于做好不适应“最多跑一次”改革要求的有关规定梳理及报送工作的通知》,开展两轮法规清理工作,对92个法规、103个政府规章以及2000多个市政府规范性文件进行全面清理,共修改3个市地方法规、3个市政府规章,废止9个市政府规章、107个市政府规范性文件。梳理上报省级以上层面的法律法规25个、规章29个、规范性文件11个,向省以上有关部门提出有关修改建议80多条。

市法制办贯彻落实省人大常委会《关于推进和保障桐庐县深化“最多跑一次”改革的决定》,指导桐庐县率先制定“一件事”和“最多跑一次”改革的县级标准,组织论证“一件事”办理标准44个,以标准固化提升改革成果。按照国务院“凡没有法律法规依据的一律取消”的要求,对572项公共服务事项进行“简化办、网上办、就近办”法律审查,公布仅凭身份证即可办理事项296项,取消个人办事事项涉及的证明材料5163项,53项办件量大的个人办事事项在浙江政务服务网App上启用。对37项涉及中介服务的事项进行合法性审查。

**【行政执法监督】**2017年,市法制办促进规范执法,明确行政执法公示制度、全过程记录制度、重大执法决定法制审核制度的试点单位，以及行政执法责任制与权力清单融合"两平台"建设的试点单位。编制试点方案，组织试点单位主动公开执法信息，实施全过程记录，实现行政执法行为留痕和可回溯管理。

落实行政执法责任制和执法公示制度的要求，确认市本级及13个区县（市）政府第一批行政执法主体1069个，推进行政执法机构和职能的法定化，接受全社会监督。实行行政处罚裁量权动态管理，推行执法案件主办人制度以及案件审核、质量跟踪评判制度，强化"三改一拆""最多跑一次"等中心工作的程序规范。

制定《报市政府批准重大行政执法决定目录》《报市政府批准重大行政执法决定法制审核办法（暂行）》，经市政府批准清理一批重大行政执法决定。协同推进综合行政执法体制改革，及时跟进做好行政执法权限协调，开展行政执法权限争议协调、异地行政执法协助等相关调研。

全年市级部门、区县（市）政府上报行政规范性文件376件，受理329件。经初审，备案312件，不予备案10件。对不符合受理条件或存在问题不予受理的47件规范性文件提出法律意见和建议81条。

市法治办与市检察院、市公安局联合出台《关于进一步加强行政执法与刑事司法衔接工作的实施意见》，与市检察院建立检察监督与政府法制监督协作机制，出台"两法衔接"和"监督协作"联席会议制度，促进杭州市依法行政和公正司法。研究出台《关于强化"联百乡结千村访万户"活动行政执法监督保障有关问题的通知》，提升基层依法治理能力。

**【行政复议深化发展】**2017年，杭州市政府本级全年收到复议案件666件、833人次。市法制办对202件复议决定按规定上网公开，推进复议档案电子化和"智慧复议"建设，提升复议办案科学化水平。市法制办统筹谋划市本级及区县（市）复议体制改革方案。12月，经市政府常务会议审议，确定18人的机构编制方案，并获省政府批准，市行政复议局挂牌成立。市法制办指导条件成熟的余杭区、萧山区、江干区率先推进行政复议体制改革，余杭区、萧山区行政复议局挂牌成立。

认真办理行政应诉案件。市政府出台《关于进一步加强行政应诉工作的意见》，全年市本级收到应诉案件245件、341次。严格落实行政机关负责人出庭应诉报备通报制度，完善行政机关负责人出庭应诉监督考核机制。落实复议诉讼联动机制，联合市中级人民法院召开复议应诉情况新闻发布会；针对政府信息公开领域和消费投诉领域滥用申请权和诉权的现象，与市中级人民法院召开复议诉讼联席例会，建立健全滥权甄别机制。完善"一府两院"参加的府院会议制度，推进法治政府建设。

市政府出台贯彻《浙江省行政调解办法》的配套政策，加强多元化解纠纷机制建设，全年组织行政调解纠纷22.49万件，调解成功19.52万件，调解成功率86.8%。对120多件信访投诉请求事项完成合法性审查。

**【法制培训宣传】**2017年，市法制办贯彻执行《党政主要负责人履行推进法治建设第一责任人职责规定》，着力提升领导干部法治思维和法治能力。在深圳市委党校举办领导干部依法行政专题培训班，市政府有关部门的分管领导，区县（市）政府法制机构负责人等60多人参加培训，并组织全体学员赴华为公司和前海开发区现场教学。全年开展6期强化行政执法人员法律知识培训班，1000多名行政执法人员参加培训。组织全市行政复议应诉业务培训班，对区县（市）法制办、市级各部门70多名行政复议应诉骨干进行培训。

加大法制宣传力度，市法制办充分利用"杭州政府法制网"和报纸、微博微信、送法进社区等多种平台及形式，组织开展"12·4"国家宪法日法制宣传活动，编发"杭州政府法制"刊物6期，发布微博微信1500多条，在省法制办门户网上刊载约100篇法制信息，编发《法治政府建设指南》《政府和社会资本合作（PPP）合法性审查实用手册》《行政复议典型案例选编》等，营造良好法治氛围。（曹士凡）

## 公　安

**【概况】**2017年，杭州市公安机关紧扣党的十九大维稳安保工作主线，抓住机制创新年建设和社会治安防控体系建设两项重点，深化反恐维稳、打防管控、公共安全和队伍建设等各项工作，为推进平安杭州和法治杭州建设、护航经济持续健康发展和维护社会持续稳定做出应有贡献。全年全市刑事立案比上年下降26.2%，移送起诉上升19.8%，现行命案连续4年保持全破，侦破历年命案积案16起，成绩居全省首位、全国前列。全市查处各类交通违法行为1069.9万起，增长3.6%。全市道路交通事故死亡人数减少132人，下降14.2%。全年全市发生火灾1680起，下降59.9%。由人民日报社主管的《国家治理》周刊评价杭州城市社会秩序安全排名全国第一，在中国城市论坛公布的"2017年中国最具幸福感城市"中，杭州成为全国唯一连续11年入选的城市。杭州市公安机关全年有2名个人立（追记）个人一等功，11个集体、25名个人立二等功，123个集体、624名个人立三等功。市公安局交警支队机动大队被国务院授予"全国模范交警队"荣誉称号，杭州市拘留所获评"全国优秀公安基层单位"。1名个人获评"全国特级优秀人民警察"，4名个人获评"全国优秀人民警察"。

**【党的十九大安保工作】**2017年，杭州市公安机关把党的十九大维稳安保工作作为首要政治任务，坚持"最高站位、最严标准、最实举措、最佳状态"，固化G20杭州峰会安保经验，深化"日周月次""三张清单"安保机制，先后召开10次月会、64次周例会，依次推进"扬旗"系列专项行动。特别是10月安保决战阶段，实施战时"六个统筹"和决战"十条措施"，梯次提升全市治安防控响应等级，严密各项安保措施，圆满完成各项安保任务。党的十九大召开期间，全市刑事、治安警情同比分别下降23.3%和50.4%，实现维稳安保工作目标。

**【G20杭州峰会安保周年座谈会】**2017年9月5日，市公安局举办G20

2017年10月15日,省委常委、市委书记赵一德(前左三)到市公安局检查指导党的十九大安保工作(市公安局 供稿)

杭州峰会安保周年座谈会,重温习近平总书记对峰会安保工作所做"安全保障严密稳妥"重要批示精神,总结峰会安保从筹备到决战的全过程,提炼形成新时代杭州公安"敢胜、智胜、完胜"的精神。省委常委、省公安厅厅长徐加爱出席会议并致辞,市委常委、市公安局局长叶寒冰做主旨发言。公安部有关业务局,香港警务处,有关国家驻华联络官警务参赞,有关大学、公安院校负责人和在杭国际友人、资深媒体人约60名嘉宾应邀到会。

【命案侦破和命案积案攻坚】2017年,杭州市公安机关进一步完善命案侦破和命案积案攻坚工作机制,整合资源和力量,强化大要案攻坚专业力量与应急处置最小作战单元建设,深化多警种合成作战,拓展刑侦专业手段,持续抓好命案侦破工作,连续4年实现现行命案全破。组织开展命案积案攻坚专项行动,命案积案总数持续下降,全年成功侦破历年命案积案16起,其中7起积欠20年以上、9起积欠10年以上。命案积案攻坚成绩居全国同类城市前列。

【电信网络诈骗惩治】2017年,杭州市反欺诈中心发挥牵头职能,强化部门协作、资源共享,突出联动作战,完善打防电信网络违法犯罪工作新机制,取得发案下降、涉案金额下降、破案上升的"两降一升"成效。全市电信网络诈骗案受理1.53万起,比上年下降20.4%,立案下降3.8%;涉案金额3.03亿元,下降27.3%;破案1819起,上升2.5倍。破获电信网络新型案件5340起,刑拘2429人,两项数据均上升2倍以上。

【"猎狐2017"抓获境外逃犯19名】2017年,杭州市公安机关组织推进"猎狐2017"专项行动,成立由市局主要领导任组长的专项行动领导小组,提出"坚定、咬定、绑定"的要求和"理尽、穷尽、抓尽"的目标,严控、严查逃犯在境外的资金活动情况,最大程度压缩其境外活动空间,双向推进缉捕工作。全市抓获境外逃犯19名,其中被公安部认定的在册逃犯5名,取得杭州市开展"猎狐行动"4年来最好战果。

【禁毒情报研判中心建立】2017年6月,杭州市公安机关加快完善禁毒打防管控一体化平台建设,建成全省首家禁毒情报研判中心。该中心构建"情技侦"三位一体打击模式,实现"手段最优化、流转扁平化、人员高效化"和禁毒情报研判运用的转型升级。至年末,通过重点线索研判破获目标案件5起,抓获涉毒嫌疑人230人,刑拘71人,缴获毒品冰毒8.5千克;向有关部门通报一般涉毒线索500多条,抓获涉毒嫌疑人165人,刑拘35人,行政拘留130人,缴获毒品冰毒2.2千克。

【基层顶格管控机制推行】2017年,杭州市公安机关总结固化"G20杭州峰会"安保工作中基础管控的成功经验和做法,结合省公安厅基层基础顶格管控的相关要求,在全市推行基层26个全覆盖顶格管控工作机制,相关基础工作水平得到明显提升。至年末,全市通过网格化管控,累计排查出各类管控重点人8.46万人、单位19.3万个、民用枪支2467把、弹药103.1万发,射钉弹95万发。

【公安"微信红包"有奖举报平台建成】2017年,杭州市公安局主动适应移动互联网技术飞速发展的趋势,在全市范围内推广实施举报奖励"微信红包"工作机制,并在"杭州公安"微信公众号设立举报矩阵,统一各地举报标识,实现网上举报全市"一窗进入、分界受理"工作机制。至年末,全市13个公安分局和县(市)公安局已经建立微信举报平台,其中11个分局微信举报平台接入市局微信公众号"杭州公安"举报矩阵。

【全民反恐防范新格局构建】2017年,杭州市公安机关探索全民反恐新路子,针对步行街、城市综合体、旅游景区等人员密集场所,以联建、联防、联控、联保、防车辆冲撞、防刀斧砍杀、防爆炸工作为重点，推进反恐防范管理、应急发动、基础排查等精细化措施，形成“公安为主、社会配合、统一指挥、全民联动”的守望相助机制。全年建成“四联三防”建设点27个、“四联三防”指挥室16个，发动沿线商户、平安志愿者等社会力量3000多人，增加和升级监控设备6000多台。上城区清河坊历史街区、上城区7所医院联盟、下城区嘉里中心商业综合体等成为全省“四联三防”示范点。

2017年5月9日，市公安局出入境管理局推出“最多跑一次”相关服务举措——出入境窗口启用“支付宝”缴费 （市公安局 供稿）

**【特定对象羁押新模式探索】** 2017年，杭州市公安机关率先在全省完成全市未成年在押人员集中羁押和全市女性留所服刑人员相对集中羁押新模式，实现全市未成年人和女性在押人员规范管理。杭州市看守所推出未成年人“育新学校”管理教育新模式，设置传统文化、思想品德、法制教育等7门课程，并积极与市关心下一代工作委员会、杭州师范大学等社会机构联合帮教，让他们看到希望，努力降低重新犯罪率。人民法治网、《浙江法制报》、浙江电视台等11家媒体对该校进行宣传报道，展示监所法治文明新成果。

**【户籍制度改革】** 2017年，市公安局制定印发《关于完善市区部分人才引进政策的通知》《关于深入推进户籍管理“最多跑一次”改革工作的通知》等文件，对包括出生登记、市内户口迁移、市外户口迁移在内的11个业务事项申报材料进行简化，精简材料58件。结合群众关注的热点问题，精简流程，缩短审批时限，联审联办事项采取“一窗受理”模式；取消市内户口迁移中夫妻、未成年子女整户迁移限制；将人才引进落户、应届毕业生落户审批权限下放到县级公安机关，受理权限下放到公安派出所；将16周岁以下未成年人首次变更姓名、边境管理区通行证受理审批权限，均委托下放公安派出所。建立“互联网+户籍管理政务服务”模式，全市所有户籍办证窗口均接入政务网，并开通数据查询平台，实现社保、民政、房管等部门数据共享。所辖公安分局和县(市)公安局均已在政务服务网开通户籍业务事项在线办理，市外户口迁移在PC端、微信端推出材料预受理、预审。落实户口簿网上换领、补领业务工作，群众网上申请补办户口簿得以实现。

**【新型居住证制度出台】** 2017年10月，杭州市流动人口服务管理领导小组办公室牵头，从申请落户、办理孩子入学、申请城市公共租赁房等问题入手，研究出台《杭州市居住证积分管理办法》，细化完善教育医疗、积分落户、住房租赁等公共服务配套政策，定于2018年1月1日起正式实施。该办法以政策导向和完善的服务体系吸引更多优秀人才到杭创业、居住和落户；打通公安网、政务网和互联网之间“数据跨网跑”瓶颈问题，实现浙江省居住证办理“最多跑一次”，流动人口和出租房屋信息报送“一次都不跑”，直接惠及全市约600万流动人口。

**【外国人出入境便利政策实施】** 2017年，杭州市以外籍人才引进签证政策为突破口，主推杭州城市国际化建设战略。经公安部批复同意，杭州于12月29日实施外国人签证、出入境、停居留、永久居留等7项出入境管理便利政策。市公安局出入境管理局主动对接市有关部门，逐个研究破解高端人才认定标准、收入纳税标准和政策覆盖面等难点问题，顺利通过公安部评审验收。

**【杭州“城市数据大脑交通V1.0”运行】** 2017年，根据市委、市政府“智慧城市”建设的总体部署，市公安局与阿里巴巴集团等企业合作，以大数据交通治堵为突破口，研发建成“城市数据大脑V1.0”，在市区和萧山区分别试点成功后，于10月在云栖大会上正式对外发布。杭州“城市数据大脑V1.0”聚焦大城市交通治堵，以大数据、云计算、人工智能等前沿技术为支撑，旨在构建安全可靠、开放共享、实时联动的城市交通治理生态系统，为解决城市交通资源配置和使用问题提供方案和路径，具备智能感知路况、智能判定堵情、智能巡查事件、智能优化配时、智能辅助指挥5项基本功能，为推进交通治理体系和治理能力现代化提供路径选择。“城市数据大脑”已被列为国家首批四大人工智能平台之一。

**【公安“最多跑一次”改革提速】** 2017年，市公安局围绕“突破办、简化办、网上办、就近办、规范办”议题，推进“最多跑一次”改革。率先在全省推出以实名认证为核心的“警察叔叔”App，所有办事窗口实现电子支付服务，推出“最多跑一次”的改革事项102项，占总事项的91%。其中，推出77项涉及民生的事项可全城通办；推出两批“一证通”事项，实现31项业务仅凭身份证即可办理；取消208个证明材料规定，实现29个服务项目“跑零次”；出台优化服务“十个

2017年杭州市交通、火灾事故情况

表11

| 月份 | 交通事故 | | | | 火灾事故 | | | |
|---|---|---|---|---|---|---|---|---|
| | 次数(起) | 死亡(人) | 受伤(人) | 经济损失(万元) | 次数(起) | 死亡(人) | 受伤(人) | 经济损失(万元) |
| 1 | 132 | 47 | 110 | 35.26 | 316 | 3 | 3 | 127.82 |
| 2 | 124 | 44 | 115 | 35.92 | 281 | 0 | 0 | 224.87 |
| 3 | 159 | 43 | 146 | 17.47 | 257 | 0 | 0 | 138.45 |
| 4 | 177 | 55 | 156 | 35.63 | 287 | 10 | 2 | 382.67 |
| 5 | 182 | 46 | 177 | 31.48 | 364 | 5 | 4 | 258.38 |
| 6 | 171 | 38 | 168 | 25.63 | 310 | 1 | 0 | 337.11 |
| 7 | 197 | 48 | 207 | 41.87 | 494 | 2 | 0 | 172.64 |
| 8 | 177 | 47 | 167 | 24.93 | 347 | 0 | 2 | 117.45 |
| 9 | 190 | 33 | 199 | 26.50 | 302 | 0 | 0 | 157.37 |
| 10 | 201 | 45 | 200 | 45.09 | 244 | 0 | 0 | 379.55 |
| 11 | 213 | 64 | 174 | 43.56 | 317 | 0 | 0 | 269.42 |
| 12 | 212 | 47 | 218 | 75.50 | 322 | 0 | 0 | 451.17 |
| 合计 | 2 135 | 557 | 2 037 | 438.84 | 3 841 | 21 | 11 | 3 016.88 |

一”刚性措施和“十个必须”规定，提升人民群众的方便感和获得感，被《人民日报》《浙江日报》等多家主流媒体报道。交通违法处理项目获第二届全国政务服务论坛“互联网+政务服务创新奖”。

**【小城镇交通综合整治】**2017年，市公安局交通管理部门实施全市小城镇交通秩序综合整治三年行动计划，对全年要达标的50个小城镇，实施停车场建设、科技建设等交通治理项目237个。至年末，全市建立乡镇(街道)交管办(站)122个，配备交通安全员、劝导员3017人。

**【火灾隐患排查整治】**2017年，杭州市完善消防安全委员会成员单位联席会议及联合检查制度，市公安消防部门对出租房、人员密集场所、易燃易爆场所、电气设施、夏季消防、高层建筑和民房等开展33项专项整治工作，落实消防安全形势分析评估、每日消防检查、重要节日和重大活动消防安全保卫、火灾隐患举报投诉处理、重大火灾隐患治理、消防安全专项行动6项制度。全市公安消防机构开展常态化排查单位11.8万个次，发现整改火灾隐患11.4万处；办理单位临时查封1998起，实施行政处罚6387起，罚款2990.3万元；责令单位“三停”处罚2071起，拘留2789人。全市接到消防报警1.63万次，发生各类火灾3841起，比上年下降8.8%。抢救、疏散人员4688人，抢救财产价值3435万元。

**【公安执法管理机制改革】**2017年，杭州市公安局推进受案立案制度改革，在全省首创分局、派出所二级架构的接报案中心，创新受案途径、工作流程、监督机制、数据应用，有效解决报案不方便、受案不透明、立案不容易等问题。全面推进“三位一体”执法管理机制建设，在滨江、萧山、下沙3个公安分局试点先行的基础上，将样板经验覆盖全市所有县级公安机关及派出所。配套制定《杭州市公安机关执法管理中心岗位工作标准(试行)》等工作规范，形成系统严密的执法管理封闭圈。推进认罪认罚从宽制度改革，探索形成“梯度设置从宽幅度”“表现等级评定四级三审”等特色做法。富阳区和西湖区公安分局率先开展“刑拘直诉”试点，形成具有杭州特色的改革制度设计。

(曹学林)

## 检　察

**【概况】**2017年，全市检察机关强化法律监督，推进检察改革，全面从严治检，提升检察工作法治化、现代化水平。围绕市委、市政府中心工作，完善检察环节服务保障举措，开展“联百乡、结千村、访万户”蹲点调研、“剿灭劣V类水”行政执法监督专项行动，为城乡统筹发展、城市依法治理提供检察服务。参与社会治理，办结群众信访2381件次。维护社会稳定，制定和落实服务保障党的十九大、第四届世界互联网大会、第十三届全国学生运动会工作方案，成立维稳安保领导小组，做好案件办理、风险防控、矛盾化解等工作。推进检察环节“最多跑一次”改革，公开承诺程序性信息查询、行贿犯罪档案查询、外来人员接待、在押人员约见检察官、代表委员意见办理等6类事项“最多跑一次”。依托检察服务大厅、控申接待大厅和检察门户网站，构建网上网下“一站式”服务平台，市检察院信访接待场所被最高人民检察院评为“全国文明接待室”。聚焦医疗、社保、食药、环保等领域，牵头举办专项培训，促进行政执法与刑事司法衔接紧密有效。结合办案向党委、政府反映情况、提出建议，市检察院第7次获得杭州市“人民建议奖”。

坚持正规化、专业化、职业化方向，加强检察队伍建设。推进“两学一做”学习教育常态化、制度化。增强宪法意识，参与“国家宪法日”普法宣传活动，举行员额检察官宪法宣誓仪式。坚持常态化业务培训、岗位练兵，举办高层次人才、业务骨干、年轻干部专题培训班，组织理论研究、实务探讨、论坛交流等研修活动。完善检察干警上挂下派、对外互派等多岗位锻炼机制，采取多种形式培养人才。在检察系统举办的各类业务竞赛中，市检察院获奖人数在全省领先，2名干警在全国公诉、刑事申诉业务竞赛中获奖，4名干警在全省控辩对抗赛中获“优秀辩手”称号。12件案件获评省级以上精品案例，68篇实务调研论文获得省级以上奖励。

**【批捕起诉】**2017年，全市检察机关批准逮捕各类刑事犯罪嫌疑人8916人，提起公诉16301人。依法起诉危害国家安全、邪教组织犯罪68人，故意杀人、故意伤害、抢劫等严重暴力犯罪758人，非法吸收公众存款、集资诈骗等涉众型经济犯罪288人，电信网络诈骗犯罪1701人。依法起诉“百名红通”1号人员杨秀珠贪污受贿案、“龙炎”特大非法集资案、“电商代运营”系列网络诈骗案等典型案件。严格把握逮捕、起诉标准，对不构成犯罪、证据不足的案件，不批捕1009人，不起诉96人；坚持宽严相济刑事政策，对犯罪情节轻微的案件，不批捕2118人，不起诉2309人。

**【检察监督】** 2017年，全市检察机关监督公安机关立案112件、152人，监督撤案7件、7人，纠正漏捕、漏诉100人。持续开展破坏环境资源和危害食品药品安全犯罪专项立案监督活动，立案监督环保、食品药品领域案件61件、71人。坚持“侦查有需求，检察有作为”原则，探索派驻基层公安机关的检察监督机制，做到监督及时、引导有效。完善抗诉线索交叉审查机制，定期印发抗诉案例汇编，加强个案抗前指导和逐案审查把关，依法提出抗诉21件，法院审结14件，抗诉意见被采纳11件。依法办理刑罚变更执行监督案件9227件，其中出庭监督职务犯罪、金融犯罪、涉黑犯罪等“三类罪犯”减刑、假释案件765件，建议从严掌握减刑、假释65件，全部被刑罚执行机关和法院采纳。依法办理羁押必要性审查案件，283人被变更强制措施。依法开展社区矫正检察监督，监督收监执行43人。开展财产案执行专项检察“回头看”活动，提出54份建议均被采纳。依法履行民事行政检察职能，受理民事行政诉讼申请监督案件429件，审结364件，提出提请抗诉30件，发出再审检察建议18件，法院改判32件。审查发现虚假诉讼线索49件，经法院再审纠正21件，23人被追究刑事责任，为国家、集体和个人挽回经济损失5100多万元。聚焦医疗卫生、环境保护、公共安全等行政执法重点领域检察监督，提出检察建议26件，全部得到行政机关采纳。

**【公益诉讼新职能实施】** 2017年7月1日起，检察机关依法履行提起公益诉讼新职能。依据的法律是修改后的《中华人民共和国民事诉讼法》第五十五条规定，人民检察院在履行职责中发现破坏生态环境和资源保护、食品药品安全领域侵害众多消费者合法权益的行为，在没有确定或者相关机关、组织不提起诉讼的情况下，可以向人民法院提起诉讼；《中华人民共和国行政诉讼法》第二十五条规定，人民检察院在履行职责中发现生态环境和资源保护、食品药品安全、国有财产保护、国有土地使用权出让等领域负有监督管理职责的行政机关违法行使职权或者不作为，致使国家利益或者社会公共利益受到侵害的，应当向行政机关提出检察建议（诉前检察建议）督促其依法履行职责；行政机关不依法履行职责的，人民检察院依法向人民法院提起诉讼。

市检察院成立公益诉讼领导小组，统筹谋划思路和举措，主动向市委、市人大、市政府、市政协报告和通报工作。与市法制办、市环保局、市国土局、市市场监管局等部门建立工作协作机制。与浙江大学光华法学院合作建立公益诉讼研究中心，形成工作合力。7—12月，全市检察机关立案公益诉讼案件28件，经审查，发出诉前检察建议22件，落实整改18件。

**【服务保障非公经济】** 2017年，市检察院服务保障非公有制经济发展，准确把握法律政策界限，依法妥善办理涉企犯罪案件，提供平等产权保护。承办金某等11人的ETC系列诈骗案等4个案例，被评为浙江省检察机关服务非公经济精品案事例。针对涉互联网犯罪高发态势，建立杭州市网络犯罪研究中心和互联网检察教学基地，召开“网络犯罪与公民权利保护”主题论坛，举办打击网络违法犯罪专题培训班，搭建办案、培训、研究深度融合的工作平台，保障信息经济健康发展。在服务保障特色小镇方

2017年7月4日，市检察院在“五四宪法”历史资料陈列馆前举行员额检察官宣誓仪式　（市检察院 供稿）

面，通过走访调研、问卷调查、设立工作站等形式，找准企业创业创新、防范金融风险、保护知识产权等法治需求，精准施策，提供风险防范、法律支持等针对性服务，为特色小镇发展提供法治保障。

【未成年人司法人文关怀】2017年，市检察院关注未成年人司法人文关怀，运用合适成年人参与诉讼、附条件不起诉、"圆桌帮教"等机制，审查起诉未成年人刑事案件278件、395人，不起诉157人，不起诉率为39.7%，比上年提升14%。坚持"儿童利益最大化"理念，将未成年人检察工作从办案向预防延伸，推出《2014—2016年杭州市未成年人犯罪情况分析》白皮书，建立涉罪未成年人观护帮教基地和青少年法治教育基地，举办"检察官法治宣讲团进校园"等活动，开展宣讲170多场次，受众师生4.1万人。市检察院获评浙江省优秀"青少年维权岗"称号。

【检察业务标准化建设】2017年，市检察院继续推进办案规范化建设，制定《杭州市检察机关羁押必要性审查案件办案流程规范指引(试行)》，丰富和完善刑事案件审查"杭标规范"体系。严格执行客观性证据审查、疑难案件备案审查等规定，继续推行案件质量评查、刑事申诉及国家赔偿案件反向审视机制，做到案中、案后质量把控全覆盖。对履职规范化开展检务督察和专项监督检查，接受人民监督员监督，加大力度保护犯罪嫌疑人和被告人的合法权利，完善保障律师执业权利工作机制，市检察院被最高人民检察院评为"保障律师执业权利示范单位"。

【"智慧公诉"辅助办案系统开发成功】2017年，市检察院秉持"加强标准化与信息化深度融合，提升检察工作现代化水平"的创新思路，成功开发"智慧公诉"辅助办案系统。该系统由"大数据辅助办案、同步录音录像智能审查、智能语音识别"等子系统组成，辅助公诉人完成案件信息提取、证据关联比对、办案风险处置、量刑精准研判、文书制作校对等工作。"智慧公诉"辅助办案系统创新经验在最高人民检察院研讨会、全省检察长座谈会以及全省检察机关"智慧公诉"推进会上做交流介绍。市检察院代表浙江省在全国检察机关科技装备展上展示该系统，子系统"智能语音识别"试点被最高人民检察院作为"智慧检务"典型案例推广全国。

【检务公开】2017年，全市检察机关持续打造"阳光检察"。完善检务公开机制，依托人民检察院案件信息公开网，公开生效法律文书，发布重要案件信息，提升检察工作透明度。依托主流媒体、新媒体多元平台，推出原创视频栏目《守望者》，以及"廉政家风"等主题漫画和"人民的名义"等表情包，用群众喜闻乐见的形式展示检察工作，弘扬检察正能量。市检察院和6个基层法院被最高人民检察院评为"全国检察宣传先进单位"。

根据市人大常委会对市检察院开展刑事诉讼法律监督专题审议提出的监督意识、手段、能力等问题，逐一分解，落实整改措施。配合市人大常委会开展《中华人民共和国预防未成年人犯罪法》执行情况及预防校园欺凌问题专项监督，举办"臻情护航·法治进校"检察开放日、个案公开审查听证、庭审观摩等活动。加强与市人大代表、政协委员的上门走访交流，接受定向视察，全年办理人大代表建议1件。严格执行人民监督员制度，提升检察公信力，对拟撤案或不起诉的68件职务犯罪案件，全部进入人民监督员监督程序。

【检察体制改革】2017年，全市检察机关全面推进司法体制改革。完成检察官、检察辅助人员、司法行政人员3类人员分类管理，共遴选员额检察官409人，全部配置到办案一线。入额院领导带头办理重大疑难复杂案件，发挥业务指导和示范作用。推行检察官办案责任制，制定检察官权力清单和实施细则，确立员额检察官办案主体地位，95%的案件由员额检察官依法独立做出审查决定。开展内设机构改革，建立与司法责任制改革相配套的内设机构体系，使检察权运行更加规范有效。

配合推进国家监察体制改革试点。全市检察机关反贪、反渎和职务犯罪预防部门243名检察干警转隶至市监察委员会。市检察院依法做好检察环节各项工作，及时会同市监察委员会、市法院、市公安局做好职务犯罪案件移送提起公诉衔接工作，规范提前介入、案件移送、强制措施适用等工作流程。全年，市检察院依法受理市监察委员会移送的职务犯罪案件28件、36人，提起公诉21件、26人。其中起诉杭州市物业维修资金管理中心工作人员余某贪污一案，是改革试点以来全国第一起监察委员会依法采取留置措施的案件。市检察院撰写的《国家监察体制改革试点

2017年12月15日，市检察院和浙江大学光华法学院合作成立全省首家公益诉讼研究中心　　(市检察院　供稿)

的调研报告》被最高人民检察院作为参阅件送领导决策参考。

开展认罪认罚从宽制度试点，健全完善简案快办、繁案精办的案件分流机制，制定认罪认罚案件实施细则和起诉规则，细化量刑建议标准。全年，全市检察机关对7180件、8007人适用认罪认罚从宽制度，检察环节适用率49%，在全国18个试点城市中名列前茅。 （冯顺英）

## 法 院

**【概况】** 2017年，全市法院以“司法为民、公正司法”为主线，忠实履行宪法法律赋予的职责。全年受理各类案件30.2万件，审结29.01万件，比上年分别上升13.1%和15.5%，继续位居全省第一；全市法官人均办案362件，增加57件，超全省平均数47件，是全国平均数的2倍。其中市中级人民法院收案1.85万件，审结1.77万件，分别上升9.6%和9.1%。全市法院办结减刑、假释案件9175件。主要办案质量、效率指标继续保持全省前列。

坚持党对法院工作的绝对领导，严格落实党风廉政建设主体责任，制定责任清单，设立廉政监督员，加强业内外监督。运用大数据、人工智能等现代科技手段，确保案件全程网上办理，司法活动及干预办案情况全程留痕，违规操作自动拦截，办案风险实时提示，提升风险防控能力。全市法院有23个集体和27名个人获评省级以上荣誉。上城区法院获评全国优秀法院，余杭区法院、临安区法院获评全省优秀法院。萧山区法院俞恩华获评全国优秀办案标兵。

**【刑事审判】** 2017年，全市法院审结一审刑事案件11155件，判处被告人15072人，分别比上年下降5.9%和6.1%。严惩危害国家安全、危害公共安全和群众生命财产安全的恶性犯罪，维护群众安全感。保持反腐败高压态势，审结贪污、贿赂、渎职等职务犯罪案件93件、118人；坚持追逃追赃并重，依法审结“百名红通”1号人员杨秀珠贪污、受贿案，对潜逃在外的腐败分子形成有力震慑。配合省监察体制改革试点，审结试点期间全省首例职务犯罪案件，形成惩治腐败的强大合力。严厉打击毒品犯罪，从重判处10年以上有期徒刑直至死刑160人，有效遏制毒品蔓延，净化社会环境。严惩危害民生领域犯罪，审结生产、销售有毒有害食品药品等犯罪案件64件，保障老百姓“舌尖上的安全”。审结电信网络犯罪、集资诈骗、非法吸收公众存款等涉众型经济犯罪案件111件，保障老百姓“钱袋子的安全”。妥善审结涉及全国30多个省市、涉案标的额156亿元、被害人24万余人、被告人21人的“龙炎集团”特大非法集资案，连续三天开庭并微博直播，主犯黄某、蔡某一审被判处无期徒刑。

**【民事审判】** 2017年，全市法院发挥司法惩恶扬善功能，开展家事审判方式改革，签发人身安全保护令，落实《中华人民共和国反家庭暴力法》，强化对未成年人、老年人和妇女权益的保护，审结抚养、赡养、婚姻等家事案件10303件，依法保障人民群众幼有所育、老有所养、弱有所扶。妥善审理涉教育、医疗、劳动争议等案件6008件，修复受损社会关系，依法保障人民群众学有所教、病有所医、劳有所得。准确把握裁判尺度，依法审结房屋买卖及租赁、建设工程等涉不动产案件5737件，依法保障人民群众住有所居。对“涉军停偿”等案件坚持优先立案、优先审理、优先执行，依法维护国防利益、支持军队改革。

**【商事审判】** 2017年，全市法院加强产权司法保护，审结物权、股权等涉财产权案件2959件，切实维护群众财富安全感。审结与经济发展密切相关的涉企案件138992件，涉案标的额1156亿元。审结买卖、运输等合同纠纷案件20559件。审结金融借款、票据、保险等金融纠纷及民间借贷案件62380件，涉案标的额682.3亿元。市中级人民法院设立全国首个证券期货纠纷巡回法庭，快速、低成本解决投资者纠纷。上城区法院设立华东地区首个派出金融法庭，主动对接钱塘江金融港湾建设。

全市法院发挥破产审判职能，依法把不符合环保标准、不具有发展潜能的无效供给、过剩产能清退出市场，审结破产案件47件，释放土地172.6公顷、房产170万平方米，盘活账面资产72亿元。市中级人民法院与中国人民银行杭州中心支行签署框架协议，解决破产过程中企业账户资金去向查询、重整企业信用修复等难题。发布《杭州法院破产审判白皮书（2007—2017）》，提示市场风险。严厉打击逃废金融债务行为，以“虚假诉讼”“抽逃注册资金”等罪名审结逃废债案件27件、62人。

全市法院发挥涉外商事审判职能，平等保护中外当事人合法权益，审结涉外、涉侨、涉港澳台案件975件，比上年上升86.4%。其中韩国现代重工独立保函索赔案入选全国法院涉“一带一路”建设十大典型案例。强化国际司法协助，建立域外法查明合作机制，营造平等、开放、有序的国际民商事法律环境。依法保障城市快速路网项目、亚运会场馆等重点工程、重大项目顺利推进。围绕国际重要旅游休闲中心建设，市法院及富阳区、临安区、桐庐县、建德市等地法院在知名景点设立旅游纠纷巡回法庭，快速有效处理旅游纠纷，依法规范旅游市场。

**【行政审判】** 2017年，全市法院深入贯彻新《中华人民共和国行政诉讼法》，审结一审行政案件2614件，审理规范性文件附带审查案件395件。推进行政争议调解改革试点，妥善解决行政相对人实际诉求，经协调和解撤诉545件，占总数20.8%。发挥行政审判司法监督职能，判决行政机关败诉249件，败诉率9.5%。强化司法与行政良性互动，召开府院联席会议等，连续10年发布行政审判白皮书并首次面向社会公开；对不动产联办业务“一窗受理”平台建设及金融交易场所风险处置等提出法律建议，助推法治政府建设。市中级人民法院审结全国首例规制境外避税行政诉讼案件，入选全国行政审判十大典型案例。

**【生态环境司法保障】** 2017年，全市法院从钱塘江及沿岸的综合保护与利用出发，妥善审理涉“五水共治”、“城中村”改造提升和小城镇环境综合整治等案件398件。强化环境案件审判，通过严厉打击犯罪，从严控制缓刑适用，审结乱砍滥伐、破坏耕地、污染水源等破坏环境犯罪案件49件，判处罪犯76人。加强对森林、野生动物等自然资源的保护，采取在国家级自然保护区设立巡回法庭、发布禁止令等措施，及时制止侵害行为。支持和监督环保行政执法机关依法履行职能，裁定准予执行环境执法案148件，准予执行率100%，依法保障生态文明建设。

【杭州知识产权法庭设立】2017年9月8日，经最高人民法院批准，设立杭州知识产权法庭，跨区域管辖杭州、嘉兴、湖州、金华、衢州、丽水六市的专利等知识产权案件。发挥司法保护知识产权主导作用，实行知识产权民事、行政和刑事案件“三合一”审判体制。促进技术创新和文化创新，依法审理涉人工智能、新能源汽车、生物科技等战略性新兴产业和动漫游戏产业的专利、商标和著作权案件4654件，比上年上升34.5%。加大对丝绸、茶叶、临安山核桃等“老字号”、驰名商标、农产品地理标志的司法保护力度，保障杭州历史文化名城建设。

【基本解决“执行难”顽疾】2017年，全市法院贯彻最高人民法院“向执行难宣战”的工作部署，依靠市委、市人大、市政府的领导和支持，在全市构建起基本解决“执行难”工作大格局。全年执结案件90536件，比上年上升22.3%；执行到位标的额202亿元，上升57.7%；标的到位率、实际执行率等核心指标明显提升。全年持续开展集中搜查、拘留、腾退房屋、打击拒执犯罪等专项行动，充分运用“点对点”网上执行查控机制，查控被执行人银行存款、房产、车辆等财产，让被执行财产无处可藏；建立24小时执行备勤制度，网上布控被执行人17152人次，让被执行人无处可躲；加大对失信行为的惩戒力度，共对24547人限制高消费，对1810人禁办护照，对712本护照宣布作废，对6026名拒不履行义务的被执行人实施司法拘留，以涉嫌拒执罪移送公安机关57人，采取刑事强制措施16人，让“执行”成为惩治违法失信行为的利剑。

2017年9月8日，杭州知识产权法庭揭牌　（市法院 供稿）

【社会治理共建共治共享】2017年，全市法院探索“枫桥经验”升级版，按照“纠纷解决分层递进”的思路，构筑诉前化解、立案调解和简案速裁三层“过滤网”，在全省率先开展委托律师调解和公证调解试点，诉前纠纷化解率18.6%，领先全国。率先试点并推广在线矛盾纠纷多元化解平台，让矛盾纠纷在线分流、跨域调停、多元化解。对未成年人犯罪坚持“教育、感化、挽救”方针，落实犯罪记录封存、合适成年人监护等制度，帮助其早日重返社会。强化社区矫正、回访帮教等工作，有效预防和减少犯罪。深化诉访分离改革，畅通申诉立案信访渠道，全年受理申诉和申请再审案件688件，再审改判87件，依法信访终结23件。对4名违法闹访人员移送公安处理，维护好社会秩序。落实司法救助改革，成立司法救助委员会，促进司法救助规范化。

【杭州互联网法院试点】2017年8月，经中央全面深化改革领导小组批准，杭州市设立世界首个互联网法院——杭州互联网法院，被誉为“司法领域里程碑式的事件”。该院成立以来，累计受理互联网上发生的购物、小额金融借款、著作权和利用互联网侵害他人人格权等6类案件4859件，审结3064件，一审息诉服判率98.5%。杭州互联网法院针对涉网案件特点，探索线上撤诉、缺席审理、电子送达等一系列网上程序审理规则，通过司法裁判提炼对平台责任、刷单炒信、职业索赔等问题的实体审判规则，规范互联网主体行为，为网络空间治理提供“杭州样本”。举办首届互联网法治西湖论坛，共谋互联网法治发展。

【法院体制改革】2017年，杭州市严格法官入额标准，全市遴选第二批员额法官221名，科学组建新型审判团队486个。制定详细的司法人员责任清单，规范权责配置，全面推进司法责任制落地见效。坚持“入额必办案”，大力推进院长、庭长办案常态化，全市院长、庭长办案占总结案数的30%。深化审判权运行机制改革，实现让审理者裁判、由裁判者负责，市法院裁判文书法官独立签发率达97%。运用案件流程监管、庭审巡查软件、网上办案系统等现代科技手段，推动对审判质效的监管由盯人盯案、层层审批向全院、全员、全过程的实时动态监管转变，确保放权不放任、监管不缺位。

【法院多项诉讼改革试点】2017年，全市法院深化以审判为中心的刑事诉讼制度改革，全面贯彻证据裁判规则，制定证人、鉴定人出庭作证规范，有85起案件适用证人出庭制度，确保有罪的人受到公正惩罚，无罪的人不受刑事追究。有序推进刑事案件认罪认罚从宽制度试点，制定常见罪名量刑指导意见和庭审规范，累计审结试点案件5868件、6679人，占刑事案件总数的48.1%。通过认罪认罚，有效敦促被告人积极赔偿被害人损失，被害人受偿率比上年提升30%，努力修复被犯罪破坏的社会关系。在全市法院实现道路交通事故“网上数据一体化处理”改革试点的全覆盖，最高人民法院、公安部、司法部、保监会四部委联合发文向全国14个省市推广。　（胡育萍）

## 司法行政

【**概况**】2017年，全市司法行政机关立足司法行政职能，积极创新创优，加快“杭州司法”品牌建设，提升司法行政工作品质，为杭州建设独特韵味别样精彩的世界名城提供坚强法治保障。省委常委、市委书记赵一德，省司法厅领导先后9次做出批示肯定，司法部简报两次专题推介杭州司法行政工作，《人民日报》《法制日报》《杭州日报》等媒体全面报道杭州司法行政工作特色亮点。市司法局在省司法厅2017年度工作综合考评中名列全省第一，被评为优秀单位，记集体三等功。政务信息工作在省司法厅排名第一。杭州市法律援助中心被评为全国法律援助先进集体，“杭州司法”微信公众号被评为中国优秀政法新媒体。

【**司法局“最多跑一次”改革举措**】2017年，市司法局全面梳理“最多跑一次”事项清单，市局有主项8项、子项14项，区县（市）司法局有主项2项，均在浙江政务服务网上公布。其中法律援助审批事项实现当场受理、快速办结，其他事项实现快递送达全覆盖，全系统全面完成“最多跑一次”改革任务。部分公证处还主动推行“9+9最多跑一次”改革，除司法部规定的9项公证事项外，新增生存、经历、无犯罪、婚姻状况、亲属关系等9项涉外公证事项。推行公民个人事项“简材料、减环节、缩时限”，法律援助审批期限由5个工作日压缩为当场办结，基层法律服务工作执业核准办理期限由60日减为20日。推进“一窗受理、集成服务”改革，市局和各区县（市）所有审批服务事项全部进驻办事中心，市公共法律服务中心成为“市民之家”专门的法律服务区。开展“一把手办事体验”、党员监督员“陪跑”等活动，在上级部门和领导的暗访督查中得到充分肯定。

【**行政应诉和行政执法规范化**】2017年，市司法局加强行政机关合同审查，落实行政规范性文件统一登记、统一编号、统一公布制度。做好行政应诉和行政复议工作，全年办理行政应诉16件，审结11件，无一败诉；行政复议4件，全部审结；行政复议答复5件，办结4件。严格执行行政机关负责人出庭应诉制度，一审行政诉讼案件负责人出庭率和行政复议听证会出席率均为100%。落实行政执法人员持证上岗制度，市局机关持有行政执法证（含警官证）102本，持证比例96.2%，执法岗位持证比例100%。完成全市监狱减刑假释平台改造升级，完善办案责任制，严格执行全程留痕制度。市属监狱全年提级审核罪犯减刑假释案件9起，提出整改建议和意见32条。全面推进“双随机”抽查工作，制定法律服务行业“红黑名单”制度。加强对人民监督员选任管理和培训，78名人民监督员参加检察院70件案件的监督工作。

【**法律服务**】2017年，市司法局加大对“名所、名品、名律师”的培育力度，支持律师事务所通过兼并重组、联盟合作，做大做精做强品牌，浙江浙杭律师事务所等18个律师事务所被省律师协会认定为首批“浙江著名律师事务所”，占全省的35%。实施第二期“优秀青年律师领航工程”，开展第二届“十大律师先锋”之新锐律师评选等活动，加强青年律师培养，11名律师被省律师协会评为“浙江省优秀青年律师”。指导成立杭州市基层法律服务工作者协会，切实加强基层法律服务行业自律管理。至年末，全市有律师事务所487个，律师7213名；基层法律服务所69个，基层法律服务工作者414名，办理案件1.23万件。

加强公证质量监管，拓展业务新领域，组织召开全市公证质量管理工作专题会，引导全市公证行业树立“质量意识”。组织全市公证质量大检查和“五不准”专项督查，加大对投诉、违法违规问题的处理，提升公证质量和公信力。加大对公证机构的考核评优力度，3个公证处被评为年度考核优秀单位，2个公证处被评为三星级公证处，17名公证员、15名公证助理被评为优秀公证员和公证助理。全市12个公证机构、90名公证员办理各类公证23.7万件。

加强司法鉴定队伍教育和机构认证认可，加快品牌化发展，有1个司法鉴定机构新增4个项目通过省级认证认可，1个机构的2个项目通过省级认证复评审，14个机构的78个项目能力验证结果为满意，满意率85%。浙江汉博司法鉴定中心与中国刑事科协文检专委会、文检公安部重点实验室联合，在杭州举办首届文

2017年12月4日，杭州“五四宪法”历史资料陈列馆被全国普法办授予“全国法治宣传教育基地”称号

（市司法局 供稿）

件检验鉴定国际论坛，进一步提升杭州司法鉴定影响力。加强司法鉴定与诉讼、侦查工作的衔接，为各类诉讼活动完成8898件鉴定案件；以招投标形式承接公安系统的法医病理、法医毒物等案件5332件。全市14个司法鉴定机构、280名司法鉴定人累计办理法医临床等各类司法鉴定4万余件，比上年增长42.5%。

**【公共法律服务体系建设】**2017年，市司法局推进全市公共法律服务四级实体平台建设，升级杭州市公共法律服务网和手机App，将“12348”法律咨询专线升级为集司法行政各项业务于一体的公共法律服务热线，新增法律援助、公证、司法鉴定、人民调解、行政审批、司法考试、投诉建议等服务，促进网上网下无缝对接、互通互融。编印公共法律服务产品宣传手册，向党政机关、企事业单位和市民推介。市公共法律服务中心实行一周“5+2”工作模式，全年提供法律服务2.23万件，提升窗口服务能力。按照省司法厅部署，建设并形成市、县、乡、村四级“微信群”组织构架，充分发挥微信在“上情下达、下情上传、扩大宣传、服务基层群众”中的作用。

**【人民调解】**2017年，市司法局结合全市村(社区)组织换届选举，对村(社区)人民调解委员会同步完成换届工作。加强行业性专业性人民调解组织建设，在证券、消费、旅游、电商等行业成立调解委员会，全年新增调解组织11个，累计204个。开展律师、公证调解试点，贯彻最高人民法院、司法部《关于开展律师调解试点工作的意见》和最高人民法院《关于人民法院特邀调解的规定》，与市中级人民法院签订“共同推进多元化纠纷解决机制建设合作框架协议”，市国立公证处在下城区法院设立全市首个公证调解工作室，全年调解成功81件，成功率78.6%。加大纠纷预防排查调处力度，全市人民调解组织围绕平安护航党的十九大、“五水共治”、“城中村改造”、村(社区)组织换届等中心工作，全面开展矛盾纠纷预防、排查和化解工作，各类人民调解组织受理矛盾纠纷10.91万件，调解成功10.83万件，成功率99.3%。

**【监所监管】**2017年，杭州市属监所紧扣“治本安全观”“修心教育”“健康管理年”3项重点工作，加强统筹谋划，履行刑罚执行职能，全面实施《戒毒工作纲要》，“四四五”戒毒模式规范运行。全市监所保持安全稳定，市属监狱连续19年实现“四无”目标。西郊监狱成为全省“治本安全示范试点”4个单位之一，探索监狱工作“治本安全”。南郊监狱改扩建工程项目开工。东郊监狱新建指挥中心，推进智能化现代文明监狱建设。北郊监狱通过省监管局“罪犯劳动现场规范化”考核验收。富春强制隔离戒毒所完善戒毒医疗、心理矫治、康复训练、教育矫正、诊断评估“五大中心”建设，通过省戒毒管理局的考核验收，戒毒人员所内戒断率100%。

**【社区矫正安置帮教】**2017年，市司法局完善社区矫正“一中心三平台”建设，严格管控社区服刑和刑释人员，提升教育矫治水平。加强县级社区矫正中心建设，覆盖率84.6%，新版杭州市社区服刑人员管理系统正式上线运行，并开通手机App功能，规范执法流程，统一文书格式，完善数据统计和分析。制定《全市社区服刑人员和刑释人员管理工作防控等级响应预案》，在党的十九大、第四届世界互联网大会等重要时期，及时启动等级响应，实行24小时值班及省、市、县、乡四级视频“日会商”制度，落实重点人员“一人一案”管控措施，综合运用手机和电子腕带定位监控、指纹报到、再犯风险评估等措施，筑牢社区矫正“电子围墙”。制定《杭州市社区服刑人员教育矫正大纲》，编印《社区服刑人员集中教育读本》，推广分段教育模式，扎实推进社区矫正基地“一县一品牌”建设，丰富社会力量参与形式。

**【法治宣传】**2017年，市委、市政府办公厅印发《关于建立杭州市法治宣传教育责任清单制度的意见》，明确将34个市直单位作为普法责任主体。市普法办出台《杭州市法治宣传教育责任清单制度实施办法(试行)》，对普法责任清单制度的原则、内容、形式、检查、考核等方面都做出明确规定，并举办专题培训班。开展宪法、民法总则等法律法规的学习宣传教育。开展“宪法宣讲浙江行”活动，成立杭州市宪法宣讲团，推行“菜单式”“订单式”宣讲服务，全年开展宪法专题讲座24场。制作宪法专题宣传节目，在全市6200多辆公交车、100多艘西湖游船、地铁站台和列车的1.74万块电视屏滚动播出，12月4日推出“开往国家宪法日的地铁”专列。打造“融媒体”普法平台，整合传统媒体和新媒体资源，加强普法产品的统一创作和集中传播。联合“交通91.8”电台推出《空中阿普》普法节目，办好《开心学法》和《阿普说法》等普法电视栏目。

**【法律援助】**2017年，市司法局联合市委政法委、市法院、市检察院、市公安局出台《关于在认罪认罚从宽制度试点工作中加强法律援助工作的意见》，确立认罪认罚案件中法律援助以提供律师辩护为主、提供法律帮助为辅的模式。贯彻实施新《杭州市法律援助条例》，将经济困难标准放宽为低收入家庭人均收入标准，取消法律援助事项范围限制，并增加70周岁以上患有重大疾病的老年人等6种免予审查经济状况的情形，进一步扩大法律援助覆盖面。全市全年办理法律援助案件1.44万件，解答法律咨询10.3万人次，挽回经济损失1.44亿元。完善法律援助案件质量管理体系，建立“一平台三系统”，将法律援助所有工作纳入信息化系统，所有数据储存在“政务云”，3个系统的数据做到实时互联互通。年末，市法律援助中心被命名为“全国法律援助案件质量评估示范中心”。

**【司法行政“惠企便民”服务】**2017年，市司法局贯彻落实省司法厅“司法行政惠企便民法律服务二十条”要求，针对企业和基层群众对法律服务的新需求，开展“惠企便民”服务。组织律师为“一带一路”项目建设提供服务，4名律师入选中华全国律师协会“一带一路”跨境律师人才库，一批品牌律师事务所为浙商企业“走出去”保驾护航。各区县(市)通过举办“法律风险防范高峰论坛”，建立跨境电子商务综合试验区“律企联法律服务平台”“杭州市破产管理人协会”“楼宇律师”等服务常态化机制，为企业和群众提供精准优质的法律服务。公证处开展互联网存证公证服务，推出公证网上咨询、预约、申请的便民措施，为“阿里巴巴”“蚂蚁金服”等企业提供知识产权保护公证服务。推出小额遗产继承简易程序，为继承金额在5000元以下的群众提供免费公证服务，为80岁以上老人提供全年预约免费遗嘱公证。举办第四届司法行政“法治惠民服务月”活动，组织律师、公证员走访企业9500多个，为企业出具法律意见书、风险提示2900多份，帮助企业解决法律问题5060个。市普法办联合杭州电视台开展的“法律服务惠企便民”“尚法工作室”“法护创客”等活动，均受到基层群众广泛好评。

**【国家司法考试工作】**2017年是实施国家司法考试制度最后一年，在杭州考区报名的考生人数为9566名，比上年增加11.8%。市司法局把“实、稳、严、细、深”落实到司法考试全过程，组织实施9月16—17日的考试工作，做到平稳、安全、顺利、有效和“零差错”，完成国家司法考试“收官”工作。市司法局全年为1590名持有法律职业资格证书的人员办理年度备案手续，为245人办理调档申请，为1121名考生办理法律职业资格证书申领审核。（沈松涛）

## 仲 裁

**【概况】**2017年，市法制办大力推进专业仲裁院建设，仲裁事业取得新发展。为发挥杭州信息经济先发优势、营造一流营商环境，经市政府批准，已运行国际仲裁院，新组建网络贸易仲裁院，筹建浙江省知识产权仲裁调解中心。加快推进仲裁国际化，与国际商会仲裁院、联合国贸法会合作举办跨境电商国际仲裁（争端解决）论坛，共同探讨互联网纠纷化解的方法和途径。与境内外部分仲裁机构签订合作协议，加强深度交流合作，加快吸引国际高端仲裁资源，建设杭州国际仲裁中心。

强化仲裁员队伍和仲裁案件管理，完成第五届仲裁委的换届筹备工作方案并报送国务院复核。严把仲裁员准入关，建立仲裁员资格审查和考核委员会、业务指导委员会。建立庭前评议制度，形成书面意见供仲裁庭参考。杭州仲裁委员会全年受理案件1.26万件，比上年下降9.1%；审结1.25万件，下降9.3%。涉案标的额54.25亿元，增长53.7%。

**【杭州国际仲裁院境内外合作】**2017年，杭州国际仲裁院开展国际仲裁工作，加强与外国仲裁机构联系与沟通，与大韩商事仲裁院、英国皇家仲裁员协会、保加利亚国际仲裁院、新加坡国际调解中心等10个境外机构签订合作协议；与宁波、成都、重庆、广州等12个跨境电子商务综试区城市的13个国内仲裁机构签订合作协议，成立联盟秘书处，深入推动交流与合作。市政府成立推进国际仲裁工作领导小组，全面推进国际仲裁工作。协调邀请ICC国际仲裁院到访，与杭州国际仲裁院奠定合作基础。

**【跨境电商及国际仲裁（争端解决）论坛】**2017年10月27日，在杭州市举办第二届全球电商峰会期间，杭州仲裁委员会主办跨境电商及国际仲裁（争端解决）论坛，邀请国内外专业人士共同探讨互联网纠纷化解的方法和途径。与会的仲裁机构及专家学者结合跨境电子商务纠纷数量大、标的小、覆盖面广的特点，围绕G20杭州峰会所倡导的eWTP等国际规则的建立完善，深入探讨跨境电子商务、网络贸易、数字经济发展涉及的纠纷解决机制，达成充分利用现代化信息手段共同促进纠纷解决的共识，为当代全球新经济、新业态的蓬勃发展提供纠纷解决的新思路、新路径。

**【杭州贸易仲裁院成立】**2017年6月23日，市法制办实施市政府《关于进一步贯彻落实<中华人民共和国仲裁法>的通知》，在杭州国际仲裁院、杭州金融仲裁院、杭州知识产权仲裁院和杭州房地产仲裁院的基础上，经市政府批准，成立杭州贸易仲裁院。贸易仲裁院为杭州仲裁委员会内设机构，专门承办服务公司、企业等相关纠纷类和一般买卖类等国内仲裁案件，在贸易领域宣传推广仲裁法律制度，组织开展贸易类案件仲裁制度的调研和交流。

**【仲裁队伍建设】**2017年，杭州仲裁委员会加强仲裁员队伍建设，完善仲裁案件管理。仲裁委员会组建案管处，全面负责仲裁案件的统一管理，对标的额1000万元以上仲裁案件，由分管领导、受理处、案管处三方民主讨论，确定首席仲裁员的指定工作；加强仲裁庭管理，建立庭前评议制度。凡是合议庭审理案件，要求首席仲裁员组织首次开庭前的评议；严格仲裁员准入管理，所有新聘仲裁员，均需先通过培训，合格后方可按程序聘为仲裁员。

制定《杭州仲裁委员会关于加强仲裁员办案有关事项管理的通知》，规范公务员担任仲裁员的取酬行为。对专业性较强、意见分歧较大的案件及时组织专家论证，确保案件公正、高效审结。筹备设立仲裁员资格审查和考核委员会、业务指导委员会等机构。（曹士凡）

## 案 例

**【“6·22”蓝色钱江小区放火案】**2017年6月22日，杭州市上城区紫阳街道蓝色钱江小区一居民住宅发生火灾，现场搜救发现4名伤者，经送医院全力抢救无效死亡。市公安局在接到警情后，立即启动应急方案，同步开展刑事侦查和灭火救援。经过现场勘查和外围走访调查等工作，发现该住户家保姆莫某（女，34岁，广东东莞人）具有重大作案嫌疑，经审查，莫某交代了放火和多次盗窃雇主家财物的犯罪事实。

**【下沙高教园区“3·11”校园贷专案】**2017年3月11日，针对下沙高教园区非法借贷、暴力讨债（简称校园贷）等涉恶违法犯罪活动时有发生的情况，杭州经济技术开发区公安分局通过大规模排查，先后抓获涉案嫌疑人130名，成功打掉盘踞在高教园区的“校园贷”团伙13个，抓获涉案嫌疑人128名，查破抢劫、聚众斗殴、非法拘禁、诈骗、敲诈勒索等刑事案件90多起，查扣欠条1600多份，涉及资金4000多万元。

**【“百名红通人员”周骥阳落网】**2017年12月1日，杭州市公安局缉捕组赶赴大连市甘井子区，将潜逃9年、使用虚假身份的“百名红通人员”周骥阳抓获。犯罪嫌疑人周骥阳于2006年6月至2008年12月期间，涉嫌以合作开发房地产项目为由，先后多次骗取多名受害人资金合计1亿余元，用于其香港期货经营，部分资金用于支付到期本金及高额利息。2008年12月，周骥阳潜逃。2009年1月8日，市公安局对周骥阳涉嫌合同诈骗立案侦查。2014年12月19日，杭州市人民检察院以涉嫌合同诈骗罪批准对周骥阳逮捕。2015年4月22日，按照中央追逃办“天网”行动统一部署，国际刑警组织中国国家中心局集中公布100名涉嫌犯罪的外逃国家工作人员、重要腐败案件涉案人等人员的“红色通报”，周骥阳被列入其中。

（曹学林）

**【临安区城管局不依法履行职责公益诉讼案】**2017年6月17日，临安区检察院与区“五水共治”办公室共同巡查锦溪时，发现多个排水口的雨水中泛着油污且有异味。经了解，国务院《城镇排水与污水处理条例》施行3年来，临安城区内3000多个餐饮单位普遍存在未办理排水许可证，且将污水直接排入雨水管后进入河流的情况。根据《中华人民共和国行政许可法》等相关规定，污水排入排水管网许可证的主办单位是建设部门，处罚单位是城市管理部门。而在办理餐饮营业执照过程中，相关许可证及环境影响评价不是办理营业执照的前置程序，环保部门对环境影响评价只作备案登记，并不作实质性审核，导致很少有餐饮单位会主动向主管部门申请办理排水许可证。针对该问题，临安区检察院发挥公益诉讼诉前程序的作用，对位于市政管网范围内且雨污分流地区的临安鱼香楼酒店进行调查取证。经查，该酒店未办理污水排入排水管网许可证，存在将污水排入雨水管网的违法行为。区检察院于8月7日立案，14日向区城市管理局发送检察建议，要求对该酒店违法排污依法做出处理，并对餐饮行业违法排污进行专项治理。

区城市管理局收到检察建议后及时制定整改方案，对锦溪、苕溪、马溪沿线及锦江路、城中街商业城、六园街等重点区域餐饮单位的油烟、污水排放情况进行全面排查，并会同区环保局、区市场监管局对64个未达标餐饮单位责令停业整顿。10月11日，根据整改情况，对临安鱼香楼酒店做出罚款5.5万元的行政处罚；对59个餐饮单位违法排放油烟、污水的行为进行立案查处。随后建立违法行为抄告、营业执照（食品经营许可证）与排水许可证、环境影响评价备案、验收联办等长效管理制度，从源头上消除餐饮等服务行业对城区水环境污染的严重隐患。（冯顺英）

**【“百名红通人员”杨秀珠贪污、受贿案一审宣判】**2017年10月13日，杭州市中级人民法院公开宣判“百名红通”1号人员杨秀珠贪污、受贿案，对被告人杨秀珠以贪污罪判处有期徒刑6年，并处罚金人民币50万元；以受贿罪判处有期徒刑5年，并处罚金人民币30万元；决定执行有期徒刑8年，并处罚金人民币80万元；追缴杨秀珠贪污、受贿所得人民币2639.95万元。

经审理查明：1996年12月至1999年5月，被告人杨秀珠利用担任温州铁路房地产开发有限公司董事长、温州市市长助理、副市长、浙江省建设厅副厅长等职务上的便利，以非法占有为目的，侵吞公款人民币1904.52万元；为请托单位和个人谋取利益，收受财物共计折合人民币735.43万元。市中级人民法院认为，被告人杨秀珠的行为分别构成贪污罪、受贿罪，依法应当数罪并罚。鉴于杨秀珠主动回国投案，如实供述罪行，具有自首情节；认罪、悔罪，积极退缴全部违法所得，具有法定从轻、减轻及酌定从轻处罚情节，依法可以减轻处罚。法庭遂做出上述判决。

**【韩国现代重工独立保函索赔案】**2017年5月15日，杭州市中级人民法院审理的韩国现代重工有限公司（以下简称现代公司）与中国工商银行股份有限公司浙江省分行（以下简称工行浙江分行）独立保函索赔纠纷案，入选全国法院涉“一带一路”建设十大典型案例。

该案系现代公司依据工行浙江分行开立的不可撤销见索即付保函即独立保函，作为独立保函的受益人在浙江中高公司欠付柴油发电机组货款后，向工行浙江分行进行索赔被拒而起。现代公司向市中级人民法院提起诉讼，请求工行浙江分行偿付独立保函项下款项664.8万美元和相应滞纳金，而工行浙江分行则认为现代公司依据独立保函提出的索赔系无效索赔，已依约做出拒付电文并已指出三个不符点，请求法院驳回现代公司的诉讼请求。

市中级人民法院受理该案后，组织具有多年涉外商事审判工作经验的业务骨干组成合议庭进行审理，并在全省法院首次引入外国专家辅助人即国际商会758号出版物《见索即付保函统一规则》起草小组组长参与庭审，听取专家意见。法院审理认为案涉保函约定适用国际商会758号出版物《见索即付保函统一规则》，该约定有效。根据该规则的规定，在保函条款和条件明确清晰的情况下，受益人索赔应提供与该保函条款和条件相符的全部单据，开立人审单应适用表面相符、严格相符的原则，基础合同的履行情况不是审单时应考虑的因素。现代公司提交的记名提单与保函要求的指示提单副本在类型上明显不同，工行浙江分行以此拒付均合规有效，据此判决驳回现代公司的诉讼请求。现代公司不服一审判决上诉至浙江省高级人民法院，省高级人民法院审理后判决驳回上诉，维持原判。

最高人民法院认为该案件的典型意义在于：独立保函具有交易担保、资信确认、融资支持等重要功能，是中国企业“走出去”和“一带一路”建设过程中必不可少的常见金融担保工具。人民法院在审理独立保函索赔案件中充分尊重并适用当事人约定的国际交易规则，对于准确界定当事人权利义务，保障独立交易秩序至关重要。市中级人民法院及二审法院对该案件的正确审理，展示中国法院准确适用国际规则的能力，体现对独立保函的单据交易原则和独立性原则的充分尊重，平等保护中外当事人的合法权益，有力保障了独立保函的交易秩序。（胡育萍）

责任编辑 汤 峻

## 杭州警备区

【概况】2017年，杭州警备区坚持以迎接和学习贯彻党的十九大精神为主线，以习近平新时代中国特色社会主义思想为指导，以稳步推进军队调整改革为重点，运用“学、讲、议、用、考”系统方法，抓好两项重大教育，深化“两走两感”主题实践，与市委宣传部等单位联合举办纪念建军90周年“为你歌唱”大型音乐会。编印学习贯彻党的十九大专刊《学思行》，走进杭州党史馆开展主题党日活动。

按照时间节点推进警备区两级体制编制调整。3次召开常委会专题议战议训，完善非战争军事行动方案，开展本级指挥机构带重点应急分队紧急出动演练。组织民兵分队应急备勤，支援兰溪抢险救灾。参加第十三届全国学生运动会安全保卫。组织国防动员现实问题调研，规范国防动员委员会“八办”运行机制。着眼构建新型力量体系，推进指挥方舱建设。编建网络防护、海上侦搜、指挥所勤务保障等新质新锐民兵分队。协调召开市委议军会和“八一”座谈会。组织人武部党委第一书记述职和党政领导干部国防教育。推进“一园两区三基地八小镇”建设，萧山区获批省级军民融合示范区。推进民兵“红旗党支部”创建。开展枪弹专项“五查五治”，对民兵仓库安防设施进行升级改造。加强干休所、民兵仓库和公勤队正规化建设，开展5批次安全检查。完成专武干部、民兵干部岗位津贴和应急民兵履职补助试点，形成建议性成果。协调安置随军家属就业，官兵子女享受中考加分。

开展“破除潜规陋习、培塑新风正气”大讨论，严密组织肃清工作“回头看”。推进基层风气监察联系点制度试点，开展微腐败“双70条”问题清单学习对照和禁酒令贯彻执行，整改超面积办公用房，清退地方政府考评奖金，核查处理问题线索。坚持“新官理旧账”，对复杂重点的有偿服务项目逐个攻坚，关停率99.5%。

【新兵征集】2017年8月1日，杭州市15个征兵体检站开检，年度征兵工作启动。9月10日，浙江省暨杭州市新兵首运仪式在杭州举行。浙江省军区副司令员周少锋、杭州警备区政委徐建国以及省市有关领导参加首运仪式，欢送新兵奔赴军营。上午9时40分，首批入伍新兵在站台上列队完毕，军地领导给新兵佩戴大红花，鼓励他们矢志强军事业，刻苦摔打磨砺，立足战位建功立业。通过宣传发动、报名体检、政审定兵等几个阶段的严格筛选，一批新兵从应征青年中脱颖而出，其中大学生比例超过70%。浙籍新兵服役去向涵盖陆军、海军、空军、火箭军以及武警等诸军兵种部队。

【兰溪抗洪救灾】2017年6月25日，浙江省兰溪市出现1955年以来最高水位32.01米和洪峰流量1.45万立方米，为历史实测第二高值。杭州警备区接到省军区驰援兰溪抗洪救灾的命令，立即启动应急预案。江干、余杭、桐庐等人武部召集民兵应急分队，出动近100名人员，14艘冲锋艇、6艘橡皮艇及相关防汛救援器材，火速向兰溪开拔。经过三天两夜的抗洪救援，民兵应急分队成功营救受困群众8名。

【全国学生运动会安保】2017年9月4—16日，根据市委、市政府统一部署，依据《第十三届全国学生运动会安保反恐应急处置社会联动专业力量工作方案》，杭州警备区完善沿用参加G20杭州峰会安保工作时形成的一整套成熟有效安保机制，动员下城、江干、拱墅、西湖、滨江、余杭、萧山7个城区人武部的民兵应急排若干民兵骨干，参加下沙、小和山、滨江高教园区和杭州15所高校、7所中学的25个场馆重点部位最小反恐作战单元警戒备勤。在杭州城东、城西、城南、城北四大安保圈中，组织若干人次完成治安网格排查巡逻，组织涉军重要目标防范，参与城市重点区域城市管制。

【三级指挥机构演练】2017年9月13日，杭州警备区组织三级指挥机构紧急出动演练。该次演练以防抗台风为背景，以组织跨区机动支援抢险和区内支援救灾力量紧急出动为重点。采取实际编成、实装配携、实地部署、实案演练方法，依托两类8种指通系统构建固定与机动应急指通网络，区分机动过程中、到达集结点、展开行动后三个阶段，设置车辆故障、机动受阻、集结地域变更、通信阻断、保障困难、临时调整任务、伤病患急救转运等防台救灾中常见易发情况，三级联动进行现场检验处置。警备编成本级应急救灾基本指挥所和精干的前进指挥所、三个方向指挥组,带动所属人武部,以及市属重点民兵应急营营(连)部、首批动员跨区支援4支分队指挥组,完成受领救灾任务、定下行动决心、完成机动准备、组织机动开进和报告处置情况等内容演练。演练结束后,把演练复盘检讨梳理出的意见建议,专门拟制下发《关于针对性做好防抗第18号台风“泰利”准备的紧急通知》,把计划安排的演训活动变成实际防台救灾准备的直接有效预演。

【师团两级首长机关集中训练】2017年9月18—29日,杭州警备区采取“一半在岗工作、一半集中训练”形式,组织师团两级首长机关集中强化训练。该次集训严格贯彻新版《国防动员单位军事训练大纲》要求,综合运用以考代训、集中授课、作业练习、集中点评等方法,按照日练技能、循环组训、全程考核的要求组织实施。集训安排基本理论、基础体能、识图用图、要图标绘等9个方面内容训练考核。突出非战争行动文书拟制、国防动员指挥信息系统运用、指挥通信装备操作等履行动员主责主业职责所需能力的课目训练,系统学习新颁发的《军队机关公文条例》,规范文书的格式、记述和拟制方法。按照履行应急应战任务急需,集中学习灾情图等情况要图、动员首长决心图、动员协同图等指挥要图标绘原则、方法,系统学习拟配装、现列装指挥通信装备操作使用,掌握组网通联方法,确保学以致用、学用结合。

【国防动员指挥演练】2017年12月12—13日,杭州警备区本级机关进入战时指挥位置,参加指挥所研究性演练。参加该次演练的由市国防动员委员会“八办”专职副主任或联络员、杭州警备区本级或人武部借调干部。演练采取上导下演的方式组织,突出“动员支前、防卫作战”两个内容,按照作战筹划基本环节组织实施,是一次实案化指挥研究性演练。

【师团保障机关培训】2017年9月14—15日,杭州警备区组织师团两级保障机关业务技能集中培训,各人武部保障科长、分管武器弹药的干部职工、财务人员、机关内勤人员等近60人参加培训。培训主要采取集中辅导授课、业务知识普考的方式,组织对战勤、财务、装备、营房、卫生等相关业务知识的学习考核。重点围绕集中采购实务操作、军人军属医疗费用管理、军队预算编制和会计财务、人武部兵器室管建标准、公寓房管理等方面,由保障处相关业务骨干做具体讲解。

【现役干部、民兵“三实”训练】2017年11月至12月上旬,杭州警备区组织现役干部对隐显目标手枪实弹射击和自动步枪对固定目标实弹射击内容的训练,重点民兵应急分队落实自动步枪对固定目标实弹射击内容的训练。杭州警备区本级和13个区县(市)人武部现役干部及所属重点民兵应急分队参加,其中警备区本级和上城、下城、西湖、江干、拱墅、滨江、余杭、临安人武部在余杭民兵训练基地组织,富阳和萧山人武部在萧山民兵训练基地组织,桐庐、建德和淳安人武部在本单位民兵训练基地组织。

2017年7月6日,杭州市举行“为你歌唱”——最美的歌献给最可爱的人音乐会
(杭州警备区 供稿)

【中国人民解放军建军90周年庆祝活动】2017年7月,杭州警备区协调市政协、市委宣传部、市民政局等部门,开展建军90周年纪念活动,营造全社会关心支持国防和军队建设的浓厚氛围。通过在市、区县(市)主流媒体开设“八一”光荣榜、强军风采展示——走进基层一线采写官兵先进事迹、收看“军歌嘹亮”大型文艺晚会、“唱红色歌曲、看红色影片、讲红色故事、扬红色传统”活动、“军地合力救助特困军人”活动、发动驻军参加“联乡结村”帮扶等十大系列活动,展现杭州军民团结一心,为加快建设独特韵味别样精彩世界名城和一流警备区部队而共同奋斗的决心、信心。

【“为你歌唱”音乐会举办】2017年7月6日,由市政协、杭州警备区、市委宣传部联合主办的“为你歌唱”——最美的歌献给最可爱的人音乐会在杭州大剧院举行,市政协、市委宣传部主要负责人,杭州警备区领导以及驻杭部队官兵代表等参加。中国人民解放军陆海空三军的军旅歌唱家和全国各地的优秀获奖青年歌唱家献上《咱当兵的人》《一棵小白杨》《血染的风采》《军港的夜》《弹起我心爱的土琵琶》等耳熟能详的歌曲。

【驻杭部队“八一”座谈会】2017年7月21日,杭州警备区协调召开驻杭部队“八一”座谈会,邀请驻杭部队兄弟单位共聚一堂、共叙情谊、共庆节日。座谈会围绕军队改革调整后省军区系统职能定位、组织架构等方面做了简要介绍。各部队代表介绍了本单位基本情况，并对杭州警备区在加强军地协调方面所做的工作给予充分肯定和高度评价，就“军人子女入学入托”“进一步完善协调机制”等方面的提出意见建议。

**【退役军官告别军营仪式】** 2017年8月9日，杭州警备区举行退役军官告别军营仪式。在全体奏唱雄壮的《中华人民共和国国歌》后，杭州警备区司令员任明龙宣读2017年度27名干部的转业复员批复。杭州警备区政委徐建国代表警备区党委机关致欢送辞，对退役军官服役期间对国防建设做出的贡献表示衷心感谢，要求退役军官今后不论身处什么地方、从事什么工作，都不要忘记自己曾经是名军人。杭州警备区领导与退役军官合影留念，告别军营仪式在雄壮的《中国人民解放军军歌》中结束。

**【军队有偿服务全面停止】** 2017年8月，杭州警备区协调市委、市政府、市属各职能部门及驻杭各部队成立驻杭部队全面停止有偿服务工作军地协调领导小组，杭州警备区负责驻杭各部队全面停止有偿服务牵头工作。制定杭州市全面停止有偿服务活动实施计划，对驻杭部队1124个有偿服务项目逐个进行分析归类，摸清底数，并下发各区县（市）。至年末，关停有偿服务项目1119个，关停率99.5%。

**【军民融合产业园开园】** 2017年12月8日，浙江长三角军民融合产业园开园。产业园位于江干区钱塘智慧城内，拥有2.8万平方米办公大楼和1万平方米生产基地，聚焦先进探测、空间与海洋工程、新材料新能源、大数据平台、高端制造和人工智能六大产业方向。计划通过5年努力，引进200名以上高层次技术人员就业创业，确保50个以上的“军转民”项目和“民参军”项目落地，推动一批企业获得军标认证、保密认证、许可证认证、名录认证等军工行业“四大资质”，使园区成为国内一流的军民融合创新示范区。（周子荣）

## 武警杭州市支队

**【概况】** 中国人民武装警察部队浙江省总队杭州市支队（简称武警杭州市支队）主要担负杭州地区的警卫安保、看守看押、守卫守护、武装巡逻和处突反恐、抢险救灾等任务。2017年，武警杭州市支队围绕党的十九大主线，抓引领、强能力、严法治、打基础、正生态，部队全面建设稳中有进。

全年完成安全保卫、押解押运、留置陪护、临时警卫任务853批次。余杭中队被武警浙江省总队评为标兵中队，2个大队（二大队、六大队）和14个中队（二中队、三中队、六中队、十中队、十二中队、十六中队、十七中队、十九中队、二十一中队、二十三中队、余杭中队、萧山中队、桐庐中队、建德中队）被武警浙江省总队评为先进单位。一大队大队长刘超当选党的十九大代表，余杭中队中队长李稳稳、特战中队中队长刘翰林分别被评为武警部队标兵和优秀教练员，十七中队指导员郑佩佩被评为武警部队优秀“四会”政治教员和武警浙江省总队“十佳标兵”干部。

武警杭州市支队倾心帮解难题，系统推进稳心工程，全年解决30名官兵家属就业、子女入学问题，发放困难补助15万元、租房补助629.5万元，组织大龄官兵军地相亲会2次。

**【重大活动安全保卫】** 2017年1月15—20日，武警杭州市支队派出200多名官兵，担负浙江省“两会”期间的安保机动备勤、反恐处突和武装巡逻任务。任务过程中，参加备勤的官兵恪尽职守，全时备勤，克服重重困难，发扬“特别能战斗、特别能吃苦”的优良作风，树立了武警部队威武之师、文明之师的良好形象。

11月5日，武警杭州市支队派出400多名官兵，担负杭州国际马拉松赛路线安全警戒和机动备勤任务。执行任务的官兵克服天气带来的不良影响，坚持依法、文明、平和、理性执勤，及时疏导人群，维护现场秩序，以饱满的精神状态和严整的警容警姿，在执勤岗位上连续奋战5个半小时。

12月3—5日，武警杭州市支队派出近300名官兵担负第四届世界互联网大会乌镇主会场警戒、专用交通工具警卫和杭州市社会面武装巡逻、处置暴恐事件备勤任务。任务中，协同公安机关查验车辆9.48万辆次、人员17.86万人次，控制贩毒、吸毒、醉酒驾驶、涉嫌诈骗等人员113人，查扣违禁车辆4辆。

**【军事训练与比武竞赛】** 2017年1月9—11日，武警杭州市支队组织首长机关带机动分队野营拉练，结合驻地特点和担负任务实际，组织在陌生复杂地域通过染毒地带、强行军、传递口令、紧急集合、识图用图等课目训练，特勤排组织武装奔袭、捕歼战斗、设卡堵截等内容训练，全面检验部队

2017年12月3日，参加第四届世界互联网大会执勤的武警官兵举行签字宣誓仪式

（武警杭州市支队 供稿）

“走、打、吃、住、藏、管、保”能力。拉练总路程312千米,其中徒步行军110千米。

3月16日至4月30日,武警杭州市支队以大队片区训练场为依托,采取短周期、分片区、多批次的方法,分科目、分层次、分类编组,集中组织年度勤训轮换。该训练重点突出射击、战术、刺杀、体能以及“两官”(警官、士官)编组作业等科目。

5月21—27日,武警杭州市支队特勤分队到湖州市参加武警浙江省总队组织的浙北片区“魔鬼周”极限训练。该训练坚持从难、从严、从实战需要出发,突出大强度、高难度、超极限、昼夜连续,在陌生地域和复杂条件下练体能、练技能、练指挥、练战术、练心理、练意志。

7月6—7日,武警杭州市支队组织军事体育“创、破纪录”比武竞赛,有8个大队247名队员参加。比武竞赛突出实战化要求,分个人单项和个人全能,设置400米障碍、5000米武装越野、自动步枪快速精度射击、手枪快速精度射击、狙击步枪对不动目标射击等14项内容。

**【思想教育整顿活动】** 2017年6月7—16日,武警杭州市支队按照个人思想行为和组织领导责任两个层面,开展以治理“见酒思饮、见钱眼开、见色而迷、见俗随流、见利忘义、见蜜忘密”为主题的治“六见”法纪教育,纠正以“违规使用手机、违规请假批假、违规派遣兵员、违规上网开博、违规传送涉密信息、违规对外交往、违规驾驶车辆”为主要表现的“七违”歪风,引导官兵增强拒腐防变、抵御诱惑的政治意识、思想操守和纪律观念。

9—11月,武警杭州市支队开展“知官爱兵、暖心育人”思想互助安全互控活动。活动重在把“知情”的工作做深入、把“暖心”的工作做细致、把“解难”的工作做到位、把“排忧”的工作做经常,通过依靠组织与发动群众相结合、鼓劲提气与排除隐患相结合、解决思想心理问题与解决实际困难矛盾相结合,实现全体官兵政治上的团结、思想上的统一、情感上的交融,确保部队高度集中统一和安全稳定。 (高　科)

## 杭州边防检查站

**【概况】** 中华人民共和国杭州边防检查站(简称杭州边防检查站)组建于1979年5月,隶属于中国人民武装警察部队浙江省边防总队(浙江省公安边防总队),是国家设立在杭州空港口岸的出入境边防检查机关,主要任务是依据国家法律法规对出入杭州空港口岸的人员及行李物品、交通运输工具及载运的货物实施边防检查,对出入境交通运输工具进行监护,对口岸限定区域进行警戒,维护出入境秩序,执行主管机关赋予的其他法律、行政法规规定的任务。

2017年,杭州边防检查站验放出入境人员477万人次,比上年增长11.6%;航班2.9万次,增长7.8%。完成墨西哥、越南、马来西亚、巴基斯坦、黎巴嫩等国家元首代表团入出境边防检查勤务,为首届中国国际茶叶博览会、亚洲—大洋洲反兴奋剂部长级会议等大型外事商贸活动提供优质服务50多批580人次。为“急、病、伤、残”等旅客开设各类绿色通道50多次,服务急救包机30多架次。在全球机场服务质量(ASQ)评比中,“护照检查”满意度在全球旅客吞吐量2500万~4000万人次机场行列中名列第三位。

**【杭州边防检查站获口岸贡献奖】** 2017年2月27日,在杭州空港联席会议上,杭州边防检查站获得2016年度口岸贡献奖。会议由杭州萧山国际机场安全管理委员会、服务质量促进委员会、运行管理委员会和文化建设委员会联合召开,萧山区政府、萧山空港经济区管理委员会、民航浙江监管局、浙江省机场管理局、省市口岸办、杭州空港管理委员会、驻场单位、航空公司等73个单位128人参加会议。杭州边防检查站以创新为引领,以问题为导向,勇于担当,主动作为,靠前服务“民航强省”战略,开展“平安民航”建设,推进机场社会治安综治治理,完成“一带一路”国际合作高峰论坛、金砖五国系列部长会议、第四届世界互联网大会和第十三届全国学生运动会等重大安保任务。

**【中国边检服务品牌推介会】** 2017年8月19日,杭州边防检查站开展中国边检服务品牌推介会暨警营文化开放日活动。活动分口岸执勤现场和站部营区两个部分进行。在口岸执勤现场,该站增设咨询岗、流动宣传岗,设立中国边检服务品牌推介展台,放置印着“天天”卡通形象的宣传展板、以边检蓝为主色调的宣传海报,在电视大屏幕上滚动播放边检形象宣传片、广告片以及品牌介绍片,发放印有“天天”形象及相关出入境检查手续知识的宣传折页、画册和边检文化纪念品。活动过程中,接待出入境旅客300多人,解答各种边检业

杭州边防检查站工作人员向外宾介绍机器人“边检宝宝”艾米的语音交互功能 (杭州边防检查站 供稿)

务咨询100多人次，发放相关纪念品400多份。在站部营区，该站共建单位、联检单位和驻地街道的80多名群众参观文化长廊、检查员之家、文体中心等特色区域，观看勤务中队战士展示的警棍盾牌操、擒拿配套术、擒敌拳等课目表演，零距离感受边防官兵的生活。

【专机勤务保障】2017年9月6日，杭州边防检查站完成墨西哥总统培尼亚访问杭州的专机勤务。杭州边防检查站受领该勤务后，第一时间进行专项部署，以G20杭州峰会专机勤务保障要求为标准，组建专机勤务队、研究专项勤务方案，梳理勤务流程，分解工作任务，落实责任到人。专机勤务过程中，该站主动开展联络沟通，认真细致查验，仔细严谨核查，热情周到服务，受到墨方外交官员、外办工作人员的一致好评。

【特殊旅客通关服务】2017年11月30日凌晨2时50分，因突遇印度尼西亚火山喷发，载运滞留该国巴厘岛201名中国旅客的首都航空公司JT2645次航班抵达杭州。在收到航班信息后，杭州边防检查站第一时间召开专题勤务部署会，制定细致缜密的勤务方案，主动联系协调航班代理公司和检验检疫等机场联检单位，准确掌握航班入境具体时间和旅客、机组人员信息，实施预录预检，增派执勤警力，开足验证通道，提高通关效率，在12分钟内完成全部旅客员工的边防检查工作。 （刘 文）

## 武警杭州市消防支队

【概况】2017年，中国人民武装警察部队浙江省消防总队杭州市消防支队（市公安消防局）围绕党建规范化、治理现代化、警务实战化、铸魂纵深化、管理正规化、保障科学化的“六化举措”谋篇布局，完成金砖五国系列部长会议、第十三届全国学生运动会等重大活动消防安保任务。2个单位被评为全国先进单位（萧山消防大队被评为全国优秀公安基层单位，临安消防大队被评为全国“敬老文明号”），4个单位被评为全省先进单位（滨江消防大队被评为全省优秀公安基层单位，萧山消防中队被评为全省“青年文明号”，景芳消防中队、西湖消防中队被评为全省“敬老文明号”），1人被评为全省模范人民警察，“驯犬王”王科峰当选杭州市“十大青年英才”。全年征召录用单编合同制消防员26人。

武警杭州市消防支队全年接警1.62万次，出动警力17.36万人次，抢救、疏散人员4688人，抢救财产价值3435万元。全市发生各类火灾3841起，死亡21人，伤11人，直接经济损失3017.07万元，比上年上升4.3%，发生较大以上亡人火灾3起。

【火灾扑救】2017年6月3日13时23分，位于临安市锦北街道白泥路浙皖农贸城新宝冷库地下一层冷库发生火灾。武警杭州市消防支队指挥中心调派临安、青山湖、祥符、特勤等7个中队18辆消防车，於潜、昌化两个专职队4辆消防车，共126名官兵和专职消防员到现场扑救。火灾于次日4时30分被扑灭，9时50分火场全部清理完毕。该次火灾系车间1层、2层生产车间发生燃烧，建筑面积4000多平方米，过火面积2000平方米。经过扑救，保护了与着火楼相连的东南侧生产设备、原料及装有5吨甲醛的罐体，避免了巨大的财产损失和次生危险发生，未造成人员伤亡。

6月10日14时43分，位于杭州市西湖区的浙江省海洋与渔业局地下车库发生火灾。武警杭州市消防支队指挥中心调派西湖、特勤、朝晖、战保4个中队8辆消防车、44名官兵到现场扑救。经全体官兵数小时奋战，15时35分火势得到控制，17时30分明火被扑灭，未造成人员伤亡。

7月21日8时34分，位于杭州市西湖区古墩路新世纪花苑19幢旁的沿街店铺煤气瓶爆燃起火。武警杭州市消防支队指挥中心调集祥符、蒋村、大关、康桥、良渚5个中队12辆消防车、69名官兵到现场扑救。在现场指挥部领导下，全体官兵浴血奋战，抢救7名重伤人员，疏散约40名群众，并成功将两个50千克装的煤气瓶转移至安全地带。

7月21日11时09分，位于下城区东清大厦C幢1608室发生火灾。武警杭州市消防支队指挥中心调集湖滨、鼓楼、朝晖、特勤、艮山等8个中队22辆消防车、154名官兵到现场扑救。火势于12时16分得到控制，16时00分火灾被扑灭。该次火灾过火面积约109平方米，疏散人员120多人，未造成人员伤亡。

【消防监管责任落实】2017年，市委、市政府召开各类消防安全工作会议13次，1次市委常委会、3次市政府常务会议研究消防工作，形成《杭州市消防安全工作岗位职责规定》和《落实消防安全责任实施办法》两个文件。全年组织8个部门开展3轮联合督查，市本级和13个区县（市）及大江东产业聚集区管委会、西湖风景名胜

执勤中的消防人员 （武警杭州市消防支队 供稿）

区管委会实现消防安全委员会实体化运作,各级党政领导带队开展消防安全检查361次。

推动行业消防监管责任落实,完善消防安全委员会成员单位联席会议及联合检查制度。市消防安全委员会召开4次部门协调会议,18个部门连续7个月开展行业消防联合检查。市民政局、市公安局、市商务委等部门开展电气火灾、人员密集场所等专项整治;市安全监管局、市公安消防局对全市400多个危险化学、易燃易爆企业开展负责人集中约谈。全年各部门累计联合检查634次,检查单位17042个次,发现隐患4933处、督促整改隐患4563处,组织消防安全宣传培训3678次,开展培训演练4656次。

【消防行政许可服务】2017年,杭州市贯彻落实省委、省政府关于"简政放权、放管结合、优化服务"改革的总体要求,全面推进"最多跑一次"改革,市公安消防局有7个消防审批事项实现"最多跑一次"。推出快递免费送达、容缺受理、异地受理、在线资料预审查等"六零"服务举措,落实小微项目、工业园区项目和工业零土地项目设计备案"零抽中"承诺制,推进施工图联合审查工作,实行消防行政审批与技术审查相分离,完成消防监督系统与政务网"一窗平台"、投资项目在线监管平台互通,实现消防审批文书电子签章并归入证照库,开发建设消防网上预约服务系统,提供资料审查和审批前服务指导。全年办理建设工程消防设计审核项目1632个,建设工程消防验收项目1253个,建设工程消防设计备案项目7814个,建设工程竣工验收消防备案项目6483个,公众聚集场所投入使用、营业前消防安全检查4378个。实施快递送达项目720个,异地受理项目85个,验收开业合并受理项目130个,一窗受理3690个,证照入库1699个。

【微型消防站调度指挥试点】2017年7月,武警杭州市消防支队选定140个社区和300个重点单位的微型消防站,开展全省微型消防站调度指挥试点工作。至年末,全市建成微型消防站6831个,其中社区微型消防站919个、重点单位微型消防站5717个、一般单位微型消防站195个,有消防队员4.1万人,各类车辆1390辆。试点期间,市公安消防局修订完善《杭州市微型消防站调度指挥规程》《杭州市微型消防站各项日常管理制度》《杭州市微型消防站应急事件处置规范流程》《杭州市微型消防站业务训练手册》,将微型消防站纳入灭火救援联勤联动体系,建立"统一指挥、逐级调度、同步出动、就近调度"联勤联动作战模式。

【消防器材装备保障】2017年,武警杭州市消防支队落实专项经费用于采购高层火灾扑救及特种灾害事故处置装备,全市累计经费超过1.5亿元。购置卢森堡亚城市主战车6辆、高层供水车4辆、大流量水罐车2辆、登高车5辆、消防摩托车6辆、核生化侦检车1辆、路轨两用车1辆。开发装备动态管理系统,实现装备采购、入库、调拨、使用、维护、盘点等全程信息化管理。统一消防水带颜色,提高灭火救援联合作战效率。市区中队8.2万米标识化水带全部配置到位。组织装备巡检12次,巡检车辆2880辆次、器材30多万件次,确保装备完好率100%的目标。

【"智慧式"消防技术防控】2017年,杭州市针对出租房、养老院、沿街店铺等各类小单位、小场所火灾防控能力薄弱的情况,联合多部门发文,要求居住人数在10人以上的出租房安装独立式感烟报警器,全市居住出租房、合用场所、社会福利机构等小场所安装独立式感烟报警器116.3万个。完成消防安全远程联网监控系统建设重点单位350个,高层建筑联网1470个,其他建筑联网1432个。全年安装1.46万个共享智能充电站,11万个充电口,安全充电次数125万次,监测出电池故障、线路及充电器故障3.9万次,消除电瓶车充电火灾隐患3973个。

【"全民消防我代言"活动】2017年"119"消防宣传月期间,杭州市开展"全民消防我代言"活动,邀请娃哈哈集团董事长宗庆后、灵隐寺住持方丈光泉大和尚及国家游泳队名将傅园慧等1.2万名各行业代表为杭州消防代言,所有地铁车厢和站点、市中心4条主干道路沿线232个公交站户外灯箱和200个线路牌灯箱都有刊播代言人公益广告。银泰集团、来福士广场以及万象城等超大型综合体,将代言人公益广告纳入商场室内外大屏滚动内容。西湖核心商圈、4个汽车站、2个火车站及杭州萧山国际机场等外来游客必经区域,通过商业大屏向世界各地游人展现杭州消防形象。启用"亚洲天幕"——3000平方米曲面环屏全天候播放消防提醒内容。

(高正达)

## 人民防空

【概况】2017年,杭州市人民防空(以下简称人防)部门主动融入经济建设,坚持人防建设与城市建设相协调、相结合,拓宽服务领域,发挥人防设施、资源在节约城市土地、改善城市环境、提升城市品位、完善城市功能、促进城市经济发展等方面的作用。增强信息化条件下人防军事斗争准备能力,推进人防与经济社会深度融合,深化改革创新,稳步提升履行战时防空、平时服务、应急支援职能使命的能力。

推动《控制性详细规划人民防空设施编制标准》(以下简称《标准》)的修编,修编后的《标准》结合实际工作中有关指标不够明晰等问题,对原有框架进行优化。开展人防工程产权制度改革试点,加强重点项目人防审批服务,"人防窗口"全年办理各类审批项目496项。开展人防工程质量监督,市本级全年受理人防质量监督项目161个,参与竣工验收项目243个。落实"最多跑一次"改革,全市人防"最多跑一次"事项有12主项、20子项。

编制市本级人防预案,同步推进区县(市)、街道(乡镇)和社区(村)人防方案的编制。人防指挥所的管理工作列入区县(市)党委、政府考核。在余杭、临安等边远山区重点镇开展"北斗"警报的试点。围绕人防警报建设、"北斗"警报、地下工程多媒体警报、统控系统、新频率改造、警报电池储备等内容,拟制杭州市警报建设三年计划。组织伪装专业队、防化防疫专业队、人防战备数据培训、人防通信技术人员集训、移动指挥车联训，开展专业队整组工作。组织人防指挥所开设和保障研究性演习。

【城市地下综合管廊建设】2017年，杭州市依法将城市地下综合管廊建设纳入人防行政审批流程，主城区备塘路（艮山西路—德胜路）地下综合管廊、艮山路（沪杭甬高速—明月桥路）地下综合管廊、天目山路（留和路—古翠路）地下综合管廊工程均按照兼顾人防需要设计，后续按照兼顾人防审批程序接受人防审查监督服务。

【城市民防应急指挥车跨区域演练】2017年2月20—22日，市人防指挥信息保障中心参加浙江省人防信息保障中心组织的杭州、宁波等部分城市民防应急指挥车跨区域通信保障演练。演练的课题主要有应急指挥车在行进途中进行北斗卫星定位、短波电台通信训练，模拟突发性事件开展卫星通信、4G图传现场图像、信息采集和传输以及指挥信息的互联互通等，并向省、市人防地面应急指挥中心传送现场图像信息，接受指挥中心调度。

【防空防灾应急疏散演练】2017年5月12日，第九个全国防灾减灾日，杭州市统一试鸣防空防灾警报音响信号（10时40分至10时44分试鸣防空、防灾警报），全市13个区县（市）28个街道（人防重点镇）、83个社区、159所学校10多万人参加演练。全市以警报试鸣为契机，组织以社区居民、机关干部、学校师生和企业职工等参与的防空袭应急疏散演练，增强全民国防观念和防空防灾意识，提高城市居民自我防护技能和应急避险能力。

【机动指挥通信训练考核】2017年6月12—16日，市人防办抽调指挥通信处和信息保障中心的业务骨干，参加由浙江省人防办组织的全省人防机动指挥通信训练考核，重点对短波通信、北斗卫星定位、卫星通信、4G信息采集等科目进行专业考核。最终杭州市在全省11个地市参加的人防机动指挥通信考核中获总成绩第一名和操作技能第一名。

2017年5月12日，杭州市组织防空袭应急疏散演练　（市人防办 供稿）

【人防“最多跑一次”改革】2017年，市人防办深化“放管服”（简政放权、放管结合、优化服务），推进“最多跑一次”改革，成立“最多跑一次”改革工作领导小组，形成以中心窗口办事为服务界面，以小组协调例会为保障措施，以主任现场办公为有效机制的改革推进模式。6月20日，杭州市完成群众和企业到政府办理人防事项“最多跑一次”，实现浙江省人防指导目录12项主事项包含20项子事项“最多跑一次”全覆盖。

【《控制性详细规划人民防空设施编制标准》修编】2017年10月26日，由市人防办修编的《控制性详细规划人民防空设施编制标准》通过省住房和城乡建设厅组织的专家评审。修编后的标准结合实际工作中有关指标不够明晰等问题，对原有框架进行优化，突出“好用”与“管用”的要求，对全省控制性详细规划中科学合理配建人防设施起到积极作用。该标准具有浙江地方特色和创新性，对规范控制性详细规划人防设施配置，确保在规划环节落实人防要求，促进人防建设与城市建设融合发展，提升城市防空防灾能力具有重要意义。

【人防为民服务活动】2017年，杭州市开展“3·1”国际民防日宣传活动，在西湖之声电台、杭州公交移动电视等载体开展民防知识及防灾技能宣传，编排3个文艺节目参与浙江电视台“流动大舞台”栏目组织的人防文艺节目会演。开展人防（民防）宣传月活动，累计向市民发放各类宣传资料1.69万册，展示宣传图板1210块，发送宣传短信40多万条，悬挂宣传标语80条。开放吴山游艺场、拱墅区杭钢避暑纳凉点等，为市民提供避暑纳凉场所。开展“96110”服务热线受理，全年处置应急救援事件5298件，其中投诉类事件受理4116件，咨询类事件受理1200件。（骆翡樱）

责任编辑 袁啸马

## 宏观经济管理

【概况】2017年，杭州市地区生产总值1.26万亿元，比上年增长8.1%。其中，第一产业、第二产业和第三产业增加值分别增长1.8%、4.8%和10.5%。经济结构继续优化，三次产业比例调整为2.5∶34.6∶62.9。全市固定资产投资5857亿元，增长1.4%。其中：基础设施投资1597亿元，增长0.1%；工业投资861亿元，增长0.5%；民间投资3301亿元，增长10.4%。信息经济产业增加值3216亿元，增长21.8%，占全市生产总值的25.6%。移动互联网、电子商务、云计算与大数据、数字内容等产业增加值分别增长35%、36.6%、31.9%和28.5%。

至年末，杭州有2个省级特色小镇，48个省、市特色小镇创建对象。全年50个特色小镇固定资产投资545.53亿元，其中特色产业投资403.95亿元，非国有投资365.26亿元。在"1+6"产业集群的基础上，特色小镇聚焦高技术产业和未来产业领域，西湖云栖小镇等一批小镇列入省级高技术特色小镇创建对象。小镇新引进企业1.06万个，工业主营业务收入2144.64亿元，服务业营业收入5616.67亿元，税收361.23亿元。建成创业创新基地190个，众创空间89个，用于创新孵化的建筑面积345万平方米。累计引进国家"千人计划"人才160人、省级"千人计划"人才206人，国家级大师18人、省级大师19人，新增创业人员1.18万人。8月2日，上城玉皇山南基金小镇和余杭梦想小镇被命名为首批省级特色小镇。

【重点项目建设】2017年，杭州市确定重点建设项目563个，其中实施类项目450个、预备类项目113个。全年市重点项目完成投资1840.76亿元。杭州地铁2号线一期西北段、广州汽车集团股份有限公司乘用车工厂改造、杭州士兰集成电路有限公司的集成电路芯片生产线建设、圆通速递有限公司华东管理区总部基地及转运中心、余杭区中医院整体迁建、北京外国语大学附属杭州外国语学校、杭州（国际）青少年洞桥营地等83个重点项目建成。地铁5号线二期、地铁9号线一期、博奥隧道、望秋立交工程、艮山路提升改造（彭埠立交—东湖路）、彩虹快速路工程（萧山段）、杭州东部高新产业园加速器二期、杭州南都动力科技有限公司锂离子电池技术改造、杭州市康桥职业高级中学等85个项目开工建设。

【综合配套改革】2017年，杭州市编制完成"城市数据大脑"总体规划，基本建成"城市数据大脑"平台，归集59个部门的3674项、216.4亿条数据。启动"城市数据大脑"总体设计标准建设。在10月26日举行的"潮起钱塘"第二届全球跨境电子务商峰会上，杭州市政府和阿里巴巴集团宣布联合建设eWTP杭州实验区，并出台《全球电子商务平台（eWTP）杭州实验区建设方案》。全年淘汰落后和严重过剩产能项目170个（项），"低小散"块状行业整治提升3582个，处置"僵尸企业"59个，为企业减负80多亿元。杭州市梳理并公布"最多跑一次"事项9593项，其中市本级771项，实现比例97.1%，累计归集数据230.52亿条。5月9日，杭州临空经济示范区获批，《杭州临空经济示范区发展规划》编制完成。6月9日，市轨道交通工程建设指挥部办公室（市轨道办）开始运作。6月21日，国务院办公厅发布第二批大众创业万众创新示范基地名单，杭州经济技术开发区、浙江大学、万向集团入选。

【"信用杭州"建设】2017年，杭州市公共信用信息平台归集和共享所有市级机关、区县（市）和主要公用事业单位的338类、2947项、1.4亿条有效信用信息，形成1300多万份自然人信用记录和120多万份法人信用记录。信用核查、信用预警融入行政审批中。7月，首届"中国城市信用建设高峰论坛"在杭州召开。11月28—30日，国家发改委、国家信息中心举办首届全国信用信息平台和信用门户网站建设观摩培训班，杭州市公共信用信息平台获"全国信用信息共享平台和信用门户网站一体化建设示范性平台网站"称号。12月28日，杭州市获首批全国社会信用体系建设示范城市。 （郭玉虎）

【重大规划编制】2017年，杭州市发展规划和体制改革研究院（杭州市投资项目评审中心）参与完成《杭州市绩效管理总体规划》起草和编制工作，总体规划在市考评办和市委常委会上审议通过。研究院承担《杭州紫金港科技城发展规划(2018—2022年)》编制任务,谋划培育浙江大学和筹划中的西湖大学成为世界一流大学,发挥浙江大学和西湖大学对所在区域乃至杭州市的辐射带动作用。开展《打造"一带一路"战略枢纽杭州行动计划》的编制,其成果由市发改委向市委、市政府汇报。

**【重大项目概算审查及评估】** 2017年,杭州市发展规划和体制改革研究院完成浙江大学城市学院改扩建等概算审查项目23个,上报投资额53.14亿元,核减额2.97亿元,核减率5.6%。完成杭州市城市档案中心等17个项目可行性研究报告的评估,评估结论在市发改委项目审批中被采纳。受市人大常委会委托,杭州市发展规划和体制改革研究院承担对2亿元以上市本级重大投资项目的审查任务。完成滨江区5000万元以上重大政府投资项目审查意见建议。完成余杭区临平汽车总站(余杭公交停车保养基地)工程以及杭州高级中学钱江新城校区项目工程的后评价工作。 (彬 彬)

## 国有资产监督管理

**【概况】** 杭州市人民政府国有资产监督管理委员会(简称市国资委)直接监管企业15个,分别为:杭州市实业投资集团有限公司、杭州市商贸旅游集团有限公司、杭州市城市建设投资集团有限公司、杭州市交通投资集团有限公司、杭州汽轮动力集团有限公司、杭州制氧机集团有限公司、西湖电子集团有限公司、杭州华东医药集团有限公司、杭州市金融投资集团有限公司、杭州市地铁集团有限责任公司、杭州市运河综合保护开发建设集团有限责任公司、杭州市钱江新城投资集团有限公司、杭州市千岛湖原水股份有限公司、杭州种业集团有限公司和杭州银行股份有限公司。

2017年,15个市属企业实现营业收入2946.1亿元,比上年增长36.5%;利润总额163.0亿元,增长16.1%。至年末,15个市属企业资产总额1.34万亿元,增长14.3%,所有者权益2590.3亿元,增长12.4%。杭州汽轮动力集团有限公司、杭州华东医药集团有限公司进入中国企业500强名单,杭州金鱼电器集团有限公司、杭州联华华商集团等8个企业进入国内行业500强名单;杭叉集团股份有限公司进入全球叉车行业前10强名单。杭州银行股份有限公司入选"中国上市公司百强排行榜"和"2017卓越竞争力价值成长银行"名单。

**【国有资产监管模式优化】** 2017年,市国资委按照以管资本为主加强国有资产监管的要求,加强监管制度建设。1月,《关于贯彻落实企业国有资产交易监督管理办法有关事项的通知》印发。11月,《杭州市市属企业负责人业绩考核办法》《杭州市市属企业创新创优目标考核试行办法》出台。12月,《市属国有企业监事会主席考核评价与薪酬管理办法(试行)》《市属国有企业监事会主席日常管理办法(试行)》《关于加强市属企业金融投资风险管控的通知》印发,切实履行企业国有资产出资人职责,维护所有者权益,落实国有资产保值增值责任。

市国资委制定《市属国有企业负责人年度经营业绩考核实施细则》,细化考核办法,把有效投资、创新发展、深化改革、风险管控、做强主业、民生保障、履行社会责任等纳入考核体系,新增国有企业创新创优考核项目,提升国有企业中长期发展能力和创新能力。

实行监事会主席年薪制、企业化管理,监事会队伍建设的探索和实践经验入选省国有资产国有企业改革11个样本之一。监事会全年列席企业会议679次,实地调研子企业142次,与企业人员沟通约谈677次,提出意见建议1394条,报送专项报告83份、列席企业重要会议记录363份,发

**2017年杭州市市属国有企业情况**

表12 单位:亿元

| 企业名称 | 资产总额 | 负债总额 | 所有者权益总额 | 营业收入 | 利润总额 | 净利润 |
|---|---|---|---|---|---|---|
| 杭州市实业投资集团有限公司 | 527.99 | 333.01 | 194.99 | 390.00 | 18.34 | 14.65 |
| 杭州市商贸旅游集团有限公司 | 230.67 | 121.80 | 108.86 | 122.36 | 14.51 | 12.27 |
| 杭州市城市建设投资集团有限公司 | 1 151.51 | 709.24 | 442.26 | 229.63 | 20.56 | 15.48 |
| 杭州市交通投资集团有限公司 | 433.77 | 285.30 | 148.47 | 61.00 | 7.90 | 6.25 |
| 杭州汽轮动力集团有限公司 | 388.97 | 288.16 | 100.80 | 1 030.71 | 9.72 | 6.78 |
| 杭州制氧机集团有限公司 | 128.62 | 64.61 | 64.01 | 64.65 | 5.39 | 3.80 |
| 西湖电子集团有限公司 | 91.65 | 59.29 | 32.35 | 60.49 | 2.53 | 1.79 |
| 杭州华东医药集团有限公司 | 18.28 | 0.29 | 17.99 | 0.14 | 2.90 | 2.88 |
| 杭州市金融投资集团有限公司 | 429.49 | 276.16 | 153.32 | 90.31 | 17.25 | 14.64 |
| 杭州市地铁集团有限公司 | 924.12 | 464.77 | 459.35 | 43.63 | 6.20 | 5.35 |
| 杭州市运河综合保护开发建设集团有限责任公司 | 277.93 | 119.10 | 158.84 | 36.46 | 1.76 | 1.50 |
| 杭州市钱江新城投资集团有限公司 | 447.35 | 284.93 | 162.41 | 8.07 | 5.91 | 5.52 |
| 杭州市千岛湖原水股份有限公司 | 35.50 | 9.22 | 26.28 | 0.00 | 0.00 | 0.00 |
| 杭州种业集团有限公司 | 2.23 | 0.30 | 1.93 | 0.29 | −0.07 | −0.07 |
| 杭州银行股份有限公司 | 8 321.06 | 7 802.59 | 518.47 | 808.39 | 50.06 | 45.57 |

现重大风险和突出问题140多个，督促企业及时整改。

落实国有资产进场交易制度，规范交易，全年市属企业国有资产通过杭州产权交易所公开交易的项目222宗，成交额31.68亿元。推进二级、三级企业内部审计，开展内部审计项目1512个，提出管理建议1915条，节约资金3310.7万元，避免损失金额1738万元。除杭州银行股份有限公司以外的14个市属企业平均融资成本4.5%，比上年降低0.11个百分点。全年举办3期区县(市)国有资产监督管理业务培训班。

**【国有企业改革】**2017年，杭州市推进国有资本运营公司组建。市国资委进行专题研究，提出初步建议，获市委财经领导小组会议原则同意后，结合杭州市实际情况，制定组建方案，征求各方意见后报市政府审批。

杭州市推进混合所有制改革，遴选上报杭州热电集团作为全省首批5个员工持股试点单位。通过在杭州产权交易所公开挂牌，引入战略投资者并同步实施员工持股计划，进一步激发企业活力。市属企业混合所有制企业比例70%。

杭州市推进职业经理人制度。坚持党管干部原则与市场化选聘、契约化管理相结合，在杭州银行股份有限公司试点职业经理人制度，落实党组织对职业经理人选聘方案、标准、人选、程序4个关口，制定契约化管理、效益化考核、差异化薪酬分配等管理考核办法，初步建立业绩与薪酬挂钩、激励与约束并举、年度效益与任期发展共融的市场化机制。

在全面梳理、摸清全民所有制企业底数的基础上，市国资委制定公司制改革工作计划，明确目标任务，落实举措，强化考核，推进公司制改革。至年末，市属企业中上市公司和“新三板”挂牌企业15个，资产证券化率65%。

**【国有资本运营】**2017年11月，市国资委成立落实“凤凰行动”计划领导小组、工作小组和项目推进小组，并印发《关于在市属企业中推动落实“凤凰行动”计划的通知》，确定杭州水务控股集团、杭州中策橡胶有限公司等13个企业作为上市培育企业，重点进行帮扶培育。杭州市重点推进企业上市和增发重组，按照“一企一策”原则开展市属国有企业证券化。指导推动杭州杭氧股份有限公司完成定向增发募集资金9.42亿元，实现集团经营性资产整体上市。2017年，杭氧股份市值178亿元，比上年增长139%。市属企业中新三板企业7个，资产证券化率65%。

**【国有经济结构布局优化】**2017年12月，《关于公布市属国有企业主业的通知》印发，最终确定15个市属企业及下属613个国有全资及控股企业共43项主业，推动国有资本向城市基础设施、公共服务、战略性新兴产业、高端制造业和现代服务业等实体经济集聚。通过“破、立、降、退”等方式，完成管理层级压缩和“低小散弱”企业退出合计30多个。引导企业以加强信用建设为抓手，开拓“降成本”渠道，增强企业市场竞争力和盈利能力。至年末，杭州市实业投资集团有限公司、杭州市商贸旅游集团有限公司、杭州市交通投资集团有限公司、杭州市钱江新城投资集团有限公司、杭州市城市建设投资集团有限公司、杭州市金融投资集团有限公司、杭州市地铁集团有限责任公司等7个企业信用评级获AAA级，杭州市金融投资集团有限公司国际信用评级获BBB级。（陆君兰）

## 土地资源管理

**【概况】**2017年，全市国土资源系统以新发展理念为引领，以“拥江发展”和城市国际化为主线，深入推进机制体制创新，加强土地要素保障和资源节约利用，为全市经济社会发展提供有力要素支撑。

耕地保障制度有效落实。全市划定永久基本农田17万公顷，并推行“田长制”管理。严格耕地保护责任目标考核，结合永久基本农田划定，全面重新签订市、县、乡三级耕地保护责任书。实施“611”耕地保护工程，全市垦造耕地1280公顷，建成高标准农田1.3万公顷，综合整治农村土地260公顷，通过省统筹补充耕地32公顷。落实省下达新增建设用地指标2722公顷，比上年增长34.1%。实行“占优补优、占水补水”政策，全年垦造水田751公顷，协调外调水田指标502公顷，有效解决重点项目耕地占补平衡难题。开展农业农村用地新机制试点，国土资源部部长姜大明考察杭州后予以肯定。

土地市场健康平稳。实施“限地价、竞自持”竞价规则，分板块合理设置出让起价，市区一体化的土地出让格局基本形成。全市成交经营性用地863公顷，市区新增自持租赁房屋146万平方米。首次实施人才租赁房用地公开出让，启动利用集体建设用地建设租赁房试点，拓宽租赁住房用地保障渠道。土地利用方式加快转变，结合城中村改造、特色小镇建设、“零地”技改(工业企业“零土地”技术改造)、小城镇环境综合整治、园区优化提升等，全年消化批而未供土地2264公顷，利用供而未用土地3428公顷，低效用地再开发2380公顷，存量用地在年度土地供应总量中的比重提高到57%。

土地执法力度加大。结合“三改一拆”、“无违建县(市、区)”创建等工作，保持违法用地查处整改高压态势，全市拆除复耕违法用地650宗，恢复耕地面积59公顷，违法占用耕地比例3.99%。会同市法院、市“三改一拆”领导小组办公室出台有关意见，探索建立“裁执分离”长效机制，集中清理历史积案1259件。

重点项目征迁安置“清零”。全市165个重点项目全面完成征迁“清零”，拆迁住宅10513户，非住宅单位404个；完成回迁安置9.27万人，其中5年以上长期在外过渡人员2.1万人；货币化安置推广工作成效明显，全年选择货币化安置3.59万人。

矿产管理加强。杭州市新一轮矿产资源规划获国土资源部批复，矿产管理信息系统完成开发。全市有采矿权矿山142个，建成“绿色矿山”42个，应建“绿色矿山”建成率75%。废弃矿山治理开工63个。

**【土地规划控制指标调整】**2017年，杭州市优化用地空间，主要土地规划控制指标实现“两减一增”，即耕地保有量从原来的22.1万公顷下降到20.6万公顷，净减1.5万公顷；基本农田保护任务从原来的18.7万公顷下降到17万公顷，净减1.7万公顷；城乡建设用地规模从原来国家批准的12.7万公顷增加到15.4万公顷，净增2.7万公顷，确保“十三五”期间用地需求。全市发放耕地保护补偿金约3亿元，较好地解决对承担保护耕地任务的农村和农民的经济激励问题。

**【永久基本农田全面划定】** 2017年，杭州市完成永久基本农田划定“落地块、明责任、设标志、建表册、入图库”任务，全市划定永久基本农田17万公顷，其中城市周边永久基本农田1.6万公顷。签订市、县、乡三级永久基本农田保护责任书2279份，设立保护标示牌和界桩1.9万个。推行实施永久基本农田“田长制”等创新治理方法，严格占用基本农田补划方案前置审查。11月17日，国土资源部和农业部联合发文，通报表彰全国永久基本农田划定工作表现突出单位和个人，杭州市国土资源局获“表现突出单位”称号。

**【杭州轨道交通工程三期项目土地预审获批】** 2017年9月25日和11月21日，地铁1号线三期、4、6、7、8、10号线及3号线土地预审分两次获国土资源部批复。市轨道交通工程三期涉及轨道交通线12条，其中地铁线10条，城际轨道线2条。地铁2、5、9号线和杭临、杭富线不涉及占用永久基本农田，其余线路涉及占用永久基本农田，土地预审需报国家审批。杭州市轨道工程三期所有线路土地预审全部获批。

**【不动产登记60分钟办结】** 2017年4月5日起，全市先后实现不动产交易、税收、登记“一窗受理、集成服务”，“非当场办结”的权利证书可邮寄送达等“最多跑一次”改革目标。主城区办证点实现房屋交易类业务全流程“60分钟领证”，开通微信导航、“人脸识别”自助取证等服务。全年全市完成土地176.99万条、房产276.52万条存量登记数据整合，发放国有土地上不动产权证书79.77万件、不动产登记证明57.88万件，完成宅基地及住房一体登记1996户、林地登记282件、其他业务23.8万件。

**【主城区城中村做地攻坚年专项行动】** 2017年，市国土资源部门围绕“全面完成收储地块征迁、全面推进道路建设、全面推进学校建设、全面完成前期手续”的要求，组织开展主城区城中村做地攻坚专项行动。全年主城区高质量地完成做地277公顷，完成1500户住户、200个企业拆迁，推进60条道路、35所学校建设，为房地产市场有效供给奠定坚实基础，其中江河汇、百井坊、城市之星等重点项目全部完成土地收储，具备出让条件。杭钢集团半山基地约178公顷土地和下城区西文村钢材市场约12公顷土地全部交由杭州市收储。

**【首宗人才租赁住房用地出让】** 2017年10月27日，全市首次公开出让的租赁住房用地彭埠单元R21-20(2)地块在市公共资源交易中心成交，由杭州市城东新城建设投资有限公司竞得，成交价格45390万元，折合楼面地价5049元/平方米。该地块土地面积39086平方米，容积率2.3，地上可建建筑面积约9万平方米。项目建成后“只租不售”，所建房屋将作为人才专项租赁住房，全部纳入杭州市住房租赁监管服务平台管理，并由市住保房管部门进行房屋租赁监管。此次出让标志着杭州新增租赁住房用地供应全面启动。

**【土地出让全面实行网上交易】** 自2017年11月1日起，全市土地使用权全面实行网上交易，公告发布、挂牌文件下载、竞买申请、竞买报价等土地出让各环节均在网上实现。11月27日，杭州市本级首批通过浙江省土地使用权网上交易系统挂牌的两宗地块成交。其中，华丰单元B1/B2-17地块为商业兼容商务用地，面积22655平方米，经过10轮挂牌出价和108轮限时竞价，最终以57021万元成交，溢价率47.3%，折合楼面地价8989元/平方米。华丰单元XC1003-10地块为商业兼容商务用地，面积6524平方米，经过6轮挂牌出价、80轮限时竞价和15轮自持比例投报，最终成交价20655万元，溢价率70%，自持比例70%，折合楼面地价10553元/平方米。

**【工业用地提质增效】** 2017年，杭州市出让工业用地178宗、531公顷，85%以上土地用于战略性新兴产业、先进制造业及信息经济产业，新供工业用地合同平均容积率1.94，平均投资强度25.9万元/公顷。全市43宗、293公顷工业用地均实行出让年限、产业门类地价修正办法。

**【全市耕地保护责任目标考核结果公布】** 2017年4月14日，市政府办公厅发文通报2016年度全市耕地保护责任目标考核结果，余杭区、滨江区、建德市为杭州耕地保护考核优秀单位，萧山区、富阳区、桐庐县、淳安县、临安市、上城区、下城区、江干区、拱墅区、西湖区、杭州经济技术开发区为杭州耕地保护考核良好单位。

**【农业农村用地新机制试点】** 2017年，杭州市加快农业农村用地新机制试点，在西湖区双浦镇实施农村土地全域综合整治，在临安区天目山镇实施宅基地产权制度改革试点。探索“多规融合”新路子，首次选择双浦镇和天目山镇一都、周云两村，编制完成全域整治规划和村庄发展一体化规划，实现土地、建设、产业、环保、旅游等“多规融合”。引入全域整治新模式，尝试“山、水、林、田、湖、路、村”全要素综合整治，腾出建设用地规划空间326.67公顷，垦出水田113.33公顷，实现1400公顷农村土地流转。实施赋权活权，分类处理历史遗留问题，核发房地一体化不动产权证，在落实村集体所有权基础上，实行闲置房屋土地统一收回、统一盘活。实施生态修复，统筹推进村庄治理、“五水共治”、矿山复绿和产业转型等工作。 （徐驰翔）

## 财　政

**【概况】** 2017年，杭州市地区生产总值(GDP)12603亿元，按可比价计算，比上年增长8.1%。其中：第一产业增加值311亿元，增长1.8%；第二产业增加值4362亿元，增长4.8%；第三产业增加值7930亿元，增长10.5%。三次产业结构比为2.5∶34.6∶62.9。全市按常住人口计算的人均GDP为135113元，增长5.5%。固定资产投资5857亿元,增长1.4%。社会消费品零售总额5717亿元,增长10.5%。外贸进出口总额5085亿元,增长13.3%。全市居民人均可支配收入49832元,增长8.1%,扣除价格因素,实际增长5.5%。其中:城镇居民人均可支配收入56276元,增长7.8%;农村居民人均可支配收入30397元,增长8.9%。扣除价格因素,实际增长分别为5.2%和6.2%。

全市财政总收入2921.30亿元,比上年增长14.2%。全市一般公共预算收入1567.42亿元,增长17.4%,占财政总收入的53.7%。税收1417.16亿元,占一般公共预算收入的90.4%。全市一般公共预算支出1540.92亿元,增长9.7%。市区(含萧山、余杭、富阳和临安)财政总收入2801.08亿元,增长14.4%。其中:市区一般公共预算收入1497.92亿元,增长17.8%;市区一般公共预算支出1396.89亿元,增长10.7%。市本级财政总收入436.23亿元,增长6.4%。其中:市本级一般公共预算收入217.21亿元,增长34.9%;市本级一般公共预算支出322.20亿元,增长2.8%。全市各级财政收支平衡,预算执行情况良好。

【非税收入收缴改革】2017年,杭州市深化统一公共支付平台应用,在公共支付领域引入互联网思维,实现杭州市民“缴费不上门,一次也不跑”,降低政府非税收入征缴成本。全市包括行政事业性收费、罚没收入、其他非税收入项目三大类共21项非税收入纳入统一公共支付平台便捷化支付,全年非税收入通过公共支付平台网上缴款964.19万人次,金额24.03亿元。

【财政政策完善】2017年,杭州市制定《关于实施促进实体经济更好更快发展的若干财税政策》,明确扶持实体经济发展的28条财税政策,支持科研攻关和重大科技创新,从2017年起5年内,市财政每年安排4.50亿元支持城西科创大走廊建设。落实国务院6项减税政策,实现小微企业优惠政策知晓率、覆盖率、满意率三个100%。停征地方水利建设基金,阶段性降低城市基础设施配套费,取消或停征41项中央和7项省级设立的行政事业性收费,临时性减征1个月企业缴纳的职工基本医疗保险费。全年共为企业减免税费348亿元。制定《杭州市政府产业基金管理议事规则》,建立产业基金投资决策联席会议制度,优化政府产业基金的决策流程。至年末,政府产业基金到位资金54亿元,设立子基金92个,规模317亿元。

【民生保障支出】2017年,杭州市全年一般公共预算用于民生保障支出1213.09亿元,比上年增长11.9%。投入32.48亿元,落实市政府为民办十件实事,解决在环境治理、交通出行、食药安全、住房保障、创新创业等领

2017年杭州市区公共财政收支情况

表13

| 公共财政收入 | | | 公共财政支出 | | |
|---|---|---|---|---|---|
| 项目名称 | 发生额(万元) | 为上年(%) | 项目名称 | 发生额(万元) | 为上年(%) |
| 地方公共财政收入合计 | 14 546 173 | 112.0 | 公共财政支出合计 | 13 321 100 | 110.8 |
| 一、税收 | 13 142 853 | 109.8 | 一、一般公共服务 | 1 114 474 | 116.7 |
| 增值税(25%) | 5 170 490 | 148.3 | 二、国防 | 7 973 | 102.7 |
| 营业税 | 5 863 | 0.3 | 三、公共安全 | 828 908 | 100.5 |
| 企业所得税(40%) | 2 548 004 | 122.3 | 四、教育 | 2 378 576 | 111.9 |
| 个人所得税(40%) | 1 403 180 | 127.9 | 五、科学技术 | 838 873 | 124.3 |
| 城市维护建设税 | 920 966 | 110.6 | 六、文化体育与传媒 | 265 443 | 109.0 |
| 耕地占用税 | 33 185 | 111.6 | 七、社会保障和就业 | 1 478 464 | 118.2 |
| 契税 | 1 137 774 | 113.7 | 八、医疗卫生 | 928 930 | 117.5 |
| 房产税 | 516 875 | 126.3 | 九、节能环保 | 303 230 | 88.9 |
| 其他地方各税 | 1 406 516 | 119.8 | 十、城乡社区 | 2 592 262 | 117.3 |
| 二、非税收入 | 1 403 320 | 138.1 | 十一、农林水 | 643 597 | 102.0 |
| 教育费附加 | 337 166 | 109.3 | 十二、交通运输 | 396 240 | 113.3 |
| 排污费 | 10 565 | 118.0 | 十三、资源勘探电力信息等 | 485 846 | 101.9 |
| 行政事业性收费 | 40 838 | 702.9 | 十四、商业服务业等 | 330 674 | 120.7 |
| 罚没款 | 194 677 | 143.3 | 十五、金融监管等 | 18 111 | 123.4 |
| 国有计划亏损补贴 | -143 531 | 60.3 | 十六、援助其他地区 | 55 970 | 103.6 |
| 其他 | 963 605 | 121.2 | 十七、国土资源气象等 | 68 467 | 164.0 |
| | | | 十八、住房保障 | 237 472 | 139.6 |
| | | | 十九、粮油物资储备 | 4 695 | 27.5 |
| | | | 二十、其他 | 133 495 | 33.0 |
| | | | 二十一、债务付息 | 208 099 | 131.8 |
| | | | 二十二、债务发行费用 | 1 301 | 57.7 |

2017年12月，市财政局推出公共支付平台，助力“最多跑一次”改革
（刘 淮 供稿）

域的热点难点问题。完善教育经费保障机制，促进教育资源均衡发展，全年市本级投入教育经费51.11亿元。提升教育信息化和国际化水平，鼓励全市学校聘请外籍教师，同级财政按1名外籍教师每年12万元的标准补助，并逐步提高。保障“万场文化活动下基层”等文化惠民工程，推进基本公共文化服务均等化。支持重大文化体育赛事活动开展，推动群众体育事业发展。实施新一轮大学生创业三年行动计划，促进创业带动就业。支持养老服务业综合改革试点，促进“智慧养老”转型升级。健全困难帮扶救助政策体系，建立非杭州户籍人员在杭州突发性、应急性、过渡性的困难临时救助机制与办法。推进萧山、余杭、富阳与主城区社保一体化。推动医疗、医保、医药三医联动改革，完善基本医疗保障办法及实施细则。支持健康环境、健康文化、健康社会、健康服务、健康人群、健康产业六大任务和保障支撑体系平台建设。支持公租房（廉租房）建设维护、租金补贴以及城镇危旧住房治理。完善土地出让金分配办法，支持城市危旧房、城中村等棚户区改造。推进农村困难家庭危房改造、农房改造示范村建设。

**【城市建设资金投入】** 2017年，杭州市出台城市轨道交通资金筹措和平衡办法，确保轨道交通可持续发展。拓展多元化融资渠道，推动地铁5号线等PPP项目实施。完善杭甬运河二通道、静脉小镇、火车西站枢纽等重大建设项目资金筹措和平衡方案。投入30.76亿元，保障秋石快速路三期、紫金港路、文一路地下通道等城市快速路、主次干道、过街设施、河道、停车场库等基础设施建设；投入5.35亿元，推进历史文化名城、城市绿化以及西湖、南宋皇城大遗址等综合保护工程建设；投入13.72亿元，保障道路保洁、垃圾分类和清运处置、河道、路灯等城市长效管理资金需求；投入34.68亿元，深化治水、治废、治气；投入4.45亿元，加大第二垃圾填埋场、天子岭餐厨资源化利用等重点环保项目和生态市建设、生态补偿力度；投入14.34亿元，保障小城镇综合整治、村庄生态环境修复、河流治理等农村建设；投入15.60亿元，加快推进地铁建设（年内全线开通地铁2号线，全面开工建设地铁三期工程，累计运营里程117.6千米）；投入19.89亿元，保障公交和地铁优惠票价补贴、公交场站和公共自行车服务点扩容等建设。全年累计拨付13.34亿元，推广应用新能源汽车3.03万辆，主城区初步建成2千米服务半径充换电站网络；投入9308万元，支持“城市数据大脑”建设，推动大数据交通治堵试点。

**【财政预算管理】** 2017年，杭州市梳理市、区两级城市建设管理财政事权和支出责任，推动市以下财政事权和支出责任划分改革。制定增值税地方部分当年增收额财政奖励政策，激发各区发展积极性。实施农业转移人口市民化奖励机制，保障农业转移人口基本公共服务需求。落实兼并增值税税率政策，为2018年起实施环保“费改税”做好准备。新增建设用地土地有偿使用费等3项政府性基金调整转列一般公共预算，继续扩大市本级国有资本经营预算实施范围，提高国有企业收益上缴公共财政的比例（比上年净增4个企业）。清理规范一批政策到期、绩效低下及市场竞争机制能够有效充分调节领域的专项资金。建立盘活资金长效机制，对部门结余资金及连续两年未用完的结转资金，一律收回统筹使用。完善差旅费、公务出行经费开支标准，持续压缩行政运行经费，全市一般性支出压减5%，一般公共预算“三公”经费下降11.8%。在全省率先搭建人大预算联网监督平台，把财政收支、部门预决算和部门预算执行情况等纳入人大实时联网监督范围。年内，在清华大学发布的295个地级及以上市政府财政透明度排行榜中，杭州市列第三位。

**【财政资金使用管理】** 2017年，杭州市完善《杭州市级财政资金竞争性存放规则》，制订市级财政资金存放计划，全年组织2期财政资金竞争性存放招投标，累计完成招标金额140亿元。市本级全面实施国库集中支付电子化改革，市级500多个预算单位财政直接支付、授权支付业务上线运行。印发《关于进一步加强预算支出执行进度管理的通知》和《关于加强预算支出进度管理的通知》，跟踪重点项目和重大项目的实施情况，简化市级部门支付流程，建立预算执行进度与预算编制、预算绩效考核和市级部门综合考评挂钩机制，提高资金使用效率。推进政府综合财务报告编制改革，组织专家指导小组成员开展实地调研，解决编制单位提出的各项问题，按照《政府综合财务报告编制指南》，汇总编制财务报表及附注，撰写财务报表分析、政府财政经济分析和财政财务管理情况。落实市对县

(市、区)考核通报制度,强化市对区转移支付资金调度与库款规模挂钩机制,做好重大项目的库款拨付,库款规模控制在合理水平。

【财政监管加强】2017年,杭州市开展涵盖专项资金管理、会计信息质量监督、预算决算公开等多项财政监督检查工作,市属20个二级及基层预算单位开展财政财务检查,对2016年度市级生态公益林补助专项资金开展监督检查等,进一步严肃财经纪律。风险防控水平显著提升。以规范权力运行为主线,完善制度设计,将内控工作融入业务活动和财政运行的全过程,建立与现代财政改革相适应的内控机制,形成完整的内控制度体系。推进财政"双随机、一公开"监管机制建设,实现抽查过程全留痕、数据信息可追溯,最大限度减少人为因素干预,促进财政监管更公正、更高效、更透明。预算绩效管理进一步融入预算编制、预算执行全过程。创新绩效自评方式,拓展财政政策评价领域,扩大评审资金规模,推进绩效跟踪管理,完善绩效考核机制。市本级全年实施绩效目标评审、绩效自评、重点评价和跟踪管理项目127个。

(刘　淮)

## 国家税务

【概况】2017年,市国税部门组织国税收入1788.58亿元,比上年增长25.8%,占全省(不含宁波)的37.5%,税收总量列全国省会城市第二位。全市地方财政总收入中,国税部门组织的税收占58.3%;全市地方一般公共预算收入中,国税部门组织的税收占46.1%。全年落实各类税收优惠997.13亿元,增长29.7%。

分税种看,全年增值税收入1093.78亿元,增长38.5%(其中"营改增"收入494.04亿元,增长79.6%);消费税收入162.4亿元,下降17.6%;企业所得税收入484.97亿元,增长21.5%;车辆购置税收入47.41亿元,增长31.6%。

从产业结构看,全年第三产业国税收入994.12亿元,增长42.1%。以软件信息、电子商务、物联网和电子通信设备为主体的信息经济产业国税收入129.68亿元;以汽车制造、通用设备、专用设备、生物医药等为代表的高端制造业国税收入160.47亿元。

年内,市国税部门组织绩效列全省国税系统第一位,全市国税部门有4个集体分别获"全国文明单位""全国税务系统先进集体""全国青年文明号""全国三八红旗"称号。

【电子税务局上线】2017年,市国税、地税电子税务局上线运行,涵盖132项涉税业务,实现全天候办税新模式,其中TIPS协议"四方"网签、一次登录通办国地税网上所有业务、12个国地税业务网上联办等处于全省乃至全国领先水平,被市考评办列入2017年度创新项目。围绕"放管服"改革部署,践行"互联网+税务",优化税收环境。全市125项服务事项中,"最多跑一次"事项实现全覆盖,其中"一次不用跑"事项占77.6%。

【税收现代化建设】2017年,市国税部门推进税收现代化,成立推进税收现代化建设领导小组,经过征求意见、专题讨论,形成《推进税收现代化建设的意见》《2017年推进税收现代化建设的主要指标》,提出视野国际化、环境法治化、管理数字化、层级扁平化和治理社会化的"五化"目标和路径,明确51项现代化指标,以集成联动为机制,全面推进税收现代化。强化过程管理,建立日常动态监控机制,定期对标对表抓落实。

【自助办税服务】2017年,市国税部门坚持需求导向与创新举措相融,社会化办税、自助办税网络初步成型。至年末,全市有自助办税网格点522个,纳税人距离最近网点平均不到800米。建成主城区东(江干)、南(下城)、西(西湖)、北(拱墅)四个片区及余杭区24小时国地税自助办税服务厅,配备104台自助终端和40台电脑,有效分流各办税服务厅的业务量,仅发票验领就分流窗口50%左右的业务量。

【数据管税深化】2017年,市国税部门依托"金税三期"个人所得税扣缴系统及电子税务局等海量数据优势,综合运用发票预警管理系统、风险管理系统、大企业税收管理系统、企业所得税综合管理系统等,强化数据管税。全面推广实名制办税,强化办税人员身份信息数字管理。开展千户集团(年度缴纳税额达到国家税务总局管理服务标准的企业集团)的风险分析和应对,创新"点线面"大企业风险管理新模式,大企业税收遵从度显著提升。年内,全市风险应对查补税款64.18亿元,加收滞纳金3.2亿元,罚款金额2400万元。

【税收法治建设】2017年,市国税部

2017年4月27日,市国税局、市地税局联合接受"杭州网"在线访谈

(金岱楠 供稿)

门坚持依法治税与强化征管共进，税源管理实现质效齐升。执行领导干部学法制度，各级领导班子和领导干部科学决策、民主决策、依法决策能力持续提升。完善公职律师制度，拓展法律服务内容，增强专业化的决策支持。至年末，全市国税系统有持证公职律师24名，占全省国税系统公职律师总人数的33%。构建国家级、省级税务法治基地，形成示范引领、以点带面、整体推进的税收法治建设格局，主动承担“重大执法决定法制审核制度”“执法全过程记录制度”“行政执法公示制度”三项试点工作，严格规范税收执法自由裁量权基准，认真落实各项税收规范，开展“七五”普法教育，税收法治环境持续优化。依法打击涉税违法行为，全年组织企业自查695个，重点稽查企业1451个，全市查处大案、要案74件，累计查补税收12.73亿元。

**【税种管理加强】** 2017年，市国税部门加强增值税一般纳税人零负申报管理和小规模超标纳税人登记管理，做好增值税发票开票系统升级和商品编码规范使用，有序推进小规模纳税人自开票，加强电子发票应用推广。做好消费税改革准备工作，定期开展消费税收入分析。完善与交管部门的车辆信息共享机制，推进车辆购置税完税证明信息共享核查。加强企业所得税汇算清缴、后续审核和核定征收管理。规范出口退税，推进出口企业分类管理，强化预警核查，打击出口骗税行为。加强涉外税收管理，提升跨境税源管理质效。

**【儿童投资基金间接股权转让案件】** 2017年6月，最高人民法院发布第一批行政审判十大典型案例，其中包括儿童投资基金诉杭州市西湖区国税局税务征收案。该案是全国首例非居民企业股权转让诉讼案件，最高人民法院维持税务机关征税决定的判决。从发现线索到做出征税决定，从复议到诉讼，从判决到4.42亿元税款的入库，在长达6年的复议和诉讼中，第二批全国税务系统领军人才学员汪成红用自己的法学专业知识，率领应诉团队与原告开展“事实与证据”的较量。（金岱楠）

## 地方税务

**【概况】** 2017年，市地税部门组织各项收入1972.16亿元，比上年增长24.1%。入库税收1004.27亿元，增长20.7%。其中：企业所得税188.12亿元，增长18.7%；个人所得税365.50亿元，增长26.6%；其他各税450.65亿元，增长17.1%。入库其他收入967.89亿元，增长27.8%，其中社会保险基金收入885.12亿元，增长33.0%。

市区地税部门组织各项收入1219.38亿元，增长22.2%。其中：税收624.87亿元，增长21.0%；其他收入594.51亿元，增长23.5%。其他收入中，社会保险基金收入542.46亿元，增长27.6%。

县市（含萧山、余杭、富阳、临安，下同）地税部门组织各项收入752.78亿元，增长27.3%。其中：税收379.40亿元，增长20.2%；其他收入373.38亿元，增长35.3%。其他收入中，社会保险基金收入342.66亿元，增长42.5%。

**【地税收入平稳增长】** 2017年，市地税部门做好税收前瞻预测分析，密切跟踪房地产、“阿里系”企业、基金小镇等重点税源税收动向，全市预测差错率在全省持续保持最低。加强税收预测的全市全域统筹，实现各项税收数据共享，确保地税收入持续平稳增长。地税收入总量在全国15个副省级城市中列第三位，占全省地税收入的30.7%。全市地税收入662.20亿元，非税收入72.70亿元，累计收入734.90亿元，占全市一般公共预算收入的46.9%。产业升级带动制造业地税收入稳定增长16.3%。消费需求不断升级，社会消费品零售额增幅平稳，批发零售业地税收入增长12.4%，住宿餐饮业地税收入增长10.4%。阿里巴巴集团、网易公司、新华三集团、杭州海康威视数字技术股份有限公司等企业在实现自身快速发展的同时，带动产业发展与升级，贡献税收明显增加。“阿里系”80个企业，全年缴纳地税86.30亿元，增长22.0%。

**【地税征管体制改革】** 2017年，市地税部门深化征管体制改革，进一步理顺纳税服务局、各税务分局职能，适应大数据时代税收风险管理工作需要。梳理公布3批“最多跑一次”事项清单，96%以上常规办税事项实现“最多跑一次”。推出房产交易网上办税系统，在全国率先实现房产交易办税“一次也不跑”。推出不动产交易“一窗受理、并联办理”，实现60分钟拿证的“杭州速度”。个人股权转让办理时间由原先的最长不超过10个工作日缩短为当场办结。推出“丁税宝”手机App，实现人脸识别交税等服务。开发应用缴费公共支付平台，实现杭州市民“缴费不上门”。办税窗口全面提速，限时办结事项再提速20%以上。

2017年7月，智能机器人“小税滴”亮相市国税、市地税联合办税大厅

（刘　淮　供稿）

【税务稽查】2017年,市地税部门加强涉税案件质量管理,制定《稽查案源分类分级管理实施办法》《稽查随机抽查管理办法》和《随机抽查事项清单》,提升稽查涉税案件查处质量。全年组织15次涉税专项检查,检查纳税人2297个,累计查补税款9.53亿元。

【税收执法检查】2017年,市地税部门推进司法协作改革,建立法院税费征缴司法协作长效机制,开发"司法涉税信息管理系统",加强基层单位司法协作项目化运作。加强执法制度建设,推进信息公开,出台《征管线行政执法证据指引》和《稽查线行政执法证据指引》。加强执法督察内审,落实首次全国税收执法大督察,建立"税收执法大督察工作联席会议"制度,开展对税务稽查和税收执法的日常督察。全年办理复议诉讼案件7件,复议维持率和诉讼胜诉率均为100%,严格落实局行政负责人出庭应诉制度,出庭率100%。

【地税征收绩效管理】2017年,市地税部门开展地税征收绩效管理,科学编制考核指标,抓实抓细日常考评,强化考评结果应用。全面推进大数据风险管理,运用"金税三期"个人所得税扣缴系统数据大集中的优势,建立22个重点风险事项,全年推送风险纳税人6602个,风险识别率97%、补缴税款9.90亿元。加强个人所得税专业化风险管理,构建项目化、全流程、一体化管理体系,进行全方位的风险推送和应对。推进土地增值税项目化管理系统,实现清算项目数据信息电子化保存和风险点的发现及应对,完成清算项目136个。出台《个人股权转让征管指导意见》,规范统一全市个人股权转让工作流程,全年股权转让入库个人所得税43.68亿元,比上年增长57.4%。开展全市环保税改革准备,对全市5300多个排污费征收企业,开展税源摸底、政策宣传、模拟申报和舆情监测工作。开展国际税收反避税工作,补缴税款首次突破1000万元,占全省反避税补缴税款的80%以上。

【纳税服务体系优化】2017年,市地税部门优化纳税服务体系,编写《杭州市地税局提升纳税人满意度工作指引》,推广服务清单模式。制定市电子税务局对外信息发布制度,推出纳税服务电子信息月刊,推进纳税服务信息精准推送。推进"12366"纳税服务平台渠道拓展,构建线上线下高度融合的"12366"纳税服务平台新格局。加强纳税大厅标准化建设,推进直属分局标杆纳税大厅建设。推进国税、地税合作办税,开发"杭州市国地税TIPS四方协议"网上签订系统,在市区4个方位建立4个国税、地税联合自助办税服务厅,每个自助办税服务厅配置自助设备30台以上。杭州市纳税人满意度调查连续3年获全国地税系统副省级城市第一名。

(刘 淮)

## 行政审批服务(公共资源交易)

【概况】2017年,市行政服务中心受理各类审批事项52.48万个,办结52.46万个。市公共资源交易中心成交项目12.59万个,成交额1429.83亿元。其中:建设工程项目851个,成交金额282.28亿元,中标价平均下浮7.9%;土地交易项目98个,成交额1016.49亿元,溢价率50.2%;产权项目1019个,成交额94.87亿元,溢价率0.2%;政府采购(含网上商城)项目12.38万个(次、笔),成交额12.37亿元(含分散采购),预算资金节约率5.7%;综合交易项目154个,成交额23.82亿元,平均资金节约率7.0%。制定完成20个公共资源交易服务清单、15个操作清单、17个制度清单和41个主体行为负面清单,形成交易清单制度体系。杭州"市民之家"办事平台日均接待市民群众6499人次,日均受理各类事项7992个,群众满意率99.9%。

在建成全市电子交易公共服务系统框架的基础上,杭州市开发完成核心业务数据库、数据交换中心、市本级和各个区县(市)的新版门户网站、语音通知系统提升改造、四大交易类别业务系统等开发建设内容。6月,该系统投入运行。

市行政审批服务管理办公室履行全市"最多跑一次"改革的牵头协调职责,按照省、市有关改革的决策部署,制定并实施《关于进一步深化"简政放权、放管结合、优化服务"推进办事"最多跑一次"改革实施方案》,明确改革目标和12项配套措施,在全省"最多跑一次"改革专项评估中满意度列第二位。

【"最多跑一次"事项9593个】2017年,市行政审批服务管理办公室组织各级各部门对权力事项和公共服务事项进行梳理规范,于6月完成80%的目标任务。建立健全"最多跑一次"事项目录动态调整机制,确保目录统一规范。至年末,全市"最多跑一次"事项共计9593个,其中市本级771项,实现比例97.1%。

【"一窗受理、集成服务"模式推行】2017年,杭州市本级、13个区县(市)及杭州经济技术开发区、大江东产业集聚区的行政服务中心完成"投资项目""商事登记""不动产登记""社会事务"等领域的综合窗口设置。主城区不动产登记联办窗口拓展到10个办事点,并实现"全流程60分钟领证"。推出"1+N"+X商事登记制度改革、启用"商事登记一网通"。交警缴罚一体改革推进,全市19个违法处理点实现同城通办。市民卡整合公园卡、寺庙卡、公共自行车和公交卡业务,实现4个业务合一。

【便民事项双休日开放服务】2017年8月26日,各区县(市)和杭州经济技术开发区、大江东产业集聚区行政审批服务管理办公室实施便民事项双休日开放服务,覆盖市民卡服务、公积金服务、医保社保服务、不动产交易登记等7类服务事项。至年末,办件总量超过50万件。市本级"市民之家"自2009年成立以来实行双休日开放服务,覆盖全部27个办事部门的350个服务事项。

【投资项目审批实现提速】2017年9月1日起,市行政服务中心调整投资项目"一窗受理"平台,实现对151个投资项目审批服务事项和109个其他事务事项的"一窗受理、集成服务"。市行政审批服务管理办公室研究并出台优化投资项目审批流程的实施意见,推出"并联审批、模拟审批、施工图联合图审、联合竣工验收”等14项改革举措，实现投资项目总体审批周期提速30%。至年末，全市城中村改造和拆迁安置房等项目有158个试行“模拟审批”，总投资额526亿元。

**【中介服务事项管理】** 2017年3月21日，市行政审批服务管理办公室公布中介服务“最多跑一次”事项清单，涉及28个中介服务事项、153个中介服务机构，涉及企业收费的中介事项精简率40.8%。139个涉及审批的中介机构签订服务时限压缩10%的承诺书，153个中介机构承诺实行“最多跑一次”，其中24个承诺“零上门”。加强对新申请“多测合一”测绘单位的资质审查。至年末，84个测绘机构入围测绘机构名录库，35个项目进入试点。

**【公共资源交易平台整合完成】** 2017年，杭州市根据国务院、省、市有关文件精神，召开全市公共资源交易平台整合工作推进会，推动机构、职能、系统的整合工作。5月，市公共资源交易中心以及各区县（市）和杭州经济技术开发区、大江东产业集聚区共15个分中心完成更名、挂牌，标志着全市交易平台整合基本完成。制定完善交易中心业务受理办法、现场管理办法等17项规则制度，统一全市交易平台规则体系。

**【重点项目代办服务】** 2017年，市行政审批服务管理办公室做好省市重点项目、民生工程项目、浙商项目和“模拟审批”项目的代办服务。全年跟踪服务代办项目337个，包括重点项目135个、浙商项目68个，办结杭州国际金融会展中心二期和三期、阿里巴巴集团杭州软件生产基地二期等17个项目。

**【公民个人办事“简化办、网上办、就近办”推进】** 2017年，杭州市44个涉及个人办事单位梳理事项598个。11月1日，第一批凭身份证办理事项203个对外公布，精简办事材料233件。推进统一公共支付平台建设，覆盖三大类、21个政务缴费项目。通过公共支付平台缴费863.6万笔，金额22.63亿元，节约征收成本650万元。

（王坚武）

## 市场监督管理

**【概况】** 2017年，市市场监管局推进商事登记“最多跑一次”改革、食品安全示范城市创建、事中事后监管、消费维权、服务转型发展等工作。

推出品质食品示范超市创建，消费者品质食品安全放心度97.3%。完成第十三届全国学生运动会等重大活动餐饮安全保障任务，运动会期间全市食品安全实现“零事故”“零投诉”。开展小餐饮、网络订餐等专项整治。放心农贸市场、餐饮安全示范店、诚信示范药店等为民办实事项目完成。12月，上城区和临安区被评为省食品安全区县。

8月23日，《杭州市市场监督管理行政处罚程序规定》出台。开展“红盾网剑”、查处食品保健食品欺诈和虚假宣传等专项行动，净化市场环境。建立全市市场监管部门联席会议制度，实施覆盖市场监管领域36项内容的“双随机、一公开”综合检查。完成新版GMP（《药品生产质量管理规范》）认证工作。市市场监管局联合市人力社保局、市物价局、市医药行业协会在全市药品零售企业中开展“百家诚信示范药店”创建活动。

杭州市企业信用联动监管平台归集数据6144万条，3393个企业列入信用限制。杭州市市场监管部门开展打击传销专项执法整治，区域性集中清查整治24次，查处违法传销案件91起，罚没款1340.18万元，涉案金额5.1亿元，移送公安部门15起，捣毁传销窝点43处，清查遣散涉及传销人员600多人。至年末，杭州市创建商业秘密指导站、护秘维权示范点100多个，其中杭州华二通信技术有限公司等8个商业秘密保护指导示范站通过省工商局验收，成为省级示范站（点）。

加强消费维权工作，部署开展“放心消费在杭州”行动，建立全市消费维权联席会议制度。7月12日，杭州市消费者权益保护委员会换届改选完成。累计创建各类放心消费示范单位、街区（景区）1600多个。全年大规模抽检网络商品近4000批次。

小微企业专业化服务平台功能拓展，首轮“小微企业三年成长计划”完成。推进商标广告战略，新增注册商标2.4万件，累计28.1万件。杭州创意设计中心和杭州经纬国际创意产业园入选国家广告业创新创业示范基地。全年举办现代技术、现代金融民营企业“双对接”活动108场次，通过动产抵押、商标质押帮助企业融资240多亿元。

**【商事登记改革深化】** 2017年，杭州市推出“1+N”+X多证合一、证照联办改革。依托营业执照（“1”），基于统一社会信用代码可通过数据共享整合的备案、审批事项（“N”）实现“多证合一、一照一码”。暂时难以实现“多证合一、一照一码”的审批事项（“X”），通过实行证照联办实现“一件事最多跑一次”的改革目标。9月1日，商事登记“一网通”网上审批系统开始运行，95%的新设企业能按“一件事”标准实现“网上审批、一网通办”。全年让企业少跑30多万次，领照时间从6个工作日缩短到2个工作日。全市新设企业10.6万个，比上年增长28.6%。

**【“品质食品示范超市”创建】** 2017年4月和9月，市政府分别印发《杭州市品质食品示范超市创建试点工作方案》《杭州市“品质食品示范超市”创建推广工作实施意见》，开展以菜类、肉类和鱼类为重点的“品质食品示范超市”创建活动。至年末，6个试点门店设置菜类、肉类和鱼类等品质食品专区，面积1020.9平方米，汇集69个基地（出口企业），并符合“三同”（同线、同标、同质）、“三品一标”（无公害食品、绿色食品、有机食品、地理标志）等高标准食品506种，品质食品认证率87.4%。消费者对品质食品超市总体满意度92.8%，对品质食品安全放心度97.3%。“品质食品示范超市”创建入选2017年全国“双安双创”成果展核心区。8月2—4日，国家食品药品监督管理总局在杭州召开座谈会，并组织中央媒体宣传报道杭州市创建经验。

**【“阳光厨房”建设】** 2017年，市市监管部门加强与教育部门、民政部门、餐饮行业协会等单位协作，督促社会餐饮、学校、养老服务机构食堂加快推进“五可阳光餐饮”工程建设。至年末,杭州市建成"阳光厨房"3280个。其中,大型、特大型餐饮单位1123个,学校食堂1136个,民办养老机构72个,托幼机构949个。

**【餐饮示范店创建】** 2017年3月起,市市场监管局制定"三净四无五可"餐饮示范店创建标准,引导企业参与创建,并开展培训和上门指导,督促餐饮单位履行企业主体责任,落实索证索票、人员健康、食品安全操作等要求。全年创建放心餐饮示范店512个,其中社会餐饮放心示范店238个、旅游景区餐饮放心示范店20个、放心学校食堂示范店235个、放心早餐示范店19个。

**【跨部门"双随机"联合检查】** 2017年5月1日起,市市场监管局联合市住保房管局、市建委、市物价局等部门,开展为期两个月的房地产及房地产中介企业"双随机"跨部门联合检查。检查活动随机抽取全市范围内登记的房地产及房地产中介企业1%作为检查对象,共检查企业36个,其中房地产企业24个、中介企业8个,并对部分房地产企业开发楼盘进行现场检查,涉及是否存在违法违规开发建设、捂盘惜售、囤积房源、广告违法等9个方面检查事项。按照"全覆盖、一次查"的标准,以企业年报及登记事项、失信、广告、药品零售、食品销售、餐饮企业、计量器具生产等7大类、1.08万个企业为对象,进行市场监管领域"双随机"抽查。

**【市场监管领域执法办案加强】** 2017年,市市场监管部门针对食品药品安全、市场竞争秩序、消费者权益保护等领域问题,开展食品安全"百日排雷"、"红盾网剑"、房地产专项整治、旅游市场秩序整治等专项执法整治行动,进一步优化市场竞争秩序和消费环境。查处各类违法案件8839起,比上年增长30.4%。其中,查处食品安全案件2574起,增长36.0%。结案8137起,增长28.3%,结案率98.7%。大案、要案2812起,增长19.0%,占案件总数的34.5%。罚没款1.61亿元,增长11.6%。移送司法机关案件95件。

**【乡镇街道市场监管平台建成】** 2017年,市市场监管局出台《关于推进乡镇(街道)市场监管平台建设指导意见(试行)》《杭州市基层治理"四个平台"建设领导小组市场监管组成小组职责分工》等文件,13个区县(市)出台市场监管平台建设实施意见,明确检查内容和服务事项,建立健全业务管理、工作联动、数据对接、工作保障和考评机制,平台运行机制基本建成。至年末,全市建成基层治理体系市场监管平台194个,乡镇(街道)覆盖率100%,派驻市场监管干部1234人,辅助人员367人,实现派驻人员属地管理。

**【汽车消费领域整治】** 2017年6月开始,市市场监管局组织开展汽车消费领域专项执法整治,打击汽车消费过程中存在的不正当竞争、消费欺诈、经营侵权假冒等扰乱市场秩序、损害消费者权益的违法行为。全市检查汽车相关企业410个次,检查市场16个次,立案查处37起,罚没款37.6万元,移送公安部门案件2起。

2017年9月28日,市市场监管局等单位举办商标品牌国际化和知识产权保护实务培训 (市市场监管局 供稿)

**【"霸王条款"合同整治】** 2017年,市市场监管局开展房屋买卖、预付式消费、教育、美容美发、文化艺术、旅游等领域"霸王条款"整治行动。会同市房管局制定房屋租赁合同示范文本,会同市教育局、市人力社保局制定教育培训合同示范文本。约谈企业37个次,发放行政建议书31份。全市共受理涉及"霸王条款"的消费者投诉举报291件,立案查处29起,罚没款9.89万元。

**【商标品牌战略】** 2017年,市市场监管部门坚持培育与保护并重,以驰名商标、地理标志、涉外商标和老字号商标为重点,加大商标知识产权违法行为执法力度。查处商标侵权违法案件436起,涉外案件192起,案值总计432.86万元,罚没款894.57万元,移送司法机关6起。至年末,杭州市驰名商标137件,集体商标41件,商标有效注册量28.13万件,比上年增长13.2%。"阿里巴巴"商标入选世界品牌实验室编制的2017年品牌榜单。

9月28日,市市场监管局联合世界知识产权组织(WIPO)中国办事处、市商标协会共同举办杭州市商标品牌国际化和知识产权保护实务培训,为企业开展国际注册、运用和保护提供指导。全市156个外贸企业、30个商标代理机构以及市场监管系统相关工作人员310多人参加。

**【中介服务业发展中心累计32个】** 2017年11月29日,杭州公元大厦中介服务业发展中心揭牌成立,全市累计中介服务业发展中心总数32个。公元大厦写字楼位于黄龙商圈核心区,有90多个企业入驻,楼宇入驻率95%以上,集聚浙江六和律师事务所、杭州世邦魏理仕物业顾问有限公司、杭州外联因私出入境咨询服务有限公司等中介服务业企业。中心成立后,以法律服务、金融服务、股权投资、留学服务为主，发挥黄龙商圈楼宇企业服务中心、党员服务中心两个平台，通过中介服务业论坛、物管联谊会等活动载体，为企业提供政策扶持、管理培训等服务。

杭州市发展中介服务业领导小组办公室联合市住保房管局、市人力社保局、市律师协会、市广告协会等单位举办房地产中介、人力资源高级管理人员、执业律师等短期培训7期，培训企业1000多个次，培训人员1400多人次。在《杭州日报》、杭州网开展全市中介服务业发展专版宣传。

**【“守合同重信用”企业公示开展】** 2017年，市市场监管局加大培训宣传力度，组织5场“守合同重信用”培训，培训企业1400多个次，比上年增长100%。3月31日，在《杭州日报》刊登专版，介绍“守合同重信用”工作情况，对优秀“守合同重信用”小微企业进行宣传。全年新认定省AAA级“守合同重信用”企业67个，续展认定100个；新认定AA级“守合同重信用”企业85个，续展认定159个；新认定A级“守合同重信用”企业274个，续展认定77个。全市各级“守合同重信用”企业总数1826个。

**【网络发展与治理跨区域合作会议召开】** 2017年11月3日，全国20个城市网络发展与治理跨区域合作会议在杭州市召开，建立网络发展与治理跨区域合作机制。市市场监管局、余杭区市场监管局、阿里巴巴（中国）有限公司与20个城市的工商（市场监管）局共同签署《网络经济发展与治理跨区域协作备忘录》。依托杭州市市场监管部门与阿里巴巴集团共建的“红盾云桥”智能平台，各方将重点在网络交易主体数据交换、主体信用信息共享、网络案件查办、消费维权、课题研究等方面开展合作，共同推动网络经济健康发展。

**【药店、诊所药品安全专项整治】** 2017年6—10月，市市场监管局在全市范围内组织开展城乡接合部与农村地区药店、诊所药品质量安全专项整治。出动执法人员3800多人次，对全市3819个药店、1681个诊所进行检查，收回GSP（《药品经营质量管理规范》）证书89张，督促整改424个，约谈企业65个，立案32起，关门停业或注销90多个。

**【保健食品非法营销整治】** 2017年1月1日开始，市市场监管局组织开展保健食品非法营销专项整治行动。对酒店、宾馆、会场、影院、写字楼等重点场所开展排查，联合杭州出入境检验检疫局对经营进口食品、保健食品的中型、大型商店和超市开展检查。联合市整治虚假违法广告联席会议成员单位开展非法印刷品广告专项整治，加大保健食品知识科普力度。至年末，全市市场监管部门检查会场宾馆581个、小区331个、食品和保健食品生产企业641个次，食品和保健食品经营企业8942个，检查印刷经营企业2874个、广告6676条，制作《保健食品消费警示片》等公益宣传片8部，编发科普信息27条次，立案查处483起，罚没款1200多万元。

**【安全用药志愿者服务开展】** 2017年，杭州市食品药品事业发展中心以“药品安全月”活动为载体，通过“服务先行、突出特色、切入热点、多方结合”的方式，宣传安全用药科学理念和实用知识。全年组织专项志愿者服务89场，举办知识讲座3场，出动服务队伍883人次，发放安全用药宣传手册4425份，提供药学服务5100多人次，接受现场咨询6300多人次，回收过期药品370多盒。

**【化妆品安全监管】** 2017年，杭州市组织开展化妆品“呵护美丽消费”示范工程，创建14条示范街、17个示范商场和165个示范经营单位。加强国产非特殊用途化妆品备案管理，全年检查53个化妆品生产企业和1050个委托生产化妆品的贸易公司，完成8286种化妆品的备案后核查工作，检查指导率100%。市场监管部门抽检生产流通环节化妆品324批，总体合格、规范率90%。

**【消费维权】** 2017年，国家工商总局“电子商务12315投诉维权（杭州）中心”“网络商品质量监测（杭州）中心”建设推进，“12315”热线平均接通率从60%提升到95%。市市场监管系统全年接收消费举报投诉咨询55.37万件，比上年增长63.8%，帮助消费者挽回损失4869.39万元。全市消保委系统受理消费者投诉超过4万件，接受来访咨询2.33万人次，召开消费纠纷调解会1430次，为消费者挽回经济损失3762.11万元。市市场监管局与“淘宝网”“天猫商城”“贝贝网”“蘑菇街”等在杭州的电子商务平台建立消费纠纷处理绿色通道，网络消费纠纷调解处置平均时间从15天缩短至7天，累计调解处置网络购物纠纷9万多件。

**【消费教育体系化建设】** 2017年，杭州市消费者权益保护委员会完善国民消费教育咨询服务体系，开展“消费教育进社区”“秘书长百课公益讲

2017年10月30日，市食品药品志愿者服务总队开展安全用药社区宣传活动

（市市场监管局 供稿）

座”“线上消费教育课堂”“秘书长专访”等活动，依托生态环保、汽车、互联网金融、农业生产资料消费、家居消费、食品安全消费等类别的教育基地，线上线下开展各类消费教育课堂27场，直接授课人数超过6400人次，帮助消费者提高自我维权能力，防范消费陷阱。（方国平）

## 质量技术监督

**【概况】**2017年，杭州市质量技术监督部门以“标准引领发展、守护质量安全、弘扬工匠精神、打造品质之城”为工作主线，全力“抓质量、提标准、保安全、促发展”。开展品牌强市建设、标准强市建设、产品质量监督、特种设备安全监察、合格评定管理等工作，配合市环保局等部门开展“大气污染防治”，完成全年各项任务。全市166个产品获“浙江名牌”称号，138个产品获“杭州名牌”称号。推动企业和事业单位制(修)订国际、国家、行业和地方标准315项，开展标准化示范(试点)项目36个。全年监督抽查3688批次产品，合格率93.8%。推进电子商务质量监管协作平台建设，完善监管体系。完成4364批次电子商务产品质量风险抽检和572批次产品质量违法线索排查任务，协作查处882批次不合格产品。

**【“标准化+”行动计划实施】**2017年，市质监局按照《关于实施“标准化+”行动计划，提升城市国际化水平的实施方案》，制定城市治理标准，指导开展国家“社会管理和公共服务综合标准化试点”。1月23日，杭州市政府和国家标准化管理委员会签订《关于全面实施标准化战略助推杭州城市国际化建设合作备忘录》，双方围绕城市国际化建设、城市可持续发展、深化标准化工作改革、提升标准化工作能力等方面展开合作。5月19日，杭州市政府成立“杭州市标准化管理委员会”，市长徐立毅担任主任，委员会办公室设在市质监局，增设标准国际合作处，新设杭州标准化国际交流中心。6月30日，国际标准化组织、联合国环境规划署、国家标准委和国际城市可持续发展标准委在杭州召开会议，成立“全球可持续发展标准化城市联盟”，授牌杭州为“国际标准化会议基地”。12月5日，第五次中德智能制造/工业4.0标准化工作组会议暨第二届中德智能制造/工业4.0发展与标准化国际报告会在杭州召开，会议发布《中德智能制造系统架构(IMSA)与德国工业4.0参考架构模型(RAMI 4.0)互认研究报告》《中德智能制造/工业4.0标准化合作进展报告》《智能制造/工业4.0标准互认报告》《智能制造/工业4.0案例报告》等6个报告。12月6日，首届中美“ANSI-SAC团体标准合作与发展工作会”在杭州召开。12月28日，国家标准委批复同意杭州创建“标准国际化创新型城市”，创建期3年，至2020年末完成创建任务。

**【品牌强市建设】**2017年，市质监局重点引导高技术、高附加值、装备制造、自主创新、成长型中小企业、现代服务业企业、电子商务企业争创品牌。全市166个产品获“浙江名牌”称号，138个产品获“杭州名牌”称号。5个企业获省政府质量奖，其中浙江吉利控股集团有限公司、杭州中美华东制药有限公司获“2017年浙江省人民政府质量奖”，浙江开元酒店管理股份有限公司、浙江迪安诊断技术股份有限公司、杭州西奥电梯有限公司获“2017年浙江省人民政府质量奖提名奖”。杭州永创智能设备股份有限公司、大胜达包装股份有限公司和杭州市市政工程集团有限公司获市政府质量奖。12月5日，市政府办公厅印发《杭州市质量提升三年行动计划(2017—2019年)》，推进“浙江制造”品牌建设，形成227个行业龙头骨干企业重点培育梯队。杭州市制定26项“浙江制造”标准，18个产品通过“浙江制造”品牌认证。

**【标准强市建设】**2017年，杭州市推动企业和事业单位制(修)订国际、国家、行业和地方标准315项，开展标准化试点示范项目36个，3项全国电子商务质量管理标准获国家标准化管理委员会批准并首次发布。市质监局组织开展“最多跑一次”地方标准编制，联合市编办编写制定《“最多跑一次”行政审批备案承诺制工作规范》；推动制定全国首个治水地方标准体系《城市非河道小微水体养护规范》等7项标准；推动开展“河道生态建设管理综合标准化”国家级试点，完善“五水共治”标准体系；制定《杭州市首轮绩效管理总体规划》相关公共服务和社会治理标准体系，打造“三化二高”公共治理和政府服务的“杭州标准”。

**【节能减排监督管理】**2017年，市质监局配合市环保局等部门开展“大气污染防治”。按期完成15台2014年以来新增每小时20蒸吨以下燃煤锅炉后续整改工作。完成在用工业锅炉综合能效测试206台。完成热电锅炉节能改造28台、2670蒸吨，推动燃油燃气锅炉代替燃煤锅炉141台、336蒸吨。推广余热回收利用锅炉10台、89.7蒸吨。新安装工业锅炉在线远程监测40台。检查机动车排放检验机构34个，立案查处2个。检查车用汽瓶充装单位19个，均达到合格标准。开展厂(场)内专用机动车检定1.49万台。检查汽车销售公司78个，行政处罚9个。

**【电子商务产品质量监管】**2017年，市质监局实施《电子商务质量管理术语》《电子商务平台商家入驻审核规范》《电子商务平台产品信息展示要求》3项国家标准。创新电子商务产品质量“杭州抽、全国检、全国查”模式，完成4364批次电子商务产品质量风险抽检和572批次产品质量违法线索排查任务，协作查处882批次不合格产品。查处假冒“海康威视”“奥普”“九阳”等品牌产品。9月19日，电子商务名企名品反假国际交流会在杭州举行，市质监局与淘宝网等10个主流电子商务平台共同完善电子商务质量信息共享机制，每月共享信息4500多条。

**【产品质量监督】**2017年，市质监局加强重点消费品、危险化学品类产品等质量监管，采用“双随机”、线上买样、市场溯源、质量比对等方式，抽查3688批次产品，合格率93.8%。剖析“西安奥凯电缆事件”经验教训，开展地铁等重大项目涉杭企业产品监督抽查和企业责任告知，督促企业落实主体责任，试点地铁电梯安全“双预防”机制。围绕网上购物、特种设备、建材、食品相关产品、纤维制品等产品，开展“蓝剑”系列专项执法打假行动和强制性产品认证、有机产品认证及其他自愿性认证检查，累计出动执法人员2.11万人次，查处违法行为1073起，立案处罚897起，罚没款1772.1万元。

【特种设备安全监察】2017年，市质监局在“96333”电梯安全应急处置体系基础上，运用物联网、视觉识别等技术实现电梯故障实时动态监测、轿厢不文明行为劝阻以及故障发生时电梯自动报警、自动派单救援。开展“保险+智慧服务”“保险+第三方监管”试点建设，基本形成电梯运行智慧救援、智慧防控、智慧维保、智慧查询和智慧教育体系，“透明维保”覆盖5万台电梯。全年实施应急救援处置1.17万起，解救被困人员1.38万人，平均救援时间14.1分钟。

全年市质监局检查特种设备使用单位9631个，排查安全隐患5639个，督促整改5255个，处置“7·21西湖区桐庐野鱼馆爆燃事件”，确保重要会议、重大活动期间全市特种设备安全运行。重点整治电梯、液化石油气充装、压力容器使用等领域，出动检查人员2.04万人次，治理安全隐患7063处。2017年，杭州市发生特种设备事故4起、死亡4人，分别是：上海万家物流有限公司杭州余杭分公司发生1人被驾驶中倾覆叉车挤压死亡事故，萧山区浙江航民科尔纺织有限公司发生1人车辆伤害死亡事故，富阳区中策橡胶集团有限公司发生1人车辆伤害死亡事故，杭州下沙街道东方水岚佳苑小区发生1人电梯伤害死亡事故。

【民生计量器具检定】2017年，市质监局抓好农贸市场计量管理，完善“五位一体”计量监管长效机制。开展医疗计量器具检定和监督检查，抓好加油机计量检定，推动电子停车计时收费系统强制检定。全年完成140个农贸市场的9643台(件)电子秤、1399个(次)医疗机构的1.43万台(件)医疗计量器具、250个(次)加油站的4491枪加油机、31个停车场的912台停车计时计费系统强制检定。

【市质监系统行政许可服务】2017年，杭州市质监系统行政审批服务进一步规范，行政许可服务纳入浙江政务服务网“一张网”运行。34个行政许可事项实现“网上申请、在线服务、快递送达、一次不跑”。6月，余杭区行政服务中心通过国家级行政审批和公共资源交易服务综合标准化试点项目验收。开展计量行政许可“先证后核(备案承诺)”试点工作，实现计量器具强制检定备案“一次都不跑”，优化程序实现计量器具型式批准、制造许可“一次申请、颁发二张证书”方便企业服务。取消社会各类检测机构7项资质认定审批，改为机构在行政审批信息化系统进行自我声明，实现证书由快递向远程自行打印转变。

【检验检测能力建设】2017年9月，浙江省政府、浙江大学、阿里巴巴集团共同出资建设“之江实验室”。市质监局先后3次与之江实验室磋商研讨，形成“标准引领创新发展、标准引领质量技术基础一站式服务、标准引领现代城市治理”三大主题、10个具体合作项目，推动国家标准化管理委员会、杭州市政府、之江实验室达成三方战略合作。

市质监局重点关注国家LED检验检测中心、国家机器人计量产业测试中心和国家工业锅炉质量监督检验中心建设和运行，跟踪推进42个科研项目研究。参与《电子商务信息共享及交易保障共性技术标准研究》《城市可持续发展关键基础通用技术标准研究》等7项国家质量技术基础研究。

市质监局建立全市420个社会检验机构监管档案，实施专项监督检查154个、日常巡查140个、风险排查188个，组织202个检验机构开展能力比对、验证。全年查处违法检验机构9个、注销检验资质证书25个、暂停检验资质证书21个。

（李　珺　严鸣涛）

## 物价管理

【概况】2017年，市物价局持续深化重要价格改革，规范市场价格行为，发挥价格杠杆作用，履行价格监管职能，保障价格总水平稳定。杭州市居民消费价格上涨2.5%，比上年低0.1个百分点，完成年初确定的3.0%左右调控目标。

全年市本级投入使用价格调节基金12.94亿元，增长0.5%。落实物价补贴“两个联动机制”，城镇低保人员、困难家庭、重点优抚对象、城镇“三无”人员、农村“三老”人员、农村“五保”对象每人发放临时价格补贴1176元，区级救助对象每人补贴888元。企业退休人员每人发放基本生活品价格浮动补贴2184元。全年市本级发放物价补贴金额12.31亿元，50多万人受益。全年收到价格咨询和投诉举报电话1.97万件，办结1.93万件，办结率97.9%，反馈率100%。

【不动产登记等3项收费政策调整】2017年3月1日起，杭州市实施新的不动产登记收费政策。其中住宅类不动产登记收费标准为每件80元，非住宅类不动产登记收费标准为每件550元。廉租住房、公共租赁住房、经济适用住房和棚户区改造安置住房所有权及其建设用地使用权办理不动产登记，登记收费标准为零。同时，对部分不动产登记实行收费减免。

3月1日起，机动车安全技术检验收费相关政策进行调整。其中，中型、小型、微型载客汽车和中型、轻型、微型载货汽车(具体车型分类按公安部最新规定执行)机动车安全技术检验费具体收费标准为120元/车次，大型载客汽车、重型载货汽车和挂车机动车安全技术检验费具体收费标准为160元/车次。对检验不合格的机动车进行复检不收费。

5月1日起，杭州市区(不含萧山区、余杭区、富阳区)普通住房前期物业服务基准收费标准调整。其中：有电梯住房每月每平方米建筑面积甲级2.20元、乙级1.70元、丙级1.25元、丁级0.95元，无电梯住宅甲级1.80元、乙级1.30元、丙级0.95元、丁级0.75元，具体收费标准可在25%幅度内确定，各等级收费标准不包括电梯、增压水泵、小区水系、中央空调等高能耗设施设备运行消耗的能耗费。能耗费可以包含在物业服务费中按包干列支，也可以按实向业主另行分摊。保障性住房物业服务收费不得高于丙级收费标准。

**【公平竞争审查制度建立】**2017年9月26日,《杭州市人民政府关于在市场体系建设中建立公平竞争审查制度的实施意见》出台。意见于11月1日起施行,由市物价局负责牵头组织实施。意见由"总体要求和基本原则""建立公平竞争审查制度""有序实施公平竞争审查制度""健全公平竞争审查保障机制"4个部分组成。按照加快建设统一开放、竞争有序市场体系的要求,建立公平竞争审查制度,确保政府行为符合公平竞争要求和相关法律法规规定,维护公平竞争秩序,保障各类市场主体平等使用生产要素、公平参与市场竞争、同等受到法律保护,激发市场活力,提高资源配置效率。

**【新能源汽车公用充电桩充电服务价格】**2017年10月30日起,杭州市新能源汽车公用充电桩充电服务执行试销价格,由充电服务费和电费组成,按照充电电量收取。充电服务价格上限为每千瓦小时1.60元(含电费),企业可根据各自成本情况在上限范围内自主制定充电服务价格,政策执行至2020年12月31日。

**【价格监测预警】**2017年,杭州市严格落实国家、省价格监测报告制度,在国家发改委价格监测质量考核中获满分。落实元旦、春节、"五一"、端午节、中秋节等节日以及寒潮、汛期等时段的价格巡查,掌握市场变动。市物价局关注煤炭、钢材、化肥等重要生产资料价格,分析价格变化对下游产品生产、价格等方面的影响,为政府调控市场、促进经济发展服务。全年市物价局撰写居民消费价格指数专报12篇、价格形势分析12篇、价格动态信息53篇、月度市场巡查报告12篇、专题调研文章3篇。

**【民生价格信息服务】**2017年,"杭州价格网"发布每日菜价信息365期、每周民生商品价格信息128期、每月药品价格信息12期,每周在《钱江晚报》刊登"一周菜价行情",在杭州电视台生活频道《生活大参考》栏目中播放"价立方"节目,为百姓提供菜篮子商品及当季时令商品信息,引导社会价格预期。在"杭州物价"微信、微博上发布每日菜价信息,开设"价立方"微信公众服务号,提供每日菜价与民生商品价格查询。为《钱江晚报》的"24小时"手机App提供菜价数据支持。通过市区100多个社区LED多媒体互动屏滚屏发布每日菜价信息。

**【价格指数编制】**2017年,市物价局发挥"菜篮子"指数作用,每周编发一期"菜篮子"零售价格指数点评,每月形成指数分析信息,通过《钱江晚报》、"杭州物价"微信和微博发布。5月22日,"杭州·中国女装指数"在浙江省价格指数平台上线发布。市物价局会同市农办、中国农业科学院茶叶研究所、浙江工商大学,利用中国国际茶叶博览会平台优势,推进茶产业指数编制。

**【收费清理规范】**2017年,杭州市进一步落实取消、暂停、减免涉及企业收费政策,取消或停征白蚁防治费等41项中央设立行政事业性收费,阶段性降低城市基础设施配套费,取消义务教育住宿费实现市级"零收费",降低电信网码号资源占用费、无线电频率占用费等,对列入杭州市公共资源交易目录的项目继续执行按现行收费标准的50%收取。推进中介服务市场化改革,清理规范涉及审批事项的中介服务收费。施工图审查收费由企业付费改为政府购买服务,降低人民防空工程易地建设费,引导和督促规划测绘、地籍测绘、权属调查和桩基检测、环境保护在线监测等中介机构服务收费降低20%。落实高速公路货运车辆、国际标准集装箱运输车辆通行费优惠政策。1月1日起,新坝船闸、三堡船闸对从事内河集装箱运输的船舶予以免征过闸费。

2017年杭州市区主要副食品零售价格

表14

| 品名 | 规格 | 2017年12月价格 | 上年同期价格 | 比上年同期上升(%) |
|---|---|---|---|---|
| 猪肉 | 去骨夹心新鲜肉 | 29.10元/千克 | 32.14元/千克 | -9.46 |
| | 无骨新鲜腿肉 | 29.46元/千克 | 32.14元/千克 | -8.34 |
| | 新鲜条肉 | 32.54元/千克 | 35.12元/千克 | -7.35 |
| 鲜蛋 | 新鲜完整鸡蛋 | 11.12元/千克 | 9.78元/千克 | 13.70 |
| | 新鲜完整鸭蛋 | 15.56元/千克 | 15.50元/千克 | 0.39 |
| 水产品 | 500~1000克鲢鱼 | 17.44元/千克 | 17.24元/千克 | 1.16 |
| | 1000克以上草鱼 | 17.36元/千克 | 16.38元/千克 | 5.98 |
| | 250克以上鳊鱼 | 22.52元/千克 | 22.84元/千克 | -1.40 |
| 家禽 | 上等开膛白条鸡 | 21.74元/千克 | 20.96元/千克 | 3.72 |
| | 上等开膛白条鸭 | 43.46元/千克 | 44.40元/千克 | -2.12 |
| 蔬菜 | 青菜 | 4.64元/千克 | 6.14元/千克 | -24.43 |
| | 包心菜 | 5.00元/千克 | 6.08元/千克 | -17.76 |
| | 芹菜 | 10.22元/千克 | 11.08元/千克 | -7.76 |
| | 花菜 | 10.16元/千克 | 12.64元/千克 | -19.62 |
| | 菠菜 | 10.88元/千克 | 12.00元/千克 | -9.33 |
| | 番茄 | 9.24元/千克 | 9.58元/千克 | -3.55 |
| | 萝卜 | 4.00元/千克 | 5.18元/千克 | -22.78 |
| | 马铃薯 | 5.50元/千克 | 5.86元/千克 | -6.14 |
| 大米 | 标一晚籼米 | 5.24元/千克 | 5.28元/千克 | -0.76 |
| | 江苏大米 | 5.50元/千克 | 5.40元/千克 | 1.85 |
| | 东北大米(圆粒) | 6.82元/千克 | 6.74元/千克 | 1.19 |
| 面粉 | 特一粉 | 5.78元/千克 | 5.76元/千克 | 0.35 |
| 食用油 | 桶装一级压榨花生油(5升) | 137.20元/桶 | 133.05元/桶 | 3.12 |
| | 桶装一级压榨菜籽油(5升) | 63.39元/千克 | 63.23元/千克 | 0.25 |

【用能成本降低】2017年，杭州市降低大工业用电和一般工商业用电价格每千瓦小时2.22分钱(含税)，涉及杭州地区工商业用户38.5万户。进一步扩大电力用户直接交易范围和电量，全市1万个企业参与。全市农产品初加工企业用电从大工业用电、一般工商业及其他用电调整为农业生产用电。降低高可靠性供电费、临时接电费标准。非居民用气终端销售价格从每立方米3.40元降低为3.27元。对列入杭州市战略性新兴产业培育的企业执行优惠差别水价政策，每立方米降低0.3元。

【市场价格监督检查】2017年，杭州市查处价格违法案件166起，经济制裁金额538.87万元。其中，退还消费者94.08万元，没收151.57万元，罚款293.22万元。市物价局在元旦、春节、中秋节等节假日进行市场价格检查，并开展房地产市场价格、旅游行业价格、殡葬服务机构价格、电力价格、涉企收费、养老机构服务价格专项检查和医用耗材专项整治活动。全年召开7次价格法律法规宣讲告诫会，发布商品房价格、商场和超市年中庆促销行为、中秋节和国庆节消费提醒等消费警示4次。

【房地产价格监管】2017年，杭州市贯彻房地产市场调控要求，做好商品住房价格备案管理，建立价格备案互动协商机制。全年市本级受理主城区(指上城区、下城区、江干区、拱墅区、西湖区和滨江区)商品住房销售价格备案165个批次，涉及房源2.58万套、309.1万平方米，房价总金额1063亿元，备案均价3.4万元/平方米，其中25个批次通过约谈企业调低申报价格。按照"一房一价"要求，对领取预售许可证的项目及时通过杭州价格网公示。对在售楼盘加强日常监管，及时发现和处置销售中出现的不规范行为。

【民生价格收费调整】2017年，杭州市本级调整25所民办中小学校收费，备案31所民办幼儿园收费，完成对12所公办中小学生人均培养教育成本分析研究。审批新开通地铁2号线西北段地铁票价、3条公交线路票价、56个政府定价停车场收费，审批主城区3个"P+R"停车场的停车收费。调整杭州市驾驶员考试服务中心的智能化考试车辆租车训练服务收费标准。

【成本调查监审】2017年，杭州市开展成本调查监审项目94个，涉及公用事业、养老服务、教育收费、电动汽车充电服务、生猪屠宰、飞灰处置、医疗废弃等领域。审核上报成本51.74亿元，核减成本4.72亿元，核定总成本47.02亿元，核减率9.1%。增设或调整农产品成本调查点(户)17个，全市农产品成本调查点累计214个。

【价格认定服务】2017年，杭州市办理价格认定案件6180起，涉案金额5.61亿元，其中刑事案件6137起、涉及纪检监察机关和检察机关案件43起、复核案件12起。11月，《杭州市纪委、监委查办案件涉案财物价格认定工作规程》出台，明确价格认定的提出主体、管辖权限、提出方式、提交材料、受理、出具结论、救济途径等工作流程。 (孙向光)

## 统　计

【概况】2017年，杭州市统计部门提升统计服务能力，推进统计改革创新，提高统计数据质量。6月，制订37项年度重点工作、22项重点调研课题和19项创新目标，实行项目化管理，制订路线图、时间表，做到任务明确、责任到人。

全市统计部门完成普查工作。1月，组织第三次全国农业普查入户登记和普查数据采集工作；2—6月，开展数据审核与评估；5月，通过省级数据质量抽查；10月，完成第四次全国经济普查单位清查专项试点。3—5月，完善全市核算数据交换平台，指导和督促区县(市)开展地区生产总值进度监测，及时做好预警预判。加强固定资产投资统计，巩固和完善"一项目一档案"制度。10月，杭州市制定《杭州市建设领域统计数据质量监管办法》。加强社情民意调查。开展"综合考评社会评价""垃圾分类""食品安全""改革满意度""法治政府""党员干部思想状况"等社情民意调查。其中，6月和9月两次开展"最多跑一次"满意度调查，收集有效调查样本1.5万个，获取意见建议5000多条。在做好月度劳动力调查工作的基础上，开展入户调研，每月分析劳动力调查数据，对失业情况开展跟踪分析评估。抓好民生统计，提高粮食生产统计监测调查水平，做好人才资源、月度劳动力、妇女儿童监测等统计工作。9月，市统计局抽调专人成立综合协调、会务保障、安全保卫等5个工作组，配合省统计局做好在杭州召开的金砖国家统计局局长会议服务保障工作。

【统计管理体制改革】2017年，杭州市统计部门高度重视中共中央《关于深化统计管理体制改革提高统计数据真实性的意见》等系列文件。2—12月，召开全市统计工作会议、统计工作联席会议、中层以上领导干部会议、区县市统计局长会议，结合《中华人民共和国统计法实施条例》《统计违纪违法责任人处分处理建议办法》等法规，研究具体条款和国家统计局的实施方案。5—8月，由各分管局长带队，到广州、深圳、西安、长沙、郑州等地学习先进经验；3—11月，到各区县(市)统计局及企业走访调研，了解当前统计工作中存在的具体问题及相关意见建议。6月，针对省委、省政府和省统计局下发的实施意见征求意见稿，召集相关负责人逐条讨论研究，提出意见建议19条。细化涉及意见的重点改革任务。

【统计服务优化】2017年，市统计局创新服务理念，坚持深调研、重分析、广宣传，提高统计服务能力。关注经济运行走势，提高监测频率，搭建左右互通的经济运行态势研判平台，建立数据预测例会机制。围绕年度发展目标和经济责任制考核目标，及时分析预判主要经济指标增长波动的原因，跟踪反映市委、市政府有关举措的落实情况和政策效应。加强重点领域的专题分析，2—11月，撰写《当前宏观环境下的杭州新发展》《杭州产业结构调整与就业效应分析》《杭州建设世界名城的探索与实践》等报告，被《统计科学与实践》、国家统计局、省统计局采用。全年撰写各类统计分析材料150多篇，得到市委、市政府领导批示22篇次。服务基层部门,依托统计宏观数据库共享平台,及时提供数据咨询和信息服务。优化《杭州统计快报》《杭州数据图表》《城市经济主要指标》《杭州统计年鉴》《杭州概览》等统计产品。在杭州电视台、《杭州日报》、统计信息网、微博、微信等平台上及时发布经济运行情况,强化数据分析解读。

**【统计制度方法创新】** 2017年,市统计局实施国家统计局“三新”统计报表制度,把“新经济、新动能、新产业”作为统计重点。加强对“新经济”统计理论和增加值核算方法的研究,拓展“三新”统计范围,把“三新”统计标准逐步制度化,增强“新经济”的分析解读能力。开展“四众”(众创、众包、众扶、众筹)平台和重点互联网平台专项统计调查。做好软投入试点调查工作,2—6月,走访企业100多个,召开各类座谈会10多场,开展近1万个企业的全面调查,为下一步铺开企业软投入调查提供试点经验。开展特色小镇统计监测,分类指导24个省级创建特色小镇、17个省级培育特色小镇、24个市级特色小镇的数据测算。1月,按照《杭州市服务贸易创新发展试点实施方案》要求,市统计局制订《杭州市服务贸易统计试点方案》。按照《关于开展跨境电子商务货物统计试点工作的通知》要求,市统计局配合杭州海关和中国(杭州)跨境电子商务综合试验区管理办公室开展跨境电子商务统计,做好数据调查、数据比对和总量测算。市统计局与市旅委协作探索全域旅游统计,明确全域旅游的产业界定、产业分类、统计范围和测算方法,制订部门和区县(市)的责任分工和工作步骤。完善地区生产总值的相关核算方案,探索地方资源资产负债表、金融产业统计监测。上城区私募金融统计试点开展。开展国家自主创新示范区统计监测制度探索研究。

**【统计数据质量提升】** 2017年,市统计局开展统计数据质量综合治理。充分利用工商登记、税务、劳动工资调查等数据资源更新维护名录库信息。利用智能行业编码系统,核查完成约4万个单位的主要业务活动和行业代码的精准匹配。注重单位审核申报工作,全年通过国家统计局审批的新开业(投产)单位623个,“限额以下企业升级为限额以上企业”单位1897个。采用电子影像技术与实地勘察相结合的方式,提升城乡划分质量。加强专业数据质量管理,规范数据收集、审核和评估流程,加强数据横向、纵向的关联审核,严格质量抽查、数据联审、关键数据评查等。加强对各区县(市)统计数据的审核和把关,确保各专业统计数据能够真实反映全市及各区域经济社会发展的态势和转型升级的成效。发挥杭州市统计工作联席会议制度的作用,加强部门统计管理,及时协调解决核算以及日常统计工作中的相关问题,并建立常态化互动机制。7月,市统计局修订完善《杭州市部门综合统计报表制度》。聘请专业法律顾问,对统计管理事项、执法检查、咨询答复、案卷评查等进行专业指导。加强统计执法检查,建立统计违法案件集体审议制度,执行“双随机”抽查监管制度。重点对房地产、建筑业、劳动工资、能源统计等领域开展统计稽查,对下城区等区县(市)开展统计巡查。4—9月,市本级稽查单位107个,其中45个随机抽取,对稽查中发现并查实的11起统计违法行为依法进行处罚。12月,市统计局会同市纪委(市监委)、国家统计局杭州调查队联合印发《关于统计违纪违法案件移送的协作办法》。11月,建立统计信用信息管理制度,对统计调查对象的诚信信息和失信信息进行公示,并纳入“信用杭州”征信系统。 (周 斌)

## 审 计

**【概况】** 2017年,杭州市审计局按照“五位一体”和“四个全面”战略布局,坚持依法审计,加大对公共资金、国有资产、国有资源的监管力度,推进审计监督全覆盖。杭州市审计机关完成审计单位287个,其中审计项目227个,专项审计调查项目60个。查出主要问题金额523.38亿元,其中违规金额5.18亿元、损失浪费金额22.5万元、管理不规范金额518.19亿元。通过审计发现非金额计量问题1597个;损益(收支)不实金额69.36亿元。出具审计报告和专项审计调查报告377篇。审计处理处罚金额143.43亿元,其中应上缴财政4.93亿元、应减少财政拨款或补贴2.81亿元、应归还原渠道资金2.33亿元、应缴纳其他资金167.49万元、应调账处理金额133.34亿元。移送司法机关、纪检监察机关和有关部门处理案件83起,移送处理人员75人,移送处理金额122.40亿元。审计促进整改落实有关问题金额31.47亿元,促进拨付资金到位259.61万元。审计后挽回(避免)损失2.82亿元,核减投资额2.81亿元,移送处理落实事项36件。审计提出建议895条,被采纳716条。推动被审计单位制定整改措施132项。促进被审计单位制定、完善规章制度71个。提交审计信息670篇,被批示、采用446篇。向社会公告审计结果139篇。1个项目获国家审计署表彰项目称号,5个项目获浙江省审计厅表彰项目称号。

**【专项审计调查】** 2017年,杭州市构建财政审计平台,深化预算执行审计。采取“核心+专题”的审计方式,对预算执行、决算、重大公共投资项目和重点专项资金管理使用等情况开展审计监督。2月,组织8个区县(市)审计局对104个单位开展基本公共文化服务资金专项审计调查,查出问题86个,撰写审计信息专报12份,移送案件线索2起。加大对环境资源审计力度,开展大气污染防治资金管理使用等专项审计,促成杭州市新能源汽车推广应用财政支持等政策的出台。市审计局成立领导干部自然资源资产离任审计工作协调小组,临安区审计局和淳安县审计局开展自然资源资产审计探索试点。全市统计部门对市属国有企业资本经营预算执行情况开展专项审计调查。关注重大建设项目,开展亚运场馆项目、地铁工程等重大投资项目审计,处理历史遗留工程价款审计项目61个,核减工程造价1.19亿元。

**【政策措施落实情况跟踪审计】** 2017年,市审计局采取“1+6”“省市县联动”等组织模式,加强财政、科技、文化、生态环保、简政放权等方面政策执行情况和实施效果的审计监督,推动政策措施落地。2月，开展非物质文化遗产保护及资金使用绩效专项审计，撰写《审计建议完善制度加强非遗代表性传承人管理》信息专报。3月，开展企业去产能政策落实情况专项审计，反映7个问题被省审计厅结果报告采用。7月，开展“最多跑一次”专项审计调查，完成结果报告和《审计建议完善“最多跑一次”投资项目涉审中介管理》等信息。

**【经济责任审计】** 2017年，全市审计机关对134个单位的182名各级领导干部开展经济责任审计，移送司法机关、纪检监察机关和有关部门处理案件线索44起，移送处理人员59人。市审计局实现对31个单位主要领导干部离任交接审计全覆盖，对41个单位新任职党政“一把手”告知全覆盖，向巡察组反馈34个单位审计情况，对11个市直单位实施机构编制评估。经济责任审计以“三张清单”(决策清单、权力清单、资金清单)为重点，拓展延伸责任界定对象，实施分层定责，并按照“报告内容文字精练、揭示问题重点突出、文档表格互为补充”的思路，完善结果报告。12月，市审计局推出《杭州市领导干部履行经济责任简明手册》，提高领导干部防范风险意识和依法行政水平。

**【民生审计】** 2017年，全市审计机关围绕社会保障、文化教育、环保资源、公共服务设施、为民办实事项目等民生领域展开审计或审计调查，推动国家、省、市各项惠民政策落实，把好民生资金支出关口，提升民生保障质量。全年完成民生专项审计项目49个，提交各类审计报告66篇，以审计专报、审计建议等形式提出建议169条，其中164条审计建议被采纳，审计报告、专报信息获领导批示36篇。揭示各项违规资金50.2亿元、管理不规范资金237.72亿元，收缴各类违规资金49.1亿元，移送纪检监察机关案件线索6起，移送主管部门处理事项14个，行政处分、立案查处14人。

**【审计基础强化】** 2017年，杭州市推动投资审计转型。10月1日，《杭州市重大政府投资项目跟踪审计实施办法(试行)》开始实施，并入选浙江省审计厅组织评选的“2017年度审计十大事件”。市审计局提出构建“五化”机制(规范化、常态化、长效化、公开化、信息化)破解审计整改难题，成立杭州市整改联合督查工作领导小组。提出创新市属国有企业内部审计全覆盖指导新机制，实施“市属国有企业内审三年行动计划”。4月，“智慧审计”一期项目建设启动。采集各类数据93个，完成初步数据规划56个，15篇应用案例入选省大数据审计案例。重视审计理论科研，向省审计厅推荐优秀论文10篇，获奖9篇；推荐优秀调研文章9篇，获奖8篇。市审计局加大审计结果公告力度，全年杭州市本级实施项目41个，对外公告28个，公告率68.3%。 (张　琦)

## 安全生产监督管理

**【概况】** 杭州市强化重点领域隐患整治，提升安全保障能力，全年安全生产秩序良好。2017年，杭州市发生各类生产安全事故462起。工矿商贸领域发生各类事故78起，道路运输发生各类事故379起，水上运输发生各类事故5起，渔业船舶未发生各类事故。全市亿元地区生产总值安全事故死亡率0.04，比上年下降21.6%。全市各类事故死亡人数449人，受伤91人；机动车道路交通万车死亡率1.3，下降23.5%。工矿商贸领域各类事故死亡85人，受伤20人；道路运输各类事故死亡362人，受伤68人；水上运输各类事故死亡2人。

**【安全生产组织领导加强】** 2017年12月29日，市委常委会专题听取安全生产工作汇报，研究安全生产形势，审议通过杭州市安全生产领域改革发展意见。8月15日，杭州市召开高温天气安全工作紧急会议，对进一步抓好安全生产、防火降温、预警监测等工作进行全面部署。市长与所有副市长签订安全生产“一岗双责”责任书，明确副市长对分管和联系单位(行业、领域)安全生产工作的领导责任以及工作目标和要求。9月，市长、副市长带队开展“安全大检查、护航十九大”行动。全市13个区县(市)、各个开发区和相关部门的主要领导重视安全生产工作，带队开展安全生产检查，层层分解责任，把工作措施和责任落实到基层岗位。

**【安全生产责任制度完善】** 2017年6月9日，市政府办公厅印发《杭州市安全生产委员会组织结构设置及工作规则》。市安委办下设专业安全生产委员会。按照“任务繁重优先”“成熟一个、设立一个”的原则，在市安委办的框架下，按专业性行业(领域)分别设立建设工程、道路运输、危险化学品和矿山、职业病防治、旅游、特种设备、消防等7个专业安全生产委员会。委员会主任由分管专业性行业(领域)的副市长担任，构建安全生产“1+X”责任体系。全市所有区县(市)全部完成“1+X”责任体系构建。

**【安全监管执法强化】** 2017年6月26日，杭州市政府出台《关于加强安全生产监管执法的通知》，7月27日起开始施行，从制度层面加强安全生产法制建设。全市13个区县(市)政府和杭州经济技术开发区、大江东产业集聚区均把安全监管局纳入行政执法机构，具备法定的行政执法主体资格。强化安全生产与职业卫生一体化监管执法，全市累计监管执法企业20.41万个次，排查整改事故隐患35.84万个，累计落实隐患治理资金7199.5万元；全市安全监管系统对750起非法违法行为进行立案查处，收缴罚没款3087万元。

**【《杭州市构建双重预防机制防范遏制重特大事故工作实施意见》印发】** 2017年1月22日，《杭州市构建双重预防机制防范遏制重特大事故工作实施意见》印发，明确“持续健全安全生产责任体系、着力构建安全风险分级管控与隐患排查治理双重预防工作机制、构建完善依法治安机制、构建完善安全生产基础保障机制、构建完善应急管理机制”5个方面主要任务。在西湖区、余杭区开展危险化学品“禁限控”试点，编制“禁限控”危险化学品目录。在萧山区开展涉爆粉尘和喷涂企业遏制重特大事故试点，对“三场所三企业”开展风险辨识评估和分级管控工作。建德市制订区域安全风险评估计划，实施开展建德全市的安全风险评估。全市各地、各

2017年工矿商贸领域生产安全事故类型分布图

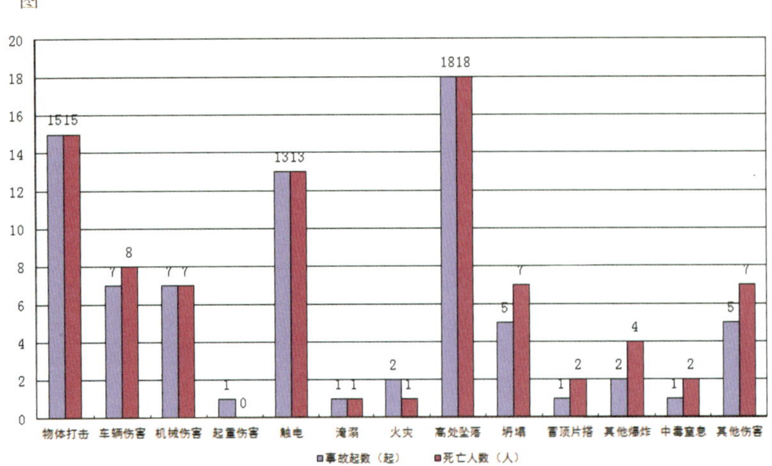


有关部门结合实际开展区域性、行业性试点,构建双重预防机制,提升事故防范能力。

【安全生产大检查】2017年,杭州市安全监管部门检查生产经营单位7.09万个,发现隐患20.52万个,依法关闭企业288个,停产整顿1302个,暂扣吊销证照企业96个,罚款2800多万元,联合惩戒失信企业64个,问责和曝光工作不力的单位33个、人员29人。推进工矿商贸领域除隐患保平安"扫雷一号"专项行动,针对危险化学品、矿山、烟花爆竹、"三场所三企业"等重点领域,检查企业1.63万个,排查隐患4.09万个。其中,矿山、烟花爆竹、危险化学品、"三场所三企业"4个重点领域实现全覆盖检查,检查企业4800多个,整治隐患1.37万个。

【安全生产综合治理三年行动计划】2017年8月25日,杭州市安全生产委员会印发《杭州市安全生产综合治理三年行动计划》。行动计划明确总体目标、治理范围、重点工作任务、职责分工、实施步骤、工作要求等7个方面的内容。以生产安全事故总量大(道路交通、建设施工、工矿商贸)、生产安全重特大事故风险高(危险化学品、消防、地铁建设运营、城市运行、特种设备)的行业领域为重点进行综合治理。各牵头部门均制定细化方案,推进综合治理。

【高危行业综合治理】2017年,市安全监管局通过安全风险研判、安全承诺、专项执法、隐患整治、应急演练、员工强化培训等制度措施,深化危险化学品安全综合治理。对全市95个危险化学品重大危险源和重点监管危险工艺进行自动化控制系统安全诊断和风险分级。推进危险化学品企业安全风险大数据平台建设,纳入890多个危险化学品生产、带储存经营和使用企业的基础数据。开展矿山隐患排查治理,检查矿山235个次,发现隐患743个,全部完成整改。以政府购买社会化服务方式对全市矿山进行隐患排查和风险分级。落实《杭州市禁止销售燃放烟花爆竹管理规定》,收缴烟花1.20万件,罚款122万元。对涉氨制冷企业全面开展液氨使用安全条件确认,全市涉氨制冷企业从118个减少到68个。对253个金属冶炼企业开展安全评价(估),对企业主要负责人和安全监督管理人员进行安全技术培训。

【安全生产标准化和信用体系建设】2017年,杭州市建立企业标准化工作报告制度,规范标准化创建流程,提升标准化运行质量,基本完成规模以上企业三级标准化达标任务。推进"杭州市企业安全生产信用管理平台"建设,对33个"黑名单"企业予以通报并进行联合惩戒。加快推进安全生产责任保险,建立社会商业保险机构参与安全监督管理的机制。

【安全生产社会化服务推进】2017年9月7日,市安全监管局印发《关于进一步加强和规范安全生产社会化服务工作的意见》,对加快培育发展社会化机构、拓展服务模式、加强质量考评等方面做出规定,并把社会化服务工作纳入到区县(市)年终安全生产责任制考核内容中。全市政府购买服务签订合同727个,合同金额2862.85万元;企业购买服务1166个,合同金额1254.68万元,累计服务企业2.99万个。

【智慧式用电安全隐患监管服务系统建设】2017年5月16日,市政府办公厅印发《杭州市推进智慧式用电安全隐患监管服务系统建设工作方案的通知》,各地、各部门有步骤、有针对性地制定建设方案,采取"先试点、后全面"的模式推广系统建设。全市在市场、医院、餐饮、商业楼宇等人员密集场所安装智慧用电设备1.98万套。智慧电梯、智慧工地等智慧监管系统得到进一步推广运用。

【安全生产应急救援能力增强】2017年,杭州市建立健全应急响应处置机制,强化消防、安全监管、交警、交通运输、气象等部门间及与相关企业的组织协调和应急联动。至年末,全市建成1支省级、4支市级专业应急救援队,3个应急物资储备中心(站)。开展企业安全生产事故应急预案电子文档备案,高危行业和规模以上企业预案编制率100%。

【安全生产宣传教育】2017年,杭州市开展安全文化建设示范企业创建,命名9个市级示范企业。深入开展安全生产月、"安康杯"竞赛、青年安全示范岗创建等系列宣传教育活动,面向全社会开展事故警示教育和应急自救技能科普。6月16日,通过电台直播安全月广场咨询日活动。6月,在《杭州日报》刊发"安全文化建设示范企业典型经验"专版。制作安全生产公益广告,通过电视台、网站、城市电子屏、地铁宣传屏、公交车载电视等渠道投放。市安全监管局打造安全生产自媒体平台,"杭州安监"微信和微博平台关注数超过12万人,平台每周阅读量近15万次。

(袁　飞　钟思思)

责任编辑 袁啸马 余显幕 秦文蔚

## 综　述

**【西湖和南宋皇城遗址综合保护工程】** 2017年,杭州西湖风景名胜区管理委员会(简称杭州西湖风景名胜区管委会)深入推进西湖和南宋皇城遗址综合保护两项工程。西湖引水玉皇山预处理系统提升完善工程完成方案批复及施工招标。白苏二公祠周边建筑环境整治工程完成。杭州龙坞花园、杭州植物园蔷薇园建成开放。《南宋皇城遗址公园综合保护实施与利用规划》编制完成,杭州西湖风景名胜区管委会南宋皇城遗址综保工程领导小组成立。杭州铁路博物馆(知青纪念馆)建设工程完成方案批复。

**【西湖风景名胜区管理】** 2017年,杭州西湖风景名胜区管委会开展景区管理服务提升"百日攻坚"行动,扎实推进七大类31项重点课题研究,全面提升景区管理水平和景区文明程度。实行多领域、多事项"统一巡查、一键抄告、一体考核"的管理模式,及时抄告整改问题2000多条。开展旅游秩序乱象联合整治158次,查处"野导"200人次、无证营运"黑车"50辆次、出租车违规营运680多辆次、"偷钓"及手划船违规经营行为1300多起。深入实施交通秩序管理、单双号限行、交通微循环等景区交通优化措施,10月1日起,苏堤(南山路口至跨虹桥码头路段)、白堤(北山街口至明鉴楼路段)限时禁止非机动车通行。"共享单车"治理持续从严,全年累计搬移清运40多万辆次。

"三改一拆""五水共治""五废共治""五气共治"等重点工作持续深化,全年拆除各类违建386处近1万平方米;完成污染源治理项目13个,整改雨污合流问题90处,治理小微水体223处,改造西湖出水口4个,完成西湖引配水1.2亿立方米,剿灭外来入侵物种福寿螺3万多个、虫卵2160千克,创新水生植物生态治理2.6万平方米,西湖水体年均透明度达81.4厘米。柳浪闻莺公园大草坪、学士公园大草坪、太子湾大风车草坪等11块草坪开放。

**【西湖风景名胜区经济社会发展】** 2017年,杭州西湖风景名胜区经济形势总体向好,财政总收入10.87亿元,比上年增长17.2%,其中地方财政收入5.74亿元,剔除"营改增"因素,同口径增长21.9%。一般预算支出13.51亿元,下降2.99%。

全年接待中外游客2850.81万人次,增长0.6%,其中收费公园接待1777.26万人次,增长11.8%。全年景区门票收入3.34亿元,增长12.7%。公园IC卡发卡量48万张,增长2.21%。

全年农业总产值1.34亿元,农民人均年收入3.25万元,增长8.9%。农家乐接待游客量495万人次,经营总收入3.95亿元,增长15%。民宿产业接待人数110.4万人次,营业额3.09亿元。西湖龙井茶产量133.5吨,产值1.33亿元。

受理群众来信来访来电2415件,按期告知率、按期受理率、按期答复率均达100%,"12345"效能指数测评位列全市第一。成立旅游警察大队,重组"景安巡逻队",构建多位一体"平安联盟",织密景区群防群治网络。全面推进"雪亮工程",重点公共区域视频覆盖率、高清率均达到100%,景区刑事案件、侵财案件、零刑事警情总天数实现"双降一升"。

"最多跑一次"改革深入推进,杭州西湖风景名胜区管委会综合服务事项有303项实现"最多跑一次",占90%。开展"网上办理、快递送达、双休日开放"等便民服务,基本实现"一窗受理、集成服务"。景区农村土地承包经营权确权登记颁证和经济合作社股份合作制改革有序推进。西湖街道9个村和6个社区换届选举工作完成。

景中村整治不断深入,治理地质灾害点6处、危房3处,外迁农户41户。完成西子湖幼儿园九溪园区改造提升工程,新增医养结合照料中心2家,政府购买居家养老服务312人次。景区首个全民健身中心投入使用,举办西湖群山越野赛等群众性体育活动。

**【高档经营场所长效监管】** 2017年,杭州西湖风景名胜区管委会认真落实驻店联络员工作台账制度、每月报告分析制度、三级督查问责制度、职工食堂定期排摸检查制度等四项制度,巩固景区30家高档经营场所转型成果,确保"还湖于民、还景于民、还园于民"真正落地。9月,高档经营场所转型成果被列入浙江省纪委监察厅主办的《反腐败导刊》“监督执纪问责特色工作80例”。10月7日,中央电视台《新闻联播》对杭州市落实中央“八项规定”精神,从严整治“会所中的歪风”,使高档经营场所成功转型并落实长效监管的做法予以肯定。

**【西湖“最美现象”】** 2017年,杭州西湖风景名胜区管委会开展第六届“最美西湖人”评选活动。杭州西湖志愿者服务总队入选全国学雷锋志愿服务“四个100”先进典型,西湖微笑亭志愿者施志平入选中央宣传部命名的第三批全国岗位学雷锋标兵,杭州市西湖游船有限公司“画舫礼宾组”成功创建“2015—2016年度全国青年文明号”,西湖水域管理处团总支获2016年度“全国五四红旗团支部”,西湖女子巡逻队入选杭州市第五届“最美杭州人”。景区最美现象蔚然成风,“西湖捞哥”、西湖女子巡逻队、景安巡逻队、美女交警、飚英语的保安、唱越剧的保洁员等一大批团队和个人走红网络,构筑起“免费西湖”“温情西湖”“文明西湖”“感动西湖”的温暖风景线。

(杭州西湖风景名胜区管委会)

## 西湖文化景观保护

**【世界文化遗产监测体系】** 2017年,杭州西湖世界文化遗产监测管理中心根据国家文物局和中国文化遗产研究院要求,结合西湖世界文化景观遗产特点,初步搭建西湖世界文化遗产监测基础信息管理系统框架体系,并列入杭州智慧电子政务云平台项目。完成“两堤三岛”“西湖十景”“14处文化史迹”等遗产点两轮巡查,核查监测预警系统数据填报准确性,跟踪遗产本体专业监测和病害监测发现问题处理情况。继续开展六和塔、保俶塔等结构安全专项监测,编制结构安全监测评估报告。完成“西湖十景”、主要历史文化史迹、四季花木分布区监测点位数据采集,以及古树名木内部空洞率探测和生长情况调查。

**【遗产监测区域游客量管控】** 2017年,杭州西湖世界文化遗产监测管理中心在岳飞墓(庙)和花港观鱼两处遗产点开展游客量管控项目试点。完成20个监测区域的70多台监测设备调试,优化监测系统核心算法,确保11个遗产点“六网合一”光纤线路运行平稳。研究影响游客密度的因素及对遗产造成的影响,准确定位各区域游客量监测设备,编制游客量监测报告。根据监测结果,科学制定重要节假日游客量管控应急预案,确保国庆节等旅游高峰期间游客组织管理安全有序。

**【国家评估工作组调研评估遗产保护状况】** 2017年9月12日,中国文化遗产研究院、中国世界文化遗产中心组织评估工作组对杭州西湖世界文化遗产保护状况开展为期2天的实地调研评估。评估工作组现场调研西湖世界文化遗产保护基础工作、保护管理、旅游与商业管控等内容,实地查看西湖博物馆、水质检测站、遗产地界桩、遗产区商业业态,以及飞来峰造像、雷峰塔遗址、三潭印月等遗产点保护管理和遗产监测等情况。9月14日,召开西湖世界文化遗产保护状况调研评估座谈会,评估工作组给予杭州高度评价,认为杭州西湖世界文化遗产保护管理科学、现代、可持续,有特色有亮点。

**【杭州市土遗址保护】** 2017年,杭州西湖风景名胜区管委会推进杭州市土遗址保护工作。由杭州西湖世界文化遗产监测管理中心牵头,委托浙江大学文化遗产研究院编制杭州地区土遗址保护整体方案。重点以严官巷南宋御街遗址、钱塘门遗址、清行宫遗址、抱朴道院遗址、郊坛下和老虎洞窑址共6处土遗址作为研究对象。年内,浙江大学文化遗产研究院组织文物保护和水文地质方面专家多次对6处土遗址保护现状和水文地质情况进行调研。

**【世界文化遗产宣传教育】** 2017年1月6日,杭州西湖世界文化遗产监测管理中心在杭州第二中学建立世界遗产青少年教育基地活动站,深化校园青少年世界遗产宣教工作。年内,学军中学、文三街小学等中小学校开展世界遗产选修课近20次,课程内容包括“西湖茶文化”、“西湖诗词解读”等。

3月,“西湖文化特使”公众号开通,推出“西湖故事”系列栏目,由专业人员及西湖文化特使撰写生动有趣的文章,向大众普及西湖文化。全年发布西湖故事28篇,内容包含西湖人物、西湖风俗、西湖历史典故等。

8月,举办西湖文化社区分享会,来自杭州12个社区的16位街道文化站负责人、社区书记、社区工作者参加。此外,策划“南宋文化拾遗·走读清波”、世界文化遗产宣教活动走进采荷社区等社区宣教活动。

**【《杭州西湖风景名胜区总体规划(2002—2020)实施评估》通过审查】** 2017年3月10日,《杭州西湖风景名胜区总体规划(2002—2020)实施评

郭庄外景 (杭州西湖风景名胜区管委会 供稿)

曲院风荷　　（杭州西湖风景名胜区管委会 供稿）

估》审查会在杭州召开。杭州对西湖风景名胜区总体规划进行评估，在全国国家级风景名胜区尚属首次，受到国内风景名胜、遗产保护权威专家高度评价。杭州西湖风景名胜区总体规划于2000年编制完成，2005年经国务院批复同意，主要针对西湖风景名胜区现状，处理城市和西湖关系，突出自然景点和文物古迹保护与延续，控制景区城市化现象，调整景区游览格局，明确西湖保护、管理、利用及其中远期发展。

**【杭州西湖风景名胜区专家库建立】** 2017年3月15日，杭州西湖风景名胜区管委会建立杭州西湖风景名胜区〔杭州市园林文物局、杭州市京杭运河（杭州段）综保委〕专家库，旨在依托专家评审，加强杭州西湖风景名胜区、杭州西湖文化景观遗产、杭州市大运河文化遗产、杭州城市绿化、文物古迹的保护和管理，促进各项事业可持续发展。专家库成员由城市规划、风景园林、建筑设计、文物考古、遗产保护、展陈设计等领域的专业人士组成。

**【虎跑公园观音殿开放】** 2017年5月3日，虎跑公园观音殿复建后试开放。虎跑公园观音殿恢复及周边建筑改造提升工程总用地面积约8900平方米，历时2年，恢复原有建筑格局。工程还结合史料记载的清代院落式山林寺院类建筑形式，对翠樾堂周边滴翠轩廊、山泉居等建筑整治修缮，提升园林景观，再现虎跑观音殿历史遗存，使整个虎跑景区形成一个完整的建筑群落。复建后，虎跑公园观音殿是全国唯一一处以陶瓷为主要载体的观音文化展陈，主殿内有全国最大的一体成型的观音塑像。

**【海峡两岸暨澳门文化遗产工作交流】** 2017年8月4—7日，应澳门文化遗产研创协会和澳门文物大使协会邀请，杭州西湖世界文化遗产监测管理中心组织8名西湖文化特使赴澳门参加文化旅游青年论坛及工作坊。其间，西湖文化特使就文化遗产保护和文化旅游推广等内容进行交流，杭州西湖世界文化遗产监测管理中心与澳门文化遗产研创协会、台湾嗨森青年创意工作室签署合作协议，杭州市西湖文化特使协会、澳门文物大使协会、台湾阿里山青年大使协会三个青年组织签署战略合作书，共推文化遗产保护与文化旅游推广。

**【桃源里自然中心落户杭州植物园】** 2017年4月21日，由杭州植物园与阿里巴巴公益基金会、桃花源生态保护基金会共同设立的“桃源里自然中心”在杭州植物园启用。马云、高晓松等嘉宾出席启动仪式，新华社、中新社、《浙江日报》等20多家媒体予以宣传报道。该中心由议事委员会、入驻机构和辅导机构三部分组成，其中议事委员会成员包括杭州植物园、阿里巴巴公益基金会、桃花源生态保护基金会，旨在倡导自然教育和自然保护理念，打造全国城市型自然教育机构示范基地。该中心具备开发自然教育课程体系、组建自然解说志愿者队伍、开设免费自然讲堂、建立全国自然教育人才培养基地等四大模块功能，外聘专业自然教育机构运营，面向国内外热爱自然人群，主推“乐、游、学、创”四大板块活动，预计每年教育服务1万人次以上。

**【杭州植物园蔷薇园开放】** 2017年10月1日，杭州植物园蔷薇园建成开放。蔷薇园位于植物园西部桃源岭地块，总面积约31.2公顷，设有水生植物科研圃地区、科普展示区、禾草花溪游赏区、缤纷花潭游赏区、水上森林游赏区等区块。该园是一座以水生植物和蔷薇科植物为主的植物专类园，内含池、潭、涧、瀑等水体景观，以山体树木、花草倒影水面，以芦苇、莲、荷、茭、蒲点缀水面，故又称“水生植物区”。该园栽植荷花、睡莲、鸢尾、菖蒲、梭鱼草等水生植物约170种，桃、樱、海棠、杏、李等蔷薇科植物140多种、约1800株，禾草类植物40多种，呈现水陆双生保育、四季有景特征。

**【杭州龙坞花园开放】** 2017年9月30日，杭州龙坞花园（杭州西湖景区专用花卉基地）开园。该园于2月启动建设，总投资3500多万元，占地12公顷，旨在打造杭州新优特花卉引种、筛选、繁育、展示和推广应用的综合基地。园内建有玫瑰花园、芳香花园、水花园、兰花园四大专类花园，栽育名优花卉近300种。在开园仪式上，同步举办以“浙山、浙水、浙乡愁”

杭州龙坞花卉培育中心俯瞰　（杭州西湖风景名胜区管委会 供稿）

为主题的浙江省第十届插花艺术交流展，来自杭州、宁波、温州等省内11个地市的园林管理局(处、站)、各市风景园林学(协)会、插花艺术分会(研究会)、省花协零售业插花花艺分会和大专院校插花选手参与，共创作写景式插花、现代自由式插花、组合盆栽和环境布置花艺作品百余件。

（杭州西湖风景名胜区管委会）

## 景区综合管理

**【景中村整治】** 2017年，杭州西湖风景名胜区管委会按照配套完善、生活便利、环境优美、管理有序原则，编制"一村一方案"，投入3000多万元，完成茅家埠、梅家坞、梵村、九溪、翁家山、龙井、满觉陇、杨梅岭、灵隐等9个景中村整治工程"回头看"。拆除违法建筑618处1.1万平方米，完成自来水增压34户，改造道路13条，提升环境绿化28处，增改市政管网2.4千米，治理小微水体149处，清理房前屋后堆积物1900多处。此外，黄泥岭区块、阔石板区块、双峰新村及里鸡笼山区块等三个区块综合整治工程加快推进。

**【吴山大碗茶区域整治】** 2017年2月，杭州西湖风景名胜区管委会联合上城区清河坊历史街区管委会、清河坊资产管理有限公司，对伍公山大碗茶区域进行集中拆违整治，出动300多人，拆除15家商户户外违章搭建钢构大棚1300多平方米，清运建筑垃圾60多吨。自此，大碗茶区域违章大棚拆除工作全部完成，环境整治提升工程正式启动。整治过程中，邀请杭州电视台《民情观察室》栏目全程跟踪拍摄，体现公平公正，为根治大碗茶区域"脏乱差"顽疾奠定基础。

**【西湖水域综合救援中心成立】** 2017年3月29日，西湖水域综合救援中心成立。通过整合西湖水域管理处、景区公安分局、西湖游艇公司的救援力量，形成24小时联合救援体系。该中心在原杭州西湖水上救援中心基础上组建，下设2个救援点，一个设在三潭(小瀛洲)，配备4名救生员、4艘快艇；另一个设在马家湾，配备2名救生员、1艘快艇。船上配有救生圈、救生衣、救生棒、定位浮标和通信设备等救援设备。2个救援点到里西湖、外湖救援最快5分钟，西湖水域救援能力进一步提升。至年末，该中心接警26次，实施应急救援17起，成功率100%。发布安全指令317条，完成杭州国际名校赛艇挑战赛、玫瑰婚典等西湖湖面大型活动保障。

**【旅游警察大队成立】** 2017年4月22日，"深化西湖景区全域化旅游联动机制暨旅游警察大队成立仪式"在西湖涌金广场举行，具体包括旅游警察大队授牌，景安巡逻队、景安Angel志愿者队伍授旗，景安巡逻队卡通形象发布，共建平安景区倡议等仪式，以及"我美西湖美、我在平安在"广场主题宣传活动。旅游警察大队成立旨在完善西湖景区全域化旅游联动机制，适应城市国际化发展要求，建立具有国际素养的杭州旅游警察队伍。

**【餐厨垃圾分类和统收统运】** 2017年11月29日，杭州西湖风景名胜区规模型餐饮企业(农家乐)餐厨垃圾统收统运基本实现全覆盖媒体通报会召开，现场通报工作推进、执法监管、处置利用等情况，号召景区餐饮企业、景中村"农家乐"及居民家庭积极参与餐厨垃圾分类和统收统运工作。《浙江日报》、《杭州日报》、浙江电视台、杭州电视台等10多家媒体予以报道。杭州西湖风景名胜区管委会自2016年启动餐厨垃圾分类和统收统运工作，通过"先内部食堂、后社会餐饮、再农家乐"，破解餐厨垃圾混装私运带来的随意倾倒、环境脏乱、油渍污水滴漏等影响景区环境问题。至年末，420多个餐饮企业(其中大中型餐饮企业150多个、小型餐饮企业270多个)餐厨垃圾减量至每日20吨。大中型餐饮企业和"农家乐"实现餐厨垃圾分类和统收统运全覆盖。

**【互联网租赁自行车管控】** 2017年，针对互联网租赁自行车(也称"共享单车")"任性停""堆成山""堵交通"等现象，杭州西湖风景名胜区管委会加强"共享单车"管控，全年累计搬移、清运40多万辆次。主要做法是：建立"城管统管、属地分管、政企联动"的监管体系，从主要道路、景点延伸到支路小道，全面实施"一提醒、二约谈、三处罚"的监管办法；严格准入控源头，在湖滨景区试点"资源整合与共享、共同参与和管理"管控模式，要求"共享单车"运营企业参与现场管控，形成规范投放、超量划片包干清运、重大节假日提前清场等管理机制，倒逼企业提高运维水平、提高准入门槛；建立行政约谈制度和多方例会共商机制，及时通报单车无序停放、影响景观和游客通行、信访投诉等情况，明确景区禁投、公园景点禁行和7处重要景点、10条重点路段、5处重点区域禁停等规定；实行城管清运代管机制，每天分时段对违规停放、未按要求整改、疏于管理的单车进行清运，设置临时存放点、应急存储场，对不同企业单车进行统一清运。

**【西湖水质提升行动】** 2017年，杭州西湖风景名胜区管委会以省市劣V

类水剿灭行动为契机，大力开展西湖水质提升行动。制定水质提升方案和“河（溪）长制”实施方案，与相关的14个单位签订完成水质提升目标责任书，将治水工作延伸到沟、渠、塘等小微水体，对九溪、梅坞溪、龙泓涧、金沙涧、长桥溪等溪流落实网格管理。加大截污纳管、雨污分流投入，开展排水管网现状调查和功能性检测，提高管网机械化养护质量。实施西湖出水口设施改造工程，更新柳浪、金牛、涌金、大华、一公园、五公园6个出水阀门井内蝶阀设备，确保西湖蓄洪泄洪调控精准高效。设立西湖引水玉皇预处理系统提升调研课题，加快破解西湖引水玉皇预处理厂遗留含泥废水出路问题。严格落实涉水违法行为投诉首问责任制，积极消除景区雨天污水满溢及污水入河、入湖现象。

（杭州西湖风景名胜区管委会）

## 特色活动

**【“原地旅行·走读杭州”活动】** 2017年，杭州西湖世界文化遗产监测管理中心开展“原地旅行·走读杭州”活动7次，以传播杭州本土文化和普及世界遗产价值为导向，由西湖文化特使组织和带领市民游客进行深度游览。按照《马尔智蜜月日记》中外国友人当年走过的西湖路，推出春夏秋冬四季线路，包括上香古道之旅、九溪之旅、满陇桂雨之旅、御街·鼓楼之旅，以文化漫步的方式领略西湖幽静秀美，探访西湖历史文化，传播西湖世界文化遗产价值。

**【49名外国友人成为西湖文化特使】** 2017年6月，杭州西湖风景名胜区管委会启动第六届西湖文化特使招募，300多名海内外优秀学子报名，最终招募学员49名。7月17—21日，西湖文化特使集训营举行。其间，开展各类讲座16次、西湖原地旅行6次、到学校和社区宣传讲课16次、西湖文化深度游6次，每一位特使学员深入了解西湖文化遗产知识。随后，西湖文化特使以形象代言人身份，返回所在国家和地区，宣传和推广西湖世界文化遗产。西湖文化特使从2012年6月发起已连续举办6届，累计招募特使244名，人员和活动覆盖美国、英国、澳大利亚、日本、韩国、加拿大、法国等64个国家和地区。

**【10人受聘首批西湖旅游国际体验师】** 2017年8月，杭州西湖风景名胜区管委会首次推出“西湖旅游国际体验师”，旨在通过“西湖旅游国际体验师”对西湖景点、东方文化、旅游服务、特色美食等的体验，借助Facebook、Twitter等社交平台的分享，宣传和推广西湖人文景观和杭州城市魅力。来自美国、加拿大、西班牙、乌克兰、哥伦比亚、巴基斯坦、喀麦隆、赞比亚、伊拉克、坦桑尼亚等19个国家的旅游爱好者报名，最终聘任10名在杭州学习或工作的外籍友人担任首批“西湖旅游国际体验师”，聘期1年。9月5日，“首批西湖旅游国际体验师聘任仪式暨陶瓷文化之旅”活动在南宋官窑博物馆启动，开启“后G20时代国际友人寻迹西湖”活动帷幕。

**【杭州昆明两地花展】** 2017年1月24日至2月26日，“鸣凤迎春”——云南山茶花展在杭州郭庄举行。此次花展由浙江省花卉协会、昆明市园林绿化局和杭州市风景园林学会联合主办，昆明市金殿名胜区、杭州西湖风景名胜区灵隐管理处（杭州花圃）共同承办，是杭州、昆明两地“花事”交流的重要组成部分。花展分金花迎春、梦回水乡、山茶闹春和科普长廊四大展区，展出云南山茶花精品50多个品种，共计150盆，花形最大的品种直径达16厘米。云南山茶花是昆明市花，其中被誉为“植物界大熊猫”的金花茶首次到杭州展出。

**【灵峰探梅专题节目】** 2017年2月，杭州植物园专题节目《阳光下·灵峰探梅》在杭州电视台综合频道《走遍杭州》栏目播出，随后在杭州电视台文化频道、杭州公交移动电视、运河西湖游船上滚动播出，并通过浙江国际频道在欧美及东南亚国家播出，通过优酷视频和微信“行走WALK”中英双语播出。《阳光下·灵峰探梅》节目主要介绍灵峰探梅景点的概况、历史传承、50多种梅花品种特点及7000多株“梅林”盛景，向国内外群众传递东方园林艺术理念和独特魅力。

**【太子湾公园展出“国泰”郁金香】** 2017年3月，西湖风景名胜区太子湾郁金香花展首次引进“国泰”郁金香切花品种展。2014年3月23日，国家主席习近平偕夫人彭丽媛访问荷兰参观荷兰郁金香花展时，彭丽媛为新培育的珍贵郁金香品种命名为“国泰”（英文名Cathay也有“中国”意思）。此次郁金香花展，“国泰”郁金香最受市民游客青睐。“国泰”郁金香拥有紫水晶般颜色，花型为鹦鹉形，花朵大而奇特优美，花被为羽毛状，排列有序，花瓣卷曲扭转，向外伸展，状似飞鸟。

虎跑公园观音殿外景

（杭州西湖风景名胜区管委会 供稿）

【西湖龙井茶技艺大赛】2017年3月28日,“2017杭州市西湖龙井茶技艺大赛”在杭州西湖风景名胜区西湖街道双峰村举行。大赛由杭州市政府主办,杭州西湖风景名胜区管委会等6家单位、部门承办,市西湖龙井茶管理协会等7家单位、协会组织协办。农业部和全国20多个省级农业主管部门负责人参加观摩。大赛以“弘扬龙井文化,传承茶都真韵”为主题,设西湖龙井茶炒制大赛、茶艺大赛、高级炒茶师技师评定、品鉴体验等活动,还推出老茶人炒茶展示、《采茶舞》等表演以及茶叶书签、拓印手帕和刻纸等体验活动。

【杭州茶文化在欧洲交流】2017年3月10—14日,中国茶叶博物馆在英国南安普顿大学和卡迪夫大学开展茶文化交流活动。活动现场,中国茶叶博物馆推出了以《西湖茶礼》《红茶·青茶》为主的茶艺表演、以六大类名茶为核心的中国名茶品鉴会、以中国茶千百年饮茶方式演进史为主线的《茶·茶器》讲座等茶文化活动。此次交流活动首次引入中英法三国合作的茶、酒对话活动,共同研讨中国茶与葡萄酒的发展历史、加工制造和品饮文化,进一步加深中英法三国之间的文化交流。

6月12—18日,法国旺代省永河畔栋皮埃尔市政府首次举办以中国文化为主题的“中国生态文化周”活动,旨在展示中国茶文化、书画、黄酒、丝绸、太极拳、艾灸等传统文化。中国茶叶博物馆作为中国茶文化唯一受邀代表亮相,推出“中华茶文化展”、西湖茶礼表演、现场品茗和专家咨询等四项体验活动,吸引该市三分之一以上市民前往参观体验。

【“微笑i计划”】2017年6月13日,杭州西湖风景名胜区管委会举行“人人争做微笑点”文明创建活动启动仪式,发布微笑亭柳叶形“i”标志和景区一线工作人员笑脸“i”胸牌,标志着西湖微笑服务从6个微笑亭延伸至西湖环线13.8千米。“微笑i计划”是通过景区工作人员和志愿者统一佩戴微笑状国际通用标志“i”(Information问询)胸牌,将西湖环线微笑点整合成群,示范推广“微笑、文明、热情”等旅游服务国际标准,变定点定时服务为流动式实时性国际化服务。“微笑i计划”推出百日,首批1000个“微笑点”向游客提供微笑服务约200万人次,收到感谢信近百封。9月,“微笑i计划”向全市推广,并与“阿里天天正能量”合作,设立“微笑i”基金。

【西湖申遗成功六周年系列活动】2017年6月,杭州西湖风景名胜区管委会以纪念西湖申遗成功六周年为契机,以遗产地最具中国韵味的楹联文化为轴,开展“西湖楹联寻宝”“西湖楹联每周猜”“西湖楹联大考”等系列活动。其中,“西湖楹联寻宝”通过“杭州发布”、杭州电视台、《青年时报》等渠道海选出200人,围绕西湖遗产六个景点、六副楹联开展“走读”活动,倡导共同保护、传承文化遗产;“西湖楹联每周猜”以“媒体公布上联、市民对下联、专家解联”形式展开,一直持续到10月;“西湖楹联大考”通过微信平台展开,阅读量超过200万次,参与测试超过1万人次。7月,“西湖楹联纪录片”“西湖楹联进校园”等活动陆续推出,引导市民游客共享西湖文化、共护杭州西湖世界文化遗产。

【“世界反法西斯战争时期的钱学森”主题展】2017年7月7日,杭州西湖风景名胜区管委会与上海交通大学“钱学森”图书馆(馆长系钱学森之子钱永刚)协作,在钱王祠举办“科学先锋、和平卫士——世界反法西斯战争时期的钱学森”主题展览,纪念中国人民抗日战争暨世界反法西斯战争胜利80周年。展览持续3个月,展出钱学森在世界反法西斯战争时期的手稿、书信、文献、证书等实物展品20组30多件。

【杭州市青少年西湖明信片设计大赛】2017年5月1日,由杭州西湖风景名胜区管委会、中国国际动漫节节展办公室、腾讯(儿童)频道、杭州高新开发区(滨江)文创办联合主办,杭州西湖博物馆承办的第六届青少年西湖明信片大赛启动,大赛主题为“青山绿水画西湖”,杭州地区206所学校及绘画机构、8600多幅作品参赛。10月14日,进行大赛初评,评选出小学组148幅、中学组58幅共计206幅作品入围决赛。决赛于10月21日在杭州西湖博物馆举行。

【“童画杭州名人”活动】2017年5月5日,由市文明办、市园文局、市教育局、杭报集团主办的第八届“童画杭州名人”活动启动。活动以“名人与名城”为主题,107所学校参加选送2000多幅作品参赛。大赛评选出一等奖10名、二等奖20名、三等奖30名及优胜奖若干,并评选出10个优秀组织奖和10位优秀指导老师奖。

【西湖群山越野赛】2017年10月15日,第三届西湖群山越野赛举行。本次活动吸引全国各地近500名选手参加。赛事分为全程组、半程组、毅行组三个组别,其中全程组距离30千米,半程组和毅行组距离均为16千米。本次赛道从双峰村出发,穿越十里锒铛、十里龙脊、九溪十八涧、云栖竹径、龙井问茶、南高峰等地标性景点,几乎涵盖西湖群山主要游步道,选手们在运动中多角度体验西湖群山秀美。

【“相约西湖”文化系列活动】2017年10月28日,由杭州市政府主办,杭州西湖风景名胜区管委会承办的第十六届“相约西湖”文化系列活动在西子湖畔启动。此次活动以“诗画西湖、精彩杭州”为主题,现场分“忆”“熠”“翼”三大板块播放杭州和西湖珍贵图片。本届活动与“西湖之声”合作推出“跟着诗词品西湖”“西湖诗意画征集”“分享与西湖相约的1000个理由”“诗画山水秋月雅集”等亲民化活动,提升“相约西湖”品牌大众影响力。(杭州西湖风景名胜区管委会)

责任编辑 蔡建明

## 综　述

【旅游经济运行总体良好】2017年接待境内外游客16286.63万人次，比上年增长15.84%。其中：内地旅游者15884.40万人次，比上年增长16%；中国港澳台地区旅游者117.24万人次，增长8.96%。旅游总收入3041.34亿元，增长18.3%。其中，国内旅游收入2802.14亿元，增长18.6%。旅游休闲产业增加值928亿元，增长12.6%，占全市GDP比重7.4%。旅游总收入、旅游总人数、旅游外汇收入均列全国15个副省级城市前三名。杭州入选联合国世界旅游组织公布的“全球15个旅游最佳实践样本城市”。

【旅游重大项目投资181亿元】2017年，杭州市纳入国家旅游局旅游项目库的旅游在建项目272个，实际投资超过181亿元。13个区县（市）中年度投资超过10亿元的有6个，其中余杭区、桐庐县超过30亿元。余杭区大力推进大项目建设，艺尚小镇项目年度实际投入25.7亿元，良渚遗址综合保护工程（良渚古城遗址、瑶山遗址环境整治）实际投入达到11亿元。桐庐县和建德市着力推进全域旅游示范区建设和万村景区化，大力发展乡村旅游。桐庐当年在建项目100个，实际完成投资40.5亿元，其中旅游村落景区建设项目达到47个。建德在建项目52个，实际完成投资21.4亿元，其中旅游村镇建设项目22个。

【世界旅游联盟总部落户杭州】2017年12月17日，世界旅游联盟与浙江省人民政府在国家旅游局签订战略合作备忘录，宣布世界旅游联盟总部正式落户萧山湘湖国家旅游度假区。这是首个总部落户杭州的国际旅游组织，对杭州市全面推进旅游国际化战略，打造会展之都、赛事之城，建设独特韵味别样精彩的世界名城，具有重要意义。世界旅游联盟是由中国（中国旅游协会）在2017年9月11日联合国世界旅游组织第22届大会上发起成立的全球第一个综合性、非政府、非营利性国际旅游组织。联盟创始会员单位分布29个国家和地区。

【杭州推进全域旅游】2017年8月3日，国家旅游局在西安召开第三届全域旅游推进会。会上，杭州获“中国旅游休闲示范城市”的奖牌，并列中国旅游休闲示范城市第一名。桐庐县、淳安县、上城区、拱墅区、西湖区、余杭区、临安区、建德市先后被列入

2017年杭州旅游人数及旅游收入

表15

| 地　区 | 总人数（万人次） | 比上年（%） | 总收入（亿元） | 比上年（%） |
|---|---|---|---|---|
| 主城区 | 5 465.57 | 14.0 | 1 915.07 | 21.0 |
| 萧山区 | 2 153.25 | 8.0 | 274.71 | 10.1 |
| 余杭区 | 1 886.83 | 18.5 | 199.23 | 17.4 |
| 富阳区 | 1 258.25 | 17.6 | 117.05 | 23.4 |
| 临安区 | 1 466.36 | 15.3 | 163.96 | 18.7 |
| 桐庐县 | 1 529.31 | 15.8 | 160.87 | 18.9 |
| 淳安县 | 1 540.62 | 12.9 | 119.83 | 14.3 |
| 建德市 | 986.44 | 14.8 | 90.62 | 20.4 |
| 全　市 | 16 286.63 | 15.8 | 3 041.34 | 18.3 |

说明：“主城区”指上城区、下城区、江干区、拱墅区、西湖区、滨江区，下同

2017年杭州市入境及中国港澳台旅游人数与外汇收入

表16

| 地　区 | 总人数（万人次） | 比上年（%） | 总收入（万元） | 比上年（%） |
|---|---|---|---|---|
| 主城区 | 336.94 | 12.0 | 329 389.55 | 12.0 |
| 萧山区 | 40.36 | -1.1 | 16 898.00 | 32.4 |
| 余杭区 | 16.02 | 10.8 | 4 802.16 | 9.8 |
| 富阳区 | 1.47 | -9.2 | 453.38 | -15.6 |
| 临安区 | 0.51 | -38.4 | 285.68 | -51.6 |
| 桐庐县 | 3.83 | 84.2 | 1 351.04 | 61.7 |
| 淳安县 | 2.65 | 21.8 | 869.45 | 20.6 |
| 建德市 | 0.45 | -4.1 | 236.78 | -18.0 |
| 全　市 | 402.23 | 10.7 | 354 286.04 | 12.5 |

2017年国内旅游人数及收入

表17

| 单　位 | 人数(万人次) | 比上年(%) | 收入(亿元) | 比上年(%) |
|---|---|---|---|---|
| 全　市 | 15 884.40 | 16.0 | 2 802.14 | 18.6 |
| 主城区 | 5 128.64 | 17.0 | 1 654.81 | 19.0 |
| 萧山区 | 2 112.89 | 8.2 | 263.30 | 9.3 |
| 余杭区 | 1 870.81 | 18.5 | 195.98 | 17.5 |
| 富阳区 | 1 256.78 | 17.6 | 116.73 | 23.5 |
| 临安区 | 1 465.85 | 15.3 | 163.76 | 18.9 |
| 桐庐县 | 1 525.48 | 15.7 | 159.96 | 18.7 |
| 淳安县 | 1 537.97 | 21.6 | 157.14 | 31.7 |
| 建德市 | 985.98 | 14.8 | 90.46 | 20.5 |

2017年杭州市公园景区接待人数及门票收入

表18

| 地　区 | 接待总人数(万人次) | 比上年(%) | 收费景区人数(万人次) | 比上年(%) | 门票收入(万元) | 比上年(%) |
|---|---|---|---|---|---|---|
| 全　市 | 15 025.11 | 14.4 | 7 899.83 | 17.5 | 319 129.98 | 22.5 |
| 主城区 | 9 028.15 | 9.9 | 4 417.81 | 20.0 | 159 685.05 | 25.7 |
| 萧山区 | 1 259.25 | 14.6 | 673.86 | 27.1 | 47 761.12 | 28.7 |
| 余杭区 | 1 240.51 | 2.6 | 588.56 | 7.5 | 11 989.02 | –4.1 |
| 富阳区 | 422.06 | 3.8 | 270.15 | –0.1 | 14 918.71 | 12.2 |
| 临安区 | 494.13 | 4.0 | 381.59 | 4.5 | 17 522.80 | 7.7 |
| 桐庐县 | 557.30 | 34.7 | 294.42 | 5.0 | 14 726.75 | 17.2 |
| 淳安县 | 1 518.63 | 55.8 | 1 163.97 | 21.7 | 47 848.47 | 24.8 |
| 建德市 | 505.07 | 46.3 | 109.48 | 17.0 | 4 678.07 | 38.0 |

省级全域旅游示范区创建单位。年内,湘湖跨湖桥景区、京杭大运河杭州景区、桐庐富春江旅游区创国家AAAAA级景区有序推进,西湖风景名胜区、千岛湖风景名胜区、西溪湿地旅游区、宋城景区被评为浙江省优质旅游景区景点,余杭区塘栖镇、淳安县姜家镇成为首批浙江省旅游风情小镇。43个村庄入选首批浙江省AAA级景区。临安区在落实万村景区化过程中推行景区村庄市场化运作模式。"两江一湖"风景名胜区28个区块详细规划编制全面启动,完成《富春江—新安江风景名胜区管理办法》前期调研。42个在杭旅行社与富阳、桐庐、淳安、建德、临安的42个旅游特色乡镇结对,探索"旅行社+旅游乡镇"融合发展。

**【A级景区建设】**2017年,杭州市新增A级以上景区12个,其中AAA级8个,AA级4个。至年末,杭州共有A级以上旅游景区89个,其中AAAAA级景区(点)3个,AAAA级景区(点)34个,AAA级景区32个,AA级20个。

杭州公园、景区(点)共接待15025.11万人次,比上年增长14.4%,实现门票收入31.91亿元,增长22.5%。其中,A级以上景区接待11295.40万人次,增长11.6%,门票收入27.18亿元,增长22.1%。全市纳入统计监测的公园、景区(点)营业收入42.48亿元,增长34.72%。

**【杭州入选全球15个旅游最佳实践样本城市】**2017年9月21日,联合国世界旅游组织(UNWTO)致函杭州市政府,祝贺杭州入选全球15个旅游最佳实践样本城市。杭州成功入选的理由为:因为旅游对城市产生的积极而卓越的社会文化影响。作为世界旅游的官方组织,2016年12月,联合国世界旅游组织启动"全球旅游最佳实践样本城市"的遴选,通过世界旅游组织专家组的专项调研和实地绩效评估,旨在其所属的193个成员国中确定15个"全球旅游最佳实践样本"。"全球旅游最佳实践样本"项目设定"城市旅游实践"的五大领域十八个核心指标体系及若干分项目指标体系,其中五大领域为"城市经济领域""城市环境领域""城市管理领域""旅游社会文化领域"和"旅游科技与商业新模式领域",世界各地城市可根据优势选择其中一个领域进行申报评定。杭州以"旅游社会文化领域"进行申报。　（市旅委）

## 旅游市场

**【入境及中国港澳台旅游者突破400万人次】**2017年,全市接待入境旅游者及中国港澳台地区旅游者402.23万人次,比上年增长10.7%。旅游外汇收入35.43亿美元,增长12.5%。

到杭外国人284.99万人次,增长11.5%。其中,亚洲157.91万人次,欧洲54.59万人次,美洲43.89万人次,大洋洲11.26万人次,非洲及其他17.32万人次。到杭旅游十大客源国分别是韩国、美国、日本、新加坡、马来西亚、泰国、德国、英国、法国和加拿大。以上客源国占全年接待外国人总数的73%。中国港澳台旅游者117.24万人次,增长8.96%。

**【出境及赴中国港澳台地区旅游人数173.1万人次】**2017年,杭州市旅行社组织出境赴中国港澳台地区旅游173.1万人次,比上年增长8.2%。其中:出国游157.38万人次,比上年增长11.3%;中国港澳台游15.67万人次,下降15.5%。出国游到达主要目的地依次为越南、日本、泰国、马来西亚、新加坡、菲律宾、印度尼西亚、韩国、柬埔寨、美国等。

**【假日旅游成为旅游市场助推器】**2017年,杭州市各区县(市)旅游部门和旅游企业举办多项节事活动,推动旅游市场发展。元旦、春节、清明、五一、端午、中秋国庆节期间,全市各公园、景区(点)接待人数均有较大幅度的增长。全年假日累计接待人数和门票收入分别占全年总量的22.6%和17.5%。各假日接待人数分别达到214.8万人次、803.35万人次、404.49万人次、483.67万人次、303.46万人次和1190.24万人次,增长幅度分别为–15.87%、4.64%、38.6%、8.5%、1.5%和13.8%,门票收入分别为2329.25万元、13888.81万元、

2017年杭州市入境游十大客源国及旅游人数

表19

| 客源国 | 接待人数(万人次) | 比上年(%) |
|---|---|---|
| 韩国 | 63.64 | -2.0 |
| 美国 | 27.57 | 13.4 |
| 日本 | 21.60 | 4.9 |
| 新加坡 | 12.73 | 22.5 |
| 马来西亚 | 12.27 | 14.9 |
| 泰国 | 11.29 | 17.5 |
| 德国 | 9.18 | 14.1 |
| 英国 | 7.93 | 14.5 |
| 法国 | 7.36 | 15.1 |
| 加拿大 | 6.23 | 24.9 |

2017年出境游十大主要目的地及旅游人数

表20

| 目的地 | 人数(万人次) | 比上年(%) |
|---|---|---|
| 越南 | 40.12 | 79.4 |
| 日本 | 36.59 | 2.7 |
| 泰国 | 33.28 | 47.8 |
| 马来西亚 | 8.89 | 67.2 |
| 新加坡 | 8.56 | 58.8 |
| 菲律宾 | 7.26 | 79.9 |
| 印度尼西亚 | 7.21 | 50.6 |
| 韩国 | 5.27 | -82.2 |
| 柬埔寨 | 4.47 | 50.8 |
| 美国 | 4.23 | 13.1 |

5667.52万元、8077.97万元、5459.09万元和20335.71万元，增长幅度分别为-7.4%、4.8%、52.7%、15.22%、24.5%和28.8%。

【乡村旅游助推乡村振兴】2017年，杭州市乡村旅游共接待5654.52万人次，比上年增长27.1%；经营总收入46.22亿元，增长21.6%。其中，西湖区338.01万人次，经营收入2.21亿元，分别增长9.3%和30.6%；西湖风景名胜区514.72万人次，经营收入4.02亿元，分别增长20.8%和32.9%；余杭区658.84万人次，经营收入4.76亿元，分别增长53.3%和-23.6%；富阳区878.83万人次，经营收入5.81亿元，分别增长15.7%和2.5%；临安区921.70万人次，经营收入8.45亿元，分别增长29.2%和27.0%；桐庐县855.40万人次，经营收入5.64亿元，分别增长19.0%和32.8%；淳安县913.00万人次，经营收入9.84亿元，增长26.4%；建德市473.50万人次，经营收入4.89亿元，分别增长78.4%和141.4%。乡村旅游发展已经成为农村发展、农业转型、农民致富的重要渠道，成为乡村振兴的重要力量、重要引擎。

【特色休闲示范点新增41个】2017年，杭州市继续重点扶持美食、茶楼、文化娱乐、疗休养、保健、化妆、女装、运动休闲、工艺美术等十大行业项目，新推出特色休闲示范点41个。其中，美食业有全聚德莫干山路分公司、新花中城、张生记天工店、知味观等7个，茶楼类有春江茶苑、西院一号、一江春水茶楼、卢正浩茶庄4个，文化娱乐类有最天使书城、AsiaPAR-Club、杭州大剧院、杭州神龙川旅游风景度假区4个，康体养生类有姗娜娜杭州维景店、岩石足首会所、杭州市五云山疗养院、杭州天禄堂国医国药馆、诗丽堂美容SPA馆5个，运动类有汽车公园、余杭野天堂小镇、智慧花乐园3个，特色民宿类有鳌山淳乡居、威廉的太妃糖酒店、夕霞小筑、杭州麦芽庭艺术酒店、胥溪庄园等9个，特色购物类有尚城1157、天竺筷业、万事利丝绸开元路专营店、杭州南宫秀文化创意有限公司等6个，美容美发类有TONI&GUY(湖滨店)、禾颜社(黄龙店)、思妍丽(白马店)3个。

【社会资源国际旅游访问点达到123个】2004年开始，杭州在全国率先推出社会资源国际旅游访问点，探寻国际游客眼里最新奇的“杭州生活”。2017年9月15日，杭州市发布全国访问点领域首个地方标准——《社会资源国际旅游访问点设置与服务规范》，对访问点的设施、环境、服务与管理等具体细则做出规范。根据此标准，经访问点自评、微信投票、专家

淳安千岛湖风景区

(市旅委 供稿)

评审、项目组评审等过程，产生2017—2018年度杭州市社会资源国际旅游示范访问点、推荐访问点各20个。至2017年末，全市累计评选出访问点123个，涵盖城市公共服务、工业旅游、农业旅游、社会生活、社会政治及市民生活六大类。

**【星级饭店累计148家】** 至2017年末，杭州市有星级饭店148家，其中五星级23家、四星级45家、三星级51家、二星级28家、一星级1家；特色文化主题饭店16家，“绿色饭店”86家（其中金叶11家，银叶75家）。全市星级饭店客房数2.84万间，床位4.69万张。旅游饭店平均出租率61.4%，日均房价每间413.86元。其中，三星级酒店全年客房出租率59.2%，日均房价每间313.07元；四星级酒店出租率69.61%，日均房价每间417.1元；五星级酒店出租率62.3%，日均房价每间642.51元。2017年，全市纳入统计

2017年AAAA级以上景区（景点）接待人数及门票收入

表21

| 景区（景点）名称 | 星级 | 旅游人数（万人次） | 比上年（%） | 其中门票收入（万元） | 比上年（%） |
|---|---|---|---|---|---|
| 杭州西湖风景区 | 5 | 2 850.81 | 0.6 | 33 406.68 | 12.7 |
| 淳安千岛湖风景区 | 5 | 1 094.94 | 20.4 | 43 236.88 | 21.1 |
| 西溪国家湿地公园 | 5 | 553.31 | 11.0 | 9 830.31 | 14.0 |
| 杭州乐园 | 4 | 340.09 | 27.0 | 17 363.58 | 12.3 |
| 新沙岛景区 | 4 | 0 | 0 | 0 | 0 |
| 余杭双溪竹海漂流景区 | 4 | 24.15 | -9.8 | 1 626.64 | 9.8 |
| 桐庐浪石金滩景区 | 4 | 6.60 | -24.2 | 124.10 | -30.6 |
| 建德富春江国家森林公署—七里扬帆 | 4 | 9.27 | 28.0 | 290.27 | 17.6 |
| 杭州柳溪江景区 | 4 | 11.32 | 5.9 | 401.80 | 2.9 |
| 临安河桥古镇 | 4 | 5.61 | 8.4 | 91.84 | -8.5 |
| 杭州山沟沟景区 | 4 | 10.24 | -9.8 | 611.98 | -6.8 |
| 桐庐天子地生态风景旅游区 | 4 | 14.87 | — | 684.49 | — |
| 杭州临安东天目山景区 | 4 | 17.35 | -22.6 | 59.76 | -19.6 |
| 杭州灵栖洞景区 | 4 | 16.38 | -7.3 | 692.02 | 10.2 |
| 浙江富春江小三峡景区 | 4 | 24.40 | 15.9 | 1 725.89 | 33.4 |
| 杭州浙西大峡谷景区 | 4 | 67.15 | 2.5 | 2 879.26 | -1.3 |
| 桐庐江南古村落景区 | 4 | 141.77 | 34.1 | — | — |
| 杭州大慈岩景区 | 4 | 17.06 | -6.4 | 739.85 | -0.6 |
| 桐庐垂云通天河景区 | 4 | 41.64 | 0.3 | 1 730.26 | 15.4 |
| 临安太湖源景区 | 4 | 36.06 | -0.2 | 832.81 | -1.9 |
| 富阳富春桃源景区 | 4 | 58.42 | -2.7 | 985.52 | -3.0 |
| 浙江天目山景区 | 4 | 31.55 | 8.1 | 1 505.29 | 10.9 |
| 瑶琳仙境景区 | 4 | 73.40 | -11.9 | 5 371.07 | 1.6 |
| 杭州东方文化园 | 4 | 40.92 | -9.6 | 1 149.74 | -8.0 |
| 皋亭山景区 | 4 | 55.34 | -12.9 | — | — |
| 杭州极地海洋公园 | 4 | 86.53 | 26.2 | 16 125.68 | 24.1 |
| 浙江旅游职业学院 | 4 | 49.53 | 22.9 | — | — |
| 临安大明山景区 | 4 | 64.87 | 8.4 | 3 301.00 | 4.5 |
| 杭州龙门古镇 | 4 | 64.04 | 11.7 | 1 788.84 | 18.0 |
| 杭州野生动物世界 | 4 | 141.83 | 5.2 | 10 946.77 | 14.3 |
| 余杭塘栖古镇（水北街） | 4 | 234.81 | -2.2 | — | — |
| 杭州余杭超山风景名胜区 | 4 | 162.32 | 5.2 | 755.12 | 6.8 |
| 萧山湘湖景区 | 4 | 322.89 | -3.6 | — | — |
| 杭州雷峰塔景区 | 4 | 451.93 | 25.2 | 16 440.68 | 23.9 |
| 余杭良渚博物院 | 4 | 137.45 | 190.0 | — | — |
| 杭州宋城旅游景区 | 4 | 1 234.09 | 37.2 | 90 157.95 | 34.6 |
| 杭州清河坊历史特色街区 | 4 | 2 054.07 | 2.1 | — | — |
| 合　计 | | 11 295.40 | 11.0 | 271 832.80 | 22.0 |

说明：表中数据“—”的为不收费景区，新沙岛景区当年停业

监测的宾馆饭店营业收入162.77亿元，比上年增长12.2%。

**【杭州评出首批63家等级民宿】**民宿是利用当地闲置资源，民宿主人参与接待，为游客提供体验当地自然、文化与生产生活方式的小型住宿设施。2016年10月1日，杭州首个针对民宿服务的地方规范标准《民宿业服务等级划分与评定规范》正式实施，根据杭州民宿的特点，规定了民宿等级划分标准、评定必备条件和服务要求。《民宿业服务等级划分与评定规范》根据杭州民宿在景观、风格、风俗、餐饮、服务等方面的特色和规格，把民宿划分为标准民宿、特色民宿和精品民宿三大类，精品民宿为最高等级，实行等级动态管理，由杭州民宿标准技术委员会牵头的第三方机构负责进行实地考察、审核。2017年4月6日，杭州市民宿行业协会、杭州市旅游标准化技术委员会、杭州市饭店行业协会根据《民宿业服务等级划分与评定规范》要求，评出首批63家等级民宿，其中精品民宿13家、特色民宿24家、标准民宿26家，实行等级动态管理。在全省民宿等级评定中，杭州获得省级民宿白金级1个、金宿级3个、银宿级19个。

**【旅行社增至767家】**至2017年末，杭州市有旅行社767家。其中，经营国内、入境旅游业务旅行社664家，经营出境旅游业务旅行社103家。全市星级旅行社104家，分别为五星级13家、四星级43家、三星级40家、二星级5家、一星级3家。旅行社营业收入206.02亿元，比上年增长12.5%。

（市旅委）

**【杭州黄龙饭店等3家酒店获行业大奖】**2017年2月20日，由“MAG志”主办的“2016/2017年度中国志旅游业大奖”颁奖典礼在上海落幕。200多位酒店高管、酒店业主、文化界专家学者、高端旅游服务机构代表、生活时尚品牌负责人见证度旅游业颁奖盛典。杭州黄龙饭店获中国志旅游业大奖——“2016年度中国婚宴酒店大奖”。

3月23日，在2016—2017年度“盛宴·中国”餐厅评选中，杭州西溪喜来登酒店的萨婷法餐厅获“年度最佳西餐厅”荣誉。“盛宴·中国”餐厅评选活动由《橄榄餐厅评论》杂志主办，历时近7个月，超过200家餐厅报名参与，美食行业专家、专业厨师及媒体人组成专业评分团队，经过了专业评审、读者评委征集体验、公众票选等流程，从各个维度评选出最优质餐厅。

社会资源国际旅游访问点古荡农贸市场（市旅委 供稿）

3月30—31日，第十二届亚洲酒店论坛年会暨中国酒店星光奖颁奖典礼在上海举行。中国酒店星光奖经过大众推选、媒体测评、专家把关等综合测评，评选全国消费者和行业公认具有影响力的年度酒店大奖。杭州天元大厦获“中国最佳文化主题酒店”荣誉。

**【《最忆是杭州》复演】**《最忆是杭州》演出是G20杭州峰会的标志性节目。2017年5月1日，旅游版《最忆是杭州》恢复演出。至12月15日节目休演，共接待观众39万人次，其中外国游客占25%，平均上座率达83%，成为杭州文化新名片。中央、省、市各级媒体高度关注，中央电视台播出的《将改革进行到底》认为节目延续中华文脉、展现出文化自信。

**【江南慢村景区对外开放】**2017年4月2日，江南慢村景区对外开放，景区内布鲁克驿家开业迎客。江南慢村景区位于余杭区中泰街道，群山环抱，绿树成荫，设有单车民宿、布鲁克驿家、天井湾山居民宿、章岭房车营地、专业环村自行车赛道等12个旅游点。其中布鲁克驿家由弃用的中学校舍翻新改建而成，项目总投资2235万元，总用地面积2.6公顷，其中一期建筑面积3500平方米，拥有地面停车位88个，客房58间，配套设施有餐厅、休闲吧、水塔吧台、室外游泳池（冰球区）、室外烧烤、露天影院、室外运动区及种植区等。江南慢村旨在打造温情、怀旧兼具现代感的乡村慢生活旅游景区。

**【杭州宏逸投资集团有限公司成立】**2017年12月21日，市商旅集团投资组建的杭州宏逸投资集团有限公司成立。公司注册资本5亿元，经营范围涉及实业投资、旅游资源开发、酒店餐饮管理、会务展览服务、文化艺术交流活动组织策划等领域。杭州宏逸投资集团有限公司计划通过合资、股权转让、增资扩股等多种形式，整合市商旅集团旅游、商贸、文化创意领域优势资源，推动集团旅游业务向观光游览、休闲度假、文化体验、商务会展“四位一体”转型。（梁 之）

## 旅游节庆活动

**【杭州茶文化博览会】**2017年3月31日，以“东方文化、茶礼天下”为主题的“2017杭州茶文化博览会”正式启动。博览会分主体项目版块、茶文化版块、区县（市）版块、茶旅游体验版

2017年11月30日,参加“2017南宋皇城小镇时光微旅挑战赛”的150名中外骑行爱好者体验“南宋150文化旅游线路” (李 忠 摄)

块等四大产品版块。3月31日,在西湖区龙坞茶镇举办西湖龙井开茶节,组织开展西湖龙井茶炒茶王大赛、西湖龙坞山地越野赛、外桐坞“画春天·学炒茶”亲子活动、“单车上的龙坞茶镇”骑游等系列活动。4月20日,在南宋皇城小镇举行清河坊民间茶会,将民间茶会与南宋文化紧密结合,让市民与游客在品味杭州香茗的同时,深入了解杭州南宋文化。4月22日,在杭州刀剑剪博物馆举行以“普及全民饮茶、共享和谐健康”为主题的2017全民饮茶日暨第六届万人品茶大会,通过茶艺表演、制茶体验、茶叶评比、赠饮、赠茶具、猜茶谜、唱茶歌、斗茶会等一系列丰富多彩的全民饮茶日活动,进一步向市民普及“茶为国饮、全民饮茶”。

**【中国杭州大学生旅游节】** 2017年9月15日,第八届中国杭州大学生旅游节在杭州低碳科技馆启动,并持续到11月。本届大学生旅游节以“活力杭州,别Young精彩”为主题,借助“第十三届全国学生运动会”契机,策划推出丰富多彩的活动,加强市场化,国际化。通过“韵味杭州”研学体验线路设计大赛、“我和杭州的故事”原创短视频全球征集、最美民宿电竞挑战赛等系列活动的开展,借助在杭的大学生进行传播与推广。248所高校的在校大学生的参与,充分宣传了杭州自然人文与城市活动,体现了杭城的独特韵味与别样精彩。

**【“中国旅游日”活动】** 2017年5月19日,“中国旅游日”杭州旅游服务进社区暨法制宣传进社区活动在杭州拱墅区信义坊东广场举行。杭州四区(拱墅、萧山、余杭、富阳)四县(市)(桐庐、建德、淳安、临安)、三个协会(旅行社、饭店、景区)、30多个企业和全市100个社区、300多名社区居民、10多名外籍人士等参加活动。优惠便民服务环节,市旅委现场开展旅游法治宣传、政策咨询、旅游维权服务,邀请邮政杭州市分公司销售“杭州旅游护照——G20线路优惠联票”。当天,包括外籍居民在内300名市民体验新开6条休闲旅游线路,区县(市)多个景区为市民免费开放或推出优惠举措。

**【“醉美春日”杭州户外休闲季】** 2017年3月18日,“醉美春日”杭州户外休闲季启动。活动启动仪式吸引50多组自驾游家庭200多人参加,现场发布了50多项春季户外休闲节事活动和旅游产品。活动期间,市旅委联合FM93电台推出“春游去哪儿”户外休闲季电台主题节目,节目持续两个月,推荐建德艾利斯玫瑰庄园、鸬鸟房车露营公园等20多家春季户外休闲体验基地;举办家庭户外自驾活动、“晒”私房春日评选活动等,4500多人次参加。

**【杭州夜休闲主题嘉年华】** 2017年6月21—25日,“缤纷夜·乐无眠”2017第五届夜休闲主题嘉年华在吴山广场举行。本次活动将美食、时尚、文艺表演相结合。国内知名线上支付平台“口碑网”加盟,18家台湾美食商家以及8家杭州旅游休闲示范点商户参与。参加杭州夜休闲活动的市民游客达到15.8万人次,商家销售及协议销售额超过300万元。

**【杭州国际婚恋旅游节】** 2017年10月20日至11月30日,第六届杭州国际婚恋旅游节举行,整体活动分为三期进行。“杭州婚恋旅游基地”征集期间,近百家商家参与征集,3万用户参与投票。“情定杭州·与爱同行”恋爱促销周活动期间,650家商户在“途牛网”与ENJOY平台上线产品1300多款,直接吸引以情侣为重点的消费者10万人次,订单量达1.5万单,拉动了杭州婚恋产业的消费。11月26日,“沙之爱·恋”婚恋主题活动吸引近1000人参加,其中包括来自上海、江苏、安徽国内游客和美国、英国、德国的境外游客。

**【杭州休闲养生季主题推广活动】** 2017年10月20日,“2017杭州休闲养生季主题推广活动”新闻发布暨资源对接会在杭州雅谷泉山庄酒店召开。杭州市特色潜力行业协会、休闲养生企业、旅行商、新闻媒体代表等约100人参加发布会。“2017杭州休闲养生季主题推广活动”涵盖了运动养生、美食养生、中医养生、美容养生等多方面,旨在加快特潜行业与健康旅游业的融合发展,培育“杭派养生”旅游产品,丰富杭州旅游休闲产品体系。“2017杭州养生集市”作为本届杭州休闲养生季主题推广活动的重点首次到异地城市举办,于2017年10月28—29日在宁波市举行,桐庐江南养生文化村、方回春堂、浙江石景旅游文化股份有限公司等13家单位企业在宁波推广杭州的休闲养生线路产品。“2017杭州休闲养生季主题推广活动”期间,新增适合冬季休闲养生的资源点70多个、休闲养生系列活动31个。

**【杭州民宿美食大赛】** 2017年8—9

月，杭州民宿美食大赛举行，9月26—27日在西湖天地大草坪进行现场总决赛。经过前期遴选、入围决赛的有44家民宿的60件作品，最终40件"最值得推荐的杭州民宿美食"获得组委会授予的"金盘子"奖，涵盖民宿的早餐、下午茶、私房菜和伴手礼。本次决赛活动，杭州电视台《新闻60分》进行现场直播，浙江电视台、《都市快报》、杭州网、19楼论坛等10多家媒体到现场采访报道。

**【中国(杭州)旅游创客大赛】** 2017年9—11月，"2017中国(杭州)旅游创客大赛"举行，活动以"当旅游遇见大数据"为主题，向全国征集了近百个优秀旅游创业项目。经过资格审核，确定16个参与决赛路演项目。总决赛于11月14日在杭州举行，同时在人民网、杭州新闻App、新浪网、腾讯网、大浙网等平台同步直播，《杭州日报》、网易、杭州电视台、杭州网等新闻媒体到场采访报道。本次大赛成为整合旅游资源、推动旅游产品的创新、发现旅游项目的交流平台。

(市旅委)

## 旅游推广

**【杭州旅游全球营销活动】** 2017年，杭州旅游市场推广重点巩固欧美市场，深化东南亚市场，拓展G20成员新兴市场。以"最忆是杭州"主题，分别开展"感知中国、最忆杭州"东南亚营销、"解码丝路、最忆杭州"欧洲营销和"走进奥斯卡、最忆是杭州"美国营销三大主题板块系列营销，持续推进了杭州旅游形象和品牌的国际传播。

通过与知名在线旅行商Expedia合作，做好针对欧洲德国、法国、英国民众的杭州城市品牌宣传。产品推广方面，推出杭州旅游产品和线路，产品模型为"机票+酒店+地接服务"。目的地形象品牌宣传方面，建立并维护更新杭州旅游主题专属页面，运用图片、文字、视频等多种方式，提供杭州旅游信息。德国、英国、法国市场显示量分别达到191.94万次、279.3万次、147.54万次。预订酒店、机票、人数年增长率分别达到12.9%，23.5%和19.5%。

**【杭州全球旗袍日活动】** 2017年5月2日，"F计划·杭州全球旗袍日"暨"杭州新忆"项目新闻发布会召开，围绕中国传统文化中最具"国际范"的元素，以丝绸和旗袍为载体，杭州启动新一轮全球营销。5月，在美国纽约、德国汉堡、英国伦敦、西班牙马德里、澳大利亚悉尼五大海外分会场和杭州西湖、京杭大运河、龙坞茶镇、中国丝绸博物馆、索菲特西湖大酒店空中花园五大国内分会场举行10多场具有独特杭州元素文化演绎展示活动，参与的中外女性共有1100多人次(外国女性400多人次)，凸显出杭州丝绸般柔美的独特韵味和古今交融的别样精彩。"美国市场观察"、《旧金山商务时报》、新华社、中新社、中央国际广播电台等350多家国内外主流媒体的关注和报道，首次获得国务院新闻办客户端的报道。

2017年5月17日，杭州全球旗袍日活动展示演绎杭州茶文化(市旅委 供稿)

**【"杭州新忆"国内公关宣传】** 2017年，"杭州新忆"项目以"后峰会"杭州旅游新品为切入点，借助各行业精英体验"后峰会"线路这一公关热点，高效地推广"后峰会"杭州新形象。诗人黄亚洲、游泳冠军吴鹏等20名体育界、文化界、媒体界行业精英，以杭州G20峰会主办场地——杭州国际博览中心为起点，开启"经典文化""璀璨都市""活力企业""创新小镇"四大后峰会杭州精品旅游线路，传播杭州全新记忆。"杭州新忆"国内公关宣传活动新浪微博总曝光量达到1.7亿次，新华网、中新社、"今日头条"网络客户端、凤凰新闻、腾讯大浙网、新浪网、网易等32家媒体予以报道。

**【会奖旅游国际推介活动】** 2017年9月，巴黎双城互动的第一轮活动受到290多家各类媒体的报道及转载，覆盖美国、德国、法国、新加坡及国内受众7200万人次。此外，实施"温度体验官""杭州会奖评选"等系列活动，在Headquarters、Business Traveller等国内外专业媒体密集宣传。杭州获"年度最具魅力城市会奖目的地""2017年度最佳国内会奖旅游目的地""2017中国最佳会奖营销目的地"称号。

**【"再忆是杭州·重游计划"推出】** 2017年10月13日，杭州旅游部门组织开展"再忆是杭州·重游计划"，由旅游专业人士和中外游客组成团队，包装策划"京杭大运河——风雨千年却尽显妖娆""寻访老底子的杭州味道——杭州文化和茶之旅""千载西湖畔，梦行九溪涧""听着西湖民间故事游杭州""诗画杭州，宴遇佳肴"五条主题线路，从历史名胜、艺术人文、现代化建设等多角度展示杭州旅行的独特魅力。

(市旅委)

## 旅游管理与服务

**【厕所革命】** 2017年，杭州市按照国家、浙江省总体部署,围绕旅游全域化和旅游国际化战略,结合生态文明、美丽乡村、A级旅游景区建设以及"万村景区化"等重点工作,推进"厕所革命"。杭州市全年新建、改建旅游厕所208座,其中新建124座、改建84座。另外,新增"第三卫生间"40座,确保AAAAA级景区至少有一座"第三卫生间"。全市评定13座AAA级旅游厕所和210座A级、AA级旅游厕所。

**【7个旅游行业标准发布实施】** 2017年,杭州市制定并实施7个旅游行业地方标准,分别为《旅游商品购物点质量等级划分与评定》(DB3301/T0199—2017)、《杭州旅游咨询服务网点设置与服务规范》(DB3301/T0198—2017)、《亲子旅游服务规范》(DB3301/T0218—2017)、《旅游汽车安全服务规范》(DB3301/T0217—2017)、《残障人员旅游服务规范》(DB3301/T0216—2017)、《社会资源国际旅游访问点设置与服务规范》(DB3301/T0208—2017)和《会议服务机构管理和服务规范》(DB3301/T0207—2017)。

**【旅游行政审批"最多跑一次"改革】** 2017年,杭州市通过"最多跑一次"改革提高旅游行政审批效率。旅游行政审批服务采取"线上审核、线下许可、数据同步"的方式,旅行社设立许可列入首批商事登记"证照联办",旅行社分支机构和服务网点备案实行"多证合一",实现"最多跑一次"目标。全年审批旅行社60家、变更138家、注销11家。领队证审批改为备案制,依托"全国旅游监管服务平台"和"全国导游之家"App,申领和换发电子导游证1.37万张,导游证审批业务实现移动互联网办理。

**【旅游咨询点增至126个】** 至2017年末,全市旅游咨询服务体系共有旅游咨询点126个。全市旅游咨询服务网点共接待咨询游客332.59万人次,包括现场咨询302.67万人次(其中境外2.24万人次)、电话咨询20.29万人次、网络咨询9.63万人次,累计发放宣传资料230多万册。"96123"旅游服务热线实现全域化覆盖,咨询量达2.9万人次,与各地分中心、"96345"便民热线实现转接及信息共享,并承担游客电话投诉接待功能。各地官方旅游网站、微信、微博等承担了网络旅游咨询功能。现场、电话、网络"三位一体"的旅游咨询服务体系成为旅游信息咨询公共服务的重要依托及载体。

**【《杭州旅游景区(点)道路交通指引标志规划(2017—2026)》出台】** 2017年11月21日,经市政府批复同意,《杭州市旅游景区(点)道路交通指引标志规划(2017—2026)》正式实施。规划对景区(点)分类、指引方法、标牌版面设计、中英译文、立杆方式等方面做了统一的规定,并将指引标志设置的点位数据同步导入数字城市管理系统,实现指引标志动态化、长效化管理。

**【金牌导游大赛】** 旅游服务技能大赛是旅游行业高技能人才进行专业交流、技能展示、技艺切磋的高级别的平台。2017年10月25—26日,杭州市第五届金牌导游大赛举行。本次大赛从报名注册到最后决赛都有严格的程序。报名阶段要求导游持在杭州注册的电子导游证且是在杭从事导游工作三年以上的一线导游员,每年带团不少于90个工作日,2014年10月10日后无相关投诉和导游IC卡扣分记录。决赛分为笔试、模拟导游讲解、导游综合素质考察三个环节。相比往届,本次决赛赛项设计更注重考察选手的综合素质和文化积累。最终,朱文港、栾星寰、卜轶等15人获杭州市"金牌导游员"称号,同时获奖者可按规定申请杭州市高层次人才(E类)的相关待遇。 (市旅委)

**【旅游公共咨询服务】** 2017年,杭州旅游集散中心做好旅游咨询公益服务。咨询中心全年接待中外游客各类咨询服务26.59万人次,其中向境外游客提供咨询服务6600多人次,发放各类旅游宣传资料12.4万册,"96123"旅游咨询服务热线接听电话2.55万个。咨询中心开展"96123"旅游咨询一体化、"我把杭州寄给你"等系列活动。"老杭州"旅游志愿者服务队获国家旅游局"四个一批"旅游志愿服务先锋行动先锋组织称号。

**【运河水陆交通集散中心建成运行】** 2017年9月30日,杭城首座运河水陆交通集散服务中心正式启用。该中心位于小河路与湖州街交叉口,东侧紧邻京杭大运河,南至运河天地工业遗存地块、西至小河路、北至昼锦街。地面部分有2万平方米,共四层,地下空间还设有560多个地下停车泊位。市民游客在这里可以实现公交、游船、公共自行车等多种交通工具零距离换乘。

**【旅游集散中心加强客运和换乘服务】** 2017年,杭州旅游集散中心加强旅游客运班线车的调整,促进客运场站的发展。旅游客运站共有客运班线10条,其中省际线路2条(上海浦东机场、安徽黄山)、市际线路3条(舟山、衢州、嵊州)、城际巴士4条(桐庐、千岛湖、柯桥、建德)、旅游直通车1条(横店)。集散中心客运站全年发送旅客40.34万人次,比上年增长6.96%;营业收入2431.2万元,增长11.5%。

杭州旅游集散中心继续实行全年双休日及法定节假日期间小型车辆的换乘工作,全年换乘车辆21.86万辆次、换乘人数50.35万人次。其中,春节长假期间,杭州旅游集散中心向社会开放黄龙体育中心和西溪天堂(紫金港)两个换乘点,日均接待换乘车辆3072辆次;日均接待人数1.44万人次,比上年增长130.5%。免费旅游直通车和假日免费班车开通,绿色出行和公共交通出行成为多数游客的选择,较大程度上缓解了交通压力。 (梁 之)

责任编辑 蔡建明

## 综　述

**【文化创意产业增加值3041亿元】** 2017年，杭州市文化创意产业增加值3041.05亿元，比上年增长19.0%，占GDP比重24.2%。以信息服务、设计服务、现代传媒、文化休闲旅游等行业为主的文化创意产业核心层增加值2555.57亿元，增长20.3%，核心层增加值占全部文化创意产业的84%。以数字化、网络化为代表的新兴文化创意产业——数字内容产业快速发展，成为杭州文化创意产业特色亮点。全市数字内容产业增加值1870亿元，增长28.5%，增速连续三年保持在28%以上，占GDP比重14.9%。

**【动漫游戏业营业收入突破200亿元】** 2017年，杭州动漫游戏产业营业收入223.6亿元，利润总额15.78亿元，上缴利税4.14亿元。至年末，全市有动漫游戏相关企业270个，其中动画企业49个、漫画企业30个、游戏企业137个、相关企业50余个，从业人员1.24万人，形成1个主板上市企业、1个创业板上市企业和10多个“新三板”挂牌企业的产业集群。全年生产原创动画片9200多分钟。《昆塔2·盒子世界》《咕噜咕噜美人鱼2》《大世界》3部动画电影在银幕公映，《昆塔2》票房突破5000万元。全年漫画发行量增长迅猛，发行漫画68.63万册。游戏产业发展迅速，共制作完成各类游戏900多款。

年内，市委办公厅、市政府办公厅印发《关于推进杭州市动漫游戏产业做优做强的实施意见》，市文创委印发《持续推动杭州“动漫之都”建设行动计划（2018—2020年）》，鼓励企业大力开展精品创作、开拓海外市场、加强资本运作。

**【动漫精品创作再结硕果】** 2017年，杭州共有《天谕》《卿如丝》等8部作品入选2017年国家新闻出版广电总局“原动力”中国原创动漫出版扶持计划项目。《秦时明月》《小鸡彩虹》等多部杭产原创动漫游戏作品获国家和省级相关部门各类奖项近100个，其中中国美术学院出品的动画电影《大世界》继首次入围三大国际电影节之一的柏林电影节主竞赛单元后，又摘得“金马奖”；杭州阿优文化创意有限公司的“《阿优》科普动画创新与跨媒体传播”项目获国家科学技术进步二等奖，成为首家获得国家科技进步奖的中国动漫企业。网络动画《玫瑰公寓》获得2017年国家新闻出版广电总局优秀原创网络视听作品；网络游戏《梦三国》获得第26届浙江“树人”出版奖，成为全省首个获浙江省出版领域最高政府奖的游戏作品。

**【《杭州市文化创意产业发展“十三五”规划》发布】** 2017年4月26日，市政府办公厅印发《杭州市文化创意产业发展“十三五”规划》。规划全文

**2017年杭州市文化创意产业主要经济指标**

表22

| 产业分层 | 主营业务收入(亿元) | 比上年(%) | 利税(亿元) | 比上年(%) | 利润(亿元) | 比上年(%) |
|---|---|---|---|---|---|---|
| 核心层 | 6 282.35 | 34.3 | 1 491.22 | 30.6 | 1 327.47 | 32.3 |
| 信息服务业 | 4 495.81 | 46.4 | 1 303.29 | 36.1 | 1 176.20 | 37.1 |
| 设计服务业 | 795.13 | 14.4 | 70.18 | -3.5 | 49.63 | -2.2 |
| 现代传媒业 | 411.68 | 11.5 | 99.35 | 3.8 | 89.32 | 5.1 |
| 艺术品业 | 233.21 | 3.3 | 5.63 | 16.7 | 3.19 | 35.4 |
| 文化会展业 | 191.99 | 11 | 4.96 | 54.1 | 3.58 | 84.6 |
| 文休旅游业 | 129.77 | 5.4 | 4.03 | -18.8 | 2.73 | -27.9 |
| 教育培训业 | 24.77 | 21.2 | 3.77 | 35.3 | 2.82 | 42 |
| 外围层 | 410.26 | 14.4 | 51.90 | 29.5 | 37.22 | 28.3 |
| **合　计** | **6 692.61** | **32.9** | **1 543.12** | **30.5** | **1 364.69** | **32.2** |

2017年杭州市文化创意产业增加值分层情况

表23

| 产业分层 | 增加值(亿元) | 比上年(%) | 比重(%) |
|---|---|---|---|
| 核心层 | 2 555.57 | 20.3 | 84.0 |
| 信息服务业 | 1 763.92 | 25.9 | 58.0 |
| 设计服务业 | 335.41 | 10.8 | 11.0 |
| 现代传媒业 | 131.30 | -2.5 | 4.3 |
| 艺术品业 | 24.20 | 1.8 | 0.8 |
| 教育培训业 | 199.61 | 14.6 | 6.6 |
| 文休旅游业 | 78.26 | 13.5 | 2.6 |
| 文化会展业 | 22.86 | 17.8 | 0.8 |
| 外围层 | 485.48 | 12.9 | 16.0 |
| 合　计 | 3 041.05 | 19.0 | 100 |

1.7万字,分为现实基础、总体要求、产业发展、空间布局、重点工程、保障措施六个板块,对全市文化创意产业发展目标、重点行业、区域分布、重点任务等内容进行了科学系统的阐述,描绘了文化创意产业“十三五”时期的发展蓝图。

**【文化创意产业创业投资引导基金投资49个项目】**杭州市文化创意产业创业投资引导基金组建于2016年5月,系文化创意产业领域的政策性引导基金,通过与社会资本合作成立子基金的形式,鼓励引导社会各类资本投资杭州市文化创意产业领域,加大对中小微文化创意企业的投资力度。2017年,文化创意引导基金已参股设立的子基金完成项目投资49个(其中杭州地区项目17个,占比34.7%),完成对外投资额2.96亿元(其中杭州地区项目金额1.03亿元,占比34.8%)。同时,2017年新批准参股设立子基金4只,基金规模达6.5亿元。　(市文创办)

## 文化创意产业园区(平台)

**【概况】**2017年,杭州文化创意产业园区(基地)稳步发展。24家市级文化创意园区规划建筑面积达949.75万平方米,比上年增长25%;建成面积854.31万平方米,增长34.3%;已使用面积744.55万平方米,增长25.6%;集聚企业5770个,增长6.9%;从业人员9.34万人,增长32.0%。白马湖生态创意城入选第一批国家级文化产业示范园区创建资格名单。浙江国家音乐产业基地萧山园区获国家新闻出版广电总局批复创建。上城区馒头山文化街区、拱墅区桥西历史文化街区、西湖区留泗路雕塑创意街区、临安区鸡血石文化街、淳安县千岛湖新安文化创意街区等5条街区被省委宣传部评为浙江省文化创意街区。杭州白马湖生态创意城、运河天地文化创意产业园、杭州运河(国家)广告产业园、杭州数字娱乐产业园、西溪创意产业园、之江文化创意园、聚落5号创意产业园和凤凰御元艺术基地等8个园区被省委宣传部认定为“浙江省重点文化产业园区(2015—2016年度)”。至年末,杭州有艺尚小镇、梦栖小镇、艺创小镇、南宋皇城小镇、白马湖创意小镇、妙笔小镇、好竹意小镇等7个文化创意特色小镇,其中白马湖小镇和南宋皇城小镇为2017年新增文化创意特色小镇。

**【之江文化产业带】**2017年8月,浙江省文化产业大会提出要构建在全国具有引领示范意义的之江文化产业带,之江文化产业带建设规划布局以“一带一核五极多组团”区域范围为重点。“一带”指以钱塘江(杭州段)为依托,从上游淳安到下游大江东产业集聚区总长约77千米的沿江方位布局发展的之江文化产业带;“一核”是指以之江新城为核心区的核心发展区块,规划面积156平方千米;“五极”包括上城发展极规划面积7.1平方千米,滨江(白马湖)发展极规划面积20.5平方千米,奥体(湘湖)发展极规划面积22.27平方千米,九乔发展极规划面积15.5平方千米以及富春发展极。“多组团”是指临安、建德、桐庐、淳安、大江东产业集聚区等上下游延伸区和之江互联网数字文化产业等11个特色文化产业组团,是之江文化产业带发展的重要节点。

**【白马湖国家级文化产业示范园区】**白马湖国家级文化产业示范园位于杭州高新区(滨江)南部区块,北至彩虹大道,西至浦沿路,东、南至萧山界,总面积约1500公顷,其核心区域为白马湖区域。该区域依山傍水,自然景观优美、人文积淀深厚。2017年,入选国家文化部公示第一批“国家级文化产业示范园区”创建资格名单,成为“长三角”地区唯一入选的园区,获得“2017中国年度文化产业园区——最佳国际视野奖”。全国唯一的国家级网络文学产业平台基地——“中国网络作家村”于12月9日落户该园区。白马湖国际会展中心被评为2017年度“全国会展业金五星优秀场馆”。

**【中国网络作家村】**2017年12月9日,中国网络作家村落户杭州滨江区白马湖。作家村由中国作协网络文学研究院、浙江省网络作家协会、杭州市网络作家协会、杭州高新区(滨江)宣传部共同建设。中国作协网络文学委员会主任、中国作协网络文学研究院院务委员会主任陈崎嵘为“名誉村长”,知名网络文学作家唐家三少为首任“村长”。作家村致力于打造集网络文学创作、作品改编、互动交流、项目孵化、版权交易、影视动漫游戏衍生开发的产业生态,努力建设成为中国网络文学事业和网络文学产业发展的核心区和示范区。作家村有两大区块,天马苑——位于滨江区天马路海山公园3号楼,定位于孵化、交流合作平台,面积1700平方米,内设创作工作室、展陈室、报告厅、健身室、会议室、咖啡吧等;神仙居选址滨江区长河街道山一社区孔家里自然村,以网络文学作家工作室为主,并作为网络文学产业化的拓展空间,有5位网络作家签约入驻。

**【中国(浙江)影视产业国际合作实验区杭州总部】**中国(浙江)影视产业

国际合作实验区是国家新闻出版广电总局正式批复成立的国内唯一以国际合作为导向的重要影视出口基地。同时也是首批国家文化出口基地、省级文化服务和产品出口基地。实验区位于杭州城西科创大走廊沿线、西湖区核心位置，毗邻浙江大学、阿里巴巴集团等重要科研人文机构、高新企业和西溪国家湿地公园。实验区搭建国际化高端影视人才培养平台、国际性影视节展交易、国际传播交流平台、影视译制推广平台、影视科技研究平台和影视产业投融资六大产业支撑平台。2017年，实验区已经实施五期公益性人才培养项目“华策育才基金”，已培养100名具有国际视野、熟悉国际前沿技术和理念的影视产业领军人才。与浙江传媒学院合作共建“华策电影学院”实现“混合所有制”创新办学，联合国内多家优秀影视机构成立中国电视剧出口联盟。

2017年12月9日，中国网络作家村落户杭州滨江区白马湖（市文创办 供稿）

**【两岸文化创意产业合作实验区累计入驻企业265个】**杭州于2013年经国务院台湾事务办公室批复同意，打造“两岸文化创意产业合作实验区”，通过发挥杭州在两岸文化创意产业交流中的作用，推动两岸经贸文化协调发展，实现两岸各方互利合作的共赢。杭州创意设计中心是杭州打造两岸文化创意产业合作实验区的核心区块，于2016年全面开园。至2017年末，已有265个企业注册入驻，其中有吴卿金雕博物馆、陶作坊、优礼馆、两岸文化创意推动办公室、黄朝亮电影工作室等100多个台湾文化创意品牌机构。台湾中华杰出青年交流促进会与中心签订合作协议，在中心落地“两岸IP协同创新中心”项目，共同开展两岸文化创意人才培育工作。2017年，实验区举办第三届杭州—台湾“创意对话创意”活动，中国国际动漫节分会场活动，杭州国际时尚周等系列活动。

**【浙江国家音乐产业基地萧山园区】**2017年末，国家新闻出版广电总局正式批复同意创建浙江国家音乐产业基地萧山园区。萧山园区以钱江世纪城作为核心区域，定位“音乐科技智慧城”，以建设中国数字音乐“云平台”、中国数字音乐出版平台、版权保护中心、国家数字音乐产业人才培育基地、国际音乐科技博览会和音乐科技创新中心为重点，努力实现音乐创作制作、出版发行、版权交易、演出交流、教育培训等全产业链培育，基本形成上下游相互呼应、各环节要素相互支撑的现代音乐产业综合体系，培育一批具有高成长性的“音乐+科技”类文化创意企业，推动现代音乐产业综合体系建设。

**【馒头山文化街区】**上城区馒头山文化街区南临浙赣铁路线，北靠万松岭路，东至中河高架，西至凤凰山麓，地处南宋皇城小镇核心区域，也是南宋皇城遗址所在地。通过对原有旧厂房、旧仓库的创意改造，街区内已集聚凤凰御元、时尚创意园等文化创意园区7个，投入使用面积超过10万平方米。至2017年末，街区内入驻各类文化创意企业300多个，实现总产值20亿元，文化产业出口总额8000万元，税收突破3000万元，形成文化创意产业与区域生活“三生融合”发展的格局。2017年，街区新引进中央电视台电影频道杭州基地、浙江睿宸影视制作有限公司、麦粒控股集团等影视企业，著名制片人刘志江、著名漫画家夏达等影视动漫名人工作室相继成立，初步形成影视产业集聚。2017年，馒头山文化街区入选浙江省文化创意街区。

**【桥西历史文化街区】**拱墅区桥西历史街区位于古运河畔，核心路段北至杭州第一棉纺织厂保留仓库，南至登云路，西至小河路，东至京杭大运河。清朝同治年间，此处已成为拱宸桥区域繁盛的水陆码头，至今仍保存有完整的清末民初沿河民居建筑以及大量近现代工业遗存。穿流而过的京杭大运河，在2014年正式成为世界非物质文化遗产。桥西历史街区由桥西社区连同周边两个社区以桥西大社区建设为概念，实施精细化管理，入选“杭州市国际化示范社区”。街区规划用地面积7.83公顷。2017年，烽火戏诸侯、天蚕土豆、梦入神机等三位网络知名作家的网络工作室入驻桥西历史街区。《杭州映像诗》的主创团队程方程晓工作室落户桥西直街76号。2017年，桥西历史街区入选浙江省文化创意街区。

**【留泗路雕塑创意街区】**留泗路雕塑创意街区地处杭州龙坞茶镇，是龙坞风景区的东大门。街区东西长约1000米、南北宽约100米，总面积为3.5万平方米。于2013年完成创意街区建设工作，是浙江省最大、最专业的雕塑、园林装饰、艺术品收藏、稀木材家具经营特色街之一。创意街区以杭州龙源9号艺术园林酒店为代表的特色餐饮作为街区的服务配套，形成较为完整的与雕塑艺术相关的设计、交流、赏玩、采购、餐饮“生态圈”。至2017年末，累计78户经营机构进驻街区，文化产业从业人数170

多人，街区总产值2600万元。2017年，留泗路雕塑创意街入选为浙江省文化创意街区。

**【鸡血石文化街区】** 浙江鸡血石文化创意街区位于杭州市西部新区临安区，是集昌化鸡血石观赏、鉴定、雕刻为一体，融合珠宝、玉石、木雕等文化产品加工销售的文化创意特色街区。街区核心路段东起环城东路西至临水路，总长约600米，路段周边用于文化创意产业建筑面积约2.3万平方米，已有文化创意企业和工作室48个，从业人员150多人，大部分商户从事昌化鸡血石工艺品的加工和销售。至2017年末，街区有中国工艺美术大师1名、浙江省玉石雕刻大师3名、杭州市工艺美术大师2名。G20杭州峰会的元首礼就是出自鸡血石雕国家级非物质文化遗产传承人钱高潮之手。年内，街区开展"国石文化节"、"天目工艺奖"等石文化交流活动。2017年，鸡血石文化创意街区被评为浙江省文化创意街区。

**【千岛湖新安文化创意街区】** 千岛湖新安文化创意街区位于千岛湖镇梦姑路，依山傍水、环境优美。街区包含秀水街、历史文化长廊、平面艺术创作中心、主题文化公园等四大区块，占地26.67公顷，于2007年9月开街。街区的戏楼、小品、牌坊等建筑汇集了新安文化的历史碎片，展现了淳安1800多年的历史文化。街区主要围绕新安文化传承保护、平面艺术创作、文化创意产品设计研发、文化休闲体验等核心产业建构园区特色。至2017年末，街区共有商户58家，街区特色日益明显，吸引了众多的市民游客，游客量从以前的每年不足200万人次增加到2017年的400多万人次，年产值约1亿元。2017年，千岛湖新安文化创意街区入选浙江省文化创意街区。

**【新青年演艺产业园】** 萧山区新青年演艺产业园(二期)坐落于杭州市萧山闻堰街道，是由全国"新三板"文艺团体第一股——杭州新青年歌舞团股份有限公司打造的大型开放式、景区化演艺产业园区，总面积4万平方米。园区围绕演艺产业核心，重点打造演艺产业孵化空间、文化演艺创作、影视后期制作基地、文化演艺资本平台四大重点产业。以"演艺产业化、产业立体化"为导向，构建演艺产业链和生态圈，支撑演艺全程服务，带动湘湖板块文化演艺产业的快速发展。至2017年末，园区已签约单位30多个。（市文创办）

## 文化品牌活动

**【杭州文化创意产业博览会】** 2017年9月21—25日，由杭州市政府、浙江大学、中国美术学院共同主办的第十一届杭州文化创意产业博览会举行。文博会以"融——创生活·联世界"为主题，以白马湖国际会展中心为主会场，实行"一主五副"的展览格局，总展示规模12万平方米。围绕会展、论坛、奖项、活动四大版块组织31项活动，吸引超过25个国家和地区的2000多个文化创意企业和机构参与。签约项目168项，现场成交金额38.6亿元，比上届增加130%。主会场展会及相关活动参与人数25.9万人次，比上届增加15.2%。故宫博物院、中国国家博物馆、恭王府博物馆三大国家级博物馆首次参展。"回溯与当代——中东欧国家文化艺术交流展"融汇了一带一路国家文化艺术精品，通过"东西相望、时空对话"的表现形式，系统展示中东欧国家的最具代表性的工艺作品。此外，围绕展会举办的各种活动成果丰硕，杭州第三届版权合作与交易大会组织两场网络文学IP发布会，电视剧、电影、游戏等授权成交额1.35亿元。"2017文创新势力"评选活动评选出10个文化创意产业新势力项目，达成17项投资意向，实现融资9.1亿元。在中国(杭州)文化授权大会上，15家国内知名博物馆负责人与参会企业进行24场馆藏文物的文化授权洽谈。

**【海峡两岸文化创意产业高校联盟论坛】** 2017年11月18—19日，第十六届海峡两岸文化创意产业高校研究联盟白马湖论坛在杭州举行。论坛由中华全国台湾同胞联谊会、中国宋庆龄基金会指导，中国传媒大学文化发展研究院与杭州市文化创意产业研究中心共同承办。来自两岸200多个高校、科研机构、行业协会及文化创意企业的近300位代表参加论坛，大家围绕"中华美学创意表达"探讨新时期中华文化的美学特质与创意创新，推动两岸文化交流。中国工程院原常务副院长潘云鹤、台南艺术大学原校长黄碧端、台湾著名漫画家蔡志忠、浙江省网络作家协会副主席夏烈等发表主题演讲。

**【两岸文化创意产业交流对接会】** 2017年9月20—23日，第十一届杭州文博会期间，由两岸企业家峰会文化创意产业合作推进小组主办，市文创办、市台办等单位承办的第五届两岸文化创意产业交流对接会举行。会议由"2017杭州—台湾'创意对话创意'暨两岸文创产业交流对接会开幕活动"、"中华传统美学的传承、创新与合作"和"2017两岸创意民宿产业发展论坛"三场专题构成。三场活动根据不同形式需要，分别在杭州创意设计中心和白马湖会展中心举办，来自两岸文化创意企业和机构的代表300多人参加活动。

**【国际纹样设计大赛系列活动】** 2017年11月11—20日，杭州市政府与中国美术学院主办的"2017国际纹样创意设计大赛作品展"在杭州举办，30份参赛作品获得大赛终评复赛资格，获邀参展。大赛以"城市的纹样"为主题，推出大赛评选、展览和系列研讨活动，旨在在通过艺术家、设计师、专家学者的互动交流，阐释以纹样创意为视角的艺术和设计的时代性、地域性和跨界性，从而解释、界定纹样艺术的新定义和新边界。展览的作品涉及视觉艺术、材料装置、传统技艺、产品设计等多个领域，呈现基于纹样视角的多元跨界，传达参展者对城市主题的个人化的感受。该项目自2010年10月始，以逐渐打造成一个发掘设计创新人才的专业平台，从纹样视角推动"本土原创"的核心价值。

**【浙江·中国非物质文化遗产博览会】** 2017年9月21—25日，由浙江省文化厅、杭州市政府主办，的第九届浙江·中国非物质文化遗产博览会，在杭州白马湖国际会展中心举办。博

2017年4月26日至5月1日，第十三届中国国际动漫节在杭州举行
（杭州图库 供稿）

览会以“非遗让生活更美好”为主题，以“传承发展优秀传统文化”“振兴传统工艺”为目标，以“三馆二区一论坛一竞赛”为主线，来自全国27个省（市、自治区）的近400位非物质文化遗产项目传承人、相关从业人员携280个非物质文化遗产项目（衍生品牌）的作品、产品、衍生品参加展示、展演、展销、研讨及竞技比赛等活动。博览会主要突出三个特色与亮点：“三生”，即非物质文化遗产生活化、生产性保护与生态区整体保护等特色；“三见”，即探索实践非物质文化遗产展会“见人、见物、见生活”的精彩样貌与独特魅力；“三创”，即创造性转化、创新性发展、创建非物质文化遗产展会新标杆。

**【中国杭州传统工艺创新展在希腊举行】** 2017年4月27日，“中国故事——中国杭州传统工艺创新展”在希腊雅典开幕。本次展览是为配合“中希文化年”文化交流活动启幕而举办的系列活动之一。展览由文化部、中国驻希腊大使馆、杭州市政府主办，以“铜、木、丝、纸、瓷”五种传统材质的设计演绎作为基础，以“工艺研究、作品设计、产品输出”为表现脉络，全方位集中呈现杭州的传统工艺创新成果。展览分为竹木江南、丝韵江南、陶瓷江南、金石江南、素韵江南五大板块，包括“东方国”“印庐”“橙舍”“泉官窑”等在内的19个杭州设计品牌、145件展品精彩亮相。中国传统元素鲜明、设计精巧时尚的展品深受希腊民众好评，经希腊方强烈要求，展览在希腊延展1个月。

**【“新杭线”青年设计师平台推广】** “新杭线”青年设计师平台由杭州文化创意产业博览会组委会办公室策划，集聚了“素生”“本来设计”“橙舍”“竹语”等几十个设计师品牌和文化创意企业，是杭州市本土设计师展览品牌。“新杭线”展览以“融——工艺·设计·生活”为理念，以设计交流、产业合作、产品推广为目的，已在世界多个国家举办过展览，充分展示了杭州的设计实力和创新能力。至2017年末，“新杭线”在世界各地巡展22次，2017年在法国巴黎、西班牙马德里、德国柏林举行“杭州传统工艺创新巡展”活动，同时参展伦敦工艺周等国内外文化展会活动。

**【中国数字阅读大会】** 2017年4月14日，“2017中国数字阅读大会”在杭州拉开帷幕。大会由国家新闻出版广电总局和浙江省政府指导，中国音像与数字出版协会、浙江省新闻出版广电局、中共杭州市委宣传部共同主办。中国数字阅读大会旨在联合各方共同探讨数字阅读的理念创新、方式创新与技术创新，助推全民阅读，满足广大人民群众日益增长的精神文化需求。“2017中国数字阅读大会”发布2016年度中国数字阅读白皮书，揭晓“2016年度十大数字阅读城市”“2016年度十大数字阅读作品”“2016年度十大数字阅读活动”。来自国内各大城市的数字阅读行业精英汇聚一堂，共同探讨数字阅读内容产业发展方向。中国数字阅读大会已成为全国数字内容产业发展的风向标。

**【戛纳电视节国际影视内容高峰论坛】** 2017年5月23—25日，全球规模最大、影响最广的影视内容交易会——戛纳电视节在杭州举办首个中国专场活动——国际影视内容高峰论坛（MIPCHINA）。活动由专业会议和一对一业务洽谈两大板块组成，吸引华纳兄弟娱乐公司、索尼影视娱乐有限公司、维亚康姆集团等来自美国、英国、法国、德国、西班牙、俄罗斯、加拿大、日本、印度、新加坡等16个国家和地区的202个影视内容制作公司参加，达成合作意向178个，涉及金额4.8亿元。《人民日报》、新华社、《中国日报》、《光明日报》等29家主流媒体报道论坛情况。

**【杭州国际工艺周】** 2017年6月16—20日，“2017杭州国际工艺周”暨杭州国际传统工艺创新大会在杭州创意设计中心举行。杭州国际工艺周由中共杭州江干区委、江干区政府、市文创办共同主办，以英国为主题国，包含创新大会、主题展览和七个分论坛，共有来自英国驻上海总领事馆、伦敦中国设计中心、德国iF国际设计论坛、爱尔兰创意联盟、英国皇家艺术制造和商业促进会、英国诺丁汉市政厅国际发展局等国际机构和地区的1500多位嘉宾齐聚杭州，意向成交额1500万元。（市文创办）

## 文化创意企业

**【概况】** 2017年，杭州市紧扣“拥江发展”战略，以创新发展、集聚发展、开放发展、融合发展为主线，积极培育龙头领军企业、着力引进大企业（集团），重点扶持中小微文化创意企业发展。至年末，全市有规模以上文化创意企业2552个，主营业务收入6692.61亿元，比上年增长32.9%；利税1543.12亿元，增长30.5%；利润

2017年9月21—25日,第十一届(2017)杭州文化创意产业博览会举行
(杭州图库 供稿)

1364.69亿元,增长32.2%。全市数字内容产业发展态势良好,全市数字内容企业实现主营业务收入4709.7亿元,增长43.9%;增加值1869.54亿元,增长28.5%。上市文化创意企业数30个,"新三板"挂牌文化创意企业超过100个。

**【杭州市第六批文化和科技融合示范企业、园区、公共服务平台认定】** 2017年,杭州市认定第六批杭州市文化和科技融合示范企业、园区、公共服务平台。杭州时趣信息技术有限公司等7个文化创意企业被认定为杭州市文化和科技融合示范企业,东信和创园等3个园区被认定为为杭州市文化和科技融合示范园区,杭州数字作品备案网络服务公共平台被定位为杭州市文化和科技融合示范公共服务平台。至年末,全市认定市级文化和科技融合示范企业45个、示范园区11个和示范平台9个。

**【"文创新势力"企业(项目)融资7亿元】** 2017年7月,第三届(2016)"文创新势力"推选活动启动,经过初审、复评、公众投票等程序,最终入围的26个优秀企业(项目)总估值达120亿元,获得社会融资约7亿元。9月23日,"文创新势力"颁奖活动在杭州创意设计中心举行,"铜师傅""名片全能王""热电场""微飞""果趣""大乐之野""行者""咔哒故事""遇言不止""奇趴App"等获2017杭州"文创新势力"十强项目。

**【浙江正元智慧科技股份有限公司上市】** 2017年4月21日,浙江正元智慧科技股份有限公司在深圳证券交易所创业板上市。浙江正元智慧科技股份有限公司成立于1994年,是杭州市文化创意企业创业板上市培育对象。公司长期致力于智能卡技术的应用拓展,通过智能识别、数据融合、移动计算、云计算等大数据技术的研究应用,以及可穿戴设备、移动智能终端设备的产品开发,致力于为教育行业、医疗行业、政府机关及大型企事业提供智慧园区与智慧后勤解决方案及运营服务。公司拥有100多项软件著作权、专利及多系列核心硬件产品,以"智慧的架构、智慧的服务、智慧的管理、智慧的运维、智慧的感知"五大智慧设计,在行业内处于领先地位。

**【杭州园林设计院股份有限公司上市】** 2017年5月5日,杭州园林设计院股份有限公司在深圳证券交易所创业板上市。杭州园林设计院股份有限公司前身为杭州园林设计院,2002年改制成立杭州园林设计院有限公司,并于2011年改制为民营股份制企业,是杭州市文化创意企业创业板上市培育对象。公司主要提供以整体性解决方案为核心的风景园林设计服务,具体包括湿地公园、风景名胜区、旅游度假区、城市绿地系统、现代企业园区、现代农业观光园、美丽乡村规划设计;城市历史街区的保护与整合设计;公园、庭院设计;城镇广场设计;居住区绿化环境设计;道路绿化规划与设计;城市滨河绿地设计;园林建筑、高级民用与公共建筑设计;古建、古构筑物、寺庙建筑设计;喷泉、水景设计等。

**【华数数字电视传媒集团有限公司管理体制改革】** 2014年,华数数字电视传媒集团有限公司成为市属国有控股企业后,集中力量进行管理体制调整和改革。2017年,华数数字电视传媒集团有限公司围绕建设具备个性化服务力、差异化竞争力的大型国有"文化+科技"创新型传媒企业目标,全力推进"新网络+应用""新媒体+内容""大数据+开发"三大发展战略,提升服务能力、创新能力、安全管理保障能力。华数数字电视传媒集团有限公司营业收入78.89亿元,比上年增长9.7%;净利润5.58亿元,增长87%。

**【杭州文广集团推进媒体深度融合】** 2017年,杭州文广集团加快融媒体项目建设,集团高清化融媒体升级改造项目被列入市委年度深化改革项目之一。集团成立媒体深度融合工作领导小组,确立了构建"一个中心、两大平台、多媒产品"媒体融合发展总体目标。成立融媒体中心,完成杭州电视台高清化融媒体升级改造项目、全媒体融合云平台(中央厨房)、"新闻+服务"杭州之家App平台打造三大主体工程,并正式启用融媒体指挥调度中心。集团以融媒体中心建设为平台,整合媒体优质资源打造有影响力传播力的新媒体产品超过60个。移动端产品"杭州之家"App改版上线,主打"新闻+服务、视频+直播、问政+便民"三个主要功能,整合5个广播频率、6个电视频道、数百万小时的优质视频内容,覆盖40多个政务部门、500个服务事项。 (市文创办)

## 文化创意人才队伍

**【概况】** 2017年,杭州市积极贯彻落实《关于加快文化创意产业人才队伍建设的实施意见》《杭州青年设计师发现计划》等专项政策，依托中国美术学院、杭州师范大学文化创意学院、杭州市文化创意人才协会、杭州文化创意研究中心等机构，继续实施“国际纹样大赛”“文化创意企业家孵化工程培训班”“成长型文化创意企业家高端培训班”“杭州市工业设计师发现与培养计划”“杭州优秀青年建筑师选拔计划”“创意力量大讲堂”等人才重点项目，为杭州文化创意产业的提升发展提供了人才保障和智力支持。至年末，全市规模以上文化创意产业企事业单位从业人员合计64.75万人，比上年增长近5%。全年累计本土培训3000多人次，派出33位优秀文化创意人才出国深造，并促成5100多人与用人单位达成就业和实习意向。

**【青年设计师发现计划】** 2017年，杭州市进一步贯彻落实《杭州青年设计师发现计划》，重点做好杭州优秀工业设计师、青年勘察设计师和优秀广告人才的选拔、培养工作。年末，派出经选拔的50位优秀文化创意人才出国深造。其中，17位优秀广告人才获创意杭州·金水滴奖金奖，并赴澳大利亚学习考察；12名工业设计师被授予市优秀工业设计师荣誉并赴德培训；21位影视内容创意与制作高端人才赴英国伦敦培训。8名青年勘察师经初审、复审、面试和国内培养，获“杭州市优秀青年勘察师”称号。

**【杭州师范大学创新人才培养模式】** 2017年，杭州师范大学文化创意学院深入推进专业融合、创新人才培养模式。新设数字媒体艺术专业，招收本科生35名，3个专业招生分数分列全省第一名、第二名。投入600万元新建定格动画、数字录音、声音创作、影视作品检验、影视校色、数字后期等6个专业实验室，基本完成“文化创意专业群教学实验平台”体系建设。组建实验室联盟、学科竞赛联盟、COSPLAY社、声优社、电影社、全媒体中心等专业社团，融入专业教学。出版研究报告、教材3部，新增杭州市级精品课程2门，本科生获得国家级与省级一类学科竞赛奖30多项、专利57项，研究生执导大型院线电影1部。

**【工艺美术大师薪火传承项目收官】** 2017年12月，杭州建设全球创意城市网络“工艺与民间艺术之都”的重点项目、为期五年的工艺美术大师带徒学艺项目——工艺美术大师薪火传承项目收官，并以工美大师师生联合展的形式在杭州工艺美术博物馆展示。成果展由市文创办、市经信委、市园文局主办，杭州工艺美术博物馆承办。展览包含萧山花边（赵锡祥）、机绣（王文瑛）、陶瓷（嵇锡贵）、手绣（陈水琴）、铜雕（朱炳仁）5个单元，甄选91件/套师徒代表作品，以及师徒合作完成的作品。展厅内穿插图文、视频，回顾5年里的浓浓师生情。

**【文化创意企业家孵化工程培训班】** 2017年，杭州市文化创意企业家孵化工程举办普通班培训3期、精品班培训1期，培训学员200多人次。培训班紧密结合杭州文化创意产业特色与创业者需求。其中，每一期普通班共10天课时，设置文化创意产业政策与趋势解读、商业模式、运营与管控、品牌与营销、团队修炼五大课程体系，并着重强化案例分析、团队建设、课程预热、课堂讨论、创意开发等互动教学环节，还安排项目对接、评估、论坛、展会等公益性服务。精品班共6天课时，以“文创+科技”为主题，课程包括“人工智能+工业设计”的创新、ARVR的应用与延展、大数据时代如何用视频引爆传播、科技与时尚等相关课程。第27期培训班邀请来自湖北省恩施州、贵州省黔东南州的部分企业家学员共同参与课程的培训，与杭州市帮扶地区在文化创意人才培养和交流方面做出新的尝试。

**【成长型文化创意企业家高端培训班】** 2017年，杭州市成长型文化创意企业家高端培训班举办2期，课程内容主要包括产业发展、品牌战略、团队建设、股权融资、国际课堂等，邀请清华大学中国金融研究中心商业模式研究工作室执行主任张华光、浙江大学传媒与国际文化学院副院长李杰、南京东玄禾教育科技有限公司董事长张嘉伟、中国音乐家协会浙江分会名誉理事、杭州张铭音乐图书馆馆长张铭等名师为培训班学员授课。培训设置游学环节，组织高端班学员赴上海、深圳等地进行考察交流、现场教学。每一期培训班8天课时，全年共培训学员100多人次。

**【杭州文化创意人才招聘会】** 2017年，第六届杭州文化创意人才招聘会系列活动分别在中国美术学院和浙江传媒学院召开。中国美术学院的招聘会共吸引来自全国各地近200个用人单位参会，提供就业岗位2000多个。浙江传媒学院招聘会现场吸引来自全国13个省、直辖市，34个地级市地的836个用人单位，提供播音主持、编导、新闻记者、新媒体运营、文案策划、摄影摄像、后期制作等1.3万个岗位，吸引校内外学生1万余人次参会，3300多名学生达成初步实习就业意向。其中重点单位包括达利中国有限公司、恒大集团有限公司、得力集团有限公司等来自全国24个知名大型企事业单位和浙江华策影视有限公司、杭州大头儿子文化发展有限公司等本土优秀文化创意企业。

**【杭州市紧缺文化创意人才对洽会】** 2017年6月，创新举办杭州市紧缺文化创意人才专场对洽会，86个文化创意企业参加洽谈，为120多位文化创意人才提供洽谈名额，现场实现企业与人才精准对接洽谈270多人次。其中，浙江华策影视有限公司、浙江新浪传媒有限公司、杭州翻翻文化传媒有限公司等企业所提供的优质文化创意项目、招聘岗位。会上，杭州市文化创意人才协会与浙江大学传媒与国际文化学院传播研究所新媒体与动漫传播研究中心、中国美术学院设计艺术学院、杭州师范大学文化创意学院、东南大学艺术学院设计系签订人才战略合作协议，并与浙江省创意设计协会、杭州市人力资源服务促进会人才猎头专委会签订三方战略合作协议，协力助推产学研协同发展。（市文创办）

责任编辑 蔡建明

## 综　述

**【信息经济产业增加值3216亿元】** 2017年，杭州市信息经济产业增加值3216亿元，比上年增长21.8%，占全市生产总值的25.6%。信息经济产业限额以上主营业务收入8936亿元，增长28.6%。在2017年浙江省信息经济综合评价中，杭州信息经济发展指数144.0分，列全省第一位；"两化融合"发展指数94.8分。电子商务、云计算与大数据、数字内容、软件与信息服务、移动互联网5类产业保持高速增长，平均保持在30%左右的增幅。11月15日，中国新一代人工智能发展规划暨重大科技项目启动会在北京召开，第一批国家人工智能开放创新平台公布，阿里云计算有限公司的"ET城市大脑"入选。

余杭区、滨江区和西湖区的信息经济产业增加值总量占全市增加值总量的近70%。其中：余杭区信息经济产业增加值929.5亿元，增长30.6%；滨江区增加值878.4亿元，增长21.4%；西湖区增加值326.4亿元，增长12%。

全市信息经济限额以上企业2306个，新增142个。其中，前百强企业的主营业务收入6482亿元，占全市总量的72.5%；前20强企业占全市总量的52.5%。"阿里系"企业有11个入围前百强名单，主营业务收入3164亿元，占全市总量的35%，平均增长40%以上，成为杭州市信息经济产业增长的主要动力。杭州海康威视数字技术股份有限公司、网易公司、浙江大华技术股份有限公司等89个10亿元以上的企业增幅均在20%以上，占全市信息经济主营业务收入的37%。（包环玉）

**【"两化融合"推进】** 2017年，杭州市"两化融合"工作深入推进。"两化融合"区域发展目标考核细则出台，把年度目标量化分解到各区县（市）。协调推进工厂物联网、智能制造、企业"上云"等专项行动，制造业与互联网融合发展，发展个性化定制、网络化协同、服务型制造以及工业云、工业电子商务等新模式、新业态。全年组织申报部、省两级试点示范项目6类，涉及企业80多个。开展区域"两化融合"发展指数测评，协调指导各区县（市）做好指数测评，全市综合指数93.07分，增速比上年提升7.36个百分点。推进大企业"双创"工作，支持制造业企业建设并开放"双创"平台，引导培育"双创"生态。至年末，杭州有5个国家级"双创"基地和35个国家级众创空间，5个企业的"双创"平台入选工业和信息化部试点示范名单。针对"两化深度融合"面对的新形势、新任务和新要求，市经信委依托云栖学堂，面向全市经信部门、制造业企业和信息工程服务机构，开展发展理念、方向、方案及政策方面的专题培训班7期，培训学员500多人次。（陈　蓉）

**2017年杭州市各地区信息经济增加值及增长情况**

表24

| 地　区 | 增加值(亿元) | 比上年(%) |
|---|---|---|
| 上城区 | 60.3 | 16.1 |
| 下城区 | 86.3 | 12.6 |
| 江干区 | 45.0 | 23.6 |
| 拱墅区 | 42.1 | 8.5 |
| 西湖区 | 326.4 | 12.0 |
| 滨江区 | 878.4 | 21.4 |
| 萧山区 | 128.6 | 18.1 |
| 余杭区 | 929.5 | 30.6 |
| 富阳区 | 66.4 | 16.1 |
| 临安区 | 63.3 | 3.8 |
| 桐庐县 | 25.3 | 23.5 |
| 淳安县 | 20.0 | 43.7 |
| 建德市 | 14.9 | 18.9 |
| 杭州经济技术开发区 | 94.6 | 8.6 |
| 杭州西湖风景名胜区 | 0.7 | 10.2 |
| 杭州大江东产业集聚区 | 7.1 | -1.5 |

**【杭州市政府与阿里巴巴集团战略合作推进】**2017年，市各部门和区县(市)围绕"新零售、新制造、新金融、新技术、新资源"以及"重点保障"6个方面，与阿里巴巴集团开展33个重点合作项目建设。在"工业云"推动杭州制造项目中，杭州市组织工业企业与阿里巴巴团队开展多轮对接，举办两期工业互联网培训。杭州中策橡胶有限公司、恒逸集团、锦江国际(集团)有限公司、正泰集团等企业的样板示范项目推进。云栖小镇引进数字解码芯片、北斗卫星芯片、新华智云等重点项目。阿里巴巴集团在杭州市部署4个创新创业中心，打造富士康云栖系统工程中心项目，"淘富成真"累计引进智能硬件研发企业80多个。"城市数据大脑"项目成为全国首批4个人工智能创新平台之一，并向苏州、澳门、马来西亚等地推广。AliOS云芯片应用领域不断拓展，覆盖无线网络、蓝牙、NB-IoT等常用的互联网芯片。

在支付宝的城市服务平台上开通全市10多项政务服务项目，包括人力资源和社会保障、公积金、地税、交通管理等服务内容。移动缴费服务渠道涵盖全市所有非税项目，通过支付宝缴费的笔数占所有交易笔数的90%，实现窗口服务的线上转移。移动出行支付在公交车推广支付宝扫码乘车，地铁的支付宝扫码过闸功能全面开通。支付宝信用停车在西湖区48个点700多个停车位试运行。在移动支付民生应用上，支付宝"未来医院"应用在杭州公立医院上线，市民可以通过支付宝手机应用软件在线挂号、缴费、候诊和查取报告。6月，杭州市在13个市级医院试点医保移动支付服务，通过人脸识别实现诊间医保和自费金额的支付。10月26日，在"潮起钱塘·第二届全球跨境电商峰会"上，杭州市政府和阿里巴巴集团联合发布eWTP杭州实验区建设方案。跨境电子商务大数据平台企业信用报告应用场景拓宽，中国建设银行结合平台信用报告，完成首批20个企业的无抵押担保授信，授信总额度超过1000万元。

以市民信用为基础，加快信用体系各类场景应用。11月28—30日，首届全国信用信息共享平台和信用门户网站建设观摩培训班在北京中国科技会堂举行。历经两轮比拼，杭州市公共信用信息平台获比赛最高荣誉奖——"示范性平台网站"称号。11月，杭州市公共信用信息平台获全国信用平台比赛最高奖。在交通领域，免押金租借汽车、免押金租借共享单车等服务推进。酒店推进"免押金信用住"。"信用+阅读"模式在杭州图书馆运行。在2743个客流密集地设置信用免费借还点，共投入6444把雨伞和1.74万个充电宝。"扫脸入住"服务在西湖区3个度假类型酒店进行试点。

2017年杭州市信息经济各产业增加值及增长情况

表25

| 产业名称 | 增加值(亿元) | 比上年(%) |
|---|---|---|
| 电子商务产业 | 1 316 | 36.6 |
| 云计算与大数据产业 | 1 207 | 31.9 |
| 物联网产业 | 430 | 18.0 |
| 互联网金融产业 | 191 | 6.6 |
| 智慧物流产业 | 119 | 15.8 |
| 数字内容产业 | 1 870 | 28.5 |
| 软件与信息服务产业 | 2 318 | 27.8 |
| 电子信息产品制造产业 | 733 | 10.7 |
| 移动互联网产业 | 1 333 | 35.0 |
| 集成电路产业 | 59 | 18.8 |
| 信息安全产业 | 336 | 24.9 |
| 机器人产业 | 21 | 9.8 |

**【杭州市政府与科大讯飞公司签署战略合作协议】**2017年5月16日，杭州市政府与科大讯飞股份有限公司(简称科大讯飞公司)签署战略合作协议，双方围绕"1+1+5+X"战略合作框架，推进杭州市人工智能技术应用布局。加强"一个中心"(科大讯飞人工智能研究中心)，打造"一个平台"(杭州人工智能双创平台)，开展智慧政务、智慧教育、智慧医疗等五大领域合作，拓展"X"项人工智能创新应用。9月28日，萧山区政府与科大讯飞公司签署战略合作协议，宣布科大讯飞公司浙江总部落户杭州湾信息港。12月16日，科大讯飞公司与浙江大学签署战略合作协议，双方共建"浙江大学—科大讯飞人工智能联合研究中心"，围绕人工智能、脑科学及类脑研究等领域开展合作。在"人工智能+政务"方面，开展"最多跑一次"数据整合，完善数据归集工作，新建可信电子证照库。在"人工智能+教育"方面，推动人工智能技术与教育教学融合。5月12日，科大讯飞公司与杭州第二中学签署战略合作协议，探索"互联网+人工智能"背景下的新型教学模式。教育大数据精准教学、智慧课堂、智能阅卷等方面的产品在杭州第二中学、杭州育才中学、杭州第九中学等8所学校应用。在"人工智能+医疗"方面，推动语音电子病历、导诊机器人、医学影像诊断系统、人工智能辅助诊疗中心等领域应用。其中，杭州市第一人民医院试点智能语音技术在电子病历中的应用，两个超声诊室安装语音超声报告。语音电子病历、医疗输入法、医疗影像智能辅助诊疗系统等在萧山区的3个医院试点。社区医疗机器人系统在余杭区良渚社区部署完成，按照当地医疗资源进行适配推广。

**【杭州市政府与富士康集团战略合作推进】**2017年，19场"淘富成真"创新见面会举行，161个项目参加。累计创新见面会75场，568个项目参加。杭州硬功馆科技有限公司、杭州速线网络科技有限公司、杭州虚之实科技有限公司等74个公司的项目注册入驻云栖小镇。杭州云栖工程中心成立项目公司，并与富梦网(杭州)科技有限公司签订《杭州云栖工程中心委托运营合同》，项目进入场地整体规划、装修初步方案设计、设备采购规划阶段。 (李秀先)

【《关于加快推动杭州未来产业发展的指导意见》印发】2017年12月20日,杭州市政府办公厅印发《关于加快推动杭州未来产业发展的指导意见》(简称《意见》)。《意见》提出要关注全球未来产业发展趋势,立足杭州产业基础和比较优势,在人工智能、虚拟现实、区块链、量子技术、增材制造、商用航空航天、生物技术和生命科学等重点前沿领域率先探索布局。明确到2025年杭州市未来产业发展目标,未来产业成为新的重要经济增长点,并提出未来产业的5项主要任务和四大保障措施。

【中国(杭州)人工智能小镇开园】2017年7月9日,中国(杭州)人工智能小镇开园。小镇位于余杭区未来科技城核心地带,规划面积3.43平方千米。小镇建设分三期,共70万平方米,先导区一期占地面积15.13公顷,以办公为主,有11幢9层办公楼。人工智能小镇以人工智能为特色,覆盖大数据、云计算、物联网等业态,引入机器人、智能可穿戴设备、无人机、虚拟/增强现实、新一代芯片设计研发等领域的企业,集聚一批人工智能领域高精尖人才。浙江大学—阿里巴巴前沿技术研究中心、浙江省智能诊疗设备制造业创新中心、百度(杭州)创新中心、北航VR/AR创新研究院、中乌人工智能产业中心等15个平台、90多个创新项目入驻。

2017年7月9日,中国(杭州)人工智能小镇开园 (市经信委 供稿)

【之江实验室成立】2017年9月6日,之江实验室在中国(杭州)人工智能小镇挂牌成立。实验室由浙江省政府、浙江大学、阿里巴巴集团共同出资创建,以网络信息、人工智能为研究方向。之江实验室是开放协同、混合所有制的新型科研机构,以大数据、云计算为基础,布局未来网络计算、泛化人工智能、信息安全、无障感知互联、智能制造与机器人等五大方向,谋划建设智能云、工业物联网、大脑观测及脑机融合、量子计算研究等四大科学装置。

参见“开发园区”类目“之江实验室揭牌成立”条目。

【“达摩院”落户余杭区】2017年11月9日,阿里巴巴集团全球研究院——“达摩院”落户余杭区。在未来3年内,阿里巴巴集团将在技术研发上投入1000亿元在全球范围内寻找人才、投入技术,包括全球研究院、高校联合实验室、全球前沿创新研究计划三大部分。首批公布的“达摩院”研究领域包括量子计算、机器学习、基础算法、网络安全、视觉计算、自然语言处理、下一代人机交互、芯片技术、传感器技术、嵌入式系统等方面,涵盖机器智能、智联网、金融科技等产业领域。

参见“开发园区”类目“阿里巴巴‘达摩院’落户城西科创大走廊”条目。

【“未来已来”全球人工智能高峰论坛在杭州举行】2017年7月9日,“未来已来”全球人工智能高峰论坛在杭州未来科技城举行。来自人工智能领域的国内外专家、学者、企业家及创业者共2500多人参加论坛。中国工程院原常务副院长、院士潘云鹤,《未来简史》作者、牛津大学历史学博士尤瓦尔·赫拉利(Yuval Harari),图灵奖获得者、康奈尔大学教授约翰·霍普克洛夫特(John Hopcroft),阿里巴巴集团技术委员会主席王坚等人工智能领域专家做主题发言。在论坛上,《2017中国人工智能白皮书》和“2017人工智能创新公司50强”名单发布。

【GMIC+全球人工智能杭州峰会】2017年11月14—15日,GMIC+全球人工智能杭州峰会暨中国(杭州)人工智能产业发展论坛在杭州国际博览中心举行。活动以“科学复兴、极智未来”为主题,探讨人工智能产业所面临的问题、趋势和解决方案,解读人工智能发展的相关政策,探索全球化跨界融合创新发展新模式。英国剑桥大学著名物理学家霍金做视频分享,探讨人工智能产业与人类发展的未来。峰会期间,GASA大学(高山大学)现场开课、GMIC+杭州人工智能“极智”节、杭州信息经济2.0暨人工智能产业发展座谈会、“2017大数据产业服务发展论坛暨2017中国新媒体创业滔客大赏人工智能专场”等活动举行。

【中国区块链开发大赛成果发布会在杭州举行】2017年5月16日,区块链技术和应用峰会暨首届中国区块链开发大赛成果发布会在杭州国际博览中心举行。会议分享区块链技术和应用、区块链国际国内标准化最新成果,分析区块链投资机会和趋势,探讨区块链应用发展面临的机遇与挑战、区块链开源社区建设模式和运营机制。首届中国区块链开发大赛成果在会上公布,10个项目获奖。其中,海航科技集团有限公司的参赛作品“基于区块链的智能集装箱订单管理系统”获特等奖。区块链开发大赛分为初评、复评两个环节,最终结果由来自同济大学、复旦大学、万向区块链实验室等组织机构的11名技术专家综合审定。

在会上，中国电子技术标准化研究院、萧山区政府和中国万向控股有限公司宣布共同推进中国（萧山）区块链创业创新基地建设。中国万向控股有限公司计划投资2000亿元，推进8.42平方千米的万向创新聚能城建设。 （包环玉）

## 软件和信息服务业

**【概况】** 2017年，杭州市软件和信息技术服务业主营业务收入3542.4亿元，比上年增长20.2%。其中：软件产品收入1000.37亿元，增长7.5%；信息技术服务收入2241.39亿元，增长28.6%；嵌入式系统软件收入297.23亿元，增长9.7%。上缴税金382.2亿元，增长16.3%。软件业务出口20.05亿美元，增长14.1%。在全市信息经济12个产业中，软件和信息服务业核定增加值1633亿元，占全市生产总值的18.1%，提高1.3个百分点。至年末，软件和信息技术服务业业务收入超过100亿元的企业8个，超过50亿元的企业11个，超过1亿元的企业127个。12个企业进入2017年（第16届）中国软件业务收入前百强企业名单。8个企业进入2017年中国互联网企业100强排行榜。9个企业进入2017年（第二届）中国软件和信息技术服务综合竞争力百强企业名单。

**【软件名城创建】** 2017年3月23日，杭州推进软件名城的经验在全国信息化和信息软件业工作座谈会上进行交流和介绍。市经信委参与《中国软件名城管理办法》的起草和修订。落实《软件和信息技术服务业发展规划（2016—2020年）》目标任务分解。组织企业参加第二十一届中国国际软件博览会。12月，工业和信息化部、浙江省政府和杭州市政府签署《协同开展国际级软件名城创建工作合作协议》。杭州市以支撑网络强国、数字中国、智慧社会建设为导向，贯彻落实大数据、“中国制造2025”、“互联网+”、“一带一路”等国家建设，充分利用杭州市区位、经济、文化、科技、人才、资本等方面优势，围绕新时期中国软件名城创建的要求，通过部、省、市合作，探索国际化中国软件名城创建路径，通过5年至10年的努力，把杭州市建成国际知名、创新活跃、质量和效益领先、产业和城市融合发展的国际化中国软件名城，在全国范围内发挥示范引领作用。

（张向荣）

## 云计算和大数据产业

**【概况】** 2017年，云计算与大数据产业限额以上企业主营业务收入2079.91亿元，比上年增长31.6%；增加值1207亿元，增长31.9%，占全市生产总值的9.6%。8月，根据《区域大数据发展水平评价体系（2017版）》，杭州市大数据发展被评定为五星水平，被中国大数据产业生态联盟授予“2017中国大数据发展五星城市”称号。11月，连连银通电子支付有限公司、医惠科技有限公司、浙江浙大信息技术有限公司、浙江网新恩普软件有限公司、杭州数梦工场科技有限公司、杭州联汇科技股份有限公司等22个杭州企业入选浙江省第三批38个大数据应用示范企业。6月，新华三集团、蚂蚁金融服务集团等4个企业的产品入选工业和信息化部发布的2016年度50个大数据优秀产品和应用解决方案名单。杭州海康威视数字技术股份有限公司、新华三集团、网易公司、浙江大华技术股份有限公司等企业主营业务收入均突破100亿元。平台型云计算与大数据企业快速成长，城云科技（中国）有限公司、杭州数梦工场科技有限公司参与智慧城市、“最多跑一次”等创新项目建设，分别获2亿元B轮融资和7.5亿元A轮融资。杭州新迪数字工程系统有限公司、杭州玳数科技有限公司、迈迪信息技术有限公司、杭州泰一指尚科技有限公司、杭州远眺科技有限公司等中小微云计算与大数据企业在工业、物流、金融、政务、商贸等领域发展壮大。杭州市云计算与大数据协会换届产生新一届理事会，组织技术培训、产业评估、协作交流等活动。阿里云计算有限公司发起成立“云服务产业联盟”，推进建立“企业上云”良好生态。

**【“企业上云”行动实施】** 2017年4月12日，浙江省信息化工作领导小组印发《浙江省“企业上云”行动计划（2017年）》，推进“十万企业上云”。杭州市以市信息经济和智慧经济发展工作领导小组名义印发《杭州市“企业上云”行动计划》，推动制造业企业“上云”、商业模式“上云”，培育云服务企业，提出“1+30+70”目标框架，即把上“公共云”作为主攻方向、完成典型标杆应用案例30个、培育平台和服务商70个。重点推动以工厂物联网和工业互联网试点示范为核心的工业企业“上云”，明确“企业信息化的‘移动化’改造、工业企业上云、农业企业上云、服务业企业上云、科技企业上云、文化创意企业上云、企业上云宣传培训、云计算产业生态体系建设”八大重点推进专项行动。全年新增“上云”企业4.15万个，完成目标的153.7%，中策橡胶集团有限公司、德意控股集团有限公司、华数数字电视传媒集团有限公司等33个企业被评为浙江省第一批“上云”标杆企业。阿里云计算有限公司的“ET工业大脑”等6个云平台被评为浙江省行业云应用示范平台。10月，全国云计算工作交流会暨“企业上云”现场会、浙江省深化“企业上云”工作座谈会在杭州召开。

**【云栖小镇构建云计算产业生态圈】** 2017年，云栖小镇构建“创新牧场—产业黑土—科技蓝天”的云产业创新生态圈。小镇累计引进企业750多个，其中涉及云产业的企业475个。小镇初步形成较为完整的云计算产业生态。推动阿里云计算有限公司整体入驻，全球未来智造创新基地、“新华智云”等项目落户小镇。与中国科学院微小卫星创新研究院合作建设卫星商用项目，引进北斗卫星芯片“微系统模组”和“自主时空创新中心”项目。引进北京大学数字视频解码国家工程实验室云栖中心、中国台湾联发科技股份有限公司，对接杭州中天微系统有限公司、中航微电子有限公司及来自美国硅谷的NB-IoT创新团队，打造物联网芯片研发设计产业生态。富士康云栖系统工程中心项目落户云栖小镇，累计引进智能硬件研发企业80多个。

2017年10月11日,“2017杭州·云栖大会”在云栖小镇开幕

(市经信委 供稿)

【杭州·云栖大会】2017年10月11—14日,杭州市政府、阿里巴巴集团、蚂蚁金融服务集团联合在云栖小镇举办“2017杭州·云栖大会”。大会以“飞天·智能”为主题,近6万名科技人员、15万人次现场参加,包括67个国家及地区的3000多位海外嘉宾以及近1000名国内外媒体人员。137个国家及地区的超过1500万人通过在线直播观看大会。800多位嘉宾在140多场峰会及分论坛中发表1000多个主题演讲。在超过3万平方米的展示区域内,展示人工智能、视觉智能、芯片计算、无人驾驶、智能家居、城市管理等领域的最新创新成果。

【“富春云”互联网数据中心开园】2017年12月26日,由浙报数字文化集团股份有限公司投资建设的“富春云”互联网数据中心在杭州开园。数据中心位于富阳经济技术开发区场口新区,占地5公顷,采用EPC总承包模式建设。单机柜平均用电6千瓦小时,配备110千伏专用变电站提供电力保障,机房双路10千伏市电引入,2N备份冗余,双总线UPS系统,N+1柴油发电机配置、12小时油品储备,结合自然冷源、封闭冷通道技术,降低综合能耗,数据中心总设备能耗小于1.5。“富春云”互联网数据中心除了可以提供IDC服务外,还将为“媒体云”“医疗云”等一批“行业云”研发建设提供支持。

【阿里云计算有限公司总部项目开工】2017年12月26日,由阿里巴巴集团投资的阿里云计算有限公司总部项目开工。项目位于西湖区紫金港科技城的云谷,总投资4亿美元,规划用地面积19.82万平方米,总建筑面积45万平方米,其中地上约28万平方米、地下约17万平方米,预计于2021年9月建设完工。总部园区建成后将满足阿里云团队5年至8年的发展规模及功能要求,同时服务于阿里云产业生态圈企业的开放型社区。

【网易联合创新中心落户萧山经济技术开发区】2017年12月26日,网易公司与萧山经济技术开发区在杭州湾信息港小镇举行签约仪式,成立网易联合创新中心。创新中心是由网易公司联合政府部门及各地运营合作商共同创建的科技类创新创业服务平台,旨在结合网易公司在云计算、大数据、人工智能、在线教育、消费升级、娱乐传媒等领域的优势资源,集产业赋能、人才引进、产业投资、互联网升级等发展要素于一体,发掘与服务各地创新型项目,服务创新型企业,助推传统型企业的互联网转型升级。

【“2017网易云创大会”】2017年7月13日,“2017网易云创大会”在杭州国际博览中心召开。大会以“商业匠心、技术创新”为主题,致力于打通技术创新与商业成功之间的通道。会上,“网易云”发布集产品体系、知识体系、服务体系、生态体系于一体的“司南战略”,宣布其云计算升级到“2.0版本”,并与浪潮集团有限公司、英特尔公司在云计算领域开展合作。

(周狄波 黄左彦)

## 电子商务

【概况】根据浙江省电子商务大数据公共服务平台统计,2017年,杭州市网络零售额4302.4亿元,占全省网络零售额的32.3%,比上年增长24.9%;居民网络消费额1929亿元,占全省网络消费额的28.5%,增长28.6%;网络零售顺差2373.4亿元,占全省的36.2%,增长21.98%。网络零售额、居民网络消费额和网络零售顺差均继续保持全省首位。在重点监测的第三方电子商务平台上,有活跃网络零售网店22.30万个,活跃网络零售网店总数列全省首位。电子商务就业创业氛围良好,提供就业岗位57.12万~59.68万个;间接带动就业岗位143.71万~150.15万个。全市电子商务网络零售额占社会消费品零售总额的75.25%,电子商务增加值1316亿元,增长36.6%,占全市生产总值的10.5%。全市跨境电子商务进口总额99.36亿美元,增长22.5%。其中:出口额70.22亿美元,增长15.9%;进口额29.14亿美元,增长42.0%。

杭州市农村电子商务销售额100亿元,增长30%,列全省首位。从县域电子商务情况看,临安区和桐庐县2017年的农村电子商务销售额分别为34亿元和22亿元。全市有淘宝村96个,淘宝镇2个。

【电子商务市场拓展】2017年,市商务委加强与阿里巴巴集团战略合作,推动杭州市线下商业特别是生活服务行业的电子商务化。开展智慧商圈、智慧城市窗口相关的宣传推广活动。至年末,杭州主城区(上城区、下城区、江干区、拱墅区、西湖区、滨江区)68个综合体(商圈)签约“口碑网”宣传平台。与下城区政府通过武林商圈合作项目签约国大城市广场综合体,集中上线商户近60个。9月,在湖滨银泰IN77等商圈开展在线缴停车费等智慧项目试点。推动餐饮、零售、美容等服务行业上线经营，提升商业业态和社会效率。全年线下服务行业签约上线的商家近7万个，其中餐饮企业近4万个、零售企业1万个、美容美发和足疗养生等泛服务业商家1万余个。

**【天猫“双十一全球狂欢节”成交额1682亿元】** 2017年，阿里巴巴集团连续9年举办天猫“双十一全球狂欢节”，超过200个国家和地区的14万个品牌参与，全天交易额1682亿元，比上年增长39%，其中无线端占90%。物流订单8.12亿个，增长24%；总支付笔数14.8亿笔，增长42%。购买额品类排名前5位的分别是服装、日用品、家电音响、化妆品和家具。购买额排名前5位的省市为广东、浙江、江苏、上海、北京，占总体份额的43%；卖出额排名前5位的省市为广东、浙江、上海、江苏、北京，占总体份额的79%。超过100万个商家实现线上线下打通，近10万个智慧门店、60万个零售小店、5万个金牌小店、4000个天猫小店、3万个淘宝店服务线下消费者超过1亿人次。

**【杭州“一馆一带”加快发展】** 至2017年末，淘宝“杭州特色馆”有入驻商家494个，活跃商家130多个，累计成交额5.65亿元，访问量2.9亿次，订单量596.3万单。“杭州特色馆”举行活动76次，其中线上活动52次、线下活动21次、线上线下相结合活动3次。媒体推广项目8个，投放150次。“杭州产业带”（位于阿里巴巴集团“1688.com”采购批发平台）通过线上活动推广和流量支持吸引商家入驻和交易，组织线上大型促销活动20次、线下活动5次、培训交流会14场次。至年末，“杭州产业带”新增入驻企业1164个，累计1.08万个，入驻率45%。累计完成线上交易额超过73亿元，带动线下交易成交额超过200亿元。

**【农村电子商务发展】** 至2017年末，杭州建成运营的22个县级电子商务平台共聚集农村电子商务主体2500多个，网上销售额4亿元。完成电子商务进乡镇项目24个，其中建设乡镇电子商务服务中心7个。建成的48个电子商务村的年销售额超过12亿元，每个村集聚农村网络经销商10个以上，为村里农民人均经济收入贡献超过1.5万元。全市累计完成100个村级微信公共平台建设，推进智慧乡村建设。建立农村青年电子商务创业点177个，实现电子商务销售额1.6亿元，每个点平均销售额近100万元。

**【对口帮扶地区电子商务】** 根据市政府与黔东南苗族侗族自治州政府、恩施土家族苗族自治州政府的对口帮扶总体框架协议，结合对口帮扶地区发展电子商务的需求，帮助黔东南苗族侗族自治州和恩施土家族苗族自治州发展电子商务。2017年，市商务委先后组织阿里巴巴集团、娃哈哈集团、农夫山泉集团等10多个企业，以及240多个农产品生产加工企业、商贸流通企业、电子商务企业和旅行社参加黔东南州在杭州举办的“泉涌”行动杭州招商推介展示会和“2017恩施—杭州硒产品推介对接会”，协助“黔货出山、硒品入杭”，签订农业产业投资和贸易项目55个，签约金额34亿元。杭州帮助黔东南州在中华农业电子商务博览园（杭州站）内开设“黔品中心”，黔东南州103种农特产品入驻展馆。（冯蔷颖）

## 物联网产业

**【概况】** 2017年，杭州市物联网产业规模以上企业主营业务收入1416.1亿元，比上年增长28.8%，占全市信息经济产业主营业务收入的15.8%；增加值430亿元，增长18%。滨江区完成主营业务收入1080.40亿元，增长25.7%。安防产业中，杭州海康威视数字技术股份有限公司、浙江大华技术股份有限公司和浙江宇视科技有限公司3个企业的产品占国内市场份额超过70%。智能仪器仪表产业保持平稳增长。华立科技股份有限公司、杭州海兴电力科技股份有限公司、杭州炬华科技有限公司等企业的规模进一步扩大。杭州海康威视数字技术股份有限公司的存储芯片、Huawei LiteOS物联网操作系统、中国移动物联网开放平台OneNet、阿里巴巴YunOS实现产业化运作。物联网技术和产品应用步伐加快，三大电信运营商窄带物联网、浙江好络维医疗技术有限公司的居家医疗服务、思创医惠科技股份有限公司与天猫商城合作推出的ESL电子价签系统、浙江瑞瀛物联科技有限公司的三表集抄系统进入大规模推广应用阶段。杭州海康威视数字技术股份有限公司桐庐安防产业基地、滨江互联网安防产业基地、浙江大华技术股份有限公司智慧物联网产业园等重点项目按计划推进。

**【工厂物联网和工业互联网专项行动】** 2017年，杭州市继续实施工厂物联网和工业互联网专项行动，确定全市组织推进100个试点项目的目标任务。经行业组织发动、企业申报、区县（市）推荐和专家评定，全市申报试点项目318个，试点入库项目211个，通过验收123个，评定示范样板项目7个。全年组织召开“工厂物联网示范应用”现场推广会、行业应用解决方案服务对接会14场，参与人数930多人次。面向试点项目举办2期工厂物联网“云栖学堂”专题培训，共200多人参加。申报项目的应用领域不断深化，从侧重于生产过程智能化，延伸到研发设计协同化、生产过程智能化、能源管控集成化、服务模式延展化和个性化定制5个方向。多业务集成应用、产业链协同应用、柔性化智能生产成为项目申报重点。认定通过的123个项目中，实施“云上”项目有114个，占试点项目总数的92.7%，比上年提高14.9个百分点，其中“公共云”项目59个。

**【5个企业入选国家级“双创”平台试点示范】** 2017年8月24日，工业和信息化部发布《2017制造业“双创”平台试点示范企业名单》，杭州市有5个企业平台入选，分别是万向集团公司的万向—浙江智能网联电动汽车“双创”平台、传化公路港物流有限公司面向制造企业的智慧供应链“双创”平台、华立集团股份有限公司的华立智能制造领域开放式“双创”孵化平台、中电海康集团有限公司的中电海康物联网领域开放式“双创”平台、杭州新迪数字工程系统有限公司的制造云研发设计协同共享平台。杭州市推进“双创”工作，激发制造业创新

创业活力,重点发展特色小镇、培育众创空间,着力打造创新、创业、融资、服务等功能完整的创新创业环境。至年末,全市有35个国家级众创空间、30个国家级孵化器,181个"双创"基金。

**【中控工业操作系统supOS发布】**2017年12月8日,中控科技集团有限公司发布中控工业操作系统supOS。该系统把工厂各种信息系统、管理软件系统,自动化系统、智能设备、仪表进行衔接,融合生产、管理、运营等数据,以集成化、数字化、智能化手段解决生产控制、生产管理、企业经营的综合问题。supOS集工业大数据全集成平台、工业智能App组态开发平台、工业大数据分析平台、工业人工智能引擎服务、工业智能App为一体,构建"云(云互联网平台)、企(工厂互联网平台)、端(边缘计算节点)"三层统一架构,可实现管控一体化交互。

**【《杭州市传统制造业转型升级案例汇编》编制】**2017年,为强化示范引领,给制造业转型升级提供方向、方法和路径参考,推动传统制造业以"互联网+"实现转型升级,杭州市通过组织梳理,按工厂物联网改造、机器换人、技术创新、管理创新、物联网技术服务、机器人应用服务等6个方面,收集整理2015年以来的117个典型案例,编制成《杭州市传统制造业转型升级案例汇编》。案例涉及杭州市制造业各主要行业,综合行业领域、应用方向、模式创新、项目绩效和推广价值等因素,在行业具有一定代表性和示范引导作用。（陈　蓉）

## 电子信息产品制造产业

**【概况】**2017年,杭州市电子信息产品制造产业规模以上企业主营业务收入2695.5亿元,比上年增长16.5%;利润278.44亿元,增长10.7%;增加值733亿元,增长10.7%,占全省电子信息产品制造产业主营业务收入34.0%。增加值占全市工业增加值的22.9%,绝对值占全省电子信息产品制造业利税、利润的46.9%和49.2%。滨江区、杭州经济技术开发区、富阳区、余杭区、临安区、萧山区的电子信息产品制造产业收入占全市收入的92.3%。

大企业和大集团的优势明显。杭州海康威视数字技术股份有限公司等8个企业入围中国电子信息百强企业名单。富通集团有限公司等12个企业入围浙江省电子信息制造业企业30强名单。东芝信息机器(杭州)有限公司等4个企业入围浙江省电子信息出口企业10强名单。英飞特电子(杭州)股份有限公司等22个企业入围浙江省电子信息50个成长性特色企业名单。

**【大华智慧物联网产业园富阳生产基地投产】**2017年3月,浙江大华智联有限公司的大华智慧物联网产业园富阳生产基地投产。生产基地以智能工厂为载体,以关键制造环节智能化为核心,以端到端数据流为基础,以网络互联为支撑,缩短产品研制周期,实现产业链上游和下游资源的共享与调配、客户需求与产品设计制造的对接。一期用地18公顷,建筑面积28.54万平方米,累计投资4.3亿元,部分厂房建成投产。建成后引进德国西门子贴片线、自动化物流输送线与整机流水线,以及物联网系统设备。（方义务）

**【西湖电子集团稳步发展】**2017年,西湖电子集团有限公司(简称西湖电子集团)销售收入61.71亿元,比上年增长32.7%;利润总额2.71亿元,增长174.6%;交税费2.05亿元,增长7.1%。西湖电子集团以"二云"战略为支点,推动产业转型升级。4月,公司与云栖小镇合作建设云栖云数据·六和云产业园。"2017杭州·云栖大会"期间,六和云产业园作为分会场之一,举办"云栖云X战略"发布会和"云上未来·智能物联"展览。六和云产业园带动公司房地产、汽车电子、智慧社区、多媒体、科技园区融合发展,推动公司与杭州移动公司、航天科工集团三十五所在NB-IoT智慧停车等领域的合作。公司探索单轨铁路系统项目,通过前期考察以及与有关区县的对接沟通,西湖区、余杭区、萧山区、建德市等有多条线路适合采用跨座式单轨制式。推进在杭州建设单轨铁路系统示范线,并引进单轨铁路系统装备制造业。

9月,西湖比亚迪新能源汽车通过工业和信息化部发布的《道路机动车辆生产企业及产品》公示,获国家颁发的专用车生产资质。继续加大新能源汽车的推广应用,年内新推广新能源出租车200辆。5月,数源动态站点显示终端获"中国道路运输杯"2017年度最佳客车零部件奖,并在厦门公交车上配套运用。杭州东部软件园股份有限公司发挥国家级科技企业孵化器品牌优势,打造"智云社"众创空间,完善智慧园区系统平台,为园区入驻企业提供融资对接、全程创业辅导、关键合作对接、日常运营支持、灵活办公空间、可选增值服务等服务支持。5月,杭州华塑实业股份有限公司联合可恩索(控股)中国有限公司等共同投资设立苏州可恩索纸管有限公司,其中杭州华塑实业股份有限公司出资63万欧元,占注册资本的45%。9月,公司年产1万吨高档纸管项目完成调试,开始试运行。产品主要应用于光学薄膜、新能源锂电池的铜箔、电子隔离膜、金属箔、化纤、印刷等方面。

西湖电子集团以科技创新为驱动,不断增强企业实力。全年完成申报省重点研发计划项目2个、市科委重大技术创新项目1个。其中,易和网络公司的"基于无线技术的智能门锁系统"项目被列入2016年浙江省重点高新技术产品开发项目计划;杭州大华塑业有限公司的"功能性膜材料研发生产富阳基地"项目被省经信委列入2017年浙江省技术改造重点项目计划。集团申请各类技术专利48件,其中发明专利16件、实用新型专利18件、外观专利14件,取得软件著作权6件。集团下属的数源科技股份有限公司、杭州易和网络有限公司、杭州华塑实业股份有限公司、杭州大华塑业有限公司4个控股企业通过国家级高新技术企业重新认定。数源科技股份有限公司通过知识产权管理体系认证。杭州华塑实业股份有限公司博士后工作站完成进站,为企业产学研结合发展创造有利条件。

**【易和网络智能门锁项目列入省重点高新技术开发项目】**2017年1月22

杭州东部软件园 （西湖电子集团 供稿）

日，省经信委发布《2016年浙江省重点技术创新专项计划和浙江省重点高新技术产品开发项目计划的通知》，公布2016年浙江省重点高新技术产品开发项目计划表，杭州易和网络有限公司申报的"基于无线技术的智能门锁系统"项目入选。该智能门锁系统通过无线智能门锁、室内机、楼道门口机、梯控模块等物联网设备，利用城域网专线技术、物联网技术、互联网技术、分布式数据库技术以及计算机集群技术，实现智慧小区的级联联动管控机制。产品通过门禁管控，发卡、销卡、销户的联网管控，提高物业管理的智能化、规模化水平。

**【数源科技公司获知识产权管理体系认证证书】** 2017年8月，数源科技股份有限公司开展的知识产权管理体系认证申报，经中知（北京）认证有限公司审核组的知识产权管理体系贯标现场审核、网上公示，最终获通过。数源科技股份有限公司正式取得知识产权管理体系认证证书。

知识产权管理体系认证是国家认证认可监督管理委员会和国家知识产权局，为深入实施知识产权战略，推动《企业知识产权管理规范》（GB/T 29490—2013）实施，根据《中华人民共和国认证认可条例》，组织实施、监督管理的一项管理体系认证活动。知识产权管理体系认证由国家认定的第三方认证机构具体实施。数源科技股份有限公司把《企业知识产权管理规范》标准的要求融入研发、生产和经营管理等各个环节，对企业防控知识产权风险，提高研发能力、生产效率、市场竞争力具有促进作用。

**【杭州东部软件园有限公司国家级孵化器被评为优秀】** 2017年12月1日，科学技术部火炬高技术产业开发中心公布国家级科技企业孵化器2016年度考核评价结果，杭州东部软件园有限公司国家级孵化器被评为优秀（A类）。

科学技术部火炬高技术产业开发中心为促进科技企业孵化器健康发展，规范并引导国家级孵化器发展方向，提升国家级孵化器服务能力，开展2016年度863个国家级科技企业孵化器的考核评价工作。通过网上填报、专家评审、统计计算等程序，最终有140个国家级孵化器被评为优秀（A类），浙江省有12个国家级孵化器被评为优秀（A类）。2015年7月，杭州东部软件园股份有限公司在全国中小企业股份转让系统挂牌上市；2017年，杭州东部软件园股份有限公司连续三年被杭州高新技术产业开发区管理委员会评定为"年度杭州高新区特色产业园考核一等奖"。

（方泽民）

## 集成电路产业

**【概况】** 2017年，集成电路产业主营收入164.7亿元，比上年增长18.8%。9月26日，《杭州市集成电路产业发展规划》印发。杭州中天微系统有限公司的"自主可控嵌入式CPU及软硬件平台研发与产业化"、浙江大华技术股份有限公司的"基于国产CPU的视频监控SOC芯片研发及规模化应用"等8个项目被列为国家科技重大专项（核心电子器件、高端通用芯片及基础软件产品）。杭州士兰微电子股份有限公司第一条8英寸集成电路芯片生产线扩产、杭州立昂微电子股份有限公司6英寸微波射频集成电路芯片和6英寸砷化镓芯片、杭州中芯微电子有限公司晶圆8～12英寸集成电路用大硅片、中电海康集团有限公司高速存储器芯片等项目建设推进。

**【《杭州市集成电路产业发展规划》出台】** 2017年9月26日，《杭州市集成电路产业发展规划》出台。规划明确"以设计带动制造"的发展思路，提出"到2020年底，全市集成电路产业主营业务收入力争达到500亿元"的发展目标。根据杭州市集成电路产业的优势，滨江区、西湖区重点发展集成电路设计业，杭州经济开发区重点发展集成电路制造业，萧山区和大江东产业集聚区重点发展集成电路封装及材料业，城西科创大走廊依托中电海康、阿里巴巴等产业优势，建设杭州市集成电路产业园。

**【Ferrotec大尺寸半导体硅片项目落户杭州】** 2017年9月7日，Ferrotec大尺寸半导体硅片项目正式签约落户杭州大江东产业集聚区。项目由杭州中芯晶圆半导体股份有限公司投资建设，公司股东日本磁性流体株式会社占股45%，杭州大和热磁电子有限公司占股35%，上海申和热磁有限公司占股20%。该项目建设3条8英寸、2条12英寸的半导体硅片生产线，全部投产后年产8英寸半导体硅片540万片、12英寸288万片。项目总投资60亿元，用地13.93公顷，总建筑面积17.75亿平方米，计划建设期18个月。

（方义务）

## 机器人产业

**【概况】** 2017年，杭州市机器人产业快速发展，规模以上机器人企业主营业务收入68.9亿元，比上年增长14.2%。依托全市装备制造业发展的良好基础，机器人企业的数量逐步增加，机器人及相关产业的核心企业60多个，形成工业机器人、服务机器人、特种机器人产业门类，覆盖机器人本体、关键零部件、工业控制软件和系统集成应用等产业链主要环节。4月，杭州市机器人产业2016年度发展报告完成。4月22日，杭州新松机器人自动化有限公司和省机器人产业协会联合举办国产机器人应用技术沙龙，推动该企业牵头的自主知识产权机器人开发应用。12月20日，萧山·机器人小镇博展中心建成并投入使用。引进中信重工开诚智能装备有限公司消防机器人产业基地项目，计划于2018年5月建成投产。杭州海康威视数字技术股份有限公司、浙江大华技术股份有限公司等企业的机器人子公司向机器视觉、物流搬运、无人机等领域发展，形成新的增长点。杭州永创智能设备股份有限公司新开发6轴包装工业机器人，并在余杭经济技术开发区扩建智能制造生产线项目中投入使用。5月，浙江国自机器人技术有限公司联合美国巨星工具有限公司与美国史泰博公司签署机器人服务协议。杭州巨星科技股份有限公司的机器人产业研发生产基地建设启动，总投资1亿元。

**【杭州创建"中国制造2025"国家级示范区】**2017年，根据国务院办公厅印发的《关于创建"中国制造2025"国家级示范区的通知》精神，杭州市启动创建"中国制造2025"国家级示范区申报工作。修改完善《杭州市创建"中国制造2025"试点示范城市申报方案》。7月6—8日，工业和信息化部和中国工程院、国家制造强国建设战略咨询委员会等单位的专家，对杭州市申报"中国制造2025"试点示范城市开展现场考察和评估。《杭州市创建"中国制造2025"国家级示范区实施方案》完成并上报。

**【智能制造业示范项目试点】**2017年8月，工业和信息化部公布2017年智能制造综合标准化与新模式应用项目名单，杭州海康威视数字技术股份有限公司、杭州开源电脑技术有限公司和浙江大学的3个项目入选。10月16日，工业和信息化部公布2017年智能制造试点示范项目名单，浙江万马高分子材料有限公司的电缆材料智能制造试点示范和杭州西奥电梯有限公司的电梯智能工厂试点示范入选。全市累计12个项目被列入工业和信息化部试点示范。杭州市离散型智能制造模式试点示范建设工作方案入选2017年省智能制造试点示范建设地区名单。5个项目列入省级智能制造试点示范项目。余杭区生物制药及特种摩托车智能制造示范、临安区物流及高端装备运营维护平台试点示范方案获批。34个项目列入2017年省智能制造重点项目计划，其中智能制造新模式项目28个、综合标准化验证项目6个。余杭区成为《"中国制造2025"浙江行动纲要》试点示范县(市)。12月18日，《杭州市智能制造示范项目认定管理办法(试行)》印发。

**【第三届中国(杭州)国际机器人西湖论坛】**2017年12月20—23日，第三届中国(杭州)国际机器人西湖论坛在杭州国际博览中心举行。论坛以"机器人与智能时代"为主题，围绕机器人的最新技术趋势、机器人产业发展政策以及机器人与智能制造、机器人与人工智能等行业热点，邀请全球机器人领域著名科学家和业界领袖展开交流和研讨，包括来自美国、加拿大、韩国、德国、瑞典、日本等10多个国家的机器人集群代表，以及国内外企业代表。论坛由两场主旨论坛、5场专题论坛、中外机器人展览展示以及机器人小镇公众开放日4个部分组成。

**【"机器换人"重点项目实施574个】**2017年，以加快产业转型升级和企业提质增效，促进工业有效投资为目的，市经信委分两次收录编制《杭州市"机器换人"重点项目和工业机器人推广应用目录》，实施"机器换人"项目574个、推广工业机器人应用1525台。11月10日，《关于实施促进实体经济更好更快发展若干财税政策的通知》发布，对全市购置工业机器人的企业，按进口机器人、国产机器人每台分别给予设备购置5%和10%的资助。全市完成技术改造投资643.2亿元，占工业投资的75%。以机联网和厂联网为典型和较高层次的"机器换人"形式，发挥企业在物联网、云计算和大数据等领域的产业和技术优势，支撑新型制造模式和业态的发展，整体提升产业体系的质量、效率和层次。 (胡传明)

**【中国增材制造大会】**2017年7月28—30日，中国增材制造大会暨展览会在杭州国际博览中心举行。会上，萧山区政府发布"未来智造小镇"计划，小镇总规划面积6.16平方千米。其间，2017年中国增材制造高峰论坛、中国增材制造产业联盟会员大会、《增材制造产业发展行动计划(征求意见稿)》研讨会、航空航天增材制造发展论坛、生物医疗增材制造发展论坛、增材制造产业生态及标准体系发展论坛等活动举行。

杭州市初步形成"3D打印材料—设备—服务"的产业链。杭州先临三维科技股份有限公司从事金属以及树脂3D打印机制造，浙江亚通焊材有限公司从事金属3D打印材料制造，杭州乐一新材料科技有限公司从事树脂3D打印材料制造，杭州捷诺飞生物科技有限公司从事生物细胞3D打印机制造。 (王明兴)

## 信息安全产业

**【概况】**2017年，杭州市信息安全产业增加值336亿元，比上年增长24.9%。安防行业智能化趋势明显，行业重点企业发展较快。信息安全产业重点企业保持快速发展。浙江大华技术股份有限公司主营业务收入188.52亿元，增长41.4%；杭州海康威视数字技术股份有限公司主营业务收入418亿元，增长31.9%；浙江宇视科技有限公司主营业务收入31.0亿元，增长50.5%。在法国A&S传媒评选和发布的全球安防50强排名中，杭州海康威视数字技术股份有限公司继续列第一位，浙江大华技术股份有限公司列第三位。杭州安恒信息技术有限公司入选2017年全球网络安全企业500强名单。杭州信核数据科技有限公司的"大数据安全存储系统关键技术与产业化”项目获浙江省科技进步二等奖。杭州奕锐电子有限公司的“加密云”项目在2017年“浙江好项目创新创业大赛”中获一等奖。

**【信息安全基础保障】**2017年，杭州市信息安全协调以工业控制系统安全防护为重心。市经信委对全市范围内32个工业控制系统开展信息安全检查。协助市网信办对全市关键基础设施开展检查，对部门（地区）信息化负责人开展业务培训，编写杭州市关键基础设施检查总结报告，组织技术支撑单位开展现场抽查和远程技术检查。杭州市建立工业控制系统及网络安全专家咨询和应急队伍，要求网站监测、数据备份的服务商实行24小时值班制度，做好应急准备。

**【首届中国数据安全峰会在杭州举行】**2017年6月17日，由中国保密协会、省网信办、省经信委指导，浙江华途信息安全技术股份有限公司承办的首届中国数据安全峰会在杭州召开。大会以“共建数据安全、共享安全数据”为主旨，共同探讨新形势下的数据安全保护，发表数据安全宣言，发布首个中国数据安全险。中国科学院院士何积丰和中国工程院院士沈昌祥、倪光南分别做主题演讲。阿里巴巴集团安全部总监郑斌等10多位数据安全专家解读信息安全现状及解决方案。业界专家学者及中央企业、运营商、信息安全渠道商等代表700多人参加。（方　翔）

## 信息基础设施

**【概况】**2017年，杭州市超过70%的住宅小区实现千兆光纤入户。至年末，百兆宽带用户占用户总数的85%，用户规模400万户；千兆用户10万户。杭州城域网出口带宽大规模扩容，超过7.3太；因特网出口带宽2550吉。主要通信运营商通信行业业务收入194.53亿元，比上年增长1.5%。4G基站规模4.11万个，全部实现VOLTE高清语音功能，人口覆盖率99%。4G用户1192.30万个。全市固定电话用户242.70万户，减少7.1%。互联网宽带接入用户493.42万个，增长10.8%。根据工业和信息化部的统一部署，杭州市5G第三阶段的试验启动，重点突破5G核心关键技术，制定快速测试方案和测试规范。同时，通过试验使产业具备预商用能力。全年新建通信基站2100个，共享率81%。

**【国家级互联网骨干直联点建设】**2017年6月6日，杭州国家级互联网骨干直连点建成并开通试运行。杭州直联点实现互联带宽合计320吉。其中，电信—联通互联互通带宽240吉，电信—移动互联互通带宽60吉，联通—移动互联互通带宽20吉。杭州直联点前期开通互联带宽180吉，杭州骨干直联点开通后，网间延时降低60%以上，从120毫秒降低到40毫秒以下，丢包率降低90%以上，网络响应速度提高85%以上。省内部分网间互访由原来3000千米长途绕转改为省内直联访问，缩短跨网访问网络时延、减少丢包率，提高浙江省网间通信质量，提升基础网络水平。

**【《杭州市移动通信室内分布系统及基站建设与设计导则》印发】**2017年12月，《关于推进移动通信基础设施建设的实施意见》《杭州市移动通信室内分布系统及基站建设与设计导则》印发。该导则把中国铁搭股份有限公司纳入杭州各类大型场馆、高架道路、隧道等项目设计及建设的工作小组，全程介入项目实施过程，确保通信设施和项目同步并行，明确全面实施移动通信基础设施相关建设。

（李京海）

**【市民卡累计发卡量1093.24万张】**2017年，杭州市民卡新增发卡78.54万张，累计发卡1093.24万张。按地域划分，主城区（指上城区、下城区、江干区、拱墅区、西湖区和滨江区）新增发卡53.81万张，累计发卡533.21万张；区县（市）新增发卡24.73万张，累计发卡560.03万张。按人群划分，成人新增发卡56.89万张，累计发卡905.09万张；学生新增发卡6.1万张，累计发卡100万张；儿童新增发卡15.55万张，累计发卡88.15万张。

至年末，通过综合服务窗口、快递送达全覆盖等多项便民措施，市民卡34个服务事项均实现网上受理或网上预约办理。市民卡服务以“简化办、就近办、网上办”为宗旨，“公交卡年检”等5个公民个人服务事项取消证明材料，市民卡服务窗口入驻市本级、9个区级和7个县（市）级行政服务中心。9月，市民卡手机App升级版推出，采用光学字符识别（OCR）和人脸识别技术。至年末，手机App注册用户133.6万人，网上申请的业务量超过290万笔，占业务总量的57%。市民卡官方微信关注用户157.87万人，杭州通官方微信关注用户33.07万人。

**【市民卡智慧应用】**2017年，市民卡智慧应用打造“互联网+”核心平台，推动服务线上化转型升级。优化市民卡手机App平台，形成用户、账户、支付、信用、数据“五统一”的平台能力，实现公共交通、社保医疗、互联网金融、支付、征信、消费、公共服务和卡服务八大产品板块应用场景的融合，构建可接入更多行业、更多区域的移动端城市服务平台生态体系。

“智慧医疗”应用。至年末，“智慧医疗诊间结算”应用覆盖省级、市级、县级近230个医疗机构。智慧医疗覆盖省、市医保和自费群体，累计活跃使用人数865.36万人，累计使用7800.96万笔。由市卫生计生委、市发改委联合杭州市民卡有限公司共同推出“医信付”服务，实现“先诊疗后还款”。开通市民卡智慧医疗结算功能且杭州市基本医疗保险正常参保的成人居民均可开通“医信付”。开通后可以享受1000元额度、10天免息期。至年末，“医信付”服务覆盖杭州及区县（市）各医院约230个，累计注册用户1.48万人次，累计交易3.24万笔次，累计交易金额246.05万元。12月20日，杭州市电子社保卡（市民卡）在13个市级直管医疗机构全面实施，采用医保、“智慧医疗”账户联动模式。至年末，电子社保卡注册人数59.54万人，刷卡交易8.35万笔。

“智慧交通”应用。杭州通自助售卡充值机推出，开通市民卡电子钱包及杭州通卡圈存、补登，支持支付宝、微信充值等功能，增加老年月卡、学生卡的充值、圈存功能。市民卡手机App上线市民卡电子钱包和杭州通卡在线挂失服务。优化老年年卡办理流程,取消年检。127个公交电子站牌新增市民卡电子钱包及杭州通卡的充值补登服务。5月,杭州通电子公交卡上线,采用实名在线账户支付方式乘公交。至年末,杭州通支付宝电子公交卡开通数超过355万张,100多条线路的5000多辆公交车可用。

惠民理财应用。杭州市民卡有限公司推出“惠民汇金”品牌,改造平台迭代需求和统一用户系统。至年末,惠民汇金新增注册用户数41.94万个,累计注册用户54.67万个,实现理财产品交易额167.30亿元。5月,杭州惠金资产管理公司成立,搭建保险服务平台,接入“平安财富”“平安养老”等互联网保险服务合作品牌。

惠民征信应用。杭州惠民征信有限公司完善基础数据体系。完成18个银行、1个担保公司和4个互联网金融平台的签约,累计合作金融机构23个;实现市民卡互联网业务办理、社会征信、金融征信等信用产品输出315.62万人次。推出企业信用查询、企业信息公示以及个人信用查询等服务产品。

惠民支付应用。完善支付产品体系,完成代发、代扣、快捷支付、身份核验、扫码付款等产品的优化。全年更新或接入各类支付渠道42条,实现网络交易总额1244.86亿元。

**【市民卡应用区域拓展】** 2017年6月、7月、9月和12月,杭州市民卡有限公司相继成立建德、淳安、临安和桐庐市民卡子公司。区县(市)移动端频道陆续上线。萧山区推进智慧后勤、智慧停车项目,完成8个区级医院智慧医疗自助机改造。余杭区启动公共自行车CPU改造。富阳区推动智慧医疗项目,完成自行车系统市民卡CPU升级改造。建德市成功试点杭州通电子公交卡应用。淳安县开展批量换卡。临安区推进公共自行车一体化项目。桐庐县在市民卡上加载桐庐旅游年卡功能。

(诸 瑛)

**【“96345”便民服务中心】** 2017年,“96345”便民服务中心热线受理话务219.15万通,日均量6004通。1月,“96345”便民服务中心作为智慧养老监管平台开通全市统一养老服务热线“96345100”,提供各类养老咨询、求助和投诉。便民服务中心为市民政局、杭州市数字城管信息处置中心等单位提供系统升级,24小时保障杭州市民热线咨询服务。“96345”便民服务中心举办社区便民活动近50场,老年防摔风险评估及干预社区活动20场。现场服务老人约1万人次,评估防摔老人约650人次,筛选高危老人超过100人次。社区便民服务新增专业医疗项目,包含眼科检查、量血压、测血糖、中医问诊、推拿理疗、拔罐理疗等内容。

(黄 敏)

## 电信通信

**【概况】** 2017年,中国电信股份有限公司杭州分公司(简称杭州电信公司)设综合支撑部门7个,前后端部门23个;各部门下辖中心20个。主业员工2788人。杭州电信公司完成全业务主营收入69.70亿元,比上年增长5.6%。其中,新兴业务收入增长28.3%,占全业务收入的47.6%,提升8.5个百分点。移动用户数新增167.2万个,增长15%;出账用户309.8万个;全网户均流量2858兆,增长197%。宽带用户数新增55.7万个,增长16.6%,宽带用户数累计246.6万个。9月1日起,中国电信股份有限公司取消国内手机长途和漫游通话费(不含港澳台)。

杭州电信公司配合市政府打造7个区县(市)“四个平台”系统(综合治理、市场监管、综合执法、便民服务),助推6万多个企业“上云”。优化组织架构,成立物联网(“双创”基地)运营中心,加强物联网支撑运营能力,发挥“双创”基地作用,净增物联网用户77.6万个。建成FTTH光端口530万个,光网覆盖率99.5%。杭州电信公司试用商用物联网,开通NB-IoT(窄带物联网)业务,构建高速、中速、低速协同的物联网,完成800兆重耕工程建设,开通基站4173个,并进行eMTC外场试点。

杭州电信公司改善渠道效能,发放标准化运营手册,规范门店基础管理及运营。杭州电信公司扩大在天猫商城的销售矩阵,并上线电信天猫旗舰店,销售额近500万元,被评为2017年天猫商城“飞跃店铺”。完成第五届金砖国家科技创新部长级会议、第十三届中国国际动漫节、第十三届全国学生运动会、第十一届杭州文化创意产业博览会、“2017杭州·云栖大会”等重要会议和活动的电信通信保障任务。

**【杭州高新技术产业开发区物联网示范基地运营】** 根据《国务院办公厅关于建设大众创业万众创新示范基地的实施意见》,2017年3月31日,“双创”示范基地·杭州高新技术产业开发区物联网示范基地建设启动。示

“双创”示范基地·杭州高新技术产业开发区物联网示范基地

(杭州电信公司 供稿)

范基地位于杭州滨江区智慧e谷，是国务院批复的首批28个“双创”示范基地之一。涵盖智慧城市、工业能源、农业生态、车联网、智慧校园、新兴服务、金融行业、健康家居等八大领域，集物联网公共服务平台、多功能展厅、众创空间、路演沙龙区于一体。10月18日，示范基地正式对外运营，首批9个孵化企业入驻。中国电信股份有限公司浙江分公司发布《“双创”物联网示范基地解决方案白皮书（2017版）》，总计40个解决方案、43个案例。示范基地通过统筹整合产业链、创新链和资金链，聚焦智慧城市、垂直行业、个人消费三大领域，促进新技术、新产品、新业态、新模式发展，助推创新型企业成长，助力物联网产业发展。

**【“千兆智联示范小区”建成】** 2017年12月7日，杭州电信公司首批“千兆智联示范小区”评审验收及揭牌仪式在临安区越秀星汇城小区和滨江区绿城明月江南小区举行。通过“千兆智联小区”的建设，两个小区均实现千兆光宽带和家庭信息化、智慧化覆盖，并加载小区电视台、“青果”多场景直播等智联应用以及翼支付商家生态圈等。

**【窄带物联网试商用】** 2017年5月17日，杭州电信公司完成全网4057个基站1:1的800兆重耕，形成杭州地区NB-IoT（窄带物联网）能力覆盖。NB-IoT具备广覆盖、海量连接、低功耗、低成本等特点。与现有相关网络相比，NB-IoT具备100倍的区域连接能力。应用领域包括城市管理、生活环境、公共服务、基础设施、交通、金融、工业、农业、能源、智能家居等。凭借物联网产业服务云平台，杭州电信公司在智慧城市、智能抄表、智能家居等业务领域，开展基于NB-IoT的应用试点。8月3日，杭州电信公司与杭州先锋电子技术股份有限公司签订物联网战略合作协议，达成NB-IoT应用在智能燃气抄表领域的规模性正式商用。项目涉及1万张NB-IoT网卡，并支撑1250套物联网模组。在杭州黄姑山路上建成NB-IoT智慧路灯项目，智能路灯根据日照自动调整光照强度，满足市政管理、故障定位、环保节能的管理需求。杭州电信公司联合行业骨干企业，开展智慧水表和智能垃圾压缩箱试点。

**【浙西数据中心启用】** 2017年12月28日，浙西数据中心启用，网易公司正式入驻。浙西数据中心位于建德市洋溪工业区，占地面积2公顷，规划建设2.2万平方米机房，用以部署新一代互联网数据中心、云计算中心及容灾备份中心，基础设施投资约5亿元。一期工程建设完成，包含1幢9800平方米的机房和1090平方米的动力中心，机柜数量1100个，可满足2.2万台服务器上架。数据中心面向政府、企业、公众客户提供主机托管、资源出租、系统维护等方面的云计算运行与支持服务。带动新安江科技城与相关新兴信息技术产业可持续发展，打造环境智慧监测、居家智慧养老、商圈智慧消费等“互联网+”项目，提供智慧行业应用。

**【“12345”统一政务咨询投诉举报平台CC-CMM认证项目启动】** 2017年7月19日，杭州市“12345”统一政务咨询投诉举报平台CC-CMM认证项目正式启动。CC-CMM为呼叫中心国际标准认证组织，提供指标和衡量服务，是客户互动与客户关系管理领域的权威标准组织。杭州电信公司“12345”热线运营中心对照CC-CMM认证标准，从行为、制度、业务等方面进行规范，建立以“市民体验为中心”的管理体系，形成各类标准文档89个。

杭州“12345”市长公开电话是便民咨询的主平台和资讯窗口，自2011年由杭州电信公司承接。2016年起，杭州市建设市统一政务咨询投诉举报平台，整合市住保房管局、市国土资源局等单位的55条政务热线，相继并入人力社保“12333”热线、公积金“12329”热线等5个分中心，受话大厅设置171个座席，开设“最多跑一次”、社会保障等方面的6个咨询专席专区，日均受理诉求1.1万件。

**【第十三届全国学生运动会电信通信保障】** 2017年9月4—16日，第十三届全国学生运动会在杭州举行。杭州电信公司成立网络与服务保障领导小组，构建决策、指挥、执行三级通信保障指挥体系，并组建6个区域保障团队、2个驻点支撑团队、5个专项工作团队和1个应急通信团队，保障人员200人。提供“天翼”4G、光纤宽带、数字电路、无线网络、高清视频监控等多种通信技术和业务支撑，保障范围覆盖包括黄龙体育中心、浙江大学、浙江财经大学、杭州师范大学在内的22所学校、25个场馆以及杭州之江饭店等重要场所，同时重点为媒体、安全保障、电力等提供全方位的高清视频直播和指挥系统搭建等通信保障。

**【“一证五户”物用资产实名制清理】** 2017年，根据工业和信息化部《关于进一步防范和打击通讯信息诈骗工作》，把控物用资产的非实名违规风险，杭州电信公司对“一证五户”（同一个有效证件名下已经办理5张及以上移动电话卡的存量用户）进行清理和迁移，涉及行业应用物用资产20.4万个。明确有销售工号、可受理业务的销售员和营业员等一线岗位，以及代理商的责任，并与其签订“实名登记责任承诺书”。针对“400业务”和“语音中继业务”进行专项督导检查，完成模板字段反馈及系统核查，确保营销支撑系统所有客户材料完备规范，“400业务”整改率99.9%，“语音中继业务”整改率98.4%。至年末，“一证五户”物用资产实名制清理整改35万个，完成率92.5%，网站备案率99.9%。（张子宜）

## 移动通信

**【概况】** 中国移动通信集团浙江有限公司杭州分公司（简称杭州移动公司）设有13个区县（市）分公司，有员工2900多人。2017年，通信服务收入88.5亿元，比上年增长11.7%；利润37.2亿元，增长7.0%。通话用户1004万个，4G活跃用户805.8万个，用户平均月上网流量3537兆，增长120.1%。宽带用户累计净增加150万个。

杭州移动公司以建设面向5G的大连接物联网为目标，推进“4G+一号工程”，完成1.5万个站点的网络升级

2017年9月18日，杭州移动公司秋季校园营销活动现场

(杭州移动公司 供稿)

改造工程。NB-IoT(物联网)网络全面覆盖核心商圈、周边城区、主要县市主城区和乡镇，打造基于NB-IoT的智能停车、智慧照明、共享单车等行业示范项目，建成物联网开放实验室，余杭梦想小镇打造成物联网示范小镇。通过小微站超密组网、C-RAN技术降干扰和3D-MIMO提容量，实现Pre5G技术从试点转向全网部署，并成功打造武林商圈5G示范区。持续推进"极光宽带"广覆盖工程，新建400多个小区宽带，电表覆盖率超过95.6%。

【物联网开放实验室启用】2017年5月16日，长三角物联网产业合作暨物联网开放实验室启用大会在杭州举行。实验室引进浙江大学、华为技术有限公司等技术资源，致力于发展3GPP技术标准下NB-IoT和eMTC的蜂窝网络应用。依托实验室，重点打造资源对接、方案验证、技术交流、市场合作和创新孵化五大平台，同时对接浙江移动物联网开放平台，加速孵化适用性强、技术可行的物联网新应用，推动和扶持物联网产业链的整体发展。会上，杭州移动公司与团市委签署物联网战略合作"双创"协议，与浙江大学等8个物联网产业合作单位签订物联网产业战略合作协议。

依托长三角物联网产业专委会，杭州移动公司与20多个上游和下游企业达成战略合作，并举办高峰论坛及培训。6月29日，联合杭州市物联网协会创办的"创物智"期刊首发。杭州移动公司扩大NB-IoT规模商用，产生智能抄表、智能路灯、共享单车等13项应用，并中标笕桥街道智能烟感和大江东产业集聚区智能井盖项目。物联网开放平台的注册企业数超过400个，终端设备接入数近2万台。物联网用户规模突破440万个。

【"和包"支付服务发展】2017年，杭州移动公司推进市、区、县联动，发展"和包"支付产品。对主城区各重点区域进行"和包"签约商户连片覆盖。在校园营销期间，推出"无现金校园"活动，通过"和包"三重补贴增强移动产品用户数。拓展核心商户，引入一鸣真鲜奶吧、鲜丰水果等商户。至年末，"和包"签约商户6000个，绑卡用户规模超过10万个。

【"4G+一号工程"建设完成】2017年，杭州移动公司以建设面向5G的大连接物联网为目标，推进"4G+一号工程"，在4个月内完成1.55万个站点的网络升级改造工程。完成全网GSM900的6MHz频率清退，为物联网建设提供频率资源，并通过频率优化、载频减容等手段实现网络质量平稳过渡。通过公司两轮网络性能专项测试，摸清NB-IoT的覆盖、数据传输速率、时延等性能。全市1200个NB-IoT基站开通并运行业务，智慧停车、智能路灯、智能井盖、家庭烟感告警等业务上线运行。

【LTE网络能力提升】2017年，杭州移动公司通过小微站超密组网、C-RAN技术降干扰和3D-MIMO提容量，提升面向5G的LTE网络能力。共享市政资源，运用小微站点实现100米站间距的超密组网，MR平均覆盖电平提升5db，覆盖率97.6%。通过自主开发并申请专利的神经网络算法，快速识别高干扰区域，实现C-RAN簇自动划分。通过BBU集中部署，实现不同站点间资源和功率的高速协同处理，用户下行速率提升26%。利用3D-MIMO技术，实现系统容量倍增，解决热点区域高负荷问题。

【云服务体系构建】2017年，杭州移动公司构建"3+3+N"的云服务体系，即以杭州移动公司三墩、石桥、萧山三大数据中心为基础，以能力开放平台、物联网OneNet开放平台、大数据应用平台三大平台为依托，为政府和企业、事业单位提供个性化云服务。举办"企业上云"应用推介会50场，帮助7490个企业完成"上云"。探索"华通云"和网银互联定制式合建模式。杭州市党政机关信息化设施托管服务、全省大型移动公有云项目和跨国"云视讯"项目中标。杭州移动公司与中国美院合作打造"数字国美"。与"管家婆""微天下""亿方云"等云应用服务商建立"企业上云"服务战略合作伙伴关系。

【杭州移动公司与特色小镇业务合作加强】2017年，杭州移动公司加快与特色小镇业务合作，实现创新链、产业链、价值链布局。与18个省级和市级特色小镇签署战略合作协议。余杭梦想小镇成为杭州移动公司打造的首个NB-IoT物联网应用样板小镇。5月，杭州移动公司与玉皇山南基金小镇达成战略合作协议，建设"信息高速路"和打造移动5G网络宽带试点被纳入小镇建设。7月，杭州移动公司在跨贸小镇搭建以弹屏消息为特色的小镇"云推"宣传平台。

(余有安)

## 联通通信

【概况】中国联合网络通信有限公司

杭州市分公司(简称杭州联通公司)是中国联合网络通信有限公司在杭州的分支机构,下设上城、下城、江干、西湖、拱墅、滨江、下沙、萧山、余杭、富阳、临安、建德、桐庐、淳安、大江东15个分公司。员工近1800人,平均年龄34.6岁,大专及以上学历的专业人员占员工总数的92%。

2017年,杭州联通公司以规模发展为主线,效益改善为目标,创新发展为动力,加大市场拓展力度,增强保障支撑能力,夯实企业基础管理。主营业务收入比上年增长8.4%,利润持续增长,4G用户数增长75.1%,企业核心竞争力和整体经营能力得到提升。

杭州联通公司重点加快4G网络覆盖、移动网小区深度覆盖建设进度,做好光网连片覆盖以及小区光网改造。在4G网络建设方面总投资8.59亿元,新开通4G基站843个,完成各类线路光缆布放3522皮长千米。围绕"提升主城区深度覆盖,提升客户感知"的目标,杭州联通公司成立行动小组,实施"精雕行动"补网工程,移网投诉率下降。开展提升整体宽带服务感知、加快光线路终端(OLT)优化、规范标准化服务、3G/4G网络翻频、运营维护一体化等工作,打造精品网络,改善客户感知。

杭州联通公司在第五届金砖国家科技创新部长级会议、第十三届全国学生运动会、第四届世界互联网大会等重要会议期间做好通信保障。公司增强网络安全技术力量,制定网络安全应急响应预案,组建网络安全防护小组,实行全天候轮班值守,及时发现、响应和处置各类网络安全事件,做好重点区域交通枢纽的通信安全和保障。

杭州联通公司通过完成自营管理人员和门店店长能力提升培训、店长"孵化"工作、落实NPS口碑宣传、落实自营渠道大服务体系建设和双时长专项提升等工作,提升"窗口服务"质量。

**【"企业上云"专项工程开展】**2017年,根据杭州云计算产业的市场环境和用户需求,杭州联通公司培育一批"企业上云"的示范项目,重点打造7个典型应用案例。6月29日,余杭大数据云平台项目被工业和信息化部授予2017年度"云计算优秀典型案例奖",并入选2017年省经信委优秀云产品(解决方案)名单。6月20日,杭州联通公司举办"企业上云、与沃共赢"联通助力十万企业"上云"计划发布会。全市各分公司举办"企业上云"培训宣讲活动60多场次。至年末,新增"企业上云"数3597个。其中,4个云客户单位经省经信委核定,被评选为"浙江省第一批上云标杆企业"。

**【电信反诈骗工作组成立】**2017年,杭州联通公司持续净化网络文化环境,推进电信反诈骗专项工作,减少用户的经济损失。1月,杭州联通公司成立反诈骗工作组,进行主动性非法主叫号码防范,严把主叫鉴权业务规范,加强稽核管理。在重要会议召开期间,配合市相关部门,防范并及时、高效处理网络与信息安全突发事件。杭州联通公司响应杭州市公安局网监支队各类信息安全处置工作,利用先进的技术手段及时发现各类恶意网站,并及时进行拦截。

**【"提速降费"推进】**2017年,杭州联通公司通过打造"4G+"匠心网络、升级业务、降低资费等行动,持续推进"提速降费"。围绕"惠民、惠企"落实相关举措,下调手机通信费、降低家庭宽带消费支出。9月1日,取消国内手机长途与漫游费,下调90多个国家和地区的国际漫游/港澳台漫游数据业务及流量套餐资费,并推出"无限流量"的"冰激凌"套餐。针对流量费贵、套餐品种多等问题,杭州联通公司拓展互联网线上渠道销售的专属产品。"腾讯王卡""蚂蚁宝卡""工行e卡"等流量定制化产品让用户得到更多实惠。杭州联通公司通过降低中小企业互联网专线接入资费、和阿里巴巴集团合作推进"钉钉"项目等,助力企业信息化发展。

**【杭州地铁2号线联通信号开通】**2017年7月3日,杭州地铁2号线一期西北段建成通车。二期、三期于12月27日建成通车。在建设期间,民用通信系统提前开通,帮助工程项目实施。杭州联通公司与杭州地铁集团有限责任公司、中国铁塔股份有限公司杭州市分公司相互配合、制定方案。5月4日,地铁2号线西北段一期联通信号开通。杭州联通公司运用区间光缆解决难度最大的外线引入问题,最终在9月5日热滑前完成地铁2号线西北段二期信号开通工作。

**【联通"客户日"活动】**2017年,杭州联通公司56个自有营业厅全部开展每月"客户日"活动,共举办活动616场,每月吸引约3000人次进入营业厅。组织"客户日到您身边"活动213场,覆盖优势网格38个,现场服务1万多人次。开展异业合作活动21场,内容涵盖运动健康、教育、金融、汽车、影视等方面。客户日活动宣传覆盖500万人次,受惠人数约20万人次。

**【杭州国家级互联网骨干直联点网间互联电路开通】**工业与信息化部于2016年10月24日正式批复同意杭州增设国家级互联网骨干直联点。杭州联通公司成立专项工作小组,调集设备,实施互联网骨干直联点建设。2017年3月,完成基础设施配套准备、100Gb/s长途传输电路开通和直联点设备安装调测,完成骨干互联网网内路由器的新增调测工作。

**【5G网络建设试点】**2017年,杭州市作为中国联合网络通信有限公司首批5G网络建设试验城市,开展5G网络试点建设。MEC(边缘云计算)是从扁平到边缘及面向5G网络架构演进的必然技术。10月,杭州联通公司启动MEC试验网工程,第一批试点选址余杭区阿里巴巴集团西溪园区和余杭良渚荀山村(智能安防项目)。MEC开通后可以实现用户面就近流量终结、控制面网络能力开放,具备智慧园区、安防等场景的MEC应用解决能力,为5G边缘DC建设及5G网络建设奠定基础。（丁家佳）

责任编辑 秦文蔚 吴 铮

# 20 农业

Agriculture

## 综 述

**【现代农业发展】**2017年，杭州市以"生态品质农业强市、设施智慧农业强市、现代都市农业强市"建设为目标，高质量发展现代农业。农林牧渔业实现总产值457.70亿元，比上年增长2.1%；增加值305.60亿元，增长2.4%。蔬菜、茶叶、花卉苗木、水产、竹业、节粮型畜禽"六大优势产业"产值283.13亿元，增长4.5%，水果、干果、蚕桑、药材、蜂业"五大特色产业"产值73.71亿元，增长9.5%。两者合计占农林牧渔业总产值的74.8%。

杭州市农村居民人均可支配收入30397元，增长8.9%，扣除价格因素，实际增长6.2%。城乡居民收入差距继续缩小，收入比缩小到1.85:1。

杭州市完成对2394个村级股份经济合作社董事会、监事会的换届选举。选举产生2388名董事长，其中，2321名由村党组织书记兼任，占总数的97.2%。

杭州市提高农业科技创新能力。针对农业主体对科技创新需求，深化与在杭高校科研院所农业技术合作，落实《杭州市农业技术合作和种业发展项目实施方案》，征集种业工程项目6个，投入财政资金900多万元；初步征集技术合作项目2个。针对农业产业特点和集成技术需求，对市级技术创新与推广团队开展调整和规范，明确市本级行业首席专家12名。调整后全市有产业技术创新推广团队56个（市本级12个）、首席专家12名、专家158名。争取市财政支持，为市级技术团队争取创新推广培训专项资金50多万元。各级团队开展培训交流技术创新推广活动，据不完全统计，全年推广先进适用技术160多项，推广优良品种200多个，解决技术难题超过100个。建立推广示范基地140多个，开展技术培训250多期，参加培训1万余人次，初创集成种养技术模式80多个，推广技术规范20多个。市级继续选取7个乡镇开展农作制度创新示范创建，设立创新示范点40个，投入财政资金350万元，创新模式40个，示范点面积773.33公顷。加强知识产权创新，申报专利5项，品种审定3项，发表科技论文60多篇。指导富阳区开展基层农技推广体系改革创新试点。

（王昱恺 何有良 邱 亮）

**【农田水利建设推进】**2017年，杭州市加快推进农田水利建设，完成水库除险加固15座、山塘整治110座，农村饮水安全巩固提升惠及17.3万人，新增高效节水灌溉面积2713.33公顷、改善灌溉面积2666.67公顷，农田灌溉水有效利用系数提高到0.595。

**【农村土地确权登记颁证】**2017年，杭州市推进农村承包地确权颁证工作。至年末，外业调查测绘指界任务完成99.77%，审核公示完成行政村数比例达97.8%，签订合同61万余份，颁发权证9.8万本。6月29日，临安市作为省级试点率先通过全省土地确权工作综合检查验收。

**【江干区"股社分离"改革国家级试点】**2017年9月，杭州市江干区"股社分离"成为国家农村集体产权制度改革试点单位，试点时间到2018年底结束。为推进试点工作，江干区建立区、街道、股份经济合作社三级改革试点工作领导小组和联络员队伍，以及由组织、宣传、工商、财税、民政等17个部门组成的联席会议制度；制定《江干区"股社分离"改革试点工作方案》，并经中央农办、农业部审核确认和批复；制定《关于规范村级集体经济组织名称的通知》《关于申领股份经济合作社证明书的通知》《关于全面开展村级集体经济组织清产核资和明晰权属工作的通知》及《工作操作手册》等试点操作文件。至年末，全区57个股份经济合作社中有17个初步实现与居委会的机构分设、资产分置、权责分离、人员分开、财务分立的"五分离"目标。

**【农村土地全域综合整治改革试点】**2017年初，杭州市改革领导小组确定在西湖区双浦镇和临安市天目山镇分别开展农村土地全域整治和农村宅基地产权制度改革试点。两个试点以城市近郊和山区远郊为样本，分别制定《西湖区双浦镇全域土地整治试点工作方案》《临安市天目山镇宅基地产权制度改革试点方案》，并于9月7日经市政府批复同意。至年末，双浦镇完成灵山区块6个村的环境综合整治，累计垦造水田113.33公顷，新增耕地占补平衡指标66.67公顷，累计流转土地1400公顷。天目山镇完成一都村和周云村村庄发展规划编制，先后拆除建筑1.16万平方米，复耕2300平方米，完成土地流转60公顷，出台农村存量建设用地和房屋盘活利用试点操作规则、农村宅基地及住房确权登记试点操作规则。

**【区县(市)协作机制】** 2017年，杭州市调整新一轮区县(市)协作指导组，完善区县(市)协作联席会议、协作联络组工作制度。4个协作组分别落实协作资金1亿元，合计到位协作资金4亿元，助推城乡发展一体化进程，实施84个生态保护、产业发展、民生保障等协作项目，总投资10.3亿元。

**【"联乡结村"帮扶活动】** 2017年，杭州市实施新一轮"联乡结村"帮扶活动。7月28日，市委、市政府出台《关于进一步深化"联乡结村"活动加快推进精准帮扶工作的实施意见》，以需求为导向，全市重新组建42个由市领导、机关部门、企事业单位等组成的市级帮扶集团。市级成员单位500多个，结对帮扶42个相对欠发达乡镇。全年筹集帮扶资金1.75亿元，其中，市级集团到位资金1.19亿元，实施项目882个。受帮扶乡镇的农民人均收入比上年增长11.5%，高于全市农民收入增幅2.6个百分点。

**【低收入农户五年倍增计划】** 2017年，杭州市低收入农户家庭人均可支配收入12624元，比上年增长15.2%，比2012年的6008元增长1.1倍，实现五年翻一番，完成低收入农户五年倍增计划。同时，全面开展新一轮低收入农户认定工作，新认定低收入农户9.21万户、15.31万人。对低收入农户子女考取大专、本科院校实行补助，合计补助314人。安排1000万元对因病个人支出较大的低收入农户按照比例进行补助。

**【结对帮扶】** 2017年，杭州市稳步实施光伏发电帮扶项目，在经济较落后的农村选择合适地区启动18个光伏发电项目，建设光伏电站规模约2400千瓦，每年可产生发电收益177万元。根据全省"山海协作"对口帮扶统一部署，到2017年，杭州市五年衢江结对帮扶工作(主要针对农村地区)完成，累计到位帮扶资金4726万元，实施帮扶项目186个。

**【消除集体经济相对薄弱村行动】** 2017年，杭州市实施消除集体经济相对薄弱村行动，从集体经济总收入和经营性收入两个指标分别认定732个和575个集体经济相对薄弱村。至年末，消除集体经济总收入低于市定目标的薄弱村423个，占总任务的58%；消除集体经营性收入低于市定目标的薄弱村317个，占总任务的55%，年经营性收入超过市定目标的村占总村数的87%。12月31日，市委、市政府印发《关于实施消除集体经济相对薄弱村三年行动计划的若干意见》，明确成立全市消除集体经济相对薄弱村(暨减轻农民负担)工作领导小组，建立消除集体经济薄弱村联络员制度，协调推进消除集体经济薄弱村工作。

**【"三位一体"农合联改革】** 2017年，杭州市完成县乡两级农民合作经济组织联合会(简称农合联)组织搭建，成立1个市级农合联、8个县级农合联、72个乡镇农合联，市农合联发展会员137个、县级农合联发展会员1039个、乡镇级农合联发展会员2966个，其中农民合作经济组织占80%以上。制定《市农合联执委会工作规则》《市农合联执委会职能配置、内设机构和承接关系方案》，1月，市农合联执委会一办四部(办公室、区县指导服务部、政策咨询服务部、市场营销服务部、信用保险服务部)挂牌实质化运行。3月，农民合作基金成立，市县两级共筹措资金2.3亿元，其中市本级8000万元。5月，农合联投资发展有限公司成立，注册资本5000万元，建立流通渠道和销售平台。杭州供销农信担保公司提升为市级政策性融资担保机构，注册资本增资到1亿元。市、县两级农合联先后展开大田托管、农产品展示展销、农民培训、农业废弃物综合利用、农批市场建管等相关服务，大田托管面积5333.33公顷，代管农批农贸等各类市场26个，组织农产品展示展销6次，培训农合联专用人才320人。 (王昱恺)

超市中的"三品一标"农产品专柜 (市农业局 供稿)

**【农产品质量安全监管体系建设】** 2017年，杭州市提升农产品产地追溯管理，富阳区、淳安县通过省级农产品质量安全可追溯体系县建设，全市7个主要涉农区县(市)均建成可追溯体系。继续扩大准出产品实行二维码可追溯制度应用面，新增50个初级水产品追溯点。至年末，全市有660个农产品生产基地实现二维码可追溯。开展规模农产品生产者(经工商注册的企业、合作社和家庭农场，以及其他具有一定规模的生产者)大调查，建立规模农产品生产主体信息数据库，实行主体信息化管理。推进以食用农产品合格证、追溯码、"三品一标"(无公害农产品、绿色食品、有机农产品和农产品地理标志)、检疫检验证等标识作为食用农产品合格证制度执行。余杭区、桐庐县和建德市以县域为单位,推进县级农产品质量安全监管平台从电脑PC端到手机App端的移动智慧监管,完善农产品质量安全智慧监管保障体系。萧山区、建德市完成省级放心县创建。桐庐县入围农业部确定的第二批国家农产品质量安全县创建试点单位,开展国家级农产品质量安全县创建工作。

市农业局开展农产品安全排雷"百日攻坚"行动、畜禽水产品"两禁一超"专项整治行动和"平安护航十九大"农产品质量安全督查,强化农产品质量监督检测工作,完成对农产品3141批次监测任务,总合格率98%以上,对检出的不合格产品分别按照监督抽检要求分别处置,处置率100%。继续发挥基层快速检测作用,区县(市)、乡镇(街道)已建成快速检测室对公众免费开放,确保正常运行,全年全市基层农产品质量安全快速检测定性检测农产品超10万批次。(何有良 邱 亮)

**【新型农业经营主体培育】**2017年,杭州市开展第十九批市级农业龙头企业申报评定,新命名市级农业龙头企业26个,累计达682个,有11个被命名为第九批省级骨干农业龙头企业。新培育市级示范性家庭农场50个,全市家庭农场累计达2244个。引导和促进农民专业合作社规范发展,开展"僵尸社""空壳社"清理整顿试点,全市农民专业合作社达3350个。

(王昱恺)

**【农技人才培养】**2017年,市农业局培育农业科技主体,加强农业科技推广队伍建设,针对农业科技队伍建设中的突出问题,设计调研方案开展专项调研。全市培训农业科技人员1600多人次,培训内容由单纯技术型向管理型拓展。市级举办两期乡镇农技骨干能力提升班,输送600多名农业科技人员参加省级培训。开展新型职业农民培育,督促有关区县(市)制定相关认定办法,培训师资,改善培训条件,建设培训体系,全年培育新型职业农民2900多人。探索新型职业农民知识提升途径,继续与浙江大学举办粮食生产类专业大专班,鼓励萧山、余杭、富阳粮食种植户职业农民入学深造。培训农村实用型人才1.3万人次,新编科普教材52种,印发11万余册。组织新型农民典型事例13例,报省农业厅进行宣传。组织参加省农业厅农业职业技能大赛,参加果树修剪、农作物植保团体赛各2组和动物疫病防治员、茶叶加工、评茶师个人赛各2组,共14人参加,获一等奖2人、二等奖3人、三等奖4人。提升基地科技实力,市级12个技术推广团队结对12个基地作为基地技术支撑。

杭州市农业广播电视学校招生713人,毕业515人,在校生1225人。浙江大学远程杭州农业学习中心秋季录取新生47人,毕业57人,在校生307人。为培养新型职业农民,推进杭州市现代农业经营领军人才培养工作,输送32名学员参加领军人物学历教育考试。全年开展职业技能鉴定37个批次,1873人通过鉴定。

市农科院举办或联合举办农业实用技术培训班25期,培训新型职业农民、新型农业经营主体1871人次。开展"科技下乡"服务9次,发放农业实用技术资料16种1100多册,接受农民咨询服务400多人次,赠送科技书籍90多册、蔬菜种子24种5684份,走访服务基地(农企、大户)36个(户)。完成省、市、区及社会委托的农产品质量安全、产地环境检测任务1307批次、1.32万项(次)。

**【农业事项"最多跑一次"改革】**2017年,杭州市农业部门做好行政许可权力事项的清减、规范工作,完成50项办事事项(其中市本级30项)梳理工作,全部实现"最多跑一次"。市本级全年办理"最多跑一次"办事事项2.61万件。深化"1+N"+X商事登记制度改革,在确保首批纳入商事登记"X"项的动物诊疗许可、农药经营许可2个事项运行的基础上,将16个事项纳入全市第二批"商事登记制度改革"办事事项,总数占全市91个商事登记事项的19.8%。推进公民个人办事事项"简化办、网上办、就近办",确定18项为个人办事"简化办"事项,其中2项纳入仅凭身份证办事事项,精简证明材料44件;重点推进渔船证书"三证合一"改革,实现渔民办事"最多跑一次"向"跑零次"转变。

(何有良 邱 亮)

## 种植业

**【概况】**2017年,杭州市适应经济发展新常态,推进农业现代化,深化农业供给侧结构性改革,农业现代化水平提升,农业农村经济保持良好发展势头。种植业产值273.88亿元,比上年增长4.5%。全市粮食复种面积86.48千公顷,增长1.8%;平均每公顷产量5465千克,增长1.2%;总产量47.26万吨,增长2.9%。油菜种植面积19.68千公顷,下降2.4%;平均每公顷产油菜籽2400千克,增长11.1%;总产量4.72万吨,增长8.5%。蔬菜种植面积96.44千公顷,下降0.5%;平均每公顷产量35.08吨,增长1.4%;总产量338.34万吨,增长0.9%。茶叶种植面积34.64千公顷,下降0.5%;茶叶总产量3.01万吨,增长6.9%;总产值35.40亿元,增长11.8%。果园面积29.67千公顷,增长0.9%;水果总产量44.09万吨(不含果用瓜),增长11.8%。饲养蚕种6.33万张,下降12.9%;蚕茧产量0.30万吨,下降13.5%。

**【粮食播种面积和产量小幅增长】**2017年,杭州市粮食播种面积10.82万公顷,比上年增长1.5%,粮食产量64.72万吨,增长1.8%。新建粮食功能区6400公顷,累计建成功能区1703个,面积5.63万公顷,提前一年完成浙江省下达的5.53万公顷粮食功能区建设任务。

**【水稻、大豆单产破纪录】**2017年,据中国水稻所为首的专家组对建德市大同镇永盛村"浙优18"百亩示范方实割测产,示范田最高亩产1007.4千克,示范方平均亩产993.29千克,创下杭州市近年来最好成绩,其中百亩示范方产量破杭州市高产纪录。萧山区旱粮示范方内,"浙鲜9号"春大豆最高亩产910.66千克,百亩示范方平均亩产844.18千克,两项指标均创全省农业新纪录。

2017年杭州市粮食作物生产情况

表26

| 项 目 | 播种面积（千公顷） | 比上年（%） | 总产量（吨） | 比上年（%） | 平均每公顷产量（千克） | 比上年（%） |
|---|---|---|---|---|---|---|
| 早 稻 | 1.47 | 0.1 | 8 769 | -1.8 | 5 965.31 | -1.8 |
| 晚稻及迟中稻 | 37.03 | 3.6 | 282 842 | 5.9 | 7 638.19 | 2.3 |
| 大 麦 | 0.50 | 68.5 | 1 884 | 62.3 | 3 752.99 | -3.7 |
| 小 麦 | 11.79 | 17.2 | 43 546 | 42.5 | 3 693.47 | 21.6 |
| 玉 米 | 12.30 | 0.1 | 56 110 | -2.4 | 4 561.05 | -2.4 |
| 大 豆 | 13.46 | -11.3 | 34 917 | -9.3 | 2 593.36 | 2.3 |
| 番 薯 | 5.74 | 9.9 | 28 222 | -4.3 | 4 916.72 | -12.9 |
| 其 他 | 4.18 | -11.2 | 16 356 | -37.2 | 3 911.98 | -29.3 |
| 总 计 | 86.48 | 1.8 | 472 646 | 2.9 | 5 465.44 | 1.2 |

2017年杭州市棉花、麻类、油菜籽生产情况

表27

| 项 目 | 播种面积（公顷） | 比上年（%） | 总产量（吨） | 比上年（%） | 每公顷产量（千克） | 比上年（%） |
|---|---|---|---|---|---|---|
| 棉 花 | 178 | -6.8 | 255 | -15.0 | 1 432.58 | -8.8 |
| 麻 类 | 5 | -16.7 | 10 | -33.3 | 2 000.00 | -20.0 |
| 油 料 | 23 289 | 15.6 | 57 310 | 31.7 | 2 460.82 | 13.9 |

2017年杭州市蔬菜、茶叶、水果生产情况

表28

| 项 目 | 播种面积（千公顷） | 比上年（%） | 总产量（吨） | 比上年（%） | 每公顷产量（千克） | 比上年（%） |
|---|---|---|---|---|---|---|
| 蔬 菜 | 96.44 | -0.5 | 3 383 444 | 0.9 | 35 082.68 | 1.4 |
| 茶 叶 | 34.64 | -0.5 | 30 103 | 6.9 | 869.12 | 7.4 |
| 水 果 | 29.67 | 0.9 | 440 865 | 11.8 | 14 860.95 | 10.8 |

说明：水果不含果用瓜

**【“菜篮子”基地建设】**2017年，杭州市新建“菜篮子”基地373.8公顷，提升肉禽蛋奶应急保供基地109个。“菜篮子”基地累计502个，面积9666.67公顷，完成市政府为民办实事项目确定的目标。通过“菜篮子”工程建设，基地抗灾能力增强、产出水平提高。“菜篮子”基地向市场供应新鲜蔬菜32万吨（叶菜7.5万吨）、生猪40万头、肉禽80万只、禽蛋3000吨、生鲜乳1.9万吨、水产品4万吨。

**【水果产销两旺】**2017年，杭州市水果种植面积略减但产销两旺，水果（含西甜瓜）种植面积4.50万公顷，比上年下降1.8%，投产面积3.98万公顷，增长0.1%，产量69.55万吨，增长12.1%，产值33.72亿元，增长12.1%。不含西甜瓜的水果种植面积3.83万公顷，下降0.9%，投产面积3.32万公顷，增长1.6%，产量47.44万吨，增长31.8%，产值27.86亿元，增长19.4%。西甜瓜受强降雨和高温干旱影响，产量和产值均有所下降，种植面积6626.67公顷，下降6.9%，产量22.11万吨，下降15.1%，产值5.86亿元，下降13.2%。

**【花卉销售旺盛】**2017年，杭州市花卉（鲜切花类、盆栽植物类、草皮）种植面积1726.67公顷，比上年下降1.2%，产值5.25亿元，增长6.7%。其中：鲜切花类生产销售平稳，种植面积326.67公顷，增长2.5%，产值4400万元，下降0.1%；盆栽植物类依托网络电商销售形势较好，销售量1.08亿盆，产值3.22亿元，分别增长0.7%和4.7%；草皮生产因城区绿化需求旺盛销售增加，销售量1629万平方米，产值1.58亿元，分别增长7.8%和13.2%。

**【中药材面积产量产值三增】**2017年，杭州市中药材种植面积1.05万公顷，产量1.26万吨，产值9.7亿元，比上年分别增长8.5%、10.5%、14.4%。其中：草本中药材产值7.2亿元，增长2.4%，草本产值最大的铁皮石斛产值3.4亿元，与上年基本持平；木本中药材产值2.0亿元，增长42.1%，木本产值最大的覆盆子产值1.3亿元，增长103.5%。

**【名优茶带动茶产业效益提升】**2017年春季，气温适宜茶叶生产，政府部门做优做真做精西湖龙井工作取得成效，杭州春茶市场活跃度和繁荣度提升，价格普遍较往年上涨。全市茶园总面积3.71万公顷；茶叶总产量2.39万吨，比上年增长7.5%；总产值35.16亿元，增长14.1%。其中：名优茶产量1.23万吨，占茶叶总产量的51.6%；名优茶产值31.49亿元，占茶叶总产值的89.6%。茶叶平均价格147元/千克，增长6%。

**【茶产业结对帮扶】**2017年9月起，杭州市以茶产业提升帮扶为切入点，启动对湖北恩施州茶产业提升帮扶的各项工作，召开恩施州茶产业提升帮扶工作座谈会，制定《杭州对恩施州茶产业提升帮扶工作的实施方案》。11月，市农业局相关领导数次率有关企业到恩施州落实企业办厂建基地等工作。注册成立恩施州龙马新果实业有限公司和恩施州龙马聚优电子商务有限公司，其中：恩施州龙马新果实业有限公司注册资金5000万元，由浙江新州国际贸易有限公司出资70%、湖北金果茶叶股份有限公司出资30%联合组建；恩施州龙马聚优电子商务有限公司注册资金500万元，由杭州艺福堂茶业有限公司、杭州茶厂有限公司和杭州正浩茶叶有限公司合资组建。同时，制定恩施龙马现代茶叶示范产业园项目和恩施州茶叶现代营销中心项目实施方案；起草企业项目实际落地的“问题清单”，提请恩施州农业局协调解决；拟定《杭州对恩施州茶产业提升

2017年5月18—21日，首届中国国际茶叶博览会在杭州国际博览中心举行
（杭州图库 供稿）

工程项目资金管理办法》。
（何有良 邱 亮）

**【中国国际茶叶博览会永久落户杭州】**2017年5月18—21日，首届中国国际茶叶博览会在杭州国际博览中心举行，47个国家和国际机构的260多位外宾出席，918个企业参展，到场采购商7000多个，合计意向交易额35.37亿元。习近平总书记致贺信，并对博览会情况进行批示。会后明确中国国际茶叶博览会永久落户杭州，并被列为全省农业三大展会之一。（王昱恺）

**【蚕茧产值增长8.6%】**2017年，蚕桑生产期间气候条件适宜，春茧质量较好，茧丝市场回暖。全市桑园面积7400公顷，比上年减少1466.67公顷，下降16.5%。饲养蚕种10.04万张，减少2.46万张，下降19.7%；生产蚕茧4607吨，减少1043吨，下降18.5%；蚕茧价格2356元/50千克，增加764元/50千克，上涨48.0%；蚕茧产值2.17亿元，增加1709万元，增长8.6%。淳安县蚕种饲养量5.31万张，占全市的52.9%。

**【蚕种繁育稳定】**2017年，杭州市蚕桑技术推广总站春季饲养蚁量2887克，生产蚕种5.47万张，平均克蚁单产20张。秋季饲养蚁量1899克，生产蚕种3.40万张(其中雄蚕种3.12万张)，平均克蚁单产18张。从浙江大学引进彩色茧，在临安进行繁育，饲养蚁量150克。杭州市蚕桑技术推广总站与浙江省农科院蚕桑研究院合作进行“雌35”“雌29”“卵36”“平28”“菁云”“平28×平30”等新品种的试验繁育，以及对基于基因编辑技术的家蚕雌雄自动化分选技术研究与试验。

**【种质资源优化】**2017年，市种子总站引进农作物、经济作物新品种(组合)320个，其中：水稻、油菜、旱粮等农作物新品种96个，鲜食玉米、西甜瓜、耐抽薹青菜等经济作物新品种224个，家蚕原种新品种9对。筛选晚稻“甬优7850”、单季杂交籼稻“华浙优71”、油菜“浙油杂108”、高粱“浙梁8号”等农作物新品种10个，鲜食玉米“金银208”、“杭茄2010”等经济作物新品种8个，“雌29×平30”等蚕种3对。构建马铃薯“兴佳2号”、常规晚粳稻“嘉67”等农作物新品种示范方14个，展示鲜食玉米“金银208”、“杭茄2010”、鲜食春大豆“浙鲜9号”等经济作物新品种171个。引试鲜食春大豆新品种“浙鲜9号”最高亩产910.66千克、百亩示范方单产844.18千克，均打破浙江鲜食春大豆最高亩产和百亩示范方亩产的纪录。水稻“浙优18”百亩示范方平均亩产993.29千克，攻关田最高亩产1007.4千克，创下杭州市水稻高产攻关新纪录。

市农科院引进种养业新品种(种质)80个(水产1个、蔬菜30个、食用菌6个、花卉10个、果树2个、畜禽1个、旱粮20个、草莓10个)，筛选出适合杭州市推广应用的新品种(种质)9个，育成适合杭州市推广应用的新品种茶树“栗峰”与番茄“杭杂603”，茶树“栗峰”获植物新品种授权。

**【种业试点基地拓展】**2017年，市原种场建立茄果类蔬菜嫁接育苗基地1个，面积2000多平方米，建设嫁接苗种植示范点2个；完成12万余株种苗生产，用于科研实验对比的数据采集及基地供种。参与省中药研究所浙江省中草药种质资源保护重大科技项目，共同建设种质资源保护基地1个，栽培温郁金、温山药、杭白菊、益母草、白芍、贝母、霍山石斛等中草药品种20多种。

**【救灾应急种子储备】**2017年，杭州市储备农作物种子125万千克，超额完成省下达的123万千克目标任务。储备蔬菜种子4000千克、蚕种6000张。在暴雨及病虫害爆发期，启动储备种子送到受灾农户手中。全年动用叶菜储备种子677.5千克，抢播面积226.67公顷，减少损失340万元以上。

**【农作物秸秆综合利用】**2017年，市农业局会同市环保局加强秸秆综合利用和禁烧监管，落实秸秆禁烧责任，将秸秆禁烧纳入网格化环境监管体系，落实网格化管理措施。全年全市秸秆可收集量127.07万吨，利用量118.01万吨，秸秆综合利用92.9%，超额完成任务；各区县(市)分发秸秆利用和禁烧告知书24.55万份，与种植大户签订秸秆禁烧承诺书2.67万份；落实网格化巡查人员1.21万人，覆盖147个乡镇(街道)，开展三级网格化巡查7.7万人次。据省环保厅卫星遥感监测火点通报，杭州市全年火点数35个，比上年下降27%，降幅居全省第二位。

**【农田提升工程】**2017年度，杭州市中低产田改造项目1240公顷竣工验收，新扩改建排水沟16.90千米、灌溉渠28.14千米、机耕路37.23千米，配套建设排灌机埠3座，预计节本增效

1142万元，按项目使用年限10年计算，投入回报比1∶4.35。持续实施垦造耕地后续管护市级示范项目314.64公顷，标准农田地力提升项目8500公顷，其中2017年新增366.67公顷。

【品质农业建设】2017年，市农业局坚持高效生态战略，突出绿色可持续发展导向，按照扩面提质要求，推进以“三品一标”农产品为主的绿色、生态与品质农产品发展。新增无公害农产品119个、绿色食品16个、绿色食品认证面积807.07公顷；淳安县鸠坑茶获农业部农产品地理标志登记，建德市西红花、淳安县覆盆子农产品地理标志登记通过省级感官评鉴。有机农业小镇建设推进并开展中期评估。开展“三品一标”超市专区(柜)示范创建，开展“国际标准、品质食品”示范超市创建，把“三品一标”农产品为主的生鲜肉、菜、鱼贴标上市，实行优质优价，引领农业供给侧结构性改革。市农业局实施农产品标准化推广示范项目12个，农业标准化程度达64%以上。

【农作物病虫害监测与绿色防控】2017年，杭州市在原43个病虫监测点的基础上，在大江东产业集聚区增设5个二化螟监测点。在桐庐县省级水稻“两迁”害虫智能虫情测报试点基础上，在萧山区、余杭区、富阳区和建德市设立4个市级水稻虫情自动监测预警系统，并取得阶段性成果。推广绿色防控技术，全市农作物病虫害绿色防控示范面积6733.33公顷，辐射推广面积4.87万公顷，建立市级绿色防控核心示范区6个，实施区应用杀虫灯800盏、性诱剂2.1万套、色板31.5万块，应用诱虫植物香根草等面积2733.33公顷，应用显花植物3266.67公顷，应用田埂留草技术5066.67公顷、灌水杀蛹1933.33公顷。注重融合推进，以统防统治和绿色防控融合示范为重点，引导植保服务组织应用绿色防控技术，建成4个省级整建制试点示范区，面积2186.67公顷。

【植物疫情防控】2017年，杭州市植物检疫站落实重大农业植物疫情防控责任，建立地方政府负责、部门分工协作、区域联防联控的工作机制，全市各级政府投入专项防控资金471.8万元，成立市、区县(市)两级防控指挥部13个，签订区县(市)、乡镇(街道)、村三级防控责任书1950份。完善植物疫情应急防控体系，修订应急预案操作手册，联合桐庐县开展甘薯小象甲疫情应急处置演练，做到组织保障、责任保障、资金保障和措施保障“四到位”。完善植物疫情监测体系，建立省、市、县三级植物疫情监测点117个，开展以红火蚁专项调查为重点的植物疫情普查5.07万公顷，疫情普查率和处置率100%。强化植物检疫联合执法，形成全市农林联合执法常态机制，实现花卉苗木检疫监管“无缝对接”，立案查处检疫类违法案件5起。

建德草莓大棚 （市农业局 供稿）

【农药安全科学使用】2017年，杭州市植保土肥总站坚持绿色种植和水环境治理，开展农药使用情况调查，加强科学用药示范，试验筛选，推广高效双低新农药。全年确定补贴农药推荐品种12个、市级农药供应商8个，为154个蔬菜生产组织、种植大户供应此类农药706.62万元、8890.8千克，其中市级补贴金额300.81万元，受补蔬菜种植面积4553.33公顷。结合受补对象反馈意见及项目实际情况，将补贴时间从5—9月延长至5—11月。 （何有良 邱 亮）

## 林 业

【概况】2017年，杭州市林业建设围绕乡村振兴、“拥江发展”战略大局，以珍贵彩色森林建设为抓手，推进森林生态、林业产业与生态文化建设。全市完成造林更新3200公顷、平原绿化866.67公顷。新植珍贵树种266万株，其中基地造林78万株、补植培育77万株、四旁植树111万株。建设珍贵彩色森林3333.33公顷，其中珍贵树种2333.33公顷、彩色森林1000公顷。新增富阳洞桥香榧、淳安临岐林下经济中药材、临安岛石山核桃、建德大同油茶、桐庐莪山高节竹5个高效林业示范点；新建省级森林人家10个、省级森林特色小镇2个、省级生态文化基地6个。至年末，森林面积112.61万公顷，森林蓄积量6341.06万立方米，森林覆盖率66.83%。林业产值55.11亿元，比上年增长3.6%。强化平安林区建设，森林灾害保持低发生、低受害，森林火灾受害率0.01‰，林业有害生物成灾率1.07‰。

2017年，杭州市获森林浙江建设目标责任制考核优秀。市林水局获义乌国际森林产品博览会最佳组织奖、唐山世界园艺博览会最佳组织奖和全国林业信息化建设十佳市级单位等称号。萧山举办2017年中国(萧山)花木节。第九届中国花卉博览会杭州展品获奖数和金奖数分别占全省的51%和53%，杭州绿化苗木和花卉品牌发展势头迅猛。 （市林水局）

【森林资源监测】2017年，杭州市完

成和公布2016年度森林资源与生态状况监测成果,市县联动森林资源动态监测为全国首创。监测结果显示:全市森林覆盖率65.54%,林地保有量117.8万公顷,林木蓄积量6313万立方米,实现森林资源持续增长,森林覆盖率居全国省会城市、副省级城市第一位。

市林水局完成全市县级森林资源二类调查工作。二类调查成果质量指标符合《浙江省森林资源规划设计调查技术操作细则》要求,客观反映全市各区域内森林资源现状。

(汤惠明 田晓晖)

**【集体林权制度改革】**2017年,杭州市推进集体林权制度改革。完成林地经营权流转33宗,流转面积508.35公顷;新增各类新型林业经营主体17个,林地面积838.47公顷;林权抵押贷款扩面增量,年贷款额8.8亿元。重视林木保险工作,全年公益林收益权质押贷款150万元,实现生态公益林火灾险全覆盖,商品林综合保险面积3.33万公顷以上,呈逐年增长态势。做好山林承包纠纷调处工作,调处地区间山林纠纷16宗。临安、淳安、建德按省林业厅要求启动林业股份合作制改革试点工作。

**【古树名木保护】**2017年,杭州市按照“一树一策”要求完成古树保护781株,超额完成省下达的636株保护任务。建设临安龙岗镇华光潭村古枫香树群和淳安汾口镇湛川村苦槠古树群、千岛湖镇井塘村古柏树群、浪川乡杨家村古柏树群4个古树主题公园。完成古树名木普查,查清杭州市古树名木资源现状,通过省市林业部门质量验收,根据普查结果,全市现有古树名木28970株。 (孙品雷)

**【省级森林城市群建设】**2017年,萧山、淳安入选省级森林城市,加上已成功创建的市本级、临安2个国家森林城市和余杭区、富阳区、桐庐县、建德市4个省级森林城市,实现全市创建工作全覆盖,建成省级森林城市群。此外,成功创建省级森林城镇2个,累计28个;省级森林村庄20个,累计164个。 (郭新保)

2017年11月23日,杭州市森林消防地空联合实战演练在建德市航头镇大店口村举行 (市林水局 供稿)

**【寻找杭州“最美森林公园、最美湿地”】**2017年7月起,市绿化委员会办公室、市林水局联合杭州文广集团开展寻找杭州“最美森林公园、最美湿地”活动,面向社会推介10个杭州“最美森林公园”和10个杭州“最美湿地”。杭州“最美森林公园”是:淳安县千岛湖国家森林公园、桐庐县大奇山国家森林公园、桐庐县瑶琳国家森林公园、西湖区西山国家森林公园、拱墅区半山国家森林公园、建德市富春江国家森林公园、临安区青山湖国家森林公园、富阳区黄公望省级森林公园、桐庐县白云源省级森林公园、余杭区长乐省级森林公园。杭州“最美湿地”是:杭州西溪国家湿地公园、杭州西湖湿地、淳安县千岛湖湿地、余杭区北湖湿地、淳安县千亩田湿地、临安区千顷塘湿地、建德市新安江湿地、富阳区咕噜咕噜岛省级湿地公园、桐庐县南堡省级湿地公园、萧山区浦阳江湿地。

(孔令伟 洪向东)

**【“绿剑林业检疫执法年”专项行动】**2017年,杭州市森林植物检疫机构开展“绿剑林业检疫执法年”专项行动,打击森林植物检疫违法行为。出动执法人员839人次,检查木材加工企业896个,查处案件176起,罚款53.79万元,没收、烧毁疫木50.82立方米,有效遏制松材线虫病疫情扩散蔓延。宣传检疫执法,发放相关宣传资料3606份,发布检疫执法相关信息55条,培训执法人员127人次、涉木企业工作人员231人。 (裘 靓)

**【森林消防地空联合实战演练】**2017年,杭州市从创新管理机制、完善队伍体系、强化基础设施和提升科技水平着手,构建森林防火杭州模式,全市森林火灾发生率和受害率连续3年稳定保持在中华人民共和国成立以来最低水平。11月23日,杭州市森林消防地空联合实战演练在建德市航头镇大店口村举行,杭州市政府森林消防指挥部组织各区县(市)18支森林消防实战队伍400人开展实战演练。省林业厅和杭州市各区县(市)分管领导、林业局局长、森林消防办主任,以及新闻记者共200多人观摩演练。演练历时2小时,展现扑救重大森林火灾的地空联合作战新模式,检验省、市、县级森林火灾应急反应和市、县、乡、村四级森林消防队伍协同作战能力。 (吴迎春)

**【野生动植物宣传月暨“爱鸟周”活动】**2017年4月15日,杭州市野生动植物宣传月暨“爱鸟周”活动启动仪式在萧山义桥举行。活动以“依法保护鸟类,守护绿色家园”为主题,采用参观和科普讲座相结合的形式,向公众宣传野生动植物保护的重要性,现场展示200多种野生动物标本和活体,以及50块野生动物图板。邀请浙江省野鸟会专家做鸟类科普知识讲座,550位杭州市民参加活动。(王嫩仙)

## 畜牧业

【概况】2017年,杭州市畜牧部门深化畜牧业转型升级,以绿色发展理念为引领,建设美丽生态畜牧业,在推进畜禽排泄物资源化利用、健全病害动物无害化处理长效监管、加大美丽牧场建设和探索养殖臭气治理工作等方面取得进展。全市畜牧业产值77.94亿元,比上年下降9.1%,畜牧业产值占农林牧渔业总产值的15.0%。全年生猪饲养量341.21万头,下降6.8%;年末存栏104.08万头,下降8.8%;出栏237.13万头,下降5.9%。牛年末存栏2.73万头,下降12.6%,其中奶牛存栏5988头,下降18.5%。羊年末存栏21.64万只,下降12.9%;出栏27.41万只,增长1.9%。兔年末存栏14.77万只,下降45.3%;出栏55.98万只,下降3.1%。家禽年末存栏932.88万羽,增长1.3%;出栏1203.90万羽,下降6.3%。肉类产量21.27万吨,下降4.2%;鸡鸭鹅蛋产量9.04万吨,增长11.5%;生牛奶产量2.57万吨,增长4.3%;蜂蜜产量1.93万吨,增长32%。

5月,市农业局会同市环保局出台《杭州市畜禽养殖污染防治"十三五"规划》,以杭州市环境区划和区域环境容量为依据,明确养殖污染防治目标任务和具体措施,调整优化畜禽养殖禁限养区,合理调控畜禽养殖布局和总量,实施畜禽养殖污染分类管控,推进畜禽排泄物资源化利用。加大关停搬迁力度,将规模猪牛养殖场从上年末的765个削减至380个,禁养区内规模猪牛养殖场全部关停或搬迁。督促富阳区长安沙岛水源保护区养禽户、江干区顺坝养羊户、中央环保督查期间群众反映环境问题的各类畜禽养殖场清栏关停。引入畜禽污染第三方评估工作机制,委托第三方机构对养殖场开展随机抽查和评估,排查隐患,整改到位。建立县镇村三级网格化长效监管机制,落实养殖污染防治巡查制度,确保及时发现、排除环保隐患。新建成250个规模养殖场智能化防控平台,安装在线视频监控并接入环保部门监控平台,生猪规模养殖场全部实现在线监控。

2017年杭州市畜牧业生产情况

表29

| 项目 | 单位 | 年内出栏 | 比上年(%) | 年末存栏 | 比上年(%) |
|---|---|---|---|---|---|
| 生猪 | 万头 | 237.13 | -5.9 | 104.08 | -8.8 |
| 牛 | 万头 | 3.09 | -5.6 | 2.73 | -12.6 |
| 其中:奶牛 | 头 | — | — | 5 988 | -18.6 |
| 羊 | 万只 | 27.41 | 1.9 | 21.64 | -12.8 |
| 兔 | 万只 | 55.98 | -3.1 | 14.77 | -45.3 |
| 禽 | 万羽 | 1 203.90 | -6.3 | 932.88 | 1.3 |

2017年杭州市主要畜产品产量

表30

| 项目 | 总产量(吨) | 比上年(%) | 人均拥有量(千克) | 比上年(%) |
|---|---|---|---|---|
| 肉类 | 212 658 | -4.2 | 28.21 | -6.4 |
| 禽蛋 | 90 446 | 11.5 | 12.00 | 8.8 |
| 牛奶 | 25 661 | 4.3 | 3.40 | 1.9 |
| 蜂蜜 | 19 344 | 32.0 | 2.57 | 28.9 |

2017年杭州市蚕茧生产情况

表31

| 项目 | 蚕种张数(万张) | 比上年(%) | 总产量(吨) | 比上年(%) | 每张单产(千克) | 比上年(%) |
|---|---|---|---|---|---|---|
| 春蚕 | 2.84 | -14.4 | 1 333 | -18.8 | 47.01 | -5.1 |
| 夏蚕 | 0.60 | -2.7 | 268 | -10.7 | 44.44 | -8.2 |
| 秋蚕 | 2.89 | -13.2 | 1 412 | -8.4 | 48.90 | 5.6 |

【美丽生态牧场建设】2017年,杭州市建成60个美丽生态牧场和15个标杆美丽生态牧场,获省畜牧兽医局审核认定58个。美丽生态牧场提升杭州市畜牧业整体形象,提高畜牧生产和环境水平,转变群众对养殖业观念。通过中国和泰国合拍的纪录片《家在青山绿水间》,将杭州市美丽牧场创建事例向国内外宣传。

【病死猪跨区域无害化处理】2017年,杭州市实现"统一收集、集中处理、保险联动、跨区协作"的病害动物无害化处理全覆盖机制。余杭、富阳、桐庐、淳安、建德等地通过政府购买服务形式委托萧山区无害化处理中心处理病死生猪,实现病死动物跨区域联动处理,解决传统处理方式各地重复建设、投入成本高、环境影响大、政府监管分散、保险联动难等问题,提高监管力度和风险防范水平。

【重大动物疫病强制免疫】2017年,杭州市继续对重大动物疫病实行强制免疫。全市使用禽流感疫苗1601.51万毫升、猪口蹄疫疫苗916.85万毫升、牛羊口蹄疫疫苗90.36万毫升、高致病性猪蓝耳病疫苗638.35万毫升、羊小反刍兽疫疫苗34.76万毫升,免疫羊35.6万只。9月起,对所有家禽开展高致病性禽流感重组禽流感病毒(H5+H7)二价灭活苗免疫。

【主城区宠物防疫】2017年,杭州市主城区共免疫犬狂犬病4.23万只,开展免疫下社区活动28次,发放狂犬病宣传资料1300多份,发放文明养犬宣传物品1000多份。通过主城区5个试点医院及城区动物卫生监督所,对236只犬(猫)开展狂犬病、犬瘟热、犬细小病毒病、猫瘟病原的快速检测,其中犬152只、猫84只;通过全市7个定点医院实施流浪猫绝育手术549例,实现流浪猫绝育工作零投诉。

【动物疫病风险预警】2017年,杭州市继续加强动物疫病风险预警,开展规定动物疫病畜禽抗体水平的例行监测、飞行监测和特定动物疫病的集

位于临安区的正兴牧业养殖场　　（市农业局 供稿）

中监测。监测家畜血样1.43万份、家禽血样2.43万份；飞行监测25个猪场、21个禽场、17个羊场和1个奶牛场，共1115份畜禽血样，对全市重大动物疫病开展抗体监测，有效评估重大动物疫病免疫屏障状况。集中监测牛布鲁菌病3416份、羊布鲁菌病1.03万份，检验奶牛结核病4797头，监测狂犬病200份，抽检羊脑痒病50份，对检出阳性家畜进行无害化处理，防范人畜共患病的发生。为防控家禽H7N9流感疫情，监测种禽场、商品化养殖场、散户（暂养）、家禽屠宰场（点）等626个（次），检测家禽血样9418份、咽肛拭子3911份，有效控制H7N9流感的人间感染。为防控小反刍兽疫疫情，采集181个规模羊场羊血清5194份、羊鼻拭子4017份，未检测到小反刍兽疫病原学阳性样本。开展种禽场疫病净化，采集光大禽业白耳黄鸡、萧山鸡等18个品种鸡的1075份血样和280只种鸡蛋、200份咽肛拭子。

**【动物及动物产品检疫】** 2017年，杭州市产地检疫生猪132.4万头、牛823头、羊1.03万只、家禽753.4万羽。屠宰检疫生猪191.2万头、牛羊6.4万头（只）、家禽1285.5万羽。全市动物检疫电子出证率100%，所有定点屠宰场（点）均派驻官方兽医，屠宰检疫到位率100%。执行供杭冷鲜动物产品定点调运制度，新增48个供杭冷鲜动物产品定点调运企业，其中冷鲜猪肉屠宰加工企业22个、冷鲜禽产品屠宰加工企业12个、冷鲜牛羊肉屠宰加工企业14个，涉及11个省27个地级市。

**【畜产品安全监管】** 2017年，杭州市畜牧兽医管理部门根据“两禁一超”“百日攻坚”重点工作计划，关注兽药违规使用、非法添加、残留超标等问题，开展“瘦肉精”专项整治、兽药规范使用整治和外来家畜禁用药物排查等畜产品安全监管工作。开展风险监测，全年定期抽检各类畜产品和养殖过程使用中的投入品样品1756批次（其中养殖环节畜禽产品610批次、屠宰环节996批次、养殖过程使用中的投入品150批次）。各区县（市）监控点通过日常巡查等方式，进行现场“瘦肉精”快速检测养殖场家畜尿样1.45万份，检查屠宰企业335个（次），抽检尿样2.3万批次、屠宰环节畜禽产品水分200批次。未发现违法使用“瘦肉精”等禁用药物的情况，全市地产畜产品抽检合格率99.77%。

**【畜牧业专项整治】** 2017年，杭州市本级开展畜牧业“绿剑”集中执法行动，出动执法人员25人次，检查26个农业投入品经营企业（农药、肥料经营企业16个，兽药、饲料经营企业10个）。开展兽药饲料质量安全专项检查，出动执法人员15人次，检查饲料生产企业5个。开展生猪屠宰监管“扫雷”行动，打击私屠滥宰、屠宰病死畜禽及注水等违法犯罪行为，开展执法检查1061次，出动执法人员3599人次，检查畜禽屠宰企业、农贸市场、餐饮伙食等单位1.22万个（次），取缔畜禽私屠滥宰窝点27个，立案查处24起，其中移交公安3起，罚款18万余元。开展动物诊疗机构执法检查108次，出动执法人员323人次，检查单位137个，开展宣传培训9次，培训511人，关闭不合格动物诊疗机构1个，立案查处违法行为17起，没收违法所得3.13万元，罚没款金额4.15万元。

（何有良　邱　亮）

## 水产业

**【概况】** 2017年，杭州市坚持现代渔业发展方向，主动适应经济发展新常态，加快供给侧结构性改革，推进渔业转方式、调结构，渔业经济保持良好发展态势。在养殖生产规模下降、远洋渔业波动较大的情况下，推广应用新养殖模式，实现渔业经济减量增收。全市渔业产量22.48万吨，比上年下降9%；水产养殖面积5.82万公顷，下降0.9%；渔业总产值46亿元，增长5.6%。渔业产值占农林牧渔业总产值的9.6%。

**【渔业“最多跑一次”改革】** 2017年，杭州市农业部门做好权力事项的清减、规范工作。海洋与渔业方面事项全部实现“最多跑一次”，市本级办理“最多跑一次”海洋与渔业方面事项205件。深化事项办理标准化建设，修订办事指南、优化办事流程，实现申报材料标准化，完成全部办事事项“一表三图”的制订工作。将海洋与渔业方面4项确定为全市第二批“商事登记制度改革”办事事项，并按计划完成办事指南、证照数据归集工作，确保“一网通”全面实施。重点推进渔船证书“三证合一”改革，实现渔民办事“最多跑一次”向“跑零次”转变。

**【池塘循环流水养殖】** 2017年，杭州市新建31个池塘循环流水养殖试点、130条流水槽（1.43万平方米），近三年累计建成51个试点、235条流水槽（2.59万平方米），流水槽池塘养殖亩产量与亩效益均增加2倍以上，养殖尾水零排放，流水槽数占全省的50%以上，发展速度与规模均居全省之首。率先建设池塘循环流水养殖综合服务平台App并出台养殖技术规范，实现标准化建设、智慧化管理、机械化操作。杭州市与全国工业化水产养殖与装备产业技术创新战略联盟合作，全年举办3期高端培训班，培训人员300多人。

**【渔业主推技术】**2017年，杭州市为加强渔业科技创新，促进渔业科技成果转化，推广示范优良品种与新型高效养殖模式和技术，扩大良种良法应用覆盖面，推进渔业科技成果转化应用与生态渔业建设，继续实施渔业主推品种、模式与技术联合行动计划。重点推广中华鳖、南美白对虾、罗氏沼虾、青虾、七星鲈等11个主推品种及鱼(虾)塘—水稻(水生蔬菜)种养结合、池塘循环流水生态养殖、池塘多品种混养、大棚设施养殖、配合饲料替代冰鲜饵料投喂、"物联网+N"智慧渔业模式等八大类14项主推模式与技术。

**【钱塘江捕捞渔船标准化建设】**2017年，杭州市继续推进钱塘江捕捞渔船标准化建设，完成钢质、聚乙烯滚塑两种材质4种船型的标准化船型设计定型，落实省、市财政补助资金2180万元。11月10日，市农业局、市财政局联合出台《杭州市钱塘江捕捞渔船标准化建设项目实施方案》和补助资金分配方案。通过2017—2019年三年的实施，淘汰钱塘江杭州市城区现有老旧渔船，更新建造标准化捕捞渔船。

**【幼鱼资源保护】**2017年，杭州市贯彻执行《浙江省人大常委会关于加强海洋幼鱼资源保护促进浙江渔场修复振兴的决定》。全市培训幼鱼资源保护渔政执法业务骨干290人次、渔政协查员112人次。5月，开展保护幼鱼资源宣传周活动，在水产批发市场、农贸市场、餐饮饭店等场所张贴宣传海报近600份，发放宣传手册6500多册，培训宣讲大型批发市场商户150多个。组织对新农都、勾庄等大型水产批发市场执法检查3次，及时处置投诉5起。12月，市政府成立由副市长王宏任组长的全市保护幼鱼资源暨渔业"一打三整治"工作领导小组。

2017年杭州市水产品产量

表32

| 项 目 | 产量(吨) | 比上年(%) |
|---|---|---|
| (一)总计 | 224 796 | -9.00 |
| 淡水养殖 | 161 172 | -1.75 |
| 淡水捕捞 | 11 673 | 24.06 |
| 远洋渔业 | 51 951 | -29.39 |
| (二)养殖水域 | | |
| 池塘 | 73 191 | 5.22 |
| 湖泊 | 1 136 | -13.02 |
| 河沟 | 12 301 | -8.75 |
| 水库 | 19 224 | 7.27 |
| 稻田 | 47 216 | -10.22 |
| 其他 | 8 104 | -11.68 |
| (三)主要养殖品种 | | |
| 青鱼 | 4 808 | 15.77 |
| 草鱼 | 13 655 | 3.55 |
| 鲢鱼 | 24 498 | 6.05 |
| 鳙鱼 | 24 100 | 5.33 |
| 鲫鱼 | 14 741 | 5.21 |
| 鳊鱼 | 7 090 | 0.87 |
| 鲤鱼 | 2 188 | 2.20 |
| 罗非鱼 | 134 | 4.69 |
| 鲶鱼 | 97 | -82.40 |
| 鳖 | 30 632 | -1.21 |
| 蟹 | 170 | -47.04 |
| 虾类 | 25 206 | 1.45 |
| 鲈鱼 | 642 | 166.39 |
| 乌鳢 | 2 466 | -69.42 |
| 鳗 | 494 | 349.09 |
| 鳜鱼 | 157 | 15.44 |
| 黄鳝 | 44 | -26.67 |

2017年杭州市水产养殖面积

表33

| 项 目 | 面 积 | 比上年(%) |
|---|---|---|
| (一)水域养殖(公顷) | 58 198 | -0.90 |
| 池塘 | 8 433 | -0.72 |
| 湖泊 | 427 | 0 |
| 河沟 | 3 040 | -16.25 |
| 水库 | 45 105 | 0.35 |
| 稻田 | 7 498 | -10.92 |
| 其他 | 1 193 | -2.93 |
| (二)网箱养殖(平方米) | 287 800 | -24.63 |

说明：稻田养鱼面积不计入"水域养殖"

**【健康养殖示范场建设】**至2017年末，杭州市按照生产条件标准化、生产操作规范化、生产管理制度化、示范辐射规模化要求，建成农业部健康养殖示范场47个、面积4.14万公顷。其中，2017年新创建农业部健康养殖示范场2个，通过复评5个。

【远洋渔业管理】至2017年末，杭州市实有远洋渔业企业2个，比上年减少1个。全年投产远洋渔船24艘；远洋渔业产量5.20万吨，减少2.16万吨，下降29.4%；产值9.58亿元，减少2.29亿元，下降19.3%；运回国内水产品4.38万吨，减少1.07万吨，下降19.6%。虽然产能下降，但管理更规范。市农业局继续在与省海洋与渔业局、舟山市海洋与渔业局建立的远洋渔业监管联动机制下开展远洋渔业服务管理。全市远洋渔业渔船100%自主经营，杜绝重大隐患。

【水产病害测报与防疫检疫】2017年，杭州市设立49个水生动物病害测报点，开展鲫鱼、鳖、南美白对虾等9个水产品种的病害测报，编发病害预测报文件144份，通过国家和浙江省两套病害测报系统联网上报。全年完成50个批次、300个项目的南美白对虾苗种白斑病毒、桃拉病毒、传染性皮下及造血器官坏死病毒、副溶血弧菌和肠胞虫等的病源检疫。

【主要渔业水域环境监测】2017年，杭州市继续开展主要渔业水域环境监测，在西湖、萧山、余杭、富阳、临安、建德等8个区县(市)按照鱼类种质资源保护区、增殖放流区、产卵索饵场和养殖区4个监测区域布设站点49个，分4个季度定期检测水质。全年采样检测60批次，单个水样检测22项指标，获各类监测数据4712个，分析形成《2017年杭州市主要渔业水域水质通报》，基本掌握全市主要渔业水域环境情况，为渔业的健康可持续发展以及水域生态环境保护提供参考。

【"全国放鱼日"活动在杭州启动】2017年6月6日，由农业部、浙江省政府主办，农业部渔业渔政管理局、长江流域渔政监督管理办公室、浙江省海洋与渔业局、杭州市政府联合承办的"2017年'全国放鱼日'(主会场)暨千岛湖水生生物增殖放流活动"启动仪式在淳安县举行。农业部副部长于康震、浙江省政协副主席黄旭明、浙江省海洋与渔业局局长黄志平、杭州市政府副市长王宏等领导出席仪式。杭州市及各区县(市)渔业主管部门、渔民、市民、媒体记者、志愿者及社会各界人士代表近1000人参加仪式。活动当天，千岛湖主会场增殖放流鲢鳙鱼、黄尾密鲴、中华鳖等优质鱼种100多万单位。

【水生野生动物保护科普宣传月活动】2017年8月，杭州市渔政管理部门开展"关爱水生动物，共建和谐家园"水生野生动物保护科普宣传月活动，通过专项执法检查和现场宣传活动，普及水生野生动物科普和法律法规知识，规范水生野生动物特许利用秩序，提高全社会生态环境和生物多样性保护意识。活动期间，开展各类水生野生动物救护24次，救护保护动物25尾(头)。8月8日，现场宣传活动在杭州长乔极地海洋公园举行，活动现场放置20块科普展板，展示10多件水生野生动物标本。渔政人员讲解水生野生动物科普知识和法律法规知识，宣传保护知识与理念，发放新修订的《中华人民共和国野生动物保护法》、科普宣传手册及科普贴纸、尺子等宣传用品2000多份。

(何有良 邱 亮)

## 农业机械

【概况】2017年，杭州市农机管理部门开展农业"机器换人"推进工程、农机购置补贴、农机化促进项目、智慧农机平台建设和农机保险等工作，突破农业领域"机器换人"瓶颈。至年末，杭州市拥有农业机械总动力255.76万千瓦(不含渔船)，其中柴油机械动力119.80万千瓦、汽油机械动力17.89万千瓦、电动机械动力118.06万千瓦。拥有主要农机具49.28万台(套)，其中各类拖拉机2.30万台(配套农机具1.61万台)、收获机械1423台、植保机械3.30万台、排灌机械14.90万台、农产品初加工机械2.81万台，农业机械原值40.82亿元。农机存量结构优化，山地轨道运输机械、植保无人机等各种新型农机装备推广应用。

【农业"机器换人"推进】2017年，杭州市研究制定农业"机器换人"推进方案，细化任务明确目标，召开专项工作会议，进行全面部署和动员。至年末，3个区县(市)出台相应方案，6个区县(市)设立农业"机器换人"专项资金，创建省级农业"机器换人"示范乡镇(园区)4个、省级农业"机器换人"示范基地21个，投入资金1877.5万元。余杭区被列入省级农业"机器换人"示范县创建计划。

【农机购置补贴政策落实】2017年，杭州市继续落实农机购置补贴政

多旋翼农用植保无人机正在喷洒农药　(市农业局 供稿)

潮汐式循环灌溉系统　　（市农业局 供稿）

策。全市申请使用各级补贴资金4352.80万元，其中中央资金2582.14万元、省级资金192.89万元、市级资金1577.77万元，受益农户8503户，补贴机具1.26万台，机具总价1.04亿元。7月，按照《浙江省农业机械管理局关于开展农机购置补贴工作督查的通知》要求，开展全市性农机购置补贴政策落实督查活动。抽查经销商13个，抽查补贴机具879台（套），其中实地核查117台（套）、电话抽查762台（套），完成省农业机械管理局督导要求。

**【"智慧农机"平台建设】** 2017年，市农业局利用北斗定位"农机管家"和杭州智慧农业"政务云"平台等资源，开发"杭州智慧农机管理平台"系统。通过智慧农机平台建设，实现农机数据的实时采集、实时获取作业现场高清影像、自动统计农机作业面积等功能，提高面积统计的实时性、准确性、全面性和工作效率，完成传统农机和"互联网+"对接。至年末，安装试点机具393台，系统监测农业机械化作业面积3533.33公顷。

**【农机综合保险】** 2017年6月20日，市农业局印发《关于开展杭州市农业机械综合保险服务（2017—2019年）试点工作的实施方案》，坚持政府引导、市场运作、自主自愿和协同推进的原则，对农业机械损失保险、驾驶操作和随机辅助作业人员意外伤害保险和第三者责任险3个险种（其中粮食烘干机机损险包含附加机损自燃险），保费的40%由政府给予补贴。至年末，大江东、萧山、临安、桐庐、建德等投保农机设备421台（农用拖拉机62台、插秧机36台、收割机85台、烘干机112台、其他农机具126台），惠及农户（农业服务组织）214个，总保费20.63万元，总保额1.37亿元，其中市级财政补贴8.25万元。

**【新机具新技术引进】** 2017年，杭州市举办机械化高效植保作业现场会、全市蔬菜机械化生产作业现场会、水稻机插技能培训班、茶叶机械及轨道搬运机械培训班、农用无人机培训班、蔬菜基地建设与蔬菜机械新技术培训班等活动。市级层面引进4个新机具新技术项目，分别为：西湖区万里神农有限公司引进"秸秆粉碎发酵一体现代化农业设备引进试验示范"，淳安县千岛湖农福家庭引进"黄蜀葵花烘干机引进项目"，淳安县鸠坑唐圣茶叶有限公司引进"履带自走式风送高射程喷雾机项目"，富阳区元富农机服务专业合作社引进"全智能无人植保飞机引进试验项目"。

**【农机监管】** 2017年，杭州市农机管理部门与农机企业、农机手签订安全生产承诺书，对625个农机企业明确安全责任人，实行农机企业农机安全责任人、安全制度上墙公布，建立农机企业安全生产档案。全年检查农机企业1526个，排查安全隐患271个；参加路面检查行动357次，检查拖拉机3745台，查获假牌拖拉机73台、驾驶员假证14本。全年办理农田作业拖拉机登记业务176台，办理联合收割机登记业务61台。市农机管理部门实施农机基础情况调查，摸清全市农业非道路移动机械基本情况，建立完善农机数据库。开展农业机械用油质量检查，编印农机大气污染防治管理手册，宣传大气污染防治管理。配合环保部门开展农机尾气抽样检测，与环保部门沟通对接，初步形成农机、环保协调配合的监管工作机制。　（何有良 邱 亮）

责任编辑 郦 晶

## 综 述

**【工业和信息经济大幅增长】** 2017年，杭州市规模以上工业企业增加值3205亿元，比上年增长7%，高于全国0.4个百分点。规模以上装备制造业、高新技术产业、战略性新兴产业增加值1384.2亿元、1605.5亿元和979.5亿元，分别增长11%、13.6%和15%。信息经济增加值3216亿元，增长21.8%，高于GDP增速13.8个百分点。"两化融合"指数94.80，居全国前列。信息传输软件和信息技术服务业投资161亿元，高技术服务业投资236亿元，分别增长40.2%、21.3%。

工业投资861.48亿元，比上年增长0.5%。其中，工业技术改造投资643.23亿元，增长1.6%。装备制造业投资348亿元，高新技术产业投资244亿元，战略新兴产业投资299亿元，分别增长7.4%、4.5%和1.9%，高于工业投资6.9、4.0和1.4个百分点。工业民间投资599亿元，增长2.6%，比上年提高1.8个百分点，高于工业投资2.1个百分点；占工业投资的比重为69.6%，比上年提高1.5个百分点。其中，工业技改民间投资增长6%，高于工业技改投资4.4个百分点。

开展"工业和技改投资"和"零土地技改"2个专项行动。全年工业重点投资项目数451个，投资额153亿元。"机器换人"重点项目574项，总投资191.8亿元。机器人推广应用项目1525项。新增"上云"企业4.15万个，占全省新增数的37.9%。单位GDP能耗下降3.42%，单位GDP电耗降低率0.74%，单位工业增加值能耗降低率4.11%。

**【传统制造业改造提升实施方案出台】** 2017年，杭州政府印发《杭州市全面改造提升传统制造业实施方案（2017—2020年）》，传统制造业发展加快。年初，市委、市政府主要领导组织召开专题会议部署推进，明确了传统制造业加快发展的12个重点行业和10项重点任务。萧山化纤、富阳造纸列入省级分行业试点。12个重点行业、14个市县级分行业试点全面部署推进。加快制造业创新能力的提升。11月8日，市经信委印发《杭州市制造业创新中心建设实施意见（试行）》。浙大智能诊疗设备和杭汽轮燃气涡轮机械被确认为浙江省首批制造业创新中心。全年新增国家级技术创新示范企业1个，省级技术创新示范企业3个、省级企业技术中心15家、市级企业技术中心48家。5个项目列入工业和信息化部制造业"双创"平台试点示范项目，27种产品被认定为国内、省内首台（套）产品。26个和14个项目分别被列入省级重点技术创新专项和重点高新技术产品开发项目，25个项目被列为省级优秀新产品（新技术）。新产品产值率37.7%，高于全省2.3个百分点。全力推动企业"整零"配套和产品本地化应用。新增军民融合制造业示范企业9个、军民融合示范基地5个。

**【智能制造助推"万企转型"】** 2017年，杭州以"机器换人""工厂物联网和工业互联网""企业上云"等专项行动为重点，推动智能制造和服务型制造业"万企转型"。至年末，全年组织实施"机器换人"项目574个，"工厂物联网和工业互联网"项目211个，新增"上云"企业数4.15万个。阿里巴巴"ET工业大脑"、中控科技supOS工业控制系统加快推广应用。《杭州市智能制造示范项目认定管理办法（试行）》出台，5个企业先后列入工业和信息化部智能制造示范试点和重大专项，2个企业列入工信部制造业与互联网融合发展示范项目，7个企业列入国家"两化融合"标准化试点。服务型制造试点示范进一步加快，5个项目列入工业和信息化部服务型制造示范企业（项目、平台）。工业设计和增材制造等生产性服务业加快发展，新增国家级设计中心4家和省级设计中心13家。梦栖小镇等一批工业设计基地加快规划建设，9个企业的11件作品获2017年德国iF设计奖。杭州先临三维科技股份有限公司等增材制造重点企业加快发展，浙江3D打印产业园、萧山"未来智造小镇"建设深入推进。制定《关于创建"中国制造2025"国家级示范区的若干意见》及系列配套文件。

**【工业经济摸底调查】** 2017年，杭州深入开展工业经济摸底调查，对杭州市11193个工业企业和各类开发区、工业功能区、特色小镇的土地利用、生产经营、排污能耗、规划布局、投资意向等进行全面梳理，建立"一企一档，一园一档、一产一档"，形成杭州市工业企业和工业平台"两张表"，工业用地和平台分布“一张图”。深化“亩均论英雄”改革，完成对杭州市4915个规模以上工业企业和4571个规模以下工业企业分类综合评价，全面落实资源要素差别化配置政策。全年累计征收差别化水价、电价和排污费4600多万元。推进园区整合提升和特色产业培育，全年新增小微企业园区18个，入园企业2878个。滨江物联网小镇、杭州东部医药港列入第三批省级特色小镇创建名单。

**【去产能和淘汰落后产能】** 2017年，杭州市全面落实中央关于加快钢铁煤炭水泥等行业“去产能”和取缔“地条钢”工作部署，并通过国家、省督查组现场核查。杭州市累计淘汰落后和过剩产能企业170个，实际处置“僵尸企业”65个，实施“低小散”块状行业整治提升企业3415个，关停淘汰落后烧结砖瓦窑17座。累计盘活存量土地860多公顷，节约22万吨标准煤。出台杭州市“十三五”期间节能规划和节能降耗工作实施方案，强化重点用能企业的督查管控力度，完成杭州市240个重点用能单位的能源监察任务。加大热电行业综合改造升级和高污染小锅炉淘汰改造工作推进力度，至年末，杭州市累计淘汰高污染小锅炉3930台。推进区域能源技术评价制度改革，探索项目能源技术评价从前置审查制到备案制的方式变革。以造纸、化纤、印染、化工、建材等高能耗、高排放行业为重点，全年累计实施各类节能节水改造方案1755个，杭州市万元工业增加值废水排放率和万元工业增加值用水量比上年下降5%以上。

**【服务企业政策全面落实】** 2017年，杭州市全面落实惠企减负政策。8月14日，市政府办公厅印发《关于深化企业减负担降成本改革的实施意见》，开展涉企经营服务性收费自查清理和涉企中介服务收费专项督查，全年为杭州市工业经济和信息经济企业减负594亿元，比上年多减负130多亿元。实行工业和科技统筹资金竞争性分配，落实国家重点项目市级配套资金，全年拨付市级工业和信息化专项资金5亿元。实施“三名工程”“小升规”“隐形冠军”“制造业单项冠军”培育专项行动，加大企业梯队建设力度，引导龙头企业做大做强和中小微企业“专精特新”发展。全年新增“小升规”企业363个，3个和5个企业分别获评全国首批单项冠军示范企业和单项冠军培育企业，5个企业被评为省“隐形冠军”企业，12个企业被评为省级创新型示范中小企业。组建企业服务联盟，开展好项目创新创业大赛、“中小企业服务日”、小微企业创业辅导沙龙等活动200多场次。与阿里巴巴集团联合举办“云栖学堂”，累计培训区县（市）企业和政府负责人2400多人次。

**【工业企业分类和综合评价】** 2017年，杭州市工业企业深化改革，优化资源要素差别化配置，开展工业企业分类和综合评价。评价指标包括杭州市规模以上工业企业亩均税收、亩均增加值、全员劳动生产率、单位能耗增加值、单位排放增加值、研发经费支出占主营收入比重等。杭州市规模以上工业企业5761个，实际参加评价企业4915个。亩均税收高于杭州市平均值的行业前八位依次为烟草制品业，医药制造业，计算机、通信和其他电子设备制造业，废弃资源综合利用业，汽车制造业，仪器仪表制造业，食品制造业，酒、饮料和精制茶制造业。根据评价结果，出台企业综合分类评价涉及减免税优惠工作方案。全年减免企业城镇土地使用税4.61亿元，征收差别化电价507.95万元、差别化水价644.64万元、差别化排污费530.79万元。杭州市累计淘汰落后和过剩产能企业170个，实际处置“僵尸企业”65个，实施“低小散”块状行业整治提升企业3415个。初步盘出存量土地866.67公顷，用能提升空间22万吨标煤。

**【“两化融合”发展指数创新高】** 2017年末，《浙江省区域两化融合发展水平评估报告》发布，其中杭州市“两化融合”发展指数达94.80，较上年提升1.73，居全省第一。浙江省参与评估的97个县（市、区），杭州有6个县（市、区）指数超过90。其中，滨江、余杭和萧山包揽前三名。数据显示，杭州制造业ERP、数字化设计工具普及率分别高达93%和98%，数控化率和制造执行系统（MES）普及率分别为66%和69%，基于互联网的供应链管理、工业电商、企业上云指数快速提升，杭州市“两化融合”进入企业信息化单业务应用基本普及、多业务集成应用加快发展、网络化智能应用形成突破的发展新阶段。杭州市7个示范试点区域“两化融合”总指数较上年平均增长2.6，高于杭州市平均水平。

**【中小企业创新创业服务机构评选】** 2017年9月20日，2017年度杭州市中小企业创新创业峰会暨优秀服务机构交流展示会举行。会上，公布十佳服务机构及七家优秀服务机构名单。十佳服务机构为杭州浙理企业管理咨询有限公司、杭州桂禾金融服务有限公司、杭州汇诚知识产权代理有限公司、杭州富阳中小企业金融管理中心有限公司、浙江千里马人力资源股份有限公司、杭州富春硅谷投资有限公司、杭州七桥金融信息服务有限公司、杭州集控科技有限公司、杭州直捷科技有限公司、合众法律服务有限公司。七家优秀服务机构为杭州正策信息科技有限公司、浙江嘉融财务管理有限公司、杭州玳数科技有限公司、杭州坤石企业管理咨询有限公司、浙江金俪尊泽资产管理有限公司、杭州高新区科技金融服务中心、杭州富阳飞扬企业管理咨询有限公司。

在金融服务方面，服务机构通过杭州市中小企业公共服务平台已累计支持6028个企业完成转贷7494笔，转贷金额424.26亿元，为企业节省转贷成本4.82亿元。累计开展各类创业创新服务183场，服务企业10443个，服务人数1.2万人。

**【426个工厂物联网和工业互联网项目通过验收】** 至2017年末，杭州市已累计组织实施工厂物联网和工业互联网试点项目508个，通过验收项目426个，认定示范项目37个。工厂物联网，即通过物联网数据终端将工厂中的人、机、物等联网，实现实时感知、指挥、监控。杭州实施工厂物联网和工业互联网专项行动3年来，从试点初期推动制造过程的智能化改造、企业内部效率和质量的提升，延伸至产品全生命周期的智能化应

用升级,全产业链、价值链的协同,再到工业云、工业大数据应用等新业态的发展培育和专项行动,为“杭州制造”迈向“杭州智造”走出一条特色的路径。2017年,286个项目初次申报,其中35%是往年认定试点项目的再拓展。 (胡传明)

【工业设计产业加快发展】2017年,杭州市重点特色工业设计基地和工业设计中心完成工业设计服务纯收入20.1亿元,比上年增长24%,工业设计成果转化产值约900亿元。根据工业和信息化部、省经信委要求,杭州市组织各区县(市)申报或复核国家级和省级设计中心。杭州飞鱼工业设计有限公司、杭州老板电器股份有限公司、杭州巨星科技股份有限公司和圣奥集团有限公司等4个企业被认定为国家级工业设计中心,国家级工业设计中心累计达6个。杭州海康威视数字技术股份有限公司、浙江大华技术股份有限公司等13个企业被认定为省级工业设计中心。通过复核的省级工业设计中心39家,累计达52个。中国美术学院举办第二届中国设计智造大奖,杭州零零科技有限公司的“小黑侠”无人机获得最高奖“金智奖”,杭州源骏科技有限公司、浙江理工大学等2件作品获得“创智奖”。此外,“品物设计”“凸凹设计”“九合形物”“汉度设计”“提格科技”等9个企业的11件参赛作品获2017年德国iF设计奖。年内,12位工业设计界的精英赴德国iF总部学习。5月26日,全球首个设计开放大学——良渚大学设计创新学院在梦栖小镇正式揭牌。 (王明兴)

## 装备制造业

【概况】杭州市规模以上装备制造业企业1928个,2017年营业收入5425亿元,比上年增长10.7%,其中主营业务收入5231.06亿元,增长10.7%。利润总额502.7亿元,增长6.8%。出口交货值914.37亿元,增长11.4%。科技活动经费支出215.18亿元,增长28.1%。工业用电量352557万千瓦小时,增长6.6%。至年末,杭州市装备制造业有国家级企业技术中心25个、省级企业技术中心78个、市级企业技术中心161个。浙江春风动力股份有限公司为第24批国家级企业技术中心,新华三技术有限公司、杭州新松机器人自动化有限公司、杭州桑尼能源科技股份有限公司、杭州申昊科技股份有限公司、杭州爱科科技股份有限公司等5个企业被列为第24批省级企业技术中心,杭州江河水电科技有限公司、杭州康奋威科技股份有限公司、浙江叁益科技股份有限公司等15个企业为第18批市级企业技术中心。年内,杭州新坐标科技股份有限公司、浙江威星智能仪表股份有限公司、杭州星帅尔电器股份有限公司等14个装备制造业企业上市。盾安控股集团有限公司、杭叉集团股份有限公司、杭州制氧机集团有限公司、杭州东华链条集团有限公司等9个装备制造业企业入选中国机械工业百强榜,占浙江省入选数的52.9%。

【20个产品入选浙江省装备制造业重点领域国内首台(套)名单】2017年,浙江国自机器人技术有限公司、浙江日风电气股份有限公司、杭叉集团股份有限公司的产品入选浙江省装备制造业重点领域国内首台(套)名单,占全省国内首台(套)产品的50%。三维通信股份有限公司、浙江大立科技股份有限公司、浙江好络维医疗技术有限公司等17个装备制造业企业的产品入选省内首台(套)产品名单,占全省首台(套)产品总数的19.3%。

【杭锅集团获太阳能热发电项目熔盐吸热系统订单】2017年4月18日,青海德令哈50兆瓦太阳能热发电项目熔盐吸热系统采购合同签约仪式举行,杭州锅炉集团股份有限公司(以下简称“杭锅集团”)获得该项目熔盐吸热系统采购订单。德令哈50兆瓦太阳能热发电项目是国家发改委确定的国家战略性新兴产业重点支持项目,是国家能源局首批光热发电示范项目之一。供货范围包括吸热器本体、管道阀门仪表伴热和辅机系统(空压系统、电梯和塔吊等)。杭锅集团在原有德令哈光热发电项目一期运行三年的基础上,德令哈二期光热发电熔盐系统热力设备也研发完成,特别是对50兆瓦/100兆瓦大容量光热发电塔式熔盐系统继续进行深入设计研究,完成适应高热流和工况复杂、频繁波动的熔盐吸热器系统设计。

【杭州企业联合研制十万等级空分装置】2017年8月9日,在国家重点能源项目神华宁煤基地,杭州汽轮机股份有限公司(简称“杭汽轮”)首台(套)十万等级空分装置成功投产。机组的各项机械性能指标达到国际先进水平。杭汽轮生产的十万等级空分装置汽轮机,系中国该等级以上空分项目的首台(套)。

2017年9月2日,杭州杭氧股份有限公司(简称“杭氧股份”)生产的6套十万等级空分设备在宁夏神华宁

杭州余杭经济技术开发区内的杭州西奥电梯有限公司全景

(市经信委 供稿)

煤基地运行。神华宁煤空分项目无论在合同金额、空分规模、技术复杂性均居世界前列。中国机械工业联合会与中国通用机械工业协会共同组织对6套空分设备进行评审，认为其性能指标、规模等级均达到世界先进水平。

**【“春风动力”在上海证券交易所上市】** 2017年 8月18日，浙江春风动力股份有限公司（简称“春风动力”）在上海证券交易所挂牌上市，股票代码“603129”，申购价每股13.63元，计划发行新股不超过3333.34万股，拟募集资金4.54亿元。募集的资金将分别投向优化提升高端运动装备智能制造项目、建设研发中心和数字化营销管理系统及补充运营资金。2014年，“春风动力”自主研发的CF650G型公务车成为全国唯一入选国宾护卫队专用车的车型，代表了中国摩托车行业最高水平。2016年9月，“春风动力”的国宾车亮相G20杭州峰会，为各国元首保驾护航。至2017年5月，“一带一路”国际合作高峰论坛，CF650G型车已先后执行国宾护卫任务400多次。 （金永玲）

## 汽车产业

**【概况】** 2017年，汽车产业已形成了大江东产业集聚区（汽车及新能源乘用车）、余杭区（新能源商用车）、萧山区（动力电池、汽车零部件）三大产业集聚区，拥有整车、核心零部件、配套服务等较为完备的产业链。至年末，杭州市汽车产业有规模以上企业201个，其中，整车、改装车及专用车企业20个（拥有整车生产资质的企业10个）。拥有国家级企业技术中心5个、省级企业技术中心14个、市级企业技术中心20个。

汽车产业在持续多年较高增长后，2017年首次出现负增长。规模以上企业主营业务收入764.90亿元，比上年下降7.9%。利税总额98.1亿元，下降15.4%。利润64.70亿元，下降17.6%。产销率99.56%，新产品产值率65.97%，下降9.91%。

2017年，全市生产汽车约20万辆，其中新能源汽车6290辆。长安福特汽车有限公司杭州分公司生产乘用车13万余辆，广汽乘用车（杭州）有限公司年产20万辆的乘用车生产线经过一年的技术改造，已于12月26日投产。杭州长江汽车有限公司、万向集团具有新能源乘用车生产资质，入选全国第二批双创示范基地。杭州长江汽车有限公司乘用车生产线于12月通过工业和信息化部现场准入资格审查。吉利大江东新能源整车项目推进顺利，进入设备安装调试。浙江吉利控股集团有限公司、万向集团分别位列2017年浙江省百强企业榜单第1位和第5位。“春风动力”“铁流股份”“兆丰股份”“雷迪克科技股份”等10个汽车企业上市。

杭州市汽车产业汽车零部件制造业主要产品有动力系统、传动系统、制动系统、悬挂系统、转向系统、锂离子电池、充电机等。汽车零部件产品已进入主流车企的配套体系，产品配套能力不断提升。整零企业的协同配套体系越来越紧密，本地化配套率达到30%以上。

**【广汽乘用车（杭州）有限公司工厂竣工】** 2017年12月26日，广汽乘用车（杭州）有限公司工厂竣工暨产品下线活动在杭州大江东产业集聚区举行。工厂总投资180亿元，首期投资80亿元，整体按40万辆/年进行产能规划，首期按20万辆/年一次建成，将同时具备传统燃油与新能源汽车共线生产能力。杭州大江东产业集聚区形成以“长安福特”“东风裕隆”“广汽乘用车”“吉利新能源”四大整车项目为重点，58个中高端汽车零部件生产企业和研发中心为配套，覆盖轿车、电动车、客车、新能源整车及零部件等领域的汽车产业链。

**【智能网联汽车自主创新标准研究基地成立】** 2017年3月1日，智能网联汽车自主创新标准研究基地成立。该基地由中国汽车技术研究中心与浙江亚太机电股份有限公司合作成立。双方将联合研究、制定智能网联汽车自主创新的标准。“中国制造2025”提出，到2025年，掌握自动驾驶总体技术及各项关键技术，建立较完善的智能网联汽车自主研发体系、生产配套体系及产业群，基本完成汽车产业转型升级。该基地的成立标志着浙江企业在智能网联汽车自主创新标准研究上走在全国前列。

**【新能源汽车推广】** 至2017年末，杭州市累计推广应用新能源汽车69556辆，推广数量占全省70%以上。其中，2017年推广新能源汽车30306辆，相当于2013—2016四年的总量。其中，个人购买新能源汽车12796辆，首次突破1万辆。至年末，全市累计建设充电桩9452个。市区早晚高峰交通限行区内公用充电服务半径已达到2千米以内，公用充电桩的使用效率逐年提高。 （金永玲）

杭州长江汽车有限公司焊装车间 （市经信委 供稿）

**【西湖比亚迪新能源汽车公司生产准入资质获批】** 2017年9月,杭州西湖比亚迪新能源汽车有限公司(简称"西湖比亚迪")备注的"新设立专用车生产企业"专用车生产资质,获得国家颁发的专用车生产资质。西湖比亚迪新能源汽车基地位于杭州市余杭区仁和街道。按照规划,西湖比亚迪计划在余杭区投资30亿元以上建立生产基地,项目总占地面积40多公顷。项目分两期建设,一期工程用地18.67公顷,年产3000辆纯电动大巴生产基地于2015年建成投产;二期工程用地21.73公顷,年产3000辆新能源专用车生产基地于2017年竣工进入试生产。西湖比亚迪成为华东地区最大的新能源专用车生产基地。

(方泽民)

## 节能环保产业

**【节能环保产业实现增加值273.31亿元】** 节能环保产业是杭州的新兴产业,主要有光伏、风电、新能源电池、LED等行业。2017年,全市节能环保产业总体向好,全行业实现增加值273.31亿元,比上年增长7.5%,增幅高于全市工业增加值1个百分点。

光伏行业营业收入小幅增长,但利润大幅下降。全市19个纳入统计的光伏企业全年主营业务收入103.08亿元,增长4.1%;利润6.36亿元,下降43.5%。利润大幅下降主要原因是,受国际市场影响,原材料价格上涨,但销售价格下降,导致整个领域利润总额有较大的下降。新增并网分布式光伏发电项目14185个,新增光伏装机容量393兆瓦,增长252%。风电行业发展回暖。随着技术进步和规模化效应带来的成本下降,风电单位成本逐步下降,与火电成本差距逐步缩小。平价上网政策试点实施,风电经济性逐步凸显。环保行业市场保持稳步增长,生态环境建设、工业节能、智慧环保、水质监测等有新进展。节能行业整体回暖,LED行业随着国际业务回暖和国内市场扩张,以进出口贸易为主营业务的企业增长明显。杭州制氧机集团自主研发的10万立方米特大型空分设备被称为"工业气体心脏"。杭州林东新能源科技股份有限公司"3.4兆瓦LHD模块化大型海洋潮流能发电机组"并网发电。总体上,杭州节能环保产业发展主要是大企业发展好于全行业。企业研发投入比例均超过4%,近三分之一以上企业超过5%。

**【太阳能光伏推广应用】** 2017年,杭州市加快太阳能光伏推广应用,促进光伏产业创新发展。光伏制造企业销售产值103.08亿元,比上年增长4.1%;利润6.37亿元,下降43.5%。光伏产业规模以上企业和龙头企业效益稳步提升。杭州正泰新能源的光伏电站装机容量超过300万千瓦,居全国民营企业第一位。杭州福斯特光伏材料的EVA胶膜年销量超过4亿平方米,占全球市场份额的30%以上。杭州桑尼能源的光伏储能并网逆变器国际市场占有率达30%。史陶比尔(杭州)有限公司的光伏连接器国内市场占有率超过30%。龙焱能源(杭州)股份有限公司膜电池量产并开展兆瓦级电站应用。尚越光电科技股份有限公司实现柔性铜铟镓硒薄膜电池量产。杭州纤钠光电科技有限公司自主研发的钙钛矿薄膜电池的光电转化效率达到17.4%。

分布式光伏应用推广专项行动取得较好成效。杭州市新增并网容量1兆瓦以上项目(占用屋顶面积10000平方米以上)80个。在浙江省百万家庭屋顶光伏工程等政策的推动下,杭州家庭屋顶光伏加速应用。至年末,杭州市家庭屋顶光伏累计并网项目18185个,并网容量129.27兆瓦。2017年,新增并网项目数与并网容量是往年累计数3倍以上。公共机构应用示范引领效应凸显,公共机构光伏应用已达22兆瓦。

全年新增光伏并网容量393.63兆瓦,新增绿色电力3.9亿千瓦小时。至年末,杭州市光伏累计并网容量达796.75兆瓦,每年提供绿色电力7.96亿千瓦小时,相当于节约标准煤24.28万吨,分别减少二氧化碳、硫氧化物、氮氧化物排放64.81万吨、0.49万吨、0.16万吨。

**【"LHD海洋发电项目"全天候运行】** "3.4兆瓦LHD林东模块化大型海洋潮流能发电机组"(简称"LHD海洋发电项目")由杭州林东新能源科技股份有限公司海归科研团队完全依靠自主创新、历时8年成功研发。2016年7月27日,"LHD海洋发电项目"首批1兆瓦发电模块顺利下海发电,2016年8月26日并入国家电网。2017年5月25日开始,"LHD海洋发电项目"实现全天候连续发电并网运行。

"LHD海洋发电项目"采用"平台式+模块化"的科学路径,有效破解了海上安装、运行维护、垃圾防护、电力传输等关键问题。2017年1月,作为国家海洋可再生能源专项资金项目,LHD海洋发电项目通过国家海洋技术中心组织的专家验收。2017年9月,作为浙江省重大科技专项项目通过专家验收。国际权威期刊《海洋科技》、联合国环境署《2017全球可再生能源现状报告》分别刊文介绍LHD海洋发电项目。项目研发至今已获授权的国际国内专利合计51项,其中发明专利16项,包含国内发明专利8项、国际发明专利8项。

**【"聚光科技"承担国家重大科学仪器设备开发专项】** 2017年11月14日,由聚光科技(杭州)股份有限公司(简称"聚光科技")牵头承担的国家重大科学仪器设备开发专项"高可靠工业在线色谱仪工程化及应用开发"项目开题会议在杭州召开。来自科技部、浙江省科技厅、中国科学院、中国计量科学研究院、浙江大学等单位的领导和专家以及项目参加单位相关负责人、研究人员出席会议。

"高可靠工业在线色谱仪工程化及应用开发"项目为2017年度立项启动的国家重点研发计划"重大科学仪器设备开发"专项的重点项目,旨在通过4年时间,从采样和前处理系统、核心器件和部件、高可靠性整机到智能诊断功能等,研发国产高可靠性的工业色谱仪。

"聚光科技"位于杭州国家高新技术产业开发区,主要经营环保气体仪器仪表产品开发、环保气体仪器仪表软件产品开发、水质分析仪器仪表产品开发、水质分析仪器仪表软件开发以及技术服务。至2017年末,研发人员占员工总人数46%。 (刘元永)

## 医药工业

**【概况】** 2017年，杭州市生物医药行业延续较快发展态势，主要经济指标在各工业大类中位居前列。据中国医药统计网数据，全市规模以上医药企业总产值507.9亿元，比上年增长22.9%。工业销售产值451.9亿元，增长10.3%。工业增加值204.2亿元，增长21.2%。利税107.4亿元，增长14.3%。根据2017年市统计局发布的杭州市医药制造业经济指标数据，杭州市医药制造业利润率达到18.8%。杭州经济技术开发区"杭州生物医药产业国家高新技术产业基地"、"东部医药港"小镇以及余杭经济技术开发区省级生物医药高新区等集聚区加快发展，集聚了华东医药股份有限公司、中国青春宝集团有限公司等龙头骨干企业和杭州默沙东制药有限公司、辉瑞生物制药(杭州)有限公司、泰尔茂医疗产品(杭州)有限公司等一批国际知名生物医药企业，年产值360亿元。

化学药制造产业是生物医药产业中规模比重最大的子产业，杭州市鼓励企业发展化学新药、化学仿制药、高端制剂等。赛诺菲(杭州)制药有限公司、杭州默沙东制药有限公司、华东医药股份有限公司、杭州中美华东制药有限公司等企业2017年主营业务收入均超过50亿元。

中药是杭州医药工业的传统优势行业，浙江康莱特药业有限公司、正大青春宝药业有限公司、艾博生物医药(杭州)有限公司、艾康生物技术(杭州)有限公司、浙江施强制药有限公司等中药企业发展较快。全年中药制药企业主营业务收入66.1亿元，占全市医药工业总量的13%。

生物药物生产制造领域是杭州市医药发展重点产业之一。世界排名前20的知名生物医药企业中有9个已落户杭州。艾博生物医药(杭州)有限公司、艾康生物技术(杭州)有限公司、杭州远大生物制药有限公司等生物医药企业发展较快。全市生物医药企业完成主营业务收入24亿元，占全市医药工业总量的4.7%。

医疗器械制造业是重点发展和扶持产业。泰尔茂医疗产品(杭州)有限公司、旭化成医疗器械(杭州)有限公司、杭州康基医疗器械股份有限公司等骨干企业效益良好。全年医疗器械企业主营业务收入32.9亿元。杭州启明医疗器械有限公司、杭州诺尔康神经电子科技有限公司和杭州捷诺飞生物科技有限公司等企业推动仿生医学、再生医学和组织工程与生物技术融合产品研发，发展以云计算、物联网、人工智能等现代信息智能技术为特色的健康信息服务产品。

**【生物医药公共技术平台发展迅速】** 至2017年末，在"新药港"的建设过程中，杭州市医药产业已建立公共创新服务平台和多个生物医药企业孵化器、加速器。杭州经济技术开发区作为"新药港"核心区块，针对生物医药创新特点，建立了公共实验中心、药物晶型研发技术平台、创新试剂服务平台、生物技术药物中试研究平台、实验试剂服务平台等。2017年12月，杭州经济技术开发区东部医药港小镇加速器三期项目开工，总投资8.8亿元。滨江区、余杭区的公共技术平台、孵化器略具规模。清华大学、浙江大学、中国药科大学等知名医药院校纷纷设立生物医药研究院所。

**【"新药港"人才集聚优势明显】** 2017年，杭州市继续推进"新药港"建设，促进高层次、高素质人才的培育和引进。2016年11月，中共杭州市委、市政府出台《关于深化人才发展体制机制改革完善人才新政的若干意见》，加大对创新创业的支持力度。2017年，政策的人才集聚效应显现。杭州经济技术开发区先后培育和引进包括18名国家"千人计划"专家在内的500多名高端人才。余杭区未来科技城生物医药产业已累计培育和引进国家"千人计划"人才30名、浙江省"千人计划"人才45名，占科技城"千人计划"人才总量的三分之一左右，人才集聚优势较为明显。

**【生物医药行业招商引资力度加大】** 2017年，华东医药百令胶囊工程等项目陆续投产达产。一期投资3.5亿美元的辉瑞生物技术中心项目动工，该项目是辉瑞药业继美国和爱尔兰之后全球第三个生物技术中心，预计达产后年产值50亿元。世界500强企业——美国吉立亚公司落户杭州经济技术开发区，建设该公司在中国首家医药研发及生产基地。总投资8亿元的华海药业杭州生物制药及研发中心项目签约，预计2020年投产。

**【经皮介入人工心脏瓣膜系统上市】** 2017年4月25日，中国国家食品药品监督管理总局(CFDA)批准杭州启明医疗器械有限公司生产的VenusA-Valve经皮介入人工心脏瓣膜系统在中国上市。该产品是中国获得CFDA批准的第一个经导管瓣膜置换产品，为不适合接受常规外科开胸手术的患者带来福音，是高端创新医疗器械"中国造、世界心"的范例之一。

贝达药业股份有限公司新总部全景　　(市经信委 供稿)

**【“华东制药”引进全球首创糖尿病新药技术】** 2017年12月21日，华东医药股份有限公司全资子公司杭州中美华东制药有限公司与美国vTv Therapeutics在杭州签署许可协议，杭州中美华东制药有限公司获得vTv Therapeutics公司用于治疗糖尿病的药物“TTP273”在中国、韩国、澳大利亚及东盟十国的知识产权和商业化权利的独家许可。 （刘　霜）

## 纺织化纤工业

**【概况】** 纺织化纤工业是杭州市的传统优势产业和支柱产业，是全市制造业中产值占比最大、从业人员最多的行业。杭州市萧山区是国内重要纺织化纤生产基地。2017年，全行业加快转型升级，总体运行平稳，但增速减缓。

至2017年末，全市规模以上纺织、化纤、服装服饰企业1050个，占全市工业企业总数的19.0%。其中：纺织业658个(含丝绸业31个)，化纤制造业109个，纺织服装服饰业283个。全行业从业人员18.12万人，占全市工业企业从业人员总数18.0%。其中：纺织业10.43万人(含丝绸业3839人)，化纤业2.49万人，服装服饰业5.20万人。另外，羽绒纺织品加工企业43个，从业人员7824人；编织、刺绣和地毯企业24个，从业人员3108人。

纺织化纤工业总产值1505.03亿元，占全市工业总产值的11.6%，比上年增长5.4%。其中：纺织业742.64亿元(含丝绸业22.84亿元)，下降0.1%；化纤业528.00亿元，增长18.6%；服装服饰业234.39亿元，增长1.0%。另外，羽绒纺织制品业产值90.99亿元，编织、刺绣工艺品和地毯业产值23.75亿元。总产值新产品产值363.31亿元，新产品产值率24.2%。新产品产值中，纺织业160.85亿元，化纤业138.52亿元，服装服饰业63.94亿元，新产品产值率分别为21.7%、26.2%、27.3%。

工业销售产值1474.11亿元，占全市工业销售产值的11.6%，增长5.5%，产品产销率98.0%。其中：纺织业731.90亿元(含丝绸业22.94亿元)，增长0.4%；化纤业511.00亿元，增长18%；服装服饰业231.21亿元，增长1.3%。另外，羽绒纺织制品销售90.46亿元，编织、刺绣工艺品和地毯销售23.81亿元。销售产值中出口交货值284.41亿元，占全市工业品出口的16.3%，下降1.8%。其中：纺织品出口142.76亿元，下降2.4%；化纤出口36.79亿元，增长27.4%；服装服饰出口104.86亿元，下降7.4%。另外，羽绒纺织制品出口46.12亿元，编织、刺绣工艺品和地毯出口5.85亿元，均比上年有所下降。

纺织化纤工业利税总额122.98亿元，占全市工业经济的6.9%，增长11.7%。其中：纺织业60.67亿元(含丝绸业1.49亿元)，增长0.9%；化纤业38.00亿元，增长47.5%；服装服饰业24.31亿元，增长2.5%。利润总额76.26亿元，增长16.5%。其中：纺织业34.82亿元(含丝绸业8141万元)，增长0.3%；化纤业29.35亿元，增长52.8%；服装服饰业12.09亿元，增长7.8%。另外，羽绒纺织服装制品业利税4.98亿元，利润2.66亿元；编织、刺绣工艺品和地毯业利税2.01亿元，利润总额0.93亿元。

全年实产各类纱线52.88万吨，下降3.4%。其中：棉纱18.18万吨，下降4.1%；棉混纺纱6.98万吨，下降23.8%；化纤纱27.72万吨，增长4.1%。布32.56亿米，下降1.2%。其中：棉布2.78亿米，增长4.0%；棉混纺布4.26亿米，下降3.3%；化纤布25.52亿米，下降1.4%。色织布(含牛仔布)5613万米，增长13.8%。印染布加工61.98亿米，增长0.2%。各类化纤产量625.63万吨，增长7.9%。其中：合成纤维类中涤纶纤维产量585.83万吨，增长7.6%，占化纤总产量的93.6%；氨纶纤维产量6.57万吨，增长4.0%；锦纶纤维产量17.48万吨，增长5.8%。人造纤维类中粘胶短纤维产量15.59万吨，增长28.2%。各类服装产量32436.80万件，下降6.5%。无纺布179304.70吨，下降2.1%。帘子布37503.80吨，增长16.7%。蚕丝1710.60吨，下降39.4%。丝织和丝交织品1574.70万米，下降16.0%。蚕丝被28.30万条，下降27.4%。

年内，纺织行业有32种产品被认定为名牌产品，其中6种为浙江名牌产品、17种为浙江出口名牌产品、9种为杭州市名牌产品。

**【6个企业入选中国制造业企业500强】** 2017年9月10日，中国企业联合会、中国企业家协会发布“2017中国企业500强”“2017中国制造业企业500强”榜单。“中国企业500强”入选门槛为2016年营业收入283.11亿元，“中国制造业企业500强”入选门槛为2016年营业收入69.10亿元。

杭州市6个纺织化纤企业入选“2017中国制造业企业500强”，分别是浙江荣盛控股集团有限公司(第74位，868.75亿元[指2016年营业收入，下同])、浙江恒逸集团有限公司(第82位，752.03亿元)、兴惠化纤集团有限公司(第328位，171.59亿元)、富丽达集团控股有限公司(第403位，114.06亿元)、浙江航民实业集团有限公司(第482位，77.07亿元)、浙江开氏集团有限公司(第483位，76.52亿元)。其中，浙江荣盛控股集团有限公司、浙江恒逸集团有限公司入选中国企业500强，分别列第176位和第200位。

**【11个企业入选中国民营企业制造业500强】** 2017年8月24日，全国工商联发布“2017中国民营企业500强”“中国民营企业制造业500强”榜单，入选门槛分别为年营业收入120.52亿元和53.55亿元。

杭州市11个纺织化纤企业入选“2017中国民营企业制造业500强”，分别是浙江荣盛控股集团有限公司(第19位，868.75亿元[指2016年营业收入，下同)、浙江恒逸集团有限公司(第20位，752.03亿元)、兴惠化纤集团有限公司(第202位，171.59亿元)、万事利集团有限公司(第206位，166.47亿元)、富丽达集团控股有限公司(第256位，131.63亿元)、浙江航民实业集团有限公司(第275位，122.64亿元)、柳桥集团有限公司(第289位，118.96亿元)、浙江正凯集团有限公司(第320位，107.40亿元)、浙江开氏集团有限公司(第350位，89.97亿元)、浙江凯喜雅国际股份有限公司(第351位，88.46亿元)、杭州永盛集团有限公司(第370位，81.04亿元)。其中，前6个企业入选“中国民营企业500强”。

**【8个项目获"纺织之光"科学技术奖】**2017年12月18日，"纺织之光"2017年度中国纺织工业联合会科技教育奖励大会在北京人民大会堂举行。大会对获得科学技术奖、教育教学成果奖、教师奖、学生奖、针织内衣创新贡献奖的获奖单位和个人代表颁奖，为纺织行业入选国家创新人才推进计划的代表颁发证书。

2017年度中国纺织工业联合会科学技术奖的获奖项目共88项，其中一等奖项目12项、二等奖项目36项、三等奖项目44项。浙江省获得20个奖项，其中一等奖1项、二等奖7项、三等奖12项。以在杭州市的高校和杭州企业为主体的获奖项目8个："提升丝绸数码印花品质的工程改造与关键技术研究""高效多层裁剪系统""基于数码织造技术的经典丝绸织物的研发及产业化协同生产"3个项目获二等奖，"经编短毛绒组合印花技术与应用""高品质涂料印花助剂及应用技术开发""真丝纱线纳米硅溶胶增深染色技术开发及应用推广""纺织品/合成革用新型水性聚氨酯的制备及其产业化""无缝针织物抗风阻关键技术研究及功能性运动服研发"5个项目获三等奖。

**【萧山区和余杭区大力整合印染企业】**2017年7月28日，萧山区政府出台《萧山区提升城市环境质量三年行动计划(2017—2019)》，计划于2021年前关停8个再生纤维(瓶片纺)企业(其中位于瓜沥镇的5个)，关停杭州绕城高速公路线内化纤企业2个(由14个控制到12个以下)，杭州绕城高速公路线内印染企业从35个整合成不多于19个。

余杭区政府加大印染企业的整合力度，对原有24个印染企业进行分区分块整合，除规模最大的浙江恒生印染有限公司于2016年整体迁移至海宁经济开发区，其余23个企业将陆续分期分批进行整合提升，2017年对余杭经济技术开发区内320国道以南的8个印染企业关停，崇贤街道3个印染企业全部关停。至2017年末，余杭区内印染企业从24个减少到12个。

**【荣盛化纤集团向产业链上游布局】**国内聚酯涤纶的上游原材料长期受制于国外生产厂，重要原料对二甲苯进口依存度高达50%以上。荣盛化纤集团是世界著名的PTA生产商之一，近年来向产业链上游延伸。2015年6月18日，荣盛化纤集团所辖子公司荣盛石化股份有限公司与巨化集团公司、浙江桐昆控股集团有限公司和舟山海洋综合开发投资有限公司共同发起设立浙江石油化工有限公司，在舟山绿色石化基地建设大型炼化一体化项目。2017年5月8日，浙江石油化工有限公司4000万吨/年炼化一体化项目正式获浙江省发展和改革委员会核准批复，项目总投资1730亿元，总规模为炼油4000万吨/年、对二甲苯800万吨/年、乙烯280万吨/年，分两期进行，每期规模为2000万吨/年炼油、400万吨/年对二甲苯、140万吨/年乙烯及下游化工装置。第一期工程预计在2018年末投产。2017年7月10日，该项目作为浙江省第四批扩大有效投资重大项目之一集中开工建设。

**【"恒逸石化"通过并购扩大规模优势】**恒逸石化股份有限公司(以下简称"恒逸石化")2017年1月21日发布公告，公司拟通过子公司浙江恒逸石化有限公司，对外投资设立子公司，通过并购优化产业链结构。"恒逸石化"拥有涤纶长丝产能约170万吨，是国内为数不多的超过百万吨产能的长丝企业，拥有较强的规模优势。公司通过收购行业内优质产能的方式持续做大下游涤纶长丝业务。

2017年3月，恒逸集团通过并购基金成立项目公司嘉兴逸鹏化纤有限公司，以7.22亿元的价格竞得"浙江龙腾"20万吨产能；2017年4月，恒逸集团通过杭州逸暻化纤有限公司以6.23亿元收购了"浙江红剑"75万吨涤纶长丝产能；2017年8月，恒逸集团采用相同模式通过太仓逸枫化纤有限公司以7.7亿收购"江苏明辉"25万吨优质涤纶长丝产能。三次收购增加了恒逸集团120万吨优质的涤纶长丝产能。

**【恒逸文莱PMB石化项目实施协议签署】**2017年3月27日，恒逸实业(文莱)有限公司与文莱能源局、经济发展局在文莱帝国酒店正式签署关于恒逸文莱PMB(大摩拉岛)石油化工项目的实施协议，根据协议文莱项目一期投资34.45亿美元。协议明确了该公司在项目建设和运营期间可得到的政府支持，以及应该承担的经济社会责任(包括提供当地就业和商业机会、保护企业员工健康和周边社区安全、履行环境保护责任等)。项目一期规划炼油产能800万吨/年，建成后将可完全满足文莱国内市场油品需求。

**【纺织服装行业改造提升培训班】**2017年3月27日，由市经信委牵头，杭州市纺织行业协会、杭州市服装行业协会组织的"杭州市纺织服装行业改造提升培训班"在余杭区华鼎集团华鼎西服厂园区举行，培训班旨在加快工厂物联网、工业互联网在纺织服装行业的应用，52个纺织、化纤、服装企业73人参加培训。培训主要内容有观摩学习华鼎集团工厂物联网和工业互联网示范应用、杭州市工厂物联网和工业互联网试点项目政策解读、技术服务商讲解有关智能化改造的技术方案等。

**【"奔马化纤"开发绿色产品转型升级】**杭州奔马化纤纺丝有限公司(简称"奔马化纤")是位于萧山区的再生纤维企业，近几年来致力于调整产品结构、开发绿色环保化纤产品。至2017年，"奔马化纤"产品结构全部更新，全年产值5.13亿元，利税 6972万元。"奔马化纤"的新型产品有超仿棉系列、原液着色有色纤维系列、差别化功能性系列、新材料系列，其中原液着色的环保型差别化有色纤维的年生产规模达到8万吨。"奔马化纤"被评为浙江省工业循环经济示范企业、浙江省绿色企业、杭州市再具发展潜力中小企业，被中国化纤工业协会列入环保型绿色纤维生产的重点企业。 (姚 挺)

## 食品工业

**【概况】**杭州食品工业涵盖农副食品加工业、食品制造业、酒(饮料)和精制茶制造业、烟草制品业四大门类，涉及53个自然行业，形成了门类较全的食品产业体系。2017年，食品工业通过实施名牌战略，优化产业结构，形成以国家级名牌产品为龙头、省级名牌产品为骨干、市级名牌产品为基础的名牌梯队格局。至2017年末，全市获得食品生产许可证企业1785个，列入登记监管小作坊884个，添加剂生产企业78个，全年抽检食品产品(生产环节)合格率97.9%。

全市规模以上食品工业企业298个，全年实现工业总产值847.46亿元，比上年增长1%；工业销售产值829.37亿元，下降4%。出口交货值24.26亿元，下降7%。杭州娃哈哈集团有限公司、农夫山泉股份有限公司、祖名豆制品股份有限公司等全国知名食品龙头骨干企业发展形势良好。

**【6个产品成为"长三角"地区名优食品】**2017年11月15日，2017年度"长三角"名优食品授牌仪式在上海举行。"长三角"地区名优食品评选由上海市食品协会、江苏省食品工业协会、浙江省食品工业协会共同举办，旨在推进供给侧结构性改革，构筑长江三角洲地区品牌战略平台，引导区域食品产业更好发展。长江三角洲地区81个食品生产企业的91种产品成为2017年度长江三角洲地区名优食品。经杭州市食品工业协会推荐，杭州市食品酿造有限公司生产的"五味和"月饼、杭州唯新食品有限公司生产的"唯新"肉制品、浙江小王子食品股份有限公司生产的"小王子"薯类产品、祖名豆制品股份有限公司生产的"祖名"非发酵性豆制品、杭州西湖味精有限公司生产的"西湖"味精以及农夫山泉股份有限公司生产的"农夫山泉"饮用天然水6个产品成为"长三角"地区名优食品。

**【"农夫山泉"饮用水成为国家外交会议指定用水】**"农夫山泉"饮用天然水是国内瓶装水行业的领导品牌，市场占有率连续多年国内第一。至2017年末，农夫山泉股份有限公司拥有8个水源地和2个农业种植基地，销售和配送网络遍布全国，形成了以饮用水和饮料产品为主体的发展格局。2017年，"农夫山泉"高端玻璃瓶装水成为"一带一路"国际合作高峰论坛(北京)和"金砖国家领导人厦门会晤"等国家重要外交会议指定饮用水。"农夫山泉"天然饮用水取自8个优质天然水源地，坚持水源地灌装的理念，实现从物理过滤、吹瓶、灌装、包装的全自动化无人生产，富含钾、钠、钙、镁等对人体有益的矿物元素。"农夫山泉"饮用水被选为国家重要外交会议用水，表明其品质和品牌形象得到世界的认可。

**【"贝因美"通过国家婴幼儿乳粉配方注册】**2016年6月8日，国家食品药品监督管理总局发布《婴幼儿配方乳粉产品配方注册管理办法》，并于2016年10月1日起实施。注册管理过渡期至2017年12月31日，此后不得生产标签标识不符合的婴幼儿配方乳粉。2017年8月3日，国家食品药品监督管理总局公布首批获得婴幼儿乳粉配方注册的22个企业89个配方，其中外资企业5个、国内企业17个。贝因美股份有限公司通过首批注册。至2017年末，贝因美股份有限公司的无乳糖配方、早产儿住院(出院)配方、母乳营养补充剂、乳蛋白部分水解配方5个专业配方获得国家食品药品监督管理总局的受理。5个奶粉生产工厂全部通过国家食品安全生产规范化体系核查。

**【祖名豆制品股份有限公司参与行业标准制定】**2017年5月19日，《非发酵豆制品》《豆腐干》国家标准审定会在深圳市召开，并通过来自行业主管部门、监督检验机构、研究机构、行业协会、高等院校以及相关企业的专家组成的标准审查组审查。上述两项国家标准由国家标准委员会发起，中国商业联合会组织上海市豆制品行业协会、深圳市福荫食品集团有限公司、祖名豆制品股份有限公司、山西省食品质量安全监督检测研究院、上海清美绿色食品有限公司、上海金丝猴食品有限公司等单位共同起草制定。

年内，第38届国际食品法典委员会(CAC)大会正式发布《非发酵豆制品》标准。《非发酵豆制品》CAC标准是中国制定的第一个法典委员会商品标准，覆盖豆浆、豆腐、豆腐干和腐竹四种产品。祖名豆制品股份有限公司是起草单位之一。

**【杭州豆制食品有限公司技术改造投资500多万元】**2017年，杭州豆制食品有限公司在连续多年安排专项资金实施技术改造的基础上，投资500多万元完成"豆干制胚智能化全自动生产线及后道加工品质提升技改"项目和"内酯豆腐装备技术和车间升级改造"项目，通过提升机械化、自动化程度提升产品品质。年内，杭州豆制食品有限公司凭借良好的信誉及保障重大活动豆制品供应的丰富经验，成为"第十三届全国学生运动会"和"浙江大学120周年校庆"两大活动用餐的豆制品独家供应企业。

**【杭州娃哈哈集团有限公司成立30周年】**2017年11月18日，杭州娃哈哈集团有限公司成立30周年庆典在杭州举行。全国各地的2000多名员工代表，6000多名经销商、供应商代表，以及各界嘉宾参加庆典。杭州娃哈哈集团有限公司支出3000万元奖金重奖经销商以及2.5亿元奖金派发给优秀员工。至2017年末，杭州娃哈哈迎集团有限公司在全国29个省(市、自治区)建有80个生产基地、180多个子公司，连续19年规模和效益蝉联中国饮料行业第一。　(袁琮芳)

## 建材冶金工业

**【概况】**2017年，杭州市建材冶金工业加快推进供给侧结构性改革，大力化解过剩产能，促进新旧动能转换，在成本上涨、需求乏力、产能过剩仍然严重等因素影响下，呈现生产持续增长、效益明显好转、出口有所增长的良好发展势头。

至2017年末，建材冶金工业有规模以上企业829个，占全市规模以上企业数的14.4%。主营业务收入1558.80亿元，比上年增长19.5%；利税115.07亿元，增长25.2%，其中利润61.82亿元，增长15.1%；出口交货值135.10亿元，增长13.9%。分行业看，有色金属矿采选业3.90亿元，下降30.1%；非金属矿采选业18.31亿元，增长3.5%；非金属矿物制品业414.93亿元，增长12.2%；黑色金属冶炼和压延加工业203.18亿元，增长17.1%；有色金属冶炼和压延加工业420.95亿元，增长33.1%；金属制品业497.53亿元，增长18.0%。除矿产资源采选业之外，生产、加工等类行业的增幅均在10%以上。

水泥行业继续克服产能严重过剩、需求增长缓慢、环境因素制约等困难，加大提升产品等级、促进降本增效力度。水泥供需呈现偏紧态势，水泥和熟料价格上涨。全年水泥产量1573万吨，增长5.4%；熟料产量1688万吨，增长7.9%。其中，散装水泥量1309万吨，增长12.8%，水泥散装率达83.2%。行业总产值74.4亿元，增长15.9%；利税总额13.4亿元，增长137.5%，其中，利润8.3亿元，增长260.3%。

29个企业申报工厂物联网和工业互联网试点项目，21个项目通过专家验收评审。杭州市严格按照国家、浙江省要求，化解钢铁过剩产能、打击取缔“地条钢”、释放优质钢铁产能，坚决淘汰落后产能。组织行业企业参加全省新材料首批次应用保险补偿机制试点。新材料产业链渐趋完整，规模集聚效应初步显现，24个企业52个产品入选《杭州市2017年度新材料领域重点目录》，杭州高烯科技有限公司年产10吨单层石墨烯生产线进入安装，杭州钱浪石墨烯科技有限公司的石墨烯（微片）重防腐涂料已经产业化。

**【石墨烯产业发展创新联盟成立】** 2017年4月7日，杭州市石墨烯产业发展创新联盟成立。该联盟由杭州华烯新材料科技有限公司发起倡议，市经信委牵头，在杭高校、科研院所及企业共同组成。其宗旨是推动杭州联盟内部信息共享，对关键技术的突破进行协同攻关，充分发挥杭州市在石墨烯新材料领域的产学研领先优势，促进杭州市石墨烯研发、生产和应用企业的全产业链整体融合，增强杭州企业在新材料创新领域的核心竞争力。浙江大学教授、高分子系博士生导师高超受聘为联盟首席科学家。

在联盟成立大会上，杭州电化集团与杭州华烯新材料有限公司就“石墨烯原位聚合含氯聚烯烃高分子新材料千吨级产业化示范工程”项目签订合作协议。浙江荣盛控股集团与杭州华烯新材料有限公司签订共建“石墨烯高分子复合新材料产业化工程创新中心”合作意向书。石墨烯联盟秘书处与万科集团杭州分公司签订“石墨烯改性聚氯乙烯化学建材在绿色智能环保住宅中大面积推广应用”战略合作意向书。（胡传明）

**【散装水泥推广率达85.59%】** 2017年，杭州市水泥散装率85.59%，比上年提高0.14个百分点。散装水泥供应量累计1377.69万吨，比上年增加23.49万吨，增长1.7%。全市各区县（市）散装率完成情况较好，预拌砂浆供应量242.23万吨。在散装水泥发展和应用领域，杭州市全年节约87.96万吨标准煤，减排水泥粉尘13.85万吨、二氧化碳62万吨、二氧化硫458.77吨，创综合经济效益逾6.2亿元。

**【“东南网架”创新成果应用于“中国天眼”项目】** 2017年11月25日，由浙江东南网架股份有限公司、中国科学院国家天文台、中国建筑科学研究院共同研究完成的“500米口径球面射电望远镜反射面结构单元建造技术创新与实践”通过科技成果鉴定。项目结合500米口径球面射电望远镜反射面单元工程，针对建造过程中的设计方案研究、新型铝合金网架加工工艺研究、杆件与封板缩管连接的理论分析与实验研究、超大面积球面铝合金网架单元施工技术等关键施工技术进行系统研究，提出合理的新型铝合金结构建造方案，形成新型铝合金网架结构建造综合技术创新体系，并将研究成果成功应用于FAST（“中国天眼”）工程，为此类新型结构体系的施工技术积累了经验。

**【新墙材资源综合利用】** 至2017年末，全市59个墙材企业累计利用建筑固废185.2万吨，其中123.5万吨的建筑废弃物由39个非烧结类墙材企业用于混凝土普通砖、混凝土多孔砖、加气砌块等产品的制造。61.7万吨建筑废弃土主要由20个烧结类墙材企业用于制造非黏土烧结多孔砖、烧结砌块等产品。全年共完成农村新墙材示范应用项目8个，建筑应用面积22.49万平方米，新墙材试点2763户，其中农民自建房873户。淳安千岛湖恺乐建材有限公司对接的农民自建房项目被评为省级农村新墙材应用示范项目。

全市新墙材发展和应用领域全年节约土地171.6公顷，节约标准煤22万吨，减排二氧化碳56万吨，综合利用废弃物485万吨。全市墙体材料产量完成37.42亿块标准砖，其中新墙材产量完成36.09亿块标准砖，新墙材产量占全部墙材比例达96.4%。（黎　勇）

**【功能性膜材料研发生产项目列入省技术改造重点项目】** 2017年3月27日，《浙江省经济和信息化委员会关于印发2017年浙江省技术改造重点项目计划的通知》公布2017年浙江省技术改造重点项目计划，西湖电子集团所属的杭州大华塑业有限公司“功能性膜材料研发生产富阳基地项目”列入此名单。

项目总投资3亿元，主要研发生产四大新兴应用领域的功能性材料——航天、动车、微电机等方面的特种绝缘材料，移动终端、智能手机、个人电脑等液晶显示方面的光电新材料，太阳能光伏、节能建筑装饰等方面的新能源、节能环保类新材料，薄膜开关、柔性印刷电路板等方面的新材料。项目计划于2018年末竣工。（方泽民）

## 丝绸和服装产业

**【概况】** 至2017年末，杭州市有规模以上丝绸和服装企业214个，其中丝绸企业（不包括丝绸服装企业，下同）34个、服装企业180个。从业人员4.59万人，其中丝绸企业0.41万人、服装企业4.18万人。丝绸和服装企业工业总产值175.17亿元，其中丝绸企业26.41亿元、服装企业148.76亿元；工业销售产值173.52亿元，其中丝绸企业26.50亿元、服装企业147.02亿元；主营业务收入177.41亿元，其中丝绸企业25.82亿元、服装企业151.59亿元；利税总额15.01亿元，其中丝绸企业1.74亿元、服装企业13.27亿元；利润5.75亿元，其中丝绸企业1.03亿元、服装企业4.72亿元。根据全国工商联发布“2017中国民营企业500强”名单,杭州市2个丝绸企业入围,分别是万事利集团有限公司和浙江凯喜雅国际股份有限公司,分列第206位和351位。

**【第十八届中国国际丝绸博览会在杭州举办】**2017年10月20—22日,由商务部和杭州市政府主办,中国丝绸协会、中国纺织品进出口商会和杭州市经济和信息化委员会共同承办的第十八届中国国际丝绸博览会在杭州国际博览中心举行。博览会以“重走丝绸之路”为办展宗旨。杭州母展以丝绸品牌展示、业内交流、国际合作为定位,设立国内展区和“一带一路”国际展区,国内展区有来自浙江、四川、江西、广东、重庆、广西、江苏、陕西、河南、贵州、山东等11个省(市、自治区)的170个国内丝绸企业参展,展位面积4300平方米;国际展区有来自印度、尼泊尔、巴基斯坦、柬埔寨、越南等国的企业参展,展位面积1000平方米。其间,举办“金富春杯”2017中国丝绸服装暨第五届中华嫁衣创意设计大赛、“中国领带名城”杯第十三届国际丝品花型设计大赛、“一带一路”国际高峰论坛、国际丝绸产业可持续发展研讨会、国际丝绸联盟成员大会、2017丝绸“新零售”专家大讲堂、丝绸睡衣流行趋势发布等活动。

**【“金富春杯”中国丝绸服装和嫁衣设计大赛在杭州举办】**“金富春杯”2017中国丝绸服装暨第五届中华嫁衣创意设计大赛由中国丝绸协会、中国纺织服装教育学会主办,金富春集团有限公司、杭州市丝绸女装展览有限公司、杭州市丝绸行业协会、杭州生活品质传媒有限公司、扬州职业大学、杭州职业技术学院承办。大赛主题为“时尚与经典”,鼓励参赛作品运用丝绸面料,融入现代时尚元素,体现具有中国特色丝绸时尚服装和嵌入中国婚庆元素,展现具有东方特色的中式嫁衣。参赛选手来自北京、上海、天津、四川、浙江、江苏、河南、广东、台湾等27个省(市),包括高等院校、服装公司、专业工作室及自由设计师。7月12日,在杭州职业技术学院举行初评,产生38组入围决赛作品名单。10月19日,总决赛暨颁奖晚会在杭州国际博览中心举行。经过作品动态展示、设计创意、面料创新、服饰搭配、工艺制作、市场潜力等方面现场打分,决出金奖1名、银奖1名、铜奖3名。

**【国际丝绸联盟成员大会和“一带一路”国际丝绸高峰论坛在杭州举办】**2017年10月20日,国际丝绸联盟成员大会在杭州国际博览中心召开。中国丝绸协会会长、国际丝绸联盟名誉主席杨永元发表致辞,联盟主席李继林做工作报告,意大利、法国、泰国、越南、柬埔寨等各国丝绸行业代表,联盟各成员单位代表及联盟专业委员会委员出席会议。同日,召开国际丝绸高峰论坛,市经信委副主任宦金元、国际丝绸联盟主席李继林致辞;中国丝绸协会、柬埔寨湄公河大学、意大利丝绸协会、法国丝绸协会、越南蚕桑协会、泰国丝绸协会、浙江省丝绸协会等机构的代表就各国丝绸生产、交流合作、公平贸易、丝绸消费等行业情况进行演讲交流。10月21日,为促进各国丝绸产业的相互合作,推动国际丝绸文化、教育、科研、设计、生产、贸易、消费、标准与检测等方面的进步与发展,召开丝绸产业可持续发展主题研讨会。

**【杭州国际时尚周】**2017年5月19—25日,由浙江省时尚产业发展协调小组、杭州市经济和信息化委员会、杭州市旅游委员会、杭州市文化创意产业办公室指导,浙江省服装行业协会、杭州市服装设计师协会主办的“2017AW杭州国际时尚周”在杭州创意设计中心举行。本届时尚周由品牌发布秀和创意时尚生活展两大板块组成。品牌发布秀包括服装品牌发布、设计大赛、音乐派对、童模大赛等22场,创意时尚生活展包括80多个文创品牌展示、时尚跨界论坛和院校新锐设计师作品展。

10月20—26日,在杭州创意设计中心举行“2018SS杭州国际时尚周”。本届时尚周由20位设计师原创新品发布秀、“2017意法杯”第三届浙江省十佳服装设计师评选、中国国际亲子嘉年华、创意力量大讲堂和杭州国际时尚周2017年度颁奖盛典五大板块组成。

**【“一带一路”丝绸文化主题邮局落户杭州】**2017年5月18日,中国邮政公司与万事利集团有限公司共同建设的“一带一路”丝绸文化主题邮局在杭州揭幕。主题邮局陈列了中国邮政公司开发的数十款“一带一路”主题相关邮品及与万事利集团有限公司联合设计的多款组合纪念品,包括融合现代信息技术的声波明信片、《“一带一路”国际合作高峰论坛》纪念邮票、《和·礼》丝瓷茶明信片套装、《雅·信》丝巾领带明信片套装等产品。

**【11个项目获中国纺织工业联合会奖项】**2017年12月18日,2017年度“纺织之光”中国纺织工业联合会科技教育奖励大会在北京人民大会堂举行。由万事利集团有限公司、浙江理工大学共同完成的“提升丝绸数码印花品质的工程改造与关键技术研究”和由浙江丝绸科技有限公司完成的“基于数码织造技术的经典丝绸织物的研发及产业化协同生产”2项成果获纺织工业科学技术进步二等奖。由浙江理工大学完成的“服装技术深度融合下的计算机辅助升级系列课程建设”和“基于‘哲匠’思维的服装类专业核心系列课程多层次教学改革”2个教学成果获一等奖,“服饰品专业实践性教学环节的改革与创新”“面向丝绸产业振兴的纺织品艺术设计专业人才培养模式探索与实践”“‘三化一接轨’纺织服装创新创业人才培养模式的探索与实践”和“‘互联网+’背景下纺织服装高校英语教学改革探索与实践”4个教学成果获二等奖,“针织服装设计课程创新创意教学实践”、“项目驱动、成果导向、平台协同:服装创业人才实践能力培养的探索与实践”和“基于家蚕相关研究的科研反哺教学探索与实践”3个教学成果获三等奖。

**【7个国家茧丝绸发展项目通过验收】**2017年2月,万事利集团有限公司承担的“万事利丝绸高端品牌建设与‘互联网+’融合营销模式创新”,杭州纺织机械集团有限公司、浙江理工大学、杭州飞宇纺织机械有限公司共同承担的“基于网络技术的管控一体化智能缫丝机”,杭州华谊服装有限公

司承担的“丝绸室内装饰衍生品的研究与开发”，杭州余杭兴隆绸厂承担的“高品质特宽幅真丝家纺面料研发与推广”，杭州华龙纺织机械有限公司、丝绸之路控股集团有限公司共同承担的“一体化智能煮茧机的研发”，浙江凯喜雅国际股份有限公司承担的“基于丝绸文物素材再造的高档丝绸文化礼品开发”，浙江丝绸科技有限公司承担的“基于图像处理的智能组织设计的丝绸新产品开发及产业化”7个2016年度国家茧丝绸发展项目通过省经信委组织的专家验收。

（高振纲）

## 工艺美术产业

**【概况】** 2017年，杭州市工艺美术产业规模与层次不断提升，规模化与多元化发展趋势明显，形成了门类众多、产品多样、辐射广泛的产业格局。至年末，杭州市有规模以上工艺美术品制造企业59个，其中雕塑工艺品制造企业3个、金属工艺品制造企业7个、漆器工艺品制造企业2个、花画工艺品制造和天然植物纤维编织工艺品制造企业各1个、抽纱刺绣工艺品制造企业27个、地毯（挂毯）制造企业3个、珠宝首饰及有关物品制造企业5个、其他工艺企业10个。全行业拥有工艺美术大师118名，其中亚太地区手工艺大师5名、国家级工艺美术大师6名、省级工艺美术大师44名、市级工艺美术大师68名。

**【中国（杭州）工艺美术精品博览会】** 2017年9月29日至10月3日，中国（杭州）工艺美术精品博览会在杭州和平国际会展中心举行。展会的主题是“匠心所至，美学生活”，展会面积8600平方米，共计430个标准展位，吸引了国内外工艺美术企业以及教学机构等310个单位参展。4天半展会，参观人数4万多人次，现场成交额4300多万元。732件作品参与“工艺美术精品奖评审”，共评出金奖作品104件、银奖作品100件、铜奖作品114件。

**【中国（浙江）工艺美术精品博览会】** 2017年4月15—18日，第七届中国（浙江）工艺美术精品博览会在杭州和平国际会展中心举行。杭州展位80个，参展作品涵盖萧山花边、杭州铜雕、陶瓷彩绘、杭州手工刺绣、手艺机绣、黄杨木雕、昌化鸡血石雕、印石篆刻、桐庐剪纸、富阳宣纸和湖笔、天堂伞等，集中展示杭州传统工艺美术品的创新与发展。杭州组团获金奖23个、银奖24个、铜奖12个。

**【杭州企业组团参加深圳文博会】** 2017年5月11—15日，第十三届中国（深圳）国际文化产业博览交易会在深圳会展中心举行。其中9号馆工艺美术馆以“传统、创意、提升”为主题，重点展示各种类型的工艺美术珍品。杭州工艺美术协会为丰富百名国家级大师精品展的内容，征集了中国工艺美术大师嵇锡贵设计、会员单位楠宋瓷业有限公司制作的G20杭州峰会餐具，杭州王星记扇业有限公司设计制作的G20杭州峰会礼品扇，以及杭绣、萧山花边等精美工艺品。

**【15个单位参加中国（大连）国际文化产业博览会】** 2017年7月13—17日，杭州工美协会组团参加“第五届中国（大连）国际文化产业博览会”。杭州展区面积180平方米，杭州王星记扇业有限公司、杭州旺上昇艺术品有限公司、中艺花边集团有限公司、上城区上羊市街社区残疾人民间艺术制作中心、映山静水刺绣馆、泉季坊、杭州富阳正大彩印有限公司、杭州雅尚造型艺术有限公司、杭州现代工艺刻印有限公司、杭州茂华工贸有限公司、杭州邵芝岩笔庄、杭州富阳导岭新新工艺湖笔厂、富春江宣纸有限公司、杭州绿城育华学校高关松工艺美术精品馆、杭州伍德文化创意产业有限公司等15个单位参加。参展作品涵盖王星记扇子、杭绣（手工刺绣、手艺机绣）、木根雕、陶瓷彩绘、鸡血石雕、萧山花边、莫干剑、印章篆刻、玉石雕刻、古籍印刷、富春江宣纸、湖笔和城市雕塑等品类。

**【杭州工艺美术企业参加重庆文化产业会展】** 2017年9月14—17日，杭州王星记扇业有限公司、邵城鑫石雕艺术馆、杭州现代工艺刻印有限公司、中艺花边集团有限公司、上城区上羊市街社区残疾人民间艺术制作中心、杭州邵芝岩笔庄、杭州富阳导岭新新湖笔厂和杭州茂华工贸有限公司等单位参加第六届中国（重庆）文化产业博览会工艺美术大师作品暨国际工艺美术精品展。这是杭州工艺美术精品首次较大规模走进重庆。

杭州组团携100多件（套）精美作品，采取特装中心展位与标准展位相结合的形式多角度宣传展示王星记扇子、龙泉青瓷、机绣、鸡血石雕、萧山花边等杭州工艺美术精品。

浙江省工艺美术大师朱方华、杭州市工艺美术大师张小明现场表演了扇面书法和印石篆刻艺术。23件作品参加中国工艺美术学会、重庆文博会组委会主办的第二届工艺美术大师作品暨国际工艺美术精品“工匠杯”评审活动，获得金奖6件、银奖5件、铜奖1件。

**【工艺美术大师个人展览】** 2017年7月25日，“雨今云古——郦越宁南宋官窑艺术暨标本展”在西泠印社美术馆开幕，展出杭州南宋官窑研究所所长、浙江省工艺美术大师郦越宁的代表作品，包括技艺精湛的二次釉、三次釉作品。此次展览共展出南宋官窑作品40多件，同时展出的还有部分南宋官窑瓷片标本。

8月20日，“南宋瓷韵——金国荣南宋官窑精品·暨宋瓷标本展”在杭州梓府开幕，展出浙江省工艺美术大师金国荣的120件南宋官窑精品。

9月15日，“瓷韵风华——嵇锡贵陶瓷艺术精品展”在浙江省博物馆武林馆区开幕，展示亚太地区手工艺大师、中国工艺美术大师嵇锡贵从艺60年的77件精品代表作。

**【2个工艺美术企业保障金砖五国厦门峰会】** 2017年9月3—5日，金砖国家领导人第九次会晤在厦门举行。继G20杭州峰会之后，金星铜集团有限公司、浙江美术地毯制造有限公司又为金砖五国厦门峰会会场增添新的亮点。金星铜集团有限公司承建了凤凰厅（金砖五国大范围会议厅）和鼓浪厅（金砖+国家会议厅）主会场的铜装饰，其中凤凰厅上方现代感十足而又凝聚典雅之气的白色黄铜仿

白铜吊顶,面积近500平方米。

浙江美术地毯制造有限公司为峰会晚宴厅设计制造的海蓝色地毯显得格外吸睛。整个宴会厅加上迎宾区域共有2200平方米,海蓝色的典雅海花图案,搭配金色花蕊,显得雍容大气。（刘文吉）

## 石油和化学工业

【概况】石油和化学工业是杭州的重要支柱产业和传统优势产业。至2017年末,全市有规模以上化工企业628个(石油加工类12个,化工类329个,橡胶和塑料类287个),占杭州市规模以上企业总数的10.9%,主要分布在萧山区、大江东产业集聚区、余杭区、杭州经济技术开发区和建德市等地。规模以上石化企业主营业务收入1851.45亿元,比上年增长18.95%(其中石油加工业8.49亿元,增长16.2%;化学原料及制品制造业1245.56亿元,增长32.6%;橡胶及塑料制品业597.41亿元,增长7.8%);利润总额108.74亿元,增长15.3%(其中石油加工业6.53亿元,增长29.5%;化学原料及制品制造业85.74亿元,增长22.2%;橡胶及塑料制品业22.35亿元,增长4.3%);利税总额159.82亿元,增长13.6%(其中石油加工业9.22亿元,比上年增长18.8%;化学原料及制品制造业121.1亿元,比上年增长21.2%;橡胶及塑料制品业37.8亿,增长1.0%)。

随着杭州2022年亚运会的临近和城镇人口密集区危险化学品生产企业搬迁改造工作的推进,杭州市化工类企业数量将呈下降趋势,涉及企业80多个,约占化工类企业总数的24.3%。石化企业实施工厂物联网和工业互联网试点。至年末,16个企业申报了“2017年度杭州市工厂物联网和工业互联网试点示范项目”,其中10个石化企业通过试点企业评审,1个企业通过示范企业评审。

年内,中策橡胶集团有限公司的“超大规模三维立体绿色轮胎智能化生产系统及工程关键技术”项目获“2017年度中国石油和化学工业联合会科学技术奖”科技进步一等奖。浙江建业化工股份有限公司通过“浙江制造”产品标准认证,获得浙江制造认证证书的产品为“工业用三乙胺”和“工业用一正丁胺”。

【“中策橡胶”名列中国轮胎业第一】2017年7月18日,中国橡胶工业协会《中国橡胶》杂志和轮胎分会对“2017年度中国轮胎企业排名”进行公示。参与排名的内外资轮胎企业共57个,比2016年增加3个,中策橡胶集团有限公司名列第一。

中策橡胶集团有限公司是杭州市重点培育的大企业大集团,前身为杭州橡胶总厂,始建于1958年。主要生产各种规格的子午线轮胎、载重轮胎、摩托车胎、自行车胎、橡胶履带等,已形成年产5050万套、1000多个品种规格汽车轮胎的生产能力。

中策橡胶集团有限公司引进阿里云“ET工业大脑”（市经信委 供稿）

2017年,中策橡胶集团有限公司生产全钢子午胎1721万条,比上年增长20.9%;半钢子午胎3251万条,增长11.5%;斜交胎317万条;车外胎9517万条,内胎9514万条。6月2日,第十二届中欧工商峰会在比利时首都布鲁塞尔开幕,中策橡胶集团有限公司和贝卡尔特集团签署战略合作协议。

【“建业化工”起草的国家标准英文版通过审查】2017年9月23日,全国化学标准化技术委员会有机化工分会在浙江省嘉兴市召开“全国化学标准化技术委员会有机化工分会2017年年会暨标准审查会”。由浙江建业化工股份有限公司主起草的《工业用一乙胺》《工业用二乙胺》《工业用三乙胺》《工业用一异丙胺》《工业用二异丙胺》《低碳脂肪胺含量的测定气相色谱法》等6项国家标准英文版项目通过专家评审。国家标准英文版项目旨在推动行业对外经济贸易和技术交流,为产品走出国门提供支持。（金炼）

## 电力工业

【概况】2017年,杭州市供电企业职工总数4869人(其中市本级2170人)。固定资产原值364.20亿元,净值139.51亿元。全年产值361.69亿元,上缴国家税金5.69亿元。杭州市有35千伏及以上公用变电所390座,变电容量6799万千伏安;35千伏及以上输电线路(包括电缆)833条,总长度9612千米;10(20)千伏配电变压器(含用户)107282台,总容量5677.109万千伏安;10(20)千伏配电线路(含电缆)5365条,总长度44923.22千米。

按电度表户为计算单位,杭州市有电力用户446.48万户。全社会用电量738.03亿千瓦小时,比上年增长8.8%。供电量718.76亿千瓦小时,增长8.9%。全社会最高用电负荷1466.5万千瓦,同比增长7.6%。国网杭州供电公司完成售电量695.44亿千瓦小时,增长9.0%。

推行“最多跑一次”改革,互联网线上渠道覆盖率85.3%,线上办理业

2017年杭州市全社会电力消费量

表34

| 项 目 | 用电量(万千瓦时) | 为上年(%) |
|---|---|---|
| 城乡居民生活用电 | 1 148 575.28 | 107.05 |
| 农林牧渔业 | 50 656.73 | 106.02 |
| 工业 | 4 322 669.08 | 107.65 |
| 建筑业 | 137 453.48 | 104.40 |
| 交通运输、仓储、邮政业 | 156 386.82 | 110.89 |
| 信息传输、计算机服务和软件业 | 198 413.95 | 109.56 |
| 商业、住宿和餐饮业 | 443 229.22 | 111.92 |
| 金融、房地产、商务及居民服务业 | 470 610.09 | 122.82 |
| 公共事业及管理组织 | 452 293.16 | 109.32 |
| 总 计 | 7 380 287.81 | 108.81 |

务比上年增长104.3%。建成首家“三型一化”A级供电营业厅，构建“1+7”模式的市县两级供电服务指挥体系。围绕服务短板、投诉热点加大整治力度，电力故障平均到达现场时间减少15.8%，投诉工单占浙江省的比重下降至18.2%，下降3.5个百分点。

电网安全管控能力全面提升。初步建成六大智能电网支持系统，实现全网重要电缆隧道、输电通道、变电站辅助设备一体化集中管控。通过管理优化和技术升级，有效应对迎峰度夏和外力破坏等突发事件考验，电网运行安全稳定，完成中共十九大、全国学生运动会等重要时段、重大活动期间电力保障任务。

**【供电能力提升】** 2017年，杭州市电网发展三年攻坚计划任务全面完成。杭州变电站、钱江变电站、萧东变电站3座500千伏变电站相继开工建设，杭黄高铁370千米的外部供电线路工程有序推进。主动衔接杭州城市总体规划修编，参与杭州市综合管廊全国试点工程，将跨江、沿江主要电力廊道纳入综合管廊规划。迎峰度夏期间重载线路、主变数量分别下降66.7%、54.1%，电网区域性结构矛盾显著缓解，网架结构、配置能力、整体功能迈上新台阶。

配网网架质量和供电能力进一步提升。全年投资26.1亿元，新建和改建10千伏线路2176千米，新装和增容配变2940台，建成城市、城镇和农村三类共10个配网标准化建设示范区，成为国家电网公司首批配网标准化创建达标单位。改造274个中心村配网项目，累计投资28.75亿元，新一轮农网改造升级完成，村镇户均配变容量提升32%。国网杭州供电公司作为国家电网公司十个试点之一，开展世界一流配电网建设，配网标准化建设示范区建设实施方案通过国家电网公司审查，累计建成环西湖和钱江新城50平方千米不停电作业管控区。

**【最高用电负荷1466.5万千瓦】** 2017年7月27日12时52分，杭州地区全社会最高用电负荷达到1466.5万千瓦，比上年最高用电负荷增长7.6%，第七次突破夏季连续高温天气下杭州电网最高负荷最高纪录。针对局部电网负荷日益加重的情况，国网杭州供电公司加强电网运行方式管控和分析，及时调整运行方式，协调浙江省电力调控中心，通过所辖水电站夜间顶峰运行、加强网源互动协调、挖掘新能源电厂潜能，确保杭州电网安全平稳度夏。

**【国网杭州市大江东供电公司成立】** 2017年12月6日，国网杭州市大江东供电公司揭牌。这是国家电网首批、浙江省内首家批复新成立的县级供电企业。

作为与大江东产业集聚区行政体制相匹配的供电企业，国网杭州市大江东供电公司计划将电网规划与政府总体规划紧密衔接，发挥电网建设“适度先行”的刺激作用，为区域招商引资、企业引进创造有利条件。电力客户可享受一站式属地化服务，电力业扩配套项目申报、批复和实施均可在大江东产业集聚区内完成。

**【政府重点工程项目电力保障】** 2017年，杭州市电力部门配合政府重点工程项目需要，做好电力服务保障。根据城市路网建设、城中村改造等重点工程要求，投资3.01亿元，实施48个小城镇电力专项整治项目，开展迁改施工186项。投资6.18亿元，实施杭黄高铁外部供电工程，抢建供电线路368.4千米支撑项目按期投入运行。服务地铁建设五年攻坚行动计划，承担地铁配套主变电站15座、总容量150.4万千伏安的委托建设管理任务。服务重大招商引资项目，完成广汽乘用车(杭州)有限公司、浙江三花汽车零部件有限公司等项目通电。配合做好既有住宅加装电梯工作，对电梯低压新装业务实行“一证受理”并提供全过程电力接入技术指导。

帮助企业淘汰落后产能，提供能耗分析评估及用能优化，推动大批造纸厂自备燃煤电厂关停，纺织、熔铸等行业设备改电和港口岸电项目落地。发挥电力杠杆作用，全力控制全社会用电量增幅，全年完成电能替代项目217个，节约电量18.1亿千瓦小时。

**【绿色能源加快发展】** 2017年，国网杭州供电公司加快电动汽车充电网络布局，累计投运站点112座，建成城市2千米充电服务圈。电动汽车单日充电量突破6.9万千瓦小时。

普通地面光伏站、“百万家庭屋顶光伏工程”等产生的电力并入国家电网，提升清洁能源消纳能力。光伏并网项目新增1.34万个，装机容量27.96万千瓦，累计接入装机容量71.3万千瓦，比上年增长64.5%。扩大电力市场直接交易试点，直接交易电量206.24亿千瓦小时，为1万余个工商业用户节约用能成本6.07亿元。

(耿强强)

责任编辑 蔡建明

## 综　述

**【建筑业总产值增长】** 2017年，杭州市有建筑施工企业2855个，企业各类资质8111项。其中，施工总承包资质2339项、专业承包资质3830项、施工劳务资质1879项、设计施工一体化资质63项。全年完成建筑业总产值5261.48亿元，比上年增长5.3%。其中，按国家建筑业统计制度规定纳入统计口径内的产值4323.73亿元，增长5.3%。统计口径内的建筑业总产值占全省建筑业总产值的15.9%。建筑业增加值396亿元，占全市生产总值的3.1%。实现工程结算收入3671亿元，增长2.7%。实现利润总额107.55亿元，增长13.2%。上缴税收98.17亿元，增长7.6%。全市建筑业平均从业人员123.91万人，增长0.2%。

**【建筑业技术创新能力提升】** 2017年，杭州建筑业企业技术研发中心建设稳步推进。中国水利水电第十二工程局有限公司等7个企业技术中心入选浙江省第二十四批省级企业技术中心名单，比上年增加5个。浙江省武林建筑装饰集团有限公司、浙江浙大中控信息技术有限公司等8个企业技术中心分别获市级建设产业企业技术中心和市级企业技术中心认定。施工工艺创新能力居全省首位。浙江交工集团股份有限公司"基于回字形装配式框架施工平台的高架桥墩柱施工工法"等57项工法入选2016年度省级工法名单，占入选总数的37.8%。建筑业科技不断进步。中国电建集团华东勘测设计研究院有限公司等研发的"道路工程中复合地基关键技术及其应用"和浙江天蓝环保技术股份有限公司等研发的"非电燃煤锅炉烟气污染物深度处理技术及应用"2项技术获2017年度浙江省科技进步奖一等奖；杭萧钢构股份有限公司等研发的"工业化钢结构住宅体系的关键技术研发与产业化"等4项技术获2017年度浙江省科技进步奖二等奖；浙江东南网架股份有限公司等研发的"巨型拱形空间结构创新技术研究及应用"等5项技术获2017年度浙江省科技进步奖三等奖。新技术应用不断推广。浙江省建工集团有限责任公司承建的萧山区科技创新中心工程、杭州建工集团有限责任公司承建的杭政储出〔2014〕27号地块商品住宅(设配套公建)四期工程等32个工程项目被省住房和城乡建设厅列为浙江省第十八批建筑业新技术应用示范工程。

2017年，杭州市推进海绵城市建设。图为采用海绵技术建设的富阳区银湖公园　（市建委 供稿）

**【优秀企业和企业家受到表彰】** 2017年，杭州建筑业加快转型升级，一批经济效益好、纳税贡献大、管理上水平的企业和企业家受到表彰。浙江省一建建设集团有限公司等9个建筑企业被中国施工企业管理协会评为2016年度全国优秀施工企业。浙江耀厦控股集团有限公司等5个建筑企业被中国建筑业协会评为"2017年度全国建筑业AAA级信用企业”。浙江东南网架集团有限公司董事长郭明明被浙江省企业联合会、浙江省企业家协会评为“浙江省企业管理现代化创新优秀工作者”(全省仅9位)。浙江昆仑控股集团有限公司总裁叶健和中国能源建设集团浙江省电力设计院有限公司董事长沈又幸被浙江省企业联合会、浙江省企业家协会评为“第十六届浙江省优秀企业家”。杭州通达集团有限公司总经理王建平、浙江三丰建设有限公司董事长葛瑞平、浙江东冠通信技术股份有限公司总裁朱孟勇和浙江电联工程技术股份有限公司董事长胡正发被评为“第十三届杭州市优秀企业家”。杭州市设备安装有限公司陈焘等4名建造师被中国施工企业管理协会评为“2016年度工程建设优秀项目经理”。 (俞 辉)

## 勘察设计

**【概况】** 2017年,杭州市有勘察设计企业461个,比上年减少74个,减少13.8%。其中勘察甲级企业15个,设计甲级企业112个。全行业从业人员7.6万人,注册执业人员1.4万人,分别减少0.8%和21.1%。全年勘察设计行业营业收入1048.2亿元,与上年基本持平。营业收入超1亿元的企业42个,营业收入500万元以上的企业148个。

**【“拥江发展”战略规划专题讲座】** 2017年7月21日,市勘察设计行业协会特邀市城市规划设计院副总规划师黄文柳做“合力·拥江·向城——世界级滨水廊道发展展望”专题讲座,旨在帮助全市勘察设计执业人员对“拥江发展”战略规划有全面清晰的了解。黄文柳从“观识钱塘江”“谋划钱塘江”“拥抱钱塘江”3个维度入手,详细介绍杭州江城互动的历史进程及杭州从跨江发展到拥江发展的谋划过程,提出要以“战略规划定共识,法规条例保底线,技术导则引方向,合力共建拥钱江”的推进思路,打造好钱塘江两岸生态带、文化带、城市带、产业带、交通带、景观带。全市勘察设计企业300多人参加讲座,并进行互动交流。

**【施工图电子化联合审查业务培训】** 2017年9月,杭州市全面推行房屋建筑和市政基础设施工程施工图网上报送及网上联合审查。为使勘察设计企业及时掌握电子图纸上报规范、施工图网上联合审查业务流程,市勘察设计行业协会从8月初起,先后举办5期“施工图联合审查信息系统暨电子审图操作培训班”,并召开“施工图审查电子化疑难问题解答座谈会”。参训电子审图操作培训企业258个次、执业人员1200多人次。通过系统培训,参训企业基本熟悉施工图联合审查和电子化审图业务。

**【优秀青年勘察设计工程师选拔培养】** 2017年3月,继优秀青年建筑师、优秀青年园林景观师、优秀青年建筑结构师选拔培养后,市勘察设计行业协会开展优秀青年勘察设计工程师选拔培养工作。经过各单位推荐、专家组评选,确定8名青年勘察设计工程师作为后续培养人选。入围青年先后接受中国工程院院士龚晓南及国内勘察设计领域专家学者李广信、周宏磊、蒋建良、刘兴旺的授课,实地参观考察装机容量仅次于三峡大坝的金沙江白鹤滩水电站建设项目,实地观摩世界上最长的跨海大桥港珠澳大桥、珠海横琴地下管廊工程、重庆山地高边坡设计治理工程、杭绍台高速公路陈家山隧道等8个项目,并与当地同行进行研讨和学术交流。12月29日,8名青年勘察设计工程师结束学习培训后,被市建委授予“杭州市优秀青年勘察设计工程师”称号。 此前,市勘察设计行业协会与市城建档案馆联手,于6月6日,在杭州城建陈列馆(红楼)举办为期1个月的“创意杭州——杭州市勘察设计行业优秀青年设计师风采展”,以展览的形式,回顾总结选拔和培养杭州市优秀青年建筑工程设计师工作。

**【工程勘察设计质量检查】** 2017年10月23—25日,市勘察设计行业协会配合市建委,组织25名专家开展工程勘察设计质量检查。通过“杭州市工程建设项目双随机监管系统”抽取检查项目30个,主要检查勘察设计工程建设强制性标准执行情况,对未经图审和已经图审的勘察设计文件进行检查,发现违反强制性条文情况1处、勘察设计项目一般性问题280处。市建委根据检查情况,向有关企业发出指导意见书和整改通知书。

**【优秀勘察设计项目评选】** 2017年4月,市勘察设计行业协会组织开展第十二届杭州市建设工程“西湖杯”奖(优秀勘察设计项目)评选。评选特设G20杭州峰会勘察设计项目“优秀奖”和“贡献奖”。450多个项目参评,按项目类型分建筑、勘察、市政、风景园林、综合工程技术、建筑智能化、BIM技术应用七大类。经过49位专家分组评审,评出一等奖46个、二等奖90个、三等奖131个,G20杭州峰会勘察设计项目“优秀奖”43个、“贡献奖”12个。

**【注册建筑师考试资格审核】** 2017年,住房和城乡建设部恢复国家一级、二级注册建筑师资格考试。市勘察设计行业协会承担杭州市一级、二级注册建筑师资格考试报名人员现场审核认定工作。3月1—3日,全市有966名专业技术人员报名并到场接受审核确认,其中报考一级注册建筑师773人、二级注册建筑师193人。协会按照要求完成所有报考人员的考试资格审核,重点审核报考人员的报考条件及材料的真实性,审核后未发生投诉情况。

**【建筑行业学术交流】** 2017年,市勘察设计行业协会会同市建筑业协会、市海绵城市建设领导小组办公室,围绕新型工业化装配式建筑、BIM技术推广应用、海绵城市建设、城市综合管廊建设等热点问题,组织会员单位业务培训和学术交流。邀请中国工程院院士、浙江大学博士生导师龚晓南,中国工程院院士程泰宁分别做“岩土工程勘察相关问题”“建筑创作的道与术”学术报告。组织“新型建筑工业化”“海绵试点城市科学设计”“地下空间开发利用”“新型建筑工业化”等专题培训,解读新编制的《浙江省建筑防水工程技术规程》《浙江省建筑抗震设计规范》,介绍建筑结构软件新技术及装配式BIM的实践应用等前沿知识。全年参加培训交流3500多人次。 (顾 全)

**【市城市规划院承接重大项目38个】** 2017年,杭州市城市规划设计研究院及所属公司承接《杭州市城市总体规划评估》《杭州市拥江发展战略规划》《杭州市大城北地区发展行动规划》《杭州火车西站枢纽规划》《杭州城西科创大走廊空间总体规划》《市区规划管理一体化研究(2016版)》《杭州市邻里中心规划研究》《杭州市域城乡统筹特色镇示范点规划——桐庐县》《杭州市控制性详细规划管理规定》等38个重大项目的编制。 (吴伟进)

**【市勘测设计院完成勘测项目3617个】** 2017年,杭州市勘测设计研究院以持续发展为目标,大力拓展勘测设计市场。全年完成测绘、岩土工程、勘察设计等项目3617个。组织实施《杭州市区1:500基础地形图动态更新》项目,测区含主城区(包括杭州之江国家旅游度假区)行政范围,总面积690平方千米,为推进杭州市"智慧城市"和"数字城市"建设及各行业专题地理信息系统建设提供翔实的地形图资料。完成"十三五"基础测绘规划重点项目《杭州市地面沉降监测二期》。该项目包括2014年水准沉降监测网完善复测和杭州市所属九城区(不含临安区)的干涉雷达沉降监测两项内容,测区范围约2000平方千米,监测点517点,平均密度0.26点/平方千米。完成杭州市主城区市情监测,覆盖面积705平方千米,市情包括城市生态文明建设、城市综合实力、城市人口密度、公共设施水平、单位面积产值和扩张系数等基础数据。勘测院工程创优成绩突出,在以App为代表的新型地图研究方面取得突破,开发余杭、临安两地"规划一张图"系统,丰富专题地图的表现形式。《余杭图说》、《杭州市系列地图》(丝绸版)等6个项目获省部级优秀工程奖。 (韦欧阳)

## 建筑工程

**【杭州入选首批国家装配式建筑示范城市】** 2017年11月9日,杭州被住房和城乡建设部列入首批国家装配式建筑示范城市,杭萧钢构股份有限公司、浙江东南网架股份有限公司、潮峰钢构集团有限公司、浙江省建工集团有限责任公司、浙江省建设投资集团股份有限公司5个企业被列为首批装配式建筑产业基地。按照"突出重点,整体推进"原则,杭州确定上城、下城、江干、西湖、拱墅、滨江区(高新)和杭州经济技术开发区为装配式建筑重点推进地区,萧山、余杭、富阳、临安区和大江东产业集聚区为积极推进地区,桐庐县、建德市和淳安县为鼓励推进地区。全年新建装配式建筑生产基地3个,分别是浙江中南建设集团有限公司在富阳投资建设的新型工业化产业园、浙江宝业建设集团有限公司在临安投资建设的装配式建筑智能制造基地、浙江耀华建设构件科技有限公司在诸暨投资建设的预制装配整体式混凝土构件开发项目。探索装配式建筑项目奖励实施办法,组织专家对16个申请奖励项目进行评审。开展新型建筑工业化技术创新项目申报,市政府对10个技术创新项目实施奖励90万元。全市全年开工装配式建筑403.04万平方米,其中新开工装配式住宅和公共建筑(不含场馆建筑)269.52万平方米,均为全省第一。全年实施住宅全装修项目37个,建筑面积388.4万平方米。

**【建设工程招标投标监管】** 2017年12月6日,市建委召开专题会议,研究房屋建筑和市政基础设施项目招标评标规范管理办法。取消政府投资项目预选承包商名录制度。开发、完善电子招投标系统和电子辅助评标系统,实现全市招投标数据集中联网。做好设计采购施工总承包(EPC)、政府和社会资本合作(PPP)、建设经营转让融资模式(BOT)、新型建筑工业化等项目的招标投标,全年完成市级平台招标的BOT项目9个。选拔聘用新评标专家1517名,续聘原有评标专家2797名。全市完成建设工程项目(标段)招投标4976个,总中标金额1394.6亿元,与上年基本持平。其中:主城区完成建设工程项目(标段)招投标2418个,中标金额678.6亿元,增长23.1%;杭州市本级建设工程项目(标段)招投标479个,中标金额166.4亿元,增长80.9%。

**【建设工地文明施工】** 2017年,杭州积极提升建设工程文明施工和扬尘管控水平,全力保障全国文明城市复评、全国学生运动会、金砖五国部长级会议、世界互联网大会等重要会议和重大活动顺利进行。市建委发布《关于巩固G20杭州峰会成果进一步提升杭州市建设工地文明施工管理的若干意见》《建筑工地施工扬尘专项治理工作方案》《杭州市混凝土行业清洁生产工作实施方案》等文件,进一步明确建设工地文明施工和扬尘治理总体要求。开展文明施工专项检查,全年检查工地扬尘1.46万个次,发放限期整改通知单1.03万份,其中签发停工单540份;对企业信用扣分557个次1692分,对个人信用扣分2265个次6082分。浙江大学医学院附属第一医院余杭院区(浙江大学邵逸夫医疗中心)建设项目等5个项目被中国建筑业协会评为"2017年度全国建筑业绿色建造暨绿色施工示范工程"。全面落实安全生产标准化管理,258个工程被市建委评为杭州市建设工

2017年建成的杭州首个以土地公开出让方式引入社会资本建设的文晖大桥东公共停车楼 (市建委 供稿)

程安全生产文明施工标准化样板工地，65个工程被省住房和城乡建设厅评为省级标准化工地。（俞　辉）

【全过程工程咨询试点】2017年6月24—27日，市勘察设计行业协会会同市建设监理协会，举办为期4天的“全过程工程咨询试点业务培训班”。此前，住房和城乡建部发出《关于开展全过程工程咨询试点工作的通知》，确定浙江等8省、市以及40个企业（杭州3个）进行为期两年的全过程工程咨询试点。为使全市勘察设计企业熟悉全过程工程咨询工作，培训班邀请业内资深专家讲授有关理论知识，解读典型工程实例，1000多人参加听讲。8月2日，市建委召开“推进工程总承包和全过程工程咨询座谈会”，中国联合工程公司等5个企业分别介绍开展工程总承包和全过程工程咨询情况。9月25日，市勘察设计行业协会会同市建委组织召开“杭州市建设项目工程EPC推广暨经验交流大会”，总结交流全市开展工程总承包和全过程工程咨询试点工作，6个企业做交流发言。会上公布124个企业为杭州市第一批工程总承包试点企业，57个企业为杭州市第一批全过程工程咨询试点企业。（顾　全）

【建筑工人培训教育】2017年3月，市建委先后印发《关于做好2017年杭州市建设工地民工学校建设与管理工作的通知》《杭州市建设工地民工学校建设管理服务指南》等文件，引导民工学校完善各项管理制度，进一步激发办学活力。全年编撰《民工学校》专刊4期。组织实地督查参选2017年度示范民工学校83所。开展第十一届十佳民工学校评选及表彰，评选出十佳民工学校9所、优秀民工学校18所。全年新成立民工学校767所，涌现示范民工学校273所。设立岗前培训自培自考点162个，6.94万人次通过岗前培训。会同市人力社保局、市总工会开展职业技能竞赛，自行组织“钱投杯”杭州市建设工程青工检测技能比武大赛和第四届“圆梦人生”工程造价技能大赛等，6人获技师（二级）职业资格证书及“杭州市技术能手”称号，68人获高级工（三级）职业资格证书。推选建设行业工匠参评“杭州工匠”，8人获评“杭州工匠”。开展“送法进工地”“送清凉”“送医疗进工地”等主题实践活动，关爱一线建筑工人。

【19个工程项目获鲁班奖】2017年，杭州市建筑企业承建或参建的19个工程项目获2016—2017年度中国建设工程鲁班奖。其中工程项目在杭州的7个，分别是浙江音乐学院建筑工程、同花顺数据处理基地、余政储出〔2011〕80号地块办公楼及地下室项目、杭政储出〔2007〕55号地块办公和商业金融用房、杭州国际博览中心、杭州市紫之隧道（紫金港路—之江路）工程和扩大杭嘉湖南排杭州三堡排涝工程。33个工程项目获2016—2017年度国家优质工程奖，其中4个工程项目获国家优质工程金质奖。48个工程项目获2017年度浙江省建设工程“钱江杯”奖（含表扬工程）；9个工程项目获2017年度浙江省市政（优质工程）金奖示范工程；75个工程项目获2016年度杭州市建设工程“西湖杯”奖（建筑工程，含第一、第二批），29个工程项目获2016年度杭州市建设工程“西湖杯”奖（市政基础设施工程，含第一、第二、第三批）。（俞　辉）

## 建筑市场管理

【企业资质管理】2017年，市建委按照“最多跑一次”改革要求，加快建筑业企业资质申报和审批电子化进程。6月30日起，建筑业企业审批、工程招标代理、造价咨询、监理企业资质的核准和延续、变更事项均实行网上申报和审批，企业仅需在提交申请时到注册地属地建设管理部门核对资料原件即可完成申报，实现“最多跑一次”。全年核准建筑业企业资质1033个次，其中核准市级建筑业企业资质679个次、省住房和城乡建设厅委托许可建筑企业资质303个次；延续建筑劳务企业资质17个94项；核准工程监理企业丙级资质3个次、招标代理企业暂定级资质28个次、造价咨询企业暂定级资质3个次。办理建筑业企业资质变更1140个次。

【建设工程现场人员实名制管理】2017年，市建委围绕建筑工地人员安全可控目标，推进主城区建设工程现场人员实名制管理全覆盖。临安区、桐庐县、淳安县、建德市开展现场人员实名制管理操作培训。开发完成现场人员实名制管理手机客户端App管理版、企业版和项目版等功能模块。开展实名制管理手机客户端App宣讲和操作培训及咨询服务。全年杭州市区2666个工程项目实施现场人员实名制管理，实名制管理覆盖率77.8%，其中351个市级监管项目实名制管理实现全覆盖。实名制管理作业人员21.82万人、管理人员2.15万人，累计进出现场人员100.55万人次。（俞　辉）

【建筑市场信用体系建设】2017年，杭州市建立负面清单管理制度，发布《杭州市建筑市场“黑名单”管理暂行办法》《关于明确杭州市建筑市场“黑名单”管理的工作流程及分工的通知》，制定负面清单制度的基本框架和实施“黑名单”管理的工作流程。开展建筑市场诚信评价体系创新课题研究。推进杭州市建设信用网与浙江省建筑市场监管及诚信信息发布平台数据的对接和传输。全年对322个次企业信用扣分644分，对1787人次信用扣分5045分；对3929个次企业信用加分7988分，对7人次信用加分21分。（俞　辉　李致远）

【建筑市场执法检查】2017年5月10日，市建委制定《杭州市建筑市场若干规定实施细则（征求意见稿）》，按照“双随机一公开”原则，规范建筑市场执法检查。加强工程项目节后复工质量安全监管，对市级监管项目进行实名制管理抽查。全年检查建筑业企业1625个次、建设工地417个次，发出“工作服务指导建议书”47份。严格落实委托执法和市场行为认定查处规定，对检查指导、纠纷调处中出现的违法违规行为进行调查取证。全年办理行政执法案件11起，其中办理的“武汉凌云建筑装饰工程有限公司劳务作业工程违法分包案”被省住房和城乡建设厅评为2017年度全省住房城乡建设系统行政执法十佳案卷。（俞　辉）

责任编辑　余显幕

## 综 述

【社会零售和消费形势整体平稳】2017年，全市商务系统围绕市第十二次党代会提出的"加快城市国际化、建设独特韵味别样精彩世界名城"战略目标，统筹稳增长、促转型、重改革、惠民生等各项工作。杭州市社会消费品零售总额5717.43亿元，比上年（指2016年，下同）增长10.5%，社会消费品零售总额和增幅在全国15个副省级城市中分别列第五位和第三位。从零售业态来看，全市商品零售额5120.74亿元，增长10.4%。其中餐费收入596.69亿元，增长10.7%。从城乡区域分布来看，全市城镇零售额5420.61亿元，增长10.4%；乡村零售额296.82亿元，增长11.4%。杭州市网络零售额4302.4亿元，增长24.9%，占全省总额的32.3%，总量居全省首位。其中居民网络消费1929亿元，增长28.6%，占全省总额的28.5%。

【主题促销系列活动】2017年，杭州市以"消费总动员"为主题，以培育信息消费、文化消费、健康消费、绿色消费、时尚消费、品质消费等为基点，开展各类促销活动231个。全年参与企业14.25万个，累计销售额39.66亿元，比上年增长12.8%。营造"月月有节，天天都是消费日"氛围，推进"杭州商贸中心"建设，促进商贸经济转型，打造杭州休闲生活品质之城。

4月1日至5月4日，以"春暖杭城"为主题的"全国消费促进月"杭州市系列活动举行。其间，举行主题促销活动61个。以线下促销与线上网购相融合，突出休闲与文化的理念，采用"就地参与"和"城乡联动"的方式推进全国消费促进月的各项系列活动。

4月21日，由市商务委主办，拱墅区政府、桐庐县政府、杭州市汽车流通协会等单位承办的拱墅—桐庐汽车大联展在桐庐开幕，车展为期3天，设汽车展位35个，30多个汽车经销商的近150辆新车参展，累计销售

2017年杭州市社会消费品零售额

表35

| 行业(地区) | 社会消费品零售额(亿元) | 比上年(%) |
|---|---|---|
| 全市总计 | 5 717.43 | 10.5 |
| 一、分行业 | | |
| 商品零售 | 5 120.74 | 10.4 |
| 餐费收入 | 596.69 | 10.7 |
| 二、分城乡 | | |
| 城镇 | 5 420.61 | 10.4 |
| 乡村 | 296.82 | 11.4 |
| 三、分地区 | | |
| 市区 | 5 333.63 | 10.4 |
| 上城区 | 396.06 | 10.6 |
| 下城区 | 1 111.49 | 10.1 |
| 江干区 | 475.28 | 10.1 |
| 拱墅区 | 556.19 | 9.5 |
| 西湖区 | 627.43 | 10.5 |
| 滨江区 | 154.29 | 10.5 |
| 萧山(区本级) | 649.39 | 10.3 |
| 余杭区 | 481.26 | 11.1 |
| 富阳区 | 250.45 | 12.6 |
| 临安区 | 192.33 | 10.5 |
| 杭州经济技术开发区 | 99.32 | 12.4 |
| 西湖风景名胜区名胜 | 32.30 | 11.0 |
| 杭州大江东产业集聚区 | 51.83 | 12.3 |
| 三县(市) | 383.80 | 11.6 |
| 桐庐县 | 164.86 | 11.5 |
| 淳安县 | 90.99 | 12.5 |
| 建德市 | 127.95 | 11.0 |

新车300辆，销售额4800万元。同时举行汽车销售、二手车交易和后市场服务咨询台活动。

9月22日至10月30日，2017年“浙江金秋购物节”暨杭州“欢乐金秋”主题促消费活动举行，共开展促销活动61个，包括第六届浙江国际养老服务业博览会、中国国际(杭州)电子商务博览会、2017年中国(杭州)工艺美术精品博览会、浙江优质农产品展、第八届浙江连锁加盟展、第四届浙江名品展、第十五届浙江家居博览交易会、第十六届结婚采购大会、中国杭州市民休闲节、中国国际丝绸博览会、第十八届杭州西博车展等主题展会，1000多个商业企业参加活动。

12月1日至2018年1月3日，以“活力杭州·精彩消费”为主题的2017年杭州休闲购物节举行。购物节分时尚生活、美食生活、多彩生活、闲情生活、网络生活、汽车生活6个板块，推出形式多样的促销活动，87个样本企业在购物节期间累计销售额180亿元，增长15.4%。

**【延安路商业联盟成立】** 2017年5月16日，杭州市延安路商业联盟召开成立大会。该联盟由杭州解百集团股份有限公司、银泰商业集团杭州区(含杭州武林店、杭州百大店、杭州西湖店、杭州西湖文化广场店)、湖滨银泰IN77、杭州嘉里中心、国大城市广场、杭州工联跨境电子商务股份有限公司、市商业特色街联合会7个大型商贸企业发起，旨在合力营造商业氛围，优化延安路商业业态，完善商贸配套功能，提升商业品牌效应，打造高品质购物消费体验环境。延安路全长3.57千米，串联起吴山商圈、湖滨商圈和武林商圈，区域内集聚商业网点220个，经营总面积136.9万平方米，涵盖商场、市场、宾馆饭店、专卖店、餐饮、休闲娱乐以及金融服务等多种业态。联盟计划搭建地跨上城、下城两区的商业企业交流平台。

12月11日，延安路商业联盟与新加坡乌节路商联会签署缔结友好街区意向书，目标是以新加坡乌节路等国际商业街为标杆，加快延安路商业大街国际化进程，打造时尚、大气、开放、包容、主客共享的现代化商业街区。

市民通过“移动支付”购买商品 （市商务委 供稿）

**【商品专业市场“互联网+”转型升级试点开展】** 2017年，杭州市组织开展商品专业市场“互联网+”转型升级试点工作。全市272个商品专业市场中，“四季青智慧云市场”“杭派云市场”“车家佳”“机电在线”“四季钱塘厂电中心”“第六空间大都会”“浙江粮油交易网”7个市场打造交易平台、建设大数据库，强化产业依托、整合行业资源，开展招商推介、试点“市场采购”，在提升消费体验、优化物流配套等方面取得成效。6月，7个市场被确定为“互联网+”转型升级试点。

**【商业网点“移动支付”推进】** 2017年，市商务委与支付宝(中国)网络技术有限公司合作，在全市各大商贸综合体、商品专业市场、农贸市场、市级商业特色街区、农村连锁龙头企业、餐饮、美容、美发服务网点等开通商户功能和大数据功能，重点推进“移动支付”应用全覆盖，加大对商业网点“移动支付”应用工作的宣传推广力度和加大民生数据监测平台监测力度。通过“移动支付”宣传与公益广告尤其是文明卫生城市主题宣传相结合，“移动支付”商户覆盖率提升40%以上，用户数提升10%以上。至年末，各市级商业特色街，“移动支付”街区覆盖率达100%、商户覆盖率超过80%。

**【农村现代流通网络建设】** 2017年3月，杭州市开展农村现代商贸流通网络建设情况调查，杭州市三江购物俱乐部股份有限公司、十足集团股份有限公司、禹俱连锁超市等13个农村现代流通骨干企业，发展农村连锁门店2051个。3月9日，《关于杭州市小城镇商贸设施整治提升的指导意见》印发，从规划、建设、整治、“万村千乡”市场工程、农村电子商务、农村物流等6个方面提出意见建议。7月20日，杭州市组织全市商务主管部门、骨干企业召开全市农村现代商贸流通网络建设工作专题会议。

**【物流标准化国家级试点推进】** 2017年，由市商务委会同市财政局、市质监局组织实施的杭州市物流标准化国家级试点工作推进。试点企业的标准托盘拥有量从3.8万片增加到17.8万片，标准化托盘占有率由15%增长到40%；租赁标准托盘数量由1295万片增加到2429万片，带板运输率由35%增长到41%。试点的平台类企业(会员)入驻量由2万个增长到8.4万个，入驻非企业会员由21万个增长到90万个。平台在集聚企业的同时对企业的培育孵化效果明显，既减少企业人工投入，又使配送车辆避开高峰时段进城。其中娃哈哈集团通过自主研发，把智能制造融入物流标准化建设中，研发智能化的桁架机器人，提高装卸效率。

**【特种行业平稳发展】** 至2017年末，杭州主城区(上城区、下城区、江干区、拱墅区、西湖区、滨江区)正常经

**2017年杭州市主要商业特色街情况**

表36

| 街区名称 | 入驻商家(户) | 就业人数(人) | 营业额(万元) | 税收(万元) | 客流量(万人次) |
|---|---|---|---|---|---|
| 清河坊历史文化特色街 | 456 | 1 500 | 175 137.00 | 10 926.00 | 2 054.00 |
| 南山路艺术休闲特色街 | 100 | 3 000 | 299 873.45 | 11 622.34 | 390.01 |
| 湖滨路旅游商贸特色街 | 200 | 7 000 | 486 535.60 | 20 754.76 | 875.60 |
| 杭州中国丝绸城 | 650 | 1 500 | 229 835.00 | 1 124.98 | 1 320.00 |
| 梅家坞茶文化村 | 130 | 560 | 8 000.00 | 260.00 | 300.00 |
| 武林路时尚女装街 | 463 | 4 000 | 88 600.00 | 12 538.00 | 608.00 |
| 四季青服装特色街 | 9 447 | 22 387 | 1 743 793.82 | 16 215.49 | 3 000.00 |
| 信义坊商业步行街 | 132 | 752 | 5 815.00 | 201.00 | 225.00 |
| 文三路电子信息特色街 | 2 500 | 30 000 | 1 180 000.00 | 11 360.00 | 2 800.00 |
| 石祥路汽车贸易街 | 158 | 6 108 | 3 779 181.00 | 40 025.00 | 80.00 |
| 绍兴路汽车精品文化街 | 120 | 3 000 | 643 975.00 | 20 000.00 | 130.00 |
| 胜利河美食街 | 34 | 447 | 14 108.00 | 612.00 | 184.00 |
| 大兜路美食与历史文化特色街 | 40 | 600 | 9 000.00 | 470.00 | 90.00 |
| 淳安千岛湖秀水街 | 53 | — | 1 000.00 | 350.00 | 400.00 |
| 青芝坞休闲旅游慢生活特色街 | 215 | 1 050 | 18 000.00 | 170.00 | 1 900.00 |
| 西溪天堂风情美食特色街 | 36 | 400 | 7 000.00 | 59.00 | 250.00 |
| 桐庐中杭路服装时尚特色街 | 300 | 600 | 12 000.00 | 170.00 | 175.00 |
| 余杭塘栖老街风情特色街 | 100 | 400 | 4 975.32 | 407.94 | 236.92 |
| 合 计 | 15 134 | 83 304 | 8 706 829.19 | 147 266.51 | 15 018.53 |

营的再生资源回收企业222个，回收总量102万吨。成品油批发企业25个、仓储企业2个、市区成品油零售企业141个，共销售汽、柴油280.5万吨。拍卖企业120个(注销3个、新设8个)，上报数据的80个拍卖企业成交额162亿元，佣金收入1.7亿元。典当企业81个，典当成交额131.7亿元，营业利润1.04亿元。二手车经营主体备案457个，二手车交易量25.9万辆，监销、回收、拆解报废汽车2.69万辆。市本级21个加油站完成双层罐或防渗池改造。全年市商务委联合市环保局等单位对全市报废汽车、油库、加油站、成品油经营企业和二手车市场等重点行业开展各类安全生产检查，累计出动检查448人次，检查市场、企业、加油站点140个，关停企业2个，提出整改问题77个，反馈环保督查交办件2件。 (冯蔷颖)

**【市商旅集团实现营业收入335.29亿元】**2017年，市商旅集团全资和控参股企业实现营业收入335.29亿元，比上年增长1.5%；利润总额22.95亿元，增长16.5%。集团合并报表实现营业收入121.95亿元，增长5.6%；净利润9.87亿元，增长30.6%；国有净利润7.16亿元，增长37.9%；国有净资产78.75亿元，增长15.3%；国有净资产收益率9.7%。1月，经“长三角”名优食品评审委员会综合评审和网络公示，杭州牡丹面粉有限公司的“牡丹”牌面粉获“2016长三角名优食品”称号。3月，杭州五丰联合肉类有限公司下属的联谊茅坪牧场被浙江省农业厅授予“美丽生态牧场”称号。4月，诚信浙商网、浙江省消费者维权协作网、浙江市场导报联合授予浙江五丰冷食有限公司“诚信之星”称号。6月，“2017浙商全国500强”榜单发布，杭州解百集团股份有限公司入选榜单，列第179位。6月，中国饭店协会发布《2017中国餐饮业年度报告》，杭州饮食服务集团有限公司蝉联“中国餐饮百强品牌企业”榜首。7月，上海新世纪资信评估投资服务有限公司将市商旅集团信用等级从AA+上调为AAA。

集团总部完成组织机构调整：设立董事会专委会3个、部室12个和运作平台3个，明确机构和平台的职责与功能定位。优化国有资本进退机制，在做增量方面，加大对健康、体育和旅游目的地建设等新兴行业投资力度；在调存量方面，开展杭州蔬菜有限公司国有股权转让工作，完成4个“低小散弱”企业退出、8个企业管理层级压缩、4个国有企业改制。集团利用互联网等手段加大创新力度，坚持提升传统主业和加快培育新兴产业“两条腿走路”。召开经营管理创新交流会，明确创新的方向、根基、源泉和保障，弘扬创新精神、激发创新活力；举办首届“创业、创新之星”评选活动，营造鼓励创新、尊崇创新的氛围。集团加大资源整合共享力度，发挥整体协同效应。加强顶层设计，初步制订集团消费端资源整合三年行动计划，加快整合集团物业、金融、项目资源，推进各层面资源共享。

集团全年实施各类大项目24个，完成总投资19.5亿元。4月，中泰项目布鲁克驿家开业。5月，浙江五丰冷食有限公司年产4万吨冷冻冷藏食品生产项目建成投产。6月，“义乌之心”城市生活广场开业。武林广场地下商城项目完工，内部装修工程收尾。

**【杭州全程国际健康医疗中心试营业】**2017年9月，杭州解百集团有限公司旗下杭州全程国际健康医疗中心试营业。该中心由杭州解百集团、浙江迪安诊断技术股份有限公司、百大集团股份有限公司合资设立，通过整合杭州解百集团的优质客户资源、浙江迪安诊断技术股份有限公司迪安诊断的第三方医疗诊断资源、百大集团股份有限公司的物业管理资源和浙江大学医学院附属邵逸夫医院的技术与管理资源，为客户提供全面、深度、便捷的品质健康管理和医疗服务。医疗中心位于杭州西子国际综合体，总面积2万平方米，引进齿科、儿科、眼科、中医等13个专科诊所和体检中心，涵盖健康促进、国际抗衰老、高端门诊、医技支撑、就医服务6个核心模块，为客户提供一站式、个性化的专业医疗服务。（梁 之）

## 批发和零售业

**【市场主体达到100.01万户】** 至2017年末，杭州市各类市场主体（企业、个体工商户、农民专业合作社）总量达到100.01万户。其中新设市场主体20.02万户，比上年增长18.2%。实体市场651个（包括消费品市场568个、生产资料市场67个、服务市场16个），减少26个；网上交易市场33个。市场主体构成进一步优化，在册企业总量52.87万户，占市场主体总量的52.9%。各类市场总成交额3.91万亿元（含“天猫商城”和“淘宝网”成交额3.48万亿元），增长20.8%。实体市场成交额4117.50亿元，增长5.9%；网上交易市场成交额3.50万亿元，增长22.9%。全市新创建四星级文明规范市场2个，延续四星级市场21个；新创建三星级市场7个，延续三星级市场25个；新创建二星级市场22个，延续二星级市场8个。

**【新增外资市场主体投资总额160.09亿美元】** 2017年，杭州市新增各类外资市场主体1437户，比上年增加453户，增长46.0%；新增外资市场主体投资总额160.09亿美元，注册资本（认缴金额）104.85亿美元，分别增长105.5%和72.9%。至年末，全市有各类外资市场主体8736户，外商投资企业投资总额1045.14亿美元、注册资本667.28亿美元、外方认缴543.07万美元，分别增加144.45亿美元、93.26亿美元和54.42亿美元。

**【食品生产经营企业情况调查】** 至2017年末，杭州市有食品和食品添加剂生产企业1851个，占全省的21.7%。其中：食品生产企业1773个，规模以上企业242个；食品添加剂生产企业78个，规模以上企业14个。另有食品生产加工小作坊788个。全市有食品批发经营单位8438个，食品零售单位6.15万个，食品批发兼零售单位6240个，农副产品批发市场23个，农贸市场278个。

**【59个农贸市场被认定为省级放心农贸市场】** 2017年，市市场监管局组织市场负责人、管理人员开展放心农贸市场、星级市场创建相关规定要求及标准等业务培训5次。3—11月，组织1200多人次开展放心市场食品安全监督活动，通过加强农产品准入监管、加大检测力度、公示农产品检测结果和农产品价格等方式，保障食品安全、价格计量、消费环境、管理服务和诚信经营“五个放心”。茅廊巷、翰林、棚桥等59个农贸市场被省商品交易市场和农贸市场提升发展工作领导小组认定为2017年度省级放心农贸市场。

**【禽流感防控工作】** 2017年，市市场监管局印发《关于进一步加强冬春季节活禽交易、净膛杀白上市监管工作的通知》《关于进一步加强农贸市场禽类产品安全监管工作的通知》等文件，加大经营和加工私自宰杀的禽类产品、无证章标志或证章标志不全的禽类产品的查处力度。全年出动检查人员5628人次，对全市农贸市场活禽销售和杀白禽上市情况进行监督检查，发现违规交易摊点28个，无害化处理活禽1343只，立案查处6起。

**【食用农产品质量安全追溯体系建设】** 2017年4月24日，市市场监管局印发《2017年度全市食用农产品质量安全追溯体系建设工作推进方案》，分别在杭州蔬菜批发交易市场、杭州五和肉类批发市场、杭州萧山新农都物流中心建立并运行蔬菜、生鲜肉、生鲜水产品3类食用农产品追溯系统，推进全市40%的农产品批发市场启动追溯体系建设。至年末，163个城区农贸市场实现质量追溯体系和快速检测体系建成率95%以上的目标。

（方国平）

**【世纪联华“鲸选”未来店开业】** 2017年8月15日，杭州联华华商集团全新消费业态世纪联华“鲸选”未来店在杭州西湖文化广场开业，经营面积2万平方米，商品涵盖生鲜餐饮、精品家居、海淘商品、个护美妆、进口零食以及母婴用品等品类，把品类专业店以集合馆的形式在大卖场中组合呈现，引入“星巴克”、“网易严选”线下

2017年8月15日，杭州联华华商集团世纪联华“鲸选”未来店开业。图为店内一隅

（市商旅集团 供稿）

店、“宏图 Brookstone”等品牌，以及“妙喵城”“姿研舍”“优品生活”等自营品牌专柜。“鲸选”未来店扩大餐饮比重，采用“超市+餐饮”新零售模式。为增强顾客购物体验，推出“鲸选”线上体系，强化服务路径，延伸销售渠道。开业当天“联华鲸选”手机App同步上线，实现订单3千米配送范围内1小时送达。为提升“鲸选”的线上履约效率，手机App的仓储系统优化为“门店仓+前置仓”同步运作，把重点单品库存前置。“鲸选”未来店由传统销售场所向社交体验、家庭消费、时尚消费、文化消费中心等转变，扩大有效供给，增强商品、服务、业态等供给结构对需求变化的适应性和灵活性。引入VR/AR(虚拟现实技术/增强现实技术)技术、智能运营技术，增加顾客互动、增强购物体验。至年末，未来店实现客流1113万人次，销售额1.18亿元。

**【杭州联华华商集团有限公司智能拣货系统投入运营】**2017年，杭州联华华商集团有限公司加速物流体系转型升级，7月智能拣货系统投入运营。机器人拣货效率为每小时160件每人，是传统拣货效率的3～4倍；同时变传统的“人到货”拣货为“货到人”拣货，员工只需在工位上操作。机器人拣货极大降低出错率，实现“作业效率快、员工走路少、分拣差错低、使用柔性高”。至年末，智能拣货系统完成订单1.72万单，交接包裹1.9万个。

**【世纪联华原态公社开馆】**2017年6月，杭州联华华商集团有限公司首家南北货品牌馆——原态公社在滨江江晖店开馆。原态公社占地面积140平方米，经销80个散装单品和150个包装单品，倡导健康绿色的生活理念，打造传统商品及高端商品相结合的陈列模式，满足不同层次顾客需求及购物体验。为丰富商品及价格结构，原态公社引进“闽越山野”“世华有机”“心中甜”“香港啟泰”4个中高端品牌，从价格梯度、规格梯度和包装形式3个方面对南北货进行完善。至年末，原态公社入驻世纪联华超市门店13个，实现南北货销售额6484.5万元。

**【杭州联华华商集团品质食品示范超市创建】**2017年3月，杭州联华华商集团世纪联华和平店、新塘店作为首批示范样板店参与杭州市品质食品示范超市创建。两家门店按照“三品一标”(无公害食品、绿色食品、有机食品、地理标志)及“三同”(与出口产品同生产线、同标准、同质量)标准严格筛选、梳理上架商品200个，商品100%完成追溯二维码建设。顾客只要用手机扫一扫，就可获得从采购到餐桌的详细信息，实现“全程可控、全程追溯、安全放心”。同时门店设有完整的信息公示体系，对人员健康培训信息、每日门店抽测信息等7项内容进行公示，做到公开、透明。

**【“知味观”成为全国十大食品电商品牌】**杭州饮食服务集团有限公司依托“知味观”品牌，结合春节、清明、端午、中秋等传统节假日开展网络营销，并将月饼、蛋黄酥等产品的宣传与热门影视话题同步，品牌知名度提升明显。天猫“双十一全球狂欢节”期间，知味观与阿里“太极禅院”推出联名款“重阳寿糕”桂花糕礼盒，马云题写的“寿”字出现在知味观的包装盒上。2017年，阿里研究院公布，知味观排名2017年“食品餐饮类中华老字号电商”第十位，杭州饮服集团电子商务部实现网上销售1亿元，比上年增长132%。

**【“义乌之心”综合体开业】**2017年6月24日，杭州商旅集团与中国小商品城集团共同投资建设的“义乌之心”综合体开业。该综合体位于义乌市中心绣湖商圈地块，建设历时3年多，用地面积4.8万平方米，总建筑面积27万平方米，有沿街展示面300米，配套停车位2100个，总投资近20亿元。至年末，接待顾客1000万人次，实现营业收入9000多万元。“义乌之心”综合体项目在2016—2017年度中国商业地产金坐标奖的颁奖典礼上获“年度城市商业新地标”奖。

(梁　之)

## 供销合作

**【概况】**2017年，杭州市持续推进供销社综合改革和“三位一体”农合联改革。至年末，全市累计组建“三位一体”农民合作经济组织联合会(简称农合联)78个。其中市农合联1个、县级农合联8个、乡镇农合联69个。农合联吸收会员4011名，其中：种养大户、专业合作社、农业龙头企业以及涉农政府单位等团体会员3170个，个人会员841个，涵盖全市区域内的农民专业合作社及联合社、农业龙头企业、家庭农场等各类经营、服务组织，涉农会员比例超过80%。全市有基层供销社136个；领办创办农民专业合作社574个，入社成员4.35万个，带动农户29.39万户，实现销售收入47.9亿元，比上年增长15.3%。市供销社获中华全国供销合作总社综合业绩考核计划单列市和副省级省会城市一等奖和浙江省供销社综合业绩考核特等奖。茶都名园先后承办首届中国国际茶博会文化体验点活动、第四届中华茶奥会活动、浙江省敬老茶会等重要茶市活动，成为重要茶市活动的主要承办地。

**【农业生产服务】**2017年，市供销社依托供销系统农资企业、基层供销社和农民专业合作社，以土地托管为主要形式，提供种子种苗、测土配方、统防统治等全程化农业社会化服务。累计提供土地流转服务2.71万公顷，土地托管面积1.03万公顷；开展测土配方施肥7.51万公顷，统防统治面积1.06万公顷，农机作业5800公顷，科学试验示范田2333.33公顷。全年提供技术培训、信息咨询7217人次，发放科技资料3.63万份。

**【农村商贸流通业线上线下协同发展】**2017年，市供销社推进农村商贸流通业实体经营与电子商务线上线下协同发展。全市供销系统有农业龙头企业38个，其中：参与农业产业化经营的龙头企业31个(农副产品加工企业10个、农副产品经营企业11个、农副产品交易市场4个、其他经营企业6个)，省部级农业龙头企业6个。实现购进总额318.3亿元，比上年增长10.4%；销售总额364亿元，增长7.1%。其中：批发零售贸易业实现商品销售总额260.3亿元，增长8.3%；社办农业产品销售额65.2亿元，增长9.9%。直接收购和帮助农民推销农副产品149.3亿元,增长15.0%。杭州果品市场、千岛湖茶叶市场等特色农产品专业市场发挥主渠道作用,实现商品交易(批发)市场交易额151.8亿元,增长9.8%。其中,农副产品市场交易额138.9亿元,增长10.3%。引导社有企业、基层社、农民专业合作社发展农产品电子商务。在富阳、临安、桐庐、淳安、建德建设农业电子商务公共服务中心,开展乡村"一乡(村)一品"特色农产品上行服务,实现农产品电子商务销售额7.9亿元,增长54.9%。其中,建德市农合联农业电子商务公共服务中心是全国首个县级农业电子商务公共服务中心。

**【杭州供销农信担保公司转型】**2017年,杭州供销农信担保公司提升转型为政府主导、服务"三农"的政策性融资担保机构,主要面向全市农业龙头企业、农业专业合作社、农副产品购销大户、农村规模种植(养殖)大户、为农服务经济组织和杭州市其他中小企业提供融资担保服务。按照"组织封闭、对象封锁、上限封顶"和"有效控制风险、规范管理运作"的要求,发展萧山农民专业合作社联合会资金互助会、淳安颇益农民专业合作社联合社资金互助会,服务会员融资需求。至年末,杭州供销农信担保公司完成41笔涉农担保,担保额7275万元。

**【社有资产保值增值】**2017年8月,《杭州市供销合作社联合社关于促进社有企业创新发展的指导意见》出台。杭州市供销系统全年实现销售总额364亿元、利润6.5亿元、所有者权益65.8亿元、社会贡献额20亿元,比上年分别增长1.7%、5.8%、1.4%、13.5%;资产总额162.6亿元。推进杭州茶厂义桥综合体、杭州安厨供销桐庐产业园等重点项目建设,累计完成有效投资40亿元。深化市本级参控企业股权有序流动,累计流转股权1.54亿股、8.85亿元。

**【都市圈优质农产品迎新春大联展】**2017年1月5—9日,由市政府主办,市农办、市农民合作经济组织联合会、市供销社共同承办的2017年杭州市·都市圈优质农产品迎新春大联展在杭州和平国际会展中心举行。联展以"生态、安全、健康"为主题,400多个农业企业参展。首次加入市农合联、市供销社元素,集中宣传展示全市供销系统构建"三位一体"农民合作经济组织体系的成果。

**【参控股企业发展混合所有制经济】**2017年5月16日,杭州供销集团有限公司与地利农产品投资控股有限公司签署合作协议,地利集团以1:8的价格受让杭州果品集团80%的自然人股份。该合作标志市供销社本级参控股企业发展混合所有制经济迈出新步伐,民营社会资本首次参与市供销社本级参控股企业股权流转。地利集团为国内全产业链大型农产品投资经营集团,在国内10多个城市建有农产品市场。该合作有利于发挥各自优势,实现强强联合。

(陈　侠)

## 住宿和餐饮业

**【概况】**2017年,杭州市有星级住宿业限额以上餐饮业企业952个。其中:住宿业法人企业446个,包括旅游饭店259个、一般旅游饭店184个;餐饮业法人企业506个,包括正餐服务企业458个、快餐服务企业22个、饮料及冷饮服务企业14个。限额以上住宿企业营业收入115.7亿元,其中客房收入64.2亿元、餐饮收入39.2亿元、商品销售收入4675万元。限额以上餐饮企业营业收入159.9亿元,其中客房收入5.5亿元、餐饮收入150.9亿元、商品销售收入8432万元。

**【"杭帮菜塞外行"活动】**2017年8月22—29日,杭州餐饮业宁夏推广交流活动在宁夏银川和中卫两地举行。该活动由杭州市政府主办,杭州市商务委承办,宁夏驻浙江办事处、宁夏回族自治区商务厅、银川市商务局、中卫市商务和经济合作局、杭州市餐饮旅店行业协会等单位协办。活动以"杭帮菜·塞外行"为主题,以"走塞上江南·品杭菜精粹"为口号,通过推介会、杭帮菜品鉴会、厨艺茶艺表演、美食美景图片展、厨艺推广交流等活动,在银川和中卫展示杭州形象及杭州美食,扩大"中国休闲美食之都"知晓度和影响力,深化杭州与两个城市间美食文化的交流与合作。活动期间,知名杭帮菜老字号"冠江楼"与银川建发集团股份有限公司签订意向协议,银川、中卫餐饮饭店业协会与

中国杭州黄龙饭店　　（市商旅集团 供稿）

杭州餐饮旅店行业协会签订合作协议,计划在菜品互融、技术互促、人才培训方面开展合作。

【杭州美食文化北欧行活动】2017年5月17—26日,由市政府主办,市商务委承办的“2017杭州美食文化北欧行活动”在挪威和芬兰举行。活动期间,杭帮菜品鉴活动在挪威奥斯陆雷迪森布鲁酒店、挪威卑尔根市味仙阁酒楼、芬兰赫尔辛基唐朝酒楼等饭店举行。杭州代表团与当地的酒店业、餐饮业、食品业专家进行深度交流。通过杭帮菜国际化推广活动,传递杭帮菜美食文化理念,扩大杭帮菜国际影响,加深杭州与北欧各界的了解与互信,加强行业合作与交流。

【第53届国际饭店与餐馆协会年会在杭州举行】2017年12月4—6日,第53届国际饭店与餐馆协会年会暨“一带一路”国际饭店业合作大会在杭州举行,国际饭店行业组织、全球饭店行业领军人、国内外产业链机构、专家学者近1000名代表参加。开幕式上,国际饭店与餐馆协会授予杭州“世界美食名城”称号。大会以“饭店业:当东方遇到西方”为主题,通过全球对话、国际合作项目推介、杭帮菜文化交流、行业展示等板块,深入探索国际饭店发展新动力,全力打造“一带一路”饭店业国际合作新平台。

【第十八届中国(杭州)美食节】2017年10月27—29日,以“食在杭州、别样精彩”为主题的第十八届中国(杭州)美食节暨休闲美食嘉年华活动在杭州西城广场举行,现场烹饪和销售杭州美食。其间,表彰一批餐饮功勋人物,发布杭帮菜LOGO。通过全国范围内的征集,作品“赏西湖、喝龙井、吃杭帮菜”最终成为杭帮菜LOGO。该LOGO视觉设计延续“最忆是杭州”意境,以三潭印月、杭州拱桥为设计元素。外轮廓中的字母“C”突出杭帮“菜”的主题,“C”形似杭州的桥孔也是英文Connection(连接)的首字母。汉字部分由杭帮菜领军人物胡忠英题字。

【金秋国际素食嘉年华在杭州举行】2017年11月18日,“2017金秋国际素食嘉年华”在江和美海洋生活广场开幕。其中,餐饮、健康方面的专家探讨餐饮文化多样性与健康的生活方式。素食嘉年华为期8天,由市商务委主办、杭州市素食餐饮行业协会承办。活动期间,“国际素食健康和文化论坛”举行。清华大学科学技术与社会研究所副教授蒋劲松、美国约翰霍普金斯大学医学院生理学博士徐嘉、亚太素食联盟(APVU)秘书长伍月霖等嘉宾针对“素食文化的7个维度”“素食文化的内涵”等话题开展讨论,旨在推广素食健康生活方式,分享素食文化的丰富内涵、社会价值和教育实践。

【“文明餐桌”行动】2017年7月,市商务委联合市文明办印制宣传帖5万张、提示牌6万个发放至区县(市)商务部门,组织在全市餐饮企业摆放和张贴,营造文明餐桌行动社会氛围。7—9月,市商务委组织主城区(上城区、下城区、江干区、拱墅区、西湖区、滨江区)对“文明餐桌”行动开展情况进行检查。7月,市商务委协调媒体浙江卫视“新闻深一度”记者拍摄“文明餐桌”行动开展情况。9月18日,市商务委与市文明办联合印发《开展餐饮行业“厉行勤俭节约反对餐饮浪费”工作的通知》,指导协会发出“厉行勤俭节约反对餐饮浪费倡议书”。

【中外媒体国际友人美食节在杭州举行】2017年11月30日,“最忆杭州味——中外媒体国际友人美食节”在万事利丝绸文化餐厅开幕。该活动由市商务委、杭报集团主办,杭州网承办。来自全球的媒体记者、国际友人齐聚一堂,体验地道的杭州美食。美食节现场设舞台区、展示区、志愿服务台。舞台区主要进行江南古典韵味的歌舞、茶道等具有杭州特色的表演;展示区进行特色杭帮菜的烹饪表演;参会人员以演艺人员分餐服务形式品尝美食。活动旨在以美食为平台促进国内外饮食文化的交流,通过举行美食活动,向国内外媒体和国际友人宣传杭州美食,展现杭州美食魅力和文化精髓,推介杭州优秀餐饮企业。 (冯蔷颖)

【杭州饮服集团包揽全市中式烹调师职业技能竞赛前三名】2017年8月,由市总工会、市商务委、市人力社保局主办,市财贸旅游工会、市餐饮旅店行业协会承办的杭州市中式烹调师职业技能竞赛在中策职业学校举行。该竞赛为市级一类大赛,共吸引各区县(市)、产业工会等103位选手参赛。比赛分烹饪理论、冷菜制作、热菜制作3个项目,考核的是厨师的综合素质。杭州饮服集团选派知味观、味庄、杭帮菜博物馆、奎元馆等企业的20多名厨师参赛。经过角逐,杭州饮服集团包揽大赛前三名。其中杭帮菜博物馆张帅获第一名,味庄林国栋、梁奇城分别获第二名、第三名,三人均被授予“杭州市技术能手”称号。 (梁 之)

## 粮油供应

【概况】2017年,杭州市各粮油专业市场成交粮油及副产品260.62万吨,比上年增加1.75万吨。其中粮食241.98万吨、食油及油料17.17万吨、粮油食品1.47万吨、副产品196吨。成交额124.67亿元,增加4.52亿元。杭州市加强对市级社会周转粮油的检查,采用查台账与查现场、查数量与查质量相结合的检查方式,对市区专业粮油批发交易市场的132个经营户和8个粮油生产经营企业成品粮1.29万吨、食用油1500吨进行检查。全市粮食实际存储量是协议数量的2.3倍,食用油实际存储量是协议数量的1.2倍。4月25日和5月25日,杭州市分别与吉林省长春市、江西省上饶市广丰区签订粮食产销合作战略协议。4月,市商务委(市粮食局)联合市财政局、中国农业银行浙江省分行营业部、市粮油监测站等相关单位人员组成两个检查小组,对市粮食收储有限公司在江苏、江西、河南、山东等省外5个代储库点粮食清仓查库工作进行重点专项监督检查。

【市本级粮食收购政策落实】2017年5月和8月,杭州分别出台市本级2017年小麦和水稻收购政策,继续实行粮食最低收购保护价格政策。2017年小麦(三等)市本级收购价确定为每50千克118元,早稻每50千克

133元、晚籼稻每50千克136元、晚粳稻每50千克150元。鼓励和引导其他粮食收购主体入市收购。继续实行"订单粮食"价外补贴和奖励。种粮大户、家庭农场等每交售50千克小麦给予25元政府奖励和5元价外补贴、一般农户给予25元奖励等。继续发放订单粮食预购定金,在控制风险的前提下,对信用度好、具有还贷能力并按订单交售粮食的种粮大户发放粮食预购定金,所需资金由当地的中国农业发展银行提供贷款,市财政按照"谁用粮、谁出钱"的原则给予贴息。全市全年收购粮食11.07万吨,比上年增长24%。

**【粮食安全责任制落实】**2017年3月6—8日,根据省政府办公厅《关于开展2016年度粮食安全市长责任制现场考核工作的通知》要求,省粮食安全责任制现场考核组对杭州市2016年度粮食安全责任制执行情况进行现场考核。省考核组按规定的考核内容、流程和要求,通过听取情况汇报、查阅文件台账资料和现场踏勘等方式,进行检查考核。省考核组充分肯定杭州市落实粮食安全市长责任制的各项工作,并对做好粮食安全市长责任制工作提出要求。

5月23—24日,由财政部牵头的国家粮食安全省长责任制考核联合抽查工作组到杭州粮油发展有限公司、杭州富义仓米业有限公司、杭州粮食物流园区粮油批发市场、杭州国家粮食交易中心等企业,以及余杭区进行实地检查,就杭州粮食应急保障供应、成品粮应急管理、粮食产销对接、市场经营培育、网上交易拓展及信息管理和相关台账资料等进行询问,并召开座谈会。市政府、余杭区政府就2016年粮食安全省长责任制落实情况做汇报,杭州粮油发展有限公司、浙江小王子食品有限公司就粮食应急管理和产业发展进行发言。

**【"绿色储粮"新技术应用推广】**2017年,杭州市各粮食收储公司通过散装仓地面和墙面改造、"包改散"及包装仓槽管等气密性改造技术,增加绿色储粮技术应用仓容。采用洞库准低温加低氧富氮和脱氧剂、空调制冷等绿色储粮新技术,实现常储常新的目的。至年末,全市实现绿色储粮44.4万吨,占全市储备规模的61%。其中市本级28万吨,占储备规模的75%。

**【粮库智能化升级改造】**2017年,杭州市投入4204.26万元完成中心粮库智能化建设。至年末,被列入"危仓老库"粮库智能化升级改造项目的富阳、淳安中心库完成验收并交付使用,投入升级改造资金499万元,其中中央财政补助资金52万元、地方财政资金447万元。市粮食收储有限公司南星桥分公司、余杭区和桐庐县中心粮库"智慧粮库"建设与应用完成系统升级,通过对所有数据进行综合分析,对粮库实行科学、高效、低成本、绿色生态管理。

**【杭州市仁和粮食储备库建设推进】**2017年10月24日,杭州市仁和粮食储备有限公司、杭州和睦储运有限公司、余杭区政府签订《收购协议》,余杭区仁和街道办事处与杭州和睦储运有限公司签订《资产收购监管协议》。根据协议,杭州市粮食收储有限公司全资子公司杭州市仁和粮食储备有限公司以8489.08万元价格收购杭州和睦储运有限公司资产,用于杭州市仁和粮食储备库建设用地。储备库占地40.33公顷,计划投资20亿元(含土地费),一期建设35万吨粮食仓容和1万吨食用油罐。

**【粮食供需平衡调查】**2017年,根据市商务委开展的粮食供需平衡调查显示,全市粮食总产量64.72万吨,比上年增加1.12万吨;油料产量为7.21万吨,增加0.24万吨。2017年全市粮食消费总量387.00万吨,增加9.44万吨,粮食产需缺口为322.28万吨,增加8.32万吨。食用油消费总量25.23万吨,减少0.1万吨,食用油产需缺口23.26万吨,减少0.15万吨。通过对全市148个粮食企业、粮食城乡调查户623家、84个油脂企业以及油脂城乡调查户543家的粮油收支存情况进行抽样调查,完成全市2017年度社会粮油供需平衡调查工作。 (冯蔷颖)

## 专项经营

**【卷烟销售39.24万箱】**2017年,全市批发销售卷烟39.24万箱,比上年增长0.1%;销售额184.45亿元,增长4.9%;实现利税56.26亿元,增长8.3%。全年查处涉烟违法案件3109起,增长20.1%;查获违法卷烟6353.62件,增长25.0%;涉案值6392.01万元,增长6.3%。烟草专卖零售许可证办理实现"一窗受理、集成服务、证照联办",行政处罚、行政许可实行7天"双公示",践行"阳光执法",助力"最多跑一次"改革。实现随机抽取检查对象,随机选派执法检查人员的"双随机"新型监管方式,并在全省推广。全年破获国标网络案件11起,其中互联网案件9起。

杭州市烟草专卖局健全完善联合监管机制,对辖区零售户进行全过程、全覆盖监管。全年查处违法大户案件343起,查获卷烟3828.61件,占查获卷烟总量的60.3%,取消大户经营资格33户。加强专销协同,防范重大外流案件3起。全年查处国产卷烟4495.20件,其中:辖区外流入案件397起,涉案卷烟900.28件,比上年增长25.6%;辖区内流动卷烟955.16件,增长49.9%;码段不明卷烟2639.76件,增长55.6%。 (余碧瑶)

**【成品油消费370.14万吨】**2017年末,杭州市有成品油经营企业755个。其中:批发(仓储)企业26个(其中批发企业22个、仓储企业3个、专业企业1个),加油站729个(中国石化294个、中国石油73个,社会民营加油站362个)。全市消费成品油370.14万吨,其中:汽油183.18万吨,比上年增长6.4%;柴油89.66万吨,下降3.1%;煤油97.30万吨,增长13.6%。 (葛志海)

**【盐品销售11.07万吨】**2017年,杭州市盐业有限公司(简称市盐业有限公司)围绕浙江省盐业集团公司战略部署,贯彻国家盐业体制改革方案精神,把握"稳中求进、深化改革、抓好落实"工作要求,以"十三五"时期发展规划为统领,着力稳增长、促发展;着力调结构、增后劲;着力补短板、加动能;着力聚合力、抓成效,推进改革发展各项工作,累计批发销售各类盐品11.07万吨,其中小包装口食盐销售2.74万吨,发挥杭州盐业市场主渠道、主供应商地位,满足人民群众消费需求,保障盐业市场稳定有序。

市盐业有限公司按照“低端保市场、中高端创利润”指导原则,持续抓好结构调整,聚焦雪涛澳洲海盐,突出澳盐比例。以食盐放心消费“四进活动”(进机关、进学校、进企业、进社区)为契机,营造食用海盐新风尚。在杭州市热点区域投放公交车及公交站牌澳洲海盐广告,做好品牌宣传,倡导“健康、品质、安全”科学用盐消费理念。

注重营销团队建设,完善客户经理制度,加大营销渠道建设力度,扩充一线客户经理。杭州市本级在前期4个营销小组(即特通渠道组、超市电商组、加工用盐组和市场商户组)基础上,根据6个行政区域(即上城区、下城区、江干区、拱墅区、西湖区、滨江区)及五大市场(勾庄市场、近江市场、粮油市场、五金大世界、下沙九乔农贸市场)特点,采取“分片包干、责任到人”模式,落实绩效考核任务。各分公司根据实际情况,与市盐业有限公司营销团队对接、联动,形成地区协同共进,保证经营任务完成。

全年市盐业有限公司出动检查3654次,检查经营点13051家,查获案件19起。相继开展“臭脚盐”大检查,勾庄、新农都副食品市场大检查,食品加工用盐企业检查等专项检查和外省食盐定点批发企业跨区域经营状况摸底排查工作,在公安系统和工商系统配合下,打击查处一系列盐业违法、违规行为。其中:进入处罚程序的有2015年浙江中亘以工业盐充当食盐销售盐案1起;外省盐无证经营2起;查获查封外省盐违法违规数量724吨,没收20吨。 (经 飒)

## 物流业

**【概况】**2017年,杭州市以传化物流集团有限公司为代表的一批重点物流企业进一步推进全国布局,杭州“全国智慧物流中心”建设扎实推进。全市拥有国家A级物流企业85个,其中最高等级的AAAAA级物流企业10个,数量居全省第一位。传化物流集团有限公司、浙江川山甲物流有限公司等企业成功上市。浙江顺丰速运有限公司(杭州区域)业务收入保持全国大中城市前五位。杭州先后被列入全国性物流节点城市和一级物流园区布局城市,全国电子商务与物流快递协同发展试点城市、全国物流标准化试点城市、全国综合运输服务示范城市。全市智慧物流产业规模以上企业主营业务收入656亿元,比上年增长23.0%。智慧物流产业实现增加值119亿元,增长15.8%。杭州市利用电子商务、信息软件和中国(杭州)跨境电子商务综合试验区优势,发展E邮箱、E邮柜和海外仓,缓解“最后一公里”快递配送和国际物流时效问题,创建全国首个快递示范城市。

**【水路航空物流】**2017年,浙江顺丰速运有限公司和圆通速递有限公司分别在杭州空港经济区投资13亿元和7亿元,引进一流设施设备,其中浙江顺丰速运有限公司货机50多架。全年杭州市航空货邮吞吐量居全国第七位。

市交投集团投资4.9亿元,建设杭州市“四位一体”水上进出通道——东洲内河国际港,推进“散改集”绿色物流发展,实行海河联运、公水联运、水水中转等模式,提升“三江一河”港航运输能力,全年水运集装箱吞吐量5.1万标箱。

**【传化物流公司全国园区基地建设】**2017年,杭州市通过财政专项资金扶持,重点推进传化物流集团有限公司(简称传化物流公司)向全国重要节点城市布局建设。传化物流公司推进线下城市物流中心的园区基地建设、线上智慧物流商城的信息化项目,以物流供应链、数字化、金融与创新为三大引擎,运用互联网、大数据、人工智能等技术,计划建设一张覆盖全国、互联互通的中国货运网。至年末,传化物流公司建成并投入运营的传化物流基地40多个,物流平台覆盖超过30个省市自治区、200多个城市,聚集400多万名卡车司机会员,连接上百万个货主企业、16.2万个物流服务商。降低所在区域工商企业综合物流成本40%;每年减少空载行驶里程数10亿千米,减少二氧化碳排放19.2万吨。

**【传化物流集团与吉利集团签订战略合作协议】**2017年8月21日,传化—吉利战略合作暨传化慧联—吉利商用车合资公司成立签约仪式在杭州举行。传化物流集团有限公司与浙江吉利控股集团对外宣布达成战略合作意向,双方计划依托各自产业及市场资源优势,在新能源物流车领域开展长期合作,布局和打开绿色物流市场。同时,两个企业旗下子公司浙江传化绿色慧联物流有限公司和浙江吉利新能源商用车有限公司正式宣布成立合资公司,开展布局新能源运营领域。浙江传化绿色慧联物流有限公司计划以定制新能源物流车为核心,以城配物流为切入口,创新新能源运维方式,开展车辆租售、充电运维、智慧车联网等业务。

**【铁路运输与现代物流融合发展论坛在杭州召开】**2017年11月23日,由中国铁路总公司和浙江省政府主办,杭州市政府等承办的铁路运输与现代物流融合发展论坛在杭州召开。国家有关部(委)、业内相关单位和企业、相关院校、重点城市、相关协会等80多个单位参加会议。中国铁路总公司总经理、党组书记陆东福,浙江省省委副书记、省长袁家军开幕致辞。杭州市委副书记、市长徐立毅和市委常委、副市长姚峰出席开幕式。会议以铁路运输与现代物流融合发展为主题,聚焦如何发挥铁路运输在社会物流体系中的骨干作用,围绕增强铁路货运节点功能,推出满足社会需求的运输产品,构建铁路物流信息共享平台,打造现代物流服务模式,拓展集装化运输、特种货物运输、快运和多式联运业务,完善铁路物流基地与主要港口和大型物流园区便捷通道,深化“互联网+”技术应用,降低物流成本等方面的思路、政策、措施展开研讨。市委常委、常务副市长戴建平做专题报告,介绍杭州市推进现代物流业发展的实践。 (市发改委)

责任编辑 吴 铮

## 综　述

**【杭州会展业改革创新】**2017年，杭州市会展业围绕提升城市国际化水平和打造国际会议目的地城市的目标，抢抓"后峰会，前亚运"历史机遇，深入推进改革创新。出台《杭州市会展业促进条例》，编制完成《杭州市会展业发展"十三五"规划》，深化大会展管理体制改革，加快西博会、休博会等传统会展品牌项目转型升级。全年在展览专业场馆举办展览310个，比上年增加106个，增长52%；展览总面积312万平方米，增加115万平方米，增长58.4%；单个展览平均展览面积10065平方米，增加408平方米，增长4.2%。举办会议13618个，增加515个，增长3.9%。其中，国际性会议433个，占3.2%。杭州获"2016—2017年度中国十佳会展名城""2017年度中国十佳品牌会展城市""2017年度中国十佳会展名城""第十四届中国会展之星年度大奖"等荣誉。

**【《杭州市会展业促进条例》出台】**2017年8月24日，杭州市第十三届人民代表大会常务委员会第五次会议审议通过的《杭州市会展业促进条例》(简称条例)，经浙江省第十二届人民代表大会常务委员会第四十四次会议批准，自2017年12月1日起施行。条例分四章三十条，主要对大会展概念、会展业管理体制、市场主体培育、社会资本进入、会展活动申请等方面做出新的明确和规定，许多规定走在全国前列。条例为杭州会展业发展、会展活动规范、国际会议目的地城市打造提供法律保障。

**【会展管理体制改革】**2017年12月12日，市委全面深化改革领导小组第四次会议审议通过会展管理体制改革方案。方案为杭州会展业转型发展指明方向，对理顺全市会展业管理体制、创新会展业发展机制、推动会展业高质量高水平发展具有重要意义。杭州遵循"管办分离、政事分离、事企分离"的原则，进一步推动会展主体市场化发展，加快推进西博会、休博会等传统项目升级，加大引进高端国际会议项目、展览项目和国际组织工作力度，为杭州打造国际会议目的地城市、国际会展之都、赛事之城打下坚实基础。

**【第九届中国(杭州)城市会展发展大会暨打造"国际会展目的地城市"会展项目交易大会】**2017年10月28—29日，第九届中国(杭州)城市会展发展大会暨打造"国际会展目的地城市"会展项目交易大会在杭州国际博览中心举行。大会以"新定位、新目标，打造国际会展目的地城市"为主题，邀请国际大会与会议协会(ICCA)、国际会展与项目协会(IAEE)、国际展览业协会(UFI)、亚洲展览会议协会联盟(AFECA)、中国会展经济研究会等国内外权威会展行业协会负责人，美国、新加坡等国家以及北京、上海、南京、厦门、西安、香港、澳门等重点会展城市行业主管部门负责人，法兰克福展览、斯图加特展览、国家会议中心等国内外知名会展企业负责人参会。其间，举办杭州会展业国际化发展恳谈会、"杭州—澳门"会展企业座谈会、全国会展中心城市对话交流会、第九届中国高等院校会展教育学术研讨会、打造"国际会展目的地城市"会展项目交易大会、杭州市会展

**2017年杭州市展览规模分类情况**

表37

| 展览规模(平方米) | 展览数(个) | 占展览总数的比例(%) |
|---|---|---|
| 20 000以上 | 36 | 11.6 |
| 10 000～20 000 | 116 | 37.4 |
| 5 000～10 000 | 37 | 12.0 |
| 5 000以下 | 121 | 39.0 |

**2017年杭州市会议规模分类情况**

表38

| 会议规模 | 会议数(个) | 占会议总数的比例(%) |
|---|---|---|
| 1 000人以上 | 239 | 1.8 |
| 500～1 000人 | 712 | 5.2 |
| 100～500人 | 4 430 | 32.5 |
| 20～100人 | 8 237 | 60.5 |

2017年10月28—29日，第九届中国(杭州)城市会展发展大会暨打造“国际会展目的地城市”会展项目交易大会在杭州国际博览中心举行

（市会展办 供稿）

人才交流会等专题会议，共同探讨研究会展业发展，增进联络，拓展合作，提升杭州会展业国内外影响，推进杭州打造国际会展目的地城市。

**【市会议展览业协会换届】** 2017年12月1日，杭州市会议展览业协会第四次会员大会在市民中心举行。大会经过现场审议和表决，一致通过上届理事会工作报告、财务报告、协会章程修订稿、申请入会新会员、协会选举办法和第四届候选人名单，选举产生新一届协会理事会成员。63个单位(个人)为理事会成员，其中38个单位(个人)为常务理事。协会邀请香港贸易发展局驻杭州代表王斌、澳门贸易发展局驻杭州代表陈英英为顾问。协会完成换届工作，实现与政府脱钩。

**【“会议管家”培训】** 2017年8月28—31日，由中国会展经济研究会、杭州市发展会展业协调办公室主办的第四期“会议管家”培训班在桐庐举行。来自政府部门、会议公司、酒店和高校80多名相关人员参加。培训班邀请中国会展经济研究会和知名企业的专家、学者授课。中国会展经济研究会会长袁再青、信诺传媒有限公司董事长兼总裁曹秀华等专家学者围绕“国际会议与国际惯例”的主题，开设“杭州会展业发展的新举措、新未来”“大型国际会议服务启示录”“会议组织者的创新思维与实践”等专题讲座。“会议管家”培训旨在打造会员学习交流平台，提升杭州会务工作骨干素质，改善国际会议目的地软环境。

**【会展场馆建设】** 2017年，杭州有浙江世贸国际展览中心、杭州国际博览中心、杭州和平国际会展中心、杭州国际会展中心、杭州白马湖会展中心、云栖小镇国际会展中心等主要专业会展场馆，场馆总面积36.58万平方米。全年专业场馆举办展览310场，其中，国际性展览60个，比上年增加7个；展览总面积312万平方米。举办展览最多的场馆为杭州国际博览中心，展出总面积158.2万平方米，增加127.7万平方米，增长4.2倍。

**【杭州国际博览中心加入国际权威会展机构】** 2017年，杭州国际博览中心先后分别加入国际大会及会议协会(ICCA)、国际协会联盟(UIA)、国际展览与项目协会(IAEE)、全球展览业协会(UFI)、国际会议中心协会(AIPC)等国际权威会展机构和组织，其中在UIA中杭州国际博览中心为国内唯一的会员单位。该中心于举办G20杭州峰会时投入使用，较好地满足杭州举办高规格国际会议和大规模综合性展览的要求，提升杭州会展活动的硬件设施水平和影响力。

（陶　梁）

## 西湖国际博览会

**【概况】** 2017年10月20日至11月12日，第十九届中国杭州西湖国际博览会与第三届世界休闲博览会“两会合一”在杭州同期举行。西博会以“放大G20杭州峰会效应，打造国际会展之都赛事之城”为主题，在会期内举办33个会展项目，实现贸易成交额106.5亿元，引进内资131亿元，利用外资10.24亿美元。来自70多个国家和地区的中外嘉宾、客商、市民和游客近900万人次参加西博会各项活动。在国内合作城市、杭州都市圈城市和“长三角”地区城市继续设立南浔、德清、安吉、诸暨、上虞、武义、龙泉、海宁、江山、枫泾、昆山、铁岭、徽州、朱家尖、嵊泗15个分会场，带动相关区域会展经济发展。西博会实现“提升国际化水平、推进市场化转型、推动产业化发展、促进品牌化建设”的办会目标。

**【第十九届西博会和第三届休博会主题展】** 2017年10月20—30日，第十九届西博会、第三届休博会主题展在杭州国际博览中心举行。主题展分3个展馆、9个展区，展览面积9万平方米，为杭州国际博览中心建成后首次全馆使用、全馆共展。其中休闲城市馆集中展示上海、天津、重庆、南京、三亚等国内51个城市及杭州9个区县(市)风土人情、休闲特色、文化旅游产品等。休闲体验馆设置国际馆暨“一带一路”休闲文化展、杭州首届人工智能与智慧休闲展两个展区。休闲产业馆安排茶文化与休闲、丝绸与休闲、体育与休闲、健康与休闲、文化与休闲、旅游与休闲等相关产业内容展示。参观主题展约10万人次，其中专业观众3万人次；现场成交额9000万元，意向订货额5.8亿元。

**【杭州湾论坛】** 2017年11月3—4日，以“新时代，新金融，新经济”为主题的杭州湾论坛在杭州国际博览中心举行。论坛汇聚全球500多名政界、经济界、商界和学术界精英，围绕“全球经济展望与中国经济走势”“经济

第十九届(2017)中国杭州西湖国际博览会、第三届世界休闲博览会会展活动项目

表39

| 序号 | 项目名称 | 主办、承办单位 | 举办时间 |
|---|---|---|---|
| 1 | "西湖论健"国际高峰论坛 | 浙江省卫生计生委、浙江省发改委、浙江省经信委、浙江省健康服务业促进会、杭州经济技术开发区管委会、杭州健培科技有限公司、信息化建设杂志社、浙江省卫生信息学会 | 9月13日 |
| 2 | 第三届(2017)浙江国际健康产业博览会 | 浙江省卫生计生委、浙江省发改委、浙江省经信委、浙江省健康服务业促进会、浙江省医疗卫生国际合作发展中心 | 9月13—15日 |
| 3 | 第十二届海外英才杭州项目对接会 | 杭州市委人才办、杭州市科协、杭州经济科技国际交流研究会 | 9月20—22日 |
| 4 | 第十一届(2017)杭州文化创意产业博览会 | 杭州市政府、浙江大学、中国美术学院、杭州市委宣传部、杭州市西博办、杭州市文创办 | 9月21—25日 |
| 5 | 第十八届中国杭州国际汽车工业展览会 | 中国机械工业集团有限公司、杭州市政府、浙江省汽车行业协会、浙江中汽会展有限公司、中国汽车工业国际合作有限公司 | 9月29日至10月3日 |
| 6 | 中国(杭州)工艺美术精品博览会 | 中国轻工业联合会、杭州市政府、杭州市经信委、杭报集团、都市快报社 | 9月29日至10月3日 |
| 7 | 西博会国际旅游节 | 杭州市西湖博览会组委会、杭州市旅委、杭州西湖风景名胜区管委会、杭州之江国家旅游度假区管委会、钱江新城管委会、杭州市西博办 | 9月底至11月 |
| 8 | 中国大运河庙会 | 杭州市政府、拱墅区政府、下城区政府、余杭区政府、杭州市委宣传部、杭州市西博办、杭州市园文局(杭州市运河综保委)、杭州市旅委、杭州市文广新闻出版局、杭州市运河集团 | 9月底至12月底 |
| 9 | 第十九届中国国际西湖情玫瑰婚典 | 浙江省青联、共青团杭州市委、杭州青年文化传播有限公司 | 10月7日 |
| 10 | 杭州·云栖大会 | 杭州市政府、阿里巴巴集团、西湖区政府、杭州市经信委、杭州市西博办、阿里云计算有限公司、云栖联盟 | 10月11—14日 |
| 11 | 第六届浙江国际养老服务业博览会 | 浙江省老龄委、浙江省民政厅、浙江省商务厅、浙江省残联、浙江省贸促会、浙江省商贸业联合会、浙江省老年服务业协会、浙江省社会福利协会、浙江省老年学学会 | 10月12—15日 |
| 12 | 第五届(2017)中国国际棋文化博览会 | 中华全国新闻工作者协会、中国围棋协会、中国棋院杭州分院、浙江省新闻工作者协会 | 10月14日至11月13日 |
| 13 | 杭州国际友城"城市与创新"论坛 | 杭州市外侨办、杭州市发改委、浙江大学、杭州市文广新闻出版局、阿里巴巴集团 | 10月18—22日 |
| 14 | 英国《金融时报》2017年度中国高峰论坛 | 杭州市西博办、英国《金融时报》、FT中文网 | 10月20日 |
| 15 | 世界休闲高峰论坛 | 世界休闲组织、杭州市政府、浙江大学、杭州市休博办、浙江大学亚太休闲教育研究中心 | 10月20—21日 |
| 16 | 第十八届中国国际丝绸博览会 | 商务部、杭州市政府、中国丝绸协会、杭州市经信委、中国纺织进出口商会 | 10月20—22日 |
| 17 | 第十二届中国(杭州)国际休闲产业博览会 | 杭州市政府、杭州市西博办、杭州市贸促会、杭州市旅委 | 10月20—23日 |
| 18 | 第十八届中国工艺美术大师作品暨手工艺术精品博览会 | 中国工艺美术协会、中国工艺美术(集团)公司 | 10月20—23日 |
| 19 | 杭州世界休博会茶主题展 | 世界休闲组织、杭州市政府、杭州西湖国际博览有限公司、浙江在线茶媒体中心、华茶驿站 | 10月20—23日 |
| 20 | 杭州(国际)文化旅游博览会 | 浙江省文化创意产业协会、浙江省旅游联合会、浙江省旅游联合会景区分会、中韩道(杭州)投资管理有限公司、杭州钱江新城文化传媒有限公司、杭州微派会展有限公司 | 10月20—23日 |

续表39

| 序号 | 项目名称 | 主办、承办单位 | 举办时间 |
| --- | --- | --- | --- |
| 21 | 中国第八届中国·长三角国际体育休闲博览会 | 浙江省体育局、上海市体育局、江苏省体育局、安徽省体育局、浙江广播电视集团、浙江省体育产业联合会、杭州市西博办、杭州畅逸商务会展有限公司、浙江广播电视集团 | 10月20—23日 |
| 22 | 中国(杭州)室内运动展及健身嘉年华 | 世界健美健身联合会、杭州市政府、北京健美健体运动管理中心 | 10月20—23日 |
| 23 | 第十九届西博会、第三届休博会主题展 | 杭州市西湖博览会组委会、杭州市休闲博览会组委会 | 10月20—30日 |
| 24 | 西湖国际儿童艺术节 | 杭州市西博办、浙江省音乐家协会、杭州艺淘文化创意有限公司 | 10月21—22日 |
| 25 | 新生代企业家论坛 | 杭州市政府、杭州市委统战部、杭州市工商联、杭州市西博办 | 10月23日 |
| 26 | 国际大学创新与投资合作论坛 | 商务部投资促进事务局、国际大学创新联盟、杭州市政府 | 10月23日 |
| 27 | 第四届中国(杭州)国际电子商务博览会 | 杭州市政府、浙江省商务厅、中国电子商务协会、杭州市商务委、中国(杭州)跨境电子商务试验区建设领导小组办公室、浙江省电子商务促进中心、浙江省电子商务促进会、杭报集团 | 10月26—29日 |
| 28 | 首届(2017)中国国际珠宝玉石艺术品流通博览会 | 浙江省珠宝流通行业协会 | 10月26—30日 |
| 29 | 智慧能源钱塘论剑暨零碳技术国际论坛 | 中国智慧能源产业技术创新战略联盟、杭商杂志社 | 10月27日 |
| 30 | 第十九届西博会、第三届休博会市民休闲节 | 杭州市西湖博览会组委会、杭州市休闲博览会组委会 | 10月27—29日 |
| 31 | 中国(杭州)美食节 | 杭州市政府、中国饭店协会、杭州市商务委 | 10月27—29日 |
| 32 | 第二十届(2017)西湖艺术博览会 | 中华文化促进会、浙江省文化厅、浙江省文联、浙江省文化产业学会、浙江省文化艺术发展有限公司 | 10月27—30日 |
| 33 | 第七届中国民间艺人节 | 中国民间文艺家协会、中国文物学会、浙江省文联、上城区政府 | 10月27日至11月1日 |
| 34 | 第九届中国(杭州)城市会展发展大会暨打造“国际会展目的地城市”会展项目交易大会 | 中国会展经济研究会、杭州市政府、杭州市会展办、杭州市会议展览业协会、浙江大学城市学院、北京新展国际文化传播有限公司 | 10月28—29日 |
| 35 | 第五届(2017)西湖国际海水淡化与水再利用大会 | 中国海洋学会、中国海水淡化与水再利用学会、中国工程院、浙江省科协、浙江大学 | 10月28—30日 |
| 36 | 亚洲设计管理论坛暨生活创新展 | 杭州市政府、中央美术学院、亚洲设计管理协会、杭州西博文化传播有限公司 | 11月2—12日 |
| 37 | 杭州湾论坛 | 杭州市政府、杭州市西博办、杭州市金融办、财经杂志、阿里巴巴集团、杭州银行、浙报集团 | 11月3—4日 |
| 38 | 浙江·杭州国际人才交流与项目合作大会 | 浙江省委、浙江省政府、浙江省委组织部、浙江省人力社保厅、杭州市委、杭州市政府 | 11月7—10日 |
| 39 | 中国(国际)休闲发展论坛 | 杭州市政府、小康杂志社、中国文化艺术发展促进会、中华体育文化促进会、杭州市西博办 | 11月11—12日 |
| 40 | GMIC+全球人工智能杭州峰会暨中国(杭州)人工智能产业发展论坛 | 中国人工智能学会、浙报集团、杭州城市学研究理事会、萧山区政府、钱江世纪城管委会、杭州国际城市学研究中心、杭州国际博览中心等 | 11月14—15日 |
| 41 | 中国全球投资峰会 | 杭州市政府、浙江省商务厅、杭州市投资促进局、浙江省国际投资促进中心、欧洲货币集团 | 11月20—22日 |

新动能与城市竞争力”“新金融的实践和未来”“产融结合注入实体新活力”“钱塘江金融港湾的差异化突破”等议题，共同探索新时期全球和中国增长新动能，前瞻“新经济”对社会经济发展带来的全新变化，搭建金融行业服务实体经济的桥梁，助推钱塘江金融港湾建设。法国前总理德维尔潘，国际货币基金组织（IMF）前副总裁朱民，国家发改委原副主任、能源局原局长张国宝，国务院参事、住房和城乡建设部原副部长仇保兴，中国银行前行长、中国互联网金融协会区块链工作组组长李礼辉等在论坛上发表主旨演讲。（陶　梁）

## 世界休闲博览会

**【概况】** 2017年10月20日至11月12日，第三届世界休闲博览会在杭州举行。以“休闲——让生活更美好”为主题，安排主题展、世界休闲高峰论坛、市民休闲节、休闲体验路线四大核心项目和29个重点项目，70多个国家和地区的嘉宾和市民、游客900多万人次参加休博会。休博会向世界展示杭州经济转型升级新成就及对外开放、文化文明新形象。第三届休博会在中国会展行业年会上被评为“中国十大影响力展览会”。

**【世界休闲高峰论坛在杭州举行】** 2017年10月20—21日，世界休闲高峰论坛在杭州国际博览中心举行。来自美国、匈牙利、西班牙、加拿大等国家的世界休闲组织理事、国内专家学者和兄弟城市代表近300人参加论坛。作为第三届休博会、第十九届西博会的开幕论坛，论坛邀请世界休闲组织主席罗杰·科尔斯、香港城市大学商学院副院长窦文宇、中国社会科学院旅游研究中心主任宋瑞等做主旨演讲。其间，举行“休闲与幸福生活”“休闲与幸福产业”“休闲与幸福环境”3个平行会议，就“休闲与美丽生活”的话题开展研讨。浙江大学亚太休闲教育研究中心荣誉主任庞学铨做“休闲与城市发展的杭州样本”成果发布。论坛上颁发世界休闲创新奖，“桥西历史街区——从棚户区到休闲遗产高地的蜕变”“柯桥——全民休闲的蓬勃发展”“仙居永安溪绿道——县域休闲创新的典范”等案例获奖。世界休闲创新奖自2006年设立，主要用以表彰对人类福祉做出巨大贡献的创新型休闲项目。

**【中国（国际）休闲发展论坛在杭州举行】** 2017年11月11—12日，中国（国际）休闲发展论坛在浙江宾馆举行。论坛由杭州市政府和《小康》杂志社主办，以“全域旅游、田园城市与休闲发展”为主题，以国家现行经济政策及休闲产业发展状况为背景。世界休闲组织荣誉主席德雷克·卡塞、中国农学会副会长舒惠国、国家旅游局亚洲旅游交流中心副主任张坚钟，以及国内休闲城市和国外休闲业界知名人士、专家学者、专业媒体记者参会。杭州市在论坛上获“2017年度中国十大品质休闲城市”大奖，桐庐县获“2017年度中国十大品质县市”奖项。杭州为首批中国最佳旅游城市，拥有开放的休闲环境和丰富的旅游资源，此次获奖展示杭州作为“东方休闲之都”“中国最佳旅游城市”的城市魅力。

**【第十九届西博会市民休闲节】** 2017年10月27—29日，第十九届西博会市民休闲节主会场活动在杭州西城广场举行。活动以“东方文化，品质休闲”为主题，以展示休闲发展新成果，推动全市域休闲产业发展互动为目的，以西博会国际旅游节、中国（杭州）美食节为特色内容，设置休闲演艺、“非遗”文化展示、休闲美食、休闲旅游四大板块，60多个企业参加。来自美国、巴西、印度尼西亚等12个国家的文化交流团和国内省、市演出团队进行现场表演，杭州“非遗”项目进行现场展示互动，36个海峡两岸美食企业现场展示特色美食，5家优秀旅行社推出惠民利民优惠活动，并组织3个对口帮扶地区进行旅游推介。美食节吸引近40万市民和游客参与，美食销售额超过500万元。（陶　梁）

2017年10月20日至11月12日，第十九届中国杭州西湖国际博览会与第三届世界休闲博览会“两会合一”在杭州举行　（市会展办　供稿）

## 中国国际动漫节

**【概况】** 2017年4月26日至5月1日，第十三届中国国际动漫节（简称动漫节）在杭州举行。动漫节秉承“动漫盛会·人民节日”的办节宗旨，以“国际动漫·拥抱世界”为主题，设立1个主会场和16个分会场，围绕会展、论坛、商务、赛事、活动五大板块组织实施59项活动，吸引82个国家和地区参与，实现五大洲全覆盖。2587个中外企业机构、5600多名客商和专业人士参展参会。139.45万人次市民、游客参与各项活动，其中主会场33.26万人次。江干区、中国美术学院、浙江传媒学院、杭州青少年活动中心、南宋御街等分会场举办国际青年插画漫画双年展、国际动漫教育论坛、彩车巡游等活动48个，参与活动106.19万人次。动漫节达成签约交

第十三届中国国际动漫节彩车巡游活动 （李金琦 摄）

易、意向合作项目986项，涉及金额130.12亿元，实现消费额23.16亿元，合计153.28亿元。首次推出动漫节官方直播，通过官方网络直播平台观看动漫节相关活动526.73万人次。动漫节参展国家和地区数量、办展规模、参与人数、交易金额、展出效益均超过往届。

【动漫产业博览会在杭州举行】2017年4月26日至5月1日，动漫产业博览会在杭州高新区（滨江）白马湖动漫广场举行。美国、英国、加拿大、法国等10个国家和地区的200多个企业及机构参加展览，国内10个国家级动漫基地、5个省市组团，以及央视动画有限公司、阿里巴巴网络技术有限公司、深圳市腾讯计算机系统有限公司、浙江中南卡通股份有限公司等知名企业在博览会设展。现场展售国内外漫威、星球大战、加勒比海盗、哆啦A梦、银河护卫队等国际知名品牌226个。朱德庸“幽默城市·杭州”30年漫画创作特展公开展出未发表的画作600多幅，漫画家慕容引刀带去“刀刀狗”15周年装置互动展，并宣布其工作室落户杭州。

【动漫游戏商务大会在杭州举行】2017年4月24—27日，动漫游戏商务大会在杭州萧山第一世界大酒店举行。商务大会以“数字创新，跨界互娱”为主题，吸引美国、英国、加拿大、法国、意大利等17个国家和地区的企业参会。商务大会举办专业活动33场，内容涉及节目交易、版权授权、内容合作、创新创业、展示交流等产业链各环节，有1539个企业、2197名注册商务人士参会，展示及发布各类项目1002个。其中，中国动漫交易网线下对接会有100多部动画新片、200多个前端创意，吸引500多名采购方、投资方代表参会。品牌授权合作大会有境内外403个IP参会展示、对接，现场组织洽谈对接253场，达成初步合作意向项目87个。

【动漫产业高峰论坛在杭州举行】2017年4月24—28日，动漫产业高峰论坛在滨江区白马湖建国饭店和杭州萧山第一世界大酒店两地举行。论坛以“温暖·传承”为主题，聚焦社会主义核心价值观的弘扬和中华优秀传统文化的传承。国家新闻出版广电总局副局长田进到会并做题为“打造精品力作，勇攀动漫高峰”的讲话，宣布启动“中国经典民间故事动漫创作工程”及第二届“社会主义核心价值观动画短片扶持创作活动”。美国迪士尼公司高层管理人员、英国BBC儿童频道高层管理人员、第八十九届奥斯卡金像奖得主、爱尔兰著名动画电影《海洋之歌》制作人、经典动画连续剧《小熊维尼》制片人、《小猪佩奇》的运营总监、英国伯恩茅斯大学英国计算机动画中心负责人等国际领军人士，以及国内动漫游戏行业主管部门领导、权威专家学者和企业高层管理人员出席相关论坛并发表演讲。主论坛外以“创意动漫知识交流”为主题，首次推出“CAKE TALK”论坛品牌，安排大师面对面、动漫教育论坛、人才对接会等论坛研讨活动。其中，动漫人才合作对接会吸引创意产业国际教育联盟、法中文化交流协会、英国伯恩茅斯大学、东方梦工厂等国外著名动漫企业、机构和院校参加。

【“金猴奖”优秀动漫作品评选】2017年4月26日，由中国国际广播电台主办，中国国际动漫节执行委员会、浙江广电集团、中国美术学院承办的“金猴奖”优秀动漫作品评选活动结果揭晓，此次评选活动有20个国家和地区的1070部作品报名参赛，作品来自五大洲各国。参赛作品中，包括《西游记之大圣归来》《大鱼海棠》等2015—2016年度国内票房前十位的动画电影，以及国家广电总局2015—2016年度推荐的优秀作品。有26部作品获得各类奖项，其中《西游记之大圣归来》获动画电影金奖，《熊猫和小鼹鼠》获动画系列片金奖，The Sence Of Touch（法国）获动画短片金奖，《大禹故事——望夫石》获漫画金奖。

【中国动画电影推介暨电影项目创投会在杭州举行】2017年4月24—25日，中国动画电影推介暨电影项目创投会在杭州西湖区艺创小镇举行。推介创投会吸引60多个电影院线、50多个影视公司、30多个电视台少儿频道近200名专业人士参会，有12部动画新片参与推介、17个项目参与创投路演，现场举行洽谈对接活动30多场，达成创作投资意向项目7个。

【“国际动漫·美丽乡村”漫画展在杭州巡展】2017年3—5月，动漫节组委会举办“国际动漫·美丽乡村”漫画展，漫画展先后在杭州淳安、建德、桐庐、临安、富阳5个区县（市）巡展，历时35天，接待观众38万人次。巡展以静态漫画和体感、遥感、3D画等形式展示82个国家及地区的经典漫画和优秀作品。举行动漫节COSPLAY超级盛典活动，设立26个国内分赛区、8个境外分赛区，有87支团队、1300多名选手参加总决赛。组织声

第十三届中国国际动漫节COSPLAY超级盛典活动　（李　忠　摄）

优大赛，线上线下有122个团体、9000多人报名，收到参赛作品1.4万件。组织动漫彩车巡游，营造全城动漫狂欢嘉年华，让市民群众在家门口分享到动漫的快乐。

**【动漫节品牌影响力扩大】** 2017年，第十三届中国国际动漫节活动吸引境内外102家媒体的481名记者关注，《人民日报》、《中国日报》、新华社、中央电视台、美联社、《华盛顿（中文）邮报》等主流媒体相继报道动漫节盛况。中央电视台在《新闻联播》《朝闻天下》《新闻直播间》等重要栏目连续播出动漫节新闻12条。《中国日报》在欧洲版等平台推出专版和英文直播，中国国际广播电台通过13种语言向世界发布动漫节新闻；新华社、《光明日报》、《浙江日报》均制作动漫节专版专题报道。腾讯、爱奇艺、网易等30多家新媒体推出动漫节专区，发稿1000多篇，阅读量1155万次；210多万人次通过网络观看动漫节宣传视频；"今日头条"连续4天向全国主要城市推送动漫节新闻，总曝光量超过1000万次。新浪微博"第十三届中国国际动漫节"话题的阅读量超过1500万次。国内外媒体高密度宣传有效扩大动漫节品牌影响力，进一步提升杭州城市美誉度。

（赵　鑫）

## 其他重要会展

**【中国国际茶叶博览会在杭州举行】** 2017年5月18—21日，首届中国国际茶叶博览会在杭州国际博览中心举行。茶博会由农业部、浙江省政府主办，以"品茗千年，中国好茶"为主题，展出总面积3.5万平方米，展出产品涉及绿、红、青、黑、白、黄六大茶类及咖啡、茶器具、茶机械、茶服等。布隆迪等世界重要茶叶和咖啡产销国、国际性茶叶组织和国际大型茶叶经销企业代表出席大会，47个国家参展商、中国国内20个茶叶主产省茶业企业代表及1700多家国内外专业客商参展，实现交易额6780万元，其中现场交易额4920万元，成交茶叶25.5吨。其间，举办国际"茶咖"对话、当代茶文化发展论坛等专题活动及系列茶事活动，推选"中国十大茶叶区域公用品牌"和"中国优秀茶叶区域品牌"。农业部部长韩长赋在开幕式上宣读习近平总书记的贺信并做主旨演讲，浙江省委书记车俊、斯洛文尼亚副总理兼农林食品部部长戴扬·日丹等出席开幕式并讲话。茶博会首次集中展示中国茶产业发展的新成就。

**【第十二届海外英才杭州项目对接会】** 2017年9月20—22日，第十二届海外英才杭州项目对接会在杭州青山湖科技城举行。来自美国、英国、德国等50多个国家和地区的优秀海外英才参会，与杭州市各海智基地工作站、各科技（产业）园区、企业、投资机构等单位代表洽谈协商。65个优秀项目参会，内容涵盖人工智能、生物医药等高科技领域，项目质量高，合作意愿强。海外英才杭州项目对接会已举办十一届，在引进国外技术与设备、留学生创业落户、"千人计划"高层次人才引进等方面取得丰硕成果，成为促进杭州与海外高层次人才、科技、资本、留学生创业落户等对接交流的重要平台和途径。

**【第三届中国—中东欧国家文化合作部长论坛在杭州开幕】** 2017年9月22日，第三届中国—中东欧国家文化合作部长论坛在杭州开幕，国务院总理李克强致信祝贺。中国与阿尔巴尼亚、波黑、保加利亚、克罗地亚、捷克、爱沙尼亚、匈牙利、拉脱维亚、立陶宛、马其顿、黑山、波兰、罗马尼亚、塞尔维亚、斯洛伐克、斯洛文尼亚等17个国家的政府文化代表团出席论坛，围绕"文化·交流·合作·共享"的主题进行交流发言。与会各国代表团一致通过《中国—中东欧国家文化合作杭州宣言》《中国—中东欧国家2018—2019年文化合作计划》，并共同签署《中华人民共和国文化部和中东欧国家文化主管部门关于在马其顿共和国设立中国—中东欧国家文化合作协调中心的谅解备忘录》。论坛期间，各国代表团考察杭州市图书馆、浙江音乐学院、中国丝绸博物馆等，并见证"中国—中东欧国家艺术创作与研究中心"揭牌仪式和"中国—中东欧国家音乐院校联盟"成立签字仪式。该论坛每两年举办一届，是中国与中东欧国家之间级别最高、分量最重的多边文化交流活动。

**【第六届浙江国际养老服务业博览会在杭州举行】** 2017年10月12—15日，第六届浙江国际养老服务业博览会在杭州白马湖国际会展中心举行。博览会由浙江省老龄工作委员会、浙江省民政厅、浙江省商务厅、浙江省残疾人联合会、浙江省贸促会主办，浙江省商贸业联合会、浙江省老年服务业协会、浙江省社会福利协会、浙江省老年学学会承办。展会总面积1万平方米，安排养老服务产品展示、跨界养老交流、公建民营项目对接等内容。同期举办以"探索产业发展，提升服务质量"为主题的养老服务高峰论坛，邀请民政部社会福利中心党委书记甄炳亮、日本静冈县福祉部长寿福祉局局长高桥邦典、香港圣公会福利协会负责人李秀霞、上海佰仁养老集团公司总经理杨嵘等7位嘉宾做主旨发言,全省各地民政局、养老机构和省内外养老服务企业及专业组织500多人参加。展会还举办首届浙江省养老服务机构公建民营及社会化运行项目对接会,全省推出项目848个,其中养老机构项目116个、居家照料中心项目731个,20多个国内优质养老服务企业和专业社会组织参会对接。

【西湖情玫瑰婚典】2017年10月7日,第十九届中国国际西湖情玫瑰婚典在西子湖畔和钱塘江畔举行。活动以"最忆、最美、最爱"为主题,来自全国15个省、市的100对新人,从西湖涌金长桥出发,坐彩船到白堤,穿过1000米玫瑰大道后乘坐100辆花车前往宋城景区。婚典分幸福启程、彩船畅游、红毯风采、花车巡游、宋皇迎亲、盛世华典六大篇章,吸引沿途市民和游客驻足观看。玫瑰婚典是西博会的经典项目和注册项目,已连续举办10多年。

【杭州国际友城"城市与创新"论坛】2017年10月18—22日,杭州国际友城"城市与创新"论坛在杭州举行。论坛以"城市与创新"为主题,来自美国、日本、德国等16个国家的19个国际友好城市、友好交流城市代表团,南京、哈尔滨、昆明、普洱4个国内友好城市代表团,联合国教科文组织、世界城市和地方政府联合组织亚太区、C40城市气候联盟3个国际组织代表,7个国家驻华代表和有关专家,围绕智慧城市、电子商务和文化品牌3个主题开展深入讨论,30多名嘉宾发表演讲,从不同角度分享在城市创新领域中先进理念和有效做法。论坛同期举办城市创新案例图片展、"友谊林"植树等活动。该论坛已举办五届,旨在更好地挖掘友好城市资源,增强创新领域的合作深度和广度,推动城市国际化的新突破。

【第十八届中国国际丝绸博览会在杭州举行】2017年10月20—22日,第十八届中国国际丝绸博览会在杭州国际博览中心举行。博览会展览面积2万平方米,浙江、四川、江西、广东、重庆等10多个国内主要丝绸产地的200多个企业、300多个品牌及印度、尼泊尔、巴基斯坦等近10个国家参展商参展,法国、意大利、巴西、印度等近20个世界丝绸消费国组团参观。同期举办"一带一路"国际丝绸高峰论坛、"金富春杯"中国丝绸服装暨第五届中华嫁衣创意设计大赛、"中国领带城"杯国际丝品花型设计大赛、纺织"新零售"专家大讲堂等活动。

【中国(杭州)室内运动展及健身嘉年华】2017年10月20—23日,中国(杭州)室内运动展及健身嘉年华在杭州国际博览中心举行。作为国内首届以"运动健身"为主题的嘉年华,旨在让杭州市民和游客最大限度地感受运动和健身的魅力,传达更健康、更纯粹的生活理念。嘉年华推出运动营养品、健康食品及功能性饮料展览会和中国体能大赛、国际健身健美大赛、"超级腕2017"总决赛等15场大型赛事,联手国内知名健身培训机构打造战略与投资、俱乐部管理、瑜伽、普拉提、健身舞蹈、搏击、健美、营养与运动康复、健康管理等培训课堂,设置运动健身用品市集。同期举办CFLF中国健身领袖论坛(杭州)暨首届杭州健身俱乐部管理论坛,汇聚业界意见精英、专家及行业内资深健身俱乐部创始人,就健身行业从业者最为关心的热点议题开展探讨。

2017年10月7日,第十九届中国国际西湖情玫瑰婚典在西子湖畔和钱塘江畔举行 (市会展办 供稿)

【第十二届中国(杭州)休闲产业博览会】2017年10月20—23日,第十二届中国(杭州)国际休闲产业博览会在杭州和平国际会展中心举行。博览会以"全域·全季·全民的多彩生活"为主题,设国家和地区展区、旅游推广区、休闲活动区、智能生活体验区和休闲生活产品区五大特色展区。其中:国家和地区展区汇集来自12个国家的旅游景点介绍、旅游商品、进口食品、户外用品、工艺品及珠宝和各种酒类等;旅游推广区展示杭州市区及周边各区县(市)景点景区、民宿、特色公园、特色运动休闲项目;休闲活动区安排各类亲子活动、少儿特色运动类培训项目体验、养生知识分享、运动项目、休闲生活方式体验等内容;智能生活体验区展示机器人和智能家居产品带来的与众不同的新体验;休闲生活产品区展示各式工艺品、茶具、休闲体育用品、健身器械、娱乐休闲产品和户外休闲产品等。博览会从多个方位展示国内外休闲产业与休闲生活的最新发展趋势,为国内外的休闲行业在华东地区搭建休闲产业交流合作及商贸服务平台。展会期间接待参观人数5万多人次,实现成交额800多万元。

【新生代企业家论坛在杭州举行】2017年10月23日,新生代企业家论坛在杭州国际博览中心举行。论坛由市政府主办,市委统战部、市工商联、市西博办承办,以"奇点来临:智能化浪潮与新实体经济"为主题,围绕加速创业智能化、城市智慧化等内容进行讨论。阿里巴巴集团技术委员会主席王坚、中国科学院自动化研究所复杂系统管理与控制国家重点实验室主任王飞跃教授等专家学者应邀做专题讲座。会上，“杭州市首批港澳青年实习创业基地”揭牌，并设置优质创业项目的路演环节，6个深耕人工智能、信息经济、智慧经济等前沿领域的项目集中展示自身优势与融资需求。论坛吸引省、市、区新生代企业家，港澳青年企业家，省内外嘉宾及媒体代表近400人参会。

**【第四届中国(杭州)国际电子商务博览会】** 2017年10月26—29日，第四届中国(杭州)国际电子商务博览会、第二届全球跨境电商峰会、第一届跨境电商进口博览会在杭州举行。博览会响应“一带一路”倡议，紧扣“网上丝路、联通世界”主题，通过会议论坛、展览展示、活动交流三大板块，打造“成果展示、创新启发、经验交流、应用推广”的电子商务公共服务平台。博览会安排“e览全球·无境未来”跨境电商百万创新服务颁奖盛典、跨境电商生态精耕细作与服务升级、产品质量监管与风险防控、通关监管与物流创新、国际仲裁等分论坛，举办跨境电商进口博览会、新金融发展高峰论坛、中美新经济和投资论坛、双创发展论坛杭州峰会、第三届女性互联网大会等活动。来自美国、英国、德国、法国等40多个国家和地区的400多名嘉宾，以及全国各省、市、自治区和香港、澳门相关部门代表8000多人参会。线下实体展馆总面积逾3万平方米，吸引海内外80多个组团近1000个电子商务企业参展。4万多人到场参观，博览会官网虚拟馆点击人数突破10万人次，网络直播观看人数突破200万人次。

**【第二十届西湖艺术博览会】** 2017年10月27—30日，第二十届(2017)西湖艺术博览会在杭州和平国际会展中心举行。博览会设置当代原创、传统经典、手艺创意三大板块和回顾展、邀请展、主题展、推荐展、机构展、外围展六大专题，以及国画、油画、版画、雕塑、陶艺、水彩、装置、手艺、创意九大类别。博览会秉承“搭建一流平台、汇集名家精品、促进交流交易、共襄艺术盛世”的宗旨，历经19年打造，规模从最初200个展位发展到2017年1000多个展位，形成综合性的大型国际艺术品展示和交易平台。

**【第七届中国民间艺人节在杭州举行】** 2017年10月27日至11月1日，由中国民间文艺家协会、中国文物学会、浙江省文联、上城区政府共同主办的第七届中国民间艺人节在杭州清河坊历史街区举行。艺人节推出中国民间手工技艺精品展、中国民间艺术产业示范展、中国民间收藏品交流展、中国新生代匠人产业发展论坛、中国民间工艺精品拍卖会五大活动板块。来自全国100名民间艺人及60名全国各艺术门类新生代匠人，向杭州市民、游客展示精湛的手工技艺，200多件各艺术门类的精品力作对外展示。

**【国际(杭州)毅行大会】** 2017年10月28日，国际(杭州)毅行大会在杭州江干区体育中心举行出发仪式。毅行大会以“杭州与世界同行”为主题，来自20多个国家和地区的国际友人、动漫卡通人偶、残障人士及杭州各行各业健身爱好者1.5万人共同参与。毅行大会设置江干区体育中心和湘湖湖山广场两个终点，整体线路逐一展现杭州精华景点，首次将复兴大桥、西兴大桥、九堡大桥串联在一条线路上，并包括钱江世纪城沿江景观公园、湘湖风景区“智慧花乐园”景观带及七彩生态绿道。毅行大会已连续举办六届，毅行活动成为杭州全民健身活动的标志性项目。

**【第五届西湖国际海水淡化与水再利用大会】** 2017年10月28—30日，第五届(2017)西湖国际海水淡化与水再利用大会在杭州举行。大会由中国工程院、中国海洋学会、中国海水淡化与水再利用学会、浙江省科学技术协会、浙江大学等联合主办，以“绿色发展·美丽中国”为主题，全面聚焦行业热点难点，权威解读政策趋势走向，高端发布最新技术成果。火箭军后勤科学技术研究所侯立安、国家海洋局第二海洋研究所潘德炉、大连理工大学高分子研究所蹇锡高、杭州水处理技术研究开发中心高从堦等院士和亚太脱盐协会主席栗原优等知名学者专家应邀到会发表主旨演讲，近400位来自政府、高校、科研单位、企业的嘉宾参会。大会设置中国海洋学会海水淡化与水再利用分会新会员授牌仪式及全国海水淡化与水再利用产业发展报告会、全国废水深度处理与资源技术研讨会、杭州余杭区人才引进与招商投资交流会、中国海洋学会海水淡化与水再利用分会第七届理事会议等专题会议。

**【浙江·杭州国际人才交流与项目合作大会】** 2017年11月7—10日，浙江·杭州国际人才交流与项目合作大

2017年10月28日，国际(杭州)毅行大会在杭州江干区体育中心举行出发仪式 (市会展办 供稿)

2017年11月7日，浙江·杭州国际人才交流与项目合作大会在杭州国际博览中心举行 （市会展办 供稿）

会在杭州国际博览中心举行。大会由浙江省委、省政府主办，秉承“交流、合作、创新、创业”主题，开展海外留学人才项目与技术合作洽谈会、外籍(非华裔)人才创新创业项目洽谈、海外高层次人才创新创业重点项目发布、“梦想天堂 海外人才创业沙龙”等主题活动。来自27个国家和地区的498名海外人才携564个高质量创业创新项目参会交流，40多位海外社团负责人、27个高端外国专家(非华裔)组织负责人应邀参会。大会征集创新创业项目1500多个，80%以上项目为省、市重点发展的信息经济、生物医药、高端装备制造和金融服务等产业项目，符合省、市产业发展方向。开幕式上，举行杭州市全球人才“521”计划第二批人才、杭州市第四批海外人才工作顾问聘任和项目签约仪式。大会自2009年起已举办八届，累计邀请3723名海外高层次人才和100多个海外留学人员社团参会，洽谈项目4158个。其中，杭州签约项目937个，签约金额122.65亿元。签约项目中落地项目700个，注册资金92.6亿元。大会已成为浙江、杭州吸引海外高层次人才的“金名片”。

**【全球人工智能杭州峰会】** 2017年11月14—15日，GMIC+全球人工智能杭州峰会暨中国(杭州)人工智能产业发展论坛在杭州国际博览中心举行。论坛以“科学复兴、极智未来”为主题，围绕“将AI打造成产业创新的基础设施”“AI时代消费升级与金融科技”“AI时代的智能家居”等内容开展探讨，并设置以“回归理性，拥抱智能”等为主题的3场圆桌论坛。大会特别邀请英国剑桥大学著名物理学家斯蒂芬·威廉·霍金做题为“让人工智能造福人类及其赖以生存的家园”的视频演讲。会上，发布《杭州市人工智能产业发展情况报告》，举行浙江大数据交易中心行业运营中心签约仪式。

**【中国全球投资峰会杭州举行】** 2017年11月20—22日，中国全球投资峰会在杭州洲际酒店举行。峰会由杭州市政府、浙江省商务厅主办，杭州市投资促进局、浙江省国际投资促进中心、欧洲货币集团承办，以“共享杭州机遇，共建世界名城”为主题，安排开幕仪式、重大项目签约、专题访谈、讨论演讲、一对一项目对接洽谈、实地考察等内容。世界500强企业及行业领先企业、跨国公司、投资促进机构、境外客商代表、浙江及杭州企业界代表、异地在杭商会代表等1000人参加，共同解读杭州经济，探索杭州未来产业，展望世界和杭州投资趋势，为提升杭州对外开放水平、推进未来产业发展和加快城市国际化进程出谋划策。投资峰会促成14个重点项目签约，投资额199亿元。

（陶 梁）

**【国际新兴市场系列展会】** 2017年，杭州市贯彻国家“一带一路”倡议，帮助企业开拓国际新兴市场，组团参加第122届中国进出口商品交易会(秋季广交会)，设展位1542个，其中品牌展位242个，参展企业684个，实现成交额9.98亿美元。并先后在境内外举办5场展览会。

3月23—26日，市政府、省商务厅、中国轻工工艺品进出口商会在杭州和平国际会展中心举办第十届中国(杭州)国际花园、户外家具及休闲用品展览会。参展企业130个，展览面积超过1万平方米。美国、德国、法国等17个国家的60多名采购商到会采购。其间，举行产业高峰论坛等交流活动。

6月1—3日，市政府在土耳其伊斯坦布尔世贸中心举办2017年中国(土耳其)贸易博览会。杭州参展企业92个，展位数182个，伊拉克、伊朗、黎巴嫩、乌克兰等国家及土耳其主要商业城市的大宗采购商近1.2万人次到会采购，展会现场成交额260万美元，意向成交额2100万美元。

6月6—8日，市政府在波兰华沙PTAK国际展览中心举办2017年中国(波兰)贸易博览会。杭州参展企业114个，展位数226个。波兰境内的大型采购代表团及白俄罗斯、拉脱维亚、立陶宛、捷克、斯洛伐克、乌克兰等中东欧国家的客商1.4万人次到会参观。展会现场成交额1080万美元，意向成交额4100万美元。

8月26—28日，市政府在埃及开罗国际展览中心举办2017年中国(埃及)贸易博览会。杭州参展企业67个，展位数151个。展会吸引埃及、黎巴嫩、沙特阿拉伯等10个周边国家的1.26万名采购商到会参观，现场成交额5680万美元，举行贸易配对会150场次。

12月10—12日，市政府在阿联酋(迪拜)世贸中心举办2017年中国(阿联酋)贸易博览会。杭州参展企业近120个，设展位291个，其中服务贸易展位30个。展会吸引来自沙特阿拉伯、约旦、巴林、科威特、黎巴嫩、也门、阿曼等国的专业观众1.41万人次。现场成交额1650万美元，意向成交额6800万美元。 （冯蔷颖）

责任编辑 余显幕

## 综 述

**【金融业运行稳健】** 2017年，杭州市实现金融业增加值1056亿元，比上年末增长6.9%，增长率提高1.1个百分点。金融业增加值占全市GDP比重8.4%，下降0.3个百分点。至年末，全市有各类银证保金融机构499个。其中：分行级以上银行机构46个，新型农村金融机构8个，农村合作金融机构9个，省级以上保险机构81个，证券公司5个，证券营业部248个，期货公司10个，期货营业部72个，基金公司1个，信托公司4个，财务公司7个，金融租赁公司1个，消费金融公司1个，汽车金融公司1个，资产管理公司4个，专营机构1个。

全年新增社会融资总量7059.15亿元，增长40.8%。其中：以人民币贷款为主体的间接融资4673.68亿元，占66.2%；以债券、股权融资为主体的直接融资2385.47亿元，占33.8%。全市金融机构本外币各项存款余额36483.24亿元、各项贷款余额29270.94亿元；证券经营机构代理交易额15.31万亿元、托管市值13357.75亿元；期货经营机构代理交易额26.16万亿元、手续费收入14.23亿元；保险机构累计保费收入633.70亿元、累计赔付支出169.61亿元；典当机构累计典当笔数4.74万笔、典当金额131.72亿元。

**【境内外上市公司新增28个】** 2017年，杭州市全年新增境内外上市公司28个，其中境内26个、境外2个。至年末，全市上市公司总数163个，仅次于北京、上海和深圳，居全国大中城市第4位。其中：境内上市公司128个（包括中小板34个，创业板36个），境外上市公司35个。杭州市在全国中小企业股份转让系统挂牌企业新增34个，累计381个。新增省股权交易中心挂牌企业775个，累计1687个。

**【企业融资渠道拓宽】** 2017年，全市企业通过股权融资1214.55亿元，比上年下降7.8%。其中：IPO融资187.68亿元，上市公司定增285.88亿元，“新三板”挂牌企业定增35.46亿元，上市企业重大并购重组199.73亿元，企业获私募股权融资505.80亿元。

全市企业在各类市场发行债券1186.1亿元，比上年增长21.2%。其中：全市企业在银行间市场发行债务融资1084.6亿元，上市企业发行公司债券22.5亿元，企业债券获批79亿元。浙江胄天科技公司发行浙江省首只“双创债”，恒逸集团发行的15亿元“企业债”是全国首只专项支持“一带一路”建设的企业债券，庆春路过江隧道项目资产支持计划是全国首批发行PPP项目资产证券化产品之一。

全市办理股权出质的企业1476个，出质股权数508.71亿元，融资3326.04亿元。其中，在市本级办理的企业244个，出质股权数68.96亿元，融资347.19亿元。

**【跨境人民币结算】** 2017年，全市跨境人民币结算累计2875亿元，比上年

2017年6月29日，全市金融工作会议暨钱塘江金融港湾建设推进大会召开
（市金融办 供稿）

2017年11月3—4日，杭州湾论坛在杭州举行 （市金融办 供稿）

下降0.24%。其中：货物贸易出口人民币结算852亿元，增长6.6%；货物贸易进口人民币结算789亿元，下降30%；服务贸易及其他项目人民币结算214亿元，下降35.2%；跨境投融资206亿元，下降67.5%。

**【小额贷款公司业绩增长较快】** 至2017年末，全市共有小额贷款公司54个，注册资金合计113.2亿元，比上年下降8.8%。全年累计发放贷款2.78万笔，金额272.84亿元，其中小额贷款分别占85.9%和31.3%。平均利率和逾期率分别为14.6%和13.4%。全年业务收入12.71亿元，下降12.3%。全年净利润5.47亿元，增长83.6%。净资产收益率3.96%，提高1.91个百分点。有5个小额贷款公司亏损。

中国工商银行、中国光大银行等银行机构联合人保财险、太保产险、阳光保险、大地保险、浙商保险等保险机构开展小额贷款保证保险试点。至年末，累计业务笔数1635笔，保险额增加1.57亿元。

**【创业担保贷款发放】** 2017年，市就业管理局发放创业担保贷款1042笔，金额2.49亿元。其中，市本级419笔，金额1.31亿元。杭州大学生创业联盟等部门推动实施大学生创业企业融资“风险池”计划。至2017年末，已有125个(次)企业成功申请“风险池”基金，授信7530万元，发放贷款114个(次)，金额6944万元。

**【金融创新服务】** 至2017年末，杭州银行文创金融板块存款余额456.72亿元，科技文创金融客户融资余额280.21亿元。杭州银行科技支行存款余额102.45亿元，融资余额51.87亿元。建德市大同桑盈资金互助社年末存款余额8362万元，比上年末增长26.9%；贷款余额7374万元，增长22.4%。浙江网商银行年末存款余额581.55亿元，增长31.4%；贷款余额322.48亿元，增长5.7%；存贷比55.5%，下降13.5个百分点。

**【财富管理中心建设】** 至2017年末，全市有股权交易场所19个，交易标的包括股权、大宗商品、艺术品等。其中，杭州股权交易所成交金额99.33亿元，比上年增长18.5%。新开通外币卡补助商户57个。钱江新城集聚国家开发银行浙江省分行、中国建设银行浙江省分行、交通银行浙江省分行、浙商证券公司、浙江股权交易中心等20多个总部级金融机构。Money20/20金融科技博览会、中国铁路建设投资公司以及浙商产融控股有限公司等金融机构总部项目落户钱江世纪城。5个省市级金融特色小镇集聚各类金融机构3480个。至年末，上城区玉皇山南基金小镇引进企业2035个，资产管理规模超过1万亿元，实现税收超过20亿元，投向实体经济的资金总额3400亿元。在全国范围基金小镇入驻私募基金管理人排行榜中，玉皇山南基金小镇进入“前三甲”。拱墅区运河财富小镇、萧山区湘湖金融小镇和富阳区黄公望金融小镇分别集聚财富管理机构236个、307个和635个。至年末，全市在中国证券投资基金协会备案的私募基金管理人1370个，备案基金3913支。

**【互联网金融建设】** 2017年，杭州市互联网金融实现增加值191亿元，比上年增长6.6%，占GDP比重1.5%。至年末，杭州市有互联网支付业务资质的第三方支付机构8个(全省共9个)，处理网络支付业务2.5亿笔，金额6255.22亿元。推进互联网金融平台建设，年内，西溪谷互联网金融小镇新增企业86个，累计267个，实现税收25.56亿元。全国首个区块链产业园区在西溪谷互联网金融小镇落户。1月，西湖区互联网金融大厦被评为“市级互联网金融楼宇”。

**【金融扶持政策出台】** 2017年，杭州市推进落实“1+X”相关金融扶持政策，出台《杭州市人民政府关于加快推进钱塘江金融港湾建设的实施意见》《杭州市推进钱塘江金融港湾建

2017年杭州市金融峰会(论坛)情况

表40

| 名　称 | 时　间 | 主办方 | 主　题 |
|---|---|---|---|
| 2017全球区块链金融(杭州)峰会 | 4月28日 | 杭州市人民政府、浙江大学、浙江省金融办、中国人民银行杭州中心支行、浙江清华长三角研究院 | 区块链 新金融 智慧生活 |
| 2017丝路国际联盟大会 | 6月17—18日 | 国际金融论坛、丝路国际联盟、中国新闻社 | 一带一路 愿景与行动 |
| 第三届全球私募基金西湖峰会 | 6月24日 | 杭州市人民政府、中国证券投资基金业协会等 | 私募基金的责任 |
| 钱塘江金融青年讲坛 | 6月30日 | 浙江省金融团工委 | 浙江省金融青年志愿公益与绿色金融、科技金融、双创金融 |
| 第二届钱江弄潮·支付创新峰会 | 7月12日 | 中国银联 | 云闪付让生活更方便 |
| 2017中国金融国际年会(CICF) | 7月12—15日 | MIT斯隆管理学院、上海交通大学、上海高级金融学院、浙江大学经济学院、浙江大学工程师学院互联网金融分院 | |
| 2017两岸暨港澳银行业财富管理论坛 | 7月14日 | 中国银行业协会、香港银行学会、金融时报社 | 规范 创新 发展 |
| 中国企业好项目产融对接论坛 | 7月21日 | 浙江省中小企业协会、中金国际集团、玉皇山南基金小镇管委会 | |
| 2017中国(杭州)金融科技高峰论坛 | 7月28日 | CCTV证券资讯频道《城市·中国》栏目、都市快报·快房传媒 | 拥抱新技术 思变新金融 |
| 2017创新中国总决赛暨DEMO CHINA秋季峰会 | 9月6—7日 | 创业邦 | 风口/布局 |
| 2017中国(杭州)新金融发展高峰论坛 | 10月28日 | 杭州日报报业集团、杭州市互联网金融协会 | 新政策 新科技 新趋势 |
| 2017杭州湾论坛 | 11月3—4日 | 杭州市人民政府、《财经》杂志社 | 新时代 新金融 新经济 |
| 第三届中国新三板并购高峰论坛 | 11月10日 | 杭州经济技术开发区管委会 | 发展并购重组、助力实体经济 |
| 2017中国全球投资峰会·杭州 | 11月20—22日 | 杭州市人民政府、浙江省商务厅 | 共享杭州机遇 共建世界名城 |
| “钱江弄潮”——中国金融科技创新与上市公司产业发展高峰论坛暨中国董秘百人会论坛启动仪式 | 11月25日 | 上城区人民政府、中国董秘百人会论坛 | 金融科技创新融合、上市公司产业转型升级 |
| 首届亚太资管高峰论坛 | 12月12日 | 杭州市人民政府、亚洲金融合作协会 | 新时代资产管理的跨境合作与创新发展 |
| 首届钱塘江论坛 | 12月15—18日 | 浙江省金融业发展促进会、钱塘江金融研修院 | 新金融、新科技、新业态、大湾区 |
| 浙江省产学研合作论坛暨新浙商论坛—科技与金融推动创新创业 | 12月17日 | 浙江省产学研合作促进会、中科商学研究院、新浙商创业创新基金会、浙江省市场协会 | 政产学研金合作与协同发展新机遇、人工智能与企业未来、创新与创业 |

设2017年度重点项目责任分解方案》等文件。完成对在杭金融机构支持杭州经济发展评价等激励工作，调动在杭金融机构的积极性。推进企业挂牌上市，与上海证券交易所、深圳证券交易所、全国中小企业股份转让系统、浙江股权交易中心签署战略合作备忘录。全年为189个符合补助条件的企业拨付补助款9877.42万元。

**【金融服务实体经济能力提高】**2017年，杭州市对接“一行三会”及各类金融机构，协调其按照地方产业发展导向，强化金融保障。加大城中村改造、基础设施建设等重点项目和创新创业项目投入。至年末，全市企业贷款余额1.83万亿元，新增2175亿元，比上年增长13.5%。其中，信息传输、软件和信息技术服务业贷款余额新增341亿元，增长59%。加大服务“三农”投入，全市涉农贷款余额4855亿元，增长14.3%。满足居民合理住房信贷需求，全市个人购房贷款余额6431亿元，增加1114亿元。发挥保险稳定器功能，为全市经济社会提供74.7万亿元的风险保障。

**【金融风险防范加强】** 2017年，杭州市全面监测风险企业，密切关注企业担保链和资金链风险，解决风险企业困难问题。至年末，全市报告资金链风险企业48个，比上年减少79个，涉贷金额230.28亿元。开展互联网金融风险专项整治和ICO(代币发行融资活动)清理，排查互联网相关企业3700多个，其中清退问题企业400多个、取缔11个。全市为企业提供转贷服务金额83亿元，累计帮扶企业1690个(次)，企业节约成本约7000万元。开展“金融知识进万家”、“金融知识万里行”、防范打击非法集资进社区等主题活动，在《每日商报》开设防范非法集资专栏，提高群众的风险防范意识。年内，杭州金融仲裁院受理案件576件，增长61.8%。办结金融案件389件，增长16%，其中裁决率56.3%、撤案率32.1%、调解率11.6%。快速结案率41.4%，增长19.2%。 (市金融办)

## 银行业

**【概况】** 至2017年末，杭州市有各类银行业金融机构81个。其中，政策性银行3个、国有商业银行5个、股份制商业银行12个、邮储银行1个、金融资产管理公司4个、城市商业银行12个、民营银行1个、农村合作金融机构9个、新型农村金融机构8个、外资银行12个、信托公司4个、财务公司7个、金融租赁公司1个、汽车金融公司1个、消费金融公司1个。

全市金融机构本外币各项存款余额36483.24亿元(占全省的34.0%)，比上年增长9.3%，增长率降低2.5个百分点。本外币各项贷款余额29270.94亿元(占全省的32.4%)，增长11.9%，增长率降低0.3个百分点。全市银行业金融机构累计实现利润298.44亿元(占全省的26.3%)，增加154.85亿元。全市银行信贷不良率1.58%，下降0.24个百分点，低于全省平均水平0.06个百分点。

**【银行业金融服务实体经济】** 2017年，杭州银行业金融机构各项贷款增速高于全省1.55个百分点。全市银行业金融机构全年新签银团贷款项目83个、金额1355亿元，项目数和金额均居全省第一位。支持城中村改造工程，提高城市功能品质，保障性安居工程贷款比上年增加604亿元，棚户区及垦区危房改造贷款增加607亿元，增长81%。深入实施“一号工程”，持续加强新兴领域支持力度，战略性新兴产业贷款增加314亿元，其中节能环保产业贷款增加131亿元、新一代信息技术产业贷款增加63亿元。深化科技金融和绿色金融“双驱动”。总结推广“双创”批量融资模式，打造专业化科技金融“四专模式”，对接杭州国家自主创新示范区、城西科创大走廊、城东智造大走廊、之江实验室、滨江高新开发区等建设。全市银行业金融机构深入践行“两山”理论，打响绿色金融杭州品牌，出台“普惠金融新十条”，推进“跑街+跑数”的“双跑”模式。总结推广“三权”抵质押贷款、“农民资产受托代管融资”、“村级互助担保组织合作”等模式。普惠金融信贷可获得性明显提升，至年末，全市小微企业贷款余额7275亿元，增加590亿元，小微企业贷款户数和申贷获得率均高于上年。

2017年3月13日，浙江省银行业人民调解委员会在杭州成立

(浙江银监局 供稿)

**▲资料：银团贷款**

银团贷款亦称“辛迪加贷款”。由获准经营贷款业务的一个或数个银行牵头，多个银行与非银行金融机构参加而组成的银行集团采用同一贷款协议，按商定的期限和条件向同一借款人提供融资的贷款方式。产品服务对象为有巨额资金需求的大中型企业、企业集团和国家重点建设项目。当借款者寻求的资金数额太大，以至于任何一个单一的银行都无法承受该借款者的信用风险时就产生对银行团体的需求。银团贷款市场的使用者是在银行贷款市场寻求大额融资的借款者。

**【银行业金融风险防控】** 2017年，杭州银行业金融机构年末不良贷款余额463.18亿元，不良贷款率1.58%，低于全省0.06个百分点，不良贷款率、逾期贷款率、关注类贷款率实现“三降”。强化风险源头治理。制定银行业控风险要点30条，细化并压实十大风险防控任务，守住风险底线。加强

## 2017年杭州地区保险机构经营情况(财产险)

表46

| 公司名称 | 保费收入 | | 赔付支出 | |
|---|---|---|---|---|
| | 发生值(万元) | 比上年(%) | 发生值(万元) | 比上年(%) |
| 中国人民财产保险股份有限公司杭州市分公司 | 591 108.51 | 8.72 | 337 759.19 | 4.73 |
| 中国大地财产保险股份有限公司杭州市中心支公司 | 52 372.33 | 13.15 | 31 741.51 | 23.08 |
| 出口信用保险股份有限公司杭州市中心支公司(虚拟) | 142 381.11 | 10.32 | 73 857.12 | -2.31 |
| 中华联合财产保险股份有限公司杭州市中心支公司(虚拟) | 49 942.98 | -5.06 | 34 976.30 | 8.89 |
| 中国太平洋财产保险股份有限公司杭州市中心支公司 | 190 053.39 | 14.66 | 115 072.25 | 7.30 |
| 中国平安财产保险股份有限公司杭州市中心支公司(虚拟) | 390 165.80 | 21.57 | 157 314.05 | 7.64 |
| 华泰财产保险股份有限公司杭州市中心支公司 | 4 118.16 | -10.17 | 2 350.55 | 5.85 |
| 天安保险股份有限公司杭州市中心支公司 | 43 361.63 | -9.89 | 19 658.95 | 5.57 |
| 史带财产保险股份有限公司杭州市中心支公司(虚拟) | 543.02 | 12.19 | 2 561.74 | 21.78 |
| 华安财产保险股份有限公司杭州市中心支公司(虚拟) | 9 243.36 | 15.85 | 4 649.03 | 24.25 |
| 永安财产保险股份有限公司杭州市中心支公司(虚拟) | 11 142.64 | -12.10 | 7 750.69 | 5.31 |
| 太平财产保险股份有限公司杭州市中心支公司(虚拟) | 69 445.57 | 90.26 | 43 201.68 | 79.24 |
| 亚太财产保险有限公司杭州市中心支公司 | 1 754.88 | -55.62 | 2 407.03 | -17.93 |
| 美亚财产保险有限公司浙江省分公司杭州市中心支公司(虚拟) | 6 088.39 | 11.03 | 2 776.69 | 16.31 |
| 东京海上日动火灾保险(中国)有限公司杭州市中心支公司 | 1 707.13 | 11.99 | 667.43 | 13.23 |
| 中银保险有限公司杭州市中心支公司(虚拟) | 13 062.22 | 22.45 | 6 886.06 | 35.84 |
| 利宝互助人寿保险有限公司杭州市中心支公司(虚拟) | 8 873.02 | -6.20 | 6 594.00 | -18.54 |
| 安信农业保险股份有限公司杭州市中心支公司(虚拟) | 5 062.30 | 11.79 | 3 268.62 | -22.06 |
| 永诚财产保险股份有限公司杭州市中心支公司 | 7 386.77 | 12.97 | 4 161.49 | -20.64 |
| 安邦财产保险股份有限公司杭州市中心支公司(虚拟) | 12 814.53 | -19.46 | 12 082.77 | 15.34 |
| 信达财产保险有限公司浙江省分公司杭州市中心支公司(虚拟) | 5 727.64 | -43.20 | 6 231.41 | -29.83 |
| 安盛天平保险股份有限公司杭州市中心支公司(虚拟) | 19 018.70 | 2.48 | 11 930.04 | -11.14 |
| 阳光财产保险股份有限公司杭州市中心支公司(虚拟) | 83 647.71 | 8.60 | 43 957.82 | -13.67 |
| 都邦保险股份有限公司杭州市中心支公司(虚拟) | 8 479.39 | 13.79 | 4 029.09 | -13.46 |
| 渤海保险股份有限公司杭州市中心支公司(虚拟) | 6 456.75 | 57.05 | 2 513.36 | 44.50 |
| 华农保险股份有限公司杭州市中心支公司(虚拟) | 1 944.96 | 0.83 | 1 590.46 | 193.57 |
| 国寿财产保险股份有限公司杭州市中心支公司 | 80 867.83 | 30.25 | 37 328.83 | 2.90 |
| 安诚财产保险股份有限公司杭州市中心支公司 | 17 616.09 | -13.86 | 12 218.06 | 0.73 |
| 长安责任保险股份有限公司杭州市中心支公司 | 12 524.45 | 6.73 | 7 872.63 | 15.50 |
| 爱和谊保险股份有限公司杭州市中心支公司(虚拟) | 1 310.58 | -12.57 | 250.00 | -41.68 |
| 国泰财产保险股份有限公司杭州市中心支公司(虚拟) | 2 980.09 | -44.79 | 4 514.07 | -5.50 |
| 英大财险保险股份有限公司杭州市中心支公司 | 30 091.12 | 18.85 | 7 961.98 | 14.16 |
| 浙商财产保险股份有限公司杭州市中心支公司 | 34 809.87 | 15.64 | 15 791.94 | -3.15 |
| 紫金财产保险股份有限公司杭州市中心支公司 | 3 834.96 | -31.64 | 3 791.01 | 16.73 |
| 泰山财产保险股份有限公司杭州市中心支公司(虚拟) | 672.58 | -61.56 | 1 792.20 | -30.85 |
| 众诚保险股份有限公司杭州市中心支公司(虚拟) | 8 209.09 | -18.47 | 6 361.68 | -14.23 |
| 众安在线财产股份有限公司杭州市中心支公司(虚拟) | 121 003.09 | 44.13 | 47 260.92 | 43.58 |
| 中国铁路财产保险自保有限公司杭州市中心支公司(虚拟) | 54.69 | -88.70 | 331.63 | — |
| 阳光信用保证保险股份有限公司杭州市中心支公司(虚拟) | 411.37 | — | 6.78 | — |
| 泰康在线财产保险股份有限公司杭州市中心支公司(虚拟) | 24 953.42 | 16.15 | 11 537.81 | 22.84 |
| 易安财产保险股份有限公司杭州市中心支公司(虚拟) | 1.33 | 108.18 | — | — |
| 安心财产保险有限责任公司杭州市中心支公司(虚拟) | 302.80 | 1 266.61 | 18.04 | 11 928.25 |
| 众惠财产相互保险社杭州市中心支公司(虚拟) | 10.91 | — | — | — |

说明:“虚拟”指没有在杭州地区设分公司或者中心支公司,但业务收入发生在杭州地区的保险机构

全省资产总额的34.6%。其中:人身险公司总资产1557.4亿元,增加55.9亿元;财产险公司资产总额135.9亿元,增加16.6亿元。

全市保险业保费收入633.70亿元,增长22.2%。保险深度5.1%,上升0.3个百分点;保险密度6793.6元,增加1046.2元。其中:财产险公司保费收入207.6亿元,增长13.7%,增速高于全省平均水平3.7个百分点;人身险公司保费收入426.2亿元,增长26.9%,增速低于全省平均水平0.4个百分点。

全市保险业赔付支出169.64亿元,增长6.8%,增速高于全省平均水平3.6个百分点。其中:财产险公司赔付109.7亿元,增长6.9%,高于全省增速2.2个百分点;人身险公司赔付59.9亿元,增长6.5%,高于全省增速6.5个百分点。

**【保险业务发展】** 2017年,全市财产险公司保费规模比上年增长13.7%,上升1.8个百分点。其中:车险保费收入133.1亿元,增长9.7%,上升4.6个百分点;非车险保费收入74.5亿元,增长21.5%,下降7个百分点。

全市人身险公司保费规模增长26.9%,下降32.1个百分点。其中:人寿险保费收入329.1亿元,增长43.1%;意外险保费收入10.8亿元,增长14.6%;健康险保费收入86.2亿元,降低10.5%。

全市保险业为全社会提供风险保障74.7万亿元,增长10.0%。其中,机动车辆保险提供风险保障3.3万亿元,增长19.8%;责任险提供风险保障2.1万亿元,增长5.4%;人寿险提供风险保障1.4万亿元,增长60.0%;健康险提供风险保障10.1万亿元,增长118.9%;意外险提供风险保障52.4万亿元,降低2.1%。

**【保险业务结构调整】** 2017年,全市保险业财产险公司非车险业务占比继续提高。全年财产险公司车险保费收入与非车险保费收入比为64:36,非车险保费收入占比上升2个百分点。非车险保费收入增加13.2亿元,对财产险公司保费增长的贡献率为52.8%,其中货运险、责任险、健康险和信用险种保费收入分别增加4.0亿元、2.9亿元、2.2亿元和1.4亿元,贡献率分别为16.0%、11.6%、8.8%和5.6%。从产品结构看,普通人寿险保费收入197.8亿元,增长54.7%,上升8.3个百分点;从新单缴费结构看,新单期缴率为35.2%,上升6.0个百分点;从业务渠道看,个人代理业务渠道占比37.7%,上升1.4个百分点。

**【保险公司效益平稳】** 2017年,全市财产险公司实现利润总额14.4亿元,比上年减少0.2亿元;实现承保利润14.5亿元,增加0.7亿元。从指标来看,综合成本率96.4%,下降0.5个百分点;综合赔付率62.5%,下降0.8个百分点;综合费用率33.9%,上升0.3个百分点;手续费用率13.7%,上升4.4个百分点。

全市人身险公司累计发生退保66.0亿元,上升34.8%;退保率4.9%,上升0.3个百分点,处于安全区间。

**【保险市场风险防范】** 2017年,浙江保监局加强流动性风险和新业务风险防范。开展人寿险中短存续期产品销售数据排查和万能险结算利率变动监测,对中短存续期产品占比较高公司进行质询谈话。开展人身险满期给付和退保风险排查,指导公司做好压力测试和应急预案。关注非寿险投资型产品存续业务,开展融资性信用保证保险业务摸底调研。针对利用互联网非法宣传销售香港保单开展专项打击行动。加强外部传递性风险和群体性事件风险防范。防范非保险金融产品销售风险,强化风险监控和窗口指导,加强突发事件应急管理,重新编印行业应急管理手册。加强底数不清风险和声誉风险防范。对相关总公司开展SARMRA评估、公司治理评估,摸清风险底数。加强非现场监测预警,新增浙江保险业风险监测报告,建立辖区政保合作项目专项统计制度,及时掌握项目进展。

**【保险市场监管】** 2017年,浙江保监局加强重点领域乱象问题专项整治。整治违规套取费用等经营行为、销售误导和理赔难问题,整治保险欺诈和洗钱乱象,开展"安宁2017"反保险欺诈专项打击行动,开展新设机构和高管任职资格审批的反洗钱审查。重视参与上下联动、跨省合作的全国性检查,瞄准风险隐患,主动安排检查。弥补监管短板,构建严密的保险监管体系。完善优化制度流程,全面梳理制度体系,深化简政放权,开展行政许可"最多跑一次"改革,建立保险社团督导机制。推进商业车险改革,全面分析商车改革前后车险市场运行情况特点,摸清车险市场发展规律。关注市场动态,定期开展车险市场情况监测,推进车险改革配套制度建设。完善消费者权益保护体系,深化保险诉调对接机制,开通省消保中心统一热线电话,提高投诉处理效率。创新开展法律援助,建齐保险法律援助工作站。

**【保险服务实体经济】** 2017年,浙江保监局推动"保险+民生保障"。推进保险精准扶贫,推动农业保险创新,推进大病健康养老保险发展,推开税优健康险,推出医保个人账户购买商业健康保险,推进养老服务机构综合保险和长期护理保险,开展老年人住房反向抵押养老保险试点。推动"保险+转型升级"。推动大众创业万众创新,推广生猪保险与养殖业无害化处理联动机制,探索发展绿色企业贷款保证保险,创新发展生态环境责任类保险产品。推动"保险+社会治理"。发展重点领域责任保险,开展防灾防损及灾害救助,加强防汛防台应急处置演练和防灾减灾知识宣传,积极应对暴雨及台风等灾害。推动"保险+重大战略"。参与钱塘江金融港湾、城西科创大走廊等战略实施和建设。 (浙江保监局)

责任编辑 袁啸马

# 26 房地产业

Real Estate

## 房地产市场

【概况】2017年，杭州市有房地产开发企业1557个。其中，一级、二级资质企业139个，三级、四级资质企业185个，暂定级资质企业1233个。全年完成房地产开发投资2734亿元，比上年增长4.9%，占全社会固定资产投资总量的46.7%。其中，住宅投资1712.9亿元，增长9.8%。房地产入库税收235.85亿元，下降34.4%，占总体税收的23.5%。全年全市商品住房成交13.84万套，成交面积1621.6万平方米，成交金额3322.7亿元，分别下降18.3%、16.0%和增长6.2%。非住宅商品房成交面积534.3万平方米，成交金额1042.4亿元，分别增长22.5%和52.5%。二手住房成交11.86万套，成交面积1177.4万平方米，成交金额2002亿元，分别下降1.8%、3.3%和增长9.2%。（陆云球　黄一成）

【房地产市场调控】2017年，杭州市坚持“房子是用来住的，不是用来炒的”基本定位，不断优化调控措施，既抑制房地产泡沫，又防止市场大起大落，引导促进房地产市场平稳健康发展。3月2日，市住保房管局发布《关于进一步调整住房限购措施的通知》，决定自2017年3月3日起，扩大限购实施范围，把富阳区、大江东产业集聚区纳入限购范围；对非本地户籍居民家庭购房须提供的个人所得税或社会保险证明年限进行调整，要求证明年限为“自购房之日起前3年内在本市连续缴纳2年以上”，非本市户籍居民家庭不得通过补缴个人所得税或社会保险购买住房；暂停向已拥有2套及以上住房的本市户籍居民家庭出售新建商品住房和二手住房。3月28日，市住保房管局在进一步完善住房限购及销售监管措施的意见中，明确企业购买本市限购区域的住房，需满3年方可上市交易，本市户籍成年单身（含离异）者在限购区域内只能购买1套住房（含新建商品住房和二手住房），户籍由外地迁入桐庐、建德、临安、淳安四县（市）的居民家庭，自户籍迁入之日起满2年，方可在本市限购区域内购买住房，并按照本市限购政策执行。（陆云球）

拱墅区吉如村农转居公寓（二期）　（市建委 供稿）

【住房信贷政策调整】2017年，杭州住房公积金管理中心围绕稳市场、稳房价目标，于3月3日、3月29日两次调整公积金差别化信贷政策，实施扩大限购限贷范围、提高首套房和二套房贷款首付款比例、严格认房认贷标准等举措。政策规定凡职工家庭名下无住房且无住房贷款记录的，购买普通自住住房执行首套房政策，贷款首付款比例不低于30%。职工家庭名下已拥有一套住房或无住房但有住房贷款记录的，购买普通自住住房贷款首付款比例不低于60%；公积金贷款利率按同期住房公积金贷款基准利率1.1倍执行。职工家庭名下拥有两套及以上住房或未结清住房公积金贷款的，不得申请住房公积金贷款。新规定还扩大差别化信贷政策的实施范围。政策调整达到预期目标，职工住房需求得到合理引导，支持首套及部分改善型贷款的政策导向得到有效发挥。（韩　燕）

【培育和发展住房租赁市场】2017年7月，杭州被住房和城乡建设部确定为培育和发展住房租赁市场试点城市。8月29日，市政府出台《杭州市加快培育和发展住房租赁市场试点工作方案》，从增加租赁住房供应、培育市场供应主体等5个方面，提出19条具体政策措施。8月22日，为加强自持商品房屋管理，市住保房管局印发《杭州市企业自持商品房屋租赁管理实施细则》，提出自持商品房全部用作租赁。全年市区范围涉宅地块竞拍自持房屋面积122.1万平方米。9月29日，市住保房管局推出全国首个智慧住房租赁监管服务平台，实现"实人认证、全方位核验、一站式服务、评价系统、信用体系、网上支付、多通道在线签约"等七大特色功能。年内，纳入平台管理的企业117个，挂牌租赁房源5.14万套。10月27日，推出首宗租赁住房用地(彭埠单元R21-20-2地块)，建筑面积8.99万平方米。12月14日，针对外来务工人员租房难问题，杭州住房租赁试点工作领导小组印发《关于加快筹集建设临时租赁住房的工作意见》和《关于加强临时租赁住房建设和管理若干问题的通知》，提出到2020年底累计筹集建设外来务工人员蓝领公寓4万套。

【规范房地产市场秩序】2017年4月10日，根据市政府办公厅《关于印发〈杭州市整顿规范房地产开发销售中介行为联合专项执法行动工作方案〉的通知》，市住保房管局、市建委、市国土资源局、市公安局、市市场监管局、市金融办、市物价局、市委宣传部等八部门开展为期10个月的整顿规范房地产开发销售中介行为联合专项执法行动。7月26日，针对部分楼盘在销售时存在捆绑车位的现象，市住保房管局发出《关于进一步规范商品住宅及其地下车位(库)销售行为的通知》，明确地下车位(库)销售实行价格承诺制，以减少房地产开发企业可操控的灰色空间。在全市集中开展新一轮房地产市场秩序整顿工作，严厉查处捆绑搭售、非法使用伪造证明材料骗取购房资格、房地产经纪机构违规代理禁止交易的房屋等违法违规行为，并进行公开曝光。对存在违法、违规行为的房地产开发企业或经纪机构立案调查4起，做出行政处罚2起，发布行政监管检查情况4次，行业检查情况公示371次，通报违规经纪机构(含门店)248个。(陆云球)

【房地产企业资质网上受理审批】2017年6月1日，杭州房地产资质网上受理审批系统开通试运行。杭州通过改革调整，全面开放资质网络审批通道，房地产开发企业资质审批、房地产开发项目手册备案均实现纸质审批向电子审批、线下审批向线上审批、跑多次向"最多跑一次"转变。通过实行告知承诺制，纸质材料原件审核改为扫描件审核，房地产资质证书全部统一由快递寄出，实现"一次不用跑"全流程网上办理。全年完成杭州主城区房地产开发企业一级、二级资质初审17个，核发648个三级(含三级)以下房地产企业资质证书。

【全市房地产项目开工专项行动】2017年5月，根据杭州市扩大有效投资推进重点项目实施的总体部署，市建委制定房地产项目开工专项行动方案，建立行动机制，逐一落实开工项目和主体责任，加强进度和质量检查。年内，全市开工房地产项目111个，房屋施工面积1.15亿平方米，完成原定108个房地产项目开工目标。开工项目主要集中在余杭、临安、富阳、拱墅、建德等区(市)，其中余杭区22个、临安区12个、富阳区11个、拱墅区10个、建德市9个。

【房地产开发项目管理】2017年，根据省住房和城乡建设厅《关于进一步优化行业管理服务促进房地产市场平稳健康发展的通知》和有关会议要求，市建委制定《杭州市统一交易及信用监管系统实施方案》，建立房地产开发企业资质和开发项目信息分级专人审核制度，强化房地产开发项目的信息录入和审核。组织业务培训，指导有关单位做好2017年11月底前未竣工房地产项目的信息录入和审核。加强房地产开发项目配套设施核查管理，全年牵头组织对70多宗地块土地出让前的配套条件进行专题论证并出具核查意见书。(黄一成)

【二手房交易监管】2017年5月4日，杭州市二手房交易监管服务平台(杭州市房产交易网)正式上线。该平台由经纪管理平台和房源挂牌平台两部分组成，集合经纪机构与经纪人管理和房源信息管理两大功能，实现对机构、人员、房源、资金监管账户、评价等房产交易全要素的整合。市民可以在监管服务平台(房产交易网)的闭环体系内一站式办结整个二手房交易，平台将记录每一笔交易的真实过程，以有效促进二手房市场和经纪行业的规范管理。年内，纳入

2017年5月4日，杭州市二手房交易监管服务平台(杭州市房产交易网)上线。图为上线仪式通报会现场 (市住保房管局 供稿)

平台统一管理的经纪企业487个、经纪门店1948个、经纪从业人员3.83万人；累计挂牌10.05万次，挂牌房屋5.68万套；累计评价服务质量8.19万次，评价满意率99.8%。

**【房产交易“最多跑一次”】**2017年4月5日起，杭州市区房屋交易、税收、不动产登记实现全业务、全过程“最多跑一次”。房屋转让、房屋按揭抵押设立及变更、在建工程抵押设立及变更、经济适用房等特殊房产管理等21项办事事项实行“一窗受理、并联办理”，办理模式由原3个部门“分别取号、分别排队、分别受理”的串联办理优化为“一次取号、一次收件、一窗受理、并联审核”的并联办理。办事群众只需前往房屋交易、税收、不动产登记联合窗口“跑一次”，一次性提出申请，一次性收取材料，一次性身份校验，符合受理条件的，统一出具“房屋交易、税收、不动产登记申请受理通知书”。受理后，3个部门并联审核，房管部门审核通过后，将交易确认信息即时传递给地税、国土部门，同时向申请人发送“交易确认”告知短信。地税部门凭交易确认信息办理缴税手续，国土部门依据房屋交易确认信息办理不动产登记。后续办事群众可选择窗口领取、自助打印、快递邮寄等多种方式领取办理结果，无须再跑一趟。办理时间由原来的房屋交易40分钟、缴税30分钟和不动产登记50分钟，整体压缩50%，实现房屋交易、税收和不动产登记全流程“60分钟办结”，跑出全国最快的“杭州速度”。12月25日起，在联办模式运行基础上，不动产登记“最多跑一次”改革进一步深化，深度整合业务流程，在杭州市10个办事点实施“一套材料、一个系统、一窗受理、一小时办结”的“四个一”办理模式。以“房屋交易、税收和不动产登记”为“一件事”的标准，统一使用综合受理平台，设置3个部门“综合受理窗口”，收件材料由三套减为一套，房屋交易除收取合同类和限购类资料外，其他通过综合受理平台数据共享。3个部门业务从“物理整合”向“化学融合”转变，实现“减少路上跑的时间，减少大厅等的时间，减少窗口办的时间”的改革目标。（陆云球）

## 物业管理

**【概况】**2017年，杭州市实施物业管理总面积3.4亿平方米，登记备案的专业化物业管理项目3000多个。实行业主自主管理的项目82个。实行准物业管理的项目392个，准物业管理面积1877万平方米。登记备案的业主委员会1188个。在杭州注册的物业服务企业1100多个，外地进杭州的物业服务企业近200个，从业人员11万多人。杭州市完善物业管理项目检查考核办法和标准，全年对1342个物业管理项目进行检查考核，52个项目因消防系统不配套、电梯巡查不到位、经营性收益未公示等原因，分别受到扣分处理。开展物业管理业务巡回培训，培训内容包括电梯安全、消防安全、违建防控、房屋出租安全管理、废旧车辆整治、文明城市创建等，参训1700多人次。优化物业专项维修资金和物业保修金的使用审批流程，加强资金归集和使用管理，全年归集物业专项维修资金7.79亿元，拨付使用5303.58万元，其中涉及电梯、消防等公共安全的维修改造项目按简易程序拨付资金1853.74万元；归集物业保修金4.49亿元，实现应缴尽缴。

**【物业专项维修资金使用管理】**2017年9月27日，市住保房管局与市公安消防局联合印发《关于进一步明确消防设施设备维修申请使用物业专项维修资金相关程序的通知》，明确保修期满后消防设施设备严重失修、存在重大火灾隐患，经公安消防部门出具责令改正通知后，业主不进行维修、更新、改造的，可由属地区政府做出组织或指定属地街道及社区居民委员会代为维修、更新、改造的决定，并可向物业维修资金管理机构申请使用物业专项维修资金。

**【第二届物业服务行业技术比武】**2017年10月25日，杭州市第二届物业服务行业技术比武大赛决赛在杭州职业技术学院电梯实训基地举行。技术比武大赛决赛由市住保房管局、市物业管理协会主办，各区县（市）住建（房管）局、各区县（市）物业管理协会（工作片会）、市消防培训基地等单位协办。上城区、下城区、江干区、拱墅区、西湖区、滨江区、杭州经济技术开发区、萧山区、余杭区、富阳区等10个区选拔选手参赛。决赛分电梯安全技能和消防安全技能两个工种，决赛队共有10组，每组由3名电梯安全人员和3名消防安全人员组成。经过角逐，西湖区代表队获物业服务行业技术比武大赛总分第一。

**【南都物业上市】**2017年12月29日，南都物业服务股份有限公司获证监会发行批文，成为国内首家登陆A股的物业公司。股票代码为“603506”。南都物业服务股份有限公司成立于1994年，办公地址位于西湖区紫荆花路2号联合大厦，注册资本7936万元人民币，多次入选全国物业服务百强企业综合实力前30强，中标及签约项目300多个。

**【物业保修金退还】**2017年，市住保房管局研究制定物业保修金退还操作流程，明确各环节审核标准、岗位职责、办事指南及表格表式。对达到退还条件的项目，在市住保房管局网站及相关物业小区内进行公示。全年公示符合退还条件的项目90个，完成保修金退还项目2个，退还金额675.27万元。

**【物业管理示范项目评选】**2017年6月，杭州市组织2017年度物业管理优秀住宅小区（大厦）评选。经前期申报推荐、预评预验、专家现场考评等环节，最终确定“赛丽丽园”等20个项目为2017年度杭州市物业管理优秀住宅小区；“近江时代大厦”等25个项目为2017年度杭州市物业管理优秀大厦；浙江省公安厅办公大楼等31个项目通过复评，继续保留其杭州市物业管理优秀住宅小区（大厦）称号。“长城大厦”等9个项目因企业放弃申报等原因，取消其杭州市物业管理优秀住宅小区（大厦）称号。12月16日，经省住房和城乡建设厅统一考评，余杭农村商业银行大楼、浙江规划大厦等10个物业项目被评为2017年度全省物业管理示范大厦、示范住宅小区。（陆云球）

责任编辑 余显幕

# 27 交通运输·邮政

Transportation & Postal Service

## 综　述

**【交通建设投资521亿元】** 2017年，杭州市综合交通基础设施(不含城区道路)建设总投资超过521亿元，比上年增长42%。其中，公路水路建设总投资首次超过200亿元，达215.08亿元，增长29.6%，投资规模和增幅均列全省11地市前列。绕城高速公路西复线、临金高速公路网杭州段、京杭运河浙江杭州段三级航道整治工程"四改三"段、建德十里埠综合作业区等重大项目加快建设，千黄高速公路淳安段、运河二通道八堡船闸工程等开工建设。杭金衢高速公路拓宽杭州段主线工程(除浦阳江大桥外)、104国道余杭马头关至勾庄段改建工程、桐庐县305省道梅蓉至杭新景高速凤川互通公路段、余杭207省道至临安102省道连接线临安段等12个项目完工。"杭州中环"项目进入实质性设计和审批阶段；临金高速公路"省高网"段完成初步设计方案编制及除土地预审外的所有专项审批；杭绍甬高速公路杭州至绍兴段、沪杭甬高速公路抬升改造工程等项目前期工作有序推进。杭甬运河杭州段完成竣工验收。桐庐、临安两地入选全国首批城乡交通运输一体化示范县市，全省仅此两家。

**【交通建设管理】** 2017年，杭州市探索项目总承包(EPC)、PPP融资、国道和城际铁路共线设计、公路与城市快速高架合并建设等模式，历时3年完成地铁5号线PPP项目谈判，引入香港铁路有限公司与市地铁集团合资成立特许经营公司投资109亿元，为全省综合交通建设和城市空间拓展提供新思路。规范交通建设市场秩序，强化建设基本程序管理，完善信用评价体系，打造公路、水路运输"品质工程"。富春江船闸改扩建工程获省"钱江杯"优质工程奖。

**【交通运输综合改革】** 2017年，杭州市推进交通运输领域"最多跑一次"改革，加快公民个人办事事项、商事登记、投资项目审批等重点改革，支持桐庐县试点改革，实现交通项目县级审批。梳理公民和企业办事主项71项(子项140项)，除3个涉及交通基础设施建设事项外，其余68项实现"最多跑一次"或"跑零次"办理，占比95.8%，实现率高出7.9个百分点。深化出租车行业改革，完善巡游出租车运价机制，修订完善考核办法，强化日常检查和集中整治，出租车投诉降幅30%以上。加强网约出租车管理，有效处置新政过渡期满涉稳问题，建立多部门联合审查机制，7个平台、1.09万名驾驶员、8645辆车辆获得行政许可证，合法网约车车辆和司机规模居全国省会城市第一。交通部门制定并出台《杭州市促进互联网租赁自行车规范发展的指导意见(试行)》，多途径多方式督促企业落实主体责任，配备管理人员。加强车辆总量和停放秩序管理，开发运营互联网自行车行业监管平台，接入7个企业、88.7万辆自行车数据。

**【综合交通运输服务】** 2017年，杭州市全年公路客运量1.3亿人次，比上年增长6%；公路货运量2.94亿吨，增长15.4%。水路客运量637.9万人次，货运量5043.8万吨，分别增长9.3%、7.9%。全港货物吞吐量1.07亿吨，增长47.2%；集装箱吞吐量5.14万标箱，增长205.9%。萧山国际机场年旅客

杭州"美丽公路"——临安藻天线　　(市交通运输局 供稿)

吞吐量3557.04万人次，增长12.6%；铁路全年发送旅客6807.11万人次，到达旅客6860.35万人次。全市邮政企业和规模以上快递企业业务总量完成483.42亿元，增长35.2%；业务收入（不含邮政银行营收）完成275.09亿元，增长27.9%；全市快递企业业务总量23.26亿件，增长28.9%。县级客运经营许可权限下放，投放330辆省际包车经营权，提前3年实现全市建制村"客车村村通"目标。

2017年9月12日，千岛湖水上应急搜救演练在千岛湖夜游码头至月光岛之间水域举行 （市交通运输局 供稿）

**【交通规划编制】** 2017年，市交通运输部门围绕城市国际化、拥江发展、城西科创大走廊、临安撤市设区、交通治堵、钱塘江旅游码头布局、淳安下姜村及周边地区交通发展，开展交通专项规划方案编制和相关研究。6月28日，《杭州都市圈"十三五"综合交通发展规划》通过评审；7月19日，《杭州市综合交通发展"十三五"规划》及各专项子规划完成审批程序并实施。完善《钱塘江水上旅游码头布局规划》，做好钱塘江水上旅游常态化新航线启动准备。 （王　鹏）

**【城市交通治堵】** 2017年，杭州市开展"加快设施完善、提升公交竞争力、加强交通严管、强化文明出行、推进县域治堵"五大方面治堵工作，城市交通呈现"拥堵恶化趋势缓解，部分区域拥堵情况好转"的局面。全年新增、优化公交线路56条，主城区公共交通日均客运量430.17万人次，全年新增、优化公交线路56条，主城区公共交通日均客运量430万人次，公交分担率40.8%，比上年提升1个百分点。地铁2号线一期西北段、2号线二期、4号线一期南段先后建成运营，新增运营里程36.3千米，总里程117.6千米。30条重点公交干线、地铁接驳线及外围区域线班次提升2.3%。推进富阳区与主城区公交一体化，实现同网络、同票价、同优惠。开通全省首条跨"三市三县"（浦江、桐庐、诸暨）农村公交环线。全年完成12期小客车增量指标竞价摇号，产生增量指标8.27万个，其中个人7.20万个、单位1.07万个。配置更新指标20.32万个，其中个人17.60万个、单位2.71万个。审核发放其他指标4.77万个，其中新能源车指标3.41万个（个人1.40万个，单位2.01万个）；司法拍卖指标1414个；留学回国人员购车指标1589个；公车拍卖指标667个。指导调控服务中心和县（市）调控办完成2期县（市）指标摇号，配置县（市）指标4336个，其中个人3791个，单位545个。 （王　鹏 郎淑文）

**【惠民交通工程】** 2017年，杭州市围绕创建全省万里美丽经济交通走廊，建设"美丽公路"1276千米，其中精品公路示范走廊485千米。205省道青临线、210省道桐义线、淳安淳杨公路入选全省10条"最美自驾公路"。创建美丽航道114千米，钱塘江"三堡船闸至之江大桥段"获评全省首批省级"美丽航道"。实施241千米高速公路和192千米普通国道省道大中修工程。新建农村公路84千米，完成农村公路提升工程418千米、路面维修538千米、安全生命防护工程198千米，启动8条计115千米农村断头路建设。完成300个港湾式停靠站和25个普通公路服务站建设；新增高速公路一站式服务网点594个、ETC专用车道15条、ETC用户35万名。撤销2个渡口，改造渡口渡埠4处，创建2个"美丽渡口"，更新渡船1艘。撤销萧山区103省道东复线补票点和余杭区201省道收费站。

（陈勇斌 黄　洁 王　鹏）

**【交通物流业】** 2017年，杭州市完善物流信息共享体系，拓展物流园区、物流企业与上下游企业、不同运输方式间互联互通和信息共享。推进中国（杭州）跨境电商空港园区等4个重点物流项目建设，启动县、乡、村三级物流服务网络和"多站合一"物流节点建设。试点物流无车承运，杭州传化货嘀科技有限公司获得全省首个无车承运经营许可，顺丰航空集装器空陆联运项目入选全国第二批多式联运示范工程。3月出台《杭州航区船舶优先过闸管理规程》，拓展集装箱船舶绿色通行范围，推进杭州港"散改集"项目试点，对货运车辆和集装箱运输车辆给予高速公路优惠通行，先后减免港航各类税费9184万元。"双十一"当日杭州市主要快递企业业务揽件量1828.54万件，总量2108.93万件。

**【交通行业安全生产】** 2017年，市交通运输部门开展"平安创建"、安全生产大检查、护航十九大等各类隐患排查治理专项活动，出台交通行业暂行办法和行业安全检查指导意见。实施船舶进出港报告制，落实施工领域风险源辨识、评价、管控，完成全市44座普通国道省道和农村公路病危桥隧加固改造。推进国家区域性公路交通应急装备物资（浙江）储备中心建设，完善省交通战备应急勤务训练（杭州）基地设施。开展千岛湖水上综合救援、公路抢险、地铁运营等各类应急演练，提高应急处置能力。

（王　鹏）

**【交通领域依法行政】** 2017年，杭州市做好交通运输部"三项执法制度"试点，在全国首推船舶违章异地处罚模式。开展公路超限、桥下空间、“两非(非法上路、非法营运)”、西湖景区旅游环境秩序等专项整治,完成5471处小城镇“道乱占”整治,推广“路(街)长制”,330国道建德市大慈岩镇路段被确定为省级示范路段。加大危险化学品运输、机动车服务市场监管力度,完善部门联动机制。全年市本级办理行政许可5974件,行政处罚1.62万件,行政复议13件,行政诉讼1件。(罗 燕)

**【春运发送旅客1777.15万人次】** 2017年1月13日至2月21日春运期间,全市城际交通(道路、铁路、民航、水路)客运发送总量1777.15万人次(因萧山、余杭公交一体化改造,统计口径调整,萧山、余杭农村客运整体转为城市公交)。其中:公路运输旅客发送量869.62万人次,比上年增长93.0%;铁路运输发送旅客666.07万人次,增长108.8%,其中杭州铁路东站534.01万人次,增长113.9%;民航运输发送旅客197.36万人次,增长111.6%;水路运输发送旅客44.10万人次,增长100.2%。市内公共交通(公交、轨道)旅客运输总量1.49亿人次,增长100.3%。公交运送乘客1.22亿人次,增长103.2%;地铁运送乘客2745.85万人次,增长115.7%。地铁1号线、2号线、4号线成网运行,1号线下沙延伸段开通,完善接驳公交线网,轨道交通成为市民游客市内出行重要选择。(赵立中)

**【“绿色交通”建设】** 2017年,市交通运输局推进以集约、节约、循环、低碳为主题的“绿色交通”建设,参与钱塘江非法采砂专项整治行动,清理钱塘江水域废弃采砂船、运输船,保护饮用水源。完成杭州市2017年大气污染防治实施计划。全年新增新能源汽车3.07万辆,其中公交车新能源和清洁能源车型占100%,更新出租车新能源和清洁能源车型占98.7%。开展汽修行业挥发性有机物(VOCs)污染治理,推广使用水性油漆,全市使用水性漆维修企业30多个。配合环保部门建立非道路移动机械污染源排放清单,开展公路、船舶装卸和运输干散货物扬尘污染整治,船舶货舱覆盖率100%,主城区公路扬尘综合整治10万平方米。推进驾培“三位一体”节能减排体系建设和维修“五废”治理。建立船舶与港口水污染防治及联合监管机制,做好船舶垃圾、油污水等回收,推进内河船、船船型标准化。(郑 亮)

**【“智慧交通”建设】** 2017年,市综合交通指挥中心推出移动应急指挥系统,该系统面对交通突发事件、应急事件时,能够快速响应,对实施现场救援起到重要作用,配合前端单兵设备、应急无人机设备,与指挥中心实现交通移动应急可视、可听、可控、可指挥等功能。公交智能化调度系统投入使用后,以公交调度中心为核心,实行公交调度中心、分调度中心与公交车队三级管理体制,将现代通信、计算机、网络、GPS等高科技集成于公共交通系统。与阿里云和城市大脑共享数据,“互联网+”在交通行业各领域应用更加广泛。(王 鹏)

2017年1月13日至2月21日为春运期间。图为1月25日杭州火车东站春运现场(市交通运输局 供稿)

**【杭州西站枢纽地区核心区城市设计暨概念规划方案征集工作启动】** 2017年10月17日,市规划局、市交投集团杭州西站枢纽地区(仓前科创新城)核心区城市设计暨概念规划方案征集工作启动。按照杭州新一轮铁路枢纽总图,杭州将形成“一轴”(沪昆、宁杭甬通道)“两翼”(城西通道和江东通道)总体布局,新建杭州火车西站、江东站和萧山机场站。市政府与余杭区政府、中铁第四勘察设计院集团有限公司、杭州市城市规划设计研究院等相关单位对接协调,并召集国内规划、建筑、铁路、法律等领域知名专家参与专题咨询会,完成《杭州西站枢纽地区(仓前科创新城)核心区城市设计暨概念规划方案征集文件》。该方案征集总目标是站城融合,指导思想是综合交通枢纽示范工程建设、智能交通发展应用,借鉴国际先进经验,合理规划空间资源,一体化开发西站枢纽及周边地区,建设城西科创大走廊桥头堡和新核心,站城一体的3.0版现代化高铁新城。12月1日,杭州市西站枢纽开发有限公司领取公司营业执照,开启西站枢纽建设新征程。(范苏琪)

## 公路运输

**【概况】** 至2017年末,杭州市公路线路6369条、总里程1.64万千米,比上年增加86条、118千米。其中:国道省道干线公路1759.64千米、农村公路1.47万千米;城管路段164.43千米(其中干线公路53.36千米)。公路密度98.96千米/百平方千米和17.88千米/万人,提高0.71千米/百平方千米;公路通乡率和通村率100%。公路桥梁5882座41.22万延米,增加35座1454.65延米。其中:高速公路桥梁846座21.08万延米,占全市公路桥梁总数的14.4%;普通干线桥梁618座4.43万延米,占全市公路桥梁总数的10.5%;农村公路桥梁4418座,占全市公路桥梁总数的75.1%。公路隧道208道11.45万延米。其中:高速公路隧道 68 道，占全市公路隧道总数的32.7%；普通干线隧道62道，占全市公路隧道总数的29.8%；农村公路隧道78道，占公路隧道总数的37.5%。

全市道路运输经营单位（含个体联户）1.13万户，营运客货汽车8.13万辆（其中营运货车7.57万辆、69.08万吨，营运客车5592辆、22.13万座）。从事道路货运服务单位1933户。

道路旅客运输单位101户。其中，班线客运58户，包车（旅游）客运81户。开行客运线路1052条，其中：省际线路319条，日发班次541个；市际线路297条，日发班次1751个；县际线路134条，日发班次891个；县境内线路302条，日发班次7555个。主城区（指上城区、下城区、江干区、拱墅区、西湖区、滨江区，下同）开行道路客运线路396条。其中：省际线路225条，日发班次421个；市际线路129条，日发班次1187个；县际线路30条，日发班次342个；主城区内线路12条，日发班次108个。全年完成道路旅客运输量1.30亿人次，增长6.0%；旅客周转量89.7亿人千米，减少4.2%。

公路货物运输单位（含个体联户）1.12万户，营运货车7.57万辆、69.08万吨位，其中主城区2092户拥有营运货车4.62万辆、35.87万吨位。全年完成货物运输量2.94亿吨、货物周转量361.56亿吨千米，分别增长15.4%和11%。全市货运交易市场及较大型物流企业31个，年吞吐货物8700万吨。

等级客运站81个，其中一级站7个、二级站6个、三级站15个、四级站20个、五级站33个。农村港湾式停靠站2921个。

城市综合客运枢纽4个，公交调度指挥中心14个，从事公共汽电车经营户13户，运营车辆9981辆，额定载客量69.80万人次，运营线路990条，线路总长度1.74万千米，其中BRT总长度150.8千米，无轨电车总长度52.6千米，年完成客运量15.73亿人次。

客运出租汽车经营户1115户，经营车辆1.36万辆（其中企业户109户，经营车辆1.25万辆；个体户1006户，经营车辆1125辆）。主城区客运出租汽车经营户809户，经营车辆1.09万辆（其中企业户66户，经营车辆1.0万辆；个体743户，经营车辆862辆）。1.09万辆出租车装有市民卡刷卡系统。出租车服务区11个，占地面积4.2万平方米，停车位1795个。

轨道交通站72座，运营线路总长度105.2千米，运营车数121列，726辆，额定载客量17.38万人次。完成客运量3.4亿人次，周转量30.37亿人千米。

机动车驾驶培训机构129个，从业人员1.01万人。其中一级驾培机构26个、二级驾培机构60个、三级驾培机构43个、理科培训中心1个。道路客货运输驾驶员从业资格培训机构18个（其中6个具备危险货物运输驾驶员培训资格）。全市各类教练车7406辆，教练员8675人，全年培训驾驶员29.47万人。

各类机动车维修企业5088个，从业人员3.71万人。其中一类机动车维修企业233个、二类机动车维修企业1162个、三类机动车维修业户2978个、摩托车维修业户715个。全年维修各类车辆706.35万辆次。主城区机动车维修企业1014个，全年维修车辆346.55万辆次。全市汽车综合性能检测站19个，全年检测车辆9.12万辆次。

全市备案登记机动车配件经销业户5140个，其中分布在八大配件经销专业市场2658个，散户415个（含涉及配件经销维修企业698个），区县（市）1369个。全市备案登记汽车租赁企业961个，备案车辆3.87万辆。

（陈勇斌 黄　洁 倪国定 刘　锟）

**【第十三届全国学生运动会交通保障】** 2017年9月3—16日，第十三届学生运动会在杭州举办。市交通运输局总结G20杭州峰会综合交通运输服务保障经验，落实“安全、便捷、绿色、高效”交通保障理念，协调公安交警、机场、铁路等部门，把“两站一场”作为交通保障重点，从方案制定、现场踏勘、实地演练等各环节入手，走出一条具有杭州特色大型赛事保障之路。至9月17日，“两站一场”接送参赛人员1.28万人次，用车1284辆次；指导22个赛点学校通过社会化保障方式落实保障车辆612辆次；会同杭州地铁集团、杭州公共交通集团有限公司和杭州市民卡有限公司，完成1.4万张专用乘车卡设计制作及票务系统改造。在地铁各线和公交站台、公共自行车租借点投放灯箱广告；在地铁车厢LED屏、公交车车载电视上播放宣传片；在70辆公交车车身、3800辆出租车后窗、地铁1号线宣传专列投放广告；在高速公路入城口、火车站及汽车站LED屏播放广告和张贴海报，向赛会提供免费公共交通服务。（赵立中）

**【干线公路养护管理】** 2017年，杭州市全年投入9亿元，实施高速公路路面预防性养护（含病害处治）203千米，路面大中修241千米，完成普通国省道大中修192千米。高速公路路面使用性能指数PQI达到93.8，普通干

2017年9月3—16日，第十三届全国学生运动会在杭州举行。图为市交通运输部门为运动会提供交通运输车辆（市交通运输局 供稿）

2017年11月3日,杭千高速公路建德服务区启用　（市交投集团 供稿）

线公路路面性能PQI达到91.4,比上年略提升。围绕护航十九大,对1065座桥梁隧道定期检查(其中高速公路391座、普通国道省道公路74座、农村公路600座)。高速公路80座桥梁、普通国道省道公路14座桥隧、农村公路30座桥梁完成加固改造。开展安全隐患拉网式大排查,59处公路隐患得到及时治理和防范。10处省市交通事故多发点得到处置。

**【公路路政管理】** 2017年,杭州市开展"道乱占""两路两侧""四边三化"等专项整治。全市149个乡镇(街道)、1124条道路列入整治,全面建立"路(街)长制",覆盖率100%。推进绕城高速公路白鹿塘大桥、杭金衢高速公路赵家桥等桥下空间改造利用。全年拆除公路沿线违法建构(筑)物6763平方米,清理堆积物4.91万立方米,拆除各类非公路标牌3928块,整治马路市场1149个。建立杭州市市区入城口长效管理机制。

（陈勇斌　黄　洁）

**【余杭207省道至临安102省道连接线临安段通车】** 2017年12月30日,余杭207省道至临安102省道连接线临安段通车。该项目起点为余杭207省道至临安102省道连接线改建工程余杭段终点(桩号AK5+705),经绿景塘村至界桥庙进入临安市,终点位于临安区玲珑街道102省道(桩号K37+450),全长21.21千米。

**【杭州绕城高速公路西复线开工】** 2017年1月3日,杭州绕城高速公路西复线在富阳区环山互通项目现场开工。杭州绕城高速公路西复线全长98千米,总投资309亿元,其中富阳境内48.4千米,计划2019年建成通车。杭州绕城高速公路西复线杭州至绍兴段是杭州都市圈高速公路环线重要组成部分。项目起于杭州、湖州交界余杭姜家山,往南经余杭、临安、富阳、萧山以及诸暨等5个县(市、区),终于杭金衢高速公路直埠枢纽南侧。主线在瓶窑西、径山(枢纽)、大禹谷、余杭镇西、汪家埠(枢纽)、高桥、富春、鹿山、中埠(枢纽)设置互通式立交9处,移位新建环山互通式立交1处;富阳至诸暨联络线在大源、楼塔、应店街、直埠南(枢纽)设互通式立交4处。同步建设4条互通连接线长10.1千米,绕城公路与绕城西复线通过快速路连接,主线桥梁总长21.2千米;隧道27座,总长17.9千米。西复线采用双向六车道设计标准,设计速度100千米/小时。绕城高速公路与绕城西复线连接线(留祥路西延工程)高架部分采用双向四车道设计标准,设计速度80千米/小时,地面部分采用城市快速主干道设计标准。

（张冬玲）

**【彩虹快速路(博奥路—新城路)开工】** 2017年5月2日,彩虹快速路(博奥路—新城路段)开工建设。彩虹快速路萧山段西起滨江区界,东至杭金衢高速公路萧山东互通,路线全长13.76千米,其中尚需建设段长为6.78千米,设置11对匝道,总投资 123.5亿元。项目分三段实施,第一段先行启动滨江区界至博奥路高架段工程,第二段博奥路至市心路下穿段,第三段市心路至东入城口高架段。该次开工建设育才路至沪昆铁路段。

（王　鹏）

**【杭千高速公路建德服务区运营】** 2017年11月3日,杭千高速公路建德服务区重新运营。建德服务区位于杭新景高速S31-42K,行政区划属建德市下涯镇,总占地面积26.71万平方米,分南区(杭州方向)、北区(建德方向)两部分。改扩建工程于2月15日动工,投资7000多万元,整体改造服务区经营综合大楼、停车广场、绿化环境等。成为集餐饮、休闲、购物、娱乐一体的商业综合体。（范苏琪）

## 水路运输

**【概况】** 至2017年末,杭州市有水路运输企业58个,其中货运企业31个,客运企业27个。全航区营运船舶2585艘(110.6万载重吨、3.15万客位);运力规模110.6万载重吨,比上年增长0.9%。全年货运量5043.8万吨,增长7.9%;货物周转量168.8亿吨千米,增长7%;客运量637.9万人,增长9.3%。

杭州港完成货物吞吐量首次超过1亿吨,全年吞吐量1.07亿吨,增长47.2%。本港船舶货运量5043.8万吨,增长7.9%;货物进出口量9753万吨,增长46.2%;客、货运周转量分别增长8.1%、7%。 集装箱吞吐量5.14万标箱,增长205.9%,其中"散改集"箱吞吐量2.87万标箱,增长354.2%。

全市内河航道总里程2006千米,以京杭运河、钱塘江、杭甬运河为骨干航道水运网络基本建成。新增高等级航道68千米。杭甬运河杭州段建成通航,京杭大运河连通钱塘江、曹娥江、甬江,直达东海,实现通江达海。新建建德十里埠、萧山义桥、千岛湖综合作业区和富阳客运码头。建成三都、窄溪、双浦、鸦雀漾(三期)等锚泊服务区。完成王獐线航道养护、启动渌渚江航道养护等专项养护工程。对符合一定条件内河集装箱运输船舶免征"四自"航道收费，包括浙北干线航道通行费、杭甬运河和三堡船闸过闸费，减轻企业负担。随着城市化进程加快，矿建材料、钢材及百姓日需物资需求量增大，全年通过水路运输矿建材料5846万吨，增长50.4%；钢材1533万吨，增长43.6%。

全年完成内河船型标准化二期工作，拆解（改造）老旧船舶371艘，补贴资金5987.67万元。内河货船平均吨位457.6吨，提升27.4%。

航区发生一般等级以上事故3起，死亡2人、受伤1人，直接经济损失3万元。发生各类水上交通事故163起，死亡2人、重伤3人，直接经济损失395.77万元；事故起数下降15.5%，死亡人数持平，重伤人数上升200%，直接经济损失下降23%。全年实施水上搜救行动151次，抢救遇险船舶162艘次、遇险人员327人次。

全年实施行政处罚5261件，增长9.2%。其中一般程序1777件，占34%；非现场处罚1969件，占37%。34项权力事项、2项服务事项实现"最多跑一次"，占比100%，34个事项全部实现网上申报受理。

**【水运基础设施建设】**2017年，杭州市完成水运建设投资7.98亿元，比上年增长49.5%。京杭运河浙江段三级航道整治工程"四改三"段疏浚、护岸等工程投资2.31亿元；运河二通道新开挖段八堡船闸段开工建设，完成年度投资1.41亿元。建德十里埠综合作业区、萧山义桥综合作业区分别完成投资1.81亿元、1.01亿元。崇贤益海嘉里码头、桐庐南方水泥有限公司富春江码头、浙江合正实业有限公司码头、桐庐旅游码头改建投资1.04亿元。

**【船检航政管理】**2017年，杭州航区船舶完成建造检验125艘、1.94万吨，营运检验4291艘、85.86万吨。其中市港航管理局船检处完成85艘沿海船舶、21.03万吨营运检验，154套船舶图纸审查。根据《涉航建筑物许可跟踪管理办法》跟踪监管在建涉航建筑物后续工作，办理涉航建筑物许可15项。全年查处违章案件6起。推进"最多跑一次"改革，航政许可事项网上办理流程、事项公布和航政许可等与省政府政务网对接，完成航政管理权力事项梳理并对外公布。

**【《杭州市防治船舶及其有关作业活动污染水域环境应急能力建设规划》发布】**2017年12月18日，市政府发布《杭州市防治船舶及其有关作业活动污染水域环境应急能力建设规划》。根据规划，杭州市通过3年时间，布局快速反应、全航区覆盖、全天候运行突发船舶污染事件应急网络。对杭州市水域内发生船舶污染事件，15分钟内出警，溢油事故清除能力10吨，实现海巡艇、视频监控、无人机巡航立体监控目标。

**【港航信息化建设】**2017年，杭州市推进建设港航智能管控平台，航道截面管理系统和电子报港应用软件等"智慧港航建设三年行动计划"项目。实施航道视频监控系统、浙江省公路、水路安全畅通与应急处置系统改扩建工程、京杭运河"长三角"船联网改扩建工程、千岛湖VHF通信系统、智慧港航杭州航区智能管控系统工程等智慧港航建设项目。拓展航区智能感知覆盖范围，全航区各类视频监控点848个、AIS基站22个，其中包括自动跟踪激光热成像系统11套、高清自动抓拍系统8套、全景追踪定位系统5套。船舶AIS安装率和电子报港率95%以上。（万隽媛）

**【杭甬运河杭州段航道改造工程竣工】**2017年12月15日，杭甬运河杭州段航道改造工程竣工验收，杭甬运河起于三堡船闸，终于宁波甬江口，全长243千米（杭州段53千米，其中三堡船闸至浦阳江新坝北33千米），连接京杭运河和宁波港，连通浙北航道网，是浙江省水运规划"十线五港一连一道"中十条干线航道之一。新坝船闸作为"杭甬运河第一闸"，免征集装箱船舶过闸费，全年通过集装箱船舶328艘次，过闸量20.6万吨。

（范苏琪 王 鹏）

**【京杭运河浙江段三级航道整治工程杭州段（八堡船闸段）开工】**2017年12月29日，京杭运河浙江段三级航道整治工程杭州段终端（八堡船闸段）开工建设。八堡船闸工程位于杭州经济技术开发区，全长2.97千米，新建Ⅲ级双线船闸1座，新建九乔路大桥1座，新建下沙路管涵630米，八堡口门河段钱塘江海塘加固10.7千米，九堡大桥设警戒防撞墩4座及附属配套设施。工程计划工期48个月，2022年杭州亚运会前实现通航。

（张冬玲 范苏琪）

**【东洲国际港新开国际航线】**2017年10月11日，由宁波远洋运输有限公司承运，一批日本货物通过水运到达东洲国际港。该货物有48个集装箱，合计1165.89吨。东洲国际港自1月进入世界港口序列成为国际支线港后，迎来又一批CYCY"一站式"货物。该港引入海关部门，设立保税仓库，港口功能完备，集合报关、商检、报税、仓储等功能。（范苏琪）

**【运输船舶与港口水污染防治监管】**2017年12月1日，市交通运输局、市

杭州东洲国际港港口 （市交投集团 供稿）

环保局、市城管委、市经信委联合印发《杭州市运输船舶与港口水污染防治及联合监管机制》。文件明确运输船舶与港口水污染防治及联合监管指导思想、工作目标、污染防治设施建设和管理要求,以及交通(港航、海事)、环保、城管(市政、环卫)、经信等部门在船舶、港口污染物接收转运处置方面的工作职责,建立运输船舶与港口水污染防治及联合监管制度、运输船舶与港口水污染防治联合监管联席会议制度、运输船舶污染物接收、转运、处置联单制度等,初步形成船舶与港口水污染防治监管合力。

**【杭州运河水路集散服务中心启用】** 2017年9月30日,杭州运河水陆交通集散服务中心启用。杭州运河水陆交通集散服务中心位于拱墅区桥西单元,东至京杭大运河、南抵运河天地一期、西达小河路、北到昼锦街,总占地面积2.04万平方米,是集交通换乘、商业旅游、文化休闲等功能于一体绿色交通综合体。集散中心计划配置5条公交线路、3个游船客旅泊位、21个公共自行车停车位、343个地下停车泊位、600个非机动车位,设计年通过能力30万人次,实现公交、游船、公共自行车等多种交通工具"零距离"换乘。 (王 鹏)

## 铁路运输

**【概况】** 2017年,杭州市境内营运铁路4条高铁、4条干线和1条支线。正线延长计404.4千米,其中杭州市境内(属杭州工务段管辖)沪杭高铁17.0 千米,杭甬高铁5.6千米,宁杭高铁9.3千米,杭长高铁25.0千米;4条干线沪杭线49.9千米、浙赣线132千米、宣杭线93.2千米、萧甬线33.2千米;金千支线39.2千米。沪杭、杭甬、宁杭3条全封闭电气化高速铁路。沪杭、浙赣、宣杭、萧甬4条干线均铺设60千克无缝钢轨,除宣杭线外,其余设施为电力网线、信号自动闭塞双线铁路。车站内通过计算机联网控制。沪杭、浙赣、宣杭线均为全立交。金千支线为铺设50千克普通钢轨、信号半自动闭塞的单线铁路,站内信号继电集中控制。

杭州市境内铁路车站26个,分别由杭州直属站、乔司直属站、嘉兴车务段、金华车务段和宁波车务段等分管。杭州站、杭州东站属一等客运站,均由杭州直属站管理。乔司直属站分管艮山门、南星桥、杭州北、临平、笕桥、行宫塘、沈家塘、星桥、仓前9个车站。其中,乔司站为综合自动化编组站,二级四场配置,承担杭州地区货物列车编解作业任务,是一等编组站。艮山门站为动车所的一部分,主要为杭州枢纽开行更多高铁动车组提供保障。杭州主城区铁路货运集散功能形成杭州北、萧山两大物流基地隔江相望格局。南星桥站承担零担货物和部分集装箱运输,并负责杭州客车底整备工作。排塘、功塘、寿昌、新安江南、朱家埠、千岛湖等车站由金华车务段管理。余杭、石濑车站由嘉兴车务段管理。夏家桥站由宁波车务段管理。除上述主要车站外,涉及铁路运营单位还有杭州客运段,负责旅客列车乘务;杭州机务段,负责辖内机车乘务、整备和检修;杭州北车辆段,负责货车整备和检修;杭州工务段,负责线路、桥梁、隧道维修养护;杭州电务段,负责铁路信号维修和养护;杭州供电段,负责铁路电网调配和维修。

杭州地区全年发送旅客6807.11万人,到达旅客6860.35万人;发送货物429.03万吨,到达货物1014.10万吨。运输收入88.70亿元。

**【杭黄铁路86座隧道贯通】** 2017年7月31日,杭黄高铁最后一座双线隧道

2017年杭州市铁路客货运量及运输收入情况

表47

| 单位 | 站名 | 旅客发送(万人次) | 旅客到达(万人次) | 货物发送(万吨) | 货物到达(万吨) | 运输收入(万元) |
|---|---|---|---|---|---|---|
| 杭州直属站 | 杭州 | 1 022.00 | 1 023.00 | — | — | 143 555.40 |
| | 杭州东 | 5 685.60 | 5 743.00 | — | — | 650 131.70 |
| | 杭州南 | — | — | — | — | — |
| | 盈宁 | — | — | — | — | — |
| | 钱塘江 | — | — | — | — | — |
| | 萧山西 | — | — | — | — | — |
| | 萧山 | — | — | 54.41 | 64.80 | 161 45.81 |
| 乔司直属站 | 乔司 | — | — | — | — | — |
| | 艮山门 | — | — | — | — | — |
| | 南星桥 | — | — | 4.98 | 24.21 | 1 684.93 |
| | 杭州北 | — | — | 94.14 | 318.50 | 31 107.69 |
| | 临平 | — | — | 23.40 | 17.46 | 7 387.82 |
| | 笕桥 | — | — | 1.12 | 4.57 | 459.45 |
| | 行宫塘 | — | — | — | 7.20 | — |
| | 沈家塘 | — | — | — | — | — |
| | 星桥 | — | — | — | — | — |
| | 仓前 | — | — | 0.48 | 29.91 | 51.45 |
| 嘉兴车务段 | 石濑 | — | — | — | 1.05 | 14.39 |
| | 余杭 | 99.51 | 94.35 | — | — | 7 869.86 |
| 金华车务段 | 排塘 | — | — | — | — | — |
| | 功塘 | — | — | 21.40 | 521.80 | 1 626.20 |
| | 寿昌 | — | — | — | — | — |
| | 新安江南 | — | — | 83.70 | 21.80 | 9 477.00 |
| | 朱家埠 | — | — | 61.00 | 2.20 | 7 889.30 |
| | 千岛湖 | — | — | 84.40 | 0.60 | 9 556.80 |
| 宁波车务段 | 夏家桥 | — | — | — | — | — |
| 合计 | | 6 807.11 | 6 860.35 | 429.03 | 1 014.10 | 886 957.80 |

说明:各站货物发送、到达量和运输收入数据均由杭州、金华货运中心提供

——石牛山隧道贯通,标志着杭黄高铁全线86座山体隧道全部贯通。全长287千米杭黄高铁有86座山体隧道,线路140千米,占线路全长53%,是上海铁路局隧道数量最多、里程最长的高铁线路,其中天目山隧道全长12.01千米。杭黄高铁隧道全部贯通后,全线进入无砟轨道施工和铺架阶段。杭黄铁路东起杭州东站,向南经杭州市萧山区、富阳区、桐庐县、建德市、淳安县,进入安徽省绩溪县。全线设10个车站,新建富阳、桐庐、建德东、淳安、三阳等5个客运车站,利用既有杭州东和杭州南站,与合福铁路共建绩溪北、歙县北和黄山北站。工程由中国铁路总公司和安徽省、浙江省合资建设。建设工期4年,计划于2018年建成开通。

**【杭绍台铁路开工】**2017年12月28日,杭绍台铁路开工建设,预计2021年建成通车。杭绍台铁路由杭州—绍兴—台州,全长269千米,设计时速350千米。杭州至绍兴段利用既有杭州至宁波高速铁路,新建线路从绍兴北站引出,引入既有宁波至温州高速铁路温岭站。全线设绍兴北(既有站)、新绍兴北、东关、三界、嵊州新昌、天台、临海(既有站)、台州中心及温岭(既有站)9个车站。

**【宣杭铁路电气化改造开工】**2017年7月,宣杭铁路电气化改造工程(泗安至杭州段)开工建设。铁路全长156千米,于2018年末完工。宣杭铁路以货运为主、兼顾客运,是“华东二通道”(阜淮、淮南、皖赣和宣杭铁路)重要组成部分。宣杭铁路日均100多趟列车运行,由内燃机车担当牵引,货物列车牵引定数将提高至5000吨以上。

**【“95306”网上营业厅试运行】**2017年3月23日,上海铁路局正式上线试运行“95306”网上营业厅,统一替换现行货运电子商务对外服务窗口。在提供我要发货、自助办理、常客户办理、两端物流服务、保价理赔、运费查询、货物追踪、货运资讯等功能基础上,开通非注册客户自助办理发送货运业务。原煤炭、焦炭、石油、金矿、钢铁、水泥、粮食、化肥和集装箱9个品类货物运输继续采用注册客户办理方式,批量快运、零散快运等其他品类货物运输均开通非注册客户自助办理渠道。在运单管理上,客户通过网上营业厅自助打印货物运单,也可委托车站受理人员通过货运电子商务系统打印运单。

**【“12306”微信公众号上线运行】**2017年7月,上海铁路局“12306”微信公众号上线运行,旅客了解铁路资讯新增一个便捷渠道。旅客通过关注公众号,即可在手机上获得所需铁路信息。公众号分“查询”“客运”和“更多”三个模块,进入“查询”模块可在“列车查询”“候乘信息”“起售时间”和“常见问题”单元查找列车开行信息和运行情况、所乘列车候车室和检票口、车票起售时间和乘车问题,公众号自动给出解答。在“客运”模块里,旅客通过“重点旅客”“遗失物品”和“意见建议”单元在线预约服务、登记求助和对铁路部门提出意见和建议。

**【杭州东站开设“汇”客厅】**2017年4月,杭州东站候车大厅开设温州旅游“汇”客厅正式对外开放。温州市旅游局联合下属11个区县(市)旅游部门在杭州东站设立特别服务窗口,也是全国首个在高铁车站设立地区旅游品牌宣传窗口。“汇”客厅占地面积140平方米,通过墙面上电子显示屏滚动播放温州地区人文景观,为广大旅客提供温州旅游咨询及候车服务。候乘旅客可以免费喝茶、上网、看电视,了解温州最新旅游资讯。

**【铁路餐饮服务升级】**2017年6月10日,上海铁路局开行高铁动车组列车上冷链盒饭全线升级。冷链盒饭升级重点提升盒饭品质,如明确规定食材产地、大小、重量等。改良加工工艺和冷却方式,按照食材成分精准控制加工、加热时间,确保色、香、味俱全。每个价位盒饭品种不少于4种。7月17日起,上海铁路局管内杭州东站、上海虹桥站、南京南站和合肥南站可为旅客提供动车组列车互联网订餐配送服务。旅客通过“12306”网站、手机App订票成功后,页面将弹出是否订餐提示,需订餐旅客按页面功能提示办理,即可完成列车网上订餐。订餐成功后铁路站车服务人员会把餐食送到指定车次、车厢和席位,旅客不用离开席位就可品尝到预订餐饮美食。

**【铁路取消部分货运收费】**2017年8月1日,铁路调整部分货运收费项目,取消、合并部分收费项目,下调1项收费项目计费标准。取消收费项目:抑尘费、自备车管理费、阿拉山口口岸建设费、冷藏车空车回送费、铁路码头使用服务费、防风网使用费、冷却费、分卸作业费。合并收费项目:取消“液体换装费”,并入“换装费”;取消“D型长大货物车延期使用费”,并入“货车延期占用费”;取消“D型长大货物车空车回送费”,并入“D型长大货物车使用费”。该次货运收费项目调整,将“货车延期占用费”免费时间延长1小时,将专用线、专用铁路货车最低免费时间标准统一调整装车时3.5小时、卸车时3小时。

**【网购高铁车票自主选座】**2017年10月12日,旅客网购动车组车票时可以自主选座,“接续换乘”可供选择。旅客通过铁路“12306” 网站或手机客户端购票时,根据系统提供动车组列车座位示意图选择座位。当遇到出发地和目的地之间列车无票或没有直接到达时,铁路推出“接续换乘”功能,售票系统向旅客展示途中换乘一次部分列车余票情况,如果旅客选择购买,可以一次完成两段行程车票支付。

**【杭州东站旅客可刷卡乘车】**2017年11月15日,杭州东站办理中铁银通卡售卡、刷卡乘车业务。中铁银通卡由中铁银通支付有限公司发行,内含联机账户和电子现金双介质预付卡。卡背面印有持卡人有效身份证件号码、姓名和照片,仅限本人使用。持卡旅客通过车站自动检票机(闸机)直接刷卡进站乘车。对提供中铁银通卡刷卡乘车业务列车,为持卡旅客预留一定数量二等座席位。

**【钱塘江大桥建成通车80周年】**2017年9月26日,由中国铁路总公司和中国工程院等6个单位主办,上海铁路局和杭州市政府等单位承办庆祝钱塘江大桥建成通车80周年。20多位国内外院士及300多名桥隧工程行业精英齐聚钱塘江畔茅以升铜像前,庆祝钱塘江大桥建成通车80周年,缅怀茅以升等老一辈科技工作者创业精神和爱国情怀。

钱塘江大桥由著名桥梁专家茅以升主持设计,是中国第一座公路、铁路两用特大桥。至2017年12月31日,钱塘江大桥实现安全行车23794天。2006年,钱塘江大桥被列为第六批全国重点文物保护单位,2016年9月,入选"首批中国20世纪建筑遗产"名录。 (叶建明 姚乃峰)

## 民用航空运输

【概况】杭州萧山国际机场位于浙江省杭州市东部,距市中心27千米,是国务院确定的国内区域性枢纽机场、国家一类航空口岸和浙江省门户机场,2000年12月28日建成通航,2006年12月与香港机场管理局合资合作,成为国内首家整体对外合资机场。机场发展成国内第十大客运机场、第六大货运机场和前五大航空口岸,2009年起跻身全球机场百强。

至2017年末,机场用地总面积10平方千米。3座航站楼总面积约37万平方米。2条跑道(3600米长、45米宽和3400米长、60米宽)和等长滑行道,停机坪面积200万平方米,机位175个。飞行区等级4F级。

全年完成旅客吞吐量3557.04万人次、货邮吞吐量58.95万吨、保障航班起降27.11万架次,比上年分别增长12.6%、20.8%和8.0%。客、货量增幅分列全国前十大机场第二和第一,总量继续稳居全国第十和第六。

全年机场航班放行正常率71.5%,实现正常性提升机制常态化运行。机场责任原因不安全事件万架次率为0.037,年度安全指标在可控范围内,实现第17个安全年,并通过民航局"平安民航"考核(位列华东地区第一名)及SMS效能审核。

【航空主业提升】2017年,杭州萧山国际机场按照"优化亚洲,拓展非洲,加密欧洲、美洲、大洋洲"的"五洲战略",以洲际航线、"一带一路"沿线国家航线为开发重点完善国际航线网络。客运方面,开通墨尔本、塞班岛、里斯本(经停北京)3条洲际航线和札幌、富国岛、金边、宿务、斯里巴加湾5条亚洲航线;货运方面,开通新西伯利亚和芝加哥2条国际全货机直达航线。开拓二、三线城市航点,协调航空公司增加大机型投入,航班中D类和E类大机型占比比上年提升1.6个百分点。全年航班计划总体执行率为87.5%,提升3.2个百分点。至2017年末,杭州萧山国际机场国际航点43个,增加8个,新引进定期运营外国航空公司9个;国内航点总数113个,增加12个;地区航点6个,与上年持平。

【机场运输业务拓展】2017年,杭州萧山国际机场与香港货运航空公司签订战略合作协议,重点拓展国际货运业务;召开国际航线市场推广暨备降保障大会,与中欧航空高层峰会考察团探讨合作;与中国国际航空股份有限公司开展战略合作对接,未来开发洲际航线、增加宽体机投放,为机场国际业务发展提供动力。加大口岸建设,获得进境水果指定口岸资质,使杭州航空口岸具备指定口岸资质增加到4项,拓展跨境贸易发展空间;积极争取地方政府资金与政策支持,省、市、区新开国际航线专项资金总额增加三分之二;推动24小时无障碍通关早日实现,完善生产设施设备,为国际业务发展打好保障基础。

【机场综合服务提升】2017年,杭州萧山国际机场通过质量、环境、职业健康安全管理体系审核,正式加入Skytrax国际星级机场评审。改善旅客服务设施,开展航站楼"厕所革命",实施T1航站楼内庭园改造、出租车上客区域环境提升等一批项目。启用武林门、桐庐、横店、诸暨、柯桥、上虞、永康等7座城市航站楼,建设临安城市航站楼。开展"民航服务质量规范"专项行动,组织"规范岗位行为、开展微笑服务"活动。开设军人依法优先柜台,维护军人合法权益。推进"最多跑一次"政务改革,企业内部80项需审批事项基本实现只跑一次甚至不跑。全年机场服务质量ASQ自测得分4.82分,比上年提高0.4%。航空公司满意度得分4.67分,提高0.2%。

【机场规划编制】2017年,杭州萧山国际机场推进新一轮总规修编,提出3组(5条)远距离跑道构型方案,基本形成远期"30平方千米、1亿人次"发展规划,启动新一轮货运规划修编。完成新航站楼和综合交通中心国际方案征集,项目可行性研究报告编制工作已经启动。综合交通建设规划取得突破性进展,高铁进机场列入相关规划,一条连接杭州铁路西站(规划)、铁路东站、机场三大交通枢纽轨道快线即将建设。聘请专业单位编制《浙江省航空运输网络布局研究和杭州萧山国际机场航线网络规划》,科学布局航线网络。

2017年7月6日,杭州萧山国际机场开通杭州—美国塞班航线(丛 琳 摄)

**▲资料：2017年杭州萧山国际机场定期航点**

1. 内地航点113个：北京首都、广州、深圳、西安、成都、重庆、昆明、贵阳、郑州、青岛、三亚、大连、哈尔滨、海口、沈阳、厦门、太原、南宁、长沙、武汉、天津、石家庄、桂林、乌鲁木齐、长春、丽江、兰州、珠海、呼和浩特、泉州、银川、西双版纳、西宁、揭阳、福州、临沂、烟台、海拉尔、惠州、威海、绵阳、宜昌、赣州、锦州、大理、济南、潍坊、九寨、张家界、宜宾、广元、毕节、拉萨、通辽、泸州、南阳、包头、鄂尔多斯、洛阳、遵义、襄阳、恩施、延吉、阿克苏、铜仁、运城、赤峰、南充、北海、邯郸、东营、西昌、稻城、阜阳、长白山、柳州、湛江、黔江、六盘水、甘孜、安顺、十堰、达州、保山、盐城、景德镇、乌兰察布、梅县、池州、兴义、淮安、凯里、连云港、大庆、满洲里、衡阳、汉中、敦煌、日照、嘉峪关、唐山、延安、天水、博鳌、牡丹江、迪庆、佳木斯、邵阳、张家口、库尔勒、张掖、秦皇岛、乌海。

2. 港澳台航点6个：香港、澳门、台北桃园、台北松山、高雄、台中。

3. 国际航点43个：首尔、济州、釜山、清州、东京、大阪、冲绳、静冈、札幌、新加坡、吉隆坡、沙巴、曼谷(素万那普、廊曼)、普吉、清迈、芭提雅、素叻他尼、金边、暹粒、卡里波、宿务、巴厘岛、岘港、芽庄、胡志明市、富国岛、斯里巴加湾、加尔各答、马累、多哈、阿姆斯特丹、马德里、巴黎、里斯本、旧金山、洛杉矶、塞班岛、温哥华、悉尼、墨尔本、新西伯利亚(货机)、芝加哥(货机)。

2013—2017年杭州萧山国际机场主要生产指标

表48

| 年份 | 旅客吞吐量(万人次) | 增幅(%) | 货邮吞吐量(万吨) | 增幅(%) | 航班量(万架次) | 增幅(%) |
|---|---|---|---|---|---|---|
| 2013 | 2 211.4 | 15.7 | 36.81 | 8.8 | 19.06 | 14.6 |
| 2014 | 2 552.6 | 15.4 | 39.86 | 8.3 | 21.33 | 11.9 |
| 2015 | 2 835.4 | 11.1 | 42.49 | 6.6 | 23.21 | 8.8 |
| 2016 | 3 159.5 | 11.4 | 48.80 | 14.8 | 25.10 | 8.2 |
| 2017 | 3 557.0 | 12.6 | 58.95 | 20.8 | 27.11 | 8.0 |

2017年杭州萧山国际机场直达通航流量前十位城市

表49

| 位次 | 城市 | 客流量(万人次) | 出港平均客座率(%) |
|---|---|---|---|
| 1 | 广州 | 250.5 | 88.6 |
| 2 | 北京 | 250.4 | 81.7 |
| 3 | 深圳 | 170.2 | 85.2 |
| 4 | 成都 | 129.6 | 88.7 |
| 5 | 重庆 | 106.1 | 86.8 |
| 6 | 西安 | 99.4 | 91.4 |
| 7 | 昆明 | 92.4 | 89.7 |
| 8 | 香港 | 81.1 | 83.0 |
| 9 | 贵阳 | 72.1 | 88.8 |
| 10 | 太原 | 65.3 | 90.3 |

说明：以上数据不含经停航线

**【“智慧机场”建设】**2017年，杭州萧山国际机场根据《“十三五”智慧机场规划》，综合运用先进信息技术，建设“智慧机场”。与阿里巴巴集团、蚂蚁金融服务集团签订三方战略合作框架协议，投入使用航站楼科技体验馆。与中国民航信息网络股份有限公司、华为等企业探讨智慧机场建设，在机场应用“互联网+”和“机器换人”。开发智能云客服系统，集中整合各类移动平台上机场问询功能，提供全流程掌上服务。至年末，旅客自助出行率43.9%。利用社会资源完成停车系统升级，基本建成停车智能支付体系，推进智能引导、智能环境和智能数据开发，打造“智慧停车场”。升级改造一批生产和管理系统，微信企业号“杭州机场微门户”上线，提高管理领域智慧化程度。

**【机场服务区域效益提升】**2017年，杭州萧山国际机场拓展航空和非航产业，支持浙江长龙航空有限公司和其他基地航空公司发展。全年机场范围内各企业向国家和地方缴纳税金10.55亿元，比上年增长26.3%。其中机场公司及其子公司缴纳3.85亿元，在机场运营的各航空公司缴纳4.7亿元，其他驻场经营企业缴纳2亿元，相关企业和产业提供众多就业岗位。

**【机场节能减排】**2017年，杭州萧山国际机场推进节能减排，启用桥载设备替代飞机APU(辅助动力装置)项目，每年可减少碳排放量7万吨。开展车辆“油改电”调研和试点工作，首次引入2辆纯电动旅客摆渡车。完成5项节能改造工程，做好纳入碳排放交易市场前期准备。机场净化美化生态环境，做好场区、飞行区水环境治理。编制场区环境整体提升方案，成立具备场区综合执法权的机场秩序管理委员会、组建场区秩序巡查中队，促进场区环境趋向美观、有序、整洁。开展航站楼视觉污染整治，全面提升航站楼形象面貌。　（曾宪武）

## 城市公共交通

**【概况】**2017年，杭州市统筹规划城市公共交通建设和线路运营管理，坚持建设、运营、经营“三位一体”协调发展。市交通运输局全面实行公交、地铁服务质量考核，加强轨道交通建设协调管理和各部门综合联动保障机制。全年新增运营里程25千米，年末运营线路总里程106.45千米；轨道交通车站72座，其中换乘站5座；运营车辆107列、642节，运送乘客3.4亿人次，实现票务收入8.94亿元；轨道交通建设总投资253.52亿元，比上年增长65.9%，累计完成总投资963.79亿元。开展网约车执法管理、互联网租赁自行车监管，以及公交车、出租车斑马线前礼让行人活动。将公交服务与移动互联网、云计算、大数据对接和融合，推进“智慧”公交建设，打造“互联网+公共交通”新格局，杭州主城区及萧山、余杭区所有公交车实现“移动支付”全覆盖，提高城市主干道通行效率。全年新增和更新公交车辆252辆，其中新增新能源车168辆；新增公交首末站2座，新建和改造公交停靠站170座。运量最大的前30条公交线路提速；681条公交线路、8278辆公交车开通移动支付功能；主城区公共交通日均公交客运量提升至430.17万人次。

（黄亚洲 郎淑文 郑增杰）

【**地铁工程建设**】2017年，杭州市轨道交通网络化建设加快推进。地铁2号线全线建成通车。地铁5号线一期12座车站完成主体结构施工，11座车站和2座风井、1个明挖段进入主体结构施工阶段；5个区间隧道全面贯通，完成盾构掘进10千米。地铁6号线一期6座车站完成主体结构施工，2座车站和1座风井进行主体施工，完成盾构掘进6千米。杭临线4座车站和2座风井开展主体结构施工，3座车站开展围护结构、管线迁移等工程施工。杭富线4座车站围护结构开工。地铁三期工程10条线路初步设计全部获省发改委批准，线路设计总里程196.1千米。地铁1号线三期、3号线、7号线和9号线部分标段相继开工。

【**轨道交通运营线网延伸**】2017年，杭州地铁2号线西北段、地铁2号线全线分别于7月3日、12月27日通车，线网运营里程从年初的81.45千米增加至106.45千米，运营车站从53座增加至72座，日均客流从2016年的73.7万人次提升至93.11万人次，客流比上年增长26.3%，有效缓解杭州主城区交通压力。随着地铁运营线网的延伸，市地铁集团推出“彩虹伞”借用、送暖心茶、双语引导等爱心服务。组织志愿者服务团队，开展安全、文明劝导和导乘服务。开通全国首列法制宣传专列及“音乐车站”，给乘客带去全新的出行体验。乘客满意度保持在90分以上。发起“彩虹悦读”活动，8月22日，《人民日报》头版以“打开阅读的趣味空间”为题报道该活动。

**▲资料：地铁2号线一期西北段**

杭州地铁2号线一期工程分为东南段和西北段，其中东南段工程于2014年11月24日建成通车。地铁2号线西北段线路起于钱江路站（不含），沿庆春东路、凤起路、环城西路、莫干山路、文二路敷设，途径江干、下城、拱墅、西湖4个行政区，止于丰潭路站，线路全长11.84千米，于2013年5月19日开工。2017年7月3日，钱江路站至古翠路站（含）段开通试运营，杭州地铁首次开入杭州城西；12月27日，古翠路站（不含）至良渚站开通，标志着地铁2号线全线开通。

**▲资料：地铁4号线南段**

杭州地铁4号线一期工程分为首通段和南段工程，其中首通段工程于2015年2月2日通车试运营。地铁4号线南段线路起于浦沿站，止于首通段近江站，全长11.14千米，全为地下线。全线设8座车站，其中换乘站2座，于9月30日开始试运行。

【**地铁5号线完成PPP招商**】2017年6月26日，市交通运输局代表市政府与市地铁集团、香港铁路有限公司（简称港铁公司）签订《杭州地铁5号线PPP项目特许协议》，标志着5号线PPP招商工作完成。地铁5号线项目与地铁1号线一致，分A、B两部分工程，其中A部分工程包括车站、区间等土建工程，B部分工程包括车辆、信号等机电设备工程。此次PPP项目特许协议涉及的范围主要为B部分，由港铁公司与市地铁集团合资成立的特许经营公司负责B部分项目设施的投资、建设，以及5号线工程项目设施（包括A、B两部分项目设施）的运营管理。市地铁集团持有特许经营公司40%股份，港铁公司持有60%股份，A部分设施以租赁方式提供给特许经营公司使用。

【**地铁“移动支付”过闸项目上线**】2017年12月27日，杭州地铁“移动支付”过闸项目（银联闪付过闸和二维码扫码过闸）上线试运行。此次“移动支付”过闸的许多功能为国内首创。基于乘客的实际使用习惯，考虑未来技术的发展趋势，杭州地铁银联闪付及二维码过闸业务均利用云技术、大数据技术，对相关业务数据进行实时处理，乘客可直接刷卡过闸，也可用支付宝手机客户端刷二维码过闸。

（黄亚洲）

【**网约车管理新政实施**】2017年3月1日，《杭州市网络预约出租汽车和私人小客车合乘管理实施细则（试行）》出台。“曹操专车”“神州优车”“首汽约车”申领网络预约出租汽车经营许可证，成为第一批具有合法经营资质网约车企业，经营区域均为杭州市行

杭州地铁2号线双桥停车场 （市地铁集团运营分公司 供稿）

政区域。市交通部门联合交警、治安等部门开展网约车执法管理，通过宣传引导、资格审核、证件办理等工作，出租车和网约车价格没有明显波动，网约车管理新政实施。

**【互联网租赁自行车规范发展】** 2017年9月29日，市政府发布《杭州市促进互联网租赁自行车规范发展的指导意见(试行)》(简称"指导意见")。"指导意见"明确规范互联网租赁自行车管理职责、经营管理、运维力量配备、保险与资金托管等内容。12月4日，杭州市互联网租赁自行车监管平台运行。监管平台包括日常监控系统、决策支持系统、信息查询系统、移动端平台、信用评价系统、押金账户信息系统。通过整合定位数据和区域信息，借助GIS地图实现互联网租赁自行车行业营运动态监管，增强行业营运状况实时监测功能，及时发现行业营运过程中存在的管理和安全问题。

12月14日，市交通运输局开展"减十清零"整治行动，规范互联网租赁自行车管理。"减十"即削减本市互联网自行车存量，合计减量11.2万辆。"清零"即对违反《杭州市道路交通安全管理条例》，未按"指导意见"要求接入数据、侵占绿化带、消防设施等严重不按规定停放或车况破损严重的三类车辆进行清理，清理车辆5982辆。 (王　鹏)

**【停车场库及新能源汽车充电设施建设】** 2017年，杭州推进公共停车场库、新能源汽车充电设施建设和停车产业化发展。全年新增停车泊位56916个，其中公共泊位6222个。运用新技术、新工艺，在老城区开展"井筒式"(或同类技术)公共停车库项目试点，开工建设景芳公园地下停车库等项目，规划停车泊位650个。建成充电桩(枪)2980个，其中公用充电桩(枪)1436个。市区早晚高峰交通限行区域内基本达到2千米的公用充电服务半径。4月1日，《杭州市新能源电动汽车公用充电桩运营管理暂行办法》正式施行，杭州新能源汽车公用充电网络框架基本形成。开发启用新能源汽车充电设施智能化管理系统及"杭州e充"App。车主可通过"杭州e充"实时查询公用充电桩信息，实现就近充电。全年完成公共停车场土地出让12宗。杭州市首个以土地公开出让方式引入社会力量投资的项目文晖大桥东公共停车楼竣工，拥有停车泊位240个。滚动推进社会投资公共停车场建设项目42个，建设停车泊位约1万个。 (郎淑文)

**【第四届全国公交驾驶员节能技术大赛总决赛在杭州举行】** 2017年5月11—12日，"第四届(2017)'宇通杯'全国公交驾驶员节能技术大赛"总决赛在杭州市公交集团石桥停车场举行。总决赛以"创建绿色公交、树立节能标兵"为主题，来自国内54个城市、59个公交企业的120多名选手参加，接受驾驶技能和技巧的考验及新能源汽车操作知识的考查。比赛分理论知识、驾驶技巧、驾驶技能和例保排查四大部分，并细分成7项考核指标进行评分，选用两款宇通纯电动公交车作为比赛用车。比赛评出节能冠军4名、节能明星48名、节能标兵35名、节能能手64名。杭州市公交集团2名参赛选手分别获纯电动客车12米组和天然气客车组节能能手称号。首届"宇通杯"全国公交驾驶员节能技术大赛于2009年举行，每两年举办一次。此届大赛总决赛由杭州市公交集团承办。

杭州市下城区石石立交公用充电站 (市建委 供稿)

**【市公交集团调度指挥中心启用】** 2017年9月3日，杭州市公交集团调度指挥中心建成启用。调度指挥中心配置LED全彩数据大屏，拥有公交运营大数据、公交调度管理、公交车辆维修管理、公共自行车运营分析、出租车日常运营管理和公交视频监控六大平台，实现"六个中心"功能合一，进一步提升公共交通调度指挥数据化、集成化、网络化、可视化水平。11月29日，杭州市公交集团被中国电子商会等单位评为2017年中国公共交通信息化示范单位。

**【定制公交升级版——"心享巴士"上线】** 2017年9月7日，杭州市公交集团定制的公交升级版——"心享巴士"上线。"心享巴士"是该公司联合高德软件有限公司、数梦工场、阿里云计算有限公司等互联网公司，基于杭州200多万辆汽车浮点数据、8万多个路口、8000多辆公交车及每天约400万公交乘客出行量数据，通过算法模型和日常经验运算生成的动态化"定制公交"。"心享巴士"区别于传统的线网推算公交线路，具有弹性响应海量用户需求、敏捷对接全局数据、高效调度线路运力等特点，最大限度发挥公共交通运营效率和社会效益。 (郑增杰)

## 邮政·快递

**【概况】** 2017年，杭州市邮政企业和规模以上快递服务企业业务收入(不包括邮政储蓄银行直接营业收入)275.09亿元，比上年增长27.9%；业务总量483.42亿元，增长35.2%。

杭州市快递服务企业业务量

2017年杭州市邮政行业发展情况

表50

| 指标名称 | 单位 | 实绩 | 比上年(%) |
|---|---|---|---|
| 一、邮政行业业务收入 | 亿元 | 275.09 | 27.85 |
| 其中:快递业务收入 | 亿元 | 251.05 | 28.29 |
| 二、邮政行业业务总量 | 亿元 | 483.42 | 35.15 |
| 其中:函件 | 万件 | 11 656.17 | 20.99 |
| 包裹 | 万件 | 50.82 | 3.06 |
| 快递 | 万件 | 232 630.39 | 28.90 |
| 订销报纸累计数 | 万份 | 24 273.01 | 0.86 |
| 订销杂志累计数 | 万份 | 1 010.25 | -4.81 |
| 汇兑 | 万笔 | 75.87 | -29.64 |

说明:邮政行业业务收入中未包括邮政储蓄银行直接营业收入

2017年区县(市)快递业务情况

表51

| 区县(市) | 业务收入(万元) | 业务量(万件) |
|---|---|---|
| 上城区 | 79 946.15 | 8 434.60 |
| 下城区 | 127 314.29 | 11 132.78 |
| 江干区 | 227 622.19 | 26 985.37 |
| 拱墅区 | 387 616.37 | 23 208.14 |
| 西湖区 | 584 906.87 | 27 621.66 |
| 滨江区 | 430 388.90 | 37 076.80 |
| 萧山区 | 492 920.79 | 67 061.47 |
| 余杭区 | 118 612.61 | 20 752.44 |
| 富阳区 | 15 336.21 | 2 869.93 |
| 临安市 | 18 306.65 | 3 503.56 |
| 桐庐县 | 3 235.48 | 470.57 |
| 淳安县 | 8 559.64 | 1 202.74 |
| 建德市 | 15 712.56 | 2 310.33 |
| 合　计 | 2 510 478.71 | 232 630.39 |

23.26亿件,增长28.9%;业务收入251.05亿元,增长28.3%。其中:同城业务量5.87亿件,增长22.8%;异地业务量16.98亿件,增长30.5%;国际及中国港澳台业务量4064.83万件,增长62.9%。快递业务量和业务收入均列省会城市第二位、副省级城市第三位。

全市邮政函件业务1.17亿件,增长21%;报纸业务2.43亿份,增长0.9%;杂志业务1010.25万份,下降4.8%;汇兑业务75.87万笔,下降29.6%。

全市邮政局所286处,其中邮政支局106个。自办邮政所230个,代办邮政所56个。邮政储蓄网点203个,其中单设45个。市本级45个,其中单设7个。报刊零售网点(含报刊亭)635个。"村邮乐购"店3203个。"E邮站"2680个,其中主城区2200个。集邮专业网点18个。投递道段1485条,其中城市投递道段932条、农村投递路线553条。行政村通邮率100%,城区日均投递2次。

**【余杭邮政管理局成立】**2017年11月17日,杭州市第三家县级邮政管理机构——余杭邮政管理局正式挂牌成立。浙江省邮政管理局局长詹永枢和余杭区区长陈如根为余杭邮政管理局揭牌。浙江省邮政管理局、杭州市邮政管理局、余杭区有关部门负责人以及杭州市快递协会、余杭区邮政企业、快递企业代表60多人参加揭牌仪式。余杭邮政管理局机构级别为副处级,内设机构2个:办公室、行业监管科。下设事业单位1个即余杭区邮政业发展服务中心。核定行政编制3名,事业编制4名。主要职责是贯彻执行国家法律法规、方针政策和邮政服务标准;研究拟定全区邮政发展规划;负责邮政市场及邮政普遍服务和机要通信等特殊服务监管工作;负责行业安全生产监管、统计工作,保障邮政通信和信息安全;承办上级邮政管理部门和地方政府交办的其他事项。

**【第二届中国(杭州)国际快递业大会在桐庐举办】**2017年11月24日,第二届中国(杭州)国际快递业大会在快递之乡浙江桐庐召开,大会由国家邮政局、浙江省政府、中国快递协会主办,杭州市政府承办,桐庐县政府协办。来自国内外600多名快递企业代表围绕"新时代、新经济、新快递"主题,探讨发展思路。国家邮政局局长马军胜、浙江省副省长高兴夫出席并致辞。会上,国家邮政局和浙江省政府签署战略合作协议,桐庐县政府发布《桐庐倡议》。"三通一达"和顺丰速运有限公司等5个上市快递公司组建投资联合体,与浙江省机场集团签订战略合作备忘录,共同投资建设智慧物流枢纽。

**【寄递安全保障】**2017年,市邮政管理局联合省国家安全厅、市公安局、市综治办等部门,组织寄递企业安全管理培训,落实企业安全生产主体责任,执行寄递安全"三项制度",开展平安护航党的十九大、易制爆危险化学品、消防安全隐患集中排查整治行动、安全生产大检查、电气火灾综合治理等邮政业寄递安保工作。全年出动检查人员1720人次,检查企业及网点688个次;立案查处企业违法违规行为310起,其中吊销快递经营许可证1个,适用反恐法处罚违法企业4个、个人9名。同时对违规经营、僵尸企业、服务能力和安全保障能力欠缺企业开展注销清理、合并整顿,依法清理注销法人企业82个、分支机构28个、末端网点12个。

**【邮政速递物流智能机器人分拣系统运行】**2017年11月11日,杭州邮政速递物流智能机器人分拣系统正式投产运行,分拣效率接近2万件/小时,日处理量30万件。整个智能机器人分拣系统由3000平方米钢构平台、700个"小黄人"、600个集包收纳格口、20个供件台以及滑槽构成。操作

2017年11月11日，杭州邮政速递物流智能机器人分拣系统投产运行

（市邮政管理局 供稿）

人员将邮件放于托盘，由供件台扫描二维码，"小黄人"可迅速识别信息，读取运行路径，随后将邮件运载至收纳格口，每个格口对应一个邮路。和传统自动化设备相比，该系统自动化程度更高，分拣效率提升100%，配备人员减少约一半，落格正确率100%。

杭州邮政速递物流公司引入智能机器人分拣系统，这在杭州是首家，有利于提高杭州快递行业自动化水平，更好节省人力成本，提升企业竞争力。

**【"双十一"购物节期间处理快件1.48亿件】** 2017年"双十一"期间（11月11—20日），杭州市主要网络型快递企业处理快件1.48亿件，比上年增长41%，其中揽件量1.05亿件、派件量4300万件，列全国各大城市前三位。"双十一"当日快件业务总量2108.93万件，其中揽件量1828.54万件，为平时单日揽件量的4倍。全市单日总业务量峰值出现在11月12日，达2112万件。全市寄递企业"双十一"购物节期间落实分拨场地150多万平方米、增添多条自动化、半自动化分拣流水线，投入干线服务和投递车辆1.14万辆，其他服务车辆7500多辆，增加1.68万名临时用工，总服务人员7万余人，增设"菜鸟驿站"等末端服务网点377个。

**【"菜鸟驿站"快递服务平台运行】** 2017年，市邮政管理局会同市务商委、市公安局、市市场监管局等部门与阿里巴巴集团合作，运用阿里巴巴物流大数据建成"菜鸟驿站——末端智慧物流"快递服务平台，提升快递末端服务。该项目是杭州市政府与阿里巴巴集团战略合作重点项目之一。"菜鸟驿站"快递服务平台建立标准和管理制度，落实经营主体责任，制定设立、取消、变更登记备案制度，开发并完善快递实名制信息化系统，筑牢寄递渠道安全防线。至年末，在市邮政管理局备案"菜鸟驿站"网店65个，日均收派件量5.3万件，其中收件8000件，派件4.5万件。

**【快递行业青工技能比武】** 2017年11月23日，由团市委、市邮政管理局主办，共青团桐庐县委、杭州市快递行业协会、桐庐邮政管理局承办，杭州技师学院协办的第三届杭州市快递行业青工技能比武暨桐庐首届"最美快递小哥"颁奖典礼在桐庐县城中心广场举办。来自杭州市10个快递公司30名青年职工参与技能比武。比赛分快件收寄（含包装）、快递运单填写、快件收派、禁限寄物品识别与处理等项目进行，根据选手动作规范、完成质量及所用时间等进行评分。最终浙江申通快递有限公司、中国邮政速递服务有限公司桐庐分公司凭借精湛技能获得团体并列第一；杭州易安快运有限公司王瑶获"杰出青年岗位能手"称号。此次活动经过9月在桐庐县网络媒体群众投票，最终选出6名桐庐"最美快递小哥"。

**【党的十九大纪念邮票设计融入杭州元素】** 2017年10月18日，《中国共产党第十九次全国代表大会》纪念邮票发行。纪念邮票一套2枚，小型张1枚。纪念邮票图案内容分别为"不忘初心"、"继续前进"，小型张内容为"筑梦"。全套邮票面值8.40元。小型张"筑梦"设计新颖，不仅票幅大，图案醒目，而且边纸上信息十分丰富。小型张背景为长城剪影和国歌乐谱，图案有代表会议召开地首都北京华表，还有上海浦东、杭州国际博览中心和深圳平安金融中心三地现代城市景观。杭州国际博览中心第一次登上国家名片。

**【县域包裹集包化改革】** 2017年5月，中国邮政集团公司杭州市分公司在余杭区试行县域包裹封发处理集包新模式。集包模式在"双十一"旺季发挥功效，杭州邮区中心局高峰日进出口邮件量超过130万件，其中县域集包处理超过30万件。集包化处理提升邮区中心局处理能力，缩短内部处理时间，降低邮件处理成本，提升邮件运转效率，实现网运环节提速扩能，为浙江邮政快递包裹业务实现跨越式发展提供支撑。

**【"警邮合作项目"启动】** 2017年10月31日，中国邮政集团公司杭州市分公司与杭州市公安局交通警察支队在市交警支队车管所签约邮政网点代办、协办公安交通管理业务，标志着杭州地区"警邮合作项目"正式启动。邮政代办交管业务是邮政践行"以客户为中心"服务理念，助力政府"最多跑一次"政务改革，与交管部门共同打造"让数据多跑腿，让群众少跑腿"便民服务体系。邮政便民服务平台融入社会民生，使车主享受到"家门口的车管服务"。至年末，全市推出6个网点办理交管业务，分别是上城分公司城站网点、下城分公司大关网点、江干分公司下沙网点、拱墅分公司沈塘桥网点、西湖分公司三墩网点、滨江分公司盛元慧谷网点。

（刘　琴）

责任编辑 章月影

# 28 投资促进

Investment Promotion

## 综　述

【招商引资体制机制改革】2017年，杭州市推进招商引资体制机制改革。经市委、市政府研究，并报省编委办批复同意，6月27日，市编委印发《关于杭州市人民政府国内经济合作办公室更名等事项的通知》，决定杭州市人民政府国内经济合作办公室（简称"市经合办"）更名为杭州市投资促进局（简称"市投资促进局"），为市政府直属正局级参公事业单位。更名后原市经合办承担的接轨上海、杭州都市圈、"山海协作"、对口帮扶等职责划转到市发改委，将市商务委外资招商管理相关职责划入市投资促进局。8月，对杭州市国内经济合作交流信息中心（杭州市支持浙商创业创新服务中心）和杭州市国际经济合作促进中心进行整合，新组建杭州市投资促进服务中心，该中心增挂杭州市支持浙商创业创新服务中心牌子，为市投资促进局直属从事公益服务的事业单位。9月4日，市委办公厅、市政府办公厅印发《关于进一步完善杭州市招商引资机制的若干意见》（简称"若干意见"）。"若干意见"在加强组织领导、统筹产业集聚、统筹重大项目、强化考核激励、强化招才引智、强化招商保障等方面出台11条举措，为全市招商引资提供机制保障。成立杭州市投资促进领导小组，由市委书记、市长担任双组长，5位分管市领导任副组长，各区县（市）、开发区（集聚区）及24个市直属部门主要负责人为成员，统筹全市招商引资和投资促进工作，形成市投资促进领导小组、产业招商组、项目招引专项组"三位一体"的全市"一盘棋"招商统筹协调大格局。

【全市招商引资暨浙商回归工作推进大会】2017年9月4日，全市招商引资暨浙商回归工作推进大会在省人民大会堂召开。省委常委、市委书记赵一德出席大会并讲话，市委副书记、市长徐立毅总结2016年度招商引资和浙商回归工作，对2017年工作进行部署。会议对2016年度招商引资和浙商回归工作先进单位进行表彰。市投资促进局、市经信委、萧山区、杭州大江东产业集聚区管委会招商服务中心和辉瑞生物制药（杭州）有限公司负责人做表态发言。

【中国全球投资峰会在杭州举行】2017年11月20—22日，由杭州市政府、浙江省商务厅主办，杭州市投资促进局、浙江省国际投资促进中心、欧洲货币机构承办的"2017中国全球投资峰会"在杭州洲际酒店举行。会期3天，以"共享杭州机遇，共建世界名城"为主题，由开幕式、重大项目签约仪式、专题访谈、讨论演讲、"一对一"项目对接洽谈、实地考察等活动组成。副省长梁黎明、市长徐立毅等出席峰会开幕式并会见嘉宾代表。开幕式上，10个重点项目签署合作协议，总投资80.6亿元。其中：内资项目7个，总投资49亿元；外资项目3

2017年9月4日，全市招商引资暨浙商回归工作推进大会在省人民大会堂召开
（市投资促进局 供稿）

个。会议吸引世界500强企业、知名行业领先企业、跨国公司、投资促进机构、境外客商代表和省内企业界、异地在杭商会、杭州在外商会代表近1000人参会。作为全球城市经济产业投资领域规模最大的会议之一，“中国全球投资峰会”在杭州举办过三届。

**【新增外地驻杭办事机构91个】**2017年，杭州市新增北京国脉互联网信息顾问有限公司驻杭办事处、上海寻萃商务信息咨询合伙企业（有限合伙）驻杭办事处、青海瑞丝丝业有限公司驻杭办事处等外地驻杭办事机构91个，撤销北京淘乐创想科技有限公司驻杭办事处、上海新炬网络技术有限公司驻杭办事处、辽宁中科留学服务有限公司驻杭办事处等外地驻杭办事机构44个，外地驻杭办事机构总数1611个。新增杭州市重庆商会、杭州市盐城商会、杭州市龙游商会3个异地在杭商会，累计65个，企业会员1.2万个。市投资促进局为263个外地到杭投资企业办理投资入户手续，核准户籍迁杭指标457个。（马洪飞）

## 招商引资

**【国内招商到位资金1562.8亿元】**2017年，杭州市国内招商引进项目2772个，到位资金1562.8亿元，比上年增长11.9%，创下历史新高。其中：引进第一产业项目56个，到位资金10.63亿元，占引进资金总额的0.7%；第二产业项目338个，到位资金231.76亿元，占14.8%；第三产业项目2378个，到位资金1320.41亿元，占84.5%。到位资金中，信息经济项目到位资金411.33亿元，增长13.4%，占26.3%。

**【利用外资总量保持全省第一】**2017年，杭州市新引进外商投资项目575个，实际利用外资66.10亿美元，利用外资额连续11年保持全省首位，占全省实际到位外资总额的36.9%，利用外资规模在16个“长三角”重点城市中排名第二，仅次于上海，在全国15个副省级城市中位居前列。至年末，杭州市累计引进外商投资企业1.39万个，总投资1873.16亿美元，签订的合同外资1121.06亿美元，实际利用外资676.83亿美元。根据外资企业联合年报数据库统计，2017年度杭州市实有外商投资企业4227个，企业总体运营良好，社会贡献度增强。参报企业实现销售（营业）收入7135.41亿

**2017年杭州市各区县（市）、开发区、集聚区产业招商引资情况**

表52

| 单位 | 项目（个） | 到位资金目标数（亿元） | 到位资金数（亿元） | 完成率（%） | 到位资金比上年（%） |
|---|---|---|---|---|---|
| 上城区 | 205 | 102 | 103.05 | 101.0 | 8.7 |
| 下城区 | 412 | 181 | 183.30 | 101.3 | 11.0 |
| 江干区 | 138 | 178 | 180.81 | 101.6 | 12.3 |
| 拱墅区 | 739 | 190 | 193.10 | 101.6 | 12.1 |
| 西湖区 | 313 | 198 | 201.62 | 101.8 | 8.2 |
| 高新区（滨江） | 40 | 95 | 95.85 | 100.9 | 12.4 |
| 萧山区 | 187 | 119 | 121.23 | 101.9 | 14.4 |
| 余杭区 | 96 | 122 | 123.82 | 101.5 | 11.3 |
| 富阳区 | 68 | 60 | 60.83 | 101.4 | 15.5 |
| 临安区 | 128 | 55 | 56.09 | 102.0 | 15.4 |
| 桐庐县 | 98 | 50 | 50.47 | 100.9 | 11.4 |
| 淳安县 | 80 | 31 | 31.38 | 101.2 | 11.4 |
| 建德市 | 141 | 50 | 50.88 | 101.8 | 15.7 |
| 杭州经济技术开发区 | 54 | 40 | 40.57 | 101.4 | 15.1 |
| 杭州大江东产业集聚区 | 73 | 69 | 69.80 | 101.2 | 14.2 |
| 杭州城西科创产业集聚区 | 94 | 46 | 48.32 | 105.0 | 14.9 |
| 合　计 | 2 772 | 1 540 | 1562.80 | 101.5 | 11.9 |

说明：杭州城西科创产业集聚区数据已统计在西湖区、余杭区、临安区内，合计中不包括该区数据，下同

**2017年杭州市各区县（市）、开发区、集聚区利用外资情况**

表53

| 单位 | 项目（个） | 到位资金目标数（亿美元） | 到位资金数（亿美元） | 完成率（%） | 到位资金比上年（%） |
|---|---|---|---|---|---|
| 上城区 | 39 | 2.17 | 2.17 | 100.0 | -8.1 |
| 下城区 | 22 | 4.00 | 4.02 | 100.6 | -1.8 |
| 江干区 | 28 | 3.21 | 3.21 | 100.0 | -6.5 |
| 拱墅区 | 21 | 3.61 | 3.83 | 106.0 | 0.3 |
| 西湖区（之江） | 65 | 6.25 | 6.41 | 102.6 | 8.9 |
| 高新区（滨江） | 83 | 7.36 | 7.36 | 100.0 | -8.7 |
| 萧山区（萧山开发区） | 117 | 8.68 | 8.78 | 101.2 | -4.0 |
| 余杭区（余杭开发区） | 91 | 10.00 | 10.40 | 104.0 | 0.0 |
| 富阳区（富阳开发区） | 16 | 2.76 | 2.78 | 100.5 | -4.7 |
| 临安区 | 11 | 1.88 | 2.31 | 122.9 | 11.6 |
| 桐庐县 | 7 | 1.65 | 1.65 | 100.0 | -10.0 |
| 淳安县 | 2 | 0.30 | 0.34 | 112.5 | 167.0 |
| 建德市 | 11 | 1.35 | 1.35 | 100.0 | -8.5 |
| 杭州经济技术开发区 | 42 | 5.78 | 5.79 | 100.2 | 64.4 |
| 杭州大江东产业集聚区 | 18 | 6.00 | 6.00 | 100.0 | -5.8 |
| 杭州城西科创产业集聚区 | — | 2.49 | 2.85 | 144.6 | — |
| 市　属 | 2 | — | — | — | — |
| 合　计 | 575 | 65 | 66.10 | 101.7 | -8.3 |

元，比上年增长18.4%；实现利润1342.08亿元，增长46.9%。企业纳税580.05亿元，增长19.3%；解决就业46.96万人次。

**【审批外资项目27个】** 2017年，杭州市按照省委、省政府“最多跑一次”改革部署，以浙江省政务服务网统一审批系统为平台，全面梳理企业办事过程中涉及的事项、流程、条件等问题，进行有机整合后，依托“1+N”+X多证合一、证照联办网上办事系统（商事登记一网通），对外商投资企业审批及变更实行“一网通办”，将线下的物理综合进件窗口实现线上运营，有效提高审批服务效率。外商投资企业备案事项同样纳入在线申报事项，做到应备尽备、证照联办，“最多跑一次”。全年审批外资项目27个，办结外资企业设立及变更备案2168个。

**【引进世界500强企业投资项目10个】** 2017年，杭州市加大引进世界500强企业投资项目工作力度，并取得较好成果。全年引进世界500强企业投资项目10个。其中吉立亚（杭州）医药有限公司、三菱东京日联银行（中国）有限公司杭州分行、雅培眼力健（杭州）制药有限公司3个项目为世界500强企业首次投资杭州的项目。年末，全市累计有世界500强企业投资项目208个，涉及500强企业120个。

**【引进外资质量提升】** 2017年，杭州市引进总投资3000万美元以上大项目190个，合计投资总额177.66亿美元，占引进项目投资总额的94.6%，合同外资81.42亿美元，占合同外资总额的76.2%。其中，总投资5000万美元以上大项目104个，总投资1亿美元以上大项目42个。引进外资项目产业结构不断优化。其中：第二产业利用外资8.98亿美元，占利用外资总额的13.6%；第三产业利用外资57.11亿美元，占86.4%。高技术产业实际利用外资25.77亿美元，占全市利用外资总额的39.0%，比上年增长30.8%。其中：信息软件业利用外资占19.9%，增长32.3%；科技研发业利用外资占14.4%，增长39.4%。

**【招商引资督查】** 2017年，市委将招商引资工作列入“六场硬仗”之一，专门成立招商引资硬仗专项督查组，分阶段分重点督查全市招商引资工作。督查组坚持一周一督查，一季一轮回，对上城区、萧山区、余杭区、杭州大江东产业集聚区招商引资体制机制改革和重点项目推进、总投资20亿元以上的产业大项目招商引资、重大项目签约等情况进行专项督查。

（马洪飞）

## 浙商回归

**【浙商回归到位资金总量全省第一】** 2017年，杭州市深入推进支持浙商创业创新工作，浙商回归资金继续保持稳步增长。全年浙商回归引进项目985个，省外到位资金761.81亿元，到位资金总量连续6年保持全省第一。其中：引进产业项目263个，到位资金289.04亿元，占到位资金总额的37.9%；引进资本项目722个，到位资金472.77亿元，占到位资金总额的62.1%。浙商回归引进项目三次产业资金结构比例为0.23∶12.26∶87.51，其中第三产业项目到位资金666.72亿元。

**【第四届世界浙商大会系列活动】** 2017年11月28日，以“创业创新闯天下，合心合力强浙江”为宗旨，以“聚力拥抱新时代，开放创新立潮头”为主题的第四届世界浙商大会在杭州开幕。来自全国和世界各地的浙商代表齐聚杭州国际博览中心，共叙乡情友谊，共话新时代新使命新作为。大会举行重大项目签约仪式，杭州有东湖高新杭州生物医药产业园二期、环普科技产业园、高端微创外科手术机器人、千岛湖鲁能胜地4个重大项目签约，总投资118.4亿元，其中省外投资111.4亿元。大会期间，举行跨境电子商务综合试验区项目推介会。省委常委、市委书记赵一德出席并致辞。商务部、海关总署和杭州市政府等介绍试验区建设发展、监管制度创新等情况。全球浙商代表、在浙世界知名跨境电子商务平台代表等300多人参加会议。

**【浙商回归专题招商活动】** 2017年，杭州市着力推进支持浙商创业创新促进杭州发展工作，举办杭州投资环境推介会，走访外地浙江商会、杭州在外商会，赴外地开展系列专题招商。8月29日至9月1日，组织赴广州、深圳开展系列专题招商活动。其

**2017年杭州市各区县(市)、开发区、集聚区浙商回归情况**

表54

| 单位 | 项目（个） | 到位资金目标数（亿元） | 到位资金数（亿元） | 完成率（%） |
|---|---|---|---|---|
| 上城区 | 105 | 51 | 52.79 | 103.5 |
| 下城区 | 187 | 75 | 79.61 | 106.2 |
| 江干区 | 40 | 73 | 78.49 | 107.5 |
| 拱墅区 | 91 | 81 | 87.40 | 107.9 |
| 西湖区 | 94 | 81 | 87.91 | 108.5 |
| 高新区（滨江） | 49 | 66 | 67.15 | 101.7 |
| 萧山区 | 62 | 56 | 56.31 | 100.6 |
| 余杭区 | 63 | 73 | 79.33 | 108.7 |
| 富阳区 | 31 | 24 | 25.01 | 104.2 |
| 临安区 | 57 | 20 | 21.05 | 105.3 |
| 桐庐县 | 31 | 16 | 16.18 | 101.1 |
| 淳安县 | 18 | 11 | 11.45 | 104.1 |
| 建德市 | 41 | 16 | 16.38 | 102.4 |
| 杭州经济技术开发区 | 49 | 30 | 30.77 | 102.6 |
| 杭州大江东产业集聚区 | 67 | 49 | 51.98 | 106.1 |
| 杭州城西科创产业集聚区 | 16 | 22 | 25.11 | 114.1 |
| 合计 | 985 | 722 | 761.81 | 105.5 |

间，省委常委、市委书记赵一德率杭州市党政代表团赴深圳考察交流，召开杭州与在粤知名企业家座谈会，招引浙商回归创业创新。

【省督查调研组督查杭州浙商回归工作】2017年4月28日，省督查调研组对杭州浙商回归工作进行督查调研。采取听取汇报、实地考察、座谈交流、走访企业等方式，了解杭州全面贯彻落实省委、省政府决策部署，实施浙商回归在扩投资、促转型、增税源、强后劲等方面的工作成果。督查调研组实地考察萧山区瓜沥镇"七彩小镇"项目和微医集团(浙江)有限公司，并与浙商回归企业代表进行座谈。副市长谢双成，市发改委、市经合办、市委督查室、市财政局、市统计局、市审计局、市金融办等部门负责人参加督查调研活动。

【浙商杭商回归重点项目推进情况集体民主监督】2017年，市政协向市投资促进局委派民主监督小组，由市政协主席、副主席带队，对10个浙商回归重点项目推进情况开展集体民主监督，听取项目投资方、建设方和属地管理部门意见，协商解决存在困难。全年市政协赴香港、深圳、青岛、成都等地，对10个商会组织、23个浙商代表企业开展"走亲"活动，介绍杭州经济社会发展情况和投资环境，推介环保、健康、旅游、金融等产业项目，推进浙商回归工作。（马洪飞）

## 招商活动

【产业招商引资专题活动】2017年，杭州市组织赴"长三角"、"珠三角"、环渤海湾及北京、上海、广州、深圳、成都、西安、大连、南京、苏州等城市开展产业招商引资。举办杭州(北京)经济合作座谈会、杭州(上海)投资环境推介会、杭州(西安)投资环境推介会、杭州生物医药(上海)专题推介会，进行信息经济、生物医药、体育产业、科技人才、健康产业等专题推介。参加夏季达沃斯(大连)论坛。12月8—9日，市长徐立毅，副市长陈新华、谢双成赴北京开展系列招商活动，举办杭州(北京)经济合作座谈会，走访中国电动汽车百人会、中国船舶重工集团公司、中国长安汽车集团股份有限公司、中国兵器装备集团公司、北京新浪互联信息服务有限公司、北京奇虎科技有限公司等企业。其间，召开杭州生物医药投资促进恳谈会，与方恩(北京)医药科技发展有限公司董事长、国家首批"千人计划"专家张丹，中国科学院院士程和平及麦肯锡(中国)咨询有限公司、ABC创新研究院、高盛(亚洲)有限责任公司等生物医药产业研发、咨询、投资、商业保险领域的专家，进行深入座谈交流。

【杭州(西安)投资环境推介会】2017年4月27日，杭州(西安)投资环境推介会在西安举行。推介会由市政府主办，市经合办、市人力社保局、市科委等单位承办。西安交通大学、西安市杭州商会、浙江大学陕西校友会及在陕西知名浙杭商企业、陕西高等院校等单位负责人和企业家120多人参加。会上，市经合办、市科委、杭州大江东产业集聚区等单位分别就杭州投资环境和人才政策、杭州国家自主创新示范区建设和产业平台规划等情况进行推介。杭州有关单位开展"敲门招商"，先后走访陕西蓝箭航天技术有限公司、美光半导体(西安)有限公司、力成半导体(西安)有限公司、西安交通大学机械制造系统国家实验室等单位，进行合作项目洽谈。

【杭州生物医药(上海)专题推介会】2017年5月25日，杭州生物医药(上海)专题推介会在上海举行。会议由市政府主办，市经合办、杭州经济技术开发区管委会承办。80多个上海知名生物医药企业参会。会上，市经信委介绍杭州生物医药产业政策，杭州经济技术开发区管委会商务局做投资环境推介。辉瑞生物制药(杭州)有限公司和杭州术创机器人有限公司做交流发言。推介会后，市经合办举办"生物医药产业在长三角的战略布局和发展机会"圆桌论坛。

【杭州(上海)投资环境推介会】2017年5月25日，杭州(上海)投资环境推介会在上海举行。会议由市政府主办，市经合办承办，市体育局、市民政局等单位协办。副市长谢双成到会并讲话。市经合办、市体育局、市民政局、杭州经济技术开发区管委会、杭州城西科创大走廊管委会、下城区政府、拱墅区政府、建德市政府等单位负责人，上海部分知名企业、在上海中央企业、浙(杭)商企业负责人等250多人参加。会上，市经合办推介杭州投资发展环境，市体育局推介体育产业发展情况，市民政局推介健康养老产业发展情况，余杭区推介余杭区投资发展环境，与会企业代表做交流发言。

【赴广州和深圳系列专题招商活动】2017年8月29日至9月1日，市投资促进局组织赴广州、深圳开展系列专题招商活动，走访深圳市腾讯计算机系统有限公司、深圳市新材料行业协会、深圳超多维科技有限公司等创新型企业。其间，举办杭州与在粤知名企业家座谈会，省委常委、市委书记赵一德率市党政代表团赴深圳与在粤企业家代表进行座谈，招引浙商回归创业创新。

【境外招商活动】2017年，杭州市组织赴境外开展外资招商活动。组团参加第十九届中国浙江投资贸易洽谈会，签约项目14个，总投资10.87亿美元，合同利用外资5.74亿美元。组织赴法国、奥地利、澳大利亚、新西兰等国家开展投资促进活动，参加G20中德商务与投资高峰论坛暨项目合作对接会、第三届中德数字技术峰会、中法重点产业合作交流会等。11月12—19日，省委常委、市委书记赵一德率团赴德国、以色列开展商务交流。其间，举办中德(杭州)智能制造产业交流推介会；在法国、奥地利招商考察时，向杭州华侨华人协会、欧洲杭州联谊总会、欧洲杭州妇女联合会3个机构授予"中国杭州支持浙商创业创新海外工作联络处"牌子，作为杭州市对接境外招商的常设性专门机构。（马洪飞）

责任编辑　余显幕

# 29 对外经贸

Foreign Trade

## 货物贸易

【概况】2017年,杭州市外贸进出口总额5085.08亿元(750.65亿美元),比上年(指2016年,下同)增长13.3%(10.4%)。其中:出口3455.61亿元(509.95亿美元),增长4.3%(1.5%);进口1629.46亿元(240.70亿美元),增长38.8%(35.7%)。按不含省级公司进出口实绩统计,杭州市外贸进出口总额4674.32亿元(690.13亿美元),增长10.8%(13.7%)。其中:出口3169.76亿元(467.81亿美元),增长5.0%(2.2%);进口1504.56亿元(222.32亿美元),增长37.8%(34.6%)。跨境电子商务进出口总额99.36亿美元,增长22.5%。其中:出口70.22亿美元,增长15.9%;进口29.14亿美元,增长42.0%。对"一带一路"相关国家实现出口967.58亿元(142.84亿美元)。

【国际市场开拓】2017年,杭州市贯彻国家"一带一路"倡议,帮助企业开拓国际市场。把企业需求、目标市场、重点展会有机结合,深挖传统市场,开拓新兴市场。

全年市商务委组织境内外国际性自办展会5场,分别是:3月23—26日,第十届中国(杭州)国际花园、户外家具及休闲用品展览会在杭州和平国际会展中心举行。展会有参展企业130个,展览面积超过1万平方米,其中杭州地区参展企业53个,展位数239个。其间,举行产业高峰论坛等交流活动;6月1—3日,2017年中国(土耳其)贸易博览会在土耳其伊斯坦布尔世贸中心举行。杭州参展企业92个,展位数182个,展会现场成交额260万美元,意向成交额2100万美元,现场贸易配对370场次;6月6—8日,2017年中国(波兰)贸易博览会在波兰华沙PTAK国际展览中心举行。杭州参展企业114个,展位数226个。展会现场成交额1080万美元,意向成交额4100万美元,现场贸易配对377场次;8月26—28日,2017年中国(埃及)贸易博览会在埃及开罗国际展览中心举行。杭州参展企业67个,展位数151个。现场成交额5680万美元,举行贸易配对会150场次;12月10—12日,2017年中国(阿联酋)贸易博览会在阿联酋(迪拜)世贸中心举行。杭州参展企业近120个,设展位291个(其中服务贸易展位30个)。展会现场成交额1650万美元,意向成交额6800万美元,现场贸易配对381场次。

全年市商务委主办中国(约旦)贸易博览会、中国(印度)贸易博览会和中国(南非)贸易博览会。组织杭州交易团参加中国进出口商品交易会、中国华东进出口商品交易会、中国国际日用消费品博览会、中国义乌国际小商品博览会等,推荐企业参加国际性专业展会100个。其中:4月15日至5月5日,第121届中国进出口商品交易会(春季广交会)在广州举行。杭州交易团设展位1543个,其中品牌展位244个,参展企业678个,实现成交额9.59亿美元;10月15日至11月4日,第122届中国进出口商

2017年8月31日,由市商务委等联合主办的中国(南非)贸易博览会在南非首都约翰内斯堡举行 (市商务委 供稿)

2017年3月23—26日，第十届中国（杭州）国际花园、户外家具及休闲用品展览会在杭州和平国际会展中心举行（杭州图库 供稿）

品交易会（秋季广交会）在广州举行。杭州交易团设展位1542个，其中品牌展位242个，参展企业684个，实现成交额9.98 亿美元。

【出口名牌培育】2017年，杭州市开展2016年度“杭州出口名牌”及2013年度“杭州出口名牌”复评的评审认定工作。此次出口名牌申报资格条件与评分指标，在2014年修订的“杭州出口名牌”认定办法和“杭州出口名牌”评分细则基础上，结合省商务厅最新要求，并征求评审小组相关成员单位意见，对“信用体系”等部分进行调整。经区县（市）推荐，2016年度全市有23个企业新申报“杭州市出口名牌”，59个2012年度杭州出口名牌企业参加复评。市商务委做好2017年度“杭州出口名牌”认定的相关准备工作，编印《杭州出口名牌工作服务手册》。

【公共海外仓建设】2017年，杭州市组织申报第三批省级外贸公共海外仓试点，组织6个企业、19个海外仓参与申报。5月，省商务厅、省财政厅联合印发《关于公布第三批省级公共海外仓名单的通知》，其中杭州伯恒进出口有限公司的美国纽约州仓和杭州佳成国际物流有限公司的日本大阪仓获认定。至此，杭州市有海外仓建设主体企业39个、海外仓94个，其中出口型公共海外仓53个，累计为1700多个外贸企业及跨境电子商务卖家提供服务，其中9个企业、15个海外仓被认定为省级公共海外仓。

【进口融资服务平台“万铭金服”建设】2017年，进口融资服务平台——杭州万铭金融信息服务有限公司深入重点区县（市）与中小微进口企业面对面交流对接，先后在富阳区、滨江区、萧山区及杭州大江东产业集聚区组织3场与进口企业的对接交流会。杭州万铭金融信息服务有限公司到宁波与国家级外贸综合服务试点企业——宁波世贸通国际贸易有限公司及宁波市商务委分别进行交流，寻找合作空间。

3月，杭州万铭金融信息服务有限公司参加在宁波举行的2017年中国跨境电商国际名品博览会暨浙江进口商品展览会；5月，杭州万铭金融信息服务有限公司参加在昆山举行的2017年中国（昆山）品牌产品进口交易会；6月，杭州万铭金融信息服务有限公司参加在宁波举行的第十六

**2017年杭州市出口额前25位企业排序情况**

表55

| 排序 | 企业名称 | 出口额(亿元) | 比上年(%) |
|---|---|---|---|
| 1 | 浙江一达通企业服务有限公司 | 243.32 | -31.7 |
| 2 | 杭州海康威视数字技术股份有限公司 | 103.65 | 26.6 |
| 3 | 浙江大华科技有限公司 | 62.59 | 59.6 |
| 4 | 中策橡胶集团有限公司 | 59.40 | 13.6 |
| 5 | 东芝信息机器(杭州)有限公司 | 54.71 | 12.1 |
| 6 | 杭州巨星科技股份有限公司 | 36.24 | 12.3 |
| 7 | 杭州市轻工工艺纺织品进出口有限公司 | 24.40 | 23.9 |
| 8 | 顾家家居股份有限公司 | 22.10 | 44.5 |
| 9 | 浙江恒逸石化有限公司 | 20.83 | 39.1 |
| 10 | 新华三技术有限公司 | 20.80 | -39.9 |
| 11 | 杭州鼎胜进出口有限公司 | 20.48 | 55.5 |
| 12 | 浙江物产国际贸易有限公司 | 18.77 | 112.3 |
| 13 | 浙江正泰太阳能科技有限公司 | 18.00 | 284.0 |
| 14 | 博世电动工具(中国)有限公司 | 17.75 | 8.4 |
| 15 | 汇孚集团有限公司 | 17.65 | 33.9 |
| 16 | 杭州杭丝时装进出口有限公司 | 16.57 | 17.7 |
| 17 | 奥的斯机电电梯有限公司 | 14.21 | -12.4 |
| 18 | 浙江杭叉进出口有限公司 | 13.91 | 25.5 |
| 19 | 杭州翔茂进出口有限公司 | 13.48 | 3 287.7 |
| 20 | 杭州鑫富科技有限公司 | 13.44 | 87.8 |
| 21 | 中国电建集团华东勘测设计研究院有限公司 | 12.72 | 249.7 |
| 22 | 浙江华达新型材料股份有限公司 | 12.58 | 59.0 |
| 23 | 杭州热联国贸有限公司 | 12.54 | -27.6 |
| 24 | 杭州海兴电力科技股份有限公司 | 12.35 | 89.7 |
| 25 | 杭州大和热磁电子有限公司 | 12.23 | -6.0 |

说明：从2017年开始，外贸出口额用人民币结算

2017年杭州市进口额前25位企业排序情况

表56

| 排序 | 企业名称 | 进口额(亿元) | 比上年(%) |
|---|---|---|---|
| 1 | 赛诺菲(杭州)制药有限公司 | 77.13 | 54.9 |
| 2 | 浙江江铜富冶和鼎铜业有限公司 | 69.77 | 146.1 |
| 3 | 中策橡胶集团有限公司 | 61.50 | 52.7 |
| 4 | 杭州热联集团股份有限公司 | 59.47 | 35.9 |
| 5 | 浙江物产国际贸易有限公司 | 59.09 | 260.8 |
| 6 | 中航国际矿产资源有限公司 | 52.93 | 57.6 |
| 7 | 杭州华速实业有限公司 | 46.16 | 4.6 |
| 8 | 杭州默沙东制药有限公司 | 45.49 | 33.8 |
| 9 | 杭州海康威视数字技术股份有限公司 | 41.03 | 34.9 |
| 10 | 杭州海仓科技有限公司 | 21.87 | 426.1 |
| 11 | 杭州杭钢对外经济贸易有限公司 | 21.76 | 89.6 |
| 12 | 新华三技术有限公司 | 21.73 | 247.2 |
| 13 | 杭州众成供应链管理有限公司 | 21.50 | — |
| 14 | 浙江大华科技有限公司 | 20.90 | 25.8 |
| 15 | 杭州福斯特应用材料股份有限公司 | 20.64 | 30.0 |
| 16 | 浙江明日控股集团股份有限公司 | 18.71 | 61.2 |
| 17 | 浙江瑞茂通供应链管理有限公司 | 18.03 | 1 069.0 |
| 18 | 浙江富兴电力燃料有限公司 | 15.83 | -33.4 |
| 19 | 浙江物产森华集团有限公司 | 13.71 | 30.8 |
| 20 | 杭州娃哈哈保健食品有限公司 | 12.77 | 26.3 |
| 21 | 史陶比尔(杭州)精密机械电子有限公司 | 12.00 | 39.4 |
| 22 | 中国诚通国际贸易有限公司 | 11.87 | 90.0 |
| 23 | 浙江省成套设备进出口有限公司 | 10.26 | 41.7 |
| 24 | 杭州海仓电子商务有限公司 | 9.99 | 41.2 |
| 25 | 东芝物流(杭州)有限公司 | 9.74 | 66.3 |

说明:从2017年开始,外贸进口额用人民币结算

届中国国际日用消费品博览会。

至年末,在杭州万铭金融信息服务有限公司平台开通"付税宝"融资功能的企业2897个,累计融资税单6046票,融资总额4.05亿元,融资余额6904万元。浙江省开通企业数314个,占全部开通数的10.8%;使用平台进行融资企业42个,占全部使用企业的13.9%;融资税单票数1614票,占总融资税单票数的26.7%;融资金额1.63亿元,占全部企业融资总额的40.2%。

**【《2016年度杭州跨境电子商务指数发展报告》发布】** 2017年4月7日,市商务委、中国(杭州)跨境电子商务综合试验区、浙江工商大学联合课题组发布《2016年度杭州跨境电子商务指数发展报告》。根据报告测算,从2016年全年看,杭州市跨境电子商务综合发展水平稳步提高,在跨境电子商务产业规模、应用广度、服务支撑水平等方面均得到大幅提高。至2016年末,杭州跨境电子商务综合发展指数200.84点,比上年增长80.62点;跨境电子商务创业创新指数138.77点,增长29.72点。其中跨境电子商务模式创新指数、创业绩效指数分别为161.61点、116.00点。杭州跨境电子商务集聚活跃指数375.12点,提高264.86点,增幅2.4倍。2016年12月,跨境电子商务服务支撑指数172.97点,提高36.39点。其中:政策保障指数150.0点,增长33.33点;公共服务指数225.0点,增长60点;产业支撑指数151.17点,增长20.98点。2016年末,跨境电子商务景气指数值53.89点。其中:平台企业景气程度指数值55.04点;交易企业、服务企业景气程度分别为52.30点、54.03点。从分项指数来看,要素获取景气指数50.17点,市场需求景气指数56.60点,经营效益景气指数53.43点,产业趋势判断指数53.32点。 (冯蔷颖)

## 服务贸易

**【概况】** 2017年,杭州市服务贸易进出口总额1618.75亿元(238.97亿美元),比上年增长15.7%(12.8%),占全市服务贸易和货物贸易进出口总额的24.2%。从规模来看,杭州市服务贸易出口额1087.6亿元(160.56亿美元),首次超过1000亿元,列全省首位。从增幅来看,杭州市服务贸易出口额增长15.0%,服务贸易进口额增长17.0%。从领域来看,计算机和信息服务(国际服务外包)、建筑服务和旅游服务三大领域出口规模较大,合计占出口总额的84.2%。

杭州市全年承接服务外包合同签约额88.45亿美元,服务外包合同执行额76.22亿美元,其中离岸服务外包合同签约额74.65亿美元,离岸服务外包合同执行额64.65亿美元,增长10.1%。进入商务部服务外包业务管理系统备案企业1448个,服务外包企业从业人员36万余人。离岸执行额在100万美元以上的服务外包企业292个,离岸执行额64.16亿美元,占全市离岸执行总额的99.2%。其中离岸执行额在1000万美元以上的服务外包企业69个,离岸执行额57.83亿美元,占全市离岸执行总额的89.4%。离岸执行额中,信息技术外包(ITO)合同接包执行额39.93亿美元,占总执行额的61.8%;业务流程外包(BPO)接包执行额1.70亿美元,占总执行额的2.6%;其他(KPO等)合同接包执行额23.02亿美元,占总执行额的35.6%。

根据对杭州市重点服务外包培训机构的统计,杭州市全年开展服务外包人才培训215期,培训人员1.13万人次。

**【服务贸易创新发展试点】** 2017年,杭州市服务贸易创新发展试点工作取得阶段性成效。研究制订《杭州市服务贸易统计监测试点方案》,建设杭州市服务贸易统计监测网络平台。以中国(杭州)跨境电子商务综合试验区"单一窗口"平台和六大体系为依托,创新制度、创新模式、创新

服务，推进国际网络贸易中心建设。开展“E揽全球、百万创新”专项行动，征集国内外创新服务项目331个。发挥政府引导、市场主体作用，以米奥兰特国际会展公司为依托，打造服务贸易境外推广平台，在“一带一路”重要国际区域中心举办中国贸易博览会。发现并支持以“贸点点”第三方网约品质控制平台为代表的一批服务贸易网络新平台、新模式、新业态。引导金融、保险机构加大对服务贸易企业的融资、信保等支持力度，鼓励金融机构创新适合服务贸易特点的融资产品和保险服务，扩大出口信用保险保单融资。整合数据，首创物流账款智慧管理业务、杭州市基于大数据的物流账款智慧管理业务，整合政府相关部门及跨境电子商务市场主体贸易数据，评估跨境电子商务企业信用值（分为AAA到BB5个等级），给予AA类信用以上跨境电子商务企业延长物流账期的优惠政策，降低中小微跨境电子商务企业成本，促进跨境电子商务行业发展。

**【第八届中国国际服务外包交易博览会在杭州举行】**2017年9月28—29日，由商务部、杭州市政府主办，中国国际投资促进会和杭州市商务委共同承办的第八届中国国际服务外包交易博览会在杭州举行，来自美国、德国、荷兰、波兰、澳大利亚、日本、印度、新加坡、马来西亚等国家和地区的行业协会负责人、投资贸易部门代表和企业高层管理人员及地方政府、行业机构、院校、培训机构、媒体代表等700多人参会。博览会以“构建服务新生态，促进经济新发展”为主题，围绕“一带一路”“数字经济”“中国制造2025”“双创”等国家战略，开展全球服务外包行业论坛、全国服务外包示范城市发展座谈会、2017年中国服务外包领军及成长型企业推介会、服务外包与数字经济发展专题研讨会、“一带一路”倡议与服务合作专题研讨会、先进制造业专题研讨会、金融创新专题研讨会等活动，推动服务外包行业运用新兴技术平台，构建服务合作新生态。

**【杭州“一带一路”服务贸易展】**2017年，为贯彻落实国家“文化走出去”战略和“一带一路”倡议，由市政府主办，市商务委承办的第五届中国（印度）贸易博览会（12月5—8日）和第八届中国（阿联酋）贸易博览会（12月10—12日）首次增设文化创意展区，并举办中国服务贸易博览会暨中国文化创意和设计巡回展。杭州西湖国际博览有限公司、西泠印社（杭州）数字传媒有限公司、杭州孚德品牌管理有限公司等10多个企业携500多种产品参展，展示中国文化服务贸易产业，增进与印度、迪拜各界的合作交流。

**【促进服务贸易创新发展系列政策出台】**2017年，市商务、市财政部门从中央资金支持、培育市场主体等方面出台配套服务贸易创新发展支持政策，形成多方位推动服务贸易创新发展的地方配套政策体系。先后制订《杭州市中央服务贸易创新发展试点资金使用管理办法》《杭州市服务贸易示范园区认定管理办法（试行）》《杭州市服务贸易示范企业、成长型企业认定管理办法（试行）》。通过申报、初审、专家评审、公示等程序，全市评出各类服务贸易公共服务平台13个，认定市级服务贸易示范园区4个、服务贸易示范企业9个、成长型企业7个。（冯蕾颖）

## 对外经济合作

**【概况】**2017年，杭州市境外企业总投资额38.63亿美元，境外企业中方投资额28.44亿美元，国外经济技术合作营业额23.50亿美元。其中杭州市对外承包工程营业额23.35亿美元，对外劳务人员新签劳务人员合同工资总额383.00万美元，劳务人员实际收入总额1557.00万美元。新批境外投资项目195个，境外投资增资项目33个。完成16个境内主体变更及境外企业项目注销初审工作。

市商务委完成2017年境外投资意向调查，获杭州巨星科技股份有限公司并购普尼工具有限公司等42个境外投资项目意向信息，投资额29.79亿美元。完成2016年度境外企业年报工作，200多个境外企业参加。

**【境外投资促进活动】**2017年，杭州市80多个企业参加中国—斯里兰卡商务理事会开幕式、印度—中国（杭州）商务与投资论坛、中国—中东欧投资合作洽谈会、2017年丝路国际联盟大会等活动。商务部国际商务官员研修学院安排巴西中资企业45名高层管理人员及对外援助培训班52人，考察浙江大华技术股份有限公司、浙江正泰新能源开发有限公司、杭州海康威视数字技术股份有限公司、新华三集团和“智慧e谷”，并召开交流会，邀请浙江先合信息技术有限公司旗下第三方网约品质控制平台“贸点点”和杭州万铭金融信息服务有限公司负责人参与交流。

**【境外经贸合作区建设】**2017年，华立集团在泰国投资的泰中罗勇工业园三期建设顺利推进，园区累计开发面积约6平方千米，吸引101个企业入驻园区，协议投资金额25亿美元。华立集团和富通集团合资在墨西哥建设的北美华富山工业园于8月25日奠基。杭州海外创新中心对美国硅谷创新资源进行整合。杭州市电子商务产业网络园有限公司投资的中缅仰光电子商务产业园建设持续推进。

**【杭州“一带一路”经贸合作】**2017年，市商务委牵头制订《杭州市参与“一带一路”建设经贸工作方案》，计划2017—2019年，通过三年努力，取得对外贸易、投资合作、跨境电子商务、国际友城等一批初步成果，形成参与“一带一路”经贸建设新局面。与市发改委对接协作，牵头制订《杭州市参与“一带一路”建设工作三年行动计划》《杭州市推进“一带一路”战略枢纽行动计划（投资贸易部分）》。组团到沙特阿拉伯、柬埔寨等“一带一路”沿线节点国家，对杭萧钢构股份有限公司（中东）公司、杭州之江市政建设有限公司（柬埔寨）公司等投资合作企业进行政策宣讲和风险防范指导。

**【中以国际医疗健康产业园成为省级国际产业合作园】**2017年，浙江省中以国际医疗健康产业园申报成为浙江省第三批国际产业合作园，杭州市省级国际产业合作园增至3个。浙江省中以国际医疗健康产业园是由余杭经济技术开发区(钱江经济开发区)与以色列共同打造,以生物医药产业为主导的国际产业合作园。重点对接以色列先进的网络化、智能化医疗设备和生物医药、生命科学技术,引进和培育一批科技含量高、示范带动效应好的国际先进健康医疗中小型科技企业,促成中国和以色列双方企业建立长期合作关系,推动以色列先进技术及前沿项目在余杭经济技术开发区(钱江经济开发区)落地并实现成果转化。 (冯蔷颖)

## 国际贸易促进

【概况】2017年,中国国际贸易促进委员会杭州市委员会(简称市贸促会)围绕城市国际化战略和开放型经济发展目标,开展国际交流与合作,加强贸易投资促进工作,为企业开拓国际市场和提升国际竞争力服务,促进杭州市外向型经济发展。

市贸促会全年走访、接待36个国家和地区的来访团组74批次、537人次。包括印度、加拿大、斯里兰卡、印度尼西亚等国家驻沪总领事馆总领事、参赞、首席代表及德国、巴西等国家重要城市市长等官员67人次。与德国基尔经济促进局、德国汉堡商会签订友好合作协议。

全年组织国外参展项目45个,展位数445个,服务参展企业251个次。其中10个展位以上成规模展会项目14个,包括德国法兰克福国际家用及商用纺织品展、美国西部安防展、慕尼黑太阳能展等。

全市贸促系统签发一般原产地证明书11.45万份,其中市本级签发7.13万份。签发优惠产地证1.45万份,出具商事证明书4.85万份,代办使馆认证3013份,签发ATA单证册76份。

【国际调解高峰论坛在杭州举行】2017年9月19日,2017年国际调解高峰论坛在杭州举行,该论坛由中国国际贸易促进委员会(简称中国贸促会)和杭州市政府主办,中国贸促会商法中心和杭州市贸促会承办。中国贸促会副会长卢鹏起,杭州市委常委、常务副市长戴建平,杭州市副市长谢双成及中华全国律师协会、新加坡律政部等机构嘉宾出席会议。中国、美国、英国、德国等11个国家和地区的法律专家、调解员、律师和企业代表近400人参会。论坛以“调解和多元化纠纷解决机制”为主题,推进建立“一带一路”倡议框架下的非对抗争议解决机制。新加坡《海峡时报》、新华社等20多个中外媒体对大会进行报道。

【杭州“特色小镇国际对接游”活动】2017年,40个国家和地区、62批次的境外团组共314人次到杭州各特色小镇开展经贸交流。市贸促会邀请、接待德国石荷州州府基尔市、巴西里约热内卢市、智利雷奈科市3个市长代表团,17个国家的驻沪总领事以及19个国家的37个驻沪副总领事和商务、签证、经济领事到特色小镇交流。邀请、组织加拿大渥太华投资促进署、澳大利亚商会、韩国大韩贸易投资振兴公社、德国汉堡经济促进局等16个国际机构的商务代表团以及西班牙55人商务团、秘鲁ESAN商学院企业家代表团、澳大利亚代表团、韩国代表团等12个国际企业代表团,到特色小镇开展商务对接与交流。

【市贸促会第六届代表大会】2017年12月18日,市贸促会第六届代表大会暨市国际商会第三届代表大会召开。大会审议通过第五届市贸促会、第二届市国际商会工作报告,审议通过《杭州市国际商会章程(修订版)》,推举产生新一届市贸促会会长、副会长、委员和新一届市国际商会会长、副会长、秘书长、常务理事。大会推举市长徐立毅为市贸促会、市国际商会名誉会长,聘请市委副书记马晓晖、市人大常委会副主任许勤华、市政府副市长谢双成、市政协副主席王立华为市贸促会、市国际商会特邀顾问。

【杭州代表团参加B20峰会】2017年4月30日至5月7日,西子联合控股有限公司、农夫山泉股份有限公司、浙江大华技术股份有限公司等10个企业组成杭州代表团,由副市长谢双成带队,参加在德国柏林举行的2017年二十国集团工商峰会(B20峰会),并访问以色列。其间,谢双成会见德国政界人士,以色列米超林集团副总裁、国防部前部长、交通与道路安全部前部长等政商界重要人士,考察中德跨境贸易物流园区。市贸促会牵头在德国和以色列组织4场杭州投资环境推介暨中外企业家对接洽谈交流活动,杭州代表团与100多个德国、以色列企业及机构对接交流,为中国、德国、以色列企业搭建合作交流平台。

【杭州代表团参加夏季达沃斯论坛】2017年6月26—29日,杭州西奥电梯有限公司、浙江富春江通信集团有限公司等5个企业组成杭州代表团,参加在大连举行的第十一届夏季达沃斯论坛。论坛期间,副市长谢双成与论坛主席施瓦布交流工作,会见参会的世界500强企业代表。其间,市经合办、市贸促会联合举办杭州(大连)浙商座谈会。

【国际经贸交流】2017年1月10—13日,杭州市9个企业到德国参加法兰克福国际家用及商用纺织品展,设展位25个。

3月1日,市贸促会与加拿大驻沪总领事馆在杭州联合举办“加拿大投资机遇”专题研讨会。加拿大驻沪总领事艾伟敦率总领馆及加拿大各省代表参会。40多个杭州企业参加活动。

4月22—29日,杭州代表团到德国参观汉诺威工业展并出席中德智能制造合作论坛。在德国期间,市贸促会与德国国际经济与文化交流促进会联合举办“杭州—柏林招商推介会”,余杭经济技术开发区(钱江经济开发区)、钱塘智慧城、杭州大江东产业集聚区等部门负责人在会上介绍杭州经济环境及园区建设情况,与来自德国工业、环保、建筑、法律等行业的30多个企业代表开展交流。

7月9—14日,浙江大华技术股份有限公司等12个杭州企业到德国参加由杭州市政府和汉堡市政府主办的“G20中德商务与投资高峰论坛暨项目合作对接会”“2017中德数字技术领袖峰会(D20)”等活动。

8月21—24日,15个杭州企业到俄罗斯参加俄罗斯国际汽车零配件展览会,设展位20个。

2017年11月15—16日，外国朋友“走进美丽杭州”暨“杭州民营企业牵手‘一带一路’沿线国家”对接洽谈活动举行。图为国际嘉宾参观梦想小镇

（市贸促会 供稿）

9月5日，市贸促会、市外侨办联合邀请23个国家的驻沪领馆和商务机构的48位国际嘉宾到杭州参加杭州国际日“驻沪领事杭州行”活动。

9月12—15日，20个杭州企业到日本参加浙江出口商品大阪交易会，设展位30个。

11月11—14日，47个杭州企业到俄罗斯参加俄罗斯国际五金工具展览会，设展位120个。

11月11—14日，20个杭州企业参加美国拉斯维加斯国际汽车零配件及售后服务展，设展位20个。

11月15—16日，埃塞俄比亚、西班牙、罗马尼亚等10个国家的16个驻华使领馆和商务机构代表25人到杭州参加2017年外国朋友“走进美丽杭州”暨“杭州民营企业牵手‘一带一路’沿线国家”对接洽谈活动。

11月21日，华立集团股份有限公司、浙江大华技术股份有限公司等6个杭州企业出席在上海举行的“中国—巴拿马商务论坛”，企业代表与巴拿马共和国总统巴雷拉面对面交流，并与巴拿马基础建设开发、能源、银行投资、物流、旅游、电信、农产品加工和贸易等领域的80多个企业洽谈对接。

12月20日，杭州海康威视数字技术股份有限公司、浙江大华技术股份有限公司、娃哈哈集团等40多个杭州企业的60多人次参加在杭州举行的“埃塞俄比亚—中国杭州经贸文化合作论坛”。其间，省委常委、市委书记赵一德会见埃塞俄比亚代表团一行。

**【“贸促课堂”培训】** 2017年，市贸促会围绕企业需求和关注热点，与国内外专业机构合作，先后举办“外贸询盘处理技巧”“展会拿单技巧”“美国投资财税安排说明”“商事认证业务”“德国投资移民及商务签证分享”“中国+1战略之越南制造”“跨境并购融资实务操作”“拉美市场开拓”等12场培训活动，687个（次）企业、1100多人次参加培训。（郑慧颖）

## 公平贸易

**【国际贸易摩擦应对】** 2017年，杭州市组织企业做好国际贸易救济调查案件的排查和应诉工作。全年有18个国家和地区对杭州市出口产品发起国际贸易救济调查，涉案数45起（其中原审案件37起、历年案件8起），涉案企业1052个（其中原审案件涉及企业614个），涉案金额8.14亿美元（其中原审案件涉案金额6.45亿美元），涉及钢材、铝材、化工、医疗、纺织和光伏等产品。

**【外贸风险防范】** 2017年，杭州市与中国出口信用保险公司浙江分公司加强企业开拓市场培训。全年举行宣讲培训15场次，约3000人次受训。鼓励区县（市）开展各具特点的信保形式，防范企业特别是中小企业的出口风险。全年中国出口信用保险公司浙江分公司承保企业2139个，报案数802个，报案金额1.4亿美元，通过海外追回和直接赔付挽回损失12.5亿元，比上年增长24.5%。

**【对外贸易预警示范点】** 2017年，按照《浙江省对外贸易预警示范点暂行管理办法（试行）规定》要求，杭州市继续做好对外贸易预警示范点的组织建设、外贸预警、行业自律、案件应诉等工作。全市10个省级预警点全部通过市级考评和省商务厅年度考核，合格率100%，优秀率30%。其中，浙江橡胶行业预警点、杭州太阳能光伏产业预警点和建德精细化工预警点职能被确认为省级优秀预警点。省级预警点——“临安电缆产品对外贸易预警示范点”，承办单位由原临安市商会改为临安市电缆电线协会。

**【杭州市产业损害预警监测分析工作总结会】** 2017年1月13日，2016年度杭州市产业损害预警监测分析工作总结会召开。市商务委、各区县（市）商务主管部门相关负责人，相关协会及企业代表参加会议。会议通报2016年度杭州市产业损害预警检测分析系统考核结果，总结2016年度工作情况，布置2017年度主要工作。有关区县（市）商务主管部门、协会和企业做交流发言。其间，区县（市）汇报建立工作制度、培养企业上报数据意识和开展涉外法律培训等相关工作措施，浙江新安化工集团股份有限公司分享成功赢得贸易救济案件，免受国外产品对企业的损害，并在贸易保护阶段获得发展的案例经验，鼓励其他企业要积极主动应对产业损害案件。

**【“涉外法律服务周”活动】** 2017年8月13—14日，市商务委分别在江干区、富阳区和建德市组织开展2017年度“涉外法律服务周”活动。其间，律师事务所律师就“‘一带一路’沿线国家反倾销案件应对策略及概要”做专题讲座,介绍出口知识产权申请、保护及产品出口中,遇到知识产权争端案件的应对及防范措施,并组织律师小组与企业进行互动,介绍国际贸易纠纷案件中企业申请国际仲裁的基本方法和技能。中国出口信用保险公司浙江分公司杭州营业部、中国人寿保险股份有限公司杭州分公司和杭州华测瑞欧科技有限公司业务专家分别介绍出口信保业务和出口贸易技术壁垒等相关业务。活动中,律师小组律师和行业专家,对企业关心的国际贸易救济案件的应对和预防,因买卖双方在履约问题上引起的国际贸易纠纷案件的解决办法,与出口相关的知识产权争端,出口产品知识产权保护等30多个问题做详细的解答。（葛志海）

## 杭州海关

**【概况】** 2017年,杭州海关坚持"主动对接、深度融入,真抓实干、精准施策"的工作思路,统筹开展各项改革,优化监管服务。全市全年实现外贸进出口总额5085.08亿元,比上年增长13.3%。其中进口1629.46亿元、出口3455.61亿元,分别增长38.8%、4.3%。杭州地区各海关业务现场共受理进出口报关单20.54万份,监管进出境货物305.08万吨,监管进出境人员490.79万人次、进出境邮递物品4373.10万件、进出境快件物品2859.22万件。

**【外贸政策支持和服务】** 2017年,杭州海关实施《杭州市人民政府、杭州海关关于建立紧密合作机制备忘录》,健全杭州海关促进外贸稳定健康发展17项具体措施、13项重点举措,提升服务全市外贸发展的精准度和实效性。研究制订专门服务举措,支持浙江首个空中"一带一路"项目"杭州—西伯利亚"洲际货运包机启航,促成浙江省首条北美直航"杭州—芝加哥"货运包机航线开通,实现中国(杭州)跨境电子商务综合试验区对接中欧班列(义乌),配合做好"杭新欧"铁路论证。杭州全年对"一带一路"沿线国家实现外贸进出口总额1490.5亿元,比上年增长14.7%。推进简政放权,杭州地区海关单位梳理发布权力清单和责任清单,实现行政审批"一个窗口"受理。建立海关政策法规常态宣讲帮扶机制,围绕重点行业、优势产业、重点企业需求,分类实施政策帮扶,累计惠及企业4000多个,解决企业政策疑难200多个。健全海关进出口监测预警机制,在杭州地区试点"多维度海关统计分析模式",实现海关统计预警向全市县、区延伸。全年向各级党政机关提供调研和统计分析报告62篇。

**【杭州海关助推贸易新业态发展】** 2017年,杭州海关形成中国(杭州)跨境电子商务综合试验区10个方面海关监管创新制度模式在全国综合试验区复制推广;支持跨境电子商务B2B出口业务发展,探索保税B2C出口业务,创新跨境电子商务货物进出口统计模式;支持杭州市推进全球电子商务平台(eWTP)建设;参与首届世界海关跨境电商大会框架文件制订。全年验放跨境电子商务零售出口清单4106万单、货值8.1亿元,验放跨境零售进口清单4075万单、货值76.7亿元。围绕浙江杭州出口加工区和杭州保税物流中心(B型)发展需要,开展保税研发等生产性服务新业态,帮助企业向研发中心、维修中心转型,推动贸易存量向产业链高端升级。全年全市保税进出口总额181.23亿元,比上年增长18.3%。其中杭州空港口岸实现保税供油16.18万吨,增长33.4%。支持会展经济发展,先后服务杭州西湖国际博览会等展会和国际赛事11批次,验放展品货值1.38亿美元,依法减免风险担保金约1亿元。

**【通关便利化水平提升】** 2017年,杭州海关落实"最多跑一次"改革,创优海关服务机制,落实行政审批"一个窗口"、首问责任、一次性告知、时限承诺等服务制度,实现"证照联办""快递送达"服务,《杭州海关系统群众与企业到政府办事事项指导目录》34个事项全部落地。落实"三互"(口岸管理相关部门信息互换、监管互认、执法互助),推进大通关建设,促成"单一窗口"全国标准版在杭州口岸落地,中国(杭州)跨境电子商务综合试验区"单一窗口"运行良好,关检合作"三个一"运行效益居全国海关前列。推进全国海关通关一体化改革,"一次申报,分步处置"通关模式建立,海关通关便利化水平显著提升。至年末,进口、出口货物通关时间分别为24.6小时、1.1小时。推广企业税款"自报自缴""汇总征税""归类尊重先例制度"等措施;实施企业"主动披露"制度,对向海关主动报告违规情事的19个企业,均按相关政策给予从轻减轻处罚或免于行政处罚。推进反走私综合治理,全年立案走私违法案件199起、案值3.29亿元;履行海关边境保护职能,全年查获毒

天猫"双十一全球狂欢节"期间,杭州海关驻邮局办事处关员监管出口邮件
（杭州海关 供稿）

杭州海关关员现场办理通关手续　　（姚　峰　摄）

品43.11千克。

【企业减负增效】2017年，杭州海关推进企业诚信体系建设，加大海关高资信企业培育力度。全年杭州地区海关注册企业2.40万个，其中一般及以上认证企业1303个。开展进出口环节涉企收费规范清理工作，累计取消预录入等6个收费项目，实现行政范畴零收费。对符合条件的加工贸易高资信企业免收风险担保金，缓解企业资金流压力。引导企业用足用好减免税等优惠政策，支持省内企业技术改造和进口先进设备，为企业减免税款6.04亿元。开展税政调研，先后有珍宝蟹降税、三苯甲基氨噻肟酸增列税目等涉及杭州市企业的3项税则调整建议被国务院关税税则委员会采纳，其中珍宝蟹的进口关税由14%降到7%。实施"双随机、一公开"机制，加大非侵入式查验比率，规制自由裁量权，提升通关效能。杭州地区全年随机布控、随机查验比例分别为99.12%、100%。

【中国(浙江)自由贸易试验区海关15项举措出台】2017年4月13日，杭州海关支持中国(浙江)自由贸易试验区建设新闻通气会在杭州召开，公布杭州海关第一批15项支持举措。此次推出的15项举措是杭州海关结合国务院和海关总署要求，围绕中国(浙江)自由贸易试验区的战略定位，在充分考虑浙江大宗商品交易发展现状的基础上推出的，包括"跨地区直供""港外锚地供油""一船多供""先供后报""一库多供""同商品编码铁矿石混矿"，以及"企业协调员制度""企业信用信息公示""高级认证企业联合激励""保税展示交易""仓储货物按状态分类监管"等监管模式。

【杭州海关与中国银行签署合作备忘录】2017年7月11日，杭州海关与中国银行浙江省分行签订合作备忘录，双方计划在税费电子支付、海关事务担保等业务合作的基础上，进一步深化交流合作，为浙江外贸企业提供更加安全、准确、方便、快捷的海关税费缴纳服务，提高通关效能。双方合作内容包括：拓展海关税费电子支付、总担保保函(汇总征税)、跨境电子商务零售进口商品海关税款代收代缴业务担保函等关税产品的服务功能，提升服务质量，提高通关效率；加强在海关税款入库方面的合作，确保海关税款及时入库；加强对中国(浙江)自由贸易试验区监管创新制度合作，以全面深化改革为突破口，在信息共享、数据对接等方面加强合作，推动中国(浙江)浙江自贸区建设发展。同时，关税保函联网核验系统正式上线运行，系统运行后，银行在向进出口企业出具纸质保函时，同步将保函电子数据传输至杭州海关，海关在收到银行出具的纸质保函后直接通过线上验核保函真实性。

【首次海关行政执法资格考试】2017年8月16日，杭州海关举行首次海关行政执法资格考试。该行政执法资格考试是海关总署根据海关执法现状，深入贯彻《中共中央关于全面推进依法治国若干重大问题的决定》和《法治政府建设实施纲要(2015—2020)》关于"严格实行行政执法人员持证上岗和资格管理制度"要求开展，考试内容源自22部法律和行政法规，涉及海关行政执法所有领域，考试范围和内容包括通关监管、税款征收、海关统计、企业稽查、行政许可、行政处罚等，紧扣海关实务操作。包括杭州海关在内的全国海关约3.9万关员必须通过考试合格授予执法资格，才能持证上岗从事执法活动。此次考试杭州海关共设考点11个、考场12个，1189人参加考试，考试结果作为海关执法人员年终考核、职务级别调整、奖惩等的重要依据。

【杭州海关向杭州博物馆移交查获文物77件(套)】2017年11月30日，杭州海关、杭州博物馆文物交接仪式在杭州博物馆举行，77件(套)文物入藏国有文物收藏机构，这是杭州海关首次向公立博物馆整批移交文物。此次移交的文物都是杭州海关近年来在进出境各个渠道查获的，根据海关罚没文物移交工作的相关规定，经海关总署核准，杭州海关向浙江省文物局移交这些依法没收的文物，并由浙江省文物局指定杭州博物馆接收并收藏。经过省文物鉴定中心鉴定，移交的文物中包含战国原始瓷罐、西晋越窑双系罐等珍贵文物，涉及陶瓷器、铜器、木器、民俗、古生物化石等门类。　　（周敏伟）

## 出入境检验检疫

【概况】2017年，杭州出入境检验检疫局(简称杭州检验检疫局)全年检验检疫出入境货物9.46万批次，货值38.76亿美元，分别比上年增长10.1%和7.1%。其中：出境货物7.27万批次，货值23.47亿美元，分别增长6.9%和2.0%；入境货物2.20万批次，货值15.29亿美元，分别增长22.3%和15.9%。检出不合格货物986批次，货值1.27亿美元。其中：出境不合格货物184批次,货值456万美元;入境不合格货物802批次,货值1.22亿美元。签发各类货物检验检疫证书2.31万份,增长94.8%;签发各类检验检疫证单8.15万份,下降2.3%。签发原产地证书20.84万份,涉及金额87.90亿美元,分别增长2.1%和7.6%。为杭州地区出口产品减免进口关税3.2亿美元。检疫出入境集装箱3.03万只,检出进境植物疫情263批次,检疫特殊物品4825批次。杭州检验检疫局东洲内河国际港现场办公室成立并开检运行。

杭州地区检验检疫机构(杭州检验检疫局、萧山出入境检验检疫局)全年检验检疫出入境货物11.70万批次,货值49.16亿美元,分别增长11.5%和10.8%。检出不合格货物1046批次,货值1.37亿美元。签发各类货物检验检疫证书3.35万份,增长64.3%;签发各类检验检疫证单11.51万份,增长1.2%。签发原产地证书27.48万份,涉及金额110.81亿美元。检疫出入境集装箱3.40万只。

杭州检验检疫局全年服务保障2017年中国国际茶叶博览会、第十三届全国学生运动会、第四届中国(杭州)国际电子商务博览会、第二届全球跨境电商峰会等会展赛事的检验检疫服务保障工作,启动2022年第19届杭州亚运会马术比赛项目筹备检验检疫相关工作。

杭州检验检疫局在分解落实升级版《浙江出入境检验检疫局强局建设行动纲要》的基础上,启动强局建设三年行动计划,落实"十三五"规划指标,参与深化文明创建工作。至年末,杭州检验检疫局获"全国文明单位""杭州市第五轮文明机关"称号,检务窗口被评为"全国青年文明号"。

**【跨境宠物产业综合试验基地落户江干】**2017年1月24日,杭州检验检疫局在跨境宠物产业综合试验基地试行以跨境电子商务贸易方式销售的宠物食品。该业务按"备案—进口—查验—出区"4步完成,即企业先通过杭州检验检疫局电商处及杭州钱塘智慧城管委会联合资质审核,再由中国(杭州)跨境电子商务综合试验区"单一窗口"申报进口备案,经有宠物食品存储经营资质的保税仓储企业接收并按要求完成样品抽检、加贴溯源码等工作,在消费者下单并完成跨境电子商务常规报关报检手续后出仓。

3月27日,全国首个"跨境宠物产业综合试验基地"落户中国(杭州)跨境电子商务综合试验区江干园区,试点跨境零售进口宠物食品准入审批及流通监管改革举措。基地计划通过3年至5年时间,成为具有广泛国际影响力,集宠物相关产业贸易、物流、研发、监管、服务于一体的综合性产业示范区。

8月23日,中国出入境检验检疫协会跨境宠物产业联盟成立。跨境宠物产业联盟由"狗民网""玛氏食品"等21个知名跨境宠物企业组成,由"天猫国际"担任首届理事长单位。联盟企业间计划凝聚共识和力量,自觉打击走私及假冒伪劣进口宠物食品。

杭州检验检疫局服务保障2017年中国国际茶叶博览会

(杭州检验检疫局 供稿)

**【检验检疫"最多跑一次"改革】**2017年4月,杭州检验检疫局整理、精简和规范办事项目,公布检验检疫权力清单和责任清单,确定10类24项"最多跑一次"项目。对照改革要求,开展办事流程改造,启用综合进件窗口,实行"综合进件、分类审批、流程优化、统一出件"行政审批运作新模式,政务服务从"一站式"升级到"一窗式"。将"出入境检验检疫报检企业备案""原产地证备案"通过"二次对接"的办法纳入市场监管部门"一窗平台"。

5月3日,杭州检验检疫局与滨江区政府签订合作备忘协议,双方就检验检疫入驻滨江区行政中心有关事宜达成协议。6月8日,杭州检验检疫局驻滨江区行政服务中心现场办事处发放首份"中国强制认证"免办证明,方便滨江企业就近办理检验检疫业务。

5月25日,杭州检验检疫局上线全国检验检疫无纸化系统,与中国电子检验检疫主干系统、单一窗口、特殊监管区、实验室等相关业务系统实现无缝对接,企业报检员在互联网进行电子申报并发送随附单据信息,检验检疫部门实时进行电子单据在线审核,企业跑窗口办事的次数大幅缩减,"报、检、批"全部实现"最多跑一次"。

**【《2016年杭州市出入境质量安全》白皮书发布】**2017年4月,杭州检验检疫局完成《2016年杭州市出入境质量安全》白皮书撰写工作,并由市政府发布,内容包括国门卫生安全、国门生物安全、进出口商品质量安全、认证认可、抓质量保安全促发展5个方面,旨在全面、客观反映杭州市出入境质量安全状况,为政府决策提供参考,为企业"双创"提供指引,为市民消费提供指导。中国新闻社、《浙江日报》、《杭州日报》、《都市快报》、

《每日商报》、浙江电视台、杭州电视台等14家中央、省、市新闻媒体对发布会现场进行采访报道。

**【《全国丝类出口形势及质量分析报告》发布】** 2017年4月20日，全国茧丝绸产销形势分析会召开，杭州检验检疫局代表中国丝类检测联盟首次发布《全国丝类出口形势及质量分析报告》。该报告对丝类产品出口国别、数量以及质量状况等进行数据披露，对存在的问题、关注的方向和当前形势等展开分析，同时介绍中国丝类检测联盟立足行业所做的工作和2017年的主要措施。

**【检验检疫"质量月"活动】** 2017年9月6日，杭州检验检疫局作为质量强市工作领导小组成员参加杭州市"质量月"活动启动仪式。活动期间，杭州检验检疫局开展重点特色活动21项，组织258个企业的590人次以及社会各界群众630人次参与；出动执法人员560人次；通过报纸、杂志网站发表专题文章或新闻报道72篇；制作、张贴宣传画50份，发放宣传资料1280份，制作展板18个。

**【杭州经济技术开发区进出口生物医药(生物制品)质量安全示范区建设】** 2017年7月10日，杭州经济技术开发区进出口生物医药(生物制品)质量安全示范区建设动员大会召开，全国首家进出口生物医药质量安全示范区及浙江特殊物品集中监管服务平台建设正式启动。会上，参会企业代表签订进出口生物医药(生物制品)质量安全示范区质量安全诚信备忘录(承诺书)并做表态发言，开发区商务局相关负责人对进出口生物医药(生物制品)质量安全示范区创建工作做部署。至年末，质量安全示范区建设总体架构设计完成，公共展示平台展示材料、进出口生物制品查验监管平台选址、风险预警及技术贸易措施交流平台构建方案等基本完成。

**【重点产品质量安全监管】** 2017年，杭州检验检疫局加强进出口食品安全监管，开展食品安全排雷"百日攻坚"行动，对出口中药材、出口蔬菜、茶叶、日本进口食品等6个方面的风险隐患进行重点排查。活动中发放行动通告150份，出动执法检查人员124人次，抽样检验产品167批次，检查种养殖基地11个、初级水产养殖基地1个、重点品种生产企业3个、进口食品经营单位4个。与市市场监管局联合执法1次，排查出重点风险隐患3个，查处违法行为1起。检出不合格进口食品17批次，并进行销毁处理。开展进口儿童用品、奶粉、日本辐射区食品、出口危险化学品及包装安全等专项排查。联合市市场监管局进行流通领域进口消费品监督抽查，检出进口品牌学习筷和乳胶奶嘴存在质量安全风险，促成进口商自愿召回缺陷产品。6月7日和6月13日，国家质检总局分别就两例缺陷产品发布召回公告，实现浙江检验检疫系统进口消费品召回案例"零"突破。连续查获从日本、瑞士进口的无"中国强制认证"标志机电产品，按规定做销毁或监督退运处理。

**【检验检疫监管模式改革创新】** 2017年11月1日起，杭州检验检疫局全面实行审单放行模式，将监管重点从对货物检验监管转化为对企业信用监管的同时，提高检验检疫通关效率。全年杭州检验检疫系统出口流程周期列全省检验检疫系统前三位，进口流程周期持续缩短。推动检验检疫一体化进程，与洋山出入境检验检疫局签署合作备忘录，将辖区168个企业纳入浙沪进口直通名单。采用原产地"信用签证"模式，帮助企业节约时间成本600小时以上。首次使用全过程执法记录系统，借助全过程执法记录单兵系统进行全程音像记录，保障执法效率和质量。建立进口食品防伪追溯管理平台，在监管上以责任主体和流向管理为核心、以追溯码为载体，引导进口食品企业、第三方经营平台企业依法建立标准化的质量安全追溯体系，实现进口食品"源头可溯、去向可查、风险可控、责任可究"。

**【产品质量多元共治】** 2017年，杭州检验检疫局加大质量合作共治力度，在联合市市场监管局、市农业局、杭州海关等部门联合执法的基础上，推动产品质量多元共治。依托跨境电子商务商品质量安全风险国家监测中心，推动质量风险从"单一监控"向"多元共治"转型。跨境电子商务商品质量安全风险国家监测中心分别于3月和5月与"网易考拉海购"和"贝贝网"签订合作备忘录，建立信息互通、数据共享、质量共治、协同处置及信息合作发布合作机制。5月，杭州检验检疫局联合"天猫国际""网易考拉海购"集中开展进口婴幼儿乳粉质量共治，并联合发布进口婴幼儿乳粉产品质量抽检情况。

**【平衡车出口安全工作会议】** 2017年3月28日，杭州检验检疫局协办召开平衡车出口安全工作会议，来自商务部、国家质检总局、美国消费者安全委员会(CPSC)、省商务厅、浙江出入境检验检疫局、浙江省检验检疫科学技术研究院、广东产品质量监督检验研究院、市商务委、美国保险商试验所(UL)、美国材料与试验协会(ASTM)、通用公证行(SGS)、中国质量认证中心(CQC)、余杭区商务局、中国机电商会平衡车分会等机构、企业代表80多人出席会议。参会人员就平衡车进出口安全法规与认证、贸易应对及知识产权保护等内容，围绕"2016年质检总局平衡车产品抽查质量分析""国内平衡车质量提升工作""CCIC供应商管理和溯源服务""平衡车北美认证要求概览""平衡车美国认证要求""平衡车欧洲及澳洲认证测试需求"进行讲解，共同研究应对平衡车产业困境。

3月29日，会议代表参观杭州骑客智能科技有限公司生产基地和浙江省检验检疫科学技术研究院机电产品检测研究所。

**【口岸动植物及卫生检疫】** 2017年，杭州检验检疫局开展口岸动植物检验检疫规范化建设，完善现场实验室，加强动植物检验检疫人员培训，建立三级岗位资质管理体系。落实国家质检总局"绿蕾"专项行动，组织"国门生物安全进电商、进校园"等宣传活动。开展进境野生动物隔离检疫、进境粮库有害生物本底调查、植物疫情监测等工作。上线运行口岸公共卫生风险监测预警决策系统(PROSAS系统)，加强疫病疫情防控。完成浙江地区首次引进纯种“东德德牧”警犬的进境隔离检疫任务。口岸有害生物截获率大幅上升,其中橄榄果实蝇、松芽枝窃蠹、刺苍耳、穴臭蚁属、小粒材小蠹、仓潜和肖蛸科等均为辖区首次截获。7月,杭州检验检疫局在一家生物医药企业从美国进口的人源性特殊物品中,检出全国首例梅毒抗体阳性,经进一步风险评估后,实施监督销毁处理。

**【跨境电子商务监管服务】** 2017年,杭州检验检疫局深化机制创新,完成跨境电子商务“4个机制”(互认机制、采信机制、预检机制、追溯机制)模式下巴氏奶进口27批次、实施“入仓检”204批次、“神秘抽检”(以普通买家身份购买产品并进行检测)767批次。承办杭州—亚马逊合作交流座谈会,推动亚马逊杭州跨境电商园正式落户杭州。与德国联邦网络局建立工业消费品安全风险监控机制,加强法规及信息互通、产品质量溯源等方面合作,促进双方共同提升跨境电子商务产品质量安全风险管控能力。应用卫星遥感监测技术开展境外监测。研发跨境风险信息管理、分析决策与自动采集三大系统,采集跨境工业品网络舆情监测信息224条,监管进出口邮包6066.47万个、货值81.11亿元。

**【《2017年跨境商品质量安全风险检测报告》发布】** 2017年10月27日,杭州检验检疫局与市跨境电商综试办共同承办第二届全球跨境电商峰会——产品质量分论坛,论坛围绕“升级品质、赢得未来——跨境电商产品质量监管与风险防控”主题,对跨境电子商务产品质量监管与风险防控问题展开探讨。其间,跨境电子商务商品质量安全风险国家监测中心(简称国家监测中心)发布《2017年跨境商品质量安全风险检测报告》。报告显示,1—9月,国家监测中心分别以线上普通买家购买、保税仓源头抽检、与主要电子商务平台共同抽检、委托媒体及消费者监督抽检等形式,抽检进口跨境电子商务商品2113批次,样品涵盖食品、保健品、化妆品、纺织品、电器、日用轻工、玩具等,涉及24个电子商务平台、527个品牌,覆盖新西兰、澳大利亚、美国、法国、德国、加拿大、荷兰、意大利等35个原产国及地区。国家监测中心共开展涉及901个项目的检测,涉及安全卫生、品质性能、功效成分等指标,其中与消费者健康安全息息相关的安全卫生项目合格率为94.66%。检测结果表明,所检测的进口跨境商品总体质量状况优良,基本能满足正常消费的安全卫生及高品质需求。

杭州检验检疫局监管跨境电子商务进口化妆品 (杭州检验检疫局 供稿)

**【技术性贸易措施研究应对】** 2017年,杭州检验检疫局加大技术性贸易措施研究应对,上报技术性贸易信息被录用1186条,完成国家质检总局和浙江出入境检验检疫局专项调查任务累计问卷调查124份,连续5年列全省检验检疫系统首位。有序推进低压电器国外通报评议基地运行,以及茶叶、生物制品国外通报评议基地筹建。结合国家质检总局内外销产品“三同”(同线、同标、同质)及杭州市“品质食品示范超市”建设活动,在全国范围内率先推动“三同”食品进超市,“三同”产品商场和超市销售额增长25%。助力杭州六通园艺有限公司出口欧盟的槭属盆景获“免除目的地隔离期”待遇,出口欧盟槭属植物的隔离期从2014年的6个月缩短为现场检疫后直接放行。杭州检验检疫局帮扶辖区平衡车企业获国内首次美国“337调查”交通运输类案件胜诉,帮助企业在国际仲裁中索赔150万欧元。 (罗海滨 姚玉平)

**【萧山机场口岸运行全国检验检疫无纸化系统】** 2017年5月1日,全国检验检疫无纸化系统在杭州萧山国际机场口岸正式上线运行。萧山国际机场是全国检验检疫无纸化系统杭州地区首家试点,也是浙江检验检疫落实“最多跑一次”改革的具体行动。使用检验检疫无纸化系统,企业报检员通过企业端发送报检数据并将随附单据上传,检验检疫部门在局端电子审核,整个过程最短只需1分钟,可为企业节省2小时至3小时作业时间。 (王 鸣)

责任编辑 吴 铮

# 区域合作

## “长三角”区域合作

**【“长三角”城市经济协调会第十七次市长联席会议】** 2017年3月29—30日，“长三角”城市经济协调会第十七次市长联席会议在江苏省淮安市召开。会议以“加速互联互通、促进带状发展——共推长三角城市一体化”为主题，上海、杭州、无锡、宁波、舟山、苏州等30个城市的市长出席，围绕会议主题进行深入探讨，共同签署《长江三角洲地区城市合作(淮安)协议》。会议审议通过《长江三角洲城市经济协调会2016年度工作报告》《长江三角洲城市经济协调会2016年度经费决算报告》《长江三角洲城市经济协调会2017年度经费预算报告》。会议确定长江三角洲城市经济协调会第十八次市长联席会议在浙江省衢州市召开。

**【《长三角特色小镇发展研究》课题通过评审】** 2017年12月20日，杭州市牵头实施的《长三角特色小镇发展研究》课题通过长江三角洲城市经济协调会组织的评审。课题对苏、浙、皖特色小镇建设的发展历程、发展理念和主要特点，进行全面的分析梳理，充分肯定特色小镇建设的成果和经验。评审组认为，研究报告总结的“五个坚持”，对区域特色小镇建设具有理论和实践的指导意义；杭州在特色小镇建设上创造的成功模式，为“长三角”特色小镇建设起到示范引领作用。

**【“长三角”物联网产业专委会成立】** 2017年3月29日，长江三角洲城市经济协调会物联网产业专业委员会在杭州成立，副市长谢双成出席并致辞。专委会是杭州市牵头实施的首个“长三角”专委会。成立后建成具有引领示范作用的物联网行业趋势发布平台、创新技术及产品展示平台和产业发展平台，推出《创物智》品牌期刊，举办浙江移动创客大赛、绍兴工厂物联网论坛、物联网能力平台专场等对接活动。

**【浙江长三角军民融合产业园开园】** 2017年12月8日，浙江长三角军民融合产业园开园。省委常委、市委书记赵一德，省政府副秘书长、办公厅主任王晓峰，省军区党委常委、省军区办公室主任朱云忠等领导与有关部门200多名嘉宾出席开园仪式。产业园为杭州第一个军民融合产业园，由江干区政府与浙江清华长三角研究院杭州分院签约共建。产业园聚焦先进探测、空间与海洋工程、新材料新能源、大数据平台、高端制造和人工智能六大产业方向。开园时入驻企业有杭州光预科技有限公司、浙江军盾科技有限公司等17个。开园当天，举行集中开工仪式，有22个重大项目集中开工，总投资483亿元；并有25个项目集中签约，总投资近500亿元。

2017年3月29—30日，“长三角”城市经济协调会第十七次市长联席会议在江苏省淮安市召开　　(市发改委 供稿)

2017年7月17日，“沪嘉杭G60科创走廊建设论坛”在嘉兴举行

（市发改委 供稿）

**【沪嘉杭G60科创走廊建设】**2017年7月17日，在嘉兴举行的“沪嘉杭G60科创走廊建设论坛”上，上海、杭州、嘉兴三市共同签署《沪嘉杭G60科创走廊建设战略合作协议》。G60科创走廊长约180千米。根据规划，它以G60高速公路为纽带，将公路沿线的上海松江区、浙江嘉兴市和杭州市等“长三角”重要城市串联起来，旨在促进三市人才、技术、资金、装置、机构、项目、政策等要素的自由流动、自由组合，发挥资源要素集聚效应。

（郭玉虎）

## 杭州都市圈

**【概况】**2017年，杭州都市圈经济总量继续保持增长态势，实现生产总值24496亿元，比上年增长7.8%，生产总值占全省的47.3%，提高0.5个百分点。杭州继续引领都市圈发展，实现地区生产总值12603亿元，增长8.0%，分别高于全国、全省1.1和0.2个百分点。都市圈规模以上工业企业新产品产值13858亿元，增长18.3 %。社会消费品零售总额10689亿元，增长10.6%。其中网络零售额6606亿元，增长27.4%。全年新增企业17万个、个体工商户26万户。至年末，都市圈在册市场主体232万个（户），增长13.8%。其中企业91万个，增长17.1%。

**【杭州都市圈产业结构优化升级】**2017年，杭州都市圈加快动能转换，增强城市化发展潜力，经济转型升级取得实效。全年第一产业增加值781亿元，比上年增长1.9%；第二产业增加值10362亿元，增长6.6%；第三产业增加值13353亿元，增长9.2%。三次产业结构比例由上年的3.6∶42.6∶53.8调整为3.2∶ 42.3∶54.5。高端制造业快速增长，高新技术产业、装备制造业、战略性新兴产业增加值分别增长11.6%、12.6%和11.4%，健康制造业和信息经济核心产业制造业增加值分别增长17.0%和16.3%，均高于规模以上工业增加值增速。

**【杭州都市圈工业互联网技术应用推广会】**2017年9月29日，杭州都市圈工业互联网技术应用推广会在绍兴举行。推广会以“工业互联、数据智享”为主题，突出推广和展示杭州工厂物联网（互联网+大数据）的成功模式及经验。杭州4位专家运用工厂物联网、机器视觉、AI人工智能等先进技术和案例，分析和讲解工业互联网技术。都市圈区内102个企业、130人参加推广会。

**【杭州都市圈建设10周年新闻发布会】**2017年10月10日，以“喜迎十九大，携手铸辉煌”为主题的聚焦杭州都市圈建设10周年新闻发布会暨联合采访活动在嘉兴市海宁启动。活动首次采用新闻发布会的形式，介绍杭州都市圈10年来的建设成果和未来发展思路。杭州、湖州、嘉兴、绍兴四地30多家新闻媒体组成采访团，历时5天，走访杭州都市圈8个区县（市），采访20多个转型升级与生态发展的乡镇与样本企业。采访团在各自媒体上推出“聚焦杭州都市圈·一把手访谈”专栏、“融杭新号角”系列报道和“杭州都市圈‘同城化’打造幸福圈”专版报道，进行密集宣传。

**【杭州都市圈理论研究】**2017年，杭州都市圈编制完成《杭州都市经济圈转型升级综合改革试点评估报告》，对《杭州都市区规划纲要》进行修改完善。开展《杭州都市圈十周年》《杭州都市圈蓝皮书（2018）》编撰。其中“蓝皮书”设立项课题17个，主要围绕

2017年3月20日，杭州都市圈城市联合在广州举行题为“‘浙’里水乡，江南四韵”的旅游推荐。图为推荐会上进行文艺演出 （市发改委 供稿）

杭州都市圈美丽城市与乡村建设的内容，分析现状与存在问题，预测发展趋势，提出前瞻性的对策建议。“蓝皮书”由杭州市社科院和杭州都市圈协调办公室共同编撰。

**【杭州都市圈一体化项目合作】**2017年，杭州都市圈实施跨区域一体化合作项目25个，项目涉及交通、医疗、教育、人才、科技等方面。杭州绕城高速公路西复线杭州至绍兴段、杭绍甬高速公路杭州段建设进度加快，杭州至海宁、临安、富阳、绍兴4条城际(市域)铁路建设启动。推进都市圈内医疗合作，德清县第三人民医院挂牌“杭州师范大学附属医院德清分院”。深化市民卡应用合作，“杭州通·都市圈诸暨卡”在发行实体卡的基础上上线App。加强执法维权协作，杭州、湖州、嘉兴、绍兴四地市场监管局签署“四城五同”合作协议，协同开展网络交易案件查办工作。

（郭玉虎）

2017年12月，杭金衢高速公路杭州段主线完工　（市发改委 供稿）

## 对口帮扶和山海协作

**【对口帮扶】**2017年，市发改委编制完成《杭州市对口帮扶湖北省恩施州“十三五”规划》《杭州市对口帮扶贵州省黔东南州2017年项目实施计划》。完成《杭州市人民政府与恩施州人民政府“十三五”期间东西部扶贫协作和对口帮扶合作框架协议》《杭州市与黔东南州东西部扶贫协作工作协议》和《杭州市与衢州市深化山海协作工程战略合作协议》的签订。全年实施援助新疆、西藏、贵州、青海、湖北等省(自治区)项目142个，总投资3.84亿元。援建项目主要涉及就业就医、义务教育、宜居条件改善、特色生态产品销售、产业培育发展等方面。帮扶工作实现“当年任务当年完成，当年资金当年使用”的目标。

**【“山海协作”升级】**2017年，杭州与衢州两地开展全方位、立体化合作，促进杭州与衢州两地“山海协作”不断升级和优化。全年杭州新签“山海协作”产业项目173个，到位资金91.5亿元；续建项目267个，到位资金142.3亿元；合计到位资金233.8亿元。“山海协作”项目数、到位资金数均居全省第一位。两地突破单一的产业合作模式，从经济发展领域、科教文卫领域、运动健康领域和基础设施建设等领域开展全面合作。全年实施群众增收、社会事业合作等新农村建设项目48个，培训转移劳动力7500多人。

**【产业合作】**2017年，杭州市发挥“中国电子商务之都”的优势，帮助黔东南州农业、恩施州硒产业和旅游业、阿克苏市果业、石嘴山市物流业等当地产业利用互联网技术拓展国内外市场。杭州市援疆指挥部举办“杭州—阿克苏项目推进会”，阿克苏市招商局组织51个企业参加，阿克苏市政府与杭州福光工贸有限公司签订2亿元投资协议。市援青工作组组织青海省德令哈市相关部门和企业走访浙江吉利控股集团等企业，与浙江企业就产业合作达成初步意向。杭州以帮助黔东南州和恩施州特色产业发展为重点，落实投资项目36个，总投资53.49亿元。协调杭州华东医药集团等企业在对口支援地区设立分公司，建立生产基地，带动当地经济发展。

**【教育精准帮扶】**2017年，杭州市把受援地区的需求作为第一选择，加大人才、资金投入，以组团式、菜单式的教育精准帮扶，促进对口帮扶地区教育水平快速提升。在黔东南州民高乡成立“杭黔扶智班”，招收80个深度贫困村100名品学兼优的初中应届生，每人每年提供9600元的资助，帮助贫困家庭学生完成高中学业；萧山区、余杭区分别在当地开办“萧山班”“余杭班”。浙江吉利控股集团与黔东南州职业技术学院合办作创办“吉利班”。

**【干部双向挂职】**2017年，杭州市选派67名优秀干部，赴阿克苏市、德令哈市、黔东南州、恩施州、那曲县等7省(自治区)受援地区挂职。全体援派干部立足“杭州所能、援区所需”，帮助受援地区发展经济、改善民生。阿克苏市、黔东南州、恩施州、那曲县等受援地区同时选派优秀干部到杭州挂职锻炼，其中黔东南州选派挂职干部828名。

（郭玉虎）

责任编辑　余显幕

## 综　述

【国家级开发区】2017年，杭州市拥有国家级开发区6个，即杭州经济技术开发区、萧山经济技术开发区、杭州余杭经济技术开发区、富阳经济技术开发区、杭州国家高新技术产业开发区、临江高新技术产业开发区。截至2017年末，6个国家级开发区累计开发面积222.66平方千米，累计批准入区企业107585个，其中三资企业3347个。累计协议利用外资350.71亿美元、实际利用外资296.36亿美元。2017年6个国家级开发区实现规模以上工业企业总产值8407.34亿元、规模以上工业企业主营业务收入11157.8亿元、规模以上工业企业利润817.01亿元；出口创汇205.22亿美元；实现财政总收入886.25亿元，其中税收收入770.62亿元。

【省级产业集聚区】2017年，杭州市拥有省级产业集聚区2个，即杭州大江东产业集聚区、杭州城西科创产业集聚区。至年末，2个集聚区累计开发建设面积60.58平方千米，建成投产面积56.89平方千米。累计入区企业15146个，其中投产企业879个。2个集聚区2017年实际利用外资8.9亿美元，实际引进内资120.24亿元；固定资产投资完成591.19亿元；科技活动经费支出197.18亿元；实现工业总产值1618.78亿元，实现服务业营业收入3501.49亿元；实现利税总额1212.82亿元，其中利润总额1083.75亿元。

【园区循环化改造试点】2017年7月31日，杭州市制定并印发《杭州市2017年度园区循环化改造实施计划》。7月，杭州余杭经济技术开发区被列入国家级循环化改造重点支持园区，获中央资金5000万元。杭州余杭经济技术开发区根据实施方案确定的重点支持项目，统筹使用中央财政补助资金，专项用于园区循环化改造，包括产业发展方面的9个“关键补链项目”和4个“公共服务设施建设项目”。8月，富阳经济技术开发区被列入第五批省级循环化改造示范试点园区，获省级财政资助资金948万元。至年末，杭州市完成70%以上国家级开发区、50%以上省级及以上园区实施循环化改造的阶段性目标。

（汤　峻）

## 杭州国家高新技术产业开发区

【概况】2017年，杭州国家高新技术产业开发区（简称杭州高新区）实现地区生产总值1088.9亿元，比上年增长13.2%。全区规模以上工业企业实现主营业务收入1794.5亿元，增长22.2%；利润总额214.6亿元，增长10.6%。实现工业增加值558.6亿元，增长17.7%，其中规模以上工业企业增加值增长18.1%。规模以上工业企业中高新技术产业增加值增长22.3%，占全区规模以上工业企业增加值的96%。信息经济增加值（剔重合计）878.4亿元，增长21.4%，占生产总值的80.7%。2017年“两化融合”发展指数100.45，连续6年排名全省第一位，获全省“两化融合”发展指数“六连冠”。在146个国家高新区及苏州工业园国家高新区评价中，综合排名全国第四位。

全区投入研究与试验发展经费130亿元，科技活动经费支出245亿元。区级科技支出12.64亿元。新注册企业8207个，累计注册企业3.58万个，新增注册资本521.9亿元。新增上市企业3个，累计40个。新增“新三板”挂牌企业24个，累计103个。新认定高新技术企业144个，累计700个，列全省首位。认定“瞪羚企业”199个、“中国软件业务收入100强企业”10个。新增市级以上企业研发中心49个，其中省级36个；累计拥有省级企业研发中心183个、市级233个；新增市级以上企业技术中心9个，其中省级4个，累计拥有企业技术中心148个；新批设立省级重点企业研究院16个。新增省级领军型创新创业团队4个、市级1个。在新认定的199个“瞪羚企业”中，74个列入科技部火炬中心发布的“瞪羚企业”榜单。认定省级科技型中小企业237个、省级高成长科技型中小企业39个、技术先进型服务企业8个。35个企业列入浙江省电子信息产业110个重点企业名单，9个企业列入“中国软件和信息技术服务综合竞争力100强”。5个民营企业入围“2017中国民营企业500强”，2个企业入围“2017中国民营企业制造业500强”。杭州高新区企业连续4年获得中国创新创业大赛行业组总冠军。

全区专利申请量14010件，其中发明专利申请量5894件；专利授权量

7474件，其中发明专利授权量1893件，增长11.6%。专利申请量和授权量均列全市首位。获市级以上科技计划项目255项、资助1.4亿元。1项国际标准获批，制定并发布国家标准15项、行业标准20项。6个项目获国家科学技术奖励，其中国家技术发明奖一等奖1项、国家技术发明奖二等奖2项、国家科学技术进步奖二等奖3项。获中国专利奖8项、浙江省专利奖4项。

新认定国家级孵化器1个、省级2个、市级5个，引进国家知识产权服务品牌机构7个。新认定国家级众创空间3个、省级13个、市级7个；全区累计拥有市级及以上科技企业孵化器23个、众创空间26个，其中国家级孵化器和众创空间18个，在孵企业1314个。新增市级科技型初创企业培育工程企业164个。兑现314个科技企业孵化器在孵和毕业企业房租补贴1643万元，给予列入市级科技型初创企业培育工程的243个企业创业资助及研发补助3350万元。物联网产业知识产权运营基金募集社会资金1.2亿元，知识产权质押融资3.95亿元。互联网小镇、物联网小镇被认定为首批省级高新技术特色小镇。

全年引进各类人才2.66万人，增长5.4%。其中：高级人才6743人，增长74.6%；博士181人，增长21.5%。全区累计拥有国家“千人计划”人才80人、省“千人计划”人才141人；入选国家科技创新创业人才2人，累计21人。新增大学生创办企业540个，累计3266个；新增留学人员创办企业225个，累计1210个。10名人才被列入第三批国家“万人计划”领军人才名单。

2017年11月13日，浙江吉利控股集团与美国Terrafugia飞行汽车公司达成协议，收购Terrafugia全部业务和资产 （滨江区委宣传部 供稿）

**【高新产业发展迅速】** 2017年2月28日，浙江吉利控股集团 “曹操专车”取得“网络预约出租汽车经营许可证”——这是网约车新政颁布后全国首张新能源汽车共享出行平台运营牌照。5月14—16日，“首届中国区块链应用大赛”在杭州国际博览中心召开。10个参赛团队胜出，杭州趣链科技有限公司的参赛作品“基于区块链的供应链金融平台”获一等奖。9月1日，杭州呼嘭智能技术有限公司(PingPong)获卢森堡颁发欧洲支付牌照，为首个取得欧洲联盟电子货币资质中国金融科技公司。9月11日，在两年一次的国际文档分析与识别大会(简称ICDAR)上，大华股份先进技术研究院采用“深度学习”技术研发的文本检测技术，以87.19%的准确率获自然场景随手拍文本检测排行榜第一名，刷新ICDAR “Robust Reading2015”中的自热场景随手拍任务的全球最好成绩，超越“商汤”“腾讯”“百度”“旷视”等知名AI企业。11月13日，浙江吉利控股集团与美国Terrafugia飞行汽车公司签署最终协议，收购Terrafugia的全部业务及资产。12月6日，在北京举行的由商业伙伴咨询机构主办的“2017中国云计算生态系统峰会”上，公布中国云计算“Cloud500”榜单，新华三集团在云服务提供商、云存储产品提供商、云网络产品提供商、超融合设备提供商、云安全服务提供商、桌面云服务商、云管理平台提供商及政务云服务运营商8个细分领域均排名靠前，入选“2017中国云计算500强”榜单。

**【高新企业园区检察服务中心成立】** 2017年3月29日，滨江区检察院派驻华业高科技园区检察服务中心成立，是杭州市首个入驻高新企业园区的检察服务中心。服务中心常驻工作人员1名，配备2个办案团队，负责集中办理涉及高新企业的各类刑事案件，监督侵犯高新企业权益的经济案件，承担高新企业刑事案件风险评估，提供知识产权刑事司法保护及相关法律服务，开展刑事司法领域保障企业利益相关法律研究等工作。

**【国内首个经导管人工瓣膜上市】** 2017年4月25日，由杭州启明医疗器械有限公司研制生产的Venus A-valve经皮介入人工心脏瓣膜系统，获中国国家食品药品监督管理总局(CFDA)批准正式在中国上市，是国内首个用于介入治疗的人工心脏瓣膜。Venus A-valve针对中国主动脉瓣膜狭窄病患的特点进行研发，其核心技术是不需开胸、也不需要在心脏打孔，心脏没有损伤，仅需穿刺血管即可完成主动脉瓣膜置换，具有手术创伤小、术后恢复快等优点，为老年高危患者避免开胸手术及体外循环带来的风险。

**【“同城游”获评中国驰名商标】** 2017年7月19日，国家工商行政管理总局商标局认定浙江畅唐网络股份有限公司“同城游TONGCHENGYOU”商标为中国驰名商标。该公司是杭州高新区重点文创企业，“同城游”游戏平台作为畅唐网络的旗舰产品，成为高新区首个文创领域自主培育的驰名商标。该公司注册用户1.57亿个，同时在线35万人，在全国300多个城市开展业务。

**【高新企业在中国创新创业大赛上获奖】** 2017年8月18日，第六届中国创新创业大赛(浙江赛区)暨第四届浙江省“火炬杯”创新创业大赛先进制造专场总决赛在诸暨市举行。杭州高新区推荐的4个企业进入成长组前10名,其中杭州乔戈里科技有限公司、浙江力太科技有限公司各自以小组第一的成绩晋级先进制造行业总决赛。9月26日,第六届中国创新创业大赛(先进制造行业)总决赛在洛阳开赛,浙江力太科技有限公司获优秀企业奖,杭州乔戈里科技有限公司获先进制造行业总决赛成长组第二名。9月19日,第六届中国创新创业大赛(生物医药行业)总决赛在南京举行。杭州高新区的歌礼生物科技(杭州)有限公司获得中国创新创业大赛(生物医药行业)总决赛冠军。执鼎医疗科技(杭州)有限公司和杭州唯强医疗科技有限公司获优秀企业奖。

**【新认定两个省级工程试验室】**2017年10月16日,根据《省发展改革委关于认定2017年省级工程实验室(工程研究中心)的通知》,网易(杭州)网络有限公司的"大数据系统软件浙江省工程实验室"和医惠科技有限公司的"医疗大数据应用技术浙江省工程试验室"获批成为2017年省级工程实验室,全市共获批3个。网易(杭州)网络有限公司总投资3850万元,研发大数据系统开发管理工具,并依托软件平台在智能制造、智能医疗等领域研发一系列应用示范系统。医惠科技有限公司项目总投资3000万元,计划在全省建立5个医疗大数据应用示范工程,培养医疗大数据应用技术人才。

**【杭州人工智能产业园开园】**2017年11月3日,由省创业投资协会、省经信智慧城市规划研究院、浙江智新泽地科技发展有限公司主办,杭州人工智能产业园、杭州银行滨江支行承办的"人工智能产业与资本高峰论坛暨杭州人工智能产业园"举行开园仪式。杭州人工智能产业园与省经信智慧城市规划研究院、省创业投资协会、市中小企业服务中心、杭州银行签订战略合作协议,合力打造全球创客中心人工智能集聚区。杭州人工智能产业园位于杭州高新区江虹路,总建筑面积8万平方米,由4幢主体建筑合围而成。开园仪式上,11个创投机构共同发起的浙江人工智能产业投资基金联盟宣告成立,该联盟计划在三年内,投资园区内的人工智能企业100个以上,投资规模50亿元以上。至年末,已有44个企业入驻园区。

**【中科院浙江应用技术研究院物联网中心落户】**2017年11月8日,中科院浙江应用技术研究院与浙江完美物联科技有限公司在滨江"智慧e谷"签订《共建中科院浙江应用技术研究院杭州物联网中心平台》合作协议。中科院浙江应用技术研究院是2011年应省政府邀请和批准,由省政府和中国科学院、嘉兴市政府共同建设的技术转化与应用平台,集聚中科院各大院所的技术和人才,生成数十个技术转化工程中心和上百个高科技企业,在物联网技术,特别是传感技术方面有多项先进技术需进行转化应用,如光影防伪标识传感技术等。浙江完美物联科技有限公司是国内现代物联网流通领域运营服务商的先行者,其"F2M物联网营商(新流通)服务共享平台"是中国首创的物联网闭环式交易管理和综合服务技术平台,也是唯一经批准进入政府采购领域的闭环式交易管理系统。中科院浙江应用技术研究院杭州物联网中心主要功能是为多码溯源提供高科技传感技术手段,并提供第三方高科技商品检测平台。

**【上海证券交易所杭州服务基地落户】**2017年12月13日,上海证券交易所杭州服务基地启动仪式暨首次培训在白马湖国际会展中心举行,相关领导及企业代表200多人参加活动。培训会上,上海证券交易所组织金融专家从上市企业培训、培育、咨询及发行上市等方面进行IPO最新形势分析和政策解读培训。服务基地通过举办论坛、组织培训班、业绩说明会等形式,对资本市场相关政策规定进行解读,促进企业完善内部控制制度和公司治理,提升企业资本运作能力,推动企业利用资本市场做大做强,为企业改制、上市及上市公司规范运作等工作提供服务。

**【文创产业快速发展】**2017年12月18—20日,由国家新闻出版广电总局指导,中国音像与数字出版协会主办的中国游戏产业年会在海口市举办。年会设立24个奖项,对评选出的"游戏十强"颁奖。杭州边锋网络技术有限公司获"中国十大游戏研发商奖",作品《三国杀》获"年度十大最受欢迎网页游戏奖",《侠客风云传(单机版)》获"年度十大最受欢迎IP游戏奖"。杭州电魂网络科技股份有限公司产品《梦三国2》获"年度十大最受欢迎客户端网络游戏奖"。南派泛娱有限公司开发的《盗墓笔记》游戏入选"年度十大最受欢迎IP游戏"。网易创始人兼首席执行官丁磊被评为"年度中国游戏产业十大影响力人物"。杭州掌动科技股份有限公司总经理杨若入选年度中国游戏产业十大新锐人物。杭州高新区"中国网络作家村"知名网络作家唐家三少开发的游戏作品《斗罗大陆》入选"2018年度十大最期待网页游戏"。由蝴蝶蓝改编开发的游戏作品《全职高手》入选"2018年度十大最期待移动游戏"。

(滨江区志办)

## 杭州经济技术开发区

**【概况】**2017年,杭州经济技术开发区(简称杭州开发区)围绕"城东智造大走廊引领区、国家级开发区转型升级示范区、一流的现代化国际化新城区"三大目标,抢抓"拥江发展"和城市国际化战略机遇,实施"创新驱动、转型升级、产城融合"三大战略,推进"三次创业",经济社会各项事业实现平稳健康发展。

全年完成地区生产总值652亿元,比上年增长6.5%;规模以上工业企业增加值433.7亿元,增长6.3%;服务业增加值192.3亿元,增长6.3%。财政总收入134.4亿元,其中地方财政收入70.3亿元,增长6.6%。全年实到外资5.8亿美元,实到内资50.6亿元,浙商回归资金37.3亿元,全面完成目标任务。固定资产投资154.6亿元,增长13.7%,其中工业投资增长41.7%。社会消费品零售总额99.3亿元,增长12.4%。外贸出口总额331.4亿元。跨境进口总额11.1亿美元,出口总额5.39亿美元,经济运行呈现"稳中有进、稳中向好"态势。

坚持创新驱动发展战略，大力实施五大“双百”工程（平台建设、人才集聚、企业培育、资金助推、协同创新），获批国家级“双创”示范基地。新投用创新平台32.4万平方米，累计投用134万平方米。新增省级孵化器2个、省级众创空间6个，各类创新载体累计34个。与市科委合作共建杭州美国硅谷协同创新中心，成为省、市首个海外创新孵化平台。新引进本科以上人才1万余人，其中留学回国人才222人，增长52%；新增国家“千人计划”、省“千人计划”等领军型人才27人，各类高层次人才数量累计1150多人。新增国家高新技术企业39个，累计198个；新增科技型企业1281个，增长50%；新增省级科技型企业142个，累计752个；新增市级以上企业研发机构30个，累计296个。规模以上工业企业研发经费支出占比4.9%，新产品产值率29.4%，企业专利授权量增长20%。启动新一轮区校战略合作，制定省内首个区校合作专项政策，高校产学研联盟中心和创新创业教育实践基地落地运行。创新生态不断完善，推出金沙英才“黄金八条”等创新创业政策，设立50亿元的产业母基金，管理资金规模170亿元。举办二十国集团智库会议、浙江省首届创新创业博览会、“创响中国”杭州站等活动。

坚持转型升级发展战略，产业质效提升加快，信息经济增加值增长8.6%，战略新兴产业、高新技术产业增加值分别增长12%、7.7%，高新技术产值占比46%；泰瑞机器股份有限公司“主板”上市，杭州联川生物技术有限公司等4个企业在“新三板”挂牌，杭州电缆股份有限公司等8个企业产品被评为省（市）名牌产品。特色平台加快建设，杭州医药港小镇创建省级特色小镇和省级高新技术特色小镇，“华海药业”等一批优质项目落地。大创小镇入选省级国际科技合作基地和市级特色小镇，奥克兰大学中国创新研究院开园，和达高科海聚中心、国际创博中心开工建设。金沙湖商务区遗留的拆迁难题彻底解决，湖区蓄水全面完成。开发区信息化和工业化融合步伐加快，实施“零地技改”项目52个、“机器换人”项目32个、工厂物联网和工业互联网试点示范项目11个，技改投资增长22.3%。开展工业企业综合效益评价，加大低效企业收储收购与存量土地盘活力度，明确一批对环境有较大影响企业关停转迁的时间表，清理整治企业1928个。

坚持产城融合发展战略，加大基础配套和民生事业投入力度。金沙湖隧道主体工程完工，金沙大道便道顺利贯通，地铁1号线机场延伸段、艮山东路快速路下沙段、运河二通道下沙段等重点工程加快推进。建成5个停车场库，新增停车泊位547个，优化公交线路5条。实施环境综合整治十大专项行动，在全市率先实现拆迁安置“双清零”，2个化工企业实现关停转迁，劣V类水剿灭任务全面完成。腾空拆除低小散厂房仓库200多万平方米。实施十大民生工程，新建投用学校3所，改造提升20所，沿江、大学城北、中心区块三大社区卫生服务中心加快建设，区级老年活动中心建成投用，新建社区帮扶救助站2个，下沙街道社区卫生服务中心获评“省百强社区卫生服务中心”，滟澜社区入选市国际化示范社区。城市治理持续加强，96.8%的政府办事事项实现“最多跑一次”，商事登记等6个方面实现“一窗受理、集成服务”，投资项目审批时间压缩1/3以上。深化“法治下沙”“平安下沙”“文明下沙”建设，司法改革稳步推进，基层治理体系加快建设，智管平台指挥中心建成投用。白杨街道成功创建“省级文化强镇”。开发区顺利通过国家文明城市复评。

**【杭州开发区入选国家级双创示范基地】**2017年6月15日，国务院办公厅发布《关于建设第二批大众创业万众创新示范基地的实施意见》，公布第二批92个国家双创示范基地名单，其中区域示范基地45个、高校和科研院所示范基地26个、创新型企业示范基地21个。杭州开发区入选全国区域示范基地，成为继杭州未来科技城之后，杭州第二个区域示范基地。8月，杭州开发区制定《大众创业万众创新示范基地建设工作方案（2017—2019年）》，发展目标为2019年基本建成以区校合作、成果加速产业化等为特色的双创示范基地，为全国在推动区校合作、建设创新平台、培育双创人才、推动产业升级等领域提供可复制、可推广的经验和模式。

**【杭州开发区入选省级两化融合国家示范区】**2017年，杭州开发区在新常态下顺应“互联网+”发展趋势，对接“中国制造2025”战略，信息化、工业化融合发展基础扎实，两化融合总指数79.64，位于全省第一梯队。杭州开发区创建目标是通过两化深度融合综合性示范区建设，提升信息技术在企业自主创新和产业结构优化升级中的作用，改善工业发展质量和效益；发展信息经济，争取2019年两化融合发展指数在80以上。11月30日，省经信委、省财政厅联合印发《关于公布2018年度工业和信息化重点工作分领域（行业）推进实施名单的通知》，杭州开发区入围成为省级两化深度融合国家示范区。

**【医药港小镇入选省级特色小镇】**2017年8月2日，杭州开发区医药港小镇入选第三批省级特色小镇。11月14日，医药港小镇入选浙江省首批建设类高新技术特色小镇。生物医药产业是杭州开发区特色优势产业之一，已有各类生物医药企业300多个，年产值220亿元，形成较强的产业辐射能力，并于2015年成为杭州市首批特色小镇。医药港小镇规划面积3.4平方千米，重点围绕生物技术药物、生物医学工程及重大疾病化学药3个领域，进行产业培育和招商。小镇有中科院理化所杭州分所、浙江大学（杭州）创新医药研究院、国家人体组织功能重建工程技术研究中心等，重点开展生物医药、高端制剂、诊疗装备、新材料等领域的高技术创新研究，培育创新型研发企业。医药港小镇出台“5+X”政策扶持体系，设立10亿元产业基金，以推动产业创新发展、转型发展、引领发展。

**【大创小镇入选市级特色小镇和省级科技基地】**2017年5月10日，杭州开发区大创小镇入选第二批市级特色小镇创建名单。10月10日，大创小镇被省科技厅确定为省级国际科技合作基地。大创小镇以新加坡（杭州）科技园和杭州市高科技孵化器园

2017年5月6日,二十国集团智库会议(T20)创新研讨会在杭州开发区举行 (杭州开发区管委会 供稿)

区为核心,总规划面积3.7平方千米,按"核心圈—腹地圈—辐射圈"格局,形成"一镇、一街、十六社区"的空间布局。大创小镇主导产业面向新一代信息技术,重点发展IT研发、IC设计、虚拟视觉、移动互联网、服务外包、新型显示技术等领域。至年末,大创小镇有国家级孵化器4个、国家级众创空间2个、创新园区32个,入驻企业3000多个、创业者1万余人。大创小镇引入新加坡麻省理工中国创新中心、奥克兰大学中国创新研究院、UCLA科学商业化中心等高端创新孵化平台,计划通过3—5年建设,利用开发区内高教园区的优势,逐步建设成为杭州东部的创业创新高地,"长三角"地区产学研协同创新的示范区。

**【奥克兰大学中国创新研究院落户】** 2017年5月18日,奥克兰大学中国创新研究院在杭州开发区落户。新西兰科技和创新部及高等教育部内阁部长Paul Goldsmith、奥克兰大学校长Stuart McCutcheon、杭州市和开发区管委会领导出席开园活动。奥克兰大学始建于1883年,在英国QS全球教育集团2016—2017年世界大学排行榜中列第81位。奥克兰大学中国创新研究院是该校在中国的第一家研究院,落户开发区大创小镇内的新加坡杭州科技园,由奥克兰UniServices有限公司出资运作。该研究院负责奥克兰大学及Uniservices在中国的学术交流、委托研发、专利授权、项目产业化等,下设生物医药研究所、精准营养研究所等机构,分领域承接国际公司研发项目。开园当日,研究院与浙江大学工业技术转化研究院签订工业技术转化研究合作协议。

**【首个机器智能孵化器引进】** 2017年7月25日,杭州开发区管委会、上海博将投资管理有限公司、美国Silicon Catalyst孵化器合作仪式暨项目对接会在杭州开发区举行。开发区党工委、管委会负责人,上海博将投资管理有限公司首席执行官罗闽和Silicon Catalyst创始人、首席执行官Richard Lazansky等参加会议。会上,签订机器智能产业基金合作协议和共建机器智能孵化器的协议。机器智能孵化器是开发区引进的第一个以机器智能为特色的专业海外孵化器,是第一个以"基金+孵化器"的创新平台。开发区计划与"博将资本"共建首期1亿元机器智能产业基金,打造以机器智能为特色的Silicon Catalyst(中国)跨境孵化器,通过"基金+孵化器"合作带动境内外项目落户。该项目入选杭州市钱塘江金融港湾建设重点项目。

**【阿里巴巴下沙创新中心成立】** 2017年8月29日,阿里巴巴创新中心(杭州下沙)成立,落户杭州开发区华媒科创园。该创新中心是由杭州开发区管委会、阿里巴巴集团、杭州良仓投资管理有限公司联合打造的创业平台和众创空间。根据规划,阿里巴巴创新中心(杭州下沙)主导方向为智能制造、文化创意、科技创新和电子商务产业,主要为创业公司提供创业投资服务。该中心有一支"阿里系"高管团队,规模超过5亿元的2个自有基金,18名创业导师,能为创业团队提供专项辅导,同时有40多个战略合作创投机构,可支持创业团队更加多样化需求。开园当日,创新中心举办阿里巴巴全球创客大赛诸神之战杭州赛区预赛暨第三届华媒控股创新创业大赛决赛,200多名创业者参加,北京果毅科技有限公司的"擎话"项目获得一等奖。

**【二十国集团智库会议在杭州开发区举行】** 2017年5月6日,二十国集团智库会议(T20)创新研讨会在杭州开发区举行。来自中国、阿根廷、澳大利亚等18个G20成员国,泰国、孟加拉、巴基斯坦、匈牙利、立陶宛等9个非G20成员国,以及联合国大学和世界知识产权组织等100多名专家学者出席研讨会。全国政协副主席、科技部部长万钢发来贺信,2017年度T20峰会主席代表罗尔夫·朗海曼尔、墨西哥总统科技创新首席顾问埃利亚斯·米查、埃及高教科研部副部长埃萨姆·哈米斯、浙江省科技厅厅长周国辉出席研讨会开幕式并致辞。T20是G20峰会的重要配套会议之一,是全球智库代表为G20峰会贡献智慧与思想的重要平台。会议主题为"新供给、新动力、新合作,科技创新引领支撑未来",与会者围绕"可持续发展及最佳经验分享""数字经济"等议题进行交流,形成成果文件,为G20峰会提供创新政策储备。

**【金沙英才"黄金八条"人才政策发布】** 2017年11月9日,"智汇下沙科技城"创新创业推介会在杭州开发区举行,开发区管委会发布金沙英才"黄金八条"人才政策。政策包括"人才引进鼓励""人才创业扶持""人才金融支持""人才团队激励""人才校企共享""人才表彰奖励"

"人才安居资助""人才服务保障"8个方面，并对区内14所高校顶尖人才提供津贴支持和"人才创业券"项目落地的专业服务。其中人才引进鼓励政策对新引进的世界前100所高校、国内"双一流"高校、国内"985工程"和"211工程"高校，以及开发区内高校的应届和非应届全日制本科、硕士、博士毕业生，分别给予一次性生活补助和三年租金补助4万元、6万元、10万元；对企业引进的高端海外工程师，按年薪的30%给予最长两年、每年最高30万元的资助。杭州开发区专门设立9亿元的人才和科技专项资金，保障人才新政的兑现落实。

**【UCLA科学商业化中心中国中心项目签约】**2017年4月26日，杭州开发区管委会与美国加州大学洛杉矶分校(简称UCLA)科学商业化中心举行签约仪式。根据协议，合作计划依托UCLA突出的科研、人才优势和产业化能力，聚焦生物医药等开发区主导产业，采取海内外联合投资引进项目落地的创新模式，按UCLA科学商业化中心中国中心、项目投资及产业化平台、联合科研创新平台、高端人才引进平台的模式进行运营。双方计划3年内共同投资项目10个以上，引进海外博士以上高层次人才领衔的高端产业化项目10个以上，引进落地科研平台3个以上。签约仪式后，双方就首批拟落地的高端健康产业人才等项目进行对接。

**【省首届创业创新博览会在杭州开发区举行】**2017年9月15—21日，全国大众创业万众创新活动周在全国各地同步举行。9月15日，浙江省分会场启动仪式在杭州开发区大创小镇举行，并同步启动浙江省首届创业创新博览会(简称创博会)，省、市有关领导出席启动仪式。创博会设10个主题、100场活动，其中包括"创响中国"巡回接力赛杭州站活动、国际生物医药创新(杭州)峰会、杭州女子国际马拉松赛等，活动时间从9月15日持续至12月30日。启动仪式上，同时举行大创小镇国际创博中心开工奠基仪式，开发区把该中心规划为"创客客厅"，建成后将发挥规划展示、双创活动举办、项目路演、创新指数发布、双创综合服务等功能。

**【国际生物医药创新(杭州)峰会在杭州开发区举行】**2017年9月21—22日，国际生物医药创新(杭州)峰会在杭州开发区举行。峰会设置"前沿热点""产业合作""从发现到成药""未来精准医疗""发现生物药明星品种"5个主题。中国科学院院士陈凯先，中国药科大学校长、德国科学院院士来茂德及国内外制药企业、医药资讯机构、投资融资行业300多人参会进行研讨，交流企业在加强生物制药研发、引进项目、缩短研发周期、开展商务合作、占据市场份额等方面经验和成果。其间，国内外创新企业及创新项目进行展示，涉及肿瘤、自身免疫抗体药物、新型治疗疫苗、细胞治疗、小分子靶向药物、创新剂型和组合等前沿热点领域。

**【杭州开发区首届人才科技创新大会召开】**2017年1月12日，杭州开发区召开"智汇大学城，创响东部湾"首届人才科技创新大会，旨在通过政企协同、区校合力，共同推进杭州开发区转型发展。大会表彰杭州九阳小家电有限公司等10个卓越创新企业、李湘等10名杰出人才、浙江多禧生物科技有限公司等6个领军型创新创业团队；发布《大创小镇共建宣言》，宣告由杭州开发区管委会和区内高校共建的"大创小镇"成立。会上，省教育厅与杭州开发区管委会签订全面合作协议，涉及高层次人才、科创平台、新兴产业、区校合作等领域的40个项目现场签约。

**【浙江国际协同创新研究院落户杭州开发区】**2017年11月21日，浙江国际协同创新峰会在杭州开发区举行，峰会以"未来产业·创造未来"为主题，探讨科技全球化背景下协同创新的发展方向、合作框架和合作机制，推广成功经验和先进模式，来自科研、金融、产业领域的嘉宾做演讲和现场分享。其间，浙江国际协同创新研究院揭牌，正式落户杭州开发区，且与浙江伟星新型建材股份有限公司、深圳海云天控股集团等签约建立各自创新中心。

**【"联川生物"在"新三板"挂牌】**2017年5月15日，开发区企业杭州联川生物技术股份有限公司在全国中小企业股份转让系统(新三板)挂牌，简称"联川生物"，代码：817474。该公司成立于2006年，是杭州市最早的海外高层次留学归国人员创业企业之一、国家高新技术企业。公司员工100人，其中博士、硕士超过70%，建成符合国家GMP标准的基因检测试剂生产基地及符合基因检测行业标准的高通量基因测序及PCR实验室，并通过ISO 9001质量体系认证。公司乳腺癌BRCA1/2基因筛查试剂盒等4个产品获欧盟CE认证。

**【和达高科海聚中心项目开工】**2017年5月26日，和达高科海聚中心项目开工，海聚中心位于杭州开发区"大创小镇"核心圈，占地面积3.5万平方米，规划建筑面积16万平方米。项目以智能化、智慧化、信息化为产业特色，计划打造成国际化创新创业服务中心，重点引进培育工业4.0系统开发设计、生物医药信息化、智慧城市、软件外包等领域项目，致力于产业、产品的前端研发与设计，构建创新链、产业链、服务链高度融合的特色产业体系。在总体功能上，项目涉及研发办公服务中心、会议中心、展厅、双创公寓、高端海外人才公寓、步行街商业、金融配套商业等，计划2018年末完工。

**【金沙湖蓄水完成】**2017年11月28日，杭州开发区金沙湖蓄水工程启动，历时一个月金沙湖完成蓄水。金沙湖位于下沙新城中心区核心部位，东起海达南路，西至乔下线，北起金沙大道，南至天城东路。金沙湖总面积64.67公顷(970 亩)，湖面占地面积30.93公顷(464亩)，蓄水量130万立方米，湖域外圈安全水域1米，中心最深处5米。金沙湖的水来自钱塘江，通过水源处理厂处理后，达到Ⅲ类水质。金沙湖工程于2010年5月18日开工，2013年5月一期工程建成对外开放，2017年10月30日，金沙湖公园二期、三期工程竣工验收。计划2018年金沙湖区域开工国际会议中

2017年12月，位于杭州开发区核心区的金沙湖完成蓄水工程，一展秀丽风貌 (杭州开发区管委会 供稿)

心、大剧院、文体中心等大型公建项目，规划至2022年末，金沙湖区域计划建设成集行政办公、商务办公、商业购物、旅游休闲、文化娱乐、总部经济及金融服务等功能于一体的中央商务区。 (张红丹)

## 浙江杭州出口加工区

**【概况】** 2017年，浙江杭州出口加工区(简称出口加工区)以杭州经济技术开发区"三次创业"为契机，围绕一个中心，突出两项重点，着力破解三大难题，夯实园区各项基础工作，推进出口加工区转型升级。全区完成工业总产值98.94亿元，比上年增长4.5%；工业产品销售产值98.64亿元，增长5.4%；固定资产投资2.40亿元，增长156.2%；进出口总额26.57亿美元，增长22.3%，其中进口12.6亿美元、出口13.97亿美元。跨境电子商务进口累计验放包裹3655万单、交易金额73.62亿元(其中网购保税交易金额64.15亿元、直邮交易金额9.47亿元)。

出口加工区围绕打造产业国际化、建设现代化、管理智慧化的复合型综合保税区目标，推进综合保税区建设，方案上报至国务院。

杭州进口肉类指定查验场建设围绕"高起点规划、高标准建设、市场化运营、智慧化管理"总体思路，确定南京音飞储存设备股份有限公司等为建设主体，按照"一次规划、分步实施"总体原则，通过开辟绿色通道、模拟审查等方式加快建设。建设主体于12月初完成外资结汇和保证金打款工作，同月明确地质勘探施工单位，完成地质勘探。

**【加工区安全生产管理】** 2017年，出口加工区围绕"全面落实企业安全生产主体责任"，以全面推进平安创建和标准化建设为突破口，开展中国(杭州)跨境电子商务综合试验区下沙园区消防整治、特种设备专项整治等活动，组建安全生产联防中队与安保联防队，实现安全生产"零"事故。全年召开安全生产工作会议7次，检查企业297个(次)，印发整改通知96份，发现隐患288处，整改285处，整改率98.9%，推动7个业主单位投入2000多万元进行消防整改。

**【园区管理服务精细化】** 2017年，出口加工区按照"拆除一批、改造一批、规范一批"工作要求，打好"疑似违章建筑专项整治"攻坚战。全年排查企业24个，排查出疑似违章建筑243处、面积1.92万平方米，实施拆除1.08万平方米。开展户外广告招牌整治、"五无"企业集中整治活动。通过增加管理力量，增设智能系统、规范停车位，设立交通指示牌，破解广场报关车辆通关难问题。深入城市"五化"(洁化、序化、亮化、绿化、美化)管理，开展环境综合大整治专项活动。全年上报杭州经济技术开发区监管抄告系统案卷82条，处置开发区下派数字城管案卷106条，督促各养护单位在规定时限内完成整改。按要求做好防汛防台和抗雪防冻工作，确保灾害性气候下加工区企业生产生活的正常有序。

浙江杭州出口加工区海关监管大楼 (浙江杭州出口加工区管委会 供稿)

2017年浙江杭州出口加工区主要经济指标完成情况

表57

| 指标名称 | 计量单位 | 实　绩 | 比上年(%) |
|---|---|---|---|
| 一、工业经济 | | | |
| 工业总产值 | 万元 | 989 482 | 4.5 |
| 工业产品销售产值 | 万元 | 986 427 | 5.4 |
| 工业增加值 | 万元 | 132 721 | -15.3 |
| 工业企业利润总额 | 万元 | 30 945 | -16.1 |
| 税收总额 | 万元 | 124 759 | 78.4 |
| 海关税收及代征税 | 万元 | 107 200 | 92.9 |
| 税务部门税收 | 万元 | 17 559 | 22.5 |
| 进口值 | 万美元 | 126 037 | 45.1 |
| 出口值 | 万美元 | 139 746 | 7.2 |
| 二、物流业 | | | |
| 营业收入 | 万元 | 9 086 | -48.9 |
| 税物部门税收 | 万元 | 387 | -24.4 |
| 三、跨境电子商务 | | | |
| 进口业务交易金额 | 万元 | 736 265 | 53.6 |
| 网购保税交易金额 | 万元 | 641 519 | 50.7 |
| 直邮业务交易金额 | 万元 | 94 746 | 76.9 |
| 四、基本建设 | | | |
| 固定资产投资 | 万元 | 24 077 | 156.2 |
| 投产企业数量 | 个 | 0 | — |
| 从业人员 | 个 | 6 995 | -6.9 |

**【跨境电子商务综试区下沙园区新模式拓展】**2017年,中国(杭州)跨境电子商务综合试验区下沙园区立足杭州唯一海关特殊监管区域的政策优势,鼓励企业拓展业务类型。4月,首次运送鲜活珍宝蟹,实现浙江省首批跨境保税B2C鲜活水产品项目。8月,完成澳洲鲜奶跨境全程质量追溯项目,实现从厂商备案、产品海外起运到国内配送的区块链化监管和高效服务。天猫“双十一全球狂欢节”当天,园区审核验放货物338万单,总货值6.6亿元,占杭州关区的98%。11月,以浙江杭州出口加工区国际物流有限公司、杭州缔联客跨境科技有限公司为试点,利用“按状态分类监管”政策,完成跨境电子商务保税B2C首单出口测试,实现跨境电子商务保税出口B2B和B2C业务全覆盖。通过搭建信息化辅助管理系统平台、投用智慧化仓库等方式,提升园区智慧化水平。中国(杭州)跨境电子商务综合试验区下沙园区被评为2017年度杭州跨境电子商务标杆产业园。　(杨　俊)

## 萧山经济技术开发区

**【概况】**2017年,萧山经济技术开发区(简称萧山开发区)本级实现地区生产总值201亿元,比上年增长9.5%;规模以上工业企业增加值119亿元,增长8.1%;规模以上服务业企业增加值40亿元,增长12.9%。全社会固定资产投资59.7亿元,增长4.6%,其中服务业投资增长12.1%。出口总额123.3亿元,增长8.3 %。财政总收入62.9亿元,其中地方财政收入33.3亿元,分别增长24.8%和23%。实施“机器换人”等“千企转型”项目336个。新增科创园面积9.2万平方米,新增科技型企业293个。新增国家级高新技术企业14个、省级企业研究院6个、博士后科研工作站2个。新增在“主板”上市企业3个,在“新三板”上市企业4个。杭州湾信息港项目二期整体完工并交付使用,机器人小镇博展中心建设完工并投入运行,娃哈哈营销总部、裕隆总部、联东U谷·国际企业港、中南高科·钱江云谷基地等项目开工建设。

全年实际利用外资4.9亿美元,增长22.5%;到位市外内资35亿元。引进1亿美元以上项目6个、5000万美元以上项目4个、3000万美元以上项目26个。成功引进世界500强企业润电新能源(浙江)有限公司、跨境电子商务知名企业Wish(中国)、央企项目华东电力试验研究院有限公司。与日本精工集团签约,引进恩斯克汽车项目。纳智捷(杭州)汽车销售项目和新能源汽车研发项目落户。引进人工智能企业“科大讯飞”“一知智能”等项目,引进圣奥家具时尚中心项目、大胜达包装智能制造项目。开发区量子产业园招引上市公司——九州量子总部及量子通信商用示范网项目落户。全年开发区引

2017年6月8日,中南高科杭州萧山钱江云谷奠基仪式暨首期企业入园仪式在萧山机器人小镇举行　(萧山开发区管委会 供稿)

2017年6月28日，以“数字化引领产业升级”为主题的“2017ABB电力与自动化世界”活动在萧山开发区启动 （萧山开发区管委会 供稿）

进国家“千人计划”人才7名、省“千人计划”人才1名、自主培养市“521”人才1名。

萧山开发区科技城持续完善和优化周边环境。以惠立双语学校建设为标志，与上海陆家嘴(集团)有限公司的合作迈入实质化进程，国际商贸园、国际医疗园、国际科创园项目正加紧开展前期工作。承办“2017年中国工业大数据大会·钱塘峰会”，引入一批工业大数据行业顶尖企业和核心团队。中英产业新城相关项目加快推进，浙江国际影视中心开园。信息港小镇被评为省级优秀特色创建小镇，着力打造“智慧健康谷”“人工智能谷”“智慧交通谷”等多个创新特色平台。浙大睿医人工智能研究中心、网易创新中心、谷易科技未来交通研究院成立，华佗健康小镇示范基地落户。人工智能产业逐步形成“产业+基金+双创平台”模式。

**【萧山开发区区域环境治理】** 2017年，萧山开发区全力实施区域环境治理，完成开发区涉及宁围街道4个“城中村”的改造签约；先期实施创新聚能城、亚运会核心区块等涉及钱江农场67公顷土地的征迁工作；益农拓展区块153公顷土地的征迁工作全面启动；相关部队农副业基地“停偿”工作已完成企业签约146个，拆除违法建筑19.3万平方米。加快交通路网建设，完成桥南区块机场城市大道配套路网建设；建设二路整治一期、杭可地块前支路、耕文路等工程完工；新街大道、红泰七路等基本完工；益农四路及江益一路已完成前期准备工作。持续开展做地保障，全年完成做地25公顷，其中出让经营性土地20公顷，出让金总额118.4亿元。完成市北区块“退二进三”企业14个，涉及土地16.2公顷。全年开发区新建公共自行车站点32个，市北东小学、幼儿园、农贸市场等民生配套项目加快推进。

**【萧山开发区特色小镇建设】** 2017年，萧山开发区信息港小镇先后晋级为浙江省经信领域行业标杆小镇、杭州市级优秀特色小镇、浙江省级优秀特色创建小镇，入选浙江省首批高新技术特色小镇培育名单，获评国家级小型微型企业创业创新示范基地，并在国家级科技企业孵化器考核评价结果中被评定为优秀(A类)。“科大讯飞”“一知智科”“清创园”“莱源环保”“华网信息”“裕隆汽车”等重大项目签约落户信息港小镇，2017年财政税收超过8亿元。12月20日，开发区机器人小镇博展中心开馆。机器人小镇围绕环境建设、招商引资和产业培育三条主线，深化与浙江大学、浙江智能机器人研究院、省机器人产业协会等机构的合作，引进新松机器人、中信重工特种机器人、钱江机器人等生产研发及创新集成项目。小镇产业配套和生活服务2个综合体正实施前期建设。

**【“四无”企业整治助推产业转型升级】** 2017年11月10日，萧山开发区召开“四无”企业整治动员大会，要求按照“取缔腾退一批、整治提升一批、收储盘活一批”的原则，重点整治辖区内无证无照、无安全保障、无合法场所、无环保措施的生产单位(作坊)。至年末，清退相关企业170多个，清退、提升面积40多万平方米，完成清退目标90%以上。约5万平方米腾退厂房被重新利用。通过长效管理机制促使企业转型升级，提质增效。对该土地再次招商加大审核力度，确保入驻企业符合园区产业导向。

**【医药健康产业链初具规模】** 2017年11月15日，萧山开发区信息港二期开园运营，重点打造的中国人工智能谷、中国智慧健康谷、和华佗健康小镇揭牌，浙大睿医人工智能研究中心、华夏医学科技奖成果转化基地、国家新药开发工程技术研究中心天然药物与免疫重点实验室3个重大项目组团落户。

中国人工智能谷以“科大讯飞”“浙大睿医人工智能研究中心”“一知智能”为龙头，在语音识别和处理、图像及语义识别、医学人工智能共性关键技术等领域取得领先地位。“中国智慧健康谷”以微医集团(浙江)有限公司为龙头，集聚微医全科中心、杭州康久医疗投资管理有限公司、杭州美联生物科技有限公司、超众科技股份有限公司等医疗健康行业领军企业，全力打造微医国际医疗中心(包括微医全科医学院、微医妇幼精准治疗中心、微医肿瘤精准治疗中心)。华佗健康小镇的人工智能技术团队推动研究成果与微医平台的协同，应用微医平台深度连接2400多个医院、29万名医生、1.7亿个用户等数据，建立医疗服务供应端、需求端的智能化链接，推动智能医疗成果惠及更多的医疗机构、医疗健康产业组织和用户。

**【机器人小镇及其博展中心开馆】** 2017年12月20日，机器人小镇重大项目签约仪式暨机器人博展中心开放活动举行。机器人小镇总规划面积3.33平方千米，2015年被列为杭州市第一批特色小镇创建名单，2016年被列为浙江省第二批特色小镇培育名单。小镇选择性地引进机器人相关产业。围绕机器人全产业链，重点布置研发设计、科技孵化、生产制造、展示展览、旅游体验、总部经济、论坛会务、娱乐休闲等功能。小镇内有30多个机器人相关产业的公司入驻，范围涉及工业机器人、服务机器人、3D增材打印等方面。

机器人博展中心是机器人小镇促进行业展示、交流的重要载体，总建筑面积6000平方米，中心涵盖展示展览、互动体验、会务培训、赛事活动、运营办公等主要功能，是推进机器人行业交流、机器人场景体验以及机器人文化科普教育的重要平台。

（张　琼）

## 杭州余杭经济技术开发区（钱江经济开发区）

【概况】2017年，杭州余杭经济技术开发区（含钱江经济开发区，简称余杭开发区）实现规模以上工业企业销售产值537.61亿元，工业增加值147.87亿元，财政总收入47.16亿元，经常性财政收入23.03亿元，实到外资3.08亿美元，实到市外内资35.36亿元，浙商回归项目到位资金28.41亿元。余杭开发区获评全省优秀国家级开发区称号。

余杭开发区全年在建政府投资项目50个，累计投资约21亿元。地铁9号线、五星级酒店项目开工建设，“三路一环”工程主体施工建设，余杭中医院、万宝城商业综合体等投入使用，完成乾元一期农居、万陈农居、宁桥大道景观提升改造工程、北沙路荷禹路亮灯工程等项目，大配套、大交通逐步完善。全力推进城乡建设，173个“五水共治”项目进展顺利，完成计划投资1.4亿元，27个剿劣水体项目通过省市区三级验收。星火苑、上环桥等城中村改造项目顺利推进，累计征地62.73公顷，签约、腾空农户1182户，回迁乾元社区、万陈社区、南公河社区601户，2637套安置房分配到户。

余杭开发区推进“浙江省智能制造示范基地”建设，“老板电器”入选“CCTV国家品牌计划”，杭州西奥电梯有限公司获评“2017年工信部智能制造示范企业”。余杭开发区以总分第一名的成绩列入国家试点，成功创建“国家级循环化改造示范试点园区”。深化与“阿里云”合作，662个企业上“云”。重点培育行业龙头企业70多个，申报工信部“行业单打冠军”企业2个，省级“隐形冠军”企业1个，培育“隐形冠军”企业9个。“诺邦无纺布”“万通智控”“铁流离合器”“春风动力”等6个企业上市。全年引进重点制造业项目3个，分别是杭州老板电器股份有限公司年产250万台厨房电器建设项目、东湖高新杭州生物医药产业园二期项目、杭州西奥电梯有限公司年产电扶梯3万台及电扶梯配件6万套项目。

余杭开发区全年引进国家东部中心浙江（余杭）分中心、贝达梦工场、浙江省药学会余杭生物医药高新园区创新驿站、浙江生物医药特殊物品出入境集中监管服务平台等一批创新创业平台资源，新增国家“千人计划”人才4名、省“千人计划”人才3名。举办“2017年中国科技成果创业创新大赛”。新增省级小微企业示范园2个，新引进科技型中小微企业165个。新增国家重点支持领域高新企业56个、省级企业研究院8个、省级企业研发中心15个。全年授权专利1438件，杭州自强链传动有限公司获国家知识产权优势企业称号。“长江汽车”“本松工程”等5个项目列入2018年浙江省重点研发计划项目。浙江运达风电股份有限公司成功创建浙江省国际科技合作基地。

**【余杭高新区省级考评排名第三】** 2017年7月21日，省科技厅发布对全省高新区综合评比的结果，考核指标涵盖创新能力、结构优化、科技服务、规模效益、园区管理、高新投资6个方面，余杭高新区在全省35个省级以上高新区中，综合排名第三位，仅次于杭州和宁波两个国家级高新区。余杭高新区拥有“老板电器”“长江汽车”等规模以上企业270多个、国家高新技术企业111个；拥有市级以上企业研发机构134个，其中国家级企业技术中心3个、省级重点企业研究院3个、省级企业研究院21个、省级企业研发中心53个。

**【抗癌新药“凯美纳”入选国家医保目录】** 2017年2月21日，国家人力资源和社会保障部发布《关于印发国家基本医疗保险、工伤保险和生育保险药品目录（2017年版）的通知》，浙江贝达药业股份有限公司自主研发的抗癌新药“盐酸埃克替尼”（凯美纳）纳入新版国家医保目录。该药属于医保乙类品种，口服常释剂型，适用于EGFR基因敏感突变的晚期非小细胞肺癌。浙江贝达药业股份有限公司的贝达杭州研发中心正式启用，生产中心、质管中心、贝达诊断同时启动。研发中心建立包括合成、药理、制剂、分析等在内的完整新药临床前研发体系，公司获全省首届“四个强省”领军企业荣誉称号。

**【首届产业发展“楷模奖”颁奖大会】** 2017年4月1日，余杭开发区举行首届产业发展“楷模奖”颁奖大会，杭州市委常委、余杭区委书记毛溪浩出席并讲话，区委、区政府领导及开发区

2017年4月1日，余杭开发区举行首届产业发展“楷模奖”颁奖大会

（余杭开发区管委会 供稿）

350个企业代表共600多人参加会议。大会以“梦想成真的地方”为主题,表彰先进,树立标杆,激发企业创业激情。会上,杭州老板实业集团有限公司、贝达药业股份有限公司、杭州西奥电梯有限公司、杭州诺贝尔集团有限公司、浙江春风动力股份有限公司、浙江运达风电股份有限公司、杭州长江汽车有限公司、杭州中翰盛泰生物技术有限公司、杭州本松新材料技术股份有限公司、杭州黯涉电子商务有限公司10个企业获“楷模奖”,并获得1100万元奖励扶持资金。大会现场聘请20名行业龙头的企业家为招商联盟顾问,搭建招商引资、招才引智的合作桥梁,推进“以商引商、以企引企”多元化招商引资新机制建设。

**【浙江生物医药出入境监管平台运行】**2017年5月11日,位于余杭开发区的浙江生物医药特殊物品出入境集中监管与服务平台投入使用。这是华东地区首个集国检与海关监管于一体的特殊物品出入境集中监管平台,将检验检疫职能与保税仓库功能相结合,实现对生物医药特殊物品来源、运输、存储、后续监管等信息的全流程监控和集中监管,目标是实现监管部门有效风险监控和物流快速通关,进口生物医药特殊物品供货周期由平均1—2月缩短到1—2周。将余杭生物医药高新技术园区打造成浙江乃至华东地区生物医药特殊物品的物流集散中心。

**【国内首套富氧深冷空分装置试车成功】**2017年7月6日,杭州福斯达深冷装备股份有限公司国内首套富氧深冷空分装置在余杭开发区试车成功,该装置采用国内首套双下塔富氧空分的新流程,冷箱采用撬装型式,首次在工业化装置上采用深冷法三塔富氧技术。与变压吸附富氧空分技术和传统双塔深冷法流程相比,三塔富氧流程可以同时获得氧、氮、液体等多种产品,且在能耗上具有明显优势,折合单位纯氧的能耗,比传统流程能耗低15%~20%,符合国家倡导节能减排的战略要求。杭州福斯达深冷装备股份有限公司的“深冷法三塔富氧流程技术”已申请国家专利。

**【国家技术转移东部中心浙江(余杭)分中心成立】**2017年8月30日,由余杭开发区管委会、国家技术转移东部中心共同主办的“国家技术转移东部中心浙江(余杭)分中心成立暨2017中国科技成果创新创业大赛启动仪式”在上海召开。国家技术转移东部中心浙江(余杭)分中心是开发区引进的重点创新平台,也是余杭开发区响应G60科创走廊战略合作号召,构建内聚外合的开放性创新网格,推动创新要素的跨平台共享和创新产业跨区域发展的重要实践。开发区计划与国家技术转移东部中心在科技成果领域开展深入合作,依托其技术成果、市场资源,引导高校、科研院所的科技人员带技术、带团队到开发区从事科技成果的技术转移和产业化。

2017年5月11日,位于余杭开发区的浙江生物医药特殊物品出入境集中监管服务平台正式启动 (余杭开发区管委会 供稿)

**【西奥电梯公司入选工信部智能制造试点】**2017年10月16日,杭州西奥电梯有限公司的“电梯智能工厂试点示范”项目入选工信部公布的“2017年智能制造试点示范项目”名单,杭州市仅2个。该公司开发应用CRM、ERP、MES等工业数据系统,建立以个性化定制、快速交货为特点的全新电梯制造新模式,围绕智慧建设目标,系统推进管理、制造、服务、产品的全面智慧融合。9月6日,在杭州市政府质量奖成果发布会暨2017年“质量月”活动启动仪式上,杭州西奥电梯有限公司获“2016年度杭州市政府质量奖”,蝉联“全国质量诚信标杆典型企业”“全国电梯行业领先品牌”“全国质量信得过产品”3项荣誉。

**【余杭开发区产业信息管理平台上线】**2017年12月5日,余杭开发区产业信息管理平台上线运行。平台基于空间地理信息系统,对辖区内企业各类信息进行综合集成,具备智慧产业监管、网格化管理、产业信息收集、隐患排查等多种功能,是“信联网、视联网、人联网”三网合一的产业立体监管体系。通过信息载入和数据共享,平台可替代传统的人力巡查、数据收集模式,有效提升监管执法效率、应急管理能力和产业发展引导能力,有助于促进开发区加快产业结构调整和企业转型升级。

**【中国科技创新创业大赛总决赛成果】**2017年12月15日,中国科技成果创新创业大赛总决赛暨余杭区海内外高层次人才项目评选颁奖典礼在余杭开发区举行。举办该项科技成果转化领域全国性的赛事,是余杭开发区为“创客”们打造的一个自我展示舞台,也是注入创新动力,打造科技成果转化主阵地的重要举措。该大赛于8月30日在上海启动,共征集科技成果项目700多个,其中50个项目经比赛进入复评,25个项目进入总决赛并获奖。获奖项目涵盖智能装备、生物医药等7个大类,人才集聚占比高，产业化程度较高，且在颁奖典礼中与余杭开发区签约。

**【浙江首个智能光伏公交站建成】** 2017年8月15日，由尚越光电科技股份有限公司设计的智能光伏公交站建成并投用。公交站位于余杭开发区荷禹路上，是浙江首个智能光伏公交站，也是余杭开发区强化基础设施建设，推广互联网、云计算等新一代信息技术应用，打造智慧城市的重要项目。公交站只需阳光就可以自主发电，通过光伏供给所需能源，内设光伏发电、电子监控、LED照明、手机充电、无线WIFI、光伏与市电智能切换等九大功能，给市民出行带来方便。（沈晓燕）

## 富阳经济技术开发区

**【概况】** 2017年，富阳经济技术开发区（简称富阳开发区）以富阳区委、区政府提出的“推动产业业态、城乡形态、环境生态、精神状态转型升级”的战略路径为指针，牢牢把握“融杭发展、转型发展、创新发展”主线，坚定“高新工业强区”战略不动摇，各项工作取得新成果。

全年完成主营业务收入1918.2亿元，比上年增长10%。规模以上工业企业实现总产值1111亿元，增长2.4%；实现销售产值462亿元，增长23%；完成限额以上商贸企业销售产值296.1亿元，增长32.7%；实现税收68亿元，增长16.2%；完成固定资产投资217.9亿元，其中工业性投资118.8亿元。全年招商引资签约项目78个，其中产业项目28个。实际利用外资2.77亿美元，引进杭州以外内资59.69亿元。

8月，杭州市科委公布杭州市第一批高新技术企业认定公示名单，落户在富阳开发区银湖创新中心的杭州巨骐信息科技股份有限公司、杭州雄迈集成电路技术有限公司和杭州崇恒电力技术有限公司成功入围。至年末，银湖创新中心有国家级高新技术企业4个、杭州市级高新技术企业7个。全区新增国家级高新技术企业 17 个，累计144个。高新技术企业完成产值418.1亿元，增长3%，其中新产品产值410.5亿元。新增国家“千人计划” 2名、省“千人计划”人才1名，新增省级企业研发中心7个、市级企业研发中心13个、市级孵化器1个。新增省级名牌商标4 件、市级名牌商标 6 件。

富阳开发区全年征地167.5公顷，其中集体土地85.34公顷（场口新区11.18公顷、东洲新区45.83公顷、银湖新区28.33公顷）。完成土地出让项目19个，其中工业用地项目12个、经营性用地项目4个、基础配套项目3个，总面积40.51公顷。盘活存量二次开发土地6宗，面积17.46公顷。收回批而未供土地25.33公顷。

富阳开发区银湖新区建设全面提速。新建受降溪整治工程、龙溪北路整治工程、银湖水系公园绿道慢行系统工程、银湖区块溪道改造工程二期、富闲路北入口景观工程、科创园2号路拓宽工程6个项目。银湖公园建成投入使用，银湖花苑、施家园花苑、梓树花苑三大重点拆迁工程竣工验收并基本完成交房分房工作。东洲新区完成东洲园区6号路、12号路延伸工程、东洲港进港道路拓宽工程、游艇基地配套道路工程的征地拆迁工作；5号路改造工程、明星路向北延伸工程已完工。电力配套二期工程、大华区块水系改造工程、富春山居景观房配套道路工程、黄公望香港房产工程已全部竣工；黄公望金融小镇注册基金和基金管理公司735个，注册资金4238亿元。场口新区全年承担路网工程等政府基础设施建设项目15个。引进项目8个，其中工业项目6个、商业项目2个。

5月18日，在全省开发区2016年度综合考评中，富阳开发区位列全省21个国家级开发区中第6名，获评“浙江省先进国家级经济技术开发区”称号。

**【杭州银湖创新论坛】** 2017年5月26日，由富阳开发区管委会主办的“杭州银湖创新论坛”开讲，第一期主题为“机器人及3D打印产业”，来自省、市相关领域专家与到场的100多位听众进行交流和分享。7月26日，第二期开讲主题是“合伙人制度”，由杭州市科委、共青团杭州市委主办。第三期开讲主题是“企业纳才识人技巧”，由富阳开发区主办，银江孵化器·富春园区承办。银湖科技城是富阳区连接杭州主城区的主阵地，“银湖创新论坛”是“银湖创新合伙人五年行动计划”的重要内容，通过主题论坛、创业沙龙、项目路演、体验交流等多种形式支持企业和人才的创业创新活动。随着浙江国自机器人技术有限公司、杭州维彬科技有限公司等优质高新技术企业的入驻，银湖科技城的人才集聚效应开始显现。至年末，累计入驻企业350多个、集聚人才7000多人。

**【杭州首创奥特莱斯商业综合体开业】** 2017年11月11日，杭州首创奥特莱斯综合体开业，100多个国内外知名品牌共同开业迎宾。综合体位于富阳黄公望景区，南临杭富沿江公路，东临横山，是富阳开发区于2015年6月引进的重点商业项目。投资方为首创钜大有限公司，总投资10亿元。项目用地10.1公顷，建筑总面积约15万平方米，是一家由国际一线、二线名品领衔，300多个知名品牌联合，以轻奢设计师品牌为特色，集合旅游和艺术资源于一体的品牌折扣城市商业综合体。综合体分为3层，由国际精品、活力运动、儿童娱乐、特色餐饮四大主题区域构成，为消费者打造适合全家人的一站式购物新体验。该项目从签约到建成开业不到两年半时间，是首创钜大有限公司倾力打造的第五个奥特莱斯综合体项目。

**【双易集团中国零售总部基地项目】** 2017年9月，双易集团和富阳开发区签约总部基地项目。该项目占地3.1公顷，总投资6000万美元，注册资本2500万美元。双易集团总部是位于美国加州的美国E&E集团，成立于1992年，是一家提供高品质家居产品的多渠道专业零售商。E&E集团2008年进入中国市场，至2016年末，进入中国市场的家居品牌有Harbor House、Tao、Ink+IVY等，以及OALO-gIStIC等物流信息技术服务型公司，有全国直营门店58家，有海盐、天津、重庆三大物流中心共12万平方米。E&E集团同时运营各品牌官网和第三方电子商务平台，2016年在杭州销售额约10亿元。

富阳开发区银湖创新中心新貌　（富阳开发区管委会 供稿）

**【修正集团系列投资项目】**2017年9月29日，富阳区政府与修正集团签订项目框架协议，标志着修正集团总投资20亿元的健康项目正式落户富阳开发区。修正集团系列投资项目有修正健康集团总部经济产业园、医疗器械产业园、修正电商和文创产业园、修正养安享高端智慧养生养老产业园等5个重点项目，在突出药品主业的同时，实行多元化发展。修正集团创立于1995年5月，总部在吉林省长春市，是一个集中成药、化学制药、生物制药的科研生产营销、药品连锁经营、中药材标准栽培于一体的大型现代化民营制药企业。集团下辖127个子公司，存量资产170亿元，拥有剂型24种，医药、保健品等产品2000多个。

**【永特信息公司特种光纤项目】**2017年4月12日，杭州永特信息技术有限公司投资建设年产1000万芯公里特种光纤项目，落户富阳开发区东洲新区。项目占地10.33公顷，总投资10亿元，其中固定资产投资9.6亿元。该公司是浙江富春江通信集团公司旗下山东中茂圣源纸浆有限公司的全资子公司。富春江通信集团是浙江省最早研发生产光纤光缆、无源光器件和配我产品的国家级大型企业，致力于信息产业光通信领域的发展，拥有多个省级研发中心。

**【中南建设集团新型建筑工业化项目】**2017年8月3日，中南建设集团新型建筑工业化项目与富阳开发区签约，落户场口新区，项目用地30.33公顷，总投资25亿元。其中：一期中南钢构工业化项目投资6.5亿元，主要生产高层波形钢板组合结构体系等钢结构装配式建材；二期幕墙项目投资8.5亿元，年产幕墙（含光伏）系统门窗250万平方米；三期建筑工业化项目投资10亿元，主要生产混凝土预制板、楼梯、楼承板、柱、阳台、空调隔板及整体卫浴等。同时，中南集团将浙江中南建设集团钢结构有限公司、浙江中南幕墙科技股份有限公司搬迁至富阳。中南集团具有国家房屋建筑总承包特级资质，是建筑、幕墙、钢结构等甲级设计资质企业和国家火炬计划重点高新技术企业，连续18年入选“中国民营企业500强”。

**【集世迈智慧物流智能装备生产线项目】**2017年3月17日，杭州集世迈新能源智能装备股份有限公司签约落户富阳开发区场口新区，总投资4亿元，建设智慧物流智能装备生产线项目。该项目是公司新能源物流车辆及智慧物流智能装备富阳总部研发生产基地项目的一期工程，用地3.8公顷。规划年产仓库管理系统1000套、仓储智能货架系统1000套、自动堆垛机500台、自动导引搬运车5000套、智能化物流输送设备1000套。

**【国鹄航空科技入驻银湖新区】**2017年6月20日，富阳开发区与国鹄航空科技(杭州)股份有限公司签约。双方约定国鹄航空科技（杭州）公司入驻银湖新区，投资1亿元研发生产无人机等系列产品。其总部国鹄航空科技（上海）股份有限公司成立于2013年，是以自主研发生产动力无人机、大挂载多旋翼无人机、航空无人飞行器、水面无人艇及智能控制软件为主导的科技企业，研发无人机控制系统软件，开发的自适应控制系统达到国际先进水平。

**【“汽车超人”总部大楼项目】**2017年11月，富阳开发区与浙江金固股份有限公司签约，由公司投资5亿元在银湖新区建设“汽车超人”总部大楼项目。项目占地2.37公顷，建成投入运营后，计划为金固公司总部和“汽车超人”事业部提供一流的办公经营场所，可同时满足约1万人的办公需求，成为银湖区块集办公、餐饮、休闲多功能于一体的综合性、标志性建筑。

**【建东伟业医药公司总部项目】**2017年11月，浙江建东伟业医药有限公司总部项目签约入驻银湖创新中心，项目总投资1.5亿元，占地0.66公顷。该项目拟建设成为涵盖医药营销分析、代理模式分析、商务体系建设、内务体系建设、分包装配物流等功能的总部基地。引领医药CSO（销售外包）走向规范化安全经营，进行深度资源调整与整合，提供高品质医药产业专业服务。

**【崇胜贸易机器人产业园项目】**2017年12月，崇胜贸易有限公司投资的崇胜贸易机器人产业园项目签约入驻富阳开发区。项目占地3.3公顷，总投资5亿元，拟建设成为移动机器人研发、设计、测试、销售与技术支持于一体的智能机器人高新技术园区。

**【星帅尔电器公司在深交所挂牌上市】**2017年4月12日，富阳开发区内重点高新技术企业杭州星帅尔电器股份有限公司在深交所挂牌上市，共发行1099.47万股，申购代码002860，申购价格19.81元。杭州星帅尔电器股份有限公司是一个专业生产各类继电器的企业，拥有资产3.8亿元，占地3万多平方米，厂房面积约4万平方米。公司专注于冰箱与冷柜等领域的压缩机关键零部件研发、生产和销售，是国内知名的压缩机热保护器、起动器和密封接线柱生产企业，具有较强的创新能力和自主研发能力，拥有多项自主知识产权。产品销往欧美、中东、东南亚及国内的主要压缩机厂家。

**【杭州硅谷小镇举办专场招聘会】** 2017年3月11日，由富阳开发区、富阳区人社局联合主办的“硅谷小镇”春季专场招聘会在银湖创新中心举行，来自“硅谷小镇”的80多个企业提供450多个岗位，总需求人才超过1100人。招聘会比上年规模扩大，企业增加30个，需求人才增加500多人。现场1000多名求职者应聘，最终与企业达成初步应聘意向360多人。此前开发区还带领“硅谷小镇”内企业走进浙江工业大学、浙江理工大学，进行点对点招聘。 （周根潮）

## 杭州大江东产业集聚区（临江高新技术产业开发区）

**【概况】** 杭州大江东产业集聚区（临江高新技术产业开发区）位于萧山区东北部，规划控制面积427平方千米，含江东、临江、前进3个功能区块，托管萧山区河庄、义蓬、新湾、临江、前进5个街道。2017年末，大江东产业集聚区有常住人口15.44万人，登记在册流动人口19.05人。先后获批国家级高新技术产业开发区、国家级自主创新示范区核心区、国家级产城融合示范区和国家级循环化改造重点支持区和浙江省军民融合示范基地。

2017年，大江东产业集聚区实现地区生产总值296.01亿元，比上年增长0.1%，人均GDP14.73万元。从GDP的构成看，第一、二、三产业增加值分别为12.62亿元、246.16亿元和37.23亿元，三次产业结构为4.3∶83.1∶12.6。农林牧渔业增加值12.87亿元，下降2.1%；工业增加值232.95亿元，下降0.1%，其中规模以上工业企业增加值220.05亿元，下降0.3%。规模以上工业企业销售产值1145.41亿元，增长1.4%。固定资产投资218.04亿元，下降15.5%。完成外贸进出口总额114.29亿元，增长11.2%。社会消费品零售总额51.83亿元，增长12.3%。财政总收入87.18亿元，增长11%，其中地方一般公共财政预算收入39.41亿元，增长20.9%。

新批外资项目18个，增资项目8个，合同利用外资8.69亿美元，增长44%；实际利用外资6亿美元。全年引进总投资3000万美元以上项目12个，其中5000万美元以上7个、9000万美元以上3个。全年引进及结转国内招商引资项目73个，到位资金69.8亿元，增长14.2%。全年引进及结转浙商回归项目80个，省外引进到位资金51.98亿元，增长10.4%。

全年完成市政府下达的1189户农户征迁任务和集聚区自行下达的9个项目691户农户的征迁签约工作。至年末，集聚区11个安置房项目中有9个在建，累计开工建设住宅2.94万套。全区“三改一拆”拆违59.05万平方米，“城中村”改造41.99万平方米，旧住宅区改造28.5万平方米，旧厂房改造25.5万平方米。整治区内河道52条，清淤340万立方米。

**【首个大尺寸半导体硅片项目签约落户】** 2017年9月7日，日本Ferrotec株式会社总投资10亿美元的杭州中芯晶圆大尺寸半导体硅片项目签约落户大江东产业集聚区。12月18日，项目正式开工。这是该区首个集成电路项目，也是杭州市首个大尺寸硅片项目，计划建设3条8英寸、2条12英寸半导体硅片生产线。

**【广汽乘用车（杭州）有限公司工厂竣工】** 2017年12月26日，总投资180亿元、规划年产能40万辆轿车的广汽乘用车（杭州）有限公司首期工厂竣工，全新紧凑型轿车传祺GA4同日下线。工厂首期投资80亿元，具备传统燃油与新能源汽车共线生产能力。至年末，大江东产业集聚区落户5个整车生产项目，并集聚约100个汽车零部件生产企业，全球汽车零部件十强企业中已有7个落户大江东产业集聚区。

**【全省扩大有效投资项目开工仪式（杭州分会场）在大江东举行】** 2017年7月10日，全省扩大有效投资重大项目集中开工仪式（杭州分会场）在大江东产业集聚区举行。大江东产业集聚区有华东医药二期项目、四和机械有限公司汽车前后轮毂轴承单元项目和滨江·春盛大江名筑项目开工。其中：华东医药二期项目投资20亿元，将承担华东医药集团在高端生物科技领域的研发和生产，产品有糖尿病用胰岛素、基因工程产品、超级抗生素等大类；四和机械有限公司汽车前后轮毂轴承单元项目总投资3.07亿元，总建筑面积7.1万平方米，规划年产400万套汽车前后轮毂轴承单元；滨江·春盛大江名筑项目为商务办公区，位于义蓬街道的青六路西侧、义府大街北侧，总建筑面积10.83万平方米，计划建23栋多层和4栋高层办公建筑。

**【大江东15个重大项目集中开工】** 2017年12月18日，大江东产业集聚区举行15个重大项目集中开工活动，

2017年12月18日，大江东产业集聚区举行重大项目集中开工活动仪式
（沈青松 摄）

分别是8个重大产业项目和7个重大城市功能项目，总投资210亿元。其中：8个重大产业项目总投资98.48亿元，分别是Ferrotec杭州中芯晶圆大尺寸半导体硅片项目、浙江嘉航科技有限公司航空零部件项目、杭州富嘉汽车部件有限公司汽车零部件项目、杭报集团融媒体云智造集群总部基地、安必信华东区总部暨电子商务智能物流产业园项目、杭州圣奥控股有限公司智造家具中心项目、顾家家居生产项目扩建工程和传化综合物流产业园二期，项目涵盖集成电路、航空航天、汽车零部件、文化创意、智能物流和高端家居等领域；7个重大城市功能项目总投资111.72亿元，包括龙湖城市综合体、杭州高级中学大江东分校、临江派出所执法业务用房等项目。

**【工业经济在转型升级中发展】**2017年，大江东产业集聚区工业经济持续推进转型升级。依据管委会2016年发布的《关于开展工业企业亩产效益综合评价加快转型发展的实施意见（试行）》文件精神，抓好2016年度规模以上工业企业和部分规模以下工业企业综合效益评价并公布评价结果，对A类企业用电、用水、用气等方面予以补助。鼓励企业技术改造，促进大项目、好项目技改升级，促进产业结构优化和支柱产业做大做强，全年完成技改投资74.77亿元，比上年增长40.3%。实施“机器换人”项目59个，机器人应用台数完成366台，工厂物联网项目完成8个。推进企业节能技术改造，组织实施热电联产改造、窑炉改造、余热余压利用、电机能效提升、绿色照明等重点节能工程，完成15个企业清洁生产审核和14个企业电平衡测试，继续推进分布式光伏项目的应用。为推动化工、印染等传统产业转型升级，制定大江东传统制造业改造提升方案，申报省市改造试点。出台《杭州大江东产业集聚区关于加快改革创新振兴实体经济的若干政策》，促进企业转型发展，工业规模效益进一步体现，全年规模以上工业企业增加值占工业总量的94%，战略性新兴产业和高新技术产业产值在工业中的占比继续加重。

**【科技平台和高新技术企业培育】**2017年，大江东产业集聚区科技创新平台得到发展。7月7日，义蓬科技创新园开园；10月12日，临江科技创新园获批省级科技企业孵化器。全年新增国家高新技术企业17个、省级企业研究院4个、省科技型企业34个、“雏鹰企业”3个、市级企业研发中心21个；设立院士工作站4个、专家工作站1个，柔性引进两院院士及其团队研发人员24名、院企科技合作项目9个。至年末，大江东产业集聚区累计有国家高新技术企业85个、市高新技术企业127个、省科技型企业152个、省级企业研发中心28个、市级企业研发中心57个、省级企业研究院11个、省级重点企业研究院5个、省级科技企业孵化器和市级科技企业孵化器各 1个。

**【大江东获评省级知识产权示范园区】**2017年10月，大江东产业集聚区获批省级知识产权示范园区。全年，大江东产业集聚区有7个企业申报成功杭州市专利试点企业；新增专利申请总量802件，其中发明专利申请量179件；专利授权总量603件，其中发明专利授权量78件。

**【小微企业扶持培育】**2017年，大江东产业集聚区多措并举扶持小微企业成长。全年开展“小微企业政策扶持”“小微企业培育库”“小微企业品牌建设”等为主题的网络交流4场，小微企业参与 500多个次，解答咨询260多个，解决难题16个；开展小微企业专场培训9场，参与企业约400个次；完成个体工商户转企业48个；指导小微企业注册商标50多个。新设小微企业培育名录库，450个小微企业成为重点跟踪服务对象。做好政策宣传，鼓励银行与小微企业 “联姻”。至年末，有16家银行对小微企业推出优惠政策及服务，缓解小微企业的融资压力。

**【基础设施和市政工程建设加快】**2017年，大江东产业集聚区完成地铁7号线和8号线路径、站点、停保基地、主变电站的选址，以及1号线停保基地项目选址。完成江东铁路通道、江东高铁客运站的规划选址。完成艮山东路过江隧道前期各项工作。

萧围北线的钱塘江标准塘建设工程开工建设，项目概算6.77亿元，工程包括东、西两段，全长12.72千米。其中东段长5.45千米，工程西起外十工段排涝闸，东至二十工段排涝闸；西段长7.27千米，工程西起四工段排涝闸，东至外六工段排涝闸。堤塘设计防洪防潮能力均为100年一遇，防浪墙顶标高均为11.45米。

全年完成市政工程14条道路的建设，总长14.2千米。新增各类雨污水管网43.18千米。推进江东大道一期等3条合计11.3千米的地下管廊建设，地下空间建设新增量28.32万平方米。推进13个“海绵城市”项目建设，累计面积2.4平方千米。全年新建公共泊车位500个。新增公交线路23条，累计56条。

**【区域环境质量明显改善】**2017年，大江东产业集聚区以中央环保督察为契机，落实76件中央环保督察信访件的问题整改。完成大江东环境监测站CMA监测能力扩项，加强企业排放治理，完成10吨以上工业燃煤锅炉和热电锅炉的清洁化改造。全面完成115条河渠剿灭劣Ⅴ类水体任务并通过省市验收。建成新型微型水质自动监测站8处，新建污水处理设施20套、污水管网18.28千米、雨水管网24.9千米。完成重污染企业、低小散企业和传统酱菜企业整治提升。完成农村生活污水治理重点工程。加强环境执法监督系列专项行动，累计出动人员5000多人次，检查企业2200多个次。是年，大江东环境空气质量优良率为75%；PM2.5浓度为48.2ug/m 3，比上年下降15%。

**【危化品综合整治启动】**2017年，大江东产业集聚区有化工企业67个，危化许可企业储存的危险化学品总量15.15万吨，厂外化工管道总长28.4千米。涉及“两重点一重大”的危化品罐区64个，储存总量1.75万吨，是国家级危险化学品重点县（区）。大江东产业集聚区完善安全生产责任体系，构建事故风险双重预防机制，启动实施危险化学品综合整治、危化品重点县（区）安全生产攻坚、安全生产综合治理三年行动计划。“智慧安监”纳入大江东“智慧城市”工程统一实施。

【技术标准创新公共服务平台创建】2017年，大江东产业集聚区创建大江东技术标准创新公共服务平台，实现省内唯一区县平台与省标准化研究院后台数据库互联互通。通过基于标准的解决方案，提升大江东整体标准化能力，为企业提供标准化支撑服务。打造标准化国际队伍，促进企业更好地参与国际标准化活动。至年末，实现160万条国内外标准开放共享，为800多个次企业提供高效、便捷的标准化技术服务。

【“最多跑一次”改革提升服务效能】2017年，大江东产业集聚区全力推进以“最多跑一次”为重点的行政审批制度改革，改革事项为538项，实现改革523项，占比97%。538个事项全部进驻大江东办事服务中心并开通网上申请。进驻事项全部推出证照快递送达服务，70个事项实现群众和企业“零上门”。5月，试推“双向快递”模式，89个事项实现“双向快递”全程代跑。8月26日起，大江东办事服务中心个人事项办理窗口试行双休日对外开放，首批推出个人办理事项86个。

【学校项目引进和职教科技城建设】2017年，大江东产业集聚区启动大江东红黄蓝国际幼儿园、杭州高级中学大江东分校、杭州高级中学东湖学校、杭州市中策职业学校大江东分校“四校联动”项目，计划总投资19.3亿元，总用地面积49.78公顷。其中大江东红黄蓝国际幼儿园、杭州高级中学大江东分校、杭州高级中学东湖学校开工建设。

大江东职教科技城（职教小镇）规划用地460公顷，是现代职业教育模式创新试验区和大江东产业创新服务带的重要节点工程。12月14日，职教科技城内的大江东人力资源大厦开工建设，“智能制造”开放性公共技能实训基地完成建设前期手续，浙江长征职业技术学院完成选址论证。

【医疗资源日趋完善】2017年8月28日，位于大江东产业集聚区内义蓬镇的萧山第四人民医院更名为杭州市大江东医院。同日，大江东产业集聚区管委会与杭州市第一人民医院集团合作办医举行签约仪式，成立杭州市第一人民医院集团大江东院区，杭州市第一人民医派管理团队和医疗技术团队，常驻大江东院区，在管理、医疗、科研、教学等方面进行全方位扶持和指导。（沈青松）

## 杭州城西科创产业集聚区

【概况】杭州城西科创产业集聚区（简称城西科创区）位于杭州主城区西部，是浙江省15个省级产业集聚区之一，规划面积302平方千米，辖青山湖科技城、未来科技城（海创园）。青山湖科技城是浙江省科研机构创新基地，未来科技城是全国四大人才基地之一。作为国家自主创新示范区的重要组成部分，城西科创区确定以阿里巴巴集团为代表的新一代信息技术和以杭州制氧机集团有限公司、杭叉集团股份有限公司为代表的高端装备制造为两大主导产业，同时确立生物医药、节能环保、科技服务业三大重点培育产业。城西科创区建设发展的目标是努力争创国家自主创新示范区和世界一流、国内领先的科技创新园区。

2017年3月，市委、市政府出台《关于杭州城西科创大走廊管理体制机制的意见》，要求按照“统分结合”的总体思路，建立“三统三分”（统一规划、统一重大基础设施建设、统一重大产业政策和人才政策；分别建设、分别招商、分别财政）的运行体制。杭州城西科创大走廊规划建设领导小组负责“统”的职能，西湖区、余杭区、临安区负责“分”的职能。杭州城西科创大走廊经济快速发展，全年实现产业增加值1307亿元，比上年增长45%。其中：服务业增加值1170亿元，增长51%；规模以上服务业营业收入2835亿元，增长50%；高新技术产业增加值1074.84亿，增长57.3%；财政税收304亿元，增长45%。

各类企业研究院快速发展，已建立院士、博士后工作站20个，省级以上企业科技研发机构95个。有国家级高新技术企业237个、市级高新技术企业303个，高新技术产业增加值占产业增加值比重93%。2017年省“千人计划”中，杭州城西科创大走廊有69人入选（其中高校入选37人），占全省入围人数的34.3%，占全市总量的65.3%。全年新增国家“千人计划”人才21名，累计158名；省“千人计划”人才46名，累计226名；市全球引才“521计划”人才27名，累计99名。全年累计引进海外高层次人才4770名。

【城西科创区获省级产业集聚区考核第一】2017年，杭州城西科创产业集聚区管委会围绕《浙江省产业集聚区发展“十三五”规划》，以打造全球领先的信息经济科创中心为目标，紧密结合“三统三分”的职能定位，明确审批体制、专项资金、人才科技、产业引导、规划统筹、土地管理等方面的政策支持，补齐体制机制短板。先后引进中电海康存储芯片研发及中式基地、节能与新能源汽车产业基地、万马创新产业园、太平洋建设二十一集团等重点项目落地，科技创新特色进一步显现。城西科创区入驻市级以上高新技术企业540个、孵化器18个、众创空间34个，发展保持良好势头。5月，在全省15个省级产业集聚区2016年度综合考核中，杭州城西科创产业集聚区获综合考核第一名。

【城西科创大走廊组团赴成都招商】2017年9月6—8日，以“创新、活力、包容、共赢”为主题的杭州城西科创大走廊专场推介会在四川成都举行。当地科技企业、众创空间、孵化器以及各行业代表、商会代表和高校师生等300多人参加推介会。城西科创大走廊招商推介团与四川大学科研院等单位就科技成果转化和落户集聚区等工作进行交流对接。

【城西科创大走廊“三城”参与浙商大会】2017年11月29日，第四届世界浙商大会在杭州国际博览中心举行，杭州城西科创大走廊作为4个专场推介会单位之一参与大会，吸引300多名浙商代表参加。省委常委、省委宣传部部长葛慧君致欢迎辞，市委副书记、市长徐立毅做主旨推介。杭州城西科创大走廊有“三城”，即西湖区的

杭州城西科创产业集聚区梦想小镇全景 （杭州城西科创产业集聚区管委会 供稿）

紫金港科技城、余杭区的未来科技城、临安区的青山湖科技城。推介会上，三区政府负责人分别向参会的全球浙商做推介。市长徐立毅表示，大走廊计划建成全球领先的信息经济科创中心，诚挚邀请广大浙商到杭州城西科创大走廊创新创业。

**【中国(杭州)人工智能小镇开园】** 2017年7月9日，中国(杭州)人工智能小镇先导区块正式开园投用，同步举行“未来已来”全球人工智能高峰论坛。小镇以人工智能为特色，覆盖大数据、云计算、物联网等业态，集中力量招引机器人、智能可穿戴设备、无人机、虚拟/增强现实、新一代芯片设计研发等领域，集聚一批人工智能领域高精尖人才。至年末，人工智能小镇吸引浙江大学—阿里巴巴前沿技术联合研究中心、百度(杭州)创新中心、中乌人工智能产业中心等16个平台，以及170多个创新项目签约落户。

**【之江实验室揭牌成立】** 2017年9月6日，按“一体、双核、多点”架构组建的之江实验室在中国(杭州)人工智能小镇正式揭牌成立，这是浙江省开放协同、混合所有制的新型科研机构。根据规划，省财政计划分期出资50亿元，用于支持之江实验室的建设。之江实验室以创建国家实验室为发展目标，以重大科技任务攻关和大型科技基础设施建设为主线，以大数据和云计算为基础，以未来网络计算和系统、泛化人工智能、泛在信息安全、无障感知互联、智能制造技术为方向，开展重大前沿基础研究和关键技术攻关。

参见“科学技术”类目“之江实验室成立”条目。

**【香港大学浙江科学技术研究院启用】** 2017年1月20日，香港大学浙江科学技术研究院正式启用。研究院位于杭州城西科创大走廊西段，用地2公顷，建筑面积3万平方米。作为浙江省与香港大学共建的创新载体，研究院成立4个研究所，分别是纳米流体与热能研究所、气动力学与声学研究所、工业物联网研究所、生化研究所，入驻科研团队40多个。

**【亚热带森林培育国家实验室落户】** 2017年3月20日，科技部与省政府合作共建的亚热带森林培育国家实验室落户浙江农林大学。实验室计划针对亚热带地区突出的森林资源，开展基础研究与应用基础研究，并加强科研成果转化应用，着力解决中国亚热带区域日益突出的经济发展与环境保护的矛盾，推动中国林学学科和现代林业发展，为践行“绿水青山就是金山银山”的理论提供科技支撑。亚热带森林培育国家实验室是全国林业系统唯一省部共建的国家重点实验室，也是省属高校首个国家重点实验室。

**【城西科创大走廊创新创业主体发展迅速】** 2017年，杭州城西科创大走廊围绕科创内核，有效整合资源，发挥政策集成和协同效应，实现创新与创业结合、线上与线下结合、孵化与投资结合，加快形成“大众创业、万众创新”的氛围和局面。至年末，科创大走廊有“众创空间”55个，其中国家级6个、省级16个、市级12个；孵化器18个，其中国家级5个、省级5个、市级8个；103个企业获得39.44亿元投资，部分创业团队项目融资率高达40%。新增“雏鹰计划”企业91个，累计230个；新增“青蓝计划”企业11个，累计43个。

**【阿里巴巴“达摩院”落户城西科创大走廊】** 2017年11月9日，阿里巴巴“达摩院”落户杭州城西科创大走廊，同步成立学术咨询委员会，并计划在三年内投入1000亿元，用于人才引进和技术开发。“达摩院”涵盖机器智能、智联网、金融科技等多个产业领域，由三大主体组成：在全球建设的自主研究中心，初期计划引入100名顶尖科学家和研究人员；与高校和研究机构建立的联合实验室，建立浙江大学—阿里巴巴前沿技术联合研究中心、RISELab(UC 伯克利)、中国科学院—阿里巴巴量子计算实验室、清华大学—蚂蚁金服数字金融科技联合实验室等多家高校联合研究所；推出全球开放研究项目—阿里巴巴创新研究计划(AIR计划)，联合13个国家、99所高校科研机构的234个科研团队，达成产学研开放协作，构建全球学术合作网络。

参见“科学技术”类目“阿里巴巴‘达摩院’成立”条目。

**【梦想小镇入围首批省级特色小镇】** 2017年8月8日，省政府公布首批省级特色小镇，城西科创区梦想小镇位列其中。自2015年建设起步以来，梦想小镇抓住“大众创业、万众创新”的机遇，依托良好的人才和产业区域优势，集聚起创业项目1341个、创业人才1.29万名；有153个项目获得100万元以上融资，融资总额94.17亿元；集聚金融机构1090个，管理资本2466亿元。杭州遥望网络股份有限公司、杭州心有灵犀互联网金融股份有限公司、杭州仁润科技股份有限公司3个企业挂牌“新三板”。梦想小镇成为众创空间新样板、信息经济新增长点、特色小镇的新范式。

**【城西科创大走廊获多项科技奖项】** 2017年，杭州城西科创大走廊在科学技术、创新创业、设计创意、生态环保等领域取得多项成果。青山湖科技城“燃煤机组超低排放关键技术研发及应用项目”等4项成果获国家科学技术奖；杭叉集团股份有限公司等院企获2016年度省科学技术奖15项；浙江南都电源动力股份有限公司获国际碳金分项奖“社会公民奖”，承担的“南都智慧储能远程物联网平台及应用”项目成为工厂物联网和工业互联网示范项目之一；浙江银江孵化器股份有限公司获杭州创投领域“金芒奖”；王孟秋的人工智能悬浮相机（无人机）“小黑侠”获2017年度中国设计智造大奖最高奖“金智奖”。

**【中电海康磁旋存储芯片研发及中试基地投用】** 2017年，中电海康磁旋存储芯片项目研发及中试基地完成建设，并通过竣工验收。项目总投资15亿元，占地3.33公顷，是杭州城西科创大走廊2017年重大产业化建设项目之一。项目投用将填补中国在高端存储芯片领域的空白，有利于中国早日掌握电子信息领域核心自主技术和知识产权，推进国家网络安全和信息化战略，推动浙江省集成电路研发、设计、制造及应用产业的新发展。

**【产学研用协同创新机制助力国家科技项目】** 2017年，杭州城西科创大走廊建立产学研用协同创新机制，促进企业在创新体系中的“全流程”参与和“双向互动”。其中：中电海康集团有限公司承担的“新型半导体存储器关键技术研发与应用验证”项目是国家科技重大专项子项目，推动中国高端高性能磁传感器技术研发与产业化；“浸液系统的产品研制与能力建设”项目是浙江省在国家科技重大专项光刻机研发任务中承担的体量最大、技术高端、展示度强的研发项目，拥有发明专利60多项；浙江南都电源动力股份有限公司参与国家科技重大专项“CAP1400超大容量1E级阀控蓄电池自主化研制”课题研究，将中国安全级蓄电池的应用水平提高到国际先进高度；浙江丝科院建设生态染整工程创新基地，自行开发的循环染整科技成果——“生态循环染色系统工程和整体解决方案”实现产业化落地；杭州制氧机集团有限公司为神华宁煤集团每年400万吨煤炭间接液化项目打造6套十万等级空分装置，实测能耗指标达到国际领先水平，获得专利23项，其中发明专利18项。

**【城西科创大走廊优化服务平台】** 2017年，杭州城西科创大走廊紧盯企业人才需求，不断升级服务。未来科技城突出人才属性，对国家、省人才计划专家和国际人才创办的各类优质科技型企业，推出全国首个为人才项目打造的股权交易平台，强化人才资本服务对接，为推动企业成长及上市挂牌提供服务，挂牌企业已有61个。重视知识产权管理，浙江知识产权交易中心采取“互联网+知识产权”的大数据模式，促进“政产学研金介用”的协同创新，推动浙江大学所有科技成果进场交易，与国内、国际多个院校机构建立合作关系，累计交易金额超过2亿元。未来科技城知识产权管理服务平台是浙江省首个集专利、版权、商标、商业秘密四位一体综合保护的平台，通过对人才企业的培训，指导企业提高知识产权的创造、运用、保护和管理能力。青山湖科技城深化“最多跑一次”行政改革，创新投资项目“一表通”和“六个一”工作机制，促进项目推进时间平均缩短3个月。

**【杭州火车西站建设单位注册成立】** 2017年12月1日，杭州火车西站建设主体——杭州市西站枢纽开发有限公司注册成立。火车西站选址未来科技城仓前区块，是一座集铁路、公路、航空、地铁等多种交通方式为一体的大型综合交通枢纽。除连接已开通的杭甬、宁杭、沪杭、杭长4条高铁线路外，新增商合杭高铁、杭温高铁、杭绍台高铁、沪乍杭高铁、沪杭城际（沪杭高铁复线）、杭临绩高铁6条。杭州市西站枢纽开发有限公司以“站城融合”为总目标，计划一体化开发火车西站枢纽及周边地区，建成杭州城西科创大走廊的桥头堡和新核心。

**【城西科创大走廊轨道交通规划调整】** 2017年，根据市政府相关规划，城西科创区管委会对城西科创大走廊范围内的轨道交通布局进行完善。重点将地铁机场快线、地铁3号线北延工程、地铁5号线西延工程纳入轨道交通第三期建设范围，建设总里程调整为264.1千米。其中：地铁机场快线西起规划火车西站地区，东至萧山机场片区，线路全长约57千米，全程运行时间约为45分钟；地铁3号线北延工程线路长约6千米，设车站4座；地铁5号线西延工程线路长约5千米，设车站2座。计划于2022年杭州亚运会前，城西科创大走廊形成“外联内畅强枢纽”的现代综合交通发展格局。

**【未来科技城核心区地下空间建设】** 2017年末，总投资15.9亿元的未来科技城CBD核心区块地下空间项目初具雏形。其中：全长3711米的杭州首条地下环线完成工程量70%，预计2019上半年竣工，与地铁5号线同步启用；建筑面积5.37万平方米的地下公共空间工程完成60%，已进入硬装阶段，计划连接“奥克斯”“EFC欧美金融城”等周边建筑项目和地铁5号线。（施怡超）

**责任编辑 汤 峻**

# 32 民营经济 Private Economy

## 综　述

**【民营经济快速增长】** 至2017年末，杭州市有民营企业（含下属分支机构，下同）48.10万个，注册资本（金）41794.77亿元，比上年分别增长20.1%和57.1%。从行业分布看，第一产业企业6751个，注册资本（金）256.71亿元，分别增长7.2%和32.6%；第二产业企业7.41万个，注册资本（金）4191.37亿元，分别增长7.9%和22.9%；第三产业企业32.56万个，注册资本（金）22998.03亿元，分别增长22.9%和62.4%。个体工商户47.14万个，资金总额449.81亿元，分别增长10.6%和21.5%。

杭州市新增民营企业10.05万个，注册资本（金）13771.23亿元，分别增长26.0%和33.8%，分别占全市新增内资企业的94.6%和93.6%。

**【民营企业规模扩大】** 2017年，杭州市民营企业注册资本（金）规模继续高速增长。至年末，全市注册资本（金）100万～500万元的企业有15.98万个，比上年增长31.9%；注册资本（金）500万～1000万元的企业有4.79万个，增长33.1%；注册资本（金）1000万～1亿元的企业有6.61万个，增长43.0%；注册资本（金）1亿元以上的企业有5258个，增长48.5%。

**【小微企业成长指数报告发布】** 2017年初，市市场监管局委托第三方机构对全市2014—2016年小微企业发展动态进行研究，并于4月26日发布《杭州市2016年小微企业成长指数报告》。该指数以全市34万个小微企业作为研究对象，采用综合贡献力、制度供给力、核心竞争力、成长活跃度四大类24项细分指标，对小微企业的经济贡献能力、政策促进和融资状况、创新能力以及自身生存发展能力进行描述。数据采自市场监管部门掌握的数据和按照行业分层抽样原则抽取的2400个样本企业提供的数据。成长指数以2014年为基期，基点定位为100点，今后每半年编制并发布一次。报告显示，杭州市小微企业2016年成长总指数120.09，比2015年增长10.2%。四大类24项细分指标中，制度供给力、核心竞争力、成长活跃度三类指数均居全省第一位，84%的细分指标指数高于全省平均水平。报告同时发布各区县（市）、优势行业小微企业成长指数。杭州市七大万亿级产业（信息、环保、健康、旅游、时尚、金融、高端装备）中，高端装备制造、信息经济、时尚、健康产业成长总指数增幅居前四位，分别增长17.5%、16.8%、10.4%、7.2%。

**【首轮“小微企业三年成长计划”完成】** 2015年以来，杭州市抓住国家跨境电子商务综合试验区和自主创新示范区建设的契机，推进实施“小微企业成长三年计划”。至2017年末，全市累计新增小微企业24.6万个，其中：新增省八大万亿产业（信息、环保、健康、旅游、时尚、金融、高端装备制造业和文化产业）小微企业10.3万个、科技型小微企业4672个；个体

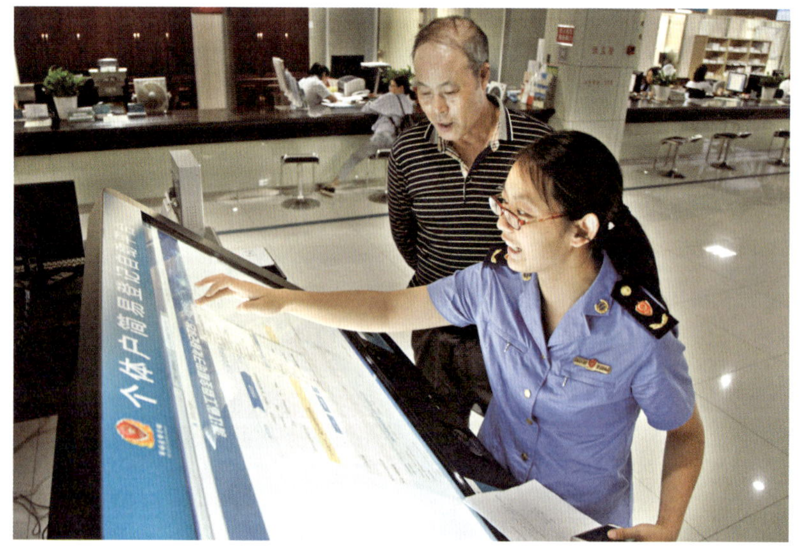

2017年6月14日，桐庐县行政服务中心推出个体工商户自助登记。图为工作人员在自助服务机上为市民进行登记演示　（李　忠　摄）

2017年杭州市个体工商户登记注册情况

表58

| 行业分类 | 年末实有数 | | 全年开业数 | | 全年注销数(个) |
|---|---|---|---|---|---|
| | 个体工商户数(个) | 从业人员(人) | 个体工商户数(个) | 从业人员(人) | |
| 合　计 | 471 374 | 924 064 | 93 771 | 181 711 | 44 805 |
| 农、林、牧、渔业 | 7 828 | 20 376 | 1 267 | 2 898 | 302 |
| 农、林、牧、渔服务业 | 508 | 1 241 | 167 | 388 | 20 |
| 采矿业 | 42 | 178 | 4 | 6 | 10 |
| 开采辅助活动 | 0 | 0 | 0 | 0 | 0 |
| 制造业 | 21 461 | 77 358 | 3 456 | 11 783 | 1 196 |
| 金属制品、机械和设备修理业 | 157 | 355 | 44 | 95 | 1 |
| 电力、热力、燃气及水生产和供应业 | 45 | 92 | 6 | 9 | 4 |
| 建筑业 | 2 284 | 6 778 | 1 016 | 2 165 | 78 |
| 批发和零售业 | 293 282 | 477 724 | 47 277 | 78 149 | 28 205 |
| 交通运输、仓储和邮政业 | 6 763 | 11 109 | 1 129 | 2 018 | 643 |
| 住宿和餐饮业 | 71 310 | 172 315 | 21 762 | 47 737 | 8 293 |
| 信息传输、软件和信息技术服务业 | 1 166 | 2 128 | 537 | 871 | 121 |
| 金融业 | 18 | 59 | 12 | 22 | 1 |
| 房地产业 | 152 | 228 | 61 | 81 | 32 |
| 租赁和商务服务业 | 10 576 | 19 328 | 4 781 | 7 071 | 632 |
| 科学研究和技术服务业 | 1 496 | 3 110 | 381 | 715 | 101 |
| 水利、环境和公共设施管理业 | 74 | 237 | 17 | 37 | 5 |
| 居民服务、修理和其他服务业 | 51 069 | 123 051 | 10 683 | 25 325 | 4 837 |
| 教　育 | 545 | 1 510 | 189 | 396 | 41 |
| 卫生和社会工作 | 587 | 1 455 | 87 | 211 | 29 |
| 文化、体育和娱乐业 | 2 644 | 7 001 | 1 080 | 2 202 | 274 |
| 其　他 | 32 | 27 | 26 | 15 | 1 |

工商户转为企业1.07万个，企业与个体户之比由三年前的47:53转变为53:47，市场主体结构优化；小微企业升级为规模以上企业5434个，新增股份公司1054个，挂牌上市企业1724个，小微企业质量效益提升。杭州市在全省“小微企业三年成长计划”工作考核中连续3年排名第一位。

（方国平）

【民营企业对外贸易队伍壮大】2017年，杭州市民营企业出口占全市出口总额比重过半。全市有进出口实绩民营企业9999个。其中：有出口实绩企业8668个，比上年减少145个；有进口实绩企业3656个，增加424个。全年民营企业实现进出口总额2988.32亿元，增长13.0%，占全市进出口总额的63.9%。其中：出口2278.46亿元，增长6.9%，占全市出口总额的71.9%；进口709.86亿元，增长38.4%，占全市进口总额的47.2%。

【民营企业“走出去”步伐加快】2017年，杭州市民营企业对外投资保持稳步增长，企业“走出去”步伐加快。全年新增9个入选“中国民营企业500强”的企业对外投资项目14个，中方投资额7.19亿美元，占全年新批对外投资项目中方投资额的37.5%。

至年末，杭州市进入商务部服务外包业务管理系统备案的企业有1448个，其中民营企业986个。民营企业承接服务外包合同执行额30.50亿美元，占总数的40.0%。其中，离岸服务外包合同执行额25.76亿美元，占总数的39.9%。（冯蔷颖）

【民间投资规模扩大】2017年，杭州市民间投资规模扩大，比重提高。全市民间投资规模3301亿元，增速由2015年的4.7%、2016年的1.0%，回升至10.4%，连续11个月保持两位数增长，加快回升态势显现。民间投资占固定资产投资的56.4%，比上年提高4.6个百分点，成为投资增长新亮点，呈现出国有投资向民间投资转移的态势。完成基础设施民间投资165亿元，增长6.1%，占基础设施投资的10.3%，提高0.6个百分点。完成工业民间投资599亿元，增长2.6%，提高1.8个百分点，高于工业投资2.1个百分点；占工业投资的69.6%，提高1.5个百分点。其中，工业技改民间投资增长6%，高于工业技改投资4.4个百分点。在国民经济20个门类中，除国际组织外，杭州市民间投资已拓展至其余全部门类。其中，房地产业、制造业占据较大份额，分别为71.5%和17.3%。受民间投资拉动影响，全市全年新设个体工商户9.4万个，个体工商户转为企业0.4万个，分别增长8.4%和14.1%；私营企业从业人员

**2017年杭州市民营企业登记注册情况**

表59

| 行业分类 | 年末实有数 | | | | 全年开业数 | | | | 全年注销企业数(个) |
|---|---|---|---|---|---|---|---|---|---|
| | 企业数(个) | 投资者人数(人) | 雇工人数(人) | 注册资本(金)(亿元) | 企业数(个) | 投资者人数(人) | 雇工人数(人) | 注册资本(金)(亿元) | |
| 合　计 | 480 986 | 963 787 | 2 158 748 | 41 794.77 | 100 508 | 188 012 | 329 637 | 13 771.23 | 18 276 |
| 农、林、牧、渔业 | 6 751 | 13 135 | 27 452 | 256.71 | 761 | 1 539 | 3 955 | 56.71 | 280 |
| 农、林、牧、渔服务业 | 984 | 2 195 | 3 610 | 61.57 | 150 | 465 | 489 | 25.01 | 67 |
| 采矿业 | 164 | 361 | 2 096 | 15.41 | 6 | 19 | 8 | 0.47 | 7 |
| 开采辅助活动 | 5 | 22 | 12 | 2.16 | 1 | 1 | 4 | 0.01 | 0 |
| 制造业 | 51 125 | 98 338 | 351 131 | 2 354.22 | 3 201 | 5 646 | 13 341 | 127.71 | 977 |
| 金属制品、机械和设备修理业 | 329 | 584 | 1 240 | 11.55 | 73 | 124 | 190 | 3.67 | 8 |
| 电力、热力、燃气及水生产和供应业 | 743 | 1 338 | 3 578 | 83.30 | 225 | 394 | 840 | 36.03 | 11 |
| 建筑业 | 22 097 | 39 226 | 103 459 | 1 738.44 | 4 235 | 6 754 | 13 710 | 313.07 | 797 |
| 批发和零售业 | 159 405 | 284 238 | 660 396 | 4 658.07 | 29 192 | 47 918 | 90 155 | 851.83 | 6 595 |
| 交通运输、仓储和邮政业 | 6 687 | 13 457 | 30 028 | 289.63 | 1 237 | 2 060 | 3 984 | 60.68 | 213 |
| 住宿和餐饮业 | 8 675 | 15 779 | 40 632 | 191.52 | 2 061 | 3 648 | 6 572 | 38.15 | 408 |
| 信息传输、软件和信息技术服务业 | 46 729 | 98 594 | 183 050 | 2 679.70 | 14 894 | 28 855 | 50 159 | 944.47 | 2 020 |
| 金融业 | 6 030 | 19 172 | 28 541 | 2 099.34 | 1 440 | 4 019 | 5 154 | 566.43 | 256 |
| 房地产业 | 11 226 | 19 012 | 45 718 | 1 679.71 | 2 965 | 4 493 | 8 950 | 285.89 | 362 |
| 租赁和商务服务业 | 78 277 | 191 930 | 347 647 | 21 498.83 | 20 382 | 44 810 | 71 595 | 9 431.78 | 3 182 |
| 科学研究和技术服务业 | 45 378 | 99 085 | 185 087 | 2 708.22 | 10 598 | 21 221 | 33 609 | 685.89 | 1 743 |
| 水利、环境和公共设施管理业 | 1 544 | 2 777 | 6 020 | 123.90 | 294 | 504 | 892 | 25.45 | 61 |
| 居民服务、修理和其他服务业 | 19 152 | 34 634 | 78 492 | 655.65 | 3 076 | 4 963 | 8 684 | 96.03 | 752 |
| 教　育 | 2 541 | 4 891 | 9 433 | 57.87 | 798 | 1 523 | 2 106 | 17.42 | 105 |
| 卫生和社会工作 | 1 645 | 1 876 | 7 350 | 81.13 | 487 | 489 | 1 772 | 25.28 | 49 |
| 文化、体育和娱乐业 | 12 733 | 25 798 | 48 318 | 618.79 | 4 605 | 9 070 | 14 062 | 205.04 | 458 |
| 其　他 | 84 | 146 | 320 | 4.31 | 51 | 87 | 89 | 2.91 | 0 |

312万人,个体工商户从业人员92万人,分别增长10.9%和16.3%。

**【44个企业入围"2017中国民营企业500强"】** 2017年,全国工商联开展第19次上规模民营企业调研和"2017中国民营企业500强"发布活动,调研数据的时间范围是2016年1月1日至12月31日,调研对象是2016年度营业收入总额在5亿元(含)以上的私营企业、非公有制经济成分控股的有限责任公司和股份有限公司(国有绝对控股企业、外资绝对控股企业和港澳台资绝对控股企业不在调研范围内)。8月24日,"2017中国民营企业500强"榜单(根据2016年度数据评出)发布,杭州市44个企业入围,占全国的8.8%,占浙江省的36.7%,上榜企业数连续15次蝉联全国城市首位。市工商联根据全国工商联调研结果分析显示,随着供给侧结构性改革推进,杭州市民营经济加快转型升级,总体上保持平稳发展态势。2016年,民营企业完成全市76.8%的商品销售额、51.5%的固定资产投资、47.1%的规模以上工业销售产值和62.2%的外贸出口总额。杭州民营企业是数量最多、最具活力的企业群体,是城市产业转型升级和纳税的主力军、就业的主渠道,也是城市创新的重要来源和创业的重要载体。在外资开始产业转移、国有企业面临产能过剩困境的局面下,民营经济表现出极强的耐压能力、应变能力与创新能力。

**【民营企业转型升级取得成效】** 市工商联根据全国工商联2017年开展的第19次上规模民营企业调研结果分析显示,经过多年的快速增长,面对持续较大的经济下行压力,杭州市入围"2017中国民营企业500强"的企业推动传统产业转型升级,向新经济领域拓展,已形成新的利润增长极,从产能过剩、利润微薄的传统制造业,向高端制造业、"互联网+"、绿色环保产业等新兴产业转变,智能、互联成为推动经济社会发展的重要力量。杭州市入围企业户均营业收入和户均资产虽低于全国入围企业平均水平,但年度户均税后净利润增长达44.5%,增速显著高于全国入围企业户均增速;在资产净利率、净资产收益率指标上,杭州市入围企业呈现良好表现,在全国入围企业利润指标比上年普遍呈现负增长的情况下,杭州市入围企业继续保持盈利增长。

**【民营企业营业收入增长缓慢】** 市工商联根据全国工商联2017年开展的第19次上规模民营企业调研结果分析显示,杭州入围"中国民营企业500强"企业的营业收入增长较为缓慢,特别是2010年后，全国入围企业总营业收入快速增长，杭州增速低于全国平均水平。从2009年到2016年，全国入围企业总营业收入从47362.66亿元增加到193616.14亿元，增长4.09倍，同期杭州入围企业仅从5857.60亿元增长到13227.34亿元，增长2.26倍；2009年杭州入围企业的营业收入总额占全国入围企业的12.4%，到2016年仅占6.8%，占比不断减少，规模经济有限。杭州入围企业的资产总额、缴税总额及税后净利润占全国入围企业的比例，均呈下降态势。（吴 炜）

## 民营经济发展环境

**【"亲""清"政商关系构建】** 2017年9月，市委办公厅、市政府办公厅印发《关于构建新型政商关系的实施意见》，为杭州市构建"亲""清"新型政商关系提供制度保障。意见提出：构建一项制度，即杭州市民营经济发展联席会议制度；建立两张清单，即政商交往中的"正面清单"和"负面清单"；搭建三个平台，即政商沟通云平台、建言直通车、杭州公共信用信息平台；实施四项举措，即召开民营经济发展政企对话会、开展民企评议党政部门活动、建立民营企业家智库和树立优秀中国特色社会主义事业建设者典型。12月，市委办公厅、市政府办公厅印发《杭州市民营经济发展联席会议制度》，成员单位24个。12月19日，以"贯彻落实十九大精神，凝聚民营企业家力量，实现民营经济新飞跃"为主题的第一次民营经济发展联席会议暨政企对话会召开，市委副书记、市长徐立毅出席并讲话，佟桂莉、戴建平等市领导以及13个联席会议成员单位负责人参加。宗庆后、王水福、仇建平、屠红燕、林东、范渊、何一鸣、张爱群、丁列明、郁发新10个民营企业家代表围绕发挥企业家精神、做大做强实体经济、加大自主创新力度、加强品牌培育和人才培养、构建新型政商关系等问题提出意见建议。（邓 丽）

**【减负惠企政策落实】** 2017年，杭州市贯彻落实国家、省各项涉企惠企政策，建立健全政策宣传解读、网上举

杭州市进入"2017中国民营企业500强"企业名单

表60

| 序号 | 企业名称 | 所在地区 | 2016年度营业收入总额(万元) | 全国排序(位) |
|---|---|---|---|---|
| 1 | 浙江吉利控股集团有限公司 | 滨江区 | 20 879 870 | 13 |
| 2 | 浙江荣盛控股集团有限公司 | 萧山区 | 8 687 537 | 34 |
| 3 | 广厦控股集团有限公司 | 西湖区 | 8 053 913 | 37 |
| 4 | 浙江恒逸集团有限公司 | 萧山区 | 7 520 307 | 42 |
| 5 | 中天发展控股集团有限公司 | 江干区 | 6 754 313 | 48 |
| 6 | 杭州锦江集团有限公司 | 临安市 | 5 938 616 | 68 |
| 7 | 盾安控股集团有限公司 | 滨江区 | 5 256 893 | 81 |
| 8 | 杭州娃哈哈集团有限公司 | 上城区 | 4 559 165 | 104 |
| 9 | 杭州滨江房产集团股份有限公司 | 江干区 | 3 668 000 | 141 |
| 10 | 传化集团有限公司 | 萧山区 | 3 304 487 | 159 |
| 11 | 浙江昆仑控股集团有限公司 | 西湖区 | 3 237 182 | 167 |
| 12 | 富通集团有限公司 | 富阳区 | 2 806 687 | 199 |
| 13 | 华东医药股份有限公司 | 下城区 | 2 537 967 | 218 |
| 14 | 浙江新湖集团股份有限公司 | 西湖区 | 2 503 192 | 221 |
| 15 | 浙江富冶集团有限公司 | 富阳区 | 2 493 021 | 222 |
| 16 | 浙江中南建设集团有限公司 | 滨江区 | 2 408 466 | 226 |
| 17 | 浙江明日控股集团股份有限公司 | 上城区 | 2 254 818 | 250 |
| 18 | 海外海集团有限公司 | 拱墅区 | 2 157 098 | 263 |
| 19 | 西子联合控股有限公司 | 江干区 | 1 998 169 | 285 |
| 20 | 开元旅业集团有限公司 | 萧山区 | 1 862 882 | 309 |
| 21 | 万马联合控股集团有限公司 | 临安市 | 1 826 642 | 318 |
| 22 | 华立集团股份有限公司 | 余杭区 | 1 765 535 | 331 |
| 23 | 巨星控股集团有限公司 | 江干区 | 1 756 344 | 334 |
| 24 | 兴惠化纤集团有限公司 | 萧山区 | 1 715 933 | 345 |
| 25 | 浙江东南网架集团有限公司 | 萧山区 | 1 671 560 | 353 |
| 26 | 浙江宝利德股份有限公司 | 西湖区 | 1 669 310 | 354 |
| 27 | 万事利集团有限公司 | 江干区 | 1 664 713 | 355 |
| 28 | 泰地控股集团有限公司 | 下城区 | 1 644 695 | 360 |
| 29 | 浙江兴日钢控股集团有限公司 | 萧山区 | 1 593 176 | 371 |
| 30 | 浙江富春江通信集团有限公司 | 富阳区 | 1 504 818 | 395 |
| 31 | 浙江国泰建设集团有限公司 | 萧山区 | 1 497 713 | 399 |
| 32 | 浙江协和集团有限公司 | 萧山区 | 1 490 221 | 404 |
| 33 | 浙江建华集团有限公司 | 拱墅区 | 1 477 838 | 406 |
| 34 | 绿都控股集团有限公司 | 萧山区 | 1 455 192 | 413 |
| 35 | 杭州东恒石油有限公司 | 下城区 | 1 428 846 | 422 |
| 36 | 农夫山泉股份有限公司 | 西湖区 | 1 413 864 | 427 |
| 37 | 歌山建设集团有限公司 | 滨江区 | 1 356 188 | 442 |
| 38 | 浙江大华技术股份有限公司 | 滨江区 | 1 332 909 | 450 |
| 39 | 富丽达集团控股有限公司 | 萧山区 | 1 316 310 | 454 |
| 40 | 高运控股集团有限公司 | 萧山区 | 1 294 760 | 462 |
| 41 | 胜达集团有限公司 | 萧山区 | 1 280 618 | 467 |
| 42 | 汇宇控股集团有限公司 | 萧山区 | 1 256 650 | 473 |
| 43 | 杭州诺贝尔集团有限公司 | 余杭区 | 1 254 158 | 476 |
| 44 | 浙江航民实业集团有限公司 | 萧山区 | 1 226 359 | 487 |

报投诉等机制。8月14日,市政府办公厅印发《关于深化企业减负担降成本改革的实施意见》。全市开展涉及中小企业经营服务性收费自查清理和涉企中介服务收费专项督查,全年为中小企业减负594亿元,比上年多减负130多亿元。

**【中小企业服务体系建设】** 2017年,杭州拓展中小企业服务范围和服务区域,在原有1个市级平台和7个区县(市)分平台的基础上,新组建大江东公共服务分平台。市经信委、市中小企业服务中心与阿里巴巴集团、杭州数梦工场科技有限公司等单位合作,新建以“我要提问”“最新政策”“转贷服务”“资格认定”等六大服务为重点的“钉钉中小企业服务窗口”,5000多个规模以上民营企业入驻服务窗口,实时享受政府提供的在线服务。杭州市全年开展“浙江好项目”中小微企业创新创业大赛、“中小企业服务日”、小微企业创业辅导沙龙等活动200多场,为2000多个民营企业的8000多人次提供金融、信息、科技、创业创新辅导等各类服务。加强人才引育力度,与阿里巴巴集团联合举办“云栖学堂”,开展区县(市)民营企业发展和信息经济培训,全年培训2400多人。

**【企业长效服务机制深化】** 2017年,杭州市深化企业长效服务机制,开展市四套班子领导走访服务重点民营企业和重大项目活动。完善市、区县(市)、乡镇(街道)三级多部门联动服务机制,深化“企业服务专员”制度,强化问题交办和跟踪督查,做到“件件有落实,事事有反馈”,全年走访服务企业1.4万个(次),帮助解决各类困难问题5800多个。

**【融资性担保体系建设】** 2017年,杭州市123个民营融资性担保公司通过年审,其中国有控股担保公司17个。55个担保机构获BBB-以上信用评级。6月26日,市政府印发《关于推进政策性融资担保体系建设的实施意见》。通过新设、控股、参股等形式,成立15个政策性融资担保公司。至年末,杭州市新增担保额570.55亿元,其中贷款担保额539.66亿元;期末担保责任余额511亿元,其中期末贷款担保责任余额473.1亿元。全年为12.18万个民营企业提供担保,其中新增担保7.78万个。

**【民营和中小企业转贷引导基金】** 2017年,杭州市中小企业服务中心与29个合作银行、19个中介服务机构开展民营和中小企业转贷引导基金合作,帮助民营和中小企业解决融资难问题。至年末,帮助1392个企业完成转贷1554笔,转贷金额63.67亿元,为企业节省转贷成本5800万元。

**【中小企业服务联盟建设】** 2017年10月25日,中小企业服务联盟第四次执委会扩大会议召开,讨论通过新增10个服务联盟成员单位。成员单位总数由成立初的25个扩大到35个,覆盖信息服务、投融资服务、创业服务、人才培训、技术创新、管理咨询、法律、市场开拓、知识产权、综合服务10个类别。联盟全年开展服务活动132场,参加人数8500多人次,服务企业7440多个。 (胡传明)

**【小微企业发展“十三五”规划出台】** 2017年5月11日,市“小微企业三年成长计划”推进领导小组办公室、市市场监管局编制完成《杭州市小微企业发展“十三五”规划》,经市政府批准同意后向各成员单位及各区县(市)推进领导小组印发。规划指出,“十三五”期间,杭州小微企业发展要聚焦转型升级总要求和加快城市国际化、建设独特韵味别样精彩世界名城目标,发挥杭州民营经济和小微企业先发优势,坚持市场主导和政府引导相结合、全面推进和分类指导相结合、扶优扶强与淘汰落后相结合的原则,全面推进小微企业产业结构、主体结构、产品结构、增长方式、空间布局、管理方式“六位一体”全面转型战略举措,持续深入、滚动实施“小微企业三年成长计划”,着力培育小而精、小而新、小而专、小而美、小而特的小微企业集群。力争到2020年底,全市新增小微企业20万个,新增省八大万亿产业小微企业7万个。杭州小微企业成长着重围绕助力创业、助推创新、提档升级三大重点工作任务,开展助力创业行动、助推创新行动、提档升级行动。各区县(市)按照“中心提升、新区集聚,拥江布局、一体发展”的空间导向,以杭州市“一区两廊两带两港”规划为依托,结合各区域原有产业基础和产业规划,构建因地制宜、产城融合的小微企业区域定位布局。

**【民企“双对接”活动】** 2017年9月7日,由市“小微企业三年成长计划”推进领导小组办公室、市市场监管局、杭报集团主办,《每日商报》、杭商全国理事会承办的杭州市服务小微企业成长暨2017年民企“对接现代技术现代金融”活动月启动仪式在钱江新城天元大厦举行。活动月主题为“小微蝶变、聚浪成潮”,时间为9月1—30日。其间,采取政府搭台、企业主导、社会参与的方式,市县两级联动,开展主题研讨、政策宣讲、要素对接、专业服务、媒体采风等系列活动80多场。在启动仪式上,主办方邀请省八大万亿产业中金融、文创、健康、信息、环保五个产业的优秀小微企业代表负责人做主题演讲。

**【2个企业获国家级商标金奖】** 2017年6月,国家工商总局公布2017年中国商标金奖获奖名单,杭州市2个企业获奖。浙江吉利控股集团有限公司获“商标创新奖”,农夫山泉股份有限公司获“商标创新奖提名奖”。中国商标金奖由国家工商总局与世界知识产权组织评选,活动每两年举办一届,用于表彰在商标注册、运用、保护和管理方面做出突出成绩的单位和个人。

**【37个企业上榜2016年度浙江省百强民营企业】** 2017年8月21日,省工商局和省民营企业发展联合会公布2016年度浙江省百强民营企业名单,杭州市37个企业上榜。其中,浙江大华技术股份有限公司、汇宇控股集团有限公司、浙江航民实业集团有限公司为新上榜企业。该榜单在企业自愿申报的基础上,以企业年度销售总额(营业收入)为主要依据,参考其当年净资产、纳税额、净利润等指标排序。其中,浙江吉利控股集团有限公司2016年度销售收入2087亿元,是浙江省民营企业首

次突破2000亿元。

**【12个企业(项目、平台)获省级荣誉】** 2017年8月,省“小微企业三年成长计划”工作领导小组办公室公布2017年浙江省“小微企业成长之星”“十大服务小微企业优秀项目”和“十大小微企业集聚发展优秀平台”名单,杭州市12个企业(项目、平台)上榜。其中:杭州博达伟业公共安全技术股份有限公司等8个企业获评“小微企业成长之星”,“小微专项金融债”“小微企业产品质量检验检测”获评“十大服务小微企业优秀项目”,梦想小镇、浙江杭州湾信息港获评“十大小微企业集聚发展优秀平台”。

(方国平)

## 协会活动

**【杭州市个体劳动者第八次代表大会】** 2017年11月28日,杭州市个体劳动者第八次代表大会在天元大厦召开,全市个体劳动者代表及省、市有关部门负责人共120多人参会。会议审议并通过杭州市个体劳动者第八次代表大会工作报告、七届理事会协会财务收支情况报告、个体劳动者协会关于章程(修改草案)的说明等。会议选举产生新一届个协理事会,77名代表当选市个体劳动者协会八届理事会理事,选举产生17名常务理事、5名执行会长、秘书长和会长。

(方国平)

**【新生代企业家论坛】** 2017年10月23日,由市政府主办,市委统战部、市工商联、市西博办承办,市新生代企业家联谊会执行的2017年新生代企业家论坛在杭州国际博览中心举行。论坛以“奇点来临:智能化浪潮与新实体经济”为主题,围绕创业智能化、城市智慧化等议题开展研讨。阿里巴巴集团技术委员会主席王坚、中国科学院自动化研究所教授王飞跃做主旨演讲。新生代企业家、港澳青年企业家、省内外嘉宾等近400人参加论坛。

(李　静)

**【融资性担保机构信用评级提升】** 2017年,杭州市有123个(含2个分支机构)融资性担保机构获省经信委审核批准颁发的融资性担保机构经营许可证,其中法人机构121个(公司制120个、非公司制1个)。按注册资本划分:10亿元(含)以上1个,为国有控股;1亿(含)~10亿元38个(其中国有控股13个);5000万(含)~1亿元47个(其中非公司制1个、国有控股3个);5000万元以下35个(其中国有控股1个)。融资性担保行业从业人数1856人,其中研究生98人、本科796人、大专及以下962人。全年有55个担保机构参加市经信委组织的信用评级,其中被评为AA级3个、AA-级3个、A+级6个、A级13个、A-级11个、BBB+级10个、BBB级7个、BBB-级2个。担保机构信用评级比上年有明显提升。

2017年10月23日,新生代企业家论坛在杭州国际博览中心举行

(市工商联　供稿)

**【中小企业融资担保额度增加】** 据浙江省融资担保行业监管信息系统数据显示,2017年,120个担保机构共为8.14万个企业提供融资担保574.35亿元。其中:为561个中型企业提供融资担保30.57亿元,为4042个小微企业提供融资担保101.58亿元。期末在保余额515.70亿元,企业数12.54万个。其中:中型企业在保余额34.89亿元,企业数686个;小微企业在保余额108.78亿元,企业数6153个。为中小企业融资担保的总额、企业数均比上年明显增加。

**【担保行业发展环境】** 2017年8月,国务院发布《融资担保公司监督管理条例》,厘清融资担保的名称概念、行业属性、法律地位、管理机制等。但融资担保行业健康发展仍面临不少问题,银保合作渠道担保公司仍处于劣势,重国有轻民营的倾向依然存在。银行对民营担保公司提高合作门槛、提高保证金存缴比率,甚至终止合作等情况时有发生,民营担保公司经营困难。国家层面对支持担保公司健康发展的政策已出台,但省、市、县(区)政府对国家层面政策如何对接具体落实仍有不少困难,对民营担保机构的定位、与政府性融资担保机构的关系、各级政府扶持政策等并没有明确。

(陶凤蛟)

责任编辑　郦　晶

## 城乡规划

【概况】2017年,市规划部门围绕依法行政、服务为民、科学规划的目标,全力推进城乡规划统筹、乡村规划管理、"最多跑一次"改革、测绘与地理信息保障等工作。加强城乡规划统筹管理,加快形成市域一体、城乡融合、统筹发展的空间新格局。启动新一轮城市总体规划(2021—2035年)编制,完成总体规划(2001—2020年)(2016年修订)实施评估。围绕"中国制造2025"试点城市建设,推行产业发展单元规划管理机制,保护和提升实体经济发展空间,促进产城融合和职住平衡,全市规划产业单元50个。贯彻落实乡村振兴战略,按照"产业兴旺、生态宜居、乡风文明、治理有效、生活富裕"的总体要求,探索具有杭州特色、符合农村实际的乡村规划管理模式,使乡村规划更能留住乡愁,引导支持村庄特色发展。结合全市"百千万"调研活动推动规划管理下乡,完成20多个镇村的规划编制。推进标准化审批、精细化服务,实施民生类项目"承诺许可制"。开展基础性地理国情监测及"一区两率"(城市建成区及城市建成区内的绿地率和绿化覆盖率)等专题性地理国情监测,建立自然地理、人文地理和经济地理15大类56小类城市地理国情数据库,为城市建设决策提供重要依据。全年完成规划编制项目26个,获批各类规划成果11个。完成行政许可和行政确认2569件。其中:建设项目选址意见书416件;建设用地规划许可341件,用地面积778.46万平方米;建设工程规划许可360件,建筑面积2767.36万平方米;规划核实确认300件,建筑面积1868.73万平方米。

(蒋迪刚 王静雯)

【新一轮城市总体规划编制】2017年,市规划部门启动新一轮城市总体规划编制。坚持"政府组织、专家领衔、公众参与、部门协作"的原则,发动社会各界力量,为总体规划编制献计献策。举办专场论坛,邀请城市规划及相关领域知名专家为杭州城市发展和城市规划把脉;开展总体规划修编问卷调查和以"精彩杭州、你我共筑"为主题的公众意见征求活动,收到和收回意见建议、调查问卷3000多份。开辟总体规划修编(社会愿景大调查)门户网站,收集社情民意。注重部门协作,妥善处理城市总体规划与土地利用总体规划关系。委托中国城市规划设计研究院上海分院、杭州市城市规划设计研究院等单位完成总体规划(2001—2020年)(2016年修订)实施评估,并形成评估报告。

(尹 贵)

【12个分区规划编制】2017年,按照市委城市工作会议要求,市规划部门会同各区政府、开发区管委会,在先行开展《拱墅分区规划》《杭州大江东产业集聚区(大江东新区)分区规划》编制的基础上,全面推进上城区、下城区、江干区、西湖区、滨江区、萧山区、余杭区、富阳区、临安区、杭州经济技术开发区等12个分区规划编制,

**2017年杭州市政府批复同意的主要规划**

表61

| 序号 | 批复项目 | 时间 |
|---|---|---|
| 1 | 杭州市铁路北站单元(GS11)控制性详细规划(2016版) | 2017-01-12 |
| 2 | 杭州市海绵城市专项规划 | 2017-02-20 |
| 3 | 杭州市移动通信基站布点规划(修编) | 2017-04-08 |
| 4 | 杭州市丁桥单元(JG04)控制性详细规划(2016版) | 2017-04-24 |
| 5 | 杭州市景芳三堡单元江河汇城市综合体控规局部调整 | 2017-06-21 |
| 6 | 杭州市小和山单元(XH14)控制性详细规划(2017版) | 2017-06-27 |
| 7 | 杭州市西湖区双桥区块新农村建设规划局部调整(西湖大学首期和农居安置用地) | 2017-08-11 |
| 8 | 杭州市武林天水单元(XC01)控制性详细规划(修编) | 2017-08-11 |
| 9 | 杭州市急救中心急救点布局规划 | 2017-11-09 |
| 10 | 杭州市龙坞单元(XH16)控制性详细规划(2017版) | 2017-11-09 |
| 11 | 杭州市运河新城单元(GS12)(运河湾城市设计范围)控制性详细规划局部调整 | 2017-12-18 |

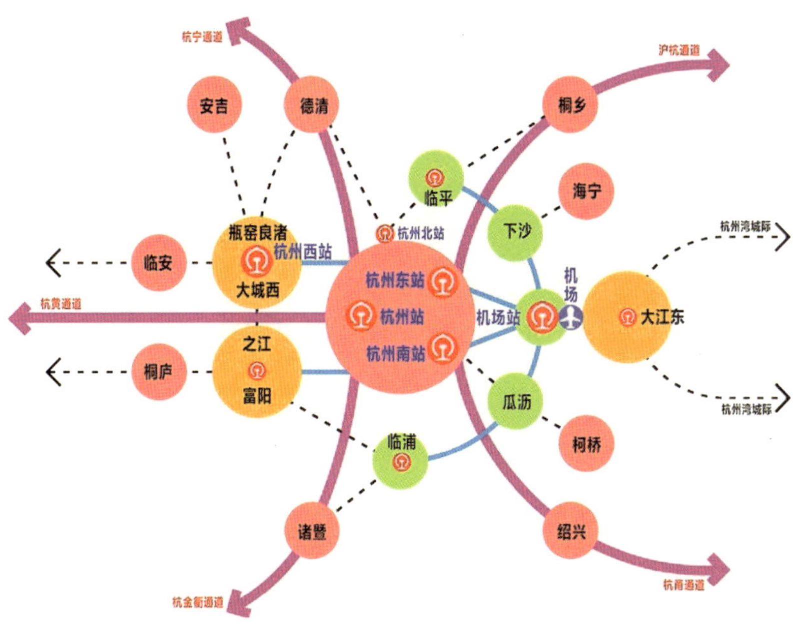


《杭州市城市综合交通专项规划(2007—2020年)》中的城市交通枢纽体系图

（市规划局 供稿）

分区规划覆盖市区所有行政区域。分区规划细化落实杭州总体规划和市级专项规划明确的刚性管控要求，主要涉及城市开发边界、五线(紫线、绿线、蓝线、黄线、橙线)等内容;提出各区的发展目标、发展策略和行动计划，建立近期需实施的重点建设项目库。引导实施好公共服务设施、绿地、道路交通和市政设施等涉及民生保障、城市安全和品质的项目。加强与新一轮总体规划编制的对接，并开展各方面基础性工作，为总体规划编制创造良好条件。 （黄洁琼）

**【专项规划编制】** 2017年，市规划部门开展重大基础设施战略研究和规划。完成总体城市设计修编，构建城市总体骨架。以区为单位编制地铁三期沿线用地控制规划，完成送审稿并上报市政府。开展中轴轨道快线规划和战略研究，规划中轴轨道快线线路全长约58千米，全程运行时间45分钟。完成《杭州市城市综合交通专项规划(2007—2020年)》修编，为"后峰会、前亚运"时期重大交通基础设施实施提供规划支撑。开展铁路杭州西站枢纽规划编制，基本确定西站站址、进出站轨道线位。完成《杭州市养老设施专项规划修编》《杭州市医疗卫生设施专项规划修编》。

（葛亚玲 王 炜）

**【城乡规划统筹管理】** 2017年，杭州市强化规划审查，完善规划决策体系，促进规划审批提质增效。全年市城乡规划委员会召开主任办公会议和规划专题会议各3次，审议规划项目14个。研究起草《关于加强城乡规划统筹管理的意见》，提出统筹市域空间格局、统筹生态空间格局、统筹城乡规划建设管理、统筹基础设施布局和开发建设时序四项统筹任务，以及完善城乡规划决策机制，实施多规融合、两规合一，理顺城乡规划管理体制，统筹城乡规划制定，强化城乡规划实施的统筹和监督，加强保障体系建设六大统筹措施，着眼提升城市发展的整体性、协调性和可持续性。拓展规划地理信息资源，收集和整合11个部门41类空间规划数据，成果涵盖城市规划、土地利用规划、环境保护等多专题多类型多层级规划，完成生态保护红线(市域)、永久基本农田(市域)、城市开发边界(八区)等"三区三线"数据库建设，城市总体规划、土地利用规划基本实现市域全覆盖，实现空间规划一张图协同管理。

（蒋迪刚 郑 懿）

**【项目建设规划服务】** 2017年，市规划部门全面深化"百名规划师服务百家社区"活动，以市委、市政府提出的打赢"六场硬仗"为目标，改进服务方式，增强服务成效。全年15个片组对48个"看得见、摸得着、影响大、见效快"的项目开展服务，帮助社区建立社创平台，制定社区地图，完成城中村改造、小城镇综合整治等前期规划。到建德大慈岩镇开展"联百乡结千村访万户"蹲点调研，其间征集意见建议4000多条，形成对策措施35条，并组织力量参与大慈岩镇全域发展规划和村庄规划的制定。会同市建委编制完成《杭州市大城北地区发展行动规划》，以大运河文化带国家战略为引领，明确大城北"文化+"大走廊的战略定位，深入挖掘传承各类历史文化脉络，研究保护杭钢工业遗存文化，彰显历史和现代交融的地域文化特征，提升地区经济活力、生态价值、生活品质。年内，成立大城北地区规划建设领导小组，指导制订大城北地区规划建设三年行动计划。

（沈海良 陈 龙）

**【规划助推"最多跑一次"改革】** 2017年，市规划部门推进标准化建设。成立标准化工作改革攻坚小组，全面梳理和规范建设项目规划许可与管理事项、管理依据、职责分工、管理流程、申报材料、申报条件、审查要求等。编制完成面向建设主体的服务指南及面向工作人员的工作手册，完成《杭州市城市规划管理技术规定》修订，研究制定《杭州市建设项目规划管理规定》，完善建设项目规划许可与管理依法行政的制度、规范、标准。全面核对梳理规划、测绘权力事项，分三批公布"最多跑一次"的20个大项、26个小项事项清单目录，"最多跑一次"事项占小项总数的87%。协同市发改委、市国土资源局等部门，按照"联合进件、同步申请、容缺受理、信息共享、部门流转"的方式进行联进联办，变"串联"为"并联"。通过全流程优化，建设主体单位办理所有事项时间缩短近1/3。开展建设工程规划许可告知承诺试点，采取"承诺许可一批、免于(无须)许可一批、简化审查一批"的办法，提高服务效能。

（郑 倩）

【规划分局更名】2017年12月1日，市编委办发文同意市规划局所属规划分局更名。市规划局设在上城区、下城区、江干区、拱墅区、西湖区(杭州之江国家旅游度假区)、高新区(滨江)、萧山区、余杭区、富阳区、杭州经济技术开发区、杭州大江东产业集聚区的规划分局名称统一调整为杭州市规划局(杭州市测绘与地理信息局)对应区域分局。12月6日，同意设立杭州市规划局(杭州市测绘与地理信息局)临安分局。（梅　松）

【"拥江发展"战略规划编制初步完成】2017年，按照市委、市政府实施"拥江发展"战略的总体部署，市规划部门委托中国城市规划设计研究院上海分院编制《杭州市拥江发展战略规划》。规划提出建设"独特韵味别样精彩的世界级滨水区域"目标和"一川如画，两岸诗和，三美天下"三大战略，通过"控、治、修、建、调、优"六大行动举措，中心城市段、特色城镇段、山水田园段三类岸线管控及生态、发展、提升、人文四类地区指引，将目标和战略落实到实施操作层面。对东江嘴三江口和四七堡片区(钱江新城二期)等重要节点地区进行功能定位战略谋划、底线管控和魅力提升引导，并提出后续通过加强立法保障、建立管理体系、完善规划体系、落实近期行动等措施，切实保障规划落地实施。"拥江发展"战略规划自5月启动编制，经市级相关部门、沿江区县(市)实地调研，社会公众网络问卷调查，专题研究研讨和专家论证，于12月形成上报稿，并完成沿江区县(市)意见征求。（宋征宇）

【亚运村规划选址】2017年，杭州市全面推进赛事之城建设，高标准做好2022年亚运会筹备工作，培育加快城市国际化的新引擎。亚运村规划选址确定，明确萧山区钱江世纪城建设亚运村方案。开展亚运村地区概念规划、5个专题研究和相关城市设计。组织编制亚运村运动员村、媒体村和技术官员村(简称"三村")建筑设计方案征集文件，指导"三村"后续建筑设计。启动《杭州市体育设施专项规划修编》，规划期限近期为2016—2022年，远期至2035年。规划提出全市体育设施"二心七副、一环八片、均衡网络化"的空间结构，以及各级体育设施的配置标准，并将赛事体育设施进行分类布局，从长远发展与近期建设两方面推动亚运村建设与城市协调发展。（王静雯）

【城中村改造"一区一规划"】2017年，市规划部门会同各区组织开展上城区、下城区、江干区、拱墅区、西湖区、高新区(滨江)、杭州经济技术开发区、杭州西湖风景名胜区城中村改造"一区一规划"及部分行政村"一村一方案"编制。8月，各区规划完成专家及部门审查，召开编制成果交流会。10月11日，"一区一规划"经市政府专题审查会审查并原则通过。西湖区南山、双峰、黄泥岭和拱墅区拱宸等行政村的"一村一方案"通过审查。城中村改造"一区一规划"和"一村一方案"坚持"民生为本、产城融合、统筹协调"原则，突出补齐城市功能短板、促进产业转型发展、与城市轨道交通站点联动开发、提升城市风貌、保护城中村文脉的总要求。规划优先落实"三公"空间，城中村改造腾出的土地主要为"公共空间、公共服务、公共设施"等用地，集中用于建设学校、医疗卫生、公共服务设施、市政配套设施、绿地广场等民生项目。（王　炜）

《杭州市"拥江发展"战略规划》规划范围图　（市规划局　供稿）

【杭州市三类地图(挂图)编制】2017年，市规划部门委托杭州市勘测设计研究院编制印刷最新的三类杭州市地图(挂图)。三类地图为杭州市地图、杭州市区图和杭州城区地图，分别以杭州市域、市区、主城区为成图范围。根据杭州最新的基础测绘地理信息数据，结合新获取的高清卫星影像数据，以及2017年期间杭州市政工程建设和城市发展重点区块的建设进度，在图内对行政区划、交通、水系、世界遗产、主要景区景点、国家级和省级自然保护区、国家级森林公园、历史文化名城、特色乡镇、美丽乡村等要素进行表示，以及时、准确展示杭州新貌。年内三类地图交付规划部门及有关单位使用。（李　捷）

【地理空间框架数据推广运用】2017年，市测绘与地理信息部门建立全市测绘与地理信息数据资源目录，为政府部门和社会各界提供地理空间框架数据共享服务和天地图(杭州)的社会化服务。健全数据共享管理办法，完善推广应用机制，加强部门间政务地理信息资源共享与数据融合。与全市有关单位签订数据共建共享协议，推广应用地理空间框架数据，实现数据共享、互联互通。根据"最多跑一次"改革要求，综合有关部门的规划信息，设立"规划E家"移动平台，向公众提供基于地理空间框架的规划信息查询服务。（吴龙强）

【城市规划展览馆接待市民游客59万人次】2017年，杭州市城市规划展览馆牵头策划"未来生活节"未来城市馆暨杭州市总体规划编制公众参与活动、“贯彻落实十九大精神·我心目中的杭州2050”大型城市总体规划建议征集等活动方案，并具体参与活动组织、方案实施和宣传报道等工作。全年接待国内外参观团和社会团体1138个，接待社会各界代表及外国友人59万人次，接待团队和人员数量比上年大幅度增长。服务保障大型会议包括论坛91个。完成16批次规划项目公示，组织各类公益展览12场。邀请20多所中小学学生参加“小讲解员”体验活动，利用寒暑假为中小学生提供讲解岗位培训服务。开展志愿讲解服务活动，让更多的人了解杭州，参与规划。（朱海卫）

## 城市更新

【城市功能品质提升】2017年，杭州城市建设以城市国际化为引领，扩大有效投资，实施民生改善工程，城市功能品质进一步提升。加快城中村改造、小城镇环境综合整治，全市69个村完成整村征迁，42个安置房项目、102个配套设施项目开工，52个小城镇完成市级达标核查。棚户区改造和保障性安居工程开工69570套，竣工80111套。编制快速路网建设四年攻坚行动计划，推动快速路建设，快速路在建规模达100千米。地铁2号线全线开通试运营。杭州成为国内主要城市中“拥堵整体缓解趋势最高”城市。深化“三改一拆”和“五水共治”工作，全市完成“三改”3077.1万平方米，拆除违法建筑2516.9万平方米；新增污水收集管网394千米，杭州在全省农村污水治理设施运维管理考核中名列第一。绿色建筑和建筑节能加快推广，全年完成既有公共建筑节能改造68.4万平方米，完成可再生能源建筑应用面积473万平方米，实施星级绿色建筑和建筑节能示范工程32项。出台《杭州市地下空间开发利用管理办法》，主城区新建停车泊位56916个。制定《杭州市海绵城市建设专项规划》，按区域编制海绵城市建设实施方案，对681个新审批项目进行分批检查。加强建筑市场规范化管理，开展工程总承包、全过程工程咨询试点，出台《杭州市建筑市场“黑名单”管理暂行办法》，探索EPC模式项目招投标。组织全市房地产项目开工专项行动，全年完成房地产开发投资2734亿元。

【城市路网建设】2017年，杭州市制订迎亚运保畅通快速路网建设四年攻坚行动计划，加快快速路网建设进度，提高城市道路网密度。紫金港立交、秋石快速路半山北匝道、秋石快速路新业路南匝道等工程建成投用。文一路地下通道、望秋立交、秋石快速路北延、东湖快速路北延、留石快速路北延等工程加快推进，艮山东路快速路、江南大道、上塘路康桥路立交、彩虹快速路萧山段、彩虹快速路西延等工程开工建设，文一西路、风情大道、时代大道、通城大道、艮山快速路下沙段、留下立交等工程进行前期准备。南都路（同协路—桐德路）、九环路（九恒路—新三路）等主次干道建成通车。袁浦路（杭新景高速—军师路）等6条断头路打通。市区支小路开工建设60条，完工40条。东新东路石祥路天桥建成，仙林桥地道建设按计划推进，庆春路东清巷地道等5处人行过街设施开工建设。（郎淑文）

【道路有机更新】2017年，杭州市主城区完成道路有机更新路段55条（段），处理道路病害475.1万平方米，摊铺沥青846.2万平方米，铺装人行道106.3万平方米，建设无障碍行进盲道1.2万平方米，改造坡口127处，更换平侧石10多万米，提升改造防沉降市政管网检查井5600多座。通过道路有机更新，实现路面平整、行车平稳、排水顺畅，明显提升道路平整度和行车舒适度。开展城市道路交通改造工程，全年完成交通改造项目20个，有效缓解交通“两难”，提升车辆通行速度。（封豪华）

【城中村改造】2017年，杭州市城中村改造“提速扩面”，从主城区向全市域覆盖。全市完成整村征迁“清零”69个村，拆除农居59796户，开工建设安置房423万平方米、竣工627万平方米，回迁安置10367户。编制全市城中村改造征迁整治、安置房建设、配套设施建设、回迁安置等四大计划（2017—2020年）和“城中村改造一区一规划”。建立健全统筹协调机制，加强配套政策体系保障，开展“互看互学”大比武、安置房及配套设施项目集中开工等活动，制订《模拟审批办法》《联合竣工验收办法》《货币化安置单价备案》等文件，破解城中村改造工作中出现的突出难点。市建委组织课题组，完成“以城市建设系统性思维推进杭州市城中村改造治理研究”课题。

【保障性安居工程建设】2017年，杭州市棚户区改造和城镇保障性安居工程建设项目开工69570套、竣工80111套，分别完成省政府年度目标任务的148%和176%。三墩北基础配套设施及景溪南苑、德泽家园、东风杭汽保障房等项目有序推进。全市棚户区改造新增贷款授信额度2844亿元，放款1326亿元。完成杭

2017年12月30日，紫金港立交西向北、西向南两个匝道及其连接主线开通
（市建委 供稿）

州市棚户区改造和保障性安居工程信息系统建设,提升信息化管理水平。加强拆迁安置房房源调拨和审核,全年完成市本级拆迁安置房房源调拨20.6万平方米。

**【“三改一拆”行动】**2017年,杭州市围绕建设“美丽杭州”、打造世界名城的目标,以城中村改造、“无违建”创建为重点,深化“三改一拆”工作。出台《杭州市“十三五”“三改一拆”行动计划(2016—2020)》,实施拆除重建、综合整治、拆整结合等举措,开展“治危拆违”“五必拆”等专项行动,全年拆除违法建筑2516.9万平方米,实施“三改”3077.1万平方米。各区县(市)按照省、市标准,结合自身实际开展“无违建县(市、区)”创建。淳安县被评为浙江省第一批“无违建县(市、区)”,富阳区、临安区、建德市、杭州西湖风景名胜区被评为浙江省第二批“基本无违建县(市、区)”,上城区、西湖区、滨江区、余杭区被评为浙江省第三批“无违建创建先进县(市、区)”。开展“四边三化”专项整治行动,全年完成省、市两级排出的公路和铁路沿线问题整治2723处;创建省级精品道路16条、省级示范道路3条、省级精品入城口17个、省级示范入城口2个;拆除和改造蓝色彩钢棚7023处,面积210.4万平方米。杭州被评为2017年度全省“四边三化”行动优秀设区市,拱墅区、西湖区、萧山区、富阳区、临安区被评为2017年度全省“四边三化”行动优秀县(市、区)。

**【“最多跑一次”事项占96.8%】**2017年,市建委按照一件事“只进一扇门、最多跑一次”的要求,通过优化办事流程、实行联审联办、采取“互联网+政务服务”等创新举措,实现“最多跑一次”事项92项,占事项总数的96.8%。梳理、归集有关信息数据1万多条,对外公布网上受理事项138项。会同有关部门制定联合审查制度,实现施工图联合审查;房地产资质办理由纸质审批转为电子审批、线上审批;建设“建筑起重机械网上申报管理系统”,实现起重机械网上申报;开发完善电子招投标系统,全面实现网上在线办理;依靠技术创新及流程再造,探索建筑施工特种作业工人培训“跑零次”。 (郎淑文)

## 钱江新城

**【概况】**2017年,钱江新城管委会和钱江新城投资集团有限公司(简称市钱投集团)抓住“后峰会、前亚运”重大机遇,以推进城市国际化、“拥江发展”为着力点,加快钱江新城二期开发建设,大力提升钱江新城建设水平。全年钱江新城完成建设投资325.37亿元(含社会项目投资)。其中:钱江新城管委会完成投资110.37亿元,完成计划目标的119.9%;市钱投集团完成投资215亿元,比上年增长36.9%。

规划建设全面启动。钱江新城管委会建立“拥江发展”工作组织机构、开展拥江发展战略实施意见拟制和规划编制。市钱投集团开展连堡丰城、江河汇城市综合体、杭州国际交流中心等项目前期准备。会展旅游、金融投资、停车产业、长租公寓等都市产业成为市钱投集团的主业。

重大项目建设加快推进。杭黄铁路(浙江段)完成沿线农居及137个企业拆迁,项目主体工程(铺轨)全线贯通,浙江段完成建设投资50.66亿元,累计完成投资200.75亿元。杭州市博奥隧道工程江南、江北施工区开挖进度加快。钱塘江望江路过江隧道江北、江南工作井开挖,江南工作面盾构工作面开工。钱江新城核心区渔人码头生态公园控制性规划调整获批复,市民公园概念性方案征集、杭州金融城城市设计修正方案编制等工作有序进行。工商银行浙江分行金融商务楼、浙江省国贸集团总部大楼、宁波银行大楼、华鼎国际大厦等社会项目建设稳步推进。钱塘江管理局应急中心拆复建项目进行试桩。市钱投集团39个公共配套、产业楼宇项目分两批集中开工,总投资25.6亿元。

征迁安置成效明显。五福社区剩余区块199户农户及绿风园林、佳都房产两个企业搬迁腾空,69农户完成安置结算。钱江苑一期、核心区二期安置房及配套项目开工建设。杭州新时代装饰材料市场301户经营户全部签约腾空。市钱投集团开工安置房项目40个,面积50万平方米;续建及竣工面积72万平方米;五堡社区安置房成为全市开工速度最快的示范工程。

城市资源经营管理加强。钱江新城管委会完成土地出让3宗3.2公顷、做地4宗10.2公顷。市钱投集团摘得全市首宗租赁租房用地,土地面积3.91公顷。国内首个城市级共享泊位平台“杭州共停”投入试运行,上线用户超过5万户。建筑垃圾资源化利用项目投产,钱潮再生砖料厂成为全省建筑垃圾无害化、减量化、资源化利用的示范点。企业停车场建设专项债券通过国家发改委审批,发行规模49亿元。钱塘江学研究工作有

2017年,杭黄铁路(浙江段)主体工程(铺轨)全线贯通

(钱江新城管委会 供稿)

序开展，年内完成《城·水·光·影——杭州钱江新城亮灯工程》《潮涌钱塘耀杭城——钱江新城建设历程、经验与启示》初稿。杭州博物馆接待省内外参观考察团308个、7586人次。

（施旭青 朱礼胜）

【助推“拥江发展”战略实施】2017年10月，钱江新城管委会承担市拥江发展领导小组办公室职责，组织力量开展钱塘江流域沿线（235千米）建设规划调研，与15个市级部门和8个区县（市）、开发区进行工作对接，提出贯通沿江风景廊道等意见建议。与市规划局共同编制的《钱塘江两岸综合保护与发展战略规划》通过意见征求。参与制订《关于实施“拥江发展”战略的意见》。市拥江发展领导小组办公室制订印发《杭州市拥江发展四年行动计划和2017年重点任务》，为推进“拥江发展”战略提供行动指南。（施旭青）

【“四社联动”整体拆迁】2017年末，钱江新城二期“四社联动”整体征迁基本完成，创造农居征收“签约、腾空、拆除”三同步的新纪录。“四社联动”整体征迁是全市首个启动并且规模最大的城中村改造项目，共涉及五堡、六堡、七堡、红五月4个社区、3426户住户，其中农居2988户、居民户（含小产权户）438户；企业200多个，小作坊、店铺7800多家；户籍人口1.3万人，流动人口10.7万人；征收土地面积93万平方米。市钱投集团与江干区政府合力攻坚，全年完成2986户农居、433户居民户、181个企业签约，完成2587幢农居房屋拆除，整体征迁进入扫尾阶段。

【39个项目集中开工】2017年7月8日，市钱投集团举行首批26个项目集中开工仪式。开工项目包括三堡安置房、彭埠单元小学和幼儿园、彭埠单元地块公园和景芳三堡单元地块绿地等5个民生项目，以及花埠路、源聚路、备塘路综合管廊、延中大楼等18个市政配套和楼宇项目。10月16日，第二批13个项目集中开工，主要涉及公园绿化、交通改造、河道治理、安置房、配套公建等。（朱礼胜）

2017年4月18日，杭州市博奥隧道工程开工 （钱江新城管委会 供稿）

【博奥隧道工程开工】2017年4月18日，由钱江新城管委会和萧山区政府共同出资，总投资14.29亿元的杭州市博奥隧道工程动工。工程位于西兴大桥与庆春隧道之间，全长2.8千米，双向4车道，是连接杭州新城市中心钱江新城与钱江世纪城的直接过江通道，由浙江省工程勘察院勘查、中国铁路建设总公司第四勘察设计研究院设计，宏润建设集团股份有限公司承建，杭州天恒投资建设管理有限公司监理。年内，博奥隧道江南施工区域绿化迁移、场地平整、临时管线改迁及江北施工区各项施工准备有序开展。（施旭青）

【望江隧道“钱江号”盾构机始发】2017年10月16日，省、市重点工程望江隧道“钱江号”盾构机始发。望江隧道主体工程于2015年12月31日开工。2017年，望江隧道工程江北明挖、江南明挖、江中盾构三个工作面全线开工。江北明挖段完成富春路到之江路管线迁改、望江东路（之江路—富春路段）交通改道和地下连续墙施工；江北二期完成雨污水管迁改，为后续江北明挖段工作井主体结构、江北二期围护结构的全面施工奠定基础。江南明挖段完成江南工作井及江南明挖段一期部分节点主体结构施工，江南段二期完成绿化迁移及雨污水、通讯等地下管线迁改。江中盾构段“钱江号”盾构机累计掘进100米。（朱礼胜）

【深化“五水共治”】2017年，钱江新城管委会深入推进治理污水、科学调水、安全供水、有效节水工作。在城市阳台展厅举办“五水共治之探索水奥秘”主题活动，开展治污攻坚、排涝提升、防洪强基等专项行动。全年完成钱江新城区域内截污纳管大市政配套，完成钱环路、顺福路、江中街、塘潮街、一号支路5条道路包括污水管在内的地下管线修复及路面整治，以及市民路、民心路、五心路等5条道路污水管道属地移交。做好铁路建设项目施工过程中涉水、涉河事项对接，确保相关河道、水工程行洪安全。（施旭青）

【沿江大道管廊建设】2017年，沿江大道地下综合管廊建设进度加快。该工程是全国管廊建设试点城市项目，西起观潮路，东至和睦港，沿沿江大道北侧绿化带及道路地下敷设管廊，全长3.7千米。建设内容包括管廊工程、控制中心及附属工程，其中管廊为单层三舱结构，拟收容给水、燃气、电力、通信4类管线，总投资5.32亿元。市钱投集团通过推进征地拆迁、优化交通组织、加强管线产权单位协调，较好地实现预期进度目标。至年末，管廊围护结构完成2350米，主体结构3个标段基坑开挖完成940米。（朱礼胜）

【新塘河配套物业招商】2017年4月12日，钱江新城管委会启动新塘河配套物业招商工作。该区域由19处一两层小型现代景观建筑组成，出自加拿大设计师之手。景观建筑处在钱塘江畔，周边绿树成荫，又紧邻地铁城星路站、市民中心站、江锦路站，是钱江新城核心区集休闲生活、时尚艺术、商业娱乐的汇合地。年内，新塘河配套物业7幢玻璃房屋成功招租，出租面积3000平方米，占配套物业总面积40%。（施旭青）

**【“宁巢”长租公寓石桥路店开业】** 2017年9月30日，市钱投集团打造的“宁巢”长租公寓石桥路店开业。该项目是杭州首个由国有企业经营开发的长租公寓项目及首个由存量房屋改建的示范项目。“宁巢”是市钱投集团下属杭州市会展旅业有限公司创建的精品长租公寓品牌，主要提供中长期公寓租赁及服务，为年轻人打造一个宁静的家。石桥路店是“宁巢”长租公寓的第一家分店，位于江干区石桥路76号，交通便利，配套齐全，项目集公寓、办公、商业、停车等业态于一体，总建筑面积约6000平方米，配有专职公寓管家。

**【基础设施建设力度加大】** 2017年，市钱投集团加大基础设施建设力度。区域内道路及河道整治开工3500米，竣工1万米。上城区块完成5条道路污水管道移交，婺江路（秋涛路—钱江路）污水管道建设基本完成。城东新城新宁路（东宁路—创新路）等19个道路提升项目开工，续建环站东路（环站南路—元宝塘巷）等4个道路拓宽项目，完成钱江路延伸线下穿铁路桥孔工程等17个治堵项目。元宝塘公园景观绿化工程、三堡二号港改造工程绿化项目获“杭州市优秀园林绿化工程（公园及河道类）”金奖，两个工程新增绿道2000米、园林绿地面积3.5万平方米。

**【市钱投集团竞得杭州首宗租赁住房用地】** 2017年10月27日，市钱投集团以4.54亿元竞得杭州首宗租赁住房地块。该地块北至同德路，西至源聚支路，东至R21-20地块，南至沪杭高速公路绿化带，土地面积3.91公顷，容积率2.3，地上可建建筑面积8.9万平方米。地块由市钱投集团下属杭州市城东新城建设投资有限公司与杭州市会展旅业有限公司联合成立的杭州市租赁房屋开发有限公司进行开发建设，并以“宁巢”长租公寓品牌进行运营管理。

**【市钱投集团停车场建设专项债券获批】** 2017年11月1日，市钱投集团取得国家发改委停车场建设专项债券的批文，标志着该集团筹备近一年的停车场建设专项债券发行正式通过审批，即日起便可根据需要发行。市钱投集团停车场建设专项债券发行期限7年，发行规模49亿元，由新成立的杭州市停车产业股份有限公司发行。该公司主要从事停车场库经营管理、投资拓展停车产业、线上平台建设、技术服务咨询等业务。

2017年9月，市钱投集团投资建设的三堡单元杭州市钱江外国语实验学校落成（市钱投集团 供稿）

**【市钱投集团主体信用获AAA等级认定】** 2017年4月14日，经上海新世纪资信评估投资服务有限公司评估，市钱投集团获AAA主体信用等级认定，成为杭州第4个获得AAA信用等级的市属国有企业。集团停车场建设专项债同时获得AAA债项信用等级认定。AAA主体信用等级是国内发行主体所能获得的最高评级，为市钱投集团评估的上海新世纪资信评估投资服务有限公司是国内市场认可度最高的4个评级服务机构之一。市钱投集团首次涉足资本市场进行直接融资就获得AAA信用等级认定，在资本市场中较为少见。市钱投集团凭借优质的资产、良好的经营、独特的区位及在G20杭州峰会中出色的保障工作获得评级机构肯定。（朱礼胜）

**【钱江新城核心区夜景照明工程获一等奖】** 2017年7月5日，中国照明学会举办的第十二届“中照照明奖”评选结果揭晓，杭州市钱江新城CBD核心区夜景照明工程获中国照明工程设计奖（公园、广场）一等奖。该奖项是中国照明领域唯一的科技奖项。钱江新城CBD核心区夜景照明工程分3个分项，分别为核心区T型开放空间景观照明提升工程、核心区三大建筑亮灯工程、核心区主题灯光二期工程。其中“城水光影”灯光秀在G20杭州峰会期间充分展现“中国气派、江南韵味、杭州元素、新城特色”。峰会后推出的“体育强则中国强”全国学生运动会主题灯光秀及中东欧文化论坛、钱塘江论坛等重大活动灯光秀宣传片，更增加杭州国际化色彩。

**【杭州钱塘江博物馆城市阳台展厅获评“最具品质体验点”】** 2017年4月20日，经过社会推荐、市民投票、专家评审等环节，杭州钱塘江博物馆城市阳台展厅从2000多个候选点中脱颖而出，获评2017年杭州“最具品质体验点”。5月20日，为迎接全国助残日，钱江新城管委会团委、杭州钱塘江博物馆团支部联合市残联团支部、市聋人协会等单位开展全市首批博物馆“无障碍讲解”项目评选，城市阳台展厅入选博物馆“无障碍讲解”项目名单。

**【平安金融中心大楼投入使用】**2017年9月，平安金融中心大楼完成土地复核验收后投入使用。该大楼于2013年12月开工建设，2016年末完成工程竣工验收，由3幢高层和超高层写字楼组成，高度分别为180米、130米和100米，最高层40层，总建筑面积28.4万平方米，其中地上19.5万平方米，地下四层8.9万平方米，总投资50亿元。大楼投用后，平安集团旗下的平安保险公司、平安银行、平安不动产登记中心等机构的浙江总部相继入驻。至年末，钱江新城核心区入驻企业2900多个，其中金融机构112个，税收1000万元以上企业67个。（施旭青）

2017年9月，杭州平安金融中心大楼投入使用　（钱江新城管委会 供稿）

**【“大金球”国际会展联盟成立】**2017年6月7日，“大金球”国际会展联盟成立仪式在杭州国际会议中心举行。该联盟是以钱江新城杭州国际会议中心（洲际酒店）为品牌龙头，由几十家高品质酒店及有关政府机构为成员的会议展览协作平台，旨在为推动杭州成为国际会议会展目的地城市发挥行业机构作用。G20杭州峰会后，会展行业迎来发展黄金机遇期。市钱投集团组建会展产业板块，并与江干区政府共同发起成立“大金球”国际会展联盟，以“大金球”——杭州国际会议中心（洲际酒店）等高端会展场馆为纽带，汇聚国内知名企业、国际高星级酒店及优秀会议服务商，与政府、相关行业等进行深度合作，向社会提供专业化会展服务。

**【市邻居中心管理公司成立】**2017年6月27日，杭州市邻居中心管理股份有限公司成立。该公司围绕“互联网+智慧社区”的产品定位，通过构建一流的“智慧服务”平台，提供最便利和最好的社区公益服务和商业配套。年内，邻居中心公司完成公司品牌形象设计，111个商标受理书全部被国家商标局受理。开展项目前期策划，完成5个项目定位、选址等工作。元宝塘邻居中心被列入省首批邻里中心试点项目。洽谈商家150多户，积累商家数据600多户、客户档案数据100多户。

**▲资料：邻居中心产业**

邻居中心产业起源于新加坡政府在1965年推行的“邻里中心”社区服务概念。“邻里中心”是指在一定的社区居民中间设立功能比较齐全的公益便民、商业配套服务中心，其实质是集合多种生活服务设施的综合性市场。“邻里中心”摒弃沿街为市的粗放型商业形态的弊端，也不同于传统意义上的小区内零散商铺，而是立足于“大社区、大组团”进行功能定位和开发建设。经过50多年实践，它对提升城市居民生活质量、构建和谐发展的城市经济社会起到推动作用。

（朱礼胜）

## 运河保护开发

**【概况】**2017年，杭州围绕打造“大休闲产业生态圈”目标，加大运河保护开发工作力度。全年完成运河综合保护和开发建设投资44.9亿元，比上年增长69.4%。市运河集团酒店、物业及旅游收入1.7亿元，房地产销售收入14.5亿元。接待游客1388.1万人次，增长8.4%。

综保工程有序推进。香积寺路西延工程开工。运河水陆交通集散服务中心开业。姚潭洋河（京杭运河—拱康路）整治工程、运河新城地块及姚潭洋河以南（丽水路—拱康路）绿化带工程完工。康桥街道文卫体活动中心及农贸市场、谢村及平安桥二期安置房主体竣工。凯旋单元地块安置房地下室结构完成土建工程量50%。城东粮库工程开工建设，景芳三堡单元等地块安置房及平安桥小学、三里洋路（拱康路—丽水路）、严家弄路（秋涛路—凯旋路）等项目开工。

征地拆迁安置加快。完成运河新城农户拆迁271户，实现运河综保范围内（除闸弄口社区外）农户征迁“清零”目标。运河新城征迁签约企业9个，完成丈量评估企业22个，发出国有企业“征收函”19份。杭州炼油厂等18个企业搬迁，运河湾西片区（周家河以南）基本具备交地。西杨整村拆迁仅用4天时间，拆迁农户253户，签约率100%，实现当年征迁、当年安置。平安桥社区完成安置112户，水湘社区发布货币化安置（回购）工作公告，章家坝社区启动整村回迁。

经营业绩持续提升。全年出让地块5.91公顷，收取出让金27.97亿元，溢价率70%。运河新城3个地块和景芳三堡单元地块分别完成收储和选址论证。杭州市运河水陆交通集散服务中心、高家花园、富义仓、湖墅大厦房屋完成所有权证办理，桥西历史街区、小河直街历史街区一期完成初始登记。对675个项目开展结算审核,完成自审433个。全年物业租赁收入1.1亿元,物业出租率94.9%。"天城国际""运河协安"楼盘完成住宅、写字楼销售308套。市运河集团与中国机械工业建设集团签订战略合作协议,双方将在资本运作、项目投资、市政公共设施、城市综合体、科技产业园区、旅游开发等领域开展合作。

规划策划不断深入。开展"大运河文化带"建设、运河新城与杭钢新城联动开发、水上业务拓展等专题研究,完成4个直属公司发展战略规划编制。主动对接省市相关部门,将研究成果纳入省政府《大运河文化带(浙江段)建设规划(送审稿)》、市政府工作报告等重要文件。完成钱塘江水上旅游可行性研究、"三江两岸"黄金旅游线策划、运河湾片区整体投资方案和半山电厂经营性供能技术方案编制。开展以文化类演出为主导业态的产业意向研究。围绕运河新城、杭钢新城、大城北、钱塘江及"三江两岸"区域开发,与广东珠江航运有限公司、中国机械工业建设集团等企业开展合作。

休闲旅游亮点增多。新年祈福走运大会、首届京杭大运河国际诗歌大会、第四届中国大运河庙会和第二届大运河文化国际论坛等系列活动成功举行,获得中央和省、市主流媒体及境外媒体广泛关注。全年举办各类特色主题活动40多场,推出运河—宋城、运河—杭州国际博览中心等联游产品,开发"运河双宝""运河三宝"和天竺筷"运河拾忆"等系列产品。完成景区旅游总体规划编制及游客服务中心建设,实施标识系统专项提升,开展AAAAA级景区基础设施提升招标和"智慧化"景区建设前期工作,实现街(园)区停车场经营权挂牌转让。探索"互联网+古建筑智慧消防系统创新"项目,并在小河直街历史文化街区进行试点。

**【首条下穿古运河城市隧道开工建设】**2017年3月30日,市运河集团负责实施的香积寺路西延(莫干山路西侧—上塘路东侧)工程取得施工许可证,正式开工建设。该工程为城北区域贯通杭城东西的城市干道,东起上塘路东侧,西至已建余杭塘路,位于德胜路及大关路之间,全长2.65千米。其中建设城市隧道一座,长度2.3千米,总投资24.9亿元,预计于2020年完工。该隧道是杭州主城区首条下穿古运河的城市隧道。

**【运河城东粮库PPP项目开工】**2017年11月20日,运河城东粮库PPP项目(景芳三堡单元地块文化综合设施及部分历史遗存改造利用工程)举行开工仪式。该项目为杭州第一批PPP项目,由市运河集团作为政府方组织实施,杭州运河集团投资发展有限公司与浙江浙大网新置地管理有限公司共同组建杭州网新运河文化发展有限公司进行项目的整体建设和运营。建设内容主要为运河文化保护展示中心、科技与文化融合展示与体验用房、停车设施和码头改造等。总建筑面积5.69万平方米,其中地上建筑面积4.6万平方米,地下建筑面积1.09万平方米。

**【钱塘江水上旅游项目启动】**2017年11月21日,杭州运河集团文化旅游有限公司与广东蓝海豚旅运股份有限公司举行钱塘江水上旅游项目投资协议签订仪式。双方将共同出资成立杭州钱航游船有限公司,致力于开发钱塘江旅游休闲线路,此举意味着钱塘江水上旅游项目正式启动。此前,市运河集团、广东省珠江航运有限公司、上城区政府举行《杭州水上旅游项目合作框架协议》及《共建杭州水上旅游项目政策支持框架协议》签约仪式,三方将合力推进钱塘江水上旅游线路及水上旅游产品全面合作开发。

**【运河水陆交通集散服务中心启用】**2017年9月30日,杭州市运河水陆交通集散服务中心启用。集散服务中心位于小河路与湖州街交叉口,东侧紧邻京杭大运河,南至运河天地工业遗存地块、西至小河路、北至昼锦街。集散服务中心码头配置5条公交线路、3个游船停靠泊位、560多个地下停车泊位。运河水上公交的运营线路由此向北延伸800米,停靠站由5站增至6站。市民游客可在集散服务中心进行公交、游船、公共自行车等多种交通工具"零距离"换乘,并可通过游客中心获得旅游必需品售卖、手机充电、旅游咨询、医疗救护等服务。至年末,集散服务中心过往市民、游客1万多人次。

**【郁世门路工程通过竣工验收】**2017年8月25日,郁世门路(运河路—拱康路)工程通过竣工验收。验收专家组由工程建设、勘察、设计、施工、监理五方责任主体及市城管委、市市政设施监管中心、市水务集团排水公司等单位组成。该道路的竣工标志着由市运河集团实施的运河新城北片区纵横10条道路路网建设收官。郁

2017年9月30日,杭州市运河水陆交通集散服务中心启用

(市运河集团 供稿)

世门路工程西起运河路，东临拱康路，为城市支路，全长1330米，工程包括道路建设及雨污水管、水电煤配套管线铺设等分项工程。（许金花）

## 城市公用设施

【概况】2017年，杭州市加快城市公用设施建设，提升城市公共产品保障水平。全年市城投集团实施公交场站、公交枢纽站、快速路网、地下综合管廊建设等公用设施建设项目45个，完成投资188.18亿元，投资额比上年增长22.5%。全年公共交通运送乘客14.55亿人次，市民和游客租用公共自行车1.01亿人次，填埋处置垃圾242.87万吨。开工建设闲林水厂、千岛湖供水工程城北线等项目。市水务集团饮用水供水量比上年增长7.6%。加大污水管网、污水处理厂建设力度，全年污水处理量5.13亿立方米，增长9.7%。其中，杭州主城区污水处理量4.76亿立方米，增长6.3%。推进天然气安全供应格局建设，全市建成中低压管网296千米，居民燃气用户和工业燃气用户分别增长27.1%和38.5%。（童丽霞）

【城市供水】2017年，杭州市以坚持保障供水安全和提升供水质量为中心，进一步理顺水务工作体制机制，完善全地区供水保障体系。全年市水务集团完成售水量5.09亿立方米，比上年增长7.6%。其中主城区4.35亿立方米，增长6.2%。各水厂出厂水水质合格率均100%，管网水质综合合格率99.99%。完成新建管网60千米，改造老旧管网58千米，供排水管网总长度5654千米。（王　翔）

【城市供气】2017年，杭州市新增居民燃气用户点火数12.1万户，比上年增长27.1%。新增工业燃气用户36个，增长38.5%。新增公建燃气用户1305个，增长83.5%。销售天然气10.57亿立方米，增长7.7%。建成并投入运行门站5座、高中压调压计量站（含阀室）22座、应急气源站5座、高中低压燃气管网6900多千米，供气范围覆盖主城区及萧山区、余杭区、富阳区、临安区、桐庐县等区县，直接服务用户130多万户。（陶　毅）

【主城区供水和污水处理特许经营协议签署】2017年1月24日，市城管委受市政府委托，与市水务集团签署杭州主城区供水和污水处理特许经营协议，将主城区未来30年供水和污水处理业务特许经营权授予市水务集团。根据协议，特许经营权期限自2017年1月1日起至2046年12月31日止，特许经营区域范围为杭州主城区。特许经营权包括在特许经营期和特许经营区域范围内享有投资、建设、运营特许经营项目的权利，对特许经营项目涉及的供排水相关设施的占有、管理、运营、维护和更新的权利，以及提供独家供排水服务并收取相应服务费用的权利。

【供排水保障能力提升】2017年，市水务集团采取多项举措，提升城市供排水生产运营保障能力。通过强化设施设备保障、优化运行调度、加强管网管理、严查各类偷盗违章用水行为等措施，确保杭城用水平稳有序。针对污水厂满负荷、超负荷运行的严峻形势，优化调度，深入挖潜，有效保障污水处理安全稳定。与主城区60个楼盘5.4万户高层用户签订二次供水委托管理协议，推进新建高层住宅二次供水接收工作。抓好安全检查和隐患排查治理，检查供排水生产运营安全情况295次，落实整改隐患点136处。全力投入剿灭劣V类水体攻坚战，排查二污系统管线953千米、检查井3.12万座、支管5410多处，查明雨污混流等异常情况点1099处，发现违章排水和河水倒灌点100处，均按预定时间和要求完成处置。完成污水主干管结构性检测520千米，及时修复故障管道，确保污水主干管畅通。

【九溪水厂饮用净水改造工程深度处理系统试运行】2017年12月21日，九溪水厂饮用净水改造工程深度处理系统试运行。至此，杭州主城区范围内，市水务集团4个制水厂全部完成深度处理改造。九溪水厂于1999年建成投产，设计供水能力60万立方米/日，主要承担杭州主城区城西区域及之江地区工业、商业用水和居民生活用水。九溪水厂饮用净水改造工程总投资6.09亿元；分两个阶段实施，第一阶段新建60万立方米/日深度处理系统及2座1.5万立方米清水池，第二阶段新建排放泥水处理系统，并对厂区内相应管线进行改造。工程深度处理系统采用国际先进工艺流程，改造后的出厂水水质达到浙江省城市供水现代化水厂的优质标准和欧美发达国家饮用水水质标准，水中的微量有机物、浊度、氨氮等指标大幅度下降。（王　翔）

【第二水源千岛湖配水工程】2017年，第二水源千岛湖配水工程完成隧洞掘进56.71千米，累计掘进114千米，占全部隧洞的86%；隧洞混凝土衬砌21.77千米，累计衬砌23.4千米，占全部隧洞的21%；完成投资24.82亿元，累计完成投资51.1亿元，占总投资的53%。工程建设部门开展配水工程质量安全监督活动65次、日常巡查181次，提出整改问题491个，年内全部按要求整改到位。（杨志祥）

【千岛湖供水工程城北线项目开工】2017年11月21日，千岛湖供水工程城北线项目（大毛坞—仁和大道供水管道工程）取得施工许可证，正式开工建设。城北线项目是千岛湖优质原水输送至杭州主城区北部及余杭区域的重大民生工程，竣工后可直接惠及市民600万人。该项目输水线路采用隧洞和管道相结合的方式，输水线路总长28.6千米，总投资33.72亿元，计划于2019年末通水。

【闲林水厂工程开工建设】2017年12月15日，闲林水厂工程在施工现场举行开工仪式。闲林水厂为千岛湖供水工程中的重要组成部分，位于闲林街道里项村闲富公路与留和路交叉口东北角山地上，占地面积25.4公顷，规划总规模60万立方米/日。一期工程按30万立方米/日规模建设，并同步建设2.39千米的原水隧洞和4千米的清水隧洞，总投资9.5亿元，计划于2020年通水。水厂采用国际领先的制水工艺，出厂水水质达到欧美发达国家饮用水水质标准，建成后将惠及杭州主城区西北地区和余杭区西部地区120万市民。（王　翔）

【天然气管网建设加快】2017年，杭

州市加快推进天然气“多点接气、环状供气”安全供气格局建设。杭州天然气利用工程高压管网S6项目完成江东段主体工程,过江段安全定向穿越钱塘江,管线施工完成进度85%。高压管网S17项目完成全线25千米管道及桐庐阀室、富春江阀室建设,桐庐富春江镇实现高压管道供气。高压S18-1项目建设启动,建德境内高压管道土建开工。全市建成中低压管网296千米,其中主城区186千米、城西100千米、杭州经济技术开发区及海宁对外综合开发区10千米。

**【嘉兴(平湖)天然气应急调峰储运站建设】**2017年3月28日,杭州市燃气集团、嘉兴市燃气集团、协鑫集团控股有限公司与平湖市独山港管委会在平湖签订投资建设嘉兴(平湖)天然气应急调峰储运站协议,旨在提升杭州清洁能源安全供应和应急保障能力。根据协议,三方联合成立浙江杭嘉鑫清洁能源有限公司,负责嘉兴(平湖)天然气应急调峰储运站投资建设工作。应急调峰储运站位于嘉兴市独山港区A区7、8号码头及附属陆域,项目定位为中型规模天然气应急调峰储备库,规划由3个8万立方米储气罐及工艺设施组成库区,并配套5万吨液化气专用码头,天然气年周转量100万吨,总投资约30亿元。

**【市燃气集团推出微信自助抄表业务】**2017年7月12日,杭州主城区推出“最少打扰、最大方便、最小担忧”的燃气自助抄表服务。用户通过登陆市燃气集团微信公众号“19服务厅”,只需5分钟就可完成燃气抄表。自助抄表同时推出“同一套房屋地址,允许3个手机号码绑定;同一个手机号码,允许绑定3套房屋地址”的做法,做到“抄表—账单—缴费”一条龙服务。至年末,主城区有28万户用户绑定微信抄表。市燃气集团微信公众号“19服务厅”线上服务项目包括自助缴费、申报维修、申请安装等17个。

**【杭州东西部天然气应急气源站工程获中国土木工程詹天佑奖】**2017年11月29日,杭州市东西部天然气(LNG)应急气源站工程入选第十五届中国土木工程詹天佑奖。詹天佑奖是经科技部核准、住房和城乡建设部认定的国内土木工程建设项目科技创新的最高荣誉奖项,自1999年设立,每届评选获奖工程不超过30项。杭州东西部天然气应急气源站工程由西部站和东部站组成,于2015年7月全部建成。两个气源站天然气总贮存规模14950 立方米,兼具城市应急气源、城市调峰补气等功能。工程建设期间,先后获中国安装工程优质奖、优秀勘察设计一等奖等奖项14项,发明、实用新型专利11项,建设质量和科技创新水平达到国内领先、国际先进水平。(陶　毅)

2017年11月29日,杭州市东西部天然气(LNG)应急气源站工程入选第十五届中国土木工程詹天佑奖。图为西部天然气(LNG)应急气源站外景

(市燃气集团 供稿)

**【“最多跑一次”首批业务清单发布】**2017年5月26日,市水务集团在杭州水务大厦召开新闻发布会,发布“最多跑一次”首批业务清单,向市民群众、企业单位做出公开承诺,采取四项举措优化办事流程,提升服务质量和水平。通过简化业务受理流程、实行网上预受理等方式,减少用户跑腿环节。对水表销户、水表验表等专业性较强的业务,通过代办方式打通内部流转环节,实现跨区域受理。公布业务办理须知,便于用户提前做好资料准备,实现营业窗口一次性办结。推出邮递送达机制,让客户足不出户就可办理业务。年内,市水务集团“最多跑一次”首批业务清单推出后完成35万件居民个人事项办理。

(王　翔)

## 水　利

**【概况】**2017年,杭州市贯彻省委、省政府“五水共治”决策部署,打好剿灭劣V类水攻坚战,加快实施“百项千亿”防洪排涝工程,推行河长制等水利工作,萧山区获浙江省第二十一届水利“大禹杯”竞赛银杯奖,杭州市本级和建德市获提名奖。全市全年完成水利建设投资65亿元。全面推进“百项千亿”防洪排涝等重大水利工程,加快实施萧山区浦阳江、富阳区富春江和建德市新安江、兰江等治理工程,加固江河干堤20.8千米。全面落实河长制,所有区县(市)水利部门均设置河长制机构,全面开展河道清淤、排放口整治、生态配水与修复等剿劣行动。全年投入资金6259万元,完成水土流失治理53.25平方千米。完成水土保持方案审批379件,征收水土保持补偿费1001万元。(高海波)

**【水资源利用】**2017年,杭州市总供水量33.47亿立方米,比上年减少0.77亿立方米。其中:地表水源供水量33.18亿立方米,占99.1%;地下水源供水量0.12亿立方米,占0.4%;其他水源供水量0.17亿立方米,占0.5%。杭州市总用水量33.47亿立方米。其中:生产用水量21.32亿立方

建德市新安江、兰江治理工程(洋安段)　　(市林水局 供稿)

米,占63.7%;生活用水量11.25亿立方米,占33.6%;生态用水量0.9亿立方米,占2.7%。市区总用水量27.78亿立方米,占83.0%。杭州市总耗水量16.5亿立方米,平均耗水率49.3%。其中:生产耗水量11.41亿立方米,生活耗水量4.27亿立方米,生态耗水量0.82亿立方米。市区耗水量13.38亿立方米,占81.1%。杭州市退水量12.02亿立方米。其中:工业退水量5.7亿立方米,占47.4%;城镇居民生活退水量2.81亿立方米,占23.4%;建筑业退水量0.21亿立方米,占1.7%;第三产业退水量3.3亿立方米,占27.5%。市区退水量10.38亿立方米,占86.4%。杭州市万元工业增加值用水量26.6立方米,万元GDP用水量28立方米,比上年分别下降11.3%和9.7%,人均水资源占有量1551.2立方米,人均年综合用水量353.5立方米,水资源利用率22.8%(不包括过境水资源量)。城镇居民人均年生活用水量58.6立方米,农村居民人均年生活用水量52.4立方米,城镇公共用水量人均80.3立方米。

杭州市实行最严格水资源管理考核制度,落实考核主体责任。实现全市节水型社会创建全覆盖并深入推进,开展全市取用水管理整治提升工作,对市域范围内743个取用水企业"一户一档"情况进行"地毯式"检查并整改落实到位。推进水权制度改革试点工作,制定《杭州市临安区农村集体经济山塘水库水权交易办法(试用)》,创新水权交易类型,联合水利部发展研究中心共同开展"杭州市农村集体经济山塘水库水权交易程序及交易平台建设思路"研究。继续推进确权登记工作,完成16座农村集体经济所有的水库、山塘水资源所有权确权登记,完成东苕溪流域水权制度改革思路框架搭建。加强水资源费征收管理,严格按照规定的征收范围、对象、标准和程序征收。全年征收水资源费2.99亿元,比上年增长77%。35个国家重点水功能区水质达标率100%。

至年末,杭州市建成运行大型水库4座、中型水库13座(不含闲林水库)。年末总蓄水量133.9亿立方米,比上年末减少3.6亿立方米。其中,大型水库总蓄水量131.89亿立方米,中型水库总蓄水量2.01亿立方米。

(舒明中)

**【引配水及清水入城专项行动】**2017年,市配水办、市治水办联合制订《2017年杭州市引配水和清水入城专项行动方案》,加强对全市引配水设施的科学调度管理,全年引配水量46.8亿立方米,超额完成30亿立方米的年度配水目标任务。全面推进清水入城行动,完成江干区三堡排灌站,西湖区三阳排灌站、白茅湖排灌站、四五排灌站,滨江区浦沿排灌站,萧山区江边排灌站、小砾山排灌站7处清水入城设施建设,保障和改善河道水环境质量。　(谢　琪)

**【水利工程标准化管理】**2017年,杭州市完成水利工程标准化创建422项,其中通过市级以下创建验收408项、省级创建验收14项,超额完成年度创建367项的目标任务,完成率115%,居全省前列,标准化创建省级抽查复核通过率100%。通过标准化创建,422项工程逐一落实管理责任主体,逐一编制制度手册、管理手册、岗位人员事项对应表,落实工程管护经费,划定管理保护范围,设立完善标识标牌,工程长效管理水平和安全度明显提升。萧山区、桐庐县作为全省标准化管理示范县,率先完成标准化创建任务。萧山区水利工程"五化管理模式"得到省水利厅和市政府领导批示肯定。

4月和7月,市林水局两次组织对全市2016年创标工程开展"回头看",抽查49个工程,督促管理单位按管理手册开展正常管理、巡查、维修、养护和监测。5月9日,召开全市标准化工作推进视频会,分析存在问题与不足,通报工程管理未达标的区县(市)和项目。10月30日,召开全市标准化工作现场会。　(朱家驹)

**【"百项千亿"防洪排涝工程】**根据省政府与市政府签订的《深入推进"五水共治"加快实施百项千亿防洪排涝(2016—2020年)责任书》,2016—2020年杭州市被列入"百项千亿"防洪排涝工程的水利项目共12项,其中,2017年完工见效1项、加快建设6项、加快开展前期工作3项。通过实施"百项千亿"防洪排涝工程,杭州市加快大中型水库建设、江河干堤建设和平原骨干排涝建设,完善"上蓄、中防、下排"防洪排涝工程体系,提高流域、区域整体防洪排涝能力。根据规划,在2020年底前,杭州市域内钱塘江干流堤防防洪总体达到20年一遇及以上、平原排涝能力总体达到20年一遇的标准。

2017年,杭州市10个"百项千亿"防洪排涝工程完成投资20亿元。其中:大江东钱塘江标准塘工程完成4.3亿元;建德市新安江、兰江治理一期工程完成0.5亿元;萧山区浦阳江治理工程完成7亿元;富阳区富春江治理工程完成2.76亿元;苕溪清水入湖河道整治工程(余杭段)完成1.62亿元;萧山区蜀山片外排工程开工建设,完成0.5亿元;大江东片外排工程开工建设,完成投资3.3亿元。扩大杭嘉湖南排工程(八堡泵站)初步设计通过省发改委审查;桐庐县富春江干堤加固三期工程、临安区双溪口水库完成可行性研究批复。 (金姗姗)

【三堡排涝工程】2017年,三堡排涝工程累计单机运行300小时,排水5400万立方米,缓解城区内涝;累计引水3.3亿立方米,有效改善运河水环境。5月,三堡排涝工程通过竣工验收;11月,获2016—2017年度中国建设工程鲁班奖,是杭州水利史上首次获鲁班奖。三堡排涝工程是浙江省太湖流域水环境综合治理重点水利工程子项目之一,工程概算总投资10.86亿元。工程设计排涝流量200立方米/秒,装机4×3300千瓦,同时引(钱塘江)水30立方米/秒。

【八堡排水工程】2017年上半年,八堡排水工程启动建设。至年末,工程落实规划用地意见,完成土地测绘和勘测定界工作,可行性研究调整报告获省发改委批复,工程初步设计报告通过省发改委审查。八堡排水工程是浙江省太湖流域水环境综合治理重点水利工程子项目之一,被列入国务院172项重大水利工程。工程概算投资12.95亿元,设计排涝流量200立方米/秒,装机5台(其中1台备用),单机流量50立方米/秒,总装机容量1.8万千瓦。 (傅建英)

【青山水库工程】2017年,青山水库入库径流量4.45亿立方米,出库水量4.51亿立方米,其中:发电水量3.3亿立方米、泄洪水量0.9亿立方米、灌溉用水量0.15亿立方米、生态供水0.16亿立方米。青山水库成功防御梅汛洪水,其中“6·25”洪水为年度最大洪水,流域降雨130.5毫米,洪峰1474立方米/秒,洪水总量0.68亿立方米,水库实行关闸错峰调度,最高水位26.18米,最大下泄流量210立方米/秒,削峰率92.9%。青山水库电站装机容量4×630千瓦+1×400千瓦,总装机2920千瓦。年内完成对电站自动化控制系统改造,投入运行以来工况良好,机组年利用2476小时,全年发电722.9万千瓦小时,实现安全无事故。 (方兴水)

【闲林水库工程】2017年,闲林水库工程完成投资3252万元,累计完成投资26.4亿元,工程建设全面完成。9月底,水库管理用房启用,大刀沙泵站通过市林水局组织的标准化管理验收。11月,闲林水库标准化管理创建以92.7分的总分通过省水利厅组织的验收。12月,闲林水库被评为“省级绿化模范单位”。 (刘建荣)

【防汛抗旱】2017年4月15日至10月15日,杭州市平均降雨量978.2毫米,单站最大降雨为临安大明山雷达气象站1606毫米,主城区单站最大降雨为康桥气象站1306毫米。杭州市6月9日入梅,7月5日出梅。入梅、出梅时间均比常年偏早,梅汛期26天,与常年相当。梅汛期全市平均梅雨量395.3毫米,比常年偏多51%,梅汛期强降雨时空分布集中。7月5日出梅后,杭州市除7月5日、6日、10日出现较大局地短时强降雨外,其余时段均是晴热高温少雨,高温日数43天。出梅后全市平均气温比常年同期偏高3℃,降雨量较常年同期偏少75%。因梅汛末期科学调度和合理蓄泄,大中型水库抗旱水源储备充分。气象部门择机开展人工降雨,加之多个台风外围影响使高温缓解,除临安、建德、淳安局部山区旱情露头外,全市未发生明显旱情损失。杭州市主要洪涝灾害发生在梅汛期。兰江、分水江、钱塘江干流发生“6·25”流域性洪水,建德大洋集镇进水受淹,富春江大坝以下因大流量泄洪影响,富春江干堤、长安沙江心洲堤防发生多处管涌险情。临安、淳安、富阳等地发生多处小流域山洪。全市有6个区县(市)103个乡镇受灾,倒塌房屋87间,农作物受灾1.8万公顷、因灾减产粮食1.22万吨、水产养殖损失130万吨,工矿企业停产129个,公路交通中断156条次、供电中断18条次、通信中断5条次,受损堤防1387处、83.43千米,受损护岸247处,冲毁堰坝157处。全市直接经济损失4.99亿元,其中水利设施直接经济损失1.71亿元,全市无因洪涝灾害死亡人员。 (朱家驹)

## 城市管理

【概况】2017年,杭州市围绕“建设独特韵味别样精彩的世界名城”环境目标,加强城市精细化管理,完善“五化”(洁化、序化、绿化、亮化、美化)长效机制,深化“五水共治”“五废共治”等重点工作,坚决查处违法建设、违法排放、违法消纳建筑废弃物等行为,全面清理重要路段违法户外广告,实施综合执法体制改革,推进“智慧城管”建设,城市市容环卫管理水平得到全面提升。全年整改规范(含拆除)户外广告2.12万宗、招牌1.68万宗;立案查处或有效处置新违建或疑似违建749处。完成城市河道清淤33条(段)、截污纳管项目286个,市区河道全面消灭劣V类水体。机关

江干区丁桥新城二号港生态示范河道 (杭报集团 供稿)

事业单位全面推进垃圾分类，主城区新增生活垃圾分类小区101个，参与垃圾分类家庭123.12万户。市城管委获全国学生运动会服务保障集体三等功、浙江省住建系统目标责任制考核优秀单位等荣誉。

2017年9月，九峰垃圾焚烧项目点火试运行。图为九峰垃圾焚烧厂中控室
（市城管委 供稿）

**【城市精细化管理】**2017年，杭州市从建章立制入手，推进城市精细化管理。市政府出台《关于进一步推进市区城市道路有机更新的实施意见》《杭州市市区景观亮化管理工作方案》《杭州市城市照明管理办法》等文件，进一步完善长效管理机制。制定《城市道路防沉降检查井盖和雨水口技术管理规范》《美丽河道评价标准》《生活垃圾分类管理规范》《智慧城管受理人员服务规范》等地方性技术规范7个。修订数字城管立结案规范，全年立案交办问题202.58万件，及时解决率98.9%。推进市政环卫养护作业综合一体化，主城区、副城区清洁度分别升至95.1%和94.3%。强化保序检查考核，主城区完成问题整改1936个，平均序化度提高到99.1%。启动城市照明总体规划修编，完成主城区路灯设施普查建档，城市景观照明、道路照明亮灯率分别达99.1%和99.2%。出台《杭州市城市美化管理考核办法》，以重大活动服务保障为抓手，加强城市美化工作。开展精细化管理课题研究，探索城市精细化管理的具体路径，并启动精细化管理词典编辑工作。（莫明跃）

**【“智慧城管”建设】**2017年，杭州市推进大数据、物联网、云计算等现代信息技术与城市管理融合，深化民生服务智慧应用，餐厨废弃物处置监管系统、燃气安全管理信息系统一期、工程渣土综合管控平台二期等项目建成并投入运行。杭州“智慧城管”获省科学技术进步奖三等奖、省智慧城市成果展优秀项目奖。加快“智慧城管”网络建设，推进“一窗受理、集成服务”，落实“减事项、减环节、减材料、减时间”要求，市城管委驻行政服务中心窗口办结审批事项200多项，实现“最多跑一次”事项39项。拓展“贴心城管”App服务功能，推出人行道违法停车自助处理、犬证网上办理等功能，做到“一次不用跑”。12月20日，杭州“智慧城管”入选由新型智慧城市建设部际协调工作组组织编写的《新型智慧城市发展报告2017》。梳理“智慧城管”管理经验，由市城管委执笔主编的国家标准《数字化城市管理信息系统第7部分：监管信息采集》正式发布并施行。该标准填补数字城管运行过程中信息采集环节尚无国家标准的空白。加快“智慧城管”地方标准规范建设。杭州市地方性规范标准《智慧城管受理人员服务规范》发布并于10月1日起实施。该规范依据市政府令第244号《杭州市数字化城市管理实施办法》编写，注重普适性和可操作性，重点对“智慧城管”受理人员管理的一般规定与服务内容、服务流程与操作要求、其他保障要求、检查与评价等做出详细规定。（马丽雅 李 转 张 莹）

**【市容环境综合整治】**2017年，市城管委通过强化执法检查、情况通报、标准制定、责任追究等举措，推进市容环卫综合整治。从严查处违法设置户外广告，整改规范（含拆除）户外广告2.12万宗、招牌1.68万宗，处罚1196宗；基本完成《户外广告设置总体规划》修编、27个专业市场（商业综合体）外立面户外广告“一场一方案”编制、《户外广告设置管理规范》、《户外招牌设置管理规范》、《户外招牌设置指南》修订编写。出台《杭州市违法建设行为处理实施意见》，建立小区违建报告制度。以西湖区蒋村、拱墅区上塘、上城区紫阳3个示范点为引领，带动全市违建报告制度覆盖物业小区1464个、准物业小区239个，副城区和县（市）覆盖物业小区511个。全年属地城管执法中队接到物业（社区）报告的新违建或疑似违建1897处，其中实行即查即拆1148处，立案查处或有效处置749处。组织开展工程渣土违规清运整治、养犬治理、瓶装燃气治理、互联网租赁自行车治理等专项整治工作。累计出动执法人员35.35万人次、车辆2.11万辆次，搬扶摆正自行车271.34万辆次，搬移归位自行车99.18万辆次，有效维护人行道畅通和市容整洁。
（莫明跃 路 明 赵解文）

**【九峰垃圾焚烧项目点火试运行】**2017年9月，以“建设—经营—转让”（BOT）形式，由光大国际有限公司投资18亿元建设运营的九峰垃圾焚烧项目点火试运行，并于11月、12月先后完成4台焚烧炉和2台发电机组全时段试运行。炉渣、飞灰终端处置配套工程同步建成，其中焚烧飞灰应急填埋处置工程设计库容2万立方米，于12月4日开始接收焚烧飞灰填埋。该项目投入运行后，市区生活垃圾焚烧能力达7000吨/日以上。
（张国范）

**【生活垃圾分类】**2017年，杭州市围

绕“提升分类质量、促进源头减量、推进能力建设”的工作重点,深化生活垃圾“三化四分”工作。创新分类举措,会同市商务委等部门引导、培育“虎哥回收”“申奇废品回收”等大型连锁企业回收低价值物品,在全市范围内设置低价值物品和废旧衣物回收点3392个,并加大对玻璃、金属制品、纺织品、服装边角料等物品的回收利用力度。针对杭州农贸、果品等批发市场布点多、垃圾产生量大、生鲜垃圾成分单一的实际,与市市场监管局等部门联手,开展生鲜垃圾分类减量。年内,杭州市区开展果蔬菜皮就地减量和专线清运处置的农贸市场125个,日均减量150多吨。全市严格实行“增量控制、超量加价”的垃圾处置费阶梯式管理,调动各区县(市)开展垃圾分类、挖掘减量潜力的积极性。全年主城区新增生活垃圾分类小区101个,累计2031个,参与垃圾分类家庭123.12万户,开展垃圾分类机关和企事业单位1827个,实现垃圾分类覆盖面稳步提升、垃圾分类知晓率持续提高、垃圾增长率保持低位的良好态势。 (莫明跃 邵全蔚)

**【垃圾标准化分类清运】**2017年4月,市环境集团会同市城管委根据“按类收集、按色收运、专车专运”原则,推出以“绿桶绿车、黄桶黄车”为基本标志的标准化分类清运系统,即使用绿色垃圾直运车对应绿桶收运厨房(厨余)垃圾,黄色垃圾直运车对应黄桶收运其他垃圾,白色直运垃圾车收运未分类小区的生活垃圾。杭州从2009年9月开展垃圾清洁直运试点,作业方式每年在不断进步。2017年推出标准化分类清运系统后,杭州主城区出现绿、黄、白三种颜色并存的垃圾车,使垃圾分类运输车更加醒目,并方便市民对垃圾分类清运工作的监督。 (张理飞)

**【餐厨废弃物管理】**2017年,杭州市推进餐厨废弃物专门处理与回收利用工作。天子岭静脉产业园区餐厨废弃物处理项目一期工程建成并投入运行,处理量209.1吨/日。该项目主要服务主城区近1700个大中型餐饮酒店、机关和学校食堂。为该项目配套的餐厨废弃物单独收运体系基本完善。萧山区建成餐厨废弃物处理项目2个,新增餐厨处理能力400吨/日。桐庐县餐厨废弃物收运处理一体化项目建成并投入运行,设计处理餐厨废弃物规模50吨/日,该项目为省级餐厨废弃物处理试点项目,由常州维尔利餐厨废弃物处理有限公司投资建设和运营,工程总投资3200万元。 (李文翰)

**【“厕所革命”推进】**2017年,杭州市从软件管理和硬件建设两方面着手,持续推进“厕所革命”。提升管理质量和服务标准,对群众投诉较多的脏、乱、差公厕,本着“功能完善、干净整洁、环境舒适、标识统一”的要求,坚决落实整改。结合城市道路、河道整治,增加公厕数量,解决市民群众如厕难问题。重点加强对车站、码头等区域公厕的管理。全年完成市区102座公厕提升改造,男女厕位比例升至1:1.5,部分公厕达到1:2,有80多座公厕设置第三卫生间,最大限度满足特殊人群如厕需求。协调480个企事业单位对外开放内部卫生间,全年增加公共厕所厕位2334个。推广“贴心城管”App,市民、游客通过手机App点击“找找公厕”,便可查找到附近公厕及社会对外开放卫生间。在条件允许的公厕内开辟“城管驿站”,为一线作业人员和过往市民游客提供歇脚休憩的空间。 (葛利萍 包 丹)

**【市民参与灯光秀活动】**2017年9月30日晚,市城管委联合杭州西湖风景名胜区管委会共同推出“点亮杭城”市民互动活动,邀请市民通过平板电脑(IPAD)控制智慧照明App,体验一键点亮杭城、实现多区域灯光统一开启的感受。10月31日晚,市城管委在杭州西溪湿地雕塑公园,举办以“最美杭州,灵动西溪”为主题的杭州灯光小品秀。小品秀参展的20个作品以富有创意的设计和形式、强烈的视觉冲击力和艺术感,着重表现杭州走向城市国际化的韵味和城市文化的内涵。灯光秀活动是杭州市多年致力于提升城市夜景亮化的缩影。 (李湛圆)

**【道路停车“无感支付”试点】**2017年11月,市城管委联合阿里巴巴集团,在西湖区710个道路公共泊位实施道路停车收费“无感支付”试点,此举在国内尚属首例。道路停车收费“无感支付”利用地磁感应技术,实现停车信息的实时自动采集,并与支付宝系统进行实时交互,完成停车费用自动代扣。项目的实施使车主节省离场时间近85%,区域内泊位周转率增长7.9%,收费管理效率提高50%,试点区域单个泊位日均收入增长4.2%。 (金建锋)

**【城管综合执法改革】**2017年,市城

杭州汽车北站人行天桥夜景 (市城管委 供稿)

管委推进城管综合执法改革，市综合执法局于6月挂牌，新“三定”方案完成起草和意见征求，各区县(市)均完成综合执法局挂牌和换装。建立由市政府主要领导任召集人的杭州市城市管理和综合行政执法工作部门联席会议，加强对城市管理和执法工作的组织领导和统筹协调。推进综合执法平台建设。制订出台《乡镇(街道)综合执法平台建设推进工作方案》，全市190个街镇均按时建成综合执法平台并投入运转。下放执法中队日常管理权，派驻街道(乡镇)的执法中队全部实现属地管理，全市充实基层执法队员1893人。围绕打造“听指挥、守纪律、强执行、尽责任、贴民心”城管铁军，加强教育培训，组织146名处级及以上干部、667名科级干部参加住房和城乡建设部和省住房和城乡建设厅举办的统一培训。开展“强基础、转作风、树形象”“正风肃纪在路上”等专项行动，倡导和践行“721”(即70%的问题用服务解决，20%的问题用管理解决，10%的问题用执法解决)工作法，该做法在全省综合执法工作会议上做交流发言。全系统涌现全国住房城乡建设系统劳模韩京礼、全国十大最美环卫者张永芳、浙江好人朱善翔、杭州最美公务员丁海旭和赵丹等先进典型。新创建星级执法中队19个。

(莫明跃 赵巧英 郁 晨)

## 城市绿化

**【概况】** 2017年，杭州围绕城市国际化和实施“拥江发展”战略，持续加强生态文明建设。开展绿化专项整治、义务植树、古树普查、“最佳最差”系列绿化评比等活动，不断提升整体绿化水平。杭州成功创建全国副省级城市第一、全省首个“国家生态园林城市”。

城市绿化量质齐升。全年主城区新增绿地487.3万平方米，建成4000平方米以上的公园绿地38处，超额完成市政府为民办实事项目确定的绿化任务。实施既有建筑屋顶绿化项目45处，新增屋顶绿化面积6.9万平方米。杭州花圃入选第二批“国家重点花文化基地”，白塔公园等3项园林绿化工程获浙江省

2017年10月19日，望宸阁建成对外开放　　(市城区绿化办 供稿)

“优秀园林工程”金奖，中东河绿道等3条绿道被评为第一届“浙江省最美绿道”。

美化彩化富有成效。以迎接党的十九大和第十三届全国学生运动会为主题，城区设置花坛、花境等环境彩化项目86个，实施“美化家园”工程34处，营造一路一景、一街一特色、四季有花、花开满城的景观效果。坚持绿化与文化、绿化与生活、绿化与旅游等有机结合，全年举办花事活动22场，做到“季季有花展，月月有花香”，丰富杭州园林人文内涵。

绿化养护强管精养。坚持制度化、市场化、属地化管养，种养结合，管养并举，养护管理质量稳步提高。主编或参编国家、省、市园林标准8个，《杭州市城市绿化管理办法》出台，古树普查任务完成，“最佳最差”系列绿化评比继续开展，抗雪防冻、抗旱保绿、抗台防汛等应急能力不断增强。开展以“共建生态园林城市，共享绿色文明成果”为主题的“书香换花香”“生活像花儿一样”等绿化宣传活动，联合阿里巴巴公益基金会创办“桃源里自然教育中心”，营造爱绿护绿氛围。

行政审批规范高效。围绕简政放权、放管结合、优化服务，实现投资类绿化审批事项“最多跑一次”。推行绿化市场网上招投标模式，首创绿化市场诚信评价系统，实现投标企业“一次不用跑”。在地铁树木迁移工程中，坚持“应保尽保”，加强技术指导和监督检查，将城市建设对绿化的影响降到最低。

**【城区绿化工作会议】** 2017年4月6日，市政府召开杭州市城区绿化暨“国家生态园林城市”创建动员会议。代市长徐立毅、市政协副主席赵光育等出席会议。省林业厅副厅长胡侠、省住房和城乡建设厅副厅长张奕到会指导。会议通报表彰2016年度城区绿化综合考评结果和绿化工作先进集体、先进个人，布置2017年城区绿化工作任务。市园文局、富阳区政府做表态发言。徐立毅要求以创建“国家生态园林城市”为契机，推进绿色生态文明建设，扩大城市绿量，增添城市色彩，提高城市品位，强化城市绿地服务功能，努力创造优美、清新、健康、宜居的城市环境。各城区和街道主要领导、城区绿化先进单位及护绿使者代表等近200人参加会议。

**【望宸阁建成开放】** 2017年10月19日，望宸阁建成对外开放。望宸阁为半山国家森林公园配套景点设施用房，包括主阁、景观绿化及附属用房，总建筑面积1989平方米，地上建筑面积1597平方米，主阁面积1275平方米，高约40米。建筑采用“明三暗五”的重檐楼阁式形态。阁内设防火监测、生态文化展示、休闲观光等功能场所，周边设轩亭、碑亭、连廊等构筑物，景观建筑以南宋风格为主。建成后的望宸阁成为杭城北部新地标，市民、游客登上望宸阁向南东眺钱塘，

向西远望西湖,向北坐拥皋亭群山,是登高远眺杭城的最佳景观点。

【杭州获评"国家生态园林城市"】2017年10月31日,在广州举行的"世界城市日论坛"上,杭州被住房和城乡建设部正式命名为"国家生态园林城市",成为全省首个、国内副省级城市中第一个获该称号的城市。杭州坚持"生态优先、保护第一"的发展理念,围绕"环境立市""生态立市"和"美丽杭州"建设战略,将城市园林绿化和生态环境建设作为政府重点工作。通过政策引导、行政推动、制度创新、标准引领、建管并举、公众参与等措施,全面推进节约型、生态型和功能完善型城市园林绿化建设。2016年末,杭州城区绿地率、绿化覆盖率、人均公园绿地面积分别达37.2%、40.7%和14.4平方米。

【优质综合公园、绿化美化示范路评比】2017年,根据省住房和城乡建设厅《关于做好城市"优质综合公园、绿化美化示范路、街容示范街"评比的通知》精神,杭州市区推荐一批优质综合公园、绿化美化示范路参加评比。经综合考查,下城区(江干区)城东公园、富阳区东吴文化公园、西湖风景名胜区杭州花圃、黄龙洞公园、万松书院5个公园被评为省级"优质综合公园"。上城区之江路、下城区体育场路、江干区机场路、拱墅区丰潭路、西湖区黄龙路、余杭区人民大道、滨江区江晖路、杭州经济技术开发区6号大街、富阳区文教路、杭州西湖风景名胜区虎跑路10条道路被评为省级"绿化美化示范路"。

【"最佳最差"公园绿地评选】2017年,杭州市区有89个公园(景区)、131条道路绿地和57条河道绿地、13条高架绿化参加"最佳最差"公园绿地评选活动。经评定,飞来峰景区和城北体育公园被评为年度杭州市区"最佳公园(景区)",杭州动物园被评为A类"最差公园(景区)"。丰潭路、省府路、迎宾大道被评为"最佳道路绿地",临鸿东路被评为"最差道路绿地"。玩月街沿河绿地被评为"最佳河道绿地",中河高架(下城段)被评为"最佳高架绿化"。全年无"最差河道绿地"和"最差高架绿化"。

【美化彩化工程】2017年,杭州实施美化彩化工程。在城区道路、大型广场、重要交通枢纽等区域,设置立体花坛22个、环境小品8个、花卉布置项目86个,彩化面积1.5万平方米,新配时花60多万盆。在G20杭州峰会环境整治基础上,增加观赏性木本植物、垂直开花的藤本植物和球宿根花卉,并继续实施"美化家园"工程。美化彩化区域还向街头巷尾、城市纵深延伸,使绿化美景俯首随处可见。

【义务植树】2017年3月10日,省、市党政军领导前往杭州江干区东湖路市民森林公园,参加义务植树。省委副书记、省长袁家军,省委常委、市委书记赵一德,市委副书记、代市长徐立毅等领导,与500多名省市区机关干部、解放军及武警官兵及"护绿使者"代表一同种下红豆杉、浙江樟、水杉、无患子、榉树、黄山栾树等珍贵树木和彩色叶开花树木1600多株。全年各城区围绕创建"国家生态园林城市"目标,开展各种形式的绿化宣传活动,推出绿地认建认养点27个、面积50万平方米,有105.6万人次参加义务植树。

【绿化工职业技能竞赛】2017年5月27日至6月2日,杭州举行以"世界园艺添彩国际杭州"为主题的绿化工职业技能竞赛。竞赛由市园文局、市总工会、市人社局主办,杭州植物园、市财贸旅游工会、市风景园林学会、市园林绿化行业协会、市技师协会园林绿化分会承办。全市各区县(市)、行业协会、学会的18支代表队、110名选手报名参加。经理论考试,77名选手参加决赛。杭州西湖风景名胜区代表队选手获花境配置和施工放样两个决赛项目的前三名,被授予"杭州市技术能手"称号。(赵 艳)

## "美丽乡村"建设

【概况】2017年,杭州市深入推进"美丽乡村"建设。出台《2017年美丽乡村建设工作要点》《关于实施新一轮"风情小镇"建设的实施意见》《杭州市美丽乡村建设升级版行动计划(2016—2020年)》,开展农村环境全面治理。全市94.6%的村实现生活污水集中处理,99.3%的村实现生活垃圾集中处理,其中80%的村实行生活垃圾分类。累计建成中心村193个、"美丽乡村"精品村249个、风情小镇29个、省级和市级重点历史文化村落28个。全年完成生态环境修复村庄850个;推出"美丽乡村"精品示范线12条,累计50条,示范线成为市民周末休闲和短途自驾游的首选线路。149个小城镇中新创建省级卫生乡镇(街道)34个,新创建市级卫生乡镇(街道)11个。完成道路乱占整治点1

西湖区三墩镇华联村一片曾被违章建筑侵占的闲置地块变身为生态景观公园

(杭州图库 供稿)

万多个，整治提升“低小散”问题企业4000多个；拆迁拆违960万平方米；结合整治新建、改建农贸市场70个、垃圾中转站80个、公共厕所460多个；新建、改建“非遗”文化展示馆、博物馆、体验馆约80个；建成公园80个，其中海绵公园20个；新建停车场280个，新增停车泊位2万多个。

杭州市新型城镇化建设以乡村振兴为重要引擎，以村镇规划编制、农村住房改造、农村生活垃圾和污水治理、乡村旅游发展为主要抓手，推动全市农村人居环境进一步改善。全市城镇化率达76.8%。小城镇环境综合整治开工项目771个，农村保洁覆盖率、农村生活垃圾有效处理率进一步提升。农村住房改造竣工27139户，困难家庭危房改造竣工1796户。临浦镇、瓶窑镇、场口镇列入新一批省级小城市培育试点。新一轮“联乡结村”帮扶活动实施协作项目84个。农民人均收入30397元，城乡居民收入比缩小到1.85∶1。农村常住居民人均住宅建筑面积增至70.9平方米。全年乡村旅游接待游客5650.86万人次，占全市游客总量三分之一以上。（严　建　王昱恺）

**【村庄规划编制】**2017年，市规划部门加强全市城镇规划编制工作统筹。规划编制过程中，会同各区县（市）规划编制单位征求相关部门、街道（乡镇）意见，增强规划的可操作性和可实施性。市建委根据县（市）域总体规划，指导、督促各区县（市）优化完善县域村庄规划布局和中心村规划。全年完成村庄规划编制126个（包括修改完善）、美丽宜居示范村规划修编18个。市财政补助规划编制资金500万元。（郭清民）

**【小城镇环境综合整治】**　2017年，杭州市把小城镇环境综合整治行动作为推进城乡环境品质提升，促进经济转型升级的重要抓手，以“全省树标杆，杭州创样板”为目标，围绕“一加强三整治”（加强规划设计引领，整治环境卫生、城镇秩序、乡容镇貌）重点内容，开展小城镇环境综合整治“线乱拉”“道乱占”“车乱开”“低小散”等专项整治行动。全年投入资金57.12亿元，完成综合整治项目771个，52个小城镇整治工作通过省级验收，其中13个乡镇（街道）被评为省级样板乡镇（街道）。杭州被评为2017年度全省小城镇环境综合整治工作优秀设区市，临安区、淳安县、建德市被评为优秀县（市、区）。6月，市小城镇环境综合整治领导小组办公室与市城乡规划协会联合组织杭州市小城镇环境综合整治优秀规划方案评选，评出优秀规划方案34个，其中中心镇12个、一般镇12个、独立于城区的街道4个、乡（集镇）6个。3月、7月，省小城镇环境综合整治行动小组办公室分批公布全省小城镇环境综合整治优秀规划方案评选结果，杭州获选方案16个。（郎淑文）

杭州西湖区狮子山南渠新貌　（市建委 供稿）

**【小城市培育试点】**2017年，杭州市以启动新一轮小城市培育试点为契机，加快小城市培育工作。编制小城市培育试点镇三年（2017—2019年）行动计划，年内9个试点镇完成行动计划编制，其中余杭区塘栖镇行动计划被推荐为全省10个试点镇示范文本之一。加大基础设施建设资金投入力度，全市落实小城市培育试点专项资金1.9亿元。各试点镇以环境整治为抓手，发挥区位优势，拓展农民增收渠道，提升社会公共服务功能，乡镇面貌发生明显变化。至年末，全市小城市试点镇完成投资334.6亿元，完成生产总值557.3亿元，分别比上年增长4.4%和10.6%。

**【中心镇建设】**2017年，杭州市继续实施市领导联系中心镇制度，加快推进中心镇重大项目建设。全年中心镇围绕产业转型升级、基础设施建设、城乡统筹、生态环保、公共服务五大领域，实施315个重大项目建设，完成项目投资200.2亿元。推进中心镇环境综合整治，乾潭、寿昌、富春江、分水、新登、汾口、瓜沥、临浦8个镇规划方案入选全省小城镇环境综合整治优秀规划方案。千岛湖乐水小镇入选省第二批旅游特色小镇，成为淳安县首个省级特色小镇。推进中心镇“最多跑一次”改革。临安区成立区行政服务中心昌化分中心和於潜分中心，推出便民事项权力下放、办事流程优化等举措，激发市场活力。（陈新建）

**【省级“美丽乡村”示范创建】**2017年，杭州市临安区创建为全省“美丽乡村”示范县，成为继桐庐县后，全市第二个省级“美丽乡村”示范县。全市有12个乡镇创建为省级“美丽乡村”示范乡镇，31个村庄创建为省级特色精品村，43个村庄创建为AAA级景区村庄。

**【“风情小镇”建设】**2017年4月17日，市农办、市财政局联合印发《关于开展新一轮“风情小镇”建设的实施意见》。从2017年起着力打造一批有产业支撑、文化内涵、旅游品位、乡土风味、地域特色的“风情小镇”。以突出关键特色、产业核心、精致为美、有效投资为创建要求，以产业集聚、基础提升、生态美化、智慧应用为建设内容，每批建设周期两年。年内，全市实施“风情小镇”建设项目52个，总投资6774万元。

2017年3月8日，杭州首批市级“杭派民居”示范村——富阳区大源镇大源村望仙自然村的“杭派民居”落成（杭州图库 供稿）

**【“杭派民居”示范村创建】** 2017年，杭州市启动实施第二批“杭派民居”示范村创建，每批建设周期两年。其中：重点示范村8个，分别是萧山区进化镇欢潭村，余杭区径山镇径山村，富阳区银湖街道金竺村、富春街道宵井村、常安镇横槎村，桐庐县江南镇环溪村、富春江镇石舍村，建德市大慈岩镇新叶村；一般示范村3个，分别是富阳区场口镇青江村、龙门镇龙门三村，建德市莲花镇戴家村。

**【历史文化村落保护利用】** 2017年，杭州市建设完成第三批省级历史文化村落保护利用重点村4个、一般村17个。新启动建设第五批省级重点村3个、一般村21个，每批建设周期三年。建设完成市级历史文化村落重点村4个、项目35个，总投资3330万元。新启动建设市级重点村4个，实施项目16个，总投资1560万元，每批建设周期两年。（王昱恺）

**【集体经济发展】** 2017年，全市村级股份合作制改革基本实现全覆盖，完成2394个村级股份经济合作社董事会、监事会换届，实现股金分红近14亿元。江干区成为国家“股社分离”改革试点。加大农村集体经济发展力度，制订实施消除集体经济相对薄弱村三年行动计划，全年消除总收入相对薄弱村423个，消除经营性收入相对薄弱村317个。消除行动坚持增收、化债、节支并举，制订“一村一方案”，利用区县协作、联乡结村、结对帮扶等平台，推动更多资源向农村配置，加快补齐农村集体经济发展短板。推进市、县、乡镇三级农业合作联合体建设，年内建成市级联合体1个、县级联合体8个、乡镇联合体72个，会员4142个；市县两级联合体开展大田托管、农业生产资料批发市场代管等工作。农民合作基金、农业合作联合体投资发展有限公司、农村信用担保公司等平台相继成立。全市农村电子商务销售额108亿元，比上年增长35%，实现三年翻一番。农村电子商务服务体系不断健全，农村电子商务站点实现村庄全覆盖，累计形成网络代购订单546.39万元、网络批发交易1.61亿元。（严 建 王昱恺）

**【乡村旅游发展】** 2017年，杭州市加强对乡村旅游发展的统筹规划和科学引领，完善包括乡村道路、农村厕所、标志标牌和咨询服务在内的旅游配套，加大旅游营销宣传力度，依托乡村生态、农业产业园、景区村落、精品民宿、特色小镇的联动优势，推进杭州全域休闲旅游快速发展。全年全市乡村旅游接待游客5650.86万人次，占全市游客总量三分之一以上，近5年乡村游客增幅超过6倍，旅游总收入增长6.8倍。其中建德市在“旅游+”引领带动下，村落景区、田园综合体等乡村旅游项目游客接待量达469万人次，比上年增长77.1%，实现旅游收入4.79亿元，增长136.3%。（严 建）

**【农村住房改造建设】** 2017年，杭州市以“十三五”发展规划为统领，加强农村住房改造建设统筹协调，坚持“联席会议、推进例会、进度通报、信息报送、专项考核”五项制度，加快农村住房改造建设。全年完成农村住房改造建设27139户。其中，实施“二合一”模式13541户、“二选一”模式1614户、“民建公助”模式11984户。改造建设面积775.51万平方米，总投资157.1亿元。改造建设户数、面积、总投资分别比上年增长58.4%、35.7%和220%。

**【农村困难家庭危房改造】** 2017年，杭州市完成农村困难家庭危房改造1796户，完成年度目标任务的148.4%，改造面积24.54万平方米。危房改造中，新建1275户、改建229户、修缮280户、置换12户。救助对象中，“五保”户5户、“低保”户1303户、受灾困难户23户、其他困难户465户。投入财政补助资金5714.1万元，其中中央及省级资金1640万元、市级资金388万元、县级资金2561.8万元、乡镇级资金1121.7万元、村级集体资金2.6万元。（郭清民）

责任编辑 余显幕

## 环境质量

【生态建设成效明显】2017年，杭州市深入践行“绿水青山就是金山银山”发展理念，全面落实中央环保督察要求，坚定不移走生态优先、绿色发展道路，加快形成绿色发展方式和生活方式，杭州生态环境质量持续改善。全市化学需氧量、氨氮、二氧化硫、氮氧化物等主要污染物均完成省下达的减排目标任务。大气、水环境质量水平进一步提升，市区空气优良天数271天，比上年增加11天；PM2.5浓度年均值45微克/立方米，下降8.2%；全市88.5%的地表水市控以上断面水质达到或优于Ⅲ类标准，西湖、千岛湖、钱塘江、苕溪、西溪湿地等重要生态环境功能区得到较好保护。完成全市生态保护红线划定工作。杭州获省级生态文明建设示范市、全省治水工作最高奖“大禹鼎”、国家生态园林城市、全国“2017美丽山水城市”等称号。

【水环境】2017年，杭州市水环境质量状况良好，各项指标稳中有升。全市“十三五”期间52个市控以上断面水环境功能区达标率92.3%，比上年上升7.7个百分点；达到或优于Ⅲ类标准比例88.5%，上升3.9个百分点。钱塘江水质状况为优，水环境功能达标率和干、支流市控以上断面达到或优于Ⅲ类标准的比例均为100%。苕溪水质状况为优，水环境功能达标率和达到或优于Ⅲ类标准的比例均为100%。运河及城市河道水质继续改善，运河水质状况为轻度污染，水环境功能达标率和达到或优于Ⅲ类标准的比例均为66.7%。城市河道水质状况为轻度污染，水环境功能达标率为75%，达到或优于Ⅲ类标准的比例为62.5%。西湖水质状况为优，平均透明度1.33米。湖区内监测点位水质均达到Ⅲ类以上水质标准。千岛湖水质状况为优，平均透明度3.91米。湖区内监测点位水质均达到Ⅰ类水质标准。

全市集中式饮用水水源地水质状况优，12个国控饮用水水源地点位水质保持稳定，达标率均为100%。

【空气环境】2017年，按照《环境空气质量标准(GB 3095—2012)》评价，杭州八城区(上城区、下城区、江干区、拱墅区、西湖区、滨江区、萧山区、余杭区，下同)环境空气优良率74.2%，比上年上升3.2个百分点。八城区PM2.5达标天数323天，增加17天，达标率88.5%，上升4.9个百分点。八城区环境空气中二氧化硫($SO_2$)年均浓度为11微克/立方米，下降8.3%，符合国家环境空气质量二级标准。二氧化氮($NO_2$)年均浓度为45微克/立方米，超标0.12倍。PM10、PM2.5年均浓度分别为72微克/立方米、45微克/立方米，分别超标0.03倍和0.29倍，但分别下降8.9%、8.2%。降尘平均浓度为4.69吨/平方千米·月，达到浙江省控制标准，下降5.6%。全市环境空气质量进一步改善，主要污染物为臭氧($O_3$)。全年臭氧超标天数为52天，增加3天。

富阳区、临安区、桐庐县、淳安县、建德市的环境空气质量优良天数分别为330天、324天、336天、333天、353天，优良率分别为90.9%、88.8%、92.1%、95.1%、96.7%，主要污染物为细颗粒物(PM2.5)，其中淳安县评价有效天数为350天。

全市酸雨程度总体比上年度减轻，淳安县处在非酸雨区。全市酸雨率62.9%，下降8.7个百分点。降水pH年均值为5.12，有所上升；降水pH值范围为3.81～8.27，最低值出现在六城区(上城区、下城区、江干区、拱墅区、西湖区、滨江区)。

【声环境】2017年，杭州市声环境质量状况良好。根据《声环境质量标准(GB3096—2008)》评价，全市各类标准适用区昼间噪声均达标。环境噪声的主要来源为交通和社会生活噪声。

八城区的区域环境噪声为55.2分贝，比上年下降1.2分贝，质量等级一般；其余5个区县(市)的区域环境噪声情况：富阳区、临安区质量等级一般，建德市、淳安县质量等级较好，桐庐县质量等级好。八城区道路交通噪声为67.8分贝，质量等级好。其余5个区县(市)道路交通噪声为61.9分贝～68.8分贝，富阳区、临安区、桐庐县、建德市质量等级好，淳安县较好。

【生物环境】2017年，杭州市有森林与野生动植物类型的国家级自然保护区2个、省级自然保护小区28个；国家湿地公园1个、省级湿地公园3个；野生动物拯救繁育基地(含救护中心)2个、市级以上野生动物疫源疫病监测站(点)8个。全市有包括蕨类和种子植物在内的维管植物2100多种,国家重点保护植物及珍稀濒危物种74种;陆生野生动物505种,其中国家一级重点保护动物9种、国家二级重点保护动物65种。市和有关区县(市)加强生物多样性保护,开展“世界湿地日”“世界野生动植物日”“爱鸟周”“野生动植物保护宣传月”等野生动植物保护宣传活动。采取就地保护、迁地保护、野外回归、种群重建等措施,对濒危野生动植物实施抢救性保护,对极小种群野生动植物实施拯救保护工程。强化对乱捕滥猎滥食和非法经营、走私野生动物情况的联防联控和综合治理,积极保护野生动植物及其栖息地。全市生物多样性保护工作取得较好成果,生物环境得到明显改善。全年杭州市生态环境状况指数为78.2,等级为优。

(陈鸣渊)

## 环境综合整治

**【中央环保督察问题整改】** 2017年8月11日至9月11日,中央第二环境保护督察组进驻浙江开展督察。督察期间,杭州市完成资料报送26批次、446项、2335份;配合开展问询谈话26场、58批次,接受问询谈话109人次;收到督察组受理并转办信访件32批次、1591件(其中重点件52件)。全年办结1515件。督察期间,全市出动检查人员4.44万人次,检查企业2.65万个次,责令整改2411个,立案处罚986个,刑事拘留9人,行政拘留8人,约谈161人,问责60人。杭州环境信访领导领办和处理工作大比武两项机制得到中央环保督察组肯定,作为典型经验报国家环保督察办公室。全市以配合中央环保督察为契机,动真碰硬解决长期积累的环保突出问题,促进产业绿色转型升级和“腾笼换鸟”。垃圾焚烧、污泥和飞灰处置等环境基础设施老大难问题,余杭杭徽高速公路噪声扰民、江干区原笕桥机场周边区域“散、乱、污”小作坊、富阳区炭黑加工厂等环境治理老大难问题得到有效解决。临安、萧山等地开展砖瓦、卫浴等行业整治。根据《2017年杭州市环境保护督察方案》,12月18—22日,市政府组织市环保局、市信访局、市监察委、市发改委、市建委、市质监局、市林水局等部门分三组对萧山、余杭、富阳、桐庐、杭州经济技术开发区、杭州大江东产业集聚区开展专项督察,推进中央环保督察问题整改。

12月24日,中央第二环境保护督察组向省委、省政府反馈督察情况后,市委、市政府召开督察问题整改落实部署会,对整改工作进行全面部署。成立由市委书记、市长担任组长的中央环境保护督察杭州市整改工作领导小组,针对中央环保督察反馈的桐庐和萧山饮用水源保护区违规违法项目,余杭闲林杭徽高速公路噪声扰民,萧山、富阳和余杭垃圾焚烧飞灰违规处置,富阳造纸废渣非法倾倒,杭州天子岭垃圾填埋场超负荷运行和垃圾渗滤液超标排放,以及杭州七格污水处理厂超负荷运行和污水溢流等7个重点问题,组织制订整改方案,抓紧落实整改措施。

下城区生态示范河——东河 (严 建 供稿)

**【主要污染物减排】** 2017年,杭州市制订年度主要污染物减排计划,加强环境基础设施建设,推进重点项目减排,严密防控环境风险,提高环境管理系统化、科学化、法制化、精细化水平,为实现与一流的国际化城市相适应的环境质量目标奠定坚实基础。全年实施减排工程项目124个,涵盖环境基础设施建设、环境监测、污染防治、自然生态保护等方面。全年化学需氧量、氨氮、二氧化硫、氮氧化物等主要污染物排放量均完成省下达的减排目标任务。

**【大气污染整治】** 2017年,杭州市开展“五气共治”攻坚行动,全面落实大气污染防治计划。6月30日,《杭州市大气污染防治“十三五”规划》印发,《杭州市2017年大气污染防治实施计划》实施。8月10日,《杭州市人民政府办公厅关于杭州市建设全市域大气“清洁排放区”的实施意见》发布,并于9月10日起施行。开展《杭州市大气环境质量限期达标规划》编制工作,该规划通过中国工程院院士、清华大学环境学院院长贺克斌领衔的专家组评审。推进收尾燃煤烟气治理,全面淘汰10蒸吨/小时(含)以下高污染燃料锅炉;完成全市133台热电锅炉超低排放改造或关停;140台10蒸吨/小时以上高污染燃料工业锅炉除部分关停外全部完成清洁化改造并投入运行。开展县以上城市建成区范围大气重污染企业关停转迁,淘汰落后和严重过剩产能企业170个,实施“低、小、散”企业整治提升2902个。开展挥发性有机物(VOCs)污染防治专项行动,对233个企业实施整治提升,削减VOCs 9974吨。推广工业化装配式建筑和雾炮、自动冲洗、工地扬尘在线监控等新技术,推进扬尘灰气综合治理。完成渣土运输车辆密闭化改造3200多辆。排查无照餐饮店2362个,关停取缔625个;对1737个餐饮店提出限期整改要求。建立全市域秸秆禁烧网格

杭州市使用漂浮物自动清理船进行河道清污　　（市环保局 供稿）

化监管机制，全年全市秸秆综合利用率92.9%。

【机动车污染防治】2017年，杭州市通过推进车辆结构优化、探索开展非道路移动机械污染减排、创新检测机构监管制度、严格机动车执法和检测等措施，加强机动车排气污染防治。推进老旧车淘汰、油气回收等工作，市环保局、市公安局、市财政局、市商务委（市粮食局）四部门联合印发《杭州市国三柴油车淘汰补助实施细则（暂行）》，全年受理淘汰车辆补助申请3024辆；全市新能源车保有量7.4万辆，占全省总量70%。完成非道路移动机械源清单典型抽样调查，调查机动车4500多辆，监测污染排放机动车760辆。市环保局联合交通部门在全省试点车辆排放检验远程在线审查，对市区15个检验机构排放检验进行形式审查和后台抽查；对公交、环卫、渣土等重点行业的重型柴油车实施“排放后处理系统在线实时监管”（OBD），年内接入“在线实时监管”平台车辆400多辆。开展检验机构“双随机”检查，立案查处检验机构3个，罚款22万元；联合交警部门开展道路行驶柴油车的排放监督抽测，以及出租车、客运汽车、环卫车、混凝土车、渣土运输车检查，全年检查机动车2900多辆。开展油气回收执法检查，立案查处尾气超标排放加油站12个；加油站回收汽油1375吨。完善检验机构建设规范与联网实施细则，成立杭州市机动车环保检验行业专业委员会，探索建设排放检验便民预约平台。

【水环境整治】 2017年，杭州市深入开展饮用水源保护区安全隐患排查和整改，县级以上饮用水源地全部达到合格（规范）饮用水源保护区创建要求。开展年度饮用水源评估，建立饮用水源保护工作例会和报送机制。对照中央环保督察要求，完成饮用水源保护相关问题整改。市治水办编制《杭州市治污水暨水污染防治行动2017年实施方案》，将污水治理暨水污染防治工作纳入年度考核内容。全市9个县控以上劣Ⅴ类断面完成消劣，1256个劣Ⅴ类小微水体完成销号，杭州通过剿灭劣Ⅴ类水省级复核验收，群众治水满意度84.7%，比上年上升3.85个百分点。实施截污纳管项目356个、雨污分流项目349个，新增污水管网393.86千米，完成河道清淤量1254万立方米。加大“散、乱、污”企业关停整治力度，整治违法排放污水企业50个。推进农业农村面源治理，新建的249个规模保留场全部建成线上防控设施，并纳入当地环保部门监管平台。完成水产养殖塘生态化改造面积1040公顷、稻鱼共生面积260公顷、水生生物增殖放流1.9亿尾。深化河道排污口排查和整治，完成排污口整治737个。全市32条城市河道、275.8千米农村河道达到综合整治要求。　（陈鸣渊）

【河道劣Ⅴ类水治理】2017年，杭州市坚持“拆、清、截、引、治、管”六字方针，开展城市河道劣Ⅴ类水剿灭工作，深入实施截污纳管雨污分流三年行动计划（2016—2018年）。全年完成城市河道清淤33条（段），总长度50.9千米；完成截污纳管项目286个；提升改造闸站47座，引配水14.6亿立方米；打造生态示范河道10条，177条（段）城市河道提前摘掉劣Ⅴ类帽子。年末，Ⅲ类及以上水质比例达45%，比上年提高4.7个百分点；Ⅳ类及以上水质比例达73%，提高9个百分点。完成主城区供排水特许经营商务谈判及协议签署，实现供排水一体化管理。新增计划用水单位217个。新创建省级节水型单位10个、节水型小区43个，全年城市供水管网漏损率降至9.5%。出台《高层住宅二次供水设施设备运行维护技术规程》和《城镇应急供水保障服务标准》。加大涉水执法力度，全年受理涉水违法案件924起，罚款315.4万元。

（莫明跃 赵解文）

【河道污水处理设施建设】2017年，杭州市区实施河道综合整治项目49个，完工41个，新增（修复）驳坎29千米，建成滨河绿道16千米，新（改）建绿化面积31.65万平方米。严格执行质量控制、文明施工规定，九沙河二期建设工程02标段被评为2017年度浙江省市政（优质工程）金奖示范工程。新扩建污水处理厂3座，续建1座，建成城镇污水处理厂污泥处置设施1座；新增污水收集管网394千米。城镇污水设施运营管理水平提高，市本级污水处理率提高到95%。推进农村生活污水治理设施建设，至年末，全市1722个行政村建有农村污水治理设施。杭州市级及8个区（县、市）农村生活污水治理运维监管平台系统建成，出水水质明显提高。杭州市在全省农村污水治理设施运维管理工作考核中名列第一。

（郎淑文）

【城西污水处理厂二期工程开工】 2017年12月8日，城西污水处理厂二期工程开工建设。该工程是市水务集团实施的第一个工程总承包（EPC）项目，由中国市政工程华北设计研究总院与市市政集团联合中标，工程总投资1.65亿元，计划于2019年建成。工程位于振华西路，服务范围包括蒋村单元(余杭区块除外)、紫金港以西文二西路以北区块、浙大紫金港西校区、西溪湿地保护区、三墩西部分区块及三墩北居住区等区块。污水处理采用最新工艺，处理规模5万立方米/日，出水水质达AA级标准。工程投产后，将有效改善杭州城西地区周围水环境，推进西溪湿地可持续发展。（王　翔）

**【第二垃圾填埋场污水处理厂扩建工程竣工】**2017年12月，杭州市第二垃圾填埋场污水处理厂扩建提标工程竣工并投入试运行。该工程是市环境集团承接台州黄岩区废弃物生物填埋场污水处理(垃圾渗滤液)提标工程后，与市城乡设计院合作中标的第二个设计采购施工(EPC)项目，总用地面积1万平方米，主要施工内容为对原污水处理厂相关沟、建筑物进行拆除、扩建和提升，设计规模1500立方米/日(垃圾渗滤液)，处理工艺采用市环境集团自主研发的新工艺，出水质量达到《生活垃圾填埋场污染控制标准》。（李　华）

**【河湖库塘整治】**2017年，市林水局成立河长制水利工作领导小组，建立健全河长联络机制，制订出台《杭州市河长制工作水利实施方案》，明确2017—2020年工作目标任务。全年完成河道管理范围划界542千米，新增水域面积0.19平方千米，创建无违建河道561千米，河湖库塘清淤1253万立方米，累计清淤2878万立方米，完成市“十三五”规划的75.7%。河道整治275千米，上塘河4个劣Ⅴ类控制断面全部整治完成。余杭区利用停产后的养殖塘改种莲藕，实现产业转型升级，造就“千亩荷塘”，解决淤泥出路问题。萧山区从承包户收回养殖鱼塘160公顷，建成全省最大规模堆场，可堆放淤泥500多万立方米，基本解决全区淤泥去处问题。（何　晴）

**【农业土壤污染防治】**2017年，市环保局编制《杭州市土壤污染防治工作方案》《杭州市2017年土壤污染防治工作计划》及污染地块治理修复规划，深入开展土壤污染防治工作。组织全市土壤污染状况详细调查，建立土壤环境监测网络和土壤治理修复项目库。完成杭州玻璃集团有限公司、杭州民生药业集团有限公司等企业原址土壤修复工作。全市在农产品产地土壤重金属污染防治普查基础上，结合171个市级农田土壤环境监测点，从中筛选出960个农业“两区”(粮食生产功能区和现代农业园区)土壤样品进行评价。完成158个省级农田土壤污染监测点的预算编制、点位核实和布设工作，委托第三方进行取样和检测。试点县桐庐县在试验区农田开展土壤重金属污染不同修复技术试验35个；建立土壤污染治理小规模示范区6个，在瑶琳镇大洲畈和江南镇莲塘畈建立土壤修复综合治理示范区2个，每个示范区面积16.67公顷；全年采集土壤、秸秆和籽粒等样品700多个，完成检测分析300多个，完成土壤污染治理试验效果总结分析报告15份。

**【化肥减量增效】**2017年，市植保土肥总站结合测土配方施肥，推广新型肥料、水肥一体化和有机肥等技术，推进化肥减量增效工作。全市举办测土配方施肥技术培训班48期，培训技术骨干和农民4980人，推广测土配方施肥28.46万公顷(次)，应用配方肥3.19万吨、13.16万公顷(次)；加大有机肥替代推广力度，推广商品有机肥19.18万吨，应用面积3.61万公顷(次)，资源化利用畜禽粪便56万吨；探索草莓、葡萄、芦笋、蓝莓及茄果类等作物的肥水一体化施肥技术，建立典型经济作物肥水一体化示范基地21个，全市水果、蔬菜基地肥水一体化应用面积2666.67公顷。全年实现化肥减量2860吨(实物)。

**【农药废弃包装物回收处置】**2017年，杭州市各区县(市)在初步形成“以各镇街为责任主体、相关部门协调监督、生产经营单位折价回收、农资公司集中存放运输、专业环保单位归集销毁”回收处置机制的基础上，制定农药废弃包装物回收与处置扶持政策，推进农药包装废弃物回收处置。全年投入资金2527.9万元，回收农药废弃包装物595.3吨，处置废弃包装物560.2吨。（何有良　邱　亮）

**【湿地保护】**2017年，杭州市强化湿地管理组织领导，将杭州市绿化委员会更名为杭州市绿化(湿地)委员会。推进全市湿地保护工作，先后划定湿地保护红线10.6万公顷。萧山湘湖、淳安千亩田沼泽湿地、余杭三白潭被列入第二批省重要湿地名录。加大西溪国家湿地公园监管力度，完成2016年度西溪国家湿地公园生物多样性监测。（洪向东）

**【农村生态环境改善】**2017年，杭州市启动并完成村庄生态环境修复850个村，实施项目1241个，总投资3.42亿元。至年末，全市累计完成生态环境修复村1231个。全市全年开展省农村生活垃圾减量化资源化处理试点村40个，其中临安区10个、淳安县10个、建德市20个，总投资1500万元。开展省农村生活垃圾集中收集有效处理村190个，其中萧山区30个、余杭区19个、富阳区27个、临安区29个、桐庐县18个、淳安县42个、建德市25个，总投资4441万元。完成省农村生活垃圾分类处理村创建698个，其中萧山区70个、余杭区55个、富阳区33个、临安区137个、桐庐县20个、淳安县333个、建德市50个，总投资1.77亿元。实施农村生活垃圾整乡镇分类及减量化资源化处理乡镇45个，设置处理站点98个，其中，采用生物发酵设备处理58个，采用太阳能堆肥处理38个，采用其他处理工艺2个，总投资1.42亿元。（王昱恺）

**【低碳试点城市建设】**2017年，杭州市继续实施市、县两级温室气体清单常态化，完成2016年度市、县两级温室气体清单报告编制，市级清单报告通过省发改委组织的专家评审。开展424个重点企事业单位温室气体排放报告编制及核查。6月，上城区小营巷社区、桐庐县荻浦村成为市级第一批低碳社区(农村)试点。在省政府年度控制温室气体目标考核中杭州市获优秀等级。全年杭州市淘汰

老旧汽车2.31万辆，新增清洁能源和新能源公交车879辆。（郭玉虎）

【地质灾害综合治理】2017年，杭州市深入推进地质灾害隐患综合治理“除险安居”专项行动。全年完成地质灾害综合治理项目397个，使5790人解除地质灾害威胁，超额完成省政府下达的“消除150个隐患点、使2000人解除威胁”的目标任务，全市80%以上已知地质灾害隐患得到有效治理。（徐驰翔）

## 环境管理执法

【环境执法监察】2017年，杭州市以打造“环境监管最严城市”为目标，继续保持环境执法高压态势。全市立案查处行政处罚案件2423件，罚款1.21亿元，处理案件数和罚款金额分别比上年增长22.9%和29.2%。其中：向公安机关移送涉嫌环境污染犯罪案件29件，刑事拘留71人；移送适用行政拘留环境违法案件71件，行政拘留72人，移送公安机关案件数和拘留人数分别增长53.8%和66.3%。实施按日计罚4件，查封扣押98件，停产限产53件。落实“铁拳”系列执法行动要求，组织开展“铁拳1号”剿劣护水、“铁拳2号”夏季治废、“铁拳3号”秋季执法、“铁拳4号”冬季治霾4次大规模专项执法行动。结合各类专项执法，推进打击环境违法“十百千计划”，集中查办一批有震慑力的典型违法行为，全年查处市级大案44件，县级大案174件。开展中高考期间“绿色护考”专项行动，加强建筑企业夜间施工管理。（陈鸣渊）

【水政执法】2017年，杭州市结合河湖执法检查活动，切实查处涉水违法行为。全年组织水政巡查1657次，出动人员4715人次，巡查省、市、县、乡四级河道1.34万千米，巡查水域面积2.79万平方千米。查处各类水事违法行为247件，立案60件，其中占用水域案8件、河道采砂案35件。办理信访投诉286件，调处水事纠纷6起。拆除涉水违章建筑14.3万平方米。5月，省水利厅、市政府、各沿江区政府（江干区、西湖区和滨江区）三级联动，开展钱塘江杭州段非法采砂联合整治行动。由市林水局牵头，协同公安、交通、财政、环保、法制等部门，历经半年，至10月底，所有20艘有证采砂船全部协议拆解完毕，2艘无证改装采砂船被依法强制拆除，彻底结束钱塘江杭州段30多年的采砂历史，确保两岸堤防、过江桥隧和饮用水水源地安全。（杨晓东）

【排污管理与收费】2017年，杭州市排污费征收工作按照《排污费征收管理条例》要求组织实施，并对建德市、西湖区、上城区、拱墅区、西湖风景名胜区开展排污申报收费稽查。开展历年排污欠费催缴和VOCs排放企业收费试点，排污费清欠完成率100%。全市申报登记排污企业10587个，实际征收4349个，征收排污费1.68亿元。组织6期排污权（主要污染物排放权）申购交易，55个次排污单位办理排污权申购交易及登记，成交化学需氧量255吨、氨氮16吨、二氧化硫318吨、氮氧化物831吨，成交金额5849万元。协调12个企业排污权实行抵押融资登记，企业获银行贷款1.09亿元。完成火电、造纸、印染等行业排污许可证核发，全市核发许可证企业477个，占全省发证量企业的15.4%。以重点企业带动一般企业，推动水泥、造纸、印染等8个行业污染源全面达标排放。完成强制性清洁生产审核企业119个。

全市建成市控以上刷卡排污系统264套，其中废水217套、废气47套，涉及企业255个，排污数据传输有效率90%以上。加强减排监测体系建设，完成污染源在线自动监控系统建设和改造计划，全年完成329个废水、废气和VOCs排放企业及25个畜禽养殖基地减排监测体系改造，并督促企业建立自行监测巡检机制。开展企业基本信息有效性审核，对197个国控企业进行监督性监测，监测结果每10天在市环保局门户网站公布一次。

市环保执法人员正在进行污水采样（市环保局 供稿）

【建设项目环境管理】2017年，杭州市加强建设项目环境管理，依据《中华人民共和国环境影响评价法》《建设项目环境保护管理条例》和国家、省、市产业发展导向目录，把好建设项目环保审批关，严格控制污染负荷，通过强化产业导向、总量控制和达标排放，控制一批污染严重、与区域环境发展不相协调的建设项目。对符合审批原则，污染轻的高新技术、重点项目实施简化程序，加快办理。全年全市审批建设项目2198个，其中报告书项目170个，报告表项目2028个。登记表项目实行网上备案1.1万个，环评执行率100%。验收竣工项目2246个，其中市本级85个项目采取现场验收办法，建设项目“三同时”执行率100%。全年备案经营性用地项目40个，完成退役场地环境评价项目17个。推进工业土地“零土地”技术改造审批方式改革工作，

455个“零土地”技改项目实行环评备案。对国家级开发区、省级特色小镇和省级以上各类开发区、产业集聚区等特定区域推行“区域环评+环境标准”改革。《杭州高新开发区(滨江)分区规划(修编)(2016—2020年)环境影响报告书》通过环保部审查。至年末,完成10个开发区和特色小镇规划环评审查、13个开发区和特色小镇规划环评文本编制。

**【危险废物安全监管】** 2017年,杭州市工业固体废物产生量435.97万吨,综合利用量334.98万吨,处置量94.27万吨,无害化处置利用率98.5%。一般工业固体废物产生量389.39万吨,综合利用量299.94万吨,处置量84.25万吨,无害化处置利用率98.7%。 工业危险废物产生量46.58万吨,综合利用量35.04万吨,处置量10.02万吨,无害化处置利用率96.7%;生活垃圾焚烧飞灰产生量11.5万吨,综合利用量2.37万吨,处置量4.15万吨,暂存量4.98万吨;医疗废物产生量2.83万吨,无害化集中处置率100%。市区生活垃圾清运量400万吨,通过填埋、焚烧等方式处置,无害化处置率100%。审核危险废物转移计划1.26万件,形成转移联单5.08万份,转移处置危险废物30.2万吨。加强对危险废物经营单位及省控以上重点产生废物单位联网监控,实现全时段监管。开展危险废物“存量清零”行动。建立多部门协作监管机制,组织开展医疗废物、废铅酸蓄电池、废矿物油、污泥等专项检查。杭州市第二工业固体废物处置中心项目建成并投入运行,医疗废物处置能力扩大到4万吨/日。萧山区4000吨/日污泥处置项目基本建成。全面启动飞灰填埋和飞灰水泥窑协同处置项目、杭州第三工业固体废物处置中心项目和杭州七格污水处理厂污泥处置项目建设。

**【辐射安全管理】** 2017年,全市有放射源单位199个,放射源1165枚,核技术利用单位1021个,全市辐射环境保持安全水平。加强全市电离、电磁辐射环境监管及监督性监测工作,开展放射源安全检查专项行动,市本级抽查、抽测120个辐射工作单位。完成市级辐射应急预案操作手册修编。加强辐射安全许可监管,全年审批和验收辐射项目100个,核发辐射安全许可证286份,延续、变更、注销许可证173份。完成对杭州移动公司、杭州联通公司、杭州电信公司1.73万个基站的验收。督促送贮闲置和废弃放射源84枚,送贮率100%。

**【环境应急管理】** 2017年1月2日和12月31日,杭州市两次启动大气重污染Ⅳ级预警,并通过市环保局微信、微博等平台向社会发布预警信息。各地各部门根据大气重污染应急预案要求,采取增加施工工地洒水降尘频次,控制污染工序生产、减少污染物排放等措施,应对大气重污染情况。全年开展环境应急响应19次、环境安全隐患专项稽查2次,对未完成整改的隐患进行督办。检查企业767个次,新发现环境风险隐患91处,至年末完成整改73处。实施环境应急行政处罚4起。配合省环保厅做好千岛湖饮用水水源突发环境事件应急演练,在桐庐开展年度突发环境事件检验性演习。推进环境应急物资库网络建设,并增设杭州大江东环境应急物资库,全市累计建成市级环境应急物资库8个。

**【“最多跑一次”事项办理】** 2017年,市环保局梳理“最多跑一次”事项,规范主项、子项事项名称,优化办事流程,简化受理材料,推进“最多跑一次”改革。确定市本级事项主项21项,县级主项15项。全部事项开通网上申请,所有事项批文或证照全部委托邮政特快专递送达,建成电子证照库(危险废物经营许可证)、电子签章系统。医疗机构、汽车修理、印刷业建设项目环境影响评价文件审批事项列入商事登记事项“一窗受理,集成服务”1+N+X平台。

**【环境宣传教育】** 2017年,杭州市以提高全社会环境意识为重点,围绕“剿灭劣Ⅴ类水质”、“五水共治”、“五气共治”、污染总量减排、生态建设、绿色生活等生态环保主题,开展全方位、多角度、深层次的环境宣传教育。全年在市级以上媒体发稿773篇,其中中央电视台《新闻联播》播报新闻稿6篇,《人民日报》和《新华每日电讯》刊发报道6篇,《中国环境报》发稿61篇及刊登专版2.5个。“杭州环保”官方微博编发信息2218条,官方微信编发信息429条。举办杭州市纪念“环境日”主题宣传活动暨“绿水青山书架”活动、纪念浙江生态日“绿水青山有你的声音”环保朗读活动、环保文艺演出进社区等主题活动10多个。编印《环境保护法规选编》1000

2017年11月3日,市环保局在桐庐举行突发环境事件应急演练

(市环保局 供稿)

本,发放至各区县(市)环保局、各机关单位和重点企业。每月定期编辑推送《杭州环保行政执法参考》刊物,指导和规范全市环境行政执法工作。开展助力“五水共治”“主动垃圾减量”“践行绿色生活”等环保公益活动500多场,近6000人次环保志愿者参加;组织近3000人次开展巡护身边的河流活动,日常巡护河流近70条。结合大学生暑期社会实践活动,联合在杭高校各环保社团,开展“保护母亲河·河小二助力剿劣集中行动”。举办“激发绿动力,飞扬青春梦”第九届在杭高校绿色论坛,21所高校环保社团、近500名学生代表参加。

**【环境问题信访提案办理】** 2017年,杭州市畅通群众环保诉求渠道,按照《杭州市环境信访调处反馈和督查规范》要求审核信访回复内容,着力提高信访办理质量,推动重点难点问题化解。全年全市处理环境信访1.91万件,比上年下降27%。其中,涉气占55%,涉水占13%,噪声占21%,所有信访件按时办理完成,未出现严重的越级上访事件。重视人大、政协建议和提案办理及信访工作。收到市党代会和省市人大建议49件。会办件及时向主办单位反馈,主办件全部完成上门征求意见,所有办理件均上网反馈。

**【环保信息公开】** 2017年,市环保局门户网站与市政府信息公开综合平台(依申请公开平台)相衔接,实现依申请公开全流程网上管理。全年主动公开信息3430条,受理并答复依申请公开82件,没有发生政府信息公开的收费和行政复议、诉讼等情况。市环保局门户网站发布PM2.5等实时浓度和AQI实时数据、未来3天空气质量预报、全市1845条乡镇级以上河道水质数据、重点监控企业主要污染物监测数据、监督性监测数据,完成河道水质信息手机端App发布。定期在《杭州日报》公布杭州市各区县(市)环境空气质量状况,在市环保局门户网上公开饮用水源信息。根据第三方测评机构(北京公众环境研究中心)对全国120个城市环境信息公开工作评价,杭州市污染源监管信息公开指数排名全国第9位、省内第2位。

**【杭州都市圈环境共保】** 2017年,杭州都市圈环保部门通过环保专委会工作机制,对环境共保工作进行定期会商、相互交流。加强东苕溪饮用水源保护,完成《东苕溪饮用水源地长期保护实施方案》编制,东苕溪饮用水源保护区范围划入生态保护红线范围。开展浙皖交界水域联合保护行动,淳安县与安徽黄山市共同开展千岛湖交界断面水质联合监测12次。针对萧(山)绍(兴)边界环境投诉信访问题,都市圈环保专委会制订《2017年萧绍边界专项执法检查方案》,在萧绍边界区域内开展环境专项执法检查。杭州市环境保护科学研究院与上海市环境保护科学研究院开展科研项目战略合作,促进两地在环境科研上进一步融合。

(陈鸣渊)

## 环保科研监测

**【环境信息化建设】** 2017年12月28日,市政府办公厅印发《杭州市生态环境监测网络建设工作方案》,推进三大监测网络建设。全年完成144个街道乡镇空气自动站建设安装、43个水质自动监测站招投标。推进清新空气(负氧离子)监测及网络体系建设,新建、更新17个清新空气(负氧离子)监测站点。完善污染源基础信息库和环境执法监管平台,推动183个市控重点污染源安装自动监控系统,实现污染排放实时连续监控。完成排污许可证管理系统网络和终端项目、放射源在线监控系统改造项目、危险废物和污泥刷卡转运动态视频监控项目、机动车排气污染管理信息系统等业务应用系统的开发完善,推动环境管理转型升级。

**【环保科技人才培训】** 2017年,杭州市引进中国工程院院士、清华大学环境科学院院长贺克斌技术团队,参加市环保局院士工作站工作。加强与中国工程院、中国环境保护研究院、浙江工业大学等高校科研院所的联系和合作,举办移动源污染防治、流域水环境安全、区域环境达标技术等业务培训和交流会。在杭州市环境保护科学研究院成立“国家环境保护城市噪声与振动控制工程技术中心杭州实验室”,向首批进驻杭州实验室的3位北京专家颁发聘书。组织开展藻类应急监测培训、《检验检测机构资质认定评审准则》宣传贯彻培训等专业培训,参加培训600多人次。组织参加在外各类专业培训80多人次。完成全市环保专业中级职称评审和高级职称评审推荐工作。

**【环境监测】** 2017年,杭州市加强环境监测能力建设。市环境监测中心站建成大气遥感监测系统,购置环境空气重金属在线监测仪,进一步提升大气观测能力;新增自动噪声监测设备,完善噪声自动监测网络,实现全部功能区噪声自动监测全覆盖;引进两套傅立叶红外烟气分析仪,拓展锅炉废气超低排放监测能力。完成地表水烷基汞、盐度、固定污染源挥发性有机物等项目扩项。围绕环境保护管理要求,开展地表水采测分离、国家网土壤详查采样和分析、钱塘江藻类预警监测和巡测、锅炉清洁化改造超低排放竣工验收等专项工作。完成环保竣工验收企业9个,开展环境突发事件应急监测9次、大气及辐射等投诉监测25次。全年获取监测数据716万多个,上报并发布环境空气AQI日报预报365期,出具大气、水、噪声、辐射等监测报告516份。

(陈鸣渊)

责任编辑　余显幕

## 综 述

**【科技创新引领经济发展】**2017年，杭州市科技创新工作以建设杭州国家自主创新示范区、国家小微企业创业创新基地城市示范为动力，补齐科技创新短板，推进体制机制改革，优化科技创新环境，打造创新活力之城。

全市全年用于研发与试验发展的经费支出占GDP比重提高到3.2%，规模以上工业企业科技活动经费支出总额297亿元，比上年增长24.3%。有国家重点扶持高新技术企业2844个、省科技型中小企业9238个、市级高新技术企业5606个；省级以上企业研发机构1203个；国家双创基地5个、国家级众创空间55个、国家级孵化器32个。国家级孵化器数量居省会城市和副省级城市第一位。全市实现高新技术产业增加值1605.54亿元，增长13.6%；发明专利申请量、授权量分别为25578件和9872件，有效发明专利拥有量43840件，位居省会城市第一，副省级城市第二；完成技术交易额222.73亿元，发放创新券1.83亿元，使用1.68亿元，均居全省第一位。连续第二次入选“外籍人才眼中最具吸引力的中国城市”前三位。

推进小微企业“双创示范”工作，全年新增国家高新技术企业589个、省科技型中小企业1688个、科技型初创企业506个，全市规模以上高新技术产业增加值占规模以上工业增加值比重50.1%，增长4.1个百分点。推动规模以上工业企业研发机构、科技活动全覆盖，全市新增省级企业研究院76个、省级高新技术企业研发中心173个、市级企业研发中心251个。围绕电子信息、新能源汽车、先进制造与自动化等重点领域，加强市重大科技创新项目的主动设计，立项资助52个重大科技专项。推荐杭州市企业申报国家重大科技专项计划22个，获得省重大专项立项79个。10项科技成果获2017年度国家科学技术奖，其中一等奖1个、二等奖9个。

发挥国家级高新区示范作用，杭州高新区全年用于研究与试验发展的经费支出占GDP比重14%，信息经济和高新产业规模均居全省第一位，在国家级高新区综合排名中列第四位。临江高新区实现财政总收入87.18亿元，高新技术产业实现工业增加值61亿元，战略性新兴产业实现增加值64.7亿元。城西“科创大走廊”重要基础设施建设全面推进，城东“智造大走廊”发展规划完成编制，开始启动建设。发展市级以上众创空间105个、孵化器113个，其中23个众创空间上榜省级优秀众创空间，占总数的70%。开展“钱塘创业潮”十大创新创业品牌活动，日均创新创业活动10.23场。

杭州市围绕打造名校名院名所“三名”工程，重点引进国内外高层次研发机构。浙江西湖高等研究院建设加快推进，对施一公等4位科学家领衔的创新团队项目分别给予1亿元的资助。之江实验室、阿里达摩院正式落户未来科技城。鼓励高校院所建平台、办企业、促转化系统工程，已建成浙江大学、中国美院等5个国家大学科技园。引进国内外高校院所和大企业共建28个市级以上科技创新公共服务平台，发放专项补助经费965万元。出台《杭州市科技服务业补助的实施细则》《杭州市科技成果交易转化项目资金管理办法》，加大政策扶持力度，促进技术交易，全市技术交易合同1.2万项，交易额222.73亿元，增长31.8%。

杭州市制定《杭州市重点产业知识产权运营基金管理办法》《杭州市专利保险补贴资金暂行办法》，开展专利质押融资工作。搭建创意产业知识产权服务保护平台，举办2017年“市长杯”创意中国（杭州）国际工业设计大赛。全年开展“杭嘉湖绍都市圈”知识产权研讨和联合执法等专项行动10多次。

提高科技惠民精准力度。围绕“智慧农业”“五水共治”等工程，加强农业和社会发展领域重大科技项目的主动设计，立项下达2017年科技特派员项目57个、2018年农业与社会发展科研主动设计项目18个、自主申报项目141个。扎实推进农业“星创天地”建设，有国家级、省级“星创天地”12个。新认定市级农业科技企业25个、农业与社会发展领域研发中心21个，省级农业重点企业研究院实现“零突破”。发布《“十三五”防震减灾规划》，强化地震台站日常管理和应急能力，圆满完成临安4.2级地震应急处置工作。 （周 瑾）

2017年3月12日，杭州市举办一场创业创新领域的年度会议——第一届万物生长大会 （市科委 供稿）

**【杭州国家自主创新示范区建设】** 2017年，杭州市根据科技部及省委、省政府工作要求，加快推进杭州国家自主创新示范区建设。杭州市领导多次赴科技部汇报杭州自创区建设工作，对接部际协调会议方案。根据科技部要求，杭州市制定国家自主创新示范区试点政策评估方案，组织滨江、临江两个国家级高新区及市国税局、市地税局、市统计局等部门开展政策评估工作。其中，对研发费用加计扣除等6项税收优惠政策、创业风险投资和天使投资税收等3项试点政策进行全面评估，对杭州市人才新政、“创新券”使用、“新三板”区域股权市场建设等特色政策进行跟踪研究。市科委配合市委改革办，接受省委改革办组织的重大战略举措落实第三方评估检查；配合市人大，牵头开展国家自主创新示范区地方政策法规比较研究，为制定自创区管理条例打好基础。公安部批准杭州国家自主创新示范区实施外国人签证、停居留等7项出入境便利政策，为高端外国人才集聚提供政策保障。

（俞　钧）

**【杭州省级全面创新改革试验区建设】** 2017年，杭州市对省委、省政府批复的《杭州市全面创新改革试验实施方案》的各项任务进行责任分工，促进市级相关部门制定全年的预期目标、工作任务、进度安排、主要举措等细化方案。经市委、市政府审核同意，先后印发《杭州省级全面创新改革试验区任务分工》《杭州省级全面创新改革试验区2017年工作计划》并报省科技厅。着力支持杭州高新区（滨江）、余杭区制定行动计划，建设省级全面创新改革试验区。全市3项省级全面创新改革试验稳步推进，9个重点突破的专项改革试点项目全面落地。在科技成果转化、高层次人才引进等方面制定一批政策法规。健全政府管理服务，推进“最多跑一次”改革，公布10项办事项目清单。推进“互联网+政务服务”，优化网上流程，降低企业创新成本，提升创业效率。

（刘海琳）

**【小微企业“双创示范”推进】** 2017年，杭州市按照财政部、科技部等五部门印发的《关于支持开展小微企业创业创新基地城市示范工作的通知》精神，高质量开展“小微企业创业创新基地城市示范”工作。围绕创业创新空间、公共服务、融资支持、税费减免、体制机制创新等重点方面，进行顶层设计，总体谋划，形成具有杭州特色的“双创示范”工作体系：围绕中央资金整合市、区两级资金，扶持小微企业创业创新；打造众创空间、孵化器、创业创新示范基地、特色小镇等空间载体，为小微企业创业创新提供场地；打造“互联网+”小微企业公共服务，形成“服务券、活动券、创新券”的小微企业公共服务体系；设立引导基金，开展“双创示范”资金的区县（市）竞争性分配，调动政府、市场和社会力量聚焦“双创示范”，培育创业品牌；落实小微企业税收优惠，推进商事制度改革，简化行政审批事项，为小微企业减费降负，释放双创活力。

至年末，杭州有备案的“双创示范”基地409个，新增138个。其中国家级双创空间92个、各类省级双创空间182个、国家级科技企业孵化器32个，居省会城市、副省级城市第一位。各类“双创示范”基地总面积3701万平方米，6类“双创示范”基地内的小微企业3.5万个。杭州小微企业营业收入2.82万亿元，比上年增长15.9%；小微企业技术合同成交额131.79亿元，增长91.3%；小微企业三年累计新增就业人数149.3万人，增长59.8%；小微企业拥有有效授权专利9.72万件，增长27.3%。

（施勇峰）

**【首批省级高新技术特色小镇建设】** 2017年，杭州市进一步发挥科技在特色小镇建设中的支撑和引领作用，市科委牵头开展高新特色小镇创建工作。至年末，根据浙江省科技厅、浙江省特色小镇规划建设工作联席会议办公室发布的《关于公布首批省级高新技术特色小镇名单的通知》，杭州市滨江互联网小镇、云栖小镇、东部医药港小镇、滨江物联网小镇4个特色小镇进入首批省级高新技术特色小镇（建设类）名单（全省共7个）；萧山信息港小镇、余杭梦想小镇、临安云制造小镇3个特色小镇进入首批省级高新技术特色小镇（培育类）名单（全省共10个）。 （潘学冬）

**【之江实验室成立】** 2017年9月6日，由浙江省政府、浙江大学、阿里巴巴集团共同出资打造，以网络信息、人工智能为研究方向的之江实验室在杭州市未来科技城人工智能小镇挂牌成立。省级财政计划4年投入50亿元，着力打造杭州城西科创大走廊的核心工程。按照规划，之江实验室以大数据、云计算为基础，布局“未来网络计算”“泛化人工智能”“泛在信息安全”“无障感知互联”“智能制造与机器人”五大方向，谋划建设“智能云”“工业物联网”“大脑观测及脑机整合”“量子计算研究”四大科学装置，发展人工智能产业，加快培育新动能，改造提升传统动能，努力打造面向全球的开放型、平台型、枢纽型创新基地。

**【阿里巴巴“达摩院”成立】** 2017年10月11日，阿里巴巴集团在杭州·云栖大会上宣布成立阿里巴巴达摩院。这是一家以探索科技未知为驱动力的研究院，立足基础科学、颠覆性技术和应用技术的研究，涵盖量子计算、机器学习、基础算法、网络安全、视觉计算、自然语言处理、人机自然交互、芯片技术、传感器技术等多个产业领域。阿里巴巴达摩院由在全球建设的自主研究中心、与高校和研究机构建立的联合实验室、全球开放研究项目——阿里巴巴创新研究计划(AIR计划)大主体组成。在全球实验室领域，阿里巴巴达摩院将构建亚洲达摩院、美洲达摩院及欧洲达摩院3个分部，并在北京、杭州、新加坡、以色列、圣马特奥、贝尔维尤、莫斯科等地设立不同研究方向的实验室，初期计划引入100名顶尖科学家和研究人员。 (周　瑾)

**【科学技术奖励】** 2017年，市科委完成全市科技成果登记568项，其中应用技术类523项、软科学类17项、基础理论类28项。全年杭州市企事业单位获国家科技奖励11项，其中获国家技术发明一等奖1项、二等奖2项、国家科学进步奖二等奖8项。获浙江省科技奖励75项，其中：获浙江省自然科学三等奖1项；获浙江省技术发明二等奖1项、三等奖2项；获浙江省科学技术进步一等奖7项、二等奖28项、三等奖36项。杭州市科技进步奖经公开征集，受理申报奖励项目192项，最终80项科技成果获科学技术进步奖，其中一等奖5项、二等奖15项、三等奖60项。 (胡小庭)

**▲资料：2017年杭州市获国家、省主要科技奖项**

国家技术发明奖一等奖项目：燃煤机组超低排放关键技术研发及应用

国家技术发明奖二等奖项目：功能性吸附微界面构造及深度净水技术、超高速数码喷印设备关键技术研发及应用

国家科学技术进步奖二等奖项目：电能表智能化计量检定技术与应用、《阿优》的科普动画创新与跨媒体传播、中国松材线虫病流行规律与防控新技术、干坚果贮藏与加工保质关键技术及产业化、吸附分离聚合物材料结构调控与产业化应用关键技术、危险废物回转式多段热解焚烧及污染物协同控制关键技术、竹林生态系统碳汇监测与增汇减排关键技术及应用、税务大数据计算与服务关键技术及其应用

浙江省科学技术进步奖一等奖项目：1000MW等级电站锅炉给水泵汽轮机关键技术开发及应用、多端柔性直流输电关键技术装备研制与工程应用、高速低功耗600V以上多芯片高压模块、非电燃煤锅炉烟气污染物深度处理技术及应用、功能性乳酸菌(产细菌素、B族维生素等)在乳制品产业化中的应用、柑橘优质生产与贮藏物流关键技术研究及推广应用、抗肿瘤分子靶向新药BZG和光热消融-化疗靶向治疗新模式的研究

## 科技计划

**【科技资金计划管理】** 2017年，杭州市贯彻落实中央和浙江省科研项目资金管理相关要求，出台《杭州市进一步完善市级财政科研项目资金管理等政策的实施意见》《杭州市进一步完善事业单位绩效工资政策推动科研人员创业创新的实施办法》《国家、省科技项目杭州市本级财政科技扶持资金管理办法》《杭州市科技成果交易转化项目资金管理办法》《杭州市科技服务业补助实施细则》《杭州市专利保险补贴资金管理暂行办法》等规章和政策，进一步规范科技专项资金的使用。开展“杭州市中小企业研发费后补助”、新一轮的科技型初创企业培育工程等政策评估工作。全年争取上级科技计划立项资金资助累计5.3亿元。其中：国家科技支撑和国家国际合作项目8个，资金1.29亿元；小微企业示范基地资金支持1.2亿元；省级科技资金2.8亿元。市本级财政提供科技专项资金5.99亿元。

**【科技预算投入与支出】** 2017年，杭州市科技发展专项资金预算5.99亿元，实际执行5.99亿元。其中：安排城西科技大走廊建设专项资金1亿元，用于科技金融(包括设立跨境投资引导基金、天使基金)专项资金2.11亿元，用于科技型初创企业培育、科技企业孵化器、众创空间和科技创新公共创新服务平台建设专项资金9967万元，其余1.89亿元用于重大科技创新项目、科技创新团队引进培育、农业和社会发展科研攻关、网上技术市场成果转化、知识产权保护和因素分配资金等科技经费支持。

**【立项资助重大科技创新项目52个】** 2017年，市科委强化重大科技创新项目的主动设计，集中资源支持重点产业，突破关键技术，提高核心竞争力。根据《杭州市重大科技创新项目资金管理办法》，市重大科技创新项目经公开征集选题、专家论证，围绕杭州市重点鼓励发展的高新技术领域，在新一代信息技术、新能源汽车、先进装备制造、新材料、生物医药与医疗器械、节能环保等战略新兴产业方向设计59个申报课题，编制项目申报指南并征集申报项目。全年共受理93个市重大申报项目，经形式审查、专家论证、处室联审、委主任办公会议决策等程序，对由联芸科技(杭州)有限公司承担的“新一代固态硬盘主控芯片研究及产业化”等52个项目予以立项资助。相关项目研发投入总预算10.47亿元，预期实现销售收入84亿元。按管理办法和合同书要求，项目在验收合格后，以实际研发投入资金的一定比例给予补助。

**【国家和省级科技计划项目申报】** 2017年，市科委积极支持和鼓励杭州市企事业单位申报国家、省级科技计划项目，做好相关申报组织和服务工作。全年推荐申请省重大科技创新项目130个，立项48个，其中竞争性项目23个、省级重点企业研究院项目25个。获批省重大科技创新招标项目4个。推荐省级公益技术应用研

究计划项目96个，立项63个。获国家经费支持1.29亿元，获省级科技经费支持2.8亿元。

【科研院所专项计划】2017年，市科委为助推科研院所发展，增强创新能力，促进科技成果转化，根据相关政策及市科技部门预算科技专项资金的管理要求，征集到杭州市科研院所技术开发研究专项申报项目18项，其中立项14个，合计资助经费230万元。（胡小庭）

【社会发展科技计划】2017年，市科委为提升社会发展领域科技创新能力，促进民生科技发展，根据《杭州市社会发展科研项目资金管理办法》，市科委组织实施"复杂地质条件下城市交通特长隧道群建造关键技术"等100个社会发展科研自主申报项目，资助经费693万元，重点支持资源环境、节能减排、城建交通、公共安全、医疗卫生等社会发展领域的科研攻关。（李庆海）

【软科学研究项目征集】2017年，市科委征集到市科技计划软科学研究项目86个，项目涉及城市发展研究、创业平台与创新生态研究、杭州产业创新发展研究、科技改革与科技创新研究、科技人才研究、科技成果转移转化问题研究、"三农"与"一带一路"问题研究、社会发展研究等方向。市科委做好项目在线管理，认真审核项目提交的验收资料，主持召开验收会议11次，结项30项。年末，经专家评审，确定52个项目列为2018年度市软科学研究项目。（许梦倩）

## 行业科技

【农业科研项目】2017年，杭州市农科院实施各级各类科技项目99项。其中：实施国家级综合试验站、良种繁育基地、重点实验室等项目7项，实施省级创新团队、育种协作攻关等项目21项，承担实施市科委重大科研项目9项。国家级钱塘江三角鲂原种场、大宗淡水鱼产业技术体系综合试验站持续开展三角鲂、异育银鲫"中科3号"原良种繁育及技术提升工作，生产各类苗种4000多万尾。国家食用菌产业技术体系综合试验站在桐庐县开展双孢蘑菇、金针菇、黑木耳等新品种及配套栽培技术试验示范。国家重点研发计划子项"植物免疫诱导子的作用机制研究及产品示范推广"研究蔗果四糖调控水稻根响应低温的机制。国家重点实验室开放基金"不同倍性水稻对免疫诱抗剂响应的差异蛋白质组学研究"获得水稻响应磷酸盐和氨基寡糖素诱抗剂差异蛋白。杭州市农科院承担主持省"十三五"时期重大育种专项茶叶、秀珍菇2个品种，以及草莓、茄子、玉米等10多个育种子项。

【农业科技成果】2017年，杭州市获省农业丰收奖二等奖2项、三等奖6项，省技术进步奖二等奖1项、省农业技术推广贡献奖7人，获省农技推广基金会奖励项目2个。市农科院完成科技成果登记10项；制定省市农业地方标准3项；获国家发明专利1项、国家实用新型专利2项；发表论文81篇，其中SCI、EI收录各1篇，省级以上核心期刊发表43篇；获各级各类科技成果奖励7项，其中省科技进步奖三等奖1项、市科技进步奖一等奖和二等奖各1项，省农业厅技术进步奖二等奖1项，市农业丰收奖一等奖、三等奖3项。"基于食用菌的农业废弃物资源化循环利用技术研究与应用"项目实施10年来，累计利用农业废弃物37.19万吨，带动农民增收8.22亿元。"淳安花猪种质资源保护和开发利用"项目实施5年来累计实现产值1.01亿元。

【农业科技示范】2017年，杭州市农科院建立科技成果展示基地16个，示范面积277.07公顷，集中示范自主研发的新品种、新技术。基地总产值1.03亿元，比周边品种（技术）增加产值933.97万元；总收益4452.32万元，比周边品种（技术）多增收559.55万元，增效14.4%。新品种草莓"红颊"推广面积820公顷，比周边品种多增收2337万元，增效22.1%；太阳鱼推广面积135.33公顷，比周边品种多增收50.3万元，增效16.7%；新技术"有机茶园养分与病虫害控制技术"推广面积66.67公顷，比周边技术多增收37.48万元，增效17.7%；"甘薯压条促早出苗技术"推广面积133.53公顷，比周边技术多增收229.88万元，增效14.7%。（何有良　邱亮）

【林业科研】2017年，杭州市本级承担各类林业科研项目24个，获国家技术发明专利1项；发表论文4篇，其中被SCI收录1篇、被EI收录1篇。成果分别获国家梁希林业科学技术奖二等奖、三等奖各1项，浙江省科技兴林奖一等奖1项、二等奖2项，杭州市科技进步奖三等奖1项。10月，杭州市举办首届"两山"理论实践成果学术研讨会，全市近100名林业科技工作者交流学习，征集论文30多篇，为林业科研成果搭建展示平台。（吴玉红）

【水文科技成果】2017年，杭州市《钱塘江涌潮多模式融合检测与实时递归预报系统》科技成果获浙江省科技进步奖二等奖，《基于数据的钱塘江潮汐分段实时监测及预报技术研究》科技成果获浙江省水利科技创新奖二等奖，《一种针对地表水水质检测废气的处理滤芯》获国家知识产权局实用新型专利授权，《钱塘江涌潮经验预报系统》获国家知识产权局计算机软件著作权授权。9月，在第七届全省水利行业职业技能竞赛中，杭州市水文总站杨云、聂阳、楼厦分别获第二、第五、第六名。杨云获"浙江省技术能手"和浙江"金蓝领"称号，聂阳获"浙江省水利技术能手"和"浙江省青年岗位能手"称号。（王逸锋）

【环保科研】2017年，杭州市加强环保科研工作，提升环境管理决策服务水平。以工业源和移动源本地化排放因子测试为重点，完成大气污染物排放源清单更新。完成"G20杭州峰会大气污染物源排放清单研究"等8个课题的验收。全年有12个课题获省环保厅、市科委立项。其中"千岛湖典型流域农业面源污染削减与生态拦截"课题被市科委列为重大专项课题。（陈鸣渊）

【交通科研提升】2017年，杭州市交通运输系统发挥行业学会作用，组织13个省级课题项目研究，整体提升交通科研水平。“拱形钢塔斜拉桥建设和养护关键技术”“富春江船闸改造关键技术”“公共自行车服务标准化成果”“高速公路建设单位管理规范”等7个科技项目获得省级以上奖项和表彰，新增1项发明专利和3项实用新型专利。交通运输部推广应用项目“超长钻孔灌注桩大单位荷载试验技术及承载性能研究推广应用”完成；“非恒定水位状态下的船闸输水系统水力学计算模型及尺度研究”“基于视频智能分析的船闸避撞系统技术研究”“基于数据融合的内河船舶载重量测量研究”3个成果通过验收；“内河港口、锚泊区岸电改造及推广应用研究”“特大城市公共交通运行指数算法与应用研究——以杭州为例”等4个项目完成中期评审；“沥青路面嵌固型抗滑表处快速预防性养护技术的应用研究”“序列影像自动三维重建技术在公路巡检中的应用研究”2个研究大纲编制完成；组织“公共自行车运营服务提升研究——基于杭州的实证分析研究”等9个项目在研。（郑　亮）

## 科技创新体系建设

**【科技政策法规建设】** 2017年，市科委牵头制定市委市政府《关于深化改革加强科技创新加快创新活力之城建设的若干意见》，牵头完成《关于鼓励在杭高校及其师生在杭创新创业的若干意见》等综合性政策。专门制定《杭州市专利保险补贴资金管理暂行办法》《杭州市重点产业知识产权运营基金管理办法（试行）》《杭州市科技服务业补助的实施细则》《杭州市科技成果交易转化项目资金管理办法》《杭州市天使投资引导基金管理办法》等科技政策。同时，市科委会同各区县（市）科技局和税务部门，组织4场科技创新政策宣讲活动。5月和9月，市科委指导市科技创新服务中心对2938个有异议的企业技术开发项目提供鉴定服务，杭州银行成为全省首个享受研发费用加计扣除政策的银行企业。

**【科技进步和人才目标责任制考核】** 2017年1—6月，市科技创新工作领导小组办公室（设在市科委）开展2016年度区县（市）创新发展专项考评。最终确定杭州高新区（滨江）、余杭区、杭州经济技术开发区为考核优秀单位，西湖区、富阳区、萧山区、江干区、上城区为考核优胜单位。12月，修订《2017年度杭州市区县（市）创新发展专项考评实施细则》，提出10项、20个创新发展指标以及20项市创新工作指标。年末，省委、省政府通报表彰2016年度科技进步和人才工作目标责任制考核优秀单位，杭州市以及所辖杭州高新区、余杭区、西湖区获评科技进步目标责任制考核优秀单位。至此，杭州市连续10年保持浙江省“党政领导科技进步目标责任制”考核优秀单位。（俞　钧）

**【科技型初创企业培育工程】** 2017年，市科委通过无偿创业资助、贷款贴息和投融资对接等手段，重点扶持一批实力雄厚、市场广阔的科技型初创企业，为促进全市经济结构转型升级，实现高质量发展提供助力。全市新增科技型初创企业506个，其中“雏鹰计划”企业461个、“青蓝计划”企业45个。对2012—2016年立项仍在库的1176个“雏鹰企业”和424个“青蓝企业”进行绩效考核，淘汰“雏鹰企业”11个、“青蓝企业”4个。开展“雏鹰企业”和“青蓝企业”的贷款贴息工作，对符合条件的192个企业进行贴息，拨付补助经费1265.86万元。至年末，全市累计培育科技型初创企业2929个，其中“雏鹰企业”2366个、“青蓝企业”563个。科技型初创企业培育工程有效促进杭州市科技型中小企业的发展。截至年末，累计培育省科技型中小企业9238个、高成长科技型中小企业578个。（唐智勇）

**【科技企业孵化器】** 2017年，杭州市探索企业孵化器发展的新模式，提高孵化器服务质量和管理水平，提升孵化器对各种创新创业资源的集成能力。围绕科技孵化、产业对接、高新技术企业培育等重点方向，加快孵化器、众创空间与在杭高校的合作与交流，打造“众创空间+孵化器+特色园区”的创业产业链。至年末，全市市级、省级和国家级孵化器分别为113个、60个和32个，孵化面积超过300万平方米。科技部火炬中心公布的国家级科技企业孵化器2016年度考核评价结果中，30个国家级科技企业孵化器合格，其中7个企业进入A类（优秀），优秀科技企业孵化器数量居全国省会城市和副省级城市榜首；在2017年度国家级科技企业孵化器认定名单中，杭州枫惠六和桥创投科技有限公司、杭州希垦信息科技有限公司2个单位通过认定。至此，全市共有国家级企业孵化器32个，居全国省会城市和副省级城市第一位。

**【科技企业众创空间】** 2017年，杭州市逐步融合科技企业众创空间的“资金、人才、项目、服务”创业要素，加大扶持力度。至年末，全市国家级、省级和市级众创空间数量分别为55个、101个和105个。杭州市的国家级、省级众创空间数量超过全省总数的1/2。优秀省级众创空间为23个，占全省总数的69.7%。全市“平台+基金”的创新创业生态初步形成，众创空间建设向纵深发展，继续领跑全省。市级以上众创空间累计入驻企业（团队）2387个，注册企业2069个，注册资本累计超过41亿元，吸纳社会就业人数1.3万人。设立或整合的风投基金181个，资金总规模76亿元，累计有739个项目获得投资41.1亿元。（潘学冬）

**【市级农业科技企业认定】** 2017年，为加强农业科技企业培育，增强农业科技创新能力，加快杭州市现代农业发展，市科委根据《杭州市农业科技企业认定与管理办法》《浙江省农业科技企业认定工作的实施意见》，开展年度杭州市农业科技企业认定工作。经组织申报、区县（市）推荐、市科委办公会议讨论，认定“杭州南开日新生物技术有限公司”等25个企业为2017年度杭州市农业科技企业。

**【农业“星创天地”建设】** 2017年，杭州市推进农业“星创天地”建设，全市新认定国家级农业“星创天地”4个，分别是蓝郡农业星创天地、联合农创星创天地、杭州安厨星创天地、浙江阳田农业星创天地，累计6个。新认定省级“星创天地”4个，分别是杭州安厨星创天地、浙江阳田农业星创天地、山妹子星创天地、阿凡提观光农业星创天地，累计6个。根据省科技厅要求，市科委完成2018年省农业“星创天地”推荐申报工作，推荐杭州安厨电子商务有限公司(星创天地)、九重天星创天地等6个农业企业申报。

（李庆海）

**【高新技术企业研发机构建设】**2017年，市科委开展2017年杭州市企业高新技术研究开发中心申报工作。经考核评审，251个申报单位建设的研发中心均被认定为市级高新技术企业研发中心。开展省级高新技术企业研发中心审核推荐工作，组织专家对238个申报单位开展实地考察，对企业进行有针对性的辅导，推荐174个企业申报创建省级高新技术企业研发中心，最终认定省级高新技术企业研发中心173个。

（王晓燕）

**【科技扶贫】**2017年，根据市委新一轮“联乡结村”活动部署，以及市联结办《关于组建杭州市新一轮“联乡结村”活动市级集团的通知》等文件精神，市科委牵头召开市第33帮扶集团联络员会议，梳理帮扶集团“联乡结村”前期工作情况，制订新的帮扶方案，督促各成员单位落实帮扶资金。11月8日，市政协副主席周智林，率第33帮扶集团12个成员单位负责人赴淳安县王阜乡开展现场考察活动，召开“联乡结村”工作会议，研究部署新一轮帮扶工作。全年市第33帮扶集团落实帮扶资金323万元，支持王阜乡“紫菊高产栽培技术示范与推广”等项目建设，其中市科委落实帮扶资金40万元，支持革命老区产业转型和经济社会发展。

（李庆海）

**【科技宣传与科学普及】**2017年，杭州市强化考核导向，首次将人均科普活动经费纳入市对区县(市)党政领导科技进步工作目标责任制考核和创新发展专项考评，把公民科学素质建设作为创新驱动发展的重要基础工作来抓。举办2017年科技活动周，先后举办i-Focus创新者大会、“创新·创业·创未来”亚太论坛、中以创业论坛、“创业杭州，联通乌镇”创新创业大赛等活动。举办科普类比赛，市级多部门联合开展中小学生科技节，先后组织“我心中的桥”模型设计和制作大赛、中小学生创客大赛、中学生科学辩论大赛等活动。开展防震减灾和知识产权科普活动，组织指导学校、幼儿园、机关、企事业等单位地震应急避险演练25次。“4·26”世界知识产权日期间，宣传知识产权维权援助知识，联合市商务委举办流通领域假冒专利甄别自查培训，营造鼓励知识创新和保护知识产权的环境。

**【科技活动周】**2017年5月18—27日，杭州市举办科技活动周。活动周围绕“科技强国，创新圆梦”主题，开展丰富多彩的群众性科技活动。全市举办科技成果展示、科技论坛、科技展览、科技讲堂，以及科技进企业、进社区、进学校、进机关、科技下乡等各类科技普及和宣传活动500多项。其中杭州市科技活动周开幕式暨杭州市第十届中小学生科技节启动仪式在杭州剧院举行，约1000名中小学生参与。联合杭州市新华书店举办100种科普图书展活动，涵盖全国优秀科普作品和畅销科普书籍。

（刘海琳）

## 科技金融扶持体系

**【科技型中小企业金融扶持力度加大】**2017年，杭州市加大对科技型中小企业的融资周转扶持力度，科技型中小企业融资周转资金累计到位1亿元。全年为181个(次)科技型中小企业提供融资周转资金15.2亿元，财政资金放大倍数为15倍，户均834万元，平均周转天数10天。自设立周转资金4年来，累计为971个(次)企业提供融资周转65亿元，支持的企业中95%以上为科技型中小企业，为企业直接节省融资成本超过3亿元。

**【科技型中小企业融资担保】**2017年，杭州市深化科技与金融相结合，继续做大做强融资担保业务。全年融资担保业务总量9.53亿元，融资企业251个(次)，85%以上为小微企业。担保业务开展11年来，累计为杭州地区中小微科技企业提供融资担保金额超过83亿元，累计担保企业约2300个(次)，为企业节约成本3亿元。继续推广发展联合天使担保风险池，加强对大学生创业企业、“雏鹰企业”、高新技术企业等科技型企业的培育工作和融资支持。全年开展联合担保风险池业务3.5亿元，支持企业91个；开展高新技术企业担保业务6.7亿元，支持企业162个；开展知识产权质押业务1.08亿元，支持企业20个；为29个“雏鹰企业”提供8000万元融资担保。

**【风险投资引导基金】**2017年，杭州市在引导基金推动本地新兴产业企业成长上效果进一步显现。创业投资引导基金合作创投56个，基金总规模82.95亿元。合作创投累计投资项目412个，投资金额43.02亿元，并带动社会资本联合投资23.13亿元，引导基金实际放大倍数约8倍。所投资的项目中，杭州项目数量253个，占61%，金额26.94亿元，占62%；初创期项目170个，占67%，金额16.11亿元，占59%。天使投资引导基金合作创投46个，基金规模34.59亿元。合作创投累计投资项目281个，投资金额7.54亿元，带动社会联合投资金额4.45亿元，杭州投资项目187个，占67%；杭州项目投资金额5.37亿元，占72%。杭州项目中，初创期个数172个，占92%；金额4.78亿元，占89%。

杭州市创业投资引导基金被评为“2016年中国政府引导基金20强”“2017年中国最佳创业投资引导基金TOP10”“2017年中国最佳创业投资领域有限合伙人TOP10”“2017年中国最佳政府产业引导基金(服务机构奖)”。其管理团队杭州高科技创业投资管理有限公司被中国有限合伙人联盟评选为“2016—2017年度政府投资基金管理团队50强”和“2016—2017年度最佳科技金融和创业投资集团10强”。

**【杭州美国硅谷孵化器】**2017年，杭州美国硅谷孵化器总投资1600万美元，孵化面积1200平方米。作为杭州市伸到国外的“触角”和对外合作的联络“窗口”,将政府对回国创业的扶持政策前移,创业培育前移,通过与硅谷资源结合,成为解决杭州市高科技企业技术研发突破难题、提供产品定制或升级的服务平台。至年末,杭州硅谷孵化器“天使投资”孵化项目36个,总投资446万美元,并联动社会创投机构对孵化项目投资金额超过1亿美元。杭州硅谷孵化器母基金完成对11家硅谷为代表的北美优秀创投基金的投资,协议出资815万美元,参股基金总规模超过8亿美元,放大倍数100倍以上,在海外深度对接服务优秀高科技创业企业超过300个次、服务高层次人才超过300人次。累计成功推动117个高质量的海外优秀高科技企业落户杭州或形成落户杭州意向。其中杭州才云科技有限公司、生捷科技(杭州)有限公司、斯坦福大学精准医疗项目等31个高科技企业在杭州高新区(滨江)、杭州经济技术开发区、未来科技城等区域落地注册公司。 (林 丹)

## 科技人才

**【科技人才工作】**2017年,杭州市加速科技招才引智步伐,筹建杭州硅谷协同创新中心,首创“海外创业投资孵化+跨境对接服务”招才引智的杭州模式。落实杭州人才国际化战略和人才新政27条,累计培育省市领军型创新创业团队25个。开展科技创新特别贡献奖和成绩突出科技工作者评选工作,表彰科技创新特别贡献奖获得者4名、成绩突出科技工作者100名。 (李菲菲)

**【杭州硅谷协同创新中心筹建】**2017年,杭州市政府同意在美国硅谷建设杭州硅谷协同创新中心,并原则同意《杭州硅谷协同创新中心建设方案》。该中心由市科委下属的杭州市高科技投资有限公司与杭州经济技术开发区和达高科技发展集团有限公司共同投资,在美国硅谷建立起创新创业、科技研发、人才培育、产业投资综合服务平台。以引导浙商杭企立足国际发展战略,开展全球研发,引进国际化创新创业资源为目标,建立服务全球研发和创新创业的生态系统,体现杭州在海外科技人才工作上的引领地位。 (林 丹)

**【领军型创新创业团队建设】**2017年,杭州市新增浙江省创新创业团队4个。至年末,全市引进培育省、市领军型创新创业团队25个,其中省团队21个,数量居全省各地市首位。这些团队涉及信息经济、健康医疗、节能环保、高端装备等领域,以高层次科技创新领军人才为核心,致力于自主技术创新及创新成果产业化。杭州市加大对领军型创新创业团队的培育扶持力度,省领军型创新创业团队获省财政500万元补助,市财政以500万元跟进配套资助。至年末,杭州市本级财政已拨付3900万元省市团队配套补助经费。同时做好团队人才服务工作,为高层次创新创业团队和人才提供重点服务,为团队发展和项目实施提供更好条件。 (刘海琳)

**【科技特派员】**2017年,市科委积极与科技特派员派出单位和入驻乡镇沟通联系,发挥区县(市)科技局的作用,共同搞好科技特派员工作。召开杭州市第六批工作总结暨第七批科技特派员工作动员部署会议,对第六批考核为优秀的科技特派员和先进单位颁奖,14人被评为优秀科技特派员,14个单位考核为先进单位。确定50名干部为杭州市级选派的第七批科技特派员。 (李菲菲)

## 科技交流与合作

**【国内科技合作】**2017年7月,杭州市与上海市、嘉兴市联合承办沪嘉杭G60科创走廊建设论坛,协调对接和落实沪嘉杭G60科创走廊建设战略协议工作任务。5月,市科委组织成都全球创新创业交易会设展,展示“智慧杭州、双创天堂”的良好形象;10月,组织杭州高新企业和科研院所赴衢州,深化杭州与衢州“山海协作”科技合作;12月组织赴湖北恩施考察对接,签署对口帮扶科技合作协议;12月27日,牵头召开杭州都市圈科技局长联席会议,引导周边县(市)加入杭州都市圈建设。接待澳门科技发展基金访问团,组团赴台湾参加“海峡两岸科技论坛”。 (陈子法)

**【国际科技合作与交流】**2017年,市科委先后接待科技外交官浙江(杭州)行活动、荷兰特使考察团等交流团组。全年市科委参加创新论坛4场、技术交流5场,拜访国家创新机构6个,开展项目对接国家3个,举办“创客天下”北美决赛1场。推荐申报省海外孵化中心8个。组织50个投资公司、20个众创空间赴海外开展高层次人才项目对接。至年末,建成省级基地2个,共建联合实验室2个、联合研究院2个、联合研发工程中心1个,创建海外人才创业园1个、国际孵化器3个,实施国际合作项目5个。

**【金砖国家科技创新部长级会议在杭召开】**2017年7月18日,以“创新引领,深化合作”为主题的第五届金砖国家科技创新部长级会议在杭州举行。会议就科技创新政策交流、专题领域合作、联合资助多边研发项目、青年创新创业、青年科学家交流、科技园区合作等达成多项重要成果,并发表《杭州宣言》《金砖国家创新合作行动计划》《金砖国家2017—2018年科技创新工作计划》。杭州的科技创新创业走在全国前列,特别是“阿里巴巴”“海康威视”等一批极具活力的高新技术企业发挥的巨大示范作用,是金砖国家科技创新部长级会议首次在中国举办并选择杭州作为会议举办地的重要因素。 (陈 泳)

## 科技服务

**【科技服务业】**2017年,市科委新修订出台《杭州市科技服务业补助的实施细则》以及杭州市创新券实施管理办法。全年,对科技服务业项目技术输出的6所高校共补助308.55万元;全市发放创新券11294.89万元,使用8384.85万元;补助科技创新服务平台965.28万元。顺利通过市财政监督检查局对网上技术交易成果转化项目和科技创新服务平台的项目评价。至年末,全市技术交易总额222.73亿元,比上年增加70.36亿元,

增长46.2%。（陈子法）

【科技创新服务中心】2017年，市科委积极建设全市创新服务体系，加强全社会创新服务资源的引导、集成、整合和共享，打造区域性公共创新服务体系。举办科技创新大讲堂，组织科技服务小分队，建设科技创新示范服务站，开展创新创业辅导、创业诊所活动、创新创业人才培训、科技政策宣讲、知识产权培训辅导、企业技术需求调研、发明专利挖掘等服务活动，服务各类企业700多个。强化科技文献信息资源服务平台和大型科学实验仪器设施协作平台的服务功能，全面开放科技期刊、论文、图书、专利、标准、仪器设备等科技创新信息源，提高资源利用率，降低企业创新成本。科技文献信息资源服务平台累计注册用户4.2万个，全年共提供377万篇次科技文献下载服务。大型科学实验仪器设施协作平台成员单位219个，平台共享仪器累计3857台（套），全年对外分析测试服务881次，机时数6.2万小时。承担杭州市海外高层次人才政策服务专窗日常工作，组织海外高层次人才参加科技创新和人才政策宣讲培训。（汪　亮）

【网上科技大市场】2017年，中国浙江网上技术市场杭州分市场线上发布技术成果536项、技术需求7485项，登记技术合同879个、8.96亿元。线下拍卖技术成果19项，成交18项、3793万元；拍卖技术需求18项，成交18项、1935万元；登记技术合同2616项、75.5亿元。建设技术经纪人队伍，组织技术经纪人证书培训130多人，专业能力提升培训200多人；高校专利展示系统网站更新在杭各高校新增专利成果4338项。（陈子法）

## 知识产权与发明专利

【国家知识产权示范城市建设】2017年，杭州市颁布《杭州市知识产权"十三五"发展规划》《杭州市重点产业知识产权运营基金管理办法》《杭州市关于加快知识产权服务业发展若干意见》《杭州市专利保险补贴资金管理暂行办法》等一系列政策。全年杭州市新增国家知识产权示范企业5个、优势企业7个，浙江省专利示范企业13个，新认定市级专利试点企业183个、示范企业63个。开展知识产权质押融资，全年杭州市企业通过专利质押累计获得银行贷款18.6亿元。开展专利产业化工作，完成355项专利产业化，实现专利产值60多亿元。做好第十九届中国专利奖的申报工作，组织31件专利申报，其中发明、实用新型专利28件，外观设计3件。最终杭州海康威视数字技术股份有限公司等16个杭州企业的专利获得第十九届中国专利、外观设计专利优秀奖。组织推荐萧山区、未来科技城、大江东产业集聚区申报浙江省知识产权创建（园）区。拱墅区通过浙江省区域知识产权示范创建验收和国家知识产权强县示范复合验收。

【专利申请与授权】2017年，杭州市专利申请量7.57万件，授权量4.22万件。其中发明专利申请、授权量分别为2.56万件和9872件，比上年增长2.5%和14.2%；发明专利申请、授权占比分别为33.8%和23.4%；企业专利申请、授权量分别为4.92万件和2.83万件。有效发明专利拥有量4.38万件，连续13年位居全国省会城市第一，副省级城市第二。

【知识产权保护】2017年，市知识产权局开展跨区域知识产权执法联动。结合杭嘉湖绍都市圈建设工作，举办沪嘉杭知识产权研讨和联合执法专项行动，以及杭嘉湖绍都市圈知识产权研讨和联合执法专项行动。通过观摩审判和现场执法等形式，开展城市间交流。充分发挥知识产权工作领导小组作用，联合工商、版权等部门及区县（市）知识产权局，在余杭区、江干区、临安区和中国动漫节开展5次专利行政执法检查专项行动，现场检查商品1万余件，查获假冒专利数起并进行处置。开展展会专利行政执法工作，进驻中国国际动漫产业博览会、杭州国际文创博览会、杭州世界休闲博览会现场，开展专利行政执法和维权援助工作。推进维权中心建设。指导未来科技城设立省级知识产权维权援助中心。继续推进电子商务领域知识产权保护工作，加大查处力度，派工作人员入驻淘宝网并对网站的后期防控进行监督。开展高校志愿者活动，组织学生志愿者开展知识产权保护宣传工作。

【知识产权执法】2017年，杭州市知识产权局专利案件立案1423件，其中假冒专利立案208件，比上年上升20.9%；侵权纠纷立案1212件，上升15.9%；专利纠纷3件。结案率100%。维权援助中心接听各类投诉、咨询电话600多个，立案受理相关维权案件100多件。市知识产权局在浙江省知识产权局专利行政执法与维权援助工作年度考核中被评为优秀。中国杭州（制笔）知识产权快速维权中心累计受理快速申请505件，上升3.1%；快速授权479件，上升23.7%。全年销毁侵权制笔模具37副、型腔10副。

【知识产权培训】2017年，市知识产权局编发《2016年杭州市知识产权保护状况》白皮书，在杭州网、中国杭州网站、杭州市知识产权局网站上发布。开展"4·26"知识产权日宣传工作，通过微信宣传视频、大型户外广告牌以及《杭州日报》等媒体，向广大市民宣传知识产权常识，提高民众知识产权意识。市知识产权局分别在临安区和余杭区举办全市专利执法人员业务培训，提高执法能力。重点开展涉外知识产权维权援助及知识产权诉调对接工作，在未来科技城（海创园）举办涉美知识产权业务培训，为杭州企业在涉外知识产权保护中提供维权援助。开展知识产权贯标内审员培训班2期，培训企业管理人员300多人，指导57个企业通过国家知识产权标准化管理认证。对110名人才的460项专利有效性、专利权属等事项进行检索，检索结果供相关部门参考。

【"市长杯"创意中国杭州国际工业设计大赛】2017年，杭州举办"市长杯"创意中国（杭州）国际工业设计大赛，吸引全国20个省（直辖市）和美国等9个国家及地区的90多所高

2017年12月22日，全国政协常委潘云鹤(左一)、杭州市市长徐立毅(右一)为"市长杯"创意中国(杭州)国际工业设计大赛金奖获得者颁奖 (市科委 供稿)

校、210多个企业参与。征集到参赛专利产品和创意作品5472件，其中海外作品36件。经过激烈角逐，大赛的产品组和创意组各产生金奖1个、银奖2个、铜奖6个和优秀奖20个。其中：杭州南江机器人股份有限公司选送的作品"自动导引运输车iAGV"获产品组金奖；中国美术学院李秋瑜、周汉霖选送的产品"能陪伴生长的课本"获创意组金奖。大赛实现新增专利1000多件。

(吴国仓)

## 防震减灾

**【地震监测】** 2017年，市地震局修订完善《杭州市地震监测台(站)工作职责》，进一步规范地震台(站)工作内容和管理要求。按照省地震局部署，组织开展市级地震台(站)"三化"(技术系统优化、观测环境美化、台站文化建设)改造工程。成立杭州市地震监测台(站)"三化"改造实施组，编制改造方案，组织各有关地震监测台(站)实施改造。

完成党的十九大召开期间地震安全保障工作。按省地震局统一要求，9—10月，组织专家对市属地震台(站)运行情况进行全面排查。检查维护观测设备，排除故障隐患，及时处置桐庐县樟坞台(站)、余杭区瓶窑台(站)的仪器故障和突发事件，加强地震台(站)管理人员业务培训，确保台网正常运行。

**【震害防御】** 2017年10月，市地震局完成《杭州市"十三五"防震减灾规划》编制工作。该项工作于2015年启动，2017年正式编制完成并颁布实施。严格依法行政，按省市统一部署，积极推进和落实"最多跑一次"改革，梳理群众和企业到政府办事"最多跑一次"事项。优化服务流程，制定办事指南，并及时向社会公布。积极开展防震减灾知识宣传。根据国、省地震局要求，开展杭州市第六届"平安中国"防灾宣传系列公益活动。联合市减灾委开展全市"5·12"防灾减灾大型广场宣传主题活动。推进防震减灾科普教育基地建设，新增临安区於潜中学省级防灾减灾科普教育基地。发挥全市9个国家和省级科普教育基地示范作用，指导帮助临安区、富阳区培育建设科普教育基地。

**【地震应急】** 2017年，市地震局修订完善《杭州市地震应急预案操作手册》《杭州市地震局地震应急预案》，指导各区县(市)和市有关部门开展地震预案及应急手册的编修工作。组织地震应急演练活动，至年末，全市各区县(市)全部完成地震应急桌面推演工作。

**【"4·12"临安地震】** 2017年4月12日02时25分34秒，临安市潜川镇和河桥镇交界(北纬30.08度，东经119.34度)发生4.2级地震。地震发生后，浙江省地震局、杭州市地震局迅即启动三级应急响应，临安市政府启动三级应急响应，三方密切配合，全力组织开展地震应急处置工作。4月13日，现场应急处置工作结束。临安4.2级有感地震，是近年来杭州市范围内发生的震级最大的一次地震。地震部门和各级党委政府正确决策，及时反应，应对得力，参与应急人员全力投入，没有造成人员伤亡和群众财产的严重损失。 (徐维娅)

责任编辑 汤 峻

## 综 述

**【新名校集团化战略推进】**2017年，市教育局继续推进跨区域、跨层级的新名校集团化办学。在深化杭州第二中学与桐庐中学、杭州市长河高级中学与桐庐分水中学紧密型集团化办学的基础上，推动杭州学军中学与严州中学、杭州第十四中学与淳安中学、浙江大学附属中学与淳安县第二中学等市属高中名校集团与县域学校跨区域实施新名校集团化办学。推动区域资源存量的优化，继续发挥上城区、下城区等5个主城区教育局对大江东产业集聚区5个乡镇街道“一区带一镇”的结对帮扶作用；深化西湖区、江干区、拱墅区与淳安县等地“紧密型学校共同体”“新教育共同体”“学校发展群”“教育联盟”等区域内推进名校集团化的实践，实现人力、财力和物力在县域内的整体规划、资源共享。市教育局协同市编办、市财政局在桐庐、建德、淳安三地开展教师跨层级转编的试点。持续推进县域内义务教育公办学校教师校长交流，全年交流普通教师1532名、骨干教师563名、校长310名，参与交流的骨干教师占25.0%。6月，杭州市启动“名师乡村工作室”建设，截至年底建成42个。12月，杭州新名校集团化经验被中国教育报社、中国教育新闻网授予第五届全国教育改革创新典型案例奖。

**【地方教育经费总投入361.92亿元】**2017年，杭州市地方教育经费总投入361.92亿元，其中国家财政性教育经费投入294.92亿元（包括公共财政预算安排的教育经费293.87亿元、政府性基金预算安排的教育经费0.91亿元）。市本级地方教育经费总投入68.68亿元，其中国家财政性教育经费投入51.23亿元（包括公共财政预算安排的教育经费51.06亿元、政府性基金预算安排的教育经费0.06亿元）。全市普通小学生人均教育经费支出2.08万元，普通初中生人均教育经费支出3.40万元，普通高中生人均教育经费支出4.12万元，职业高中生人均教育经费支出3.52万元。

**【教师队伍建设】**2017年，杭州市中小学、幼儿园（含特殊教育学校、工读学校，不含技校、成人中专）有专任教师9.46万名，市属普通高校有专任教师4029名。幼儿园、小学、初中教师具有高一层次学历比例分别为97.5%、99.2%和96.7%。全市中小学高级、中级职称比例分别为17.1%和47.5%。杭州市评选出省中小学教坛新秀38名，市优秀教师242名、市优秀教育工作者78名、市教坛新秀751名，系统级优秀教师231名、系统级优秀教育工作者59名、杭州市中小学育人工作先进个人120名、系统级育人工作先进个人60名。

**【名师乡村工作室建设】**2017年，杭州市启动“名师乡村工作室”项目，计划建设100个以上“名师乡村工作室”，带教乡村教师1000名以上。6月，首批42个“名师乡村工作室”建成，招收乡村教师565名。42位导师下乡开设示范课112节，举办讲座78

2017年11月28日，杭州市第五届“最美杭州人——感动杭城十佳教师”颁奖晚会举行（市教育局 供稿）

次,开展其他各类活动139次。组织学员开设市级及以上公开课121节,共同开展教学科研项目92个,建立特级教师网络工作室22个,组织乡村教师到名校挂职锻炼62次,组织参加各类研修活动269次。工作室学员获各级各类荣誉称号112人次,其中市级29人次、省级13人次。开展的教学科研成果获市级立项或奖项23个、省级立项或奖项8个。

**【教师专业发展培训】**2017年,杭州市中小学、幼儿园教师专业发展培训完成省教育厅教师专业发展培训绩效考核目标任务。全市在省教师培训管理平台注册教师8.28万人,教师年人均完成培训90.99学时,90学时集中培训年人均完成率23.2%。教师人均自主选课57.89学时,自主选课后实际参训率98.6%。市本级按照教师工资总额3%、公用经费10%的标准,超额安排教师培训经费。市本级教师工资总额3.38亿元,实际发放教师培训经费1477.9万元。学校日常公用经费总额6053.6万元,其中用于教师培训632.54万元。市教育局另外安排236万元用于专项培训。

**【中小学、幼儿园建设】**2017年,杭州市新建中小学28所、幼儿园38所,新增学校用地面积116.6万平方米、建筑面积102.5万平方米,完成投资48.7亿元。新增省义务教育标准化学校21所,累计667所,覆盖率94.1%;新增标准化幼儿园(园区)97个,累计1124个。市本级高中建设项目包括杭州学军中学海创园分校、杭州第二中学萧山分校、杭州高级中学大江东分校和杭州市康桥职业高级中学(暂用名)4个项目,计划完成投资6.31亿元,实际完成投资7.90亿元。杭州学军中学海创园分校实际完成投资2.74亿元,项目建筑主体于7月竣工;杭州第二中学萧山分校项目实际完成投资2.15亿元;杭州高级中学大江东分校项目实际完成投资1.71亿元,于8月28日开工建设;杭州市康桥职业高级中学(暂用名)项目实际完成投资1.3亿元,于12月20日开工建设。

**【学生资助金额8.1亿元】**杭州市构建覆盖学前教育、义务教育、高中教育及高等教育的学生资助体系,认真履行"不让一个孩子因家庭困难而失学"的承诺。2017年,全市"奖、助、贷、免、补"各类资助金额8.1亿元,受资助学生353.2万人次。全市义务教育段74.6万名学生免杂费、课本费及作业本费4.38亿元,3.3万人次免除农村寄宿制学校学生住宿费0.3亿元;2万人次享受农村义务教育学生营养改善计划资助金1亿元;3000人次享受义务教育段住宿困难生生活补贴200万元。在普通高中阶段,3137人次享受普通高中学生教育资助券500万元,1.5万人次享受国家助学金1700万元。在中等职业教育阶段,14.2万人次免除学费1.53亿元,1.45万人次享受国家助学金1400万元。在高等教育阶段,6所市属高校的5.4万人次享受大学生国家奖学金、国家助学金、助学贷款贴息补助等1.23亿元。

**【中小学创新实验室和普通高中学科教室建设】**至2017年末,杭州市有294所学校自主创建各类型创新实验室(含在建),比上年增长84.9%,约占全市学校数的40%。其中,高(完)中47所、初中95所、小学152所。创新实验室项目总数(包括在建项目)515个。全市有52所高(完)中创建学科教室387个(含在建),涵盖物理、化学、生物、语文、数学、英语、历史、地理、政治、通用技术10个学科。新增或改建学科教室70个,建有学科教室的高(完)中占全部高(完)中数的87%。

**【省教育现代化县(市、区)创建】**2017年,杭州市在上城、下城、江干、拱墅、西湖、滨江6个区成为浙江省基本实现教育现代化区的基础上,继续推进创建工作。2月9日,省教育厅、省政府教育督导委员会办公室公布第三批基本实现教育现代化县(市、区)名单,杭州市萧山区、富阳区、桐庐县入选。3月,余杭区、临安市和建德市通过省第四批教育基本现代化县(市、区)预评估。11月,淳安县正式申报并通过基本实现教育现代化县(市、区)预评估。12月,经省政府教育督导委员会批复,杭州经济技术开发区单列教育督导评估,并正式申报省教育基本现代化县(市、区)。12月,上城、下城、江干、拱墅、西湖、滨江6个区向省政府教育督导委员会办公室申报全国义务教育优质均衡发展县(市、区)。

2017年杭州市各类中小学、幼儿园情况

表62

| 学校类别 | | 学校数(所) | 毕业生数(人) | 招生数(人) | 在校生(在园幼儿)数 2017年(人) | 在校生(在园幼儿)数 为上年(%) |
|---|---|---|---|---|---|---|
| 普通高中 | 全　市 | 80 | 34 860 | 38 493 | 113 054 | 102.38 |
| | 主城区 | 30 | 11 410 | 14 507 | 41 985 | 106.71 |
| | 市　属 | 15 | 8 196 | 10 608 | 30 871 | 107.35 |
| 职业高中 | 全　市 | 30 | 19 793 | 19 427 | 58 902 | 97.74 |
| | 主城区 | 12 | 6 276 | 6 597 | 20 054 | 100.26 |
| | 市　属 | 8 | 4 896 | 5 222 | 15 705 | 100.82 |
| 中等专业学校 | 全　市 | 7 | 1 348 | 1 577 | 4 566 | 103.73 |
| 技工学校 | 全　市 | 18 | 5 214 | 7 174 | 25 390 | 93.10 |
| 初中 | 全　市 | 251 | 69 084 | 81 588 | 224 797 | 104.19 |
| | 主城区 | 99 | 25 915 | 31 340 | 84 967 | 105.77 |
| 小学 | 全　市 | 458 | 84 615 | 106 381 | 560 411 | 103.20 |
| | 主城区 | 156 | 32 394 | 46 127 | 235 558 | 105.65 |
| 幼儿园 | 全　市 | 960 | 103 103 | 113 414 | 336 343 | 103.33 |
| | 主城区 | 376 | 45 185 | 51 273 | 147 159 | 101.86 |
| 盲聋哑学校 | 全　市 | 2 | 104 | 84 | 392 | 85.78 |
| 智障儿童学校 | 全　市 | 12 | 167 | 158 | 1 172 | 102.99 |
| 工读学校 | 全　市 | 1 | 144 | 171 | 315 | 109.38 |

至年末，杭州市有9个区县（市）创建成为省基本实现教育现代化县（市、区）。

**【文明校园和美丽学校建设】**2017年，市教育局与市文明办合力推进文明校园、美丽学校创建。4月，《杭州市中小学校文明校园、美丽学校创建工作实施办法》印发。结合文明城市复评要求，杭州市召开专题会议对文明校园逐级评选做出部署，每年10月份完成一次区县（市）级文明校园认定；市级文明校园和美丽学校、美丽项目每两年评选一次，同步创建。12月，各区县（市）有337所学校成功创建首批文明校园。

**【“两库三平台”建设】**2017年，杭州市推进“教育基础信息库”“优质教育资源库”“智慧教育管理云平台”“智慧教育资源云平台”“智慧教育学习云平台”建设。在教育基础信息库建设中，完成省教育厅数据和电子政务数据的对接，形成杭州市相关数据标准，为区县（市）和学校提供教育基础数据共享服务。以统一身份认证以及应用融合为目标，实现“统一用户认证，统一数据中心，统一门户，第三方应用接入管理”。完成包括“云学堂在线开放课程”“名师网上工作室”“视频公共服务平台”“微课平台”“教育图书馆”“数据期刊”“少儿图书馆”等类别的资源平台建设，基于视频、微课、图书、期刊等电子资源的平台体系基本形成。6月，中小学阳光饮食信息化服务平台项目开始运行。完成远程教研平台与视频会议、视频点播系统的资源交换与整合。

**【弘扬中华优秀传统文化系列活动】**2017年1—4月，杭州市评选表彰市级三好学生1839名、先进班级集体463个。4—11月，市文明办、市教育局联合开展杭州市第十三届“美德少年”推选活动，经过初评、复评，推选出杭州市“美德少年”10名，提名奖10名。开展第十三届“品味书香、诵读经典”读书征文活动、第四届杭州市中小学中华经典诵读大赛、“名家校园行”系列活动、“最深切的缅怀”主题活动、第九届杭州市中小学生动漫绘画创意大赛等。组织茶艺、戏曲等进校园展演，引导师生继承和发扬中华传统美德。

**【青少年校园足球活动】**2017年，市教育局坚持“以球启智、以球养德、以球健体”，开展市级青少年校园足球特色区、示范校创建活动，有5个区县（市）、86个学校申报，经审核认定上城区天地实验小学等78所中小学为“2017年杭州市青少年校园足球特色学校”，上城区、滨江区和拱墅区为市级青少年校园足球示范区。2017年“市长杯”青少年校园足球联赛第二阶段比赛，有小学至高中参赛队伍151支。全市建设16个五人制笼式足球场。

**【民办教育专项考核评估开展】**2017年，市教育局在全市范围内开展民办教育考核评估。通过台账核查、实地查看、随机抽查、师生个别访谈与交流、电话访谈等方式，围绕学校落实法人财产权、依法聘用教师、依法保障教职工工资待遇、依法保障学生权益、规范招生行为等方面，对市属民办学校和区县（市）民办教育发展情况进行考核评估。根据考核评估结果，市财政局、市教育局发放2017年杭州市民办教育专项补助经费1899.96万元和2017年杭州市学前教育专项补助经费5820万元，其中民办幼儿园生均预算内教育事业费补助2968万元。

**【民办培训机构监管加强】**2017年12月21日，市政府办公厅印发《关于开展中小学文化类学科培训机构专项检查整治的通知》，启动全市性中小学文化类学科培训机构专项检查整治。检查整治工作分部署发动、全面排查、重点整治、总结反馈、专项督查5个阶段。12月29日，市政府召开专项检查整治工作动员会议，市教育局、市市场监管局、市公安局（消防）、市综合执法局、市考评办，各区县（市）政府（管委会）办公室负责人参加。

**【教育对口支援】**2017年5月、6月、11月，杭州市分别与衢州市、黔东南苗族侗族自治州和淳安县、阿克苏市和恩施土家族苗族自治州签订教育对口帮扶（山海协作）教育框架协议。杭州市对西藏那曲地区、新疆阿克苏市、贵州黔东南苗族侗族自治州、青海德令哈市、湖北恩施土家族苗族自治州、四川阿坝藏族羌族自治州、甘肃石嘴山市和浙江衢州市实施教育帮扶。全市285所学校与受援地的276所学校结对，397名教师与受援地的598名教师结对，累计选派46名优秀教师到对口地区开展1年以上的支教。8月，杭州市选派12名骨干校长、学科教师在黔东南苗族侗族自治州的台江县民族中学设立“杭州甘霖班”，招收当地贫困学生100人。在台江县民族高级中学设立“杭州扶智班”，招收贫困学生80人。选派6位骨干教师在德令哈市第一中学设立“杭州班”，招收两届学生90人。

**【心理健康教育和家庭教育】**2017年，杭州市建成中小学心理健康教育示范点40个，55.2%学校完成标准化项目建设。举办中小学心理健康教育辅导站站长培训，开展面向全体教师的心理健康教育C证培训，全年新培训教师7770人。组织专职和兼职教师的教研活动，开展小学组教师心理技能大赛，组建青年心理教师成长小组等。杭州市“87025885”学生心理热线全年接待学生和家长约400人次。组织家庭教育送教下乡活动，在桐庐县横村初级中学、春江小学等农村中小学开展“家庭教育指导”主题活动，2200多名家长参加。11月9日，杭州市教育科学研究所、杭州市教育局家长学校总校主办的家校合作携手共育论坛在杭州市青蓝小学举行，与会代表交流对家校合作的认识和实践。

**【教育国际化】**至2017年末，杭州市中小学与国外学校结对总数超过900对，有海外结对学校的中小学校比例41.9%。市教育局组织师生代表团访问芬兰奥卢和日本福井。2017年杭州市友城市长峰会期间，奥卢、印第安纳玻利斯、岐阜等城市派出教育代表团与市教育局及大中小学校开展教育交流。在浙江省千校结好特色学校评比中，杭州入选学校总数33所，占全省的33%。杭州绿城育华学校、杭州学军中学入选教育部组织评

2017年杭州市中小学、幼儿园教职工情况

表63

| 学校类别 | | 教职工总数（人） | 其中：专任教师数（人） | | 达到规定学历的专任教师比例（%） | |
|---|---|---|---|---|---|---|
| | | | 初中 | 高中 | 初中 | 高中 |
| 普通中学 | 全　市 | 35 492 | 20 144 | 10 430 | 99.98 | 99.81 |
| | 主城区 | 14 051 | 8 165 | 3 896 | 100.00 | 99.85 |
| | 市　属 | 3 558 | 207 | 2 855 | 100.00 | 99.93 |
| 职业高中 | 全　市 | 5 046 | 4 436 | | 98.51 | |
| | 主城区 | 1 838 | 1 498 | | 99.47 | |
| 小学 | 全　市 | 35 510 | 34 150 | | 100.00 | |
| | 主城区 | 15 164 | 14 471 | | 100.00 | |
| 幼儿园 | 全　市 | 43 692 | 24 628 | | 100.00 | |
| | 主城区 | 19 729 | 10 991 | | 100.00 | |

选的中美“千校携手”项目示范学校。1月，杭州市印发《关于进一步加强杭州市外教资源统筹管理的实施意见（试行）》，在扩大外教来源、实施外教聘用片区化管理、外教统筹管理服务等方面制定改革措施。市教育局联合市外办等部门，出台杭州市《关于加强和改进教学科研人员因公临时出国管理工作实施细则》，为市属高校教学科研人员出国开展学术交流活动制定新规。

**【外籍人员子女学校在校生1054人】**至2017年末，杭州国际学校、杭州日本人学校、杭州汉基外籍人员子女学校、杭州世外外籍人员子女学校、杭州娃哈哈外籍人员子女学校5所外籍人员子女学校在校生1054人。江干区、萧山区、余杭区启动建设杭州钱江贝赛思外籍人员子女学校（暂用名）、杭州惠灵顿外籍人员子女学校（暂用名）和杭州国王学院外籍人员子女学校（暂用名）。11月30日，该3所学校向省教育厅提交设立申请材料。12月6日，滨江区政府和杭州国际学校签署战略合作备忘录，杭州国际学校新校区计划在2018年开工，于2020年建成并陆续投入使用。

**【杭州市中小学外籍教师服务中心成立】**2017年6月，市教育局发文成立杭州市中小学外籍教师服务中心。服务中心挂靠杭州师范大学国际教育学院，委托杭州师范大学管理，具体业务接受市教育局指导，主要负责杭州市中小学外籍教师聘用的指导、服务与管理。

（黄海燕　吴嘉佳　梁树波　黄泽军）

## 学前教育

**【概况】**2017年，杭州市有幼儿园960所，在园幼儿（含符合条件的进城务工人员随迁子女）33.63万人，教职工4.37万人。其中学前三年在园幼儿（含符合条件的进城务工人员随迁子女）33.09万人，比上年增加1.29万人。全市3~5周岁杭州市户籍幼儿入园率98.9%。全市幼儿园城乡互助共同体参与园区数1306个，占总园区数的95%。

**【优质学前教育覆盖率提升】**2017年，市区新评定丁蕙第二幼儿园等甲级幼儿园（园区）14个，累计甲级幼儿园275个。杭州市丁兰幼儿园明珠园区等15个幼儿园（园区）被认定为浙江省一级幼儿园，杭州市行知幼儿园新城园区等89所幼儿园（园区）被认定为浙江省二级幼儿园。全市省等级幼儿园在园幼儿覆盖率99.1%，其中省一级、省二级幼儿园在园幼儿覆盖率78.0%，比上年增长2.7个百分点。

**【《普惠性民办学前教育机构认定和管理办法》出台】**2017年12月，市教育局和市财政局、市物价局联合制定《杭州市普惠性民办学前教育机构认定和管理办法（试行）》，计划于2018年1月20日起施行。该办法旨在引导和支持民办学前教育机构向社会提供普惠性学前教育服务，推进普惠性民办学前教育机构健康规范发展，提升办园质量，在一定程度上保证普惠性民办学前教育机构基本达到和公办幼儿园同质同价。《杭州市普惠性民办学前教育机构认定和管理办法（试行）》分为总则、申报与认定、政策保障、监督管理和附则5个部分。

**【幼儿园专项督导】**2017年11—12月，各区县（市）教育行政部门组织对辖区内幼儿园教师师德师风建设、教师依法执教、教师待遇落实、幼儿园新入职保教人员专业培训、幼儿园安全管理等方面的办园行为进行专项督导检查。共检查幼儿园925所，其中公办幼儿园421所、民办幼儿园504所，占全市幼儿园总数的96.7%。12月，市教育局对临安、淳安、杭州经济技术开发区、大江东产业聚集区的幼儿园进行核查，实地检查幼儿园22所，其中公办幼儿园4所、民办幼儿园18所。督导结果显示，全市幼儿园办学规范、运行良好。

（黄海燕　吴嘉佳　梁树波　黄泽军）

## 义务教育

**【概况】**2017年，杭州市有小学（含九年一贯制、十二年一贯制学校小学部）458所，在校学生56.04万人；初中（含九年一贯制学校）251所，在校学生22.48万人；特殊教育学校15所，在校学生（义务教育段，不含随班就读学生）1467人。其中，民办小学17所，民办初中（含九年一贯制学校）52所，在校学生11.02万人。全市义务教育阶段接纳进城务工人员随迁子女28.2万人，占在读学生的35.9%；其中全市新招收一年级进城务工人员随迁子女3.8万人。7月，市政府办公厅发布《流动人口随迁子女在杭州市区接受学前教育和义务教育管理办法（试行）》，并于9月1日起施行。

**【义务教育课程改革深化】**2017年5月，市教育局在桐庐县举办全市“轻负高质”联系学校暨“课程改革”第十二次现场交流会。7月，组织全市部分初中学校校长在淳安开展主题为“综合素质评价与课程改革”的培训，

并到青岛学习、交流。9月,市教育局参加全省初中基础性课程分层走班教学改革现场会,做题为“尊重差异,落实因材施教”的主题交流。12月,在拱墅区开展全市义务教育课程改革学习培训活动。全年组织小学、初中校长、教师开展课改专题研讨9场,业务培训600多人次。

**【教育满意度第三方监测】**2017年,市教育局继续委托上海市教育科学研究院组织开展市区初中学校学生课业负担监测和家长满意度调查。调查采取网络调查方式,全市回收有效问卷1.87万份,其中男生占53.0%、女生占47.0%;涉及公办学校73所,学生占总数的79.7%,民办学校24所,学生占总数的20.3%。监测结果显示,杭州市区初中学生家长对学生在校学习过程和学校办学总体满意度均处于“较满意”与“满意”之间,初中学生对学校学习生活的喜欢程度处于“比较喜欢”和“喜欢”之间。做好市区初中毕业班三分之一学生的语文、英语、数学、科学的抽测,在语文、英语学科和数学、科学学科中各抽取一门作为抽测科目,监测初中毕业生学业水平。

**【中小学生体质健康、艺术素养监测】**2017年,市教育局指导和督促学校开展体育课和艺术课,并进行2017学年中小学生体质健康测试和艺术素养监测。797所中小学校对照《国家学生体质健康标准》进行自评。全市优秀等级学校702所,占总数的88%;良好等级学校72所,占9%;有加分项目的学校446所,占55.9%。12月,市教育局实地抽测87所学校(校区)的4293名学生,数据表明各学校的自测数据真实有效。12月,对临安、富阳、桐庐9所中小学的774名学生的音乐、美术艺术素养进行测试,并对成绩进行分析、反馈和公布。杭州市举办2017年杭州市中小学生舞蹈、戏剧比赛,提升杭州市中小学师生舞蹈创编能力和表演水平。5—9月,市教育局与市科委、团市委等部门共同举办杭州市第十届中小学生科技节。活动以“学科学·用科学·爱科学”为主题,全市700多所中小学校共组织开展204项活动,有12.5万人参加网络知识竞赛。12月,全市科技教育20年成果展在武林广场展出,各区县(市)教育局(社会发展局)和10所直属学校参加教育成果展示活动。

(黄海燕 吴嘉佳 梁树波 黄泽军)

## 普通高中教育

**【概况】**2017年,杭州市普通高中(含完全中学、十二年一贯制学校)80所,在校生11.31万人,专任教师1.04万人。全市初中毕业生升入各类高中比例99.7%,高中段优质教育覆盖率87.5%,普通高中和职业高中招生比53:47。以“走班选课”为特征的深化普通高中课程改革稳步推进,各校基本建成具有学校自身特色、满足学生多样化选择的课程体系,健全和完善与课程改革相适应的选课指导、学分认定、必修走班等教育教学管理制度,建立符合学生个性发展的生涯规划教育体系和多元评价体系。全市有省级普通高中特色示范学校50所,其中省一级20所、省二级30所。

**【高中课程改革】**2017年,市教育局推进普通高中适应新高考背景的高中课程改革。开展普通高中选修课程骨干教师培训、普通高中精品选修课程评选活动,引导教师深入学习课程标准,推进课堂教学改革。组织杭州市深化课程改革研讨和专题调研,指导推进高中学校“必修走班、分层分类走班、分项走班”的探索和实践。开展杭州市普通高中生涯规划教育专题研修,编写面向生涯导师和家长的指导读本,以学业设计、职业规划、生涯发展引领学生成长。

(黄海燕 吴嘉佳 梁树波 黄泽军)

## 中等职业技术教育

**【概况】**2017年,杭州市独立设置中等职业学校42所(不含技工学校,下同),其中职业高中30所、普通中专7所、成人中专5所。在校生6.87万人(不含技工学校及成人中专非全日制学生)。专任教师4949人,其中“双师型”教师占86.4%。市区中等职业学校共招生1.21万人。全市有国家中等职业教育改革发展示范学校4所,浙江省中等职业教育改革发展示范学校14所,浙江省中等职业名校建设学校6所。有市级及以上示范专业72个(其中国家级3个、省级46个),市级及以上实训基地62个(其中国家级5个、省级39个)。经省教育厅和省财政厅共同考核,2017年杭州市获“2016年度职业教育发展优秀单位”(一等奖)称号。

10月11日,市政府与香港铁路有限公司签署港铁学院杭州分院合作意向协议。港铁学院杭州分院是港铁学院在内地首家分院,以高品质轨道交通培训与研究为目标,培养轨道交通多领域多层级人才。

**【现代学徒制试点推进】**2017年9月,杭州市通过国家级试点年检,并评定市级现代学徒制试点培育项目10个。全市教育部门创办的中等职业学校全部参与试点,部分试点学校在企业选择、招工招生、双导师培养、标准建设和考核评价等机制建设方面进行探索并形成各自特色,切实提升人才培养质量。

**【中等职业教育质量提升工程】**2017年3月,市教育局制定并印发杭州市中等职业教育质量提升工程系列实施方案。全年分两批完成87个中等职业教育质量提升项目的审核和认定,并组织部分项目建设方案的专题培训。3月和12月,杭州市成功创建省级中等职业教育质量提升行动第一批立项项目56个、第二批立项项目71个。

**【中等职业学生核心素养工程】**2017年12月,市教育局组织省中等职业学生核心素养提升工程项目申报,成功申报德育品牌项目5个、创新创业教育实验室5个、中等职业毕业生典型5个。11月,杭州市组织参加省中等职业学生职业素养比赛,获一等奖19个、二等奖33个、三等奖47个。11月,组织参加省中等职业学校学生职业能力大赛,获金牌21枚、银牌33枚、铜牌24枚。6月,杭州市组织参加全国职业院校中等职业组学生技能大赛,获金牌6枚、银牌23枚、铜牌2枚。3月,组织参加省第九届中职学校创新创业大赛总决赛,获一等奖7个、二等奖13个、三等奖10个。在第

2017年10月,在第44届世界技能大赛上,杭州技师学院学生蒋应成获汽车喷漆项目金牌 (市教育局 供稿)

44届世界技能大赛上,杭州技师学院学生蒋应成获汽车喷漆项目金牌,拱墅职高学生王芹获美发项目优胜奖。

**【杭州市职业教育活动周】** 2017年5月6—12日,杭州市开展以"推进产教融合,打造大国工匠"为主题的职业教育活动周系列活动。全市35所职业院校、462个企业、7万名中等职业学校的师生与部分初三学生和家长,通过不同形式参与活动。在"2017年浙江省暨杭州市职业教育活动周"启动仪式上,市教育局、市人力社保局以及25所中等职业学校在现场提供招生咨询服务,接待近1万名初中毕业生及其家长。

(黄海燕 吴嘉佳 梁树波 黄泽军)

**【交通职业教育】** 2017年,杭州技师学院新招教职工10人,引进高技能人才2人、省技工院校省级专业(学科)带头人9人、全国技术能手4人。录取新生1072人,实习生满意度97%,用人单位满意度98.2%。参与人力资源和社会保障部汽车钣金与涂装专业的《国家技能人才培养标准》《一体化课程规范》编制,以及新能源汽车检测与维修专业一体化课改试点。飞机维修专业筹备工作基本完成。"汽修专业高技能人才培养模式创新与实践"作为杭州市优秀教学成果推广。全年师生76人次在市级及以上各类技能比赛中获奖,其中蝉联第44届世界技能大赛汽车喷漆项目金牌;获各类技能比赛一等奖16人次,其中国家级7人次、省级5人次。全年开展机动车驾驶教练员继续教育培训、机动车驾驶教练员国家职业资格培训、汽车修理工技师培训等80多期,培训1.03万人次,其中高级工以上1964人次。学院成为浙江省"中职教育质量提升行动计划"名校建设项目立项单位。

杭州汽车高级技工学校招生443人,其中高级工以上专业招生312人,占招生总人数70.4%。439名毕业生持毕业证书和技能等级证书,"双证率"97.2%,就业率98.6%。开展在校生学历教育,273人取得大专文凭。

(陈 莹 唐 毅)

## 高等教育

### ·概 述·

**【在杭全国制普通高校39所】** 2017年,在杭全日制普通高校39所,在校生(含研究生)48.41万人。其中:部、省属高校33所,在校生(含研究生)41.10万人;市属高校6所,在校生(含研究生)7.30万人。全市高等教育毛入学率63.3%。

3月,市属高校人才队伍建设项目完成终期验收,引进"西湖学者"14名、"西湖鲁班"2名,扶持中青年学术带头人培养人选20名、优秀中青年教学名师培养人选20名、优秀创新团队5个,支持30名优秀中青年教师到海外研修。市教育局继续推进市级重点学科等内涵发展项目建设,完成市属高校第二批10个市级重点实训基地、第二批5个市级重中之重学科和第三批15个市级重点学科、第三批10个市级重点实验室建设验收。9月,杭州科技职业技术学院大江东"智能制造"开放性公共技能实训基地获批立项。

**【"名校名院名所"建设工程】** 2017年,市教育局启动"名校名院名所"建设工程调研,学习青岛、深圳等地的经验做法,形成调研报告,起草《关于"名校名院名所"建设的若干意见》。12月,杭州市委、市政府出台《关于"名校名院名所"建设的若干意见》,为加快引进优质高等教育和科研资源、全面提升杭州市高等教育发展水平和科研创新能力提供有力政策保障。6月,"三名工程"项目资源库建立。北京大学信息技术高等研究院、北京航空航天大学杭州创新研究院、奥克兰大学中国创新研究院落户杭州。

**【西湖大学筹建】** 2017年,市教育局指导、协助杭州市西湖教育基金会做好筹建西湖大学的逐级申报工作。8月1日,省政府发文批准筹建西湖大学。8月4日,西湖大学(筹)事业法人机构在杭州市事业单位登记管理局注册登记。9月28日,全国高校设置评议委员会专家组到杭州对西湖大学(筹)实地考察评议。西湖大学(筹)云栖校区完成改造工程并启用,云谷校区完成征地拆迁。西湖大学(筹)首届19名博士生入学。完成五轮面向全球的教师招聘工作,签约33人,并成功申报国家"千人计划"人才7人、浙江省"千人计划"人才6人。

**【市属高校产学对接工程】** 2017年,杭州市属高校产学对接工程完成,建成特需专业15个、中等和高等职业衔接示范(培育)专业10个、技能名师工作室30个、示范性职工培训中心10个、校企共建校内实训基地20个,组织100名优秀中青年教师到企业服务。12月1日,市属高校第二届科技成果推介会举办,向企业推出171项优秀科技成果。12项科研成果和4

个重大科技合作平台签约转化，转让金额超过1000万元。

**【专修学院监管加强】** 2017年4—5月，市教育局对15所民办非学历高等教育机构进行2016年年检初审，经市民政局审核，均确定为合格。市教育局组织专家对杭州江南专修学院等9个自考全日制助学机构进行2016年度综合评估工作。对专修学院暑期、寒假安全稳定工作开展专项检查。指导浙江法商专修学院做好变更举办者、学院名称等工作，学院更名为浙江携职专修学院。

（黄海燕　吴嘉佳　梁树波　黄泽军）

**2017年杭州市普通高校本专科学生基本情况**

表64　　单位：人

| 学校名称 | 毕业生数 | 招生数 | 在校学生数 |
|---|---|---|---|
| 合　计 | 114 590 | 122 720 | 425 769 |
| 浙江大学 | 5 381 | 6 326 | 24 897 |
| 杭州电子科技大学 | 4 058 | 3 945 | 15 822 |
| 浙江工业大学 | 5 219 | 4 557 | 19 159 |
| 浙江理工大学 | 4 352 | 4 492 | 17 687 |
| 浙江农林大学 | 3 581 | 3 790 | 14 501 |
| 浙江中医药大学 | 1 527 | 2 258 | 7 947 |
| 浙江工商大学 | 3 885 | 3 986 | 15 294 |
| 中国美术学院 | 2 035 | 1 812 | 7 069 |
| 中国计量大学 | 3 647 | 3 862 | 15 172 |
| 浙江科技学院 | 3 429 | 4 273 | 16 967 |
| 浙江水利水电学院 | 2 578 | 2 769 | 9 220 |
| 浙江财经大学 | 3 198 | 3 503 | 13 489 |
| 浙江警察学院 | 1 002 | 846 | 4 163 |
| 浙江传媒学院 | 3 109 | 3 445 | 13 678 |
| 浙江树人学院 | 3 945 | 4 136 | 15 606 |
| 浙江交通职业技术学院 | 3 092 | 3 109 | 8 676 |
| 浙江电力职业技术学院 | — | — | — |
| 浙江同济科技职业学院 | 1 813 | 2 271 | 6 360 |
| 浙江机电职业技术学院 | 3 123 | 3 752 | 10 808 |
| 浙江建设职业技术学院 | 2 544 | 2 895 | 8 192 |
| 浙江艺术职业学院 | 1 015 | 1 045 | 2 588 |
| 浙江经贸职业技术学院 | 3 090 | 3 227 | 9 313 |
| 浙江商业职业技术学院 | 3 549 | 3 920 | 10 746 |
| 浙江经济职业技术学院 | 2 714 | 3 010 | 8 670 |
| 浙江旅游职业学院 | 3 645 | 4 276 | 11 718 |
| 浙江警官职业学院 | 1 292 | 973 | 2 870 |
| 浙江金融职业学院 | 3 087 | 3 387 | 9 813 |
| 杭州医学院 | 2 086 | 1 816 | 5 097 |
| 浙江长征职业技术学院 | 3 587 | 3 614 | 10 934 |
| 杭州电子科技大学信息工程学院 | 2 131 | 2 101 | 8 161 |
| 浙江中医药大学滨江学院 | 931 | 1 131 | 4 848 |
| 浙江工商大学杭州商学院 | 1 923 | 1 961 | 7 523 |
| 中国计量大学现代科技学院 | 1 513 | 1 455 | 5 640 |
| 浙江体育职业技术学院 | 255 | 254 | 651 |
| 浙江外国语学院 | 1 755 | 2 425 | 8 530 |
| 浙江特殊教育职业学院 | 203 | 469 | 1 156 |
| 浙江音乐学院 | 202 | 647 | 2 255 |
| 杭州师范大学 | 3 842 | 4 199 | 16 709 |
| 浙江大学城市学院 | 3 071 | 3 440 | 13 154 |
| 杭州师范大学钱江学院 | 2 068 | 2 258 | 8 989 |
| 杭州职业技术学院 | 3 435 | 3 244 | 9 681 |
| 杭州科技职业技术学院 | 3 133 | 3 403 | 9 324 |
| 杭州万向职业技术学院 | 2 320 | 2 042 | 5 968 |
| 浙江育英职业技术学院 | 2 225 | 2 396 | 6 724 |

## ·浙江大学·

**【概况】**浙江大学有紫金港、玉泉、西溪、华家池、之江、舟山、海宁等7个校区,占地面积574.0公顷,校舍总建筑面积257.60万平方米,图书馆总藏书量708.4万册。学校设有7个学部、36个专业学院(系)、1个工程师学院、2个中外合作办学学院、7个附属医院。

至2017年末,浙江大学有全日制在校学生5.37万人,其中本科生2.49万人、硕士研究生1.80万人、博士研究生1.07万人。在校留学生(含非学历留学生)6843人,其中攻读学位的留学生4116人。教职工8657人,其中专任教师3611人。教师中有中国科学院院士21人、中国工程院院士20人、文科资深教授9人、国家"千人计划"入选者(含青年项目)237人、教育部"长江学者奖励计划"入选者(含青年学者)101人、国家杰出青年科学基金获得者129人。在国家公布的"双一流"建设名单中,学校入选一流大学建设高校(A类),18个学科入选一流建设学科。11月,材料科学与工程学院教授杨德仁、计算机科学与技术学院教授吴朝晖当选中国科学院院士,环境与资源学院教授朱利中当选中国工程院院士,"果实品质生物学"海外学术大师工作室负责人Donald Grierson当选中国工程院外籍院士。

浙江大学有博士学位授权二级学科274个(含自主增设54个),涉及一级学科56个,其中博士学位授权一级学科54个;硕士学位授权二级学科309个(含自主增设56个),涉及一级学科61个,其中硕士学位授权一级学科60个。学校有一级学科国家重点学科14个、二级学科国家重点学科21个和国家重点(培育)学科10个。在全国第四轮学科评估中,浙江大学有11个一级学科被评为A+,列全国高校第三位;39个一级学科被评为A类,列全国高校第一位;一级学科优秀率63.9%,列全国高校第二位。

全年科研总经费40.17亿元,比上年增加4.99亿元。新增"三重"项目87个;新增国家重点研发计划项目18个、国家重大专项课题11个;获批国家基金重大项目1个,国家基金重点项目19个。被《科学引文索引》(SCI)收录第一单位论文5815篇,作为第一完成单位在《细胞》(*Cell*)、《自然》(*Nature*)和《科学》(*Science*)三大期刊及子刊发表论文34篇,被《美国科学院院报》(PNAS)收录论文9篇,中国卓越科技论文收录4008篇。获发明专利授权2016件。获2017年国家科学技术奖励13个,其中作为第一完成单位获科学技术进步奖特等奖1个,技术发明奖一等奖1个、二等奖1个,科学技术进步奖二等奖1个。

浙江大学完善哲学社会科学研究,成立文化遗产学科发展联盟、艺术与考古图书馆、中华译学馆等。《中国历代绘画大系》入选"国家重大出版工程",设立专项基金支持哲学社会科学发展,推进"大数据+"人文社会科学交叉创新团队建设,区域协调发展研究中心入选第二批国家高端智库试点培育单位。2017年,《社会科学引文索引》(SSCI)收录论文数540篇,增长41.4%;《艺术与人文科学引文索引》(A & HCI)收录论文数39篇。

"海外一流学科伙伴提升计划"和"世界顶尖大学战略合作计划"深入实施,推动与哈佛大学、耶鲁大学、芝加哥大学、斯坦福大学、牛津大学等学校的机制性合作,完善全球国际链接的合作网络。优化国际联合学院(海宁国际校区)人才培养模式。本科毕业生海内外深造率62.0%,其中毕业生进入世界百强名校继续深造近800人,占出国总人数的56.8%;本科生海外学习交流人数3250人次,增长22.6%;研究生海外学习交流人数2440人次,增长10.5%,其中博士生交流率72.8%。

**【《浙江大学一流大学建设高校建设方案》出台】**2017年12月29日,浙江大学出台《浙江大学一流大学建设高校建设方案》(简称《建设方案》)。《建设方案》包括建设基础、目标愿景、重点建设任务、一流学科建设、改革与治理、预期成效与组织保障6章内容,以及摘要和附件(学科建设方案)。《建设方案》提出十大战略主题和发展路径,研究确定人才培养体系、一流学科体系、人才队伍体系、创新生态系统、国际合作网络、思想文化高地、社会服务网络等7个方面的重点建设任务,并形成具体行动计划。

《建设方案》通过高峰学科建设支持计划、一流骨干基础学科建设支持计划和优势特色学科发展计划推进学科分类分层发展,并提出七大学科板块和会聚型学科领域发展的目标与思路。《建设方案》明确到2020年的预期建设成效,并围绕整体实力、人才培养、科学研究、社会贡献、文化传创、国际影响6个方面,构建"双一流"建设绩效指标体系,提出43个指标项目和绩效目标。

**【纪念建校120周年系列活动】**2017年5月21日是浙江大学建校120周年纪念日,浙江大学举行以"同心携手·共创一流"为主题、涵盖"卓越学术""品牌文化""助推梦想""美丽校园"四大工程及校院两级的300多项纪念活动。5月21日,浙江大学建校120周年纪念大会在紫金港校区体育馆举行。各级领导、海内外嘉宾、30多所海外著名大学校长、80多所国内高校负责人以及师生校友参加。

**【浙江大学创新创业学院成立】**2017年4月7日,浙江大学创新创业学院成立。该学院旨在统筹和集聚校内外创新创业教育资源,系统构建以创业意识激发、创业技能提升、创业项目优化、创业融资对接、创业公司落地等环节为核心的"全链条式"创新创业教育体系。学院倡导"顶层设计与双一流建设相结合、围绕核心与学科专业建设相结合、服务产业与整体布局相结合"的理念,协调全校创新创业教育,发挥创新创业本科辅修/微辅修计划的典型示范作用,开展提升型创新创业教育。同时,统筹校内外创业实践基地的建设,提供创新创业实践平台,并促进创新创业研究与推广,加快科研成果转化,完善师生创新创业的配套政策。

6月,浙江大学入选国家"双创"示范基地。被评为首批"全国深化创新创业教育改革示范高校""全国深化创新创业教育改革特色典型经验高校",IdeaBank创客空间被纳入国家级孵化器管理服务体系。全年浙江大学学生在国际和国内重大创新创业赛事上获特等奖7个、一等奖96个,其中包括第三届"互联网+"大学生创新创业大赛总冠军、中国青年互联网创业大赛总冠军等。

**【3项研究成果在国际权威学术期刊上发表】** 2017年7月14日上线的《科学》杂志以研究长文的形式刊登《胜负经历重塑丘脑到前额叶皮层环路以调节社会竞争优势》一文。该论文是浙江大学求是高等研究院系统神经与认知科学研究所和医学院神经科学研究中心胡海岚团队的研究成果。该成果第一次指出大脑中存在一条介导"胜利者效应"的神经环路。学术界认为，该研究为研究社会等级的形成和稳定提供新的思路和研究方法。

7月27日上线的《细胞》杂志刊登浙江大学医学院免疫学研究所、中国工程院院士曹雪涛研究团队的论文《甲基转移酶SETD2介导的STAT1甲基化促进了干扰素抗病毒效果》。课题组筛选出一种蛋白分子，它能增强干扰素的抗病毒效应，从而促进机体对各类病毒的抵抗能力。该发现为机体抗病毒免疫的效应机制提出新观点，也为有效防治病毒感染性疾病提供新思路和潜在药物研发靶标。

10月27日上线的《科学》杂志刊登生命科学研究院朱永群团队的论文 *Nε-Fatty Acylation of Rho GTPases by a MARTX Toxin Effector*，朱永群团队的研究发现创伤弧菌分泌的毒素会定向"冻"住宿主细胞的信号通路，有助于研发针对创伤弧菌和霍乱弧菌等致病菌的新型抗菌药物。

**【"高速铁路列车运行动力效应试验系统"入选"中国高等学校十大科技进展"】** 2017年12月14日，浙江大学建筑工程学院院士陈云敏团队发明的"高速铁路列车运行动力效应试验系统"入选"中国高等学校十大科技进展"。该装置把列车运行荷载转化为作用于一系列轨枕上的垂向动荷载，通过精确控制相邻激振器的加载相位差实现列车轮轴高速移动对路基的加载。整个试验系统由列车运行加载激振器阵列、加载控制系统、全比尺线路模型和测试系统组成，最高车速每小时360千米。核心技术获美国发明专利2件、中国发明专利8件。利用该系统发现伴随动孔压剧增的饱和路基马赫效应和桩承式路基动力土拱效应，揭示高铁路基内部动应力放大效应及沿深度衰减规律、循环累积沉降规律和产生过大沉降的机理。据此提出路基循环累积沉降评价、控制和修复方法，并成功应用于软土地基上的10多个高铁和地铁工程。

**【浙江大学"马一浮书院"成立】** 2017年12月27日，浙江大学"马一浮书院"成立。该学院由浙江大学与浙江敦和慈善基金会联合创立，基金会捐赠1亿元支持建设。书院实行理事会领导下的院长负责制，浙江大学校长吴朝晖任书院理事长，中国艺术研究院终身研究员、中国文化研究所所长刘梦溪任院长。书院将继承复性书院"尊经""重道""育人""刻书"的传统，以"复性明体，开物达用"为宗旨，开展学术研究、人才培养、出版书刊、传播文化4个方面的工作。

**▲资料：复性书院**

复性书院是抗战时期国民政府为保存民族文化而开办的一所学校，由马一浮主持。1939年，复性书院在四川乐山乌尤寺创建，1946年5月迁至杭州，1948年秋正式宣告结束。书院确立"主敬""穷理""博文""笃行"四条学规，规定来学者要遵守三戒，即：不求仕宦、不营货利、不起斗诤。学生分肄业生和参学人：肄业生需先送文字请求甄别，文字合格方准入院。书院津贴膏火，每年课试两次；参学人只要赞同书院宗旨、有志于学、经主讲许可就行，书院不津贴膏火，课试听其自便。

**【浙江大学数学高等研究院（筹）成立】** 2017年12月17日，浙江大学数学高等研究院（筹）成立。研究院（筹）将打造成为推动数学领域"学科—人才—科研"一体化发展的学术组织结构，聚焦国际数学前沿方向，对接国家区域战略需求，强化基础研究，探索重要的数学思想、解决关键的数学问题、产生一流的数学成果，实现前瞻性、引领性理论研究的重大突破。研究院（筹）支持学校数学学科建设，推进学科交叉会聚，发展特色学科方向，完善学科生态布局；利用平台优势与机制便利，与学校数学学院保持联动，组建高水平的研究团队，共同开展拔尖创新人才培养。首任院长由中国科学院院士、香港科技大学数学系讲座教授、香港数学会主席励建书担任。

**【之江实验室成立】** 2017年9月6日，之江实验室成立大会在杭州未来科技城人工智能小镇召开。之江实验室是开放协同、混合所有制的新型科研机构，按照"一体、双核、多点"的架构组建，即建立以省政府、浙江大学、阿里巴巴集团共同出资成立的之江实验室为一体，以浙江大学、阿里巴巴集团为双核，以国内外高校院所、中央企业和民营企业优质创新资源为多点的组织架构。浙江大学作为之江实验室的"一核"，将充分发挥学校科研生态的汇聚功能，助力之江实验室形成具有国际影响力的原创成果；将充分发挥学校杰出人才的主体作用，助力之江实验室汇聚全球顶尖的研发团队；将充分发挥学校高峰学科的牵引属性，助力之江实验室打造世界一流的创新领域。

（陈　浩　张　黎）

## ·中国美术学院·

**【概况】** 2017年，中国美术学院（简称中国美院）校园占地面积66.67公顷，总建筑面积近30万平方米，有杭州南山、象山和上海张江三大校区。学校设有18个直属院系（部）及附属中等美术学校1所。教职工898人，其中专任教师484人，有正高级职称113人、副高级职称246人。在校本科生6843人，研究生1694人，高职高专生595人，继续教育学历生637人，留学生（包含短期生）1595人。9月21日，教育部、财政部和国家发改委公布世界一流大学和一流学科（简称"双一流"）建设高校及建设学科名单，中国美术学院入选国家"双一流"建设高校，美术学学科入选"世界一流学科建设学科"。

在全国第四轮学科评估中，美术学和设计学获评A+，艺术学理论、戏剧与影视学分别获评A-和B+。学校有美术学、设计学、艺术学理论、戏剧与影视学4个一级学科硕士和博士学位授予点，建筑学一级学科硕士学位授予点，以及艺术、风景园林、文物与博物馆3个专业硕士学位授予点，艺术学理论、美术学和设计学3个博士后科研流动站。有首批国家动画教学研究基地和艺术造型国家重点实验教学示范中心。建有研究中心15个、研究所7个、研究院7个、协同创新中心2个。入选国家级人才项目2个。全年新增正高级职称10人，副高级职称12人。加强青年教师培养，6人入选国家留学基金委资助海外研修计划，校内选拔资助到海外研修6人，国外访问学者2人。引进高层次人才20人。

招录新生2189人，其中本科生1621人、研究生568人。2017届毕业生2404人，其中研究生337人、本科生1767人、高职高专生300人，就业率91.0%。15个高等教育教学改革项目和6个课堂教学改革项目结题。“中国传统工艺的当代价值研究”项目获国家社会科学基金艺术学重大项目立项。《中国绘画史》入选2017年中国文艺原创精品出版工程（二期）项目。国家级课题立项23个、省部级20个、厅局级27个。13个国家级课题、8个省部级课题、39个厅局级课题和14个院级课题获准结题。

11月27—30日，教育部本科教学工作审核评估专家组对中国美院的本科教学质量进行审核评估。专家组围绕办学定位和人才培养目标与国家和区域经济社会发展需求的适应度，教师和教学资源条件的保障度，教学和质量保障体系运行的有效度，学生和社会用人单位的满意度，学校人才培养、目标与效果的达成度展开评估。其间，专家组通过听课看课、深度访谈、校内外实习基地考察、召开师生座谈会、查阅试卷和毕业设计（论文）、调查师生满意度等方式予以评估。评估专家组对学校的办学定位与特色、本科教学情况、师资队伍建设、学科专业发展等各方面均给予高度评价，并提出改进建议。

中国美院与余杭区政府签署战略合作协议，共建中国美术学院良渚校区。与上虞区政府、龙天红木小镇、景德镇陶溪川建立战略合作关系。完成世界互联网大会形象设计、第十三届全国学生运动会宣传短片制作以及形象标志和吉祥物设计、“之江实验室”LOGO设计等任务。艺创小镇整体形象提升、重要节点等设计方案完成，小镇客厅象山艺术公社基建部分基本竣工。12月，艺创小镇作为国内唯一受邀参会的文化创意产业发展平台，参加在英国爱丁堡举办的中英艺术创意产业论坛。

文化创意设计制造业协同创新中心开设多领域的协同平台课程，举办国际跨界工作坊，引入多元化的项目式教学。视觉中国协同创新中心新增“中国佛教图像与音乐史研究”和“空间生产的乡土实践”两个硕士研究生方向，推进系列纪录片《中国村落》、专题片《中华竹韵》和《访碑记》、文化动画片项目《丝路行者——鸠摩罗什》。7月，“文化创新与视觉传播研究院智库”被认定为浙江省新型高校智库。

11月，中国美院被评为“全国文明校园”。1月，首届中国美术学院创业联盟创业论坛暨第二届创业联盟年终成果展举行。推进“新苗人才计划”等科技创新工作。启动德国柏林教学基地建设，长期、短期留学生1580人。新增加州艺术学院等4个国际合作伙伴，新增8个涉外合作协议。接待境外人员到访189批次、500多人，公派出访50批次、136人次，外派交换生、交流生176人，5人被国家留学基金管理委员会艺术类人才项目和优秀本科生项目录取。接收境外校际交换生22人。开设40门国际化课程和62个国际工作坊，国际化课程占开课总门数的2.3%。全年中国美院举办国际展览和研讨会33个。

**【“治水最前线”——下乡采风实践活动】**2017年3月13日至4月30日，中国美院举办“治水最前线”——下乡采风实践活动。活动以“五水共治”为主题，1500多名师生分别到仙居、浦江、兰溪、安吉、开化、平阳、瑞安、温岭等治水现场，通过社会调查、田野工作、视觉创作，对社会展开“素描”，描绘青山绿水、治水新貌和动人事迹。5月4日，“治水最前线”下乡创作实践展在中国美院美术馆开幕。展览分“奔赴前线”“社会素描”“绿水海报”“治水长卷”“河长造像”“河流故事”“在水一方”7个板块，展出作品600组，包括河长肖像画和一幅80多米的国画长卷。

2017年5月4日，“治水最前线”下乡创作实践展在中国美院美术馆开幕
（中国美术学院 供稿）

**【首届西湖国际纪录片大会】**2017年4月20—22日，由浙江省新闻出版广电局与中国美院联合主办、中央电视台纪录频道为战略合作伙伴的首届西湖国际纪录片大会在中国美院象山校区举行。大会主题是“I Documentary Fact”（IDF）。大会以“探索纪录本体、树立青年实验、高举人民之心、打造东方品质”为宗旨，设有“D20提名”“大师传薪”“央视提案”“IDF论坛”四大内容板块，最终5部影片获不同奖项。大会是集优秀纪录片作品展映（展播）、评优、提案、论坛于一体的人文艺术平台，探讨

2017年5月2—14日，“民族翰骨——潘天寿诞辰120年纪念大展”在中国美术馆展出 （中国美术学院 供稿）

影像媒介创新与形式突破，挖掘具有人文深度的纪录作品。

**【潘天寿诞辰120年纪念活动】** 2017年5月2日，由文化部、中国文学艺术界联合会、浙江省政府主办，文化部艺术司、中国文联国内联络部、中国美术馆、浙江省文化厅、中国美院承办的纪念潘天寿诞辰120周年座谈会在北京人民大会堂举行。5月2—14日，“民族翰骨——潘天寿诞辰120年纪念大展”在中国美术馆展出；12月1日，在浙江美术馆开展，展出潘天寿120多件作品，从“高风峻骨”“一味霸悍”“奇崛明豁”“雁荡山花”“守常达变”“饮水生涯”六大板块来梳理并呈现潘天寿的代表巨作、手稿文献，把研究、策展与展示深度结合。

**【第二届中国设计智造大奖在中国美院举行】** 2017年5月7日，第二届中国设计智造大奖总决赛在中国美院象山校区举行。该比赛于2016年9月19日启动，收到来自全球39个国家和地区的参赛作品2720件。7名评委和30名大众评审依据核心标准（民生、产业、未来）对22位获奖选手（团队）进行现场评审，评审充分考虑特色建设导向，对参赛作品进行专业细化及分类聚焦，形成“文化创新类、生活智慧类、产业装备类、前沿科技类”四大参赛类别。5月8日，第二届中国设计智造大奖颁奖典礼举行。“Hello Ruby儿童学习编程的创意画本”（芬兰）、“小黑侠自拍无人机”（中国·浙江）获大奖最高奖——金智奖。5月7日至6月23日，第二届中国设计智造大奖佳作展在中国美院民艺博物馆举行。

**【“国家重大题材美术创作创新平台”成立】** 2017年5月20日，中国美术学院与文化部共建的“国家重大题材美术创作创新平台”成立仪式在中国美术学院美术馆举行。该平台承担跨画种、跨时代意义的国家重大题材创作的组织、培训、创作、深化的功能；承担大型历史与现实绘画的研究与提升的功能，建构新的文化语境下绘画品质语言的新体系，实现相关高峰创作的历史性突破；担当国家重大题材美术创作工程的大型绘画人才培训功能，致力于国家重大题材的美术创作。

**【中国美术学院良渚校区建设】** 2017年7月28日，中国美院与杭州市余杭区人民政府签署战略合作协议，共建中国美院良渚校区。11月20日，浙江省政府批复同意建设中国美术学院良渚校区。良渚校区总建筑面积约20万平方米，在校生总体规模预期4000人左右，将于2020年启用。按照“艺科商融合，产学研结合”的办学理念，坚持“四个面向”的办学核心定位：“面向未来、面向社会、面向改革、面向融合”，以“艺术·科技·商业”高度融合的创新设计学科为主体，成立创新设计学院，迁入艺术管理与教育学院、继续教育学院、中国艺术教育研究院，成立创新设计研究院，建立全国美术与设计高层次人才培训基地、艺术管理与教育培训基地、艺术科学融合实验基地，形成“三学院二研究院三基地”的格局。

**【第二届中国艺术教育论坛在杭州举行】** 2017年11月22日，中国美院与教育部高等学校美术学专业教学指导委员会共同主办第二届中国艺术教育论坛。论坛以“聚焦艺术学科一流建设，推动艺术教育转型创新”为宗旨，探讨“双一流”建设新格局下，艺术院校的发展境遇与艺术学科的内涵建设，研究中国艺术学科的创生机制与动力机制，探索中国艺术教育的社会能量与未来发展。论坛期间，举办以全国艺术学院学报主编会议、“双一流”建设与艺术学科发展、“双一流”建设与美术学学科发展为主题的专题研讨。论坛形成艺术学科发展的“杭州共识”。全国各艺术院校及综合性大学艺术学院的校领导、学报主编、艺术学科评议组成员、美术学教育指导委员会委员等70多位专家、学者参加。

**【“致敬2018”系列活动】** 2017年12月2日，中国美院与法国莱茵高等艺术学院在法国斯特拉斯堡莱茵宫共同举办“致敬2018”系列活动。“致敬2018”展览分为四大板块：“风眼：一种历史”（《世纪风眼》纪念展）、“渡物：一段旅程”（“渡物”工作坊教学成果展）、“山水：一份宣言”（影像声音装置和文献展）、“世纪：一个提案”（12位中欧知名学者、艺术家用声音现场构造百年世界风云）。展览活动旨在向复杂、矛盾而多变的20世纪中欧之间的生活史、社会史和思想史补写一份宣言，向即将到来、尚未定义的2018致敬。 （徐国强 吴佳凝）

## ·杭州师范大学·

**【概况】** 2017年，杭州师范大学（简称杭师大）有仓前、下沙、玉皇山3个校区，占地面积198.9万平方米，校舍面积97.2万平方米,教学科研仪器设备总值8.39亿元,图书馆藏书264万册。杭师大下设18个学院、2个公共教学单位、2个科研机构、1个国有民办独立学院(钱江学院)和1个直属附属医院(杭州市第二人民医院)。全日制在校生2.10万人(不含钱江学院本科生8814人),其中博士生20人、硕士生2691人、本科生1.78万人、留学生1471人。有教师2184人,其中专任教师1461人,国家级和省级人才64人。专任教师中831人具有副高级以上专业技术职务、859人具有博士学位。本科毕业生就业率97.2%、签约率87.4%,硕士毕业生就业率97.7%、签约率87.1%。有服务国家特殊需求博士人才培养项目1个、一级学科硕士点19个、二级学科硕士点(不含一级学科覆盖点)4个、专业硕士点6个、中外合作培养教育领导学硕士项目1个、孔子学院1个;省一流学科A类8个、B类6个;基本科学指标数据库(Essential Science Indicators,简称ESI)排名前1%学科2个。有本科专业71个,其中国家级特色专业5个、省级重点专业15个、"十三五"省级优势专业9个、"十三五"省级特色专业7个;国家级教学成果奖6项、国家级精品课程1个、国家级精品资源共享课程建设项目4个、国家精品视频公开课建设项目2个、国家精品在线开放课程2个。杭师大有国家级科技企业孵化器1个、国家级双创基地2个、国家级实验教学示范中心1个、国家级虚拟仿真实验教学中心1个、国家级大学生校外实践教育基地建设项目1个。

2017年7月7日,杭州师范大学整合药学院(HIPI)正式成立

(杭州师范大学 供稿)

8月,杭师大入选教育部新增推荐优秀应届本科毕业生免试攻读研究生普通高等学校和第二批省重点建设高校,教育学学科入选第二批省重点建设高校优势特色学科。9月,杭师大向浙江省教育厅提交《杭州师范大学省重点高校建设规划》。推荐38名优秀本科生免试成为硕士研究生,其中23人被"985工程"高校或"211工程"高校录取。研究生第一志愿报考杭师大比例比上年增长33%。4篇教育硕士论文被评为全国教育硕士专业学位优秀论文,列全国高校第4位。

杭师大仓前校区二期建设推进,在建面积74.4万平方米,校区主入口正式启动建设。1月,临床医学院教学综合楼项目开工建设。9月,玉皇山校区启用。面积为6万平方米的科技园二期建成并投入使用,以学校医药健康、新材料、文化创意、信息服务等学科为依托的创新创业平台初步完成。

**【杭师大校务服务网启用】**2017年,杭师大推进"最多跑一次"改革,梳理首批审批服务事项,形成责任、审批和服务"三张清单"。12月,实体行政办事大厅建成并投入使用,设有20个窗口,涉及学校12个窗口部门,可办理各类审批服务事项200个。12月,杭师大"最多跑一次"校务服务网启用。该服务网具有校务公开、校务审批、服务检索、在线检索等功能。主数据平台整合全校29个主题业务数据,集中26个部门、238个审批和服务事项。

**【《服务杭州经济社会发展五年工作规划(2017—2021年)》实施】**2017年7月14日,《服务杭州经济社会发展五年工作规划(2017—2021年)》印发。实施29个项目,搭建产学研平台14个,开展各类服务25场,形成智库成果和工作成果报告50多篇。杭师大深化与余杭、桐庐、临安、建德、萧山等区县(市)合作,并取得阶段性成果。7月7日,杭师大整合药学院(HIPI)正式成立。该学院以整合药学为重点教育内容与科研方向,并集产学研于一体。运用现代科技方法和研究手段,研究药学前沿技术,推动创新性药物研发,着重研发防治恶性肿瘤、糖尿病、心脑血管疾病等重大慢性疾病的药物和健康产品。9月27日,由杭州市密码管理局牵头、杭师大承办的建设国内首家商用密码产业园沟通会召开。

**【人才培养质量提高】**2017年,杭师大新增7个省级特色专业,"高分子材料与工程"被教育部列入工程专业认证专业,完成57个专业校内评估。新增2门国家级精品在线开放课程,19部教材成为省高校"十二五"优秀教材和"十三五"首批新形态教材项目,19个教学项目成为教育部产学合作协同育人项目。学校被教育部列为中华优秀传统文化传承基地。10月13日,杭师大与阿里巴巴集团签约,深化共建阿里巴巴商学院2.0版,实施理事会管理制度,阿里巴巴集团再投入5000万元,打造以互联网商务为特色的创新型商学院。杭师大通过"卓越教师培养计划"攀登项目,开展"4+2"本科和硕士一体化卓越中学教师和数学创新实验班教学培养工作。4个教师教育改革项目成为省"十三五"师范教育创新工程项目。新增教师发展学校20所,总数208所。12月,杭师大参加全国师范生技能竞赛的6名选手均获一等奖。

**【创新创业教育推进】**2017年2月,杭师大被教育部评为"全国首批深化创新创业教育改革示范高校",全国共99所。3月,杭师大成为联合国教科文组织中国创业教育联盟理事单位。学校新增创业园区场地800平方米,创业园年销售额1.5亿元。2016

杭州师范大学仓前校区体育场 （杭州师范大学 供稿）

届本科毕业生一年内创业率2.8%（其中非师范类3.4%）。4月，杭师大2014届电子商务专业毕业生钱思聪成为“2016年全国创业英雄10强”。

3月17日，主题为“创新放飞梦想，创业成就人生”的2017年浙江省大学生创新创业大赛在杭师大钱江学院启动。大赛由3项赛事组成，分别为：第九届浙江省大学生职业生涯规划与创业大赛、浙江省第十五届“挑战杯”大学生课外学术科技作品竞赛和第三届浙江省“互联网+”大学生创新创业大赛。大赛于10月结束，历时7个月。全省102所高校（含独立学院）的640件作品经选拔参加省级复赛，162件作品入围决赛，决出一等奖60个、二等奖102个、单项奖24个，145位教师获优秀指导教师奖，20所高校获优秀组织奖。

**【科研实力增强】**2017年，杭师大科研经费1.57亿元。杭师大获国家自然科学基金项目40个，其中重点项目2个；国家社会科学基金19个，其中重大项目1个、重点项目1个；教育部人文社会科学项目14个。获授权专利130件，其中发明专利86件。获省科技进步一等奖1个、二等奖1个，省自然科学奖三等奖1个；获省哲学社会科学研究成果二等奖7个、三等奖12个。被《科学引文索引》（SCI）收录论文647篇，其中入选“ESI高被引论文”82篇；《社会科学引文索引》（SSCI）、《艺术与人文科学引文索引》（A&HCI）收录论文的两项人文社会科学类重要指标分别列全国高校第58位和第24位。获批“浙江省榄香烯类抗癌中药研究重点实验室”“浙产中药材资源开发与应用浙江省工程实验室”“文艺批评研究院浙江省哲学社会科学研究基地”3个省部级平台。1月，杭师大科技园入选国家级科技企业孵化器。省教育现代化研究与评价中心、中西医整合肿瘤防治中心、整合肿瘤学研究院成立。

**【师资队伍结构优化】**2017年，杭师大继续实施“卓越人才计划”，新引进国家“千人计划”创业人才1人、教育部新世纪优秀人才1人、省“千人计划”人才2人、学科带头人2人、优秀学术骨干11人、优秀博士36人、预聘制8人，新增“钱塘学者”特聘专家6人，“柔性”引进长江学者、国家“千人计划”等人才8人。继续实施“师从名师”“师从能师”“师从良师”计划、青年教师“进企入园”工程和青年教师博士化工程，新增入选学校“杰才”2人、“英才”14人、“俊才”21人。完成第三轮岗位聘任工作，122位教师跨单位或跨系列转岗聘任，35位职员晋升岗位等级，264位教师晋升专业技术岗位等级，完成231位正高、891位副高及以下职务教师的聘期考核。新设主管岗，选聘109位岗位主管。

**【国内外合作拓展】**2017年5月和12月，杭师大与建德市政府、萧山区政府签订产学研和教育战略合作协议。新安硅谷研究院进入实质性运行，成立“科技成果转移中心”，组建科技经纪人队伍，50个项目在市第二届科技成果推介会展示，6位教师的产学研项目获表彰。杭师大与国（境）外30多所高校和科研机构签订合作备忘录和项目协议20多个，获批成为“中美人才培养计划”121双学位项目新增院校。有国（境）外学习经历学生占在校生总数的3.1%，招收和培养国际学生1833名。7月，杭师大承办“孔子新汉学计划”青年领袖项目。该项目由国家汉语国际推广领导小组办公室首次发起并组织，澳大利亚新南威尔士大学和维多利亚大学，美国纽约州立大学石溪分校、佐治亚州立大学和中田纳西州立大学5所孔子学院共同参与，35名海外创业青年组成“青年领袖创新创业中国行”，进行为期4天的杭州创新创业参访学习。 （郭旭鹏 方蕴捷）

## ·其他市属高校·

**【浙江大学城市学院】**浙江大学城市学院设9个学院，40个本科专业，1个中外合作办学项目，8个课程合作项目。有专任教师745人，在校全日制普通本科生1.32万人。2017届毕业生初次就业率96.9%，总体就业率98.7%。药学、工商管理、土木工程3个学科列入省一流学科（B类）建设名单。2017年，浙江大学城市学院科研经费7596.31万元。在研国家自然科学和社会科学项目35个。

5月18日，由教育部批准设立的浙江大学城市学院怀卡托大学联合学院（简称新西兰UW学院）成立仪式举行。新西兰UW学院首批招收学生227人。浙江大学城市学院师生到海外学习交流规模进一步扩大，学生到海外学习交流率21.9%、具有三个月以上海外研修经历的教师比例35.8%、毕业生到海外深造率9.5%、全球百强大学录取率44.7%。

9月2日，2017年中国汽车工程学会巴哈大赛闭幕，由浙江大学城市学院春风动力睿鹰车队学生制造的U13号巴哈赛车获牵引赛总排名第五位、襄阳站总成绩二等奖。12月1日，浙江大学城市学院承办杭州市属高校第二届科技成果推介会。成果推介会吸引近200个企业参加，共推出171项市属高校优秀科技成果。会上，签约转化12项科研成果，签约合作4个重大科技合作平台。

**【杭州科技职业技术学院(杭州广播电视大学)】**杭州科技职业技术学院(杭州广播电视大学)开设七大类31个专业，高职全日制在校生9300多人。在编教职工530多人，副高级以上职称144人，专任教师290多人。2017年，招收高职学生3555人。模具设计与制造专业被评为全国职业院校装备制造类示范专业点。"校长请我喝杯茶"活动入选第五届全国教育改革创新典型案例。杭州科技职业技术学院获全国"高校后勤文化建设先进单位"称号。根据省教育评估院发布的《2016届浙江省高校毕业生职业发展状况及人才培养质量调查报告》，学校综合(总排名)居全省第四位。

杭州科技职业技术学院推进与大江东产业集聚区管委会的战略合作，持续推进大江东"智能制造"开放性公共技能实训基地项目建设。9月，该项目立项，项目可行性研究报告和初步设计方案文本的编制基本完成。6月23日，杭州科技职业技术学院与杭州国际博览中心共建的"杭州国际博览学院"正式挂牌成立，并选举产生第一届理事会。12月，与库卡机器人(上海)有限公司、宁波尤恩机器人科技有限公司正式签署协议，联合筹建"库卡华东教育研究院"。5月，杭州科技职业技术学院高桥校区餐饮实训楼动工。10月，学校被确定为浙江省高校首批"美丽校园"。

**【杭州职业技术学院】**杭州职业技术学院设立9个二级学院和继续教育学院、人文社科部。开设招生专业31个，在校生9770人。2017年，招收全日制新生3509人，毕业生3441人，毕业生就业率98.1%。数控技术和汽车检测与维修技术2个专业分别被确定为全国职业院校装备制造类、交通运输类示范专业点。"工业机器人开放式公共实训基地"获教育部立项。教职工713人，其中专任教师390人，副高级以上职称142人。全年引进19名专任教师，其中高级工程师1名、高级职称2名、博士研究生3名。学生获国家级比赛一等奖6个、二等奖4个、三等奖6个。

9月，杭州职业技术学院与康迪电动汽车集团签订合作共建"康迪新能源汽车协同创新中心"协议，建设"康迪新能源汽车学院""康迪新能源汽车研究院""康迪新能源汽车共享研究中心"，企业出资20万元设立"康迪专项基金"。学校与85℃浙江公司、杭州墨匠信息技术有限公司、杭州福膜新材料科技股份有限公司、文思海辉技术有限公司等企业签订合作协议，共同试点现代学徒制。3月，杭州职业技术学院与新西兰维特利亚理工学院合作举办动漫设计专业高等专科教育项目获立项。学校的"电梯评估与改造应用技术协同创新中心"入选浙江省首批7个应用技术协同创新中心名单。全年获国家实用新型专利10件，国家级新型实用外观专利12件，开发产品120个。学校技能培训开班270个，培训1.97万人。

杭州职业技术学院承办"2017杭州市大学生创新创业服务周"。完成《创新创业与职业生涯规划》课程建设和《创新创业融入课堂指导意见(20条)》的编制。全年开展创新创业大讲堂活动6期，开展创业沙龙11期。园区新增国家级高新技术企业2个。创业园获"中国(浙江杭州)创新创业首选地"。

**【浙江育英职业技术学院】**浙江育英职业技术学院开设专业25个，在校师生7100多人。全院学生参加校外各项赛事80多个，获奖469人次。2017年，学院出台《课程建设实施方案》《课堂教学创新行动方案》《进一步加强学生学业辅导和督导工作实施办法》《教师教学工作业绩考核办法》，编制《2017级职业人培养方案》，推进专业课程建设。立项的21门院级课程在"浙江省高等学校精品在线开放课程共享平台"上线。引入尔雅《通识课程》4门、《创新创业课程》17门，在线学习用户数2800多人。"招贴设计""会展文案写作"确定为杭州市属高校市级精品课程建设项目。在2017年省高校微课教学比赛中，获高职视频组一等奖1个、二等奖1个、三等奖2个，文本类二等奖1个、三等奖1个。

10月23日，浙江育英职业技术学院与老挝教育和体育部职业技术教育司合作签约暨2017级老挝留学生开学典礼举行。双方在留学生教育、师资培训、访学以及筹建"中国浙江育英职业技术学院老挝职业教育研究中心"等方面进行合作。学院同时与老挝万象省职业技术学院等3个院校签订校际合作协议。

2017年，浙江育英职业技术学院与云南浩宏集团合作开展云南省万人电子商务培训实训项目，培训电子商务人才3000多人次。学校依托专业民航安全技术管理专业，与杭州市安保服务集团有限公司战略合作。全年浙江育英职业技术学院社会培训服务收入516万元。

**【杭州万向职业技术学院】**杭州万向职业技术学院的服装加工与工艺、康复工程技术等4个专业被列为省级优势或特色专业建设项目。开放式产教融合共享食品实训基地、康复中心实训基地、电梯工程中心被列为省级生产性实训基地建设项目，国际贸易实务专业实训基地被列为省级虚拟仿真实训中心建设项目。申报完成老年服务与管理新专业。杭州万向职业技术学院新增校外实训基地25个。新开设的新能源汽车专业与浙江泓源汽车集团有限公司、上汽万向新能源客车有限公司、浙江合众新能源汽车有限公司3个企业达成合作意向；园艺技术专业与奉化市岩坑村车厘子专业合作社合作开展科研平台建设。

9月16日，杭州万向职业技术学院与伊利诺伊大学签署合作协议，开展"万向学者"计划。该项目将招募美国伊利诺伊大学的学生到中国学习和交流，计划从2018年7月开始，为期两年。毕业生就业率97.4%；专升本考试有182人上线、171人被录取，比上年增加16%和20.4%。19人获万向教育基金"升学圆梦"专升本奖学金资助；1人获资助20万元，赴英国格拉斯哥大学继续深造。学生在技能大赛、科技创新等方面获奖138个。其中：国家级一等奖、二等奖、三等奖各1个;省级一等奖19个、二等奖34个、三等奖32个。

杭州万向职业技术学院继续开展"十万美国学生访问中国"项目。全年接待46个研习团、1121人。学院资助3批次、55名学生到英国、美国等国家和地区的高校游学、参加青年国际交流项目等。扶持学生创业团队8个,分别给予资金1~3万元,共13万元。2017年度"万向教育基金"评选出"杰出贡献奖"13名、"专项优秀奖"51名,奖励额68万元。

（黄海燕　吴嘉佳　梁树波　黄泽军）

## 成人教育

**【概况】** 2017年,杭州市成人中等学历教育在册学员数3558人,毕业2449人;成人高等教育在册学员数1.88万人,毕业5856人。非学历培训210.77万人次,其中家政培训7.03万人次。9月,杭州市在第三届国际学习型城市大会上被授予"联合国教科文组织学习型城市奖章"。全市有全国社区教育示范区6个、全国社区教育实验区2个、省社区教育示范区1个、省社区教育实验区2个。江干区、拱墅区、滨江区、西湖区、富阳区成功创建为省级学习型城市,余杭区瓶窑镇成人文化技术学校等9所成人文化技术学校成功创建为省现代化成人学校,临安区社区学院"农村电子商务培训"等9个项目成功创建为省成教品牌项目。全市有文化类民办培训学校604所。3605人参加"双证制"教育培训,扫除文盲1.19万人。

**【社区教育开放日活动】** 2017年,杭州市举行社区教育开放日活动,中小学、幼儿园开展形式多样的教育活动。安排家庭教育讲座,"家校(园)共育"亲子互动活动,文化礼仪、养身保健、非遗传承、职业技能、艺术欣赏等公益性讲座。学校组织居民参观学校校园、校史馆、科技馆,并提供招生政策咨询、学生升学咨询等服务。全市有706所公办中小学和493所幼儿园开展社区教育开放日活动,分别比上年增加74所和111所,57万名社区居民参与活动。

**【杭州市全民终身学习活动周】** 2017年11月10日,2017年杭州市暨富阳区全民终身学习活动周启动仪式在富阳区社区学院举行。活动周以"推进全民终身学习,加快建设学习型社会"为主题,由市委宣传部、市教育局、市人力社保局、市文广新闻出版局、市总工会、团市委、市妇联、市社科联联合举办。活动期间,全市各区县(市)推出各类教育培训和学习活动140多个,参与市民10万人次。

（黄海燕　吴嘉佳　梁树波　黄泽军）

## 特殊教育

**【概况】** 2017年,杭州市有培智学校12所、聋人学校1所、省属盲人学校1所、工读学校1所。余杭区、桐庐县、建德市启动异地迁建培智学校项目,滨江区、杭州经济技术开发区启动培智学校新建项目。352所普通学校开展特殊儿童随班就读。建成资源教室282个,其中26个合格资源教室通过评估验收。新认定示范性资源教室22个、特殊教育"卫星班"8个、职业教育实训基地3个和特殊教育医教结合实验学校2个。按照"轻度残疾随班就读、中度残疾在特殊学校就读、重度残疾安排送教上门"的安置原则,完善"以特殊教育学校为骨干、以随班就读为主体、以送教上门和卫星班为补充"的特殊教育发展格局。完善教师发展平台,把特殊教育教师职称评定单列。启动杭州市特殊教育"新锐教师"培养培训,33名教师参加。视力残疾、听力语言残疾和智力残疾三类残疾儿童少年义务教育入学率99.5%以上,学前教育入学率67%,高中教育入学率61%。

**【特殊教育卫星班建设】** 2017年,市教育局推进融合教育常态化,扩大"特教学校+卫星班"的布局,加强卫星班建设。特殊教育卫星班是把特殊教育学校有条件、有意愿融入普通学校的中度残障儿童少年选送到普通学校组建成班,由特殊教育学校和普通学校教师共同管理、合作完成教育教学任务的班级。12月,市教育局组织评估组对申报特殊教育卫星班的学校进行现场评估验收,确定杭州聋人学校(下沙第二小学)、杭州市杨绫子学校(杭州金都天长小学)、杭州市健康实验学校(杭州市江心岛小学)、杭州市艮山路学校(杭州市澎博幼儿园)、杭州市湖墅学校(杭州市人民小学)、杭州市紫荆花学校(杭州市学军小学之江校区)、杭州市萧山区特殊教育学校(萧山区新街第三小学)、余杭区汀洲学校(余杭区南苑中心小学)8个市级"卫星班"项目。

**【市级特殊教育医教结合实验学校创建】** 2017年,杭州市拓展特殊教育医教结合的服务领域,市教育局、市残联、市卫生计生委、市民政局4个部门联合开展2017年首批残疾儿童市级定点康复机构评审,其中杭州聋人学校、杭州市杨绫子学校、杭州市湖墅学校、杭州市艮山路学校4所学校被确定为2017年首批残疾儿童市级定点康复机构,进一步加强杭州市残疾儿童康复机构的规范化建设。12月,市教育局组织评估组对医教结合实验学校进行现场评估验收,确定杭州市杨绫子学校和杭州市湖墅学校为杭州市特殊教育医教结合实验学校。

**【示范性资源教室建设】** 2017年,市教育局在建立市级合格资源教室基础上,启动示范性资源教室建设。5月,市教育局组织评估验收组对各区县(市)推荐的资源教室进行第二批示范性资源教室评估验收,确定杭州市高银巷小学等22所学校(幼儿园)所建资源教室达到杭州市示范性资源教室标准,进一步发挥区域带动和辐射作用,提升杭州市资源教室工作的整体水平。

（黄海燕　吴嘉佳　梁树波　黄泽军）

责任编辑　秦文蔚

# 37 文化遗产保护

## 西湖世界遗产

**【概况】** 2011年6月24日，第三十五届世界遗产委员会会议同意将"杭州西湖文化景观"正式列入世界遗产名录。杭州西湖文化景观由分布于4235.76公顷范围内的西湖自然山水、三面云山一面城的城湖空间特征、两堤三岛景观格局、"西湖十景"题名景观、西湖文化史迹、西湖特色植物六大要素组成。

2017年，杭州西湖风景名胜区管理委员会(简称杭州西湖风景名胜区管委会)深入推进西湖综合保护工程。初步搭建西湖文化遗产监测基础信息管理系统框架体系，并列入杭州智慧电子政务云平台项目。实施遗产点游客量管控，编制游客量监测报告，科学制定重要节假日游客量管控应急预案。西湖引水玉皇山预处理系统提升完善工程完成方案批复及施工招标。白苏二公祠周边建筑环境整治工程完成。杭州龙坞花园、杭州植物园蔷薇园以及柳浪闻莺公园大草坪、学士公园大草坪、太子湾大风车草坪等11块草坪开放。改造西湖出水口4个，完成西湖引配水1.2亿立方米，水生植物生态治理2.6万平方米，西湖水体年均透明度达81.4厘米。

**【西湖文化景观遗产监测体系建设】** 2017年，杭州西湖世界文化遗产监测管理中心根据国家文物局和中国文化遗产研究院要求，结合西湖文化景观遗产特点，初步搭建西湖世界文化遗产监测基础信息管理系统框架体系，并列入杭州智慧电子政务云平台项目。完成"两堤三岛"、"西湖十景"、"14处文化史迹"等遗产点两轮巡查。继续开展六和塔、保俶塔等结构安全专项监测。监测"西湖十景"、主要历史文化史迹、四季花木分布区情况以及古树名木内部空洞率和生长情况。

岳飞墓(庙)和花港观鱼两处遗产点开展游客量管控试点，20个监测区域的70多台监测设备调试完成，11个遗产点"六网合一"光纤线路运行平稳。研究游客密度对遗产的影响，科学制定重要节假日游客量管控应急预案，确保旅游高峰期间游客组织管理安全有序和遗产的安全。

**【西湖世界文化遗产保护状况调研评估】** 2017年9月12日，中国文化遗产研究院、中国世界文化遗产中心组织评估工作组对杭州西湖世界文化遗产保护状况开展为期2天的实地调研评估。评估工作组现场调研西湖世界文化遗产保护基础工作、保护管理、旅游与商业管控等内容，实地查看西湖博物馆、水质检测站、遗产地界桩、遗产区商业业态，以及飞来峰造像、雷峰塔遗址、三潭印月等遗产点保护管理和遗产监测等情况。9月14日，召开西湖世界文化遗产保护状况调研评估座谈会，评估工作组认为杭州西湖世界文化遗产保护管理科学、现代、可持续。

**【《杭州西湖风景名胜区总体规划(2002—2020)实施评估》通过评审】** 2017年3月10日，《杭州西湖风景名胜区总体规划(2002—2020)实施评估》通过由住房和城乡建设部领导以及国内风景名胜、遗产保护权威专家参加的评审。杭州西湖风景名胜区总体规划于2000年编制完成，2005年经国务院批复同意，主要针对

长桥夜景　　(吴海平 摄)

西湖风景名胜区现状，处理城市和西湖关系，突出自然景点和文物古迹保护与延续，控制景区城市化现象，调整景区游览格局，明确西湖保护、管理、利用及其中远期发展。《杭州西湖风景名胜区总体规划（2002—2020）实施评估》是国内第一个通过评审的国家级风景名胜区总体规划实施评估成果。

（杭州西湖风景名胜区管委会）

## 运河世界遗产

**【概况】** 2014年6月22日，第三十八届世界遗产委员会会议同意将中国大运河列入世界遗产名录。中国大运河由隋唐大运河、京杭大运河和浙东运河组成，沟通海河、黄河、淮河、长江、钱塘江五大水系。大运河（杭州段）列入遗产河道总长110千米申遗点段共有11个：富义仓、凤山水城门遗址、桥西历史街区、西兴过塘行码头、拱宸桥、广济桥6个遗产点，杭州塘段、江南运河杭州段、上塘河段、杭州中河—龙山河、浙东运河主线5段河道。2017年，《杭州市大运河世界文化遗产保护条例》正式实施。按照条例提出的保护工作方针，大运河保护管理相关单位主动履行各自职责。编制大运河文化遗产保护管理规划，启动大运河文化遗产保护标准化试点，规范大运河文化遗产档案和数据采集，加强大运河文化遗产监测保护，提升大运河世界文化遗产保护利用水平。举办新年祈福走运大会、首届京杭大运河国际诗歌大会、首届“运河世界文化保护宣传周”、第四届中国大运河庙会和第二届大运河文化国际论坛。围绕条例宣传，开展普法进社区、“小小河长”志愿服务等系列活动，营造大运河文化遗产保护良好氛围。定期开展京杭运河（杭州段）水环境巡查和干支流断面水质监测分析。投入3.94亿元，实施河道综合治理、工业污染治理、农业面源污染治理等重点项目52个，京杭运河（杭州段）水环境功能达到和优于Ⅲ类标准的比例不断提高。

**【《杭州市大运河世界文化遗产保护条例》实施】** 2017年3月30日，浙江省第十二届人民代表大会常务委员会第三十九次会议批准《杭州市大运河世界文化遗产保护条例》，自2017年5月1日起实施。该条例是大运河沿线27个遗产城市中首个地方性运河遗产保护法规。条例共38条，内容包括总则、保护机构和分工、运河遗产保护规划、运河遗存的保护、运河水质治理、遗产监测、遗产旅游、禁止行为及违法处理等。条例提出保护工作要遵循统一规划、统一管理、分级负责、统筹协调、有效保护、合理利用的原则，明确大运河保护管理各方工作职责。

**【大运河保护管理规划通过市规划委员会审议】** 2017年9月15日，市运河综保中心委托中国建筑设计院和杭州市城市规划院编制的《杭州市大运河世界文化遗产保护管理规划》通过杭州市规划委员会审议。保护管理规划由规划文本、规划图集、专题研究、基础资料汇编四部分组成，规划提出对大运河（杭州段）110千米、11个遗产点段实行“分类分段分级保护管理”的要求，强调做好遗产区和缓冲区的保护、遗产的展示利用、遗产区的土地管理等工作，以及妥善处理遗产保护与经济发展、城市建设的关系。

**【大运河遗产监测保护】** 2017年，市运河综保中心根据大运河遗产监测保护管理和遗产特色监测预警需求，实施监测预警平台系统提升工程，完成GIS系统功能开发、监测指标体系优化和配置内容拓展、遗产基础信息录入、新旧平台对接和数据迁移、移动巡查App方案编制等工作。10月，完成监控视频集成93个，实现实时监控、录像回放、电子地图、抓拍等功能，并以超链接形式集成杭州市智慧城管应急系统、杭州市山洪灾害信息管理系统、杭州市城管视音频流媒体服务中心平台。联合浙江省古建筑设计院、杭州标典测绘科技有限公司，开展拱宸桥遗产专项监测研究，编制完成《拱宸桥文化遗产监测方案》和《拱宸桥周期性监测实施方案》。年内，《拱宸桥文化遗产监测方案》通过省、市文物专家评审，拱宸桥实施周期性监测形成两期监测成果报告，为拱宸桥整体安全评估提供数据支撑。联合在杭高等院校、专业文保设计单位，启动富义仓专项监测及监测方法研究，并参与运河新城单元控制性详细规划修编、运河AAAAA级景区创建、京杭运河景观提升、运河沿线产业布局与开发战略研究等项目的评审、论证。

**【大运河遗产保护标准化试点】** 2017年3月，市运河综保中心启动大运河遗产保护标准化试点。4月，组织专业人员到中国文化遗产研究院、浙江省长三角标准化技术研究院学习咨询。6月，开展制订实施方案、建立标准体系等准备。后与浙江省长三角标准化技术研究院合作编制《大运河（杭州段）世界文化遗产监测工作规范》和《大运河（杭州段）世界文化遗

2017年6月18日，市运河综保中心举办“大运河（杭州段）‘小小河长’观察员”活动

（市运河综保中心 供稿）

中国大运河(杭州段)凤山水城门遗址　　(吴汝华 摄)

大运河市级河长、市委常委、秘书长许明两次召开运河河长会议,听取治水工作汇报,要求高标准完成大运河水环境治理目标。市运河综保中心建立严密的日常巡查机制、水质监测机制,每月定期开展运河水环境巡查和运河干支流62个断面水质监测分析,全面掌握运河水质状况。组织实施河道综合治理、工业污染治理、城镇污水收集处理设施建设、农业面源污染治理等重点项目52个,完成投资3.94亿元。全年实现引配水8.02亿立方米,清淤疏浚30.78万立方米。建成城镇运河沿线污水管网15.78千米,新增截污量1156立方米/日。京杭运河(杭州段)水环境功能达到或优于Ⅲ类标准的比例66.7%。

产要素分类、代码与图示》两项标准。12月,两项标准上报市质量技术监督局,并获市级标准立项。

**【大运河遗产档案和数据采集规范】** 2017年,市运河综保中心按照《中国世界文化遗产地基础数据采集规范》,将大运河新监测平台档案数据库分为遗产基础信息、保护管理、文献三大类及"申遗"文本、大会决议等32个中类,完成对遗产档案的重新分类,并上传监测预警新平台。10月,启动富义仓、拱宸桥、广济桥、凤山水城门、西兴过塘行5个遗产点典型建筑图纸实地校核绘制及现状病害调查、病害图绘制项目和上塘河(杭州段)基础图件绘制及现状病害调查、病害图绘制项目。12月,完成拱宸桥、广济桥、凤山水城门、富义仓建筑平面、立面、剖面图纸实地校核绘制及现状病害调查、病害图绘制。

**【世界文化遗产专家考察杭州大运河】** 2017年4月2日,世界文化遗产专家莉玛·胡贾和澳大利亚专家迈克尔一行对大运河(杭州段)杭州塘、拱宸桥、桥西历史文化街区等遗产点段进行考察。11月23日,国际遗产研究协会主席、加拿大皇家学会院士、魁北克大学首席教授露西·莫里塞特,国际遗产研究协会创始主席、澳大利亚国立大学考古和人类学学院院长、《国际遗产研究期刊》主编劳拉简·史密斯一行调研考察大运河世界文化遗产杭州段,先后参观中国京杭大运河博物馆、杭州手工艺活态展示馆、拱宸桥桥西历史街区。国际遗产研究协会是国际遗产学界比较活跃的全球性学术组织,拥有来自世界各地的会员1800多人,以"推动文化遗产研究与实践的变革与创新"为宗旨。世界文化遗产专家考察后对大运河(杭州段)遗产保护工作给予充分肯定,认为大运河(杭州段)世界文化遗产的保护体现出原真性、完整性和延续性。

**【京杭运河(杭州段)水环境巡查】** 2017年,市运河综保中心加强运河水环境巡查工作,落实专人专岗负责,每月定期开展运河水环境巡查,重点检查运河水环境质量、沿岸排水口污水排放、河道卫生保洁等情况,及时发现和督促水环境问题整改,及时回应市民信访诉求,提升市民满意度。全年开展各类巡查58次,编发巡查工作和"河长制"工作简报26期,发布水质状况月报12期,发现并督促整改问题11个。

**【京杭运河(杭州段)水质明显改善】** 2017年3月13日,大运河省级河长、副省长孙景淼带领省级有关部门负责人,检查大运河杭州段水环境治理情况,研究部署2017年水环境治理工作任务。5月5日和10月20日,

**【桥西历史街区综保工程获世界休闲国际创新奖】** 2017年10月20日,第三届世界休闲博览会世界休闲高峰论坛在杭州举行。经评审委员会专家前期评审,由市运河综保中心为主体申报的"桥西历史街区综保工程:棚户区到休闲遗产高地的蜕变"项目,从全球10多个国家申报的项目中胜出,在高峰论坛上被世界休闲组织授予世界休闲国际创新奖。世界休闲组织自2006年设立国际创新奖和优胜奖两个奖项,用以表彰对居民福祉做出巨大贡献的创新型休闲项目。评奖活动每两年组织一次,全球范围内先后有30个项目入选。桥西历史街区综保工程由市运河综保委(市运河集团)于2008年2月负责实施。

**【首届"运河世界文化遗产保护宣传周"】** 2017年6月16—23日,市运河综保中心举办首届"运河世界文化遗产保护宣传周"活动,旨在宣传刚实施的运河世界文化遗产保护条例,呼吁市民群众共同呵护珍贵的大运河世界文化遗产。保护宣传周以"守法护河,争做最美运河人"为主题,举办宣传周启动仪式、"一带一路"国际嘉宾运河座谈会、"西湖晓蛮腰"普法问答、"江南底色运河品迹"摄影展、观察体验水体治理、走读运河等活动,参与市民和游客10万人次,吸引中央和省、市28家主流媒体进行现场报道,84家媒体转载报道。

【**运河志愿者服务活动**】2017年，市运河综保中心通过打造运河党员先锋队、美丽运河志愿者、“小小河长”观察员等运河志愿者特色品牌，吸纳社会公众参与大运河世界文化遗产的保护与传承。全年围绕宣传《杭州市大运河世界文化遗产保护条例》，开展普法进社区、“小小河长”等志愿服务活动14次，参与志愿者690人次，志愿服务时长2000多小时。6月10日，为庆祝大运河成功“申遗”3周年，组织开展“浙山浙水浙乡愁”首个文化与遗产日活动，通过“文化漫步”方式，让参与者体现运河遗产的独特韵味。现场展出运河系列图片，并向市民、游客发放《杭州市大运河世界文化遗产保护条例》和“运河丛书”500册，参与活动1500多人次。

（张晓明）

【**中国大运河国际论坛**】2017年12月2日，第二届中国大运河国际论坛在杭州举行。论坛以“中国大运河文化带构建”为主题，邀请法国、埃及等国家的运河研究专家，以及中国大运河沿岸城市代表参加，共同探讨中国大运河文化带的构建，推动中国大运河的可持续发展。省委常委、市委书记赵一德出席并致辞。国内外专家就“大运河文化带的背景与意义”“大运河文化带与‘一带一路’”等议题发表演讲，溯源历史，展望未来。会上，中国大运河文化带产业联盟和中国大运河文化带建设浙江城市协作体成立。论坛由浙江省政府新闻办公室、中国新闻社、杭州市政府主办，杭州市运河集团、中国新闻社浙江分社承办。

（许金花）

## 良渚遗址

【**概况**】2017年，良渚遗址管理区全面贯彻党的十九大精神，贯彻落习近平总书记关于良渚遗址的系列重要指示批示精神，良渚古城遗址保护申遗工作得到中央和省市区各级的高度关注。中央政治局委员、国务院副总理刘延东专题调研良渚遗址。确定良渚古城遗址、瑶山遗址和外围水利系统，遗产区面积14.3平方千米、缓冲区面积99.8平方千米的申遗范围。良渚古城遗址申报世界文化遗产名录提名文本递交联合国教科文组织世界遗产中心预审，并获得预审反馈意见。

世界著名考古学家科林·伦福儒、国际古迹遗址理事会权威专家道格拉斯·考莫、迈克尔·皮尔森、莉玛·胡贾和参加第三届世界考古论坛的近30位世界权威考古专家相继实地考察良渚遗址，良渚遗址的突出普遍价值逐步得到了国内外学术界的高度关注和普遍认可，国际主流学术界已逐渐接受中华五千多年文明史的观点。“良渚文化”收入新版全国统编《中国历史》（七年级上册）教科书。良渚古城外围水利系统列入省级重点文物保护单位。

绕城高速公路西复线瓶窑段完成线位调整，确保良渚古城外围水利系统完整性。杭生路封闭，杭州市第一社会福利院过渡搬迁，实现城墙本体整体恢复展示。遗产区农户、企业全部搬迁，累计签约农户539户、企业64个。实施林相整理、湿地恢复、覆土保护、绿植标识等10多个遗产区项目工程，配套推进遗产区周边重要节点的有机更新和综合整治，推进保留村落立面整治和环境提升。以绿植标识、模拟复原、数字演示为主要手段，良渚古城遗址核心区城墙勾勒、砂土广场、宫殿基址、古河道等展示效果基本成型，瑶山遗址的保护展示、环境整治工程基本完工，良渚国际考古保护中心、反山片区展示中心和良渚博物院陈列改造进展顺利，良渚古城遗址整体格局和“现场+场馆”的综合展示体系初步呈现。

【**良渚古城遗址申遗预审材料提交世界遗产中心**】2017年9月22日，经中国联合国教科文组织全国委员会署名推荐后，国家文物局将两套良渚古城遗址申遗英文版预审材料寄往联合国教科文组织世界遗产中心预审。预审材料共20件资料、200多万字、近5000页，主要包括申遗文本正本、附件材料、大比例尺地图和刻录了所有申遗预审材料的光盘。11月15日，中国联合国教科文组织全国委员会收到联合国教科文组织世界遗产中心对《良渚古城遗址申遗文本》的预审反馈意见，标志着良渚古城遗址申遗迈出坚实的一步。

【**《良渚古城遗址保护管理规划》获批**】2017年12月11日，杭州市委副书记、市长徐立毅主持召开市规划委

位于余杭区良渚街道美丽洲公园的良渚博物院　　（徐　晖　供稿）

员会主任办公会议，专题研究《良渚古城遗址保护管理规划》《浙江省省级文物保护单位良渚古城外围水利工程遗址保护范围和建设控制地带划定方案》(分别简称《管理规划》《划定方案》)编制工作。会议原则同意《管理规划》和《划定方案》，并明确《管理规划》《划定方案》由余杭区政府修改完善后分别上报市政府和省政府审查。

《管理规划》作为世界遗产提名对象的综合性遗产管理规划，主要包括村落风貌提升专项规划、用地专项规划、道路交通专项规划、基础设施专项规划等四个专项规划。12月27日，《管理规划》获国家文物局批复同意，并作为遗产提名文件的重要组成部分提交联合国教科文组织世界遗产中心及国际古迹遗址理事会备案。

**【世界著名考古学家和古遗址专家考察良渚遗址】**2017年3月21日，世界著名考古学家科林·伦福儒实地考察良渚遗址，做题为“世界早期复杂社会视野下的良渚古城”学术报告。伦福儒指出：中国新石器时代是被远远低估的时代。良渚遗址出土的玉琮、玉璧带有明显的象征意义，表现出一种文化的交流和联合，是具有共同观念的文化联合体形成的标志，很大程度上反映了当时社会的复杂程度和阶级制度，已经达到了“国家”的标准。来自浙江省、杭州市政府部门负责人以及中国建筑历史研究所、浙江省考古研究所、浙江省古建筑研究院、复旦大学、南京大学、浙江大学等专家团队参加学术报告会。

4月1日，国际古迹遗址理事会国际考古遗产管理专业委员会主席、国际古迹遗址理事会美国国家委员会主席道格拉斯·考莫，澳洲遗产专业实践研究所主任、澳大利亚国立大学艺术委员会主席迈克尔·皮尔森和斋浦尔博物馆名誉馆长、《遗产管理》杂志编辑莉玛·胡贾考察良渚遗址。

5月19日，国际古迹遗址理事会澳洲执委会委员、文化遗产世界大会主席提姆·威特考察良渚博物院，围绕如何在第四届文化遗产世界大会期间向全球文化遗产保护领域宣传良渚遗址文化价值，与良渚遗址管委会进行深入探讨。双方商定在2018年第四届文化遗产世界大会重点推介良渚遗址。

9月18日，国际古迹遗址理事会原司库、以色列政府文物管理局保护部原主任、著名世界遗产专家乔拉·索拉考察良渚遗址。

12月8—11日，“第三届世界考古论坛”在上海举行，论坛期间，多位国际知名专家应邀做“水与古代文明”主题论坛演讲。12月9日，世界著名考古学家科林·伦福儒做“两个图符的故事——史前社会复杂化的不同途径”的学术报告，通过分析解读地中海地区基克拉迪文化早期雕塑与中国良渚文化玉琮，深入讨论世界范围内史前社会复杂化进程。

12月11—12日，第三届世界考古论坛·良渚古城水管理系统国际学术研讨会在良渚举行，近30位世界考古专家考察良渚遗址。

**【良渚古城水管理系统国际学术研讨会】**2017年12月11—12日，“第三届世界考古论坛·良渚古城水管理系统国际学术研讨会”在杭州良渚举行。来自中国、美国、英国、法国、意大利、加拿大、澳大利亚、尼日利亚、墨西哥、以色列等国内外著名高校和相关科研机构的近30位世界知名考古专家齐聚良渚，考察良渚古城和外围水利系统，对规模巨大的古城、复杂的水管理系统、精美绝伦的玉器表示赞叹。在随后的良渚古城水管理系统国际学术研讨会上，国内外专家围绕良渚古城外围水利系统的重大价值展开对话与交流，为良渚古城水管理系统的价值阐释和保护展示提供了新方法、新思路、新借鉴。研讨会由浙江省文物局、余杭区政府主办，杭州良渚遗址管理区管理委员会、浙江省文物考古研究所承办，中国社会科学院考古研究所、中国考古学会支持。

**【良渚古城钟家港等遗址考古】**2017年，钟家港发掘包括钟家港中段、钟家港南段补充发掘和钟家港北段及北段西扩部分三个发掘区，共揭露4000平方米。经过发掘，基本明确了此区域莫角山东坡四个阶段的堆筑过程，古河道的堆积与台地的堆筑层相对应，明确了河道的废弃过程。

池中寺遗址。池中寺遗址位于莫角山南部、皇坟山和桑树头之间。通过大范围揭露，发掘800平方米，发现3座良渚文化晚期的房基土台，通过勘探和试掘确认两处大面积的炭化稻谷堆积及台地，推测有10万千克以上炭稻谷，由此可知古城城内的稻谷储存量相当可观。同时通过对池中寺外围的勘探确认池中寺东部为人工堆筑堤形成的大型蓄水池，蓄水池与池中寺交界处发现一条连通皇坟山和毛坞垄并上莫角山的堤道。池中寺以西和以南为低洼湿地，推测在良渚时期有大片水面。

反山及姜家山遗址。通过勘探和试掘，发掘面积100平方米，了解了反山的堆筑和营建过程，并确认在反山台地边缘发现属于良渚文化晚期后段的生活废弃堆积，从而说明反山在经历了良渚早期和良渚晚期两次营建墓地的过程之后，又经历了从墓地向一般居住地的功能转变。姜家山墓地继续向西扩方，发掘面积100平方米，清理三座墓葬，其中一座为空墓，另外两座也为随葬品极少的小型墓葬。

为配合基础设施建设，黄路头遗址、羊山遗址和下家山遗址等抢救性清理相继开展。配合瑶山申遗展示工程，8月18日至10月23日，开展瑶山遗址清理修复，为瑶山遗址的复原展示提供精确翔实的考古资料。新确认瑶山祭坛的东部边界，对清理出的祭坛、石磡、墓葬、灰土沟等遗迹进行整体航拍、测量定位和三维扫描工作，并获取灰土沟及部分墓葬内填土土样。通过发掘得知，祭坛东西长41.7米、南北宽约19.2米，最中心的红土台是利用山体基岩整平并局部堆垫黄土而成。

**【良渚国际考古保护中心和遗产监测中心项目】**项目位于良渚国家考古遗址公园主入口以东，利用原杭州中联内燃机配件制造有限公司和杭州华能输送设备有限公司厂房改造，总占地面积2.21公顷，改造后单体建筑共8幢，建筑面积1.36万平方米，用作浙江省文物考古研究所的考古研究、考古标本库房、生活配套，建成后由浙江省文物考古研究所、良渚遗址遗产监测管理中心、良渚遗址管理所、良渚遗址执法中队、良渚国家考古遗址公园管理机构、瑶山派出所等6个单位使用。项目采用"白玉玻璃""质感石材"构成的玉石合院等设计手法，力求"消隐"低调，与自然融为一体，与遗址环境风貌相协调，兼顾良渚遗址特色，凸显良渚文化风格。项目建设采用EPC项目总承包模式，由中国联合工程公司承建，项目总概算1.2亿元，2017年6月30日项目进场施工，11月30日，项目主体及外立面工程按时完成。

**【良渚博物院陈列改造】** 2017年，为充分展现良渚遗址考古发掘和学术研究新成果，充分阐释良渚文明的重大价值和深刻内涵，配合良渚古城遗址申报世界文化遗产需要，根据国家文物局的指导意见，良渚博物院陈列改造项目启动。2月21日，召开良渚博物院陈列改造项目专家论证会，明确良渚博物院与良渚古城遗址遗产展示中心"两馆合一、相互叠加"，良渚古城遗址遗产展示中心不再单独建设，良渚古城遗址的价值阐释功能在陈列改造后的良渚博物院集中体现。2—7月，陆续开展陈列大纲、展陈文本和概念性设计方案、形式设计施工图等各项准备。8月14日，良渚博物院闭馆正式启动陈列改造项目，项目布展区域面积共4600平方米，主要内容包括原有陈列展览三维扫描、拆除与成品保护、文物撤展、策展设计、展厅陈列布展、配套系统改造、公共空间改造等，项目概算投资8500万元，计划2018年6月重新开放。

**【良渚文化学术研究】** 2017年，《中国文化遗产》杂志第3期集中刊发4篇良渚文化学术论文，分别为《良渚：神王之国》《良渚的国家形态》《良渚遗址的学术价值和遗产价值》《世界早期复杂社会视野下的良渚古城》。《浙江文史资料》2017年第3期发表《良渚外围水利系统发现记》学术文章。

12月5日，全球四大学术名刊之一的《美国科学院院报》(PNAS)刊发《5100年前中国最早的水利系统》文章。文章对良渚古城外围的水利系统的发现和初步研究成果进行系统的介绍，PNAS还同期刊发了美国辛辛那提大学教授斯卡伯勒对此文的评论。12月，《玉魂国魄——中国古代玉器与传统文化学术讨论会文集(七)》出版发行。

**【良渚文化主题展览】** 2017年3月15日，良渚博物院推出的外展"古国遗韵——良渚文明展"在北京中国妇女儿童博物馆开幕，此次展览共展出良渚文化精品文物100件(组)，展期为一个月。4月28日，"巧夺天工——良渚玉器展"在上海松江区博物馆开幕。12月27日，"王国的尊严——玉器与良渚文明"在重庆中国三峡博物馆开幕。展览分为"玉之沃土——王国""玉之灵魂——信仰""玉之高贵——礼俗""玉之精湛——绝技"和"玉之升华——传承"五大部分，展出良渚遗址出土的玉器为主的文物200多件(套)。

**【北京大学中学生暑期课堂(考古学)在良渚开课】** 2017年7月17日，由北京大学考古文博学院、良渚博物院、浙江省文物考古研究所等共同举办的北京大学2017年中学生暑期课堂(考古学)在良渚博物院举行开课仪式。来自20多个省市重点中学的220名学生，以及国家文物局首次邀请的30名来自香港和澳门的同学参加本次暑期课堂。活动为期10天，通过讲座、参观博物馆与遗址、体验考古发掘现场等方式，学生们感受浙江文化的深厚底蕴。

**【良渚遗址本体病害勘察】** 2017年6月26日，良渚遗址管委会会同浙江省文物考古研究所、辽宁有色勘察研究院，对良渚古城外围水利系统和重点遗址片区遗址本体开展病害勘察。此项工作是遗产监测的重要内容，对全面真实完整地了解遗址本体现状、制订遗址本体保护措施、推进良渚古城遗址申报世界文化遗产具有重要意义。(李力行)

## 非物质文化遗产保护

**【概况】** 2017年，杭州市贯彻落实《中华人民共和国非物质文化遗产法》，通过"三位一体(市、县、乡镇三方联动)""五力合一(非遗机构、非遗专家、非遗责任保护单位、非遗传承人和社会力量五力相融)"和"全民参与"模式，推动非物质文化遗产传承、保护和发展。至年末，杭州市被联合国列入人类非物质文化遗产代表作名录有4项，分别是"中国篆刻艺术"、作为"中国传统蚕桑丝织技艺"子项目的"余杭清水丝绵制作技艺""杭罗织造技艺"、作为"古琴艺术"子项目的"浙派古琴艺术"、"中国二十四节气"之"半山立夏习俗"；列入国家级非物质文化遗产代表性项目名录44项，居全国同类城市第一；列入省级非物质文化遗产代表性项目名录185项，居浙江省榜首；列入杭州市级非物质文化遗产代表性项目名录368项。

**【杭州市传统手工技艺展示活动】** 2017年6月4日，由市文化广电新闻出版局主办，市非物质文化遗产保护中心承办的"保护传承非遗·展现生活智慧"——杭州市传统手工技艺展示活动在西湖天地举行，22个非遗项目参加。本次展示活动增加了群体互动体验环节。以土布纺织技艺、细木制作技艺为代表，土布纺织技艺保护单位提供小型织机100台，细木制作技艺保护单位提供工作台50台，在大草坪区域进行排列展示，并提供免费互动体验活动，如此大规模的互动体验在此类展示中尚属首次。

**【"西湖中秋赏月"雅集活动】** 2017年9月27日，由杭州市非物质文化遗产保护中心、杭州名人纪念馆主办，杭州之江书画院、浙江省之江诗社协办的2017"西湖中秋赏月"雅集活动在杭州苏东坡纪念馆举行。雅集活动分为三个部分，包括书画家现场创作挥毫留月、诗人创作诗词现场吟诵咏月和浙派古琴音乐抚琴品月，以在传统文化中融入非遗、在传统氛围中感受非遗、在传统节日中体验非遗为重要内容。此次雅集活动有3个非遗保护项目参加，分别为人类非遗代表作项目"浙派古琴艺术"、国家级非遗代表性项目"苏东坡传说"和省级非遗代表性项目"西湖中秋赏月"。

**【杭州传统戏剧展演活动】** 2017年9月29日，由省文化厅、市文化广电新

2017年6月4日，杭州市传统手工技艺展示活动在西湖天地举行，市民体验土布纺织技艺（市非遗中心 供稿）

闻出版局主办，省非物质文化遗产保护中心、省非物质文化遗产保护协会承办，市非物质文化遗产保护中心、杭州滑稽艺术剧院演艺有限公司执行承办的浙江好腔调·风雅钱塘——2017杭州传统戏剧展演活动在杭州艺苑举行。参加此次展演的项目有淳安三角戏、滑稽戏、杭剧、哑目连、新叶昆曲、绍剧、越剧、婺剧8个戏剧项目，其中国家级非遗代表性项目1个，省级非遗代表性项目5个，市级非遗代表性项目2个。

**【“一河串百艺”设计分享会】**2017年9月，第二届“大致匠心”传统工艺振兴杭州(大运河)论坛暨“竹韵新声”传统竹制技艺沙龙在拱墅区举行。举办“一河串百艺”设计分享会，拱墅区一河串百艺保护基地、稀捍行动杭州基地、拾百艺匠人社等展示作品、分享经验。启动2017年“一河串百艺”传统工艺创意设计大赛，大赛收到海内外作品近400件，评选出金、银、铜奖及优秀奖，作品以运河文化和非遗技艺为主题，涵盖平面设计、衍生品设计、旅游纪念品设计、非遗应用设计等领域。

**【非遗“进学校、进社区、进文化礼堂”活动】**2017年，杭州市非物质文化遗产保护中心实施非遗“进学校、进社区、进文化礼堂”系列活动。2月，“带着环保书皮上学堂”——杭州市千人缝制环保书皮系列活动启动，全市招募17所学校和“环保小天使”学生代表1000余人，体验缝制环保书皮，赠送童话故事系列书籍。8—9月，举办杭州市曲艺“三进”活动，共计3场，分别为浙江农林大学(进学校)、余杭区运河街道螺蛳桥社区(进社区)、富阳区渌渚镇新港村(进文化礼堂)。9月，举办非遗绘本读本进校园宣传活动，启动仪式在临安区衣锦(实验)小学举行；11—12月，开展2017年度杭州市非遗进高校活动，邀请非遗专家进行专题讲座。

**【杭州市评选苏东坡传说小小代言人】**2017年9—11月，由杭州西湖风景名胜区管委会、市非物质文化遗产保护中心、杭州名人纪念馆主办的国家级非遗代表性项目——“苏东坡传说”小小传承人发现培养计划的聘任仪式暨成果展示在浙江图书馆举行。此次活动以“我为苏东坡代言”为主题，历经报名发现、初评、终评、培训、聘任暨成果展示五个阶段。成果展示阶段设计“苏东坡文化之旅”，通过朗诵、相声、快板、舞台剧等才艺节目，生动展现“苏东坡传说”国家级非物质文化遗产深厚的历史韵味和文化底蕴。

**【4个单位入选浙江省非物质文化遗产旅游景区】**2017年，为充分挖掘和合理利用优秀非物质文化遗产资源，促进文化与旅游业融合，7月起，省文化厅与省旅游局联合开展第四批浙江省非物质文化遗产旅游经典景区认定工作。12月27日，省文化厅、省旅游局公布第四批浙江省非物质文化遗产旅游景区名单，杭州市4个单位入选。其中，余杭区中泰街道紫荆村、建德市三江口村、桐庐县钟山乡入选非遗主题小镇，萧山区楼塔镇楼家塔村入选民俗文化村。

**【杭州市非物质文化遗产生产性保护示范基地评定】**2017年5月，“第二批杭州市非物质文化遗产生产性保护示范基地”申报认定工作启动。经组织专家初审、答辩评审、专家集中审议、公示等程序，10月23日，市文化广电新闻出版局发文公布“第二批杭州市非物质文化遗产生产性保护示范基地”，杭州上城区映山静水刺绣馆等21个基地入选。

**【44人入选浙江省非物质文化遗产代表性项目代表性传承人名单】**2017年12月25日，浙江省文化厅公布第五批浙江省非物质文化遗产代表性项目代表性传承人名单，杭州市丛川等44名传承人被确定为第五批浙江省非物质文化遗产代表性项目代表性传承人。非物质文化遗产代表性项目代表性传承人是非物质文化遗产的重要承载者和传递者，杭州市一直积极鼓励和支持非物质文化遗产项目代表性传承人开展传承传播活动，切实做好非物质文化遗产保护工作。至2017年末，全市有省级传承人204人。

**【非遗代表性项目绿茶制作技艺大赛】**2017年5月2—3日，由市文化广电新闻出版局、西湖区政府主办，杭州市非物质文化遗产保护中心、西湖区文化广电新闻出版局承办的“振兴传统工艺，传承中华文化”——“杭州市非物质文化遗产代表性项目绿茶制作技艺大赛”举行。来自西湖区、余杭区、富阳区、临安市、淳安县、桐庐县等地的7种绿茶制作技艺(其中1个国家级非遗项目、2个省级非遗项目、4个市级非遗项目)的工匠近60名代表性传承人和传人参加比赛，评选出19名“制茶技艺能手”。（陈睿睿）

## 西泠印社

【概况】西泠印社创立于清光绪三十年(1904年),由浙派篆刻家丁仁、王禔、吴隐、叶铭等召集同人发起创建,是中国成立最早的金石篆刻专业学术团体。1913年,近代艺坛巨擘吴昌硕出任首任社长,历任社长吴昌硕、马衡、张宗祥、沙孟海、赵朴初、启功、饶宗颐。西泠印社于2004年经民政部批准注册登记。"金石篆刻(西泠印社)"为首批国家级非物质文化遗产,西泠印社领衔申报的"中国篆刻艺术"入选联合国教科文组织"人类非物质文化遗产代表作"。西泠印社秉承"保存金石、研究印学、兼及书画"之宗旨,在国际印学界享有崇高地位。

至2017年末,西泠印社有在册社员505人、名誉社员46人,分布于中国大陆26个省、自治区、直辖市和香港特别行政区、澳门特别行政区、台湾地区,以及日本、韩国、新加坡、马来西亚、法国、瑞典等国家。2017年,西泠印社吸收新社员36名,其中第九届理事会第五次会议推荐入社27名、第九届篆刻艺术评展和第五届"孤山证印"西泠印社国际印学峰会吸收新社员9名,其中竞赛选拔入社5名、论文评奖入社4名(含外籍名誉社员1名)。

年内,西泠印社举办丁酉春秋两季雅集、"喜迎十九大"主题艺术活动、"之江新语·浙江实践"主题篆刻作品展,赴日本、澳大利亚举办系列海外展览。孤山社址修缮后布局全面调整,重点打造"社员之家"。"西泠印社国际印学研究中心信息港"项目试运行。加强商标注册等品牌保护基础工作。规范"西泠印社"品牌在公益文化活动中的冠名使用。全年新注册"西泠学堂"商标2件,对"西泠印社"等5件商标进行续展。

西泠印社参与社会公共文化服务,参与主办首届"弄潮杯"钱塘江全国书法大赛、第二届"沙孟海杯"全国书法篆刻作品展、"金农与中华传统文化·布衣曲江客——金农诞辰330周年大型学术研讨会"、"杭州市中小学宪法主题书法篆刻作品评展"等活动。

【丁酉春季、秋雅集活动】2017年4月23日,西泠印社在孤山社址举办丁酉春季雅集,200多名社员在华严经塔下缅怀往哲,切磋艺事。春季雅集包括书画笔会、艺术鉴赏讲座、艺术展事等内容。

10月28—31日,"百年西泠·金石弘源"大型系列活动暨丁酉秋雅活动在浙江展览馆举行。秋季雅集包括"百年西泠·金石弘源"大型国际篆刻选拔赛暨第九届篆刻艺术评展、第五届"孤山证印"西泠印社国际印学峰会、"西泠艺事·含章继志"西泠印社书画篆刻院2017届名家工作室结业典礼暨师生作品展、西泠印社第九届理事会第五次会议、《西泠艺丛》编辑座谈会等子项目,涵盖创作选拔、艺术展览、高峰论坛、社务交流等内容。其中,"国际篆刻选拔赛暨第九届篆刻艺术评展"收到900多件作品,10人获优秀奖,前5名获奖作者经社长会议审议吸收为新社员。"孤山证印"西泠印社国际印学峰会收到来自国内和日本、新加坡、法国、加拿大、美国等国家的论文199篇,论题涵盖古玺印研究、篆刻流派研究、篆刻技法与审美研究、印人研究、印学文献研究、域外印章研究、西泠印社史研究、金石铭刻研究以及书画、鉴藏等相关方向。129篇论文入选,其中29篇被评为优秀,4位优秀奖论文作者经西泠印社社长会议审议通过后吸收入社。

【庆祝香港回归二十周年书画篆刻作品展】2017年4月8日,由西泠印社、香港大学饶宗颐学术馆、香港集古斋、中华文化院等共同主办的"庆祝香港回归二十周年——西泠印社创社四君子暨历任社长书画篆刻作品展"在香港中央图书馆开幕。西泠印社社长饶宗颐,香港特别行政区候任行政长官林郑月娥,中央人民政府驻香港特别行政区联络办公室副主任杨健,浙江省委常委、宣传部长葛慧君等领导、嘉宾及新闻媒体300多人参加开幕式。76件(组)西泠印社历任社长珍贵文物,29件"西泠印社创社四君子"书、画、印作品和现任社长饶宗颐的书法、绘画作品同时展出。同日,香港"西泠学堂"正式揭牌。展览持续至4月13日。

【西泠创社四君子书画篆刻暨社藏历代印章原拓题跋扇面展】2017年5月3日,国家艺术基金项目"西泠创社四君子——丁仁、王禔、叶铭、吴隐书画篆刻作品展暨古韵今声——西泠印社藏历代印章原拓题跋扇面展"在日本兵库县美术馆开幕。西泠印社携89件(组)"创社四君子"作品赴展,其中多数为国家三级以上文物。日方亦汇集各家珍藏,使本次展览的"四君子"作品总数达到200件(组),全面呈现了"四君子"书画印艺术成就。另有60件社藏历代印章原拓配以当代西泠印社社员题写的跋文,集篆刻精华、扇面书法和题跋文辞于一体,向日本观众呈现了一部生动的中华篆刻史。代表团团长、中国文联副主席、西泠印社副社长兼秘书长陈振濂做题为"印学史研究和篆刻艺术创新之关系"的演讲,与在日西泠印社社员开展"西泠印社发展与中日文化交流"主题座谈会和现场笔会。此次活动被中国驻日使馆列为中日邦交正常化45周年重要文化活动。

【李岚清捐赠作品展】2017年6月,西泠印社收到原中共中央政治局常委、国务院副总理李岚清捐赠的篆刻作品161方、书法2件、图册26箱和有关资料。这批捐赠作品主要包括两部分:第一部分是2012年应邀在大英博物馆展出的"中国印·李岚清篆刻书法艺术展"作品,第二部分是以"当代中国""当代世界"为主题的篆刻作品。8月5—9日,"李岚清捐赠作品展"在西泠印社美术馆举办。

【"百年西泠·中国印"悉尼特展】2017年11月2日,悉尼中国文化中心、浙江省文化厅及西泠印社共同举办的"百年西泠·中国印"悉尼特展在澳大利亚悉尼中国文化中心开幕。西泠印社社务委员会副主任王宏伟、新州前艺术部长弗吉尼亚·嘉奇、中央美术学院雕塑系主任吕品昌等近80名各界代表出席仪式。本次特展展出150多件西泠印社社员创作的精品,其中包括"人文奥运"系列印章篆刻原石,以及近百幅充满中国气息的传统书法、国画,充分反映了中国当代传统书画创作的艺术风貌。

2017年5月出版的《中华大典·历史地理典·政区分典》书影

(西泠印社集团 供稿)

**【西泠印社名家工作室人才培养】** 2017年,西泠印社书画篆刻院相继推出黄镇中、吴静初、熊伯齐、郭强名家工作室,培养专业艺术人才近百名,为西泠印社高端艺术人才培养和“篆刻”非遗项目普及提升发挥了积极作用。10月27日,“西泠艺事·含章继志”2017届名家工作室结业典礼暨师生作品展浙江美术馆开幕,展出林剑丹、张如元篆刻以及吴静初国画工作室、李早篆刻工作室、宋涛书法工作室结业的师生作品近百件。

**【西泠传媒发挥全方位宣传作用】** 2017年,由《西泠艺丛》、《杭州日报》“西泠镜像”栏目、中国西泠网、西泠印社官方微信微博组成的西泠印社宣传平台,结合春秋季雅集、大型展览赛事活动、社委会信息、社员动态开展对外宣传报道,扩大西泠印社品牌影响。

学术期刊《西泠艺丛》全年编辑出版12期,先后推出丝印、社史、山左金石研究以及关山月、费新我、刘海粟等名家社员研究专辑。4月,《西泠艺丛》被国家新闻出版广电总局列入“第二批认定学术期刊”。中国西泠网、西泠印社官方微信微博与《杭州日报》“西泠镜像”栏目策划编辑了“浙派篆刻赏析”“社史钩沉”“印学讲堂”“双语印章史”“古韵今声”“西泠艺丛”等专题。6月28日,由浙江广电集团、市委宣传部、浙江大学与西泠印社联合出品的大型纪录片《西泠印社》在中国印学博物馆启动拍摄。9月,西泠印社连续第11次参加杭州文化创意产业博览会。社员抢救性艺术纪录片摄制工作按计划完成社长饶宗颐和社员归之春专辑。

**【中国印学博物馆发挥印学展示与印文化普及功能】** 2017年,中国印学博物馆接待游客16万余人次、中小学生约8000人次,接待团队参观讲解60多批次,完成重要接待8次。举办“锦溪杯”全国甲骨文书法篆刻大赛获奖作品展、戎壹轩藏三晋古玺专题展等10场专题展览,以及2场外事书画展览交流活动。开展“杭城微游学——走进中国印学博物馆”等篆刻进校园、进社区活动,到浙江省淳安县、甘肃省武威市天祝藏族自治县开展“印之爱”篆刻支教活动,组织开展杭州市中小学生第二课堂活动,发挥了博物馆展示、教育和社会化服务等功能。 (李 佶)

**【《中华大典·历史地理典》编纂完成】** 西泠印社出版社作为浙江省唯一参与《中华大典》的出版社,承接其中《历史地理典》的编纂工作。《中华大典·历史地理典》三个分典,其中:《总论分典》562万字,已于2012年4月出版;《政区分典》共1480万字,于2017年5月出版;《山川分典》2册共430万字,于2017年12月交付印刷。至此,由西泠印社出版社负责的《中华大典·历史地理典》3个分典共12册、2472万字全部完成。

**【西泠印社集团深化改革促发展】** 西泠印社集团成立于2008年,是杭州市市管一级国有企业,统一管理运作西泠印社经营性国有资产和“西泠印社”、“西泠”注册商标、版权等无形资产。集团旗下有10多个全资、控股或参股子企业(单位),主要经营范围涉及艺术品交易和鉴定评估、出版发行、艺术培训、艺术品展览、文创产品研发销售等。

2017年,西泠印社集团全面实施国企党建“强根固魂”工程。实施董事长、总经理分设制度。召开第一次职工代表大会,选举产生西泠印社集团第一届工会委员会以及经费审查委员会,实行职工民主管理和监督。产业公司市场营销团队实施整合并由西泠印象事业部接管。西泠印社集团与杭州棋院天元文化艺术中心合作,集中选拔培训在琴棋书画、武术、戏曲等方面具有特长的青少年。

至2017年末,西泠印社集团已注册商标251件,获得专利43件、著作权16件。西泠印社集团(西泠印社拍卖有限公司并表口径)营业收入2.86亿元,增长4.6%;净利润3187.81万元,净资产收益率9.6%。

**【“播芳六合”等系列艺术活动】** 2017年,由西泠印社集团策划,西泠印社文化艺术发展有限公司、西泠印社美术馆组织实施的“播芳六合”等系列艺术活动开展24场,包括“风云自裁——陈浩篆刻展”“禅影佛心——丁茂鲁佛像题材小品展”“沈乐平书法篆刻展”;年轻社员系列“凤鸣清声”系列有“会心十载——沈乐平、王臻等师生作品展”“不期而遇——雕刻艺术七人展”“黾勉同心——西泠印社书画篆刻院宋涛书法名家工作室首届学员汇报展”“西泠印社书画篆刻院骆芃芃篆刻名家工作室学员结业汇报作品展”;致敬西泠印社早期社员“仰贤寻踪”系列有“西泠印社先贤作品展”;以金石篆刻为主的“金石永年”系列有“江流有声——江浙沪著名篆刻家作品展”“西泠印社社员篆刻展”“大汉古韵——夏一鹏碑题卜友常藏汉代画像石拓片展”；以工艺美术为主的“品物流形”系列“雨今云古——郦越宁南宋官窑艺术暨标本展”“沐心敬制——林辉印纽作品展”“中国南红玉精品展”；国际文化交流展览“锦带桥”系列有“一衣带水——丰散山书法篆刻作品展”“盛唐诗韵——纪念吴昌硕先生逝世90周年暨西泠印社社员作品展”等展览。举办汉画像石学术交流会、南宋官窑主题论坛等多场学术活动。

“播芳六合——西泠印社中国书画名家精品巡回展”分别在浙江杭州，福建厦门、泉州等地举行，并编辑出版《播芳六合——西泠印社中国书画名家精品展作品集》第三、四辑。

**【西泠拍卖成交总额近25亿元】**2017年，西泠拍卖线下、线上成交总额近25亿元。作为全国开辟创新专场最多的大型拍卖行，西泠拍卖已累计推出17个“中国首届”创新专场。2017年，西泠春拍、秋拍总成交额23.81亿元，总成交率近87%，国之重器西周青铜兮甲盘以2.13亿元成交，创古董艺术品在中国境内拍卖纪录。8月19日，由商务部、文化部、国家文物局联合指导，中国拍卖行业协会主办的“第四届中国文物艺术品拍卖国际论坛”、第二届中国文物艺术品拍卖排行榜颁奖典礼举行，西泠拍卖获2016年度业内最高级别“青花奖”13个大奖中的9个权威奖项。西泠网拍以“互联网+文化”的创新模式为艺术市场注入活力。

**【金石篆刻艺术拓展海外交流】**西泠印社集团积极响应国家“一带一路”倡议，通过艺术品展览、学术交流等形式增强与东西方文明对话与交流。2017年是中日邦交正常化45周年，9月，在杭州西泠印社美术馆举办了“盛唐诗韵——纪念吴昌硕先生逝世九十周年暨西泠印社名誉理事、名誉社员、理事及社员作品展”，展出西泠印社在日名誉理事、名誉社员、理事及社员同主题书画精品。11月，会同日本谦慎书道会、东京中国文化中心在日本联合举办主题展览、讲座、雅集活动，并组成以西泠印社副社长、著名艺术家韩天衡为团长，以西泠印社理事、中国篆刻艺术研究院院长骆芃芃为副团长以及包括著名书画家吴永良先生在内6名西泠印社理事、社员为团员的艺术家代表团赴日本东京参加开幕仪式，与日本金石书画界同道进行艺术讲座和友好笔会交流。中国驻日本国大使程永华专程莅临中国文化中心参观作品展览。

**【西泠印社文化艺术空间】**2017年10月12日，“喜迎十九大·西泠印社文化艺术系列活动”开幕，标志着“西泠印社文化艺术空间”正式启动。西泠印社文化艺术空间是一个传播国学知识、弘扬传统文化、开放自由的艺文互动公益平台。艺术空间聚焦“艺术展览——播芳六合·西泠印社先贤作品展”“文化讲座——西泠艺苑国学大讲堂”“生活美学——西泠印社文化艺术公益体验课”三大板块，汇聚展览、雅集、讲座、品鉴、鉴宝等活动。至2017年末，已开设成人书法、国画、篆刻、古琴等课程，平均每月组织培训30多次，参加人员累计超1.2万人次。（西泠印社集团）

责任编辑 蔡建明

2017年7月15日，杭州西泠春季拍卖会举行，西周青铜器兮甲盘拍出2.13亿元 （西泠印社 供稿）

## 公共文化

### ·概　述·

**【公共文化服务体系进一步完善】** 2017年,杭州市进一步健全公共文化服务标准体系,探索"标准化+公共文化"实施策略,提升公共文化服务城乡一体化水平。至年末,杭州市出台地方性标准规范16个,涉及乡镇综合文化站服务、公共文化服务评估、政府向社会力量购买服务、公共文化跨区域服务、文化志愿者管理、文化礼堂服务管理、文化服务第三方评价、高校文化站建设服务等领域。推动公共文化服务社会化,全市5个薄弱乡镇和162个薄弱村(社区)入选浙江省"十百千"工程,开展定向帮扶工作。提升基层公共文化设施建管用水平,科学布局公共文化设施网络,规范公共文化设施建设和用途,鼓励第三方组织和其他专业团队参与基层综合性文化服务中心的管理和运行,提高基层综合性文化服务中心的社会效能。县级以上图书馆、文化馆等文化事业单位基本完成理事会组建,积极探索和努力形成功能明确、治理完善、运行高效、监管有力的管理体系和运行机制。

杭州市文化馆总校及所属六个分校继续实施公益艺术培训、村级宣传文化员培训、农村文化礼堂宣传文化员培训。重点文化惠民工程为农村群众放映公益电影2.7万场,观影人数406万人次;为4.78万户低保困难家庭减免有线电视开户费和收视维护费用,为4.1万老年人提供优惠观影服务;农村有线电视入户率达98.1%。1000个社区(村)公共文化场地实施免费无线网络覆盖,公共文化服务数字化、智慧化程度进一步提高。

**【高校文化站增至25家】** 2017年11月30日,杭州师范大学等7所市属高校文化站挂牌,首任文化站站长领到聘书。"在杭高校文化站"建设工程于2013年启动,以"文教联动、校地共建"方式,着力提升高校文化站覆盖率、校园文化活动吸引力、高校文化阵地融合度和各类文化团队续航力。至年末,全市建有高校文化站25家。

**【社区文化家园打造居民"精神家园"】** 2017年,杭州市启动社区文化家园建设工作,按照打造社区"文化驿站、共享空间"的定位,充分整合社区文化资源,面向社区居民,组织开展文化讲座、工艺美术、教育培训等各类文化公益服务活动,组建由居民组成的各类社区文化队伍,提供助医、助老、助学、助业等惠民服务。围绕睦邻友好、向上向善等主题,组织开展邻居节等各类社区文化节日节庆。同时,通过社区服务公众号、微信群、QQ、微博等,构建社区网络文化平台,实现社区公共文化服务的密切联系和有效覆盖。至年末,全市已建成50个社区文化家园,计划5年内覆盖80%的社区,打造全市居民群众共建共享的"精神家园"。

(市文广新闻出版局)

**【社区青少年俱乐部增至655家】** 杭州市社区青少年俱乐部建设始于2012年。至2017年末,全市已建立市、区、街道、社区四级管理体系,形成区、县(市)工作例会制度,辅导员培训、评优制度,俱乐部示范点评选制度等长效管理机制。全年新建俱乐部75家,俱乐部建设总数达655家,其中社区青少年俱乐部示范点达52家。

(沈　欢)

**【农村文化礼堂建设位居全省前列】** 2017年,杭州市按照"常建常新、常态长效"的工作要求,大力推动农村文化礼堂"建、管、用、育"一体化。全市新增农村文化礼堂150个,累计建成768个。印发《关于推进农村文化礼堂长效机制建设的实施意见》,把农村文化礼堂建设纳入经济社会发展规划、新农村和美丽乡村建设规划体系以及公共文化服务标准化均等化建设体系;主动纳入"百千万"蹲点调研活动,借助全市8000多名蹲点干部力量,汇聚各部门(单位)资源,助推农村文化礼堂建设;全面推行"星级管理",评出39个四星级农村文化礼堂,推荐上报21个五星级农村文化礼堂;组织开展"十佳礼仪"和"十佳星期日"认定,推动农村文化礼堂活动常态化;围绕"党的十九大"主题,举办"龙腾盛世——杭州市农村文化礼堂百龙喜迎十九大"展演活动,线上线下累计吸引60万人次观看。

(李　阳)

### ·公共图书馆·

**【公共阅读空间拓展】** 至2017年末,全市共建有公共图书馆14个,11个区县(市)级图书馆达到国家一级图书馆标准。乡镇(街道)图书分馆164个,公共电子阅览室540个。打造"中心馆+主题分馆+24小时图书馆"的公共阅读新空间,吸引社会力量,以联建、众筹、招募等方式建设主题分馆,使阅读空间呈现分众化、主题化、社会化、网格化的特点。新建杭州图书馆江南健康、城市学2个分馆,全市累计有14个特色主题分馆。杭州少年儿童图书馆成功申报国际图书馆协会联合会"姐妹图书馆"项目,"学校阅读服务网点"项目新建初中、小学和幼儿园阅读服务网点15个,累计建成58个。杭州图书馆与杭州市新华书店城西银泰店合作开展"易悦读——你选书、我买单"活动,让读者自主选书成为图书馆文献购置的主要方式之一。

**【"中国阅读"项目】**"中国阅读"项目是由中国国家图书馆、中共杭州市委宣传部指导,中国图书馆学会、杭州市文化广电新闻出版局、杭州市图书馆事业基金会主办,杭州图书馆、杭州文广集团承办,并与文汇报社共同发起的国家级文化项目。

图书推荐榜作为"中国阅读"项目的核心内容,是开展图书推荐、推广阅读的重要载体。2017年11月26日,2017年度"中国阅读"图书推荐榜在杭州图书馆揭晓。榜单入选图书均为国家出版行政管理部门批准成立的出版机构在国内正式出版、公开发行(包括限国内发行)的汉文版图书,按照《中国图书馆分类法》设置,整合并推出"哲学·宗教""政治·军事""经济·法律""人文·历史·艺术""文学""自然科学""儿童读物"等7个子榜单。

"中国阅读"图书推荐榜整个评审过程以图书馆借阅流通量或者图书销售零售量为基础,从每个子榜单排名前1000名的图书中选取70种图书,并组建由人文学者、作家、媒体评论人、出版界等方面组成的专家组,通过初评和终评两轮专家组的选取,最终选出7个子榜,共计68本推荐图书。此外,"中国阅读"图书推荐榜在年度综合性榜单发布的基础上,还将根据不同主题、时节和社会热点,不定期推出专题榜单。

**【"中国—中东欧图书馆联盟"项目启动】**2017年9月22日,"中国—中东欧图书馆联盟"项目在杭州启动,《成立中国—中东欧国家图书馆联盟倡议书》发布。"中国—中东欧图书馆联盟"项目由杭州图书馆发起,波兰、马其顿、立陶宛、黑山、爱沙尼亚、匈牙利、塞尔维亚、拉脱维亚、克罗地亚、保加利亚等10个国家36个图书馆响应。该联盟将通过文献资源共享、馆员互换学习、信息化技术合作等形式,加强中国与中东欧国家在图书馆领域合作,促进中国与中东欧各国各城市间的人文交流。

参加第三届中国—中东欧国家文化合作部长论坛的与会嘉宾,欧盟、中国香港和澳门等地区的参会代表,以及国内公共图书馆馆长等300多人见证倡议发布会。

**【公共图书馆数字资源覆盖中小学校项目】**2017年,公共图书馆数字资源覆盖中小学校项目以公共图书馆与教育系统原有软、硬件资源为基础,建立VPN(虚拟专用网络)通道,实现两者互联互通,建立"课后也精彩"青少年课外阅读平台。图书馆资源通过整合,建立适合中小学师生的阅读资源平台。至2017年末,公共图书馆数字资源覆盖中小学校项目汇集7600多万篇期刊论文,1.6万部中小学教辅图书,10.5万套教学音视频,2.8万小时科普影片和动画,1.2万套试题,数字资源总量达60.15TB,提供少儿数字阅读服务575.7万人次,比上年增长132%。在第83届国际图书馆协会联合会世界图书馆与信息大会上,此项目被推荐为"图书馆如何为联合国2030年可持续发展目标做贡献"最佳案例。

**【"信用借还图书"项目】**杭州图书馆与蚂蚁金服旗下芝麻信用、苏州嘉图公司、邮政速递四个单位合作推出"信用借还图书"服务。2017年4月23日,"信用借还图书"服务正式上线,使杭州成为首批开放线上借书服务的城市,凡芝麻信用分550分及以上的市民,均可享受免押金,免办卡线上借书服务。9月、11月两次"2017公共图书馆信用服务论坛"宣传"信用借还图书"服务,发布《公共图书馆信用服务杭州宣言》,27个公共图书馆共同签署宣言。至年末,杭州图书馆形成的"信用+阅读"模式推广至各区县(市)图书馆,通过信用方式注册与绑定的读者数11.7万余人,借阅图书4.06万册。

**【"悦读快车——孩子们的流动图书馆"项目启动】**2017年9月1日,杭州图书馆与芬兰通力百年基金会、浙江锦麟公益基金会合作的"悦读快车——孩子们的流动图书馆"项目在外来务工者子弟学校——莫干山路小学启动。年内,"悦读快车"新签约10所学校,到淳安县等9个区县(市)21所学校开展借阅、阅读推广活动28次,借阅图书2.08万册。

**【"优礼·我行"全国少年儿童礼仪故事大赛】**2017年4—10月,中国图书馆学会未成年人图书馆分会、杭州市西湖读书节组委会、杭州市文化广电新闻出版局、杭州文广集团联合主办联合主办,中国图书馆学会未成年人数字阅读服务专业委员会、"优礼"杭州人组委会、杭州少年儿童图书馆、杭州电视台综合频道共同承办的中国图书馆学会"2017全国少年儿童阅读年"系列活动之"优礼·我行"全国少年儿童礼仪故事大赛在杭州举行。全国29个省(直辖市)的47个图书馆,5.28万人次参加。

(市文广新闻出版局)

## ·博物馆·

**【概况】**根据浙江省文物局公布的通过博物馆年检博物馆名录,至2017年末,杭州市有公共博物馆71个,其中:国家级博物馆3个,省级博物馆2个,市级博物馆50个,区县(市)级博物馆16个;综合性博物馆7个,专题性博物馆、陈列馆64个;民办博物馆26个。

年内,杭州市博物馆建设取得重大进展。杭州博物馆被评为国家一级博物馆。富阳博物馆开馆,淳安博物馆试运行,临安区博物馆主体及室内装修基本完工。杭州铁路博物馆(知青纪念馆)、江干区明清钱塘江海塘遗址博物馆建设进展顺利,余杭博物馆启动改扩建工程。浙江现代陶瓷艺术博物馆成立。试行博物馆法人治理结构改革,余杭博物馆、杭州工艺美术博物馆率先成立博物馆理事会。

全市各大博物馆举办临时展览300多场,参观市民游客突破2800万人次。在第十届全省博物馆陈列展览精品评选中,杭州博物馆、杭州西湖博物馆等8个博物馆获"精品奖"。杭州文博讲堂、名人讲堂、西湖艺术史论坛等系列讲座按期举行。举办首届"中国自然与文化遗产日"活动。开展杭州市讲解员职业技能竞赛及讲解员星级评定工作。开展运河水工遗存、海塘、画像砖、石质文物等课题研究。

**【中国茶叶博物馆入藏国内名茶茶样179份】**2017年8月,中国茶叶博物馆完成新一轮"中国茶叶博物馆茶萃厅茶样征集令"活动,收到15个省、137个茶企(协会或学会)的199份茶样。经第三方专家团队评审,179份茶样入选中国茶叶博物馆名茶样库。中国茶叶博物馆茶样累计281份,涵盖浙江、台湾、安徽、陕西、河南、湖北、云南、贵州、广西、广东等17个产茶省份。

**【淳安博物馆试运行】**淳安博物馆位于淳安县千岛湖镇珍珠半岛,建筑面积5700平方米,其中展厅面积3290平方米,项目总投资9000多万元。淳安博物馆建设工程于2017年2月完成招投标,由杭州正野装饰设计有限公司设计、浙江世贸装饰股份有限公司施工、浙江方正建设监理咨询有限公司监理,并由千岛湖绿城房产建设管理有限公司进行代建。展陈设计以移民厅为重点,突出体现"一个人、一个家、一座村、一座城"的变迁。展陈布展工作于2017年12月15日结束。

**【富阳博物馆开馆】**2017年12月23日,由博物馆、美术馆、档案馆组成的富春山馆正式开馆。其中,富阳博物馆总建筑面积4009平方米,固定展陈区分山水富阳、千年古县、东吴源流、造纸名乡、鱼米之乡、黄金水道、人杰地灵七个单元,以叙事方式向观众展示悠远、凝重、丰厚的富阳历史和瑰丽多姿的富春文化。

**【杭州第一次全国可移动文物普查成果展】**2017年5月18日,"钱塘觅珍——杭州第一次全国可移动文物普查成果展"在杭州博物馆开幕。此次成果展遴选出23个国有文物收藏单位近400百件代表性文物,有钱镠母亲水邱氏的香炉、战国时期的水晶杯、战国原始瓷甬钟、南宋方腊起义刻石、俞曲园日记手稿等。展出文物中有52件属于国家一级文物,有些是首次公开展出。

**【杭州文博讲堂】** 2017年,杭州文博

**2017年杭州主要博物馆特色临时展览**

表65

| 博物馆 | 展览名称 |
|---|---|
| 杭州博物馆 | "钱塘觅珍"——杭州第一次全国可移动文物普查成果展;走进"邮票王国"——列支敦士登展 |
| 杭州西湖博物馆 | 杭州市第五届青少年西湖明信片大赛优秀作品展;"匠心筑梦"——东阳明清木雕展;"一日看尽长安花"——唐都长安三彩精华展;好川文化发现20周年特展 |
| 中国茶叶博物馆 | "中国梦·强茶梦"——吴觉农与中国近现代茶人事迹展;"焚香啜茗"——明清文人的日常展 |
| 杭州南宋官窑博物馆 | "银·宴"——奥地利施瓦策瑙古堡银器展;"雅趣·匠意"——中成堂藏宋代器物展;"扬州慢"——风物中的雕刻之美展;"金·源"——金上京历史博物馆藏文物展 |
| 杭州名人纪念馆 | "意趣琳琅、雅舍撷芳"——杭州名人纪念馆馆藏文物展;一位"特殊"的杭州名人——司徒雷登在1946展 |
| 杭州工艺美术博物馆 | "明月入怀"——中国团扇文化印象展;"外婆送我花背带"——广西少数民族妇女儿童服饰展;"看道·守艺"——中国民艺人文纪实影像展;卢伟孙龙泉青瓷艺术展;"薪火传承"——工艺美术大师带徒学艺成果展;"瓷上乾坤"——浙窑名家瓷上作品展;"冷兵热血"——2017首届中华冷兵器文化交流展 |
| 韩美林艺术馆 | "新年新美"——韩美林新作展;"金鸡报春"——新春特辑展 |
| 杭州京杭大运河博物馆 | "喜迎新春、欣赏西北疆土"——新疆票中游邮花展;"千年更始、岁月珍藏"——年历片收藏展 |
| 中国湿地博物馆 | "神秘海域·梦幻精灵"——水母展;"素心平尺"——高甬春书画展;2017国际湿地主题少儿绘画大赛获奖作品展;"飞向蓝天的恐龙"——辽西古生物化石展 |
| 章太炎故居 | "革命先锋、学术宗师"——纪念章太炎逝世80周年特展 |
| 良渚博物院 | 因陈列改造未开放 |
| 萧山博物馆 | "喜上梅梢"——杭州博物馆馆藏梅花书画精品展;"於越慧金"——西施山遗址出土铁器专题展;萧山收藏协会第四届会员藏品展——文玩杂项特展 |
| 余杭博物馆 | "题襟海上话珍帚"——姚虞琴诞辰150周年纪念展;"喜迎十九大、永远跟党走"——余杭区机关书画作品展;"红色记忆"——余杭革命遗址遗迹大型图片展;考古余杭系列展(元明清) |
| 桐庐博物馆 | "百年海派"——嘉兴博物馆馆藏海派书画精品展;"中兴纪胜"——南宋风物观止暨桐庐博物馆宋代馆藏文物展;"走遍浙江"——桐庐·陆抑非传人书画展;"菩提花开"——藏、汉、南传金铜佛像艺术展 |

淳安博物馆内景　　（市园文局 供稿）

讲堂先后举办南高峰塔考古发掘、吴越钱氏墓葬与瓷器、运河文化、博物馆讲解等主题公益讲座。同时，依托杭州文博讲堂平台，先后开展三次主题培训：6月29日至7月4日，市园文局委托浙江大学开展全市讲解员培训；9月21—26日，市园文局委托浙江大学开展全市藏品培训；11月13—18日，市园文局委托浙江工业大学开展全市文保培训。

**【浙江省青少年创意剪纸大赛】**2017年4—9月，由市文明办、市教育局、市园文局、杭报集团共同主办，杭州工艺美术博物馆、杭州网、杭州张小泉实业发展有限公司承办的第七届浙江省青少年创意剪纸大赛举行。大赛以“迎接党的十九大”和“五水共治、剿灭劣V类水”“环境保护”为主题，来自杭州、宁波、桐庐、义乌、海宁、绍兴、嵊泗等7个地区近500位选手参与，选送参赛作品471幅，最终评选出金银铜获奖作品70幅、优胜奖96幅，获奖作品在杭州地区进行实物巡展。

**【杭州市中小学生陶艺大赛】**2017年9—12月，由市教育局和市园文局联合主办，杭州南宋官窑博物馆承办的杭州市第十届中小学生陶艺大赛举行。大赛以培育和践行社会主义核心价值观为重点，以弘扬中华优秀传统文化“激扬青春·我型我塑”为主题，收到78所中小学选送的227组参赛作品，其中小学组136组、初中组61组、高中组30组。经过初赛和现场复赛，最终由评委评选出一等奖19名、二等奖54名、三等奖93名，优秀指导老师奖17名、优秀组织奖21个。10月28日，颁奖典礼暨优秀作品展在杭州南宋官窑博物馆开幕，优秀作品展持续至12月15日。　（章珠裕）

## ·文物保护·

**【概况】**2017年，杭州市完成考古项目56项，其中考古调查1项，勘探47项，发掘8项。调查面积8平方千米，勘探面积近300万平方米，发掘总面积11650平方米。发掘墓葬88座，出土文物标本3050件(套)。杭州西湖风景名胜区南高峰塔遗址、杭州临安衣锦街吴越国建筑遗址被评为“2017年度浙江重要考古新发现”。

新增28处第七批省级文物保护单位和68处市级文物保护点。完成第七批省级文物保护单位文保标志碑设置工作。《杭州市区市级文物保护单位用地保护规划》由市政府公布实施，《第七批省级文物保护单位用地保护规划》编制完成并上报省政府。启动第七批省级文物保护单位记录档案编制工作。

全年实施文保工程24项，完成18个审批项目和56个日常管理备案。新华路七龙潭3号梁宅、上城区祠堂巷41号于谦故居、紫阳山南麓石佛院造像等市级文保单位完成修缮。富阳泗洲造纸作坊遗址本体保护与展示工程保护计划书完成上报。农村历史建筑保护工程安排专项资金2000万元，抢修农村历史建筑67处。2017年12月，杭州被住房和城乡建设部确定为第一批历史建筑保护利用试点城市。全市涉文物行政处罚一般程序案件立案7件，结案4件。

《杭州市大运河世界文化遗产保护条例》于5月1日公布实施。《杭州市大运河世界遗产保护规划》通过杭州市城乡规划委员会审议。中国联合国教科文组织全国委员会推荐“良渚古城遗址”作为2019年世界文化遗产申报项目。

**【第一次全国可移动文物普查】**2017年，杭州市完成第一次全国可移动文物普查，涉及杭州市19个行业、8207个国有单位，71个单位441名普查人员历时4年，投入经费1200多万元，掌握了全市可移动文物家底。杭州市行政区划内国有可移动文物收藏量为366862件(套)。其中：文物古籍类总计357168件(套)，包括一级文物1205件(套)，二级文物6908件(套)，三级文物39639件(套)，一般文物51585件(套)，未定级文物257831件(套)；标本化石类总计9694件，包括珍贵文物9658件，一般5件，其他31件。

年内，举办“杭州市第一次全国可移动文物普查成果展”、“杭州百姓最喜爱的十大精品文物”评选等活动。《杭州市第一次全国可移动文物普查成果展图录》出版。

**【飞来峰造像三期工程】**全国重点文物保护单位杭州飞来峰造像是浙江规模最大的一处造像群，弥补了国内五代至元代石刻造像缺环，在中国古代造像艺术史上占有重要地位。飞来峰造像在长期自然和人为因素影响下，产生不同程度的环境地质病害。2017年7月5日至12月10日，杭州西湖风景名胜区灵隐管理处实施飞来峰造像三期抢险加固工程，对青林洞区22龛造像采用危岩体加固、地表防渗、地面排水、山体裂隙导水等工程措施，累计投入资金约430万元。

**【烟霞洞石刻造像保护工程】**烟霞洞造像是全国重点文物保护单位飞来峰造像的组成内容之一，位于西湖风景名胜区西南郊翁家山南麓山坡，具有很高的历史和艺术价值。烟霞洞石刻造像产生不同程度的环境地质病害，影响了文物的长期保存。2017年4月2日至9月25日，杭州西湖风

南高峰塔遗址　　（市园文局 供稿）

的位置与形制，以及塔院建筑的布局和结构，基本廓清五代至宋时期南高峰塔寺的整体空间格局。这种前塔后殿式布局，沿袭了隋代以前以佛塔为主要建置的寺塔布局形制，为研究五代吴越国时期小型佛教建筑的形制布局提供了新的实例。

景名胜区钱江管理处对烟霞洞造像实施抢险加固工程，包括对洞内渗水裂隙及溶洞进行临时封堵、洞顶部裂隙灌浆、铺设防水毯、帷幕灌浆、开凿排水沟等，累计投入资金约239万元。

**【萧山陈家埠古墓群考古发掘】** 陈家埠古墓群位于杭州市萧山区闻堰街道湘湖旅游度假区老虎洞村陈家埠浙江海洋学院周边山坡。2016年10月25日至2017年6月5日，杭州市文物考古研究所联合萧山博物馆对其进行考古发掘，发掘总面积约1150平方米，发掘清理春秋至明代的墓葬21座，其中春秋时期石室土墩墓1座，汉代墓6座（竖穴土坑墓2座，砖椁墓1座，砖室墓3座），六朝墓葬4座（均为砖室墓，其中凸字形墓2座，长方形墓2座），唐代墓1座（为纪年砖室墓），宋代墓1座（为双室砖室墓），明代墓8座。曹氏家族墓为大型明代家族合葬墓，其中3座石室墓，墓前有茔园，规模宏大，出土文物115件（组），包括原始瓷器、玉器、陶器、青瓷器、铜器、铁器和青花瓷器等。另有7合墓志铭，志文信息量大，墓上茔园和墓前神道保存较完整，为研究明代丧葬习俗和地方史提供了新资料。

**【劝业里古遗址考古发掘】** 劝业里位于学士路附近，东临东坡路，西距西湖约200米。因城市开发建设需要，杭州市文物考古研究所于2016年10月至2017年6月对劝业里进行考古发掘，发现明清至唐代时期的房址、天井、墙基、排水沟、路面、河道等遗迹，出土青花瓷、龙泉青瓷、越窑青瓷、铜钱、建筑构件、金器等遗物。发现的元代时期墙基与其外侧路面、排水沟三者结构紧密，以暗沟相通，墙基内还发现门址和踏步遗迹。发现南宋时期的木质引水管道，东西向，截面呈方形，将四块厚3.4厘米的木板以铁钉和黏结剂拼砌而成，每段水管长约5.3米，外边长19厘米，中间以子母口结构相连，连接处设有两块用以清淤的活动木板。发现两座砖室墓，其中一座平面呈梯形，东壁略外弧，墓室长2.66米、宽1.2米，墓室头部随葬碗一只；另一座平面呈长方形，墓室长3米、宽1.1米，墓壁为三顺一丁结构，丁砖模印符号，未发现随葬品。根据墓葬形制和出土物情况，年代分别为唐代中期和六朝时期。此次发现的水管保存情况较好，其位置应与南宋时期小方井有关。此为临安城范围内首次发现唐代墓葬，对研究唐五代时期杭州城市范围提供了重要坐标材料。

**【西湖风景名胜区南高峰塔遗址考古发掘】** 2017年1—9月，为配合杭州市南高峰景观提升改造工程，杭州市文物考古研究所对南高峰塔遗址进行考古发掘，发掘面积1350平方米，发现五代至宋，以及明清建筑遗迹，出土陶质建筑构件、陶塑像、瓷器等80多件。此次发掘明确了南高峰塔

**【临安区衣锦街吴越国建筑遗址考古发掘】** 2017年4—10月，杭州市文物考古研究所与临安区文物保护管理所在配合临安区政府地下车库人防工程建设的抢救性考古发掘中，发现吴越国建筑遗址并揭露宋、元等不同时期建筑遗迹多处，出土大量瓷片及铜钱、文字砖、瓦当等遗物，部分砖上发现“官”“官用”“大”“东”“上”等文字，具有重要价值。揭露的五代吴越国时期遗迹主要为一大型建筑台基，台基坐西朝东，未完全揭露，揭露部分长11.50米，宽12.25米。台基的东西向进深10.48米，南北向开间5.63米，规模较大。台基东侧为庭院墁地，西侧为另一黄土台基，均未完全揭露。此次发掘区域恰位于钱镠墓西，且邻近衣锦街，地理位置重要。发掘揭示的吴越国时期建筑遗迹应属吴越国在临安境内的一处重要的高规格建置，由于发掘面积有限尚难以明确其性质。

**【淳安瀛山书院遗址考古发掘】** 2017年7—8月，杭州市文物考古研究所对瀛山书院遗址进行考古发掘，发掘面积475平方米，清理出青石山路、鹅卵石道路与天井、排水沟和围墙房基等遗迹，基本明确了瀛山书院遗址整体布局和保存状况，确定了遗址的分布范围，揭示了遗址局部的具体结构。

**【十大历史文化名城“价值研究与传播计划”项目】** 2017年12月28日，中国文物保护基金会十大历史文化名城“价值研究与传播计划”项目在胡雪岩故居举行启动签约仪式。十大历史文化名城“价值研究与传播计划”项目是中国文物保护基金会受财政部、国家文物局委托实施的重点公益项目，旨在解决开放的文物保护单位解说词全覆盖问题。该项目通过前期摸底调研、组织申报、专家评审等环节，确定浙江省杭州市等十个国

家级历史文化名城为项目实施地。杭州于2017年8月启动“讲文物故事·传优秀家风”有奖征集及推广讲解词活动，为300个没有讲解词的文保单位（点）写“简历”。（章珠裕）

## ·档案事业·

**【概况】** 至2017年末，杭州市14个综合档案馆和市城建档案馆总馆藏档案372.69万卷、226.85万件，资料26.5万册。市档案馆馆藏档案172.39万卷、53.09万件，照片档案9.5万张、实物档案5.09万件，馆藏资料10.08万册。

市城市档案中心建设项目被列为全市2017年重点项目和全市全过程工程咨询试点项目，设计方案确定，获建设用地规划许可证。富阳区、淳安县档案馆新馆投入使用，上城区、桐庐县档案馆新馆进入装修阶段，江干区档案馆新馆开工建设，临安区档案馆新馆完成选址并进入设计阶段，下城区档案馆新馆列入2018年政府投资计划新开工项目。

**【档案工作法治化】** 2017年8月，市档案局（馆）与市城中村改造办联合印发《关于在城中村改造中进一步加强历史文化资源保护和档案管理工作的通知》，明确文件材料归档范围、保管期限和整理标准。确定上城区近江村、下城区三塘村、拱墅区善贤村、西湖区铜鉴湖村、滨江区星民村、东冠村等为重点示范先行村，以点带面整体推进城中村改造档案工作。至2017年末，已完成主城区示范城中村2000多件各种载体文件材料的收集，有效服务全市城中村改造工作。执行档案行政执法全过程记录等行政执法系列制度，建立“双随机一公开”档案行政执法机制。9月，市档案局组建特邀行政执法监督员队伍，参与行政执法及相关监督工作。持续开展市直单位档案年检工作，年检合格率达99%以上。

上城区档案局（馆）加强对出生医学证明档案的业务指导。拱墅区档案局（馆）制定档案服务外包准入和末位淘汰机制，规范档案中介市场。临安区档案局（馆）土地确权登记颁证档案管理工作在全省示范领跑。滨江区档案局（馆）、萧山区档案局（馆）在中央预算内投资项目、重点建设项目档案专项验收工作中成效显著。淳安县档案局（馆）在县人大监督和指导下对49个县级以上重点建设项目档案工作进行专项执法检查。市人防办制定全省首个针对人防工程档案管理的文件。

**【档案接收征集和服务利用】** 2017年，杭州市各档案馆接收档案12.55万卷、18.92万件，其中市档案馆接收档案3.87万卷、4.11万件。提供档案利用服务7.8万人次、24.46万卷次、2.16万件次；利用现行文件1007人次、987件次；利用资料1108人次、4000册次。

档案系统全力服务“最多跑一次”改革。4月，市档案局（馆）两次召开全市专题会议部署“最多跑一次”事项电子化归档工作，开通前端在线预归档模块，制定操作手册，形成行政审批事项档案管理长效工作机制。全市行政许可事项通过归档范围保管期限审批率和可在线办理许可事项完成归档模块配置率均达到100%。市、县两级档案部门全部完成电子文件管理平台项目立项，市本级、余杭区、临安区和桐庐县完成项目建设并开始“最多跑一次”事项电子文件接收工作。市本级累计接收市园文局、市经信委等审批类电子文件700多件。

全市各级档案部门围绕加快推进查档利用“最多跑一次”改革，梳理公布“最多跑一次”事项清单，全面完成办事事项“八统一”工作，实现办事事项“最多跑一次”全覆盖。完善“杭州市档案资源信息共享平台”，稳步推进“异地查档、跨馆服务”。江干区、滨江区实现婚姻档案数据共享。拱墅区探索移动终端服务新模式，提供全天候远程借阅审批服务。余杭区进一步完善智慧档案信息共享平台，实现区、乡镇（街道）两级民生档案资源信息共享。桐庐县实行档案查询窗口接待利用“一窗受理、首问负责”机制，通过数字档案共享平台全方位服务群众查档。建德市试点“党建+民生档案”共享工作，通过馆室一体系统提供档案利用。市房产档案馆搭建起覆盖全市24个点的自助查询便民服务网络。

G20杭州峰会史料展示厅共收（征）集各类展品资料5.9万件（张）。全市档案部门做好“五水共治”和剿灭劣Ⅴ类水等项目档案服务工作。6月，市档案局与杭州师范大学就杭州档案文献征集与研究签订全面战略合作协议，开展境外杭州档案文献征集工作，重点征集到哈佛大学、耶鲁大学、哥伦比亚大学共2623件1.87万页与杭州相关的档案文献，编制《美国馆藏杭州档案文献目录提要》。征集10位新四军老兵或抗战老兵口述档案。《杭州知青名录》登记近万名知青，征集知青书画近200件。

**【档案信息化】** 2017年，杭州市各级档案馆持续开展馆藏档案数字化加工和数据质量检查。3月，基本完成馆藏所有全宗纸质档案与电子数据的对应清点；7月，数字档案馆项目通过专家论证；12月，项目公开招标并正式启动。拱墅区、滨江区、余杭区、富阳区档案局（馆）开展档案库房自动化、智能化建设，实现档案智能化管理。

全市档案部门推进数字档案馆（室）建设，市本级、萧山区、余杭区档案馆进入创建国家级示范数字档案馆冲刺阶段。市财政局、市住保房管局、市民政局、市检察院、市公安局等12个单位通过浙江省示范数字档案室测评，全市数字档案室创建比例达66%。继续开展电子文件移交进馆试点工作，市档案局与市国土资源局、市人力社保局、市司法局、市发改委、市统计局等40多个单位完成系统对接，接收电子文件10万余件，年内，全市112个市直年检单位网上年检数据量新增61.8G。富阳区档案局（馆）开展重要民生领域及重要涉及民生单位的电子业务数据登记备份工作。市规划档案馆探索多属性数据融合技术，建设智能化档案管理形态。

**【档案编研与展览】** 2017年9—10月，由国家档案局、中央档案馆、上海市档案局（馆）主办，市档案局承办的“信仰的力量——中国共产党人的家国情怀”档案文献展览，展出240件档案和视频资料，接待参观者2万余人次。举办“杭州建市档案史料展”“艰难的起飞——中央杭州飞机制造厂(1934—1942年)史料图片展”“杭州与海上丝绸之路”“城影时光——杭州印象纪实摄影大赛十周年回顾展”等展览。完成《历史的见证——杭州抗日战争档案史料辑录》《杭州市档案馆〈西湖游览志〉〈西湖游览志余〉介绍》等项目编纂工作。杭州市档案局(馆)的《杭州历史上的外国人》《西湖风情画》《杭州记忆》编研项目分别获2015—2016年度全省优秀档案编研成果一、二、三等奖。建德市档案局(馆)举办“重温老照片,感念关怀情——建国后党和国家领导人视察建德照片展”。

**【档案宣传与教育】**2017年,市本级和9个区县(市)档案局(馆)开通档案政务微信,与先期运行的档案门户网站、《杭州档案》杂志、政务微博形成系统性宣传阵地。各地积极开展“国际档案日”宣传活动。萧山区档案馆继续开展“我是兰台小令史”“老爸老妈探秘档案馆”等开放体验活动,被列为萧山区社会科学普及基地和省级国家综合档案馆爱国主义教育示范基地。桐庐县在桐庐电视台微信平台发布“桐庐记忆”20期。建德市通过方言语音建档工作提高社会档案意识。杭州城建陈列馆发挥第二课堂教育活动基地优势,利用档案向青少年展示杭州城市变迁历程。

7—9月,以《中华人民共和国档案法》颁布30周年为契机,开展“杭州档案工作十件大事评选”等主题宣传活动。年内,市档案局举办3期档案管理岗位培训班、3期继续教育培训班,免费培训档案管理人员750多人。全市8人获得档案副高级以上职称。 (乜登科)

## ·群众文化·

**【“中国梦,我的梦”网络微故事大赛】**2017年4月1日至8月31日,杭州市文化馆、《山海经》杂志社主办,杭州群众文化网、《故事春秋》编辑部承办的“中国梦,我的梦”网络微故事大赛征文活动举行。收到来自北京、上海、浙江、福建、山东、辽宁、广西等全国30个省、市、自治区的微故事作品852篇,评出一等奖3篇、二等奖8篇、三等奖15篇。

**【“送戏下乡”和“文化走亲”演出活动】**2017年,通过政府招标采购,9个演出团队中标“送戏下乡”项目,2家演出团队中标“文化走亲”演出活动项目。以杭州群众文化网配送平台和“订单式”服务预约为主要通道,采取“你点我演”点击预约的方式,面向基层和特殊群体实施文化惠民演出。全年市本级完成送戏到基层演出496场次,其中农村文化礼堂演出159场次。市本级组织到河南、陕西、福建三个省及省内温州、绍兴地区开展跨区域“文化走亲”6场次。全市累计“送戏下乡”5339场次,“送书下乡”65.4万余册,举办讲座、展览6900多场,送培训55万人次,开展“文化走亲”活动836场次。

**【杭州美术节】**2017年11月14日至12月15日,由市委宣传部、中国美术学院、市文创办、市文广新闻出版局、中共上城区委、上城区政府联合主办的杭州美术节在上城区举办。本次美术节列入西湖国际博览会、杭州文化创意产业博览会项目,并作为子项目纳入杭州南宋文化节。美术节主题为“宋韵皇城·艺术杭州”,包括“南宋艺术与南宋都城生活文化探讨”论坛、“钱江潮头西湖水,南宋词意新境界——诗画杭州书画精品展”开幕展及老中青少四代人美术节主题绘画活动、50名少年儿童现场创作“传承南宋文化,描绘美好生活”书画长卷等板块。此外,近20家艺术机构举行以“南宋文化”为主题的艺术精品联展,推出50多场各种形式的艺术展览和讲座。杭州市艺术品行业协会和上城区各个街道联合举办20场“经典艺术进社区”活动,把南宋经典美术作品和大众艺术品带进社区。

**【杭州市首届戏剧大赛】**2017年3月,杭州市首届戏剧大赛启动,300多名戏剧爱好者参与,征集到小品、绘本剧、地方小戏等各类作品100多件。经专家评审,《少年中国强》等15件作品进入决赛,其中大部分作品由群众自编自导自演。杭州市首届戏剧大赛是近十年来首届群众戏剧小品类赛事。

**【杭州市第24届“三江”歌手大赛】**2017年5月,市文广新闻出版局、余杭区政府、桐庐县政府主办,杭州市文化馆、余杭区文化广电新闻出版局、桐庐县文化广电新闻出版局承办的杭州市第24届“三江”歌手大赛启动。大赛设美声/民族、通俗/组合及中老年三个组别。各区县(市)和杭州经济技术开发区、杭州西湖风景名胜区、大江东产业集聚区组队参赛。9月29日,杭州市第24届“三江”歌手大赛汇报演出在余杭区举行,全国文化信息资源工程网络直播平台直播比赛过程。8000多名选手参赛,220多名选手进入决赛并获金、银、铜奖及优秀奖。大赛是杭州

2017年6月10日,第六届大运河文化节在拱宸桥畔的运河文化广场启动

(杭州图库 供稿)

地区“群众好声音”的集中展示，对提升群众声乐素养、丰富群众文化生活起到积极作用。

**【“风雅钱塘”传统戏剧展演】** 2017年9月29日，浙江好腔调·风雅钱塘——2017杭州传统戏剧展演活动由浙江省文化厅、杭州市文化广电新闻出版局主办，浙江省非物质文化遗产保护中心、浙江省非物质文化遗产保护协会承办，杭州市非物质文化遗产保护中心、杭州滑稽艺术剧院演艺有限公司承办，在杭州艺苑举行。参加此次展演的项目有淳安三角戏、滑稽戏、杭剧、哑目连、新叶昆曲、绍剧、越剧、婺剧8个戏剧项目，活动分为下午场和晚上场，500多人观看。

**【“风雅颂”民间艺术精品展演活动】** 2017年10月15日，杭州市“风雅颂”民间艺术精品展演活动在富阳区举行。活动由市文广新闻出版局、市文化礼堂建设工作领导小组办公室主办，杭州市文化馆 、富阳区文化广电新闻出版局承办。10个参演节目均为从历届93个优秀作品中选出的精品，包括江干区文化馆钱塘江艺术团的《杭罗灯彩》、桐庐县文化馆的《拱猪》、拱墅区文化馆的《半山泥猫》、良渚职高大陆花灯社的《大陆花灯》、桐庐县文化馆和桐庐文化传播有限责任公司的《鼓动山哈》、杭州星舞团的《药堂学徒》、西湖区文化馆的《竹马与福娃》、淤潜镇政府的《蚕乡锦韵》、富阳区文化馆的《龙门魁星》、萧山区文化馆的《钱江盐歌》。

（市文广新闻出版局）

## ·文学艺术·

**【概况】** 2017年，市文联有团体会员36个，包括12个直属文艺家协会、8个区县（市）文联、4个行业文联和12个其他团体会员。12个直属文艺家协会共有会员8000多人，其中省级以上会员3332人（含国家级会员1025人）。

2017年，市文联切实抓好精品创作。配合市委宣传部做好“五个一工程”奖申报评审工作，推荐27部优秀作品参评市“五个一工程”奖，《快递中国》《沃血家园》《四十年家国》《平凡的坚守》《外婆史诗》等多部作品获市“五个一工程”奖，其中《快递中国》获省“五个一工程”奖。由市文联组织申报的54件文艺创作项目有21项入选市“文化精品扶持工程”，其中长篇小说《太傅》等5个项目入选省“文化精品扶持工程”。加大市文联文艺精品工程扶持力度，签约精品创作扶持项目21个。杭州文艺界获省级以上奖项466项。（黄　勇）

2017年12月9日，首个“中国网络作家村”落户滨江　（市文联 供稿）

**【杭州文艺精品涌现】** 2017年，越剧《汉兴未央》等14部作品入选浙江省“五个一工程”，占全省入选总数的20%，并实现七大文艺门类全覆盖。电视剧《鸡毛飞上天》入选全国“五个一工程”。电视剧《创业时代》等23部文艺创作项目入选浙江省“文化精品扶持工程”第十二批项目，占全省入选数量的三分之一。此外，杭州滑稽艺术剧院董其峰等四名演员创作演出的节目《阿峰其人》参加中央电视台春节联欢晚会，杭州越剧传习院演员周好俊携越剧《心比天高》获第28届中国戏剧梅花奖，杭州艺术创作中心青年编剧余青峰创作的戏曲剧本《大清贤相》获第六届中国戏剧奖·曹禺剧本奖（第二十二届曹禺剧本奖）大奖，电视剧《女儿红》在中央电视台黄金时段播出。（李　阳）

**【文艺人才培养】** 2017年，市文联加强文艺人才队伍建设，为文艺工作者成长成才、成名成家搭建平台、提供舞台。举办5期以学习宣传贯彻党的十九大和习近平总书记文艺工作重要讲话精神为主题的培训班、研修班，培训学员500多人。连续第10年实施“青年文艺家发现计划”，完成第七批25名青年文艺人才推荐评审工作，推荐161名会员加入省级、65名会员加入国家级文艺家协会，组织优秀文艺人才申报全国文化名家暨“四个一批”人才、省市“五个一批”人才、杭州市“131”中青年人才培养计划。支持举办方志恩书画作品展、包辰初彩墨画艺术精品展、李项鸿山水画艺术展、傅伯星笔下的南宋万象、大勇茶文化书法展、钱永根作品展。举办报告文学《快递中国》、长篇小说《四十年家国》《沃血家园》、广播剧《平凡的坚守》等作品研讨会，举办第六届“西湖·中国新锐文学奖”颁奖大会暨“西湖·中国新锐文学论坛”，为青年作家陈春儿、游离、子禾、苏七七的作品结集出版《青年作家文丛》。举办首届杭州青年文艺评论大赛、金农诞辰330周年学术研讨会，培养文艺理论研究和评论人才。

**【“浙水千秋·最美杭州”主题活动】** 2017年，根据省委宣传部剿灭劣V类水宣传工作视频会议精神和市委宣传部要求，市文联组织文艺工作者开展“浙水千秋·最美杭州”采风写实、文艺巡演和文艺作品征集、创作、展示等3项专项行动。采风写实专项行动开展文艺采风22批次，参加人员500多人次。文艺巡演专项行动累计举办演出11场。文艺作品征集、创作、展示专项行动,征集到各类原创作品4534件。举办"浙水千秋·最美杭州"美术作品展、秀水千岛湖油画作品展、摄影作品展、诗词书法作品展、油画名家邀请展等5个专题展览。

**【西湖合唱节】**2017年9月19—29日,由市委宣传部、中国音乐家协会合唱联盟、市文联、市总工会主办,省音乐家协会、市音乐家协会、浙江音乐学院音乐教育系、杭州电视台西湖明珠频道承办的第七届西湖合唱节举行。西湖合唱节以"歌声献给党·喜迎十九大"为主题,分开幕式演出、合唱比赛、合唱进校园、名家教学与讲座、合唱比赛获奖团队展演暨闭幕式等5个板块,参与人数超过8000人次。西湖合唱节作为喜迎十九大主题文化活动之一入选2017年度杭州文化建设十件大事。（黄 勇）

**【杭州当代戏剧节】**2017年9月15—28日,由中国国家话剧院、中共杭州市委宣传部、杭州文广集团主办,杭州话剧艺术中心有限公司、杭州蜂巢戏剧文化有限公司、杭州演出有限公司承办的杭州当代戏剧节举行,15部国内外精彩剧目在杭州演出34场,1万多人次观看演出。国内著名导演孟京辉担任艺术总监。

本届戏剧节集结了英国爱丁堡戏剧节、法国阿维尼翁戏剧节、德国柏林戏剧节、日本东京戏剧节、澳大利亚阿德莱德戏剧节在内的世界五大著名戏剧节的精品剧目。国内新锐导演李凝、邵泽辉、陈明昊、杨婷、刘畅携作品参演。戏剧节还围绕开展作品演后谈、专业讲座、工作坊体验、戏剧爱好者聚会、市民朗读活动等活动。

**【《红船·追梦》全市巡演】**为深入宣传党的十九大精神,认真贯彻习近平总书记在中央政治局常委集体瞻仰中共一大会址和南湖红船时的重要讲话精神,当好红船精神的忠实守护者、坚定传承者和自觉践行者,市委宣传部、杭州文广集团、杭州话剧艺术中心联合创作了诗话情景剧《红船·追梦》。2017年9月,《红船·追梦》开始全市巡演。该剧以一位当代年轻人瞻仰南湖红船时,与中国首位《共产党宣言》翻译者陈望道发生跨越时空交流故事为主线,生动再现近百年来浙江大地上波澜壮阔的革命岁月,深情追忆浙江革命先烈的感人事迹,热情讴歌了广大浙江党员干部在红船精神指引下不断取得革命、建设和改革伟大胜利的光辉历程。

**【周好俊获中国戏剧梅花奖】**2017年5月22日,第28届中国戏剧梅花奖颁奖典礼在广州举行。本届梅花奖竞演由中国文联、中国戏剧家协会、中共广州市委、广州市人民政府主办,5月8日在广州开幕,是全国文艺评奖改革后第一次评选,梅花奖名额由原来的30名压缩到15名。杭州越剧院吕派花旦周好俊等15人获第28届中国戏剧最高奖梅花奖。

周好俊,供职于杭州越剧院,国家一级演员,师承吕瑞英派,主要参演剧目有《打金枝》《陈三两》《梁祝情梦》《流花溪》《少年天子》《心比天高》《焚香记》《女人街》《简·爱》《玲珑女》等。她主演的《心比天高》一剧曾应邀出访参加挪威、丹麦、德国、法国、印度、罗马尼亚、美国等国家艺术节活动。（邹 争）

## ·文化交流·

**【杭州打造东方文化国际交流重要城市】**2017年,杭州围绕打造东方文化国际交流重要城市,开展国际国内文化交流活动。杭州江南丝竹南宋乐舞传习院携舞蹈剧场《遇见大运河》赴法国、德国巡回演出。杭州滑稽艺术剧院赴香港参加"根与魂——忆江南·浙江省非物质文化遗产展览"活动。杭州爱乐乐团承办"援老挝国家交响乐团技术合作项目"。杭州越剧传习院赴台北进行为期8天的演出交流活动。杭州杂技总团赴巴西、日本开展为期两个月的杂技巡演。此外,市文联还组织交响组曲《中国大运河》赴爱尔兰、交响套曲《宋词·音诗》赴美国交流演出,组织18个影视企业参加第二十一届香港国际影视展,组团参加第九届"两湖论坛"等。

作家余华、麦家多次应邀赴国外交流讲学。书法家王冬龄在深圳成功举办个人展览。铜雕艺术家朱炳仁在新加坡举办艺术展,并应邀参加威尼斯双年展。赵依芳获戛纳电视节荣誉勋章,成为首位获得该奖项的中国影视传媒人。交响组曲《中国大运河》、交响套曲《宋词·音诗》在爱尔兰和美国演出。

**【杭州组团参加海外"欢乐春节"系列活动】**"欢乐春节"文化活动是文化部会同国家相关部委,在海外推出的提高国家文化软实力的重要平台。2017年春节期间,杭州市文化系统组派5个团组110人分赴新加坡、美国、法国、瑞士、爱尔兰、约旦等7个国家,参加海外"欢乐春节"活动,演出达40场,观众超过3万人。

**【对外以及涉中国港澳台文化交流】**2017年,杭州市经文化部门归口报批、承办和跨部门、跨地区组织实施各类文化交流项目200多个,开展各类重大文化合作项目66项,其中输出项目41项,引进项目25项。对中国港澳台地区文化交流活动进一步加强,与"一带一路"沿线国家文化交流日益丰富,交流层次和影响力明显提升。杭州爱乐乐团、杭州歌剧舞剧院、杭州越剧传习院多次携经典作品赴海外巡演,多个国家级非物质文化遗产保护项目配合国家外交活动参与纪念香港回归20周年、哈萨克斯坦世博会中国馆"浙江日"等重要活动。（市文广新闻出版局）

**【中国—中东欧国家文化合作部长论坛】**2017年9月21—25日,第三届中国—中东欧国家文化合作部长论坛在杭州举行。论坛主题为"文化·交流·合作·共享",中国与阿尔巴尼亚、波黑、保加利亚、克罗地亚、捷克、爱沙尼亚、匈牙利、拉脱维亚、立陶宛、马其顿、黑山、波兰、罗马尼亚、塞尔维亚、斯洛伐克、斯洛文尼亚等国的政府文化代表团出席论坛。中国和中东欧十六国文化部部长共同发表《中国—中东欧国家文化合作杭州宣言》及其附件《中国—中东欧国家2018—2019年文化合作计划》,推出20项文化合作内容,明确首届"中国—中东欧国家图书馆联盟馆长论坛"和第二届"中国—中东

2017年杭州市部分对外文化交流活动

表66

| 时间 | 活动名称 | 内容简况 |
|---|---|---|
| 2月17日至3月7日 | 国家级非遗项目“木版水印”赴英讲习及展览 | 杭州十竹斋美术馆受邀赴英国王储传统艺术学院、诺丁汉特伦特大学开展为期3周的讲习及展览 |
| 4月27—29日 | 中国希腊文化交流与合作年活动 | 杭州创意设计中心参加中国希腊文化交流与合作年活动，在雅典拜占庭博物馆举办“中国故事·中国杭州传统工艺创新展” |
| 5月3—7日 | 西泠印社社藏历代印章原拓暨四君子篆刻书画海外展 | 西泠印社赴日本举办“西泠印社社藏历代印章原拓暨创设四君子篆刻书画海外展” |
| 5月3—15日 | 新杭线·融再设计伦敦站活动 | 杭州创意设计中心“新杭线·融再设计”组团参加伦敦工艺周活动，并在伦敦东区创意园举办“新杭线·融再设计”伦敦站活动 |
| 6月21—25日 | 哈萨克斯坦世博会中国馆“浙江日”活动 | 杭州市多个国家级及省级非物质文化遗产保护项目参与哈萨克斯坦世博会中国馆“浙江日”活动 |
| 6月29日至7月16日 | 杭州(国际)音乐节 | 杭州(国际)音乐节在杭州大剧院举行。美国林肯中心爵士乐团、维也纳爱乐铜管重奏团、德国慕尼黑爱乐室内乐团、中央歌剧院以及众多世界知名演奏家亮相音乐节 |
| 9月15—30日 | 2017杭州当代戏剧节 | 2017杭州当代戏剧节(第六届)引进“法国阿维尼翁戏剧节”“英国爱丁堡戏剧节”“荷兰艺术节”“意大利斯波莱托艺术节”和“日本利贺戏剧节”等世界五大戏剧节的17部剧目 |
| 9月21—25日 | 第三届中国·中东欧国家文化合作部长论坛 | 第三届中国—中东欧国家文化合作部长论坛在杭州举办，发布《中国—中东欧国家文化合作杭州宣言》。论坛期间，各国文化部长还见证了中国—中东欧国家图书馆联盟成立倡议书发布仪式 |
| 9月27—28日 | 欧洲艺术展 | 欧洲艺术展活动在杭州图书馆欧洲艺术馆举办。荷兰驻华大使、法国驻沪总领事及法国罗浮宫博物馆等多家国际知名博物馆馆长参加开馆活动及中法艺术论坛。首批展出欧洲艺术精品75件 |
| 10月4—25日 | 杭州佛教文化摄影展在曼谷举行 | 由市文广新闻出版局主办、张望工作室承办的“杭州佛教文化摄影展”在曼谷中国文化中心举办 |
| 10月6—14日 | 余杭小百花越剧艺术中心参加约旦“中国文化周” | 受文化部委派，余杭小百花剧团参加约旦“中国文化周”及中阿丝绸之路文化之旅巡演活动，纪念中约建交40周年 |
| 10月19日 | 杭州友城国际论坛文化分论坛 | 2017杭州友城国际论坛文化分论坛在洲际酒店举行。29个国际友城、41个国际友好交流城市市长以及17个国内友好城市市长参加论坛，分享“全球化背景下的文化传统与创新”经验 |
| 12月20日 | “摄影家眼中的斯里兰卡和中国”摄影展 | “摄影家眼中的斯里兰卡和中国”——纪念中斯建交60周年摄影展在杭州图书馆国际交流区展出 |

欧国家非物质文化遗产保护专家级论坛”于2018年10月在杭州举行。

此外，各国代表团出席第十一届杭州文化创意产业博览会开幕式，参观杭州市图书馆、浙江音乐学院、中国丝绸博物馆等，见证“中国—中东欧国家艺术创作与研究中心”揭牌仪式和“中国—中东欧国家音乐院校联盟”成立签字仪式。

**【杭州(国际)音乐节】** 2017年6月26日至7月16日，“2017杭州(国际)音乐节”举行。这是杭州首次以城市名义举办的音乐节，也是杭州规模最大、邀请表演团体最多的音乐节。音乐节历时21天，组织驻节演出项目、大师班教学培训、音乐讲堂、“乐进基层”系列演出活动、中国交响乐峰会、克莱夫·巴达摄影回顾展等六大系列23场活动。美国林肯中心爵士乐团、维也纳爱乐铜管重奏团、德国慕尼黑爱乐室内乐团、中央歌剧院等9个著名乐团的400多位中外艺术家参加演出，1万多名观众走进大剧院观看表演，300多万全国观众通过央视、乐视等新媒体观看音乐节实况录像。

**【“我的西湖记忆”全球征文活动】** 为推动杭州国际文化交流和城市文化软实力提升，2017年7月17日，市委宣传部联合国家、省、市各级媒体以及网络新媒体，向全球征集以“我的西湖记忆”为主题，以名胜、名人为内容的优秀诗歌、散文。征文活动收到了来自全球几十个国家、地区的5000多篇来稿，其中名家作品200多篇。

（李　阳）

## ·文化市场·

**【文化市场发展】** 2017年，杭州市做出文化行政许可审批3749件(市本级

329件)、备案事项1019件(市本级237件)。在杭州市行政区域内经依法许可或备案的文化市场经营户数量为14386个,其中互联网上网服务营业场所1750个,游艺娱乐场所215个,歌舞娱乐场所746个,印刷企业2380个,出版物经营单位3539个,广播电视节目制作单位721个,电影放映单位248个,美术品经营单位318个,文艺表演团体181个,演出经纪机构260个,演出场所92个,互联网文化经营单位1038个。市本级有演艺业、书刊发行业、娱乐业、网吧业、艺术品业、娱乐品牌促进会、印刷业等文化市场行业协会7个。全年开展春季艺术品市场专项整治、演出市场专项整治、"僵尸企业"排查行动(排查文化类"僵尸企业"675个)、出版物市场和网络文化专项整治。

全年新成立文化类民办非企业单位12个,注销2个。至年末,全市有各类文化类民办非企业单位102个,业务范围涵盖书画研究、艺术交流、展览展示、文艺演出、艺术鉴赏、文物收藏等多个领域。

**【文化市场信用体系建设】** 2017年,杭州市依托文化市场信用分级分类管理系统,实现对市场主体的信用信息实时评分和信用分级。通过"文化市场诚信网"改版升级,强化诚信宣传。印发《杭州市文化市场分级分类管理办法(试行)》,根据综合企业信用等级、企业社会关注度、区域敏感度情况,纳入一级监管企业35个,二级监管企业3165个。至2017年末,被信用扣分企业885个,信用评分在C级范围企业58个,D级范围5个。根据企业信用情况落实信用分级管理,动态调整巡查频率,开展集中法规教育培训。修订在行政管理事项中使用信用记录和信用报告的实施细则,明确印刷企业设立及变更审批、文化市场监督检查、数字出版产业发展专项资金审查和政府采购等行政管理事项中应用信用记录。至年末,市文广新闻出版局在行政管理中使用信用记录237次。

**【杭州艺术博览会】** 2017年5月12—15日,2017年(第十届)杭州艺术博览会在浙江世贸国际展览中心举行。博览会以"经典与未来"为主题,展现杭州艺术圈十年发展历程。1万平方米的展区面积,展出来自俄罗斯、英国、法国、东南亚等国家和地区以及北京、上海、南京、重庆、成都、黑龙江等地50多个艺术机构的1300多件当代艺术作品,3.8万余人参观,成交额1800万元。

**【"扫黄打非"工作基层网格化管理】** 2017年,杭州市夯实"扫黄打非"工作基础,按照"试点先行、以点带面、整体推进"的总体思路,推动基层网格化管理。以余杭区为试点,初步形成文化市场监管和"扫黄打非"进基层的工作标准,取得的经验在全省"扫黄打非"进基层现场会上推广。余杭区临平街道和滨江区金东方社区示范点建设被全国"扫黄打非"办命名为全国首批300个示范点之一。余杭区庙东社区被评为全省"扫黄打非"进基层示范标兵,富阳区新登镇等8个单位被评为全省"扫黄打非"进基层示范点。

**【娱乐场所转型升级试点培训】** 2017年,鉴于歌舞娱乐场所(KTV)和游艺游戏娱乐场所行业同质竞争激烈、经营模式陈旧、产品类型单一,消费人群狭窄、管理和服务水平不高等问题,杭州市根据文化部、省文化厅提出的"推动文化娱乐行业转型升级"要求,实施文化娱乐行业转型升级工作。4月17日,杭州市娱乐场所转型升级宣讲团到各区县(市)宣讲,来自福建凯米(K米)网络科技有限公司、浙江娱网科道网络科技有限公司、杭州乐娱帮网络科技有限公司、杭州游艺科技有限公司、杭州唛浪投资管理有限公司、杭州神采飞扬娱乐有限公司、杭州玛莱仕餐饮娱乐管理有限公司等示范企业的7位演讲团成员,从互联网技术知识、案例分析、娱乐场所人才管理、企业成果分享、消费者需求分析等角度,对600多个娱乐场所负责人进行培训。杭州市在示范单位引领下,推进待转型经营场所、脏乱差整改场所运用技术工具实现运营管理、内容管理、经营模式升级。

**【"净网""清源"等5项专项整治行动】** 2017年,杭州市组织"净网""清源"等5项专项整治行动,维护文化市场秩序,优化市场环境。

全年开展2次针对网络直播平台乱象的"净网"专项整治行动,严厉打击网上传播淫秽色情低俗信息,立案查处16个经营单位,处理各类色情违规类商品119万余件。2017年9月,杭州市制定《网络表演经营活动管理办法(试行)》,巩固集中整治成果。杭州密播网络科技有限公司从事淫秽色情网络直播表演案被全国"扫黄打非"办公室确定为全国挂牌督办案件,入选全省"扫黄打非"十大案件。

"清源"专项整治行动重点清理政治性有害出版物及信息,在党的十九大会议、香港回归二十周年庆、建军九十周年等重要时间节点,加大出版物经营单位检查频率和力度,重点清理辖区内游商地摊和无证照经营贩卖反动非法出版物行为。全市检查新闻出版广电类场所8000多个次,行政处罚立案调查156件。

"固边"专项整治行动重点查处微博、微信、网盘等互联网平台传播涉及国家主权和宗教领域的非法出版物及有害信息,要求互联网企业强化安全管控主体责任,及时删除、屏蔽有害信息。全市检查各类印刷出版物发行企业6697个次,依法收缴各类非法出版物6600多张(册),处置网络有害信息260万条。其中,"全能神"邪教组织案被全国"扫黄打非"办公室确定为全国挂牌督办案件。

"秋风"专项整治行动重点净化出版物市场,规范新闻传播秩序,严打网上网下侵权盗版活动。加强书刊批发市场及校园周边、繁华街区、车站等报刊销售摊点等重要区域的出版物清查,杜绝"三假"活动,严厉追究制售侵权盗版出版物不法分子责任。发挥"淘宝网"工作站作用,加强网上对政治性有害出版物的监管力度。2017年共处理出版物假证店铺1.8万余个、无证店铺209个,受理各地协查件379件。

"护苗"专项整治行动是针对校园周边文化市场的专项整治。市文广新闻出版局、市教育局、市市场监管局等相关职能部门联合对中小学校周边文化市场环境实施全面整治检查。开展"绿书签2017"、"护苗"行动走进校园宣传活动、"远离有害出版物，多读书读好书”校园巡回展、优秀刊物读书征文、“网络安全进课堂”主题教育活动等系列活动，引导中小学生主动抵制诱惑，远离非法出版物等不良信息源。

（市文广新闻出版局）

## 社会科学

### ·概 述·

**【社会科学服务经济社会】** 2017年，杭州市社会科学界联合会（简称市社科联）、杭州市社会科学院（简称市社科院）按照“一条主线”、实现“五个突破”、落实“四项责任”总体工作思路，以实施杭州市“十三五”社科规划为突破口，发挥纽带桥梁和智囊智库作用，推进社会科学理论研究、成果转化、宣传普及和社团管理等工作。市社科院在全国城市社科院第27次院长联席会议暨城市智库联盟第二届年会上被评为“全国城市社科院先进单位”。市社科联及所属团体会员社团杭州城市学研究会、杭州市律师协会在全国大中城市社科联第28次工作会议上被授予“全国先进社科组织”称号。

市社科联（市社科院）全年完成杭州市民公共文明指数调查，会同市委宣传部、市文明办联合发布2016年度杭州公共文明指数，启动2017年度市民公共文明指数调查。与市法制办合作完成2016年度杭州市法治政府建设评估工作，对13个区县（市）和39个市直部门进行法治建设专项评估，并纳入综合考评，实施2017年度法治评估。参与省、市重点工程项目的社会稳定风险评估工作，以实地走访、问卷调查、召开座谈会、专家评估论证、听证会以及舆情分析等形式，深入基层，收集意见和建议，完成9个重大项目的风险评估。开展剿灭劣Ⅴ类水宣传和调研工作“五个一”行动。

市社科联（市社科院）参与制播“西湖之声”社科宣传专题节目和《钱塘论坛》电视理论宣传栏目，利用“杭州发布”“杭州社科”等门户网站，扩大社科宣传普及辐射面和受众面。以理论宣讲点和市社科普及基地为平台开展人文社科专题宣讲活动。与市委宣传部联合开展“杭州市2017年社会科学普及周”，组织社会科学专家和学者“进社区”“进学校”“进企业”“进农村”开展人文社会科学活动。召开以“建设独特韵味、别样精彩的世界名城：路径与挑战”为主题的第三届社科学术年会。围绕“我们的价值观”（民生、文明、诚信、感恩、敬业、友善、信仰、责任、崇学、爱国、务实、和谐）12个价值观主题词，通过“进学校”“进社区”“进基层”等形式开展主题词研讨活动，全年举行研讨活动12期。

市社科联推动区县（市）社科联组建工作，就区县（市）社科联的机构性质、职能定位和组建流程等给予业务指导，杭州市实现区县（市）社科联组织全覆盖，全市基本形成由市、区县（市）、高校（党校）社科联和社科社团组成的社科工作组织体系。

全年立项科普读物7本，包括《杭州节庆导览》《你所不知道的杭州工艺美术（少儿读本）》《良良讲故事：良渚的陶》《杭州古镇文化》《杭州的“书房”》《静水流深——杭州水井文脉寻踪》《社保政策普及读物》。

**【课题规划与管理】** 2017年，市哲学社会科学规划办公室在2017年度规划课题立项的基础上，完成杭州市哲学社会科学规划课题基地项目立项数69项。公布2017年度杭州市社科规划“决策咨询研究”等专项课题80项。面向全市社科专家、职能工作部门征集2018年度市哲学社会科学规划应用对策类课题选题。完成市社科规划课题结题150项。全市社科界有19项课题获批2017年度国家社科基金，其中市社科院获批2项，居全国副省级城市首位。落实课题合同备案、经费预算管理，发放课题经费卡40张，课题合同经费总额230万元。

**【科研成果转化】** 2017年，市社科联完成2017年度“杭州学人文库”“杭州研究文库”“创意城市文库”项目立项5项。编撰出版《杭州都市圈蓝皮书（2018）》和《杭州蓝皮书：2017年杭州发展报告》（社会卷、经济卷、文化卷）。出版“杭商研究丛书”“南宋历史研究丛书”等5本专著。其中，《南宋全史》获省社科优秀成果二等奖。编发《杭州学刊》4期，刊发文章88篇。编发《成果要报》12期、《杭州社科》12期。通过各类学术刊物、网络等载体实现课题成果转化率90%以上。向省委报送《关于引进优质高等教育资源尽早规划建设杭州国际大学城的建议》并获省委书记车俊批示。

**【社会科学人才培养】** 市哲学社会科学“十三五”规划确立“力争五年内培养‘百名社科中青年学者’”发展目标。2017年，杭州市通过申报和专家评审，确定40名培育人选，累计培育人选80人，集聚一批具有博士学位、35岁左右的青年社科人才，学科覆盖哲学、政治学、社会学、经济学、管理学、教育学等，签订培育协议，制订三年培育计划和确定专项研究课题。市社科联、市哲学社会科学规划办公室组织全市社科优秀青年人才培育对象围绕“五水共治与美丽乡村建设”“‘最多跑一次’改革”“‘文创+’助推传统产业转型升级”“地域文化与乡风文明建设”4个主题到建德市开展科研培训和调研。完成省社科重点研究基地——南宋史研究中心专兼职研究人员聘任。

**【两位学者获评“中国哲学社会科学最有影响力学者”】** 2017年9月24日，中国人文社会科学评价中心发布《中国哲学社会科学最有影响力学者排行榜研究报告：基于中文论文的研究（2017版）》，市社科院社会学研究所研究员张祝平、南宋研究中心教授何忠礼分别入选“中国哲学社会科学宗教学最有影响力学者”和“历史学一级学科最有影响力学者”。此次“中国哲学社会科学最有影响力学者”排行榜采集了管理学、哲学、社会学等20个一级学科，共8100位学者的中文论文数据，一级学科上榜3150人。

**【19项课题获国家社科基金立项】** 2017年，杭州市社科界有19项课题获2017年度国家社科基金立项，立项数居全国副省级城市前列，项目主要分布在杭州师范大学、浙江大学城市学院、市委党校和市社科院。其中杭

州师范大学立项12项、浙江大学城市学院立项2项、市委党校立项一般项目1项、杭州国际城市学研究中心立项青年项目1项、市社科院立项2项。研究项目包括学科基础类研究和对策应用性研究。市社科院研究员李辉申报的"金代佛教石刻史料整理与研究"和陆文荣申报的"户籍制度改革背景下农民工永久迁移城市的意愿及影响因素研究"分别获宗教学科一般项目和人口学科青年项目资助。据统计,2017年度全国副省级城市社科院共立项3项,其中杭州2项,南京1项。

**【新增社科重点研究基地12个】** 2017年,杭州市完成第二轮市社科重点研究基地的评审和验收,确立12个研究机构为第三批市社科重点研究基地,提前完成"十三五"社科发展规划目标。12个研究机构分别为杭州城市国际化研究中心、浙西学术研究中心、杭州基层党建研究中心、城市文化创新传播研究中心、企业社会责任与可持续发展研究中心、社会治理与地方政府创新研究中心、现代职业教育研究中心、外国文学与话语传播研究中心、社会建设和社会治理研究中心、浙江制造国际化研究中心、高等职业教育(陶行知教育思想)研究中心、旅游法治与发展研究中心。

(市社科联)

**【杭州城市学协同创新中心挂牌】** 2017年11月11—13日,由杭州国际城市学研究中心举办的"中国城市学年会·2017"在杭州大学城仓前新大楼举行。其间,杭州城市学协同创新中心挂牌成立,成为杭州市首个社科协同创新中心。杭州城市学协同创新中心由杭州国际城市学研究中心与市社科院、杭州师范大学共同发起筹建,中心立足杭州、面向浙江、辐射全国,以整合杭州及全省城市学研究人才为基础,特别是整合杭州师范大学与市社科院资源,搭建开放性研究平台,围绕省、市政府重大决策和杭州城市发展有关问题展开理论与实践研究,突出"服务地方"的智库功能,打造城市学研究的"杭州学派"。

(杭州国际城市学研究中心)

## ·杭州特色研究·

**【杭州文史研究】** 2017年,市政协联系国内外专家学者和研究机构,开展系列杭州历史文化研究交流、传播普及、建言献策等活动。举办以"杭州与海上丝绸之路、杭州中外交流"为主题的2017年杭州文史论坛。召开"海上丝绸之路与杭州"研究论证会,推出"杭州中外交流""国外海塘管理与保护实践""南宋都城临安""海上丝绸之路与杭州"4项专项课题。"杭州文史小讲堂"定期组织小型学术研讨活动和普及讲座。编辑出版《八级工是这样炼成的——杭州技术工人史料》《丝绸之路与杭州研究论文集》《钱塘江海塘保护与研究论文集》等文史研究和"三亲"史料书籍3部,出版文史研究刊物《杭州文史》4期。

(市政协研究室)

**【富阳区权力清单改革试点研究】** 作为全国权力清单改革和政府自身改革的探索者和先行者,杭州市富阳区于2014年开展权力清单改革试点,经过两年多实践,成效显著。2017年3月10日,杭州社科《成果要报》第一期刊载市社科院研究员肖剑忠主持的浙江省哲社规划专项课题"浙江省县域综合改革试点"研究成果《富阳区权力清单改革试点研究》。文章指出,富阳区权力清单改革的主要做法是:盘点权力家底,实现科学确权;优化权力流程,提高运行效率;强化运行监控,实现权力透明;推进权力下放,做到行权近民;推出责任清单,明确行权底线;优化配套服务,做到行权便民。富阳区权力清单改革的突出成效是显著提高行政效率,显著促进"放管服"改革深化,显著提高依法行政水平,显著提高群众满意度。富阳区权力清单改革仍然存在的问题是法律的立、改、废进程不快,改革配套整体推进不足减权力度不够,公众参与不够,人员配置不合理,干部素质不适应。进一步深化富阳区权力清单改革的对策建议是:促请上级政府及有关部门和人大加快相关法律的立、改、废进程,解决基层权力清单改革的法律滞后、空白、冲突等问题;加强顶层设计和部门协调,实现配套改革整体推进;重视专家介入和公众参与,完善权力清单厘权确权程序;增拨和内部调剂相结合,合理配置人员;引才和加强培训相结合,提升干部素质。

**【淳安县省级重点生态功能区改革试点研究】** 淳安县省级重点生态功能区改革是浙江省贯彻中央生态文明建设精神、打造绿色发展战略支点、构筑发展新优势的重大举措。2017年3月20日,杭州社科《成果要报》刊载市社科院洪洁主持的浙江省哲社规划专项课题"浙江省县域综合改革试点"研究成果《淳安县省级重点生态功能区改革试点研究》。该课题深入分析淳安县省级重点生态功能区改革试点中面临的主要问题,提出具有可操作性的对策建议。文章指出,淳安县省级生态功能区改革试点面临的问题是生态保护高层干预滞缓,绩效考核并未有效减压,生态产业缺乏发展空间,生态激励缺乏长效机制,农民增收缺乏有效支撑。完善淳安县生态功能区改革试点的建议是深化生态保护协作机制,加大政策资金扶持,扶持淳安生态产业发展,促进低收入农户增收。

**【大运河世界文化遗产保护法治实践研究】** 2017年5月1日,《杭州市大运河世界文化遗产保护条例》(以下简称条例)正式实施,如何贯彻落实条例,真正使大运河世界文化遗产得到有效保护,是当前迫切需要解决的问题。5月10日,杭州社科《成果要报》第三期刊载浙江大学城市学院副教授周鲁耀主持的市社科重点基地课题《落实〈杭州市大运河世界文化遗产保护条例〉应着力破解的几个问题》研究成果,对条例实施后杭州市大运河世界文化遗产综合保护中应着力破解的5个问题进行深入研究。文章指出,做好流域发展与遗产点、遗产段保护两篇文章,落实市政府综合领导与业务部门主管负责两套体制,平衡旅游经营与文物保护两层关系,用好保护规划与信息监测两个手段,充分发挥运河集团与运河综合保护委员会积极性。

**【杭州建设一流国际大学城的建议】** 2017年5月22日,杭州社科《成果要报》第四期刊载省社科院研究员吴晶和市社科院研究员周膺《关于在杭州建设一流国际大学城的建议》文章。文章指出，杭州要在国际化方面上台阶转进提升，实现真正意义上的品质化、人文化和生态化发展，必须通过高标准或世界一流教育资源的引进对文化进行全面转换，使文化有真正国际化意义上的进化。杭州可向深圳学习，将拟建的西湖大学改为杭州国际大学城。

**【杭州场外交易市场发展的问题与对策研究】**2017年6月16日，杭州社科《成果要报》第五期刊载浙江金融职业学院副教授孙颖承担的市社科规划课题《杭州场外交易市场发展的问题与对策研究》研究成果，该课题对杭州市场外交易市场的发展现状与问题进行分析，并提出相应的对策建议。场外交易市场是指在国务院及国家金融管理部门批准设立的证券交易所、期货交易所等以外进行的各种证券类产权、非证券类产权、大宗商品交易等市场。繁荣场外交易市场，对于杭州加快要素市场发展、建设财富管理中心、形成多元化金融发展格局，促进经济可持续发展具有重要意义。文章指出，杭州场外交易市场发展现状是数量位居全国前列，结构功能比较齐全，市场创新较为活跃。杭州场外交易市场发展存在的主要问题是专业特色不够突出，监管体系存在缺陷，多种风险隐患显现，交易规模难以拓展。加快杭州场外交易市场发展的对策建议是做大做强现有交易场所，适时组建新型交易场所，设计优化交易制度，有效监管防范风险，构建完善保障机制。

**【杭州特色小镇建设的现状、问题及对策分析】**2017年7月27日，杭州社科《成果要报》第六期刊载浙江树人大学教授尹晓敏承担的市社科规划重点课题《杭州特色小镇建设的现状、问题及对策分析》研究成果。该课题通过深入审视杭州特色小镇建设的真实状况，科学评估面临的主要挑战，借鉴世界知名特色小镇成长实践及启示，有针对性地提出杭州特色小镇建设的对策。文章指出，杭州特色小镇建设中存在的问题是规划理念布局尚需统筹提升，民间投资信心不强增长乏力，特色产业投资不足能级不高，土地资源要素保障问题突出，小镇考核评价机制亟待创新。加快杭州特色小镇建设的对策建议是在杭州发展新蓝图中统筹布局全市特色小镇和在小镇发展新视域中优化提升规划方案，激活小镇建设民间投资，在特色上做深文章下实功夫，全力盘活低效用地创新土地利用方式，创新小镇考核评价机制。

**【提升杭州旅游文化外宣文本表达力研究】**2017年8月31日，杭州社科《成果要报》第七期刊载浙江树人大学副教授陈白颖承担的市社科规划课题《提升杭州旅游文化外宣文本表达力研究》研究成果。该课题在认真分析杭州旅游文化外宣文本目前存在问题基础上，提出提升杭州旅游文化外宣文本表达力的策略建议。文章指出，杭州旅游外宣文本表达力存在的问题是文本的时效性与合力作用不够，文化的个性表征不鲜明。提升杭州旅游文化外宣文本表达力的策略建议是构建城市话语表达力，构建旅游外宣译本表达力。

**【杭州海绵城市社会化运营具体对策的思考】**2017年10月12日，杭州社科《成果要报》第八期刊载市社科院研究员方晨光承担的市社科规划课题《杭州海绵城市社会化运营具体对策的思考》研究成果。该课题深入剖析从环保理念出发的美国海绵城市社会化建设政策，并以此为借鉴提出杭州海绵城市社会化运营的具体对策。文章指出，杭州海绵城市建设宏观要素及社会化建设中存在的问题是没有从观念上树立广泛动员全社会参与是海绵城市建设必要保障的理念，没有从环保理念出发树立海绵城市建设需要全社会参与的基本理念，没有调动企业、个人、社会组织共同参与海绵城市建设的激励政策。从环保理念出发的美国海绵城市社会化建设政策对杭州的启示是从顶层设计解决社会化的参与，以项目入手解决社会资金的融入，以制约和激励为手段解决社会参与的积极性。动员全社会力量积极参与杭州海绵城市建设的具体建议是落实海绵城市社会化建设的四大任务，出台海绵城市社会化管理的具体政策，调动社会参与海绵城市建设的激励政策，支持社会参与海绵城市建设的融资政策，调整体制机制以发挥调动全社会积极参与海绵城市建设的作用。

**【建德市“最多跑一次”改革的实践探索与启示】**2017年，市社科联、市哲学社会科学规划办公室组织杭州市社科优秀青年人才培育对象到建德市开展基层调研，由杭州师范大学博士郑秀田牵头的调研小组对建德市“最多跑一次”改革的具体实践进行深入考察，形成《建德市“最多跑一次”改革的实践探索与启示》调研报告。10月24日，杭州社科《成果要报》第九期刊载该研究成果。“最多跑一次”改革的建德实践是改进线下窗口服务模式，开展服务集成式改革，利用新一代信息技术，打造线上智慧服务窗口，改进项目审批方式，提升企业投资项目审批效率，提升服务水准，提供便捷舒适的民众办事环境。建德实践对杭州推进“最多跑一次”改革的启示是推动组织结构创新，提升公共服务供给能力和供给效率，改进服务方式，为企业和民众办理事项节约时间与成本，加大新兴技术应用，拓展传统渠道与新兴渠道协同服务，加强工作人员和中介管理，改善服务质量并降低服务成本。

**【新型城镇化背景下杭州特色小镇建设应对建议】**2017年，市社科联、市哲学社会科学规划办公室组织杭州市社科优秀青年人才培育对象到建德市开展基层调研，由浙江大学城市学院博士徐丽莎负责的调研小组在对特色小镇开展调查研究的基础上，分析新型城镇化背景下杭州特色小镇建设存在的问题，并根据新型城镇化背景下特色小镇建设新要求提出相应的对策建议。11月17日，杭州社科《成果要报》第十期刊载《新型城镇化背景下杭州特色小镇建设应对建议》研究成果。新型城镇化背景下杭州特色小镇建设存在的问题是产业缺乏带动性与协调性，新旧经济主导力量良性互动不足，举措缺乏全局性与创新性，城乡土地资源统筹不力，政策缺乏前瞻性和实效性，农民市民化进程不顺。新型城镇化背景下杭州特色小镇建设的新要求是特色小镇建设可以且必须与新型城镇化建设有机结合,是推进城乡发展一体化的重要突破口,特色小镇健康和可持续发展的实现势必要重视和依靠合理统筹城乡发展,真正做到聚焦惠民富民。新要求下杭州推进特色小镇建设的对策建议是整合城乡土地资源,鼓励农村集体建设用地通过流转、入股等参与特色小镇建设,建立全国统一的建设用地市场,合理配置各区域用地指标,凸显现代服务业优势,加速推进传统农业转型升级和农村经济发展,实施"文创+"战略,激发传统产业新动力,焕发传统文化新生命,进行户籍改革,打破城乡二元结构,建立统一的管理制度,培育农村教育培训和人力资源开发利用长效机制,提升就业创业竞争力,完善城乡统一的劳动力市场,确保转移人口的充分就业,构建城乡对接的社保体系,完善公共服务,解除农业转移人口后顾之忧,提高身份认同。

**【从"三觉一人文"提升杭州城市韵味】**2017年12月10日,杭州社科《成果要报》第十一期刊载市社科院副研究员尹晓宁承担的市社科规划课题《从"三觉一人文"提升杭州城市韵味的几点建议》研究成果,文章从视觉杭州、听觉杭州、味觉杭州、人文杭州4个方面提出构建杭州城市韵味感受体系的对策建议。视觉杭州方面,加强大环境的保护,加强环境卫生整治,加强城市色彩规划,形成新杭派建筑风格,建设世界一流的博物馆和展览馆,弘扬花卉文化。听觉杭州方面,充分利用已有的与杭州有关的音乐和戏剧作品,宣传鼓励与杭州风雅气质相近的作品和艺术形式,深入挖掘传统文化资源,鼓励新古典主义音乐创作,以雅为主,雅俗并进,保护乡音方言。味觉杭州方面,有城市花香规划,鼓励社会香花种植,打造"美食之都",打好"茶都"品牌。人文杭州方面,讲好杭州的历史故事,讲好杭州的文化故事,弘扬中国特色文化,保护好老字号和非物质文化遗产,办好大学,吸引人才,营造氛围,推出经典,形成风格或流派,讲好新杭州故事。

**【高水平推进城西科创大走廊建设路径研究】**2017年12月20日,杭州社科《成果要报》第十二期刊载市社科院研究员周旭霞承担的市社科规划课题《高水平推进城西科创大走廊建设路径研究》研究成果,文章深入剖析制约城西科创大走廊发展的瓶颈,提出建设具有全球影响的产业科技创新中心的对策建议。文章指出,制约城西科创大走廊的发展瓶颈是骨干企业数量少,创新带动能力薄弱,项目特色不鲜明,主导产业优势不够,主体协同尚不够,共享机制尚未建立,功能配套不健全,发展环境建设滞后。加快科创大走廊发展的政策建议是对标全球科创中心,制订科学的发展路径,立足消费互联网优势,构建数据共享平台,完善创新投入体系,促进技术的国际转移,夯实技术创新基础,培育内生扩展动力,营造良好创新文化,释放人才创新活力。 (市社科联)

## ·社会科学成果·

**【市委调研成果】**2017年,市委围绕全面学习贯彻党的十九大精神,组织开展贯彻落实党的十九大精神、做好2018年工作思路调研,市委、市政府领导牵头完成26项调研成果,市有关部门和各区县(市)完成59项调研成果。

围绕开好市第十二次党代会,形成《未来五年杭州加快建设独特韵味别样精彩世界名城的思路研究》《"后峰会前亚运"时代杭州城市发展的难点及对策研究》《杭州打造城市治理体系和治理能力现代化先行区思路研究》等研究报告。

围绕实施"拥江发展"战略,制订《关于实施"拥江发展"战略的意见》,开展"拥江发展"体制机制专题调研,形成《推进钱塘江综合保护与开发利用工程意见建议》调研报告;组织开展杭州建设世界名城与打造国际化都市区联动发展、打造钱塘江金融港湾核心区的思路对策研究,促进富阳江南区块转型发展、大江东产业集聚区城市发展战略研究等课题研究;组织"拥江发展"战略专题咨询,召开系列座谈会,梳理各界对杭州推进城市国际化、实施"拥江发展"战略的意见建议。

围绕开展"百千万"蹲点调研活动,开展"关于杭州市开展'百千万'活动的若干思考""关于进一步完善我市失地农民养老(生活)保障制度的若干建议""杭州市全面提升集体经济相对薄弱村经济发展能力的对策建议"等课题调研,形成调研报告123篇。

制订《关于从严加强干部队伍建设打造勇立潮头铁军排头兵的决定》《关于加强党领导立法工作的实施意见》《关于杭州城西科创大走廊管理体制机制的意见》《关于进一步加快城市轨道交通建设的若干意见》《关于进一步深化"联乡结村"活动加快推进精准帮扶工作的实施意见》《关于进一步加强新形势下国有企业党建工作的意见》《关于实施全面两孩政策改革完善计划生育服务管理的实施意见》《关于加强党内法规制度建设的实施意见》《关于加快推进杭州人才国际化的实施意见》《关于"名校名院名所"建设的若干意见》《关于加强农村法治建设的实施意见》等政策文件。

开展市委政研室、市决策咨询委员会年度课题调研工作,全年组织完成课题调研报告110多个。聚焦事关杭州发展的重大问题,开展临安撤市设区、区块链技术产业发展、临空经济示范区建设等专题调研,提出临安撤市设区后目标定位等建议。聚焦社会关心关注问题,开展"城中村"改造提升、垃圾清洁直运和分类处置、大数据治堵等专题调研,形成系列调研成果。市委主要领导领办政协提案办理工作,形成《以eWTP建设为突破口,推动杭州打造特色化国际枢纽型网络城市的调研报告》等系列成果。

围绕市委中心工作开展决策咨询研究和论证工作,组织"杭州经济面临的机遇挑战""城东区域产业发展""运河沿线产业布局与区域开发""推进城西综合交通门户枢纽建设""西湖景区轨道交通建设可行性"等专题咨询和专家论证活动,形成《各兄弟城市建设空铁联运式综合交通枢纽经验》《总书记在下姜村提出基层党员干部"四个人"要求的理论研究》等系列调研报告。编发《八面来风》专题期刊42期,上报各类决策咨询成果53件。

深化改革调研,开展"杭州推进

改革试点实践探索""《省流动人口管理条例》实施""建立健全重大改革项目推进落实机制研究""土地综合整治'两项试点'"等课题研究。健全评估制度,通过公开招投标方式委托第三方机构评估改革成果,形成《深化与阿里巴巴战略合作评估》《大数据治堵评估》《城中村改造推进情况评估》等课题成果。办好《改革论坛》专栏,以"最多跑一次"改革、满意度评估、国际化引才等为主题刊发改革专题文章5期。公开出版《2017年杭州重大改革实录》,收录2016年度各领域重要改革成果70多个。编发《杭州改革》32期。

深化财经专题调研,聚焦高质量发展中存在的突出矛盾和问题,到相关区县(市)开展传统制造业改造提升、智能制造、工业设计、企业运行等专题调研,形成《杭州"未来产业"发展主攻方向研究》《关于我市企业减负担降成本的调研报告》《杭州城东智造大走廊推进机制研究》《从房地产发展看我市经济的深层次问题及对策建议》等调研成果,制订《关于深化企业减负担降成本的实施意见》。

编印《市委、市政府领导主持重大思路调研》《杭州市委、市政府领导重点调研课题(2016年度)》《各区县(市)和市直有关部门牵头开展的工作思路调研》《重点委托研究课题及创新项目课题汇编(2016年度)》《决策参考(2016年度合订本)》《杭州市各民主党派、工商联和知联会协同调研课题成果汇编(2016年度)》《2016年度委托课题成果汇编》《各区县(市)和市直有关部门赴广州深圳学习考察体会材料汇编》等系列研究成果,编发《决策参考》29期。

(市委政研室)

**【市人大常委会调研成果】** 2017年,市人大常委会形成调研报告53篇,编辑出版《杭州人大》杂志6期,编发《杭州人大信息》57期,其中调查研究专刊13期。配合市委对《关于进一步加强和改进乡镇人大工作的意见》《关于进一步加强人大工作充分发挥人大作用的意见》《关于加强和规范街道人大工作的意见》等文件落实情况进行督查,协助形成督查报告和32个问题清单。配合省人大对《关于进一步加强人大工作和建设充分发挥人大作用的意见》《关于认真贯彻落实中央文件精神加强县乡人大工作和建设的若干意见》文件落实情况进行调研督查,撰写自查报告。根据市委《关于加强党领导立法工作的实施意见》,会同市有关部门,制订《关于重大立法事项向市委报告的实施办法》。深入调查研究,总结杭州市乡镇票决制实践和区县试点经验,协助市委制订出台《关于实施民生实事项目人大代表票决制工作的意见》,推动票决制在市县乡三级实现全覆盖。总结萧山区政府部门向人大常委会述法、余杭区人大聚焦同类信访问题开展监督等10个方面创新实践,推动全市人大工作的整体发展。"五四宪法"历史资料陈列馆栖霞岭馆区建成开放。《宪法就在我们身边》主题展览举行。省、市人大常委会联合举办"深入贯彻落实习近平总书记对'五四宪法'历史资料陈列馆重要指示座谈会"。"五四宪法"历史资料研究会成立。坚持常委会重点课题调研制度,围绕人大工作和人大建设的重要方面,以及常委会年度重点工作,确定主任会议成员及机关各部门调研课题10个,形成调研报告10篇。市人大工作研究会换届,研究会对"拥江发展"战略、城市轨道交通立法、民生实事项目人大代表票决制、《杭州市公共场所控制吸烟条例》修订等工作开展深入调研,并撰写调研报告。编印《市人大常委会及机关调研成果汇编(2016年度)》。推荐人大调研文章参加全市党政系统优秀调研成果评选,1篇文章获二等奖;推荐论文参加浙江省人大理论研究会优秀论文评选,4篇文章获优秀论文奖。

(市人大常委会研究室)

**【市政府调研成果】** 2017年,市政府研究室(市政府参事室)围绕市委、市政府中心工作,在做好全市政府系统调查研究协调指导工作的同时,加强自主调研,着力服务市委、市政府决策,全年形成各类调研成果56项。全年编发《政府决策参考》41期、《调查研究》53期,编辑出版《创新与转型——杭州的研究思考》。

坚持战略导向,开展重大政策起草和前瞻问题调研。牵头开展市委、市政府《关于实施"拥江发展"战略的意见》调研起草工作。承担市政府主要领导年度重点调研课题"优化钱塘江两岸规划,发挥两岸建设对杭州城市发展战略支撑作用的研究"。开展杭州未来发展战略研究,形成《杭州未来发展内外部环境分析》《杭州未来发展若干建议》等决策建议。围绕产业转型升级和未来产业布局,形成《杭州传统制造业改造提升路径研究和对策建议》《杭州加快发展区块链技术及产业的建议》等调研报告。

坚持问题导向,加强发展重难点问题对策研究。围绕产业平台整合优化,形成《杭州市产业平台整合提升情况及有关工作建议》《以特色小镇建设理念改造提升传统产业园区研究》等调研成果。围绕创新能级提升,从创新载体、创新人才、创新政策等角度开展系统研究,形成《国内城市重大科技创新载体建设经验及对杭州的启示》《杭州创新人才培养模式探索与思考》等调研成果。围绕"乡村振兴",开展农房建设管理、农村土地确权、农村三次产业融合、农村新型产业发展等相关问题研究。

坚持民生导向,做好社会热点分析。围绕住房、养老等群众关心关注的民生问题,形成《关于提升杭州市公共服务水平的专题调研与举措建议》《杭州培育和发展住房租赁市场需要注意的问题及相关建议》《关于杭州机构养老供给侧结构性改革的几点思考》等成果。开展舆情分析研究,完成月度舆情专项调研分析报告。借助在杭高校、研究机构等力量开展课题调研,全年完成政校合作基地课题20项、对外委托课题7项。

(市政府研究室)

**【市政协理论研究】** 2017年,市政协围绕工作实践的重点、热点和难点问题,组织力量深入开展研究。总结市政协履职工作创新实践,参与全国地方政协工作经验交流会、中国人民政协理论研究会2017年度理论研讨会及由中国人民政协理论研究会支持指导、深圳市政协和人民政协报社共同举办的"学习贯彻党的十九大精神、总结推进政协工作创新实践"理论研讨会,加强理论研讨和工作交流。配合省政协理论研究工作的开展,组织市本级和区县(市)参与省政协理论研究会第九次理论研讨会,获一等奖2名、二等奖3名。设立市人民政协理论社科规划专项课题,开展以"政协履职创新实践理论研究"为主题的征文活动,收集整理优秀研究成果,编辑出版《政协理论与实践》(第九辑)。 (周小锋)

**【市委党校科研成果】** 2017年,市委党校完成各类市情研究课题32项,其中市规划课题9项、市哲学社会科学重点研究基地课题6项、市软科学课题1项。承担杭州市党的建设研究中心课题1项,政校合作委托课题4项,市决策咨询委员会委托(招标、合作)课题5项,其他部门委托课题6项。

全年中标省级以上课题30项。其中国家社科基金项目1项、全国党校系统重点调研课题2项、全国行政学院科研合作课题3项、中央社会主义学院统一战线高端智库课题3项、省社科规划课题6项、省社科联课题1项、省党校系统第十九批规划课题5项、全省党校系统开展"我省第十三次党代会以来浙江发展的重大实践经验"课题2项、省民政政策理论研究规划课题2项、省党校(行政学院)系统中国特色社会主义理论体系研究中心"改革开放40年研究"专项课题3项、省社院中华文化研究中心招标课题1项、省哲社重点基地课题1项。

主持完成省级以上课题21项。其中国家社科基金课题3项、省哲学社会科学规划重点课题1项、省哲学社会科学规划课题2项、省社科联课题2项、省党校系统中特理论研究中心第十八批课题9项、省党校系统"省第十三次党代会以来浙江发展经验研究"课题2项、省委党校"六个一"合作课题1项,省社会主义学院中华文化研究院课题1项。

出版著作3部,发表论文89篇。其中公开发表论文81篇(副省级及以上)、核心以上刊物(含核心)20篇、省级刊物29篇、副省级刊物32篇、内刊2篇,被《人大报刊复印资料》全文转载4篇、《党政干部参考》论点摘编2篇。

(市委党校)

**【杭州青年专修学校(市团校)科研成果】** 2017年,杭州青年专修学校(市团校)申报全国学校共青团、中国青年院校协会、省市规划办、市社科联等不同层级的课题。其中:校外课题立项14项,包括荣德昱主持的"中学志愿服务体系的构建模式研究"和付婧主持的"中学共青团改革背景下增强学校团组织渗透力的路径探析——基于杭州中学团组织的调研与思考"团中央学校部课题2项;陆桂英主持的"共青团改革背景下的城市团校教师队伍锻造路径探析"课题和沈在蓉主持的"共青团工作视野下的校园欺凌问题研究"中国青年工作院校协会课题2项;荣德昱主持的"大型赛会志愿服务保障体系研究——以G20杭州峰会为例"中国青少年研究会课题1项;赵睿诗主持的"城市国际化视野中杭州与伊斯坦布尔比较研究"市规划办人才培育课题1项;谷云峰主持的"群团改革中'团干+社工+志愿者'服务新模式构建的实践研究"、钟立品主持的"浙江第一团组织——杭州社会主义青年团的建立"、钱晓烨主持的"大数据背景下青少年诚信教育探究——以浙江省志愿汇数据平台为例"、钱亦纯主持的"国学文化的传承价值与青少年教育研究"市共青团委重点调研课题4项;张艳主持的"空巢青年的社会融入研究"、赵睿诗主持的"杭州'两山'实践的生态哲学意蕴"市社科联课题2项;沈在蓉主持的"新时代杭州集聚培养人才战略研究"、钱晓烨主持的"'中国制造2025'背景下'杭州工匠'培养的实践研究"市规划办课题2项。至年末,12个课题结项,1个课题进入审批结项阶段。

荣德昱主编的《青春与伙伴同行——我国志愿者服务法律法规与政策选编》书籍出版,完成《2016年杭州青年专修学院社科联校本课题汇编》。陆桂英的学术著作《志愿服务与青少年核心价值观培养》获2016年度全国学校共青团优秀研究成果二等奖,谷云峰的《群团改革中"团干+社工+志愿者"服务新模式构建的实践研究》获杭州团市委优秀调研成果二等奖,钟立品的《浙江第一团组织——杭州社会主义青年团的建立》获三等奖。

编印内刊《杭州青年专修学院学报》4期。完成《杭州青年舆情调查》4期,分别以"杭州青年的睡眠健康""'杭州青年与第十四次党代会'调查""'杭州青年与党的十九大'调查""杭州青年对'最多跑一次'改革的基本态度"为主题,撰写青年舆情报告。

(市团校)

**【杭州国际城市学研究中心科研成果】** 2017年,杭州国际城市学研究中心组织开展国家自然科学基金项目"大TOD模式导向的城市群发展理论研究"课题研究,以杭州都市圈、"长三角"城市群为重点案例进行研究,并获国家社科基金项目"职业型乡群聚居区的类型模式及空间过程研究"。在杭州城市学研究理事会带领下,杭州国际城市学研究中心组织研究团队,到江干区、滨江区、萧山区、富阳区等地考察调研,围绕"城中村"改造、运河遗产保护、部分区块规划设计、产业发展规划设计等方面提供决策咨询报告。

全年出版《杭州全书》43册,涵盖西湖学、西溪学、运河(河道)学、钱塘江学、良渚(余杭)学、湘湖(白马湖)学、南宋学等杭州学分支学科,其中近200万字的《西溪通史》出版。开展《杭州通史》编纂。编辑出版《城市学研究》期刊4期。至年末,累计编纂出版《城市学文库》25种,《杭州全书》400多种。

(杭州国际城市学研究中心)

**【杭州师范大学科研成果】** 2017年,杭州师范大学获国家社科基金19项,其中重大项目1项、重点项目1项、年度项目12项、后期资助项目2项、教育学单列项目2项,艺术学单列项目1项。获批教育部人文社科项目14项,其他文理科省部级项目累计122项。

发表人文社科权威论文60篇,其中美国《社会科学引文索引》(SSCI)收录31篇,《艺术与人文引文索引》(A&HCI)收录5篇,一级论文142篇。据高等教育信息服务机构"青塔网"公布的近3年中国内地高校SSCI收录文章数量排名TOP100和A&HCI收录文章数量排名TOP50的数据统计显示,SSCI近三年收录杭州师范大学文章149篇,国内高校排名第58位;A&HCI收录杭州师范大学文章

24篇，国内高校排名第24位，均列浙江省内高校首位（不包含浙江大学）。获浙江省哲学社会科学研究成果二等奖7个、三等奖12个。

《当代神经美学研究》入选《国家哲学社会科学成果文库》。“文艺批评研究院浙江省哲学社会科学研究基地”等3个省部级平台，获批“新时代中国话语国际传播创新团队”和“浙江省高校高水平创新团队”。

全年实施对接杭州市经济和社会发展项目29个，项目涉及智慧经济、“五水共治”、生物医药、健康、新型智库、文化研究工程等领域，形成智库成果和工作成果报告52篇。

（杭州师范大学）

**【杭州科技职业技术学院科研成果】** 2017年，杭州科技职业技术学院立项科研项目108项，其中省哲学社会科学规划办公室等省部级项目4项、省教育厅等厅局级项目30项、市社科联项目等其他纵向研究项目11项、校级项目34项、横向科研项目29项。组织申报市哲学社会科学重点研究基地——高等职业教育（陶行知教育思想）研究中心课题7项，该基地获批市哲学社会重点研究基地。

全年立项教改项目18项，其中校级教育教学改革课题8项、校级课堂教学改革课题10项。新建校内综合实训基地1个，新增校外实训基地36个，立项“十三五”省级示范性实训基地4个。新设置“创新创业指导”公共必修课，设置在校生创业项目46个。在校生获国家级创新创业类大赛一等奖1个、二等奖3个、三等奖1个；省级创新创业大赛一等奖5个、二等奖19个、三等奖39个。

出版学术著作4部，获授权专利45项。发表学术论文130篇，其中发表于中文核心期刊22篇、美国《科学引文索引》（SCI）收录4篇、美国《工程索引》（EI）收录1篇。

（杭州科技职业技术学院）

**【浙江大学城市学院科研成果】** 2017年，浙江大学城市学院承担人文社科类项目和科研项目226项，其中纵向项目76项（国家级项目2项、省部级项目15项、地厅级项目42项），企事业单位合作课题150项。获浙江省第十九届哲学社会科学优秀成果奖1个，杭州市第十二届社科联优秀成果奖3个，发表学术论文147篇，其中一级期刊13篇、核心期刊11篇，出版著作14册（部）。全年参加国际研讨会等学术交流活动40多次；组织30多名师生参加浙江省、杭州市、拱墅区社科普及周相关活动。

（浙江大学城市学院）

**【杭州职业技术学院科研成果】** 2017年，杭州职业技术学院组织教师申报各级各类纵向课题249项，获立项的市厅级以上课题55项。其中省部级以上科研项目4项、市厅级科研项目51项、校级科研课题立项68项、校级重点招标课题5项。全年教职工开展应用性科研，与企业联合进行横向课题研究，签订合同47项，合同金额584.74万元，实到金额285.33万元。

发表论文279篇，其中一级期刊4篇、核心期刊44篇、一般期刊220篇、国际索引11篇（美国《科学引文索引》收录9篇、美国《工程索引》收录2篇）。出版学术专著5本。获知识产权专利75项，其中发明专利3项、实用新型专利53项、外观设计专利5项、软件著作权14项。

市厅级以上科研项目及横向课题结题59项，3篇论文分别获市社科联第十二届优秀成果奖，其中一等奖1个、二等奖2个。评出校级科研成果奖12个。科研技术成果转让2项，转让金额64.5万元。教师吕伟德创办的杭州向扬科技有限公司被认定为国家高新技术企业。

承办全国高职院校技术应用服务联盟会议，参加“千企百校应用技术联盟对接”活动、杭州市高校第二届科技成果推介会等活动。

经市哲学社会科学规划办公室对学校社科重点研究基地现代职业教育研究中心建设周期的考核，研究中心获优秀排名第一位，并获新一轮基地申报立项。组织申报市社科第二期优秀青年人才，6名青年教师进入第二届杭州市社科优秀青年人才培育工程并获经费资助。《电梯评估与改造技术应用协同创新中心》项目获省教育厅应用技术协同创新中心立项和经费资助。

（杭州职业技术学院）

**【杭州万向职业技术学院科研成果】** 2017年，杭州万向职业技术学院组织申报课题150多项，立项69项。其中：省级及以上课题4项，包括教育部人文社会科学研究规划青年基金项目1项、省软科学项目1项、省社科规划第一批对策应用类课题1项、中国高等教育学会（实验室管理专项）1项；厅局级课题37项，包括省社科联课题1项、市哲学社会科学规划课题8项、省教育科学规划课题5项、省教育厅课题8项、全国青年教师教育教学研究课题4项。发表论文125篇，其中中文核心期刊9篇。获外观设计专利13项、实用专利4项。

（杭州万向职业技术学院）

**【杭州市教育科学研究所科研成果】** 2017年，杭州市教育科学研究所评出年度规划课题149项，教师小课题485项，课程建设专项课题50项。杭州市保俶塔实验学校承担的“基于艺术素养构建音乐‘三四三’课堂新常态的实践研究”课题被列为全国2017年度教育部重点规划课题。60项课题被立为2018年省教育科学规划课题，其中年度规划课题51项、体卫艺专项课题9项。82项省规划课题、140项市规划课题、72项课程专项课题、19项教育国际化专项课题、474项教师小课题结题并提交审核。

杭州市教育科学研究所参与全国教育治理现代化指数监测评价工作研究，并撰写研究报告。撰写《推进教育现代化的杭州实践》。出版《名校集团化办学：推进优质教育资源共建共享的杭州探索》和《杭州宣言——让每一个孩子都能获得公平而有质量的教育》。撰写《新名校集团化：推进市域优质教育资源共建共享调研报告》《杭州市十五个区域教育现代化进程监测报告》《杭州市“十三五”教育事业发展规划文本评估报告》。出版《新名校集团化：市域教育供给侧改革的杭州新探索》一书。

（杭州市教育科学研究所）

**【萧山区社科联研究成果】** 2017年，萧山区社会科学界联合会发挥职能作用，在理论引导、决策咨询、学术研究、社科普及、服务管理等方面取得新进展。举办“如何丰富新时期萧山精神内涵”研讨会、社科界学习贯彻党的十九大精神座谈会、“萧山历史名人文化”论文研讨会、“财务共享服务与发展”研讨会、“我们面对面”高星级旅游企业人力资源主题座谈会、“休闲产业与休闲文化”休闲论坛等学术交流活动16场次,组织所属社团开展党的十九大精神、“7·26”重要讲话精神、省第十四次党代会精神和市第十二次党代会精神学习活动10多次。清退和注销区物价学会、民政学会、土地学会3个社团,批复成立萧山区名医文化研究会。新创建萧山区档案馆、萧山区儒学文化基地、萧山区楼塔细十番传承基地等10个第三批区级社科普及基地。吸纳楼正寿、申屠勇剑、黄斌等16位专家进入社科人才库。通过专家立项评审,确定《打造有历史文化内涵的现代化国际城区——以萧山区为例》等10项课题为优秀课题,《萧山区“党建+”实践研究分析》等10项课题为良好课题,《厨余垃圾堆肥处理与资源化利用调研》等19项课题为合格课题。在市级社科课题立项评选中,《共享单车对杭州微公交的启示》《驾驶电动自行车造成交通事故的法律评价及原因对策解析》《依托基层电大的社区学院创业教育师资培养体系建构》3个课题被列为市社科联资助经费课题,《基层老年协会参与式治理村民自治模式的研究》《新课改背景下高中历史校本课程教材编撰的实践研究》2个课题被列为市社科联自筹经费课题。以“联合国代表团中国文化行”为契机,完成联合国重点课题《中国城市文化国际化的样板研究——以萧山区为例》。《杭州打造世界名城的评价体系研究》课题被列为2018年度省社会科学界联合会“四个强省实践的基层典型案例研究”专项课题。组织开展“我是萧山人”主题征文活动。

(萧山区社科联)

## ·社会科学活动·

**【杭州市社科界学术年会】** 2017年11月16日,杭州市社会科学界举办第三届学术年会,主题为“学习贯彻党的十九大精神,建设独特韵味别样精彩的世界名城”,围绕创新驱动与经济发展、共建共享与社会治理、生态修复与文化繁荣3个专题开展研讨活动。年会邀请全国政协文史委员会副主任叶小文和国防大学军队政治工作教研室副主任、教授公方彬到会演讲。

(市社科联)

**【中国城市学年会】** 2017年11月12日,由杭州国际城市学研究中心主办的“中国城市学年会·2017”在杭州举行,年会以“深入践行‘八八战略’,加快打造新型城镇化2.0”为主题,由住房和城乡建设部、中国科学院、中国工程院、中国社科院、中国国际经济交流中心等单位指导,来自全国的600多名专家学者、城市管理者就如何坚持以习近平新时代中国特色社会主义思想为指导,加快推进以人为核心的新型城镇化建言献策。其间,举行“钱学森城市学金奖”“西湖城市学金奖”颁奖仪式和南宋文化研究院、世界城市博物馆、杭州图书馆城市学分馆、杭州城市学协同创新中心、人民出版社杭州分社等机构揭牌仪式。

(杭州国际城市学研究中心)

**【“我们的价值观”主题研讨活动】** 2017年,市社科联(市社科院)坚持贴近基层、贴近实践、贴近群众基本原则,将研讨会办在学校、社区、企业等基层单位,将“我们的价值观”12个价值观主题词细化为12方面的具象实践,让专家和群众面对面交流。全年在社区举办“我们的价值观”研讨会5次、在高校和党校举办3次、在农村文化礼堂举办1次、在企业举办1次、在其他地方举办2次。12次“研讨会”聚焦“弱势群体的民生”“乡风文明”“商业诚信”“感恩人民”“敬业从平凡岗位做起”“友善与城市国际化”“大学生的信仰”“全面从严治党中的责任担当”“钱氏家族的崇学家风”“青年大学生爱国主义精神的培育”“习近平的务实作风”“和谐社区建设”等话题。来自浙江大学、杭州师范大学、省委党校、省社会主义学院、省社科院、市委党校、市社科院、钱镠研究会等高校和科研院所及学术社团的专家学者,以及中学教师、社区干部、博物馆工作人员、企业员工、机关事业单位领导干部、村干部、大学生党员和离退休党员等基层干部和群众参加研讨。全年“我们的价值观”主题词研讨会的专家发言和研讨成果被《杭州日报》《杭州》等纸质媒体刊发20多篇,被网络媒体转载上百次。

**【杭州市社科普及周】** 2017年10月22日,由市委宣传部、市社科联联合主办,拱墅区委、杭州钱塘论坛工作室协办的“杭州市2017社会科学普及周暨社科普及基地体验日”启动仪式在拱墅区京杭大运河博物馆举行,普及周以“讲好杭州故事,传承优秀传统文化,喜迎十九大”为主题,其间举行第三届学术年会、专家走进直播间、理论宣讲下基层、科普基地体验日、社科知识进广播、社科讲座进校园、社科咨询进社区、科普读物送基层等8项专题科普活动。市社科联会员单位组织开展科普活动230多项,其中各区县(市)委宣传部(社科联)开展活动130多项,各社团和基地举办科普讲座59个、科普活动28项。

**【“当代社会老年问题与应对策略”学术研讨会】** 2017年3月9日,“当代社会老年问题与应对策略”学术研讨会在市社科院召开。来自云南民族大学、浙江师范大学、浙江工业大学、杭州电子科技大学、省委党校、浙江农林大学等高校和研究机构的10多位专家学者参加研讨。会议围绕“当代社会老年问题与应对策略”主题探讨老年人的政府补贴、老年人临终关怀、社区养老等相关话题。

(市社科联)

**【“钱学森城市学金奖”“西湖城市学金奖”征集评选活动】** 2017年1月1日至6月15日,杭州国际城市学研究中心围绕“城市流动人口、城市交通、城市教育、城市医疗卫生、城市土地(住房)、城市文化遗产保护、城市环境”七大城市问题,开展第七届“钱学森城市学金奖”“西湖城市学金奖”征集评选活动。5月8日,由杭州国际城市学研究中心和团市委主办,滨江区承办的“西湖金奖进青年·2017”活动举行,活动收到专业作品1754篇(部),民间点子8695个。经评审,产生“钱学森城市学金奖”7个、提名奖70个,“西湖城市学金奖”2个、提名奖19个。

**【两宋论坛】** 2017年11月3日,由杭州国际城市学研究中心与河南大学联合主办的第二届两宋论坛在开封举行。论坛旨在传承和弘扬两宋优秀文化，提升杭州、开封国际影响力，经浙江省、河南省及杭州市、开封市有关部门协商，杭州和开封轮流举办每年一届“两宋论坛”。此届论坛以“南北融合：两宋与‘一带一路’建设”为主题，其间举行第二届两宋论坛优秀研究成果征集评选、两宋学术研讨会、两宋文物展、两宋美食周、两宋书画展等活动。

**【全球人工智能杭州峰会】** 2017年11月14—15日，由杭州城市学研究理事会与中国人工智能学会、浙江日报报业集团、萧山区政府、“长城会”、萧山钱江世纪城管委会联合主办，杭州国际城市学研究中心与杭州国际博览中心等单位承办的“GMIC+全球人工智能杭州峰会暨中国（杭州）人工智能产业发展论坛”在杭州国际博览中心举行。论坛以“科学复兴、极智未来”为主题，邀请国内外顶尖人工智能专家及新锐创新精英，共同探讨人工智能将如何改变未来工作生活、如何面对人工智能发展中人类所面临的机遇与挑战。

（杭州国际城市学研究中心）

### ·社会科学刊物·

**【《杭州学刊》】**《杭州学刊》是市社科联（市社科院）主办，指导杭州市社会科学的理论刊物，创刊于1986年，2011年由内刊改为公开出版，2014年由大16开改为小16开，并加入“中国集刊”智库，2015年加入中国邮政发行。至2017年末，累计出刊146期。《杭州学刊》由社会科学文献出版社出版，2017年出刊4期，发表理论文章88篇、120万字，刊发基础理论、高级别纵向课题、焦点热点问题等成果，刊发文章同时被中国知网、中国集刊网、中国集刊数据库收入。

**【《市委党校学报》】** 由市委党校、杭州行政学院主办的《市委党校学报》是政治类综合性学术期刊，是一本紧密结合改革实践、鼓励和提倡对现实问题和理论问题进行大胆探索和争鸣的双月刊杂志，是中国人文社会科学综合评价AMI扩展期刊，中国学术期刊影响因子年报统计源期刊。2017年出刊6期，刊发文章82篇，总字数约100万字。其中《中国人民大学报刊复印资料》全文转载11篇，中国社科院《社科文摘》转摘1篇。

**【《杭州师范大学学报》（社科版）】**《杭州师范大学学报》（社科版）是杭州师范大学主办的人文社会科学类学术理论刊物，1979年8月创刊，1983年起向国内外公开发行。现为双月刊，大16开，120页。学报以创高水平学术期刊为目标，关注中国社会变革、理论前沿与学术自身增长，实事求是，繁荣学术，积累文化，服务于科研教学。刊物学术优势为文化、哲学、历史、学术史、语言学、传播学、社会学、经济学等学科。设“21世纪儒学研究”“哲学前沿”“中西文化交流与会通”“长三角研究”“文艺新论”“教育与教学研究”“20世纪学术回眸”“国学研究”“影视艺术研究”“媒介与大众传播研究”“休闲学论坛”“法学研究”等专栏。推出特邀主持人制度，邀请著名学者主持重点专栏，约请国内外著名专家撰写高质量论文，形成特色栏目。2017年全年出版正刊6期，刊发文章102篇。

**【《美育学刊》】**《美育学刊》由杭州师范大学主办，于2010年11月创刊，是国内唯一美育研究专业期刊，是国内美育以及艺术教育研究提供学术交流平台。该刊由国内美育与美学研究领域的著名专家叶朗、张法、徐岱、曾繁仁担任顾问，设“美育理论”“美育史论”“美育实践”“艺术教育理论与实践（含实验）”“艺术与审美文化”等专栏，力求在追求学术性、理论性的同时，兼具普及性与实践性，从而为学界提供一份严谨而又不乏审美意趣的学术刊物。2017年全年出版4期，刊发文章114篇。

**【《现代城市》】**《现代城市》是由省教育厅主管，浙江大学城市学院主办的综合性技术期刊。浙江省城市科学研究会及杭州市相关企事业单位等为刊物理事会主要成员单位。该杂志为季刊，主要刊登中国城市建设学科领域中最新的科技成果和工作经验，主要阅读对象为城市与村镇建设和管理部门工作人员、教育和科研及相关企（事）业单位工作人员、科技人员等，设“城市规划”“城市建设”“城乡之间”等10多个栏目。2017年刊发文章50多篇。该杂志被中国学术期刊网络出版总库、中文科技期刊数据库全文收录。

**【《杭州职业技术学院学报》】**《杭州职业技术学院学报》为内部期刊，2017年出版4期，新开设“现代学徒制”“人文素质”“创新创业”“行业调研”等栏目。全年收到稿件206篇，刊发录用校内外教师论文68篇。学报每期与外界交流300多册，校内发放200多册。

（市社科联）

## 大众传媒

### ·出版发行·

**【新闻出版行业管理】** 2017年，市文广新闻出版局对全市连续性内部资料出版物和公开报刊进行年度核验。至年末，全市有公开报纸9种，公开期刊18种，连续性内部资料性出版物247种（其中报型内部资料163种、刊型内部资料84种）。为进一步提高办刊质量，委托浙江省印刷产品质量检验站等专业机构，对全市69种（420册）刊型内部资料进行质量评审。召开内刊质量评估通报会，编印《杭州市内刊评估报告》，并评选出“综合质量十佳内刊”“编校质量十佳”“印装质量十佳”“出版规范十佳”。组织全市内部资料出版物采编人员开展业务培训。指导杭州市企业报研究会开展企业报“好新闻”评选，参评作品186篇，评选出一至三等奖作品87件，推荐参评市政府奖作品6件，获奖4件。评选出杭州市“十佳”企业报10种，优秀企业报10种，优秀办报者28人，优秀通讯员24人。

**【数字出版产业发展】** 2017年，市文广新闻出版局根据国家新闻出版广电总局《关于做好2016年新闻出版统计年报工作的通知》要求，开展杭州市数字出版企业的年报统计工作。2016年度，杭州国家数字出版产业基地有数字出版企业400个，产值逾100亿元。组织滨江白马湖数字出版核心园区、上城数字出版园区、数字娱乐出版园区及浙江大学出版社、浙江华云文化传播有限公司、天翼阅读文化传播有限公司、杭州国文科技有限公司等基地知名数字出版企业，参加第七届中国数字出版博览会，市文广新闻出版局获“最佳组织奖”，杭州国家数字出版产业基地获“优秀展示奖”。组织基地企业参加第十一届杭州文化创意产业博览会。参加国家新闻出版广电总局组织的基地（园区）交流会，杭州市从基地的创新发展、项目推动及多元筹资等方面在大会上做交流发言。

**【版权管理】**2017年，市文广新闻出版局开展纪念“4·26”世界知识产权日的各类宣传活动。召开杭州市首届以“新闻作品权益行”为主题的杭州新闻作品版权保护大会，来自中央、省、市新闻媒体单位负责人、学术界嘉宾、知名互联网企业负责人等出席会议，共议新闻作品版权保护与权益、网络版权传播管理及保护、媒体融合发展等内容。组织“媒体融合下的新闻版权保护”论坛，成立杭州市新闻作品版权保护联盟，形成对媒体新闻版权的保护机制与体系。与市教育局、团市委等部门联合组织版权宣传走进中小学校园活动，在全市开展“拒绝盗版、从我做起”中学生版权保护主题教育活动等。编印《版权达人》读本第五期1.6万册，发放各城区中小学校。组织版权知识和软件正版化培训班4期，培训企业100多个。

**【5个印刷企业入选中国印刷百强榜】**2017年，中国印刷企业百强排行榜由《印刷经理人》杂志设立评选，评选排名以年度销售收入为主要指标，辅以工业增加值、实现利税、利润总额、资产总额等数据，记录大型印刷企业成长轨迹。杭州市有5个印刷企业入选百强榜，分别是顶正印刷包材有限公司（含杭州顶正包材有限公司）列第3名，浙江印刷集团有限公司列第30名，杭州中粮制罐有限公司列第45名，浙江日报报业集团印务有限公司列第56名，杭州日报报业集团盛元印务有限公司列第90名。

**【6个印刷企业入选国家印刷示范企业】**2017年，国家印刷示范企业由国家新闻出版广电总局设立评选，从规模效益、技术装备、创新研发、管理体系、绿色环保、人才队伍6个方面对印刷企业进行综合考评。至年末，杭州日报报业集团盛元印务有限公司、浙江印刷集团有限公司、浙江美浓世纪集团有限公司、浙江日报报业集团印务有限公司、杭州中粮包装有限公司、杭州顶正包材有限公司6个企业获国家印刷示范企业荣誉称号。

**【6个企业获全国实施绿色印刷先进单位称号】**国家新闻出版广电总局于2016年末发布《关于表扬“十二五”时期实施绿色印刷工作先进单位通报》，激励全行业在“十三五”时期继续大力实施绿色印刷，带动全行业转型升级、提质增效。浙江新华数码印务有限公司、杭州日报报业集团盛元印务有限公司、杭州豪波印务有限公司3个企业获“推进绿色印刷标兵企业”称号；杭华油墨股份有限公司、杭州天港印刷物资有限公司获“绿色原辅材料质量管理先进单位”称号；杭州科雷机电工业有限公司获“技术研发先进单位”称号。

**【29个印企获“中国环境标志产品认证证书”】**2017年末，根据国家新闻出版总署、环境保护部《关于实施绿色印刷的公告》要求，按照环境保护部《环境标志产品技术要求·印刷·第一部分：平版印刷》《环境标志产品技术要求·印刷·第二部分：商业票据印刷》标准，通过第三方认证，杭州市有29个印刷企业获30张“中国环境标志产品认证证书”。（袁延平）

## ·广播影视·

**【概况】**2017年，杭州文广集团认真学习宣传党的十九大精神，发挥宣传文化优势，通过丰富多彩的新闻报道和文化活动。会议期间，集团组建北京报道小组，搭建北京演播室，完成大会“重要议程”“党代表专访”“十九大北京观察”三大板块报道。集团还形成以杭州网络广播电视与其他频道、频率及“两微一端”共同组成的融媒体矩阵，扩大网络端宣传的覆盖面与影响力。集团下属各媒体共推出报道1600多篇（次），策划推出“进入新时代·开启新征程”等大型新闻专题、新闻行动和特别报道，承办全市“飘扬的旗帜”大型文艺晚会。

杭州文广集团全力打造“杭州好新闻”，坚持新闻立台，严把舆论导向关，围绕市委、市政府中心工作，做好世界名城建设、“拥江发展”、“六场硬仗”活动等主题报道。其中“喜迎十九大·旗行钱塘”“拥江发展新跨越”等系列报道，播出后影响大、反响好。集团所属媒体做深做优《今日关注》《我们圆桌会》《民情观察室》《民情热线》等舆论监督栏目，完善专报工作机制，助力全市重点工作开展。《新闻60分》《明珠新闻》《89早新闻》等品牌栏目，共同弘扬社会主义核心价值观，传递正能量。

杭州文广集团推出的《杭州工匠》《中国阅读》等一批创新栏目，显著提升传播影响力。全年广播电视作品获得省级以上奖项50个。其中杭州电视台综合频道《血铸河山》系列专题片、《我们圆桌会》栏目和《我在杭州》外宣节目3件作品获得中国广播影视大奖。杭州电视台生活频道协助拍摄的纪录片《中国茶：东方神药》获第六十九届美国电视大奖艾美奖6项大奖。集团全年在中央电视台《新闻联播》发稿39条，创历年最高纪录。

**【杭州市庆祝党的十九大胜利召开文艺晚会】**2017年10月15日，“飘扬的旗帜——杭州市庆祝党的十九大胜利召开文艺晚会”在杭州文广集团演播厅举行。晚会由市委宣传部主办，市文广新闻出版局、杭州文广集团、市文联承办。杭州市四套班子领导和劳动模范、道德模范、最美杭州人、杭州工匠代表及社会各界代表500多人出席晚会。晚会以“壮丽航程”“盛世钱塘”“领航中国”3个篇章，讲述中国共产党96年光辉历程，尤其是党的十八大以来党领导全国人民实现民族伟大复兴的中国梦，同时展现“人间天堂”杭州发生的新变化和取得的新成就。以著名歌唱家蔡大生为代表的省、市优秀歌唱演员，以及杭州市民合唱学院、杭州爱乐天使合唱团等共同参与。

**【杭州文广集团融媒体项目建设】**2017年，杭州文广集团强化融媒体项层设计。成立媒体深度融合工作领导小组，邀请国内知名专家把关论证，确立构建“一个中心、两大平台、多媒产品”媒体融合发展总体目标。集团高清化融媒体升级改造项目得到市财政资金支持1.6亿元，完成杭州电视台高清化融媒体升级改造项目“融媒体中心”“全媒体融合云平台（中央厨房）”“杭州之家App平台打造”三大主体工程，融媒体指挥调度中心启用。集团加快融媒体内容生产，以融媒体中心建设为平台，整合媒体优质资源，打造有影响力传播力的新媒体产品60多个。移动端产品“杭州之家”App改版上线，主打“新闻+服务、视频+直播、问政+便民”3个功能，整合5个广播频率、6个电视频道、数百万小时的优质视频内容，进一步强化集团融媒体传播力。

**【“海外杭州·乘峰而上”新闻行动】**2017年初，杭州文广集团与市商务委联合推出升级版“海外杭州·乘峰而上”大型跨国新闻行动。杭州电视台综合频道采访团队足迹遍及亚洲、非洲、美洲、欧洲8个国家10多个城市，采制20多篇深度报道，宣传杭州借势G20峰会效应，布局“海外杭州”版图的新举措和新成果，呈现“一带一路”沿线地区的多样化发展形态和广阔的合作前景。采访团队在迪拜亲历由杭州市政府主办的中东地区最大商品展——2017中国（阿联酋）贸易博览会；探访杭州在美国硅谷设立的首个孵化器，展示海外就地孵化的高科技项目，并吸引人才回归落户的“创投杭州模式”；深入阿里云迪拜数据中心、吉利英国考文垂工厂、万事利巴黎展示中心、中地海外埃塞俄比亚营地、大华南非公司、网易游戏北美研发中心等，记录杭州企业海外创业的经验和成果。通过采访当地政府、议会、使馆等机构和相关人物，扩大新闻行动的国际影响力。“海外杭州·乘峰而上”大型新闻行动为杭州企业走出国门，参与国际合作提供第一手“指南”。

**【百名记者下基层大型新闻行动】**2017年3月，杭州文广集团响应市委关于“联百乡结千村访万户”蹲点调研的决策部署，推出百名记者走基层大型新闻行动。集团的13个媒体单位派出100名骨干记者，跟随全市8000多名党员干部走基层、进乡村，反映市委的决策部署和党员干部在活动中的作风作为。杭州电视台4个频道成立联合报道组，推出《“联百乡结千村访万户”蹲点手记》系列报道，采用跟拍纪实的手法深入一线现场，记录蹲点干部的走访调研过程，并突出细节和故事性。杭州网络广播电视及其他频道频率的新媒体平台，也同步上线各自的网络内容，将“百千万”活动的影响进一步延伸和扩大。杭州文广集团新闻行动先后推出主题报道40多篇，网站、移动端专题30多条。报道《杭州8000多名干部下乡蹲点调研》在中央电视台《新闻联播》播出。

**【第十三届全国学生运动会报道】**2017年9月16日，第十三届全国学生运动会落幕。杭州文广集团专门组建50多人的报道团队，对运动会开幕式、闭幕式以及重要赛事进行直播、录制及宣传报道，并与主办方合作，制作运动会的宣传片和会歌。杭州电视台影视频道作为运动会的官方合作伙伴，取得其中12场赛事的转播、录制权。在实况转播的6场赛事中，明星运动员孙杨、傅园慧出场的3场游泳直播平均收视份额达4.5%，单期收视率达5.13%。集团其他频道频率也派出骨干记者和摄像，对运动会的会前准备及赛场内外的精彩瞬间进行捕捉与挖掘。杭州网络广播电视运用融媒体技术推出一系列优质的网络内容，取得良好传播效果。运动会期间，集团各媒体共推出新闻报道500多篇，播出宣传片3600多次、会歌《动如潮》500多次，电视实况转播赛事6场，录制赛事6场，网络视频直播4场，发布相关图文或视频新闻信息190多条，网络点击量55.3万次。

**【“新丝路新杭州”东南亚推广宣传活动】**2017年9月5—15日，杭州电视台影视频道“新丝路新杭州”东南亚推广宣传报道组，赴泰国、马来西亚、新加坡进行宣传推广活动，以“丝”为媒，以“杭州丝绸”为载体，向海外民众推荐杭州文化，讲述中国故事，打响杭州城市新名片。报道组先后对泰国国家丝绸博物馆、泰国国家图书馆、马来西亚华人行业总会、新加坡中国文化中心、中国驻新加坡大使馆等相关负责人进行专访。影视频道携手法国丝绸国际品牌MR和杭州品牌万事利丝绸，为推广宣传活动设计一款名为“最忆是杭州”的丝绸大方巾，展示杭州的人文情怀。

**【“我是星主播”主持人选拔大赛】**2017年9月，由杭州文广集团主办的“我是星主播”杭州文广（全国）主持人选拔大赛落幕，这是集团年初启动的主持人发展规划的重要组成部分，在全国范围内挖掘、培养和储备新生

2017年3月，杭州文广集团记者到富阳区渌渚镇新岭村采访调研

（杭州文广集团 供稿）

代主持力量。选拔大赛历时3个多月,来自内地、港澳台地区以及英国、新西兰的1000多人报名。大赛分为海选、集训营、晋级赛、冠军总决赛4个阶段,选手们经历新闻播报、模拟主持、热点评论、话题辩论、名篇诵读、赛事解说、指定配音、才艺展示等全方位考验。最终,10位"星主播"胜出,另有20位主持人进杭州文广集团入职实习。大赛期间,网易、腾讯、《杭州日报》等30家国内及本地的主流媒体对活动进行跟踪报道。

**【《我们都是朗读者》演出晚会】**2017年4月22日,由市委宣传部、市文广新闻出版局、杭州文广集团联合举办,西湖之声电台全案策划的《我们都是朗读者》演出晚会在杭州大剧院音乐厅上演。演出嘉宾有著名配音演员童自荣、曹雷,本地知名诗人兼"大运河国际诗歌节"发起人舒羽,知名小说家蒋胜男,杭州电视台和西湖之声电台知名主持人刘忠虎、臧锦宜、陶乐、纳兰,以及通过海选出来的3位优秀市民朗读者。演出中别具创意的是现场600位观众分成6个区域,跟着曹雷,和着古琴弹奏,放声朗读唐朝诗人张若虚的千古名篇《春江花月夜》。这场被称为中央电视台《朗读者》杭州版的演出通过西湖之声电台官方微信同步直播。

**【《中国茶:东方神药》获美国电视6项大奖】**2017年6月10日晚,第六十九届美国电视大奖艾美奖揭晓,电视纪录片《中国茶:东方神药》获得最佳专题纪录片奖、最佳摄影奖、最佳后期制作奖等6项大奖。该片由市文广新闻出版局、市外办、市旅委以及浙江农林大学、杭州电视台生活频道等多个部门单位参与协调、策划和拍摄,美国肯尼亚州州立大学孔子学院和美国佐治亚州公共电视台联合制作。摄制组自2015年起到中国各地实地取景,主要拍摄地定在杭州梅家坞、龙井、临安等地,杭州电视台生活频道作为主要配合团队,协同拍摄并提供龙井茶种植、采摘、炒制等大量的精美镜头。该片以茶文化为主题,展示中华文化的博大精深,讲述中国茶的起源、种类、文化内涵、养生作用以及中国茶在美国的发展,将中国茶浓缩为中华文化的符号,完整地呈现给世界观众。《中国茶:东方神药》拍摄制作前后历时13个月,完成后即在美国主流电视台播出。 (邹 争)

**【广播电视技能竞赛和职称评审】**2017年6月,市文广新闻出版局组织全市广电部门工作人员参加全省广播电视技术能手竞赛,有7名选手获奖,其中获得监测系统类别二等奖1名、三等奖1名;有线电视网络系统一等奖2名、二等奖1名、三等奖2名。此外,推荐申报2017年度浙江省广播电视科技创新项目"金潮奖",获一等奖2个、二等奖7个、三等奖6个。组织开展全市广电工程技术专业中级、高级职称评审工作,通过中级职称评审28人,推荐并通过副高级职称评审7人。

**【对农广电节目服务工程】**2017年,杭州市和区县(市)两级广播电视台每周开办广播电视对农节目67档,其中广播28档、电视39档。在全省广播电视对农节目服务工程建设考核中,建德市广播电视台、桐庐县广播电视台获"广播对农栏目优秀奖",余杭区广播电视台获"电视栏目优秀奖",临安区广播电视台、淳安县广播电视台获"电视栏目鼓励奖"。

**【农村电影惠民服务体系】**2017年,市文广新闻出版局实施农村电影"2131"工程,全年放映农村公益数字电影2.73万场,观影人数406万人次,中心村覆盖率100%;非公益性影片采购比例、三年内制作完成或上映的影片采购比例达到放映场次总量的50%;院线上映两年内的国产新片放映量达到放映总量的1/3。(袁延平)

## ·新闻网站·

**【信息发布和政策解读制度实施】**2017年6月,市委办公厅、市政府办公厅联合印发《关于建立健全信息发布和政策解读机制的实施意见》,在全市探索推行例行新闻发布制度。市政府新闻办印发《关于做好信息发布和政策解读工作的通知》,对例行新闻发布工作机制、工作要求、发布平台、发布形式等方面进一步明确和规范,并确定将与宏观经济和民生关系密切、社会关注事项较多的23个市直单位纳入第一批发布单位名单。8月31日,市政府新闻办举办新闻发言人培训班,市直各单位、各区县(市)新闻发言人及部分核心网网评员180多人参加培训学习。全年市政府新闻办共举办新闻发布会18场。

**【重大主题对外和网上宣传】**2017年,市委外宣办(市网信办)开展"创新活力之城"主题外宣活动,在美国《今日美国》《华尔街日报》和德国《南德意志报》等海外媒体刊发专稿,吸引亚太、北美和欧洲地区540多家国家通讯社、主流媒体和门户网站转载,网站访问量累计2.95亿次。联合市商务委、杭报集团、杭州文广集团策划推出"新时代新征程——一带一路,杭州行动"大型新闻采访活动,组织媒体记者围绕"网上丝路""创新之城""文化名城"三大采访主题,赴"一带一路"沿线国家10个城市进行深度采访。组织杭州网络媒体、新媒体平台开展党的十九大、省第十四次党代会、市第十二次党代会、"最多跑一次"改革、实施"拥江发展"战略等重大主题的网上宣传。持续强化"杭州正能量"网络宣传,全年制作"杭州暖心月历"12期,推送"杭州正能量"事件400多次。

**【杭州"外宣厨房"扩大城市对外影响力】**2017年,市委外宣办联合都市快报社运用互联网技术和理念,着力突破城市对外传播"渠道少、声音小、品牌弱"的瓶颈,创新构建基于媒体融合、集"内容生产、平台运营、对外供稿、二次传播"四大功能于一体的"外宣厨房"。组建国际化采编团队,采用"中央厨房"模式,实现采访、中英文编辑、审稿和信息推送一体化;建立硬件技术支撑、传播平台矩阵、内容统一管理和效果监测反馈四大体系,形成融合内容和传播平台一体化的"外宣厨房"实体;向涉外媒体、境外媒体和海外华文媒体供稿,形成多层次传播矩阵;建立二次传播机制,形成内外一体传播格局。

**【杭州外宣海外社交账号开通运营】**2017年5月,由市政府新闻办主管、都市快报社运营的杭州对外传播官方社交账号“hangzhoufeel”启用，以“讲好杭州故事，传播杭州形象”为定位，全面登录脸谱（Facebook）、推特（Twitter）、优兔（YouTube）、图享（Instagram）等国际社交媒体平台，向世界推介杭州。至年末，累计推送报道8000多篇，“粉丝”数超过25万人。同时，与中国日报社、中央电视台等中央媒体海外账号建立联动传播机制，转发报道66篇，覆盖国际受众726万人，形成链式传播效应。

**【第九届杭州网络文化节】** 2017年9—12月，由市委宣传部、市网信办、市网络文化协会主办的第九届（2017）杭州网络文化节举行。该网络文化节紧扣“汇聚网络正能量，讲述杭州好故事”主题，联合100家网媒，构建全媒体宣传矩阵，开展“美丽杭州——让网络传递你的独特韵味”全国网络媒体杭州行、中国城市新闻网站联盟发展高峰论坛、杭州互联网信息安全发展论坛、发现网络文化“新势力”暨网络名家进校园活动等12项网络文化活动。制作推送原创视频30多个，在人民网、新华网、新浪网、杭州网等平台推出相关网络专题15个，累计吸引100多篇原创报道加入，200多家媒体转载推送，1000多万人次阅读。中央网信办微信公众号“网信中国”、省委网信办微信公众号“网信浙江”均予以报道。

**【杭州市互联网发展报告编撰】** 2017年4月，市网信办编撰印发首份《杭州市互联网发展报告（2016年度）》。该报告在全市13个区县（市）的1万多名网民、13个政府部门、11个互联网企业的参与下，首次对全市“互联网+”发展情况调研摸底，全面反映杭州市“互联网+”各个行业取得的进展和成效，为市委、市政府及市各级部门了解杭州“互联网+”发展状况，规划杭州产业发展方向提供参考。

**【互联网违法和不良信息举报平台开通】** 2017年9月30日，杭州市在省内率先开通市级互联网违法和不良信息举报平台，创建起杭州市互联网违法和不良信息举报处置工作机制。至年末，累计受理网民举报信息524条，上报省网信办违法违规信息1.88万条，列全省之首，有效遏制互联网违法和不良信息的传播。

**【杭州最具影响力网络公益项目评选】** 2017年12月，由中国互联网发展基金会和浙江省委网信办指导，杭州市网信办主办，杭州市网络文化协会、“西湖汇”网络公益联盟承办的杭州2017年度最具影响力网络公益项目评选揭晓，蚂蚁金服网站“蚂蚁森林”项目、“顶梁柱健康扶贫公益保险”项目、腾讯网站“暖城计划”项目、都市快报社“中国乡村儿童大病医保（浙江开化）”项目、19楼网站“关爱儿童成长”项目等10个项目被评为2017年度杭州最具影响力网络公益项目。同时，在全国网络社会组织工作推进会上，杭州最具影响力网络公益项目评选活动入选中央网信办2016—2017年度全国网络社会组织第一批优秀品牌项目。

（市委外宣办　市政府新闻办　市网信办）

## ·杭报集团·

**【概况】** 2017年，杭报集团以习近平新时代中国特色社会主义思想为指导，贯彻党的十九大精神，全面落实省市党代会、“两会”精神，按照“立场定、战略清、主业稳、产业兴、融合快、转型实、资本活、资产强、人才优、风气正”30字发展方针，推进重大主题报道、媒体融合、品牌建设、产业优化、人才培育、体制机制等重点领域的改革创新，打造新时代全国一流现代文化传媒集团。

杭报集团先后获得“全国文明单位”“2017年度中国媒体深度融合30强”“全国报刊媒体融合优秀案例100佳”等荣誉。媒体融合案例入选中国社会科学院《中国新媒体发展报告No.8（2017）》。《杭州日报》“最多跑一次·民情陪跑团”案例获首届全国副省级城市党报媒体融合最佳案例奖。“杭州网”2件融媒体作品获评中国报协“全国十九大融合传播优秀作品十佳”和“中国报业十九大融合传播优秀作品”。集团连续第四年入选世界媒体500强，排名比2016年前移4位，整体实力和品牌影响力稳居国内同类报业品牌前三位。

杭报集团强化资本运作，优化上市公司“华媒控股”，旗下子公司“风盛传媒”以户外广告为主业，入选“新三板”创新层，资产证券化实现新突破。杭报集团有限公司出资5000万元参股浙江出版传媒有限公司，组建华媒教育浙江公司，打造自有教育品牌。杭州文交所入选“阿里资产处置平台”全国首批杭州首家授权服务机构。华媒科创园成立一周年招商率98%，吸引阿里巴巴创新中心入驻。国家级众创空间“第七空间”引进40多个创业项目入驻，获投融资4600多万元。

全年杭报集团承办第三届中德数字技术领袖（汉堡）峰会、首届杭州（国际）未来生活节、第二届中国（杭

2017年2月13日，市委书记赵一德到杭报集团看望慰问新闻工作者，并参观“智媒体中央厨房”　　（郑承锋 摄）

州)传媒创新合作项目交流大会等会展活动约50场。

**【杭报集团组织党的十九大媒体融合宣传】**2017年,杭报集团按照中央和省市党委以及宣传部门统一部署,组织党的十九大主题宣传。会前营造喜迎十九大氛围,策划推出《五年印记杭州实践》《来自杭州的报告》等系列专题、专版、专栏,立体呈现杭州五年的奋斗历程和显著成就;会中调配精干力量,成立采访小组赴北京开展报道,前后方联动,《杭州日报》连续两天推出各16个版的特别报道,《都市快报》推出24版全彩十九大特刊;会后抓好集中宣讲、理论阐释,各媒体在重要版面开辟"进入新时代,开启新征程"等系列报道,重点与杭州加快城市国际化、实施拥江发展战略等中心工作结合,全面反映在党的十九大精神指引下,各地各部门贯彻落实的务实举措和实践成效。

《杭州日报》及时转载中央媒体解读党的十九大精神的理论、评论文章,约请中央和省级权威理论界专家深入解读,在《学与思》《西湖评论》等专栏上推出"新时代需要新思想"系列理论评论文章。《富阳日报》的《春江时评》、《余杭晨报》的《苕溪时评》等评论专栏结合当地实际,刊发特约评论员文章和理论文章。杭报集团各媒体充分发挥新媒体优势,提升信息传播即时性和交互式体验,增强报道的传播力、影响力、感染力。集团新媒体产品总阅读量突破3000万人次。

**【各级"两会"和党代会报道】**2017年,杭报集团突出抓好全国"两会"、省市"两会"、省市党代会等精神宣传,开辟《聚焦2017全国两会》《杭州两会时间》等专栏50多个,解读政策、营造舆论氛围。同时发布网络专题、直播、H5作品、微信微博作品、App客户端稿件200多篇,其中《给市长书记寄一张明信片》《杭报记者最"出格"的一次两会报道》等5个H5作品,全网点击量突破100万人次。都市快报社推出的短视频《看看8位在杭老外的最长情告白》点击量超过30万人次。

**【市委市政府中心工作报道】**2017年,杭报集团聚焦"拥江发展""劣V类水""联百乡结千村访万户""最多跑一次改革"等市委重点工作宣传,从问情于民、问需于民、问计于民、问绩于民的角度出发,推出《打好剿劣攻坚战夺取治水新胜利》《最多跑一次·民情陪跑团》等专栏,做好政策解读与成效宣传。以市委城市工作会议精神为中心,开设《实现拥江发展大跨越》《杭州新局·钱塘城变》等专栏,举办"钱塘江未来"研讨会、"全民大讨论·畅想城中江"等互动活动,解疑释惑、营造声势、凝聚共识,为杭州发展献计献策。

**【评论理论品牌打造】**2017年,杭报集团坚持评论引领,持续推出《吴山时评》《西湖评论》《印月潭》《说商道市》《学与思》等30多个特色评论专栏、专版,拓展评论和理论报道的深度和广度。加大新媒体评论栏目建设和刊发力度,着力构建全方位覆盖的评论宣传矩阵。着重提升《杭州日报》"吴山平"署名的重大主题述评文章质量,全年推出时评文章100多篇,其中作品《揽江入怀大杭州》获得全国副省级城市党报理论评论一等奖。

**【舆论监督途径拓展】**2017年,杭报集团持续深化《曝光台》《市民观察团》等栏目和"杭网议事厅""公述民评"等网络专题,及时发现和集纳城市建设、城市管理、民生服务中存在的问题,搭建市民百姓与党委政府沟通的桥梁纽带,促进有关问题解决。杭网议事厅以"助党委政府决策,为市民百姓解难"为宗旨,开设专题24个,全年收到各类信访服务件4000多件,办结率99%。杭报集团重新修订《关于加强内参工作的若干意见》,全年向市委、市政府报送内参17篇,反映存在问题,传递社情民意。《杭州日报》内参文章《杭州都市圈节点县市盼与杭州建立直接对接机制》、杭网议事厅"最多跑一次"舆情专报等,均获市领导批示肯定。

**【区(县)报改版创新提质】**2017年,《萧山日报》《富阳日报》《余杭晨报》以区(县)党报自觉定位,立足服务党政大局,加强改造传统媒体,不断创新报道形式,打造全国区(县)报杭州样本。《萧山日报》推出"萧山创新进行时"系列报道,对时政报道进行创新,突出新闻性,运用制图等形式,赋予可读性。《富阳日报》《余杭晨报》改版为对开大报,彰显党报特质,拓宽发行渠道。萧山区、余杭区实现党员订党报全覆盖,巩固基层一线意识形态主阵地。

**【杭报集团"智媒体"中央厨房工程建设】**2017年4月,杭报集团"智媒体中央厨房"项目启动,按照"实战、实用、实效"建设原则,分三期实施"四大工程"。实施全媒体采编提升工程:基于北大方正最新的智能采编出版平台技术,建设全集团统一的涵盖PC端与手机移动端的全新基础采编系统,包括全媒体采编平台、策划及报道指挥平台、移动采编平台、数字视频平台等子项目,满足深度融合背景下的实时连线指挥、采编管理、差错检校等功能,打下新闻"策、采、编、发"全流程融合的基础。提升大数据运用引领工程:基于大数据、云平台、区块链技术,建设基于"阿里云"平台的中心数据仓库,推进新闻生产动态监管、新闻传播效果分析、网络热点舆情分析、新闻产品版权维护、集团媒体绩效考核等功能运用,实现集团采编业务与大数据的紧密融合。建设智媒体中心基础工程:建设1400平方米的智媒体中心,包括中央控制大厅、多功能会议室、采编工作区、VR演播室等多个功能区域,配备数字大屏显示、数字控制管理、记者在线管理等在内的软硬件系统,作为集团日常融合报道指挥和新媒体核心骨干的物理办公空间。完善智能化生产支持工程:建设数字化演播室,用于短视频、微直播、VR和AR等新型视觉化媒体产品;建设涵盖微信、微博、H5等新媒体形态的素材资料数据库;建设涵盖全国20万家网站、1300家数字报、6万多个微信公众号、2万多个微博号、500个重点新闻资讯App的资讯资源数据库,用于提升新媒体、多媒体、全媒体新闻产品的生产效率。至年末,基本完成一期工程智媒体中心、全媒体采编出版平台和大数据云平台三大核心项目建设。

【多媒体联合传播格局成效显著】2017年，杭报集团着力打造报纸、网站、App、微信、微博五大终端协同联动的立体传播格局，推动新媒体在内容、渠道、平台的深度融合，集聚资源、技术向优秀新媒体平台倾斜，提升媒体矩阵传播力、引导力、影响力、公信力。至年末，集团拥有7份报纸、2份刊物、32家网站、12个App、110个微信公众号、19个官方微博号、10个手机报，并向电台、视频、数字智能报架、手机报、城市电视、户外电子阅报栏以及“网易”“映客”“搜狐”等约100个新平台扩展，覆盖用户1.4亿个，比上年增长20%。

《杭州日报》《都市快报》在清博指数平台全国主要综合性日报公号排行中分别列第4位和第7位。快房网“快微圈”微信矩阵已有综合“粉丝”1250万个，是浙江新媒体圈覆盖最广的微信综合平台。都市快报社《好奇实验室》视频获评科技部、中科院“全国优秀科普微视频”。十九楼网络股份有限公司获评浙江省大数据产业应用示范企业。杭州日报社“城事通”App改版“杭+新闻”，涵盖时政、发布、区县、城事、财经、生活、文体、浙江、杭拍9个频道，全网总点击量超100万人次。都市快报社全新App“杭州新闻”上线，开设“杭州要闻”“突发新闻”等19个频道，24小时不间断更新信息，每天发布约200条。余杭晨报社“掌上余杭”App政务服务平台开辟“村、社区”模块，拓展宣传阵地垂直服务。 （祝　源）

## ·新闻团体·

【市新闻工作者协会】2017年，杭州市新闻工作者协会（简称市记协）在市委宣传部的领导下，深化新闻单位“三项学习教育”和“走转改”活动，加强新闻队伍思想作风建设，发挥市记协作为党和政府联系新闻界的桥梁纽带作用，履行“记者之家”的职责使命。

《传媒纵横》杂志是市记协体现市委、市政府宣传意图，反映杭州新闻界工作，为采编人员提供业务交流的主平台。7月末，市记协组织全市新闻界“好记者讲好故事”演讲比赛，围绕习近平总书记系列重要讲话精神，讲述新闻工作者亲历亲见亲为的精彩故事。

市记协完成中国记协和省记协交办的有关任务，落实中国记协2017年对外交流计划，接待澳大利亚新闻代表团。陪同代表团参观访问娃哈哈集团和杭州基金小镇，了解中国民营经济发展和杭州金融创新发展情况。

根据《中共中央关于加强和改进党的群团工作的意见》，以及杭州市委领导对改进党的群团工作的有关要求，市记协于7月启动制定群团改革方案。总原则是在机构“去机关化、行政化、贵族化、娱乐化”中找问题，增强记协组织的政治性、先进性、群众性，进一步密切与新闻工作者的联系，发挥好记协组织的职能作用。市记协召开专题会议讨论、修改，制定《杭州市记协关于群团改革的方案》。年末，市委宣传部部委会讨论通过，计划2018年启动市记协各项改革。

【新闻作品评奖评优】2017年1月，市记协完成2016年度杭州新闻奖评选工作，评出获奖新闻作品289篇，其中：报纸一等奖17篇、二等奖29篇、三等奖48篇；广电类一等奖24件、二等奖33件、三等奖40件；另有网络、副刊、摄影、漫画、版面、新闻论文、内参报道获奖作品98件。在杭州市选送参评2016年度浙江新闻奖的作品中，获浙江新闻奖一等奖5篇、二等奖15篇、三等奖14篇，另有副刊、网络、论文、版面、摄影获奖作品12件。《都市快报》的《快公益爱心基金》和杭州人民广播电台调频89频率的《你的声音我的眼睛——无障碍电影助盲公益行动》2篇作品，获2016年浙江新闻奖社会活动奖。市记协组织多位专家学者对获奖作品进行分析点评、业务梳理和理论总结，并在《传媒纵横》杂志上刊发。

【新闻业务培训】2017年，面对媒体变革、融合发展的新形势，根据杭州市新闻队伍现状，市记协开展新闻业务培训工作。4月中旬，市记协组织全市报社、广播电视、网络负责人和新媒体分管领导，参加省记协与清华大学新闻学院在北京联合举办的“媒体融合发展新趋势”高级研修班。5月，应各区县（市）记协要求，市记协邀请杭州网副总编、“杭州发布”编辑部首任总编吴幼祥做题为“政务新媒体3.0时代：创新与突破”的专题讲座，来自各区县（市）约30名一线采编人员参加培训。6月，市记协和市文广新闻出版局联合举办记者编辑的禁毒知识培训班，邀请市禁毒办警官讲解杭州市禁毒情况、新型毒品特性、禁毒知识、毒品危害人体机理及预防知识，全市各新闻单位记者编辑50多人参加培训。7月，市记协组织各新闻单位的融媒体、新媒体、全媒体的一线记者编辑，参加省记协在宁波举办的全省新媒体新人“增强四个意识，谱写时代华章”专题研讨班，帮助新闻工作者提高职业能力。

【新闻异地采访活动】2017年1月，市记协组织赴中国南海的西沙群岛进行采访活动，杭报集团、杭州文广集团和各区县（市）的媒体共12名记者参加，实地见证西沙群岛上的中国印记和中国在南海诸岛的建设情况。采风结束后各单位都做了专题新闻报道，市记协在《传媒纵横》杂志上刊登1万多字的专题文章。7月，市记协组织新闻媒体“一带一路”西部行活动，赴青海、甘肃古代丝绸之路最重要的4个地区，见证西部在建设“一带一路”连接欧亚大陆经济带上的路径和成就，感受西部的发展变化。杭州电视台西湖明珠频道制作播放4集西部行的专题片。《传媒纵横》杂志刊出采访活动的专题文章《向西，再向西》。此外，市记协派记者参加省记协6月组织的“红色之旅·多彩贵州”新媒体记者采访活动。

（卢文丽）

责任编辑　蔡建明　吴　铮　汤　峻

## 综　述

**【杭州卫生事业发展】** 2017年末，杭州市有卫生机构（含村卫生室）4933个（含市直属23个、省直属38个），比上年净增242个。卫生机构中医院302个（含市直属13个、省直属20个），社区卫生服务中心（站）1275个（含社区卫生服务中心134个），卫生院88个，门诊部567个，诊所（含卫生所、医务室）1697个，妇幼保健院（所）9个，疾病预防控制中心15个，卫生监督机构16个。实有医疗床位7.59万张，其中医院床位7.02万张、社区卫生服务中心床位3100张。卫生技术人员11.04万人，其中执业（助理）医师4.18万人、注册护士4.63万人，医护比例1∶1.11。平均每1000人拥有医疗床位10.07张，医院床位9.31张；拥有卫技人员14.64人，执业（助理）医师5.55人，注册护士6.15人（含省级在杭卫生资源）。

杭州市医疗机构诊疗总数1.29亿人次（其中市直属医院1154.87万人次，省直属医院2538.24万人次），增长5.8%；门（急）诊总数1.25亿人次（其中市直属医院1148.57万人次，省直属医院2537.69万人次），增长5.8%。全市医疗机构住院229.19万人次（含市直属医院33.97万人次，省直属医院97.83万人次）。全市居民到医疗机构就诊的门（急）诊诊疗年人均次数16.61次。孕产妇死亡率6.5人/10万，婴儿死亡率1.73‰，5岁以下儿童死亡率2.27‰。全市无甲类传染病及传染性非典型肺炎病例报告，甲乙类传染病发病率251.62人/10万，上升11.93%。

全年杭州市获批医学各级各类科技计划项目599个，其中国家自然基金19个、省部级48个、市厅级270个，获得资助资金1611.38万元。获批医学各级各类科技成果奖项78个。其中：省科学技术进步奖二等奖2个、三等奖6个；省医药卫生科技创新奖一等奖3个、二等奖6个、三等奖10个；省中医药科技创新二等奖4个、三等奖10个；市科技进步奖一等奖1个、二等奖4个、三等奖19个。全市医疗卫生单位发表论文3642篇，其中SCI期刊323篇、Ⅰ级期刊662篇。加强科研诚信管理，落实审计整改，对逾期未完成项目进行撤项处理。

全年杭州市卫生部门引进高层次人才237人，其中业务技术骨干1人、市级领军人才4人、博士24人、硕士177人、副高级职称以上人才36人。市卫生计生委拨付人才战略资金110万元，医院配套资金158万元。全市卫生部门柔性引进4名钱江特聘专家，1名外国专家获“钱江友谊奖”，1人入选享受国务院政府特殊津贴和省卫生创新人才培养对象。12人确定为省医坛新秀培养对象。加强对中青年人才培养，有2人和32人分别被确定为省“151”和市“131”人才培养人选。选派1名医生援藏，1名干部和5名医生援疆，8名B超医生赴西藏那曲地区帮助开展包虫病筛查。市第一医院和市第七医院获批设立“杭州市院士工作站”，成为杭州首批建站的市级医院；市急救中心获“全国卫生计生系统先进集体”称号，3人获“全国卫生计生系统先进工作者”称号。1人获“全国对口支援新疆先进个人”称号。

2017年2月3日，副市长陈红英（前左二）调研社区卫生工作

（市卫生计生委 供稿）

【杭州市卫生与健康大会】2017年3月24日，杭州市召开首次卫生与健康大会，省委常委、市委书记赵一德和市长徐立毅出席会议并讲话。会议以视频会议的形式召开，各区县(市)和杭州经济技术开发区管委会、大江东产业集聚区管委会设分会场。

会议提出把人民健康放在优先发展的战略地位，牢固树立大健康理念，全面实施大健康战略，高水平推进健康杭州建设，加快打造健康中国示范区，让全市人民享有更健康生活，为杭州率先高水平全面建成小康社会、加快建设独特韵味别样精彩世界名城奠定坚实基础。会前，市委常委会专题听取卫生部门健康杭州建设工作汇报，市委、市政府印发《"健康杭州2030"规划纲要》，市委办公厅、市政府办公厅印发《关于加强健康杭州"6+1"平台建设建立大健康共建体系指导意见的通知》等系列文件。

【4所医院重点项目推进】2017年，市卫生计生委的4个市重点项目建设进展顺利，累计完成投资3.68亿元。其中：市儿童医院医疗综合楼一期主体工程完成地下工程部分，完成投资4871万元；市第七医院精神科病房楼改扩建项目于8月4日开工，已完成底板承台砌筑50%，完成土方外运80%，完成投资2058万元；市老年病医院迁扩建项目完成地下室局部结构工程，完成投资7057万元；市中医院丁桥分院项目幕墙工程完成96.8%，精装修工程完成60.2%，安装工程完成95.2%，完成投资2.28亿元。

【医学重点学科建设】2017年，市卫生计生委完成2017—2019年建设周期杭州市医学重点学科申报，其中一类35个、二类46个、三类71个，较上一周期建设数增加42个。完成第三轮省市共建医学重点学科评审，本着"统筹规划，突出重点，兼顾平衡"的原则，结合学科发展规划、专业水平、发展潜力、主攻方向等综合因素，择优确定5个学科为第三轮省市共建医学重点学科。做好第一批卫生健康实用新技术和适宜技术培育推广中心工作，确定市第一医院和市红十字会医院分别牵头建立浙江省卫生健康实用新技术和适宜技术培育推广中心。为规范杭州市生物医学研究伦理管理工作，成立杭州市医学研究伦理质控中心，挂靠单位为市第一医院。

【医务人员规范化培训】2017年，市卫生计生委加大培训基地的考核力度，调整考核目标的设定，实施精细化管理。顺利完成全市661名培训学员"人机对话"的理论考核和临床实践技能考核。加强培训学员过程管理，全市统一组织以理论考试和临床技能操作相结合的年度考核。推荐上城区南星社区卫生服务中心等23个单位为浙江省全科医师规范化培训基层实践基地。组织省市专家对各基地进行督导考核，重点是根据国家级基地评估指标，以及2016年省对杭州市培训基地综合评估发现需整改的问题，开展现场检查和评价。全年新招录学员651名。

【继续医学教育】2017年，杭州市有国家级继续医学教育项目立项87个、省级继续医学教育项目立项78个、市级继续医学教育项目立项228个。市卫生计生委开展中高级卫技人员继续教育学分周期审验，受理中高级卫技人员学分周期审验和年度审核2969人次。开展全科医生继续医学教育、社区护士岗位培训和乡村医生注册培训，做好远程继续教育的组织报名和考务工作。加快医疗卫生国际化人才培养，全年选派60多名中青年医务骨干赴美国、英国、德国等国家学习交流或培训进修。协调安排海南省、西藏那曲和新疆阿克苏等地区医务骨干到杭州进修。

【卫生行业正能量传播】2017年10月13日，市卫生计生委举办的杭州市首届金牌健康讲师大赛总决赛落下帷幕。全市卫生系统138名参赛选手中，5名选手获"首席金牌健康讲师"称号，10名选手获"金牌健康讲师"称号，26名选手获"健康好讲师"称号。全年发现并报道卫生系统"最美人物"180多人，在《健康杭州》报开辟专栏宣传，在各类媒体报道150多篇次。推出"群廉谱"15个先进典型，杭州电视台《廉政经纬》专栏报道市中医院王永钧和"一元村医"吴光潮事迹，援藏医生张方林出席市纪委"廉洁好家风"晚会。市中医院女医生沈醒杭在广西北海旅游途中为溺水男子心肺复苏的事迹受到省委常委、市委书记赵一德批示肯定，被推选为杭州市道德模范"十大平民英雄"。市疾控中心孔庆鑫入选第十三届"最美杭州人——十大杰出青年"。

（薛　亮）

## 计划生育

【概况】2017年，杭州市出生92096人，比上年减少1433人，减幅为1.53%。受"全面两孩"政策影响，各地一孩率下降、两孩率上升。全市一孩率为46.57%，下降13.88个百分点；两孩率为52.11%，上升11.91个百分点；多孩率为1.32%，上升44.58个百分点。全市计划外出生1094人，计划生育率98.81%，多孩违法生育发生率0.40%。全市户籍人口出生性别比为107.64。已婚育龄妇女领取《独生子女父母光荣证》42.25万人，领证率31.25%，下降2.24个百分点。

【全面两孩政策深化实施】2017年，市卫生计生委完成《全面两孩政策背景下群众生育意愿分析及对策研究报告》，探索出台鼓励群众依政策生育措施。深化实施生育登记"全程代办制"和"个人承诺制"，严格落实首接责任制和一次性告知制，为群众提供便捷高效服务，做到即来即办，实现"最多跑一次"，做到"零投诉"。根据国家及省卫生计生委统一部署，从6月起，在全市范围内组织开展2017年全国生育状况抽样调查，完成13个区县（市）41个乡镇（街道），共计82个样本点、1640户样本框的户籍人口和流动人口的生育状况调查。有序推进母婴设施建设，全市建成母婴设施点305个。

【基层计生机构和队伍建设】2017年，杭州市继续推进乡村两级卫生计生机构融合，乡镇（街道）设立卫生计生科（办）；社区卫生服务中心增挂"妇幼保健计划生育服务站"牌子，内设计划生育科；将村级卫生室和计生服务室整合设立卫生计生服务室。探索卫生计生执法职能机构队伍融合，西湖区将卫生和计生执法的机构、队伍、职能融合，建立起公共卫生、医疗卫生、计划生育综合监督执法工作机制。编印《计划生育工作手册》，组织全市乡镇(街道)卫生计生办主任(科长)200多人参加专题培训。

**【出生人口性别比治理】**2017年，杭州市将出生性别比治理纳入各级人口和计划生育目标管理责任制考核，组织出生人口性别比综合治理与"两非"(非医学需要的胎儿性别鉴定、非医学需要的人工终止妊娠)月报及案件系统相关业务知识培训。加大出生性别比治理宣传力度，开展"国际家庭日"等主题宣传，在流动人口集聚地设立"关爱女孩"、严打"两非"的大型公益宣传广告牌，在镇(街道)、村(社区)及楼道单元张贴"关爱女孩"及治理出生人口性别比的宣传画，提高群众男女平等意识。加强生育全过程管理，及时掌握各地出生人口性别比数据，进一步完善新婚、怀孕和产后随访，孕期检查实名登记，孕情追踪管理和消失倒查，中期以上终止妊娠报告登记，出生死亡报告和有奖举报等制度。

**【"幸福家庭"创建活动】**2017年，杭州市全面实施家庭文明倡导、优生优育、健康促进、致富发展、特别扶助"五大行动"，举办2017年杭州市"5·15"国际家庭日主题宣传活动，对首批16户"杭州市幸福家庭"进行表彰。指导西湖区"青少年健康发展"项目国家试点、下城区"科学育儿"项目国家试点、余杭区乔司街道方桥村"新家庭计划——家庭发展能力建设"项目国家试点、滨江区"家庭发展追踪调查"项目的数据分析与研究，稳步推进家庭发展能力建设工作。依托社区，面向家庭，动员社会力量广泛参与"关爱女孩"、青春健康教育、优孕优生优育等"幸福家庭"主题宣传教育活动。在全市推出0～3岁幼儿抚养人的"人口早期发展教育"百场巡回讲座。

**【计划生育利益导向】**2017年，杭州市开展计划生育奖励扶助政策落实情况自查、督查、互查，推动全市计划生育奖励扶助政策落实到位。加强计生特殊家庭信息的采集和动态跟踪，健全计划生育特殊家庭档案，全年走访慰问计生特殊困难家庭8600户，为计划生育特殊家庭提供优先便利诊疗服务，组织开展生活照料、精神慰藉等亲情服务活动。开展"青春·暖心"关爱特殊家庭志愿结对服务，团员青年关爱特殊家庭志愿者联盟定期为特殊家庭提供专业医疗服务和心理慰藉，提供关爱特殊家庭24小时暖心热线服务。 (薛 亮)

## 预防保健

**【重大疾病防控】**2017年，杭州市创建国家级艾滋病综合示范区工作稳步推进，HIV/AIDS个案流调率、随访率、治疗率、及时治疗率、高危人群干预工作覆盖率、HIV检测率等指标继续保持较高水平。中盖结核病项目三期全面启动，不断完善结核病疾控机构规划管理、医疗机构转诊、定点医院收治、社区管理的服务体系和工作机制，各项结核病防控指标继续保持较高水平。加强肠道传染病、呼吸道传染病、自然疫源性疾病、聚集性疫情的监测，敏感检出输入性急性血吸虫病并有效处置，防控境外疟疾病例输入本地传播，开展碘缺乏病防治监测工作，深入推进地方病寄生虫病防治工作。

**【慢性疾病综合防控】**2017年，杭州市推进国家级慢病防控示范区创建、复评指导和培训工作。经国家评估组现场检查评估和综合评定，拱墅区和下城区顺利通过复评，萧山区被确认为国家级慢性非传染性疾病综合防控示范区。市卫生计生委继续深化医防整合，落实国家心血管病高危人群早期筛查与干预项目、脑卒中高危人群筛查干预项目，组织开展市健康教育基地建设，开展适龄学生窝沟封闭防龋项目。加强预防接种门诊的动态管理和业务指导，开展2017—2018年麻疹脊灰疫苗集中式查漏补种。

**【精神卫生管理】**2017年5月，市公共卫生委员会办公室印发《2017年杭州市精神卫生综合管理工作任务书》和督导计划，并完成全年三轮督导工作。会同拱墅区政府就杭州市流动人口或大拆迁后的人员管理问题进行调研。强化严重精神障碍患者综合管理，协助市综治办组织开展全市集中排查行动并进行专题督导，指导各地开展严重精神障碍患者属地分类精准管理，确保重大活动、重点会议期间全市未发生严重精神障碍患者肇事肇祸事件。

**【公共卫生服务】**2017年，杭州市继续深化医防整合，加强医疗机构公共卫生工作，加大基本公共卫生服务项目宣传。指导各级各类学校切实做好传染病防控、学校卫生等工作，在全省首创学校公共卫生工作定期会商机制。全市累计建立电子健康档案751.7万份，建档率92.7%；高血压、糖尿病、重性精神病人规范管理率分别为61.1%、60.9%和82.8%。认真做好城乡参保居民健康体检。实施适龄妇女"两癌"检查项目，全市完成宫颈癌筛查16.6万人，完成乳腺癌筛查18.87万人。

**【妇幼健康服务】**2017年，杭州市以完善孕产妇保健救治体系为契机，通过规范孕产期保健基本服务程序、危重孕产妇报告流程，提升全市孕产妇和新生儿救治能力水平。全面推进母子健康手册，制定全市统一的产科门诊电子病历标准并在市属产科单位推广。母婴健康素养项目杭州试点案例在全省推广。全年杭州孕产妇、3岁以下儿童系统管理率分别为96.1%和97.7%，产前筛查率和新生儿疾病筛查率分别为91.2%和99.8%。继续做好农村孕产妇住院分娩补助、叶酸补助、免费国家孕前优生检测，完成率分别为100%、95.8%和96.8%。 (薛 亮)

## 基层卫生

**【家庭医生签约服务提质扩面】**2017年初，市卫生计生委印发《进一步完善医养护一体化家庭医生签约服务工作的通知》，完善签约服务绩效考核，强化家庭医生队伍建设，打响杭

2017年12月21日，杭州市卫生系统举办“签约服务为健康”社区圆桌会　　（市卫生计生委 供稿）

州医养护一体化家庭医生签约服务品牌。全市4214名全科医生、2263个签约服务团队为签约对象提供签约服务，创新签约服务客服中心模式和签约居民慢病管理处方等服务，全面推进签约后分类管理精准服务，组织开展全系统提升签约服务水平大讨论，持续提升签约服务质量。全年全市签约服务人数283.4万人，覆盖率35%，重点人群签约覆盖率78%，提前完成国家医改年度考核要求。

**【城乡优质医疗资源共享实现全覆盖】**2017年，杭州市落实优质医疗资源“双下沉、两提升”（人才、资源下沉，服务能力、服务效率提升）要求，加快推进分级诊疗。3个省级医院托管4个县级医院，上海瑞金医院托管桐庐县人民医院，7个市属三级医院托管20个县级医院，实现省、市级医院对区县下沉全覆盖。30个县级医院托管137个乡镇卫生院（社区中心），实现县级医疗资源乡镇全覆盖。5个市级三级综合医院与主城区51个社区卫生服务中心建立的区域医疗联合体，实现市级医院对城区社区卫生服务中心全覆盖。启动特色专科联盟建设，市第三医院、市第一医院、市第七医院和市西溪医院4家市级医院分别牵头建立浙江省皮肤病专科联盟、浙江杭州耳鼻咽喉专科联盟、浙江省精神病专科医院联盟和浙江杭州肝病·感染专科联盟，形成跨区域补位发展模式，提升专科专病救治能力。

**【医养结合杭州模式】**2017年，杭州市抓住创建全国首批医养结合试点城市契机，健全医养结合的联动机制。市卫生计生委会同市民政局等部门出台促进医养结合的政策文件，明确深化医养结合和发展护理型养老体系的目标与举措，创新“1+1+X”模式医养结合联合体。至年末，全市147个养老机构、1937个日间照料中心与附近的医疗机构签订医疗服务协议，全市240个运行的养老机构中，能够以不同形式为入住老年人提供医疗服务的占87.5%，逐渐探索出“医中有养、养中有医、养医签约、养医协同、居家巡诊、远程诊疗”的医养结合服务模式。在省政府召开的全省医养结合试点工作交流会上，副市长陈红英代表杭州市政府介绍医养结合发展经验。

**【基层卫生队伍建设】**2017年，杭州市加强以全科医生培养培训为重点的基层卫技人员队伍建设，继续开展初级卫技人员继续教育，以及基层医疗机构放射、心电、B超和检验等医技岗位的培训，提高基层医疗卫生队伍岗位胜任能力。根据各地需求，确定2017年定向免费委培生的招录计划，全年招录本科层次临床医学、中医、口腔、儿科等专业委培生60名，专科层次临床医学专业委培生44名。创建群众满意的乡镇卫生院，全市有12个乡镇卫生院通过国家“满意卫生院”确认。开展“百强社区卫生服务中心”创建，有8个社区卫生服务中心获国家“百强中心”称号，推荐18个社区卫生服务中心参加省级“百强中心”评估。（薛　亮）

## 健康促进

**【概况】**2017年，全市爱国卫生工作全面贯彻“健康中国”“健康浙江”“健康杭州”战略，围绕市委、市政府中心工作，探索爱国卫生继承发扬和创新发展新思路、新方法。完善爱国卫生工作制度，制定发布《健康杭州2030规划纲要》，印发《关于贯彻<杭州市爱国卫生条例>进一步加强爱国卫生工作的通知》。继续深化城乡环境卫生整洁行动，开展小城镇环境综合整治卫生创建专项行动，持续推进城乡病媒生物防制、健康教育和健康促进、农村改水改厕等工作平衡协调发展，促进公共环境改善，提高人民健康水平。

至年末，全市实现市级卫生乡镇（街道）创建全覆盖。创建浙江省卫生乡镇（街道）137个，占总数的78.7%。创建国家卫生乡镇13个，占总数的10.1%。杭州10个城区鼠、蚊、蝇密度控制水平通过C级标准评估,蟑螂密度控制水平达到A级标准。全市新增无害化卫生厕所8629座,累计无害化厕所普及率98.9%。有9个单位被评为WHO健康单位,4所学校被评为浙江省健康促进金牌学校,命名杭州市健康单位22个。

**【健康杭州建设领导小组成立】**2017年3月24日,市委、市政府召开全市卫生与健康大会,成立由市委书记赵一德和市长徐立毅共同担任组长的健康杭州建设领导小组,发布《健康杭州2030规划纲要》。5月11日,赵一德赴下城区长庆、潮鸣街道社区卫生服务中心和上城区小营街道小营巷社区调研"健康杭州"建设工作。在小营巷社区,赵一德参观毛主席视察小营巷纪念馆、红巷生活广场和爱国卫生运动纪念馆,并主持召开座谈会,听取健康城市建设工作汇报。

**【健康杭州建设交流活动】**2017年年初,世界卫生组织驻华代表施贺德先后三次到杭考察健康城市建设工作并给予高度评价,认为杭州市健康城市建设工作的诸多方面已经达到世界水平。4月26日,国家卫生计生委办公厅副主任谭相东、中国人口报社社长熊煌率"健康中国"调研组到杭调研健康杭州建设工作。5月31日,世界卫生组织、杭州市卫生计生委、浙商总会大健康委员会联合举办"无烟企业和健康发展"第30个世界无烟日活动。9月20日,新华社环球智库研究员专访市健康办副主任、市卫生计生委主任滕建荣,并于12月27日在《环球》杂志和App以及网站同步发表"打造健康中国示范区"文章,全面介绍健康杭州建设目标、成效和经验。12月9—10日,"健康中国视角下——健康城市建设国际高峰论坛"在杭举办,来自美国、日本、加拿大等4个国家的专家学者应邀出席论坛并做演讲。

**【爱国卫生运动65周年纪念活动】**2017年5月12日,国务院和全国爱卫会在杭州市召开纪念爱国卫生运动65周年暨全国爱国卫生工作座谈会。国家卫生计生委、国家发改委、环境保护部等7个爱卫会成员单位负责人,北京市、上海市、辽宁省、浙江省等10个爱卫会主要负责人,各省(区、市)、新疆生产建设兵团卫生计生委(卫生局)和爱卫办主要负责人等150多人参加会议。杭州市委书记赵一德在大会上做题为"传承爱国卫生光荣传统,持续推进健康杭州建设"的典型发言。国务院副总理刘延东高度评价杭州市爱国卫生工作,指出杭州市的爱国卫生工作有特色、有创新、有亮点,值得很好地总结和借鉴。刘延东充分肯定小营巷社区多年来牢记毛泽东主席和习近平总书记对爱国卫生工作的指示精神,继承和发扬爱国卫生运动的优良传统,始终坚持依靠群众、发动群众,创建整洁宜居的环境,共建共享健康社区。与会代表现场参观杭州市新建成的全国首个爱国卫生运动纪念馆和市民健康生活馆,对杭州市爱国卫生工作取得的成就给予高度评价。

2017年5月15日,为纪念开展爱国卫生运动65周年和毛泽东主席视察小营巷60周年,全国首个爱国卫生运动纪念馆在小营巷社区落成 (市卫生计生委 供稿)

**【全国爱国卫生运动纪念馆落成】**2017年5月15日,为纪念开展爱国卫生运动65周年和毛泽东主席视察小营巷60周年,全国首个爱国卫生运动纪念馆在小营巷社区落成,并确定为全国爱国卫生运动教育基地。在全国爱卫办和省爱卫办的指导下,市爱卫办协同上城区、下城区共同努力,历时3个月,经过方案策划、专家论证、资料收集、设计施工,建成全国首个爱国卫生运动纪念馆。该馆总布局"三馆两廊一园"(三馆即毛主席视察小营巷纪念馆、全国爱国卫生运动纪念馆、红巷生活馆;两廊即小营巷、方谷园巷;一园即小营公园)。全国爱国卫生运动纪念馆作为浙江省健康文化宣传基地和中小学生第二课堂,每周二至周六免费开放,已承担全国、全省爱国卫生工作会议和省委组织部"健康浙江"培训班等大型活动的现场参观任务,接待来自全国各地的爱国卫生参观学习团40多批次,为普及爱国卫生知识、宣传健康文化,弘扬爱国卫生运动做出贡献。

**【第五届市民健康知识大赛】**2017年10月11日,杭州市举办第五届市民健康知识大赛。活动分为"杭州市市民健康知识有奖竞答"和"杭州市十佳健康单位(健康达人)评选"两个部分进行,旨在广泛传播和普及健康知识,提高市民健康知识素养,高水平推进健康杭州建设,加快打造健康中国示范区。赛事充分利用"健康杭州"微信公众号功能,线上答题,线下评选健康达人。30多万市民参与该届健康知识大赛,参与人数创历史新高。最终从全市分别评选20个健康单位和健康达人,并评选出首届十佳健康单位和健康达人。

2017年5月，以“普及健康知识、传播健康文化”为主题的杭州市市民健康生活馆落成并对外开放 (市爱卫办 供稿)

【国家卫生城市复评迎检工作启动】2017年12月，杭州市成立以市长徐立毅为组长的国家卫生城市复审迎检领导小组，并建立综合协调、宣传舆论监督、市容环境、环境保护、食品安全与食品“三小”行业、公共卫生与公共场所“五小”行业6个专项工作组，推进相关工作开展。12月14—15日，市政府召开国家卫生城市复评迎检暨创建卫生乡镇工作动员部署会，副市长、市爱卫会主任陈红英出席会议做动员讲话。同时印发《2018年杭州市迎接国家卫生城市复评工作任务分解方案》，明确职责，要求建立市、区、街道三级督查责任制，进一步完善社会监督机制和抄告整改机制，强化长效管理。

【第29个爱国卫生月活动】2017年3—4月，市爱卫会组织开展以“为了人民的健康——65年的历史与展望”为主题的第29个爱国卫生月活动，各地各部门多形式、多渠道开展除害防病、健康教育、无偿献血、基本公共卫生服务义诊等宣传，发动机关、学校、企事业单位、社区清理环境卫生死角，以社区共建、志愿者行动、党员义务劳动等形式，对辖区环境薄弱环节和难点热点问题进行综合整治。据不完全统计，全市先后有16.07万人参与环境综合整治，治理脏乱道路114.96万平方米，清运各类垃圾污物4.08万吨，清理乱张贴各类小广告14.64万张，消灭蚊蝇滋生地3.86万处，投放鼠药1.92万千克。举办除“四害”培训班200多次，举办健康讲座438场。在新闻媒体发布信息361篇。

【卫生城镇创建】2017年，市爱卫会结合省市小城镇环境综合整治，举办区县(市)爱卫办、乡镇干部卫生创建培训会和现场会，推动全市卫生城镇创建向前发展，全年新申报26个国家卫生乡镇，有9个通过市级评估；新创省级卫生乡镇34个、街道1个；新创市级卫生乡镇(街道)11个。列入省、市三年(2017—2019年)小城镇环境综合整治97个乡镇的卫生创建专项行动目标提前完成。临安市、余杭街道通过国家卫生城市(卫生镇)复审。49个省级卫生乡镇、街道和15个市级卫生乡镇(街道)顺利通过复评，农村环境卫生基础设施得到明显改善，群众健康文明生活方式进一步形成。

【杭州市市民健康生活馆】2017年5月，以“普及健康知识、传播健康文化”为主题的杭州市市民健康生活馆在下城区建国北路677号落成并对外开放。该馆是以健康生活为主题的公益性展馆，是杭州市“健康教育和健康促进”文化宣传基地。该馆建筑面积1200平方米，设立健康生活、健康保健、健康小屋、中药香文化、疾病预防、健康技能、健康教育、远程医疗健康咨询平台8个区域，为广大市民和游客学习了解爱国卫生历史、健康城市渊源和健康生活行为方式等知识提供现代化学习与互动平台。

【农村改水改厕】2017年，杭州市完成23个农村改水项目，累计铺设管网72.46千米，新建拦水坝2座，新增消毒器5台，更新过滤和净水设施4套，新建储水池17座，新建或加固厂房(泵房)3座，重建无阀滤池4座，受益人口7.64万人。完成农村饮水安全提升工程受益17.29万人。设立农村生活饮用水监测点(含水源点和分散点)329个，覆盖率100%，监测样品数670件，完成率100%。农村自来水累计普及率99.9%。新增无害化卫生厕所8629座，累计无害化厕所普及率98.9%。开展农村改厕粪便无害化效果监测，总合格率97.5%。

【重大活动病媒生物防制保障工作】2017年，市爱卫会系统研究国内外重大活动现状和发展趋势，总结G20杭州峰会病媒生物防制保障工作经验，撰写《重大活动病媒生物防制保障技术和策略研究》报告，申报浙江省医药卫生科技计划项目并获立项，为填补浙江省及国内同类区域重大活动病媒生物防制保障技术空白提供支持。推进制定杭州市服务标准《重大活动病媒生物防制保障管理技术规范》，进一步提高重大活动病媒生物防制保障工作的技术性和规范性。完成第十三届全国学生运动会和第三届中国—中东欧国家文化合作部长论坛等大型活动的病媒生物防制保障任务。

【登革热疫情防控】2017年8月，杭州市发现本地感染登革热疫情，市爱卫办依法部署防蚊灭蚊工作，连续印发《关于开展“灭蚊防蚊清洁家园”专项爱国卫生工作再动员的紧急通知》等8个文件，开展以“人人动手，清洁家园”为主题的爱国卫生月活动，动员各级各部门结合“五水共治”“五废共治”“城中村改造”“垃圾分类”等重点工作，针对背街小巷、老旧小区、城中村、建筑工地、农贸市场及周边等环境卫生薄弱环节开展卫生集中整治，消除蚊媒滋生地，配合做好登革热防控相关工作。各地各部门按照BI指数、叮咬指数、病例数控制3项主要指标的登革热防控目标要求，全力协调专业消杀队伍，督促作业单位遵照技术规范开展消杀作业。坚持每天组织人员进行现场督查指导工作，抄告问题，及时整改。完善信息通报机制，强化登革热防控宣教工作。开展业务技术培训，引导群众正确认识登革热和防蚊灭蚊科学防制方法，主动参与蚊媒滋生地清理，控制和降低蚊密度，为登革热疫情防控全力做好爱国卫生工作。

**【除“四害”活动】**2017年，市爱卫办按照“四害”季节性防制工作要求，组织各地、各部门、各行各业开展“四害”季节性防制工作，有效控制“四害”密度。结合第29个爱国卫生月宣传活动和春夏季除“四害”活动，走进社区、广场(公园)进行除害防病知识宣传。举办除“四害”业务知识培训班。完成新一轮公共环境除“四害”招标工作。10月25—27日，杭州市病媒生物密度控制水平通过省级评估，确认杭州市城区鼠类、蚊虫、蝇类密度控制水平为国家标准C级，蟑螂密度控制水平为国家标准A级。

(王莲花)

## 中医中药

**【基层中医药服务能力建设】**2017年，市卫生计生委开展全国基层中医药工作先进单位复审迎检工作，组织召开基层中医药工作先进单位复审启动会、推进会、评估会，巩固先进单位创建成果，得到国家复审专家肯定。市卫生计生委联合市发改委、市人力社保局、市市场监管局出台《杭州市基层中医药服务能力建设提升工程“十三五”行动方案》，明确“十三五”期间市基层中医药服务能力提升工程的主要目标和工作任务。开展基层中医馆督导及实地考核，组织专家对桐庐县、淳安县、建德市2016年新建的14个基层中医馆开展督导考核，根据考评结果，向省中医药管理局推荐2个单位作为基层示范中医馆。

**【中医药适宜技术推广应用】**2017年7月5—7日，市卫生计生委组织举办杭州市基层中医药适宜技术推广应用培训班。各区县(市)从事基层中医药适宜技术推广的师资、技术骨干、社区卫生服务中心(乡镇卫生院)从事中医适宜技术的临床医师200多人参加培训。市卫生计生委指导市针灸推拿学会中医护理适宜技术委员会，举办“中医护理适宜技术(艾灸、拔罐)推广应用”培训班，全市各医疗机构的100名护理骨干参加培训。

**【中医药质量控制管理】**2017年，市卫生计生委加强中医临床路径管理，推进(疾病)诊断相关分类在三级中医医院的应用，促进中医依法执业。制定中医护理示范病房建设标准，开展市级中医护理示范病区建设考核验收。组织开展全市中医医疗质量安全专项整治工作，强化医疗机构医疗质量与安全，全年组织督导中医医疗机构407个次，组织中医医疗培训3717人次；排查血液透析室、手术室等重点科室1099个，梳理问题566个，责令限期整改76个次；行政处罚单位3个。

**【中医药人才学科建设】**2017年，市卫生计生委组织开展国家、省级各项人才遴选申报，7名医生成为第六批全国老中医药专家学术经验继承指导老师，5名医生入选全国中医优秀临床人才研修项目培养对象名单。3个中医工作室推荐申报为2017年全国基层名中医传承工作室建设项目。8名医生入选省级中青年临床名中医培养对象名单。组织开展新一轮(2017—2019年)杭州市医学重点学科评审，评选出36项杭州市中医药重点学科。继续做好中医执业医师考试及师承考核，组织开展中医药继续教育项目申报评审，确定2017年48项中医类继续教育项目。

**【中医药文化传播】**2017年，杭州市卫生计生委出台《杭州市中医药事业发展“十三五”规划》，明确“十三五”期间中医药发展的目标。市卫生计生委组织“中医中药中国行——杭州市中医药健康文化推进行动”启动仪式，举办杭州市基层中医药服务能力提升工程“十三五”行动计划启动会暨钱塘中医论坛，传播中医药健康文化，提升群众健康素养。开展“5·12”国际护士节“药食同源，天使有爱”中医养生宣教活动，组织中医护理专家和骨干深入社区、学校、敬老院、康复中心义诊，因地制宜开展中医护理的主题活动，展现中医特色护理内涵。

(薛　亮)

## 医院管理

**【“智慧医疗”深化提升】**2017年，市卫生计生委推进实施市政府为民办实事项目“医信付”服务，实现患者在医院先诊疗后还款，在全市153个市、县两级公立医院及市民卡“智慧医疗”应用覆盖的社区卫生服务机构(乡镇卫生院)全面推广应用。市属医院全面推广应用电子社保卡和“智慧医疗”诊间结算的移动支付，已有60万人注册电子社保卡，刷卡交易7.6万笔，13.85万人开通“支付宝”快捷支付，快捷支付交易18.19万次。全市130个医疗机构实现传染病报告数据交换。坚持城乡联动，完善分级诊疗信息平台，主城区接入34个省、市、区级医院以及所有社区卫生服务机构，为10.16万名转诊病人提供精准预约转诊服务。萧山区、余杭区、富阳区、临安区和桐庐、淳安、建德三县(市)均启动签约转诊平台建设，已统一接入杭州市平台，建成省市级医院、县(市)级医院和基层医疗机构三级转诊体系。全市统一推广应用电子《母子健康手册》，7个市属医院实施产科门诊电子病历，试点推行电子病历智能语音书写、智能机器人导诊、肺结节智能诊断等一系列医疗人工智能应用，实现“智慧医疗”提档升级。推进“智慧医疗”应用覆盖，省、市、区(县)医院和社区卫生服务中心四级医疗机构有203个提供“智慧医疗”服务，基本实现“全城通”应用，已为6000多万人次提供“智慧医疗”服务。

**【公立医院综合改革走在全省前列】**2017年，市政府调整杭州市深化医药卫生体制改革领导小组成员，健全医改办工作机制。组织对全市基层联动推进综合医改工作进行督导，统筹推进萧山、桐庐、淳安、建德等4个省级综合医改先行先试地区医改工作，加快各地公立医院综合改革进程。杭州市在国务院医改办公立医院综合改革效果评价考核中位居全省前列。市级医院的药占比（不含中药饮片）、医疗服务收入、门诊均费和住院均费等考核指标均符合规定要求。国务院医改办在全国推广杭州市医改经验，并在3月份组织中央媒体到杭州集中采访调研。市卫生计生委作为全国10个代表之一，参加国务院医改工作座谈会，介绍杭州推进分级诊疗体系建设经验。

**【医疗国际化和社会办医】**2017年12月15日，市卫生计生委会同市质量技术监督局制定并发布省内首个地方标准——《国际化医院建设标准》。13个国际医院与市属医院建立协作关系，市第一医院等建立国际远程医疗会诊中心。市卫生计生委组织19名医院管理干部赴台湾，进行以"推进医疗服务人文化和国际化"为主题的集中培训。继续与浙江大学联合举办英语口语强化班，全年选派106名中青年业务骨干参加国际性的学术交流和进修培训。推动市属医院与万欣和（上海）等国际知名保险机构深化合作，建立医疗费用结算等服务，为外籍患者提供国际医疗费用结算服务。加强对社会力量办医的鼓励和引导，至年末，全市社会资本举办医疗机构床位占全市总床位的37.3%。

**【医疗服务和质量监管】**2017年，杭州市开展全市医疗质量安全大排查大整治专项工作，市、区（县、市）两级卫生计生行政部门累计督导医疗机构1060个次，排查血透等重点科室2220个，梳理隐患问题701个，整改446个，责令限期整改220个次，行政处罚6个单位。改进医疗服务督查，印发《杭州市医疗质量提升行动实施方案（2017—2019）》。加强临床路径管理，规范诊疗行为，市属医院全部实施电子化临床路径管理。与健康报社合作，在市属医院开展"医患友好度"项目建设。发挥质控中心作用，严格落实临床合理用药。实现全市二级、三级医院全面推行优质护理服务全覆盖。组织开展医用耗材专项整治等行风建设综合治理。

**【卫生许可管理】**2017年，市卫生计生委进一步规范医疗机构设置审批备案管理工作，指导区县（市）医疗机构审批管理工作，依法依规把好医疗机构准入关。全年完成医疗机构设置10个次，登记发证9个；医疗机构设置备案381个次，变更登记15个次，校验25个次。完成执业（助理执业）医师注册（变更注册）6531人次，医师多点执业注册5317人次，外籍医师临时执业注册73人次，港澳台医师短期行医执业注册20人次，护士注册（延续、变更）1.27万人次。实施医疗机构、医师、护士电子化注册管理改革试点工作。

**【惠民医疗和便民后勤服务】**2017年，杭州市惠民医院诊治病人9134人次，其中爱心门诊8572人次、惠民病床住院562人次。减免医疗费用40.98万元。市属医院公共区域星级卫生间实现全覆盖。落实医院合同能源管理，推动市级医院积极参与"国家级节约型公共机构示范单位"和"省级节约型公共机构示范单位"双创工作，提高医院规范化、精细化、科学化管理水平。积极推进市属医院"智慧停车"服务，努力缓解医院停车难问题。（薛　亮）

## 卫生监督

**【医政"最多跑一次"改革】**2017年，市卫生计生委积极推进简政放权，规范审批申请材料，持续优化审批流程。对涉水产品卫生许可、消毒产品生产卫生许可、放射诊疗许可等5个许可事项流程进行再造，取消业务处室（机构）审查环节，受理、审查和审核全部在审批窗口办结，审批时限压缩20%。杭州市作为省卫生计生委医师、护士、医疗机构设置执业许可电子化注册试点城市，完成电子化注册平台建设的基础工作，医师、护士执业电子化注册工作有序推进。市卫生计生委审批的28个主项（73个子项）均实现"最多跑一次"承诺。

**【卫生行政责任制全面落实】**2017年，市卫生计生委明确卫生计生重大行政执法决定事项目录和法制审核规程，进一步做好行政执法主体管理和行政执法人员资格管理，依法开展行政审批工作。市卫生计生委行政许可事项18项（含省级下放事项），以提供"方便、高效、规范、合法"的行政审批服务为目标，受理办结省级下放审批事项9618件，受理办结市本级审批事项1474件，及时办结率100%。做好行政行为的备案、审查，落实行政合同管理规定，重新修订印发行政合同管理制度。

**【卫生"双随机一公开"监管见成效】**国务院办公厅于2015年8月发布《国务院办公厅关于推广随机抽查规范事中事后监管的通知》，要求在全国全面推行"双随机一公开"的监管模式，即在监管过程中随机抽取检查对象，随机选派执法检查人员，抽查情况及查处结果及时向社会公开。杭州市"双随机一公开"卫生监督执法已在公共场所、生活饮用水、传染病防治、学校卫生、放射卫生、医疗卫生监督等领域深入实践。2017年，全市卫生执法部门完成"双随机"国家任务1729件、省级任务1807件，总任务数3536件，所有监督检查信息均由手机端录入，并现场打印监督检查表、现场检查笔录和卫生监督意见书。杭州市承担的国家任务和省级任务均提前完成。

**【监督执法能力建设】**2017年，市卫生计生委多措并举强化监督执法能力。举办各区县（市）卫生计生局分管副局长、科长和所长等管理人员培训班，提升综合素质。举办全市卫生监督协管培训班，规范市卫生监督协管工作执法程序，创建协管示范点。全市一线执法人员配置升级版的全过程执法记录仪，实现监督执法过程实时向后台传递。联合市总工会开展全市卫生监督技能竞赛，提升卫生计生监督执法水平，大赛获得一等奖、二等奖的选手同时被授予"杭州市经济技术创新能手"荣誉称号。

**【医疗卫生监管力度加大】**2017年，

市卫生计生委整顿医疗秩序，坚持投诉举报查处率100%。持续开展打击非法行医活动，全年出动执法人员2790人次，查处无证行医652户，行政处罚163户，罚款107.45万元，没收违法所得97.99万元，没收药品、医疗器械货值233.82万元，移送非法行医案件17起。继续加强计划生育监督工作，严厉查处"两非"违法行为，全面开展计划生育和母婴保健技术服务监督，扎实做好人类辅助生殖技术服务监督，全年查处7起案件。继续开展医疗机构和采供血机构依法执业专项检查、打击非法医疗美容专项行动。建立杭州市医疗废物管理长效工作机制和医疗废物监管工作联席会议制度，强化全市医疗废物管理。

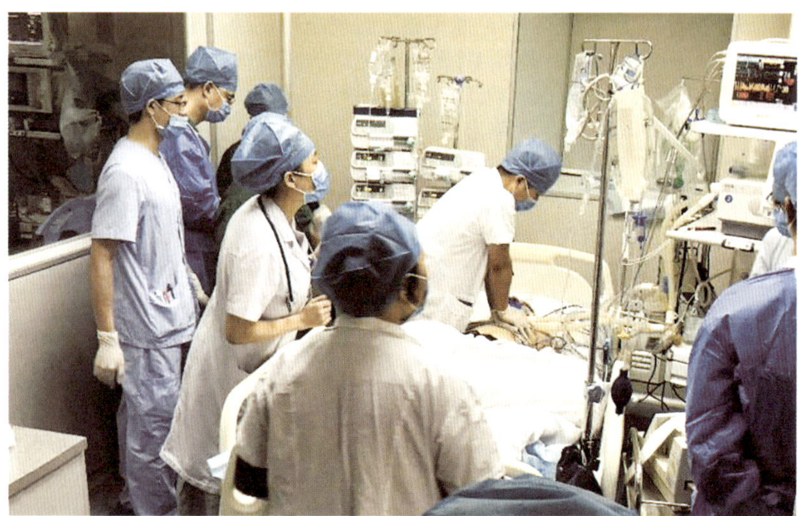

2017年8月7日，杭州市卫生系统抢救三墩爆燃事件受伤人员

（市卫生计生委 供稿）

【公共场所卫生监管】2017年，市卫生计生委推进公共场所、饮用水卫生监督量化分级管理和公共场所健康体检二维码管理，开展住宿场所室内空气质量污染指数管理和沐浴场所卫生监督专项治理。加大公共场所控制吸烟执法力度，出动卫生监督员1.47万人次，检查单位1.39万个，罚款金额9.94万元。开展"五水共治齐参与，剿劣护水争先锋"创建活动，全市各级卫生监督机构抽检水源水、出厂水、管网末梢水和二次供水1492份，合格率99.1%。"零容忍"查处放射卫生技术服务违法行为，对全省首件放射卫生技术服务机构违法案例实施顶格处罚。组织开展全市托幼机构卫生专项监督检查，覆盖1155个托幼机构。（薛　亮）

## 卫生应急

【登革热疫情应急处置】2017年8月21日，杭州市发现首例本地感染登革热病例。市卫生计生委通过健全网格管理、每日会商通报、定期公布疫情等防控工作机制，实施群防群控、联防联控、专防专控；全社会发动，加强爱国卫生运动，落实防蚊灭蚊攻坚；强化病例监测，落实传染源管理；强化巡回督查指导，开展环境综合治理。全市各级各单位共划定网格区域9930个，采样送检4287份，累计消杀面积10.6亿平方米，清除蚊媒孳生地224万余处，清除杂物数量1377.6万吨。至年末，全市未发生登革热重症及死亡病例。

【大型活动应急保障】2017年，杭州市成立市级公共卫生保障专家组和应急小分队，更新杭州市应急指挥平台应急数据和完善应急物质储备。通过开展突发公共卫生事件风险评估，制订突发公共卫生事件疾控总体方案等措施，进一步规范重大活动公共卫生保障工作。认真总结G20杭州峰会保障成功经验，对风险管理进行探索性研究，初步形成杭州市大型活动公共卫生安全"三体系一平台三机制"的风险管理模式，并应用于第十三届全国学生运动会的公共卫生保障中。运动会期间，开展各类人员的传染病相关症状监测，发生疫情苗头及时核实、处置。

【食品安全风险监测】2017年，市卫生计生委提升全市食品安全风险监测工作要求，对杭州市食品污染以及食品中的有害因素监测、食源性疾病监测、食品安全风险监测结果会商等工作提出明确的目标任务。全市共计完成食品污染以及食品中的有害因素监测9700件，检测项目4.37万项，完成率107.6%。认真做好二级及以上医疗机构食源性疾病病例监测，监测哨点医院任务完成率130.7%。通过"浙江省食品安全企业标准备案信息平台"完成备案886件。

【病原微生物实验室生物安全管理】2017年，市卫生计生委组建成立杭州市病原微生物实验室生物安全相关的4个质控中心。通过自主申报、竞争演讲、专家现场答辩，最终评审确定市病原微生物实验室生物安全"研究、诊断、教学、检测"4个质控中心，指导、引领、规范全市病原微生物相关工作。杭州市病原微生物实验室生物安全"研究、诊断、教学、检测"4个质控中心挂靠单位分别是市西溪医院、市第一医院、杭州师范大学附属医院和市疾病预防控制中心。

【"7·21"燃气爆燃事故医疗救治】2017年7月21日上午，西湖区古墩路与灯彩街交界路口的桐庐野鱼馆因液化石油气泄漏发生爆燃事故。事故发生后，杭州市急救中心第一时间派出急救车辆和急救力量，将45名伤员分别送往浙江医院、浙江省人民医院、浙江省立同德医院、浙医二院、杭州师范大学附属医院、浙江绿城心血管病医院救治，全市各医院打开绿色通道，第一时间进行医疗救治。市卫生计生委积极协调国家、省、市医疗机构参与救援，国家卫生计生委、南京军区总医院、北京301医院和304医院先后调派医疗专家赶到杭州会诊危重伤员，全力参加救治工作。

（薛　亮）

责任编辑 汤　峻

## 综 述

**【体育事业发展】** 2017年，杭州市体育部门紧抓杭州“后峰会、前亚运”重大历史发展机遇，围绕加快建设独特韵味别样精彩世界名城发展战略，以“峰会新起点、亚运新征程、打造新铁军”为主题，积极实施体育“十三五”时期发展规划，竞技体育实现新突破，杭州籍运动员在天津全国运动会上获22枚金牌、10枚银牌、7枚铜牌，占全省金牌总数的41.5%；在匈牙利布达佩斯第17届世界游泳锦标赛上，获得2枚金牌、1枚银牌、1枚铜牌，并打破2项亚洲纪录，金牌数占中国游泳队金牌总数的2/3。12月29日，国家体育总局办公厅印发《体育总局办公厅关于浙江省体育局组建中国（浙江）国家游泳队相关工作有关问题的复函》，同意中国游泳运动学院落户浙江杭州。2018年世界游泳锦标赛（25米）和2022年杭州亚运会两大赛事筹备工作有序推进。

坚持“强基育苗”战略，完善“体教结合、市队联办”工作机制。市体育局与斯洛文尼亚马里博尔市签订《合作备忘录》，将在游泳、赛艇、乒乓球、雪上运动等项目上开展交流合作。社会体育公共服务体系不断完善，继续实施健身设施提升工程，新建25处城乡公共体育设施。规模8.8万平方米的全民健身中心建设项目有序推进，全市人均体育场地达到1.9平方米。新增社会体育指导员1200人。实施公共体育场馆设施免费或低收费向社会开放。开展国民体质监测，全年服务国民体质测试3.82万人。体育社团组织服务功能不断增强，全市已有体育社团组织463个，会员20多万人。全民健身活动蓬勃开展，全市经常参与体育锻炼的人口占到常住人口的40.5% 。全面推进各项体育事业，市体育局（市体育总会）、全国排舞推广中心、杭州市陈经纶体育学校被评为全国群众体育先进单位，单位代表受到习近平总书记的接见。杭州市陈经纶体育学校还被授予全国体育先进集体称号。

**【亚大地区反兴奋剂部长级会议在杭召开】** 2017年5月22—23日，第十四届亚洲/大洋洲政府间反兴奋剂部长级会议在浙江省杭州市召开。来自亚洲、大洋洲地区27个国家、4个国际组织的79名代表（其中14位部级领导）参加会议。亚奥理事会、国家体育总局、浙江省和杭州市负责人出席会议开幕式。市体育局全力配合市政府，做好第十四届亚洲/大洋洲政府间反兴奋剂部长级会议的会务和接待保障工作。杭州成为继北京（2005年）之后第二个举办该项国际会议的中国城市。

**【排舞广场舞推广成果斐然】** 2017年，由国家体育总局体操运动管理中心、杭州市体育局、杭州市滨江区政府三方共同组建的全国排舞广场舞推广中心在全国建立省级分中心15个，制定全国排舞、广场舞大众锻炼标准。全国排舞联赛总决赛在全国30个省100多个城市得以推广，辐射人群超过1亿人次，多项原创曲目得到国际认可。组建中国排舞国家队，选派运动员参加世界排舞锦标赛，取得5枚金牌、2枚铜牌的好成绩。《人

2017年11月5日，杭州马拉松赛开跑　　（市体育局 供稿）

**2017年杭州籍运动员参加国际、洲际比赛及全国运动会成绩情况**

表67

| 项　目 | 比赛名称 | 月份 | 地点 | 姓名 | 性别 | 比赛项目 | 名次 |
|---|---|---|---|---|---|---|---|
| 游　泳 | 第十七届世界游泳锦标赛 | 7 | 匈牙利 | 孙　杨 | 男 | 400米自由泳 | 1 |
| 游　泳 | 第十七届世界游泳锦标赛 | 7 | 匈牙利 | 孙　杨 | 男 | 200米自由泳 | 1 |
| 游　泳 | 第十七届世界游泳锦标赛 | 7 | 匈牙利 | 傅园慧 | 女 | 50米仰泳 | 2 |
| 游　泳 | 第十七届世界游泳锦标赛 | 7 | 匈牙利 | 朱梦惠 | 女 | 4×100米混合泳接力 | 3 |
| 游　泳 | 世界杯短池系列赛北京站 | 11 | 中国 | 朱梦惠 | 混合 | 4×50米自由泳接力 | 2 |
| 游　泳 | 第五届亚洲室内与武道运动会 | 9 | 土库曼斯坦 | 封　灵 | 女 | 4×50米自由泳接力 | 1 |
| 游　泳 | 第五届亚洲室内与武道运动会 | 9 | 土库曼斯坦 | 封　灵 | 女 | 4×100米自由泳接力 | 1 |
| 游　泳 | 第五届亚洲室内与武道运动会 | 9 | 土库曼斯坦 | 钱心安 | 女 | 100米个人混合泳 | 3 |
| 游　泳 | 第五届亚洲室内与武道运动会 | 9 | 土库曼斯坦 | 钱心安 | 女 | 200米个人混合泳 | 3 |
| 游　泳 | 第五届亚洲室内与武道运动会 | 9 | 土库曼斯坦 | 张翼祥 | 男 | 4×100米自由泳接力 | 2 |
| 游　泳 | 第五届亚洲室内与武道运动会 | 9 | 土库曼斯坦 | 张翼祥 | 男 | 4×50米自由泳接力 | 2 |
| 游　泳 | 第九届亚洲分龄游泳锦标赛 | 9 | 乌兹别克斯坦 | 李欣怡 | 女 | 4×100米混合泳接力 | 2 |
| 游　泳 | 第九届亚洲分龄游泳锦标赛 | 9 | 乌兹别克斯坦 | 邵　桢 | 女 | 200米蝶泳 | 3 |
| 游　泳 | 第九届亚洲分龄游泳锦标赛 | 9 | 乌兹别克斯坦 | 李欣怡 | 女 | 800米自由泳 | 2 |
| 羽毛球 | 羽毛球国际挑战赛 | 4 | 越南 | 倪博文 | 女 | 混合双打 | 1 |
| 羽毛球 | 羽联黄金大奖赛泰国公主大师赛 | 2 | 泰国 | 陈雨菲 | 女 | 女子单打 | 3 |
| 羽毛球 | 亚洲羽毛球混合团体锦标赛 | 2 | 越南 | 陈雨菲 | 女 | 混合团体 | 3 |
| 羽毛球 | 羽毛球国际挑战赛 | 4 | 日本 | 王斯杰 | 男 | 男子双打 | 1 |
| 羽毛球 | 羽毛球国际挑战赛 | 4 | 越南 | 王斯杰 | 男 | 混合双打 | 1 |
| 羽毛球 | 羽联黄金大奖赛瑞士公开赛 | 3 | 瑞士 | 陈雨菲 | 女 | 女子单打 | 2 |
| 羽毛球 | 苏迪曼杯混合羽毛球团体锦标赛 | 5 | 澳大利亚 | 陈雨菲 | 女 | 混合团体 | 2 |
| 羽毛球 | 世界羽毛球锦标赛 | 8 | 英国 | 陈雨菲 | 女 | 女子单打 | 3 |
| 羽毛球 | 羽联首要超级赛丹麦公开赛 | 10 | 丹麦 | 陈雨菲 | 女 | 女子单打 | 3 |
| 羽毛球 | 世界羽联超级赛迪拜总决赛 | 12 | 阿联酋 | 陈雨菲 | 女 | 女子单打 | 3 |
| 网　球 | ITF(U18)国际青少年网球巡回赛G3(第五站) | 3 | 中国 | 王佳琪 | 女 | 女子单打 | 3 |
| 网　球 | ITF(U18)国际青少年网球巡回赛G3(第五站) | 3 | 中国 | 王佳琪 | 女 | 女子双打 | 2 |
| 网　球 | ITF国际男子网球巡回赛15K | 3 | 中国 | 吴易昺 | 男 | 男子单打 | 1 |
| 网　球 | ITF国际男子网球巡回赛15K | 4 | 西班牙 | 吴易昺 | 男 | 男子单打 | 3 |
| 网　球 | ITF国际男子网球希望赛 | 4 | 西班牙 | 吴易昺 | 男 | 男子双打 | 2 |
| 网　球 | ITF(U18)国际青少年网球巡回赛G4(第7站) | 5 | 中国 | 王佳琪 | 女 | 女子单打 | 3 |
| 网　球 | ITF(U18)国际青少年网球巡回赛G4(第7站) | 5 | 中国 | 王佳琪 | 女 | 女子双打 | 2 |
| 网　球 | ITF(U18)国际青少年网球巡回赛G3(第8站) | 5 | 中国 | 王佳琪 | 女 | 女子单打 | 3 |
| 网　球 | ITF(U18)国际青少年网球巡回赛G3(第8站) | 5 | 中国 | 王佳琪 | 女 | 女子双打 | 3 |
| 网　球 | 美国网球公开赛(青少年组) | 9 | 美国 | 吴易昺 | 男 | 男子单打 | 1 |
| 网　球 | 美国网球公开赛(青少年组) | 9 | 美国 | 吴易昺 | 男 | 男子双打 | 1 |
| 网　球 | ATP国际网球挑战赛 | 9 | 中国 | 吴易昺 | 男 | 男子单打 | 1 |
| 网　球 | 国际网联ITF世界青年大师赛 | 10 | 中国 | 吴易昺 | 男 | 男子单打 | 2 |
| 篮　球 | 2017年亚洲杯篮球比赛 | 7 | 印度 | 沈　怡 | 女 | 篮球 | 3 |
| 跆拳道 | 乌兹别克斯坦总统杯跆拳道比赛 | 8 | 乌兹别克斯坦 | 陈灵龙 | 男 | 80KG级 | 3 |
| 跆拳道 | 亚洲室内武道大会跆拳道比赛 | 9 | 土库曼斯坦 | 陈灵龙 | 男 | 80KG级 | 2 |
| 帆　板 | 2017年亚洲杯帆板比赛 | 10 | 日本 | 史红梅 | 女 | 场地赛 | 2 |
| 自行车 | 场地自行车亚洲锦标赛 | 2 | 印度 | 罗泳佳 | 男 | 男子团体竞速赛 | 1 |
| 自行车 | 场地自行车亚洲青年锦标赛 | 2 | 印度 | 胡佳芳 | 女 | 女子团体竞速赛 | 1 |
| 自行车 | 场地自行车亚洲青年锦标赛 | 2 | 印度 | 胡佳芳 | 女 | 女子争先赛 | 2 |
| 自行车 | 场地自行车亚洲青年锦标赛 | 2 | 印度 | 胡佳芳 | 女 | 女子凯林赛 | 3 |
| 射　击 | 世界青少年射击锦标赛(飞碟) | 9 | 莫斯科 | 操旭东 | 男 | 男子双多项团体 | 3 |
| 射　击 | 第十三届全国运动会射击比赛 | 8 | 中国天津 | 邱烨晗 | 女 | 女子10米气步枪团体 | 1 |
| 自行车 | 第十三届全国运动会自行车比赛 | 8 | 中国天津 | 罗泳佳 | 男 | 男子团体竞速赛 | 1 |

续表67

| 项 目 | 比赛名称 | 月份 | 地点 | 姓名 | 性别 | 比赛项目 | 名次 |
|---|---|---|---|---|---|---|---|
| 帆 船 | 第十三届全国运动会帆船比赛 | 8 | 中国天津 | 陈莎莎 | 女 | 女子470 | 1 |
| 帆 船 | 第十三届全国运动会帆船比赛 | 8 | 中国天津 | 徐臧军 | 男 | 场地赛 | 1 |
| 田 径 | 第十三届全国运动会田径比赛 | 9 | 中国天津 | 冯志强 | 男 | 400米栏 | 1 |
| 田 径 | 第十三届全国运动会(青少年组)田径比赛 | 8 | 中国陕西 | 张大宇 | 男 | 1500米 | 1 |
| 游 泳 | 第十三届全国运动会游泳比赛 | 9 | 中国天津 | 孙 杨 | 男 | 200米自由泳 | 1 |
| 游 泳 | 第十三届全国运动会游泳比赛 | 9 | 中国天津 | 孙 杨 | 男 | 400米自由泳 | 1 |
| 游 泳 | 第十三届全国运动会游泳比赛 | 9 | 中国天津 | 孙 杨 | 男 | 800米自由泳 | 1 |
| 游 泳 | 第十三届全国运动会游泳比赛 | 9 | 中国天津 | 孙 杨 | 男 | 1500米自由泳 | 1 |
| 游 泳 | 第十三届全国运动会游泳比赛 | 9 | 中国天津 | 孙 杨 | 男 | 4×200米自由泳接力 | 1 |
| 游 泳 | 第十三届全国运动会游泳比赛 | 9 | 中国天津 | 孙 杨 | 男 | 4×100米混合泳接力 | 1 |
| 游 泳 | 第十三届全国运动会游泳比赛 | 9 | 中国天津 | 朱梦惠 | 女 | 100米自由泳 | 1 |
| 游 泳 | 第十三届全国运动会游泳比赛 | 9 | 中国天津 | 傅园慧 | 女 | 100米仰泳 | 1 |
| 游 泳 | 第十三届全国运动会游泳比赛 | 9 | 中国天津 | 叶诗文 | 女 | 200米个人混合泳 | 1 |
| 游 泳 | 第十三届全国运动会游泳比赛 | 9 | 中国天津 | 吴 越 | 女 | 4×100米自由泳接力 | 1 |
| 游 泳 | 第十三届全国运动会游泳比赛 | 9 | 中国天津 | 朱梦惠 | 女 | 4×100米自由泳接力 | 1 |
| 游 泳 | 第十三届全国运动会游泳比赛 | 9 | 中国天津 | 傅园慧 | 女 | 4×100米混合泳接力 | 1 |
| 游 泳 | 第十三届全国运动会游泳比赛 | 9 | 中国天津 | 朱梦惠 | 女 | 4×100米混合泳接力 | 1 |
| 游 泳 | 第十三届全国运动会游泳比赛 | 9 | 中国天津 | 傅园慧 | 女 | 混合4×100米混合泳接力 | 1 |
| 游 泳 | 第十三届全国运动会游泳比赛 | 9 | 中国天津 | 毛飞廉 | 男 | 混合4×100米混合泳接力 | 1 |
| 游 泳 | 第十三届全国运动会游泳比赛 | 9 | 中国天津 | 朱梦惠 | 女 | 混合4×100米混合泳接力 | 1 |
| 游 泳 | 第十三届全国运动会游泳比赛 | 9 | 中国天津 | 洪金龙 | 男 | 4×200米自由泳接力 | 1 |
| 游 泳 | 第十三届全国运动会游泳比赛 | 9 | 中国天津 | 毛飞廉 | 男 | 4×100米混合泳接力 | 1 |
| 游 泳 | 第十三届全国运动会游泳比赛 | 9 | 中国天津 | 林欣彤 | 女 | 4×100米自由泳接力 | 1 |
| 游 泳 | 第十三届全国运动会游泳比赛 | 9 | 中国天津 | 林欣彤 | 女 | 4×100米混合泳接力 | 1 |
| 游 泳 | 第十三届全国运动会(少年组)游泳比赛 | 8 | 中国烟台 | 钱心安 | 女 | 蝶泳全能 | 1 |
| 游 泳 | 第十三届全国运动会(少年组)游泳比赛 | 8 | 中国烟台 | 洪金权 | 男 | 蝶泳全能 | 1 |
| 羽毛球 | 第十三届全国运动会羽毛球比赛 | 9 | 中国天津 | 陈雨菲 | 女 | 女子单打 | 1 |
| 武 术 | 第十三届全国运动会武术套路比赛 | 8 | 中国天津 | 王 地 | 男 | 南拳南刀南棍全能 | 1 |

**2017年杭州市部分大型体育赛事活动情况**

表68

| 赛事(活动)名称 | 举办时间 | 主办单位 | 承办单位 | 规 模 | 地 点 |
|---|---|---|---|---|---|
| 杭州市第十九届运动会 | 3月8日至7月6日 | 杭州市政府 | 杭州市体育局 | 1.5万人 | 杭州 |
| 杭州城市定向赛 | 5月14日 | 杭州市体育局、杭州市旅游委员会 | 杭州市体育发展集团 | 5000人 | 杭州国际博览中心 |
| 中国杭州国际名校赛艇挑战赛(西湖站) | 7月20—23日 | 国家体育总局水上运动管理中心、中国赛艇协会 | 杭州市体育局、浙江省船艇运动协会 | 200人 | 西湖平湖秋月景区 |
| 全国冲浪冠军赛暨钱塘江国际冲浪对抗赛 | 9月30日至10月7日 | 国家体育总局水上运动管理中心 | 浙江省体育局、杭州市体育局、杭州市江干区政府 | 100人 | 钱江新城城市阳台水域 |
| 第七届国际(杭州)毅行大会 | 10月28日 | 国际市民体育联盟、杭州市政协教科文卫体委员会、杭州市体育局、中国国际动漫节节展办公室、杭州市西博会组委会办公室 | 杭州市体育发展集团、都市快报社 | 1.5万人 | 渔人码头生态公园 |
| 杭州马拉松 | 11月5日 | 中国田径协会、杭州市政府、浙江省体育局 | 浙江省体育竞赛中心、浙江省黄龙体育中心、杭州市体育局、浙江省马拉松及路跑协会 | 3.5万人 | 黄龙体育中心 |
| 舞动中国·全国排舞广场舞联赛总决赛 | 11月24—29日 | 国家体育总局体操管理中心、杭州市滨江区政府、杭州市体育局 | 全国排舞广场舞运动推广中心、杭州市体育发展集团 | 2000人 | 滨江体育馆 |

民日报》以“用体育讲述一个‘杭州故事’”为题,深度点评杭州排舞推广工作,杭州成为引领全国排舞运动的中心城市。

**【2018年世界游泳锦标赛(25米)筹备】** 2017年,杭州市按照国际泳联有关要求和《主办城市协议》,扎实推进2018年世界游泳锦标赛(25米)筹备工作。赛事会徽、吉祥物及主题口号正式发布,中英文官方网站正式上线,摄制迎接世界游泳锦标赛(25米)的城市宣传片(中英文),完成赛事主题歌曲创作。赛事组委会印发《2018年世界游泳锦标赛(25米)筹备工作总体方案》,对组委会各部门工作计划、工作任务、工作内容进行明确。制定《2018年世界游泳锦标赛(25米)资金管理办法》《2018年世界短池游泳锦标赛(25米)组委会工作人员因公出国管理办法》等制度。加快推进场馆建设,借鉴上海市和加拿大温莎市利用其他项目场馆临时改搭建设施的办赛经验,将场馆安排在杭州奥体博览城网球中心临时改建。同时考虑到网球中心没有副馆的状况,为满足游泳比赛需要,在馆外再临时搭建热身馆(包括热身池、运动员休息区、运动员更衣区)。与国际泳联主席胡里奥、执行主任马库以及副主席、项目经理、各部门负责人多次会晤,商讨并不断完善赛事筹备工作。至年末,2018年世界短池游泳锦标赛运行方案初步形成,各项筹备工作受到国际泳联的肯定。

(冯芳华)

2017年11月27日,“舞动中国——广场舞联赛”总决赛闭幕式举行

(市体育局 供稿)

## 群众体育

**【杭州市获省体育大会3项总分第一】** 2017年9月29日,浙江省第三届体育大会在舟山体育场开幕,这是浙江省规格最高、规模最大的综合性群众体育盛会。省体育大会四年一届,杭州积极做好组队参赛工作,共有787名运动员参加38个项目的比赛,累计获得74枚金牌、58枚银牌、41枚铜牌,实现金牌总数、奖牌总数、团体总分3项第一。杭州还被授予体育道德风尚奖、优秀组织奖和全民健身活动奖。

**【全民健身活动丰富多彩】** 2017年,杭州市体育局结合实施“一区(县、市)一品牌”活动,充分发挥区县(市)体育部门各自资源优势,举办杭州马拉松赛、中国杭州国际名校赛艇挑战赛(西湖站)、钱塘江国际冲浪挑战赛、杭州(国际)毅行大会、大宋108公里国际越野赛、千岛湖公开水域世界杯等10多项国际性体育赛事活动。全年组织开展不同群体、不同项目、不同级别,具有一定规模的体育健身活动1000多场(次),直接参与活动的群众100多万人(次)。

**【体育社团服务功能增强】** 至2017年末,杭州市有各级体育社团463个,会员20多万人,其中市级体育社团62个,比上年新增6个。各级体育社团举办全民健身活动100多场,带动20多万人直接参与体育锻炼。市水上救生协会承办的2000人参加的横渡钱塘江活动,成为杭州特色体育品牌活动。市体育局会同市健康办确定市健身气功协会等5个体育协会作为2017年杭州“健康五进”(进街道、进社区、进学校、进企业、进机关)项目试点社团,深入基层,推进健康杭州建设。

**【中国杭州国际名校赛艇挑战赛】** 2017年7月20—23日,中国杭州国际名校赛艇挑战赛(西湖站)在西湖水域举行,赛事以“名城、名湖、名校、名

2017年7月22日,中国杭州国际名校赛艇挑战赛(西湖站)在西湖开赛

(市体育局 供稿)

赛”为主题，由国家体育总局水上运动管理中心、中国赛艇协会主办，杭州市体育局、浙江省船艇运动协会承办。哈佛大学、耶鲁大学、剑桥大学、伦敦大学、清华大学、浙江大学等来自8个国家知名高校的16支赛艇队参加。经过预赛和决赛的角逐，澳大利亚悉尼大学队、荷兰阿姆斯特丹大学队和英国伦敦大学队分别获得男子1000米8人单桨有舵手比赛的前三名，新西兰奥塔哥大学队、意大利利亚斯特大学队和中国浙江大学队分别获得女子1000米8人单桨有舵手比赛的前三名。

**【国际（杭州）毅行大会】** 2017年10月28日，第七届国际（杭州）毅行大会在渔人码头生态公园举行。活动以“杭州与世界同行”为主题，以传播健康文化，倡导品质生活为理念，吸引1.5万名爱好者参加，其中包括美国、澳大利亚、捷克、英国等17个国家的260多名国际友人。活动由国际市民体育联盟、市政协教科文卫体委员会、市体育局、中国国际动漫节节展办公室和市西湖博览会组委会办公室共同主办。毅行活动终点处增加运动嘉年华活动，增设与运动项目相结合的亲子互动、乐队表演、健身指导等，丰富活动形式和内容，增加选手参与乐趣。活动首次运用大数据全程关注选手的进程配速等技术，为选手提供更精准、更全面的服务。

2017年10月28日，弯弯托管中心的智障孩子应邀参加国际（杭州）毅行大会

（市体育局 供稿）

**【全国八城千人健身气功大型展示活动（杭州站）】** 2017年3月28日，杭州以“西溪水上花 最忆是杭州”为主题，与北京、上海等城市同步开启“2017全国八城千人健身气功大型展示活动（杭州站）”。活动由国家体育总局健身气功管理中心主办，北京、上海、广州、深圳等8个城市承办。杭州站活动秉承“创新、活力、联动、包容、大气、精致、唯美、民生”的指导思想，形式上突破以往健身气功交流广场展示固有模式，将展台设在西溪湿地水面上。内容上保留原有的中华传统文化、杭州风土人情、茶艺表演和古琴展示等元素，增加诗词朗诵、越剧、瑜伽、花道和中华传统服饰秀等活动。1000多名健身气功爱好者展示“易筋经”“五禽戏”“六字诀”“八段锦”等健身气功，助力推动全民健身与全民健康融合发展。

**【体育健身指导】** 2017年，杭州市进一步推动国民体质监测三级网络建设，建立规范有效的工作体系。建立监测计划预报制度，加强市监测中心对全市监测工作进度的掌控；通过监测工作技术巡视制度，加强测试技术指导，提高测试数据精度；建立测试动态季度通报制度，加强信息反馈，提升对全市监测工作网络的科学管理。全市建成95个国民体质监测站点，全年为3.82万人提供国民体质测试服务。开展“健身指导进基层”活动，深入乡村、社区、单位，将健身指导带到离群众更近的地方。全年开展“健康中国，一起舞吧”广场舞进社区（乡村）公益行活动21场，为8个单位提供全民健身项目上门教学指导。（冯芳华）

## 竞技体育

**【国家高水平体育后备人才基地】** 2017年3月24日，国家体育总局对“国家重点高水平体育后备人才基地（2017—2020）”和“国家高水平体育后备人才基地（2017—2020）”名单予以公示，杭州市有4个单位被授予“国家高水平体育后备人才基地”称号。杭州市陈经纶体育学校、杭州市体育发展集团游泳健身中心被评为“国家重点高水平体育后备人才基地（2017—2020）”；杭州市水上运动中心、杭州市余杭区少年儿童业余体校被评为“国家高水平体育后备人才基地（2017—2020）”。杭州市体育后备人才培养水平步入全国高水平行列，为备战2022年杭州亚运会打下坚实基础。

**【教体结合创建后备人才基地】** 2017年，市体育局加强杭州市“市队联办”体育后备人才基地建设，改善各级体校和业余训练单位的办学条件，规范各学校和训练单位的管理。配合市教育局规范体育特长生的招生工作。迎接浙江省体育后备人才基地（2017—2020年）评选，余杭区杭州绿城育华桃花源学校、临安市体育学校、富阳区青少年业余体校、萧山区少年儿童体育运动学校4个单位创建成为浙江省重点高水平体育后备人才基地；桐庐县青少年体育学校、杭州市体育发展集团大关游泳健身中心、杭州市射击射箭运动中心、杭州市模型无线电（自行车）运动中心4个单位创建成为浙江省高水平体育后备人才基地。同时，创建2017—2020年周期浙江省体育传统项目学校阳光体育后备人才基地5个，分别是富阳区郁达夫中学、杭州江南实验学校、富阳区春江中心小学、杭州市江城中学、建德市实验小学。

【杭州籍运动员游泳世锦赛创佳绩】2017年7月14—30日，第17届世界游泳锦标赛在匈牙利首都布达佩斯举行。杭州籍6名游泳运动员孙杨、叶诗文、傅园慧、朱梦惠、毛飞廉、吴越代表中国队参加比赛，获得2枚金牌、1枚银牌、1枚铜牌，并打破2项亚洲纪录，以优异成绩为中国争光、为杭州添彩。特别是在男子400米自由泳项目比赛中，孙杨力挫澳大利亚名将霍顿、韩国名将朴泰桓等世界著名运动员，为中国队夺得该届世锦赛游泳项目上的第1枚金牌，并实现个人世锦赛400米自由泳"三连冠"，追平澳大利亚著名运动员索普的纪录。另外，孙杨还勇夺男子200米自由泳冠军，傅园慧以0.01秒之差夺得100米仰泳银牌，朱梦惠在男女混合4×100米接力项目上夺得1枚铜牌。杭州运动员继续保持游泳项目在全国游泳的领先地位。

【杭州运动员获39枚全国运动会奖牌】2017年8月27日至9月8日，第十三届全国运动会在天津举行。杭州选派152名运动员参加全运会22个大项、236个小项的竞技体育项目比赛。杭州运动员充分发扬不畏强手、奋力拼搏的精神，获得22枚金牌、10枚银牌、7枚铜牌，共计获得奖牌39枚。金牌占全省金牌总数的41.5%，奖牌占全省奖牌总数的31.5%。杭州获得的金牌总数位居全国省、市（直辖市）排名第7位。特别是在传统优势游泳项目上，获得14枚金牌，占浙江游泳金牌数的53.8%。

【全国游泳现场经验交流会在杭召开】2017年9月23—24日，国家体育总局在杭州举办全国游泳现场经验交流会暨游泳科学训练专家论坛。国家体育总局局长苟仲文出席会议做重要讲话，副局长蔡振华主持会议，浙江省副省长成岳冲到会并讲话。各省、自治区、直辖市体育局分管副局长，训练竞赛处处长，体育科研院所，以及国内外知名教练员、专家学者等150多人参加交流会。杭州市体育局做题为"夯实基础、创新机制、久久为功，加快建设杭州游泳城市品牌"的经验交流发言，得到国家体育总局和与会人员的高度肯定。国家体育总局决定与浙江共建国家游泳队，提高中国游泳项目的整体水平。

【杭州市第十九届运动会】2017年6月30日至7月7日，杭州市举办以"共享快乐健康、共建世界名城"为主题的第十九届运动会。全市有27个代表队、1万余名运动员参赛。比赛项目分成年部和青少年部，共计46个大项比赛，其中青少年部比赛有28个大项。市第十九届运动会创新办赛方式，实现市运会安全"零事故"、运动员"零受伤"、参赛运动队"零投诉"办赛目标。运动会上有8人、13项次打破杭州纪录，1人、1项次打破省青少年纪录；桐庐县、萧山区、余杭区获得金牌总数前三名；桐庐县、余杭区（并列第一名）、萧山区、西湖区获得奖牌总数前三名；余杭区、桐庐县、萧山区获得团体总分前三名。

2017年8月24日，国际奥委会主席（右二）巴赫到杭州访问，考察杭州体育发展和体育设施建设情况 （市体育局 供稿）

【短道速滑项目省市联办】2017年初，浙江省为贯彻落实国家体育总局实施的"北冰南展西扩"发展战略，组建冬季项目运动队，杭州市体育局与省体育局签订短道速滑省队联办协议书。6月，仅通过半年时间，杭州进行组队以及项目、训练方式的调整。浙江短道速滑队以杭州市青少年轮滑队为班底，所有队员都是杭州籍，实行轮滑、冰滑兼顾训练，全力备战。11月5日，2017—2018年全国短道速滑联赛青少年组（青岛站）比赛结束，初次参赛的杭州籍运动员夺得全国青少年短道速滑联赛（青岛站）1枚金牌、1枚银牌、2枚铜牌，实现冰上项目"零"的突破。 （冯芳华）

## 体育设施

【市全民健身中心建设】2017年，杭州市有序推进市全民健身中心项目建设。该项目属杭州市重点民生工程，项目用地面积1.55公顷，建筑规模为8.81万平方米。至年末，完成全民健身中心三层地下室主体结构施工，地上建筑A楼主体结构施工至第2层，B楼主体结构施工至第7层。

【学校体育场地设施向社会开放】2017年，杭州市新增浙江省教育厅教研室附属小学南校区、西湖紫萱小学、大禹路小学甲来路校区、转塘小学象山校区4所向社会开放体育场地设施的学校。至年末，全市有574所学校场地设施向社会开放，符合开放条件的学校开放率100%。市体育局运用"互联网+"平台，为市民提供便利服务，全年新登记入校健身人数60多万人，全年有100多万人次入校健身锻炼。

【公共体育场馆设施向社会开放】2017年，杭州市体育发展集团本着为民办实事的宗旨，向下属各体育场馆印发《杭州市体育发展集团低价收费方案（暂行）》，规定元旦、春节、劳动节等法定假日，以及每月1日、15日为市民锻炼免费开放日。全年累计接待参加免费、低收费活动的群众29万余人次。（冯芳华）

## 体育产业

**【7个企业入选体育服务业示范企业】** 2017年，根据省体育局、省发改委、省经信委、省科学技术厅、省工商局和省统计局联合印发的《关于开展2016年浙江省体育服务业示范企业创评和复评工作的通知》，杭州市开展省体育服务业示范企业评选和报送工作。经单位申报、审核推荐、专家评审、实地抽查和网上公示等环节，3月29日，全省有浙江横店体育发展有限公司等20个单位被认定为浙江省体育服务业示范企业，其中杭州市有7个企业上榜。

**【体育产业招商引资】** 2017年11月8日，由市体育局主办，市体育休闲行业协会承办，市投资促进局、市旅委、部分区县（市）政府共同支持的"杭州市体育产业招商引资签约仪式"在新侨饭店举行。签约的有"清凉峰国家山地公园""体育经营和改造场馆""驼峰高空跳伞""亚航热气球""电竞赛（训练）馆""慕仁露营"6个体育产业项目，累计投资总额3.26亿元。至年末，全市体育产业制造业年产值在1000万元以上的企业有23个，年产值2亿元以上的体育产业制造集群2个，体育服务业规模以上企业50个，从事体育产业服务业的体育经营场所3500多个，体育产业初具规模。

**【15个企业获省体育产业扶持资金1000万元】** 2017年，杭州市加大政府引导，市体育部门积极推荐体育项目申报省体育产业发展资金项目。杭州市体育发展集团、杭州怀诚体育策划有限公司、杭州绿健健身管理有限公司、杭州畅逸商务会展有限公司、杭州汉尚广告有限公司等15个体育企业入选2017年度浙江省体育产业发展资金项目库，全年获得省体育产业扶持资金约1000万元。项目补助资金按规定用途专款专用。

2017年9月24日，国家体育总局局长苟仲文（右二）考察市体育健身中心游泳业余训练情况（市体育局 供稿）

**【体育产业专项调查】** 2017年，市体育局根据国家体育总局关于做好全国体育产业机构名录库建设的要求，落实省体育局开展年度全省体育产业专项调查工作的部署，积极开展杭州市体育产业机构名录库建设工作。该调查是第一次由政府部门统一组织实施的体育产业统计，意在建立体育产业数据库、名录库等基础信息平台，获取体育产业领域内多个相关系数，为未来体育产业核心指标数据的测算和中国体育产业统计体系的建立奠定坚实的基础。至年末，累计完善杭州2434个体育产业企业的名录库数据，及时、有效掌握全市体育产业的发展情况。

**【体育从业人员培育】** 2017年，市体育局进一步落实和规范体育经营场所社会体育指导员"先培训、后就业"的持证上岗制度，开展社会体育职业指导员培训，提高杭州市社会体育职业指导员的综合素质和服务水平。全年新增社会体育指导员1345人（涉及项目有游泳、高尔夫球、跆拳道、轮滑、足球、健身教练等）、救生员1265人、职业社会体育指导员895人、体育场地工（泳池）72人。

**【体育彩票销售27.47亿元】** 2017年，杭州体育彩票市场完成销售27.47亿元，再创历史新业绩，比上年增长6.6%。占全省体育彩票销量的20.1%，继续保持全省第一。其中从公益金筹集情况看，年度杭州体育彩票共筹集公益金7.42亿元，增长7.3%。按彩票类型分，"高频游戏类"彩票销售9.2亿元，增长14.2%；"超级大乐透"彩票销售5.6亿元，增长10.5%；"竞猜型游戏"彩票8.4亿元。（冯芳华）

责任编辑 汤 峻

## 综　述

【人力资源事业发展】2017年，杭州市以“最多跑一次”改革为牵引，促进就业创业，推进就业社保一体化改革，加快人才国际化步伐，推进人事制度改革和公务员队伍建设，发展和谐劳动关系。全年举办、承办2017年中国（浙江）人力资源服务博览会、2017年浙江·杭州国际人才交流与项目合作大会、创客天下·2017年杭州市海外高层次人才创新创业大赛等重大活动。杭州市连续7年入选“外籍人才眼中最具吸引力的中国城市”，海外人才净流入率居全国城市榜首。市人力社保局连续13年获市直机关优胜（满意）单位称号，劳动关系和谐指数连续第7年列全省第一。

【政策体系完善】2017年，杭州市修订《杭州市基本医疗保障办法》《杭州市基本医疗保障办法市区实施细则》，出台《关于杭州市区基本养老保险统筹管理若干问题的意见》《关于萧山、余杭、富阳三区与主城区工伤保险一体化工作有关问题的通知》。落实“人才新政27条”，出台实施“人才若干意见22条”配套政策，在国内同类城市率先出台《关于加快推进杭州人才国际化的实施意见》和《杭州市加快发展人力资源服务业实施细则》，提出“全球聚才十条”“开放育才六条”等政策，形成更具竞争力人才政策制度优势。修订《杭州市就业创业指数评价体系（试行）》，及时更新《市区享受灵活就业补助和社保补贴的岗位（工种）目录》。

【制度改革推进】2017年，杭州市机关事业单位养老保险制度、收入分配制度、县以下机关公务员职务与职级并行制度、市区就业社保一体化等重大改革有序推进。实施机关事业养老保险制度改革，机关事业单位基本实现参保全覆盖。县以下机关公务员职务职级制度改革落地，公安警务序列改革试点、公立医院薪酬制度改革试点、法官检察官工资制度改革、鼓励支持科研人员离岗创业创新等改革试点工作稳步开展。出台《杭州市进一步完善基层文化事业单位文化专业人才公开招聘工作的指导意见》，推进基层文化单位工作人员招聘改革。探索公务员考录“理论+实践”培养锻炼新模式，开展新录用公务员接访、走访、暗访“三访”集训活动。萧山、余杭、富阳三区就业社保纳入市本级统筹工作全面推进，主城区和萧山、余杭、富阳三区就业社保一体化信息系统上线。

【“互联网+人社”行动】2017年，杭州市推进“互联网+人社”行动，优化升级智慧就业、智慧监察、社会保险和医疗保险等信息系统，实时共享个人参保证明、养老金领取、医疗费用结算单等6类数据，推广运用电子社保卡、城乡居民医保支付宝续保缴费，实现证历本在医院换发，开展医保移动支付试点。搭建“互联网+”双创服务平台，高层次人才创业创新服务实现职称评审、项目申

2017年11月7日，“创客天下·2017杭州市海外高层次人才创新创业大赛”总决赛在杭州举行　　（市人力社保局 供稿）

报、人才认定、购房申请、政策咨询等线上完成。全市110个事项在浙江政务服务网实现网上申请,21个事项实现全流程网上办理。

【公共服务优化】2017年,杭州市着力提升优化公共服务,以群众需求为导向,实现"最多跑一次"事项基本统一和目录内事项100%"跑一次"。下放31个事项由基层办理,服务群众474万人次。9月15日,市人力社保局开设专窗推出退休联办业务,市本级实现"一窗受理、按责转办、限时办结、结果反馈"一站式退休审批服务,并向区县(市)展开。优化文化养老服务,举办退休人员文体活动900多场,退休干部(职工)大学继续实施"一校多点、辐射杭城"办学模式。明确基层人力社保服务平台工作职责、任务,开展基层站室新增人员业务培训和骨干人员能力提升培训。组织各项人事考试,总人数20万人。打造便民高效优质窗口,"12333"人力社保咨询服务整体划转"12345"市长公开电话。完成基层社保服务综合标准化国家级试点和标准体系建立,建设街道(乡镇)人力社保站样板窗口15个。市人才服务局窗口被共青团中央授予"全国青年文明号"。

(骆椿美)

2017年杭州人才市场人才招聘岗位需求前15位排行榜

表69 单位:人

| 序号 | 岗位类别 | 总需求数 |
|---|---|---|
| 1 | 销售人员类 | 94 354 |
| 2 | 建筑装潢/市政建设类 | 26 101 |
| 3 | 销售管理类 | 25 246 |
| 4 | 房地产类 | 23 164 |
| 5 | 技工类 | 18 826 |
| 6 | 工程/机械/能源类 | 16 179 |
| 7 | 客服及技术支持类 | 15 178 |
| 8 | 行政/文秘/后勤类 | 13 433 |
| 9 | 销售行政及商务类 | 12 865 |
| 10 | 餐饮/娱乐类 | 11 635 |
| 11 | 百货/连锁/零售服务类 | 10 783 |
| 12 | 电子/电器/仪器仪表类 | 10 639 |
| 13 | 计算机软件类 | 10 359 |
| 14 | 财务/审计/税务类 | 9 335 |
| 15 | 互联网/电子商务/网游类 | 8 946 |

## 就业创业

【就业形势保持平稳】2017年,杭州市着力实施就业政策,大力推进大众创业、万众创新,就业形势总体保持稳定。全年全市城镇新增就业29.71万人,接收高校毕业生7.93万人,其中研究生以上学历1万人;城镇失业人员实现再就业11.04万人,其中就业困难人员再就业4.22万人,失业保险参保净增41.85万人。年末城镇登记失业率为1.7%。

【就业长效机制完善】2017年,杭州市继续实施"杭州就业创业新政27条"。12月27日,出台《关于进一步明确市区就业创业政策一体化相关问题的通知》。11月2日,出台《关于贯彻〈浙江省失业保险支持参保职工提升职业技能实施办法〉的意见》,完善杭州市4.0版就业创业政策体系。修订《杭州市就业创业指数评价体系(试行)》,优化就业创业工作综合考评办法,引导各区县(市)支持创业、提高就业质量。

【城乡统筹就业】2017年,杭州市优化落实鼓励单位吸纳、灵活就业、公益性岗位安置等帮扶政策,促进城乡失业人员实现再就业,全年帮扶城镇就业困难人员实现就业4.22万人。结合户籍制度改革,做好原农村就业困难人员新老政策衔接。推进政府购买公益性岗位服务,上城区、拱墅区开展引入社会力量参与公益性岗位开发管理试点。发挥失业保险基金促就业、防失业作用,向4183个企业发放稳岗补贴3.18亿元,惠及职工68.46万人。至年末,6.73万人次享受用工补助和社保补贴4.80亿元,2644人次享受自主创业社保补贴1291万元,16.73万人次享受社区政策性帮扶岗位综合补贴和物业服务企业社区"三保"岗位补贴4.06亿元,12.49万人次享受灵活就业补助和社保补贴4.33亿元。主城区农村政策性帮扶岗位帮扶9052人次,综合补贴1877万元,年末实有在岗736人,276个单位申报农村用工补助和社保补贴,补贴金额145万元,涉及农村就业困难人员528人。

【就业创业平台建设】2017年,杭州市大力推动"双创",鼓励和引导全民创业带动就业,成立首家"杭州市创业陪跑扶持基金会"。发挥杭州市产业优势深化网络创业,举办大学生网络创业大赛(综合场),实施农村电子商务就业创业认定和政策扶持。扶持大众创业,开展创业培训1.1万人次,发放创业担保贷款2.49亿元,新认定小微创业园6个。"网尚空间"企业转型升级,搭建"人才+资本"为特色"互联网"创业平台,招收创业项目59个,提供创业孵化服务300多个,分别获评科技部、省科技厅"2017年度国家级众创空间"和"2017年度省级众创空间"创业平台。建设"创业陪跑空间",打造杭州大众创业生态联盟基地。全年征集评审推出创业项目11个,举办各类创业项目展示会6场,参展项目61个。组织第二届"杭州创业马拉松""O2O空中创业课堂"活动。举办杭州众创大会,促进投融资对接3560万元、惠及创业者9600人。做强"师友计划"系列活动品牌,优化调整2017年大学生就业创业服务工作。

【高校毕业生就业服务】2017年,杭州市围绕高校毕业生"好就业、就好业"核心,推进"六位一体"高校毕业生就业引领工程,启动实施高校毕业生就业质量行动,做好毕业生就业服务。发布《2016年度杭州市接收高校毕业生就业情况报告》。5月31日，出台《杭州市新引进应届高学历毕业生生活补贴发放实施办法》，吸引高学历毕业生在杭就业创业，全年拨付补贴1.37万人，其中硕士1.33万人、博士397人，发放补贴2.78亿元。推进与市外重点高校战略合作，与黑龙江、安徽、江苏等地20所高校(单位)建立战略合作协议。搭建高校毕业生供需交流平台，举办春季系列校园招聘会4场、毕业生公益性招聘会20场、2017年杭州市高校毕业生暨都市经济圈城市招聘大会4场，提供毕业生就业岗位5.67万个。开展杭州市大学生就业创业专家指导团活动，举办导师团讲座43场；在招聘会现场开展"就业直通车"品牌活动9场，为应聘者提供就业咨询、简历诊断、面试技巧、创业指导等服务。通过"杭州人才网"为在杭高校未就业毕业生提供简历入库、企业查询、岗位推荐等助推服务，全年助推830人。

**【大学生创业服务】**2017年10月13日，杭州市出台《杭州市成长型大学生创业企业投资引导基金管理办法(试行)》，发挥民间投资资金作用，"海大基金"投资项目11个，投资额1.18亿元；"涌泉基金"投资项目31个，投资额7000万元；新增"涌泉奇景基金"和"涌泉米硕基金"，基金总规模4000万元。11月15日，出台《杭州市大学生创业三年行动计划(2017—2019)》，打造大学生创业杭州品牌。全年资助大学生创业项目250个，资助资金1267万元；新增大学生创业企业1561个，创业大学生3341人，带动就业7412人。举办第五届中国杭州大学生创业大赛，海内外405所高校2835个项目参赛，新增86个项目在杭落地转化。杭州推荐参赛项目"青团社"获"奇思妙想浙江行"创业大赛总决赛冠军。推进大学生创业培训，全年培训大学生288人次；新增跨境电商创业实训项目，全年创业实训大学生4.89万人。实施杭州大学生杰出人才培育计划，10个培育对象创办的企业在"新三板"上市或被上市公司收购。

**【公共就业服务】**2017年，杭州市畅通就业供需信息对接，开展就业援助月、春风行动、民营企业招聘周、省内人力资源余缺调剂招聘会、社会单位招用残疾人专场招聘会、2017年应届残疾大学生专项招聘会等公共就业服务专项活动，开展东西部和省内劳务协作，搭建人力资源对接平台。全年举办招聘会1266场，推出岗位51.41万个，"杭州就业网"发布用工信息单位7.07万个次、用工岗位87.3万个，促进劳动力供需双方顺利对接和有效就业。推进职业指导工作，全市职业指导师持证人员700多名。完善市本级失业预警信息系统，落实《杭州市失业应急预案》，举办杭州失业应急演练，对全市1625个用工和失业动态监测企业，分区、分批次开展交流活动13场。

**【公共就业信息化平台建设】**2017年，杭州市提升公共就业服务信息化管理水平，市、区县(市)、街道(乡镇)、社区(行政村)四级联网人力资源信息网提高使用绩效，发挥网络人力资源市场作用促进就业。"杭州就业网"、"杭州就业"App、"杭州就业"微信公众号、人力资源市场、短信平台、各级公共就业服务平台等"六位一体"智慧化就业服务平台正式上线，实现就业服务"一体化、便捷化、智慧化"办理。完善"杭州就业网"管理及评估，新增有效会员单位1.41万个，通过"杭州就业网"和"杭州就业"App自助注册用人单位1678个。

**【杭州智慧就业信息系统上线】**2017年3月10日，杭州智慧就业信息系统正式上线运行。该系统以"互联网+"思维设计开发，基于浙江政务云平台，采用工作流引擎、电子档案、电子签章等技术，优化业务工作流程，实现包含失业管理、就业登记、就业援助、创业管理、大学生就业创业管理等就业公共服务核心业务，200多个业务事项、1131个业务环节实现无纸化办理。杭州智慧就业信息系统以"信息化驱动业务主导"的合作模式，推进项目建设，实现公共就业"外网申报、内网审核"的"互联网+"办事模式，大学生见习训练、就业创业师友计划等46个业务流程全部实现网上办事，并推出手机App等移动端服务应用。（骆椿美）

## 人事管理

**【公务员管理】**2017年，杭州市坚持公开、公平、公正原则，优化公务员考试录用工作，针对偏远地区乡镇设置岗位面向本地生源或本地户籍招考，建立面试基地，完善面试抽签办法，实施公务员四级联考、紧缺职位、人民警察、特警等招考录用，组织招录公务员949人。创新公务员引才育才，在全国"双一流"大学开展选调生招考，探索公务员考录"理论+实践"培养锻炼新模式，开展新录用公务员接访、走访、暗访"三访"集训。出台《杭州市公务员行为守则》，推进公务员职业道德建设工程。县以下机关公务员职务职级制度平稳落地，公安警务序列改革试点稳步推进。评选市直单位、区(县、市)、基层站所3个层面"十佳公务员"各10人，评选市"最美公务员"105人。开发公务员管理信息系统，实现公务员管理工作网络化。

**【公务员培训】**2017年，杭州市发挥"干部学习新干线"平台优势做好公务员培训，全市90多个市直机关和13个区县(市)均实行学分制管理，实名注册学员4.75万人，全年在线学习总时长655万小时。2月，"干部学习新干线"移动平台上线，满足公务员移动式、碎片化学习需求。组织公务员四类培训提升公务员能力素质，其中：市直公务员任职培训班2期，162名新任处级领导干部参训；处级公务员能力建设培训班2期，83名处级领导干部参训；新录用公务员初任培训班949人参训；全市年度考核基本称职及以下公务员基本素质培训班64人参训。实施公务员"学法用法三年轮训行动"计划，1.9万名公务员参加培训学习。组织举办"公务员知识大讲堂"4期，3600多名公务员参与名师课堂。开展公务员网上学法用法活动，在"干部学习新干线"平台开设十九大精神、十八届六中全会精神、"两会"、依法行政等学习专题，全年组织开展各类专题学习和竞赛活动8万人次。

**【事业单位公开招聘】**2017年，杭州市规范事业单位公开招聘，严格人才交流审查，全年招聘、引进人才1646

人。深化事业单位分类招聘,实施高层次、紧缺专业技术岗位自主招聘和市属事业单位管理类、通用专业技术类岗位统一招聘,组织市属事业单位统一招聘考试2次,全年公开招聘1486人。开展高层次人才引进备案审核,杭州师范大学、杭州职业技术学院、杭州技师学院、杭州高级中学等单位引进国家级、省级领军人才6人。3月31日,出台《杭州市进一步完善基层文化事业单位文化专业人才公开招聘工作的指导意见》,推进基层文化单位工作人员招聘工作改革。指导各区县(市)面向大学生"村官"、社区工作者公开招聘乡镇(街道)事业单位工作人员,招聘大学生村官38人、社区工作者21人。

**【事业单位岗位管理】** 2017年,杭州市加强事业单位人事管理信息化建设,健全完善事业单位人员信息数据库。开展岗位管理,核准77个市属事业单位调整岗位设置方案,核定各事业单位岗位结构比例,按照浙江省部分行业事业单位专业技术岗位结构比例标准严格控制专业技术岗位。建立健全岗位晋升机制,结合岗位管理与事业单位人事管理,实时办理825个次事业单位6515名工作人员岗位聘用变动认定。27人经省人社厅批准聘为专业技术二级岗位,按照能力、业绩、贡献等评判标准评审甄选专业技术三级岗50人、工勤技能一级岗1人。鼓励和支持科研人员离岗创业创新,办理离岗创业手续4人。

**【机关事业单位工资福利】** 2017年,杭州市推进机关事业单位各项工资改革,法官、检察官工资制度改革、公安机关、人民警察职务序列试点工资改革、公立医院薪酬制度改革试点顺利完成。继续完善收入分配政策,出台完善绩效工资实施办法,允许事业单位对急需紧缺高层次人才单独制定收入分配政策、科技成果转化受益用于分配等项目不纳入绩效工资总量;加大对部分群体收入分配倾斜力度,制定对儿科、护理、精神卫生等医护人员群体实施收入分配倾斜制度。调整市区事业单位部分退休人员生活补贴标准,月人均增资220元。

**【军转人员安置】** 2017年,杭州市积极服从军队改革大局,接收军转干部738人,其中计划安置568人、自主择业170人,计划安置基本实现当年接收、当年安置、当年培训,自主择业军转干部退役金年审及调整、医疗保障和培训工作精细实施。妥善安置随调家属7人、随军家属249人。

(骆椿美)

## 人才服务

**【人力资源服务业发展】** 2017年,杭州市加快发展人力资源服务业。9月28日,出台《杭州市加快发展人力资源服务业实施细则》。市政府与国家外国专家局签订《共同推进杭州国家自主创新示范区建设国际人才创业创新园合作备忘录》,共建全国首个国际人才创业创新园,集聚各类机构240个,其中国际人力资源中介机构25个,实现产值165亿元,税收突破2.16亿元。开展人力资源诚信服务示范机构创建活动,创建全国诚信服务示范单位4个。加强行业人才培养,实施全市人力资源服务从业人员培训,组织30多个人力资源服务机构负责人开展行业领军人才培训。指导支持行业协会发展,组织国际人力资源产业园9个中介机构参加第19届浙洽会海外高层次人才项目洽谈对接活动,对接项目和人才60个,达成初步意向20个。

**【人才创新创业环境】** 2017年,市政府与国家外国专家局签署合作备忘录,杭州列入高端外国专家"一卡通"试点城市,为外籍人才创新创业提供良好生活工作环境。4月1日,"外国人入境就业许可"和"外国专家来华工作许可"整合为"外国人来华工作许可"(简称"两证整合"),服务窗口延伸至各区县(市)。至年末,全市发放外国人工作许可证3900多件。开展高层次人才分类认定工作,认定高层次人才1958人。杭州连续7年入选"外籍人才眼中最具吸引力中国城市",海外人才净流入率居全国城市榜首。

**【"1+6"产业国际化紧缺人才需求目录发布】** 2017年11月6日,杭州市人才服务局联合市统计局编制发布《杭州市2017年度"1+6"产业国际化紧缺人才需求目录》。通过调查分析信息产业1个万亿产业集群和文化创意产业、金融服务产业、旅游休闲产业、健康产业、时尚产业、高端装备制造产业等6个千亿产业集群对国际化人才需求情况,为全市"1+6"产业国际化紧缺人才引进、培养提供指导,促进人才开发与产业结构、岗位需求紧密对接,以人才结构优化助推产业转型升级。

**【海外引才引智】** 2017年,杭州市实施"115"引进国(境)外智力计划(2016—2020),全年引进资助国外智

2017年11月8日,第四届世界浙商大会"2017浙江·杭州国际人才交流与项目合作大会"在杭州国际博览中心开幕 (杭报集团 供稿)

力项目229个,其中高端项目23个。3—11月,设立北美、欧洲两大赛区举办“创客天下·2017杭州市海外高层次人才创新创业大赛”,遴选引进世界各地创新创业人才项目,20多个国家和地区628个高质量项目报名参赛,正式落地项目21个,注册资金1.5亿元。3—6月,征集470个海外人才和项目需求,组织20多个引进人才单位分别前往美国、欧洲等地开展海外高层次人才洽谈活动,达成合作意向100多个,签订人才项目27个,签约金额2.27亿元。11月8—10日,在杭州国际博览中心举办“2017浙江·杭州国际人才交流与项目合作大会”,555名留学人才、海外社团组织和高端外国专家机构负责人携带564个项目参会交流,大会新增外籍(非华裔)人才创新创业洽谈项目,签约项目206个、签约金额29.3亿元,分别比上年增长10%、44.3%。全年引进外籍人才6150人、海归人才4068人,分别增长10.6%、33%。

**【人才项目选拔】**2017年,杭州市实施全球引才“521”计划,组织开展新一轮“521”计划第二批人才遴选,55人入选。实施海外高层次人才引进计划,新入选“国家千人计划”人才16人、“省千人计划”人才51人。开展2017年度留学人员(团队)在杭创新创业项目资助,资助53个项目960万元,配套资助国家、省级计划5个项目125万元。4人入选“2017年中国留学人员回国创业启动支持计划”,获资助110万元;1人入选“2017年度高层次留学人才回国资助”,获资助30万元;7个项目入选2017年度省“钱江人才计划”D类项目择优资助,获资助35万元。

**【专业技术人才培养】**2017年,杭州市实施“131”中青年人才培养计划(2016—2020),以高层次人才为重点加快专业技术人才队伍建设,新选拔第一层次培养人选50人、第二层次培养人选150人、第三层次培养人选505人,选派15人到美国参加“信息(智慧)经济产业创新与发展”短期培训,结合杭州市重点发展产业领域选聘钱江特聘专家30人。34人入选省“151”人才工程第三层次培养人选。年内,新增省级博士后工作站23个,引进博士后研究人员69人。加强职称管理服务,深化职称改革,12月13日,会同市卫生计生委制定《杭州市县及以下卫生高级专业技术职务任职资格评价条件(试行)》,职称外语和计算机应用能力考试不再作为中级职称申报评审必备条件,对全市纳入岗位管理事业单位正式在编人员实行评聘结合。拓展“专业技术人员学习新干线”平台服务功能,平台注册单位1.2万个、学员68万余人,资助市级专业技术人才知识更新工程培训项目35个、投入资金50万元。

2017年9月8—9日,杭州市举办工具钳工职业技能竞赛

(市人力社保局 供稿)

**【高技能人才培养】**2017年,杭州市实施培育“杭州工匠”行动计划(2016—2020),培养高技能人才3.99万人。组织首个“杭州工匠”培训团22名高技能人才到德国开展现代制造技术培训项目,17人分别到德国、英国、美国参加省“金蓝领”出国(境)培训。建成省级技能大师工作室4个,新认定市首席技师20人、市技术能手69人、市级技能大师工作室35个、市技师工作站4个。做好高层次人才分类认定,70名技能人才被认定为C、D、E类高层次人才。10月19日,修订《杭州市高技能人才直接认定办法》《杭州市技能人才自主评价办法》,全年评价企业技能人才1.06万人次。完善公共实训基地体系,全年实训50.53万人次。组织各类市、区级技能竞赛163场,带动岗位练兵38.7万人次。杭州技师学院教师蒋应成、杭州运河技工学校教师王芹分别获第44届世界技能大赛汽车喷漆项目金牌和美发项目优胜奖。

**【流动人员人事档案公共服务】**2017年,杭州市提升流动人员档案管理基本公共服务,在杭州人才市场建立一站式综合服务窗口,集中提供流动人员人事档案管理、人才集体户籍挂靠、存档人员职称服务、毕业生就业手续办理、就业调整、流动党员管理服务等公共服务。运行“杭州市人才服务公共网”和“杭州市人事档案和毕业生就业公共服务管理系统”,提升流动人员人事档案公共服务水平。实施人事档案数字化项目,完成人事档案数字化23万卷,基本实现以影像档案为主,纸质档案为辅,纸质档案、电子档案、影像信息并存的人事档案管理新模式。至年末,杭州人才市场委托代管流动人员人事档案26.78万份,人才集体户挂靠2.99万人。

**【人才资源市场化配置】**2017年,杭州市发挥政府所属人才服务机构职能作用,依托杭州人才市场和“杭州人才网”平台,推进人才招聘、高端人才等服务。开发“杭州人才网”微信小程序,推进“线上”和“线下”联动招聘活动,满足企事业单位引才需求。

2017年2月4日，杭州市新春首场综合性招聘会　（市人力社保局 供稿）

联合城西科创大走廊、临安青山湖科技城等园区及区县（市）人才服务机构举办专场招聘会、西博会人才交流大会、春季人才交流大会等大型人才招聘活动；联合"酒店人才网""服装人才网""环保人才网"等平台举办酒店、旅游、服装、环保行业专场招聘会；联合市留学人员服务中心、市残联、在杭高校、全国重点高校、市总工会等单位举办公益性专场招聘会；推出开放式"才天下"和封闭约谈式"英才有约"两大高端人才招聘活动。组团到北京大学、清华大学、浙江大学等"九校联盟"高校招聘高学历人才；组团到香港、北京、上海等参加高层次人才招聘会；到美国旧金山、波士顿参加海外高层次人才招聘活动。至年末，杭州人才市场举办大型人才交流会、公益性人才招聘会、高级人才招聘会、行业人才专场招聘等招聘活动218场，进场招聘企事业单位1.4万个次，推出需求岗位19.3万个次，吸引各类求职者14.3万人次，达成选人择业意向3.8万人次；"杭州人才网"网上招聘单位6120个，推出网络招聘岗位25.1万个，21.4万人次在线应聘。

（骆椿美）

## 劳动关系

**【劳动关系机制建设】** 2017年，杭州市开展企业关爱职工、职工热爱企业"双爱"活动，创建"双爱"活动示范区，创建和谐劳动关系工作机制。建设协调劳动关系三方机制，督促规范劳动合同签订，全市劳动合同签订率98.5%。规范劳务派遣用工行为，开展劳务派遣年度经营情况报告核验、劳务派遣用工情况专项检查。杭州市劳动关系和谐指数连续7年保持全省第一。

**【企业工资收入分配】** 2017年，杭州市开展"工资集体协商集中要约行动"，定期召开全市工资集体协商推进交流会，推进行业性、区域性工资集体协商，至年末，全市签订工资专项集体合同2.22万份，涵盖企业8.28万个，覆盖职工320多万人。调整最低工资标准，从2017年12月1日起，市区（不含临安区）最低月工资标准调整为2010元，非全日制工作最低小时工资标准调整为18.4元。市区全社会单位在岗职工平均工资提高到61174元。区县（市）及市直部门管理国有企业负责人薪酬制度改革有序开展。

**【企业薪酬调查】** 2017年，杭州市开展企业薪酬调查，对全市3080个企业人工成本和31.9万名在岗职工工资水平情况进行数据统计（其中养老机构82个），形成人工成本分析报告，发布2017年杭州市劳动力市场工资指导价位和养老护理员工资指导价位，为各地企业开展工资集体协商、合理确定职工工资收入提供参考依据。开展制造业人工成本监测试点，监测样本企业150个。

**【劳动保障监察】** 2017年，杭州市深化劳动保障监察网格化、网络化"两网化"管理，各级劳动保障监察机构全年监察检查用人单位17.5万户次，立案查处各类劳动保障违法案件7544件。组织实施防范处置企业拖欠工资、清理整顿人力资源市场秩序、用人单位遵守劳动用工和社会保险法律法规情况、以"招聘、介绍工作"为名从事传销活动、快递行业、劳务派遣用工情况等专项检查7次，严厉打击拖欠工资、非法职业中介、非法使用童工等违法犯罪行为。10月，在市、区、街道（乡镇）三级劳动监察机构上线试运行"智慧劳动监察"信息系统，推动信息数据整合和全域联动执法。

**【企业防欠薪】** 2017年，杭州市组织实施"杭州无欠薪"专项治理行动，建立健全欠薪防范处置联动办公机制，全年查处欠薪案件6220件，向公安机关移送涉嫌拒不支付劳动报酬犯罪案件62件，为2.78万名劳动者追回工资2.41亿元，筹集工资支付保证金15.9亿元，筹集欠薪应急周转金6600万元。公开曝光重大欠薪违法企业25个、"黑名单"企业3个和拒不支付劳动报酬罪获刑人员9人。

**【完善调解仲裁机制】** 2017年，杭州市推广调解、仲裁、监察"三位一体"一站式基层劳动关系综合协调服务平台，建立乡镇（街道）劳动纠纷统一受理、联调联动、信息共享、协调办理信息化平台22个。以企业调解组织、矛盾化解中心、"双爱"活动、职工之家为平台打造"四位一体"矛盾纠纷化解模式，建立市和区县（市）两级仲裁委与人民法院工作联系人制度，健全裁审衔接机制。年内，全市受理争议调解仲裁案件1.09万件，结案率94.9%。

（骆椿美）

责任编辑 章月影

## 收入消费

【城镇居民收入稳步增长】据抽样调查显示，2017年杭州市城镇居民人均可支配收入56276元，比上年增长7.8%，扣除物价上涨因素实际增长5.2%。从四大类收入来源看，城镇居民人均转移净收入实现两位数增长，工资性收入、经营净收入和财产净收入平稳增长。其中：人均工资性收入32144元，增长6.8%，拉动可支配收入增长3.94个百分点；人均经营净收入4893元，增长6.2%，拉动可支配收入增长0.55个百分点；人均财产净收入8329元，增长5.4%，拉动可支配收入增长0.81个百分点；人均转移净收入10910元，增长13.9%，拉动可支配收入增长2.54个百分点。

【城镇居民消费支出七增一降】2017年杭州市城镇居民人均消费支出38179元，比上年增长7.0%，扣除物价上涨因素实际增长4.4%，八大类消费"七增一降"。城镇居民人均教育文化娱乐支出4346元，增长13.9%，拉动消费支出增长1.49个百分点；人均居住支出10710元，增长10.6%，拉动消费支出增长2.87个百分点，成为首要拉动力；人均医疗保健支出2332元，增长8.8%，拉动消费支出增长0.53个百分点；人均生活用品及服务支出1963元，增长6.6%，拉动消费支出增长0.34个百分点；人均食品烟酒支出10412元，增长4.7%，拉动消费支出增长1.31个百分点；人均交通通信支出5267元，增长4.3%，拉动消费支出增长0.61个百分点；人均其他用品及服务支出916元，增长1.2%，拉动消费支出增长0.03个百分点；人均衣着支出2233元，下降3.0%，拉动消费支出下降0.19个百分点。

2017年末，全市城镇居民人均住房建筑面积36.4平方米，每百户家庭拥有家用汽车55.8辆、空调235.3台、移动电话245.4部、家用电脑115.1台、淋浴热水器105.2台。

2013—2017年杭州市城镇常住居民人均可支配收入增长情况

表70

| 年份 | 人均收入(元) | 增长率(%) |
|---|---|---|
| 2013 | 40 925 | 10.1 |
| 2014 | 44 632 | 9.1 |
| 2015 | 48 316 | 8.3 |
| 2016 | 52 185 | 8.0 |
| 2017 | 56 276 | 7.8 |

说明：2013年起为城乡一体化改革后新口径数据

2017年杭州市城镇常住居民人均可支配收入构成情况

表71

| 项　目 | 人均收入(元) | 比上年(%) | 占总收入比重(%) |
|---|---|---|---|
| 可支配收入 | 56 276 | 7.8 | 100.0 |
| 工资性收入 | 32 144 | 6.8 | 57.1 |
| 经营净收入 | 4 893 | 6.2 | 8.7 |
| 财产净收入 | 8 329 | 5.4 | 14.8 |
| 转移净收入 | 10 910 | 13.9 | 19.4 |

2017年杭州市城镇常住居民消费支出结构

表72

| 项　目 | 人均支出(元) | 比上年(%) | 占消费支出比重(%) |
|---|---|---|---|
| 消费支出 | 38 179 | 7.0 | 100.0 |
| 食品烟酒 | 10 412 | 4.7 | 27.3 |
| 衣着 | 2 233 | -3.0 | 5.8 |
| 居住 | 10 710 | 10.6 | 28.1 |
| 生活用品及服务 | 1 963 | 6.6 | 5.1 |
| 交通通信 | 5 267 | 4.3 | 13.8 |
| 教育文化娱乐 | 4 346 | 13.9 | 11.4 |
| 医疗保健 | 2 332 | 8.8 | 6.1 |
| 其他用品及服务 | 916 | 1.2 | 2.4 |

2013—2017年农村常住居民人均可支配收入增长情况

表73

| 年份 | 人均收入(元) | 增长率(%) |
|---|---|---|
| 2013 | 21 208 | 11.2 |
| 2014 | 23 555 | 11.1 |
| 2015 | 25 719 | 9.2 |
| 2016 | 27 908 | 8.5 |
| 2017 | 30 397 | 8.9 |

说明:2013年起为城乡一体化改革后新口径数据

2017年杭州市农村常住居民人均可支配收入构成情况

表74

| 项　目 | 人均收入(元) | 比上年(%) | 占总收入比重(%) |
|---|---|---|---|
| 可支配收入 | 30 397 | 8.9 | 100.0 |
| 工资性收入 | 18 232 | 6.9 | 60.0 |
| 经营净收入 | 7 770 | 9.3 | 25.6 |
| 财产净收入 | 1 280 | 12.6 | 4.2 |
| 转移净收入 | 3 115 | 19.6 | 10.2 |

2017年杭州市农村常住居民消费支出结构

表75

| 项　目 | 人均支出(元) | 比上年(%) | 占消费支出比重(%) |
|---|---|---|---|
| 消费支出 | 21 983 | 6.9 | 100.0 |
| 食品烟酒 | 6 092 | 2.3 | 27.7 |
| 衣着 | 1 231 | 0.2 | 5.6 |
| 居住 | 6 154 | 16.2 | 28.0 |
| 生活用品及服务 | 1 170 | 10.2 | 5.4 |
| 交通通信 | 3 612 | -3.3 | 16.4 |
| 教育文化娱乐 | 1 894 | 7.5 | 8.6 |
| 医疗保健 | 1 474 | 26.7 | 6.7 |
| 其他用品及服务 | 356 | -0.8 | 1.6 |

2017年杭州市八大类商品及服务项目价格指数

表76

| 类　别 | 同比指数(上年同期=100) |
|---|---|
| 居民消费价格总水平 | 102.5 |
| 食品烟酒 | 100.9 |
| 衣着 | 100.0 |
| 居住 | 105.7 |
| 生活用品及服务 | 100.2 |
| 交通通信 | 101.5 |
| 教育文化娱乐 | 104.1 |
| 医疗保健 | 101.7 |
| 其他用品及服务 | 101.4 |

**【农村居民收入较快增长】**2017年杭州市农村居民人均可支配收入30397元,首次突破3万元,比上年增长8.9%,扣除物价上涨因素实际增长6.2%。农村居民四大类收入中,工资性收入和经营净收入平稳增长,财产净收入和转移净收入较快增长。其中:人均工资性收入18232元,增长6.9%,拉动可支配收入增长4.20个百分点,仍是农村居民可支配收入增长的首要动力;人均经营净收入7770元,增长9.3%,拉动可支配收入增长2.37个百分点;人均财产净收入1280元,增长12.6%,拉动可支配收入增长0.51个百分点;人均转移净收入3115元,增长19.6%,拉动可支配收入增长1.83个百分点。

**【农村居民生活持续改善】**2017年杭州市农村居民人均消费支出21983元,比上年增长6.9%,扣除物价上涨因素实际增长4.3%,八大类消费"六增二降"。生活用品及服务、居住和医疗保健三大类支出均呈两位数增长。杭州市农村居民人均上述三大类支出依次为1170元、6154元和1474元,分别增长10.2%、16.2%和26.7%,分别拉动消费支出增长0.53个、4.17个和1.51个百分点。衣着、食品烟酒和教育文化娱乐三大类支出增长较缓,人均支出依次为1231元、6092元和1894元,分别增长0.2%、2.3%和7.5%,分别拉动消费支出增长0.01个、0.66个和0.64个百分点。交通通信和其他用品及服务两大类支出呈下降态势,人均支出分别为3612元和356元,分别下降3.3%和0.8%,分别拉动消费支出下降0.60和0.01个百分点。

2017年末,全市每百户农村居民家庭拥有家用汽车46.5辆、空调186.7台、移动电话274.5部、家用电脑76.4台、淋浴热水器109.9台、洗衣机96.0台、电冰箱112.0台。

**【物价总体平稳】**2017年,杭州市居民消费价格总水平平均比上年上涨2.5%,涨幅收窄0.1个百分点。食品烟酒类价格上涨0.9%,影响居民消费价格总水平上升0.24个百分点。其中:猪肉价格下降4.2%,鲜菜价格下降11.1%。衣着类价格上涨持平。其中:服装材料价格上涨18.2%,衣着加工服务费价格上涨2.1%,服装价格上涨0.3%。居住类价格上涨5.7%。其中:租赁房房租价格上涨8.3%,自有住房价格上涨6.9%,住房保养维修及管理价格上涨4.7%,水电燃料价格上涨0.8%。生活用品及服务类价格上涨0.2%。其中:家庭服务价格上涨5.1%,家庭日用杂品价格上涨0.7%,家具及室内装饰品价格上涨0.4%,家用纺织品价格上涨0.1%,个人护理用品价格下降0.6%,家用器具价格下降1.6%。交通通信类价格上涨1.5%。其中:汽油、柴油价格分别上涨9.3%

和8.5%,车辆修理与保养价格上涨3.5%,通信工具价格下降2.6%。教育文化娱乐价格上涨4.1%。其中:旅游价格上涨9.5%,教育服务价格上涨4.0%。医疗保健类价格上涨1.7%。其中:滋补保健品价格上涨5.4%,中药价格上涨4.7%,西药价格上涨4.0%。其他用品及服务类价格上涨1.4%。其中:中介服务价格上涨8.7%,旅馆住宿价格上涨7.2%,首饰手表价格上涨0.6%。 (孔巍巍)

**【困难群众物价补贴】**2017年,为减轻物价上涨对困难群众带来的生活压力,杭州市全年向低保、困难家庭和残疾人基本生活保障对象发放物价补贴5908.32万元,惠及困难群众60.9万人。其中,市区发放2179.56万元,惠及22.4万人。

**【市区征地"农转非"劳动年龄段以上人员生活补贴】**2017年,杭州市区征地"农转非"劳动年龄段以上人员生活补贴标准为每人每月220元。杭州市同时向市区参加城乡居民社会养老保险并享受养老金待遇后,因集体土地被征用或撤村建居的"农转非"人员发放生活补贴。至年末,全市向946名补贴对象发放补贴268.58万元。

(叶元青)

## 社会保险

**【基本养老保险统筹管理】**2017年,杭州市社保政策体系进一步健全。11月27日,杭州市出台《杭州市区基本养老保险统筹管理若干问题的意见》。12月15日,修订《杭州市基本医疗保障办法》《杭州市基本医疗保障办法市区实施细则》。12月19日,出台《关于萧山、余杭、富阳三区与主城区工伤保险一体化工作有关问题的通知》,实现萧山、余杭、富阳三区就业社保纳入市本级统筹。机关事业单位养老保险制度改革基本实现参保全覆盖,完善被征地农民基本生活保障与职工基本养老保险的转保衔接政策。实现参保人员跨省异地住院医疗费直接结算,医保个人账户实行家庭共济,建立健全慢性病病种管理制度,实施慢性病长期处方管理,一次处方医保用药量由最多4周延长至最多12周。

**【社会保险参保率提升】**2017年,杭州市推进全民参保登记,建立社会保险基础数据库动态管理机制,全市城乡居民纳入全民参保登记管理。至年末,杭州市职工基本养老保险、职工基本医疗保险、工伤保险、生育保险、失业保险参保人数分别为628.32万人、580.50万人、462.44万人、390.73万人、413.20万人,比上年末分别新增参保52.34万人、51.18万人、34.02万人、41.40万人和39.04万人,全市基本养老、医疗保险参保率分别为95%、98%以上,基本实现"人人享有社会保障"。

**【社会保险待遇提高】**2017年,杭州市继续提高企业退休人员养老金待遇,全市126.2万名企业退休人员月人均增加基本养老金153元,调整后主城区企业退休人员基本养老金平均水平为2927.25元/月。实施特殊药品大病保险,全年报销特殊药品大病保险2452人次,报销金额4698.09万元。实施医疗救助,市本级救助医疗困难人员114万人次,困难基金支付2.35亿元。全年认定工伤(含视同工伤)2.75万人,工伤支出8.40亿元。落实社保领域减负惠企供给侧改革要求,减征企业医保1个月,实施生育保险费率、失业保险费率临时性下调,全年为企业减负36.38亿元。

**【社保基金管理】**2017年,杭州市加强社保基金监管,萧山、余杭、富阳三区社会保险基金纳入市本级统筹管理。健全第三方审计制度,实施城乡居民养老保险经办机构内部控制专项检查,开展社保基金疑点信息核查,防控基金运行风险。开展社会保险稽核工作,实地稽核用人单位221个、23.11万人次。委托第三方审计整改调整3.18万人,追缴养老保险基金5046.68万元。严格落实社保基金要情上报,举办全市社保基金监督业务培训班,提升全市基金监督工作人员业务素质。

**【医保"两定"机构监管】**2017年,杭州市实施总额预算付费制度,完善医保智能监管平台,加强对医疗服务异常信息实时监控,持续规范医保"两定"机构(定点医疗机构和定点零售药店)服务。开展医保定点医药机构协议管理,实施定点医药机构日常巡查、专项检查,加强医保稽查工作力度,确保医保"两定"机构第三方审计工作常态化。至年末,市本级新增协议定点医药机构285个,暂停服务协议15个,解除服务协议15个。

(骆椿美)

## 民政事务

**【数字地名向深度和广度拓展】**2017年,杭州市数字地名工作重点放在深化系统功能和开展横向服务两方面。杭州市根据民政部的工作要求,完成全国地名地址库试点创建工作,利用先进的地理信息技术、云服务技术,发挥地名地址服务作用。形成《杭州市区划地名数据共享与交换编码》,建立杭州市地名地址信息库,实现原4064459条地址数据、74330条地名数据,以及界桩、界线、行政区划数据的无缝迁移,完成杭州市10区3县(市)的天地图对接工作,实现国家、省、区(县、市)天地图三级叠加显示。第二次地名普查数据全部入库,录入门牌正式数据290多万条(主城区门牌116万条、定位门牌86万条),门牌历史数据120多万条。"杭州地名网"运行良好,为社会提供最新地名、地址信息的查询服务。加强横向服务,与市规划局、市公安局、市数据资源局进行地名信息数据的比对、分析和共享,为广泛合作打下基础。

**【地名管理"最多跑一次"改革】**2017年,杭州市根据相关文件规定,按照《关于进一步贯彻实施〈杭州城市地名总体规划〉(2005—2020)的意见》和《杭州市地名管理工作规范》地方性标准要求,结合实际情况,开展地名管理"最多跑一次"改革工作。制订办事指南,细化操作流程,门牌办理、地名核准、地名证明、对具有地名意义的专业设施名称出具意见4项业务实现"最多跑一次"。开通网上受理服务及网上办理业务,完善和规范地名管理工作流程。

**【地名设标】**2017年,杭州市设楼门牌23万余块，市区命名道路211条、桥梁47座、河流2条、公园1座、地道3个、建筑物84座、住宅区138座，地名更名42个。全年落实城管目标责任制，在完成市委、市政府年度城市建设重点工程中，协调各有关单位推进地名标志更新设置相关工作，分门别类，完成无标准名称道路的命名、门牌更新数量的测算、制作和安装。在全市完成乡镇地名标志设置工作的基础上，建立健全农村地名标志的长效管理机制。

**【第二次全国地名普查任务完成】** 2017年7月，杭州市基本完成第二次全国地名普查任务，普查成果通过省普查办验收。全市普查地名目录63005条，入库地名属性信息63005条，采编属性信息1800万字，标准化处理地名3017条，采集多媒体信息137867条，更新设置地名标志9632个，绘制地名普查成果图115幅。

杭州市以普查成果转换利用为契机，激发地名历史文化的内在动力。各区县(市)编撰《行政区划图》《江干区政务地名图册》《西湖区地名诗话》《西湖区地图集》《余杭地名故事》《萧山地名故事》等地名书籍和图册，共50多册。（朱文军 张 刚）

**【殡葬管理】** 2017年，杭州市火化遗体4.55万具，火化率100%，其中杭州殡仪馆火化遗体1.23万具。全市21个经营性公墓(陵园)销售墓穴1.21万穴。新建生态墓地113个，生态墓地总数3467个，覆盖99.5%的行政村。治理“三沿五区”坟墓9638穴，其中治理“四边三化”“两路两侧”坟墓4414穴。13个区县(市)全部实施基本殡葬费用减免政策，减免金额2967万元，平均每户节省开支724元。在第24次骨灰撒江活动中，112位先人的骨灰撒入钱塘江，累计有1685人的骨灰撒入钱塘江。

**【婚姻登记】** 2017年，杭州市办理内地居民结婚登记6.54万对，比上年上升3.8%，其中复婚5661对、补办1517对。办理内地居民离婚登记2.47万对，上升17.8%。办理涉及外国人、华侨、出国人员及港澳台居民结婚登记242对，下降2.0%，其中：涉及外国人169对，涉及华侨、出国人员5对，涉及香港居民15对，涉及澳门居民5对，涉及台湾居民48对。办理涉及外国人、华侨、出国人员及港澳台居民离婚登记47对，其中涉及外国人20对。全市办理补发婚姻登记2.17万件，上升25.6%。全市婚姻登记机关继续开展婚姻家庭辅导工作，服务当事人2.12万人次。其中接受婚前辅导服务5599人次、婚姻家庭咨询3832人次、离婚劝导和调解1.14万人次、法律咨询415人次，群众满意率100%。

**【儿童福利工作】** 2017年，杭州市有6807名困境儿童纳入儿童福利保障范围。福利机构养育孤儿月度基本生活费从1825元调整到2379元；社会散居孤儿月度基本生活费从1278元调整到1665元；事实无人抚养困境儿童参照社会散居孤儿标准发放基本生活补贴；贫困家庭重残、患重病和罕见病儿童，低保家庭儿童，困难家庭儿童生活补贴标准也相应做了调整。实施“明天计划”和“添翼计划”，开展机构养育残疾儿童手术康复和贫困家庭儿童康复训练。设立杭州市关爱困境儿童基金，开展关爱困境儿童“五百工程”系列活动。1月7日，《杭州市农村留守儿童“合力监护、相伴成长”关爱保护专项行动实施方案》印发。至年末，全市摸排出6995名农村留守儿童，842名无人监护及父或母无监护能力的农村留守儿童获有效监护，46名无户籍农村留守儿童登记落户。全市办理收养登记379件，解除收养登记8件，撤销收养登记2件。（潘琼翼）

**【慈善工作】** 2017年9月1日，杭州市“中华慈善日”宣传活动暨第一届“钱塘善潮”论坛举行，论坛以“善·城”为主题，传播《中华人民共和国慈善法》知识和慈善理念，探讨杭州如何成为“慈善之都”，300多名社会各界人士参加论坛。12月，市政府出台《关于促进慈善事业发展的实施意见》，提出要将杭州打造成“慈善之都”，明确慈善事业的发展目标、具体任务和保障措施。2017年，杭州市备案慈善信托3个，信托资产规模累计超过3000万元，慈善信托数量和资金规模居全省第一位、全国前列。（胡景行）

**【流浪乞讨人员救助管理】** 2017年，杭州市8个救助管理站救助流浪乞讨人员7220人次，比上年下降32.1%。受助人员中有乞讨行为的435人次，无乞讨行为的6785人次；主动求助的4137人次，被引导护送入站受助的3083人次。其中，杭州市救助管理站救助流浪乞讨人员5412人次。杭州市开展“寒冬送温暖”“夏季送清凉”“护航十九大”“保障全国学生运动会”等流浪乞讨人员专项救助行动，保障在杭州市生活无着的流浪乞讨人员的基本生活权益，维护城市正常秩序。民政部办公厅《民政信息参考》第31期刊登《统筹协调网格管理，探索建立流浪乞讨人员救助管理“杭州模式”》，在全国推广学习。（许东良）

**【自然灾害救助】** 2017年，杭州市先后发生洪涝、地震等自然灾害3次。据各级民政部门统计，全市累计受灾人口13.14万人，紧急转移安置人口1.01万人，农作物受灾面积1.48万公顷，倒塌需恢复重建农房25户、45间，严重损坏房屋39户、72间，因灾造成直接经济损失4.16亿元。2017年全市灾情总体与往年持平偏轻，主要呈现年中汛期洪涝受灾地区较为集中(建德、淳安、临安)、年中台风灾害影响较小的特点。建德“6·25”洪涝灾害造成4.60万人受灾，紧急转移安置3679人。启用避灾安置点35个，集中安置230人。4月12日2时25分临安潜川镇与河桥镇交界处发生4.2级地震，为杭州历史上第二大地震，因震源深度较深(15千米)，只造成少量居民房屋轻微破损。针对灾害情况，市减灾委员会及时发出预警响应，启动应急预案，做好抗灾协调和灾情会商工作，指导当地安排救灾资金49.55万元，支援做好恢复重建。

**【防灾减灾综合能力提升】** 2017年，杭州市新建、改扩建避灾安置场所255个，全市累计建设避灾安置场所2567个，可集中安置人数27万人，实现地质灾害隐患村(点)避灾安置场所服务保障全覆盖。开展社区灾害风险管理和综合减灾示范社区创建活动,推动综合减灾示范社区示范引领作用,36个社区(村)被国家减灾委员会和省减灾委员会评为"综合减灾示范社区"。根据国家减灾委员会和省减灾委员会推进防灾减灾救灾工作要求,结合杭州市历年来自然灾害影响情况,会同专家和相关部门业务负责人科学认证自然灾害应急响应启动条件,修订《杭州市自然灾害救助应急预案》和《杭州市自然灾害应急操作手册》。指导各地结合救灾工作实际,健全预案操作性,更新操作手册,提高预案的针对性和操作性。

**【春风行动】**2017年1月10—22日,杭州市启动"春风行动"送温暖活动,帮扶困难群众1.40万户,其中低保家庭1.25万户、困难家庭730户、残保对象781户、其他困难家庭23户,发放一次性救助金4170.55万元。发放标准为1人户2200元、2人户3100元、3人户3700元、4人及4人以上户4300元,另加年货大礼包折现每户500元,其他困难家庭户2500元。

**【低保救助标准提高】**2017年,杭州主城区和萧山区、余杭区、富阳区低保标准从每人每月819元提高到每人每月917元,临安区调整为780元,桐庐县、淳安县和建德市调整为734元,均比上年增长10%以上;低保标准实现城乡统筹,低保救助水平居全省首位。年末,全市有低保户数8.52万户,人数12.27万人,低保人口占户籍人口比例从上年的1.68%提高到1.70%,共发放低保金7.49亿元。

**【低保边缘家庭定期生活补助制度】**2017年11月起,杭州主城区范围内的最低生活保障边缘家庭成员,每人每月发放74元定期生活补助,其他区县(市)参照执行。年末,全市有低保边缘户数2.71万户,人数6.18万人,低保边缘人口占户籍人口的0.85%。

**【支出型贫困家庭救助】**2017年,杭州市继续实施《杭州市支出型贫困家庭基本生活救助办法(试行)》。全市救助支出型贫困家庭6297户、1.37万人,占低保总人数的11.2%,有效保障因病致贫、因学致贫、因灾致贫等支出型贫困家庭的基本生活。

**【临时救助制度】**2017年5月25日,《杭州市临时救助办法》实施,将困难发生在杭州市的户籍人口、流动人口和外籍人员纳入临时救助,对因医疗费用负担过重导致基本生活发生严重困难的家庭给予二次医疗救助,通过落实临时社会救助制度,解决群众突发性、临时性的基本生活困难。全年发放临时救助资金4224.06万元,惠及困难群众1.44万户(次)、2.09万人次。救助非本地户籍人员19户(次)、36人次,发放救助金14.76万元。

(叶元青)

**2017年杭州市城乡居民最低生活保障标准**

表77　　单位:元/人

| 地　区 | 城镇月保障标准 | 农村月保障标准 | 执行时间 |
|---|---|---|---|
| 上城区 | 917 | — | 2017年11月1日起执行 |
| 下城区 | 917 | — | |
| 江干区 | 917 | 917 | |
| 拱墅区 | 917 | — | |
| 西湖区 | 917 | 917 | |
| 滨江区 | 917 | — | |
| 杭州经济技术开发区 | 917 | 917 | |
| 杭州西湖风景名胜区 | 917 | 917 | |
| 大江东产业集聚区 | 917 | 917 | |
| 萧山区 | 917 | 917 | |
| 余杭区 | 917 | 917 | |
| 富阳区 | 917 | 917 | |
| 临安区 | 780 | 780 | |
| 桐庐县 | 734 | 734 | |
| 淳安县 | 734 | 734 | |
| 建德市 | 734 | 734 | |

## 住房保障

**【概况】**2017年,杭州市按照"建立多主体供应、多渠道保障、租购并举的住房制度"要求,着力改善居民居住品质。全年受理公租房申请家庭2.57万户,申请量比上年增长96.4%,创历史新高。其中:实物配租申请家庭2.41万户,货币补贴申请家庭1601户;中等偏下收入家庭7917户,新就业大学毕业生5871户,创业人员1.19万户,创业人员的申请比例从上年的34.8%提高到46.3%。全年推出公租房(廉租住房)配租房源8514套,新增公租房(廉租住房)货币补贴保障家庭1691户。

全市完成城乡危旧房治理改造、旧住宅区改造面积821.97万平方米。其中,治理改善城镇危旧房196幢,面积18.1万平方米。2015—2017年,累计完成危旧住房改善1355幢,面积86.7万平方米,全面完成城镇危旧房治理改造三年行动计划;完成D级农村危房治理改造和涉及公共安全的C级危房治理改造1.22万户,面积164.87万平方米;完成"三改一拆"旧住宅区改造639万平方米。

加强房屋安全监管,强化住宅装修管理,全年主城区住宅房屋装饰装修备案8000多件。建立健全房屋安全管理数据库,完成2.08万幢主城区住宅房屋信息定位调查。加强地铁周边房屋巡查监测,根据地铁施工进展情况,组织技术人员对地铁施工期间周边房屋开展巡查和监测,及时掌握周边房屋安全状况。重点对施工中的地铁2号线西北段及延伸段、4号线一期南段、5号线一期和6号线一期开工站点及相应区间等周边房屋进行巡查,每月检查房屋1000多幢,确保地铁施工周边房屋的使用安全。

【市本级公租房准入条件放宽】2017年7月10日，杭州市本级公租房受理工作启动，准入条件中的收入标准进一步放宽，由上年的年人均可支配收入低于48316元放宽到年人均可支配收入低于52185元；将“城市中等偏下收入住房困难家庭”的户籍准入条件从“申请人具有市区常住城镇居民户籍5年(含)以上”调整为“申请人具有市区常住居民户籍5年(含)以上”；货币补贴的租金标准从上年的每平方米补贴6元/月提高至12元/月。

【高层次人才住房保障】2017年6月30日，市住保房管局、市委人才办、市人力社保局联合印发《关于扩大杭州市区高层次人才住房保障范围的通知》，规定高层次人才住房保障范围从主城区扩大到全市，保障对象由本地户籍紧缺人才扩大到从一线城市引进的紧缺人才。至年末，杭州市区通过人才认定进入住房核查的申请人才145人，核发资格证128人，其中发放购房补贴资格证39人、租赁补贴资格证89人。全年通过购房补贴年审43人，通过租赁补贴续审115件，补发租赁补贴92人，发放购房补贴1052.58万元、租赁补贴136.56万元。2015—2017年，有91人领取购房补贴，160人领取租赁补贴，发放购房补贴2538.18万元，发放租赁补贴329.58万元。

【市区公有住房出售价格和租金标准调整】自2017年1月1日起，杭州市区(不含萧山、余杭、富阳、临安四区)公有住房出售成本价、市场价、超标部分价格、租金标准均上调5%。具体为：公有住房出售成本价(以砖混二等成套住房为标准)调整为每平方米建筑面积1279元，公房出售市场价调整为每平方米建筑面积2293元。公房出售超标准部分建筑面积每平方米价格标准分别是：一类地段6930元，二类地段6111元，三类地段5418元，四类地段4788元，五类地段4221元，六类地段3654元，七类地段3150元，八类地段2772元，九类地段2520元，十类地段2268元，十一类地段1953元，十二类地段1638元。公有住房租金标准调整为每平方米使用面积4.07元。至年末，全市主城区直管公房剩余1.20万套，比上年末减少1353套。全年实收租金2763.49万元；减免直管公房租金1.79万户(次)，减免金额92.58万元。

【《杭州市区违规申请经济适用住房收回及补差价操作规程》施行】自2017年11月1日起，《杭州市区违规申请经济适用住房收回及补差价操作规程》(简称《规程》)施行。《规程》分三大部分内容，对违规购买经济适用房行为的具体处理方式、房源收回的操作规程、补交差价款的标准和操作程序做出明确规定。对弄虚作假、隐瞒家庭收入或住房及其他相关情况，骗购经济适用住房的可采取收回、补交差价两种处理方式。其中，实施收回操作的，当事人经核实属于违规骗得购买经济适用房，市房产行政主管部门责令购房人在规定期限内退回已购住房；实施补差价操作的，当事人参照当年度经济适用住房市场评估价格与原购买单价之间的差额结合该住房全部建筑面积缴纳差价款，如当年度经济适用住房市场评估价格尚未公布，由市住房保障管理部门委托房地产评估机构确定同地段商品住房平均单价，购房人按照该评估单价与原购买单价之间的差额结合该住房全部建筑面积缴纳差价款；当事人拒不做出选择的，由市住房保障管理部门根据实际情况做出收回该住房或责令补交与同地段商品住房平均价格差价款的决定。

(陆云球)

【住房公积金缴存扩面】2017年，杭州市(不含省直单位)新开户住房公积金缴存单位1.55万户，新增公积金缴存职工41.24万人，净增实缴职工22.16万人，实缴职工比上年增长39.9%。全年缴存公积金321.77亿元，增长18.5%；提取公积金266.29亿元，增长33.5%。发放个人住房贷款2.49万户，金额126.63亿元。职工用公积金购房面积(不含贴息贷款)262.85万平方米。实现增值收益7.99亿元，增长16.7%。年末，住房公积金建制职工244.16万人，其中实缴职工173.68万人；住房公积金缴存余额663.21亿元；个人住房贷款余额630.86亿元，贷款率95.1%，贷款逾期率0.011‰。

【住房公积金内部控制管理】2017年11月1日和12月3日，杭州公积金中心分别印发《杭州市住房公积金行政执法管理办法》和《杭州市个体工商户和自由职业者缴存、使用住房公积金管理办法(试行)》，进一步完善靠制度管人、管事、管钱的内部控制管理机制。萧山、余杭、富阳3个区将住房公积金缴纳列入劳动合同的规定条款。制定委托贷款银行资格暂停和退出管理办法，建立委托贷款银行竞争退出机制。结合市委巡视反馈意见，修订和制定加强内部控制管理文件8个。完善公积金公款竞争性存放管理办法，实施业务备付金竞争性存放工作，实现存款竞争性存放全覆盖。全年组织实施存款竞争性存放10次，存放金额44.98亿元，存放资金安全。

【住房公积金缴存管理规范】2017年，杭州公积金中心规范住房公积金缴存管理，对单位低于缴存基数下限缴存和少缴公积金情况函告进行自查。市本级完成4672个单位1.7万名职工公积金缴存的清理，督促缴存比例不合规单位进行调整。落实“双随机”监管要求，开展对上市企业和国有企业公积金缴存情况专项执法检查，组织企业自查504个，重点督查缴存不合规企业21个，新增缴存职工2.32万人。加强信用建设工作，定期发布公积金失信黑名单，认定骗提及严重逾期失信人员3批次，芝麻信用支付宝负面记录栏目在全国率先披露杭州公积金失信信息。推进结算平台建设，将杭州铁路公积金管理分中心纳入全市一体化系统管理。杭州公积金中心档案工作目标管理通过省一级达标复评。全年受理信访192件，投诉立案339起，年内结案196起。

【公积金事项办理“最多跑一次”】2017年，杭州公积金中心推进“最多跑一次”改革。梳理只需“跑一次”办事事项30项，除个体工商户、自由职业者缴存公积金事项尚待优化流程外，其他事项均实现“最多跑一次”。

在涉及公民个人的20项办事事项中，有13项被精简材料。对离退休、租赁、城镇低保提取及个人信息查询、提前还贷、异地贷款证明等业务通过数据共享，实现身份证“一证通”办理。实行数据无条件归集、有条件使用，多渠道开发线上“互联网+公积金服务”，年底实现全部事项的网上受理和办理。新增中心网厅、微信、支付宝、部分银行终端等渠道在线查询办理，于6月接入住房和城乡建设部异地转移接续平台，实现公积金异地转移使用。新增杭州银行缴存提取业务网点6个，进驻城区行政服务中心网点5个，城区行政服务中心全部实行双休日服务便民举措。研究实施“一次告知、七日审核、三日核准、证到放款”的贷款审批模式，开展简化审批试点银行8个，通过抵押数据电子证照共享互认实现放款“零等待”。（韩 燕）

**【既有住宅加装电梯】** 2017年8月21日，杭州在上城、江干两区先行开展既有住宅加装电梯试点工作。11月22日，上城区新民村2幢1单元加装电梯项目试运行，成为全市首个投入运行的既有住宅加装电梯项目。11月30日，杭州出台《关于开展杭州市区既有住宅加装电梯工作的实施意见》，对加装电梯的基本原则、实施主体、资金筹集、实施程序、保障措施等方面内容进行明确。至年末，上城、江干两个试点城区有150多处单元业主提出加装电梯申请，其中112处项目通过联合审查，2处项目完工并投入试运行。

**【国有土地上房屋征收】** 2017年，杭州市核发国有土地上房屋征收决定56件，其中上城区21件、下城区1件、江干区6件、拱墅区2件、西湖区2件、余杭区17件、临安区6件、建德市1件，涉及住户8377户，建筑面积69.6万平方米。依托“阳光征收”信息系统，杭州国有土地上房屋征收工作全面实现网上签约、网上公开、网上监管。建德市影剧院区块棚户区改造项目16小时内248户住宅全部签约，成为全市国有土地上房屋征收速度最快的项目。全年完成国有土地上拆迁户回迁安置5760户、房屋征收重点项目“清零”33个，累计完成国有土地上房屋征收1390户。

**【房产档案管理】** 2017年4月1日，杭州市房产档案馆推出面向个人的杭州市区住房情况24小时自助查询服务，并增加自助查询服务点，形成覆盖全市24个点的杭州市区个人住房情况自助查询便民网络。查询信息覆盖主城区、萧山、余杭、富阳和大江东产业集聚区。办事群众任意时间均可通过刷取个人二代身份证实时出具查询结果并自动打印盖章，无须窗口受理。7月12日，杭州市房产档案馆推出个人住房信息网上查询服务，并在浙江政务服务网App接入“住房信息查询”功能，升级推出手机端查档服务。至年末，市区住房情况自助查询服务系统网上核查出具记录13.69万份，各类自助机终端出具记录55.23万份，自助查询量占查询总量65%以上。（陆云球）

## 优抚安置

**【优抚政策落实】** 2017年末，杭州市有优抚对象19.6万人，其中享受定期抚恤补助的重点优抚对象1.45万人。根据省民政厅、省财政厅要求，从10月1日起，全市提高在国家机关、社会团体、企事业单位工作和享受离休、退休待遇的残疾军人，以及伤残人民警察、伤残国家机关工作人员、伤残民兵民工的残疾抚恤金标准；提高享受定期生活补助金的参战参试军队退役人员补助标准，每人每月750元。2017年，全市调整重点优抚对象抚恤补助标准，同时对未享受定期抚恤金的烈士、因公牺牲军人、病故军人的父母（抚养人）、配偶，年收入低于抚恤补助标准的，其差额予以补足。国家机关、社会团体、企业事业单位的在职和离退休残疾军人，其年收入与年残疾抚恤金之和低于同等级无工作单位残疾军人残疾抚恤金标准的，其差额予以补足。全市调整义务兵家庭年优待金标准。

**【服务部队建设】** 2017年，杭州市服务保障驻杭部队调整改革，关心新调整组建部队遇到的困难，解决移防部队家属随军落户审批、随军家属就业安置、干部子女就学问题。市双拥办开展驻杭部队大走访活动，了解部队需求，拨付专款支持部队文体医疗设备更新、训练场翻建、营区生活设施

**2017年杭州市区部分优抚对象抚恤(补助)标准**

表78　　单位：元

| 属别 | | 月抚恤(补助)标准 | 年抚恤(补助)标准 |
|---|---|---|---|
| 烈士遗属 | | 4 384 | 52 608 |
| 因公牺牲军人遗属 | | 4 019 | 48 228 |
| 病故军人遗属 | | 3 654 | 43 848 |
| 在乡复员军人 | 抗日战争 | 2 740 | 32 880 |
| | 解放战争 | 2 558 | 30 696 |
| | 中华人民共和国成立后 | 2 375 | 28 500 |
| 带病回乡退伍军人 | | 2 192 | 26 304 |

**2017年度杭州市区义务兵家庭年优待金标准**

表79　　单位：元/年

| 优抚对象 | | 标准 |
|---|---|---|
| 义务兵家庭 | | 26 345 |
| 在西藏服役的义务兵家庭 | | 65 862.5 |
| 义务兵立功增发优待金 | 获中央军事委员会授予荣誉称号 | 52 690 |
| | 获军队大军区或军兵种授予荣誉称号 | 26 345 |
| | 立一等功 | 21 076 |
| | 立二等功 | 13 172.5 |
| | 立三等功 | 5 269 |
| | 荣获优秀士兵称号 | 1 317.25 |

**残疾军人、伤残人民警察、伤残国家机关工作人员、伤残民兵民工残疾抚恤金标准表**
（从2017年10月1日起执行）

表80　　单位：元/年

| 残疾等级 | 残疾性质 | 抚恤金标准 |
|---|---|---|
| 一级 | 因战 | 72 850 |
| | | |
| | 因病 | 68 240 |
| 二级 | | |
| | 因公 | 62 460 |
| | | |
| 三级 | 因战 | 57 850 |
| | | |
| | 因病 | 50 920 |
| 四级 | | |
| | 因公 | 42 800 |
| | | |
| 五级 | 因战 | 37 040 |
| | | |
| | 因病 | 30 070 |
| 六级 | | |
| | 因公 | 27 380 |
| | | |
| 七级 | 因战 | 21 990 |
| | | |
| 八级 | 因战 | 13 880 |
| | | |
| 九级 | 因战 | 11 530 |
| | | |
| 十级 | 因战 | 8 100 |
| | | |

改造等项目建设，协调市法律援助中心设立部队法律援助工作站，协调电力部门帮助解决营区供电问题。落实各项优抚安置政策，为部队官兵消除后顾之忧。全年向驻杭部队随军未就业家属发放生活和社保补助343万余元，补助标准为每人每月1070元。落实军人子女教育优待政策，给予小学、初中入学照顾200多人，享受中考加分优惠政策79人。

市双拥办会同市科委将“氮气品质在线监测系统”“EAP在警卫部队官兵心理健康管理的应用研究”“微型消防站管理和通信系统”“边检动态人脸识别布控系统”4个驻杭部队项目被列入2017年杭州市科技拥军项目，并资助经费50万元。向部队拨专款100万元，帮助解决战备训练和官兵生活方面的实际困难。推进“慈善拥军情”活动，向79名驻杭部队困难军人军属发放慈善救助金65万元。市双拥办与浙江省军区、杭州启扬教育集团联合举办教育拥军活动。

**【退役士兵安置】**2017年，杭州市落实退役士兵安置政策，符合政府安排工作条件的退役士兵确保一人一岗。10年以下退役士兵自主就业率100%，退役士兵自主就业经济补助金标准提高。杭州市退役士兵职业技能教育培训工作通过公开招投标形式落实，由杭州科技职业技术学院、杭州职业技术学院、浙江育英职业技术学院3所院校承办，共提供教育培训项目60多个，教育培训政策知晓率100%，自愿报名参加职业技能教育培训1488人。针对部分自主就业后就业确有困难的退役士兵，各级民政安置部门帮扶推荐工作单位，落实帮扶政策。12月初，市复员退伍军人和军队离退休干部安置领导小组办公室会同市就业管理服务局举办杭州市退役士兵就业专场招聘会，85个企业提供招聘岗位198个。杭州市与高校合作开发的退役士兵就业信息平台“退役职通车”上线，至年末，平台导入4万余名用户信息。

（冯晓飞）

**【军队离休退休干部安置与服务】**2017年，杭州市落实军队离休退休干部安置“即交即接”工作机制。全年接收安置军队退休干部（士官）69名，保障政治待遇和生活待遇及时落实，改善军休活动场所，走访慰问家庭病床、住院病号、六级伤残以上人员、市级劳模358人。军休系统组织活动260多次，8000多人次参与。杭州老干部大学军休分校增设电子钢琴、智能手机操作等课程，办学规模达10门课程15个教学班级，每周269人次上课。为庆祝建军90周年，市军休系统举办1次演讲朗诵比赛、5次文艺演出及座谈会，以及军旅电影周、描绘军史墙、趣味运动会、门球比赛、棋牌比赛等活动，4012人次参加。

（蔡柏军）

## 移民安置

**【下山移民】**2017年，杭州市按照“移得下、富得起、稳得住、建的好”的要求，精准引导居住在高山、深山和地质灾害隐患地区的农民继续搬迁下山。全市完成下山移民1268户、4258人，完成集聚小区建设8个，有效改变高山、远山、地质灾害地区农民生产生活环境，加快偏远山区农民增收，促进山区人口向中心村中心镇集聚。（王昱恺）

**【水库移民后期帮扶】**杭州市是全省水库移民第一大市，至2017年末，全市有大中型水库移民后期扶持人口34.62万人，分布于全市7个区县（市）和主城区151个镇（乡、街道）、1894个行政村（居委会），其中直补移民人数18.97万人，项目扶持人口15.65万人。以县域为单位,余杭区、富阳区、临安区、桐庐县、淳安县、建德市六地既是大中型水库库区,也是大中型水库移民安置区;萧山区为大中型水库移民安置区;主城区水库移民大部分是三峡水库移民和少部分因婚嫁等原因迁入。全市有小型水库移民2.3万余人,涉及100个乡镇、483个村。杭州市全年发放移民直补资金1.14亿元,建成特色产业移民村33个、美丽移民村27个,移民避险解困搬迁9人,用于移民脱贫解困资金0.18亿元。全市移民2017年人均可支配收入2.8万元,达到当地农村居民年人均可支配收入的92%,生产生活水平与当地大致持平。杭州市采取集中培训和分散培训相结合的方式,组织移民开展各种实用技能和从业资格等培训。全年举办各类培训班298期,培训移民劳动人口2.68万人,占直补移民人口的14.1%,提高移民就业创业适应能力。

**【水库移民项目建设】** 2017年,杭州市安排各类移民资金补助项目438个(含往年资金安排项目实施情况),投入项目资金2.82亿元。其中,创业致富类项目214个,移民资金投入1.49亿元,占资金总投入的53%。在2017年度实施的332个项目中,投入资金2亿余元,其中50万元以上的项目152个,占项目总数的45.8%;新增100万元以上的产业基地29个。

(周伟军)

## 流动人口服务管理

**【概况】** 至2017年末,杭州市登记在册流动人口620.08万人,比上年同期减少42.64万人,降幅6.9%。市区(不含临安)在册流动人口586.05万人,占总数的94.4%,比上年同期减少41.08万人,降幅7.0%。杭州市推进新型居住证制度实施,夯实流动人口和出租房屋基层基础工作,推动《杭州市流动人口服务管理条例》修订和积分管理政策研究制定,完善创新流动人口管理服务工作。

**【新型居住证制度实施】** 2017年,杭州市贯彻《浙江省流动人口居住登记条例》和《杭州市人民政府办公厅关于推行新型居住证制度的通知》精神,于1月1日起全面推行新型居住证制度,实施IC卡式居住证申领发放。针对"合法稳定住所"认定难的实际,形成由各区县(市)政府(管委会)牵头,各业务主管部门配合,街道(乡镇)社区(村)具体落实的工作格局。市流动人口办与流动人口服务管理委员会成员单位保持密切联系,制定印发《居住证办理工作指引》和《资料汇编》,细化工作流程,规范日常操作。各区县(市)流动人口办、各派出所分管领导和业务骨干500多人次参加实际操作培训。针对收集的100多条常见问题以"你问我答"形式进行明确,指导各地规范操作。2017年,全市发放IC卡式居住证34.94万本。

**【《杭州市流动人口服务管理条例》修订】** 2017年,《杭州市流动人口服务管理条例》修订工作被列入市人大常委会立法计划正式立法项目。市流动人口办和市人大常委会相关工委组成立法调研小组,开展立法调研。召开3次部门立法座谈会和流动人口服务管理委员会成员单位征求意见座谈会,向各区县(市)、各部门(单位)3轮征求书面意见并修改完善。重点对与上位法不一致的地方进行修改,确保法律内部的一致性;对上位法中要求各地根据实际情况进行细化的部分予以具体化;总结提炼实践经验,将之上升到立法层面,为全市流动人口服务管理工作提供法制保障。12月27日,修订草案经市第十三届人民代表大会常务委员会第八次会议审议通过。修订后条例确立居住证积分管理制度,明确居住证申领条件,并授权市政府制定居住证申领实施细则。

**【流动人口居住证积分管理政策制定】** 2017年,杭州市起草制定《杭州市居住证积分管理办法(试行)》。9月下旬,《杭州市居住证积分管理办法(试行)》通过市法制办规范性文件的合法性审查。市流动人口办组织专家小组召开社会稳定风险评估论证会,于10月上旬形成社会稳定风险评估报告,随后进行网上听证。10月24日,该办法获市政府第十次常务会议审议原则通过,于11月30日印发,2018年1月1日起实施。居住证积分是通过设置积分管理指标体系,将居住证持有人的个人情况和实际贡献转化为相应的分值。积分管理指标体系由基础分指标、加分指标、减分指标和一票否决指标组成。积分管理采用"1+1+X"的模式,即一个积分管理办法、一套积分指标体系和多部门或地区进行积分应用。相关部门或地区可根据公共服务资源及申请人积分情况,公平、有序地提供公共服务或积分落户。积分管理办法适用于杭州市市区,桐庐、淳安、建德参照执行。

**【流动人口发证和信息申报机制创新】** 2017年,市流动人口办结合市公安局"最多跑一次"改革,推行"互联网+政务服务",开发建设"杭州市居住证服务平台",从6月15日起,全面实施居住证网上预约办理和邮政快递服务。该平台集流动人口居住登记自主申报、居住证网上预约办理、居住证办理进度查询、居住出租房屋自主申报以及政策法规、办事指南查询等服务于一体,实现流动人口自主申报居住登记、流动人口居住证网上预约办理,以及居住出租房屋房东自主报送信息。同时,优化流动人口互联网远程申报机制,拓展流动人口居住登记社会化申报途径,整合"警察叔叔"App和"新杭州人家园"微信公众号等资源,实现流动人口、居住出租房屋房东网上居住登记申报,居住证网上预约办理等功能,保证流动人口基础信息采集录入的及时性。9月19日起,全面推行居住证补(换)领电子支付,在申请办理居住证补(换)领时,对有需要的申请人提供支付宝电子支付服务。至年末,全市通过"杭州市居住证服务平台"和互联网远程申报等网上预约办理居住证3.22万本,申报居住登记1.12万条。

**【流动人口和出租房屋专项整治】** 2017年,杭州市公安机关深化"实有人口、实有房屋、实有单位"网格化基础排查管控机制,为做好春节后流动人口返城基础信息采集登记工作,加强居住出租房屋管理,巩固和完善"后峰会"时期社会治安防控基础工作，在春节后至3月31日开展为期一个半月的流动人口和居住出租房屋集中排查整治专项行动，采集在杭州工作、居住、生活的流动人口基础信息，严格居住出租房屋安全管理，以夯实流动人口基础管控要素，消除居住出租房屋安全隐患，强化流动人口社会主体责任。全市新登记流动人口187.1万人，新登记出租房屋3.7万户。全年登记流动人口792.9万人次、出租房屋22.1万户。

**【居住出租房屋"旅馆式"管理试点】**2017年，为强化流动人口和居住出租房屋管理，市流动人口办到台州市公安局实地考察学习居住出租房屋"旅馆式"管理经验，就考察学习情况向市公安局党委做专题汇报。市流动人口办两次召开工作会议，印发《关于切实做好居住出租房屋"旅馆式"管理试点工作的通知》，部署全市居住出租房屋"旅馆式"管理试点工作，以建立一套组织架构、设置一个工作平台、规范一个安全标准、制定一套规章制度、组建一支管理队伍的建设标准和"委托式""自治式""中介式"的运作模式，明确居住出租房屋"旅馆式"管理试点任务。至年末，全市居住出租房屋"旅馆式"管理172个试点区域中，采取自治式的125个、委托式的45个、中介式的2个，覆盖出租房屋15.6万间、流动人口26.6万人。

**【流动人口信息测查】**2017年，杭州市根据《2017年杭州市平安综治维稳综合考核》和《2017年杭州市流动人口管理服务工作绩效考核评估办法》，重点针对流动人口居住信息登记率、准确率及居住出租房屋登记率，通过实地测查、蹲点暗访、网上测查、案件倒查以及公安内部组织交叉检查等多种测查方法和手段，开展全市流动人口基础信息测查。市流动人口办全年组织各区县（市）开展多种形式的流动人口基础信息测查12次，配合省、市相关部门开展检查、督查4次，范围涵盖全市13个区县（市）和3个管委会，检查流动人口基础信息10万余人次、居住出租房屋2万余间，印发各类督查、检查情况通报15次。（屠友军）

## 老龄事业

**【概况】**2017年，杭州市老年人口持续快速增长，人口高龄化趋势加快。至年末，按户籍人口统计，全市60岁以上老年人167.18万人，占总人口的22.16%，比上年增加8.05万人，增长5.06%。全市80岁以上高龄老人26.97万人，占老年人口的16.13%；失能老人2.92万人，半失能老年人6.42万人，分别占老年人口的1.75%和3.84%。纯老年人家庭的老年人口28.28万人，占老年人口的16.92%。全市老龄化程度排在前三位的分别是上城区、西湖风景名胜区、下城区，老年人口比例分别达30.59%、28.62%、26.53%。全市有百岁老人（1917年12月31日前出生）409人，其中男性127人、女性282人。萧山区有75位百岁老人，居全市之首，其次是上城区52人、西湖区46人。

至年末，全市有各级老龄工作机构224个，编制数417人，实有人员561人。按编制性质分，行政编制277人，事业编制163人，其他编制121人；按人员构成分，专职人员275人，兼职人员258人，其他人员28人；按年龄构成分，35岁以下的151人，36～55岁的345人，56～60岁的65人；从文化程度看，具有大学专科以上学历的524人，占总人数的93.4%。6月5—7日，市老龄工办在之江饭店举办全市乡镇（街道）老龄工作干部培训班，13个区县（市）和3个管委会，共80多人参加培训，提升了基层老龄干部的政策理论水平和综合素质。

至年末，全市在册低保人数12.27万人，其中享受低保的老年人5.07万人。全市80岁以上高龄老人均享受政府高龄津贴补助，80～89岁老年人每人每月为50元，90～99岁老年人每人每月为100元（其中萧山区、大江东产业集聚区为110元，桐庐县为130元），100岁以上老年人每人每月为300元（其中萧山区、大江东产业集聚区为350元，桐庐县为330元），全市享受高龄补贴的老年人有25.78万人。（郭清芳）

**【居家养老服务】**2017年，民政部、财政部对首批中央财政支持开展居家和社区养老改革试点地区进行绩效考核，杭州市被评为"优秀试点地区"（全国仅5个）。至年末，全市建成并正常运营的居家养老服务照料中心有2815个（城市887个、农村1928个），其中，400平方米以上、由专业社会组织运营的街镇级照料中心99个。居家养老服务照料中心功能实现全覆盖，城市社区步行15分钟、农村社区步行20分钟的养老服务圈不断巩固。6月5日起施行《关于推进老年人助餐服务体系建设的指导意见》，全面实施老年食堂备案制，建成

2017年8月15日，拱墅区首个采用智慧养老助餐系统的老年阳光食堂在米市巷街道锦绣社区开张（杭州图库 供稿）

实体老年食堂1176个(含助餐服务点),通过"中央厨房+中心食堂+助餐点""互联网+配送餐"等模式,为全市老年人提供不同的助餐方式。全市享受政府购买居家养老服务的老年人约10.36万人,市、区两级财政投入居家养老服务补贴资金1.54亿元。

**【养老机构建设】** 2017年,杭州市新增养老机构34个,新增床位5524张。至年末,全市有各类养老机构302个(民办养老机构198个、公办养老机构104个),总床位6.98万张(护理型床位4.31万张,占总床位数的61.8%)。按户籍人口统计,每百名老年人拥有床位数4.2张。开展养老院服务质量建设专项行动,下发通知细化工作任务,开展专题培训6期,组成2个督查组先后14次对全市养老院展开摸排式检查,推进集中整治。

**【"智慧养老"实现"四统一"】** 2017年1月,杭州市开通"96345100"为老服务热线,拓展"智慧养老"服务内容,搭建市级智能化监管平台,实现服务对象、服务内容、服务标准、服务监管的"四统一"。至年末,累计发放"智慧养老"终端11.6万台,执行紧急救助590次,为孤寡、独居老人提供主动关怀线下服务4.21万次,回访服务满意率99.6%。

**【养老服务队伍建设】** 2017年,市级养老服务指导中心新增5个事业编制。至年末,13个区县(市)均成立养老服务指导中心,全市有专职养老护理人员1.05万人,拥有养老服务志愿者队伍2829支,志愿者10.31万人,为378名养老护理员发放持证奖励。8月,举办第八届杭州市养老护理员职业技能竞赛,第一名授予"杭州市五一劳动奖章"。在杭州师范大学钱江学院护理分院设置500万元养老人才培养助学基金,市属4所院校建立养老服务人才培训基地,6个养老机构设立实践基地。

**【医养结合破解老年人照护难题】** 2017年,市民政局会同市卫生计生委探索医养联合体等模式,促进养老机构与医疗机构之间的服务对接与协作。至年末,全市养老机构均得到不同形式的医疗服务资源支持,1750个照料中心和卫生服务中心签约,老年人可通过全科医生驻点或巡诊等方式在照料中心享受健康检查、健康管理和护理指导等服务。市民政局会同市人力社保局等在桐庐县开展长期护理保险试点,破解老年人照护难题。

**【养老产业化发展】** 2017年10月,杭州市施行《关于加快推进全市养老服务业放管服改革工作的通知》,降低准入门槛,下放登记管理权限。推进公办养老机构价格机制改革,形成杭州市第二社会福利院和杭州市社会福利中心定价改革方案。到上海等地开展杭州市养老服务政策推介,举办全市养老服务社会化推介会,将300多个养老服务项目向社会集中推介。累计建立老年用品产业园区、养老特色小镇和为老服务品牌街区15个,初步形成规模效应。 (常利洁)

**【老年文教体育事业】** 至2017年末,杭州市建有老年电视大学16所,教学点2987个,春秋两季参加老年电视大学学习的老年学员34.81万人,平均入学率10.41%,继续保持全省前列。全市有区县(市)级以上老年大学19所,在校老年大学学员2.97万人,累计毕(结)业学员11.95万人。老年学校243所,在校学员3.77万人,累计毕(结)业7.66万人。全市有老年文艺团队3666个,参加人数10.46万人;有老年体育协会及各类老年体育团队4509个,参加人数45.32万人;有其他老年社团组织295个,参加人数1.23万人。6—9月,市老龄工办举办"文化养老·寻梦杭州"第四届杭州市老年人征文活动,优秀作品汇编成《杭州老年人征文作品集》。

**【老年活动设施建设】** 至2017年末,杭州市建有各类老年活动中心(室)3738个,比上年增加17个。新建、改扩建老年活动中心(室)97个,新增建筑面积4.44万平方米,当年建设投资总额6874.42万元,其中政府财政投入3668.42万元、集体资金投入2481万元、民间及个人投入641万元、其他资金84万元。至年末,全市共命名"星级老年活动中心(室)"2734个,其中四星级17个、三星级172个、二星级2280个。

**【老年人意外伤害保险】** 2017年5月9日,市老龄工办、市财政局、市民政局和市卫生计生委联合印发《关于实施新一轮(2018—2020年)老年意外险财政补助的通知》。5月31日,新一轮杭州市老年人团体意外伤害统筹保险项目开标。经评审,由中国人寿股份有限公司杭州分公司、中国人民财产保险股份有限公司杭州分公司和中国太平洋股份有限公司浙江分公司中标组成共保体。7月24日,杭州市老年意外伤害保险推出配套产品"附加老年意外伤害骨折津贴保险"。至年末,全市有115.18万名老年人参加老年人意外伤害保险,占老年人人口总数的68.9%。全市投保金额3786.40万元,其中政府补助金额1951.40万元,享受政府补贴人数87.31万人。

**【老年协会建设】** 至2017年末,杭州市1044个社区建立老龄工作小组,占社区总数的99.43%;建立老年协会1043个,占社区总数的99.33%,1030个老年协会达到规范化建设标准,占社区老年协会总数的98.75%。全市2054个行政村均建立老年协会,村级老年人协会均符合规范化建设标准。全市社区(行政村)老年协会纳入民政部门依法登记或备案管理的有2556个,占老年协会总数的82.53%。全市有2405个老年协会开展"银龄互助"活动,占老年协会总数的77.66%。

**【老年文化艺术节】** 2017年8月31日,以"文化养老·寻梦杭州"为主题的2017年杭州市老年文化艺术节以一场文艺会演拉开序幕。5月,以"独特韵味·别样精彩"为主题的2017年杭州市老年书画摄影比赛启动,各区县(市)选送书画摄影作品4000多幅,125幅作品获奖,于10月13—20日在杭州博物馆展出。9月22日,"和谐养老·老龄事业"主题论坛在之江饭店举行,邀请知名专家和嘉宾就老年教育、机构养老和老年人照护等内容进行讨论和现场互动,并对优秀论文进行表彰。9月22—24日,第五届杭

2017年10月16日，2017年杭州市老年文化艺术节集体舞大赛举行

（市老龄工办 供稿）

州市老年健康文化博览会在浙江世贸国际展览中心举行，展出面积1万余平方米，展位600个，包括杭州市老年健康文化展览会、杭州市敬老大型公益义诊、“爱你有我”相亲大会、杭州广场舞大赛、“爱之光”公益行动五大主题活动，设有养老服务、护理康复、健康生活、老年地产和旅游、家庭理财、相亲服务六大展区。10月31日，以“美丽杭州，品质养老”为主题的2017年杭州市“老年节”庆祝大会在杭州文广集团举行，杭州市第三届“敬老文明号”创建活动启动。大会向入选浙江省首批“老年友好城区”的单位、杭州市老年意外险工作优秀合作单位、养老服务行业领军人物代表和知名民办养老机构代表颁发奖杯。艺术节开展文化养老嘉年华系列活动，包括红歌大赛、老年舞蹈大赛、戏曲大赛和中华经典诗文诵读大赛以及“致敬激情燃烧岁月”红色电影展映活动。

**【“敬老月”庆祝活动】** 2017年10月，在全国第8个“敬老月”和第5个“老年节”期间，杭州市以“关爱老年人，欢庆十九大”为主题开展“送温暖，献爱心”走访慰问活动。10月30日，市委副书记、市长徐立毅，副市长王宏走访慰问老年人代表。市政府为全市745位百岁老人（含虚岁）每人送上慰问金1000元，并向170位新满100周岁的老人，每人赠送一枚“期颐之贺”印章。市老龄事业发展基金会救助全市困难家庭失能老年人1429人；市科学技术协会进社区开展100多场老年健身专题讲座；市卫生计生委举办“2017健康养老进社区暨人人都是家庭护理急救员活动”，开展健康养老进社区活动，给社区送去健康养老服务，给老年人及家属子女普及急救、护理知识；杭州图书馆针对糖尿病和失眠两个健康问题开展专场讲座，佛学分馆天竺茶社组织社员慰问佛教安养堂的老法师；市教育局组织慰问离退休老干部、老教师；市城投集团公交电车分公司在环北新村社区为老年人提供免费理发及量血压等活动。“敬老月”期间，市老龄工委各成员单位和各区县（市）开展150多项敬老爱老助老活动。（郭清芳）

## 残疾人事业

**【概况】** 至2017年末，杭州市有残疾人47.78万人，占全市总人口的6.36%。20.17万名残疾人申领第二代残疾人证，其中：视力残疾2.53万人，占12.5%；听力和言语残疾2.91万人，占14.4%；肢体残疾9.93万人，占49.2%；智力残疾1.99万人，占9.9%；精神残疾2.16万人，占10.7%；多重残疾6441人，占3.2%。2017年，杭州市推进国家智能化残疾人证试点工作，推进余杭区全国残疾预防综合试验区创建，完成产前诊断、残疾诊断、残疾评定、残疾报告4项国家重点项目。（冯　丽）

**【残疾人生活保障】** 2017年，杭州市推进落实残疾人“单独施保”，对符合条件的残疾人，按照单人户纳入最低生活保障范围，共3.73万户、3.82万人。杭州市在落实国务院和省政府关于建立残疾人“两项补贴”（困难残疾人生活补贴、重度残疾人护理补贴）制度的基础上，提高发放标准、扩大保障范围。2017年，全市残疾人“两项补贴”发放14.2万人次、4.71亿元，比上年增加1.3万人次、1.13亿元。其中：发放困难残疾人生活补贴6.75万人次，比上年增加0.45万人次；发放重度残疾人护理补贴7.45万人次，比上年增加0.81万人次。

（叶元青）

**【残疾人康复服务】** 2017年，杭州市推进精准康复服务，市残联联合市卫生计生委、市民政局、市教育局制定精准康复服务清单共6类57项服务项目，为8.02万名持证残疾人和残疾儿童提供精准康复服务，康复服务率98.4%。9月4日，《关于精准实施杭州市“光明工程”的通知》印发，为2156名残疾人实施助听、助明、助行“三助”行动，全年残疾人辅助器具适配率91.5%。实施新生儿疑似残疾信息监测和残疾儿童基本康复服务与补贴项目，为612名残疾儿童提供康复救助并开展康复评估，总体康复显效率90%。开展定点残疾儿童康复机构建设，首批创建21个，其中省级4个、市级17个，涵盖听力、脑瘫、智障、肢体、孤独症康复训练等康复工作各领域。加强精神残疾人救助，实施贫困严重精神障碍患者服药和住院补贴制度，为7921人次精神残疾人减免医药费94.6万元。

**【国家级智精残疾人托养机构护理服务标准化试点通过验收】** 2017年6月6日，杭州市残疾人托管中心实施国家级智精残疾人托养机构护理服务标准化试点项目经专家组评估，通过终期验收。试点项目于2015年9月启动，具体内容包括：构建服务标准化体系、完善服务相关的实施标准、组织实施品牌服务标准化活动、探索建立医疗保健服务体系、加强标准化培训及内部工作培训、引领实现良好的社会效应。试点率先开展行业标准化建设，为行业提供标准参照，打造托养机构护理服务标准化试点模板，搭建形成包括服务通用标准、服务基础标准等四大子体系、188个标准的全套体系结构，实现重点工

2017年5月12日,杭州市第八届残疾人艺术会演在浙江大学举行
(市残联 供稿)

作标准覆盖率100%,重大安全责任事故发生率为0,历年家属满意率保持在90%以上,填补该领域标准及标准化试点两项空白,可惠及全市148个托养机构2330名残疾人。

【残疾人保障及权益保护】2017年,杭州以信息化建设为推手,落实残疾人"两项补贴"制度。通过统一招标、区县(市)分别采购的方式启动残疾人"两项补贴"信息化系统建设工作,集在线办理、审核发放、统计分析等功能于一体。全年发放困难残疾人生活补贴6.75万人、重度残疾人护理补贴7.45万人,投入资金4.71亿元。市残联做好3744辆残疾车燃油补贴足额发放工作,完成1320多辆残疾车新购和置换更新工作。

【残疾人就业】2017年,杭州市以推进按比例就业为重点,提升残疾人就业水平。全市残疾人按比例就业2.01万人,其中新增就业537人,辅助性就业4257人,督导各地建立残疾人就业创业孵化基地。做好残疾人大学生数据调查摸底和就业安置工作,市本级推出2个事业编制单招单考岗位,区县(市)推出1个公务员和2个事业编制单招单考岗位。9月4日,《关于进一步做好杭州市盲人医疗按摩管理工作的通知》印发,将盲人医疗按摩所纳入医保定点协议管理。

【残疾人文体服务】2017年,杭州市开展文化助残"五个一"工程,采取多种形式实施文化助残,惠及重度、贫困残疾人3117人次。举办特殊艺术进农村文化礼堂巡演65场次,新增7支残疾人文艺团队,累计培训残疾人文化骨干828人。组织参加省残疾人艺术会演,获1个特等奖、3个金奖、3个银奖、3个创作奖,并以团体第一名的成绩获组织奖。5月12日,杭州市第八届残疾人艺术会演在浙江大学举行。6月27日,国际残疾人排球联合会发展中心揭牌仪式暨2017年亚洲、大洋洲坐式排球锦标赛开幕式在余杭国家盲人门球基地举行。9名杭州籍听障运动员参加第二十三届夏季听障奥运会,获3块金牌、5块银牌、2个第四名、3个第六名、5个第七名。

(冯 丽)

## 红十字会

【概况】至2017年末,杭州市有红十字会组织1542个、团体会员单位1213个、会员58.69万名(其中青少年会员49.83万名)、志愿者1.33万名。全市红十字会系统募集救灾救助款物2379.56万元,发放款物2146.6万元,救助困难群众3.91万人次;培训红十字救护员3.03万名,普及培训22.87万人次,分别占户籍人口的0.4%和3.1%。

【博爱帮困活动】2017年,"红十字博爱送万家"活动慰问困难群众5053人,发放慰问款物735.5万元。联合市卫生计生委开展2017年"红十字失独家庭救助"项目,救助100户困难家庭,发放慰问金20万元。参加"联百乡结千村访万户"蹲点调研活动,在结对的富阳区永昌镇所辖5个村全部建立村级红十字博爱救助金。建立"农工党杭州市委会红十字同心·前进专项基金",首批接受捐赠资金100万元。向市癌症康复协会提供10万元救助款,与市教育局联合向西藏那曲县捐赠5万元。协助爱心人士管理"浙江警官职业学院学生奖助专项资金"。实施对口帮扶贵州黔东南州和新疆阿克苏市工作,向黔东南州提供救助款物125.49万元,向阿克苏市提供救助款物58.73万元。

【应急救援】2017年6月的兰溪特大洪水救援中,萧山区红十字湘湖应急救援大队、富阳区红十字狼群应急救援队与全省其他15支救援队在省红十字会的统一部署下,连夜到兰溪受灾地参与救援。建德市水上救援队参与大洋、麻车等灾区救援。富阳区红十字狼群应急救援队先后获浙江省人民政府"团体三等功"及浙江省"最美公益救援组织"等称号。

【救护培训】2017年,市红十字会加快培训工作信息化建设,在6个主城区初步实现培训网络化。9月27日,位于余杭乔司的全省首个中国红十字会生命安全体验馆启用。继续在全市实施应急救护培训进初中项目,对7个区县(市)的275名初中学校师资进行复训。联合市公安局对新招聘录用的警察和警衔晋升的公安干警进行全员应急救护培训,累计培训3500人。对服务第十三届全国学生运动会的出租车志愿者开展应急救护培训。萧山区"生命健康安全体验教室项目"、临安区生命安全体验馆成为应急救护培训工作的"金名片"。

【生命关爱工程】2017年,杭州市登记造血干细胞入库志愿者2063名,实现捐献15人,完成器官捐献29例、遗体(角膜)捐献87例。11月30日,《杭州市居住证积分管理办法(试行)》印发,规定成功捐献造血干细胞可获80积分。市红十字会联合市春风行动办公室对人体器官和组织(遗体、角膜、大脑)捐献者家庭进行人道慰问,全年投入资金145万元。

【新修订红十字会法宣传】2017年5月8日为第70个世界红十字日,新修订的《中华人民共和国红十字会法》(简称红十字会法)实施。市红十字会开展以学习宣传红十字会法,促进中国特色红十字事业持续健康发展为主题的"十进两参加"系列宣传普及活动。全市红十字会系统完成宣传红十字会法进公共场所113个,进社区(村)669个,进大街102条,进课堂306次,进网络"朋友圈"3.90万次,进学校316所,进理事单位486个,进媒体86个,进公交车361辆,进信报箱12.11万个。组织1.72万人参加省红十字会网络宣传。全市有14.71万人参加中国红十字会举办的知识竞赛,杭州市有市红十字会等12个单位获最佳组织一等奖,居全省第一位。5月5日至6月13日期间,分别在6所市属高校开展以"三个一"(一次宣讲、一次展板展览、一次集中发放资料)为主要内容的新修订红十字会法宣传普及活动,集中宣讲6次,听课人数1600多人;发放宣传板120多块(套),观展人数2万余人次;发放宣传资料3万余份;挂横幅打字幕60多条。(肖彩霞)

## 社区(村)建设

【概况】至2017年末,杭州市有社区1090个,其中上城区54个、下城区74个、江干区140个、拱墅区99个、西湖区159个、高新区(滨江)60个、杭州经济技术开发区38个、西湖风景名胜区6个、大江东产业集聚区8个、萧山区176个、余杭区172个、富阳区28个、临安区16个、桐庐县18个、淳安县15个、建德市27个。全市有社区工作者1.23万人,平均年龄38.71岁。其中:中共党员8078人,占65.5%;女性6977人,占56.6%;大专以上文化程度的1.05万人,占84.7%,研究生以上学历104人,占0.8%;取得社会工作师资格的2154人,占17.5%,取得助理社会工作师资格的4851人,占39.1%。全市有村委会2036个,其中江干区4个、西湖区32个、西湖风景名胜区9个、大江东产业集聚区59个、萧山区352个、余杭区183个、富阳区276个、临安区287个、桐庐县182个、淳安县423个、建德市229个。

杭州市设立134个社区(村)减负工作监测点,动态掌握社区(村)减负工作情况。全年收到监测上报问题6个,社区(村)负担问题呈下降趋势。深化村务公开和民主管理工作。至年末,全市村务公开和民主管理规范化建设达标率达96%以上。以换届选举为契机,全市所有村均建立议事协商机构并完成村规民约修订。

【城乡社区治理和服务创新】2017年2月28日,民政部以参阅件形式转发杭州市《关于进一步推进农村社区建设的实施意见》,推广杭州市农村社区建设经验。5月17—19日,杭州市上城区、下城区作为第三批"全国社区治理和服务创新实验区"接受民政部专家组中期评估督导。专家组认为,杭州市的实验区涌现出很多具有代表性和典型意义的生动案例,完成实验的阶段性目标和任务。6月27日,全市城乡社区治理创新推进会召开,会议肯定上一阶段城乡社区治理创新工作成果,强调要打造具有杭州特色、体现杭州智慧的"全国社区治理和服务创新实验区"升级版。10月23—24日,省民政厅专家组分别对杭州市江干区、西湖区和余杭区三个省级城乡社区治理和服务创新实验区进行中期评估督导,完成实验区建设的阶段性任务。12月8日,杭州市印发《杭州市城乡社区治理与服务体系建设规划(2017—2020年)》,规划杭州市2017—2020年的城乡社区治理与服务体系。

【国际化社区建设】2017年,杭州市推进国际化社区建设。1月17日,民政部以《民政信息参考》形式向全国推广国际化社区建设经验。11月30日,杭州出台全国首个国际化社区建设地方标准——《国际化社区评价规范》。同日,确定上城区南星街道白塔岭社区、下城区文晖街道现代城社区、下城区朝晖街道施家花园社区、江干区凯旋街道华家池社区、江干区笕桥街道金色黎明社区、拱墅区湖墅街道仁和仓社区、拱墅区拱宸桥街道桥西大社区、西湖区西溪街道花园亭社区、西湖区灵隐街道黄龙社区、滨江区西兴街道金东方社区、萧山区城厢街道休博园社区、萧山区北干街道湖滨花园社区、余杭区良渚街道良渚文化村社区、杭州经济技术开发区下沙街道滟澜社区14个社区为杭州市第二批国际化示范社区。

【撤村建居社区建设】2017年12月4日,杭州市印发《关于加快全市撤村建居社区规范化建设的实施意见》,为推进杭州市撤村建居社区规范化建设提供指导意见。文件提出优化撤村建居社区的组织化架构、加强专业化支持、提升精细化服务、加快城市化转型、坚持特色化发展5个主要任务。这是杭州市出台的首个规范撤村建居社区建设的政策,为推动撤村建居社区向城市社区转型指明方向。

【社区服务业发展】2017年,杭州市拨付城市社区服务业专项资金1000万元,其中:社区服务业扶持项目141个,扶持资金500万元;公益创投项目34个,项目资金500万元。项目涵盖社区治理、公益慈善、青少年服务、社区融合等内容,实施周期一年。市级福利彩票公益金500万元资助农村社区建设,主要用于"田园社区"和示范引领农村社区服务品牌建设。

【"智慧社区"建设】2017年,杭州市继续完善"智慧社区"平台数据。至年末,平台中入库城市社区居民信息577万余条、社工信息近1.02万条、社区概况信息1100多条,累计入库民情走访信息242万余条。在一期平台的基础上,开展"智慧社区"平台二期建设,升级社区自治模块,推动与"志愿汇"和"96345"便民平台对接,开发社工民情走访和事件记录的移动端系统。

【社会工作人才建设】2017年3月21日,杭州市在江干区文体中心举办第十一个国际社工日主题宣传活动,开展社会工作知识普及宣传。杭州市继续加强社会工作专业人才队伍建设，举办社区工作者继续教育培训班、实务高级研修班、三社联动培训班等七类培训班，组织首批市级社会工作领军人才和20名优秀社区工作者分别到深圳和美国学习社会工作先进经验，开展优秀社会工作案例评审，提升社会工作者专业水平。全市696人通过全国社会工作者职业水平考试，至年末，全市持证总人数9003人，居全省第一位。10月，杭州市出台《关于加强社会工作专业人才队伍建设和岗位开发的实施意见》，为推进社会工作人才队伍建设提供指导意见。

**【农村“田园社区”建设】** 2017年8月，杭州市开展“最美田园社区”评选活动。江干区丁兰街道皋城村、西湖区转塘街道外桐坞村、萧山区河上镇凤坞村、余杭区塘栖镇塘栖村、富阳区东洲街道黄公望村、临安区於潜镇杨洪村、桐庐县江南镇环溪村、淳安县枫树岭镇下姜村、建德市乾潭镇幸福村、大江东义蓬街道义蓬村被评为杭州市十大“最美田园社区”，富阳区永昌镇青何村等40个农村社区获杭州市“最美田园社区”提名奖。8月29日至9月1日，民政部在山东省潍坊市举办全国基层社会治理示范培训班，杭州市做题为“以田园社区建设为抓手，提升农村社区治理品质”的主题发言。9月28日，杭州市召开农村“田园社区”推进会，肯定“田园社区”建设取得的成绩，对下一步推进工作做出部署。

**【村(社区)组织换届选举】** 2017年1月，杭州市在江干区凯旋街道和富阳区大源镇先试点，3月全面启动村(社区)组织换届工作，村和社区组织换届选举同步推进。5月底，全市2041个行政村和1038个社区完成村(居)委会换届工作。新一届村(居)民委员会选举产生班子成员11044名、村(居)委会主任3068人。选举产生村民委员会班子成员6270人，其中村委会主任2035人、副主任及委员4235人。在村委会班子中：党员3944人，占62.9%；女性2240人，占35.7%；新进村委会人数2664人，占42.5%。在村委会主任中：党员1451人，占71.3%；女性82人，占4.0%；新任主任1002人，占49.2%；同时任书记、主任的有102人，占5.0%。选举产生居民委员会班子成员4774人，其中居委会主任1033人、副主任及委员3741人。在居委会班子中：党员3661人，占76.7%；女性2598人，占54.4%；新进居委会人数2260人，占47.3%。在居委会主任中：党员961人，占93.0%；女性428人，占41.4%；新任主任516人，占50.0%。换届结束后，开展村(社区)干部培训工作，至7月底，全市举办村(社区)干部培训班635场，培训人员1.98万人。

2017年3月21日，第十一个国际社工日主题宣传活动在江干区文体中心举行 (杭州图库 供稿)

**【杭州市第十四届邻居节】** 2017年11月17日，由市文明办与钱江晚报社、市民政局、市妇联等单位联合主办的杭州市第十四届邻居节开幕式在滨江区彩虹社区举行。市委常委、宣传部部长戚哮虎在开幕式上致辞。这届邻居节以“美好生活，和谐邻里”为主题。在开幕式现场，市领导及省、市有关部门负责人以市民身份与“好邻居”、道德模范、外国友人等共同参加主会场活动，还向这届邻居节“好邻居”颁发荣誉证书。

**【第八届社区工作者节】** 2017年12月12日，杭州市第八届社区工作者节以晚会形式在浙江电视台演播厅举行。晚会以“爱满杭城”为主题，讲述社区工作者的故事，展现和弘扬“心系群众、甘于奉献、认真负责、扎实肯干”的新时期社工精神，塑造新时代社区工作者的形象。晚会还讲述上城区紫阳街道上羊市街社区居委会主任陈浩的先进事迹，表彰31名“最美社工”。 (何利强)

## 社会组织

**【概况】** 至2017年末，杭州市有社会组织2.85万个，其中注册登记7759个(社会团体3240个、民办非企业单位4471个、基金会48个)、备案2.07万个。市本级社会组织有1089个(社会团体760个、民办非企业单位307个、基金会22个)。杭州市开展2016年度社会组织年检工作，市本级1002个社会组织参加年检，其中合格906个、基本合格55个、不合格41个，分别占社会组织总数的90.4%、5.5%、4.1%，年检合格率95.9%。继续开展社会组织等级评估，完成市本级24个社会组织的等级评估工作，其中AAAAA社会组织10个、AAAA社会组织9个、AAA社会组织5个。2017年，市本级资助122个社会组织公益创投项目，其中为老服务类项目31个、社区服务类项目34个、培育扶持类项目56个、优抚类项目1个，资助金额1499.8万元。

杭州市本级43个社会组织纳入2017年度市本级社会组织承担政府转移职能和购买服务推荐性目录，实现统一标准、分级分类、动态管理、公

2017年11月18日，2017年杭州市暨江干区社会组织公益嘉年华活动举行，图为向AAAAA级社会组织授牌 （市民政局 供稿）

开公正，推动政府向社会组织转移职能和购买服务。至年末，市本级社会组织主要的行政审批和公共服务事项实现“一窗受理平台”部门联合审批，并将“一窗受理平台”延伸到各区县（市），两级平台同步建设、同时完工，做到功能一致、一网覆盖。

**【行业协会商会脱钩试点】** 2017年5月10日，市委办公厅、市政府办公厅印发《杭州市行业协会商会与行政机关脱钩实施方案》，推进行业协会商会与行政机关脱钩改革。至年末，杭州市完成第一、第二批行业协会商会脱钩试点工作。全市应脱钩行业协会商会525个，实际完成脱钩356个，脱钩数量占总数的67.8%，其中：市本级应脱钩125个，实际脱钩72个，占57.6%；区县（市）应脱钩400个，已脱钩283个，占70.8%。

**【社会组织公益嘉年华活动】** 2017年11月18日，以“公益促进行业发展”为主题的2017年杭州市暨江干区社会组织公益嘉年华活动举行。嘉年华设置现场活动和公益论坛两个板块。活动外场包括环保区、儿童区、都市圈社会组织展示区、健康区、老年区、社区社会组织区六大现场互动区块，六大区块设展位240多个，参与的社会组织、社会企业170多个。公益论坛涵盖“公益的科技化之路”“志愿者招募与管理”“社区公益项目设计与资源衔接”和“社区社会组织参与社区治理的本土实践与经验反思”四大主题。还搭建平台推进公益与社会行业合作，现场有17个企业与社会组织对接，通过志愿者服务、物质资助、技术支持等方式认领公益项目。继续开展社会组织品牌认定工作，评选出6个示范性品牌社会组织、6个成长型品牌社会组织和8个品牌公益服务项目。 （杨 娴）

## 民族宗教

**【概况】** 至2017年末，杭州有常住少数民族人口13.46万人，其中八城区（含萧山区、余杭区）少数民族人口8.03万人，富阳区、临安区和三县（市）有5.42万人。少数民族人口总量虽不多，但常住的少数民族就有54个（无门巴族）。流动的外来创业务工少数民族人口27.32万人，1万人以上的少数民族有苗族、土家族、侗族、壮族、布依族、彝族、回族。全市有1个少数民族乡（桐庐县莪山畲族乡）、19个少数民族村（桐庐县莪山村、中门村、新丰村、龙峰村、湾下村、大庄村、金塘坞村，建德市胡村源村、双泉村、高桥村、小溪源村、团结村，临安区铜山村、逸逸村、众社村、浪山村、枫树岭村，富阳区双江村，淳安县富泽村，均为畲族村）。莪山畲族乡和19个畲族村中，畲族人口5914人，占全市畲族人口（约1.38万人）的42.9%。

至年末，杭州市有佛教、道教、伊斯兰教、天主教、基督教五大宗教，有各级宗教团体35个，另有2个带有基督教性质的社会团体（杭州基督教青年会、杭州基督教女青年会）。全市经登记开放的宗教活动场所有839处（其中佛教277处、道教36处、伊斯兰教1处、天主教12处、基督教513处）。经认定备案的教职人员1157人（其中佛教783人、道教54人、伊斯兰教4人、天主教16人、基督教300人），可统计信众约30万人。纳入登记编号的民间信仰活动场所831处。

**【莪山畲族乡获评省级森林特色小镇】** 2017年1月20日，省林业厅公布第二批省级森林特色小镇创建和森林人家命名名单，桐庐县莪山畲族乡入选省级森林特色小镇。莪山有“九山半水半分田”的独特地理面貌，辖区内以山地丘陵居多，森林资源丰富，森林覆盖率80%以上，是典型的农业山区乡镇，境内有畲族人口2711人，占全乡人口的28.4%，是杭州市唯一的少数民族乡。多年来，莪山乡依据山多地少的实际情况，以种植高节竹为主，有“浙江省高节竹之乡”的美誉，通过“一乡一业”建设，高节竹种植面积680公顷，核心区域559.8公顷。

**【“秘境——畲族三月三非遗系列展演”活动】** 2017年3月30日（农历三月初三），位于拱墅区大运河畔的杭州畲族馆举办“秘境——畲族三月三非遗系列展演”活动。除传统的品乌饭、喝惠明茶外，通过“畲族秘境——百名摄影师看畲族非遗”的方式，邀请在杭摄影师见证畲族彩带编织、畲歌传唱和“上刀山，下火海”的传统文化表演。

**【三都水族自治县养老护理员培训班在杭州举行】** 2017年6月1—11日，“贵州省三都水族自治县第二期养老护理员国家职业资格培训班”在杭州举行。培训班由中华基督教青年会全国协会、中华基督教女青年会全国协会和贵州省三都水族自治县政府主办，杭州基督教女青年会承办，旨在推进扶贫工作从单纯“输血式”到“造血式”的转变，增强贫困人口脱贫致富能力，促进当地经济社会事业发展。44名三都县少数民族学员（水族、侗族、苗族、布依族、土族等）参加培训，经过专业劳动部门的考核鉴定，42人取得国家职业资格证书。

2017年3月30日，建德市洋溪街道团结村举行“三月三”畲族民俗文化节活动　（市民族宗教局 供稿）

**【全国少数民族参观团到杭州访问】** 2017年9月24—25日，国家民族事务委员会副主任石玉钢带领由各省、自治区、直辖市和新疆建设兵团、人民解放军、武警部队少数民族代表组成的全国少数民族参观团一行246人到杭州参观访问。杭州市委副书记马晓晖代表市四套班子和全市人民对代表团表示欢迎。参观团先后参观访问G20杭州峰会会址、正泰集团、西湖景区、阿里巴巴集团、基金小镇、梦想小镇和西溪湿地等地，代表们表示感受到杭州对少数民族工作的重视、关心和支持，以及全市各民族和睦相处、和衷共济、和谐发展的良好氛围。

**【“打造世界名城，展现别样风采”书画摄影展】** 2017年10月12—18日，2017年杭州市民族宗教系统“打造世界名城，展现别样风采”书画摄影展在杭州清真寺举行。在征集的560多幅作品中，经浙江省美术、书法、摄影家协会专家评委的甄选，150多幅作品入围参展。展出的作品均出自杭州市民族宗教界人士，以民族宗教界人士的视角展示G20杭州峰会带动的城市发展及民族乡村经济社会发展新变化、宗教领域和谐稳定的面貌。

**【“东南佛国杯”全国佛教文化摄影大展在杭州举行】** 2017年3月3日，由杭州市政府、中国佛教协会主办的“东南佛国杯”全国佛教文化摄影大展启动。主办方收到全国4042名专业摄影师及摄影爱好者投送的2.05万张作品。经专家评选，最终100幅（组）作品获奖入展。参展作品从不同视角记录中国佛教的寺院建筑、艺术美学、仪式法事和人文故事等内容，挖掘中国佛教的文化内涵。获奖作品于5月19—28日在浙江美术馆展出。

**【托钵行脚佛教慈善活动】** 2017年5月3日（四月初八），杭州市佛教协会组织各区县（市）、市属各大寺院、佛学院的近500位僧人，举行“东南佛国——杭州”托钵行脚佛教慈善活动。队伍从上天竺法喜讲寺出发，沿天竺路，途经中天竺法净禅寺、三天竺法镜讲寺至灵隐寺，接受道路两旁十方善信的供养。随后，在灵隐寺大雄宝殿前举行大型祈福法会，唱梵音礼赞，祈世界和平。法会结束后，按照宋代佛教茶礼仪式，举行斋僧普茶的“云林茶礼”。活动募集善款134万元，主要用于“慈爱慈行·共帮共创”宗教慈善精准帮扶民族村活动。

**【杭州清真寺启用】** 2017年5月19日，位于江干区四季青街道的杭州清真寺启用。杭州清真寺于2012年动工，2015年5月竣工。总建筑面积1.6万平方米，包含地上五层、地下一层。寺内设有男女礼拜大殿、男女净房、多功能厅、伊斯兰文化展示厅、民族团结进步和爱国主义教育展示厅，以及市伊斯兰教协会办公区，集民族服务、宗教活动、宣传教育功能为一体。建筑内结合杭州特色，在墙面绘制京杭大运河河道图，凸显整个建筑与杭城运河文化的和谐之美。

6月26日和9月1日分别是伊斯兰教的开斋节和古尔邦节。两大节日中，杭州4000多名穆斯林到杭州清真寺参加“会礼”和庆祝活动。全新启用的杭州清真寺，结束过去伊斯兰重大节日穆斯林占道礼拜的历史，改善了在杭穆斯林的宗教生活环境。

**【宗教中国化方向研讨会】** 2017年7月24日，为贯彻落实全国宗教工作会议和习近平总书记关于宗教工作重要讲话精神，推进全市宗教领域“正言正行”主题教育实践活动开展，市委统战部和市民族宗教局组织召开宗教中国化方向研讨会。各区县（市）委统战部、民族宗教局分管领导，全市各级宗教团体、杭州基督教青年会、杭州基督教女青年会以及部分重点宗教活动场所的主要负责人参加。五大市级宗教团体和部分区县（市）民宗局结合各自实际，从不同角度阐释对宗教中国化的认识与实践。

**【中华慈孝文化节在杭州举行】** 2017年9月6日，由浙江省民族宗教事务委员会、杭州市民族宗教事务局、杭州灵隐寺、中国新闻社主办，中国新闻社浙江分社、杭州灵隐寺承办的2017年中华慈孝文化节在杭州举行。活动安排海峡两岸暨香港、澳门的学者、专家做“慈孝”文化的主旨发言和讨论，并向20位来自海峡两岸暨香港、澳门，以及海外华人华侨群体中的中华慈孝人物颁奖。

**【中国佛教讲经交流会在杭州举行】** 2017年9月17—20日，中国佛教讲经交流十年总结经验交流暨2017年中国佛教讲经交流会在杭州举行。此次活动由中国佛教协会主

2017年9月17日，中国佛教讲经交流会梵呗音乐会在杭州举行

（市民族宗教局 供稿）

办，浙江省佛教协会协办，杭州市佛教协会和中国讲经交流基地承办，来自25个省（自治区、直辖市）、佛教团体院校的28位竞赛法师、历届讲经交流会获奖法师、善信居士等近1000人参加活动。国家宗教事务局局长王作安，浙江省委统战部副部长、省民族宗教事务委员会主任楼炳文，杭州市委常委、统战部部长佟桂莉等领导以及中国佛教协会、浙江省佛教协会、杭州市佛教协会等负责人出席致辞，并为中国佛教讲经交流十年纪念碑揭幕。除常规讲经交流外，活动期间还举办纪念弘一法师《一轮明月》赏片会、"法音交流"音乐会、佛教古画鉴赏、辩经示范等文化活动，并设置英语讲经环节，以实时视频连接邀请美国法师进行讲经。

**【市道教协会与台湾南投县开展宗教文化交流】**应台湾南投县信众对美好姻缘的祈愿，经市委统战部、市民族宗教局、市台办等有关部门牵线，2017年7月22日，南投县县长林明溱带领信众代表团到杭州玉皇山老玉皇宫迎请月老分灵金尊到台湾供奉。9月24—30日，杭州市道教协会应邀组团到南投县日月潭文武庙参与"月老尊神分灵安座开光祈福法会"，得到南投县社会各界人士的高度评价，台湾相关媒体均做报道。

**【径山万寿禅寺复建工程大殿落成】**2017年11月9日，杭州径山万寿禅寺复建工程大殿落成典礼举行，天王殿、大雄宝殿、观音阁、素食馆、凌霄阁、禅堂、大慧院等基本建筑都已完工，藏经楼、客堂等后续将陆续竣工。径山禅宗祖庭文化论坛同时启动，来自中国、日本、美国等6个国家及地区的100多位学者，诸山长老，社会各界人士及游客信众近2000人参加盛会。论坛开幕式上，"径山宣言碑"揭幕。

径山寺自唐代建寺以来已经有1200多年历史，其禅茶文化博大精深。由于历史上的战乱和失修，原来的径山寺原有建筑已经很少。2010年，径山万寿禅寺复建工程奠基。按照规划，径山寺复建工程以径山禅茶文化为核心，除营建重阁山门、祖师传灯、钟响十方、千僧悟禅、古径探幽等径山寺"十二境"以外，还将开展"春茶、夏禅、秋学、冬修"四大项目。

**【"灵隐之夜"文化交流活动】**2017年当地时间11月21日19时30分（北京时间11月22日2时30分），"灵隐之夜"活动在联合国教科文组织巴黎总部启动，联合国教科文组织代理文化助理总干事班德林、中国常驻联合国教科文组织代表沈阳、法国华侨华人会执行主席金麟泽等中外各界100多人莅临祝贺。此次活动包括"'一带一路'佛教文化摄影展""当代中国佛教艺术展"以及灵隐寺"云林茶会"等内容。"'一带一路'佛教文化摄影展"精选40多幅摄影作品，通过展示中国、印度、尼泊尔、不丹、泰国、缅甸、老挝、柬埔寨、印度尼西亚、斯里兰卡等国家的佛教文化风情，反映这些国家不同民族宗教文化的和谐共存。"当代中国佛教艺术展"集中展示浙江一批当代艺术家的作品，通过艺术作品对古老的佛教艺术进行全新诠释。

**【贺晓卿当选中华基督教女青年会全国协会副会长】**2017年12月27—28日，中华基督教青年会、中华基督教女青年会代表会议在北京召开。杭州基督教女青年会副会长、总干事贺晓卿当选中华基督教女青年会全国协会副会长，成为杭州基督教女青年会于改革开放后恢复活动以来首位入选全国协会的负责人。成立于1923年的中华基督教女青年会全国协会是我国具有较长历史的女性社会服务团体。协会实行单位会员制，现有北京、天津、上海、广州、武汉、成都、南京、西安、杭州、厦门10个城市的基督教女青年会为协会的单位会员，工作重点包括对社会转型期弱势群体中妇女和儿童的发展工作、对青少年健全人格和领导力发展的建设性工作、对全球化过程中制约妇女和儿童发展的热点问题的参与性工作、社会养老服务工作。（洪　亮）

## 民俗节庆

**【"灵隐腊八节习俗"入选第五批浙江省非物质文化遗产项目】**2016年12月31日至2017年1月5日，灵隐寺将制作的30万份腊八粥由专车发放至各社区街道、医院、学校、敬老院、福利院和环卫、地铁等一线单位。1月5日（腊月初八），杭州市各佛教寺院向社会免费赠送腊八粥。1月，"灵隐腊八节习俗"入选第五批浙江省非物质文化遗产民俗类代表性项目名录。入选的习俗内容包括供佛祈福、千僧传供等宗教仪轨，也包含和灵隐寺腊八节习俗直接或间接相关的诗词文赋、民间传说。（洪　亮）

**【非物质文化遗产民俗街开街】**2017

年9月23日，首届“履步生花”——全国绣花鞋精品展暨非物质文化遗产民俗街开街仪式在桐庐县合村乡昭德水街举行。仪式内容有全国绣花鞋精品展、中国美院设计艺术团队签约、合村绣花鞋传承保护与产业发展研讨会和合村特色非物质文化遗产技艺活态展演。现场进行“绣花鞋项目指导站——余知音刺绣工作室”、浙江省第二批非物质文化遗产生产性保护基地和浙江省非物质文化遗产特色街区揭牌仪式。合村乡为全国绣花鞋制作重要基地，为做大做强绣花鞋产业和全域旅游经济，合村乡打造融合民俗、休闲、非物质文化遗产为一体的非物质文化遗产民俗街，引进绣花鞋、瓦雕、根雕、竹编等传统工匠作坊、众创空间等项目入驻，集中展示地方乡土文化。

**【萧山区楼塔镇楼家塔村入选浙江省民俗文化村】** 2017年12月27日，省文化厅、省旅游局公布第四批浙江省非物质文化遗产旅游景区名单，杭州市4个单位入选。其中，萧山区楼塔镇楼家塔村入选民俗文化村。楼家塔村是楼塔镇的中心集镇，文化和旅游资源丰富，是杭州市历史文化古村落。唐朝时，楼氏先祖楼晋在此肇基发族，至今有1120年，史称“仙岩楼氏”。楼家塔村的文化遗产中最有名的是“楼塔细十番”“楼英传说”“楼英祭”。“楼塔细十番”是我国十番乐中的重要一支，自明代御医楼英从宫廷带来故里，至今有600多年历史。2008年6月，“楼塔细十番”被列入第二批国家级非物质文化遗产代表性项目。“楼英传说”讲述神医楼英医者仁心的故事，在楼姓人群中广为传颂。“楼英祭”是每年在楼家塔村举行祭祀仪式，时间为春冬两季中楼英出生和谢世的日子，为当地重要的民俗盛典。“楼英传说”和“楼英祭”都已被列入萧山区非物质文化遗产代表性项目。

**【西溪花朝节】** 2017年3月25日至5月7日，中国杭州·西溪花朝节在西溪国家湿地公园举行。开幕当天，300名志愿者从西溪湿地出发，分三条线路骑行，把象征美丽与幸福的花籽送到沿途的市民游客手中。花朝节期间，展出花卉品种877种，花色1259种，花量80万盆，有“十二花卉斗芳菲”“春风微拂桃花林”“水上游历《镜花缘》”三大布展亮点，举行“爱在西溪”婚纱摄影季、“情定西溪”相亲交友会、“美丽西湖”百米长卷创作、“幸福西溪”美图秀秀摄影大赛、“春田花花”趣味风筝DIY、花艺课堂等主题活动。

**【杭州西溪龙舟文化节】** 2017年5月28—30日，杭州西溪龙舟文化节举行。端午节当天(5月30日)上午，西溪演武场举行龙王祭祀活动。正午，杭州西溪国际龙舟赛在西溪湿地深潭口至千金漾水域举行，采用国际标准龙舟，10支队伍参赛。蒋村及附近镇街的群众自发组织200条龙舟参加“龙舟胜会”。端午小长假期间，西溪湿地还举行越剧表演、包粽子、做香袋等民俗和互动活动。

**【第四届中国大运河庙会在杭州举行】** 2017年10月1日至12月2日，第四届中国大运河庙会在杭州举行。运河七区举行各种“奇趣集市”。桥西集市以“运河梦·艺术周”为主题，每天有来自国内外的传统艺术表演者进行巡游演出，在运河两岸的非物质文化遗产手工艺传人手工艺体验区与游客互动，游客可现场体验制作传统手工艺作品。大兜路历史街区分会场召集网红名店、独立设计品牌等进行展销。香积寺前广场设“非物质文化遗产市集聚集”。

**【新年敲钟祈福活动】** 2017年12月31日至2018年1月1日，新年敲钟祈福活动在西湖南线景区净慈寺举行。祈福活动以“新时代，新丝路，新杭州”为主题，着重体现“一带一路”倡议下，处于“后峰会、前亚运”战略机遇期的新杭州与世界积极联通，将“福”化作跨越地区、跨越国界的大爱，传播到世界的各个角落。市长徐立毅和市民群众一起参加迎新年倒计时活动，2018年1月1日零点时，徐立毅和市佛教协会会长光泉法师以及道德模范、市民代表一起敲响迎接新年的吉祥钟声。 (李　静)

2017年5月30日，杭州西溪国际龙舟赛举行 (杭州图库 供稿)

责任编辑 郦　晶

## 上城区

【概况】2017年,上城区辖6个街道,有54个社区。至年末,户籍人口32.04万人,人口自然增长率-12.99‰,常住人口34.8万人。全区生产总值1011.44亿元,比上年增长6.5%。其中:第二产业增加值385.87亿元,增长7.1%;第三产业增加值625.57亿元,增长6.1%。二、三产业结构为38.2:61.8。按常住人口计算,人均生产总值28.85万元,增长7.2%。按国家公布的2017年平均汇率折算,为4.27万美元。财政收入144.56亿元,增长12.6%。其中,地方一般公共预算收入73.19亿元,增长9.9%。一般公共预算支出34.6亿元,增长16.1%。

工业总产值783.11亿元,增长9.0%。工业销售产值774.32亿元,增长3.4%。规模以上工业企业产值780.26亿元、销售产值771.47亿元,分别增长9.0%和3.5%。规模以上工业企业(不含市电力局)产品销售收入407.74亿元,增长5.1%;利税299.56亿元,增长6.8%;利润42.31亿元,增长14.1%。规模以上工业企业产品产销率98.87%。万元工业增加值综合能耗下降5.7%。

固定资产投资121.46亿元,增长11.3%。其中:工业投资0.90亿元,增长14.3%;房地产开发投资95.36亿元,增长37.9%。商品房销售面积4.17万平方米,为上年的23.9%。

上城区金融服务、文化创意、信息技术、商贸旅游、健康服务五大主导产业税收46.60亿元,增长19.8%。8月2日,玉皇山南基金小镇被命名为首批省级特色小镇,南宋皇城小镇入选第三批省级特色小镇创建名单。全区文化创意产业主营业务收入338.5亿元,增长34.4%。信息经济增加值60.28亿元,增长16.1%。望江智慧产业园集聚信息和金融类企业4200多个,税收13.1亿元;思科(中国)有限公司营业额76.8亿元,税收4.4亿元。科技工业基地的工业企业一般公共预算收入2.61亿元,增长37.2%。12月,湖滨银泰三期正式开业;12月31日,区风景旅游局与杭州钱航游船有限公司签订旅游深度合作协议,打造钱塘江豪华邮轮项目;3月28日,馒头山游客咨询服务中心建成运行。南宋御街·清河坊、湖滨路、南山路三大特色街区接待游客3300万人次,增长4.5%;营业收入105.83亿元,增长6.8%。健康服务业融合发展。杭州彩虹鱼康复护理有限公司等2个企业入选全省"四个一批"重点企业名单。

社会消费品零售总额396.06亿元,增长10.6%。其中:限额以上批发零售业零售额216.29亿元,增长9.7%;限额以上住宿餐饮业零售额36.83亿元,增长15.0%。限额以下批发零售业零售额129.45亿元,增长13.4%;限额以下住宿餐饮业零售额13.49亿元,下降7.7%。

全区货物进出口总额178.89亿元,增长17.7%。其中:进口总额83.21亿元,增长30.2%;出口总额95.68亿元,增长8.7%。全年批准外商直接投资项目38个,合同利用外资5.25亿美元,实际到位外资2.18亿美元。引进认缴制企业2320个,认缴金额1594.41亿元。其中,新引进项目2272个,认缴金额1555.55亿元。全年引进市外资金500万元以上项目211个,实际到位资金112.96亿元。完成总投资10亿元以上产业类项目2个。引进"浙商回归"项目133个,到位资金57.79亿元;引进外商投资企业37个。服务外包合同执行额4.05亿美元。全年楼宇经济实现税收82.96亿元。其中,纳税1亿元以上的楼宇18幢,纳税1000万元以上的楼宇59幢。全区有1亿元以上市场7个,成交额103.09亿元,下降2.0%。

至年末,上城区获全国实施妇女儿童发展纲要先进集体、全国首批中小学校责任督学挂牌督导创新县(区)等国家、省和市级荣誉58个。全区有省级以上高新技术企业75个,新增7个;市级高新技术企业88个,新增10个。获省、市科技进步奖9个,其中省级奖4个。新认定市级以上高新技术研发中心9个、市级以上科技型中小企业42个、省级企业研究院2个。入选国家"千人计划"、市"521"计划人才各1人,全年引进各级各类人才3300多人。12月16日,中国城区国际化指数排行榜公布,上城区列第八位,并被评为"中国全面小康十大示范县市"。6月8日,位于上城区钱江路的Google AdWords杭州体验中心启动运营。

至年末,全区有小学18所,在校学生2.09万人;特殊教育学校1所,在校学生225人;初中12所(其中九年一贯制学校5所),在校学生8625人;职高1所,在校学生578人。全区拥有各类医疗卫生机构(含省市医疗机构、不含停业医疗机构)203个,床位1.26万张,其中医院床位1.22万张。有各类专业卫生技术人员2.15万人,其中执业(助理)医师7969人、注册护士9904人。计划生育率98.05%。

全年共办理"两会"议案、建议和提案287件,人大议案、建议办理满意率100%,政协提案办结率100%。受理群众来信、来访、来电1.36万件次,所有来电办件的按时反馈、办结率均为100%。

**【"四个全域化"工作推进】** 2017年,上城区推进"四个全域化"(全域化完成危旧房治理、全域化完成城中村改造、全域化完成"无违建区"创建、全域化推进"五水共治"),完善望江新城城市设计方案,启动吴山广场地下空间、施家山地块等规划。继续推进城中村改造,实施征迁项目51个,签约5754户,完成年度目标的1.83倍。"清零"项目33个,腾出土地1平方千米;9个市级征迁"清零"项目完成。改革安置房管理调配制度,统筹调拨全区安置房源。交付安置房16.7万平方米,开工、续建安置房19.5万平方米。治理危房105处、10.37万平方米。推进省"基本无违建区"创建,完成"三改"103.31万平方米,拆除违章搭建8.1万平方米。深化"河长制",逐步建立"一河一策"制度,完成截污纳管65处,清淤河道3.6万立方米,安装中东河沿线弃流井装置27处,全区河道监测断面平均达标率87.4%。实施浣纱渠沿线雨污分流,日均减少污水排放1000多吨。建成停车场库4处、泊位808个,新增道路泊位221个,竣工交付支小路4条。

**【玉皇山南基金小镇被命名为首批省级特色小镇】** 2017年8月2日,玉皇山南基金小镇被命名为首批省级特色小镇。全年小镇引进企业2361个,资金管理规模1.05万亿元,税收21.6亿元,增长100.5%,投向实体经济资金总额3428亿元,成功扶持并培育上市公司98个。6月,玉皇山南基金小镇宣布与美国格林威治小镇签订友好合作备忘录,并在纽约、伦敦分别设立玉皇山南基金小镇代表处。

**【"尚城·红星系"城市基层党建综合体项目发布】** 2017年8月15日,"尚城·红星系"城市基层党建综合体项目发布会举行。活动现场,"湖滨晴雨""小营红巷""望江红云""基金小镇"4个城市基层党建综合体先后以路演的形式,诠释基层党组织如何发挥政治优势和服务优势,把街道、商圈、小镇、园区内外的红色力量凝聚起来。上城区"红色坐标"阵地共享党建综合体在线上发布,"城市基层党建在上城"专题网页在浙江党建网同步上线。9月25日,区委组织部出台《关于加强"尚城·红星系"城市基层党建综合体建设,深入推进部门行业党建"红色系统工程"的实施意见》。

**【新民村既有住宅加装电梯通过验收】** 2017年7月,上城区印发《上城区既有多层住宅加装电梯试点实施方案》。11月22日,上城区新民村2幢1单元的加装电梯通过验收,进入试运行阶段。新民村加装电梯利用自行车棚搭建,中间用连廊连接居民楼和电梯,电梯和居民楼之间的空间是原来的小区通道,在施工上避开靠近居民楼的管线较为集中的区域,减少加装难度。电梯由杭州西奥电梯公司制造,采用扁平钢带曳引技术,承重630千克,最大限载8人;采取降噪技术,结合滚轮导向配置,电梯运行噪音控制在55分贝以内;井道采用观光电梯技术,低层设计为玻璃井道,最大限度地解决低层业主对于加装电梯有关采光和噪音的担忧。电梯配置IC卡,和单元的门禁系统相匹配,并装有定位技术,居民点击求助按钮,半小时内维修人员就会赶到现场。电梯的日常维护管理工作按居民自治原则,由该单元居民代表牵头,聘请专业机构维护。市区两级房管部门和街道帮助居民制定电梯管理公约,实现电梯安装后的使用、保养和维修等事项有章可循。

**【杭州南宋文化节】** 2017年9月15日至11月30日,2017年杭州南宋文化节在上城区举行。文化节以"传承、引领、开放、共享"为主题,分为三大板块,包括南宋文化共享日、南宋文化论坛等系列活动。11月18日设为"南宋文化共享日",依托南宋皇城小镇,以"古往今来南宋游"为主题,以"情景再现+定点展示+主持人走读+网络直播"等形式,为市民、游客展现开放式、浸润式历史体验场景,8万人次参与。11月18日,"历史传承·文化复兴"论坛在杭州新世纪外国语学校湖畔校区举行,现场为南宋文化使者颁发聘书。文化节整合上城区原有吴山庙会、南宋斗茶会、杭州文交会、中国民间艺人节、杭州美术节、上

2017年11月18日,"历史传承·文化复兴"论坛在杭州新世纪外国语学校湖畔校区举行 (上城区志办 供稿)

城区非物质文化遗产博览会等节展项目,组织开展主题展览、体验活动、讲座讲坛等23个大项、54个子项文化活动。

【FabLab杭州创新实验室试运营】2017年1月15日,FabLab杭州创新实验室投入试运营。该实验室由上城区电子机械功能区引入,占地约350平方米,包含机械区、数控设备区、3D打印区、手工操作区、分享交流区等区域,内有激光切割机、3D打印机、机械雕刻机等制造工具。FabLab杭州创新实验室团队致力于创客教育的整合与创新,以FabLab及其创意作品为载体,学习创客相关知识与技能,启发创客产生并实现创意,其特色在于"学习源于生活,创新归于生活"。FabLab杭州创新实验室开展系列主题活动,包括"园区创业邦""创意马拉松""创客训练营""创客分享会"等。作为上城区电子机械功能区"工创空间"的重要组成部分,该实验室同时为入驻团队提供智能公共技术实验平台。

▲资料:FabLab

FabLab是Fabrication Laboratory的缩写,即微观装配实验室,是美国麻省理工学院(MIT)比特与原子研究中心发起的一项实验,是一个可以制造产品和工具的小型工厂。目的是为了推广数字制造机具的使用、技术开源及加强知识分享、提升社会大众的动手能力,加速创新应用发展及科技进步。

【劝业里公厕"第三卫生间"启用】2017年,上城区在湖滨商圈劝业里公厕打造"第三卫生间",并于2月20日正式启用。该"第三卫生间"是独立于男厕和女厕之外的厕所空间,主要为大人带不同性别的小孩如厕、子女照顾年迈父母如厕、残疾人需要特殊卫生间如厕等群体设置。卫生间设有无障碍通道,有带扶手架的坐便位、小便位,设置婴儿护理台、儿童安全座椅、儿童马桶等母婴设施,墙上安装紧急呼叫按钮、便民服务箱。便民服务箱内的针线、药品、卫生巾、尿不湿等用品可免费使用。卫生间内约10平方米空间,轮椅可以无障碍行驶,洗手池的高度和设计按轮椅使用者标准设置。

【"星级家长执照"工程启动】2017年5月16日,上城区"星级家长执照"工程在"尚城1157·利星"商业综合体举行启动仪式。该工程采用线上线下融合的模式运行。线上教育依托原有PC端和微信端两个数字平台,引导家长开展视频专题学习、热点话题互动研讨。线下教育依托"四个固定"(固定服务内容、固定服务人员、固定服务场所、固定服务时间)来落实,其服务依靠区家长学校总校和分校力量,建立学校、街道、社区三级家长教育全覆盖网络,推出公益大讲堂、"每周一讲"、家长俱乐部等项目化公益服务。"星级家长执照"课程邀请医疗专家、特级教师、名师名校长共同开发十大系列课程。第一期线上课程314门、线下课程205门,第二期线上课程近100门,向全区家长开放。"星级家长执照"认证分5个阶段,分别是0~3岁早教阶段、4~6岁幼教阶段、7~9岁小学低中段、10~12岁小学中高段和13~15岁中学阶段,每阶段均划分为5个星级标准。第一阶段家长线上学习课程满相应积分,并通过线上测试,可获相应证书。第二至第五阶段的家长需线上学习、线下培训相结合,集满积分换取线上测评,获得证书。10月28日,在中国教育学会举办的家庭教育国际论坛上,上城区"星级家长执照"工程被重点推介,并被评为"中国家庭教育知识传播激励计划家校合作优秀案例"。11月2日,《人民日报》发表区教育局负责人撰写的《家长也应"执证上岗"》一文。

【爱国卫生运动纪念馆落户上城区】2017年5月10日,爱国卫生运动纪念馆在国家AAA级旅游景区"小营·江南红巷"揭牌落成。5月15日,该馆正式对外开放。馆内设有爱国卫生伟大创举、爱国卫生运动的发展与创新、爱国卫生运动的深化和创新、爱国卫生运动的组织和保护4个单元。通过物品展示、浮雕刻画、多媒体传播等方式回顾中国爱国卫生运动发展65年来的历程和成果,反映爱国卫生运动在健康中国建设过程中做出的重要贡献。该馆被授予全国爱国卫生运动教育基地称号。5月11日和6月5日,中共中央政治局委员、国务院副总理、全国爱国卫生运动委员会主任刘延东和全国人大常委会副委员长沈跃跃分别到纪念馆视察。

参见"医疗卫生"类目"全国爱国卫生运动纪念馆落成"条目。

(许红霞)

## 下城区

【概况】2017年,下城区辖8个街道,有74个社区。常住人口53.1万人,户籍人口40.32万人,人口自然增长率-1.74‰。全区生产总值860.52亿元,比上年增长5.4%。其中:第二产业增加值33.67亿元,下降8.9%;第三产业增加值826.85亿元,增长6.1%。二、三产业结构为3.9:96.1。按常住人口计算,人均生产总值16.13万元,增长5.8%。按国家公布的2017年平均汇率折算,为2.39万美元。

财政总收入151.25亿元,其中地方一般公共预算收入82.04亿元,增长9.3%。一般公共预算支出35.16亿元,增长8.1%。其中区级一般公共预算支出32.07亿元,增长6.7%,区级一般公共预算支出中财政民生支出占81.7%。

工业总产值54.49亿元,销售产值54.33亿元。其中,规模以上工业企业总产值42.16亿元,销售产值42.0亿元,新产品产值15.87亿元。建筑业总产值171.67亿元,增长20.4%。

固定资产投资150.95亿元。按产业投向分,第二产业投资1.84亿元,第三产业投资149.11亿元。其中,房地产开发投资116.14亿元,增长26.5%。商品房销售面积30.62万平方米。社会消费品零售总额1111.49亿元,增长10.1%。全年商贸销售额5424.6亿元。

引进内资企业3408个,到位资金245.24亿元。其中,引进市外企业2464个,到位资金228.91亿元,增长22.2%。实际利用外资4.12亿美元,增长0.7%。引进浙商企业到位资金109.81亿元,增长18.5%。引进三菱东京日联银行杭州分行、杭州摩根士丹利长涛投资管理合伙企业、华润置地投资杭州中心3个世界500强项目。引进杭州龙盈互联网金融信息技术有限公司、浙江怡亚通深度供应链管理有限公司等5个全国500强项目。推进浙江仟和网络科技有限公司、云集共享科技有限公司等骨干企业增资扩股和产业项目共建。自营出口总额156.38亿元,增长10.2%。全年服务贸易出口额118亿元,完成率107.6%,其中服务外包离岸执行额31亿元。

全区申请专利5077件,专利授权量2753件。新培育国家高新技术企业16个、省级科技型中小企业86个。规模以上工业新产品产值率37.6%。全区拥有众创空间13个,新培育国家级众创空间3个;市级以上孵化器5个,新培育市级科技企业孵化器2个,孵化面积7万多平方米。

全区有各类教育机构72个(含民办、部门办、街道办幼儿园及民办培训机构),其中中学14所、小学17所、幼儿园39所、特殊教育学校1所、教师教育学院1所。在校学生(幼儿)5.44万人,其中幼儿园在园幼儿1.62万人、小学在校学生2.66万人、普通中学在校学生1.15万人、特殊教育学校学生85人。教职工5171人。全区等级幼儿园覆盖率100%。落实“下城教育品牌发展战略行动2020”,全面培育教育品牌。2017年MMUN模拟联合国杭州国际青少年峰会、中国杭州武林汇教·明德论坛等活动举行。9月15日,下城区政府与澳大利亚昆士兰州教育厅签署合作备忘录。

全年开展文化体育活动1923项,到场观众22万人次。12月,“社区公共文化服务动态评估体系”正式入选第四批国家级公共文化服务体系示范项目。12月,通过省第三批公共文化示范项目验收。公共文化服务综合排名列浙江省第四位。打造“武林文化”城市特色文化品牌,举办“武林文化节”系列品牌活动。6月9日,下城区非物质文化遗产展示中心开馆。

全区有卫生机构256个,床位5447张,卫生技术人员4879人。医养护一体化签约服务16.1万人,计划生育率99.3%。全区基本养老、医疗保险的参保率分别为98.6%和99.0%。完善“春风常驻”帮扶政策,落实各类帮扶资金6679.72万元。全区有社会组织2432个,落实社会组织扶持资金77.1万元。开展养老服务业综合改革试点,建成街道级居家养老服务日间照料中心4个、提升改造4个。新增社区老年食堂(助餐点)8个。全区养老床位数4667张,每百位老人拥有床位4.3张,2.5万名高龄老人享受意外伤害保险。

全年城镇新增就业2.04万人,实现失业人员再就业9727人,其中就业困难人员安置3099人。启动新一轮“513武林英才”培养计划,建立区“258”人才培养人选导师制度。做好杭州市新引进应届高学历毕业生生活补贴发放,落实生活补贴2255万元。

全年拆除违法建筑63.28万平方米。长木、草庵、沈家3个村1810户农居拆除,居民搬迁215户,企业搬迁拆除57个,合计腾出土地85.33公顷。完成3个村700套农居的提前安置。启动石桥地区“城中村”连片改造,完成2681户农居入户丈量。探索推进“四个一批、分类处置”小餐饮油烟治理模式。垃圾分类实行“红黑榜”激励机制。建立重点道路24小时保洁机制。全区81%河道水质在Ⅳ类及以上。对雨水边窨井实行“井长制”管理。屋顶绿化6000平方米,新增绿化4.2万平方米。对858幢高层建筑实行消防安全“一楼一档一人”制度。

**【下城区服务业增加值占比96.1%】**2017年,下城区服务业增加值826.85亿元,占全区生产总值的96.1%,在全省各区县(市)中继续列第一位。现代服务业增加值占服务业的71.9%。其中,商贸业增加值180.26亿元,比上年增长5.4%,占全区生产总值的20.0%。武林商圈入选“省级智慧商圈”试点。金融产业增加值238.80亿元,占全市金融产业增加值的22.42%,增长6.9%。全年新增上市(挂牌)企业4个。文化创意产业增加值166.41亿元,增长10.5%。9月21日,杭州下城文创基金成立,总规模5亿元。健康产业增加值65.77亿元,增长13.3%。信息经济增加值86.27亿元,增长12.6%。3月,中国互联网影视产业园落户下城区。中国(杭州)电竞数娱小镇建设正式启动,LGD电竞影视文化中心正式启用。

**【来华留学生创业平台搭建】**2017年7月14日,跨贸小镇来华留学生创业馆入驻新天地海彼购国际街区并开馆。该留学生创业馆位于新北街与费家塘路交叉口,面积约300平方米。5月16日,来华留学生“创业园”开园。该园是一个来华留学生人才创新创业支持和全球贸易未来伙伴关系培养的平台。跨贸小镇以来华留学生创业创新为突破口,通过营造创业生态圈、盘活资源供应链、提供贸易便利化等举措,促进跨国人才、贸易、资本和文化等互联互通。“创业园”与浙江财经大学国际学院在人才培养、实习创业、智力输出、资源共享等领域达成长期、稳定合作关系,国际学院先后为来华留学生“创业园”输送2批次优秀留学生。有70多个国家的1300多名来华留学生在园区开展跨境贸易。40多个国家的160多名来华留学生入驻“创业园”“创业馆”。12个国家的26个留学生与海彼购街区国家馆、“国贸云商”成功对接,引荐项目13个,销售产品涉及20多个国家。

**【校园建设项目审批模式创新】**2017年,下城区创新校园建设项目审批模式,加大工程推进力度。3月,启用校园建设项目“绿色通道专用章”,采取“容缺受理,件齐发证”及“并联审批”等举措,以“PPP”“EPC”等模式统筹社会各类资金、资源。区相关部门、建设单位、设计单位及浙江大学、中国美术学院和浙江工业大学等校园建设方面的专家参加设计方案会审。4月,《下城区校园建设设计导则》出台,按照幼儿园、小学、中学等分类设定建筑标准。由区住建局牵头,区教育局、区安全监管局和校园项目所在属地街道人大工委每月对在建校园项目开展联合检查,确保工程质量和进度。艮山中学中江校区等一批历史遗留问题得到解决。9所校园开工建设,总用地面积12.56万平方米,总建设面积20.76万平方米,总投资11.32亿元。下城区校园建设项目实现“当年立项、当年审批、当年征迁、当年开工建设”。

**【慢性病连续处方药品配送“到家”服务】**2017年12月开始,下城区所有

2017年6月18日，中国(杭州)电竞数娱小镇落户下城区。图为海蓝国际电竞数娱中心 (下城区府办 供稿)

社区卫生服务中心承接慢性病连续处方服务，并免费送药上门。16种慢性病的签约患者通过签约医生评估后，可获最长12周的慢性病连续处方。下城区社区卫生服务中心开展基于智慧云药房的送药上门服务，签约病人既可以选择配送至方便取药的药房，也可以配送到其他指定地址，不收取任何额外费用。至年末，下城区社区卫生服务中心开出慢性病连续处方8571人次，送药上门606户。

**【下城区通过“全国社区治理和服务创新实验区”中期评估】** 2017年5月18—19日，下城区通过第三批“全国社区治理和服务创新实验区”中期评估。专家评估组实地考察长庆街道王马社区、潮鸣街道潮邻益家社会工作发展中心、天水街道灯芯巷社区社会组织实践街区，听取关于下城区社区治理和服务创新的特色工作介绍，了解优化社区公共服务、强化居民自治、社区社会组织培育和转型社区工作者发展等情况。自推进实验区建设以来，下城区围绕实验主题，通过推行社区居委会成员本土化、社区公共事务协商化和自治服务项目化，理顺居民自治机制。修订居民公约，创新推进“微公约”，促进居民依法、有序参与自治，本社区居民占居委会成员的71.8%。社区为老年人、残疾人等特殊群体提供老年卡、残疾证等免费上门代办服务，优化社区公共服务流程。36名社区工作者转型为专业的社会工作者。新成立的14个社会工作机构承接政府购买的社区服务和各级公益创投项目。培育“武林大妈”“石桥大伯”等品牌志愿服务组织。

**【互联网租赁自行车管理示范街打造】** 2017年，下城区打造互联网租赁自行车管理示范街。在延安路(下城段)1.3千米的区域内划出38个电子围栏。12月10日，下城区互联网租赁自行车政府监管与服务平台上线，并成功接入“ofo共享单车”“摩拜单车”“哈罗单车”3个公司，实时掌控各单车企业的投放总量、锁停位置、潮汐热点区域、故障和僵尸车分布等信息。3个共享单车手机App界面中可显示标志为“P”的蓝色推荐停车区域，引导用户在规定区域内有序停放，并实施免费骑行、信用加分等奖励，同时通过标准数据接口与单车企业实现信息共享，打通数据交互。

**【中国(杭州)电竞数娱小镇落户下城区】** 2017年6月18日，中国(杭州)电竞数娱小镇落户下城区。小镇规划用地面积5平方千米，构造以电子竞技全产业链发展为核心的综合生态圈。小镇的首发区——海蓝国际电竞数娱中心总建筑面积15万平方米，改造装修工程基本完工。以竞技、影视为主的综合体LGD电竞影视文化中心总建筑面积约2万平方米，有一个可容纳600人的小型电子竞技比赛馆和训练场。由下城区国有投资控股集团有限公司与杭州米趣网络科技有限公司、海蓝控股有限公司、杭州遥望网络股份有限公司及万事利集团等企业共同发起的电子竞技产业基金设立，一期规模15亿元。

**【国税地税联合办税服务厅启用】** 2017年1月3日，下城区国税地税联合办税服务厅正式启用。该服务厅位于下城区白石巷318号，面积约1000平方米，设立办税窗口18个。依托该办税厅开设的国税地税联合自助办税服务厅同时启用。自助厅设国税自助办税设备21台、地税自助办税设备4台、自助计算机6台，并开放24小时自助办税服务功能。

(黄 菲)

## 江干区

**【概况】** 2017年，江干区辖10个街道，有4个行政村、178个社区、2个农场。其中，下沙街道、白杨街道委托杭州经济技术开发区管理，下沙街道有18个社区、2个农场，白杨街道有20个社区。常住人口77.2万人，比上年增加3.1万人。户籍人口44.5万人，增加2.4万人，人口自然增长率7.3‰。全区生产总值624.0亿元，增长5.1%。其中：第一产业增加值0.6亿元，增长34.0%；第二产业增加值125.1亿元，下降4.5%；第三产业增加值498.4亿元，增长7.9%。三次产业结构为0.1∶20.0∶79.9。常住人口人均地区生产总值8.25万元，增长0.9%。按国家公布的2017年平均汇率折算，为1.22万美元。

财政总收入159.5亿元，增长11.7%，其中地方一般公共预算收入88.0亿元，增长8.6%；一般公共预算支出57.4亿元，增长20.1%。其中，城乡社区事务支出3.2亿元，增长9.3%；社会保障和就业支出5.6亿元，增长45.0%；教育支出9.8亿元，增长16.6%；公共安全支出4.4亿元，增长30.0%；一般公共服务支出2.3亿元，增长26.6%。城镇常住居民人均可支配收入5.6万元，增长7.8%。农民人均纯收入3.7万元，增长10.9%。

农林牧渔业总产值0.9亿元。其中,农业产值0.6亿元,牧业产值0.3亿元。规模以上工业增加值44.9亿元,下降4.8%。规模以上工业万元增加值能耗下降0.5%。新产品产值率28.2%;利润18.7亿元,下降21.3%。新增国家高新技术企业24个、上市企业2个、"新三板"挂牌企业2个,完成股份制改革企业7个。信息经济增加值45.0亿元,增长23.6%。金融服务业增加值76.19亿元,增长6.7%。9月,中国(杭州)跨境电子商务综合试验区江干园区被评为杭州跨境电子商务标杆园区。

固定资产投资515.9亿元,下降12.6%。其中:工业投资5.4亿元,增长44.5%;房地产开发投资389.0亿元,下降17.6%。编制城中村改造"一区一规划",启动三年攻坚行动,全年城中村改造征迁住户7109户、企业278个,改造面积12.5平方千米,开工建设安置房22.9万平方米,竣工安置房59.5万平方米。回迁安置2098套,货币安置1.04万人,征迁安置"清零"项目43个。旧住宅区改造45.8万平方米,旧厂房改造4.72万平方米,拆除违法建筑148.0万平方米。完成治水工程项目161个,25条劣V类水河道和64处劣V类小微水体全部"摘帽"。PM2.5年平均浓度下降7.0%。

社会消费品零售总额475.3亿元,增长10.1%。其中:批发零售业零售额431.9亿元,增长10.0%;住宿餐饮业零售额43.4亿元,增长11.6%。至年末,全区有专业市场47个,成交额420.0亿元,其中1亿元以上市场成交额404.7亿元。

进出口总额206.8亿元,增长19.7%。其中:进口总额65.1亿元,增长45.3%;出口总额141.7亿元,增长10.7%。引进1亿元以上重点项目26个,产业项目比重超过70.0%。市外实际到位资金252.4亿元,增长25.0%。浙商回归项目80个,到位资金110.0亿元,增长24.0%。批准外商直接投资项目28个,合同利用外资5.54亿美元,实际利用外资3.6亿美元。全区97个投入使用的楼宇创造税收57.0亿元,增长20.0%。8月,江干区入选中国楼宇经济十大潜力城区。

专利申请量3119件,专利授权量1638件。新增院士工作站2个,省级企业研究院1个。创建省级众创空间4个,市级科技孵化器1个。全区有各级各类学校(幼儿园)118所,其中小学28所、初级中学9所、九年一贯制学校6所、十二年一贯制学校1所、普通高中1所、职业高中1所、特殊教育学校1所、幼儿园71所。全区在校学生(幼儿)9.16万人,其中义务教育段中小学生5.70万人、高中生1986人、在园幼儿3.26万人。全区在编教职工4806人。

全区有各类群众性艺术表演团体512个,文化馆1个,公共图书馆9个,博物馆、纪念馆各1个,体育场馆1个,全国(省、市级)重点文物保护单位7处。各类医疗卫生机构414个,床位1359张;各类专业卫生技术人员8516人,其中执业(助理)医师3159人,注册护士3682人。家庭医生签约服务17.6万人。

新增城镇就业3.2万人,失业人员再就业1.5万人。全区参加基本养老保险人数32.4万人,净增5万人。全区有各类福利院、敬老院19所,床位4301张。新建社区居家养老服务照料中心5个,新增养老床位273张。政府购买居家养老服务惠及老人7076人。发放智慧养老终端2.2万台,基本覆盖全区80岁以上老人。创建省级示范残疾人社区康复站2个。发放"春风行动"等帮扶救助款4786.0万元。

全年办理人大代表意见、建议99件,政协委员提案91件,满意率100%。受理群众来信427件、来访3572人次、来电1.87万次,按期办结率100%。

**【钱塘江金融港湾核心区建设】**2017年,江干区以打造财富管理和新金融中心为重点,加快建设钱塘江金融港湾核心区。推进平安金融中心、中国人寿大厦、联合金融大厦等10个金融类重点产业项目建设,规划建设鲁能杭州国际中心、江河汇金融综合体等标志性项目。6月7日,由47个高端酒店、专业会展公司组成的江干区"大金球"国际会展联盟成立。9月6日,《关于加快构建国内一流现代化中心区现代产业体系的若干政策意见》印发。12月12日,由94个持牌金融机构、中介服务机构为主体的"港湾联盟"成立。全年引进金融类项目(机构)53个,注册资金176.0亿元,实到资金74.5亿元。其中,"浙江交投太平交通基础设施股权投资基金"总规模1000亿元。构建金融科技研究、金融人才培养、金融企业孵化体系,设立浙江大学互联网金融学院产研中心,实施区"百人计划"、钱塘智慧城"凤凰计划"、清华长三院"海纳计划"等引才行动,引进培养国家和省"千人计划"14人、省"万人计划"4人,评定"江干工匠"10人。至年末,入驻钱塘江金融港湾核心区的各类金融机构200多个,其中省级以上金融机构总部42个。全区金融业增加值76.2亿元,增长6.7%,占全区生产总值的12.4%。

**【"六社联动"整体征迁】**2017年1月17日,江干区召开城中村改造暨"六社联动"征迁动员大会,彭埠街道的五堡、六堡、七堡、红五月4个社区和九堡街道的蚕桑、牛田2个社区同步启动整体征迁。五堡、六堡、七堡、红五月4个社区共涉及农户2989户、居民户438户、企业263个、店铺作坊7800个,登记流动人口10.7万人。至年末,征迁农户2987户,占99.9%;征迁企业136个,占52.0%;征迁居民户434户,占99.0%,并实现签约、腾空、拆除"三个同步"。蚕桑和牛田社区区域是杭州主城连接下沙副城、临平副城、江南副城的接合部。至年末,征迁农户874户,占99.5%。

**【"原居安养"养老服务体系创立】**2017年,江干区按照"政府主导、社会协同、以人为本、开放共享"理念,构建"家庭—社区—街区"三位一体式养老资源平台。江干区采取政府购买居家养老服务的模式,包含家政服务、生活照料、助医服务、精神慰藉等四大类18项服务内容。全年有7000位老人享受该服务。在社区日间照料中心的基础上,引入万科·随园护理院、上海爱照护养老服务有限公司、巾帼西丽服务集团等为老服务机构,社会化运营43个社区综合性居家养老服务照料中心项目,实现社会养老资源与社区居家养老结合,形成"嵌入式"社区微型养老机构。在街道逐步建立社会化运营、医养结合的养老服务综合体，采荷街道的“医养护乐”一体化惠老服务特色街区“颐和·乐龄”运行，闸弄口街道以“十助九站一平台”打造精准化的居家养老服务链。凯旋街道引入浙江省医疗健康集团，在松龄苑老人公寓旁开设诊所为老人提供三甲医院专家远程会诊服务。中央电视台《新闻联播》、《人民日报》、《中国社会报》、《浙江日报》等媒体相继报道江干区“原居安养”养老服务模式。江干区被评为全国养老服务示范单位、全国老龄系统先进集体、全省养老服务社会化示范区等。闸弄口街道被评为全国首批智慧健康养老应用试点示范街道。

**【“五化两好”一体化治水标准成为杭州美丽河道评价标准】**2017年，江干区总结近年来在消除黑臭河、实施治水项目中的方法经验，提出“五化两好”一体化治水标准，包括河面河岸洁化、河道设施序化、河道沿线绿化、沿岸灯光亮化、开发沿线文化和基础设施完好、配套设施完好。3月9日，区“五水共治”工作领导小组印发《江干区美丽河道“五化两好”治理标准(试行)》，把“洁化、序化、绿化、亮化、文化和设施好、配套好”具体化、数量化、标准化，并落实到江干区每一条河道的治理过程中，推进河道标准化治理提升。江干区美丽河道“五化两好”治理标准经市城管委认定，成为杭州市城市河道评价标准。2017年12月29日，市质量技术监督局发布《美丽河道评价标准》(DB3301/T0226—2017)。该标准于2018年2月1日起实施。

**【浙江长三角军民融合产业园开园】**2017年12月8日，位于杭州钱塘智慧城内的浙江长三角军民融合产业园开园。首期整合2.8万平方米办公大楼和1万平方米产业园基地。产业园融合清华大学科技人才优势、杭州创新创业环境优势、清华长三角研究院体制机制优势和高层次军转干部技术资源优势，聚焦先进探测、空间与海洋工程、新材料新能源、大数据平台、高端制造和人工智能等六大产业方向，构建军民融合科技成果的双向转化平台、军民融合重大项目落地平台、军转干部创业创新平台、军民融合项目展示对接平台和军民融合综合服务保障平台。至年末，产业园有杭州光预科技有限公司、浙江军盾信息科技有限公司、杭州量泓科技有限公司等17个企业入驻，引进“高精尖”专家、学者10多人(其中院士5人)，引进军转技术人才和项目运营管理人才30多人。3个院士工作站和5个联合实验室在建，22个项目签约。杭州光预科技有限公司和空军预警学院联合研制的“微波光子超宽带成像雷达”原理样机通过技术鉴定。9月，产业园被省经信委授予“浙江省军民融合产业示范基地”称号。

**【首届杭州钱塘江国际文化节】**2017年6月28日至11月10日，江干区举办首届杭州钱塘江国际文化节。文化节以“创新·活力”为主题，旨在展现钱塘江时代新貌。采用“主办+融入”方式，新办一批主题明确的主体活动，融入一批原有的与主题吻合的相关活动。其间，举办重要活动21项，其中会议论坛类5个、展览类3个、赛事类5个、文艺类6个、其他活动2个。与英国驻上海总领事馆、意大利威尼斯诺阿莱市、英国诺丁汉市政厅等5个国外政府机构及德国设计委员会、联合国全球环境基金捐赠计划、国际水资源管理联盟等17个国际机构签署战略协议或达成合作意向，与国家体育总局、中央电视台、中国东方演艺集团等近10个机构建立常态化合作关系。公开征集钱塘江文化吉祥物——“弄潮儿”，推出一套文化节形象标识系统、一首《潮头颂》、一篇《钱潮赋》、一曲《城市阳台》、一部《潮起钱塘》纪录片等“五个一”精品工程。文化节聘请“首批钱塘江文化大使”5位，分别是中国文联副主席、中国书法家协会副主席、中国文艺评论家协会副主席陈振濂，中国曲艺家协会副主席、浙江省文联副主席、浙江省曲艺家协会主席翁仁康，中国国家游泳队队长孙杨，西子联合控股集团董事长王水福和中国美术学院中德学院国际品牌传播外籍教师大卫·杜蒙特。文化节活动参与人数161.7万人次，直接参与机构75个。国内外160多个主流媒体近300名中外记者刊(播)发原创稿件1200多篇。

**【“共享医院”落户江干区】**2017年8月28日，省卫生计生委批复同意杭州江干全程国际Medical Mall的医疗资源共享模式，允许杭州全程健康医疗门诊部为入驻全程国际Medical Mall的其他医疗机构提供检验、病理、超声、医学影像、医技科室及药房、手术室等共享服务，即入驻医疗机构相应科室设置不做硬性要求，实现“拎包入驻”，无须重金投入，标志着“共享医院”正式落户江干区。全程国际Medical Mall位于西子国际中心，由新

2017年6月28日至11月10日，江干区举办历时135天的首届杭州钱塘江国际文化节
(江干区委宣传部 供稿)

解百集团、浙江迪安诊断技术股份有限公司和百大集团股份有限公司3个上市公司合资设立,邵逸夫医院国际医疗中心、杭州太学眼科门诊部、"方回春堂"、张强医生集团思俊外科诊所、唯儿诺儿科诊所、杭州仁树医疗门诊部等13个专业医疗机构入驻。"共享医院"为客户提供优质、便捷、个性化、一站式就医及健康管理服务。

**【区级行政服务中心"最多跑一次"综合事项清单推出】**2017年,江干区以"智慧审管"为抓手,通过减环节、减流程、减时间,提高"最多跑一次"事项比率、投资项目审批效率和办事群众满意率。2月14日,江干区推出区级行政服务中心"最多跑一次"综合事项清单,第一批事项清单有173个,包括"零审批"32个、"跑零次"51个、"跑一次"90个。在清单基础上,江干区按照流程优化、环节简化、网上运行、部门联办、服务创新的工作方法,加快"最多跑一次"改革,开展投资项目模拟审批,深化"1+N"+X商事制度和不动产登记改革,推进"一窗受理、集成服务",471个事项实现"最多跑一次",230个事项凭身份证即可办理,试点开展个人事项"简化办、网上办、就近办"。

(江干区地方志办公室)

## 拱墅区

**【概况】**2017年,拱墅区辖10个街道,有99个社区。至年末,户籍人口36.16万人,人口出生率15.40‰,人口自然增长率2.16‰,常住人口56.2万人。全区生产总值537.50亿元,比上年增长7.2%。其中:第二产业增加值94.73亿元,增长6.0%;第三产业增加值442.77亿元,增长7.5%。二、三产业结构为17.7∶82.3。按常住人口计算,人均生产总值9.40万元,增长8.1%。

财政收入140.84亿元,增长7.5%。其中,一般公共预算收入78.14亿元,增长7.3%。一般公共预算支出34.8亿元。其中:城乡社区事务支出4.69亿元,下降8.3%;社会保障和就业支出4.01亿元,增长5.0%;教育支出10.48亿元,增长13.8%;医疗卫生与计划生育支出1.99亿元,增长9.4%;公共安全支出4.12亿元,增长13.3%;一般公共服务支出3.34亿元,增长9.6%。

规模以上工业企业83个,工业增加值78.91亿元,增长10.4%;规模以上工业企业利税总额48.28亿元,增长23.9%。建筑业总产值293.21亿元,下降5.1%。新增省级科技型中小企业76个,新认定国家重点扶持领域高新技术企业29个,市级高新技术企业40个,省级企业研究院2个,省级研发中心3个,市级研发中心5个,新建市级院士专家工作站1个。

"6+2"产业主营业务收入1439.89亿元,增长11.7%。其中:信息经济产业主营业务收入165.83亿元,增长15.1%;商贸旅游产业主营业务收入802.02亿元,增长18.9%;金融服务业主营业务收入66.31亿元,增长6.8%;文化创意产业主营业务收入163.95亿元,增长28.1%;商务服务产业主营业务收入166.44亿元,增长16.7%;体育健康产业主营业务收入190.49亿元,增长15.5%;智能制造产业主营业务收入129.54亿元,增长18.1%;建筑规划产业主营业务收入301.99亿元,下降4.4%。楼宇经济实现税收50亿元,增长16.0%。运河财富小镇成为浙江省金融博览会永久会址。9月12日,杭州市政府批复同意拱墅区设立工业设计产业发展单元。

固定资产投资332.73亿元,下降24.8%。其中,房地产投资259.35亿元,下降21.3%。商品房施工面积777.59万平方米,下降11.9%;竣工面积266.74万平方米,增长41.5%;销售面积163.69万平方米,增长9.4%;销售额509.41亿元,增长30.3%。

社会消费品零售总额556.19亿元,增长9.5%。其中:批发零售业社会消费品零售总额527.83亿元,增长9.7%;住宿餐饮业社会消费品零售总额28.36亿元,增长5.9%。商品交易市场27个(其中年成交额1亿元以上的商品交易市场18个),成交额619.99亿元,下降12.0%。

进出口总额116.36亿元,下降18.0%。其中:外贸出口99.64亿元,下降15.7%。实际利用外资3.83亿美元,增长0.3%。全年实际到位市外资金251.46亿元,增长15.8%。浙商创业创新到位资金132.43亿元,下降20.5%。新引进1亿元以上项目68个。引进世界500强企业2个、全国民营500强企业4个。

培育"旭日计划"企业35个。新增市"雏鹰计划"企业18个。新增省级众创空间5个、国家备案众创空间3个、省级孵化器1个。全年新增上市挂牌企业6个,其中金石资源集团股份有限公司在上海证券交易所主板上市,浙江康禧控股有限公司、杭州市路桥集团有限公司等5个企业在"新三板"挂牌。2个企业被评为2017年省商标品牌示范企业,6个企业产品获评省名牌产品,1个企业发布"浙江制造"标准并通过认证。

全年完成城中村改造30个村,拆迁6732户、拆迁居民679户、拆迁企业110个。出让经营性土地地块16宗、576.37公顷,土地出让总金额241.49亿元,开工安置房项目32.7万平方米,竣工安置房62.6万平方米,新交付安置房32万平方米,回迁安置1765户。全面提升道路通行能力,"六纵七横"13条主次干道和30条支小路建设实施,香积寺路下穿运河隧道开工,永宁路等5条主次干道续建,平炼路Ⅰ期(拱康路—俞家桥路段)建成,金昌路(拱康路—永宁路段)投入使用。竣工停车场库5个、停车泊位1320个,新开工和续建泊位3204个。新增绿地26.71万平方米,规划建设运河体育馆、运河中央公园、运河亚运公园。

完成22条道路整治美化工程建设,养护维修桥梁30座,古新河、浙窑公园等美化家园工程实施完成。新增对外开放公厕16座,全区公厕数增至194座。拆除违法建筑2595处、面积172.88万平方米。完成142个治水工程项目,辖区内41条(段)河道水质稳定保持在Ⅴ类以上。完成6条、21千米的沿河生态廊道建设,上塘河半山桥断面成为全省第一批销号的劣Ⅴ类省控断面。11月18日,"拱墅治水模式"在中国城市治理高峰论坛上推广。持续推进半山北大桥地区"清零行动",关停杭州轻华热电有限公司,消减煤炭消耗量2.90万吨/年。关停华丰纸业有限公司、杭州炼油厂等3个省属和市属企业及60个"低小散污"企业,PM2.5指标下降11.7%。

专利申请量2588件,专利授权量

1619件。发明专利申请量609件，下降5.6%；发明专利授权量228件，下降3.8%。省级专利示范企业3个，市级专利试点（示范）企业16个。全区有中学17所，在校学生1.56万人；小学30所，在校学生3.22万人；幼儿园64所，在园幼儿2.03万人。全区在职在编教师3728人。新增市甲级幼儿园3所，等级幼儿园覆盖率100%。义务教育段标准化学校比例95.4%。大关中学被评为"千校结好特色学校"，杭州市拱墅职业高级中学教师获第四十四届世界技能大赛优胜奖，杭州上海世界外国语小学参赛队获全球青少年机器人大赛第一名，拱宸桥小学的"运河研究院"被评为全国优秀社团。区STEM课程、新型教研共同体被《人民教育》杂志列入《2017年中国基础教育年度报告》样本。6月10日，浙江省非物质文化遗产文献馆暨拱墅区图书馆非物质文化遗产主题分馆开放。5月5日，"二十四节气"保护联盟成立大会在拱墅区召开。"大匠至心"全国传统工艺振兴论坛永久落户拱墅区。新建、更新全民健身苑点17处。

各类医疗卫生机构262个，床位7665张。各类专业卫生技术人员8153人，其中执业（助理）医师3024人、注册护士3798人。完成医养护一体化签约服务15.11万人。米市巷街道社区卫生服务中心被评为全国百强社区卫生服务中心，大关、上塘街道社区卫生服务中心被评为全国文明创建单位。全年新增就业2.54万人，引导和帮助城镇失业人员实现再就业1.12万人。新建、改建、扩建社区居家养老服务照料中心86个，托老床位1763张。向5685名老人提供政府购买服务。

全年办理人大代表意见、建议和政协委员提案304件，办结率100%。受理群众来信、来访、来电2.3万件（人）次，结案率100%。

**【拱墅区入选国家级基层政务公开试点】** 2017年5月22日，国务院办公厅发布《开展基层政务公开标准化规范化试点工作方案》，确定在北京市、浙江省、陕西省等15个省的100个县（市、区），重点围绕25个方面开展基层政务公开标准化规范化试点工作，探索建立全国统一的政务公开标准体系。拱墅区成为试点区域之一，在征地补偿、拆迁安置、保障性住房、农村危房改造、扶贫救灾、市政服务、公共资源交易、义务教育等试点领域开展工作。拱墅区梳理试点领域公开事项204个，其中49个涉及办事流程的事项纳入"最多跑一次"改革。拱墅区与浙江省长三角标准技术研究院合作制定规范，完成试点领域及基础通用部分共53个规范文本的初稿编制工作。制定"校园阳光食堂"管理规范，开展拆迁安置人员前置审核、"安置房开放日"工作，探索小额建设工程交易政务公开标准化，推进热线电话、网络在线互动等公开方式。

**【拱墅区设立工业设计产业发展单元】** 2017年9月12日，杭州市政府批复同意拱墅区设立工业设计产业发展单元。该产业发展单元位于杭州市主城区北部、拱墅区中部，规划范围东至通益路、小河路，南至登云路，西至西塘河，北至石祥路，总面积19公顷。围绕泰普森国家级工业设计中心和LOFT49省级工业设计基地，打造工业设计小镇核心区。产业发展单元从产业配套服务与企业职工需求出发，集中设置餐厅、创意咖啡厅、休闲娱乐空间、会展展示等功能于一体的产业邻里中心。优化内部环境，通过开放式街区设计，打开企业之间围墙限制，与周边其他城市功能融为一体。同时，有针对性增加相应的基础设施、公共服务设施等配套，加强规划、审批方面的便利服务。

**【香积寺路西延工程正式开工】** 2017年3月31日，香积寺路西延工程正式开工。工程东起上塘路东侧，西至余杭塘路，与德胜路、大关路平行，为杭州主城区东西向跨越京杭大运河的主要通道之一。全长近2650米，包括地下隧道和地面道路两个部分，其中城市隧道长度约2300米，初步设计时速50千米。地面道路有两段，除香积寺西路段外，穿过运河后，余杭塘路也将打通断头路，东扩至湖墅北路。建设工期36个月，预计2020年完工。完工后通过京杭大运河下穿隧道，15分钟可以从余杭塘路到达大关路。

**【浙江省非物质文化遗产文献馆在拱墅区开馆】** 2017年6月10日，浙江省非物质文化遗产文献馆（拱墅区图书馆非物质文化遗产主题分馆）正式开馆。场馆服务面积2000多平方米，有阅览座位200多个，开馆藏书量1万多册，设计藏书量6万多册，设"二十四节气"主题图书区、拱墅非物质文化遗产名录墙和实物展示区。馆藏文献涵盖非物质文化遗产十大门类，保存浙江省各级各类非物质文化遗产名录、基地、传承人申报材料1580盒，以大运河文化及拱墅区域工业遗存为主要特色的图书类文献及报刊403种。

**【中国皮划艇巡回赛在拱墅区举行】** 2017年6月25日，2017年中国皮划艇巡回赛（杭州拱墅站）暨运河沿线城市水上运动嘉年华在西塘河开赛。大赛邀请6位专业选手，以及来自大运河沿线北京、天津等"五省三地"和美国、英国的160多位皮艇爱好者参与。除男子单人艇、女子单人艇200米直道竞速赛项目、混合双人艇2000米长距离绕标竞速赛项目外，新设专业组别的男子单人艇项目、亲子平台舟200米静水直道竞速和桨板200米静水直道竞速3个项目。

**【远洋乐堤港营业】** 2017年9月27日，"艺术主题体验式购物中心"、空中花园商业综合体——远洋乐堤港正式营业。远洋乐堤港位于大关路与丽水路交叉口，由美国JERDE设计师事务所设计，占地面积4.28万平方米，有艺术下沉广场、24小时国际YEAH街区、1.8万平方米空中花园、可以举办国际冰球比赛的世纪星冰场和CGV影院旗舰店等功能区，以及110多个品牌店。

**【运河水陆交通集散服务中心启用】** 2017年9月30日，拱墅区运河水陆交通集散服务中心启用。服务中心位于小河路与湖州街交叉口，东邻京杭大运河，南至运河天地工业遗存地块，西至小河路，北至昼锦街。地面部分建筑共4层、2万平方米，设有5条公交线路、3个游船客旅泊位、21个

2017年10月19日，拱墅区半山望宸阁对外开放。图为望宸阁冬天雪景
（拱墅区府办 供稿）

公共自行车停车位、343个地下停车泊位、近600个非机动车车位，实现公交、游船、公共自行车等多种交通工具的"零距离"换乘，提供旅游必需品售卖、手机充电、公用电话、旅游咨询、医疗救护等服务。

**【望宸阁对外开放】** 2017年10月19日，拱墅区半山望宸阁对外开放。望宸阁位于半山山脊海拔约260米处，高约40米。项目于2015年9月开工，包括主阁、附属用房及景观绿化，内设防火监测、生态文化展示、休闲观光等功能场所。项目总建筑面积1989平方米，其中地上建筑1597平方米、地下建筑面积392平方米。主体建筑望宸阁面积1275平方米，采用"明三暗五"的重檐楼阁式形态。

**【视频《老底子杭州人》获国际大赛一等奖】** 2017年11月16日，由中国外文局对外传播研究中心等单位主办的第一届"讲好中国故事"创意传播国际大赛颁奖典礼在北京国家会议中心举行，拱墅区民俗画家吴理人以第一人称记录的视频《老底子杭州人》获一等奖。在《老底子杭州人》视频中，他从坚守杭州京杭运河文化的角度出发，讲述自己画杭州老景、绘运河市井的初衷。吴理人在京杭大运河博物馆设有开放式的工作室，在桥西直街开设"吴理人民俗艺术馆——运河社"。

第一届"讲好中国故事"创意传播国际大赛自2017年2月启动以来，吸引全国32个省市和地区、200多所高校的大学生组、留学生组、企业组、媒体组、社会组以及海外和国际组参加，提交参赛作品721件。最终产生年度特别单项奖5名、一等奖10名、二等奖20名、三等奖30名、最佳组织奖12名、最佳指导老师奖10名以及入围奖238名。（顾煜俊）

## 西湖区

**【概况】** 2017年，西湖区辖9个街道、2个镇，有157个社区、34个行政村。至年末，常住人口83.1万人，户籍人口69.29万人，人口自然增长率9.4‰。全区生产总值1121.11亿元，比上年增长7.5%。其中：第一产业增加值3.82亿元，下降7.4%；第二产业增加值110.56亿元，增长3.5%；第三产业增加值1006.73亿元，增长8.0%。三次产业结构为0.3∶9.9∶89.8。按常住人口计算，人均生产总值13.63万元，增长6.0%。按国家公布的2017年平均汇率折算，为2.02万美元。

财政总收入245.23亿元，增长10.77%。其中，一般公共预算收入125.98亿元，增长10.88%。一般公共预算支出74.13亿元，增长6.5%。其中：教育支出14.01亿元，下降4%；社会保障和就业支出10.49亿元，增长18%；城乡社区事务支出18.10亿元，增长16.5%。

农林牧渔业总产值6.1亿元。其中，种植业产值2.84亿元，畜牧业产值0.04亿元，渔业产值3.05亿元。农作物播种面积2426.67公顷。龙井茶、无公害蔬菜、水产养殖及花卉苗木等优势产业产值5.68亿元，占农林牧渔业总产值的93.1%。

工业总产值268.75亿元。规模以上工业企业销售产值227.55亿元，增长3.8%。规模以上工业企业增加值60.16亿元，增长5.1%。规模以上信息经济企业(单位)296个，信息经济增加值326.43亿元，占全区生产总值的30.1%。规模以上文化创意产业企业(单位)588个，文化创意产业增加值389.76亿元，占全区生产总值的36.0%。西湖区集聚上市企业和"新三板"挂牌企业49个，培育(新增)国家重点扶持高新技术企业69个。全年高新技术产业销售产值147.89亿元，占规模以上工业企业销售产值的65%。建筑业产值955.67亿元，增长10.7%。宋城演艺发展股份有限公司和浙江华策影视股份有限公司入选第九届全国"文化企业30强"名单。

固定资产投资488.98亿元，增长20.5%。其中：工业投资10.7亿元，下降39.6%；房地产开发投资238.65亿元，增长20.0%。房屋新开工面积164.04万平方米，竣工面积104.41万平方米，销售面积143.74万平方米。

社会消费品零售总额627.43亿元，增长10.5%。其中：批发业零售额59.72亿元，增长24.6%；零售业零售额511.54亿元，增长9.2%；住宿业零售额5.43亿元，增长2.0%；餐饮业零售额50.74亿元，增长10.7%。

市外到位资金255.17亿元，实际利用外资6.5亿美元。引进1亿元以上内资项目78个、1000万美元以上外资项目12个。外贸进出口总额33.75亿美元，其中出口总额28.48亿美元。对外投资6.7亿美元，服务贸易出口总额40.1亿美元。

旅游总收入281.59亿元，增长12.2%；接待游客1496.89万人次，增长10.8%。休闲农业营业收入3.15亿元，增长12%；接待游客288.6万人次，增长13%。楼宇经济继续发展，税收1亿元以上的楼宇18幢、1000万元以上的楼宇90幢。全区86幢重点楼宇，实现区内企业贡献税收93.32亿元。

专利申请量1万件，专利授权量5975件。全区有幼儿园76所，在园幼儿3.23万人;小学26所,在校学生5.84万人;中学23所(含九年一贯制),在校学生2.23万人;特殊教育学校1所,在校学生176人;职业高中1所,在校学生1751人。在职在编教职员工6140人。全年新开办幼儿园6所。学前儿童入园率99.9%,小学生入学率、初中生入学率均为100%。公共图书馆1个,文化馆1个,市级以上文物保护单位(点)34处。组织群众文化艺术节、区第十届全民运动会、龙坞山地自行车公开赛、西溪杯足球邀请赛等各类文体活动2300场次。

有各类医疗卫生机构515个,医疗床位8702张。各类专业卫生技术人员1.41万人,其中执业(助理)医师5691人、注册护士5597人。8月2日,西湖区政府和浙江大学医学院附属第一医院、浙江省立同德医院、杭州市妇产科医院、浙江医院、杭州市第一人民医院集中签署战略合作框架协议。全区新增养老机构床位335张,四星级以上照料中心11个。全年累计帮扶救助10.43万人次,发放各类救助补贴5927.55万元。城乡居民养老保险参保率98.5%,其他城乡居民医疗保险参保率99.9%。获全国青少年普法教育示范区、全国群众体育先进单位等称号。

全年共办理人大代表议案、建议和政协委员提案277件,满意率100%。受理群众来信、来访、来电3.34万件,办结率99.99%。

**【龙坞茶镇PPP项目签约】**2017年2月20日,西湖区举行龙坞茶镇PPP项目签约仪式。龙坞茶镇核心区建设采用PPP模式进行运作,和绿城房地产集团有限公司、蓝城房产建设管理集团有限公司等企业共同打造龙坞茶镇核心区,总投资约51亿元。龙坞茶镇位于杭州西南部,有茶园695.06公顷、耕地65.53公顷、林地1106.13公顷。龙坞茶镇核心区初步规划用地面积217.26公顷,建筑面积78.59万平方米。核心区规划设计目标是营造最美中国小镇、打造最佳人居小镇、创建示范生态景区和创新小镇运营模式,除了产业平台、停车场、公园绿化景观、旅游配套外,还有幼儿园、九年制义务教育学校、安置用房等配套设施。

**【保亭安置房工程开工】**2017年3月12日,西湖区保亭安置房项目开工建设,施工现场打下第一批8根基础桩。该项目位于翠苑街道原保亭城中村地块,是西湖区"美丽西湖行动"城中村改造重点项目,投资9.96亿元,总用地面积3.01万平方米,建筑面积16.39万平方米,包括住宅建筑、住宅区配套公共建筑、景观绿化等。其中,地下停车库3层,能提供1191个停车泊位。保亭安置房工程引入社会资本参与。该项目计划于2020年3月竣工验收并达到回迁安置标准。

**【浙江西湖高等研究院园区正式启用】**2017年3月19日,浙江西湖高等研究院园区正式启用,首批学术人才和教职员工入驻。浙江西湖高等研究院位于西湖区云栖小镇石龙山街18号,总建筑面积约10万平方米,设生物学、基础医学、理学和前沿技术4个研究所,共130个独立实验室,建有行政办公楼、学生公寓、配套餐厅及后勤保障用房,可满足500多名研究生的食宿需求。9月,该研究院迎来第一批博士生。

**【"2017年中国数字阅读大会"在西湖区举行】**2017年4月14日,"2017中国数字阅读大会"在西湖区举行。大会以"新阅听 新梦想"为主题,来自数字出版、文化产业和互联网新媒体相关领域的近1000人参加。大会揭晓"2016年度十大数字阅读城市""2016年度十大数字阅读作品""2016年度十大数字阅读活动""悦读中国"年度奖项,并举办7场主题峰会和"青年文摘·数字阅读发展与技术"博览会等活动。

**【区块链产业园区落户西湖区】**2017年4月28日,2017年全球区块链金融(杭州)峰会上宣布,区块链产业园区落户西湖区西溪谷互联网金融小镇。西溪谷互联网金融小镇集聚蚂蚁金融服务集团、浙江网商银行股份有限公司、支付宝(中国)网络技术有限公司等互联网金融企业,集区位、产业、人才、资本、政策五大优势。区块链产业园区落户西溪谷,将推动杭州区块链技术和应用创新。浙江省区块链技术应用协会和杭州市区块链技术联合会、杭州趣链科技有限公司等机构计划入驻园区。

**【中国动漫新锐协同创新中心落户艺创小镇】**2017年4月28日,中国国际动漫节节展办公室、西湖区政府和中国美术学院在西湖区凤凰创意大厦举行共建签约仪式,标志中国动漫新锐协同创新中心正式落户艺创小镇。三方合作共建协议的目的是以空间配套为基础、创业创新为支撑、专业活动为载体,在产业孵化、人才

2017年3月19日,浙江西湖高等研究院园区正式启用

(西湖区府办 供稿)

培育、创业指导、对外交流4个方面开展协同创新,打造具有国际竞争力的文化创意动漫产业服务体系。西湖区艺创小镇提供中心项目孵化与专业活动举办空间。中国美术学院开展创业创新教育、培训和实践,培育优秀人才和团队。中国国际动漫节节展办公室推介行业内的专家、学者、领军企业和先锋人物,在中心内开展对外交流活动。

**【首届中国匠人大会在西湖区举行】** 2017年7月22日,首届中国匠人大会在西湖区云栖小镇举行。大会以"以匠心,致未来"为主题,来自全国各地各门类的近1000名优秀匠人参加。会上,《中国匠人电商生态观察》发布,杭州、景德镇、北京、苏州等城市成为电子商务匠人最为集中的新一线文化城市。中国手艺发展研究中心向国内10多位当代杰出匠人代表颁发创新匠人等荣誉,并共同宣读"中国匠人宣言"。大会设置4个平行分论坛,分别为新时代下的"绝技与科技"、"最中国的设计"、玩转有匠人特色的互联网产品、如何打造匠人的线下体验场景。

**【西湖区2个引水工程通水】** 2017年6月24日,三墩片引水工程实现通水,来自钱塘江的活水从五常港泵站进入三墩北及双桥片区。河道范围26平方千米,长74千米。该工程于4月开工建设,在双龙街和五常港交叉口设置一个取水泵站,通过499米的开槽埋管及179米的连续顶管把活水引入蓬驾桥港,并在女儿桥港及吴家斗门设置2个节制闸,抬高三墩片区水位,增加三墩区域37条河道的水流活动性,实现三墩北及双桥片区换水。该工程解决地区水系循环不畅、缺乏源头活水导致水质不佳的问题。按水量及置换有效性估计,三墩双桥片和北部片的河水可实现一周彻底更换一次,相当于20天引入一个西湖的水量。

2017年9月2日,西湖区富春江引水工程竣工通水,每天可引入70万立方米江水,解决之江地区农业生产用水问题。该工程于3月19日启动,总投资1.6亿元,主要包括北支江5.3千米江道疏浚、新建6立方米/秒的社井配水泵站、3.9千米周浦沿山南渠综合整治、实施清水入城项目等。

**【西湖区人才家苑启用】** 2017年9月8日,西湖区人才家苑正式启用,浙江西湖高等研究院的17名高级科研人员首批入住。该人才家苑位于之江地区象山路,是西湖区为高层次人才提供的安居工程,占地6.4万平方米,共8幢楼、449套精装修住房。房内配有书桌、衣柜、沙发、床等家具和空调、冰箱、燃气等家电,设有物业综合服务中心和人才活动中心,配备自动售货机、自助式咖啡机、洗烘一体化洗衣房以及各类健身设备。该人才家苑还引入绿城物业,由专门的物业人员开展服务、清洁等保障工作,为人才提供"管家式"服务。

**【西湖区农村生活污水治理设施实现全覆盖】** 2017年9月19日,浙江省农村生活污水治理设施运维管理培训暨现场会在西湖区召开,来自杭州、宁波、温州、台州、湖州等地的相关部门负责人近100人现场考察学习农村生活污水治理工作。西湖区农村生活污水治理设施实现全覆盖和智能化管理,累计完成农村生活污水治理管网长度150千米、检查井及接户井4.6万座、终端设施166个,涉及常住农户1.75万户,受益率89.8%,日污水处理量1.2万吨。通过截污纳管进入污水处理终端,实现达标排放。所有治理终端站点运行情况通过智能化管理平台实时呈现。氨氮、总磷、酸碱度、化学需氧量等主要水质指标实现"一网统管、一图可看、一表可查"。

**【首届全球并购金融·白沙泉峰会在杭州举行】** 2017年10月10日,首届全球并购金融·白沙泉峰会在西湖区白沙泉并购金融街区召开。峰会以"全球并购发展与产业转型升级"为主题,来自并购金融及相关领域的1700多人参加。峰会上举行中国建设银行白沙泉母基金、白沙泉产业并购母基金、浙银招新"一带一路"基金、浙江大健康产业基金等一批服务并购项目产业基金的签约仪式。白沙泉并购金融街区毗邻宝石山及黄龙国际商务区,占地面积8.67公顷,共有185幢独幢办公空间。该街区集聚一批金融机构和上市公司,注册企业174个,注册企业管理基金规模超过1000亿元。

**【杭州·云栖大会】** 2017年10月11—14日,"2017杭州·云栖大会"在西湖区云栖小镇召开。大会以"飞天·智能"为主题,设主论坛2场、主题峰会20场、行业分论坛110多场、主题分享800多场。大会展区3.05万平方米,集中展示人工智能、大数据、新零售、金融科技、弹性计算、量子计算、生命科学、IoT、多媒体、AR等20个前沿科技领域的创新成果。67个国家和地区的6万多名科技人员参加,15万人次现场参与,在线观看大会直播的人数超过1500万人次。

参见"信息经济"类目"杭州·云栖大会"条目。

**【紫金港科技城开建】** 2017年11月1日,西湖区召开紫金港科技城建设动员大会,标志着杭州城西科创大走廊"三城"之一的紫金港科技城建设工作全面展开。科技城位于城西科创大走廊东首,包括西湖科技经济园区、紫金众创小镇、云谷小镇3个部分,总规划面积约9平方千米。重点发展人工智能(智能制造)、信息技术、生命科学、科技服务、云计算、大数据等产业,结合城西科创大走廊规划,加大与未来科技城、青山湖科技城的对接沟通,实现三城协同发展。

**【西湖区社会科学界联合会、文学艺术界联合会成立】** 2017年12月15日,西湖区召开社会科学界联合会、文学艺术界联合会成立暨第一次代表大会。会上选举产生西湖区社会科学界联合会第一届理事会常务理事13名,其中主席1名、兼职副主席6名、专职副主席兼秘书长1名、挂职副主席1名、其他常务理事4名。选举产生西湖区文学艺术界联合会第一届委员会委员18名,其中主席1名、兼职副主席6名、专职副主席兼秘书长1名、挂职副主席1名。成立西湖区社会科学界联合会旨在团结组织全区广大哲学社会科学工作者,加强理论研究,推进社会科学普及,健全社会科学机构,壮大社会科学队伍。西湖区文学艺术界联合会旨在团结组织全区广大文学艺术工作者,坚持文艺“二为”方向、“双百”方针和“三贴近”原则,更好地服务大局、服务社会、服务人民、服务文艺工作者。(马文翰)

## 滨江区

**【概况】** 2017年,滨江区辖3个街道,有59个社区。常住人口35.10万人,户籍人口24.28万人。全区地区生产总值1224.3亿元。财政总收入287.28亿元,增长22.1%,其中一般公共预算收入142.81亿元,增长19.4%。一般公共预算支出113.49亿元,增长5.6%。用于民生事业支出78.83亿元,增长6.0%;用于教育、科学技术、社会保障和就业等项目支出分别为17.2亿元、14.0亿元、10.5亿元,分别增长32.3%、19.3%、6.0%。固定资产投资227.44亿元,其中政府投资56.07亿元、产业投资55.52亿元,房地产开发投资120.46亿元。

规模以上工业主营业务收入1762.10亿元,增长19.6%。工业增加值520.51亿元,增长18.1%。限额以上其他第三产业企业法人单位营业收入1679.08亿元,增长29.7%,其中信息传输、计算机服务和软件业营业收入1292.89亿元,增长40.3%。利润总额241.8亿元。传统产业加快转型升级,新备案项目19个,完成投资2.2亿元。“互联网+”都市农业加快发展,市级以上农业龙头企业营业收入33亿元。在《浙江省2016年度工业强县(市、区)综合评价报告》中,滨江区列全省第一位,连续第六次位列第一。

基础设施投资37.74亿元,新建道路11千米,新增(优化)公交线路12条,新增公共停车场5个,新增(扩容)公共自行车服务点25座、新增(更新)公共自行车2500辆。至年末,全区园林绿地面积999.9公顷,其中公园绿地面积435.1公顷。

社会消费品零售总额154.29亿元,增长10.5%。其中:汽车零售额89.13亿元,增长21.1%;限额以上批发零售业营业收入2125.11亿元,增长40.9%;限额以上住宿餐饮业营业额7.38亿元,增长26%。电子商务产业营业收入613.85亿元,增长32.6%,出口总额5.52亿元,实现利润148.79亿元。

全区实际利用外资7.59亿美元。新批外商投资企业81个,投资总额1000万美元以上项目23个;新引进世界500强项目3个。自营出口398.81亿元,增长10.7%;完成境外投资项目44个。

新增幼儿园4所,共35所,在园幼儿1.70万人,专任教师1399人。小学新增4所,共20所,在校学生2.15万人,专任教师3618人。初中新增1所,共12所,在校学生7410人,专任教师840人。学前三年幼儿园入园率99.99%,初中毕业生升入各类高中比例99.5%。钱塘实验小学等5所新建(扩建)学校投入使用。奥体单元小学及幼儿园等3所学校开工建设,6所幼儿园开办。引进优秀教师352人。区体育馆、群众文化中心投入使用,引进CBA职业篮球比赛,开展“拥江发展、滨江二十年”纪念活动、“滨江四季”文化演出活动、全国排舞及广场舞总决赛和“樱花跑”等系列文化体育活动。第32届全国青少年科技创新大赛、第十三届中国国际动漫节、第十一届(2017)杭州文化创意产业博览会等会展、比赛在滨江区举办。

全区有卫生机构154个,其中医院8个。卫生技术人员2596人。社区卫生服务站35个,其中新建4个。区公共卫生中心和西兴街道社区卫生服务中心建成。与浙江大学医学院附属儿童医院合作建立全省首个儿科医联体。

至年末,全区参保企业3.89万个。职工基本养老保险参保人数34.04万人,增长17.9%;职工工伤保险参保人数36.66万人,增长8.1%;生育保险参保人数32.87万人,增长18.8%。基本医疗保险参保率98.3%,城乡居民养老保险参保率97.5%。“阳光家园”正式运行,23个社区居家养老照料中心实施社会化运营。养老机构医养结合率100%,基本形成以“阳光家园”为主、街道养老机构为辅、社区居家养老照料中心为基点的养老服务体系。

新增就业岗位1.7万个,帮助3150名城镇失业人员实现再就业。开展拆迁家庭就业指导、岗位推荐、技能培训,帮助1021名就业困难人员实现就业。启动“家燕回巢”拆迁家庭大学生就业创业服务行动,建档在校拆迁家庭大学生3170人。受理各类劳动争议案件1147件,追讨工资1345.2万元。

全年拆迁腾房3064户,拆迁企业115个,交地539.33公顷,安置“农转居”拆迁户1450户。完成“五水共治”项目61个,清淤河道25条(段),浦沿排灌站扩建工程建成并投入运行。4个“清水入城”项目和5条(段)河道综合保护工程完工,19个劣Ⅴ类水体剿劣任务完成,并通过浙江省和杭州市验收。

引进各类人才2.66万人,其中理工类本科及以上学历1.86万人,海外高层次人才1200人。国际人才科技创新中心建成,国际人才社区首批168套公寓投入使用,配租创业人才公寓554套。

完成商事登记、不动产登记、社保医保等7个事项的“一事、一窗、一次”改革。推行多证合一改革,并建立多证合一证照联办动态清单,实现外商投资企业设立备案等17个多证合一事项、27个证照联办事项。8月26日,滨江区市民中心在“双休日”对外开放,办理不动产交易登记、交通违法、城管违停处理、市民卡服务、医保社保服务、出入境服务等6大类93个服务事项,同时推出滨江区特色服务项目商事登记和证照联办。省“最多跑一次”改革办公室发布的全省市县政务环境评估结果,滨江区政务环境总指数列全省第一位。

办理人代会期间代表建议80件、闭会期间代表建议10件,办理政协提案114件。10个民生实事工程的41个子项目完成38个。

**【中国电信智慧双创物联网基地落户滨江】** 2017年3月31日,中国电信股份有限公司浙江分公司(简称“浙江电信公司”)在杭州召开发布会,宣布中国电信智慧双创物联网示范基地落户滨江物联网小镇。智慧双创物联网示范基地是国家首批28个双创示范基地之一,也是通信运营商中唯一一个企业示范基地。浙江电信公司在滨江区物联网小镇“智慧e谷”8楼建设集开放式展厅、创客空间、联合实验室等多功能的基地场所,重点打造产业联合创新生态圈和双创孵化生态圈。发布会上,浙江电信公司分别与滨江区政府、浙江大学签订双创战略合作协议,与8个行业客户签订NB-IoT战略合作协议,并在中国电信智慧双创物联网示范基地挂牌"创新创业实践基地"。

**【《动画渲染平台管理与服务规范》发布】**2017年5月22日,由滨江区动漫骨干企业浙江中南卡通股份有限公司牵头,杭州国家软件产业基地有限公司、阿里云计算有限公司、浙江大学等单位共同参与起草的浙江省动漫行业首个地方标准《动画渲染平台管理与服务规范》由浙江省质量技术监督局批准发布,6月22日起正式实施。该地方标准分9个章节,主要包括动漫渲染平台的总体要求、渲染各方职责、平台技术要求、平台管理要求、平台服务要求、服务质量检查与评价等方面内容。规范性引用信息技术现有国家、行业及地方标准15项,并对输出规范、合格标准等基本指标进行统一规范和量化。

**【中小学物联网智能图书馆】**2017年6月,滨江区丹枫实验小学图书馆正式配置智能借阅系统。智能借阅系统是基于物联网技术开发而成,主要包含"馆藏管理系统""智能自助借还系统""RFID智能书架"3个部分,提供自助借还、图书盘点、图书上架、图书检索、图书防盗、馆藏信息统计等智能服务。智能借阅系统能解决现行图书馆自主借还困难、图书盘点查找复杂、乱架图书整理繁乱等问题,提高图书管理和服务水平。

**【公办中小学免费课后服务试点】**2017年11月20日,滨江区在闻涛小学、丹枫实验小学、滨和小学、东冠小学4所学校的1~3年级进行中小学免费课后服务试点。由家长自愿提出书面申请,并与学校签订课后服务委托协议,学校统一实施。课后服务方案由学校自行制定,上报区教育局审核后实施。时间为每周一至周四,课后内容一般是安排学生做作业、自主阅读、体育科技类社团(课程)等。免费课后服务是在学校规定义务教育时间段外开展的便民服务,帮助父母都在上班、没有老人同住的家庭解决接送难、监管"空档期"、安全隐患等问题。

**【"雅曼国际人才社区"投入使用】**2017年11月22日,"雅曼国际人才社区"在滨江区西兴街道正式投入使用。该社区位于西兴路和滨兴路的交叉口,由滨江区政府联合杭州雅曼品牌策划有限公司共同打造,是一个具有智能化、智慧化的高层次人才社区。房间的格局设计与装修设计借鉴欧洲大学宿舍的风格,可以实现拎包入住。首批投入使用168套公寓。至年末,入住外籍人员128人,其中非华裔4人。

**【与杭州国际学校签署战略合作备忘录】**2017年12月6日,滨江区政府与杭州国际学校战略合作备忘录签约仪式举行。根据备忘录,杭州国际学校计划于2018年开工迁建,并于2020年建成投入使用。杭州国际学校计划开设从幼儿园、小学、初中到高中的教育,招生对象为在中国境内合法居留的外籍人员子女、港澳台人员子女及在境外依法定居的中国公民子女。办学规模为1000~1500人,采用IB课程教学。

**【北京航空航天大学杭州创新研究院落户滨江】**2017年12月9日,杭州高新开发区(滨江)与北京航空航天大学签署战略合作协议,共建北京航空航天大学杭州创新研究院。根据协议,双方充分发挥各自优势,按照"科技创新、人才培养、产业发展、国际交流"四位一体的合作模式,重点关注信息领域和相关交叉学科领域前沿方向,建设北京航空航天大学杭州创新研究院。北京航空航天大学计划在杭州高新开发区(滨江)打造人工智能研究中心、网络空间安全研究中心、虚拟现实/增强现实研究中心、综合交通大数据研究中心、微电子与信息材料研究中心、量子精密测量与传感研究中心6个研究院(中心),并整合学校相关领域教育教学、科研创新、产学研合作力量,在滨江区布局以量子信息、人工智能、网络空间安全、微电子与信息材料、仪器光电、计算机、软件等新工科方向为主的杭州研究生院,学生规模2500人。滨江区为杭州创新研究院的落户提供发展空间、政策支持及优质服务,为成果转化提供支撑。

**【"中国网络作家村"入驻白马湖】**2017年12月9日,"中国网络作家村"授牌活动暨首届"中国网络文学周"新闻发布会在滨江区白马湖畔举行,30多名网络作家参加发布会,中国作家协会将首个"中国网络作家村"牌匾授予滨江区。唐家三少、月关、管平潮、蝴蝶蓝、猫腻5名知名网络作家上台签约,正式入驻"中国网络作家村"。"中国网络作家村"设在滨江区白马湖,由"天马苑""神仙居"两个区块组成。"天马苑"面积1700平方米,集形象展示、交流互动和集中创作为一体的公共平台;"神仙居"为作家创作的集聚村落。活动现场,中国

位于滨江区白马湖的"中国网络作家村"

(杭州白马湖生态创意城管委会 供稿)

作协网络文学研究院聘请白烨、欧阳友权、黄鸣奋等10名网络文学研究专家为首批特聘研究员,聘请唐家三少、酒徒、天蚕土豆等15名知名网络作家为特约网络作家。

参见“文化创意产业”类目“中国网络作家村”条目。

**【“滨江发布”获全国综合影响力排行榜冠军】**“滨江发布”关注滨江时事政治和经济发展,对市民关心的社会热点第一时间发布,并策划主题活动,与粉丝进行互动。2017年,“滨江发布”的微信文章阅读量超过20万次的3篇、超过10万次的2篇、超过5万次的6篇,微信访问量567万人次。12月18日,由中国高新技术产业导报社、中国信息化研究与促进网主办,高新区网站联盟、中国高新网等单位支持的“2017年度国家高新区门户网站暨微信公众号综合影响力评估”活动结束,并公布评估结果。在全国157个高新区微信公众号中,杭州高新开发区(滨江)官方微信“滨江发布”获综合影响力排行榜冠军。高新区(滨江)官方门户网站列2017年度国家高新区门户网站综合影响力第三名。 (滨江区志办)

## 萧山区

**【概况】**2017年,萧山区辖12个建制镇、14个街道,有411个行政村、184个社区。至年末,户籍人口(含大江东产业集聚区)129.58万人,人口自然增长率7.30‰,常住人口165.5万人。登记在册的流动人口123.90万人。全区(含大江东产业集聚区)生产总值2007.24亿元,比上年增长6.8%。其中,第一产业增加值66.63亿元、第二产业增加值923.24亿元、第三产业增加值1017.37亿元,分别增长0.2%、0.7%和14.7%。三次产业结构为3.3:46.0:50.7。按常住人口计算,人均地区生产总值12.44万元。按国家公布的2017年平均汇率折算,为1.84万美元。萧山区本级(不含大江东产业集聚区)生产总值1711.80亿元,增长8.0%。其中,第一产业增加值54.15亿元、第二产业增加值674.92亿元、第三产业增加值982.73亿元,分别增长1.4%、0.8%和15.2%。三次产业结构为3.2:39.4:57.4。按常住人口计算,人均地区生产总值11.77万元。按国家公布的2017年平均汇率折算,为1.74万美元。

财政总收入(不含大江东产业集聚区)318.19亿元,增长19.0%,其中公共财政预算收入206.29亿元,增长19.0%。一般公共预算支出188.07亿元,增长29.9%,其中用于民生支出159.81亿元,增长34.4%,占一般公共预算支出的77.5%。全年金融业增加值139.69亿元,增长6.5%。至年末,萧山区(含大江东产业集聚区)金融机构34个,金融机构本外币存款余额3820.06亿元;贷款余额3321.65亿元,其中住户贷款1026.16亿元,增长37.2%,非金融企业及机关团体贷款2294.01亿元,增长1.3%。城镇居民人均可支配收入60336元,增长8.3%;人均生活消费支出40131元,增长6.6%。农村居民人均可支配收入34588元,增长8.6%;人均消费支出28124元,增长4.6%。城镇居民人均住房建筑面积48.2平方米,农村居民人均住房建筑面积71.3平方米。

农林牧渔业增加值55.69亿元,增长1.7%。其中:农业39.43亿元、林业0.87亿元、渔业5.87亿元、农林牧渔服务业1.54亿元,分别增长2.7%、7.8%、2.1%和12.6%;牧业增加值7.97亿元,下降4.0%。

工业增加值650.30亿元,增长2.3%,其中规模以上工业增加值528.42亿元,增长2.0%。规模以上战略性新兴产业增加值89.46亿元,高新技术产业增加值175.36亿元,装备制造业增加值184.59亿元,分别增长0.3%、3.2%和5.8%。利税总额234.70亿元,其中利润总额156.24亿元,分别增长5.2%和3.8%。信息经济增加值128.60亿元,增长18.1%,占全区生产总值的6.9%。其中电子商务产业、智慧物流产业和数字内容产业分别增长37.9%、33.3%和17.2%。信息经济限额以上主营业务收入365.06亿元,增长15.8%。其中物联网产业、数字内容产业和信息软件产业主营业务收入分别增长41.4%、97.6%和39.8%,智慧物流产业、机器人产业和信息安全产业主营业务收入分别增长21.8%、27.8%和23.6%。规模以上工业单位增加值能耗下降0.6%。拆除各类违法建筑512万平方米,完成河湖库塘清淤389万立方米,建成镇级污水管网31.8千米,饮用水源达标率保持100%。实施小城镇环境综合整治项目404个、竣工232个。拆除各类违法建筑512万平方米。新增公共停车泊位3864个。实施47个海绵城市项目。新开工22个装配式建设项目。

固定资产投资886.22亿元,增长10.7%。房地产开发投资545.30亿元,增长55.1%。公路通车里程2405.8千米。内河航道里程796.83千米。机动车保有量52.83万辆。杭州萧山国际机场通航城市160个,增加22个;开通航线286条,净增加46条。全年起降航班27.11万架次,客运吞吐量3557.04万人次,货物吞吐量58.95万吨。快递业务收入49.29亿元,增长32.1%;快递业务量6.71亿件,增长55.0%。全社会用电量178.39亿千瓦时,增长7.2%,其中城乡居民生活用电17.49亿千瓦时,增长10.1%。全年供水量3.24亿立方米。建成区面积97.47平方千米,人均公园绿地面积27.8平方米,建成区绿化覆盖率38.1%。

社会消费品零售总额649.39亿元,增长10.3%。其中:批发零售额565.69亿元,增长10.3%;住宿餐饮业83.7亿元,增长9.8%。批发和零售业增加值165.96亿元,增长7.7%。全年网络零售额580.72亿元,增长25%。商品市场成交额1163.60亿元,增长12.2%。居民消费价格上涨2.7%。全年接待游客2153.25万人次,旅游总收入274.41亿元。有各类旅行社53个,增长3.9%;星级宾馆12个,其中五星级5个、四星级5个;AAAA级景点5个。

进出口总额730.87亿元,增长15.0%。其中:进口总额185.43亿元,增长53.9%;出口总额545.44亿元,增长5.9%。新引进外商投资企业117个,实际利用外资10.46亿美元。其中新批总投资3000万美元以上企业42个,总投资35.86亿美元,占新批外商项目总投资的84.9%。

全年发明专利申请量1344件,发明专利授权量408件。新增科技型企业665个;新增省级企业研究院12

个、省级科技企业孵化器2个、众创空间3个、星创天地1个。万向集团和传化智联股份有限公司分别入选全国“双创”企业示范基地和2017年制造业“双创”平台试点示范企业。7月3日,中俄人才创业园开园。北大信息技术高等研究院、清华公管学院实践基地、中乌航空航天研究院签约落户萧山区。新增国家“千人计划”人选10人、省“千人计划”人选2人、市“521”人选1人。有小学74所,在校学生9.33万人;初中38所,在校学生4万人;普通高中10所,在校学生1.92万人。学前三年幼儿净入园率99.6%,初中毕业生升入各类高中比例99.8%。全年普通高校录取5741人,高职录取1789人。

文化创意产业增加值135.25亿元,增长8.6%。艺术表演团体全年演出390场次,观众10万人次;全年农村电影放映6882场,观众208.8万人次。至年末,图书馆藏书265.57万册。9月,萧山区通过全国文明城市复评。新建农村文化礼堂29个。全年组织各类文艺演出、讲座展览1379场。1月,萧山绍剧成为省级非物质文化遗产。萧山区被评为浙江传统戏剧之乡。《湘湖全书》编纂出版。

全年新增等级运动员21人,其中一级6人、二级15人;参加各类全国级比赛获奖牌34枚,其中金牌10枚。8月,萧山区被评为全国群众体育工作先进集体。12月,萧山区首条国家级登山健身步道投入使用。萧山运动员在残疾人奥林匹克运动会游泳锦标赛上获金牌6枚、银牌1枚,在第十三届全国运动会上获金牌1枚、银牌3枚。

萧山区(含大江东产业集聚区)有各类医疗卫生机构742个,其中医院54个。有床位1.0万张,其中医院床位9518张,分别增长9.1%和9.6%。有各类专业卫生技术人员1.33万人,增长9.7%。其中,执业(助理)医师4729人、注册护士5535人,分别增长10.0%和13.2%。医疗机构完成诊疗人数2095.7万人次。

**【众联村探索乡村治理新模式】**2017年1月,萧山区河上镇众联村村民自发组建由洁美、助老、平安、体育、文艺、助教6支志愿服务队共200多名志愿者组成的“功德银行”组织,并注册成立萧山区首家农村社区社会组织——众联村七彩公德社。12月16日,在“功德银行”的基础上,该村结合政策环境和村里实际,征求意见,发放问需调查表500多份,走访农户近700户,召开专题座谈会30多次,由村民、乡贤、企业、社会组织等共同协商,并民主表决通过《“五和众联”村民通则》。

**【萧山区开展“民情双访”工作】**2017年3月起,萧山区在全区党员干部中开展“周二走访日”“周三访谈夜”(简称“民情双访”)工作,建立由区领导带头,区级部门组团,乡镇、街道及村、社区干部全员行动的长效走访机制。至年末,全区6400多名党员干部累计走访群众9.54万户、企业3925个、人才2455人次,收集问题6873个,解决问题4695个,问题解决率68.3%。12月3日,中央电视台《新闻联播》节目对萧山区的“民情双访”工作进行报道。

**【杭州临空经济示范区获批成立】**2017年5月9日,杭州临空经济示范区由国家发改委、中国民航局批复设立。杭州临空经济示范区位于萧山区东部,西至杭州绕城高速东线,东至头蓬快速路,北至杭州大江东产业集聚区边界及钱塘江水域,南至萧山区瓜沥镇行政边界。规划面积142.7平方千米,以杭州萧山国际机场为中心,主要包括杭州空港经济区(含南阳街道、靖江街道)、萧山区瓜沥镇头蓬快速路以西的区域及红垦、红山农场绕城高速以东的区域。辖区户籍人口23.75万人,总人口约50万人。按照集约紧凑、产城融合、区域协同的发展理念,示范区规划形成“一心一带五区”的总体布局框架。“一心”是指航空枢纽区,“一带”是指机场路产业带,“五区”是指航空港区、临空现代服务业区、临空先进制造区、城市功能区和生态功能区。

**【杭州中俄人才创业园在萧山区开园】**2017年7月3日,杭州中俄人才创业园在萧山区开园。创业园位于湘湖新城,占地面积2.67公顷,致力于引进俄罗斯、白俄罗斯、乌克兰等国家高层次人才和高新科技项目,打造人才引进及科技成果转化平台。园区与莫斯科国立大学、圣彼得堡国立大学、白俄罗斯国立技术大学、乌克兰基辅大学等院所建立合作关系,并建立俄罗斯、白俄罗斯、乌克兰等国家有意赴华创业的高层次人才数据库,首批收录近1000名院士、教授、博士等人才,以及200多个高新技术项目。园区除引进相关项目落户外,还承担起国际技术转移、技术合作等公共服务。在开园仪式上,首批引进的项目举行集中签约仪式和项目路演活动,签约项目主要包括地下石油蕴藏状况成像系统、太阳风对人体的损害检测及防护、多种高危病毒快捷检测系统、超细金属粉末的精密成型工艺等外籍高层次人才领衔项目。

**【中法航空大学筹建】**8月11日,萧山区政府、法国国立民航大学、浙江长龙航空有限公司和浙江旅游职业学院签订合作办学意向协议,在萧山区筹建中法航空大学(暂定名)。该大学是具备独立法人资格的四年制本科大学,拟设立航空运输、机场、空中交通管理、飞行技术、乘务等专业。萧山区政府、法国国立民航大学、浙江长龙航空有限公司和浙江旅游职业学院计划在教学科研、人才培养、社会服务和管理方面开展全方位合作。

**【首届“萧山人大会”】**2017年11月18—19日,萧山区举办首届“萧山人大会”,分布在国际、国内各地的萧山乡贤800人参会。大会以“奔竞不息立潮头,凝心聚力兴萧山”为主题,旨在加强萧山人联谊交流,促进萧商回归、人才回归、优质项目回归和资本回归。大会期间,萧山区各乡镇、街道开展恳亲联谊考察活动,组织安排参会人员开展返乡考察、探亲访友、对口交流等特色活动。

**【萧山残疾运动员获残奥会游泳锦标赛冠军】**2017年12月3日,残疾人奥林匹克运动会世界游泳锦标赛在墨西哥举行。萧山残疾运动员徐海蛟获男子S8级400米、100米、50米自由泳,男子S8级100米蝶泳,男子SM8

萧山区首条国家级登山健身步道航拍图　　（萧山区戴村镇政府 供稿）

级200米个人混合泳，男女混合4×50米自由泳接力的金牌；男子SB8级100米蛙泳银牌。

【国家级登山健身步道投入使用】2017年12月9日，萧山区首条国家级登山健身步道通过国家体育总局验收并投入使用。登山健身步道主要位于戴村云石旅游度假区，一期建成步道总长80千米，其中主线50千米、辅线30千米。路径上设计休息站、露营区、接待站、报警点、垃圾处理系统等辅助设施。健身步道由一条主线路、若干条支线和下撤点组成，整体线路呈荷叶状，有体育文化示范区、亲水活动休闲区、特色文化体验区三大区域。主线路设置31.6千米的全程环线，沿途有“响天竹风”、“天狮飞瀑”、“亿年火山遗址”、云门寺等景点。

【萧山“千企转型升级”行动计划】2017年12月，萧山区完成“千企转型升级”行动计划。该行动为期3年，实施转型升级项目8556个，关停整治“低小散”企业2824个，实施“腾笼换鸟”旧厂房改造项目75个、131.1万平方米。至年末，全区规模以上高新技术产业增加值175.36亿元，占规模以上工业的33.2%；规模以上战略性新兴产业增加值89.46亿元，占规模以上工业的16.9%。

【阿里巴巴萧山产业带新增入驻企业208个】2017年，阿里巴巴萧山产业带新增入驻企业208个，累计入住企业968个。线上累计交易额突破10亿元，直接带动线下交易25亿元，带动税收新增1.1亿元。阿里巴巴萧山产业带是以政府为导向的线上特色产业集群，平台主要帮助萧山传统企业从线下走向线上、从单个企业转向产业集群，并搭建本地化电子商务平台。　（王　鸣）

## 余杭区

【概况】2017年，余杭区辖14个街道、6个镇，有建制村183个、社区172个。至年末，户籍人口104.05万人，人口自然增长率7.93‰，常住人口117.6万人。全区生产总值2034.48亿元，比上年增长14.2%。其中：第一产业增加值50.38亿元，增长1.3%；第二产业增加值586.01亿元，增长5.9%；第三产业增加值1398.09亿元，增长18.4%。三次产业结构为2.5∶28.8∶68.7。按常住人口计算，人均生产总值14.35万元，增长5.5%；按国家公布的2017年平均汇率折算，为2.13万美元。

财政总收入503.80亿元，增长25.9%，其中地方财政收入280.01亿元，增长23.9%。财政预算支出270.39亿元，增长22.1%。预算内用于民生支出198.95亿元，占全区财政预算支出的73.6%，增长20.6%。在支出结构中，城乡社区类、医疗卫生类、科学技术类、保障就业类、教育类分别增长31.4%、52.1%、27.1%、20.3%和24.4%。全区城乡常住居民人均可支配收入分别为57738元、34358元，增长8.5%和8.7%。全年城镇常住居民人均生活消费性支出为38334元，增长4.1%；农村常住居民人均生活消费支出为27780元，增长4.6%。

农林牧渔业总产值79.71亿元，增长1.2%。其中：种植业产值46.65亿元，增长3.2%；林业产值7.51亿元，下降7.6%；牧业产值4.41亿元，下降15.9%；渔业产值16.21亿元，增长5.6%。全区农作物种植面积4.90万公顷，增长1.4%。其中：粮食播种面积1.67万公顷，增长4.4%；蔬菜种植面积2.23万公顷，下降2.4%。花卉苗木产值10.56亿元，增长2.5%。粮食作物播种面积1.66万公顷，粮食总产量11.86万吨，增长5.4%。生猪存栏3.60万头，减少12.0%，出栏9.18万头，减少3.0；羊存栏4 .32万只，下降6.4%，出栏5.54万只，下降26.1%；家禽存栏112.78万羽，增长18.9%，出栏211.78万羽，下降9.0%。2月10日，余杭区获“国家农产品质量安全县”和省“河姆渡杯”粮食生产先进县称号。

规模以上工业企业增加值384.96亿元，增长7.6%。装备制造业增加值197.69亿元，增长12.0%，占规模以上工业的51.4%；战略性新兴产业增加值92.36亿元，占规模以上工业的24.0%。工业主营业务收入1604.30亿元，增长10.7%；利润总额103.27亿元，增长6.0%。企业成本费用利润率6.76%。

固定资产投资1123.30亿元，增长8.0%。按投资主体分，国有投资311.50亿元，增长11.5%；民间投资647.71亿元，增长4.5%，占总投资的57.7%。按产业投向分，第二产业完成投资115.27亿元，增长15.9%。其中，工业投资115.29亿元，增长15.1%。第三产业完成投资1008.03亿元，增长7.1%。进出口总额399.94亿元，增长13.9%。其中：进口29.61亿元，增长4.2%；出口370.33亿元，增长14.7%。

社会消费品零售额481.26亿元，增长11.1%。从行业看，批发零售业440.91亿元，增长11.6%，住宿餐饮业40.35亿元，增长6.2%。全年接待国内外旅游者1886.83万人次，旅游总收入199.23亿元，分别增长18.5%和

17.4%。全年公路客运量1.40亿人次，余杭辖区内河港口货物吞吐量(不含内河处监管码头)1920.52万吨，水运货运量1137.38万吨。全区PM2.5平均浓度下降12.2%，空气质量优良率78.1%，提高10个百分点。

全区有A级以上景区14个，其中AAAA级以上景区6个；星级饭店13家，其中四星级以上4家，特色文化主题饭店1家；星级旅行社5家。小古城村和山沟沟村创建为首批省级AAA级景区村庄。1月，杭州西溪国家湿地公园和京杭大运河塘栖古镇段分别获评"浙江十大最美湿地"和"浙江十大最具特色湿地"。11月17日，第五届全国文明城市、文明村镇、文明单位和第一届全国文明校园名单公布，余杭区径山镇小古城村入选全国文明村镇。

专利申请量1.33万件，授权量7012件，分别增长10.4%和4.8%。其中，发明专利申请量2807件，授权量734件，分别增长10.6%和20.9%。全区有各级专利试点示范企业209个，其中国家知识产权示范企业1个、国家知识产权优势企业10个、省级专利示范企业20个。新增科创园区12个，面积82万平方米，引进科技型中小微企业1274个。累计创建科创园区62个，总面积287万平方米，引进培育科技型中、小微企业4384个。全年认定市级以上众创空间16个，其中国家级4个、省级8个。全年新增省级企业研究院16个，新增省级高新技术企业研发中心63个，新增市级高新技术企业研发中心76个。9月，省发改委发布"2016年浙江省县(市、区)经济竞争力、发展潜力和创新力30强"名单，余杭均列第二位。2月，人力资源和社会保障部发布《关于印发国家基本医疗保险、工伤保险和生育保险药品目录(2017年版)的通知》。由贝达药业股份有限公司自主研发抗癌新药"盐酸埃克替尼"(凯美纳)被纳入新版国家医保目录。8月2日，余杭梦想小镇被命名为首批省级特色小镇。

全区幼儿园122所，在园幼儿6.10万人，3~5周岁幼儿入园率99.53%；小学50所，在校学生9.69万人；初中35所，在校学生3.60万人；普通高中12所，在校学生1.38万人，毕业生4236人。初中阶段入学率、初中巩固率、初中毕业生升学率均为100%。文化经营单位1540个。公共图书馆藏书总量117.3万册。8月10日，余杭区入选"2016—2017年度浙江省文化产业重点县(市、区)"名单。有各类医疗卫生机构554个，其中区属医院7个、社区卫生服务中心20个。全区各医疗机构实际开放床位5458张，其中区属医院3145张。医院、社区卫生服务中心有卫生技术人员7100人，增长3.6%。其中，执业医师2685人、注册护士2750人，分别增长2%和7.5%。全年家庭医生累计签约服务38.36万人。

全区参加基本养老保险76.47万人、基本医疗保险71.64万人、失业保险49.70万人、工伤保险61.0万人、生育保险49.73万人，分别净增8.37万人、10.06万人、6.71万人、7.07万人和7.69万人。7月，余杭区制定《余杭区关于推进养老服务业综合改革试点工作的实施细则(试行)》。至年末，全区9个农村五保供养服务中心和168个照料中心实现医养结合，新增养老床位614张。打造综合性、示范型居家养老服务照料中心50个，全部实行社会化运营。

**【高效钎焊技术获国家科技进步二等奖】**2017年1月，杭州华光焊接新材料股份有限公司作为主要研制推广运用单位与国家级重点实验室(郑州机械研究所、哈尔滨工业大学)等科研院所，以及同行共同开展的"钎料无害化与高效钎焊技术及应用"项目，获国家科学技术进步二等奖。该项目主要解决钎料行业中钎料无毒害、钎剂减污染、钎料难制造和高效高可靠技术缺失的难题，实现无镉钎料高效精准设计，发明复合钎料，减排有害物质。开发钎料原位合成技术和钎焊技术，关键性技术达到国际领先水平。

**【华荣城开业】**2017年1月18日，由杭州博卡集团投资建设的杭州悦博公馆精选酒店开业，至此余杭首个商住一体的大型综合体——华荣城商业业态全部开业，为临平及乔司地区的市民提供娱乐、购物和住宿场所。杭州悦博公馆精选酒店位于乔司华荣城购物中心内，酒店面积1.3万平方米，有130间客房，设有大型会议室、中西餐厅、健身房和棋牌室等。华荣城由浙江博货科技有限公司开发运营，项目总建筑面积17万平方米，总投资27亿元，位于乔司街道。华荣城建有商场、超市、电影院和各种餐饮店等。

**【贝达梦工场启动】**2017年1月17日，贝达梦工场在贝达药业股份有限公司新总部基地启动。贝达梦工场是一个具有国际先进水准的生物医药专业众创空间。梦工场充分利用贝达药业股份有限公司的研发和产业化平台、技术优势和营销渠道，同时引入贝达医药风险投资资金，为创新创业者提供投资融资、企业管理、导师服务、品牌建设、人才引进、知识产权、研发和生产及市场销售等服务。贝达梦工场还提供项目转让及企业上市等贯穿整个生物医药创新链条的一站式服务。

**【余杭新增5处省级文物保护单位(点)】**2017年1月，第七批省级文物保护单位名单公布，余杭区新增5处。其中，良渚古城外围水利工程遗址、玉架山遗址两处为新增单位，长福桥、乔司千人坑由市级文物保护单位升格为省级，东明寺塔院遗址由市级文物保护点升格为省级。余杭区累计有各级文物保护单位(点)119处，包括全国重点文物保护单位7处、浙江省文物保护单位11处。全区省级文物保护单位(含)以上有18处，涵盖古遗址、石窟寺及石刻、古建筑、近现代重要史迹及代表性建筑等类别，涉及15个镇(街道)。

**【"中央结算仓"项目落户余杭区】**2017年4月21日，2017年中国(杭州)跨境电子商务峰会在临平新城举行。会上，中国轻工业品进出口总公司与杭州全球商品采购中心有限公司就合作共建杭州临平"中央结算仓"项目签约，标志着该项目落户余杭区。"中央结算仓"是一种创新型的跨境电子商务经济发展模式，以"跨境商品+跨境贸易"为重点，主要在于强化商品监管和供应链金融监管。以中心发起的"全球选品会"平台为

位于余杭区境内的杭州西溪国家湿地公园三期 （余杭区志办 供稿）

载体，负责全面优选全球各国的优质商品、统一组织货源和下游买家，构建封闭的供销体系。通过联合中央企业、银行及金融机构，为国内、海外买家提供金融支持，通过集中采购、集中分销的方式，加强对上游商品的控制力和对下游渠道商、中小跨境电子商务企业的全链条服务。“中央结算仓”项目建立进口商品、出口商品的集货监管中心，强化跨境商品的集中采购和监管，系统解决跨境电子商务产品假冒伪劣、鱼龙混杂等问题。

**【浙江省县级党校智库研究中心揭牌】**2017年4月27日，浙江省县级党校智库研究中心暨中国法治实践学派调研基地（余杭）在杭州市委党校余杭区分校揭牌。浙江省县级党校智库研究中心是依托杭州市委党校余杭区分校组建，由临安、鄞州、余姚等党校及专家学者共同参与的县级党校智库建设联盟。研究中心以智库理论政策研究和重大实践问题为主攻方向，服务党委和政府决策，整合全省县级党校系统智力资源，成为出思想、出成果、出人才的重要阵地。

**【菜鸟智慧产业园项目落户余杭】**2017年5月23日，余杭区政府与浙江菜鸟供应链管理有限公司就菜鸟网络总部、智慧产业园及中国智能骨干网（杭州）项目落户余杭进行签约。根据协议，浙江菜鸟供应链管理有限公司在余杭设立菜鸟网络总部及智慧产业园项目，聚焦智慧物流产业，建设一个聚集高层次产业人才、世界前沿技术研发、全球行业峰会的全球智慧物流高地。项目建设内容包括菜鸟总部办公园区、智慧物流产业园区、智慧物流会展中心、产业研发基地及相关配套设施。同时，在余杭设立中国智能骨干网（杭州）项目，建设一个高科技、自动化、数据化的标杆仓库。

**【余杭区4个村庄入选国家绿色村庄名单】**2017年5月，住房和城乡建设部公布全国第一批绿色村庄名单，余杭区4个村庄入选，分别是径山镇的径山村、良渚街道的港南村、东湖街道的李家桥村和姚家埭村。绿色村庄评定标准包括村庄的绿化覆盖率，公共场所绿化、公园或休闲绿地的建设、村内道路绿化等。对古树古木保护、污水处理、旱厕改造及道路设施、节能减排等也有明确指标。

**【东湖高新杭州生物医药加速器开园】**2017年6月20日，以生物医药产业为主导、单独由上市企业运营的加速器——东湖高新杭州生物医药加速器开园。40多个生物医药企业交房。东湖高新杭州生物医药加速器是2016年浙江省重大工业项目、杭州市“第一批市级总部（浙商）基地”，规划总用地面积11万平方米，总建筑面积17万平方米，总投资10亿元。项目分两期开发建设，6月交付的为一期7.4万平方米。加速器围绕生物医药产业主题，以医疗器械、生物医药产业为主体，兼顾其他产业链项目，打造全方位的生物医药产业链集群。

**【杭州西溪国家湿地公园被评为“浙江十大最美湿地”】**2017年1月，在浙江省绿化和湿地保护委员会、浙江省林业厅联合举办的浙江“最美湿地”“最具特色湿地”评选活动中，余杭区的杭州西溪国家湿地公园和京杭大运河塘栖古镇段分别被评为“浙江十大最美湿地”和“浙江十大最具特色湿地”。杭州西溪国家湿地公园是集城市湿地、农耕湿地、文化湿地于一体的国家湿地公园。其中三期工程西溪·洪园位于余杭区五常境内，总面积3.35平方千米。该区域以五常水乡文化、洪氏文化为特色，是西溪国家湿地公园中具有湿地水乡特征的重要功能区块。京杭大运河塘栖古镇段位于江南运河嘉兴—杭州段的南端，与德清接壤，大运河穿镇而过，景区运河水质状况达到四级。塘栖古镇段的文物遗产有广济长桥、郭璞古井、乾隆御碑等。

**【径山万寿禅寺大殿落成】**2017年11月9日，余杭区径山万寿禅寺举行大殿落成典礼，径山禅宗祖庭文化论坛同时启动。2009年10月21日，余杭区径山万寿禅寺复建工程举行奠基仪式。按照规划，径山寺复建工程以径山禅茶文化为核心，除营建重阁山门、祖师传灯、钟响十方、千僧悟禅、古径探幽等径山寺“十二境”以外，还开展“春茶、夏禅、秋学、冬修”四大项目，使游客和僧侣在自然山水和实景体验中获得禅茶文化的熏陶。天王殿、大雄宝殿、观音阁、素食馆、凌霄阁、禅堂、大慧院等基本建筑完工。藏经楼、客堂计划于2018年竣工。

参见“社会生活”类目“径山万寿禅寺复建工程大殿落成”条目。

（李景苏）

## 富阳区

**【概况】**2017年，富阳区辖6个乡、13个镇、5个街道，有28个社区、276个行政村。至年末，常住人口73.9万人，户籍人口67.7万人，人口自然增长率5.6‰。全区生产总值724.88亿元，比上年增长6.5%。其中:第一产业增加值46.26亿元,第二产业增加值324.57亿元,第三产业增加值354.04亿元,分别增长2.1%、4.3%和9.7%。三次产业结构为6.4∶44.8∶48.8。常住人口人均生产总值9.82万元,增长6.1%。按国家公布的2017年平均汇率折算,为1.46万美元。

财政总收入106.9亿元,增长10.0%。其中,一般公共预算财政收入63.7亿元,增长10.4%。一般公共预算财政支出66.3亿元,增长0.2%。至年末,金融机构各类存款余额987.35亿元,增长5.8%;各项贷款余额1139.18亿元,增长6.9%。新增上市(挂牌)企业3个。全年保险费收入6.86亿元,保险费理赔支付2.47亿元。城镇常住居民人均可支配收入51410元,增长8.6%;农村常住居民人均可支配收入29687元,增长9.0%。

农林牧渔业总产值66.1亿元,增长2.9%。粮食播种面积1.8万公顷,增长2.6%;粮食总产量12.3万吨,增长3.2%。肉类产量4.4万吨,禽蛋产量1.5万吨,蚕茧产量1175吨。124个农业骨干企业销售收入71.5亿元。各类名牌农产品60个。11月,"农创客"小镇项目立项。投入水利建设资金6.4亿元,有各类水库151座。农机总动力32.6万千瓦,耕地有效灌溉面积2.26万公顷。全年投入"富春山居美丽乡村"建设资金1.8亿元,建成"富春山居美丽乡村"精品村21个。场口镇东梓关村等7个村被命名为省AAA级景区(村庄)。

规模以上工业企业增加值234.3亿元,增长6.0%。全区644个规模以上工业企业主营业务收入1312.3亿元,增长20.0%;利税141.6亿元,增长39.0%;利润73.0亿元,增长23.8%。信息经济增加值66.4亿元,增长16.1%;规模以上(限额以上)企业信息经济主营业务收入517.3亿元,增长20.4%。全年建筑业增加值26.1亿元。

固定资产投资340.6亿元,下降12.6%。按产业投向分,第一产业投资1.6亿元;第二产业投资127.8亿元,占比37.5%;第三产业211.2亿元,占比62%。房地产开发投资106.1亿元,下降1.2%。房屋施工面积852.9万平方米,下降10.2%;竣工面积431.3万平方米,下降7.8%。商品房销售面积110.7万平方米,增长0.1%,其中住宅销售83.7万平方米,下降20.1%。

全社会消费品零售额250.5亿元,增长12.6%。其中:批发零售业零售额229.5亿元,增长13.6%;住宿餐饮业零售额20.9亿元,增长2.7%。网络零售额71.5亿元,增长27.4%。商品交易市场35个,其中年成交额超过1亿元的市场14个。

全年新批外商投资项目16个,实际利用外资3.25亿美元,增长11.4%。货物进出口总额253.7亿元,增长38.9%。跨境电子商务进出口总额2.55亿美元,其中出口额2.04亿美元、进口额5076.0万美元。完成境外投资项目6个,总投资4556.6万美元。主要旅游景点接待游客422万人次,增长3.8%;旅游景点门票收入1.49亿元,增长12.2%。全年乡村旅游收入5.81亿元。

全区公路通车里程1956.3千米,其中高速公路37.3千米。全年货物运输量1348万吨,增长29.7%;公路旅客运输量978万人次,下降5.8%。全年邮电业务收入10.91亿元,增长11.5%,固定电话用户10.5万户,移动电话用户95.9万户。固定互联网宽带接入用户31.6万户,移动互联网用户81.0万户。全社会用电量84.5亿千瓦小时,增长12.3%,其中城乡居民生活用电7.8亿千瓦小时,增长6.8%。全年城区供水总量4100万立方米,管道煤气用户9.3万户。主要水系监测断面Ⅲ类以上比例100%。生活垃圾收集、无害化处理率100%。建成国家级生态乡镇(街道)18个,省级生态乡镇(街道)2个。富春江出境断面水质连续36个月考核优秀。富阳区入选首批省级生态文明建设示范区。5月16日,新登镇被命名为镇乡级"两美浙江特色体验地"。7月,富阳区入选浙江省第二批19个"基本无违建县(市、区)"。全区累计拆除违法建筑3.17万处,拆除面积967万平方米。

新增省级研究院2个、国家级高新技术企业20个。全年组织实施各类科技计划项目1160个,其中省级1062个;专利申请3354件,授权1698件;技术合同交易(吸纳)115件,总金额1.75亿元。全区有高新技术企业260个,其中国家级151个。有各类专业技术人员6.44万人,增长8.0%。全区有幼儿园81所,在园幼儿2.42万人;小学44所,在校学生4.44万人;普通中学24所,在校学生3.34万人;中等职业学校2所,在校学生6828人。民办学校在校学生7111人。学龄儿童入学率和初中入学率均为100%,初中升高中段比例99.9%。有线电视用户20.8万户,数字电视用户20.8万户。区图书馆藏书49.5万册(件)。黄公望村获全国文明村称号。

全区有各类医疗机构496个,医疗床位3712张,医疗卫生各类专业技术人员5416人。城乡居民基本医疗保险参保人数39.17万人,参保率99.99%。全年举办各类群众性体育比赛115场,参赛运动员5.9万人次。农村健身设施覆盖率100%。全年获得杭州市级以上各类奖牌208枚,其中金牌102枚。

**【首届"富阳工匠"颁奖仪式举行】** 2017年4月27日,富阳区纪念"五一"国际劳动节第127周年暨首届"富阳工匠"认定发布会在杭州科技职业技术学院举行。2016年9月,区委宣传部、区文明办、区总工会、区人力社保局和区科技局联合发起首届"富阳工匠"认定工作,重点集聚先进制造业、现代服务业和战略性新兴产业,关注基层一线、操作岗位、非物质文化遗产传承的能工巧匠和传统工匠出身、追求品质、坚守实业的企业家群体。经过单位、社团、群众推荐和个人自荐,以及资格审核、专家评审、组织审定、社会公示等环节,最终认定10名"富阳工匠"。

**【杭州(国际)青少年洞桥营地启用】** 2017年6月30日,位于富阳区洞桥镇查口村的杭州(国际)青少年洞桥营地落成并启用。该营地于2014年底启动建设,项目占地73.33公顷,其中水域面积2.67公顷、大草坪3.33公顷,建有航母、火箭、飞碟形状的1.60万平方米营地建筑群,拥有多个主体功能区和专用活动室,可同时容纳350人自主烹饪、近800人住宿。营地自主开发三大系列、100多个活动

2017年12月23日,富春山馆整体开馆 (富阳区志办 供稿)

项目,可以进行维修电器、制作木器、整理内务,学习坠车逃生、海上救援、直升机救援、野外炊事、帐篷搭建等训练,体验轻武器射击、CS演习、扎筏泅渡等活动。启用当天,近800名青少年体验营地内的100多项活动。至年末,营地接待团队308个,青少年7.4万人次。

参见“人民团体”类目“杭州(国际)青少年洞桥营地开放”条目。

【乡镇生态责任报告制度在浙江省推广】2017年8月,省政府办公厅印发《关于全面建立生态环境状况报告制度的意见》,要求各级政府向本级人大或其常委会(乡镇人大主席团)报告生态环境状况和环境保护目标完成情况,推进形成政府自觉履行生态环境保护责任,主动接受人大监督的长效机制。乡镇生态责任报告制度起源于富阳。2015年,富阳区率先在渌渚、渔山两个乡镇推行生态环境状况报告制和环境责任体系建设,取得试行经验后,在全区24个乡镇(街道)全面推开。2016年6月,区人大常委会正式发文,明确在年中乡镇人代会、街道政情报告会上,听取生态环境专题报告,把乡镇(街道)生态环境质量报告制度推向制度化、长效化。2016年的全区政情报告会上,区长首次向大会做生态环境状况专题报告;2017年富阳区“两会”期间,政府首次向代表委员报告环境状况和环境保护目标完成情况。生态责任工作接受人大监督的制度不断完善。

【5个重大交通项目集中开工】2017年11月1日,富阳区2017年重大交通项目集中开工活动在G235富阳灵桥至渔山段工程(春永线)项目现场举行。开工的5个重大交通项目涉及高速铁路、高速公路、城际铁路、快速路等,分别是G235富阳灵桥至渔山段工程(春永线)、杭富城际铁路附属配套工程(彩虹快速路西延工程)、杭州至富阳城际铁路工程(杭州地铁6号线)、杭黄铁路及站前综合体项目、杭州绕城高速公路西复线富阳段(含两条连接线)工程,投资额分别为19.25亿元、44.10亿元、99.27亿元(富阳段)、53.76亿元(富阳段)、142.16亿元,总投资额358.54亿元。

【杭州首创奥特莱斯开业】2017年11月11日,位于富阳区东洲街道的杭州首创奥特莱斯开业。项目用地10公顷,总投资10亿元,总建筑面积11万平方米,有2000多个停车泊位。商业街区的设计把情景营造和开阔空间两种优势融为一体,采用意大利风格的景观布局,形成国际精品、活力运动、儿童娱乐、特色餐饮四大主题区,具有商业“微旅游”概念,为消费者提供一站式购物体验。

参见“开发园区”类目“杭州首创奥特莱斯商业综合体开业”条目。

【富春山馆整体开馆】2017年12月23日,富春山馆整体开馆。富春山馆设计者、中国美术学院建筑艺术学院院长王澍在开馆仪式上介绍设计历程。开馆当日,3个馆均举行主题展览。公望美术馆大展由3个艺术展览构成,分别为“‘君圣臣贤’乾隆与董家父子书画特展”“‘公望富春’首届中国山水画大展作品展”和“‘家在富春江上’富阳区美术书法摄影精品展”,展期为3个月。博物馆的展览主题为“家在富春江上”,分山水富阳、千年古县、东吴源流、造纸名乡、鱼米之乡、黄金水道、人杰地灵7个单元,以叙事的方式,展示富阳历史和富春文化。档案馆展览主题为“富春古今——富阳区档案史料展”。

【中国(杭州)乡村振兴暨“三美”建设论坛在富阳举行】2017年12月26日,2017年中国(杭州)乡村振兴暨“三美”建设论坛在富阳举行,各界乡村建设专家就振兴乡村、建设“三美”富阳等问题共商良策、共谋发展。论坛由市农办、富阳区政府主办,区委宣传部、区“三美”新农村建设指挥部、区委农办承办。论坛上,富阳区与杭州富春国际旅游开发有限公司、杭州众安云忆旅游发展有限公司、杭州上湾文化发展有限公司3个企业签订合作协议,意向投资额超过230亿元。中国农村杂志社、小康杂志社分别授予富阳区“美丽乡村示范基地”和“中国全面小康(乡村振兴)示范基地”称号。农业部原常务副部长、国务院参事室特约研究员、中国农经学会会长尹成杰做题为“乡村振兴:中国新时代三农大战略”的主旨演讲。全国政协原常委、国务院参事、著名经济学家任玉岭做题为“新时代,新农村建设的误区和建议”的主旨演讲。农业部农村经济研究中心主任、研究员宋洪远做题为“实施乡村振兴战略”的主旨演讲。 (陈炜祥)

## 临安区

【概况】2017年,临安区辖5个街道、13个镇,有社区11个、行政村287个、居民区14个。至年末,常住人口59.1万人,户籍人口53.52万人,人口自然增长率2.3‰。全区地区生产总值530.92亿元,比上年增长7.6%。其中,第一产业增加值43.27亿元、第二产业增加值263.91亿元、第三产业增加值223.73亿元,分别增长2.0%、5.8%和11.5%。三次产业结构为8.2:49.7:42.1。

财政总收入74.91亿元,增长15.6%。其中,一般公共预算收入43.30亿元,增长16.3%。全年一般公共预算支出64.78亿元,增长7.7%,用于民生支出51.77亿元,增长19.1%,占一般公共预算支出的79.9%。全区金融机构本外币存款余额786.86亿元,增长38.4%,其中,居民储蓄302.46亿元,增长13.2%;本外币贷款余额541.20亿元,增长23.9%。城镇常住居民人均可支配收入48761元,增长8.7%;人均消费支出33495元,增长4.4%。农村常住居民人均可支配收入28201元,增长9.1%;人均消费支出19879元,增长7.1%。居民消费价格累计上升1.9%

农林牧渔业增加值43.72亿元,增长2.1%。完成农业总产值62.94亿元,增长2.1%。其中:农业种植业(含坚果类)产值30.80亿元,增长3.1%;林业产值(不含坚果类)19.44亿元,增长5.9%;牧业产值10.72亿元,下降7.8%;渔业产值0.83亿元,增长1.2%;农业服务业产值1.16亿元,增长16.7%。七大主导产业总产值45.30亿元。其中:竹笋产值12.99亿元,增长10.2%;山核桃产值7.32亿元,下降9.8%;畜牧业产值10.30亿元,下降8.5%;蔬菜产值6.26亿元,增长2.6%;花卉园艺产值4.25亿元,增长9.5%;水果产值3.66亿元,增长13.4%;茶叶产值3.52亿元,增长9.6%。粮食作物总产量5.56万吨,增长2.0%。

全区有规模以上工业企业625个,规模以上工业企业产品产销率98.9%,利税总额76.36亿元,增长10.3%。其中,利润总额48.85亿元,增长13.0%。规模以上工业新产品产值率36.2%。规模以上工业增加值146.49亿元,增长6.7%。

固定资产投资290.43亿元,增长9.2%。其中,工业性投资77.93亿元,增长12.6%。按产业投向分,第一产业投资9.4亿元,下降11.8%;第二产业投资78.11亿元,增长12.6%;第三产业投资202.92亿元,增长9.1%。房地产开发投资87.75亿元,增长15.9%。房屋施工面积557.44万平方米,增长24.6%。其中:新开工面积184.15万平方米,增长71%;竣工面积91.89万平方米,增长97%。全年商品房销售面积139.37万平方米,增长9.6%;商品房销售额162.02亿元,增长52.3%。实施城中村改造项目32个,完成拆迁签约6219户,面积187万平方米。新建公共停车场10个,新增公共停车泊位1223个。

社会消费品零售总额192.33亿元,增长10.5%。其中:城镇消费品零售额111.35亿元,增长10.7%;乡村消费品零售额80.98亿元,增长10.3%。分行业看,批发零售业零售额164.66亿元,增长9.3%;住宿餐饮业零售额27.67亿元,增长17.9%。

进出口总额185.01亿元,增长25.5%,其中出口154.46亿元,增长25.9%(不含“一达通”外贸综合服务平台数据)。实际利用外资2.31亿美元,增长11.6%。实际到位杭州地区以外内资56.09亿元,增长15.4%;浙商回归到位资金21.05亿元。

全年旅游接待游客1466.36万人次,旅游综合收入163.96亿元,分别增长15.3%和18.7%。旅游景点接待游客494.43万人次,增长4.0%,门票收入1.75亿元,增长7.7%。全区乡村旅游接待游客921.70万人次,增长29.3%;乡村旅游经营收入8.45亿元,增长27.0%。

全区专利申请量2456件,其中发明专利570件,增长9.1%。专利授权1651件,其中发明专利226件,增长48.2%。发放创新券752.57万元,实际使用503.44万元。56个企业通过国家高新技术企业认定,其中新申报18个。新增省科技型中小企业101个、省级科技企业孵化器2个、省级星创天地2个、省级优秀众创空间1个。全区杭州市级以上孵化器、众创空间孵化面积10万平方米,累计培育杭州市级以上高新技术企业82个,其中国家重点支持高新技术企业15个。用于研究与试验发展的经费支出相当于生产总值的2.18%。

全区有小学40所,在校学生3.02万人;初中18所,在校生1.33万人;普通高中5所,在校生7014人;职业高中2所,在校生3590人。学前三年幼儿园净入园率99.0%,初中毕业生升入各类高中比例99.0%。新建和改造提升农村文化礼堂18个,岛石镇、太阳镇分别创建成为省文明镇和省文化强镇。举办“全民健身、拥抱健康、建设美丽幸福新临安”2017年临安全民健身系列活动。

各类医疗卫生机构457个,其中医院28个。床位2981张,增加324张。专业卫生技术人员4136人,其中执业(助理)医师1683人。医疗机构完成诊疗人数646.10万人次,增长14.7%。全区新增参保企业1269个,新增参保人员7871人,全区城镇职工基本养老、基本医疗、工伤、失业、生育保险参保人数分别为22.87万人、20.97万人、15.31万人、10.44万人、10.26万人。新增乡镇、街道居家养老服务照料中心12个、养老机构床位数410张,发放孤困儿童生活补助金392万元。

临安被评为首批国家生态文明建设示范区,并通过国家卫生城市复审,创建成为省美丽乡村示范县、省文明示范城市。全年空气质量优良率88.8%,全区PM2.5浓度为41.3微克/立方米,下降9.2%。全区用电量33.27亿千瓦小时,增长7.0%,其中,城乡居民生活用电5.50亿千瓦小时,增长4.7%。城区自来水日供水能力14.5万吨,全年供水量4705万吨,其中居民家庭用水量1125万吨。全年公路完成客运量384万人次,公路客运周转量20458万人千米。公路货运量499万吨,公路货运周转量80564万吨千米。高速公路里程104千米。至年末,固定电话用户10.37万户,移动电话用户88.96万户;互联网用户29.70万户。

2017年9月15日，临安撤市设区动员会暨授牌仪式举行 （临安区志办 供稿）

**【临安撤市设区】** 2017年8月10日，省政府办公厅印发《浙江省人民政府关于调整杭州市部分行政区划的通知》，根据《国务院关于同意浙江省调整杭州市部分行政区划的批复》精神，撤销县级临安市，设立杭州市临安区，以原临安市的行政区域为临安区的行政区域，临安区人民政府驻锦城街道衣锦街398号。9月15日，临安撤市设区动员会暨授牌仪式举行，杭州市临安区正式成立。授牌仪式后，临安区举行撤市设区媒体见面会，临安区领导及区相关部门负责人出席，中央、省、市媒体记者参加见面会。区委副书记、区长骆安全代表临安区委、区政府，就临安撤市设区有关情况做通报。新华网、《浙江日报》、《杭州日报》、杭州电视台、杭州之声、《都市快报》等媒体记者先后就临安"撤市设区"之后将如何加快与杭州主城区的融合、临安在杭州打造世界名城中扮演什么样的角色等问题进行提问。区委常委、常务副区长俞琳波回答记者提问。

**【临安被评为全国首批生态文明建设示范市县】** 2017年9月7日，国家环保部公布第一批生态文明建设示范市县(市、区)名单，包含全国10个地级市(州)和38个县(市区)，临安市入选。国家生态文明建设示范市县以国家生态市县建设指标为基础，评价标准涉及生态空间、生态经济、生态环境、生态生活、生态制度、生态文化等6个方面、38项建设指标。临安有国家级自然保护区2个和国家级森林公园1个，森林覆盖率78.3%。全市4个出境断面水质全部达到或优于水环境功能区要求，年均值保持Ⅱ类标准，饮用水源地水质和杭州市考核的12个生态功能区断面水质均全部达标，地表水水质指数列全省第9位。临安区推进美丽乡村、美丽景区、美丽公路建设，建成美丽乡村120个、美丽公路43条576千米。

**【临安"好家风"建设经验在全国培训会上被推广】** 2017年5月3—5日，由中共中央宣传部宣教局主办的社会主义核心价值观宣传教育工作培训班在北京举行，全国各省、自治区、直辖市的150多名学员参加。5月4日，作为杭州市唯一入选参加培训班经验交流发言的单位，中共临安市委常委、宣传部部长李赛文以"核心价值观在家庭中生根 在亲情中升华"为题，介绍临安"好家风"建设的做法和经验。

**【《文化礼堂服务管理规范》发布】** 2017年1月，临安市发布《文化礼堂服务管理规范》。该规范是临安市推进文化礼堂和基层综合性文化服务中心建设的标志性成果，经浙江省质量技术监督部门审查备案，是全国第一个文化礼堂的地方性标准。《文化礼堂服务管理规范》从文化礼堂服务的术语和定义、文化礼堂基本要求、文化礼堂服务管理原则、文化礼堂设置、文化礼堂服务、文化礼堂管理、文化礼堂考核评价等9个方面定出规范。

**【亚太组织森林恢复项目落户临安】** 2017年4月25日，"南方低山丘陵区森林恢复和可持续经营示范"项目启动会暨第一次指导委员会会议在临安市举行。该项目由亚太森林恢复和可持续管理组织(APFNet)资助，由临安市林业局(农业局)和安徽省青阳县林业局共同组织实施，项目总面积160公顷。临安实施面积60公顷，执行期从2017—2020年，总投资141万美元，分3个区块实施。在临安玲珑街道高源村、太湖源镇金岫村和於潜镇昔口村分别开展"石质山地森林恢复及专业合作社集约化管理模式试验示范""严重退化杉木人工林恢复与可持续经营试验示范""天然次生林多功能恢复模式与实验示范"项目。生态修复项目主要针对南方低山丘陵地区退化森林的修复，提高森林质量，增加森林碳储量，减少自然灾害，促进林区百姓增收，为亚太地区在森林可持续经营上提供示范和借鉴。

**【临安首次发现三趾鸥】** 2017年12月12日，临安区森林资源管理首席专家徐卫南在青山湖发现临安从未记录过的野生鸟类——三趾鸥。该鸟繁殖期主要栖息于北极海洋岸边和岛屿上，非繁殖期主要栖息于海洋，是典型的海洋鸟类。其繁殖于欧洲西北部北冰洋巴伦支海海岸，往东到新地岛、北地群岛、新西伯利亚群岛、符兰格尔岛、楚科奇半岛海岸、堪察加半岛、白令海中岛屿、加拿大东北部海岸。越冬于繁殖地南部沿海，涉及美国、西非、中欧、朝鲜、日本和中国辽宁、河北、山东、江苏等东部沿海地区。在中国为冬候鸟，10—11月迁来，次年4—5月离开。三趾鸥在浙江省内为罕见的冬候鸟，根据浙江省野鸟会七星剑统计资料显示，该发现为浙江省第5笔记录。临安的发现被录入2017年浙江省鸟类重要记录名录。

**【中国临安山核桃指数发布】** 2017年12月20日，中国临安山核桃指数在北京钓鱼台大酒店发布。中国临安山核桃指数体系建设由区林业局(农业局)委托浙江农林大学组织编制，主要通过对临安山核桃的环境、外观、品质、产量、品牌影响力五大指标数据的采集、调查、分析、筛选,形成一系列综合量化指标。环境指数旨在向消费者传递临安山核桃的健康理念;外观指数旨在帮助消费者鉴别临安山核桃产品;品质指数旨在分析挖掘临安山核桃的质量优势;产量指数旨在帮助合理判断市场价格信息;品牌影响力指数旨在引导山核桃品牌的培育和利用。发布会上公布临安山核桃各项指标得分,综合指数分数为92.59分,其中,环境指数89.9分、外观指数92.3分、品质指数92.09分、产量指数92.9分、品牌影响力指数94.07分。新华社、《人民日报》、中央电视台等40多个媒体的记者进行采访报道。

**【临安大明山地质公园开园】**2017年10月27日,临安大明山地质公园开园。大明山省级地质公园位于临安区清凉峰镇,面积为20.17平方千米,于2014年8月经省国土资源厅批准建立。公园内有34处地质遗迹景观,以地貌景观大类为主的22处,其中采矿遗迹景观10处、典型矿床1处、典型矿物产地1处。园内重要地质遗迹景观有大明山花岗岩地貌景观、千亩田钨铍矿典型矿床、千亩田采矿遗迹、千亩田夷平面等。

**【"茶与爱"国际微电影节在临安区举行】**2017年10月23日,"茶与爱"国际微电影节——世界语走进临安村落景区和民宿活动在指南村和"一山九舍"民宿举行。活动由浙江农林大学茶文化学院承办,太湖源镇指南村、临安民宿行业协会和"一山九舍"民宿协办。来自俄罗斯、韩国、法国、波兰、古巴、捷克、智利、立陶宛等国家的代表到指南村观看太平灯会表演,到"一山九舍"民宿参观并体验踩高跷、打麻糍等民俗活动。世界语组织代表——捷克巴尔托索维茨村副村长、"茶与爱"大使罗斯季斯拉夫·楚博克授予指南村和临安区民宿行业协会"世界语之家"牌子。6位民宿代表向世界语组织赠送天目云雾茶、大米原浆酒、石斑鱼干、昌化石印章等临安特色礼品。

**【中国旅游目的地暨旅游小镇发展大会在临安区举行】**2017年10月13日,首届中国旅游目的地暨旅游小镇发展大会在临安区举行。大会以"打造中国最佳旅游目的地:投资与创新"为主题,探讨旅游目的地新动向、新模式、发展新引擎、旅游小镇新热点等议题。浙江省现代旅游产业研究院为浙江省旅游集团授予全国省级国有旅游集团联盟牌子,浙江省旅游集团当选为首届轮值主席单位。浙江省现代旅游产业研究院和"新旅界"旅游咨询媒体联合发布《2017中国旅游目的地发展报告》《2017中国旅游小镇发展报告》。大会上,举行"2017中国十大最受欢迎旅游目的地""2017中国十大最受欢迎旅游小镇"颁奖仪式。世界旅游城市联合会首席专家魏小安等20多名专家发表演讲。《2017首届中国旅游目的地暨旅游小镇发展大会临安宣言》在会上发布。

**【宝龙城市广场项目签约】**2017年9月30日,临安区政府与宝龙集团签订项目协议。根据协议宝龙集团分别在锦北街道和青山湖科技城规划建设集商业、住宅于一体的宝龙城市广场项目,总投资70亿元。锦北项目位于锦北街道白湖畈地块,东至大学路,南至竹林街,西至临安区科技孵化基地,北至环北路,总投资30亿元,占地面积9.97万平方米,总建筑面积38.26万平方米,其中,宝龙城市广场商业综合体建筑面积4万平方米。青山湖科技城项目位于青山湖科技城轻轨站,总投资40亿元,总用地面积9.67公顷,总建筑面38.40万平方米,其中地上建筑面积24.9万平方米。

**【"万马科技"上市】**2017年8月31日,万马科技股份有限公司在深圳证券交易所正式挂牌上市,股票简称"万马科技"。万马科技股份有限公司成立于1997年,主营通信与信息化设备的研发、生产、系统集成与销售。"万马科技"公开发行股份3350万股,发行后总股本1.34亿股;发行价每股6元,募集资金2.01亿元,发行市盈率22.98倍。募集资金主要用于通信及信息化设备生产建设项目、研发中心建设项目和补充营运资金,两个项目均位于临安区太湖源镇青云工业区内。 (许锦光)

## 桐庐县

**【概况】**2017年,桐庐县辖4个街道、6个镇、4个乡,有18个社区、182个行政村。至年末,户籍人口41.49万人,人口自然增长率5.91‰,常住人口42.9万人。全县生产总值383.12亿元,比上年增长7.5%。其中第一产业增加值25.15亿元,增长2.0%;第二产业增加值198.60亿元,增长4.1%;第三产业增加值159.37亿元,增长13.6%。三次产业结构为6.6:51.8:41.6。按常住人口计算,人均生产总值8.99万元,增长13%。按国家公布的2017年平均汇率折算,为1.33万美元。

财政总收入46.59亿元,增长8.2%。其中,一般公共预算收入27.83亿元,增长8.1%。税收收入24.79亿元,增长11.8%。财政支出41.67亿元,增长1.8%。城镇常住居民人均可支配收入46108元,增长8.5%。其中人均工资性收入28566元,增长8.5%;人均生活消费性支出25192元,增长8.2%。全县农村常住居民人均可支配收入26785元,增长8.8%。其中工资性收入14716元,增长7.2%;人均生活消费性支出16280元,增长7.3%。全县城镇居民人均住房建筑面积42.62平方米,农村居民人均居住面积83.46平方米。至年末,城乡居民储蓄存款余额197.94亿元。全县金融机构本外币各项存款余额430.96亿元,增加23.27亿元,增长5.7%。本币贷款余额403.54亿元,增加71.46亿元,增长21.5%。非金融企业及机关团体本币贷款新增38.05亿元,增加26.12亿元。

农林牧渔业总产值37.47亿元,增长2.25%。粮食总产量5.93万吨、禽蛋产量0.33万吨、肉类产量1.29万吨、水产品总产量0.94万吨、水果产量9.39万吨。新增粮食功能区1040公顷,完成黄金峡谷中药养生园、大洲畈心动农场等4个农业旅游结合型精品园区建设,建成市级美丽农业乡镇1个、美丽田园体验区2个、美丽农业牧渔场2个。新认证无公害农产品企业22个、无公害农产品32个,新建无公害建设基地222公顷。申报绿色食品单位3个,新增绿色食品认证面积124公顷。设立5亿元的美丽乡村发展基金。成功创建2个省级农业企业,新增20个合作社、2个联合社、3个省级示范社。10月16—17日,第二届中国(桐庐)国际民宿发展论坛暨国际乡村(民宿)设计大会举行,桐庐县获民宿经济发展活力县称号。

规模以上工业企业增加值113.20亿元,增长6.0%。规模以上高新技术企业增加值52.37亿元,增长15.0%;装备制造业增加值48.79亿元,增长17.1%。全年规模以上工业企业新产品产值率43.3%,提高3.65个百分点。

固定资产投资213.31亿元,下降10.5%。按三次产业分,第一产业投资10.06亿元;第二产业投资59.49亿元,占比27.9%,其中工业投资59.12亿元,占比27.7%;第三产业143.76亿元,占比67.4%。房地产开发投资29.2亿元,下降14.1%。房屋施工面积316万平方米,下降5.3%;竣工面积63.25万平方米,增长50.3%。商品房销售面积81.80万平方米,增长28.1%,其中住宅销售72.41万平方米,增长21.7%。

社会消费品零售总额164.86亿元,增长11.5%。其中,批发业零售额11.11亿元,增长8.8%;餐饮业零售额22.02亿元,增长9.0%;零售业零售额130.62亿元,增长12.2%;住宿业零售额1.11亿元,增长5.5%。桐庐县连续4年被评为"中国电子商务发展百佳县"。全年兑现2016年度电子商务补助奖励资金972万元。中国(杭州)跨境电子商务综合试验区桐庐园区跨境出口1.66亿美元,跨境进口2116万美元。农产品电子商务产业园仓储物流中心建成并投入使用,15个涉农企业入驻。海陆电子商务产业园更名为"迎春智谷",入驻企业142个,其中新入驻项目28个。建成"春江渡口·虚拟现实应用中心"。11月24日,第二届中国(杭州)国际快递业大会在桐庐召开。富春江镇横山村升级成为天猫优选体验店。全县电子商务销售额75.60亿元,其中网络零售额45.72亿元。

全县货物进出口总额167.03亿元,下降14.5%。其中:进口总额4.31亿元,下降4%;出口总额70.47亿元,下降19.1%。外贸交货企业1062个,全年新创建省级出口名牌1个,累计3个。完成境外投资项目2个,对外投资510万美元。跨境电子商务新增"单一窗口"注册备案企业94个,累计154个。全年实际利用外资1.65亿美元,新引进世界500强企业投资项目1个。桐庐港区年吞吐量1056万吨。

全县交通建设投资5.42亿元。23省道梅蓉至杭新景高速公路凤川互通公路工程(柴埠大桥)、柴雅线新合段改建工程完工。新建农村联网公路32.1千米,完成农村公路提升改造106千米。境内公路通车里程1849千米。邮政业务总量0.52亿元,增长1.0%。全年发送特快专递406万件,增长222%。完成电讯业务收入4.48亿元,增长1.7%。至年末,全县电话用户合计73.65万户,增长4.0%。其中移动电话用户66.88万户,增长5.1%,每百人拥有量162部。上网用户26.90万户,增长2.9%。

全县接待国内外游客1529万人次,增长15.8%。旅游业总收入160.88亿元,增长18.9%。乡村旅游收入6.28亿元,增长32.2%。5月,萧山机场桐庐航站楼建成并开通运营,服务游客5782人次,输送游客3087人次。《桐庐县村落景区发展总体规划(2017—2021)》编制完成。富春江镇、瑶琳镇入选省旅游风情小镇创建名单。荻浦、环溪等10个村庄被评为省AAA级景区村庄。

专利申请量4657件,其中发明专利申请199件。专利授权量3084件,其中发明专利授权85件。全县有科技中介机构15个。培育省科技进步奖三等奖1个,市科技进步奖三等奖1个;列入省重大专项1个,市重大计划2个。新认定省级新产品15个,科技成果登记12个。认定国家高新技术企业52个,省科技型中小企业256个,省级重点企业研究院1个,省级高新技术企业研发中心34个。培育省级众创空间1个,市级众创空间1个。5月30日,"桐庐科普馆"建成开放。至年末,接待未成年人超过1万人次。

全县有全日制小学28所,在校学生2.41万人。普通中学17所,在校学生1.55万人。中等职业技术学校2所,在校学生2801人。幼儿园47所,在园幼儿1.37万人。全年小学入学率100%,初中巩固率100%,高中入学率99.7%。全县建有14所乡镇成人高等学校和社区学校,均为省标准化成人高等学校。2017年成人高等学校和社区教育学校培训学员8.22万人次。全年义务教育免除课本费、作业本费1600万元,助学奖学1.13万人次,奖励金额944.03万元。全县有省教育强镇、街道14个。

5月6日,范仲淹纪念馆建成开放。文艺作品获国家级奖项107个、省级204个。至年末,各类图书馆藏书61万册。桐庐籍运动员参加全国、省、市比赛获金牌473枚、银牌220枚、铜牌154枚。新媒体主平台微信公众号"同乐汇"两次进入全国县级电视台微信排行榜十强。至年末,全县有线电视终端18.2万个,电视综合覆盖率100%,广播综合覆盖率100%。

全县有各类医疗卫生机构330个,其中公立医疗卫生机构210个、私营各类医疗机构120个。新增3个民营医院,新增(变更)10个门诊部(诊所)。各类医疗病床1943张。卫生技术人员3605人,其中执业医师1156人、助理执业医师234人、注册护士1429人。基本医疗保险参保人数40.35万人。被征地农民基本生活保障参保人数8527人。工伤保险参保人数12.41万人,生育保险参保9.34万人,失业保险参保7.16万人。城乡居民医疗保险人均筹资标准、城乡居民基本养老保险基础养老金标准分别提高至1200元和150元/人·月。

**【桐庐县获县级"全国文明城市"称号】**2017年11月14日,第五届全国文明城市名单公布。桐庐县通过四轮省级考核和中央文明办组织的集中测评,获县级"全国文明城市"称号。2015年桐庐县获全国县级文明城市提名资格,正式启动全国文明城市创建工作,并提出"一年强基础,两年促提升,三年创成全国文明城市"的总体目标。桐庐县把县城划分为12个社区网格和21条道路网格,由33位县领导分别担任社区和道路网格"网格长"。依托基层治理大联动平台开设"全国文明城市创建"专题平台。推动"文明出行",实施社会化运作,对县城18个主要交通道口开展

“文明出行”劝导活动。在县城增设中央隔离、机动车和非机动车隔离护栏,对交通流量较大路口进行渠化并增设彩色斑马线。加大对违法行为的管控,开展联合式执法破解“马路顽疾”。以“修路、绿化、治水、亮灯”为重点,优化城市硬件环境。依托社区居民志愿者、青年志愿者、老干部志愿者、文明单位志愿者等力量,组织“人人齐参与,共创文明城”的主题志愿服务活动。

**【杭黄铁路项目桐庐站站前广场开工】** 2017年4月27日,杭黄铁路桐庐站站前广场工程开工仪式在城南街道举行。杭黄铁路桐庐站综合体位于桐庐县城南部,规划范围北至城南路,南至杭千高速公路,西至教育路,东至宝兴路,面积358.75公顷。桐庐站站前广场配套工程包括3.57万平方米的站前广场和地面景观,以及411米东兴路(硕高路至城南路)两侧景观延伸带。广场地面配套建设旅游大巴车场、公交停车场及出租车等候区。其中,旅游大巴停车数为27辆,公交车停车数为46辆,出租车等候区车辆数63辆。社会车辆均停放在广场地下停车库,停车库面积4.26万平方米,停车数899辆。地面建筑配有广场管理综合楼6435平方米,旅游导服中心574平方米,咖啡吧574平方米,停车场配套用房441平方米。杭黄铁路桐庐站站前广场及配套项目是杭黄铁路桐庐站综合体区块的重要支撑项目,于杭黄铁路通车时启用。

**【桐庐城市规划展示中心开馆】** 2017年6月29日,桐庐城市规划展示中心开馆。展示中心总建筑面积1.5万平方米,其中布展面积约5300平方米。展馆内采用文字、图表、照片、实物、沙盘模型等形式,利用声、光、电、多媒体等科技手段,展示桐庐城乡建设的各个阶段。展陈区域主要划分为序厅、时光隧道、二楼东西展厅和总体规划大模型五大区域。在大厅中央的地面,安装重力感应系统,可切换多种互动体验模式。一楼的圆弧通道幕墙上,展示桐庐新中国成立以来的发展大事记。二楼西展厅展示的内容为桐庐的史前文明、城垣变迁、千秋史话、历史遗迹、多元文化、桐庐非物质文化遗产、特色文化、传统村落、旧貌新颜等。东展厅以“规划先行·美丽城乡”为主题,围绕城市金名片、城乡规划、魅力城镇、美丽乡村、产业发展、特色小镇等内容展开。二楼西展厅设有4D人文影院、魔法树诗词问答等互动体验区。二楼东展厅依托信息技术,在互动体验中让参观者了解桐庐的产业发展、全域旅游及特色产品。

**【桐庐县首届全民运动节】** 2017年7月15日,桐庐县首届全民运动节开幕。开幕式上,桐庐县(中通)体育基金会成立揭牌仪式举行。运动节以“运动引领健康活力绽放画城”为主题,开展游泳挑战赛、特色体育表演、健身项目体验、健身惠民、竞技体育比赛5个板块活动。腰鼓、太极扇、动感单车、武术等21项特色体育表演在县城中心广场进行集中展示。健身项目体验共5类,包括人体成分检测、滚筒自行车体验等,主要向群众普及新型体育和小众体育项目。健身惠民共2类,包括各健身机构、体育用品经营单位以优惠价格促销体育产品。竞技体育比赛共7项,包括“谁是球王”羽毛球比赛、三人制篮球赛、少儿棋类比赛、幼儿骑行比赛等。14个乡镇(街道)开展各具特色的体育活动。

2017年6月29日,桐庐城市规划展示中心开馆 (桐庐县志办 供稿)

**【叶浅予110周年诞辰纪念活动】** 2017年11月11日,由中国美术家协会主办,浙江省美术家协会和桐庐县政府承办的“纪念叶浅予诞辰110周年——‘潇洒桐庐’全国中国画作品展”在桐庐开幕。展览收到来自全国各地作品4000多件,经评委初评和复评后,选出194件作品汇成作品集,其中包括36件优秀作品。活动中,叶浅予的家属代表叶明明向纪念馆捐赠叶浅予生前常用的印、文具、画册等物品。中国美术家协会与桐庐县签订“潇洒桐庐”全国中国画作品展战略合作协议。开幕式后,与会人员参观叶浅予故居、叶浅予艺术馆、叶浅予书画院、叶浅予中学,并召开座谈会。

**【首届桐庐县创业创新大会】** 2017年11月17日,首届桐庐县创业创新大会暨第四届桐庐县电子商务发展大会开幕,并举行桐庐县创业联盟成立、中国(杭州)跨境电子商务综合试验区桐庐园区揭牌仪式、市级科技企业孵化器授牌仪式、浙江工商大学杭州商学院分水笔业创新中心和人工智能多通道人居系统等创业创新项目签约仪式。大会主题为“新时代、创时代、梦时代”。农村电子商务专家莫问剑做题为“桐庐:创未来的九个维度”的演讲。会上,为获桐庐县科技创新特别贡献奖、第四届桐庐县十佳科技创新人才、桐庐县科技进步奖、2017年桐庐县十佳电子商务企业的个人和单位颁奖。创业创新项目在现场进行网络注册。

**【范仲淹纪念馆开馆】** 2017年5月6日,范仲淹纪念馆开馆,并举行中国范仲淹研究会浙江分会授牌仪式、范仲淹铜像揭幕仪式。范仲淹第三十世孙范国强向纪念馆捐赠《高义园世宝》。御题《高义园世宝》共四册，高0.4米、长36米，卷前为范仲淹手书韩愈的《伯夷颂》，由清乾隆御题“圣之清”额和跋；其后为1051—1908年，100多位历代名臣、书法名家等书写的题跋，主要表达对范仲淹书法、人品等的景仰。范仲淹纪念馆位于桐庐县平阳山，为庭院式仿古建筑，从个人事迹、与桐庐的渊源两个视角展示范仲淹的一生。展陈面积约300平方米，分为序厅、一代名臣范仲淹、范仲淹与桐庐、“潇洒桐庐”4个区块。范仲淹纪念馆免费向公众开放，是桐庐县爱国主义教育和廉政教育基地。中国范仲淹研究会浙江分会设在该馆。（张　红）

## 淳安县

【概况】2017年，淳安县辖11个镇、12个乡，有423个行政村、15个社区、1个居民区。至年末，常住人口35.3万人，户籍人口46.08万人，人口自然增长率3.97‰。全县生产总值240.28亿元，比上年增长7.7%。其中：第一产业增加值36.25亿元，第二产业增加值79.01亿元，第三产业增加值125.02亿元，分别增长4.1%、2.5%和12.9%。三次产业结构为15.1∶32.9∶52.0。

财政总收入30.91亿元，增长13.3%。地方财政收入17.27亿元，增长7.9%，其中税收收入14.68亿元，增长9.6%。地方财政支出57.37亿元，下降4.5%。全县金融机构本外币各项存款余额315.21亿元，增长10.1%。其中，人民币存款余额313.73亿元，增长10.1%。金融机构本外币各项贷款余额214.91亿元，增长15.1%。其中，人民币贷款余额214.84亿元，增长15.1%。全年城镇常住居民人均可支配收入40269元，增长9.7%；人均生活消费支出22754元，增长9.2%。全年农村常住居民人均可支配收入17721元，增长10.0%；人均生活消费支出12147元，增长9.9%。

农林牧渔业总产值51.38亿元，增长5.4%。其中：农业产值34.33亿元，增长6.5%；林业产值7.13亿元，增长7.7%；牧业产值6.50亿元，下降2.6%；渔业产值2.58亿元，增长2.8%。农林牧渔业增加值36.69亿元，增长4.1%。全年粮食种植面积1.65万公顷，粮食总产量7.26万吨。茶叶产值7.47亿元，增长11.8%；蚕茧产量2284吨，下降13.8%；肉类1.78万吨，下降1.5%；禽蛋5865吨，增长2.9%。《关于进一步促进生态农业产业发展的实施意见》《淳安县农村百源经济发展规划》《淳安县蚕桑产业发展规划》制定并出台。强化农业企业主体培育，县级以上骨干企业总数124个，建成农村特色产业基地村100个。“千岛湖”茧丝获中国驰名商标；“千岛湖茶”入选浙江省知名农业品牌50强；鸠坑茶成为农业部地理标志保护产品；千岛湖龙井茶、千岛湖枇杷、千岛湖水蜜桃和千岛湖无核柿入选农业部名特优新农产品目录。

工业增加值62.36亿元，增长2.9%。规模以上工业企业新产品产值增长0.1%；新产品产值率21.6%，下降0.6个百分点。高新技术、装备制造业、战略性新兴产业增加值分别增长6.0%、0.5%、6.2%。全县有规模以上企业121个，涉及国民经济行业中的26个行业。酒饮料和精制茶制造业、纺织业、电气机械和器材制造业为全县三大支柱行业。

固定资产投资174.42亿元，增长8.8%。其中：第一产业投资7.98亿元，增长53.4%；第二产业投资37.38亿元，增长13.6%；第三产业投资129.06亿元，增长5.6%。完成基础设施投资55.04亿元，增长23.6%。完成房地产开发投资43.59亿元，增长9.9%，占固定资产投资完成额的25.0%。房屋施工面积361.56万平方米，增长20.7%；竣工面积79.28万平方米，增长307.0%。全年商品房销售面积44.22万平方米，增长2.5%；商品房销售额38.25亿元，增长4.5%。

社会消费品零售总额90.99亿元，增长12.5%。城镇居民消费价格上涨1.3%。打造由线上营销体系、电子商务公共服务体系和线下电子商务物流体系组成的电子商务助推农产品进城新模式。全年网络销售额39亿元，增长32%。纳入县电子商务统计监测平台的商户1626个，增加411个。

进出口总额1.68亿美元，下降8.4%，其中出口额1.51亿美元，下降8.4%；进口额1723万美元，下降7.6%。新引进招商引资项目142个，其中淳商回归项目65个。实际到位县外内资77.4亿元，实际到位市外内资44.1亿元。浙商创业创新资金14.5亿元，实际到位资金24.9亿元。

全年接待国内外游客1540.62万人次，旅游经济总收入157.73亿元，分别增长21.6%和31.6%。其中，乡村旅游接待游客638.80万人次，乡村旅游收入7.36亿元，分别增长31.2%和38.1%。全年新发展民宿139个，建成精品民宿13个；完成10个绿道支线建设。7月，在北京举行的第十届中国旅游品牌发展高峰论坛暨2017年中国旅游行业“金麒麟奖”颁奖典礼上，淳安县被授予“2017中国最具特色魅力旅游示范县”称号。4月，县级“厕所革命”建设管理规范出台，新建提升公共厕所500多座。

《千岛湖镇城市北门户区块城市设计》《淳安县地下空间及山体利用“十三五”规划》等编制工作完成。全县城市污水处理率94.72%，生活垃圾无害化处理率100%。千黄高速公路正式动工建设。淳安县连续两年夺得全省“五水共治”大禹鼎，千岛湖出境断面水质持续保持Ⅰ类。完成975个小微水体整治提升，全面消灭Ⅲ类以下小微水体。完成90个农村生活污水治理提升改造项目和45个农居点治污工程建设。巩固提升农村治污设施运维管理，农村治污设施正常运行率100%，水质抽检合格率98.2%。千岛湖水质预警系统硬件设施建设，包括剖面浮标站4套、单层浮标站7套、通量站4套。增设临岐、汾口水域两道湖面垃圾拦网，全年打捞湖面垃圾9.96万立方米。

全年新增市级以上高新技术企业5个，其中国家级高新技术企业2个。浙江省谷神能源锂电池研究院通过省级认定。培育市级以上科技型企业17个，其中省级科技企业9个。全年专利申请520件，下降3.4%，其中发明专利150件、实用新型262件、外观设计专利108件。授权专利278件，下降4.5%，其中发明专利24件、实用新型专利148件、外观设计专利106件。

10月，淳安县通过浙江省教育基

本现代化县预评估。有普通高中5所,在校学生5796人;初中15所,在校学生8952人;小学59所,在校学生1.53万人;幼儿园38所,在园幼儿8087人;职业高中2所,在校学生3264人;特殊教育1所,在校学生35人。全县小学、初中入学率和巩固率均为100%,初中升高中比率99.5%。

12月,淳安县博物馆建成。完成55处村级文化设施建设、第九轮14处农村历史建设修缮工程,芹川王氏宗祠被列为第七批省级文物保护单位。建成图书馆新馆和新安书屋8处,推出公共图书进精品酒店、民宿活动。《睦州非遗》和《睦剧经典唱腔集翠》光盘发行。睦剧小戏《旧梦重圆》《鸳鸯马》在中央电视台录制。有文化馆(站)24个,公共图书馆(含乡镇分馆)22个,艺术馆1个,农家书屋437个,电影院3个。全县公共图书馆藏书115万册。

淳安县成功创建医疗卫生省级学科1个、市级重点学科6个,以及省级中医名科1个、市级中医名科2个。新引进淳安仁医堂中医门诊部、淳安千湖中医门诊部、淳安恩泽眼科医院等5个民营医疗机构。各类医疗机构316个,卫生技术人员2332人。全县卫生技术人员有正高级职称45人,副高职称241人。全县有各级各类名医31人,其中国家级基层名中医1人。

各类养老保险参保人数36.29万人,参保率96.5%;全县各类医疗保险参保人数46.03万人,参保率99.9%;工伤保险参保人数9.03万人,增加1944人;生育保险参保人数5.01万人,增加3912人;失业保险参保人数5.03万人,增加1502人。有福利院、乡镇敬老院、民办养老机构等福利机构33个,机构养老床位3617张,供养老人1050人。全县有1.93万人享受低保、残保待遇。

**【千黄高速公路淳安段工程开工】** 2017年9月27日,千黄高速公路淳安段工程正式开工。淳安段全长51.42千米,双向四车道,路基宽25.5米,设计时速80千米。起点位于浙江省与安徽省交界的塔岭附近,终点接溧阳至宁德国家高速公路淳安至建德段(杭新景高速公路千岛湖支线),设置威坪、宋村、汪宅、千岛湖及坪山5处互通,总概算95.27亿元,计划于2020年建成通车。

**【杭黄高铁淳安段全线贯通】** 2017年4月25日,随着文昌高铁场站潭头溪特大桥正线连续梁B段的浇筑完成,杭黄高铁淳安段实现全线贯通。杭黄高铁连接浙江杭州和安徽黄山,是一条客运专线铁路,项目全长265.24千米,其中淳安段长53.66千米,含19座隧道总长47千米,16座桥梁总长4632米。

**【千岛湖修正健康产业园项目签约】** 2017年5月8日,千岛湖修正健康产业园项目签约。修正药业集团是集科研、生产、营销于一体的全国前500强民营企业,拥有"修正""通药""斯达舒"3个国家级驰名商标。该项目计划总投资约30亿元,主要包括总部经济园、修正养安享高端智慧康体养生产业园、修正健康集团运营总部及研发总部、健康饮品产业园、修正华东地区仓储物流基地5个重点项目。项目建成投产后,力争实现年销售收入80亿元、上缴各类税收5亿元。

**【千岛湖玉郎巨星文化创意园动工】** 2017年8月7日,千岛湖玉郎巨星文化创意园动工仪式举行。项目投资近8亿元,占地8.17公顷,建筑面积约5.7万平方米,以香港的玉郎国际集团有限公司原创的动漫人物、情景及故事内容为主题基础,将虚拟平面的动漫世界,放大成为立体生动和充满创意的实景创意园。项目以玉郎国际集团有限公司创始人、香港漫画界的殿堂级大师黄玉郎为中心的创作团队,利用AR及VR技术,设计创意体验项目。建造动漫科技展示、动漫娱乐体验、动漫会议会展、动漫研发培训、巨星影视演艺等主题场馆。计划于2018年底竣工开园。

**【千岛湖商务大楼竣工并投入使用】** 2017年9月4日,千岛湖商务大楼暨新行政服务中心启用,共进驻单位45个、有窗口148个,为群众、企业提供609个行政审批服务。千岛湖商务大楼位于辉照山区块,主要包含行政服务中心(市民之家)及档案馆迁建工程,总投资2.6亿元。工程占地面积7755平方米,总建筑面积4.72万平方米。其中,主楼1~9层共1.7万平方米为行政服务中心,10~19层共1.2万平方米用于市场化开发;档案馆7600平方米,分布于档案馆楼3~7层。项目配建地下停车场8500平方米,161个停车泊位,地上停车泊位75个。项目建设过程中,导入实测实量、BIM设计与实施等工艺。大楼内部采用自主叫号机、自助查询机、电子显示屏、电子评标系统、变声询标系统、智能水电抄表系统等智能配置。

**【千岛湖伯瑞特度假酒店开业】** 2017年4月25日,五星级标准酒店千岛湖伯瑞特度假酒店正式开业。酒店位于千岛湖旅游度假区排岭半岛区块,由众安集团投资兴建,集住宿、餐饮、会议、健身、娱乐、生态休闲于一体的生活娱乐综合体。酒店有各类客房

2017年9月4日,千岛湖商务大楼暨新行政服务中心启用 (淳安县志办 供稿)

225间(套),其中包含31栋高档别墅,中式隋唐风格装修。除常规的健身房、室内外泳池、乒乓球台、棋牌室等,还有儿童乐园、陶艺吧、儿童影院等亲子娱乐项目。

**【浙江省谷神能源锂电池研究院通过省级认定】**2017年11月,2017年度省级企业研究院认定结果公布。淳安县的浙江谷神新能源科技股份有限公司的"浙江省谷神能源锂电池研究院"通过认定,成为省级企业研究院。该研究院主要研究内容为:围绕中国新能源汽车战略性新兴产业发展战略目标,聚焦动力电池技术领域亟须解决的热点、难点和共性问题,重点研究和突破制约电动汽车产业发展的高能量密度动力电池及其材料技术。浙江谷神新能源科技股份有限公司产品通过欧盟CE认证及UN38.3认证,有效授权发明专利14件,负责或参与制订实施国家标准6个,是国家动力蓄电池标准研究工作组正式成员。

**【淳安县首批新能源纯电动公交车启用】**2017年1月4日,中植新能源车交付暨K3、K12路纯电动公交车启用仪式在珍珠半岛举行,25辆尾气"零排放"、无二次污染的新型公交车启用。交付运营的25辆纯电动公交车采用康盛公司生产的中植新能源车,外观设计简约大气,车内采用环保内饰,座位布局均匀、内部空间开阔、过道舒适通畅,具有无噪声、易操作、节约燃料、安全可靠、低碳环保等优点。

**【姜家镇成功创建国家卫生镇】**2017年7月,姜家镇获全国爱国卫生运动委员会命名的2014—2016周期"国家卫生县城(乡镇)"称号。姜家镇于2014年启动创建工作,抓住千岛湖旅游副中心、特色小镇的建设契机,结合"五水共治""无违建县""四边三化"等工作,先后开展集镇立面改造、景观节点建设、背街小巷治理等专项工作,投入资金6.2亿元对集镇主城区和规划区实施整体改造,完成污水处理厂、自来水厂、沿湖景观带等公共基础设施建设,拆除不雅建筑及残垣断壁20处,清理居民占用房前屋后等公共区域的违章建筑25处、近1万平方米。

**【18个行政村被评为"国家首批绿色村庄"】**2017年5月,住房和城乡建设部公布全国第一批5855个绿色村庄名单,淳安县有18个村庄入选,分别为:安阳乡下栖梧村,汾口镇交界村、翁川源村、栗园里村,枫树岭镇上江村、大源村、白马村、鲁家田村,姜家镇双溪村,浪川乡洪家村,临岐镇仰韩村,千岛湖镇淡竹村、茂畈村、进贤村、宋家坞村,威坪镇叶家村、五丰村,中洲镇余家村。绿色村庄评定主要有村庄的绿化覆盖率,公共场所绿化、游园或休闲绿地的建设、村内道路绿化,古树古木保护、污水处理、旱厕改造以及道路设施、节能减排等指标。

**【淳安县林业局获评"全国集体林权制度改革先进集体"称号】**2017年8月,淳安县林业局被人力资源和社会保障部、国家林业局授予"全国集体林权制度改革先进集体"称号。全县核发林地经营权流转证46宗,流转林地面积2.27万公顷,发放林权抵押贷款5.6亿元。至年末,全县有林业合作组织470个,标准家庭农(林)场235个,林下经济面积4万公顷。

**【姥山林场获"全国工人先锋号"称号】**2017年5月,淳安县新安江开发总公司姥山林场获"全国工人先锋号"称号。姥山林场成立于1962年,是集林木良种生产、科研、生态旅游开发为主的基层林场。良种基地为国家马尾松种质资源库、国家首批重点林木良种基地、全国生态建设突出奖林木种苗先进单位。林场把山水资源保护、垃圾清理和林相改造作为核心工作来抓,未发生过森林火灾、林地被侵占和林木被盗伐案件。林场建成集良种生产、种质资源收集、研究开发为一体的林木良种基地140公顷,累计生产各类林木良种种子30多万千克,每年向社会提供马尾松、柏木等良种苗木20多万株。林场与中国林科院亚林所合作完成"南方针叶树种高世代育种技术研究与示范"等国家"十二五"科技支撑课题,初步破解种子园高世代和高抗性选育、抗松材线虫病材料等难题。

(刘东山)

## 建德市

**【概况】**2017年,建德市辖3个街道、12个镇、1个乡;有229个村、27个社区、15个居民区。至年末,户籍人口510833人,人口自然增长率4.89‰,常住人口44.50万人。全市生产总值(GDP)358.50亿元,比上年增长7.3%。其中:第一产业增加值34.68亿元,增长2.6%;第二产业增加值179.01亿元,增长5.7%;第三产业增加值144.81亿元,增长11.0%。三次产业结构为9.7∶49.9∶40.4。按常住人口计算,人均生产总值8.04万元,增长7.5%。按国家公布的2017年平均汇率折算,为1.19万美元。

财政总收入42.72亿元,增长9.9%,其中地方财政收入24.40亿元,增长7.7%。全年完成财政预算支出44.99亿元,增长9.2%。其中,民生类支出33.99亿元,占全市财政预算支出的75.5%。至年末,全市金融系统各项存款余额404.92亿元,增长15.1%。其中,个人存款236.70亿元,增长6.8%。金融系统各项贷款余额313.17亿元,增长25.0%。全市城镇居民人均可支配收入45061元,增长8.5%。城镇居民人均生活消费性支出34996元,增长8.1%。农村居民人均可支配收入23998元,增长9.6%。农村居民人均生活消费性支出14789元,增长8.5%。

农林牧渔业总产值55.10亿元,增长5.2%。全年粮食播种面积1.50公顷,增长0.4%。粮食总产量8.80万吨,下降0.9%。肉类总产量2.65万吨,下降1.0%。禽蛋产量7.4万吨,增长9.1%。年末生猪存栏7.86万头,增长3.7%。年末禽类存栏386.14万羽,增长2.8%。全年水产品产量10120吨,下降5.7%。木材产量5.88万立方米,增长11.3%。新建粮食生产功能区40个,面积1089.02公顷。各类农民专业合作社913个,农业骨干企业95个。投入水利建设资金3.80亿元。全市有各类水库141座。全年投入"秀美山村"建设资金2.03亿元,完成村庄生态修复95个,建成杭派民居2个。全年完成造林更新面积933.33公顷,下降0.1%。全市森林覆盖率76.2%。

规模以上工业企业总产值444.42亿元，增长10.8%。规模以上工业企业利润28.22亿元，增长25.1%。其中：化学原料和化学制品制造业8.17亿元，增长43.8%；非金属矿物制品业5.60亿元，增长100.5%；酒、饮料和精制茶制造业3.79亿元，增长4.7%；橡胶和塑料制品业1.93亿元，下降13.5%；通用设备制造业1.21亿元，增长1.2%；纺织业0.93亿元，下降10.0%。全市规模以上(限额以上)信息经济企业49个，增加15个；主营业务收入29.14亿元，增长35.6%。

固定资产投资229.35亿元，增长15.1%。其中：第一产业投资4.51亿元，下降10.8%；第二产业投资92.31亿元，增长19.7%；第三产业投资132.53亿元，增长13.2%。高新技术产业投资19.82亿元，增长42.7%，高技术服务业投资5.57亿元，增长86.5%，战略性新兴产业投资26.64亿元，增长22.0%。资质以内建筑业企业总产值34.69亿元，增长7.1%。房地产开发投资16.29亿元，下降33.6%。房屋施工面积207.48万平方米，下降7.5%。商品房销售面积53.26万平方米，增长57.2%；商品房销售额49.38亿元，增长59.2%。新设市场主体7465户。其中：新设企业2898户，增长118.1%；新设个体工商户4567户，增长33.8%。货物运输总量1923万吨，增长15.8%。货物运输周转量25.14亿吨千米，增长9.9%。全年公路旅客运输总量1204万人次，增长6.5%。公路旅客运输周转量6亿人千米，增长0.1%。全市民用汽车拥有量5.45万辆，增长10.8%。其中，私人汽车保有量4.19万辆，增长10.9%。

社会消费品零售总额127.95亿元，增长11.0%。其中，限额以上批发和零售企业实现网上零售1.12亿元，增长6.0%。城镇消费品零售额89.61亿元，增长11.4%；乡村消费品零售额38.34亿元，增长10.2%；批发零售业零售额102.90亿元，增长9.9%；住宿餐饮业零售额25.05亿元，增长15.6%。网络零售额30.46亿元，增长39.2%。

全年货物进出口总额6.42亿美元，下降20.8%。其中：出口总额7.76亿美元，下降22.7%；进口总额6567万美元，增长11.0%。按人民币计算，出口总额和进口总额分别为52.55亿元、4.44亿元。全年新批外商投资项目11个，合同利用外资3.85亿美元，实际利用外资1.48亿美元。全年浙商回归项目实到内资16.38亿元，增长6.4%。

AAAA级景区3个，星级饭店3个，各类旅行社14个，农家乐休闲旅游村(点)252个。接待国内外游客986.4万人次，增长14.8%，旅游总收入90.60亿元，增长20.3%。其中：国内游客985.9万人次，旅游收入90.50亿元，分别增长14.8%、20.5%；境外游客0.46万人次，旅游外汇收入236.80万美元，分别下降4.2%、18.0%。乡村旅游人数469.86万人次，乡村旅游收入4.79亿元，分别增长92.3%、139.8%。

实施各类科技计划项目371个。至年末，全市有高新技术企业124个，其中国家级高新技术企业37个。杭州市级以上高新技术企业研发中心85个，其中省级以上37个。专利申请1353件，专利授权量637件。其中，发明专利申请125件，授权50件。幼儿园39所，在园幼儿1.30万人；小学28所，在校学生2.07万人；初中17所，在校学生9979人；普通高中(含民办)6所，在校学生7873人；职业高中2所，在校学生1307人。专任教师4185人。学龄儿童入学率100%，初中升高中段比例99.7%，高等教育毛入学率66.3%。全市总藏书67.2万册(件)，书刊外借41.5万册。县级及以上文物保护单位91处(群)，其中国家级文物保护单位3处(群)、省级文物保护单位6处(群)。

医疗卫生机构160个，其中医院9个、基层医疗卫生机构42个、其他卫生机构32个、个体卫生机构77个。床位2904张，增长13.8%，其中医院2294张。卫生技术人员3611人，其中执业(助理)医师1223人，注册护士1488人，分别增长5.4%和9.6%。全市敬老院36个，增加2个，供养老人1704人。福利院1个，收养婴幼儿童35人、老人110人。全年举办各类群众性体育比赛189场，参赛运动员2.68万人次。全市健身苑点650个，其中新建12个。体育设施达到省级标准的行政村229个。全市体育场馆1个。全年获杭州市级以上各类奖牌总数1044枚，其中金牌389枚、银牌395枚。

全市723个“依申请办理事项”中有709个实现“最多跑一次”，实现率98.1%。参加基本医疗保险人数45.21万人，其中参加城乡居民基本医疗保险人数31.57万人。基本医疗保险参保率99.9%。全年城镇新增就业人数6476人。全年农民培训人数1.71万人，农民转移就业人数1965人。年末城镇登记失业人数4229人，城镇登记失业率2.47%，下降0.16个百分点。享受最低生活保障人数1.38万人，其中城镇890人、农村1.29万人。城乡低保标准分别为每人每月674元和607元。全年市慈善总会共募集捐款608万元，发放各类救助金1136万元。

建德市新安江“白沙奇雾”景观 （封丹琴 摄）

市区建成区面积10.60平方千

米，市区道路长度117.53千米。城区供水总量1678万立方米，其中生活用水940万立方米。建成区绿化覆盖率38.68%，提高0.19个百分点。市区园林绿地面积410公顷，公共绿地面积181公顷，人均公共绿地面积13.32平方米。全年空气优良天数353天，增加15天；空气优良率96.7%，提高4.4个百分点。PM2.5平均浓度31.5微克/立方米，下降13.0%。全年全社会用电量29.88亿千瓦时，增长3.4%。11月17日，全国精神文明建设表彰大会在北京召开，建德市三都镇新和村获“全国文明村”称号。

**【建德市高铁新区管委会成立】**2017年5月13日，建德市高铁新区管委会成立。规划建设的高铁新区以杨村桥(建德东站)为核心，东起梅城十里埠综合作业码头，南至马南高新园南界，西至洋溪街道清溪翠谷，北至杭千高速公路、杭黄高铁沿线山体，涉及洋溪街道、下涯镇、杨村桥镇及高新园，规划总用地面积105平方千米。5年内建德将建成杭黄高铁、金建高铁和衢建高铁，将有建德站、建德东站、建德南站、大同站4个铁路站。

高铁新区规划为“一核、三廊、三区”的发展新格局。“一核”指生态康养旅游综合体，项目选址在黄饶半岛，项目核心是滨江大公园建设，发挥主题游乐、康养度假、酒店会议、运动休闲等主导功能。高铁新区的发展策略为“三廊共进”。其中，城镇创新廊是高铁新区的综合服务配套走廊，由新安江大道串联洋溪老街、生态社区、田园综合体等城镇组团；沿江特色廊以“17度新安江”为特色主线，串联多个旅游活动，开拓水上游线路和水上活动项目；高新产业廊在建德高新技术产业园的基础上，加强产业组团和规模拓展，为产业园提供物流等配套服务。“三区”是指科技创智片区、高铁门户片区、高新产业片区。其中，高铁门户片区重点建设门户综合体，建设集游客集散、商贸展示、商务办公、居住配套等功能于一体的城市新门户；科技创智片区重点建设城市综合体，打造涵盖科技研发、总部办公、商务酒店、公共服务等功能的城市拓展区；高新产业园区重点打造以高端制造、新材料产业发展为方向的高新技术产业园。

**【新安江综合保护工程启动】**2017年3月1日，新安江综合保护工程建设动员大会召开。该工程主要围绕新安江北岸，在洋溪街道西水桥到梅城镇七廊庙共计26.8千米的线路上开展工作。目标以新安江为纽带、以黄饶半岛地块为载体进行开发，打造一条生态景色秀丽、文化底蕴厚重、产业特色鲜明、经济发展持续的生态经济带，并依托水环境基础建设沿江科技创新产业基地，重点发展旅游、健康、智慧等主题产业。

**【“建功立德·德文化”全国户外公益广告大赛】**2017年3月15日，2017年建德市“建功立德·德文化”全国户外公益广告征集大赛举行。大赛以“建功立德”地域文化为核心创作内容，选题围绕建功立德、传统美德、美丽建德、公民道德4个方面，旨在推出一批具有建德特色的“德文化”精品公益广告，激励建德儿女崇德向善，让以“德文化”为核心要素的地域文化成为助推建德经济社会发展的轴心。6月，评选结果出炉。建功立德(系列)和建“德”土特产(系列)2个作品被评为二等奖；礼仪建德(系列)、小节约大文明(系列)和节约粮食(系列)3个作品被评为三等奖。

**【航空小镇获评全国特色小镇】**2017年8月28日，住房和城乡建设部公布第二批全国特色小镇名单，以航空小镇为主要特色的“杭州市建德市寿昌镇”入选。开发区(航空小镇)管委会以打造“通航产业浙江样板、省级通用航空示范小镇、国家级通航产业综合示范区”为目标，累计完成固定资产投资14.75亿元。建德航空小镇域内，联众航空主题酒店、温泉火车酒店、赛车公园等项目对外开放。航空主题乐园一期项目基本完成，航空博览馆、航空科普体验中心正在建设中。通航类、旅游类和特色类项目落户小镇，入驻企业547个，形成航空旅游、航空服务、航空制造三大功能区块。

**【乾潭镇被授予“国家卫生乡镇”称号】**2017年6月23日，《全国爱卫会关于命名2014—2016周期国家卫生县城(乡镇)的决定》发布，乾潭镇被授予“国家卫生乡镇”称号。2014年乾潭镇创建成为浙江省卫生镇后开始创建“国家卫生乡镇”。乾潭镇投入专项创建经费400万元，并结合“五水共治”，完成乾潭、安仁两个污水处理厂建设，城区污水管网覆盖率90%。累计投入资金9000多万元，完成行政村农村生活污水治理工程24个，铺设管网233千米。通过“国家卫生乡镇”创建活动，全镇有26个胶合板企业完成转型，20多个小型五金工具企业搬进“孵化园”。随着环境的改善，浙西唐诗小镇、金谷特色商业街、华龄智能养老、慢栖溪等7个超过1亿元项目落户乾潭镇，推动产业发展优化。

**【第八届西湖公共关系论坛在建德举办】**2017年10月14日，由杭州市政府与中国国际公共关系协会、中国计量大学等单位联合主办的第八届西湖公共关系论坛在建德市举行，来自大陆、台湾、香港等地区的300多位嘉宾参加，并围绕“世界名城建设之公共关系使命”主题展开探讨。论坛向全国20多所高校征集到30多篇学术论文，在学术分论坛上，与会嘉宾和众多专家、学者围绕主题和论文进行交流。其中，西湖公共关系论坛始于2010年，每年举办一次，就当年政府中心工作或社会热点问题邀请权威专家学者进行交流研讨。

(建德市地方志办公室)

**责任编辑 秦文蔚**

## 新任市领导

**周江勇** 男，1967年9月出生于浙江宁波，1985年8月参加工作，1992年11月加入中国共产党，浙江省委党校政治学专业研究生、同济大学经济与管理学院工商管理硕士。历任鄞县姜山中学教师、校团委书记，共青团鄞县县委常委、副书记、书记，鄞县鄞江镇党委书记、人大主席，鄞县副县长，宁波市鄞州区副区长，象山县委副书记、代县长、县长、书记，宁波杭州湾新区开发建设管理委员会主任、党工委书记，宁波市委常委、宁波杭州湾新区开发建设管理委员会党工委书记，舟山市委副书记、代市长、市长，浙江舟山群岛新区党工委副书记、管委会常务副主任，舟山市委书记、市长，浙江舟山群岛新区党工委书记、管委会主任，浙江省海洋港口发展委员会副主任(兼)，温州市委书记，浙江省委常委、温州市委书记，2018年5月起任浙江省委常委、杭州市委书记。

**张仲灿** 男，1960年6月出生于浙江绍兴，1980年8月参加工作，1983年3月加入中国共产党，浙江省委党校工商管理专业研究生。历任绍兴县平水中学教师、校团委书记，中共绍兴县委党校教师、教育科副科长，中共绍兴县委组织部办公室干部、副主任，中共绍兴市委组织部办公室副主任干事、调研室副主任、办公室主任、部务会议成员，中共诸暨市委常委、组织部部长，诸暨市委副书记、代市长、市长、市委书记，中共金华市委常委、东阳市委书记，中共杭州市委常委、组织部部长、党校副校长、党校校长、人才工作领导小组办公室主任，2018年4月起任中共杭州市委副书记、组织部部长、党校校长、人才工作领导小组办公室主任，2018年5月任中共杭州市委政法委书记、市法学会会长。

**金　志** 男，1968年4月出生于浙江临海，1990年8月参加工作，1992年9月加入中国共产党，中央党校经济学专业研究生。历任共青团临海市委干事、青工委主任，共青团临海市委副书记，临海市东塍镇党委书记助理、党委副书记、副镇长，临海市小芝镇党委书记，共青团台州市委副书记、党组成员、书记、党组书记，台州市路桥区委副书记、副区长，仙居县委副书记、代县长、县长，嵊州市委书记，中共嘉兴市委常委、公安局局长。2018年4月起任中共杭州市委常委，2018年5月任中共杭州市委政法委副书记、市公安局党委书记兼督察长、市法学会副会长，2018年6月起任杭州市公安局局长。

（市委组织部）

## 新增两院院士

**杨德仁** 男，汉族，1964年6月出生，江苏扬州人，中共党员。浙江大学硅材料国家重点实验室主任，国家重大科技专项专家组成员。2017年11月，杨德仁当选为中国科学院院士。

杨德仁长期从事超大规模集成电路用硅单晶材料、太阳能光伏硅材料、硅基光电子材料及器件、纳米硅及纳米半导体材料等研究工作，在硅材料晶体生长、缺陷工程的基础研究方面取得重大成果。曾获国家杰出青年科学基金资助，入选教育部“长江学者”奖励计划特聘教授，获评浙江省特级专家，担任两期“973计划”项目首席科学家，2017年获国家自然科学基金创新研究群体项目。作为第一完成人，获国家自然科学奖二等奖2个、省部级科技一等奖4个，曾获全国五一劳动奖章、中国青年科技奖、全国优秀科技工作者、浙江省“十大时代先锋”等荣誉。

**吴朝晖** 男，汉族，1966年12月出生，浙江温州人，中共党员。浙江大学校长、党委副书记，中共第十九届中央委员会候补委员，国家现代服务业领域总体专家组组长，国家“核高基”科技重大专项实施专家组成员，“973计划”脑机融合感知与认知的计算理论与方法项目首席科学家。2017年11月，吴朝晖当选为中国科学院院士。

吴朝晖长期从事计算机科学与技术领域研究，在复杂服务计算和脑机融合的混合智能等代表性方向取得系统性、创造性的科技成果。曾获国家杰出青年科学基金资助，入选国家“百千万人才工程”、科技部重点领域创新团队，获评浙江省特级专家，担任国家863计划“十五”“十一五”信息技术领域专家组成员。作为第一完成人，曾获国家技术发明二等奖1个、国家科技进步二等奖1个、省部级科技一等奖5个，获何梁何利基金科学与技术创新奖,研究成果入选2016年中国高校十大科技进展。

**朱利中** 男,汉族,1959年10出生,浙江上虞人,中共党员。浙江大学农业生命环境学部主任,中国土壤学会土壤修复专业委员会副主任,教育部科技委环境与土木水利学部委员。2017年11月,朱利中当选为中国工程院院士。

朱利中长期研究污染物界面行为调控及其土壤-水有机污染控制技术和工程应用,在揭示有机污染物非线性界面行为分子机制的基础上,突破了准确预测、调控有机污染物非线性界面行为的科学难题;攻克有机污染农田/场地土壤协同修复、有机膨润土规模化废水处理工程应用的若干关键技术难题,在土壤-水有机污染防治工程应用方面取得成果。曾入选国家"百千万人才工程",获国家杰出青年科学基金资助,获评浙江省特级专家,担任"973计划"项目首席科学家,当选英国皇家化学会会士,曾任亚洲废弃物管理协会副理事长。作为第一完成人,获国家自然科学二等奖1个、国家科技进步二等奖1个、省部级科学技术一等奖5个、浙江省高等教育教学成果一等奖1个。曾获全国创新争先奖、浙江省劳动模范、浙江省高等学校教学名师奖等荣誉。

(陈 浩 张 黎)

**郑裕国** 男,汉族,1961年11月出生,浙江象山人。浙江工业大学生物工程学院院长、教授,兼任生物转化与生物净化教育部工程研究中心主任、浙江省生物有机合成技术研究重点实验室主任、手性生物制造浙江省工程实验室主任、国家化学原料药合成工程技术研究中心副主任等职务。2017年11月,郑裕国当选为中国工程院院士。

郑裕国长期从事医药和农药化学品生物制造工程技术创新,建立以生物技术为核心,融合有机合成、化学工程原理和方法的生物有机合成技术新体系。发明最大假糖类农药井冈霉素高端品种及其衍生物生物合成新技术,实现井冈霉素的绿色化和高值化;成功开发最大糖苷酶抑制剂类降糖药阿卡波糖生物合成新菌种和新技术;发明系列生物催化剂筛选、改造和工业应用新技术,实现医药、农药化学品生产过程重构、强化和替代。授权发明专利90多件,发表《科学引文索引》(SCI)收录论文200多篇,主编出版教材、专著3部。以第一完成人获国家技术发明二等奖2个、国家科技进步二等奖1个、中国专利优秀奖1个、省部级科学技术一等奖6个和二等奖1个。

(浙江工业大学)

## 先进模范人物

**郭明明** 男,1962年2月出生,中共党员,浙江东南网架集团有限公司董事长。2017年全国五一劳动奖章获得者。

郭明明于1986年11月开始创业。30年来,把杭州东南网架厂整合为浙江东南网架集团。企业发展成为以钢结构网架为主业,金属薄板、医疗、房地产、石化等多元产业发展的上市集团,入选中国制造业企业500强、中国民营企业500强、中国建筑业企业500强。集团在创始人郭明明的主持下,始终坚持"精品立企、高端制胜"的发展战略,把技术的原始创新、集成创新与引进消化吸收再创新结合起来,紧跟行业发展趋势和国际前沿技术,先后成立甲级设计院、国家级企业技术中心、国家级博士后科研工作站等创新平台,走"产学研"相结合的道路。企业在扩大国内市场的同时,带动上游、下游企业走出国门。参与建造500米口径的射电望远镜、多面体钢架结构的"水立方"国家游泳馆等项目。

**方榴仙** 女,1971年4月出生,中共党员,金富春集团有限公司丝绸科技准备车间主任。2017年全国五一劳动奖章获得者。

方榴仙从一个挡车工做起,先后掌握车间各道工序的技术要领,对车间各种设备在短期内就可以熟练使用,每年在员工操作比赛中均名列前茅。担任车间主任以来,她一方面积极履行车间主任职责,另一方面带领车间工人探索新工艺,车间参加过多个行业标准的参数验证,多项质量控制课题获省丝绸行业和全国纺织行业质量控制成果奖。方榴仙带领工人在全厂质量竞赛中屡获佳绩,车间被评为年度先进集体。她坚持理论联系实际,注重在学中思考,不计较个人得失,与同事平等相处。

**徐俊昌** 男,1975年2月出生,中共党员,杭州市拱墅环卫汽车场修理厂电焊工。2017年全国五一劳动奖章获得者。

徐俊昌在夏季50℃~60℃的箱内温度下,和同事们拿着焊枪、榔头、钻进垃圾集装箱内作业。有时候遗留在箱内的垃圾经过高温发酵恶臭难闻,他带头一干就是5、6个小时。在2003年"非典"时期,徐俊昌冒着被感染的危险,坚持战斗在一线;在防汛抗台中,他24小时待命;在G20杭州峰会保障工作中,他主动报名参加G20党(团)突击队(应急分队),加班加点。

**许国华** 男,1977年1月出生,中共党员,杭州余杭瑞顺客运有限公司出租汽车驾驶员。2017年全国五一劳动奖章获得者。

许国华是余杭区"四星"出租车司机,从业11年,把开出租车当作自己的事业,得到乘客信赖。他车上有一块提示牌"本车覆盖Wi-Fi,免费提供上网、晕车药、车载充电器"。乘客下车时,他总是提醒乘客"东西别忘"。他坚持做好事。临平东湖街道的一位老人患尿毒症,每次到医院做完血透后,身体虚弱没有体力长时间等车,而当时正逢出租车交接班和晚高峰时间段,很难打到车,家人为此很烦恼。许国华得知后,和几位出租车司机一起组成了一支爱心小分队,轮流送老人回家。 (市总工会)

**巩 颖** 女,1983年11月出生,中共党员,共青团杭州西湖风景名胜区(市园文局、市运保委)团工委副书记,妇工委副主任,被评为2017年度"全国优秀共青团干部"。

巩颖在共青团工作岗位上工作5年多,围绕群团改革"去四化增三性"工作目标和共青团"凝聚青年、服务大局、当好桥梁、从严治团"四维工作新格局,加强政治理论学习,提高党性修养。她立足岗位实际,做好传承与创新,打造团建新品牌,注重全媒体宣传,引导好青年。带头开展工作调研,深入基层直接联系青年,查找工作短板,帮助青年解决实际问题,抓好队伍建设,从严治团管团。

**杨宇珂**　男,1992年8月出生,浙江工商大学金融学硕士,杭州创族科技有限公司总经理,兼任共青团杭州市拱墅区区委常委,被评为2017年度“全国优秀共青团员”。

杨宇珂从事科技教育工作,带领技术团队历时2年多自主研发一款物联网主板。该主板以人工智能的算法和边缘计算为基础,可以让普通人基于这款主板,无须编程基础就能制作各种各样的原型机。他和技术团队设计一套专业的科技教育课程专门匹配该产品。主板以及创新课程在10多所高校和近100所中小学进行应用。杨宇珂在拱墅区建立一个面向公众开放的公益性科技实验室,并在杭州10多个社区开展“科技进社区”公益活动。　(团市委)

## 全国道德模范

**姚玉峰**　男,1962年5月出生,浙江大学医学院附属邵逸夫医院眼科主任,教授、主任医师、博士生导师。2017年11月,被评为第六届全国道德模范(敬业奉献类)。

姚玉峰1984年毕业于浙江医科大学。1992—1997年,留学日本大阪大学医学部,从事角膜病的基础和临床研究,获医学博士学位。20多年来,他致力于眼科角膜移植的研究与创新,独创角膜移植术,成功解决排斥反应的难题,被国际眼科界命名为“姚氏法角膜移植术”。姚玉峰先后诊治过30万例各类眼科病人,其中经手术后重见光明近3万人。他参加过3本卫生部规范化教材的编写,发表论文40多篇,获第一届世界华人眼科大会优秀论文奖第一名。姚玉峰是浙江省有突出贡献的中青年专家,浙江省重点学科带头人。他开展角膜移植技术培训与推广,培训5000多人次的角膜病专业人才,带出博士研究生17名、硕士研究生28名。

**韩　凯**　男,1956年2月出生,杭州市“微笑行动”慈善医院医生。2017年11月,被评为第六届全国道德模范(助人为乐类)。

韩凯是中国“微笑行动”发起人,浙江全面小康十大贡献人物。他从事唇腭裂慈善事业30年,成立“零收费”的慈善医院——杭州“微笑行动”慈善医院,并发起成立“微笑行动”专项基金。他带领团队在全国各地开展大型慈善活动100多次,为3万多名贫困的唇腭裂患儿提供免费的医疗救治,治愈5000多名患儿。中国“微笑行动”不断发展壮大,全国有200多所唇腭裂慈善医院,遍布23个省(自治区)的65个县(市、区),有168支志愿医疗团队、2万多名社会及专业志愿者。韩凯曾获“最美杭州人”称号,并入选“中国好人榜”。

(市文明办)

## 首届“杭州工匠”

**王建明**　男,1986年9月出生,杭州玄机科技信息技术有限公司技师。他从事动漫制作近10年,2015年全国职业技能大赛中获动画绘制员冠军,被中华全国总工会授予全国技术能手和全国五一劳动奖章。他参与制作的“秦时明月系列”“天行九歌系列”等动漫作品获中国国际动漫节比赛大奖。

**王政宏**　男,1962年2月出生,杭州饮食服务集团有限公司高级技师。他从事中式烹调职业36年,G20杭州峰会宴会策划团队重要成员之一,参与完成G20杭州峰会工作午宴和领导人夫人午宴两项任务。曾获中国商业联合会、中国烹饪协会授予的中国烹饪名师称号,被中国饭店协会授予中国烹饪大师称号。

**叶建明**　男,1960年4月出生,杭州天缘布艺有限公司创始人,他从事丝绸加工近40年,是“丝绸画缋”工艺的第四代传承人,作品获省、市工艺美术精品博览会金奖、银奖。2016年,他创作的作品入围G20杭州峰会国礼遴选100强。“丝绸画缋”手包作为国礼赠送东盟各国领导人。

**叶建英**　女,1965年8月出生,杭州威芸实业有限公司技师,从事中国文化服饰设计及制作工艺30多年。她参与2014年中国APEC峰会的领导人服装设计,参与G20杭州峰会欢迎晚宴礼仪服饰设计及生产。曾获中国服装设计协会授予的中国十佳时装设计师、杭州市丝绸与女装产业发展领导小组授予的杭州市十佳服装设计师等称号。

**叶金龙**　男,1964年3月出生,浙江万马股份有限公司高级技师,从事电线电缆检验30多年。他通过研究创新,解决生产和检测过程中交联电缆湿度大无法准确测量电缆的放电量、交联电缆两端故障定位、导体在线检测等难题。以个人名字命名先进操作法1项,获国家发明专利3件,获国家实用专利15件,参与起草国家标准1项。2014年,叶金龙创建国家级技能大师工作室。

**冯耀忠**　男,1954年8月出生,杭州天石微雕艺术馆高级工艺美术师,钻研微雕艺术40多年,曾117次应邀创作国礼,有10项吉尼斯世界之最纪录。他的“蒙眼微雕”技艺被杭州市总工会评为杭州市职工“绝技绝活”。冯耀忠被浙江省职工技术协会授予十大能工巧匠称号。

**吉正龙**　男,1964年8月出生,杭州市拱墅区英美职业培训学校高级技师,从事美发行业36年,被聘为第41届、42届、43届世界技能大赛中国队专家组组长,指导的选手聂风在第43届世界技能大赛中获美发项目金牌。吉正龙领衔的工作室被评为国家级技能大师工作室,曾获国内贸易部授予的中国美发大师荣誉称号。

**朱晓丽**　女,1986年8月出生,杭州你我茶业有限公司高级技师,从事茶艺职业近10年,多次代表杭州参加外事交流任务,沏泡演示的《西湖茶礼》被列为向中外友人展现杭州茶文化的特选茶艺。2013年,获全国茶艺师职业技能竞赛第一名。曾获全国技术能手、全国商贸流通服务业劳动模范等称号。

**朱炳新**　男,1957年1月出生,杭州金星铜世界装饰材料有限公司董事长。他从事铜装饰艺术40多年，是第一批浙江省非物质文化遗产项目“杭州铜雕工艺”的代表性传承人，主持完成北京人民大会堂香港厅大门、首都博物馆新馆的青铜幕墙等作品。被杭州市人民政府授予杭州市工艺美术大师称号。

**孙亚青** 女，1959年7月出生，杭州王星记扇业有限公司高级工艺美术师。她钻研制扇技艺40多年，是国家非物质文化遗产项目“王星记扇”的代表性传承人、浙江省孙亚青制扇技能大师工作室领衔人。被浙江省政府授予浙江省工艺美术大师称号。

**杨金龙** 男，1994年10月出生，杭州技师学院特级技师，从事汽车喷漆。2015年，在巴西圣保罗第43届世界技能大赛中获汽车喷漆项目金牌。被人力资源和社会保障部授予“全国技术能手”称号，被交通运输部和全国总工会授予“爱岗敬业汽修工楷模”称号，被省总工会授予省五一劳动奖章，被杭州市委、市政府授予杭州市第四届杰出人才称号。

**吴玉泉** 男，1955年9月出生，杭州富春江水电设备有限公司技师，从事水轮发电机改造近40年。2011年，获评浙江省首席技师；2013年，被浙江省政府授予浙江省钱江技能大奖；2013年，被浙江省总工会授予浙江省五一劳动奖章。2015年，获水利部大禹水利科技二等奖，获发明专利5件。

**吴国林** 男，1959年8月出生，杭州汽轮机股份有限公司高级技师，从事汽轮机装配工作40多年，全国劳动模范，国家级技能大师工作室领衔人。2013年，被评为浙江省首席技师；2014年，被人力资源和社会保障部授予“全国技术能手”称号。吴国林掌握公司三系列汽轮机装配及试车的核心技术，所创造的“快装台位发”被杭州市总工会评为杭州市职工“绝技绝活”。

**吴国英** 女，1963年8月出生，老合兴洋服(杭州)有限公司高级技师。她从事服装设计30多年，收集整合浙江红帮技艺，研究立体式样、立体工艺的推、归、拔等多项技艺，获国家创造发明专利15件。曾获2006年英国萨维尔街手工定制工艺优秀裁缝称号。

**邱　云** 男，1981年11月出生，杭州华旺事业集团有限公司钳工、焊工技师。他从事焊工和钳工工作近20年，对生产设备进行近100次技改，获国家专利6件。2012年，被浙江省总工会授予浙江省第五届杰出职工金锤奖，是浙江省技能大师工作室领衔人。曾被评为浙江省劳动模范。

**张　炜** 男，1970年9月出生，杭州水印天公共造型艺术有限公司高级工艺美术师，从事岩彩殿堂壁画研究创作近20年，是杭州市非物质文化遗产项目“殿堂壁画”的代表性传承人。作品《庄子秋水》获首届世界手工艺大会艾琳奖银奖。被浙江省政府授予浙江省工艺美术大师称号。

**张振羽** 男，1973年6月出生，杭州西湖风景名胜区灵隐管理处(杭州花圃)技师，从事园林绿化专业24年，荷花栽培和插花工艺多次获国家、省、市级花展花事奖项。在G20杭州峰会期间，他参与荷花花期控制、夫人宴会主餐桌插花等工作。曾获杭州市人民政府授予的杭州市首席技师等称号。

**陈　标** 男，1965年7月出生，杭州张小泉集团有限公司，从事手工锻打30年，掌握剪刀锻制、磨削、抛磨、装配等国家级非物质文化遗产项目“张小泉剪刀锻制技术七十二道工序”。参与并主持新产品的研制和开发，深刻领会张小泉企业的传统文化和非物质文化遗产技艺的文化底蕴，是杭州市非物质文化遗产代表性传承人。

**陈　巍** 男，1967年12月出生，浙江中浙汽车股份有限公司高级技师，从事汽车机电维修30多年。2012年，被浙江省总工会评为“浙江省职业技能带头人”；2013年，获浙江省企业岗位大练兵技能比武——汽车修理工大赛第一名；2013年，被评为浙江省首席技师；2014年，被浙江省总工会授予浙江省五一劳动奖章。

**邵城鑫** 男，1963年4月出生，临安市邵城鑫石雕艺术馆工艺美术师。他从事石雕行业30多年，是浙江省非物质文化遗产项目“鸡血石雕”的代表性传承人，多项作品被《中国国家级工艺美术精品集》《中国玉雕、石雕作品天工奖》等刊物刊载。被浙江省政府授予浙江省工艺美术大师称号。

**周　扬** 男，1973年12月出生，杭州市弥和园文化艺术有限公司高级工艺美术师，中国木雕博物馆国家级木雕艺术研究员。他从事木雕工作近30年，作品《不老人生》获全国乡村青年民间工艺品制作大赛金奖。被杭州市人民政府授予杭州市工艺美术大师称号。

**赵建忠** 男，1954年7月出生，中艺花边集团高级工艺美术师。他从事萧山花边的设计、创作工作近40年，主持制定全国抽纱行业质量标准，该标准成为抽纱花边产品的唯一质量标准。在传承、保护、发展传统抽纱花边产品和技艺上做出较大贡献。被工业和信息化部、文化部、人力资源和社会保障部联合授予中国工艺美术大师称号。

**郦越宁** 男，1960年3月出生，杭州民生陶瓷有限公司高级工艺美术师。他从事陶瓷工作30多年，是浙江省非物质文化遗产项目“越窑青瓷”的代表性传承人，其作品多次在国内展览中获奖。被全国总工会授予全国五一劳动奖章，被浙江省政府授予浙江省工艺美术大师称号。

**钱建华** 男，1963年4月出生，浙江致中和实业有限公司高级经济师。他从事严东关五加皮酒的酿造和科技攻关近40年，是杭州市非物质文化遗产项目“严东关五加皮酿酒技艺”的代表性传承人，对五加皮酒生产工艺进行多次开发和改良，其主导的《一种延长五加皮酒褪色的方法和护色剂》等6件成果获国家发明专利。曾获杭州市劳动模范等荣誉。

**高　号** 男，1979年2月出生，杭州市金泉足浴店技师，从事修脚保健职业近20年，拜修脚大师包林娣为师学习持脚法、持刀法。曾获杭州市首届修脚师技能大赛第一名，全国首届修脚师技能大赛二等奖。被浙江省文明办等单位评为“最美浙江人”，被人力资源和社会保障部授予全国技术能手称号。

**黄永财** 男，1963年9月出生，杭州博大雕塑艺术有限公司。他从事雕塑工作30多年，创造很多优秀作品，是五四宪法历史资料陈列馆毛泽东像、浙江省人民大会堂历史长卷大型花岗岩浮雕等作品的主要完成者。

**葛小青** 男，1975年9月出生，杭州锅炉集团股份有限公司高级技师，从事锅炉压力容器焊接制造工作20多年，解决核电产品关键部件的焊接技术难题。2007年，被浙江省总工会授予浙江省十佳能工巧匠；2011年，获浙江省杰出职工金锤奖；2015年，获浙江省首席技师称号。获浙江省焊工技能大赛青工组第二名。

**董关松** 男，1965年10月出生，杭州汤养元中医门诊部技师。他从事中药行业30多年，是浙江省非物质文化遗产“张同泰道地药材”的代表性传承人，多次在省、市两级中药操作比武中获第一名、第二名。被省人力资源和社会保障厅授予浙江省技术能手称号，被市人力社保局和市总工会授予杭州市首席技师称号。

**嵇锡贵** 女，1941年11月出生，杭州西湖区贵山窑陶瓷艺术研究室高级工艺美术师。国家级非物质文化遗产项目“越窑青瓷烧制技艺”的代表性传承人，曾参与中南海用瓷的设计制作。在G20杭州峰会期间，担任国宴瓷《西湖宴》《国色天香》《繁华盛世》花面总设计。被中国轻工业联合会授予中国工艺美术大师称号。

**樊生华** 男，1961年8月出生，西湖区留下供销社高级技师。他从事西湖龙井茶炒制技术工作40年，国家级非物质文化遗产项目“西湖龙井采摘和制作技艺”的传承人，第三批浙江省非物质文化遗产代表性传承人。2004年，获“龙坞”杯西湖龙井茶炒茶茶王争霸赛第一名。2010年，获中国茶叶博物馆西湖龙井马拉松式比赛第一名。 （市总工会）

## 逝世人物

**朱昌森**(1926—2017) 男，中国共产党党员，市检察院原党组书记、检察长，因病医治无效，于2017年6月18日在杭州逝世，享年92岁。

朱昌森，山东高苑人，1926年5月出生，1945年8月参加革命，1946年10月加入中国共产党。曾在山东高苑县委训练班、桓台县第一区区委、桓台县委、华东教导总队、华东高级军官训练团、七兵团敌工部担任学员、青年主任、青年干事、管理员、副股长、股长。1949年8月分配到杭州市公安局工作，历任股长、指导员、副主任、副科长、科长、副处长、处长等职，1962年12月任拱墅区公安分局副局长、局长，1977年6月任杭州市公安局党委副书记、副局长，1983年10月任市检察院党组书记、检察长，1987年5月提拔为副市长级。1987年12月离职休养。

**缪开寿**(1933—2017) 男，中国共产党党员，政协第六届杭州市委员会副主席，因病医治无效，于2017年8月3日在杭州逝世，享年84岁。

缪开寿，浙江临安人，1933年10月出生，1950年7月参加土地改革工作，1954年3月加入中国共产党。曾任浙江省於潜县土改工作队员、县文化馆馆长，潜川区副区长、区长，天目区委副书记，於潜县委文教部副部长、凌口乡总支书记，於潜县委宣传部副部长、潜川公社党委书记。1965年4月起任浙江省临安县委宣传部副部长、副县长、县委常委、革委会副主任、副书记、县长等职。1983年12月任浙江省建德县委副书记、县长、县委书记。1988年1月起先后任浙江省政协副秘书长，杭州市半山区委书记、拱墅区委书记，1992年5月当选为第六届杭州市政协副主席。1997年10月退休。

**肖　冰**(1924—2017) 女，中国共产党党员，政协第四届、第五届杭州市委员会副主席(享受副省长级医疗待遇)，因病医治无效，于2017年9月13日在杭州逝世，享年93岁。

肖冰，曾用名贺滨珠、肖兵，江苏常州人，1924年7月出生，1938年9月参加革命工作，1942年12月加入中国共产党。曾任苏北根据地盐阜区青年干校学员，浙东根据地浙东报社校对、助理编辑，华东野战军第一纵队政治部前锋报社编辑、记者、干部先遣队队员，中共浙江省委政策研究室、省委农工部、省委秘书处干事、秘书，省级机关幼儿园托儿部主任，杭州五丰绸厂、杭州绸厂副厂长、党支部书记，杭州市工业局党组成员、计划科长，杭州日报社副总编辑、总编辑、党组书记，杭州市丝绸工业局副书记、常务副局长，杭州市委宣传口负责人，杭州市文教卫办公室党组成员、副主任，杭州市委教育卫生部部长，杭州市教育卫生办公室党组书记、主任，杭州市第四届、第五届政协副主席、党组成员等职。1994年7月离职休养。

**陈亦斌**(1932—2017) 女，中国致公党党员，杭州市第六届、第七届、第八届人大常委会副主任，因病医治无效，于2017年12月8日在杭州逝世，享年86岁。

陈亦斌，广东梅县人，1932年7月出生，1956年9月参加工作，1982年7月加入中国致公党。1956年9月北京医学院毕业分配到大连医学院神经科工作。历任北京协和医院神经科住院医生、医生。杭州印刷厂医务室医生。杭州红十字会医院医生、主治医师、副主任医师。1980年加入浙江省中华医学会，1992年12月晋升为主任医师职称。1981年12月当选为杭州市第六届人大常委会委员，1985年5月当选为杭州市第六届人大常委会副主任，后历任杭州市第七届、第八届人大常委会副主任。1987年1月当选中国致公党第八届中央委员会委员，1990年4月当选为致公党杭州市第一届委员会主委。1997年6月退休。 （市委老干部局）

责任编辑 秦文蔚

## 重要文献

### 高举习近平新时代中国特色社会主义思想伟大旗帜 当好新时代干在实处走在前列勇立潮头的排头兵
### ——在市委十二届三次全体(扩大)会议上的报告

(2018年1月3日)

中共浙江省委常委、杭州市委书记 赵一德

这次全会的主要任务:深入学习贯彻党的十九大和中央经济工作会议精神,贯彻省第十四次党代会及二次全会、省委经济工作会议和市第十二次党代会精神,审议市委《关于高举习近平新时代中国特色社会主义思想伟大旗帜加快建设独特韵味别样精彩世界名城的意见》,总结2017年工作,部署2018年重点任务。

下面,我代表市委常委会向全会报告工作。

**一、深入学习贯彻党的十九大精神,当好新时代走在前列的排头兵**

党的十九大是一次具有划时代、里程碑式意义的盛会,学习贯彻十九大精神是当前和今后一个时期的首要政治任务,也是一项长期的战略任务。省委明确提出,浙江作为习近平新时代中国特色社会主义思想的重要萌发地,必须当好学习宣传贯彻十九大精神的排头兵。杭州作为省会城市、G20杭州峰会举办城市,必须在学懂弄通做实上扛起省会担当,当好新时代干在实处走在前列勇立潮头的排头兵。

当好排头兵,必须始终高举习近平新时代中国特色社会主义思想伟大旗帜。习近平新时代中国特色社会主义思想是具有原创性、时代性的21世纪中国的马克思主义,是党必须长期坚持的指导思想。我们必须旗帜鲜明讲政治,牢固树立"四个意识",坚定"四个自信",执行党的政治路线,严格遵守政治纪律和政治规矩,时时处处忠诚核心、维护核心、看齐核心,在政治立场、政治方向、政治原则、政治道路上同以习近平同志为核心的党中央保持高度一致。必须坚持领导干部带头,推动全市党员干部带着感情自觉学、带着责任经常学、带着思考反复学,准确把握这一思想的重大政治意义、理论意义和实践意义,深刻领会贯穿其中的坚定信仰信念、鲜明人民立场、强烈历史担当、求真务实作风、勇于创新精神和科学方法论,真正做到学思践悟、入脑入心、真信笃行,把学习贯彻新思想转化为推动杭州改革发展和现代化建设的强大动力。

当好排头兵,必须更加坚定加快城市国际化、建设世界名城的奋斗目标。市第十二次党代会提出建设独特韵味别样精彩世界名城的奋斗目标,与十九大和省委十四届二次全会作出的战略安排完全契合,是中华民族伟大复兴中国梦的杭州篇章,是全省"两个高水平"建设的杭州答卷。建设世界名城,遵循了习近平总书记对杭州"四个一流"的殷切期望,凝结了杭州践行"八八战略"的目标指向,承载着一代又一代杭州人的梦想和使命。G20杭州峰会以来,杭州在全省的龙头地位日益巩固,在全国的战略地

2018年1月3日,中共杭州市委十二届三次全体(扩大)会议召开

(张之冰 摄)

位日益提升,在全球的知名度和影响力不断提高,既面临新一轮科技革命和产业变革、"一带一路"和长江经济带建设、我省推进大湾区大通道大花园大都市区建设的重大机遇,也有着"后峰会、前亚运"的独特机遇。可以说,近代以来的杭州,从来没有像今天这样,有机会、有条件、有能力在全球城市网络中脱颖而出。我们必须保持定力、接续奋斗,落实"三步走"部署,朝着建设世界名城目标阔步迈进。

当好排头兵,必须在推动高质量发展上走在前列。十九大作出了我国经济已由高速增长阶段转向高质量发展阶段的重大判断,中央经济工作会议把这一重大判断进一步明确为我国经济发展的基本特征,进而作出了推动高质量发展的重大部署。习近平总书记指出,高质量发展,就是能够很好满足人民日益增长的美好生活需要的发展,是体现新发展理念的发展,是创新成为第一动力、协调成为内生特点、绿色成为普遍形态、开放成为必由之路、共享成为根本目的的发展。经过改革开放近40年的奋斗,杭州经济发展水平走在了全国前列,已转入高质量发展的关键阶段。高质量发展,高质量建设世界名城,决不是敲锣打鼓、轻轻松松就能实现的,必须跨越非常规的我国经济发展现阶段特有的关口、跨越常规性的长期性的关口。我们要深刻认识杭州发展所处的历史方位,深入学习贯彻习近平新时代中国特色社会主义经济思想,把理念转换作为前提和基础,把动力转换作为根本路径、结构转换作为主攻方向、效率转换作为关键所在、环境转换作为重要保障,既要说干就干、雷厉风行,更要强化定力、久久为功,率先从"有没有"转向"好不好",努力成为高质量发展的排头兵。

当好排头兵,必须着力解决人民日益增长的美好生活需要和不平衡不充分的发展之间的矛盾。发展的最终目的,是造福人民;造福人民,是我们一切工作的出发点和落脚点。不平衡不充分的发展,已经成为满足人民日益增长的美好生活需要的主要制约因素。就杭州看,不平衡不充分的发展主要表现为"六个有待":**经济发展质效有待进一步提升**,新旧动能转换仍需付出艰苦努力,创新能力不够强,产业集聚度不够高,传统制造业改造提升任务较重,高等教育和高端人才不足的短板亟待补齐;**城市规划建设管理水平有待进一步提升**,城市规划前瞻性、严肃性不够,城市框架拉开不够,城市建设精致性和管理精细化不够,交通和环境基础设施建设相对滞后;**城乡区域发展协调性有待进一步提升**,东强西弱问题还没有根本解决,区县(市)和开发区发展分化趋势明显,农村基础设施和公共服务供给相对不足;**社会治理现代化水平有待进一步提升**,新型智慧城市建设步伐还不够快,城市应急管理体系还有待完善,市民文明素质还不够高、公共安全意识还不够强,城市安全运行的风险点还有不少;**生态文明水平有待进一步提升**,生产生活方式和消费模式的根本性转变仍然需要一个较长过程,环境质量持续向好的基础尚不稳固,污染防治和生态建设任重道远;**民生保障质量有待进一步提升**,民生工作还有不少不如人意的地方,群众在教育、就业、收入、社保、医疗、养老、居住等方面有更多期待,农民持续增收压力增大,实现基本公共服务均等化和品质化需要付出更大努力,等等。我们必须坚守以人民为中心这一根本思想,把握"人民的美好生活"这个首要目标,以造福人民为最大政绩,想群众之所想,急群众之所急,奔着问题去努力,摸实情、出实招、求实效,更好满足全市人民日益增长的美好生活需要,更好推动人的全面发展、社会全面进步,让人民生活更加幸福美满。

当好排头兵,必须推动全面从严治党向纵深发展。党政军民学,东西南北中,党是领导一切的。做好杭州工作,关键在党,党要管党。十九大对推动全面从严治党向纵深发展作出新部署,强调坚持用党的政治建设统领,思想建党和制度建党同向发力,统筹推进党的各项建设。习近平总书记强调:"全面从严治党永远在路上。在这个问题上,我们不能有差不多了,该松口气、歇歇脚的想法,不能有打一仗就一劳永逸的想法,不能有初见成效、见好就收的想法"。十九届中央政治局第一次会议审议通过《中共中央政治局关于加强和维护党中央集中统一领导的若干规定》和《中共中央政治局贯彻落实中央八项规定的实施细则》,就加强党的政治建设和作风建设作出重大制度安排。2017年12月1日,习近平总书记又作出重要批示,强调纠正"四风"不能止步,作风建设永远在路上。我们必须把管党治党的螺丝拧得更紧,把全面从严治党的思路举措做得更加科学、更加严密、更加有效,努力在营造风清气正的政治生态上走在前列,为当好排头兵提供坚强政治保证。

提交全会审议的市委《意见》,全面贯彻党的十九大、省党代会和省委十四届二次全会精神,围绕全面建成小康社会和全面建成社会主义现代化强国目标、我省"两个高水平"建设目标,进一步明确了我市加快城市国际化、建设世界名城的战略安排,明确提出要当好新时代干在实处走在前列勇立潮头的排头兵,为服务全国全省大局贡献杭州力量。《意见》既坚持"一张蓝图干到底",对市党代会明确的各项目标任务作了进一步深化细化;又结合新形势新要求,提出了不少新部署新举措。《意见》是管总、管长远的,是指引杭州今后一个时期发展的纲领性文件,希望大家认真负责地审议好,群策群力把文件完善好,真抓实干把任务落实好。

**二、总结过去一年工作,增强新时代走在前列的信心和决心**

市第十二次党代会和市委十二届一次全会召开以来,新一届市委常委会坚持以习近平新时代中国特色社会主义思想为指导,始终牢记习近平总书记"秉持浙江精神,干在实处、走在前列、勇立潮头"要求,持续深化"八八战略"实践,坚持实干至上、行动至上,狠抓工作落实,推动全市各项事业取得了新成绩。市委常委会始终坚持讲政治、顾大局,强统筹、抓重点,严作风、求实效,集中精力抓了十件事关全局的大事。

我们紧扣迎接十九大、学习宣传贯彻十九大精神主线,展现争当排头兵的一流状态。十九大召开之前,把学习贯彻习近平总书记系列重要讲话精神和治国理政新理念新思想新战略特别是"7·26"重要讲话精神作为重大政治任务,推动全市各级党组织抓好学习宣传贯彻,引导广大党员干部以良好精神状态和优异工作成绩迎接十九大胜利召开,营造了良好的政治氛围、发展氛围、改革创新氛围、舆论氛围、社会氛围、实干氛围。十九大胜利闭幕后,把学习宣传贯彻十九大精神作为首要政治任务,按照学懂弄通做实的要求，及时召开市委常委会和全市领导干部大会传达学习，组建市委宣讲团，市领导带头赴高校、党校、镇村等单位宣讲，开展多层多样的学习宣传活动，把十九大和习近平总书记南湖重要讲话精神传达到每一个党支部、每一名党员，推动全市党员干部不断增强“四个意识”、坚定“四个自信”，忠诚核心、维护核心、看齐核心，始终同以习近平同志为核心的党中央保持高度一致。

我们全面贯彻落实中央和省委部署，作出加快建设世界名城、推进拥江发展等重大决策。按照党的十八大以来中央系列重大决策部署，遵循习近平总书记对杭州工作的重要指示精神，市第十二次党代会明确了加快建设独特韵味别样精彩世界名城的奋斗目标，描绘了杭州未来发展的宏伟蓝图。我们对市党代会确定的103项重点任务逐一进行分解落实。召开市委十二届二次全会，学习贯彻省第十四次党代会和省委书记车俊同志调研杭州工作时的重要讲话精神，清醒分析杭州所处的历史阶段和存在的短板、问题，对以一流状态建设一流城市、在“两个高水平”建设中走在前列作出部署，并向全市党员干部提出“六问”，在全市上下引起强烈反响，得到了省委书记车俊同志的肯定。召开市委城市工作会议，对标世界滨水名城，作出实施拥江发展战略的重大决策，并制定《关于实施“拥江发展”战略的意见》及“四年行动计划”。

我们持续放大G20杭州峰会效应，推动城市国际化取得显著成效。杭州成为“一带一路”地方合作委员会牵头城市、全球百强国际会议目的地城市、全球旅游最佳实践样本城市，国际标准化组织会议基地、中国国际茶叶博览会、世界工业设计大会、世界旅游联盟总部永久落户，金砖国家5个部长级会议、城地组织世界理事会会议、亚洲/大洋洲政府间反兴奋剂部长级会议等国际性会议活动成功举办，西博会、休博会、文博会、云栖大会、动漫节、国际人才大会国际影响力不断扩大，全球首个电子世界贸易平台(eWTP)实验区启动建设，杭州萧山国际机场新增国际航点9个。G20杭州峰会史料展示工作有序推进，“最忆是杭州”文艺演出成为城市文化新名片。国博中心成为参观热点，会展合作项目已排至2022年。

我们坚定实施创新驱动发展战略，推动经济发展新旧动能加快转换。切实加强对经济工作的领导，每季召开经济形势分析会，持续深化“一号工程”，实施新一轮“人才新政”和“名校名院名所”建设工程，推动全市经济发展保持“增长中高速、质效中高端”良好态势，杭州国家自主创新示范区和跨境电商综试区建设稳步推进，杭州高新区(滨江)综合排名全国第三，城西科创大走廊、城东智造大走廊、钱塘江金融港湾等创新平台建设取得积极进展，阿里云“城市大脑”入选国家新一代人工智能开放创新平台，西湖高等研究院招生，北大信息技术高等研究院、北航杭州创新研究院、奥克兰大学中国创新研究院落地，之江实验室、浙大超重力离心模拟与实验装置、阿里达摩院设立，国际人才创业创新园挂牌，国家海外人才离岸创新创业基地建立，长三角军民融合产业园开园，国家级众创空间和孵化器数量居副省级城市首位，新入围省级特色小镇5个，新增上市企业28家。外国人签证、停居留等七项出入境便利政策获批，人才净流入率全国城市第一。

我们坚持以“最多跑一次”改革为龙头，推动重点领域改革取得突破。以“一窗受理、集成服务”为主抓手，统筹推进事项梳理公布、系统对接和数据归集共享、事中事后监管等工作，全市9593项事项实现“最多跑一次”，提前一个季度超额完成省定目标。不动产登记全流程“60分钟领证”跑出全国最快速度，投资项目审批周期再提速，个人办事全面实现“简化办、网上办、就近办”，“1+N”+X商事制度改革持续深化，桐庐“最多跑一次”改革试点稳步推进。召开4次深改领导小组会议，建立健全改革考核、督察评估等机制，基本完成29项年度重点改革任务，全面启动7项城市规划建设管理体制机制改革，杭州互联网法院挂牌运行，获批国家级临空经济示范区、全国首批城市设计试点和住房租赁改革试点，设立市轨道办、综合行政执法局、数据资源管理局、投资促进局，群团改革稳步推进，军民融合深度发展迈出新步伐。积极构建亲清新型政商关系，入选“中国民营企业500强”企业数连续15年蝉联全国城市第一。

我们全力打好“六场硬仗”，展现克难攻坚新气象。**环境整治方面**，“城中村”改造提升超额完成年度任务，小城镇环境综合整治大力推进；县控以上劣V类水质断面全部“摘帽”，市区空气质量优良天数同比增加11天、PM2.5年平均浓度下降8.6%；中央环保督察移交问题整改有力，成为副省级城市首个国家生态园林城市、全国美丽山水城市。**“五废共治”方面**，九峰环境能源、萧山临浦和钱江餐厨废弃物资源化利用项目建成，主城区和农村生活垃圾分类小区覆盖率分别达85%、80%。**交通治堵方面**，杭州铁路枢纽规划获批，地铁建设五年攻坚、快速路网建设四年攻坚全面启动，新增地铁运行里程35.8公里；智慧治堵试点全面铺开并取得阶段性成效，“城市数据大脑”交通V1.0平台上线运行，试点的中河—上塘高架路平均延误降低15.3%、出行节省时间4.6分钟。**招商引资方面**，体制调整迈出实质性步伐。**全国学生运动会服务保障**任务圆满完成，2022年亚运会、2018年世界游泳锦标赛(25米)和第五届世界游泳大会筹办工作有序推进。**平安创建方面**，“平安护航十九大”实现“六个坚决防止、三个确保”目标，十九大期间信访稳定工作实现“三个零”，全市社会大局和谐稳定。

我们全面深化法治杭州建设，推动城市治理能力明显提升。坚持总揽全局、协调各方，支持市人大、政府、政协和监察委、法院、检察院依法依章程履行职能，巩固发展爱国统一战线，四套班子和全市上下同心同德谋发展、合力合拍抓落实的局面更加巩固。出台《关于加强党领导立法工作的实施意见》，制定五年立法工作规划，开展市委有关人大工作文件落实情况专项督查，全面推开民生实事人大代表票决制，“五四宪法”历史资料陈列馆成为全国首个法治教育宣传基地。法治政府建设持续深入，杭州获评法治政府建设典范城市。发挥人民政协作为社会主义协商民主重要渠道和专门协商机构的作用，支持政协聚焦拥江发展、城市国际化等重大问题协商议政、民主监督。固化提升“六个实名制”“武林大妈”等有效做法，以“四问四权”为主要内容的民主促民生工作机制不断完善，基层社会治理体系“四个平台”基本建成。

我们着力保障和改善民生，蝉联中国最具幸福感城市称号。坚持以人民为中心的发展思想，尽力而为、量力而行,推进基本公共服务均等化和品质化,全力办好民生十件实事,人民群众获得感不断增强。基本养老、医疗保险基本实现全面覆盖。新名校集团化、医疗卫生“双下沉、两提升”、智慧医疗、养老服务业改革试点等工作取得新成效,优质医疗和教育资源加快向副城组团、县(市)延伸,9个区、县(市)成为省基本实现教育现代化县(市、区),既有住宅加装电梯取得实质性突破。临安撤市设区,萧山、余杭、富阳与主城区一体化发展取得阶段性成果,区县(市)协作、联乡结村等机制运行良好,城乡发展一体化水平不断提升。对口支援和东西部扶贫协作、山海协作成效显著。

我们把提升文化软实力摆上重要位置,实现全国文明城市“三连冠”。实施城市文化建设和市民文明素质提升“五大行动”,重大主题理论宣讲有声有色,“我们的价值观”主题实践活动深入开展,文化事业文化产业发展相得益彰,哲学社会科学建设不断加强,“最美杭州人”队伍继续壮大,良渚古城遗址申遗有序推进,大运河文化带(杭州段)、之江文化产业带加快建设,150家农村文化礼堂、50家社区文化家园新落成,公共文化服务“1+X”标准化建设走在前列,传统媒体与新兴媒体融合发展迈出重要步伐,“礼让斑马线”“春风行动”等彰显城市温度,全市人民团结奋斗的思想基础不断夯实、精神文化生活更加丰富。杭州获“联合国教科文组织学习型城市奖章”,中国作协网络文学研究院、中国网络作家村挂牌运作。

我们坚持全面从严始终从严,推动党的建设取得新成效。严格落实管党治党责任,制定《关于进一步落实全面从严治党主体责任的意见》,创新完善党建责任综合绩效工作模式,坚持从自身做起、从小事抓起,努力提高党建科学化水平。**把“百千万”蹲点调研活动**作为推进“两学一做”学习教育常态化制度化的重要载体,做到社情民意在一线了解、惠民实事在一线兴办、党的建设在一线加强。全市4.3万余名党员干部深入3089个村(社区),走访群众185.6万户次、企业近8万家,协调解决民生问题4.9万个。**把抓好换届**作为调动干部积极性主动性创造性的重要契机,坚持正确选人用人导向,配强班子、选优干部。**把“三提一争”和新录用公务员“三访”活动**作为增强干部本领的重要抓手,在提升干部国际视野、专业素养和克难攻坚能力等方面取得了新成效。**把整体提升、注重实效**作为基层党建的重点任务,“区域统领、行业引领、两新融合、街社兜底”的城市基层党建工作走在全国前列,农村基层党建“整乡推进、整县提升”工作不断深化,村和社区组织换届顺利完成。**把巩固发展压倒性态势**作为正风反腐的重要目标,坚持越往后执纪越严。在全省率先完成监察体制改革试点,顺利实施全国首例监察留置措施,追逃工作取得突破性进展。

这些工作的开展和成绩的取得,是以习近平同志为核心的党中央坚强领导的结果,是省委正确领导的结果,是广大党员、干部真抓实干和全市人民共同奋斗的结果。市委全体委员对我们的工作给予了真诚帮助和大力支持。在此,我代表市委常委会,向各位委员,向全市广大党员和干部群众表示衷心的感谢!

**三、全力做好今年工作,为新时代走在前列开好局**

2018年是贯彻十九大精神的开局之年,是改革开放40周年,也是贯彻市第十二次党代会精神、决胜高水平全面建成小康社会、实施“十三五”规划承上启下的关键一年。我们要高举习近平新时代中国特色社会主义思想伟大旗帜,深入学习贯彻党的十九大和中央经济工作会议精神,认真贯彻落实省党代会和省委十四届二次全会部署,坚持稳中求进工作总基调,坚持新发展理念,坚持高质量发展根本要求,聚焦社会主要矛盾变化抓重点、补短板、强弱项,坚定不移推进城市国际化、坚定不移推进拥江发展、坚定不移推进创新驱动发展、坚定不移推进城市治理体系和治理能力现代化、坚定不移全面深化改革、坚定不移全面从严治党,以一流状态建设一流城市,不断厚植创新活力之城、历史文化名城、生态文明之都、东方品质之城特色优势,继续朝着建设独特韵味别样精彩世界名城目标迈进,在全省“两个高水平”建设中更好发挥龙头领跑示范带动作用。

建议今年我市经济社会发展的主要预期目标为:全市生产总值增长7.5%左右,城乡居民人均收入与经济增长基本同步,城镇新增就业人数和节能减排指标完成上级下达任务,研究与试验发展(R&D)经费支出相当于地区生产总值之比达到3.3%左右,投资结构优化、效益提高,城乡居民收入比缩小,主要环境指标优化。重点要实现“六个新突破”:

**(一)以服务“一带一路”建设为统领,在加快城市国际化上实现新突破。**树立宽广的国际视野,用好“后峰会、前亚运”重大机遇,发挥“一带一路”地方合作委员会牵头城市作用,制定实施大湾区大花园大通道建设行动方案,着力提升城市国际化水平。

**1.深化跨境电商综试区建设,拓展对外开放新优势。**更加主动对接“一带一路”建设,制定打造“网上丝绸之路”战略枢纽实施方案,加快跨境电商综试区与eWTP杭州实验区建设有机融合、一体发展,构建全球最优跨境电商生态圈,打造跨境电商综试区升级版。支持eWTP倡议机制落地,先行先试探索贸易争端解决机制,主动作为参与世界电子贸易标准规则制定,大力培育贸易新业态新模式。以G20和“一带一路”沿线国家、地区为重点,统筹抓好外贸、外资、外经和服务外包工作。坚持巩固传统市场与拓展新兴市场并举,深化“互联网+贸易+制造”模式,促进外贸稳定增长、向优进优出转变。深化“海外杭州”建设,加大“走出去”力度,鼓励企业开展海外并购,推进创新链产业链价值链全球化布局。

**2.发挥2022年亚运会牵引作用,加快城市重大基础设施建设。**坚持“绿色、智能、节俭、文明”办会理念,实施“亚运前”行动方案,高标准建设亚运会第一批33个场馆设施项目,确保5个新建场馆和亚运村6月底前全面开工。统筹做好亚运市场开发、亚运宣传等工作,高水平办好世界游泳锦标赛(25米)和第五届世界游泳大会。加快萧山机场三期、铁路西站枢纽、绕城西复线、运河二通道等重大项目建设,加快地铁二、三期9条线路和杭富、杭临2条城际铁路建设,加快彩虹大道延伸段等35个公路和城市快速路网项目建设,推进现代综合交通运输体系建设,争创交通强国建设示范城市。加大接轨上海力度,全面融入长江经济带和长三角城市群发展,深化杭州都市区建设，争创国家中心城市。

**3.推进会展和旅游国际化，提升城市特色竞争力。**围绕打造国际会议目的地城市，深化会展业管理体制改革，突出国际化、专业化、市场化、品牌化导向，提升动漫节、云栖大会、国际人才大会、世界工业设计大会等本土会展品牌的国际影响力，积极引进高端国际会议、展览和国际组织，加快西博会转型。围绕建设国际重要旅游休闲中心，推进旅游目的地功能、管理和环境国际化，推动观光游览、休闲度假、文化体验、商务会展"四位一体"深度融合，发挥世界旅游联盟总部作用，打响全球旅游最佳实践样本城市品牌，打造中国旅游国际化示范城市，争创国家全域旅游示范区。围绕建设国际消费中心城市，积极发展"新零售"，培育壮大服务、信息、绿色、时尚和农村消费等新增长点，推进放心消费，促进消费升级。完善国际化标志标识，加快推进国际学校、国际医院、国际社区建设，积极发展与国际接轨的中介服务体系，增强满足国际人士需求的公共服务功能，构建高品质国际化的服务环境。

**（二）以钱塘江综合保护与利用为重点，在推进拥江发展上实现新突破。**今年是拥江发展实质性推进的第一年。要按照《关于实施"拥江发展"战略的意见》和"四年行动计划"，坚持"控、治、修、建、调、优"多管齐下，有序实施钱塘江综合保护与利用工程，为高水平打造自然生态带、魅力文化带、公共景观带、综合交通带、现代产业带、宜居城市带打实基础。

**1.坚持规划引领、项目带动。**把科学规划作为当务之急，做到谋定而后动，坚持全市"一盘棋"、市域"一张图"，坚持两规合一、多规融合，突出保护优先、文化支撑、法治保障，围绕形成"多中心、网络化、组团式、生态型"城市框架，高水平做好新一轮城市总体规划和土地利用总体规划编制工作，抓紧制定拥江发展战略规划，力争在市域空间格局优化、基础设施联通、产业结构布局、城市功能耦合、生产要素配置等方面取得突破。把重大项目作为主要抓手，科学谋划和实施一批生态保护、公共服务、交通以及产业项目，高标准推进钱江新城二期、钱江世纪城、奥体博览城、望江金融科技城、之江新城、钱塘智慧城、大江东新城核心区、下沙新城、富阳江南新城等重点区块开发，协调推进桐庐、建德、淳安高铁新区建设，精心打造一批示范工程。把完善体制机制作为根本保障，建立健全统一规划、统一重大基础设施建设、统一重大产业布局，分别筹资、分别建设、分别管理的体制机制，形成市"拥江发展"领导小组牵头抓总、钱塘江保护和发展委员会推动实施、区县（市）联动推进、部门协同配合的工作格局。

**2.突出生态为要、保护第一。**坚持人与自然和谐共生，坚持节约优先、保护优先、自然恢复为主的方针，深化可持续发展战略，严格落实生态保护红线、永久基本农田、城市开发边界三条控制线，实施优美环境行动方案，统筹山水林田湖草系统治理，不断开辟绿水青山就是金山银山新境界。**纵深推进"城中村"改造提升和小城镇环境综合整治。**"城中村"改造提升要以主城区为重点，在确保质量、稳控风险的基础上，实现从征迁为主向拆建并举转变，并做到拆迁安置优先、公共服务优先、产业发展优先，确保实现农村变社区、洼地变高地、农民变市民，改出生活新品质、城市新颜值、发展新空间目标。小城镇环境综合整治要突出以点带面、全域治理，确保105个以上小城镇通过整治验收。全方位全领域深化城市有机更新，固化G20杭州峰会城市管理长效机制，消除城区环境"盲点""死角"，打造"国内最清洁城市"。**坚决打好污染防治攻坚战。**深耕"五水共治""五气共治""五废共治"：要深化河长制、湖长制，加快千岛湖配供水等重大工程建设，着力在深化源头治理、健全长效机制、扩大工作成果上下功夫，在打造全域污水"零直排区"、创建"美丽河"、清除淤泥和雨污分流、基础设施建设上取得新成效，确保治水成果经得起时间检验；要全面落实大气污染防治计划，启动建设全域大气"清洁排放区"，使空气质量优良天数持续稳步增加，打赢蓝天保卫战；要重点完善"三化四分"生活垃圾处置体系，着力在提升生活垃圾分类准确率、垃圾处置能力上取得突破。强化土壤污染场地监管和修复，深化土壤综合治理。**落实最严格监管举措。**坚持生态文明建设"党政同责""一岗双责"，深化生态环境监管体制改革，坚决有力抓好中央环保督察整改落实，实施主要污染物排放总量财政收费和奖惩制度，开展领导干部自然资源资产离任审计，健全生态环境损害赔偿制度和责任终身追究制度，坚决制止和惩处破坏生态环境行为，打造环境监管最严格城市。

**3.着力城乡融合、乡村振兴。**贯彻乡村振兴战略、区域协调发展战略，加快形成以钱塘江为主轴、以东带西、融合发展的城乡一体共富共美新格局。按照产业兴旺、生态宜居、乡风文明、治理有效、生活富裕的总要求，制定加快农业农村现代化建设行动方案，推进产业转型、环境提升、协调发展、和美乡风、乡村治理、改革创新"六大行动"，培养造就一支懂农业、爱农村、爱农民的"三农"工作队伍，努力打造乡村振兴示范区。今年着重抓好四件事：**一是推进融合发展。**坚持质量兴农、绿色兴农，积极运用"互联网+"提升农业、发展农村、富裕农民，加快现代农业园区建设，优化提升粮食供应和储备能力，大力发展生态农业、都市农业，培育壮大农村电商、民宿经济、乡村旅游、运动休闲、健康养生、林下经济等农村新型业态，让好山好水好空气带来好效益。**二是深化农村改革。**统筹推进农村土地制度和集体产权制度改革，积极探索承包地"三权"分置有效方式，推动土地流转与适度规模经营，推广农村土地全域整治试点经验，探索土地整治与城乡建设用地增减挂钩政策机制。持续推进"三位一体"农合联改革。加强村庄规划建设管理，突出杭派民居特色风格，做到带规划和设计方案审批。实施消除集体经济相对薄弱村三年行动计划，力争走在全省前列。**三是升级美丽乡村。**按照全域景区化要求，以"三江两岸"为重点，用三年时间，在全市沿江沿河沿线培育建设精品村200个以上、3A级景区村100个以上，全面塑造生态宜居的农村环境。**四是完善统筹机制。**健全城乡融合发展体制机制和政策体系，深化区县（市）协作、联乡结村、对口帮扶工作，加快萧山、余杭、富阳、临安融入主城区步伐，推动县域经济加快向城市经济转型。深化山海协作工程，做好对口支援和东西部扶贫协作工作。

**（三）以振兴实体经济为着力点，在推动高质量发展上实现新突破。**坚持质量第一、效益优先，"破""立""降"并举深化供给侧结构性改革，加快建设实体经济、科技创新、现代金融、人力资源协同发展的产业体系,联动实施质量强市、标准强市和品牌强市战略,推动质量变革、效率变革、动力变革,显著增强我市经济质量优势。“破”,就是要破除无效供给,坚决打破拖累转型升级的“坛坛罐罐”,打击“假冒伪劣”,清理“僵尸企业”;“立”,就是要突出新经济引领,强化新动能培育,坚定不移实施创新驱动发展战略;“降”,就是要继续大力降低实体经济成本,降低制度性交易成本,继续清理涉企收费。

**1.打造“一号工程”升级版。**习近平总书记致第四届互联网大会的贺信中指出:“建设网络强国、数字中国、智慧社会,推动互联网、大数据、人工智能和实体经济深度融合,发展数字经济、共享经济,培育新增长点、形成新动能”。省委经济工作会议提出:要把数字经济作为“一号工程”来抓,深化数字浙江建设。打造“一号工程”升级版,核心内容是发挥信息经济领先发展优势,推动互联网、大数据、人工智能和实体经济深度融合,大力发展数字经济,推动产业迈向全球价值链高端,抢占发展制高点。**加大新动能培育力度,争做数字经济领跑者。**制定实施加快培育新动能行动方案,深入实施“互联网+”行动和“大数据”战略,提升电子商务、数字安防、软件信息、大数据云计算、互联网金融等产业,发展壮大新能源汽车、高端装备制造、物联网、机器人、新材料等战略性新兴产业,加大人工智能、虚拟现实、区块链、量子技术、增材制造、商业航空航天、生物技术和生命科学等未来产业培育力度,建设5G应用先行区,打造数据强市、“云上杭州”。切实抓好在杭州先行开展5G商用试点工作,力争多出成果。**加快传统制造业改造提升,争创“中国制造2025”国家级示范区。**坚持先进制造业与现代服务业融合发展,落实改造提升传统制造业实施方案,以智能制造为主攻方向,深化工业互联网、工厂物联网、“机器换人”“企业上云”等专项行动,做好品牌创建、“标准化+”等文章,推进生产性服务业专业化精准化高端化发展,培育形成质量效益、创新能力、融合发展、绿色发展“四个新优势”,再创杭州制造新优势。**发挥金融服务实体经济作用,建设新金融创新中心。**坚持金融与科技深度融合,以建设钱塘江金融港湾为龙头,优化金融特色小镇空间布局,打造高端要素集聚、产业发展领先、创新生态一流的全国新金融创新中心,增强金融服务实体经济能力。落实“凤凰行动”计划,大力推进企业上市和并购重组。健全地方金融监管体系,坚决打击违法违规金融活动,高度重视政府债务风险防控,牢牢守住不发生区域性金融风险底线。

**2.推进发展平台大提升。**其重点是产业布局要科学,其关键是统筹力度要加大。**加大园区整合提升力度。**以杭州国家自主创新示范区建设为引领,积极参与沪嘉杭金科创走廊共建,全面落实平台整合提升实施方案,在统筹空间布局、产业发展、重大项目和用地保障上再聚焦再聚力,推动城西科创大走廊建设全球领先的信息经济科创中心,推动城东智造大走廊建设杭州湾经济区智能制造主导区,推动杭州高新区建设世界一流高科技园区,推动大江东产业集聚区、国家级经开区建设一流创新园区和高端制造业基地。坚持差异化、特色化发展,统筹抓好特色小镇、国家双创基地、众创空间和孵化器建设。**加大高端创新载体培育力度。**实施“名校名院名所”建设工程,深化与北大、清华、浙大、中国美院、浙工大等全面战略合作,支持之江实验室、阿里达摩院、国家新一代人工智能开放创新平台建设,高水平建设西湖大学、浙江工程师学院、北大信息技术高等研究院、清华长三角研究院杭州分院、北航杭州创新研究院、奥克兰大学中国创新研究院等一流院校,继续引进中科大、国科大等大院名校设立分支机构,提升政产学研协同创新水平,实施一批重大科技创新项目,力争在一些关键领域取得突破。推进军民融合深度发展,争创军民融合创新示范区。

**3.狠抓招商引资和招才引智。**坚持政府主导力、企业主体力、市场配置力同向发力,深化招商体制机制改革,着力推动招商工作由“各自为战”向全市“一盘棋”转变、由重数量向重质量转变、由引资为主向引资与引智并重转变。**把招引高大上项目作为主攻方向,**完善招引重大项目的决策机制、推进机制和考核机制,贯彻落实省市县长项目工程,强化招商资源、招商项目、招商政策和产业布局的市级统筹,加大产业招商力度,进一步提升招商引资和浙商回归实效。要坚持抓大不放小,积极引进一批“专精特新”项目。**把聚天下英才摆上更突出位置,**制定推进人才生态最优城市建设工作意见,健全人才市场化评价、认定和引进机制,完善人才政策体系,加快人才生态示范区和人才管理改革试验区建设,高水平打造国际人才创业创新园,以“高精尖缺”为导向持续深化“国千”“万人计划”“省千”和市“521”“115”等人才计划,培养造就一批高层次人才和高水平创新团队,打造服务全省的人才高地。

**(四)以“最多跑一次”改革为龙头,在争创体制机制新优势上实现新突破。**以纪念改革开放40周年为契机,谋划实施一批群众最期盼、发展最急需的重大改革举措,健全全过程、高效率、可核实的改革推进机制,以钉钉子精神推动改革措施落地见效。

**1.打造“移动办事之城”。**贯彻省委“一个加快、四个全面”要求,落实深化“最多跑一次”改革行动计划,今年实现公民个人办事事项“移动可办”或“就近能办”。完善信息数据管理应用体系建设,强化数据归集共享,加快打破信息孤岛。全力推进“网上办”,扩大“零跑次”事项范围。优化实体办事大厅服务,推进政务办事事项向行政服务中心集中、与群众关系密切的事项向乡镇(街道)便民服务中心和村(社区)代办点延伸,实现全城通办、就近能办。扎实推进桐庐“最多跑一次”改革试点。

**2.激发市场主体活力。**深化国资国企改革,稳妥推进混合所有制改革,加快组建国有资本运营公司,探索职业经理人制度,推动国有资本优化布局、做强做优。完善产权保护制度,弘扬新时代浙商精神和杭商精神,构建亲清新型政商关系,支持非公有制经济健康发展和非公有制人士健康成长,推动民营经济大市向民营经济强市转变。深化投融资体制改革,完善市区城市建设管理财政事权与支出责任划分体制、城市轨道交通建设体制机制,规范发展PPP,鼓励和引导社会资本参与城市建设。全面落实市场准入负面清单制度,更好发挥产业引导基金作用,深化信用杭州建设,营造稳定公开透明、可预期的营商环境。

**3.统筹推进各领域改革。**制定重点改革清单,高质高效完成年度各项改革任务。对中央和省委明确的改革任务，要坚决贯彻、不打折扣；对承担的重大改革试点，要勇于探索、多出成果。坚持房子是用来住的、不是用来炒的，深化住房租赁改革试点，在居住用地、房地产开发多主体供应等方面先行先试，力争早日探索形成杭州特色的多主体供应、多渠道保障、租购并举的住房制度，确保我市房地产市场健康平稳发展。深化地上地下空间综合开发利用，加快资源要素市场化配置改革，加大批而未供、供而未用、低效用地等存量土地盘活力度。推进杭州互联网法院建设，完善网上诉讼平台功能，积极探索互联网司法新机制、新模式、新经验，为依法加强网络空间治理提供杭州方案。深化“城市数据大脑”试点，重点围绕交通治堵、移动办事、智能亚运等创新体制机制、加强技术攻关、推进数据共享，力争在新型智慧城市建设上走在前列。以高新区（滨江）、余杭区为核心区，深化省级全面创新改革试验区建设。

**（五）以激发创新创造力为重点，在打造文化文明高地上实现新突破。**坚持创造性转化、创新性发展，落实文化浙江十大工程，制定文化发展“1+X”行动计划，激发文化创新创造活力，培育杭州独特的文化竞争力和生命力。

**1.牢牢掌握意识形态工作主动权。**落实意识形态工作责任制，切实加强党对意识形态工作的领导。加强理论武装，开展面向全社会的宣传教育，推动习近平新时代中国特色社会主义思想深入人心。繁荣发展哲学社会科学，建设专业化高水平新型智库。坚持正确舆论导向，深化媒体融合发展，精心做好纪念改革开放40周年等重大主题宣传，唱响主旋律，讲好杭州故事。

**2.深入践行社会主义核心价值观。**深化“我们的价值观”主题实践活动，推动社会主义核心价值观融入社会发展各方面、发挥引领作用。挖掘革命文化内涵，大力弘扬红船精神、浙江精神、G20杭州峰会服务精神和城市人文精神，持续深化“最美杭州人”主题宣传活动，广泛开展群众性精神文明创建活动，强化思想道德建设，加强志愿服务，发展公益事业，巩固和发展全国文明城市创建成果，不断提升市民文明素质和全社会文明程度，打造“有温度的善城”。

**3.繁荣发展文化事业和文化产业。**树立以人民为中心的创作导向，推进文化精品工程，加强“文艺杭军”建设，推出更多无愧于时代的优秀作品。实施传承发展优秀传统文化行动方案，全力推进大运河文化带（杭州段）建设，决战决胜良渚古城遗址申遗，扎实做好南宋皇城遗址综保等工作，深度挖掘丝绸、茶叶、中医药、杭帮菜、金石书画、南宋官窑和刀剪伞扇等东方传统文化内涵，提升对外交流和国际传播能力，加快东方文化国际交流重要城市建设。推进文化惠民工程，高标准建设农村文化礼堂、社区文化家园等文化设施，完善公共文化服务体系，丰富群众性文化活动。高起点规划建设之江文化产业带等重大产业平台，壮大数字内容、动漫游戏、影视创作、网络文学、艺创设计、文化演艺、电子竞技等产业，进一步增强文创产业国际竞争力。

**（六）以满足人民群众美好生活需要为目标，在富民惠民安民上实现新突破。**坚持尽力而为、量力而行，坚持人人尽责、人人享有，抓住全市人民最关心最直接最现实的利益问题，一件事情接着一件事情办，不断增强人民群众获得感幸福感安全感。

**1.坚持在发展中提升民生保障质量。**坚持民有所呼、我必有应，坚守底线、突出重点、完善制度、引导预期，推动基本公共服务均等、高质发展，努力在幼有所育、学有所教、劳有所得、病有所医、老有所养、住有所居、弱有所扶上取得新进展。把教育事业放在优先位置，制定“美好教育”三年行动计划，推进新名校集团化，着力解决中小学生课外负担重等突出问题，推动各级各类教育优质均衡发展，大力支持杭师大创一流和市属高校发展，努力办好让人民满意的教育。落实就业优先战略和积极就业政策，完善就业创业服务体系，鼓励创业带动就业，动态消除“零就业”家庭。实施全民参保计划，加快社保区域统筹发展，完善退休人员保障，启动临安与主城区社保一体化工作，建设更加公平更可持续的社会保障制度。精准帮扶低收入群体和困难群众，确保小康路上“一个不少、一户不落”。坚持“六医”统筹，实施医疗卫生服务优化工程，打造智慧医疗升级版，制定以“医联体”、院前急救为重点的三年行动计划，做好国家卫生城市复评工作，发展体育事业与体育产业，发展红十字事业，努力打造健康中国示范区。深化医养护一体化，促进医养结合，深化居家养老，提升智慧养老。落实民生实事项目人大代表票决制，办好垃圾分类、“厕所革命”、既有住宅加装电梯、老旧小区二次供水、缓解“停车难”等“关键小事”、民生实事，让老百姓享有更多看得见摸得着的实惠。

**2.建设更高水平的法治杭州。**坚持党的领导、人民当家做主、依法治国有机统一，支持人大、政府、政协和监察委、法院、检察院依法依章程履行职能、开展工作、发挥作用。加强党对立法工作的领导，召开市委立法工作会议，推进城市国际化、拥江发展等重点领域科学立法；支持和保证人大依法行使立法权、监督权、决定权、任免权。制定实施政府自身建设行动计划，深化综合执法体制改革，建设法治政府，推进依法行政。召开市委政协工作会议，制定出台加强人民政协民主监督工作的实施意见，对市委有关政协工作文件落实情况开展专项督查，发挥人民政协作为社会主义协商民主重要渠道和专门协商机构的作用。深化以审判为中心的刑事诉讼、刑事案件认罪认罚从宽制度等司法体制改革，落实司法责任制，加强对司法人员依法履职的保护，完善公共法律服务体系，努力让人民群众在每一个司法案件中感受到公平正义。发挥“五四宪法”历史资料陈列馆的教育阵地作用，推进社会主义法治文化建设，构建社会大普法工作格局，促进全社会尊法学法守法用法。

**3.打造更加和谐的平安杭州。**以提高预警预测预防能力为核心，完善立体化、信息化社会治安防控体系，打好防范化解重大风险攻坚战，构建科学高效、安定有序的城市安全新格局，打响全国最安全城市品牌。严厉打击刑事犯罪，依法打击黄赌毒黑拐骗特别是电信和网络诈骗等违法犯罪活动，最大限度挤压违法犯罪空间，保护人民人身权、财产权、人格权。严格落实安全生产责任制，推进安全生产综合治理，加强消防、交通等安全生产隐患排查整改，坚决遏制重特大安全事故。推进重大防灾减灾工程，加强灾害监测预警和风险防范能力建设，做好治危拆违、除险安居、防汛防台等工作。

**4.加大社会治理创新力度。**围绕建设城市治理体系和治理能力现代化先行区,固化提升G20杭州峰会社会治理成果,统筹政府、社会、市民三大主体,完善党委领导、政府负责、社会协同、公众参与、法治保障的社会治理体制,打造共建共治共享社会治理格局,提高社会治理社会化、法治化、智能化、专业化水平。创新和发展"枫桥经验",完善以"四问四权"为主要内容的民主促民生工作机制,深化基层治理体系"四个平台"建设,构建基层社会治理"一张网"体系,建设全国社区治理和服务创新实验区。深化"互联网+社会治理"行动,加快基层治理、城市建设管理、交通、环保、气象、管网、防灾减灾等领域的智慧应用。重视社会组织培育,加强社会工作专业人才队伍建设,发挥"六和塔"矛盾纠纷调处、平安志愿者、义工、"武林大妈"等群防群治品牌作用,不断在"专业的人做专业的事"上取得进展。加强社会心理服务体系建设,完善在线矛盾纠纷多元化解平台和统一政务咨询投诉举报平台,切实改进信访工作。

**四、坚定不移全面从严治党,为新时代走在前列提供坚强保证**

落实新时代党的建设总要求,坚决扛起管党治党主体责任,以党的政治建设为统领统筹推进党的各项建设,提高管党治党能力和水平,营造良好政治生态,把党的建设新的伟大工程不断推向前进。

**1.始终把政治建设摆在首位。**保证全党服从中央,坚持党中央权威和集中统一领导,是党的政治建设的首要任务。维护党中央权威,首先要维护习近平总书记的核心地位。各级领导干部要带好头、作表率,带领广大党员干部时时处处听从总书记号令、落实总书记指示、维护总书记威望,做到言行一致、表里如一、知行合一,忠诚核心、维护核心、看齐核心。坚持用习近平新时代中国特色社会主义思想武装头脑,深入推进"两学一做"学习教育常态化制度化,扎实开展"不忘初心、牢记使命"主题教育,深化"百千万"蹲点调研活动,教育引导全市广大党员坚定理想信念、牢记党的宗旨、弘扬优良作风,奋力走好新时代的长征路。

**2.着力打造高素质专业化干部队伍。**坚持党管干部原则,落实好干部标准,着力建设政治过硬、本领高强、作风严实的高素质专业化干部队伍。坚持正确选人用人导向,突出政治标准,提拔重用牢固树立"四个意识"和"四个自信"、坚决维护党中央权威、全面贯彻执行党的理论和路线方针政策、忠诚干净担当的干部。注重选优配强各级党政正职。深入开展"四提一争"活动,持续推进干部队伍专业化建设,不断增强各级干部的学习本领、政治领导本领、改革创新本领、科学发展本领、依法执政本领、群众工作本领、狠抓落实本领、驾驭风险本领。坚持严管和厚爱结合、约束和激励并重,健全"赛场赛马"工作机制、干部考核评价机制、容错纠错机制、干部能上能下机制,实施基层干部激励计划,推动形成心无旁骛、干事创业的浓厚氛围。深化机关新录用公务员"三访"制度,健全发现培养锻炼年轻干部机制,重视选拔经过实践考验的优秀年轻干部。统筹做好培养选拔女干部、少数民族干部和党外干部工作,认真做好离退休干部工作。

**3.以提升组织力为重点夯实基层基础。**坚持"大党建"工作思路,健全完善考核体系,探索"党建+"工作方式,扎实开展基层党建"全域提升、全面提质"行动,健全"开放式网格党建、区域化网络服务"机制,真正把基层党组织打造成宣传党的主张、贯彻党的决定、领导基层治理、团结动员群众、推动改革发展的坚强战斗堡垒,构筑适应新时代要求的基层党建新格局。重点抓三件事:**一是统筹城市和农村基层党建。**坚持区域统领、行业引领、两新融合、街社兜底,制定"1+3"文件体系,不断开创城市基层党建工作新局面。加强农村基层党建,按照"四个人"要求深化"领头雁"工程,选优育强农村基层党组织带头人。实施国有企业"强根固魂"工程,紧扣立德树人加强学校党建工作,创新推进两新组织和新领域新业态党的建设。**二是深化"最强党支部"建设。**牢固树立"一切工作到支部"鲜明导向,突出政治功能,推进党的基层组织设置和活动方式创新,推动党支部担负好直接教育党员、管理党员、监督党员和组织群众、宣传群众、凝聚群众、服务群众的职责。社区党组织要更好发挥在社区发展中的领导核心作用,全面加强对物业公司、业主委员会等社区组织的领导。**三是加强党员教育管理。**坚持"三会一课"、固定主题党日等制度,探索推进党员分类管理工作,增强党员教育管理针对性和有效性,稳妥有序开展不合格党员组织处置工作。扩大党内民主,推进党务公开,保障党员民主权利。

**4.深化清廉杭州建设。**制定实施建设清廉杭州的决定,抓好《关于进一步落实全面从严治党主体责任的意见》落实。高标准落实中央八项规定实施细则精神,继续整治"四风"问题特别是形式主义、官僚主义新表现,持续深化"三不"问题整治。全面加强纪律建设,强化纪律执行,重点强化政治纪律和组织纪律,带动廉洁纪律、群众纪律、工作纪律、生活纪律严起来。有效运用监督执纪"四种形态",准确把握适用情形,抓早抓小、防微杜渐,惩前毖后、治病救人。巩固深化监察体制改革试点成果,构建完善党内监督体系,进一步统筹整合巡察监督、派驻监督、执纪监督力量,增强监督合力。坚持重遏制、强高压、长震慑,坚持受贿行贿一起查,坚持追逃防逃一起抓,严肃查处群众身边的不正之风和腐败问题,保持惩治腐败高压态势,推动反腐败斗争迈向压倒性胜利。

**5.改进党的领导方式和执政方式。**坚持党总揽全局、协调各方,更好发挥"一个核心、三个党组"作用。加强党对经济工作的领导,确保经济发展正确方向。密切同各民主党派、工商联和无党派人士合作共事,做好党外知识分子和新的社会阶层人士工作,加强党外代表人士队伍建设,统筹做好港澳台侨、民族宗教和外事工作,巩固和发展最广泛的爱国统一战线。加强和改进党的群团工作,推动基层群团改革成为全省样板。大兴调查研究之风,推动各级党员干部深入基层一线,了解社情民意、完善政策举措、解决实际问题。

同志们,新时代开启新征程,新思想指引新作为。让我们更加紧密地团结在以习近平同志为核心的党中央周围,高举习近平新时代中国特色社会主义思想伟大旗帜,始终保持一流状态,苦干实干、砥砺奋进,当好新时代干在实处走在前列勇立潮头的排头兵,交好全省"两个高水平"建设的杭州答卷,奋力谱写实现中华民族伟大复兴的中国梦的杭州篇章。

## 政府工作报告
### ——2018年2月4日在杭州市第十三届人民代表大会第三次会议上
### 杭州市市长 徐立毅

各位代表：

现在，我代表市人民政府向大会报告工作，请予审议，并请市政协委员和其他列席人员提出意见。

**一、2017年工作回顾**

2017年是新一届市政府开局之年，也是实施市"十三五"规划重要一年。市政府认真学习贯彻习近平新时代中国特色社会主义思想，在省委省政府和市委的正确领导下，紧紧依靠全市人民，按照"秉持浙江精神，干在实处、走在前列、勇立潮头"的要求，统筹谋划抓开局，求真务实抓落实，较好完成了市十三届人大一次会议确定的年度目标任务，全市经济社会保持了健康发展的好势头。我们朝着新目标，迈出新步伐，取得了新业绩。

——**经济质效持续提升**。全市生产总值达到12556亿元，增长8.0%。财政总收入2921.3亿元，增长14.2%；其中，一般公共预算收入1567.42亿元，增长17.4%。社会消费品零售总额5717亿元，增长10.5%。全社会固定资产投资完成5857亿元，增长1.4%，其中民间投资3301亿元，增长10.4%。货物进出口总额5085亿元，增长13.3%；其中，进口1629亿元，增长38.8%；出口3456亿元，增长4.3%；跨境电商出口70.22亿美元，增长15.9%。全市三次产业结构调整为2.5∶34.9∶62.6；信息经济增加值3216亿元，增长21.8%，对经济增长贡献率超50%。规模以上工业企业和服务业企业利润分别增长7.7%和26.3%，经济运行质量进一步提高。

——**重点改革进展明显**。全市"最多跑一次"实现事项9593项，其中市本级771项；公布凭居民身份证即可办理的事项296项；不动产登记实现全流程60分钟领证，商事登记新设企业85%可按"一件事"标准网上办理，投资项目审批周期再提速。整合设立市数据资源管理、投资促进、外事侨务、行政复议等机构；萧山余杭富阳与杭州主城区社保一体化正式运行，临安撤市设区。

——**创新动力有效增强**。规上工业科技活动经费支出总额297亿元，增长24.3%；全社会研发经费支出与地区生产总值之比预计提高到3.2%。新增发明专利授权量9872件，增长14.2%。新入选"国千"人才16名、"万人计划"人才18名、"省千"人才51名。引进外籍人才6150名、海归人才4068名。接收应届高校毕业生7.93万名；其中，研究生以上学历1万名，增长20.9%。新增国家重点扶持高新技术企业589家、境内外上市企业28家、新三板挂牌企业34家。新设各类市场主体20.02万户，市场主体总量突破百万户。

——**城市建设成效显著**。交通基础建设快速推进，地铁2号线钱江路站-良渚站、4号线近江站-浦沿站建成运营，新增运营里程35.8公里。城市快速路开工64.8公里、续建35.1公里。城中村改造规模大、进度快、质量好，69个村完成整村征迁；小城镇环境综合整治完成52个乡镇。

——**环境质量持续改善**。全市9个县控以上劣Ⅴ类水断面、1256个劣Ⅴ类水体如期完成"剿劣"任务；市控以上断面达到或优于Ⅲ类水标准的比例上升3.8个百分点，提高到88.5%；杭州与周边城市交接断面水质获省级考核优秀。空气优良天数同比增加11天；PM2.5平均浓度为每立方米44.6微克，下降8.6%。成功创建国家生态园林城市，获得美丽山水城市称号。

——**民生事业不断发展**。城镇居民、农村居民人均可支配收入分别增长7.8%和8.9%。新增城镇就业29.71万人，失业人员再就业11.04万人，城镇登记失业率1.7%。开工安置房项目51个，建筑面积693万平方米；竣工50个，面积582万平方米。完成城镇危旧房治理改造18.1万平方米、农村困难家庭危房改造1796户，地质灾害隐患点消除397个。获得全国文明城市"三连冠"，蝉联中国最具幸福感城市称号。

过去一年，我们全面贯彻新发展理念，针对新情况新问题，抓重点、攻难点、解热点，着力打好环境整治、交通建设、平安创建等"六场硬仗"，主要做了以下工作：

**（一）抓改革、增活力，优化发展环境**。我们突出群众满意导向，优化办事流程，全面推进"最多跑一次"改革。商事登记改革率先在全国推出"1+N"+X多证合一、证照联办和"商事登记一网通"措施；全面启动投资项目在线审批监管平台2.0版，并在模拟审批、施工图联审、涉审中介治理等关键环节取得突破；公民个人事项"简化办、网上办、就近办"扎实推进，全面实施便民服务事项办理双休日开

2018年2月4日，杭州市第十三届人民代表大会第三次会议在浙江省人民大会堂开幕 （李 忠 摄）

放。坚持“无条件归集、有条件使用”的原则，累计归集59个部门289.13亿条政务数据，打破信息孤岛取得实质性进展，市统一政务咨询投诉举报平台整合工作有力推进。积极支持桐庐县开展“最多跑一次”改革与法律法规衔接省级试点。贯彻“房子是用来住的、不是用来炒的”定位，优化综合调控措施，积极探索建立租购并举的住房体系，出台主城区商品住宅出让用地配建公租房不低于总建筑面积10%等政策，首次实施了人才租赁房用地公开出让，成为全国首批住房租赁试点城市，房地产市场平稳有序发展。深入推进供给侧结构性改革，淘汰落后和过剩产能170家(项)，整治提升“低小散”企业3753家，处置“僵尸企业”65家；出台减负降本“28条”等政策，为企业减负594亿元；消化批而未供土地3.4万亩、利用供而未用土地5.1万亩、推进低效用地再开发3.5万亩。深化农村改革，推进农村土地承包权确权登记，深化村级集体经济股份制和农村“三位一体”改革。综合行政执法改革实现了区县(市)全覆盖。交通管理体制改革基本完成。深化户籍制度改革，全面实施新型居住证制度，制定出台居住证积分管理办法。加强信用杭州建设，成为全国首批社会信用体系建设示范城市。支持设立了全国首家互联网法院，对互联网经济发展和消费者维权加强司法保障。

**(二)强创新、添后劲，转换发展动能。**我们深入贯彻实施创新驱动发展战略，城西科创大走廊重要基础设施建设全面推进，之江实验室落地，阿里达摩院成立，创新要素加快集聚；钱塘江金融港湾实施意见出台，重点项目建设实质性推进；城东智造大走廊发展规划完成编制，进入启动建设阶段。杭州高新区在147个国家级高新区综合排名中跃居第三。国家级杭州临空经济示范区获批设立。杭州经济开发区、万向集团、浙江大学成为第二批国家双创示范基地，白马湖生态创意城入选首批国家级文化产业示范园区，玉皇山南基金小镇、梦想小镇被命名为首批省级特色小镇。新增国家级、省级众创空间20家和57家；新增国家级、省级孵化器2家和11家，新认定省级企业研究院76家。深入实施科技企业“双倍增”行动计划，新增省科技型中小企业1688家、市重点培育科技型初创企业506家。组织实施“凤凰行动”计划，大力推进企业上市和并购重组，境内上市企业数居全国大中城市第四。加强人才工作，出台实施新引进高学历毕业生生活补贴发放、人才国际化等新政，打响海外引才引项目“一会一赛”品牌，人才流入率和海归人才净流入率居全国城市首位，入选“外籍人才眼中最具吸引力的中国城市”前三位。全国首个国际人才创业创新园挂牌，杭州国家自主创新示范区外国人签证、停居留等七项出入境便利政策获公安部批准落地。深入实施“一号工程”，电子商务、信息软件、大数据云计算等优势产业继续保持高速增长，装备制造业、高新技术产业、战略性新兴产业增长快于传统工业，人工智能、虚拟现实等未来产业蓄势初发。制定出台改造提升传统制造业实施方案，开展萧山化纤、富阳造纸两个省级分行业改造提升试点。推进“两化”深度融合，持续实施智能制造等专项行动，新增“企业上云”4.15万家，完成“机器换人”重点项目574个、“工厂物联网”项目123个。抓好招商引资工作，全年利用外资66.1亿美元，招引内资1562.8亿元，浙商回归到位资金761.8亿元。加快外贸动能转换，服务贸易创新发展。加快发展电子商务，着力扩大消费。推动会议展览业加快发展，承办了金砖五国配套会议、中国—中东欧国家文化合作部长论坛等高端国际会议，“一带一路”地方合作委员会秘书处、世界旅游联盟总部、国际标准化组织会议基地、中国国际茶叶博览会等国际组织和重要会议落户杭州。推进旅游国际化、全域化，旅游总收入突破3000亿元、增长18.3%，入境游客突破400万人次、增长10.7%，获得中国旅游休闲示范城市、世界旅游组织“全球15个旅游最佳实践样本城市”称号。农业“两区”加快建设，新建“菜篮子”基地5607亩，农林牧渔业增加值增长2.0%，现代农业稳步发展。

**(三)重谋划、促建设，提升基础设施水平。**我们针对交通基础设施等方面存在的短板，深入谋划和加快建设城市轨道交通、快速路、高速公路、高铁、机场等现代化交通基础设施。制定实施《杭州市城市轨道交通建设五年攻坚行动计划》，推进市轨道交通办公室实体化运作，完善地铁筹资机制，地铁二期加快建设，地铁三期各项前期进展顺利。制定出台《杭州市“迎亚运保畅通”城市快速路网建设四年攻坚行动计划》，紫金港立交等工程建成通车，钱塘江博奥隧道开工建设，望江路隧道、文一路地下通道等项目稳步推进。《杭州铁路枢纽规划(2016-2030年)》获批，铁路杭州西站完成站点选址及周边规划研究，铁路杭州南站建成，杭黄铁路杭州段主体工程全线贯通。萧山机场新开辟国际航线15条，旅客吞吐量增长12.6%。杭州绕城高速公路西复线、临金高速公路国高网杭州段完成年度建设任务，千黄高速公路淳安段开工建设，京杭运河三级航道整治工程杭州段加快推进。“城市数据大脑”试点进展顺利，主城区公交分担率继续提高，新建停车泊位5.69万个，新增(扩容)公共自行车服务点123个，市区交通拥堵持续缓解。污水管网新增393.86公里，雨水管网新建145.7公里、提标改造32.86公里，七格污水处理厂四期、临平净水厂等项目加快推进。供水管网新建173.95公里、改造111.13公里。千岛湖配供水工程建设加快推进。深入推进“五废共治”，九峰环境能源项目、萧山临浦和钱江餐厨废弃物资源化利用项目建成试运行。制定亚运会场馆建设计划，第一批33个场馆设施及亚运村项目建设全面启动。竣工地下空间701.8万平方米，全面启动良山路、德胜路、沿江大道、大江东等综合管廊项目建设。成为首批国家装配式建筑示范城市。

**(四)攻难点、优环境，改善城乡面貌。**我们坚持块抓条保、上下联动，全面推进城中村改造、小城镇环境综合整治，深入推进“三改一拆”。完成“三改”3077.1万平方米，拆除违法建筑2516.9万平方米，拆后利用率79.3%。坚决打好劣Ⅴ类水剿灭战，深入推进工业污染、农业面源污染等专项治理，完成截污纳管项目356个、雨污分流项目349个，河道清淤1254万方、综合整治281.9公里。钱塘江杭州段全面禁止采砂。持续开展大气治理，启动全市域“清洁排放区”建设，组织实施减排项目124个，全面完成热电锅炉、工业锅炉清洁化改造;淘汰老旧汽车23119辆,新增清洁能源和新能源公交车879辆;削减挥发性有机物排放量9974吨。深化垃圾分类、清洁直运、末端处置工作,制定实施源头分类减量、处置能力建设两个三年行动计划。市区全年新增绿地487万平方米。推进新一轮区县(市)协作、联乡结村工程,实施协作项目84个,投入4亿元。成为首批国家历史建筑保护利用试点城市。继续实施古村落保护工程,启动第二批“杭派民居”示范村创建工作,创建美丽乡村精品示范线12条。加强农房建设管理,规范农村宅基地管理。农村土地综合整治试点为乡村振兴找到一条好的路子。

**(五)保民生、提品质,加强公共服务。**我们坚持以人民为中心的发展思想,着力抓好民生保障和社会治理工作。年度10件民生实事项目全部完成。全市基本养老、医疗保险的参保率分别达95%、98%以上。坚持创业带就业,出台实施新一轮大学生创业三年行动计划,加强高校毕业生、就业困难人员、农村转移劳动力等重点人群就业服务,现代学徒制国家级改革试点扎实推进。向全市低保家庭、残疾人基本保障对象、低保边缘家庭18.7万人发放救助金7.77亿元。推出配租房源8514套,保障住房困难家庭1.02万户。深入实施新名校集团化战略,推进市域优质教育资源共建共享;中小学(幼儿园)竣工66所、开工建设133所,3个区县新创建成为省基本实现教育现代化县(市、区)。杭师大入选省第二批重点建设高校,浙大城市学院怀卡托大学联合学院成立并招生,浙江西湖高等研究院招生。文化建设和文艺创作蓬勃发展,1部作品和14部作品分别入选全国、全省“五个一工程”,舞剧《遇见大运河》海内外巡演获得好评,大型水上情景表演音乐会《最忆是杭州》成功复演;新建农村文化礼堂150家、社区文化家园50家。圆满完成第十三届全国学生运动会服务保障任务。成功举办市第十九届运动会。良渚古城遗址申遗步伐加快。城市档案中心等公共设施建设项目稳步推进。“双下沉两提升”、“三医”联动、“分级诊疗”等综合医改深入推进,医养护一体化家庭医生签约人数达283.9万,智慧医疗应用在省市县三级公立医院及社区卫生服务机构实现全覆盖,有效防范了登革热疫情的蔓延。完成全国和全省养老服务综合改革试点任务,社区养老、医养结合等取得明显成效。强化安全生产责任体系建设,各类生产安全事故数、死亡人数、受伤人数分别下降17.8%、19.4%、15.7%。持续打击“盗抢骗”“黄赌毒邪”和环境、食品药品等领域违法犯罪行为。积极防范化解企业“两链”风险等金融风险。既有住宅加装电梯取得实质性突破。持续推进城乡社区治理和服务创新,获得“法治政府建设典范城市”称号。较好完成对口支援和东西部扶贫协作、山海协作等任务。国防动员和后备力量建设、双拥优抚、外事、港澳台侨事务、民族宗教、地方志、气象、残疾人、慈善、红十字、老龄、妇女儿童、关心下一代等工作,都取得新的进展。

过去一年,市政府高度重视政治建设,坚持正确政治方向,牢牢把握政治原则,牢固树立“四个意识”,严格履行主体责任,切实落实全面从严治党要求,不断强化自身建设。严格依法行政、努力高效施政,推进政府法律顾问全覆盖,提请市人大常委会审议地方性法规6件,制定和修改政府规章6件,办理人大建议和政协提案1083件,回复市人大常委会审议意见书15件。加强财政资金使用管理,强化审计监督,加强廉政建设,进一步营造风清气正的政务环境。

各位代表,我们所取得的成绩来之不易,最根本的是靠以习近平同志为核心的党中央的坚强领导!同时,这是省委省政府和市委正确领导的结果,是市人大、市政协监督支持的结果,是全市广大干部群众共同奋斗的结果!在此,我代表市人民政府,向全市人民和外来建设者,向市人大代表和政协委员,向各民主党派、工商联、无党派人士、各人民团体和社会各界人士,向中央驻杭单位和省级各部门,向驻杭解放军和武警部队官兵,向关心支持杭州发展的港澳台同胞、海外华人华侨和国际友人,表示衷心的感谢、致以崇高的敬意!

我们也清醒看到杭州发展中存在的不平衡、不充分问题,主要有:科技创新和人才支撑力还不够强,传统产业转型升级有待加快;交通、环保等基础设施短板需要加快补上;城市国际化步伐尚需加快,城乡发展差距有待进一步缩小;公共服务供给有待加强,城市安全运行还存在压力,社会治理现代化水平还需提高。政府工作也存在不足,一些政府机关工作人员知识不足、能力不足问题客观存在,一些领域腐败问题仍有发生。对此,我们将直面问题,敢于担当,尽心竭力加以解决。

## 二、当前形势和2018年重点工作

党的十九大以习近平新时代中国特色社会主义思想为指导,明确了新时代中国特色社会主义发展的战略安排和总体部署,开启了决胜全面建成小康社会、建设社会主义现代化国家的新征程。省委十四届二次全会作出了《关于高举习近平新时代中国特色社会主义思想伟大旗帜奋力推进“两个高水平”建设的决定》,对我省我市发展提出了新的更高要求。市委十二届三次全会明确了新时代杭州“三步走”奋斗目标:到2020年,高质量完成“十三五”规划任务,高水平全面建成小康社会,成为具有较高全球知名度的国际城市;到2035年,社会主义现代化目标基本实现,成为特色彰显、具有较大影响力的世界名城;到本世纪中叶,社会主义现代化建设走在全国前列,成为具有全球重大影响力的独特韵味别样精彩世界名城。

我们要准确把握杭州今后工作的总体要求:高举习近平新时代中国特色社会主义思想伟大旗帜,深入学习贯彻党的十九大和中央经济工作会议精神,认真贯彻落实省党代会、省委十四届二次全会和市党代会、市委十二届三次全会部署,坚持稳中求进工作总基调,坚持新发展理念,坚持高质量发展根本要求,聚焦社会主要矛盾抓重点、补短板、强弱项,坚定不移推进城市国际化、坚定不移推进拥江发展、坚定不移推进创新驱动发展、坚定不移推进城市治理体系和治理能力现代化、坚定不移全面深化改革,以一流状态建设一流城市,不断厚植创新活力之城、历史文化名城、生态文明之都、东方品质之城特色优势,继续朝着建设独特韵味别样精彩世界名城目标迈进,在全省“两个高水平”建设中更好发挥龙头领跑示范带动作用。

面对新目标、新要求,我们要围绕满足人民对美好生活的需要,坚持高质量发展根本要求,自觉遵循自然规律、经济规律、社会规律、城市发展规律,正确处理重点与一般、发展与民生、近期与长远的关系,以筹备召开2022年亚运会为重要节点目标,打好“最多跑一次”改革、环境整治提升、重大基础设施项目建设、重大产业项目推进、民生实事推进、防范化解风险等新“六场硬仗”,保持定力、积极有为,脚踏实地、久久为功,推动经济社会发展和各项工作不断迈上新台阶。**发展要重创新,进一步提升经济质量**。从打造新经济重要策源地、引领全国的创新型城市、长三角创新发展新引擎的高度,以供给侧结构性改革为主线,强化新动能培育和传统动能修复,高水平打造以数字经济为核心、新经济为引领、传统优势产业为支撑的现代化经济体系。把高质量要求贯穿于各方面工作的理念、思路、政策和举措中,努力形成推动高质量发展的制度体系,加快质量变革、效率变革、动力变革,勇当全国全省高质量发展的排头兵。**改革要重突破,进一步激发市场活力**。从治理体系和治理能力现代化的高度,强化法治建设,坚持问题导向、先行先试、制度创新,以深化“最多跑一次”改革为突破口,努力在政府自身改革、经济体制改革、城市建设管理体制改革等方面取得更大的进取突破,使市场在资源配置中起决定性作用,更好发挥政府作用,持续激发市场活力和社会创造力。**建设要重推进,进一步增强城市能级**。从加快建设现代化城市的高度,以筹备亚运会为契机,全面提升交通等基础设施水平,积极推进“拥江发展”,加快城市国际化和城乡一体化,主动参与全省大湾区大花园大通道大都市区建设,深度对接“一带一路”、长江经济带、长三角城市群建设,增强城市辐射带动能力,推动形成全面开放新格局。**民生要重品质,进一步增进群众福祉**。从践行以人民为中心发展思想的高度,聚焦重点持续发力,坚决打好防范化解重大风险、精准帮扶、污染防治的攻坚战;聚焦城乡融合、乡村振兴、区域协调,加快农业农村现代化;聚焦事关群众切身利益的“关键小事”,尽力而为、量力而行,精准施策、靶向操作,守住底线、筑牢底部,加强民生保障和公共服务供给,使群众获得感、幸福感、安全感更加充实、更有保障、更可持续。

2018年是贯彻党的十九大精神开局之年,是实施“十三五”规划、决胜高水平全面建成小康社会的关键一年。全市发展主要预期目标是:地区生产总值增长7.5%左右,一般公共预算收入增长7.5%,研发经费支出与地区生产总值之比达3.3%左右,城乡居民人均收入与经济增长基本同步,城镇新增就业人数和节能减排指标完成上级下达任务。

重点做好六个方面工作:

**(一)聚焦“最多跑一次”改革突破口,着力提高改革开放水平**。今年是改革开放40周年,我们要以“最多跑一次”改革为牵引,进一步撬动重点领域关键环节改革向纵深推进,构建对外开放新格局,持续增强发展活力和动力。

**推动“最多跑一次”改革持续突破**。以打造“移动办事之城”为目标,优化公共数据大平台建设,深入推进系统互通、数据共享,全面推行政务服务事项网上办。整合优化业务办理流程,实现“一窗受理、集成服务”,力争“最多跑一次”改革事项全覆盖。实施“证照分离”改革,优化商事登记“一网通”平台,实现多证合一与证照联办事项全覆盖。全面实施并不断完善市场准入负面清单制度。继续优化投资项目审批流程,推进企业投资项目承诺制改革和“网上中介超市”建设,一般企业投资项目开工前审批“最多100天”。全面推行不动产登记“一个系统、一份材料、一个流程”办理,扩大“60分钟办结”受益面。推广移动办事终端,推动群众事项办理向乡镇(街道)延伸,努力实现个人办事“移动可办”“就近能办”。在政务服务“一次办结”的同时,完善咨询投诉“一号响应”,探索市场监管、环境保护、安全生产、文化等领域执法监管“一次到位”。

**深化要素配置市场化改革**。各行业各领域要全面贯彻节约集约用地的方针,立足于盘活存量土地,提高土地利用效率,实现土地利用方式根本性转变。深入推进土地整理、水田垦造,加强耕地保护,提高土地质量。着力盘活利用批而未供土地、开发建设供而未用土地,加大力度推进低效用地再开发。推进“标准地”改革,对工业、商业和旅游用地,探索实行带能耗、环境、建设、“亩产”等标准出让。完善土地出让办法,优化开发建设条件约束。深化实施“凤凰行动”计划,大力支持企业上市、并购重组,新增上市企业15家以上,培育一批在全国有重大影响力的龙头企业。强化政府引导,更好发挥各类产业基金的引导和放大作用,推动金融与科技、产业、经济良性互动。以打造国际金融科技中心为目标,支持新金融规范发展,加快钱塘江金融港湾建设。

**激发各类市场主体活力**。深化国资国企改革,稳妥推进混合所有制改革,组建国有资本运营公司,做强做优做大国有资本。推进国资重组和布局优化,推动国有资本参与战略投资,助推全市重点产业发展、重大科技研发、重大基础设施建设。优化信用环境、法治环境、政务环境、营商环境,支持民营企业创新发展,有效激发民企活力。构建“亲”“清”新型政商关系,更好地营造企业家健康成长的环境,大力弘扬杭商精神,充分发挥企业家作用。

**提升对外开放和城市国际化水平**。对接“一带一路”建设,深化跨境电商综试区建设,加快推进全球电子商务平台(eWTP)杭州实验区建设,努力建设“数字丝绸之路”重要战略枢纽城市。大力引进外资,鼓励企业“走出去”,培育外贸新业态,加快服务贸易创新发展。对接中国国际进口博览会,扩大先进设备和优质产品进口。提升杭州与港澳台合作水平。深化西博会和休博会转型升级,提升文博会、茶博会、电博会、动漫节、云栖大会、国际人才大会等重大会展影响力,积极引进高端国际会议展览和国际组织,打响国际会展之都品牌。深入推进旅游国际化、旅游全域化,做好世界旅游产业博览会、2018中美旅游高层对话等重大活动的服务保障工作。深化文化对外交流,推进东方文化国际交流重要城市建设。

**(二)聚焦创新驱动和结构优化,着力推动经济高质量发展**。以建设现代化经济体系为目标,以建设国家自主创新示范区和创建"中国制造2025"国家级示范区为载体，坚持质量第一、效益优先的导向要求，深化供给侧结构性改革，突出新经济引领，强化新动能培育和传统动能修复，加快推动实体经济、科技创新、现代金融、人力资源协同发展。

科技创新是杭州发展的显著特征和第一动力。要紧紧抓住科技创新"牛鼻子"，坚持"企业主体、人才引领、平台保障"，推动科技与产业紧密结合，加快创新驱动发展。**充分发挥企业主体作用。**深入实施创新型企业、高新技术企业和科技型中小企业培育工程，支持企业加大研发投入，深化产学研合作，积极创建国家和省级制造业创新中心，新建市级以上制造业创新中心3家以上，新认定市级以上企业技术中心30家以上。实施"专精特新""隐形冠军"企业培育计划和高新技术企业"倍增"计划。鼓励发展研究型创新型企业和"独角兽"企业，建设跨境创新加速器，力争引进具备重大产业化潜力的国际优质创新企业20家以上。**充分发挥人才引领作用。**推进人才生态最优城市建设，深入落实"国千""万人计划""省千"和市"521""高层次人才特殊支持"等引才育才计划，实施"名校名院名所"建设工程，加快西湖大学、浙江工程师学院、北京大学信息技术研究院、北京航空航天大学杭州创新研究院和研究生院、奥克兰大学中国创新研究院等重点载体建设，加强与中国科学院大学等国内外一流大学的合作，大力支持之江实验室、浙江大学超重力离心模拟与实验装置、阿里达摩院建设，推进中国美院良渚校区、浙江理工大学余杭国际校区建设，深化国际人才创业创新园建设，吸引更多海内外各类人才及团队来杭创新创业。弘扬杭州工匠精神，建设高技能人才队伍。**充分发挥平台保障作用。**推进国家双创示范基地建设，提升特色小镇、众创空间、孵化器等创新载体建设水平，新增省级高新特色小镇2家、市级以上众创空间20家，建设省级产业创新服务综合体2家，高水平建设杭州硅谷协同创新中心。加快城西科创大走廊、城东智造大走廊、杭州临空经济示范区、之江文化产业带等建设，更好发挥大江东产业集聚区、杭州高新区（滨江）、杭州经济开发区等重大平台在推动创新发展、做强实体经济和制造业方面的重要作用。

深化供给侧结构性改革，以"破、立、降"为抓手，加快动能转换和结构调整。**大力破除无效供给、坚决淘汰落后产能。**严格执行质量、环保、能耗、安全等法规标准，加大违法违规行为查处力度，完成30家"僵尸企业"处置，淘汰100家企业落后产能，大力整治脏乱差小作坊和无证照、无安全保障、无合法场所、无环保措施"四无"企业。**大力培育新动能、加快发展新产业。**进一步发展大数据云计算、数字安防、信息软件、电子商务、智能制造等优势产业，推进5G、IPv6设施应用，巩固扩大数字经济在全国的领跑优势。发展壮大生物医药、集成电路、物联网、新能源汽车、高端装备制造等战略性新兴产业，加快培育人工智能、虚拟现实、区块链、量子技术、商用航空航天等未来产业。做大做强数字内容、动漫游戏、影视创作、演艺等文创特色产业。积极推进军民融合发展，建设军民融合创新研发转化平台，培育军地科技协同创新孵化基地。**大力推进传统产业改造升级。**突出纺织、服装、化工等12个重点行业，聚焦化纤、造纸两个省级改造试点，大力推进数字驱动、两化融合、智能制造。支持丝绸、中医药、茶叶、食品饮料等传统优势产业和历史经典产业发展。推广应用工业互联网，实施企业上云4万家、机器换人450项、工厂物联网100项。加强质量建设，新增"浙江制造"标准50项、品牌10个。**继续降低实体经济成本。**严格执行减负降本政策，进一步削减涉企办事费用，全面推进企业分类综合评价，逐步实施资源要素差别化政策，降低鼓励扶持类产业用水、用电、用气、物流、融资成本，为实体经济发展创造良好环境。

坚持以有效投资提高供给质量、以消费升级带动产业升级、以服务业发展更好满足多元需求。**发挥投资对优化供给结构的关键性作用。**确保交通投资、生态环境和公共设施投资、高新技术产业投资、民间投资均增长10%以上。把产业投资作为重中之重任务来抓，加大重大产业项目招引力度，围绕主导产业发展，强化"一把手"招商，实施市长和区县（市）长项目工程制度，每个区县（市）至少招引一个投资20亿元以上的产业大项目。**增强消费和现代服务业的拉动作用。**完善促进消费的体制机制，营造放心舒心消费环境，积极培育服务消费、信息消费、绿色消费、时尚消费、品质消费、农村消费等新兴消费。推动商贸业转型发展，打造购物新天堂。大力发展工业设计、现代物流、科技研发、会展服务等生产性服务业，积极发展体育健身、健康养老等特色服务业，提升服务业集聚区发展水平。

**（三）聚焦实施拥江发展战略，着力提升区域统筹协调发展水平。**"拥江发展"是杭州落实党的十九大关于实施区域协调发展、可持续发展战略和省委关于大湾区大花园大通道大都市区建设的主要载体，是我市优化市域空间布局、推进市域协调发展的重大举措。今年是拥江发展实质性推进第一年，要按照《关于实施"拥江发展"战略的意见》，积极实施"四年行动计划"，扎实打造自然生态带、魅力文化带、公共景观带、综合交通带、现代产业带和宜居城市带，推动形成以城带乡、以东带西市域协调发展新格局。

**大力推进规划统筹引领。**坚持多规融合、两规合一，高质量推进新一轮城市总体规划和土地利用总体规划编制工作，以全球视野对标先进、读懂杭州，做到对历史、文化、底蕴、特色"守得住"，对生态保护红线、永久基本农田、城镇开发边界"控得牢"，对杭州未来发展"望得远"。强化规划的市级统筹管理，优化提升"多中心、网络化、组团式、生态型"市域空间格局。围绕钱塘江综合保护与利用，制定实施《杭州市钱塘江两岸综合保护与利用导则》等规范性文件，加强钱塘江岸线管控，加快生态修复。制定实施杭州市拥江发展战略规划，加强重点地区和重要节点城市设计，高水平规划建设钱江新城二期、钱江世纪城、奥体博览城、望江金融科技城、之江新城、大江东核心区、下沙副城、富阳江南-东洲新城等区块，协调推进桐庐、建德、淳安等县（市）的新城建设。

**大力推进市域一体发展。**以"拥江发展"理念下好"全市一盘棋"。西湖是杭州的"根"与"魂"，要持续提升保护水平，整治景中村等问题，加强景区管理，放大溢出效应。以建设城西科创大走廊为重要载体，强化未来科技城、青山湖科技城、紫金港科技城等建设，提高城西地区发展水平。以建设大运河文化带(杭州段)为牵引,深化实施运河综合保护工程,全面推进大城北地区改造,加快武林新城、运河新城、杭钢新城、良渚新城建设,加强路网等基础设施建设的统筹协调,使大城北成为我市发展的重要增长极。持续推进中心城区非核心功能疏散,加快副城组团基础设施和公共服务设施建设,推进萧山余杭富阳临安4区与杭州主城区深度融合发展;深化区县(市)协作、联乡结村工作,更好发挥杭州市区对桐庐淳安建德3县(市)的辐射带动作用,在更高层次上提升城乡融合发展水平。

要以2022年亚运会召开为重要节点,大力推进交通、环境、亚运基础设施"三大建设行动"和城中村改造攻坚、小城镇环境综合整治"两大整治行动",一年接着一年干,一以贯之,久久为功。**实施交通基础设施建设行动**。加快萧山国际机场扩容项目建设,拓展加密国际航线。实施《杭州铁路枢纽规划(2016–2030年)》,开通杭黄铁路,开工建设铁路杭州西站、商合杭铁路湖州至杭州段等铁路项目,推进沪乍杭及连接线等铁路前期工作,谋划建设杭州至武汉高铁。加快建设地铁二期和杭富、杭临等轨道交通项目,全面开工地铁三期项目,积极推进铁路杭州西站至萧山机场轨道快线项目前期,完成地铁建设投资330亿元。建成文一路地下通道、望秋立交、东湖快速路北延、秋石快速路北延、之浦路三期,新开工文一路西延、艮山快速路等项目。推进杭绍甬高速杭州至绍兴段等项目前期工作,提升改造沪杭甬高速部分路段,续建绕城高速西复线、千黄高速,完成杭金衢高速杭州段拓宽工程。加快运河二通道建设。新建停车泊位45000个。江东大桥实现免费通行。推进地下综合管廊建设,开发利用地下空间500万平方米。持续推进交通治堵工作,深化公交都市创建,实施"城市数据大脑2.0版",提升智慧交通管理水平。**实施环境基础设施建设行动**。抓好中央环保督察整改落实工作,实施全市固废处置能力建设行动计划,加快天子岭餐厨与厨余二期等项目建设,推进循环产业园区、分类减量综合体、第三固废处置中心以及飞灰协同处置等项目建设。新建及改造污水管网110公里,完成七格污水处理厂四期土建工程,建成投用临平净水厂等2个项目,续建之江净水厂、临江污水处理厂二期等3个项目,开工建设余杭污水处理厂四期等3个项目。**实施亚运基础设施建设行动**。高标准推进亚运会场馆设施建设,全面开工亚运村和5个新建场馆,竣工奥体中心主体育场、网球中心、杭师大仓前校区体育馆等场馆,基本完成改造场馆项目前期,研究确定并尽快组织实施新增项目比赛场馆及训练、备用场馆。**实施城中村改造攻坚行动**。继续推进以主城区为重点的城中村改造,实施改造整治、安置房建设、回迁安置、公共配套设施建设四个行动计划,完成56个村整村拆迁。深入推进城镇危房治理改造。**实施小城镇环境综合整治行动**。深入实施规划设计引领等专项行动,整治项目总体形象进度达到80%以上,打造一批有特色有亮点的示范小城镇,小城镇环境综合整治完成的乡镇累计达到105个。深入推进"三改一拆",完成"三改"1950万平方米,拆除违法建筑1400万平方米。

**(四)聚焦实施乡村振兴战略,着力提升农业农村现代化水平**。实施乡村振兴战略,是新时代"三农"工作的总抓手,也是我市打造美丽乡村升级版、加快农业农村现代化的重要举措。认真贯彻落实《中共中央国务院关于实施乡村振兴战略的意见》,按照产业兴旺、生态宜居、乡风文明、治理有效、生活富裕的总要求,制定加快农业农村现代化建设行动方案,加快美丽田园、美丽庭院、美丽村庄建设,推动形成城乡融合发展新格局,争创乡村振兴示范区。

**深化农村改革增活力**。统筹推进农村土地制度和集体产权制度改革,做好承包地、宅基地、集体建设用地"三块地"文章,推动资源要素更多流向农村,全面激活农村发展。积极探索承包地"三权"分置有效方式,加快农村土地承包经营权确权登记颁证工作进度,扩大土地流转规模,发展适度规模经营。按照讲求质量、边界可控、主体清晰、农民得益原则,因地制宜,分批次推进农村全域土地综合整治,并与农业发展、村庄整治、集体经济发展、历史村落保护等有机结合起来,实现耕地集中连片保护,建设用地集约高效,生态环境美丽宜居。深化宅基地管理改革,完善乡村规划建设机制,以"带方案审批"为抓手加强农房规划建设管理,提升村庄建设管理水平。深化耕地占补平衡管理改革,建立补充耕地指标有偿调剂机制,激活农村资产资源,撬动农村集体经济发展。

**加快农村产业发展强动力**。深化农业供给侧结构性改革,坚持质量兴农、绿色兴农、效益优先,推进现代农业园区建设,积极培育农业龙头企业、农民专业合作社、家庭农场、种养大户等新型经营主体和社会化服务主体,加强农业科技推广和应用,大力发展生态品质农业、智慧设施农业、现代都市农业。确保粮食生产、供应和储备能力,保障粮食安全,加强菜篮子工程建设。推进"互联网+现代农业",推进田园综合体建设,大力发展农村电商,培育壮大民宿经济、乡村旅游、养生养老、运动健康等新产业新业态,促进农村一二三产业融合发展。实施下姜村及周边地区振兴发展等规划。完善农田水利基础设施,新增高效节水灌溉面积2.78万亩,改善灌溉面积4万亩;整治高坝、屋顶山塘80座,除险加固小型水库15座。

**强化农村环境整治添魅力**。加强农村突出环境问题综合治理,持续推进拆违治危,深化农户庭院、农村各类杆线等整治,建设"四好农村路",广泛开展"厕所革命""垃圾革命",启动打造精品村70个以上,继续推进精品线路、风情小镇和历史文化村落建设。开展农村移风易俗活动,塑造淳朴文明的良好乡风。强化农村基层基础工作,加强农村基层干部队伍培养、配备、管理和使用,健全自治、法治、德治相结合的乡村治理体系,走乡村善治之路。

**(五)聚焦打好三大攻坚战,着力跨越发展稳定重要关口**。坚决打好防范化解重大风险、精准帮扶、污染防治的攻坚战,加大难点问题和薄弱环节破解力度,强基固本,努力保障高水平全面小康目标的实现。

**坚决防范化解重大风险**。有效防控金融风险,加强重点行业、地区和企业"两链"风险管控,保持不良贷款和关注类贷款"双降"。严厉打击违法违规金融活动,加快建设金融风险"天罗地网"监测防控系统,着力完善安全防线和风险监督预警机制。把握政府性投资项目的建设时序和规模，优化投融资结构，加强统筹安排。实施政府债务计划管理，控增量、减存量，有效防范政府债务和财政风险。加强自然灾害防范应对。推进地质灾害隐患点除险安居工作。加快西险大塘提标加固、城西南排通道等工程前期工作，推进杭嘉湖南排八堡排水、五堡排涝泵站、萧山区蜀山片外排大治河泵站、大江东片外排东湖调蓄湖等工程建设，提升城乡防洪标准。加强城市安全管理，争创国家安全发展示范城市。严格落实安全生产责任制，强化企业主体责任，加大对重点地区和危化品、矿山、建筑施工、道路交通等高风险领域风险排查整治力度，推广居住出租房屋“旅馆式”管理，严格落实出租房及高层建筑、人员密集场所消防安全管理，坚决防范事故发生。全面推广品质食品示范超市，深化放心餐饮店创建，争创国家食品安全示范城市。全面实施居住证积分管理政策。深化基层治理体系“四个平台”建设，完善在线矛盾纠纷多元化解平台和社会心理服务体系，提高社会治理的社会化法治化智能化专业化水平。加强社会治安综合治理，织密社会治安立体防控网，推进“雪亮工程”，扎实开展扫黑除恶专项行动，深化平安创建，努力打造全国最安全城市。

**深入推进精准帮扶**。实施消除集体经济相对薄弱村三年行动计划，盘活集体资产，增强集体经济造血功能，年经营性收入达到市定目标的村占总村数的比例达到80%。深入实施低收入农户全面小康行动计划，低收入农户人均收入增长10%以上；以就业困难人员、城镇零就业家庭、持证残疾人等为重点，深化就业援助和救助行动，强化农村留守儿童关爱保护。深入实施山海协作工程，继续做好贵州黔东南州、湖北恩施州、新疆阿克苏、西藏那曲等扶贫协作和对口支援工作。

**持续推进污染防治**。打好蓝天保卫战，推动PM2.5浓度持续下降、空气质量优良天数持续上升。全面推进全市域“清洁排放区”建设，以调整优化产业结构为重点，淘汰关停一批化工、印染、造纸等高污染、高耗能企业，大幅度削减主要污染物排放量；制订实施挥发性有机物、锅炉大气污染物等地方排放标准；推进国Ⅲ柴油货运车、混凝土车辆、渣土运输车、环卫车淘汰和清洁化更新；加强建设工地扬尘标准化管理；实施预拌混凝土企业绿色转型升级三年行动计划。深化“五水共治”，打造全市域污水“零直排区”，开展“美丽河湖”创建工作，推进农村污水处理设施改造提标工程，巩固提升“清三河”和剿灭劣V类水成果。深化生活垃圾“三化四分”，着力推进智慧垃圾分类，累计创建省级垃圾分类示范小区60个、市级示范小区200个。实施土壤污染防治行动计划，强化土壤污染场地监管和修复。

加大生态系统保护力度，完善生态补偿机制，编制市级自然资源资产负债表。优化能源结构、转换用能方式，推广合同能源管理、电力需求侧管理等节能新机制。发展装配式建筑，推广住宅全装修，开展各类绿色创建行动。

**（六）聚焦优化公共服务供给，着力提升民生保障质量**。以满足人民群众的美好生活需要为导向，坚持保基本、兜底线、促均衡、优品质，进一步完善公共服务体系，切实保障和改善民生，增强人民群众获得感、幸福感和安全感。

统筹推进社会事业发展，加强优质公共服务均衡供给。**坚持教育优先发展**。美好生活从美好教育抓起，制定实施“美好教育三年行动计划”，全面构建高水平教育服务体系，促进各级各类教育协调发展。进一步推进义务教育高质量均衡发展，加大教育发展的财政投入，完善中小学和幼儿园布局，加快市域范围内名校集团化建设，加强教育管理，努力解决中小学生课外负担重等突出问题。积极发展学前教育。有计划高质量地设立外籍人员子女学校，推进教育国际化。积极引进国内外一流大学来杭合作办学，支持市属高校提升发展，提高产教融合、校企合作水平。**提高就业质量和社会保障水平**。深入实施就业优先战略行动、创业带动就业行动、职业技能提升计划，进一步完善职业培训体系。健全劳动报酬正常增长机制，落实体现知识技能价值的收入分配政策。启动实施临安社保一体化工作，进一步完善社会保障体系。**加快健康杭州建设**。全面落实《“健康杭州2030”规划纲要》，深化医药卫生体制改革，推进高水平医联体建设。健全分级诊疗体系，提高家庭医生签约服务质量，打造智慧医疗服务升级版。加强院前医疗急救体系建设，推进红十字关爱生命工作。做好迎接国家卫生城市复评工作。支持发展托儿机构。巩固养老服务业综合改革试点成果，进一步提升养老服务质量，积极构建养老孝老敬老政策体系和社会环境。**大力发展文化体育事业**。继续做好良渚古城遗址申遗工作。加强南宋皇城遗址综合保护。推进市群众文化中心、市非遗保护中心、市城市档案中心、县级博物馆建设，启动杭州艺术学校改扩建工程。深化实施百家社区文化行、群文配送、农村电影放映和城市电影惠民等工程，丰富群众文化生活。推进市全民健身中心建设和市体育馆改造提升，新建20处全民健身中心（公园、广场），推进公共体育场馆设施免费或低收费向社会开放。做好2018年第14届国际泳联世界游泳锦标赛（25米）的服务保障工作。**加强精神文明建设**。深入践行社会主义核心价值观，大力弘扬城市人文精神，持续开展“争做最美杭州人，创建最美文明城”活动。唱响主旋律，做好纪念改革开放40周年等重大主题宣传。深化全民国防教育，增强全民国防意识。完善公共法律服务体系，加大普法力度，加强志愿服务，发展公益事业，进一步提高市民法治素养、道德素质和社会文明程度，让城市更有“温度”。

住房保障、安置房及配套设施建设、区域供水体系建设是现阶段事关全市人民的重大民生工程，必须着力抓紧抓好。**要深化住房保障制度改革**。按照中央“建立多主体供应、多渠道保障、租购并举的住房制度”改革要求，深入推进国家住房租赁试点工作，健全市场租赁房、人才租赁房、公共租赁住房等多元化保障体系，大力发展住房租赁市场特别是长期租赁市场，确保新增租赁住房占新增商品住房总量30%以上。积极推进蓝领公寓建设，着力解决外来务工人员住房需求。**要切实落实安置房及配套设施建设任务**。开工建设城中村改造和拆迁安置房1500万平方米，回迁安置1万户；按照打造一流公共服务、公共设施和公共空间的标准，编制实施《杭州市城中村改造配套设施项目建设计划（2018-2020年）》，开工建设教育、卫生、道路、河道等一批配套设施项目。**要加快千岛湖配供水工程**

**建设**。实现113公里主线隧洞贯通,开工江南线配套工程、推进城北线配套工程建设、全面竣工九溪线配套工程,为2019年形成千岛湖和钱塘江“双水源”供水格局奠定基础。

我们既要抓重大民生工程建设,也要办好群众最关注、最直接、最现实的“关键小事”。根据省市委关于政府民生实事项目人大代表票决制决定,前期市政府从市民群众、“两代表一委员”、市级部门等层面广泛征集,遴选形成12个候选项目。经本次人代会票决,以下10个项目确定为市政府2018年度民生实事项目:

1.按照“四好农村路”要求,提升改造农村公路380公里、实施精品示范公路145公里,完成60条城市道路增亮。

2.完成农村住房改造1.2万户、农村困难家庭危房改造1150户、农村C级危房治理3000户。

3.对全市签约居民中的16种慢性病患者,一次处方医保用药量从4周延长至最多12周;新增公共场所母婴设施120处。

4.在杭州主城区151所小学开展学后托管服务,建成100个市级名师乡村工作室、培训1000名乡村教师。

5.升级完善68个重点社区微型消防站,设置电动自行车集中充放点1000处、电动自行车智能充电口1万个,在全市出租房及工棚等场所安装独立式感烟探测器3万个。

6.积极推进市区既有住宅电梯加装,对符合加装条件的做到“愿改尽改”;电梯安装智慧监管装置1万台以上,实现10万台以上电梯维保透明全覆盖。

7.建设150个农村文化礼堂,建设615个村(社区)公共文化场地WIFI设施、实现全市村(社区)全覆盖。

8.推进“厕所革命”,新建改造提升750座公共厕所(其中:城区公厕100座、涉旅游厕所150座、农村公厕500座)。

9.全市新增城镇就业21万人,帮助失业人员再就业10万人,接收高校应届毕业生7万人。

10.全市持证残疾人免费乘坐市内地铁、公共汽电车和水上公交巴士。

对上述民生实事项目,市政府将加强组织领导、严格责任考核、强化统筹协同、狠抓工作落实,并接受市人大代表和社会各界监督检查,确保实事办好、好事办实。

各位代表,迈入新时代、肩负新使命,要有新气象,更要有新作为。市政府将始终坚持党的领导,按照信念过硬、政治过硬、责任过硬、能力过硬、作风过硬的要求,不断加强自身建设,努力推动各项工作再创新业绩、杭州发展再上新台阶。**要做到坚定忠诚**。牢固树立“四个意识”,严守政治纪律和政治规矩,坚决维护以习近平同志为核心的党中央权威和集中统一领导,忠诚核心、维护核心、看齐核心。认真领会贯彻上级党委政府和市委的各项决策部署,狠抓各项工作执行落实。**要严格依法行政**。切实将政府活动全面纳入法治轨道,严格规范公正文明执法,深化行政复议体制改革,以政府依法施政带动全社会尊法守法。认真执行市人大及其常委会决议决定,坚持重大事项向市人大及其常委会报告、向市政协通报制度,自觉接受人大的法律监督、工作监督和政协的民主监督。**要切实增强本领**。用习近平新时代中国特色社会主义思想持续武装头脑,不断增强学习、政治领导、改革创新、科学发展、依法行政、群众工作、狠抓落实、驾驭风险等八个本领,努力建设高素质专业化干部队伍,加快提升政府治理体系和治理能力现代化水平。**要不断改进作风**。认真开展“不忘初心、牢记使命”主题教育,忠诚敬业、勤勉为政、担当尽责。大兴调查研究之风,坚持群众路线,锲而不舍解决实际问题。自觉扛起全面从严治党主体责任,坚决同各种不正之风和腐败现象作斗争。严格贯彻中央八项规定及实施细则精神,驰而不息纠正“四风”,自觉接受监察监督,强化审计监督,推动政务公开,严格财经纪律,倡导勤俭办一切事情,建设对党忠诚、人民满意的政府。

各位代表,让我们更加紧密团结在以习近平同志为核心的党中央周围,在习近平新时代中国特色社会主义思想指引下,在省委省政府和市委领导下,大力弘扬“红船精神”,坚定信念、脚踏实地,尽心竭力、勤勉实干,为加快建设独特韵味别样精彩世界名城、不断满足人民群众日益增长的美好生活需要而努力奋斗!

## 《政府工作报告》名词解释

**最多跑一次**:通过优化办理流程、整合政务资源、融合线上线下、借助新兴手段等方式,群众和企业到政府办理“一件事情”在申请材料齐全、符合法定受理条件时,从受理申请到作出办理决定、形成办理结果全过程一次上门或零上门。

**“一件事”标准**:涉及一个部门一个办理事项、多个部门一个办理事项、一个部门多个办理事项和多个部门多个办理事项,均适用“最多跑一次”。

**国千、省千**:国家和浙江省海外高层次人才引进计划的简称。

**万人计划**:国家高层次人才特殊支持计划。

**六场硬仗**:环境整治硬仗、“五废共治”硬仗、交通治堵硬仗、招商引资硬仗、第13届全国学生运动会服务保障硬仗、平安创建硬仗。

**“1+N”+X多证合一、证照联办**:“1”指“五证合一、一照一码”;“N”指通过数据共享,整合备案和审批事项,实现“多证合一”。“X”指难以“多证合一”的审批事项实行证照联办。

**商事登记一网通**:多证合一、证照联办的网上审批系统。

**模拟审批**:各审批部门对重大投资项目在各项报建手续期间报送资料进行实质性审核审查,出具模拟审批文件。

**减负降本“28条”**:2017年11月28日,杭州市出台《促进实体经济更好更快发展的财税政策》的简称。

**农村“三位一体”**:生产、供销、信用三大合作于一体的新型农村合作体系。

**科技企业“双倍增”**:浙江省出台《加快推进“一转四创”建设“互联网+”世界科技创新高地行动计划》明确的高新技术企业、科技型中小企业“双倍增”。

**凤凰行动**:浙江省出台实施的企业上市和并购重组计划。

**一会一赛**:浙江·杭州国际人才交流与项目合作大会、

杭州市海外高层次人才创新创业大赛。

**一号工程**:发展信息经济、推进智慧应用的决策部署。

**"两化"深度融合**:信息化与工业化融合。

**企业上云**:企业通过便捷地利用网络资源,实现管理、业务等方面的数据化转型。

**农业"两区"**:粮食生产功能区和现代农业园区。

**城市数据大脑**:运用大数据、云计算、人工智能等前沿科技,针对交通拥堵等"城市病",构建平台型人工智能中枢,推进城市治理。

**五废共治**:生活固废、污泥固废、建筑固废、有害固废、再生固废的综合治理。

**三改一拆**:旧住宅区、旧厂区、城中村改造和违法建筑拆除。

**清洁排放区建设**:以能源结构清洁化、排放标准清洁化、产业发展清洁化、车船尾气清洁化、居民生活清洁化为建设目标,推动大气污染物排放总量大幅削减,大气环境质量逐步达标。

**新名校集团化战略**:名校集团化办学模式从"县域"向"市域"拓展。

**企业"两链"**:企业"资金链"和"担保链"。

**一号响应**:涉及"最多跑一次"改革相关问题统一由市"12345"统一政务咨询投诉举报平台受理响应。

**标准地**:拟出让的建设用地带着能耗、环境、建设、亩产等标准进行"招拍挂",企业对标竞价的土地出让方式。

**独角兽**:投资界对于10亿美元以上估值,并且创办时间相对较短的公司的称谓。

**市"521"计划**:从2016年开始,用5年时间,在全市重点创新项目、重点学科和重点实验室、企业和金融机构、以高新技术产业开发和成果转化为主的各类园区等领域,引进并重点支持200名左右能够突破关键技术、发展高新技术产业、带动新兴产业发展的海外高层次人才。每年引进10名左右拥有海外学习工作经历,在高等院校、科研机构、科技企业和金融机构从事创新工作的青年人才。

**名校名院名所建设工程**:国内外优质高等教育和科研资源引进建设工程。

**僵尸企业**:已停产、半停产、连年亏损、资不抵债,主要靠政府补贴和银行续贷维持经营的企业。

**5G**:第五代移动通信技术。

**IPv6**:互联网协议第6版。

**四好农村路**:建好、管好、护好、运营好农村公路。

**基层治理四个平台**:乡镇(街道)综治工作、市场监管、综合执法、便民服务四个功能性工作平台。

**雪亮工程**:以县乡村三级综治中心为指挥平台、以综治信息化为支撑、以网格化管理为基础、以公共安全视频监控联网应用为重点的群众性治安防控工程。

**五水共治**:治污水、防洪水、排涝水、保供水、抓节水。

**清三河**:治理黑河、臭河、垃圾河。

**生活垃圾"三化四分"**:垃圾的减量化、资源化、无害化处理和分类投放、分类收集、分类运输、分类处理。

**医联体**:将同一个区域内的医疗资源整合在一起,通常由一个区域内三级医院与二级医院、社区医院、村医院组成一个医疗联合体。

# 组织机构名录

## 【市级主要机构及负责人名单】
(2017年1月至12月)

### 中国共产党杭州市第十一届委员会(至2017年2月)

书　记:赵一德

副书记:张鸿铭
俞东来

常　委:赵一德　张鸿铭
俞东来　许勤华
翁卫军　张仲灿
佟桂莉(女)　潘方敏
马晓晖　叶寒冰
陈擎苍

委　员:(按姓氏笔画为序)
马晓晖　王　宏
王立华(女)　王金财
毛溪浩　方　毅
叶　明　叶寒冰
朱　华　朱建明
朱党其　许　明
许勤华　李　玲(女)
杨　军　吴才敏
吴春莲(女)　佟桂莉(女)
张仲灿　张如勇
张建庭　张振丰
张鸿铭　陈永良
陈红英(女)　陈国妹(女)
陈春雷　陈新华
陈震山　陈擎苍
金　翔　金志强
项永丹　赵一德
胡征宇　俞东来
姜　军　柴宁宁(女)
徐一超　翁卫军
翁钢粮　郭禾阳
黄海峰　戚哮虎
盛阅春　崔鹏飞
章舜年　董　悦
詹　敏　缪承潮
滕　勇　潘方敏

候补委员:(按得票数为序)
陈卫强　徐小林
刘　颖　阳作军
洪庆华　屠辛庚
赵　晴　李　虹

秘书长:许勤华

### 中国共产党杭州市第十二届委员会(2017年2月始)

书　记:赵一德

副书记:徐立毅
马晓晖
常　委:赵一德　徐立毅
马晓晖　张仲灿
佟桂莉(女)　叶寒冰
陈擎苍　戚哮虎
盛阅春　许　明
戴建平　毛溪浩
姚　峰(上市公司协会挂职干部,2017年4月始)
刘国洪(国土资源部挂职干部,2017年7月始)
任明龙(2017年10月始)
刘德生(吉林省挂职干部,2017年8月始)
委　员:(按姓氏笔画为序)
丁狄刚　于跃敏(女)
马晓晖　王　宏
王　敏　毛溪浩
方　毅　卢春强
叶寒冰　冯国明
朱　华　朱　欢
朱建明　朱党其
任明龙(2017年10月始)
许　明　刘　颖
刘国洪(国土资源部挂职干部,2017年7月始)
刘德生(吉林省挂职干部,2017年8月始)
李　玲(女)　吴仁财
吴玉凤(女)　何美华
佟桂莉(女)　沈建平
张仲灿　张如勇
张振丰　陈　瑾(女)
陈卫强　陈如根
陈红英(女)　陈国妹(女)
陈春雷　陈新华
陈震山　陈擎苍
金　翔　金志鹏
金承涛　赵一德
胡海燕(女)　洪庆华
姚　峰(上市公司协会挂职干部,2017年4月始)
骆安全　顾雪飞
柴世民　徐小林
徐立毅　黄进宇
黄海峰　戚哮虎
盛阅春　章　燕(女)
章根明　斯金锦
董　悦　董毓民
童定干　楼建忠
詹　敏　缪承潮
滕　勇　潘家玮
戴建平　魏　颖(女)
候补委员:(按得票数为序)
郭东风　范建军
高国飞　何凌超
钱美仙(女)　翁文杰
余新平　邵立春
陈祥荣　金志强
陈　健　钮　俊
秘书长:许　明

**市委工作部门:**

**办公厅**
主　任:何美华

**组织部**
部　长:张仲灿

**宣传部**
部　长:翁卫军(至2017年2月)
戚哮虎(2017年2月始)

**统战部**
部　长:董建平(至2017年2月)
佟桂莉(女)(2017年2月始)

**政策研究室**
主　任:郭东风

**政法委员会**
书　记:俞东来(至2017年2月)
马晓晖(2017年2月始)

**国防动员委员会(人民武装委员会)**
第一主任:赵一德
主　任:张鸿铭(至2017年4月)
徐立毅(2017年4月始)

**保密委员会**
主　任:许勤华(至2017年2月)
许　明(2017年2月始)

**党史研究室**
主　任:韩　卫(至2017年5月)
郎健华(2017年5月始)

**党　校**
校　长:张仲灿

**杭州日报报业集团**
社长、党委书记:赵　晴(至2017年2月)
董　悦(2017年2月始)
总编辑:万光政

**市机构编制委员会办公室**
主　任:柴宁宁(女)

**老干部局**
局　长:施迎利(女)(至2017年1月)
应敏扬(女)(2017年1月始)

**市直机关党工委**
书　记:何凌超(至2017年8月)
郑书文(2017年11月始)

**农业和农村工作办公室**
主　任:张如勇(至2017年5月)
戚建国(2017年5月始)

**市综合考评办公室**
主任、党组书记:伍　彬

**台湾工作办公室**
主　任:梁建华(女)

**市委、市政府信访局**
局　长:杨　钊
**市档案局**
局　长:郎健华(至2017年5月)
　　　　范　飞(女)(2017年5月始)
**市发展研究中心**
主　任:胡征宇

**中共杭州市纪律检查委员会(杭州市监察委员会)**
书　记:陈擎苍
监察委员会主任:陈擎苍(2017年4月始)
副书记:陈春雷(至2017年2月)
　　　　郎文荣(至2017年2月)
　　　　张振丰(2017年2月始)　陈建华
　　　　邬月培(2017年2月始)
　　　　张慧娟(女)(2017年2月始)
常　委:陈擎苍　　陈春雷(至2017年2月)
　　　　郎文荣(至2017年2月)
　　　　张振丰(2017年2月始)
　　　　陈建华　　邬月培(2017年2月始)
　　　　张慧娟(女)(2017年2月始)
　　　　温洪亮　　吴凤莲(女)
　　　　胡绍平　　胡飞龙
　　　　沈海军(2017年2月始)
　　　　金　伟(2017年2月始)
**监察局(至2017年2月)**
局　长:陈春雷
**监察委员会(2017年4月始)**
主　任:陈擎苍
副主任:张振丰　　陈建华
　　　　邬月培　　张慧娟(女)
委　员:胡绍平　　沈海军
　　　　金　伟　　方顺才
　　　　钟发根　　俞　振

**杭州市第十二届人民代表大会常务委员会(至2017年4月)**
主　任:王金财
副主任:朱金坤　　项　勤
　　　　陈振濂　　吴春莲(女)
　　　　徐祖萼　　郑荣胜
　　　　徐苏宾(女)
秘书长:陈建华(女)
委　员:(按姓氏笔画为序)
　　　　王　剑　　王慧中
　　　　叶茂东　　阮重晖
　　　　李　敏(女)　杨志毅(女)
　　　　肖仁东　　邱卫星
　　　　应雪林　　张邢炜
　　　　张治芬(女)　陈　健
　　　　陈马多里　陈国妹(女)
　　　　邵根松　　林家兴
　　　　金永新　　周　扬(女)
　　　　郑健波　　钟文静(女)
　　　　俞雪坤　　施长友(至2017年2月)
　　　　施水祥　　姚　坚
　　　　袁建进　　奚国强
　　　　黄志耀　　崔新明
　　　　章一超　　章方祥
　　　　章国经　　路江通
　　　　解崇明　　薛滔菁(女)
　　　　魏　颖(女)
党组书记:王金财
党组副书记:朱金坤

**杭州市第十二届人民代表大会专门委员会(至2017年4月)**
**法制委员会**
主任委员:徐祖萼(兼)
**内务司法委员会**
主任委员:吴春莲(女)(兼)
**财政经济委员会**
主任委员:项　勤(兼)
**城乡建设环境保护委员会**
主任委员:朱金坤(兼)
**教育科学文化卫生委员会**
主任委员:徐苏宾(女)(兼)
**农业和农村委员会**
主任委员:郑荣胜(兼)
**民族宗教华侨、外事委员会**
主任委员:陈振濂(兼)

**杭州市第十二届人民代表大会常务委员会各工作机构和工作委员会(至2017年4月)**
**办公厅**
主　任:叶茂东
**研究室**
主　任:阮重晖
**人事代表工作委员会**
主　任:章一超
**法制工作委员会**
主　任:路江通
**内务司法工作委员会**
主　任:陈马多里
**财政经济工作委员会**
主　任:王　剑
**城乡建设环境保护工作委员会**
主　任:施水祥
**教育科学文化卫生工作委员会**
主　任:姚　坚
**农业和农村工作委员会**
主　任:邱卫星
**民族宗教华侨、外事工作委员会**
主　任:袁建进

**杭州市第十三届人民代表大会常务委员会(2017年4月始)**
主　任:于跃敏(女)
副主任:许勤华　张建庭
徐祖萼　郑荣胜
罗卫红(女)
秘书长:张如勇
委　员:(按姓氏笔画为序)
丁忠芳　王　辉(女)
王荣富　毛文峰(女)
阮重晖　杜　卫
肖仁东　吴建华
吴锡根　邱卫星
应雪林　张永谊
张邢炜　张治芬(女)
陈　健　陈马多里
陈国妹(女)(至2017年8月)
邵剑明　邵根松(至2017年6月)
林国蛟　周先木
郑健波　赵　敏
赵　敏(桐庐)
赵壮志(至2017年6月)
钟文静(女)　俞雪坤
姚　坚　骆　寅
聂　江　钱伯皓
奚国强　章一超
章国经　韩　勇
曾福明　裘　超(女)
解崇明　管　军
潘曙龙　薛滔菁(女)
魏　颖(女)
党组书记:于跃敏(女)
党组副书记:许勤华　张建庭

**杭州市第十三届人民代表大会专门委员会(2017年4月始)**
**法制委员会**
主任委员:徐祖萼(兼)
**内务司法委员会**
主任委员:许勤华(兼)
**财政经济委员会**
主任委员:许勤华(兼)
**城乡建设环境保护委员会**
主任委员:张建庭(兼)
**教育科学文化卫生委员会**
主任委员:罗卫红(女)(兼)
**农业和农村委员会**
主任委员:郑荣胜(兼)
**民族宗教华侨、外事委员会**
主任委员:张建庭(兼)

**杭州市第十三届人民代表大会常务委员会各工作机构和工作委员会(2017年4月始)**
**办公厅**
主　任:阮重晖
**研究室**
主　任:丁忠芳
**人事代表工作委员会**
主　任:章一超
**法制工作委员会**
主　任:陈马多里
**内务司法工作委员会**
主　任:王　辉(女)
**财政经济工作委员会**
主　任:骆　寅
**城乡建设环境保护工作委员会**
主　任:王荣富
**教育科学文化卫生工作委员会**
主　任:姚　坚
**农业和农村工作委员会**
主　任:邱卫星
**民族宗教华侨、外事工作委员会**
主　任:周先木

**杭州市人民政府**
市　长:张鸿铭(至2017年2月)
代市长:徐立毅(2017年2月至4月)
市　长:徐立毅(2017年4月始)
副市长:马晓晖(至2017年4月)
张建庭(至2017年4月)
戚哮虎(至2017年4月)
项永丹(至2017年2月)
戴建平(2017年4月始)
陈新华(2017年4月始)
谢双成
陈红英(女)
缪承潮(2017年4月始)
王　宏(2017年4月始)
姚　峰(上市公司协会挂职干部,2017年6月始)
刘国洪(国土资源部挂职干部,2017年8月始)
陈国妹(女)(2017年8月始)
刘德生(吉林省挂职干部,2017年10月始)
党组书记:张鸿铭(至2017年2月)
徐立毅(2017年2月始)
秘书长:王　宏(至2017年5月)
丁狄刚(2017年5月始)

**市政府工作部门:**
**办公厅**
主　任:高国飞
党组书记:王　宏(至2017年5月)
丁狄刚(2017年5月始)
**研究室**
主任、党组书记:何利松
**发展和改革委员会**

主任、党委书记：李 玲（女）（至2017年8月）
洪庆华（2017年8月始）
**国有资产监督管理委员会**
主任、党委书记：屠辛庚（至2017年5月）
王 希（2017年5月始）
**经济和信息化委员会**
主任、党委书记：洪庆华（至2017年8月）
夏积亮（2017年8月始）
**数据资源管理局（2017年5月始）**
主任、党组书记：郑荣新
**科学技术委员会（知识产权局、地震局）**
主任（局长）、党组书记：阳作军
**教育局（市委教育工委）**
局长、工委书记：沈建平
**财政局**
局长、党委书记：金 翔
**国家税务局**
局长、党组书记：沈 华
**地方税务局**
局 长：金 翔
**人力资源和社会保障局**
局长、党委书记：郭禾阳（至2017年5月）
叶茂东（2017年5月始）
**民政局**
局长、党委书记：徐小林（至2017年8月）
何凌超（2017年8月始）
**公安局**
局长、党委书记：叶寒冰
**国家安全局**
局长、党委书记：赵宪国（至2017年4月）
陆永敏（2017年12月始）
**司法局**
局长、党委书记：吴声华
**交通运输局**
局长、党委书记：范建军
**安全生产监督管理局（安全生产委员会办公室）**
局长（主任）、党组书记：王 辉（女）（至2017年5月）
郑洪彪（2017年5月始）
**商务委员会（粮食局）**
主任（局长）、党委书记：刘晓明
**城乡建设委员会**
主任、党委书记：丁狄刚（至2017年5月）
孔春浩（2017年5月始）
**规划局（测绘与地理信息局）**
局 长：张 勤（女）
党组书记：郑书文（至2017年11月）
**住房保障和房产管理局**
局长、党委书记：周先木（至2017年4月）
周 琪（女）（2017年4月始）
**国土资源局**
局长、党委书记：谢建华
**环境保护局**
局 长：胡 伟
党组书记：张鸿斌（至2017年5月）
劳新祥（2017年5月始）
**西湖风景名胜区管委会〔园林文物局、京杭运河（杭州段）综合保护委员会〕**
主任（局长）、党委书记：翁文杰（2017年5月始）
**城市管理委员会（城市管理行政执法局、城市管理行政执法支队）（至2017年5月）**
主任（局长、支队长）：翁文杰
党委书记：翁文杰（至2017年4月）
李 磊（2017年4月始）
**城市管理委员会（综合行政执法局、综合行政执法支队）（2017年5月始）**
主任（局长、支队长）、党委书记：李 磊
**旅游委员会**
主任、党委书记：李 虹（至2017年5月）
张鸿斌（2017年5月始）
**审计局**
局长、党组书记：骆 寅（至2017年5月）
王 剑（2017年5月始）
**统计局（社会经济调查局）**
局长、党组书记：杜国忠
**市场监督管理局**
**（工商行政管理局、食品药品监督管理局）**
局长、党委书记：陈祥荣
**物价局**
党组书记：郭初民（至2017年5月）
朱利民（2017年5月始）
局 长：郭初民（至2017年5月）
石连忠（2017年6月始）
**质量技术监督局**
局长、党委书记：邵新华（女）（至2017年5月）
楼俪捷（女）（2017年5月始）
**农业局（水产局）**
局长、党委书记：程春建（至2017年5月）
赵国钦（2017年5月始）
**林业水利局**
局长、党委书记：周定炎（至2017年5月）
华德法（2017年5月始）
**文化广电新闻出版局（版权局）、文化市场行政执法总队**
局长、党委书记：钮 俊（至2017年5月）
孙雍容（女）（2017年5月始）
**体育局**
局长、党委书记：金承龙
**卫生和计划生育委员会（爱国卫生运动委员会）**
主任、党委书记：滕建荣
**外事办公室（港澳事务办公室）（至2017年5月）**
主任、党组书记：董祖德
**侨务办公室（至2017年5月）**
主任、党组书记：林国蛟
**外事侨务办公室（港澳事务办公室）（2017年5月始）**
主任、党组书记：董祖德

**法制办公室**
主任、党组书记:魏　民(至2017年5月)
　　　　　　　涂冬山(2017年5月始)
**行政审批服务管理办公室**
**(公共资源交易管理委员会办公室)**
主任、党组书记:马杭军(至2017年5月)
主　任:林　革(2017年6月始)
党组书记:赵金龙(2017年5月始)
**金融工作办公室**
主任、党组书记:王越剑
**民族宗教事务局**
局长、党组书记:杨志刚(至2017年5月)
　　　　　　　邵根松(2017年5月始)
**人民防空办公室(民防局)**
主任(局长)、党组书记:林友保(至2017年5月)
　　　　　　　　　　谢国建(2017年5月始)
**台湾事务办公室**
主　任:梁建华(女)
**国内经济合作办公室(至2017年7月)**
主任、党组书记:戚建国(至2017年5月)
　　　　　　　王　翀(2017年5月始)
**投资促进局(2017年7月始)**
局长、党组书记:王　翀
**市政府驻北京办事处**
党组书记:贾大清(女)(至2017年5月)
　　　　麻承荣(2017年5月始)
主　任:麻承荣(2017年6月始)
**市政府驻上海(深圳)办事处**
主　任:楼杏元
**机关事务管理局**
局长、党委书记:江　冰(至2017年5月)
　　　　　　　韩　卫(2017年5月始)

**中国人民解放军浙江省杭州警备区**
党委第一书记:赵一德(兼)
党委书记:雷　林(至2017年7月)
　　　　徐建国(2017年7月始)
司令员:潘方敏(至2017年7月)
　　　任明龙(2017年7月始)
政治委员:雷　林(至2017年7月)
　　　　徐建国(2017年7月始)
**陆军预备役步兵师高炮团**
党委第一书记:王金财(兼)
党委书记:王英军
团　长:空　缺
第一政治委员:王金财
政治委员:王英军

**政协杭州市第十届委员会(至2017年4月)**
主　席:叶　明
副主席:张鸿建　何关新
　　　董建平　赵光育
　　　朱祖德　张必来
　　　汪小玫(女)　叶鉴铭
常务委员:(按姓氏笔画为序)
王　坚　王　翔
王世恒　王发明
王利民　毛伟民
方　方　方伟文
石仕元　石连忠
白　莉(女)　包嘉颖(女)
冯仁强　吕芬芳(女)
朱彩凤(女)　刘庆敏(女)
刘政奇　刘秋敏
汤建新　许　红(女)
许　雷　孙　跃
李　虹(女)　李　黎(女)
杨宝庆　杨金南
肖　锋　吴　静(女)
吴持瑛(女)　吴洁静(女)
何明俊　何建法
何黎明　余　岱
余新平　辛　薇(女)
沈建平　沈墨宁
张　刚　张　明
张　莉(女)　张利群
张炳新　张爱莲(女)
张慧慧(女)　陈　凯
陈　涛　陈伯滔
陈国安　陈建华
陈桂珍(女)　陈清莉(女)
范　渊　林　沛(女)
林　蔚(女)　金志强
金建祥　周　红(女)
周　琪(女)　周智林
郑家茂　单　敏(女)
赵才苗　赵金龙
胡　伟　胡志荣
钟玉腾　洪守霞(女)
宦金元　姚　萍(女)
姚树列　袁国标
高德康　郭清晔
桑坚信　崔小平
章鹏飞　释月真
楼玉宇(女)　楼章华
黎青平　戴文昌
秘书长:陈　晨
党组书记:叶　明
党组副书记:张鸿建　何关新

**政协杭州市第十一届委员会(2017年4月始)**
主　席:潘家玮
副主席:翁卫军　汪小玫(女)
　　　叶鉴铭　陈永良

王立华(女) 周智林
胡 伟 冯仁强

常务委员:

陈建华 金志强
方 方 包嘉颖(女)
宦金元 赵才苗
郭清晔 刘政奇
吴 静(女) 陈 凯
钟玉腾 何黎明
林 蔚(女) 吕芬芳(女)
单 敏(女) 高德康
张 莉(女) 张慧慧(女)
陈国安 杨宝庆
释月真 沈墨宁
刘秋敏 王利民
姚 萍(女) 肖 锋
何明俊 吴持瑛(女)
范 渊 郭初民
陈国兴 李志龙
来 虹(女) 吕建平
郭 兵 申屠敏(女)
周常生 洪 明
谢春凤(女) 侯公林
陈金良 赵海燕
裘小民(女) 倪晓娟(女)
吴式琇 黄伟源
李玉美(女) 马 彦
赵喜凯 林 革
陈旭虎 蒋吉清(女)
马利阳 翁正营
朱明虬 张贵书
沈小东 章 勤(女)
唐 奕(女) 张 钎
蔡 瑾(女) 吴伟进
李正刚 吴南平
沈 翔 娄火明
朱汉良 金 波
温正胞 万光政
丁 华(女) 程华民
次登央吉(女)苏 挺
孙彰道 陶 骏
阮文静(女) 庄凌云
周志刚 周定炎
江 冰 周 军
方 春(女) 钱 峰
寿伟义 赵金龙
孙雍容(女) 郑 冰(女)

秘书长:陈 晨
党组书记:潘家玮
党组副书记:翁卫军

**市政协工作部门:**

**办公厅**
主 任:孙 跃(至2017年3月)
郭初民(2017年3月始)
**研究室**
主 任:王 翔(至2017年3月)
陈国兴(2017年3月始)
**文史委员会**
主 任:王利民
**提案委员会**
主 任:姚 萍(女)
**经济和农业农村委员会**
主 任:石连忠(至2017年4月)
周定炎(2017年4月始)
**港澳台侨和外事委员会**
主 任:肖 锋(至2017年4月)
江 冰(2017年4月始)
**社会法制和民族宗教委员会**
主 任:辛 薇(女)(至2017年4月)
周 军(2017年4月始)
**城市建设和人口资源环境委员会**
主 任:何明俊
**委员工作委员会**
主 任:吴持瑛(女)
**教育科技文化卫生体育委员会**
主 任:周 红(女)(至2017年4月)
肖 锋(2017年4月始)

**市中级人民法院**
党组书记:翁钢粮(至2017年2月)
斯金锦(2017年2月始)
院 长:翁钢粮(至2017年2月)
代院长:斯金锦(2017年2月至4月)
院 长:斯金锦(2017年4月始)
**市人民检察院**
检察长、党组书记:顾雪飞

**市民主党派和工商联:**
**中国国民党革命委员会杭州市委员会**
主 委:叶鉴铭
**中国民主同盟杭州市委员会**
主 委:宦金元
**中国民主建国会杭州市委员会**
主 委:郭清晔
**中国民主促进会杭州市委员会**
主 委:谢双成
**中国农工民主党杭州市委员会**
主 委:周智林
**中国致公党杭州市委员会**
主 委:胡 伟
**九三学社杭州市委员会**
主 委:罗卫红(女)
**市工商业联合会**

主　席:冯仁强
党组书记:邵根松(至2017年5月)
　　　　徐祖德(2017年5月始)

**部分人民团体:**

**市总工会**
主　席:郑荣胜(兼)
党组书记:吴仁财
**中国共产主义青年团杭州市委员会**
书记、党组书记:空　缺
**市青年联合会**
主　席:周　扬(女)(至2017年11月)
　　　吴洁静(女)(2017年11月始)
**市妇女联合会**
主席、党组书记:魏　颖(女)
**市归国华侨联合会**
主　席:王立华(女)(2017年4月始)
党组书记:林国蛟(2017年3月始)
**市科学技术协会**
主席、党组书记:郑健波
**市文学艺术界联合会**
主席、党组书记:应雪林
**市老龄工作委员会**
主　任:戚哮虎(兼)(至2017年12月)
　　　王　宏(兼)(2017年12月始)
**市社会科学界联合会**
主席、党组书记:沈　翔
**中国国际贸易促进委员会杭州市委员会**
会长、党组书记:蒋建安(至2017年4月)
会　长:王国珍(女)(2017年5月始)
党组书记:王国珍(女)(2017年4月始)
**市残疾人联合会**
理事长、党组书记:钟文静(女)
**市对外友好协会**
名誉会长:龚　正(兼)
会　长:王金财(兼)

**其他行政事业机构:**

**市爱国卫生运动委员会**
主　任:陈红英(女)
**市地方志编纂委员会**
主　任:张鸿铭(兼)(至2017年6月)
　　　徐立毅(兼)(2017年6月始)
**市机构编制委员会**
主　任:张鸿铭(兼)(至2017年5月)
　　　徐立毅(兼)(2017年5月始)
**国网浙江省电力公司杭州供电公司**
总经理:杨　勇
党委书记:姜启亮
**中国电信股份有限公司杭州分公司**
总经理、党委书记:章晓钫(女)
**浙江省邮政公司杭州市分公司**
总经理:严　明
党委书记:陈祖明
**杭州市邮政管理局**
局长、党组书记:赵　武
**浙江移动通信有限公司杭州分公司**
总经理、党委书记:王文生
**中国联合网络通信有限公司杭州市分公司**
总经理、党委书记:聂明岩
**中国石化股份有限公司浙江杭州石油分公司**
总经理、党委书记:丁成伟
**市钱江新城建设管理委员会(钱江新城建设指挥部、杭州铁路及东站枢纽建设指挥部)**
主任(总指挥)、党委书记:郑翰献
**市城乡区域统筹发展工委办**
主　任:张如勇(至2017年5月)
　　　戚建国(2017年5月始)
**市气象局**
局长、党组书记:苗长明(至2017年5月)
　　　　　　　张　力(2017年5月始)
**市供销合作社联合社**
主任、党委书记:华德法(至2017年5月)
　　　　　　　方月仙(女)(2017年5月始)
**市西湖博览会组委会办公室**
主任、党组书记:叶　敏(至2017年5月)
　　　　　　　裘建平(2017年5月始)
**杭州文化广播电视集团**
管委会总裁、党委书记:余新平
编委会总编辑:郑桂岚(女)
**西泠印社社务委员会**
主任、西泠印社党委书记:杨志毅(女)(至2017年5月)
　　　　　　　　　　　龚志南(2017年5月始)
**市烟草专卖局(杭州烟草分公司)**
局长(经理)、党组书记:林少华(女)
**杭州大江东产业集聚区(杭州临江高新技术产业开发区)管理委员会**
主　任:杨　军(至2017年4月)
党工委书记:空　缺
**杭州城西科创产业集聚区管理委员会**
主　任:陈永良(至2017年8月)
　　　李　玲(女)(2017年8月始)
党工委书记:佟桂莉(女)(兼)
**杭州经济技术开发区(浙江杭州出口加工区)管理委员会**
主任、党工委书记:邵立春
**杭州余杭经济技术开发区(杭州钱江经济开发区)管理委员会**
主任、党工委书记:沈　昱
**萧山经济技术开发区管理委员会**
主任、党工委书记:叶建宏
**杭州良渚遗址管理区管理委员会(浙江省杭州良渚遗址管理局)**
主任(局长)、党工委书记:张俊杰
**杭州高新技术产业开发区管理委员会**
主　任:金志鹏
党工委书记:詹　敏

**杭州之江国家旅游度假区管理委员会**
主　任:刘　颖(2017年3月始)
党工委书记:章根明(2017年3月始)
**市发展规划和体制改革研究院**
院　长:赵金龙(兼)(至2017年6月)
**市农业科学研究院**
院长、党委书记:严建立
**中国人民银行杭州中心支行**
行长、党委书记:殷兴山
**中国工商银行股份有限公司浙江省分行营业部**
总经理、党委书记:沈　忻
**中国建设银行股份有限公司浙江省分行营业部**
总经理、党委书记:劳新江
**中国农业银行股份有限公司浙江省分行营业部**
总经理、党委书记:朱文达
**交通银行股份有限公司浙江省分行**
行长、党委书记:陆　涛
**杭州银行股份有限公司**
董事长、党委书记:陈震山
行　长:宋剑斌
**中国人民财产保险股份有限公司杭州市分公司**
总经理、党委书记:徐　斌(至2017年2月)
　　吴建林(兼)(2017年2月至10月)
　　徐学德(兼)(2017年10月始)
**中国人寿保险股份有限公司杭州市分公司**
总经理、党委书记:王忠伟(女)
**中国太平洋财产保险股份有限公司杭州中心支公司**
总经理、党委书记:程　伟
**中国太平洋人寿保险股份有限公司杭州中心支公司**
法人渠道总经理、党委书记:姚胜琴(女)
总经理:刘余庆
**市社会科学院**
院长、党组书记:沈　翔
**市实业投资集团有限公司**
董事长、党委书记:沈　立
总经理:骆旭升(至2017年8月)
　　朱少杰(2017年8月始)
**市交通投资集团有限公司**
董事长、党委书记:章舜年
总经理:周建华
**市城市建设投资集团有限公司**
董事长、党委书记:冯国明
总经理:章维明(至2017年8月)
　　骆旭升(2017年8月始)
**市运河综合保护开发建设集团有限责任公司**
董事长、党委书记:高小辉
总经理:倪政刚(至2017年8月)
　　章维明(2017年8月始)
**市钱江新城投资集团有限公司**
董事长、党委书记:朱云夫
**杭州奥体博览城建设指挥部**
总指挥、党委书记:黄昊明
**市地铁集团有限责任公司**
董事长、党委书记:邵剑明
总经理:朱少杰(至2017年8月)
　　朱春雷(2017年9月始)
**市商贸旅游集团有限公司**
董事长、党委书记:赵　敏
总经理:陆晓亮
**市金融投资集团有限公司**
董事长、党委书记:张锦铭
总经理:虞利明
**华数数字电视传媒集团有限公司**
董事长、党委书记:王健儿
总经理:陆政品(2017年9月始)
**西泠印社集团有限公司**
董事长、党委书记:钱伯皓
总经理:钱伯皓(至2017年6月)
　　谭　飞(2017年6月始)
**市千岛湖原水股份有限公司**
董事长、党委书记:李红良
总经理:陈云龙
**市对口支援新疆阿克苏地区阿克苏市指挥部**
指挥长、党委书记:楼建忠(至2017年1月)
　　杨国正(2017年1月始)

## 【区县(市)主要机构及负责人名单】
## (2017年1月至12月)

**中共杭州市上城区第十届委员会**
书　记:陈　瑾(女)
**中共杭州市上城区纪律检查委员会**
书　记:金晓东
**杭州市上城区第十四届人大常委会(至2017年2月)**
主　任:袁建祥
**杭州市上城区第十五届人大常委会(2017年2月始)**
主　任:袁建祥
**上城区人民政府**
代区长:金承涛(至2017年2月)
区　长:金承涛(2017年2月始)
**政协杭州市上城区第四届委员会(至2017年2月)**
主　席:占仁义
**政协杭州市上城区第五届委员会(2017年2月始)**
主　席:占仁义
**上城区人民法院**
代院长:叶　青(女)(至2017年2月)
院　长:叶　青(女)(2017年2月始)
**上城区人民检察院**
代检察长:孙　勇(至2017年2月)
检察长:孙　勇(2017年2月始)

**中共杭州市下城区第十届委员会**
书　记:陈卫强
**中共杭州市下城区纪律检查委员会**

书　记:沈国祥

**杭州市下城区第十四届人大常委会(至2017年2月)**

主　任:许岳荣

**杭州市下城区第十五届人大常委会(2017年2月始)**

主　任:许岳荣

**下城区人民政府**

代区长:柴世民(至2017年2月)

区　长:柴世民(2017年2月始)

**政协杭州市下城区第四届委员会(至2017年2月)**

主　席:杨国琴(女)

**政协杭州市下城区第五届委员会(2017年2月始)**

主　席:杨国琴(女)

**下城区人民法院**

院　长:何　敏

**下城区人民检察院**

检察长:王晓光

**中共杭州市江干区第十届委员会**

书　记:滕　勇

**中共杭州市江干区纪律检查委员会**

书　记:叶　素

**杭州市江干区第十四届人大常委会(至2017年2月)**

主　任:蔡仲光

**杭州市江干区第十五届人大常委会(2017年2月始)**

主　任:蔡建云

**江干区人民政府**

代区长:楼建忠(至2017年2月)

区　长:楼建忠(2017年2月始)

**政协杭州市江干区第四届委员会(至2017年2月)**

主　席:朱关泉

**政协杭州市江干区第五届委员会(2017年2月始)**

主　席:黄爱芳(女)

**江干区人民法院**

代院长:楼军民(至2017年2月)

院　长:楼军民(2017年2月始)

**江干区人民检察院**

代检察长:江波均(女)(至2017年2月)

检察长:江波均(女)(2017年2月始)

**中共杭州市拱墅区第七届委员会**

书　记:朱建明

**中共杭州市拱墅区纪律检查委员会**

书　记:王伟平

**杭州市拱墅区第六届人大常委会(至2017年2月)**

主　任:洪永跃

**杭州市拱墅区第七届人大常委会(2017年2月始)**

主　任:吴才敏

**拱墅区人民政府**

代区长:章　燕(女)(至2017年2月)

区　长:章　燕(女)(2017年2月始)

**政协杭州市拱墅区第四届委员会(至2017年2月)**

主　席:钟丽萍(女)

**政协杭州市拱墅区第五届委员会(2017年2月始)**

主　席:周志辉

**拱墅区人民法院**

院　长:王美芳(女)

**拱墅区人民检察院**

检察长:罗有顺

**中共杭州市西湖区第九届委员会**

书　记:章根明

**中共杭州市西湖区纪律检查委员会**

书　记:胡光伟

**杭州市西湖区第十四届人大常委会(至2017年2月)**

主　任:施增富

**杭州市西湖区第十五届人大常委会(2017年2月始)**

主　任:施迎利(女)

**西湖区人民政府**

代区长:刘　颖(至2017年2月)

区　长:刘　颖(2017年2月始)

**政协杭州市西湖区第四届委员会(至2017年2月)**

主　席:张　岐

**政协杭州市西湖区第五届委员会(2017年2月始)**

主　席:叶伟平

**西湖区人民法院**

院　长:程建飞

**西湖区人民检察院**

代检察长:陈平祥(至2017年2月)

检察长:陈平祥(2017年2月始)

**中共杭州市滨江区第五届委员会**

书　记:詹　敏

**中共杭州市滨江区纪律检查委员会**

书　记:黄利文

**杭州市滨江区第四届人大常委会(至2017年2月)**

主　任:韩建中

**杭州市滨江区第五届人大常委会(2017年2月始)**

主　任:韩建中

**滨江区人民政府**

区　长:金志鹏

**政协杭州市滨江区第一届委员会(至2017年2月)**

主　席:沈孔良

**政协杭州市滨江区第二届委员会(2017年2月始)**

主　席:俞少平

**滨江区人民法院**

院　长:池海江

**滨江区人民检察院**

代检察长:陈云高(至2017年2月)

检察长:陈云高(2017年2月始)

**中共杭州市萧山区第十五届委员会**

书　记:盛阅春

**中共杭州市萧山区纪律检查委员会**

书　记:蒋金娥(女)

**杭州市萧山区第十五届人大常委会(至2017年2月)**
主　任:王珠瑛(女)
**杭州市萧山区第十六届人大常委会(2017年2月始)**
主　任:裘　超(女)
**萧山区人民政府**
代区长:王　敏(至2017年2月)
区　长:王　敏(2017年2月始)
**政协杭州市萧山区第十三届委员会(至2017年2月)**
主　席:洪松法
**政协杭州市萧山区第十四届委员会(2017年2月始)**
主　席:洪松法
**萧山区人民法院**
代院长:施金良(至2017年2月)
院　长:施金良(2017年2月始)
**萧山区人民检察院**
检察长:方顺才(至2017年7月)
代检察长:王玉珹(2017年7月始)

**中共杭州市余杭区第十四届委员会**
书　记:戴建平(至2017年2月)
　　　毛溪浩(2017年2月始)
**中共杭州市余杭区纪律检查委员会**
书　记:邵伟斌
**杭州市余杭区第十四届人大常委会(至2017年2月)**
主　任:汪宏儿
**杭州市余杭区第十五届人大常委会(2017年2月始)**
主　任:汪宏儿
**余杭区人民政府**
代区长:陈如根(至2017年2月)
区　长:陈如根(2017年2月始)
**政协杭州市余杭区第十届委员会(至2017年2月)**
主　席:阮文静(女)
**政协杭州市余杭区第十一届委员会(2017年2月始)**
主　席:阮文静(女)
**余杭区人民法院**
院　长:罗　鑫
**余杭区人民检察院**
代检察长:陈　娟(女)(至2017年2月)
检察长:陈　娟(女)(2017年2月始)

**中共杭州市富阳区第一届委员会**
书　记:朱党其
**中共杭州市富阳区纪律检查委员会**
书　记:胡志明
**杭州市富阳区第十五届人大常委会(至2017年2月)**
主　任:汤金华
**杭州市富阳区第十六届人大常委会(2017年2月始)**
主　任:汤金华
**富阳区人民政府**
代区长:吴玉凤(女)(至2017年2月)
区　长:吴玉凤(女)(2017年2月始)
**政协杭州市富阳区第八届委员会(至2017年2月)**
主　席:陆洪勤
**政协杭州市富阳区第九届委员会(2017年2月始)**
主　席:陆洪勤
**富阳区人民法院**
院　长:赵　平
**富阳区人民检察院**
检察长:任　平

**中共临安市第十四届委员会(至2017年7月)**
书　记:卢春强
**中共杭州市临安区第一届委员会(2017年7月始)**
书　记:卢春强
**中共临安市纪律检查委员会(至2017年7月)**
书　记:杨富强
**中共杭州市临安区纪律检查委员会(2017年7月始)**
书　记:杨富强
**临安市第十五届人大常委会(至2017年2月)**
主　任:吴苗强
**临安市第十六届人大常委会(2017年2月始)**
主　任:李文钢(至2017年7月)
**杭州市临安区第十六届人大常委会(2017年7月始)**
主　任:李文钢
**临安市人民政府(至2017年7月)**
代市长:骆安全(至2017年2月)
市　长:骆安全(2017年2月始)
**杭州市临安区人民政府(2017年7月始)**
区　长:骆安全
**政协临安市第八届委员会(至2017年2月)**
主　席:张金良
**政协临安市第九届委员会(2017年2月始)**
主　席:张金良(至2017年7月)
**政协杭州市临安区第九届委员会(2017年7月始)**
主　席:张金良
**临安市人民法院(至2017年7月)**
院　长:毛煜焕
**杭州市临安区人民法院(2017年7月始)**
院　长:毛煜焕
**临安市人民检察院(至2017年7月)**
代检察长:沈亚平(女)(至2017年2月)
检察长:沈亚平(女)(2017年2月始)
**杭州市临安区人民检察院(2017年7月始)**
检察长:沈亚平(女)

**中共桐庐县第十四届委员会**
书　记:朱　华
**中共桐庐县纪律检查委员会**
书　记:张启成
**桐庐县第十五届人大常委会(至2017年2月)**
主　任:游　宏
**桐庐县第十六届人大常委会(2017年2月始)**
主　任:游　宏
**桐庐县人民政府**

县　长:方　毅
**政协桐庐县第八届委员会(至2017年2月)**
主　席:王金才
**政协桐庐县第九届委员会(2017年2月始)**
主　席:王金才
**桐庐县人民法院**
院　长:陆忠明
**桐庐县人民检察院**
检察长:夏　涛

**中共淳安县第十四届委员会**
书　记:黄海峰
**中共淳安县纪律检查委员会**
书　记:赖明诚
**淳安县第十五届人大常委会(至2017年2月)**
主　任:余永青
**淳安县第十六届人大常委会(2017年2月始)**
主　任:余永青
**淳安县人民政府**
代县长:董毓民(至2017年2月)
县　长:董毓民(2017年2月始)
**政协淳安县第八届委员会(至2017年2月)**
主　席:刘小松
**政协淳安县第九届委员会(2017年2月始)**
主　席:刘小松
**淳安县人民法院**
院　长:陈奇策
**淳安县人民检察院**
代检察长:杨　勇(至2017年2月)
检察长:杨　勇(2017年2月始)

**中共建德市第十四届委员会**
书　记:童定干
**中共建德市纪律检查委员会**
书　记:柴国庆
**建德市第十五届人大常委会(至2017年2月)**
主　任:空　缺
**建德市第十六届人大常委会(2017年2月始)**
主　任:童定干
**建德市人民政府**
代市长:朱　欢(至2017年2月)
市　长:朱　欢(2017年2月始)
**政协建德市第十三届委员会(至2017年2月)**
主　席:吴铁民
**政协建德市第十四届委员会(2017年2月始)**
主　席:吴铁民
**建德市人民法院**
院　长:毛志军
**建德市人民检察院**
代检察长:高　翔(至2017年2月)
检察长:高　翔(2017年2月始)

(市委组织部)

# 先进单位名录

**【2017年度市综合考评结果】**

综合考评的单位共有62个。

优胜单位(满意单位):

市公安局、市财政局(市地税局)、市卫生计生委、市人力社保局、市委组织部(市委人才办)、市建委、市委宣传部(市文明办)、市民政局(市老龄工办)、市国土资源局、市旅委、杭州西湖风景名胜区管委会(市园文局、市运河综保委)。

先进单位(含创新进档单位):

市交通运输局、市环保局、市发改委、市审管办(市公共资源交易管委会办公室)、市林水局、市城管委(市综合执法局)、市经信委、市教育局、市委统战部、市规划局(市测绘与地理信息局)、市文广新闻出版局(市版权局)、市市场监管局(市工商局、市食品药品监管局)、市公安消防局、市委党校(市行政学院、市社会主义学院)。

非综合考评单位共有51个。

成绩显著单位:市委办公厅(市委政研室、市委改革办)、市政府办公厅(市政府研究室、市数据资源局)、市纪委、市监委机关、市人大常委会机关、市政协机关、市法院、市检察院、市编办。

工作先进单位:市机关事务局、市地铁集团、市城投集团、市统计局(市调查局)、市委老干部局(市关工委)、市国税局、市政府驻北京办事处、市审计局、市国安局。

**【2017年度区、县(市)考评结果】**

12个区、县(市)(淳安县除外)综合考评总体得分较高,最高为96.926分,最低为93.119分,平均得分为94.817分。按照2017年度区、县(市)综合考评结果评定规则,12个区、县(市)综合考评最终得分都在优良达标线85分以上,且均无“一票否决”,总得分排名前三位的余杭区、杭州高新开发区(滨江)、西湖区确定为优秀等次,其他区、县(市)确定为良好等次。

根据市委有关文件精神,淳安县作为“美丽杭州”实验区,在区、县(市)综合考评中单列考评,最终得分为94.185分,超过85分优良达标线,确定为良好等次。

**【综合考评单项奖结果】**

“落实重点改革任务”先进单位:市法院、市委组织部(市委人才办)、市公安局、市民政局(市老龄工办)、市卫生计生委、市委办公厅(市委政研室、市委改革办),杭州高新开发区(滨江)、富阳区、余杭区。

“‘最多跑一次’改革”先进单位:市市场监管局(市工商局、市食品药品监管局)、市编办、市财政局(市地税局)、市政府办公厅(市政府研究室、市数据资源局)、市发改委、市公安局、市国土资源局、市住保房管局、市审管办(市公共资源交易管委会办公室)、市人力社保局、市委宣传部(市文明办)、市统计局(市调查局)。

“轨道交通和快速路网建设”先进单位:市地铁集团、市建委、市发改委、市交通运输局、市国土资源局、市财政局(市地税局)、余杭区、萧山区、临安区。

“城中村改造和小城镇综合整治”先进单位:市建委、市城投集团、市卫生计生委、西湖区、萧山区、拱墅区,淳安县、临安区、建德市。

“政府为民办实事项目”先进单位:市交通运输局、市地铁集团、市城投集团、市卫生计生委。

“市剿灭劣五类水”先进单位:市城管委(市综合执法局)、市环保局、市林水局、市建委、市城投集团、杭州经济开发区管委会、西湖区、余杭区、萧山区、淳安县。

“平安创建”先进单位:桐庐县、淳安县、建德市。

“进位显著奖”单位共10个:综合考评参评单位6个,分别为市物价局、市民族宗教局、市信访局(“12345”市长公开电话受理中心)、市安全监管局(市安委办)、市法制办、杭州文广集团(杭州广播电视台);综合考评非参评单位4个,分别为市运河集团、杭州城西科创产业集聚区管委会、杭州铁路公安处、市委防范办。

“创新奖”项目共12个:市直单位9个,分别为市政府办公厅(市政府研究室、市数据资源局)、市编办、市审管办(市公共资源交易管委会办公室)、市法制办的“推进‘最多跑一次’改革”;市公安局的“大数据背景下的城市交通治堵模式变革”;市法院的“以‘杭州互联网法院’为抓手,司法保障互联网经济发展”;市发改委的“创建全国社会信用体系建设示范城市”;市委办公厅(市委政研室、市委改革办)的“创新重大改革推进机制 争当全面深化改革排头兵”;市建委的“变脏乱差‘洼地’为一流城市新‘高地’——城中村改造的杭州实践”;市旅委的“争创‘全球最佳旅游实践样本’城市”;市民政局(市老龄工办)、市发改委、市人力社保局、市卫生计生委、市物价局的“杭州市养老服务业供给侧改革的协同创新”;市城管委(市综合执法局)的“创新长效治理模式、全面提升城市河道水环境”。区、县(市)3个,分别为桐庐县的“信任管理,制度创新,探索改革和依法治理内在合一的新路子——‘最多跑一次’改革的桐庐探索”;西湖区的“引名校、汇名家、筑名城——西湖区积极引进西湖大学推动区域创新发展”;上城区的“弘扬爱国卫生精神,打造健康中国‘上城样本’”。

“政府服务质量奖”共2个:分别为市国土资源局、市住保房管局、市财政局(市地税局)的“杭州不动产登记跑出全国最快速度的探索与实践”;市残联的“创建国家级标准化试点 创优智精残疾人托养服务”。

“意见整改成效显著奖”单位共5个:分别为市委办公厅(市委政研室、市委改革办)、市纪委、市监委机关、市住保房管局、市人力社保局、市卫生计生委。 (市考评办)

## 2017年杭州市国民经济和社会发展统计公报

2017年,全市上下认真学习贯彻党的十九大精神,深入领会把握习近平新时代中国特色社会主义思想的精神实质和实践要求,全面落实省第十四次、市第十二次党代会决策部署,以强化供给侧结构性改革为主线,加快建设独特韵味别样精彩世界名城,全面推进拥江发展。全市经济结构持续优化,发展质量不断提高,民生福祉持续增进,社会事业实现新进步。

### 一、综 合

(一)经济总量。

初步核算,全年实现地区生产总值12603亿元,比上年增长8.1%。其中第一产业增加值311亿元,第二产业增加值4362亿元,第三产业增加值7930亿元,分别增长1.8%、4.8%和10.5%。全市常住人口人均GDP为135113元,比上年提高10827元,增长5.5%。按国家公布的年平均汇率折算,为20011美元。三次产业结构调整为2.5:34.6:62.9,服务业占GDP比重比上年提高2个百分点。

2011年—2017年地区生产总值及增长速度

说明:2016年、2017年地区生产总值数据含研究与开发支出

(二)民营经济。

全年民营经济实现增加值7561亿元,占GDP的60.2%。年末,全市私营企业48.10万户,比上年末增长20.1%;个体工商户47.14万户,增长10.6%。全年新设个体工商户9.38万户,增长8.4%。私营企业和个体工商户从业人员分别为312.25万人和92.41万人,增长10.9%和16.3%。

(三)财政收支。

全年财政总收入2921.30亿元,一般公共预算收入1567.42亿元,分别增长14.2%和17.4%。其中企业所得税270.22亿元,个人所得税146.20亿元,分别增长22.0%和26.6%。全市一般公共预算支出1540.92亿元,增长9.7%。其中民生类支出1213.09亿元,增长11.9%,民生支出占比78.7%,比上年提高1.5个百分点。

2011年—2017年一般公共预算收入及增长速度

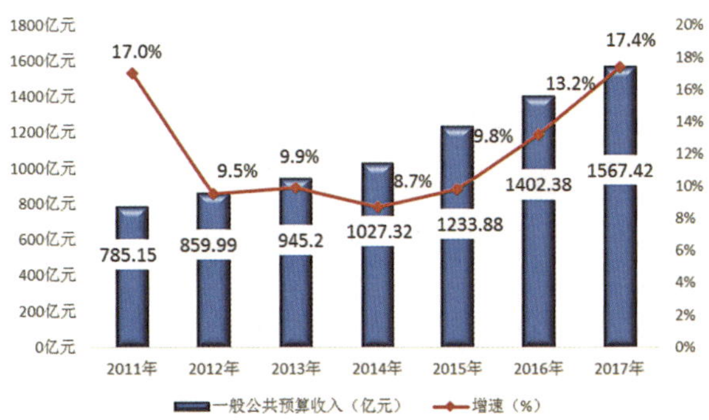


(四)市场价格。

全年市区居民消费价格比上年上涨2.5%。其中居住类价格上涨5.7%、教育文化和娱乐类价格上涨4.1%、食品烟酒类价格上涨0.9%。

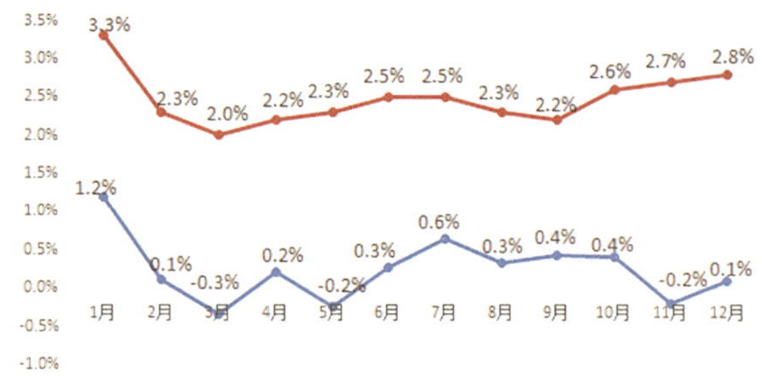


市区居民消费价格涨跌幅度(%)

| 项　目 | 2016年 | 2017年 |
|---|---|---|
| 市区居民消费价格 | 2.6 | 2.5 |
| 1.食品烟酒 | 6.0 | 0.9 |
| 2.衣着 | 0.3 | 0.0 |
| 3.居住 | 2.2 | 5.7 |
| 4.生活用品及服务 | -0.4 | 0.2 |
| 5.交通和通信 | -1.0 | 1.5 |
| 6.教育文化和娱乐 | 3.7 | 4.1 |
| 7.医疗保健 | 0.8 | 1.7 |
| 8.其他用品和服务 | 2.7 | 1.4 |

全年工业生产者出厂价格上涨4.4%,工业生产者购进价格上涨8.4%。

(五)人口就业。

年末全市常住人口946.80万人,比上年末增加28.00万人,其中城镇人口727.14万人,占常住人口的76.8%,比2016年提高0.6个百分点;人口出生率为12.5‰,自然增长率为7.4‰。全市户籍人口753.88万人,人口出生率为14.70‰,自然增长率为6.19‰。全市新增城镇就业人员29.71万人,安置失业人员再就业11.04万人。年末城镇登记失业率1.70%。

## 二、质量效益

(一)结构优化。

全年信息经济实现增加值3216亿元,增长21.8%,占GDP的25.5%,同比提高1.2个百分点。其中电子商务产业增加值1316亿元,增长36.6%,连续七年增速保持在30%以上。六大产业群中的文化创意产业增加值3041亿元,增长19.0%,占GDP的24.1%。

(二)企业增效。

全年规模以上工业企业实现利税1709亿元,增长8.5%,其中利润969亿元,增长7.7%,分别比上年提高1.7和1.0个百分点。全员劳动生产率为30.1万元/人,提高2.7万元/人;亩产增加值为150万元、增加13.2万元。规模以上信息传输、软件和信息技术服务业企业实现利税1381亿元,增长34.3%,其中利润1244亿元,增长35.4%。

## 三、农业

全年农林牧渔业增加值317亿元,增长1.9%。其中农业201亿元,林业43亿元,渔业29亿元,农林牧渔服务业6亿元,分别增长3.1%、2.6%、2.6%、9.6%;牧业38亿元,下降6.0%。粮食总产量47.26万吨,增长2.9%;蔬菜产量338.34万吨,增长0.9%;水果产量81.99万吨,增长7.3%;水产品产量20.10万吨,增长3.2%;肉类产量24.58万吨,下降6.4%。市级"菜篮子"基地502个,其中新建42个;创建省级现代农业园区3个,特色农业强镇4个,全年新建粮食功能区9.6万亩。新建美丽乡村精品示范线12条,村庄生态修复850个;农家乐(民宿)共接待游客4964万人次,实现经营收入52亿元,分别增长27.9%和18.2%。

## 四、工业和建筑业

(一)工业。

全年工业增加值3968亿元,增长6.3%,其中规模以上工业增加值3184亿元,增长7.0%。规模以上工业企业中高新技术产业、战略性新兴产业、装备制造业增加值分别增长13.6%、15.0%和11.0%,占规模以上工业的50.1%、30.6%和43.2%,比上年提高4.1、3.4和1.3个百分点;八大高耗能行业增加值占比24.6%,下降1.5个百分点。新产品产值率为37.7%。工业产品产销率为98.5%。

(二)建筑业。

全年建筑业增加值396亿元,占GDP的3.1%。具有总承包和专业承包资格的建筑企业1410家,完成施工产值4324亿元,增长5.3%。新签合同额5037亿元,增长23.2%。实现利税总额198亿元,增长3.7%。

## 五、固定资产投资和房地产开发

(一)固定资产投资。

全年完成固定资产投资5857亿元,增长1.4%,其中民间投资3301亿元,增长10.4%,占56.4%。从投资产业结构看,农林牧渔业投资40亿元,增长2.4%;工业投资861亿元,增长0.5%;服务业投资4956亿元,增长1.5%。

(二)房地产开发。

全年房地产开发投资2734亿元,增长4.9%,其中住宅投资1713亿元,增长9.8%。房屋施工面积11523万平方米,下降0.3%;新开工面积2177万平方米,增长1.9%;竣工面积2086万平方米,增长8.5%。商品房销售面积2054万平方米,下降11.7%。

## 六、国内贸易

全年批发和零售业增加值982亿元,增长8.1%;住宿餐饮业增加值193亿元,增长6.0%。社会消费品零售总额5717亿元,增长10.5%。其中限额以上批发和零售企业实现网上零售656亿元,增长24.9%,占社会消费品零售额11.5%。按经营地分,城镇消费品零售额5421亿元,增长10.4%;乡村消费品零售额297亿元,增长11.4%。全市商品交易市场684个,交易额4289亿元,增长11.5%。

2011年-2017年全市社会消费品零售总额

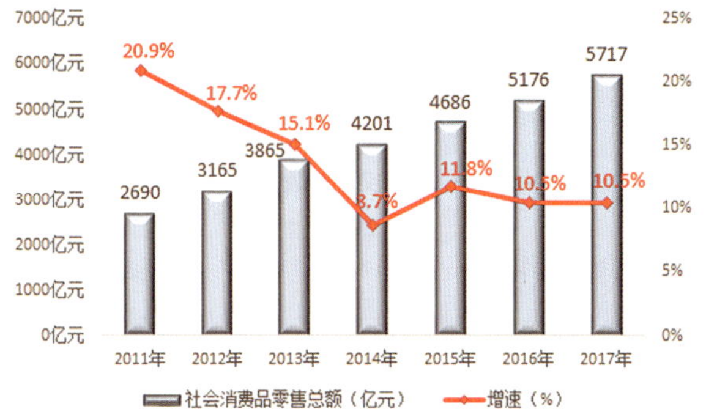


## 七、对外经济

（一）对外贸易。

全年货物进出口总额5085亿元，增长13.3%，其中出口3456亿元，增长4.3%，进口1629亿元，增长38.8%。高新技术产品出口478亿元，增长12.8%，机电产品出口1456亿元，增长7.3%。民营企业出口2325亿元，增长6.8%。对“一带一路”沿线国家出口1049亿元，占出口总额30.4%。

全年服务进出口总额1619亿元，增长15.7%，占货物和服务贸易进出口比重为24.1%，其中出口1088亿元，增长15%；进口531亿元，增长17%。

跨境电商交易额99.36亿美元，增长22.5%，其中出口70.22亿美元，进口29.14亿美元，分别增长15.9%和42.0%。

（二）对外合作。

年末全市设立各类境外投资企业（机构）1781个，增长12.3%。全年对外承包工程和劳务合作营业额23.50亿美元，增长22.0%。离岸服务外包合同执行额64.65亿美元，增长10.1%。

（三）利用外资。

全年新引进外商投资企业575家，增长24.5%。实际利用外资66.1亿美元，下降8.3%。其中服务业实际利用外资57.1亿美元，增长1.0%，占实际利用外资的86.4%。年末120家世界500强企业来杭投资208个项目，其中当年新进企业8家，项目10个。

（四）浙商回归。

全年引进浙商回归项目985个，到位资金761.8亿元，增长7.3%，其中服务业项目829个，到位资金666.7亿元。

## 八、交通、邮电和旅游

（一）交通运输。

全年交通运输、仓储和邮政业增加值342亿元，增长3.8%。全社会货物运输总量3.48亿吨，增长14.3%。旅客运输量2.23亿人次，增长8.5%。年末萧山国际机场已开通航线286条，其中国际航线49条，港澳台航线8条。航空客运吞吐量达3557万人次，货物吞吐量58.95万吨，分别增长12.6%和20.8%。其中出入境旅客452.9万人次、货邮6.53万吨，分别增长8.3%和34.4%。

全年地铁客运量3.40亿人次，增长26.5%。主城区公共交通日均客运量430.2万人次。

年末社会机动车辆保有量279.36万辆，增长6.1%。民用汽车保有量245.12万辆，增长4.7%，其中私人汽车199.85万辆，增长9.4%。

（二）邮政电信。

全年邮政企业和规模以上快递服务企业实现业务收入275.09亿元，增长27.9%，其中快递业务收入251.05亿元，增长28.3%。

电信行业实现业务收入230.81亿元，增长8.9%。年末固定电话用户246.70万户，下降2.5%；移动电话用户1724.2万户，下降0.6%；宽带用户505万户，增长14.0%。光网络覆盖率达99.5%。

（三）旅游业。

全年旅游休闲产业增加值928亿元，增长12.6%，占GDP的7.4%。旅游总收入3041.34亿元，增长18.3%，其中旅游外汇收入35.43亿美元，增长12.5%。旅游总人数16286.63万人，增长15.8%。接待国内游客15884.4万人次，增长16.0%；接待入境旅游者402.23万人次，增长10.7%。年末各类旅行社767家，增长7.0%；星级宾馆143家，其中五星级23家，四星级42家；A级景区91个，其中5A级3个，4A级34个。

## 九、金融

全年金融业增加值1056亿元，增长6.9%，年末全市金融机构499家，当年新增37家。全市金融机构本外币存款余额36483.24亿元，增长9.3%；贷款余额29270.94亿元，增长11.9%，其中住户贷款9653.68亿元，增长23.8%，非金融企业及机关团体贷款19325.94亿元，增长6.6%。

2017年末全市金融机构本外币存贷款余额及增速

| 指　标 | 年末数（亿元） | 比上年末增长（%） |
|---|---|---|
| 各项存款 | 36 483.24 | 9.3 |
| 其中：住户存款 | 8 670.60 | 2.1 |
| 非金融企业存款 | 16 313.18 | 12.7 |
| 各项贷款 | 29 270.94 | 11.9 |
| 其中：住户贷款 | 9 653.68 | 23.8 |
| 非金融企业及机关团体贷款 | 19 325.94 | 6.6 |

年末上市公司163家，其中境内上市128家。境内上市公司总市值19955.22亿元。全年新增上市公司28家，融资187.7亿元。新三版挂牌企业381家。

全年保费收入633.7亿元，增长22.2%。其中，财产险保费收入194亿元，增长12.5%；人身险保费收入439.71亿元，增长27.1%。支付各类保险赔款169.61亿元，增长6.8%。其中财产险105.96亿元，增长5.9%；人身险63.64亿元，增长8.2%。

## 十、教育和科学技术

（一）教育。

年末共有小学458所，在校学生56.04万人；初中251所，在校学生22.48万人；普通高中80所，在校学生11.31万人；普通高等学校39所，在校学生（含研究生）48.95万人。学前三年幼儿入园率为98.95%；初中毕业生升入各类高中比例为99.69%；高等教育毛入学率63.26%。全市累计解决义务教育阶段外来务工人员子女入学28.20万人。全市各级各类中外合作办学项目72个,其中市属高校项目8个,高中段学校项目7个。

(二)科学技术。

全年发明专利申请25578件、发明专利授权9872件,分别增长2.5%、14.2%。发明专利授权量中企业专利占比达47.4%。新认定国家重点扶持高新技术企业589家,累计达2844家。年末培育认定研发中心2189家,其中省级研发中心835家。省科技型中小企业9238家。省级以上企业研发机构1203家。新增省级企业研究院76家。科技企业孵化器113家,其中国家级32家,省级60家。拥有省级众创空间101家,23家入选2017年省级优秀众创空间。

全年研究与试验发展(R&D)经费支出与生产总值之比为3.2%。财政一般公共预算支出中科技支出92.32亿元,增长23.2%。

## 十一、文化、卫生和体育

(一)文化。

年末有各类专业艺术表演团体11个,文化馆14个,博物馆、纪念馆88个,全国重点文物保护单位39处,档案馆16个,公共图书馆14个,图书馆藏书1590万册(不含省)。全市有线电视接入户353.02万户,其中数字电视313.09万户,分别增长1.9%和4.8%。全年拍摄电视剧44部,共1331集。生产原创动画片36036分钟。摄制完成17部电影。全市拥有非物质文化遗产保护项目335个,比上年增加4个。

(二)卫生。

年末拥有各类医疗卫生机构4933个,其中医院302个,比上年末分别增长5.2%和9.0%。社区卫生服务中心(站)1275个,疾病预防控制中心15个。拥有床位7.59万张,其中医院床位7.02万张,分别增长9.3%和9.7%。各类专业卫生技术人员11.04万人,其中执业(助理)医师4.18万人,注册护士4.63万人,分别增长9.1%、9.5%和10.2%。全市医疗机构完成诊疗人数12924.98万人次,增长6.2%。全市婴儿死亡率和5岁以下儿童死亡率分别为1.73‰和2.27‰。每十万孕产妇死亡率为6.5人。

(三)体育。

全年运动员共获得国际性比赛奖牌47枚,其中金牌22枚,银牌15枚,获得全国性奖牌318枚,其中金牌148枚,银牌90枚。成功举办第十三届全国学生运动会、杭州马拉松、杭州西湖国际名校赛艇挑战赛、国际冲浪挑战赛、国际(杭州)毅行大会等大型体育赛事。创建4所国家高水平体育后备人才基地、8所省高水平体育后备人才基地(其中重点4所)、5所省体育传统项目学校阳光后备要才基地。

## 十二、人民生活和社会保障

(一)人民生活。

全年居民人均可支配收入49832元,增长8.1%,扣除价格因素实际增长5.5%。其中城镇居民人均可支配收入56276元、增长7.8%,扣除价格因素实际增长5.2%;农村居民人均可支配收入30397元、增长8.9%,扣除价格因素实际增长6.2%。

全年居民人均生活消费支出34146元,增长7.0%,扣除价格因素实际增长4.4%。其中城镇居民人均生活消费支出38179元,农村居民人均生活消费支出21983元,分别增长7.0%和6.9%,扣除价格因素分别增长4.4%和4.3%。

2017年全市居民人均收支主要指标

| 指标名称 | 城镇居民 | | 农村居民 | |
|---|---|---|---|---|
| | 绝对数(元) | 增速(%) | 绝对数(元) | 增速(%) |
| 人均可支配收入 | 56 276 | 7.8 | 30 397 | 8.9 |
| (一)工资性收入 | 32 144 | 6.8 | 18 232 | 6.9 |
| (二)经营净收入 | 4 893 | 6.2 | 7 770 | 9.3 |
| (三)财产净收入 | 8 329 | 5.4 | 1 280 | 12.6 |
| (四)转移净收入 | 10 910 | 13.9 | 3 115 | 19.6 |
| 人均生活消费支出 | 38 179 | 7.0 | 21 983 | 6.9 |

年末城镇居民人均现住房建筑面积36.4平方米。每百户居民家庭拥有家用汽车55.8辆、空调235.3台、家用电脑115.1台,分别增长6.7%、3.8%和2.8%;农村居民人均现住房建筑面积70.9平方米。每百户农村居民家庭拥有家用汽车46.5辆、空调186.7台、家用电脑76.4台,分别增长9.7%、11%和1.9%。

(二)社会保障。

年末职工基本养老保险参保人数、职工基本医疗保险参保人数分别为628.32万人和580.50万人,比上年末增加52.34万人和51.18万人;年末失业、生育保险参保人数分别为416万人和390.73万人,增加42万人和41.4万人。全年推出公共租赁住房配租房源8514套,新增货币补贴保障家庭1691户。主城区居民最低生活保障标准调整至每人每月917元,增长12%,其余区、县(市)最低生活保障标准同步提高。年末全市最低生活保障对象12.27万人,全年发放低保金7.49亿元。

(三)社会福利。

年末全市拥有社区老年食堂(含社区助餐服务点)1176家。城乡社区居家养老服务照料中心2815个,社区级居家养老照料中心实现全覆盖,城区15分钟、农村20分钟的养老服务步行圈基本形成。拥有各类福利院、敬老院302所,床位6.98万张,收养人员2.21万人。全年发行各类福利彩票28.17亿元,增长7.1%。开展第十七次"春风行动",市本级募集帮扶资金8538万元。

## 十三、城市建设

(一)城市基础设施建设。

全年基础设施投资1597亿元,占全市固定资产投资的27.3%。快速路网建设完成182公里。全年境内公路总里程达到16424公里,其中高速公路632公里。

年末主城区公共交通运营线路371条,其中新辟线路16条,优化线路40条。全市新开通地铁线路35.8公里,通车总里程达到117.6公里。建成启用运河水陆交通集散服务中心。

年末市区建成区园林绿地21428公顷,市区人均公园绿地面积达13.4平方米,建成区绿化覆盖率为40.1%。

(二)公用事业。

全年电网投资51.1亿元，110千伏及以上输变电工程投产37项，新增容量408万千伏安、线路252.11公里。全市用电量738.03亿千瓦时，增长8.8%，其中城乡居民生活用电114.86亿千瓦时，增长7.0%。

城区自来水日供水设计能力达到390.7万立方米，最高日供水量358.1万立方米。

城区新建成停车泊位56916个，其中公共泊位6222个。

## 十四、环境保护和安全生产

（一）环境保护。

全年环境空气日优良天数累计271天，比上年增加11天，优良率74.2%。市区PM2.5平均浓度44.6微克/立方米，下降8.6%。全市9个县控以上劣V类水断面、1256个劣V类水体完成"剿劣"任务。52个市控以上断面中，满足功能要求的断面48个，达标率为92.3%。组织减排项目124个，淘汰老旧汽车23119辆，新增清洁能源和新能源公交车879辆。淘汰落后和过剩产能170家（项），实施"低小散"块状行业整治提升3753家。削减挥发性有机物排放量9974吨。全年规模以上工业单位增加值能耗下降4.1%。

生态环境质量综合指数（EI）继续位于全国、全省前列。获得国家生态园林城市、省级生态文明建设示范市称号。累计建成国家级生态县（市、区）8个，国家级生态乡镇119个，省级生态县（市、区）9个。

（二）安全生产。

全年共发生各类生产安全事故462起、死亡449人、受伤91人，分别下降17.8%，19.4%和15.7%。

公报注释：

1. 本公报所列各项数据为年度初步数据。部分数据因四舍五入原因，存在分项与合计不等的情况。

2. 全市生产总值和各产业增加值绝对数按现行价格计算，增长速度按不变价格计算；三次产业划分执行国家统计局2012年制定的《三次产业划分规定》。

## 统计表

### 杭州市土地面积、年末户数和人口数、人口变动情况
（2017年）

表81

| 指标名称 | 计量单位 | 全 市 | 市 区 |
|---|---|---|---|
| 一、土地面积 | 平方千米 | 16 596 | 8 000 |
| 二、年末总户数（户籍） | 万户 | 235.26 | 188.48 |
| 三、年末总人口数（户籍） | 万人 | 753.88 | 615.23 |
| 按性别分 | | | |
| 男性 | 万人 | 374.75 | 304.86 |
| 女性 | 万人 | 379.12 | 310.37 |
| 按城镇、乡村分 | | | |
| 城镇人口 | 万人 | 482.55 | 440.61 |
| 乡村人口 | 万人 | 271.33 | 174.62 |
| 四、人口密度（按户籍） | 人/平方千米 | 454 | 769 |
| 五、人口自然变动情况 | | | |
| 自然增长人口 | 人 | 46 130 | 39 754 |
| 本年出生人数 | 人 | 109 496 | 92 571 |
| 本年死亡人数 | 人 | 63 366 | 52 817 |
| 自然增长率 | | | |
| 本年 | ‰ | 6.19 | 6.85 |
| 上年 | ‰ | 7.58 | 8.89 |
| 六、人口机械变动情况 | | | |
| （一）本年迁入人口合计 | 人 | 164 405 | 157 712 |
| 省内 | 人 | 63 616 | 61 744 |
| 省外 | 人 | 100 789 | 95 968 |
| （二）本年迁出人口合计 | 人 | 31 442 | 23 255 |
| 省内 | 人 | 15 251 | 8 775 |
| 省外 | 人 | 16 191 | 14 480 |
| （三）本年净迁入人口 | 人 | 132 963 | 134 457 |
| 七、年末常住人口 | 万人 | 946.8 | 824.1 |

## 杭州市国民经济主要指标(一)

表82

| 指标名称 | 计量单位 | 2012年 | 2013年 | 2014年 | 2015年 | 2016年 | 2017年 |
|---|---|---|---|---|---|---|---|
| 年末总人口(户籍) | 万人 | 700.52 | 706.61 | 715.76 | 723.55 | 736.00 | 753.88 |
| 城镇人口(户籍) | 万人 | 384.09 | 393.88 | 404.27 | 447.24 | 463.86 | 482.55 |
| 人口自然增长率 | ‰ | 3.95 | 4.73 | 6.94 | 4.21 | 7.16 | 6.19 |
| 市区 | ‰ | 5.56 | 5.97 | 8.13 | 4.00 | 8.49 | 6.85 |
| 年末从业人数 | 万人 | 644.43 | 650.51 | 654.92 | 663.03 | 676.95 | 681.06 |
| 地区生产总值(当年价格) | 亿元 | 7 833.62 | 8 398.58 | 9 206.16 | 10 050.21 | 11 313.72 | 12 603.36 |
| 第一产业 | 亿元 | 255.11 | 261.60 | 274.35 | 287.95 | 304.21 | 311.08 |
| 第二产业 | 亿元 | 3 500.13 | 3 574.25 | 3 845.58 | 3 909.01 | 4 120.93 | 4 362.48 |
| 第三产业 | 亿元 | 4 078.37 | 4 562.73 | 5 086.24 | 5 853.25 | 6 888.59 | 7 929.80 |
| 地区生产总值指数(以1978年为100) | — | 7 634.70 | 8 245.48 | 8 921.61 | 9 831.61 | 10 775.4 | 11 653.6 |
| 人均生产总值(按户籍) | 元 | 112 211 | 119 372 | 129 448 | 139 653 | 155 030 | 169 187 |
| 人均生产总值指数(以1978年为100) | — | 5 493.43 | 5 883.46 | 6 295.30 | 6 852.82 | 7 401.05 | 11 653.6 |
| 规模以上工业企业利税总额 | 亿元 | 1 339.94 | 1 450.55 | 1 538.07 | 1 559.68 | 1 655.64 | 1 774.52 |
| 全社会交通运输客运量 | 万人次 | 35 819 | 36 409 | 24 070 | 23 942 | 20 541 | 22 289 |
| 全社会交通运输货运量 | 万吨 | 30 089 | 30 734 | 29 335 | 29 384 | 30 170 | 34 785 |
| 固定资产投资 | 亿元 | 3 722.75 | 4 263.87 | 4 952.70 | 5 556.32 | 5 842.42 | 5 856.65 |
| 社会消费品零售总额 | 亿元 | 3 165.19 | 3 864.84 | 4 201.46 | 4 697.23 | 5 176.20 | 5 717.43 |
| 接待境外旅游者人数 | 万人次 | 331.12 | 316.01 | 326.13 | 341.56 | 363.23 | 402.23 |
| 实际利用外资(外商直接投资) | 万美元 | 496 061 | 527 633 | 633 460 | 711 253 | 720 915 | 661 001 |

## 杭州市国民经济主要指标(二)

表83

| 指标名称 | 计量单位 | 2012年 | 2013年 | 2014年 | 2015年 | 2016年 | 2017年 |
|---|---|---|---|---|---|---|---|
| 财政总收入 | 亿元 | 1 627.89 | 1 734.98 | 1 920.11 | 2 238.75 | 2 558.41 | 2 921.30 |
| 一般公共预算收入 | 亿元 | 859.99 | 945.20 | 1 027.32 | 1 233.88 | 1 402.38 | 1 567.42 |
| 金融机构年末存款余额 | 亿元 | 20 148.77 | 22 174.71 | 24 450.51 | 29 863.83 | 33 386.04 | 36 483.24 |
| 金融机构年末贷款余额 | 亿元 | 18 090.9 | 19 350.46 | 21 316.83 | 23 327.95 | 26 169.00 | 29 270.94 |
| 住户存款 | 亿元 | 6 089.98 | 6 408.59 | 6 767.2 | 7 617.75 | 8 493.27 | 9 653.68 |
| 全市非私营单位就业人员工资总额 | 亿元 | 1 483.9 | 1 758.23 | 1 982.27 | 2 152.40 | 2 714.60 | 2 646.72 |
| 全市非私营单位就业人员平均工资 | 元 | 56 417 | 63 664 | 69 209 | 76 073 | 85 022 | 93 891 |
| 市区居民消费价格指数(以1978年为100) | — | 753.36 | 772.19 | 787.63 | 801.81 | 822.66 | 843.23 |
| 市区商品零售价格指数(以1978年为100) | — | 560.39 | 568.80 | 573.35 | 574.50 | 583.12 | 588.95 |
| 全市城镇常住居民年人均可支配收入 | 元 | 37 511 | 40 925 | 44 632 | 48 316 | 52 185 | 56 276 |
| 农村居民年人均可支配收入 | 元 | 17 017 | 21 208 | 23 555 | 25 719 | 27 908 | 30 397 |
| 高等学校在校学生数 | 人 | 459 181 | 471 820 | 474 652 | 485 558 | 480 953 | 484 070 |
| 中等专业学校在校学生数 | 人 | 3 909 | 3 656 | 3 974 | 3 968 | 4 402 | 4 566 |
| 普通中学在校学生数 | 人 | 331 353 | 327 346 | 324 414 | 321 306 | 326 187 | 337 851 |
| 小学在校学生数 | 人 | 472 613 | 483 489 | 502 688 | 524 513 | 543 038 | 560 411 |
| 年末卫生机构数 | 个 | 3 017 | 4 139 | 4 198 | 4 428 | 4 691 | 4 933 |
| 医院 | 个 | 198 | 208 | 218 | 244 | 277 | 302 |
| 年末卫生技术人员 | 人 | 71 618 | 78 340 | 85 614 | 93 036 | 101 194 | 110 395 |
| 执业(助理)医师 | 人 | 27 369 | 29 686 | 31 977 | 34 832 | 38 172 | 41 833 |
| 年末床位数 | 张 | 49 471 | 52 056 | 55 779 | 63 632 | 69 452 | 75 948 |
| 医院床位 | 张 | 44 019 | 46 636 | 50 805 | 58 400 | 63 994 | 70 187 |

## 杭州市历年生产总值及发展指数

表84

| 年 份 | 地区生产总值(万元,按当年价格计算) | | | | 地区生产总值发展指数(%) | | | |
|---|---|---|---|---|---|---|---|---|
| | 合 计 | 第一产业 | 第二产业 | 第三产业 | 合 计 | 第一产业 | 第二产业 | 第三产业 |
| 1978 | 284 046 | 63 372 | 169 344 | 51 330 | 100.0 | 100.0 | 100.0 | 100.0 |
| 1992 | 2 900 690 | 349 033 | 1 487 838 | 1 063 819 | 540.5 | 161.6 | 637.5 | 814.8 |
| 1995 | 7 620 055 | 692 510 | 4 100 008 | 2 827 537 | 1 064.8 | 198.2 | 1 434.6 | 1 445.1 |
| 1996 | 9 066 133 | 839 985 | 4 776 225 | 3 449 923 | 1 203.3 | 208.9 | 1 644.0 | 1 621.4 |
| 1997 | 10 363 299 | 913 611 | 5 415 017 | 4 034 671 | 1 360.9 | 223.1 | 1 852.8 | 1 861.3 |
| 1998 | 11 348 899 | 960 558 | 5 879 589 | 4 508 752 | 1 513.3 | 244.0 | 2 071.4 | 2 060.5 |
| 1999 | 12 252 795 | 975 821 | 6 307 510 | 4 969 464 | 1 667.7 | 257.4 | 2 280.6 | 2 287.1 |
| 2000 | 13 825 616 | 1 039 641 | 7 093 233 | 5 692 742 | 1 867.8 | 272.1 | 2 565.7 | 2 563.9 |
| 2001 | 15 680 138 | 1 114 569 | 7 935 809 | 6 629 760 | 2 095.7 | 292.3 | 2 891.6 | 2 884.4 |
| 2002 | 17 818 302 | 1 146 388 | 9 018 225 | 7 653 689 | 2 372.3 | 304.2 | 3 276.2 | 3 308.4 |
| 2003 | 20 997 744 | 1 265 890 | 10 757 812 | 8 974 042 | 2 732.9 | 322.5 | 3 885.6 | 3 725.3 |
| 2004 | 25 431 796 | 1 322 341 | 13 182 254 | 10 927 201 | 3 142.8 | 338.9 | 4 534.4 | 4 258.0 |
| 2005 | 29 438 430 | 1 482 145 | 14 943 581 | 13 012 704 | 3 551.4 | 350.5 | 5 037.8 | 4 956.3 |
| 2006 | 34 434 972 | 1 548 594 | 17 283 905 | 15 602 473 | 4 059.5 | 364.7 | 5 672.8 | 5 820.3 |
| 2007 | 41 040 117 | 1 634 719 | 20 458 811 | 18 946 588 | 4 651.7 | 372.8 | 6 483.5 | 6 761.1 |
| 2008 | 47 889 748 | 1 798 300 | 23 725 807 | 22 365 641 | 5 165.2 | 386.7 | 7 062.8 | 7 705.1 |
| 2009 | 50 875 529 | 1 905 093 | 23 871 200 | 25 099 237 | 5 680.2 | 398.7 | 7 486.6 | 8 822.4 |
| 2010 | 59 491 687 | 2 084 144 | 28 440 693 | 28 966 850 | 6 361.8 | 408.7 | 8 332.6 | 9 995.8 |
| 2011 | 70 190 579 | 2 367 708 | 33 237 887 | 34 584 984 | 7 004.3 | 418.9 | 9 057.5 | 11 195.2 |
| 2012 | 78 020 058 | 2 551 127 | 35 726 276 | 39 742 655 | 7 634.7 | 429.4 | 9 709.6 | 12 449.1 |
| 2013 | 83 435 193 | 2 654 154 | 36 619 817 | 44 161 222 | 8 245.5 | 435.4 | 10 389.3 | 13 606.9 |
| 2014 | 92 061 634 | 2 743 492 | 38 455 759 | 50 862 382 | 8 921.6 | 443.3 | 11 220.4 | 14 777.1 |
| 2015 | 100 502 079 | 2 879 492 | 39 090 099 | 58 532 488 | 9 831.6 | 450.8 | 11 837.6 | 16 934.5 |
| 2016 | 113 137 223 | 3 042 063 | 41 209 307 | 68 885 853 | 10 775.4 | 458.9 | 12 370.2 | 19 220.7 |
| 2017 | 126 033 629 | 3 110 811 | 43 624 809 | 79 298 010 | 11 653.6 | 467.1 | 12 967.1 | 21 242.5 |

## 杭州市区和各区县(市)土地、人口情况及主要经济指标 (2017年)

表85

| 指标名称 | 计量单位 | 全市合计 | 市 区 | 萧山区 | 余杭区 | 富阳区 | 临安区 | 桐庐县 | 淳安县 | 建德市 |
|---|---|---|---|---|---|---|---|---|---|---|
| 土地面积 | 平方千米 | 16 596 | 8 000 | 1 163 | 1 222 | 1 808 | 3 124 | 1 780 | 4 452 | 2 364 |
| 年末总户数(户籍) | 万户 | 235.3 | 188.5 | 37.7 | 29.4 | 21.6 | 18.8 | 14.9 | 14.7 | 17.2 |
| 年末总人口(户籍) | 万人 | 753.9 | 615.2 | 129.6 | 104.0 | 67.7 | 53.5 | 41.5 | 46.1 | 51.1 |
| 人口自然增长率 | ‰ | 6.2 | 6.9 | 7.3 | 12.2 | 5.6 | 2.3 | 5.9 | 3.1 | 4.9 |
| 粮食总产量 | 万吨 | 47.26 | 32.16 | 9.37 | 9.26 | 9.35 | 3.95 | 4.33 | 4.44 | 6.34 |
| 地区生产总值 | 亿元 | 12 603.36 | 11 621.46 | 2 007.24 | 2 034.47 | 724.88 | 530.92 | 38.31 | 240.28 | 358.50 |
| 固定资产投资 | 亿元 | 5 856.65 | 5 239.57 | 1 104.26 | 1 123.30 | 340.65 | 290.43 | 213.31 | 174.42 | 229.35 |
| 社会消费品零售总额 | 亿元 | 5 717.43 | 5 333.63 | 701.22 | 481.26 | 250.45 | 192.33 | 164.86 | 90.99 | 127.95 |
| 财政总收入 | 亿元 | 2 921.30 | 2 801.08 | 405.37 | 503.80 | 106.89 | 74.91 | 46.59 | 30.91 | 42.72 |
| 一般公共预算支出 | 亿元 | 1 540.92 | 1 396.89 | 240.84 | 270.39 | 66.30 | 64.78 | 41.67 | 57.37 | 44.99 |
| 非私营单位就业人员工资总额 | 亿元 | 2 646.72 | 2 542.29 | 343.06 | 284.28 | 87.77 | 63.17 | 36.01 | 33.36 | 35.05 |
| 非私营单位就业人员平均工资 | 元 | 93 891 | 94 430 | 73 862 | 109 472 | 74 981 | 79 776 | 81 300 | 83 323 | 82 736 |

杭州市规模以上工业企业单位数、总产值

(2017年)

表86

| 类 别 | 全市 | | 市区 | |
|---|---|---|---|---|
| | 单位数(个) | 工业总产值(万元) | 单位数(个) | 工业总产值(万元) |
| 规模以上工业企业合计 | 5 533 | 129 637 623 | 4 726 | 119 823 690 |
| 一、按轻重工业分 | | | | |
| 轻工业企业 | 2 778 | 47 114 960 | 2 331 | 42 792 636 |
| 重工业企业 | 2 755 | 82 522 663 | 2 395 | 77 031 054 |
| 二、按经济类型分 | | | | |
| 国有企业 | 10 | 1 870 409 | 8 | 1 689 177 |
| 集体企业 | 2 | 5 868 | 1 | 2 846 |
| 股份合作企业 | 6 | 35 534 | 6 | 35 534 |
| 联营企业 | 1 | 4 787 | 1 | 4 787 |
| 私营企业 | 3 511 | 36 399 394 | 2 906 | 31 269 152 |
| 有限责任公司 | 920 | 43 856 526 | 813 | 41 564 308 |
| 股份有限公司 | 227 | 14 068 352 | 201 | 13 052 631 |
| 外商及中国港澳台投资企业 | 850 | 33 183 636 | 784 | 31 992 140 |
| 其他企业 | 6 | 213 117 | 6 | 213 117 |
| 三、按企业规模分 | | | | |
| 大型企业 | 125 | 45 603 071 | 120 | 44 340 158 |
| 中型企业 | 641 | 36 246 596 | 584 | 33 527 067 |
| 小微企业 | 4 767 | 47 787 956 | 4 022 | 41 956 465 |

杭州市规模以上工业企业主要经济指标

(2017年)

表87

| 项 目 | 总 计 | 国有企业 | 集体企业 | 股份合作企业 | 有限责任公司 | 股份有限公司 | 私营企业 | 外商及中国港澳台投资企业 |
|---|---|---|---|---|---|---|---|---|
| 企业数(个) | 5 533 | 10 | 2 | 6 | 920 | 227 | 3 511 | 850 |
| 亏损企业数(个) | 753 | 0 | 0 | 0 | 133 | 26 | 426 | 168 |
| 主营业务收入(万元) | 132 095 872 | 1 849 041 | 5 869 | 36 021 | 44 395 963 | 14 345 986 | 36 504 909 | 34 668 706 |
| 主营业务税金及附加(万元) | 2 947 058 | 6 826 | 10 | 232 | 2 414 658 | 97 144 | 184 545 | 240 830 |
| 销售费用(万元) | 6 454 486 | 557 | 25 | 605 | 1 630 862 | 886 765 | 1 082 361 | 2 851 486 |
| 管理费用(万元) | 8 146 611 | 57 194 | 270 | 3 291 | 2 099 413 | 1 297 734 | 2 091 917 | 2 595 220 |
| 财务费用(万元) | 1 335 894 | 2 429 | 115 | 409 | 431 144 | 172 561 | 512 013 | 216 315 |
| 利润总额(万元) | 9 985 605 | 24 117 | 75 | 2 072 | 2 963 986 | 1 525 174 | 1 839 860 | 3 618 400 |
| 利税总额(万元) | 17 745 177 | 91 402 | 161 | 4 046 | 7 146 707 | 2 122 351 | 3 184 057 | 5 178 259 |
| 流动资产合计(万元) | 90 095 810 | 164 430 | 10 476 | 35 402 | 27 988 206 | 14 514 603 | 22 438 139 | 24 803 752 |
| 固定资产合计(万元) | 29 806 329 | 823 587 | 310 | 4 841 | 11 511 277 | 3 523 877 | 7 067 456 | 6 839 154 |
| 累计折旧(万元) | 25 241 189 | 839 344 | 1 760 | 6 453 | 9 760 743 | 2 548 976 | 5 461 852 | 6 586 832 |

## 杭州市主要工业产品生产量
（2017年）

表88

| 产品名称 | 计量单位 | 实　绩 | 为上年(%) |
|---|---|---|---|
| 发电量 | 亿千瓦小时 | 150.22 | 83.2 |
| 罐头 | 万吨 | 50 492 | 84.3 |
| 乳制品 | 吨 | 149 527 | 95.6 |
| 啤酒 | 千升 | 1 038 348 | 111.3 |
| 软饮料 | 万吨 | 687 | 104.4 |
| 精制茶 | 吨 | 21 206 | 105.4 |
| 卷烟 | 亿支 | 537 | 92.1 |
| 方便面 | 吨 | 248 615 | 87.6 |
| 化学纤维 | 吨 | 6 256 289 | 107.9 |
| 　合成纤维 | 吨 | 6 098 925 | 107.5 |
| 纱 | 万吨 | 528 784 | 96.6 |
| 布 | 万米 | 325 592 | 98.8 |
| 印染布 | 万米 | 619 833 | 100.2 |
| 蚕丝及交织机织物(含蚕丝≥50%) | 万米 | 1 575 | 84.0 |
| 服装 | 万件 | 32 437 | 93.5 |
| 皮革鞋靴 | 万件 | 966 | 79.3 |
| 家具 | 万件 | 3 880 | 116.1 |
| 塑料制品 | 吨 | 1 208 837 | 94.9 |
| 机制纸及纸板 | | | |
| 盐酸(含量31%以上) | 万吨 | 6 739 947 | 102.5 |
| 氢氧化钠(烧碱)(折100%) | 吨 | 179 670 | 133.1 |
| 碳酸钠(纯碱) | 吨 | 210 014 | 108.2 |
| 初级形态的塑料(塑料树脂及共聚物) | 吨 | 322 835 | 105.1 |
| 合成氨 | 吨 | 355 814 | 100.3 |
| 农用氮、磷、钾 | 吨 | 220 198 | 104.8 |
| 化学肥料总计(折纯) | 吨 | 96 408 | 100.7 |
| 化学农药原药(折有效成分100%) | 吨 | 79 884 | 76.2 |
| 涂料(油漆) | 吨 | 140 621 | 107.2 |
| 合成洗涤剂 | 吨 | 135 149 | 100.5 |
| 化学药品原药(化学原料药) | 吨 | 12 048 | 108.3 |
| 中成药 | 吨 | 7 330 | 43.7 |
| 橡胶轮胎外胎 | 万条 | 5 978 | 111.0 |
| 水泥 | 万吨 | 1 583 | 99.2 |
| 铁合金 | 万吨 | 3 | 58.4 |
| 钢材 | 万吨 | 441 | 104.5 |
| 精炼铜(电解铜) | 吨 | 276 438 | 126.6 |
| 工业锅炉 | 蒸发量吨 | 7 247 | 90.9 |
| 金属切削机床 | 台 | 19 560 | 117.7 |
| 金属成形机床(锻压设备) | 台 | 7 853 | 133.3 |
| 泵(液体泵) | 万台 | 959 426 | 106.4 |
| 滚动轴承(轴承) | 万套 | 14 031 | 107.5 |
| 汽车 | 辆 | 64 463 | 70.3 |
| 叉车 | 台 | 89 381 | 124.6 |
| 两轮自行车(自行车) | 万辆 | 192 | 98.5 |
| 交流电动机 | 万千瓦 | 182 | 130.3 |
| 钢绞线 | 吨 | 56 537 | 78.8 |
| 通信及电子网络用电缆 | 万对千米 | 4 060 412 | 87.4 |
| 光缆(光纤通信电缆) | 万芯千米 | 3 455 | 95.2 |
| 家用电冰箱 | 万台 | 76 | 68.3 |
| 家用洗衣机 | 万台 | 289 | 96.9 |
| 吸排油烟机 | 万台 | 373 | 123.0 |
| 移动通信手持机(手机) | 万部 | 42 | 5.9 |
| 电工仪器仪表 | 万台 | 3 833 | 124.6 |
| 工业自动调节仪表与控制系统 | 万台 | 193 | 116.7 |
| 电光源(灯泡) | 亿只 | 6 | 86.8 |
| 彩色电视机 | 万部 | 2 | 371.4 |
| 微型计算机设备 | 万台 | 143 | 108.1 |

## 杭州市"1+6"产业集群主要指标
(2017年)

表89

| 产业分组 | 2016年 | | 2017年 | |
|---|---|---|---|---|
| | 增加值(亿元) | 增幅(%) | 增加值(亿元) | 增幅(%) |
| 信息经济产业 | 2 688 | 22.8 | 3 216 | 21.8 |
| 文化创意产业 | 2 542 | 21.2 | 3 041 | 19.0 |
| 金融产业 | 996 | 6.7 | 1 065 | 6.7 |
| 旅游休闲产业 | 809 | 13.3 | 928 | 12.6 |
| 健康产业 | 663 | 16.5 | 749 | 10.4 |
| 时尚产业(制造业) | 298 | 11.7 | 275 | -8.0 |
| 高端装备产业(制造业) | 380 | 15.2 | 399 | -0.4 |

## 杭州市规模以上服务业企业主要经济指标
(2017年)

表90　　单位:亿元

| 指标名称 | 2012年 | 2013年 | 2014年 | 2015年 | 2016年 | 2017年 |
|---|---|---|---|---|---|---|
| 单位数(个) | 4 571 | 4 770 | 4 393 | 3 238 | 3 486 | 3 744 |
| 资产总计 | 10 826 | 13 208 | 14 340 | 15 412 | 18 951 | 20 198 |
| 固定资产原价 | 2 195 | 2 399 | 2 716 | 2 847 | 3 129 | 3 657 |
| 本年折旧 | 120 | 138 | 156 | 177 | 207 | 234 |
| 负债合计 | 5 657 | 6 789 | 7 181 | 7 463 | 9 134 | 10 063 |
| 所有者合计 | 5 169 | 6 418 | 7 160 | 7 949 | 9 816 | 10 135 |
| 营业收入 | 3 014 | 3 719 | 4 353 | 5 236 | 6 639 | 8 557 |
| 主营业务收入 | 2 909 | 3 609 | 4 247 | 5 111 | 6 512 | 8 445 |
| 营业成本 | 1 918 | 2 335 | 2 650 | 3 215 | 4 111 | 5 410 |
| 主营业务成本 | 1 863 | 2 288 | 2 609 | 3 170 | 4 039 | 5 368 |
| 营业税金及附加 | 82 | 59 | 58 | 59 | 47 | 47 |
| 主营业务税金及附加 | 79 | 56 | 54 | 57 | 46 | 45 |
| 销售费用 | 196 | 221 | 257 | 314 | 341 | 457 |
| 管理费用 | 379 | 468 | 621 | 765 | 932 | 1 223 |
| 财务费用 | 70 | 70 | 62 | 65 | 43 | 53 |
| 营业利润 | 484 | 725 | 858 | 1 020 | 1 352 | 1 636 |
| 利润总额 | 560 | 795 | 934 | 1 110 | 1 443 | 1 689 |
| 应付职工薪酬 | 377 | 486 | 588 | 718 | 904 | 1 123 |
| 应交增值税 | 19 | 61 | 107 | 106 | 153 | 194 |

## 杭州市规模以上工业三大新兴产业发展情况
(2017年)

表91

| 指　标 | 高新技术产业 | | 战略性新兴产业 | | 装备制造业 | |
|---|---|---|---|---|---|---|
| | 增加值(亿元) | 为上年(%) | 增加值(亿元) | 为上年(%) | 增加值(亿元) | 为上年(%) |
| 2013年 | 785.4 | 108.9 | 636.6 | 107.1 | 900.5 | 108.6 |
| 2014年 | 1 096.6 | 110.5 | 813.1 | 113.0 | 921.4 | 109.3 |
| 2015年 | 1 212.6 | 109.8 | 877.3 | 109.4 | 1 086.1 | 113.5 |
| 2016年 | 1 372.9 | 112.5 | 812.1 | 111.6 | 1 249.6 | 114.6 |
| 2017年 | 1 605.5 | 113.6 | 979.5 | 115.0 | 1 384.2 | 111.0 |

## 杭州市农林牧渔业总产值
(2017年)

表92

| 指 标 | 2016年(亿元) | 2017年(亿元) | 为上年(%) |
|---|---|---|---|
| 农林牧渔业总产值 | 449.00 | 457.70 | 101.9 |
| 农业产值 | 262.15 | 273.88 | 104.5 |
| 林业产值 | 53.05 | 54.91 | 103.5 |
| 畜牧业产值 | 76.88 | 68.58 | 89.2 |
| 渔业产值 | 43.61 | 45.32 | 103.9 |

说明:农林牧渔业总产值包括农林牧渔业服务业产值

## 杭州市主要农作物产量
(2017年)

表93

| 指 标 | 2016年(吨) | 2017年(吨) | 为上年(%) |
|---|---|---|---|
| 一、粮食 | 459 143 | 472 646 | 102.9 |
| 谷物 | 375 938 | 393 491 | 104.7 |
| 豆类 | 42 299 | 37 904 | 89.6 |
| 薯类 | 40 906 | 41 251 | 100.8 |
| 二、油料 | 53 525 | 57 310 | 107.1 |
| 油菜籽 | 43 526 | 47 223 | 108.5 |
| 三、棉花(皮棉) | 300 | 255 | 85.0 |
| 四、麻类 | 15 | 10 | 66.7 |
| 五、糖类 | 33 694 | 30 817 | 91.5 |
| 六、烟叶 | 1 | 1 | 100.0 |
| 七、药材 | 31 755 | 38 371 | 120.8 |
| 八、蔬菜 | 3 353 377 | 3 383 444 | 100.9 |
| 九、果用瓜 | 369 905 | 379 064 | 102.5 |
| 西瓜 | 279 223 | 285 348 | 102.2 |
| 草莓 | 38 326 | 42 132 | 109.9 |

## 杭州市外商直接投资情况
(2017年)

表94

| 指 标 | 计量单位 | 实 绩 | 为上年(%) |
|---|---|---|---|
| 项目个数 | 个 | 575 | 124.5 |
| 总投资额 | 万美元 | 1 877 119 | 124.9 |
| 协议外资金额 | 万美元 | 1 069 651 | 126.2 |
| 实际利用外资 | 万美元 | 661 001 | 91.7 |

## 杭州市进出口情况
(2017年)

表95

| 指　标 | 2016年(亿美元) | 2017年(亿美元) | 为上年(%) |
|---|---|---|---|
| 全市进出口总值(海关口径) | 679.92 | 750.65 | 110.4 |
| 一、出口总额 | 502.59 | 509.95 | 101.5 |
| 1. 国有企业 | 64.30 | 63.13 | 98.2 |
| 2. 三资企业 | 108.27 | 103.61 | 95.7 |
| (1)中外合作企业 | 0.63 | 0.75 | 119.0 |
| (2)中外合资企业 | 51.25 | 46.61 | 90.9 |
| (3)外商独资企业 | 56.39 | 56.25 | 99.8 |
| 3. 集体企业 | 16.53 | 16.47 | 99.6 |
| 4. 私营企业 | 312.17 | 326.50 | 104.6 |
| 二、进口总额 | 177.34 | 240.70 | 135.7 |

## 杭州市区城市公用事业情况
(2017年)

表96

| 指　标 | 计量单位 | 数　值 | 指　标 | 计量单位 | 数　值 |
|---|---|---|---|---|---|
| 一、城市公共交通 | | | 四、城市供气 | | |
| 年末公交运营线路条数 | 条 | 937 | 城市液化气供气总量 | 万吨 | 12.86 |
| 年末公交运营线路总长度 | 千米 | 16 819 | 家庭用气总量 | 万吨 | 6.48 |
| 年末运营公共汽(电)车 | 辆 | 9 672 | 天然气 | | |
| 公交客运总量 | 万人次 | 151 263 | 家庭用气总量 | 万立方米 | 23 614 |
| 年末轨道交通运营长度 | 千米 | 106.45 | 家庭用气户数 | 万户 | 153.17 |
| 轨道交通客运总量 | 万人次 | 33 986 | 全社会气化率 | % | 100 |
| 二、城市供电 | | | 五、园林绿化 | | |
| 全年用电总量 | 亿千瓦小时 | 673.73 | 建成区绿地面积 | 公顷 | 23 620 |
| 工业用电 | 亿千瓦小时 | 389.00 | 公共绿地 | 公顷 | 8 770 |
| 生活用电 | 亿千瓦小时 | 105.29 | 建城区绿化覆盖率 | % | 39.96 |
| 三、城市自来水供应 | | | 公园景点个数 | 个 | 245 |
| 总售水量 | 万立方米 | 71 076 | 公园景点面积 | 公顷 | 3 074 |
| 平均日供水 | 万立方米 | 228 | 六、市政建设 | | |
| 供水能力 | 万立方米/日 | 421 | 年末实有道路面积 | 万平方米 | 8 291 |
| 供水总量 | 万立方米 | 83 192 | 年末实有道路长度 | 千米 | 3 550 |
| 生产用水 | 万立方米 | 16 157 | 年末实有桥梁数 | 座 | 1 443 |
| 生活用水 | 万立方米 | 33 960 | 年末排水管道长度 | 千米 | 8 614 |
| 用水普及率 | % | 100 | 城市污水排放量 | 万立方米 | 69 834 |

## 杭州市固定资产投资

（2017年）

表97

| 项　目 | 2016年（亿元） | 2017年（亿元） |
|---|---|---|
| 固定资产投资 | 5 842.42 | 5 856.65 |
| 第一产业 | 39.36 | 33.67 |
| 第二产业 | 886.90 | 866.55 |
| 第三产业 | 4 916.16 | 4 956.43 |

## 杭州市金融机构年末本外币存、贷款余额

（2017年）

表98

| 指　标 | 全　市 | | 市　区 | | | | |
|---|---|---|---|---|---|---|---|
| | 绝对值（万元） | 为上年（%） | 小计（万元） | 萧山区 | 余杭区 | 富阳区 | 临安区 |
| 一、各项存款 | 364 832 373 | 109.28 | 345 461 303 | 38 200 623 | 27 154 743 | 9 873 461 | 7 868 598 |
| （一）境内存款 | 362 239 821 | 108.93 | 342 916 282 | 38 136 451 | 27 128 182 | 9 835 193 | 7 866 046 |
| 1.住户存款 | 86 705 977 | 102.09 | 77 416 526 | 14 959 776 | 10 660 493 | 4 185 190 | 3 024 585 |
| （1）活期存款 | 39 013 968 | 105.34 | 35 103 068 | 5 444 547 | 3 896 255 | 1 896 440 | 1 408 842 |
| （2）定期及其他存款 | 47 692 009 | 99.57 | 42 313 458 | 9 515 229 | 6 764 238 | 2 288 750 | 1 615 743 |
| 2.非金融企业存款 | 163 131 816 | 112.69 | 156 595 830 | 15 656 486 | 9 233 430 | 3 913 574 | 3 314 921 |
| （1）活期存款 | 61 674 844 | 123.22 | 57 827 037 | 6 953 424 | 4 784 864 | 1 736 491 | 1 788 558 |
| （2）定期及其他存款 | 101 456 972 | 107.12 | 98 768 793 | 8 703 063 | 4 448 566 | 2 177 083 | 1 526 363 |
| 3.广义政府存款 | 71 626 072 | 123.70 | 68 189 426 | 7 199 803 | 7 206 752 | 1 625 033 | 1 507 287 |
| （1）财政性存款 | 14 224 147 | 275.04 | 13 803 648 | 912 042 | 1 363 278 | 117 593 | 241 746 |
| （2）机关团体存款 | 57 401 925 | 108.85 | 54 385 778 | 6 287 761 | 5 843 474 | 1 507 440 | 1 265 541 |
| 4.非银行业金融机构存款 | 40 775 955 | 90.73 | 40 714 500 | 320 385 | 27 508 | 111 397 | 19 252 |
| （二）境外存款 | 2 592 552 | 197.01 | 2 545 021 | 64 172 | 26 560 | 38 268 | 2 552 |
| 二、各项贷款 | 292 709 406 | 111.85 | 278 049 912 | 33 216 506 | 18 262 193 | 11 391 789 | 5 411 950 |
| （一）境内贷款 | 290 112 705 | 111.82 | 275 453 714 | 33 211 628 | 18 259 182 | 11 391 789 | 5 411 547 |
| 1.住户贷款 | 96 536 824 | 123.75 | 89 406 416 | 10 261 559 | 7 512 470 | 4 086 529 | 2 545 803 |
| （1）短期贷款 | 23 511 896 | 117.60 | 21 268 390 | 2 842 340 | 1 729 504 | 1 129 108 | 895 478 |
| （2）中长期贷款 | 73 024 929 | 125.87 | 68 138 026 | 7 419 219 | 5 782 966 | 2 957 421 | 1 650 325 |
| 2.非金融企业及机关团体贷款 | 193 259 376 | 106.63 | 185 730 794 | 22 940 069 | 10 746 712 | 7 305 260 | 2 865 744 |
| （1）短期贷款 | 74 378 581 | 100.54 | 71 393 062 | 14 144 123 | 4 470 271 | 4 590 712 | 10 13 153 |
| （2）中长期贷款 | 101 724 743 | 123.76 | 97 253 860 | 8 333 771 | 5 710 924 | 2 610 223 | 1 817 981 |
| （3）票据融资 | 8 188 995 | 48.77 | 8 123 128 | 406 205 | 561 625 | 90 022 | 32 589 |
| （4）融资租赁 | 8 651 227 | 110.43 | 8 651 227 | — | — | — | — |
| （5）各项垫款 | 315 830 | 69.07 | 309 516 | 55 970 | 3 892 | 14 303 | 2 021 |
| 3.非银行业金融机构贷款 | 316 505 | 172.57 | 316 505 | 10 000 | — | — | — |
| （二）境外贷款 | 2 596 700 | 115.45 | 2 596 198 | 4 878 | 3 010 | — | 403 |

## 杭州市城镇常住居民家庭调查情况

表99

| 项　目 | 计量单位 | 2011年 | 2012年 | 2013年 | 2014年 | 2015年 | 2016年 | 2017年 |
|---|---|---|---|---|---|---|---|---|
| 调查户数 | 户 | 600 | 600 | 1 920 | 1 920 | 1 920 | 1 920 | 1 920 |
| 平均每户人口 | 人 | 2.71 | 2.69 | 2.79 | 2.79 | 2.79 | 2.80 | 2.91 |
| 平均每户就业人数 | 人 | 1.32 | 1.31 | 1.51 | 1.53 | 1.48 | 1.49 | 1.48 |
| 年人均可支配收入 | 元 | 34 065 | 37 511 | 40 925 | 44 632 | 48 316 | 52 185 | 56 276 |
| 年人均消费性支出 | 元 | 22 642 | 22 800 | 30 659 | 32 165 | 33 818 | 35 686 | 38 179 |
| 人均住房建筑面积 | 平方米 | 33.7 | 34.4 | 34.9 | 35.1 | 35.5 | 35.8 | 36.4 |

说明:2011—2012年为包括萧山区和余杭区在内的市区数据;2013—2017年为包括所有区县(市)的城乡一体化改革后新口径数据,下同

## 杭州市区城镇居民家庭平均每百户耐用消费品拥有量

表100

| 项　目 | 2011年 | 2012年 | 2013年 | 2014年 | 2015年 | 2016年 | 2017年 |
|---|---|---|---|---|---|---|---|
| 家用汽车(辆) | 31.2 | 34.3 | 40.2 | 45.4 | 48.7 | 52.3 | 55.8 |
| 摩托车(辆) | 4.1 | 4.0 | 6.6 | 6.8 | 5.4 | 5.0 | 4.8 |
| 电冰箱(台) | 102.5 | 102.5 | 88.0 | 92.3 | 92.2 | 97.6 | 99.9 |
| 洗衣机(台) | 96.3 | 96.6 | 82.6 | 86.8 | 86.9 | 92.6 | 94.6 |
| 热水器(台) | 103.4 | 105.4 | 89.4 | 93.7 | 95.5 | 101.4 | 105.2 |
| 空调器(台) | 212.0 | 214.7 | 189.6 | 201.5 | 207.3 | 226.6 | 235.3 |
| 彩色电视机(台) | 176.9 | 178.4 | 166.4 | 174.0 | 174.1 | 183.1 | 187.3 |
| 照相机(架) | 62.1 | 63.5 | 50.6 | 54.4 | 51.5 | 48.4 | 49.9 |
| 计算机(台) | 109.7 | 112.2 | 103.7 | 110.6 | 110.1 | 112.0 | 115.1 |
| 　接入互联网的计算机(台) | 92.3 | 98.6 | 92.5 | 100.2 | 99.8 | 100.8 | 104.9 |
| 固定电话(部) | 84.7 | 83.6 | 51.6 | 54.2 | 50.7 | 47.3 | 45.9 |
| 移动电话(部) | 211.0 | 213.1 | 217.4 | 227.9 | 229.9 | 242.1 | 245.4 |
| 　接入互联网的移动电话(部) | — | — | 125.1 | 140.8 | 155.8 | 175.3 | 191.4 |

## 杭州市农村常住居民家庭调查情况

表101

| 项　目 | 计量单位 | 2011年 | 2012年 | 2013年 | 2014年 | 2015年 | 2016年 | 2017年 |
|---|---|---|---|---|---|---|---|---|
| 调查户数 | 户 | 1 100 | 1 100 | 1 280 | 1 280 | 1 280 | 1 280 | 1 280 |
| 平均每户人口 | 人 | 3.46 | 3.45 | 3.38 | 3.35 | 3.36 | 3.38 | 3.38 |
| 平均每户就业人数 | 人 | 2.49 | 2.5 | 2.03 | 2.05 | 2.02 | 2.04 | 2.03 |
| 年人均可支配收入 | 元 | 15 245 | 17 017 | 21 208 | 23 555 | 25 719 | 27 908 | 30 397 |
| 年人均消费支出 | 元 | 12 125 | 13 612 | 16 021 | 17 816 | 19 334 | 20 563 | 21 983 |
| 人均住房建筑面积 | 平方米 | 72.5 | 71.0 | 66.9 | 67.9 | 68.8 | 69.9 | 70.9 |

## 杭州市区居民消费价格指数
（2017年）

表102

| 项　目 | 指　数 | 项　目 | 指　数 |
|---|---|---|---|
| 居民消费价格总指数 | 102.5 | 5.鞋类 | 98.2 |
| 一、食品烟酒 | 100.9 | 三、居住 | 105.7 |
| 1.食品 | 99.4 | 1.租赁房房租 | 108.3 |
| （1）粮食 | 100.5 | 2.住房保养维修及管理 | 104.7 |
| （2）薯类 | 96.4 | 3.水电燃料 | 100.8 |
| （3）豆类 | 103.7 | 4.自有住房 | 106.9 |
| （4）食用油 | 100.7 | 四、生活用品及服务 | 100.2 |
| （5）菜 | 90.2 | 1.家具及室内装饰品 | 100.4 |
| （6）畜肉类 | 97.6 | 2.家用器具 | 98.4 |
| （7）禽肉类 | 98.6 | 3.家用纺织品 | 100.1 |
| （8）水产品 | 107.9 | 4.家庭日用杂品 | 100.7 |
| （9）蛋类 | 97.9 | 5.个人护理用品 | 99.4 |
| （10）奶类 | 100.3 | 6.家庭服务 | 105.1 |
| （11）干鲜瓜果类 | 100.9 | 五、交通和通信 | 101.5 |
| （12）糖果糕点类 | 103.9 | 1.交通 | 102.6 |
| （13）调味品 | 99.8 | 2.通信 | 99.0 |
| （14）其他食品类 | 104.1 | 六、教育文化和娱乐 | 104.1 |
| 2.茶及饮料 | 102.7 | 1.教育 | 103.9 |
| 3.烟酒 | 100.8 | 2.文化娱乐 | 104.4 |
| 4.在外餐饮 | 104.1 | 七、医疗保健 | 101.7 |
| 二、衣着 | 100.0 | 1.药品及医疗器具 | 104.3 |
| 1.服装 | 100.3 | 2.医疗服务 | 100.2 |
| 2.服装材料 | 118.2 | 八、其他用品和服务 | 101.4 |
| 3.其他衣着及配件 | 101.2 | 1.其他用品类 | 99.0 |
| 4.衣着加工服务费 | 102.1 | 2.其他服务类 | 102.9 |

说明：价格指数以上年为100

## 杭州市社会保障情况
（2017年）

表103　　　　单位：人

| 地　区 | 职工基本养老保险参保人数 | 职工基本医疗保险参保人数 | 工伤保险参保人数 | 生育保险参保人数 | 失业保险参保人数 |
|---|---|---|---|---|---|
| 全　市 | 6 283 162 | 5 804 998 | 4 624 386 | 3 907 255 | 4 131 991 |
| 市　区 | 5 800 198 | 5 408 697 | 4 321 049 | 3 684 977 | 3 929 183 |
| 萧山区 | 994 809 | 797 574 | 515 630 | 508 446 | 513 368 |
| 余杭区 | 807 400 | 716 356 | 609 966 | 497 309 | 493 956 |
| 富阳区 | 428 288 | 335 392 | 288 551 | 185 933 | 199 685 |
| 临安区 | 255 272 | 202 421 | 165 576 | 100 525 | 106 717 |
| 桐庐县 | 183 921 | 156 814 | 124 061 | 93 393 | 71 501 |
| 淳安县 | 102 960 | 103 117 | 90 319 | 50 154 | 49 853 |
| 建德市 | 196 083 | 136 370 | 88 957 | 78 731 | 81 454 |

杭州市主要经济指标在全国15个副省级城市中的位次
(2017年)

表104

| 城　市 | 地区生产总值(亿元) | 工业增加值(亿元) | 固定资产投资(亿元) | 社会消费品零售总额(亿元) | 一般公共预算收入(亿元) | 城镇常住居民年人均可支配收入(元) |
|---|---|---|---|---|---|---|
| 杭　州 | 12 603 | 3 968 | 5 857 | 5 717 | 1 567 | 56 276 |
| 沈　阳 | 5 865 | 1 819 | 1 484 | 3 990 | 656 | 41 359 |
| 大　连 | 7 364 | 2 486 | 1 653 | 3 723 | 658 | 40 587 |
| 长　春 | 6 530 | 2 678 | 5 195 | 2 923 | 450 | 33 168 |
| 哈尔滨 | 6 355 | 1 207 | 5 396 | 4 045 | 368 | 35 546 |
| 南　京 | 11 715 | 3 853 | 6 215 | 5 605 | 1 272 | 54 538 |
| 宁　波 | 9 847 | 4 607 | 5 010 | 4 048 | 1 245 | 55 656 |
| 厦　门 | 4 351 | 1 542 | 2 381 | 1 447 | 697 | 50 019 |
| 济　南 | 7 202 | — | 4 364 | 4 146 | 677 | 46 642 |
| 青　岛 | 11 037 | 3 953 | 7 777 | 4 541 | 1 157 | 47 176 |
| 武　汉 | 13 410 | 4 725 | 7 817 | 6 196 | 1 403 | 43 405 |
| 广　州 | 21 503 | 5 460 | 5 920 | 9 403 | 1 533 | 55 400 |
| 深　圳 | 22 438 | 8 688 | 5 147 | 6 016 | 3 332 | 52 938 |
| 成　都 | 13 889 | 5 217 | 9 404 | 6 404 | 1 276 | 38 918 |
| 西　安 | 7 470 | 1 677 | 7 463 | 4 330 | 655 | 38 536 |
| 杭州位次 | 5 | 6 | 7 | 5 | 2 | 1 |

杭州市主要经济指标占浙江省的比重
(2017年)

表105

| 指　标 | 计量单位 | 浙江省 | 杭州市 | 杭州市占全省比重(%) |
|---|---|---|---|---|
| 地区生产总值 | 亿元 | 51 768 | 12 603 | 24.3 |
| 第三产业增加值 | 亿元 | 27 602 | 7 930 | 28.7 |
| 规模以上工业企业利税总额 | 亿元 | 7 637 | 1 775 | 23.2 |
| 固定资产投资额 | 亿元 | 31 126 | 5 857 | 18.8 |
| 社会消费品零售总额 | 亿元 | 24 308 | 5 717 | 23.5 |
| 出口总额 | 亿元 | 19 446 | 3 456 | 17.8 |
| 实际利用外资 | 亿美元 | 179.0 | 66.1 | 36.9 |

杭州市主要经济指标在“长三角”16个城市中的位次
(2017年)

表106

| 城　市 | 地区生产总值(亿元) | 一般公共预算收入(亿元) | 固定资产投资(亿元) | 社会消费品零售总额(亿元) | 出口总额(亿元) | 城镇常住居民年人均可支配收入(元) |
|---|---|---|---|---|---|---|
| 杭　州 | 12 603 | 1 567 | 5 857 | 5 717 | 3 456 | 56 276 |
| 上　海 | 30 134 | 6 642 | 7 247 | 11 830 | 13 120 | 62 596 |
| 南　京 | 11 715 | 1 272 | 6 215 | 5 605 | 2 333 | 54 538 |
| 无　锡 | 10 512 | 930 | 4 968 | 3 458 | 3 355 | 52 659 |
| 常　州 | 6 622 | 519 | 3 896 | 2 444 | 1 555 | 49 955 |
| 苏　州 | 17 320 | 1 908 | 5 630 | 5 443 | 12 671 | 58 806 |
| 南　通 | 7 735 | 591 | 4 959 | 2 873 | 1 682 | 42 756 |
| 扬　州 | 5 065 | 320 | 3 690 | 1 494 | 533 | 38 828 |
| 镇　江 | 4 105 | 284 | 2 694 | 1 366 | 473 | 45 386 |
| 泰　州 | 4 745 | 336 | 3 623 | 1 254 | 557 | 40 059 |
| 宁　波 | 9 847 | 1 245 | 5 010 | 4 048 | 4 984 | 55 656 |
| 嘉　兴 | 4 355 | 444 | 3 010 | 1 807 | 1 776 | 53 057 |
| 湖　州 | 2 476 | 237 | 1 731 | 1 188 | 681 | 49 934 |
| 绍　兴 | 5 108 | 431 | 3 116 | 1 978 | 1 852 | 54 445 |
| 舟　山 | 1 219 | 126 | 1 450 | 506 | 384 | 52 516 |
| 台　州 | 4 388 | 382 | 2 518 | 2 236 | 1 379 | 51 374 |
| 杭州位次 | 3 | 3 | 3 | 2 | 4 | 3 |

责任编辑　章月影　余显幕

**说 明：**

一、本类目设主题索引、图照索引和表格索引3个分目。

二、主题索引中文标目按汉语拼音顺序排列，同音字按笔画数从少到多排列。第一字相同，按第二字音序排列，依次类推。数字开头的标目则按数字0～9顺序排列。

标目后的阿拉伯数字表示内容所在页码。数字后的英文字母a、b、c分别表示从左到右第一、二、三栏。标目后有多个页码的，则表示相关信息在这些页码中均出现。副标目或说明语缩进两个汉字放在主标目下面。

本年鉴的“特载”“大事记”“附录”均未做主题索引。

三、图照索引仅标注所在页码，不标注分栏。表格索引按序号排列，仅标注所在页码，不标注分栏。

## 主题索引

C



D

E



F



G

H

J

K

## 图照索引

## 表格索引

图书在版编目(CIP)数据
杭州年鉴.2018/杭州市人民政府地方志办公室编
--北京:方志出版社,2018.9
ISBN 978-7-5144-3342-5

Ⅰ.①杭… Ⅱ.①杭… Ⅲ.①杭州—2018—年鉴
Ⅳ.①Z525.51

中国版本图书馆CIP数据核字(2018)第227052号

# 杭州年鉴(2018)

编　　者:杭州市人民政府地方志办公室
责任编辑:刘方圆
出 版 人:冀祥德
出 版 者:方志出版社
地址　北京市朝阳区潘家园东里9号(国家方志馆4层)
邮编　100021
网址　http://www.fzph.org
发　　行:方志出版社图书经销中心
电话(010)67110500
经　　销:各地新华书店
印　　刷:南京凯德印刷有限公司
开　　本:889×1194　　1/16
印　　张:38
字　　数:1398千字
版　　次:2018年9月第1版　2018年9月第1次印刷
印　　数:0001~1500册
ISBN 978-7-5144-3342-5　　定价:300.00元